Droit du service public

Domat droit public

Droit du service public

GILLES J. GUGLIELMI
Professeur à l'Université de Paris II (Panthéon-Assas)

GENEVIÈVE KOUBI
Professeur à l'Université de Paris VIII Vincennes-Saint Denis

3e édition

Montchrestien
lextenso éditions

33, rue du Mail, 75081 Paris Cedex 02
ISBN : 978-2-7076-1685-2
ISSN : 0767-4309

AVERTISSEMENT DE LA PREMIÈRE ÉDITION

LE SENS DU SERVICE PUBLIC

Il est, dans la vie courante, plusieurs manières de l'invoquer. Tel fonctionnaire en appelle à lui pour justifier la conception qu'il se fait de son travail. Tel usager s'y réfère pour être traité selon ses espérances. Telle université en fait le prétexte, pour son compte, d'une célébration. Dans ces cas fréquents et presque banalisés, le sens du service public, c'est, au mieux, la conscience que chacun en a.

Les développements qui suivent partent d'une autre hypothèse. Celle que le service public possède un sens, c'est-à-dire, à la fois, une orientation et une signification. Une orientation, car le sens du service public est tracé du passé vers l'avenir. Il est indicatif du projet que se donne une société organisée, tant il est vrai que la vision d'un avenir dépend avant tout de ce que le corps social est capable de réaliser en commun de façon quotidienne.

Une signification, car le sens du service public est une évolution constante de la société non seulement vers un mieux-être, mais surtout vers un « vivre ensemble ». Dans une époque couramment désignée comme affectée d'une perte de sens et de valeurs, le service public montre à chacun sur sa voie personnelle un horizon commun : le progrès de l'Humanité dans son ensemble.

Nous n'avons pas voulu tenter une « théorie générale du service public », contrairement à une tradition bien établie des ouvrages de droit administratif portant sur ces questions depuis Bonnard, qui la réservait aux services publics administratifs en 1935, jusqu'à de Soto, qui sous-titrait ainsi l'ensemble de son ouvrage en 1981, en passant par Waline, qui tenta le premier d'y intégrer les modes de gestion.

Car la notion de service public ne peut pas, à notre avis, être figée dans une théorie exclusivement juridique. Il est certain que les juristes ont joué un rôle déterminant dans son apparition et dans sa formulation, mais la notion de service public ne prend corps que par sa mise en œuvre, laquelle traduit avant tout un projet politique et social. Le service public est une idée élaborée dès l'origine dans le but de résoudre des questions neuves, de promouvoir des projets de grande ampleur qui nécessitent une implication citoyenne – dans le sens où elle traduit une conception que chacun se fait du devenir de la Cité. Au XXe siècle, l'apogée d'une action politique inspirée par la notion de service public et dotée de moyens de technique juridique sophistiqués permettant son accomplissement, c'est la Libération.

Or, une fois les infrastructures réalisées, une fois les prestations généralisées, une fois obtenue une qualité de service qui soit à la hauteur du savoir-faire technologique et économique du pays, la notion de service public, en tant qu'elle justifie une action pionnière, n'est sans doute pas la mieux adaptée à la continuation, à la gestion courante, à la fourniture répétitive de prestations que chacun a tendance à considérer comme acquises. Par ailleurs, les services publics ont aussi été l'outil privilégié de la IIIe République pour réaliser concrètement, sur le terrain, l'unité républicaine qu'elle appelait de ses vœux. Mais les évolutions profondes connues par la société française depuis quarante ans ont rendu pesant ce moyen d'unification, comme est devenue lourde la charge financière nécessaire pour assumer, à la fois, la charge des services publics de base et celle des interventions nouvelles et innovantes.

Sous ces deux pressions conjuguées, apparaît progressivement, dans les années 1970 et 1980, la nécessité d'un choix, d'un arbitrage, entre d'une part la volonté de conserver en gestion publique la totalité des acquis que la notion de service public avait permis de réaliser, et d'autre part la volonté de répondre aux nouvelles demandes sociales et aux contraintes d'adaptation nées de l'internationalisation des échanges. La marche progressive à l'Union européenne, avec son cortège de remises en question au cœur même du système juridique français, n'a fait qu'accélérer la prise de conscience du phénomène. Mais dire que l'État et les autres personnes publiques ne peuvent pas tout faire, ce n'est pas pour autant contester la validité intellectuelle de l'idée de service public, ni son efficacité opératoire originelle. Dire que l'État ne peut pas tout assumer ne retire pas non plus à la notion de service public sa fonction préservatrice du lien social.

Pour toutes ces raisons, la notion de service public n'a pas vocation à expliquer l'ensemble du droit administratif et n'est pas justiciable des seules réflexions des juristes. En revanche, elle a indéniablement une fonction politique, économique et sociale : celle d'être un intermédiaire entre les choix de société assumés par les gouvernants et les demandes quotidiennes des citoyens. De cette fonction d'intermédiaire, nous avons tenté de désigner les invariants juridiques et de les expliquer, autant que faire se peut, par les circonstances et la logique de leur apparition. C'est dire que le point de vue utilisé ci-après est autant celui du droit positif, administratif ou constitutionnel, que celui de la science administrative.

Dans cette approche, les aspects les plus récents du droit du service public, ceux qui donnent habituellement lieu à peu de synthèses dans le genre éditorial du manuel ont été volontairement développés ; d'autres aspects très classiques ont été en conséquence, mais peut-être involontairement, minorés. Sur certains d'entre eux, d'ailleurs, notre opinion n'est pas toujours arrêtée. Cela peut donner à l'ensemble un air parfois inhabituel. Que le lecteur veuille bien nous excuser la forme, en pensant que nous avons simplement souhaité lui livrer le plus grand nombre d'interrogations possible sur un sujet qui justifie toujours d'une réflexion en marche, et que les tendances actuelles de la consommation des connaissances juridiques ne permettent plus guère la réalisation de « traités ». Sur d'autres aspects, il a semblé nécessaire de rappeler fermement des principes juridiques sur lesquels la jurisprudence est fluctuante ou nuancée, parce qu'ils nous ont semblé consubstantiellement liés à la notion de service public elle-même.

« *Il nous faut "dire le droit" sans être inquiets du caractère prétendument artificiel de ce que nous exposons. Il est facile de montrer que la règle de droit est souvent inappliquée mais elle devrait être 'effective'. En d'autres termes, son application n'est qu'un problème second (d'ailleurs fort important cela va de soi). Le juriste expose ce qui doit être, et ce n'est nullement artificiel : c'est la réalité normative qui ne se confond pas nécessairement avec la réalité objective* ». De ces lignes, extraites du cours de doctorat, pour l'année 1987-1988, du professeur Georges Dupuis, trop tôt disparu, nous nous sommes inspirés en réalisant une œuvre pleinement universitaire. L'Université, qui est aussi un service public, a pour fonction la conservation des savoirs anciens, la constitution des savoirs nouveaux, et la transmission de tous les savoirs. Puisse cet ouvrage donner une digne suite, de façon générale, à ceux qui l'ont précédé et plus particulièrement à l'enseignement de celui qui, par son exemple, l'a inspiré et à qui il ne pouvait qu'être dédié.

Le 4 juillet 2000

AVERTISSEMENT DE LA DEUXIÈME ÉDITION
L'ESSENCE DU SERVICE PUBLIC

Sept années séparent les deux éditions de l'ouvrage qui suit. Non que ses imperfections n'aient été visibles dès la première édition, ni que l'actualité du service public n'ait été constante et importante. Mais la forme de l'ouvrage le destine à être, plus qu'un manuel de droit positif, une synthèse des pistes de la recherche juridique contemporaine, une réflexion sur les tendances lourdes de la régulation sociale et une mise en perspective de ce qu'*est* intrinsèquement le service public.

Après avoir été guidées par le *sens* du service public (avertissement de la première édition), c'est à *l'essence* du service public que s'attachent les réflexions ici présentées.

La notion de service public, telle que l'a conçue la théorie juridique française, est une formalisation, garantie et sanctionnée par le droit, d'une activité qui possède une double dimension. Celle de la nécessité sociale tout d'abord, tant il est impossible de « vivre ensemble » sans que soient assurées solidairement certaines tâches indispensables à la satisfaction des besoins primaires de tout être humain et des besoins collectifs des populations vivant sur un territoire donné, quel qu'il soit. Celle de la volonté politique ensuite, car le choix de ces tâches impose de déterminer leur caractère d'intérêt général et de soutenir leur accomplissement par le jeu des institutions de représentation et d'action que chaque État se donne.

À ce titre, il est indéniable que les dix dernières années ont été marquées, en France notamment, par un exceptionnel accroissement de la complexité des acteurs, des enjeux, des niveaux de décision et des normes juridiques. Chaque fois que les évolutions ont semblé significatives des mutations profondes du droit du service public, elles ont donné lieu à des développements détaillés, comme pour la fondation et la suppression des services publics ou le droit des délégations de service public. Les apports récents de l'histoire de la notion de service public ont également été intégrés en ce qu'ils permettent de mesurer la pérennité des fondements et des pratiques du droit du service public.

À un moment où semble triompher une doctrine de l'efficacité fondée sur la communication éphémère et la satisfaction immédiate, l'essence du service public telle qu'elle se manifeste dans la théorie du droit français, rappelle à tous que l'œuvre commune d'une société, d'une nation ou d'une fédération d'États s'inscrit toujours dans la durée, que le patrimoine servant de support à cette œuvre ne se constitue que par l'effort collectif, ne se renouvelle et se transmet que s'il est soustrait à une logique d'intérêts privés de court terme. Le dynamisme du « vouloir vivre ensemble » se comprend dans la stabilité des « principes » et non dans la versatilité des « valeurs ». La force du droit voulu par tous prime sur les dogmes économiques promus pour quelques-uns. C'est pourquoi le service public, toujours consubstantiel au lien social, s'impose aux gouvernants comme la mission centrale de leur existence institutionnelle, mission sans laquelle leur action serait privée de tout but légitime et de tout fondement démocratique.

Seul ce rappel de *l'essence du service public* permet de hiérarchiser les priorités et de distinguer les contraintes contingentes des véritables objectifs. Si, à l'évidence, les modalités de prestation de service public doivent respecter le droit européen, s'adapter à l'évolution des technologies et, dans une certaine mesure, s'inspirer des mentalités mondialisées, cela ne saurait être au prix de nier leur priorité absolue sur tout intérêt privé, particulier, catégoriel ou extérieur à la logique démocratique de la satisfaction des besoins de chacun et de tous, donc de la société toute entière. L'essence du service public est ainsi de maintenir dans toutes ses dimensions, par-delà les forces du marché, la vigueur de la notion de « solidarité » qui unit chacun et tous, les uns et les autres…

Le 7 mai 2007

AVERTISSEMENT DE LA TROISIÈME ÉDITION

PRÉSENCE DU SERVICE PUBLIC

Une mise en perspective de la notion de service public dans le cadre d'une société démocratique devient indispensable, tant les dynamiques à l'œuvre dans les discours juridiques ont, depuis la dernière édition de cet ouvrage, en 2007, décomposé les principes moteurs du lien social. Ceux-ci se déclinent en strates différenciées qui obligent à construire de multiples catégories d'intervenants, d'opérateurs, d'agents, d'usagers ou de bénéficiaires. Aussi, plus que les transformations du droit français nées de l'intégration européenne et de la mise à niveau des Services sociaux d'intérêt général (SSIG), l'actualité juridique invite à porter le regard sur les présupposés de la révision générale des politiques publiques (RGPP) et, par là, sur les mutations du service public issues des réformes successives des statuts des trois fonctions publiques : de l'État, territoriale et hospitalière.

Les cheminements de la recherche juridique contemporaine contournent pour l'instant la problématique du lien pourtant indéfectible qui associe le régime juridique du service public et le statut général des fonctionnaires publics. Pourtant, l'un ne va pas sans l'autre. Le maintien du service public dépend étroitement des moyens en personnel qui y sont affectés certes, mais aussi et surtout de la qualité de ces personnels, astreints au respect d'un ensemble d'obligations professionnelles prenant racine dans les principes de fonctionnement du service public.

Poursuivant la trajectoire du démantèlement des services publics par un resserrement de leur conception sur les domaines d'intervention présidentiels, plus que régaliens, la remise en cause des principes fondateurs du droit de la fonction publique a été engagée par les rapports du Conseil de modernisation des politiques publiques, excroissance du gouvernement. Elle marque le premier palier d'une restructuration majeure des services publics. Agencée à partir d'impératifs étroits tels la compétitivité et la performance, la dynamique d'une fonction publique imprégnée de "l'esprit de service public" se dissout progressivement. La "culture du résultat" et la valorisation du "mérite", qui la disloquent, sont des signes avant-coureurs d'une compression des activités d'intérêt général suivant des cadrages comptables et localisés plus que selon des besoins géographiques et sociologiques. Manœuvrée dans le court terme, cette représentation d'une fonction publique adaptée aux tangentes budgétaires et aux contraintes circonstancielles en ressources humaines des administrations, se détache de la conception républicaine du service public. Dès lors, elle autorise une recomposition du droit du service public, marquée par les débats d'instances de l'Union européenne s'interrogeant désormais sur le modèle d'une Europe sociale encore à construire, et par les mouvements d'une doctrine juridique assumant des prises de position plus prospectives et critiques.

Le « vivre ensemble » qui s'ajustait au concept de solidarité et aménageait la redistribution des prestations de service public suivant la recherche de satisfaction des besoins des populations subit quelques revers. Une relative désagrégation des principes fondateurs de la théorie du service public transparaît sous la pression des priorités du pouvoir exécutif : réduction des effectifs de la fonction publique, privatisation partielle ou intégrale des entreprises chargées de service public, contractualisation contingente des relations entre personnes publiques et personnes privées pour la réalisation des opérations de service public. Mais les discours idéologiques soutenant ces desseins butent inlassablement sur la détermination des activités d'intérêt général, tant ces dernières véhiculent les conceptions du lien social, les attentes et les indignations que les populations expriment à l'égard des gouvernants.

La dynamique de la réforme de l'État sous le label de la RGPP a, durant ces cinq dernières années en France, suscité nombre d'incertitudes et fomenté bien des désarrois dans les espaces sociaux. Elle a produit simultanément : la réorganisation des administrations centrales ; la dislocation du statut des fonctionnaires publics ; le démantèlement des services publics judiciaires, policiers, hospitaliers, éducatifs ; le recentrage des services déconcentrés de l'État sur la région ; l'inflexion de la décentralisation et la réforme des collectivités territoriales organisées sous le chapeau de l'intercommunalité ; le refrain de la mutualisation des moyens, des fonctions support et des personnels ; la multiplication des sites internet publics pourvoyeurs d'images plus que de textes, et de discours dont « seul le prononcé fait foi » plus que d'informations ; la prolifération des téléservices publics et des téléprocédures dépendant de connexions en haut-débit. Ainsi ont été désarticulés les enjeux de l'amélioration et de la simplification du droit à l'égard des administrés. Les mutations profondes du droit du service public qui en découlent s'inscrivent alors dans la tension persistante qui sépare d'une part les discours émanant des pouvoirs publics affrontant, en France comme dans d'autres États de l'Union européenne, parfois rudement, les mouvements sociaux, et d'autre part les observations développées au niveau européen sur l'indispensable interversion d'une politique économique diligentée par le marché vers les attentes démocratiques et sociales des peuples. Le déploiement de la notion de « services sociaux d'intérêt général » en est une des illustrations.

Le « vivre ensemble » exige, certes, que l'application des principes fondateurs de la République se trouve mise à l'épreuve. Les évolutions que connaît la fonction publique, de l'État, des collectivités territoriales et des hôpitaux, y contribuent. Cependant, les stratégies financières et les normes comptables sous-jacentes à la rhétorique de la culture du résultat ne disposent pas de fondements juridiques assurés dans une société démocratique.

Si le service public demeure le principal facteur légitimant l'action de l'État, il ne peut révéler sa présence qu'en raison d'un fonctionnement spécifique, de personnels dotés de statuts et de garanties fondamentales, qui exigent de chacun la conscience de l'intérêt général, qui demandent à chacun de faire preuve d'un souci de la dignité sociale, qui attendent de chacun le respect du droit et des droits.

Le 1er juin 2011

ABRÉVIATIONS

ACCP :	Revue Contrats publics
Administration :	Administration. Revue du corps préfectoral
AIJC :	Annuaire international de Justice constitutionnelle
AJCT :	Actualité juridique Collectivités territoriales
AJDA :	L'Actualité juridique Droit administratif
AJFP :	Actualité juridique Fonctions publiques
Ann. Clermont :	Annales de la Faculté de droit de Clermont-Ferrand
Ann. fac. dr. Strasbourg :	Annales de la Faculté de droit de Strasbourg
Ann. Univ. Toulouse :	Annales de l'université des sciences sociales de Toulouse, anciennement de la Faculté de droit de Toulouse
APD :	Archives de Philosophie du droit
ARSS :	Actes de la recherche en Sciences sociales
Arr. :	Arrêté
Bibl. droit public :	Bibliothèque de droit public (collection)
BJDCP :	Bulletin juridique des contrats publics
Bull. IIAP :	Le Bulletin de l'Institut international d'Administration publique
Bull. SLC :	Bulletin de la Société de Législation comparée
Cah. dr. entr. :	Cahiers de droit de l'entreprise
Cah. Fonct. publ. :	Les Cahiers de la Fonction publique
C. éduc. :	Code de l'éducation
CGCT :	Code général des collectivités territoriales
chron. :	chronique
circ. :	Circulaire
CJEG :	Cahier juridique de l'électricité et du gaz
CMP :	Revue Contrats et Marchés publics
coll. :	Collection
CPCE :	Code des postes et communications électroniques
CTI :	Revue Collectivités territoriales intercommunalité
D. :	Décret
D. :	Recueil Dalloz
Dir. :	Directive
DP aff. :	La lettre du droit public des affaires
Dr. adm. :	Droit administratif (mensuel du Juris-Classeur)

Dr. soc. :	Droit social
Droits :	Revue française de théorie juridique. Droits
Éd. :	Éditions
EDCE :	Études et documents du Conseil d'État
Et. :	Étude
Europe :	Revue Europe
Gaz. Pal. :	La Gazette du Palais
IFSA :	Institut français des sciences administratives (cahiers)
J.-Cl. :	Juris-Classeur
JCP A :	La Semaine juridique Administration et collectivités territoriales
JCP E :	La Semaine juridique – Jurisclasseur périodique, édition Entreprise
JCP :	La Semaine juridique (édition générale)
JDI :	Journal du droit international
JEV :	Annuaire européen d'histoire de l'administration publique
L. *:*	Loi
LPA, :	Les Petites Affiches
Mél. :	Mélanges
Mon. TPB :	Le Moniteur des Travaux publics et du Bâtiment
MP :	Revue Marchés publics
Ord. :	Ordonnance
Ord. réf. *:*	Ordonnance du juge des référés
PES :	Problèmes économiques et sociaux
PMP :	Politiques et management publics
RCDSP :	Revue des concessions et des délégations de service public
RDAI :	Revue de droit des affaires internationales
RDP :	Revue du droit public et de la science politique
RDSS :	Revue trimestrielle de droit sanitaire et social
Rec. :	Selon le cas, Recueil du Conseil d'État, du Conseil constitutionnel ou de la Cour de justice de la Communauté européenne, puis de l'Union européenne
RAE :	Revue des affaires européennes
Rééd. *:*	Réédition
Rev. adm. :	La Revue administrative
Rev. conc. consom. :	Revue de la concurrence et de la consommation.
Rev. dr. imm. :	Revue de droit immobilier
Rev. dr. UE :	Revue du droit de l'Union européenne
Rev. écon. ind. :	Revue d'économie industrielle
Rev. gén. d'Adm. :	Revue générale d'administration
Rev. sc. crim. :	Revue de science criminelle et de droit pénal comparé
RFFP :	Revue française de finances publiques
RFAP :	Revue française d'administration publique
RFAS :	Revue française des affaires sociales
RFDA :	Revue française de droit administratif
RFDC :	Revue française de droit constitutionnel
RFSP :	Revue française de science politique
RGCT :	Revue générale des Collectivités territoriales
RGDIP :	Revue générale de droit international public
RHD :	Revue historique de droit français et étranger
RHFD :	Revue d'Histoire des Facultés de Droit
RHMC :	Revue Histoire moderne et contemporaine
RIEJ :	Revue internationale d'études juridiques
RID éco. :	Revue internationale de droit économique
RISA :	Revue internationale des sciences administratives
RJC :	Revue de jurisprudence commerciale
RJEP :	La Revue juridique des Entreprises publiques

Rev. dr. UE :	Revue du droit de l'Union européenne
RMCUE :	Revue du Marché commun et de l'Union européenne *(anciennement RMC)*
RPP :	Revue politique et parlementaire
RRJ :	Revue de la Recherche juridique – Droit prospectif
RSF :	Revue de Science financière
RTD civ. :	Revue trimestrielle de droit civil
RTD com. :	Revue trimestrielle de droit commercial
RTD eur. :	Revue trimestrielle de droit européen
S. :	Recueil Sirey
TC :	Tribunal des conflits
TDP :	La Tribune du droit public
UE :	Union européenne

BIBLIOGRAPHIE GÉNÉRALE

La profusion des écrits sur le service public n'autorise pas une bibliographie exhaustive. Le parti pris retenu a été de faire figurer tout d'abord ici les ouvrages de référence à portée générale.

Les ouvrages les plus importants relevant d'une thématique spécialisée, quant à eux, sont mentionnés au début de la subdivision estimée la plus pertinente (chapitre, section, paragraphe). Ils sont suivis des articles les plus saillants.

AUBY (J.-F.), RAYMUNDIE (O.), *Le service public,* éd. Le Moniteur, coll. Analyse juridique, 2003.

AUBY (J.-M.), DUCOS-ADER (R.), *Grands services publics et entreprises nationales,* PUF, Thémis, t. I, 2e éd., 1975 et t. II, 1973.

BRACONNIER (S.), *Droit des services publics*, PUF, Thémis, 2e éd., 2007.

CARBAJO (J.), *Droit des services publics,* Dalloz, Précis, 3e éd., 1997.

DEMICHEL (A.), *Grands services publics et entreprises nationales,* Dalloz, Mémentos, 1974.

CONSEIL d'État, (Rapport public) « Service public, services publics : déclin ou renouveau ? », *EDCE* 1995, n° 46.

DE CORAIL (J.-L.), *La crise de la notion juridique de service public en droit administratif français*, LGDJ, 1954.

GUGLIELMI (G. J.), *Introduction au droit des services publics,* LGDJ, coll. Systèmes, 1994.

GUGLIELMI (G. J.) (dir.), *Histoire et service public,* PUF, coll. Politique d'aujourd'hui, 2004.

JEANNEAU (B.), *Droit des services publics et des entreprises nationales*, Dalloz, Précis, 1984.

JÈZE (G.), *Les principes généraux du droit administratif,* t. I (La notion de service public), Giard et Brière, 1re éd., 1914, et 3e éd., 1930.

LACHAUME (J.-F.), BOITEAU (C.), PAULIAT (H.), *Droit des services publics*, A. Colin, 3e éd., 2004.

DE LAUBADERE (A.), *Traité de droit administratif,* LGDJ, t. III, 1997 *(Les Grands Services publics administratifs),* par VÉNÉZIA (J.-C.).

LE MESTRE (R.), *Droit du service public*, Gualino, 2005.

MARCOU (G.) et MODERNE (F.) (dir.), *Droit de la régulation, service public et intégration régionale*, 2 tomes, L'Harmattan, coll. Logiques juridiques, 2005.

MESCHERIAKOFF (A.-S.), *Droit des services publics*, PUF, coll. Droit fondamental, 1997.

MODERNE (F.) et MARCOU (G.) (dir.), *L'idée de service public dans le droit des États de l'Union européenne*, L'Harmattan, coll. Logiques juridiques, 2003.

PELLETIER (M.-L.), *L'entreprise publique de service public*, L'Harmattan, coll. Logiques juridiques, 2009.

PISIER (E.), *Les fondements de la notion de service public dans la théorie de l'État de Léon Duguit,* LGDJ, 1972.

DE SOTO (J.), *Droit administratif. Théorie générale du service public*, Montchrestien, Domat, 1981.

VALETTE (J.-P.), *Droit des services publics*, Ellipses, 2006.

ZIELINSKI (B.) (dir.), *Penser le service public*, Presse de l'Université Laval, 2010.

V. aussi :

AUBY (J.-F.), *Les services publics en Europe,* PUF, Que sais-je ?, 1998.

BAUBY (P.), *Le service public*, Flammarion, Dominos, 1997.

CHEVALLIER (J.), *Le service public,* PUF, Que sais-je ?, 8e éd., 2010.

DENOIX DE SAINT-MARC (R.), *Le service public*, La Doc. fr., 1996.

ESPLUGAS (P.), *Le service public,* Dalloz, Connaissance du droit, 2e éd., 2002.

PONTIER (J.-M.), *Les services publics,* Hachette Supérieur, 1996.

RACHLINE (F.), *Services publics, Économie de marché*, Presses de Sciences Po, 1996.

RAINAUD (J.-M.), *La crise du service public*, PUF, Que sais-je ?, n° 3482, 1999.

SILICANI (J.-L.), *Livre blanc sur l'avenir de la fonction publique : faire des services publics et de la fonction publique des atouts pour la France*, La Doc. fr., Rapport, 2008.

INTRODUCTION

SECTION I L'ORIGINALITÉ DU DROIT DU SERVICE PUBLIC

1 Le droit **du** service public n'est pas le droit « des » services publics. Le droit des services publics en révèle des fragmentations, s'attachant à énumérer les différents domaines où le droit du service public trouve à s'appliquer suivant des aménagements spécifiques.

Les thèmes autour desquels s'agencent « les » services publics sont divers et variés. Ils traversent des secteurs différenciés en fonction des prestations délivrées et services rendus par différents types d'organismes, d'établissements ou d'entreprises. Ils peuvent ainsi concerner les télécommunications, la distribution de l'eau, le gaz, l'électricité, l'acheminement du courrier, les transports de voyageurs, l'élimination des déchets, la santé, l'environnement, la protection sociale, etc. La liste de ces thèmes n'est pas définitive : certains domaines peuvent s'y ajouter, d'autres en être retirés. Cette mobilité engendrerait nombre d'incertitudes politiques et sociales s'il n'existait pas un ensemble de règles juridiques ordonnées autour d'un concept univoque de service public. À ce concept se rapporte le droit **du** service public.

2 La notion de service public est un des éléments clefs du pacte social républicain. Elle provient directement de la distinction entre l'État et la société et de la forme particulière que cette distinction a prise en France depuis la IIIe République. Si l'on peut admettre en effet que l'État n'est que la cristallisation d'un rapport de domination entre gouvernants et gouvernés, cela n'est qu'en raison de l'existence d'une différenciation claire entre ces gouvernants et gouvernés, de l'acceptation de cette situation temporaire par les gouvernés qui y trouvent un avantage relatif et de la possibilité d'un contrôle permanent sur les gouvernants et sur l'ensemble de leur activité. Or, l'histoire des institutions politiques et sociales de la France montre que l'avantage relatif des gouvernés s'est construit autour des principes d'unité de l'État – quand bien même son organisation serait décentralisée –, d'égalité des citoyens et de laïcité de la République. Dans ce travail séculaire, la notion de service public a joué un rôle déterminant, parce que l'intervention par voie de service public était devenue l'un des moyens principaux de la présence des gouvernants dans la vie quotidienne.

3 La particularité du droit du service public est alors de constituer un ensemble juridique homogène progressivement relié à la plupart des principes fondamentaux dans le

système juridique français. Cette liaison est devenue à ce point forte qu'elle a permis à certains juristes, tel René Chapus, de considérer qu'elle unit les deux grands types d'activité de l'État et des autres personnes publiques dans leur but essentiel de réalisation d'un optimum social : la production de normes juridiques, c'est-à-dire de prescriptions destinées à ordonner les relations sociales en imposant des comportements précis dont le respect est assuré par une menace de sanction, garantie par l'autorité publique ; la production de services concrets destinés à satisfaire les besoins collectifs de la société. L'activité de réglementation, comme celle de prestation, peuvent être présentées comme relevant d'une mission de service public essentielle à l'État.

4 À l'ère de la globalisation, ces dimensions du droit du service public n'ont pas été remises en cause. Bien au contraire, elles demeurent un des principaux leviers des interventions des pouvoirs publics qui, devant l'aggravation des inégalités sociales et économiques, sont de plus en plus largement tournées vers le maintien de la cohésion sociale et la préservation de l'ordre public. De telles interventions relient inévitablement les modes de production des règles de droit et les modalités de régulation des liens collectifs et de gestion des rapports sociaux.

SECTION II — LE DROIT DU SERVICE PUBLIC, COMPOSANTE DU DROIT ADMINISTRATIF

5 L'étude des conditions de production des normes et de leur cohérence relève à la fois de la théorie du droit, de la science politique et de la science administrative. Celle de l'encadrement juridique des prestations de services collectifs relève plutôt du droit administratif positif, dont il est possible de faire également la théorie, à condition de ne lui accorder jamais qu'une portée relative dans la vie sociale. Dans les deux cas, de toute façon, la même conclusion peut être faite, celle que le service public se caractérise par ses finalités : la satisfaction d'un besoin social, la poursuite d'un intérêt général. Selon une formule traditionnelle, il est considéré comme la *pierre angulaire du droit administratif*.

6 Cependant, outre le fait que l'activité d'intérêt général qui traduit la notion de service public peut être déclinée en plusieurs thèmes, la structure des services publics n'est pas uniforme, car les services rendus sont organisés de diverses façons, qui reposent sur les approches juridiques des services publics. Mais l'idée directrice demeure : l'intérêt général et la satisfaction des besoins sociaux justifient la création, exigent le maintien du service. La notion de service public est devenue vers la fin des années 1960 une notion fonctionnelle. Elle le reste de nos jours, ce qui induit l'étude du droit du service public.

7 Au-delà de ses racines profondes, cette mutation fonctionnelle explique que la notion de service public ne disparaisse pas et ne se modifie qu'assez peu quand certains des organismes ou des activités qui les gèrent se trouvent soumis à des règles de droit privé.

Dans un premier temps, c'est la notion de service public qui est invoquée pour délimiter divers champs dans lesquels, malgré cet environnement de droit privé, le droit commun ne saurait être mis en œuvre. En retour, la qualité d'un droit exorbitant du droit commun est comme rattachée à la notion de service public, qui sert alors de critère déclenchant l'application du droit administratif. Dans un second temps, pour identifier les activités de service public, la méthode d'approche est inversée : le constat décisif est celui de l'application à l'activité ou aux organes de règles de droit public qui habituellement ne concernent pas les personnes publiques, mais constituent au contraire des modalités de contrôle des personnes privées par les personnes publiques.

SECTION III PRÉSENTATION DE L'OUVRAGE

8 La difficulté d'une approche du droit du service public est accentuée par le rapport constant que la notion de service public entretient avec l'action politique, laquelle est, simultanément, de plus en plus corrélée aux discours et aux faits économiques. Le service public a été, et est encore, un instrument de légitimation de l'État, une assise des pouvoirs publics. Les liens qu'il tisse, de nos jours, avec l'idéologie républicaine nécessitent de le situer précisément dans le contexte juridique de la Ve République.

9 Dans un premier temps, une mise en perspective historique de quelques-unes des prémisses des conceptions du bien commun, de l'intérêt général et de la solidarité républicaine, montrera l'unité du droit du service public et présentera les composants juridiques qui caractérisent la notion de service public. Intégrant alors, en filigrane, les mutations qu'elle a subies du fait des discours libéraux français et européens, la conception française du service public constitue le socle à partir duquel l'ouvrage s'organise (Première partie).

10 Ensuite, prenant acte de la fonction opératoire de la notion de service public, une deuxième approche, ancrée dans le droit positif, s'attache à entrer au cœur du droit du service public en décomposant la notion centrale d'organisation du service public. Elle rappelle d'une part les principes établis depuis un siècle en matière de fondation et de suppression des services publics et en signale les principales transformations, avant de structurer les domaines juridiques qui, depuis les années 1990, constituent l'enjeu majeur des débats récurrents sur le service public, à savoir ses modes de gestion (Deuxième partie).

11 Si enfin, en raison même de la diversité des modes d'organisation du service public, il apparaît anachronique d'affirmer l'existence d'une complète unité de régime juridique du service public, cette unité ne fait guère de doute au plan des principes fondamentaux. Quelle que soit la qualité du rapport qu'un particulier développe avec un organisme ou un service donné, l'activité en cause demeure toujours une activité d'intérêt général, soumise à ces principes. Quelles que soient les transformations que pourraient subir ces principes sous l'influence des évolutions sociales et des mutations juridiques européennes, ils s'appliquent à tout type d'activités reconnues comme étant un service public (Troisième partie).

PREMIÈRE PARTIE
CONCEPTIONS DU SERVICE PUBLIC

CHAPITRE 1
L'ÉMERGENCE DU CONCEPT DE SERVICE PUBLIC

12 **Bibliographie** : L. Béquet, E. Laferrière et L. Dislère, *Répertoire de droit administratif*, (28 vol.), Dupont, 1882-1891 ; F. Olivier-Martin, *Histoire du droit français, des origines à la Révolution*, Domat, 1948 ; M. Villey, *La formation de la pensée juridique moderne*, Montchrestien, 1975 ; J.-L. Mestre, *Introduction historique au droit administratif français*, PUF, coll. Droit fondamental, 1985 ; J.-C. Marquis, *Le génie de l'État*, éd. l'Espace juridique, 1990 ; P. Legendre, *Trésor historique de l'État en France – L'administration classique*, Fayard, 1992 ; F. Burdeau, *Histoire du droit administratif (De la Révolution au début des années 1970)*, PUF, coll. Thémis, 1995 ; X. Bezançon, *Les Services publics en France. Du Moyen Âge à la Révolution*, éd. Presses des Ponts-et-Chaussées, 1995 ; A. Leca, *Institutions publiques françaises (avant 1789)*, Librairie de l'Univ. et PUAM, 2e éd. 1996 ; J.-M. Ohnet, *Histoire de la décentralisation française*, Le Livre de Poche, coll. Références, 1996 ; *La gestion déléguée du service public*, dossiers et documents de la *RFDA*, Sirey, 1997 ; X. Bezançon, *Les Services publics en France. De la Révolution à la Première Guerre mondiale*, éd. Presses des Ponts-et-Chaussées, 1998 ; P. Bodineau et M. Verpeaux, *Histoire de la décentralisation*, PUF, coll. Que sais-je ? n° 2741 ; R. Fraval de Coatparquet, *Le droit des concessions de 1806 à la fin du XIXe siècle*, th. hist. du droit, Rennes, 1999 ; X. Bezançon, *Essai sur les contrats de travaux et de service public. Contribution à l'histoire administrative de la délégation de service public*, LGDJ, Bibl. droit public, 2000 ; G. Bigot, *Introduction historique au droit administratif depuis 1789*, PUF, coll. Thémis, 2002 ; G. J. Guglielmi (dir.), *Histoire et service public*, PUF, 2004 ; B. Zielinski (dir.), *Penser le service public, Histoire et perspectives en France, en Allemagne et en Russie*, PU Laval, 2010.

J.-L. Mestre, « Les racines seigneuriales du droit administratif français », *Annuaire européen d'histoire de l'administration publique*, n° 4, 1981, p. 783 ; X. Bezançon, « Une approche historique du partenariat public-privé », *in* I. Chatrie, J.-M. Uhaldeborde (dir.), *Partenariat public-privé et développement territorial*, Le Monde éd., 1996, p. 27 ; M. Margairaz, O. Dard (dir.), Dossier « Le service public, l'économie, la République (1780-1960) », *RHMC*, n° 52-3, juill.-sept. 2005.

13 Évoquer l'émergence du concept de service public ne consiste nullement à rechercher une historicité des notions et de la théorie qui s'y rattachent. En effet, quelle que soit l'approche choisie ou l'angle de vue adopté, il pourra toujours être soutenu que le concept de service public que nous connaissons aujourd'hui n'acquiert de sens politique et juridique qu'à la Libération, à partir de 1945, quand la connaissance des besoins collectifs rejoint la conscience de l'intérêt général : le service public est incontestablement une notion qui sert la reconstruction politique de la solidarité nationale.

Il semble ainsi difficile de mettre le service public en perspective sans le relier aux discours politiques, car si l'expression « service public » et les termes « d'utilité publique », « d'usage commun » avaient pu être énoncés avant les premières années du XXe siècle, ils ne rendaient compte que de stratégies de pouvoir et ne traduisaient que des impératifs de puissance publique. Lorsque L. Duguit affirme que « la notion de service public remplace le concept de souveraineté comme fondement du droit public » (1), même s'il ajoute que « cette notion n'est pas nouvelle », il signifie clairement que ce n'est qu'à partir du moment où peuvent être définies des « obligations » pour les gouvernants envers les gouvernés que la notion prend sens. Par cela les doctrines du service public ont été indéniablement marquées par l'influence de L. Duguit et de l'École du service public sur les doctrines juridiques.

Cependant, même si, de toute évidence, l'histoire du service public est une histoire récente, amorcée par les discours politiques et forgée par les discours juridiques, il apparaît utile, sans prétendre faire œuvre d'historien, de signaler les traces d'une reconnaissance des activités d'intérêt collectif ou commun par les institutions de pouvoir, bien avant que la notion de devoir ou d'obligation envers les gouvernés ne leur soit imposée et sanctionnée.

14 Si le concept de service public est loin d'avoir, avant Duguit, la cohérence particulière que les juristes du XXe siècle lui avaient reconnue, il n'apparaît pas totalement absent des institutions et des pratiques juridiques de l'Ancien Régime, présidant ainsi à l'avènement de la Révolution et de la République. Il figure, depuis le XIe siècle au moins, soit en filigrane, soit par quelques-uns de ses éléments constitutifs, au cœur des rapports juridiques les plus remarquables et les plus déterminants des activités humaines, qui s'établissent déjà entre personnes publiques et personnes privées.

Comme dans bien d'autres systèmes sociaux, le lien entre les individus de ce millénaire naissant en Occident s'établit à partir de ce qu'ils réalisent en commun. Or, dans la plupart des communautés françaises, des activités communes, liées à des moments quotidiens, à des modes de vie et des formes d'échange, se trouvent prises en charge d'une manière ou d'une autre par la collectivité pour garantir leur usage « commun et ordinaire ». Cette prise en charge est régie le plus souvent suivant les mêmes concepts élémentaires, dégagés progressivement, et qui produisent des conséquences homogènes, prémisses logiques de ce qui pourra devenir ultérieurement une théorie du service public. Les principes et les pratiques d'intervention qui les enrichissent dessinent simultanément un régime juridique de plus en plus précis des différents services publics, malgré leur diversité de nature et la variété de leurs modes de gestion (section I).

15 Au risque de se répéter, il n'est pas possible de retracer ici, à travers les seuls éléments communs du régime de la notion, une « *histoire* du service public ». La notion de service public est de l'ordre des discours, quelles qu'en soient les propriétés philosophiques, politiques ou religieuses. Elle s'est construite au fil du temps : en premier lieu, indépendamment de toute considération sociale et pour les seuls intérêts du pouvoir instituant ; en second lieu, à l'encontre de la théorie utilitariste

(1) L. DUGUIT, *Les transformations du droit public*, La mémoire du droit (rééd. Libr. A. Colin, 1913) 1999, p. 33.

et libérale puis en la justifiant par le fait que l'espace public serait un espace économique, un espace de libre-échange (A. Smith). C'est seulement par la suite qu'elle acquiert la valeur d'une référence constante pour légitimer les actions, les missions et les interventions de l'État ; c'est en ce sens qu'elle détient désormais une fonction substantielle dans l'ordre du droit, notamment du fait de l'extension du rôle des juridictions dès la fin de la période révolutionnaire, de la juridiction administrative dès l'avènement de la IIIe République et surtout des législateurs dès les débuts de la IVe République (section II).

SECTION I LES PRÉMISSES THÉORIQUES DU SERVICE PUBLIC

16 Une théorie ne peut être élaborée que si les données sur lesquelles elle se construit sont conceptualisées, car la formulation du concept central ne dépend pas nécessairement des unités syntagmatiques que sont les mots et les locutions. L'expression « service public » n'apparaît guère dans les textes juridiques antérieurs à la Révolution française, mais cela n'exclut pas que les idées de bien commun, d'utilité publique, d'intérêt collectif ou de besoins sociaux auxquels il a semblé nécessaire de répondre à un moment donné n'aient pas été soulevées sous d'autres formes, dans d'autres termes.

Les variations du vocabulaire selon les époques doivent être signalées afin d'éviter que les variables de sens ne grèvent l'analyse. Rechercher les prémisses des théories du service public revient ainsi à signaler des propositions de discernement, des facteurs premiers d'un raisonnement ou d'une démonstration concernant l'émergence et l'existence de services publics avant la lettre, dans les étapes de la construction de l'État moderne.

17 Certes, il est établi que le concept de service public est de création récente (2), mais seulement en tant que l'un des critères fondamentaux pour la détermination du champ d'application du droit administratif. Or, les contours de la notion de service public ne sont pas inéluctablement dépendants de la notion de droit, ils ne procèdent pas *a priori* de manière absolue des discours des juristes. Dès lors, à l'occasion de ces premières approches, il ne s'agit pas de signaler les « sources originelles » d'une notion toujours indéterminée, mais de découvrir des éléments qui pourraient en constituer les fondements au sens juridique.

18 Plusieurs étapes assurant les transitions des discours politiques vers les processus de fabrication du droit, peuvent être étudiées pour rendre compte de l'émergence d'un concept juridique de service public, alors même que la seule chronologie historique ne permettrait pas de les associer. Ces processus répondent à un mouvement

(2) J. Chevallier, « Regards sur une évolution », *AJDA* 1997, n° spécial : *Le service public – unité et diversité*, p. 11.

qui va de la naissance de l'idée (§ 1) à l'apparition de la notion de service public durant la période révolutionnaire. Néanmoins, si la Révolution marque l'avènement d'un discours et d'un espace de la parole publique, elle permet surtout de donner un éclairage aux actions menées sous l'Ancien Régime, actions qu'elle requalifie sans pour autant les transformer fondamentalement. Car dès l'instant où l'on aborde l'étude de l'État absolutiste, on s'aperçoit qu'il est déjà possible de caractériser une reconnaissance non pas, en soi, de l'idée de service public et de ses implications essentielles pour la constitution du lien social, mais de la nécessité pour le Pouvoir de mettre en place un réseau de services destinés à consolider sa domination (§ 2). La période révolutionnaire a donc, en ce domaine, permis que les actions antérieures soient reconnues et insérées progressivement dans l'ordre des discours avant d'être exprimées dans l'ordre du droit.

§ 1. LA NAISSANCE DE L'IDÉE DE SERVICE PUBLIC

19 **Bibliographie** : G. Le Bras, « Les origines canoniques du droit administratif », *L'évolution du droit public. Études offertes à Achille Mestre*, LGDJ, Paris, 1956, p. 395 ; P. Legendre, « La royauté du droit administratif – recherches sur les fondements traditionnels de l'État centraliste en France », *RHD*, n° spécial : *La bureaucratie et le droit*, 1975, p. 152 ; J.-L. Mestre, « La contribution des droits romain et canonique à l'élaboration du droit administratif », *JEV* vol. V, 1982, p. 925 ; P. Jourdan, « La formation du concept de service public », *RDP* 1987, p. 89 ; P. Napoli, « "Police" : la conceptualisation d'un modèle juridico-politique sous l'Ancien Régime », *Droits* 1994, n° 20 et 21 ; D. Espagno, « Les sources originelles de la notion de service public », *Sciences de la société*, 1997, n° 42, p. 39 ; J.-L. Mestre, « L'emploi de l'expression "service public" sous l'Ancien Régime », *in* G. J. Guglielmi (dir.), *Histoire et service public*, PUF, 2004, p. 21 ; D. Margairaz, « L'invention du "service public" à la fin du XVIIIe s. : entre "changement matériel" et "contrainte de nommer" », *RHMC*, n° 52-3, juill.-sept. 2005, p. 10.

20 L'idée de service public et les activités de service public telles qu'on se les représente de nos jours ne sont pas liées à l'emploi de l'expression « service public » et des locutions « utilité publique » et « intérêt général ». Ces dernières ne traduisaient pas la philosophie de l'égalité et de l'esprit de fraternité qui fonde l'approche du service public moderne (3). L'association entre le mot « service » et le qualificatif « public » ne pouvait pas être réalisée dès les premiers temps de l'institutionnalisation des pouvoirs d'État et dans l'État, car les processus de construction du Royaume puis de l'État, ne répondaient pas spontanément à la philosophie juridique du lien social.

21 Si la perception du « collectif » est à la source de la notion de service public, cette dimension répond à plusieurs manières de concevoir la pluralité et la diversité. Il se trouve qu'à l'origine, le souci fondamental des institutions de Pouvoir est, afin de protéger leurs intérêts, de penser essentiellement l'unité et, par là, la communauté, le corps social, suivant des catégories particulières de la population qui forment des classes sociales et politiques déséquilibrées.

Pour situer les prémisses d'une théorie du service public, un bref détour vers les conceptions de la Cité dans l'Antiquité ne sert que partiellement l'analyse (A). Il

(3) M. Borgetto, *La notion de fraternité en droit public français. Le passé, le présent et l'avenir de la solidarité*, LGDJ, Bibl. droit public, 1993.

permet toutefois d'orienter cette perception historique autour de la notion d'intérêt de la collectivité. Car ce sont les faits sociaux plus que les discours qui permettent de rendre compte des futures insertions de la notion de service collectif, commun, public dans les sphères sociales et juridiques sous la période révolutionnaire. Ces éléments sont alors d'autant plus disparates que la chute de l'Empire romain, l'avènement de l'ère chrétienne et l'institution de la féodalité contribuèrent à un resserrement de la qualification de « public » sur l'espace du pouvoir politique, indépendamment de la situation des habitants, alors assujettis et non administrés (B).

A. *POLIS* ET *RES PUBLICA* À LA BASE D'UNE CONCEPTION DU SERVICE PUBLIC ?

22 Il apparaît que dans l'Antiquité grecque puis dans la Rome républicaine, la distinction entre les notions d'utilité publique (*utilitas publica*) et d'utilité privée se faisait jour. Défendue par les sophistes et par Aristote, cette distinction permettait de déterminer les sphères d'intervention de la société civile et de l'appareil de pouvoir. La sphère privée relevait de la société civile ; la sphère du bien commun était attribuée aux institutions de décision, de commandement, d'ordre. L'idée que les gouvernants ont pour mission de veiller à la qualité de la chose publique et de répondre à la nécessité de l'utilité publique renforce le pouvoir et le droit qu'ils ont d'imposer, pour ce faire, des contraintes aux habitants des territoires relevant de leur emprise.

23 En même temps, il est admis que cette mission inclut l'organisation de certains services destinés à satisfaire les besoins essentiels de la population. La Cité romaine se trouvait dotée de services publics destinés particulièrement à assurer la sécurité, la subsistance, l'hygiène et la salubrité dont des travaux généraux avaient permis d'ériger les infrastructures : aqueducs, égouts, éclairage des rues, thermes, greniers. Elle organisait aussi les services d'échanges, de communication et de loisirs, les hippodromes, les arènes. On pourrait ainsi penser que la Rome républicaine avait, en quelque sorte, inventé les premières formes d'organisation des services publics locaux.

24 Ces aperçus sont inévitablement incomplets et ne comblent pas l'incertitude quant à l'émergence du concept de service public. Si les œuvres de Platon et d'Aristote indiquent des thèmes à partir desquels ces premiers temps s'organisent autour d'une conception de la Cité fondée sur la cohésion de la « communauté » politique, la référence à l'Antiquité pour fonder des notions relevant de la modernité n'apparaît pas toujours pertinente.

Certes, en premier lieu, l'idée que l'intérêt collectif prime sur les intérêts particuliers est fondamentale. Elle est estimée indispensable à l'institution d'une Cité juste et ordonnée (Platon, *La République*, Livre IV, 420b). Néanmoins, si le principe de la répartition des tâches et des fonctions paraît être l'un des meilleurs moyens pour fonder ce pacte social, la dimension collective communautaire se construit sur des modes de différenciation entre les individus et les groupes. Ceux-ci, loin de rendre compte d'une réciprocité égalitaire, accentuent le phénomène de pouvoir et de commandement. Les références à l'obéissance, à la sagesse, à la prudence des citoyens soumis à nombre d'obligations et de contraintes, laissent dans l'ombre les droits auxquels ils pourraient prétendre en raison de leurs besoins essentiels.

La pensée aristotélicienne contribue aussi à ce mouvement de réflexion sur les formes publiques des services mis à la disposition de la population, de la communauté, des habitants ou des citoyens. Ainsi, en second lieu, la mise en commun de certains biens et, subséquemment, la nécessaire vigilance de chacun pour la qualité de la vie sociale – qui rejoint pour une part la conception du bien commun –, apparaît comme une évidence du fait même qu'il est impossible que les citoyens d'une Cité n'aient « rien en commun ». Par conséquent, l'organisation de la Cité ne peut pas être pensée sans cette mise en commun des services et des biens (Aristote, *Les Politiques*, Livre II).

De ces deux temps qui mettent en exergue les notions d'intérêt collectif et de bien commun, toutes deux fondées sur la recherche du bonheur et de la justice, peut émerger une certaine approche de la notion de service public.

25 Quant à l'existence d'une prestation de service prise en charge par la société de façon indifférenciée et fournie au bénéfice d'usagers identifiables, elle n'est pas attestée de façon universelle. Certaines institutions peuvent révéler cette prestation, mais de façon seulement indirecte. Par exemple, dans la Rome royale (VIIIe-Ve s. a.n.è.), celle de l'*ager publicus*, sorte de « mise à disposition » de la terre cultivable. Encore n'est-ce qu'en raison du caractère particulier (et religieux) de la propriété, en l'occurrence collective, de la Cité ou de la *gens*. Sous la République, les abus dans l'utilisation de l'*ager publicus*, malgré les tentatives de limitation des *gentes* (loi Licinia, -357) et l'autorisation donnée à la plèbe de l'investir à son tour, mèneront à l'apparition du partage privatif de l'usage (*ager compascuus*), puis de la location, puis du droit de propriété individuelle. Et on sait que la tentative de distribution de l'*ager publicus* au peuple entraîna, autour de la *lex Sempronia*, une crise majeure (de -134 à -100 environ) qui aboutit à la concentration définitive de ce domaine, dont la mise à disposition avait relevé du service public, entre les mains de deux mille propriétaires fonciers.

26 L'Empire romain est sans doute l'institution politique dans laquelle on constate pour la première fois une systématisation de services publics de prestation. Le plus frappant d'entre eux est sans doute la distribution de vivres. Inaugurée sous Caius Gracchus, rendue gratuite pour les citoyens non-propriétaires terriens, la distribution des vivres provenant initialement des dîmes coloniales se généralise complètement sous l'Empire (*congiarium*). Parfois, la prestation est liée à la logique même de l'Empire, qui s'appuie sur les corporations et le monopole pour saisir toute activité quotidienne comme preuve de sa présence gestionnaire et comme matière fiscale. Il en est ainsi de la boulangerie qui, totalement absente de Rome au début de la République, devient activité encouragée puis administrée par l'Empire depuis les greniers (4) jusqu'à la distribution du pain. En échange du monopole, les boulangers sont soumis à des obligations drastiques qui s'étendent à leur vie civile : les fils aînés de boulanger sont de naissance destinés à la profession ; le testament ne peut transmettre les biens constituant l'outil de travail qu'à une personne exerçant la profession. Il en est de même pour le vin ou pour le transport. La préoccupation de la continuité et l'appropriation collective de la fonction sont évidemment caractéristiques du service public, et stratégiques pour l'Empire.

(4) *Cod. Theod.*, lib. XIV, tit. III, *De pistoribus*.

27 Néanmoins, cette esquisse d'une conception du service public répond à des stratégies politiques, sociales et économiques spécifiques qui connaissent, en réalité, nombre de remises en cause sous l'Empire romain et, de fait, disparaissent dès l'avènement de la période féodale.

B. DÉCOMPOSITION ET RECOMPOSITION DES LIENS SOCIAUX AU MOYEN ÂGE

28 La décomposition des rapports politiques et des liens sociaux entre les habitants des cités se comprend par-delà les doctrines émergentes à l'ère chrétienne. La place de la pensée chrétienne dans la construction d'une théorie du service public ne fait pas de doute au plan des doctrines, surtout en ce qui concerne la notion de bien commun. Elle est moindre dans les faits – encore que les fonctions dogmatiques de la *charité* puissent être très tôt décelées. La diffusion des doctrines et préceptes chrétiens, catholiques et canoniques, permettra d'appréhender, par la suite, les liens entre les notions religieuses et l'élaboration de notions essentielles du droit administratif. Quoi qu'il en soit, si la perception rurale et domaniale de la gestion des biens et des richesses prédomine durant la période médiévale, c'est aux « villes » que revient le rôle majeur dans la construction du lien social, préfigurant l'apparition d'une notion d'intérêt collectif qui touche à la vie de la cité.

29 La caractéristique majeure de l'époque féodale est, en effet, la conception patrimoniale du pouvoir. La distinction entre utilité publique et utilité privée est ténue : l'intérêt du seigneur se trouve assimilé à l'intérêt public. Le seigneur féodal, qu'il soit un baron local ou qu'il s'agisse du roi, administre sa seigneurie comme une propriété. Il n'a d'autres obligations à satisfaire que morales, celles qu'il se pose ou s'oppose à lui-même. S'il n'est tenu à aucun devoir vis-à-vis de ceux auxquels s'imposent ses commandements, il est toutefois de son intérêt propre de créer des structures qui, renforçant son pouvoir sur ses sujets, constituent des formes initiales de services pouvant être mis, par la suite, en commun.

La mise en place d'un ordre féodal ou seigneurial contrevient à l'idéal de la communauté politique et de la Cité juste. Paradoxalement, elle n'en contribue pas moins à l'émergence, sinon de la conception moderne du service public, du moins de ses infrastructures. De plus, par l'essor que connaissent les lieux de commerce, marché et foires, promus par les villages, les villes, les agglomérations, elle participe indirectement à la constitution d'un lien social issu du développement des formes d'échange.

30 C'est en raison du but poursuivi par le seigneur ou le clergé que disparaît l'idée de service public, à peine esquissée durant la période civilisatrice de l'Antiquité. Les différents services collectifs institués à l'époque médiévale sont créés et organisés soit par le seigneur suivant ses intérêts économiques propres, soit par l'Église affichant une vocation caritative, mais dans les deux cas avec un objectif de surveillance et de contrôle des comportements individuels et sociaux. Cependant, l'essor des villes et, conséquemment, le développement des activités de commerce, des structures de communication et des lieux d'échanges participent à l'émergence des modes de diffusion de la pensée politique qui seront à la source d'une nouvelle conscience collective, politique et sociale. L'ouverture institutionnelle de l'Église sur les services d'intérêt collectif se réalise alors de manière approfondie dès le XIIe siècle,

quand la doctrine thomiste relaie la pensée philosophique grecque en se préoccupant de la définition du « bien commun ».

a) Les installations banales, services collectifs organisés par et pour le seigneur

31 Dans les espaces placés sous domination féodale, les seigneurs avaient généralement procédé à l'installation de différents équipements et services indispensables à la vie des collectivités situées sur leur fief. Ils s'en réservaient alors le monopole, obligeant les individus à s'acquitter d'une forte redevance pour en user, autant pour leurs besoins personnels que pour la fourniture des produits au seigneur : fours, moulins, pressoirs, sécheries de poissons, forges. Apparaît donc une forme particulière d'exercice de la puissance seigneuriale, l'institution des « banalités » (5).

Interdites à la construction par des particuliers, ces installations destinées à rendre des services de première nécessité sont un monopole seigneurial. De toute façon, leur utilisation est obligatoire sous peine de confiscation et d'amende. Par ailleurs, le montant du droit d'usage perçu à chaque opération dépasse nettement la valeur du service.

32 Les banalités sont clairement des moyens de fonder une fiscalité supplémentaire sur la production et la consommation. Néanmoins, parce que les opérations économiques concernées sont de première nécessité, et que leur paiement contient une part de redevance, les sujets peuvent en retirer des garanties. La première est que l'installation doit être tenue en état permanent de fonctionnement. Aussi, en cas d'interruption, ils obtiennent *ipso facto* l'autorisation d'utiliser des installations appartenant à un autre seigneur. La seconde est que, pour aussi élevée qu'elle soit, la tarification est identique pour chaque sujet, qui doit être servi dans l'ordre d'arrivée (6).

33 La première garantie découle de la qualité même de monopole de l'installation banale. Alors que le principe des banalités instaure un droit pour le seigneur d'obliger les hommes à moudre leur grain ou faire cuire leur pâte dans les installations qu'il gère, elle signifie que, dans le cas d'interruption de l'activité durant plus d'une journée, les sujets acquièrent le droit d'utiliser les installations appartenant à un autre seigneur. La seconde garantie résulte du principe selon lequel nul parmi les sujets ne dispose d'une priorité, nul ne peut réclamer de faveur : chacun est servi dans l'ordre de son arrivée au four, moulin ou pressoir. Aucune discrimination ne peut donc être établie entre eux.

J.-L. Mestre remarque que « de la sorte, se dessinent les grands traits d'un régime juridique des services d'intérêt collectif : le monopole, assorti du paiement d'une redevance, d'un côté ; la garantie de la continuité du service et de l'égalité de traitement des usagers, de l'autre » (7). Ces deux formes de garantie préfigurent aussi l'institution de relations économiques de réciprocité, tout aussi inégalitaires soient-elles, entre le détenteur du pouvoir et l'usager, utilisateur des infrastructures des services considérés.

(5) M. Rieufol, *Origine et histoire des droits de banalité*, th. droit Paris, 1898.

(6) A. Loysel, *Institutes coutumières*, nouvelle éd. par M. Dupin et E. Laboulaye, t. 1, éd. Reulos, Sirey, 1935, n° 241-245.

(7) J.-L. Mestre, *Introduction historique au droit administratif français*, PUF, coll. Droit fondamental, 1989, p. 36.

b) Les communautés de villageois et les solidarités urbaines

34 Dès la fin du XIe siècle, un concept de *chose publique* semble s'esquisser. Avec la naissance d'un mouvement communal, la conscience des intérêts collectifs se développe dans les communautés villageoises au moment où elles affirment leur existence et revendiquent leur indépendance. Dans les villes « franches », sont organisés des services d'intérêt commun qui ne sont qu'une structure logistique pour une police de l'organisation des villes. Outre la mise en place de services de type militaire destinés à renforcer la défense de la cité, sont créés, sous la forme première d'une réglementation, des services indispensables à la vie quotidienne : services de lutte contre les fléaux, services de nettoiement des passages et d'enlèvement des ordures, services d'entretien du patrimoine communal, services hospitaliers.

L'organisation de ces services est pensée en termes de police. Si elle est source d'avantages pour les habitants des municipalités, elle est aussi source d'obligations diverses comme la participation aux activités de surveillance des remparts, les impositions de toute nature, les contributions à l'entretien des passages et des ponts. La protection de la cité conduit ainsi à l'émergence d'un sentiment de solidarité locale. La préoccupation initiale de régulation des conduites se transforme en une recherche de maintien de la qualité de vie collective. Apparaît une sorte de droit de la nécessité sociale qui puise sa justification dans la nécessité d'assurer l'utilité commune.

35 Les domaines d'intervention des municipalités se diversifient progressivement. Aux préoccupations majeures de la défense et de la salubrité s'ajoutent d'autres champs d'action. Il en est ainsi par exemple en matière d'assistance, notamment envers les pauvres et les malades, afin de soutenir les actions menées par les institutions religieuses. Sont ainsi renforcés les liens entre les activités de service des villes et les pratiques des établissements religieux en vertu de la notion thomiste de « bien commun ».

36 Cette nécessité d'organiser la mise en commun de services répond aussi à des stratégies commerciales et économiques. Nombre de bourgs de marchés ou de villes de foires instituent des services de voirie locale qui, pour ces villes, consistent à pouvoir au maintien et à l'entretien des routes et des voies navigables. La gestion des voies de communication était devenue indispensable, avant d'être obligatoire.

Les seigneurs, grâce aux services imposés, ont contribué à la construction de nouvelles voies de circulation assurant le franchissement des forêts, collines et montagnes, et à l'entretien des routes existantes, généralement héritées de l'époque romaine. Un soutien indirect fut ainsi apporté à l'activité commerciale qui bénéficia principalement aux villes tandis que le souci de la sécurité de la circulation fit naître de nouvelles fonctions de police. Mais l'existence de tels travaux suscite, en dépit des « droits de péages » à acquitter, de nouveaux besoins : le voyage, le déplacement, la communication. Des services de transport des marchandises par charrette et de voyageurs par diligence, furent alors créés et des services de courrier ensuite organisés, toujours dans le même but : servir les intérêts des groupes sociaux les plus actifs et influents.

37 Une classification des routes en deux catégories, chemin privé et chemin public, apparaît alors. Ce retour à la distinction entre le champ privé et le cadre public, pendant la période féodale, confirme la difficulté de penser la réalisation de certains services essentiels au seul profit d'un seul. Pour ces chemins, le critère de distinction

était fondé non sur la nature de la propriété, mais sur la commodité du passage et la facilité de la circulation (est considéré chemin privé, le sentier – le *charere*, la *piesente* – étroit c'est-à-dire de moins de 16 pieds de large (8)). Les seigneurs se devaient alors d'assurer la paix sur les chemins publics dans la mesure où ils étaient titulaires des péages qui s'y attachaient. Une telle charge paraissant sans aucun doute trop lourde aux seigneurs locaux, incomba par la suite aux services du roi. La police des chemins publics s'apparentait alors à une activité de service rendu à l'utilisateur, à l'usager, au public. Toutefois, le souci de la sécurité du transport des marchandises, des courriers, ou des évêques et des émissaires du roi, précédait celui de la sécurité des personnes.

38 En février 1567, un édit de Charles IX confirme que les choses qui dépendent de la police sont « vivres, marchandises, œuvres et semblables ». La police générale matérialise l'intervention du roi dans la chose publique. P. Napoli note que « les pauvres, les hôpitaux, et tout ce qui relève de la misère matérielle et de la production et de l'échange des denrées sont au cœur du dispositif mis en place par l'autorité politique » (9). De plus, au-delà de l'intervention royale, l'influence de la pensée catholique ne fait guère de doute.

c) L'action caritative de l'Église, des services d'hygiène et d'assistance pour le bien commun

39 Dès lors que la religion catholique a assis sa domination et ne connaît que peu d'oppositions, la question de la pauvreté et son corollaire, celle de la charité (10), deviennent les sources de la réflexion que mène l'Église sur le rôle qu'elle peut jouer dans les structures sociales.

Les premières actions de l'Église dans l'espace social sont de *compassion*. Elles sont tournées vers l'aide aux malheureux, les soins et le soulagement des souffrances. Au-delà du fait que les acteurs religieux soient rémunérés par des dons lorsque leurs services sont rendus à ceux qui disposent de ressources, leurs incursions dans ce domaine signalent les carences des activités publiques, royales ou seigneuriales. Ces actions invitent à la *prévention* des affections : l'Église soutient par exemple les opérations d'assèchement des marais, vecteurs de maladies diverses à l'époque.

Le souci de la prévention des maladies renforce la détermination de l'Église à insuffler le sens collectif de l'hygiène et la conduit à s'engager dans les services de nettoiement des paroisses, villages et villes. Elle élargit son domaine d'action pour développer d'abord des activités d'enseignement des premiers soins, puis dans un souci d'éducation, la compréhension des doctrines. Elle se portera ensuite sur la défense de certains droits des assujettis, notamment le droit à la subsistance, consolidant ainsi la démarche charitable initiale, mais exclusivement à l'intention de ses propres fidèles.

(8) G. Jugnot, « Le droit de la route au Moyen Âge », *Travaux de l'Académie nat. de Reims,* vol. 164, 1985, p. 87.

(9) P. Napoli, « "Police" : la conceptualisation d'un modèle juridico-politique sous l'Ancien Régime », *Droits*, 1994, n° 20, p. 185.

(10) L. Dubrulle, *Monseigneur Rodhain et le Secours catholique. Une figure sociale de la charité*, Paris, Desclée de Brouwer, 2008.

40 Lorsque dans les « villes » apparaît un principe d'action sous la forme de la défense d'un intérêt collectif, le discours de l'Église se modifie et tente de dépasser la stratégie compassionnelle. Sous l'influence de la philosophie thomiste, convoquée par la doctrine chrétienne pour donner une place centrale à ces notions, sont avancées les idées d'utilité commune, d'utilité publique, de bien public, de profit commun, présentées comme fondements nécessaires et légitimant l'exercice d'un pouvoir public. Si la pratique féodale a dégagé les formes de gestion collective des activités sociales les plus importantes, la « théorie du droit » s'emploie alors à en expliquer à la fois la justification et le fondement à l'aide d'un seul concept : le « bien commun ».

Jean-Louis Mestre a montré comment la notion de « commun profit », née de celle, romaine, d'*utilitas publica*, objet de nombreuses controverses, joue un rôle déterminant dans la définition de la mission (11) et de l'action administratives (12). L'avantage notable du « commun profit » est qu'il l'emporte, en tout cas, sur les intérêts privés, tant selon le droit romain que selon les glossateurs et les coutumes. Cette notion permet selon le cas, l'accroissement des pouvoirs, la légitimation de la norme, la dérogation à certains principes juridiques généraux. Elle s'établit, progressivement comme la seule finalité acceptable de l'action des administrateurs.

41 Dès le XIVe siècle, la plupart des textes préconisant l'institution des services d'intérêt collectif se réfèrent à la notion de bien commun sous des dénominations variables : commun profit, bien public, bien de la chose publique et utilité publique. La notion de « bien commun » relève cependant d'une catégorie morale et non juridique, en dépit des thèses de Thomas d'Aquin qui invitent à reconsidérer le lien entre les membres de la société à l'aune de la loi divine : « le bien commun est le point de convergence de tous les biens particuliers, même s'il demeure supérieur à eux » (13). Ces justifications se clarifient tout au long des siècles suivants. Pour J. Chevallier, elles préfigurent le mouvement de sécularisation, puis de laïcisation, qui prévaudra, par la suite, pour toute activité d'intérêt général (14) : de la notion de « bien commun » découlerait celle, plus récente, d'intérêt général, même si elle a perdu son caractère « transcendantal » (15). Pour d'autres, la notion d'intérêt général traduirait une conception radicalement nouvelle du pouvoir et ne saurait se présenter comme une simple laïcisation de la notion de bien commun (16).

De fait, c'est avec l'émergence de la démocratie que la pensée de l'intérêt général est amorcée et, avec elle, celle du service public.

(11) J.-L. Mestre, *Introduction historique au droit administratif français*, PUF, coll. Droit fondamental, 1989, p. 98 et s.

(12) J. Gaudemet, « Utilitas publica », *RHD* 1951, p. 465 ; G. Chevrier, « Remarques sur l'introduction de la distinction du *jus privatum* et du *jus publicum* dans les œuvres des anciens juristes français », *Arch. Philo. du Droit*, 1952, p. 11-24.

(13) Conseil d'État, « L'intérêt général », *EDCE* 1999, n° 50, p. 250 ; v. aussi, F. Rangeon, *L'idéologie de l'intérêt général*, Economica, 1986.

(14) J. Chevallier, « Réflexions sur l'idéologie de l'intérêt général », *in* CURAPP, *Variations autour de l'idéologie de l'intérêt général*, PUF, 1978, p. 5.

(15) D. Linotte, *Recherches sur la notion d'intérêt général en droit administratif français*, th. droit Bordeaux, 1975.

(16) Conseil d'État, « L'intérêt général », *EDCE* 1999, n° 50, p. 251.

§ 2. L'ÉMERGENCE D'UN RÉGIME JURIDIQUE DES SERVICES PUBLICS

42 **Bibliographie :** E. PERROT, *Les cas royaux. Origine et développement de la théorie aux XIIIe et XIVe siècles*, th. droit Paris, 1910 ; Ch. PETIT-DUTAILLIS, *Les Communes françaises*, Albin-Michel, 1970, p. 335 ; P. OURLIAC, *Droit romain et pratique méridionale au XVe siècle. Étienne Bertrand*, th. droit Paris, 1937 ; J. PETOT, *Histoire de l'administration des Ponts et Chaussées*, th. Paris, 1958 ; P. SUEUR, *Histoire du droit public français, La genèse de l'État contemporain*, PUF, coll. Thémis, 1989 ; M. LE ROUX (dir.), *Postes d'Europe, XVIIIe-XXIe siècle. Jalons d'une histoire comparée*, Comité pour l'histoire de la Poste, 2007.

J.-L. HAROUEL, « L'environnement urbain, histoire de sa réglementation », *Droit et environnement. Propos disciplinaire sur un droit en construction*, PUAM, 1995 ; F. AUTRAND, « Le service public », *in* J. FAVIER (dir.), *La France médiévale*, Fayard, 1983, p. 285.

43 Dans la prise en charge historique de certaines activités d'intérêt collectif, la coexistence est remarquable entre d'une part des principes de fonctionnement nés de la pratique et d'autre part une justification finalisée provenant des droits savants. Aux principes d'universalité d'accès, de continuité de fonctionnement et d'égalité de traitement, qui résultent de la nature même des services concernés et de la nécessité ressentie de la gestion publique, se rattachent à la fois la possibilité de déléguer de telles activités et l'idée philosophique et politique de « commun profit ».

A. DES PRINCIPES DE FONCTIONNEMENT

44 Même après la généralisation du régime seigneurial, le roi, comme tout seigneur, dispose pleinement de pouvoirs relevant de la police économique. Il les exerce dans tous les domaines : les eaux, supports des droits de pêche pour leur exploitation, et de péage pour leur franchissement ; les forêts, denrée stratégique de l'énergie et de la construction ; les cultures, qui rythment la vie même de ses sujets ; le commerce, enfin, garantie de la croissance des échanges et matière fiscale par nature.

Parce que les opérations économiques concernées sont de première nécessité et parce que leur paiement, même lourd, répond à une logique de « service rendu », les sujets bénéficient de deux garanties : l'installation doit être tenue en état permanent de fonctionnement, la tarification est identique pour chaque sujet.

45 Ainsi, le développement embryonnaire d'un service offert au public par une autorité publique, le seigneur en l'occurrence, entouré de garanties de fonctionnement, produit inévitablement, en raison du mode d'organisation de la justice sous le régime seigneurial, des effets juridiques qui tendent à préciser son statut. Les seigneurs, leurs agents et éventuellement les représentants du roi, prévôts, baillis et sénéchaux (17), sont amenés à connaître des litiges nés du fonctionnement des banalités (18). Ces litiges aboutissent non seulement à condamner les sujets coupables de fraude, ce qui n'est pas spécifique de ce mode d'imposition, mais aussi les meuniers et fourniers banaux qui abusaient, fréquemment semble-t-il, de leur

(17) E. PERROT, *Les cas royaux. Origine et développement de la théorie aux XIIIe et XIVe siècles*, th. droit Paris, 1910.

(18) M. PLANIOL, *Histoire des institutions de la Bretagne*, t. III, J. Floch, 1981 ; *Coutumes d'Anjou*, éd. C.-J. Beautemps-Beaupré, Durand et Pedone, 1877, ms B, § 116 et 117 ; ms C, § 107 ; ms F, § 1464.

position pour s'enrichir au détriment des utilisateurs. Il est intéressant de remarquer que les règles de fonctionnement des banalités demeurent les mêmes quel que soit le mode de gestion retenu, en régie (« garde ») par un préposé du seigneur, ou bien en ferme (19).

46 Ces premières approches des principes de fonctionnement du service public, axées sur la question de la continuité et de la permanence du service, prolongées par des systèmes de responsabilité, permettent de mieux situer les apports de la période révolutionnaire au renforcement du principe d'égalité des citoyens devant la loi et de l'égal accès aux emplois publics.

B. LA POSSIBILITÉ D'UNE DÉLÉGATION

47 Le régime seigneurial avait utilisé, au niveau local, un outil juridique appelé à un grand succès : la délégation contractuelle.

Par contrat, le seigneur pouvait déléguer à ceux qui le servaient, un certain nombre de tâches administratives relevant de l'exercice de son propre pouvoir, ainsi que les prérogatives de puissance publique qui y sont attachées. L'accomplissement de ces tâches était rémunéré par l'attribution d'un « fief en fonctions », droit de percevoir les revenus de terres de rapport ou de prélever une partie des redevances collectées. La logique de ce contrat se trouve dans l'essence même du système féodal.

À un degré moindre, le seigneur réalisait aussi une délégation lorsqu'il transférait la gestion de tâches moins générales ou plus limitées, au moyen du bail à cens ou de l'affermage. Le seigneur abandonnait l'exploitation d'une tâche, le plus souvent sujette à monopole, en échange d'une rémunération forfaitaire, loyer ou fermage.

48 Au cours du XIIIe siècle se développent simultanément ces deux formes principales de délégation. La première porte sur un ensemble de tâches administratives d'intérêt commun dont les prestations ne sont pas individualisables. Cet ensemble, étant lié à la gestion publique d'une collectivité géographique cohérente et comportant le transfert du ban, de la maîtrise de la règle de droit local, trouve sa rémunération dans l'exploitation de la richesse dégagée par le fief.

La forme la plus aboutie de cette délégation est l'apparition de « lettres de communes » (Orléans, 1137) puis de « concessions de communes » (Breteuil, 1286 ; Sens, 1474) (20).

La seconde forme de délégation, au contraire, concerne des activités dont les sujets peuvent être amenés à supporter directement le coût, ou plus généralement la charge individualisée si elle est fiscale. L'affermage se développe donc, pour de nombreuses fonctions administratives et judiciaires, notamment les prévôtés. Il est attribué par adjudication au plus offrant, ce qui permet d'abonder le trésor royal.

Néanmoins, les excès subis par les habitants soumis à ce régime ont freiné sa généralisation (21). Les contestations qu'il déclenche contribuent même à dégager les

(19) J. GARNIER, *Chartes de communes et d'affranchissements en Bourgogne,* Dijon, 1867.
(20) Ch. PETIT-DUTAILLIS, *Les Communes françaises,* Albin Michel, 1970, p. 335.
(21) G. SIVERY, « Le mécontentement dans le royaume de France et les enquêtes de Saint-Louis », *RHD* 1983, p. 3.

grands traits du droit de ce type de contrats (22). « Le régime juridique de ces diverses concessions présente deux traits remarquables [...] : il assure, d'une part, la situation éminente du seigneur concédant vis-à-vis de son concessionnaire ; il fait peser, d'autre part, des effets sur ces tiers à l'acte que sont les sujets du seigneur, les administrés » (23). On peut résumer la prééminence du concédant en disant que le seigneur conserve un pouvoir de direction et de surveillance sur son fermier ou son vassal, au besoin en résiliant le contrat sans faute de ce dernier ou en reprenant le fief (24). Par ailleurs, soit qu'il exerce la justice féodale pour les fiefs en fonction, soit qu'il baille ou afferme, le seigneur peut prendre toute sanction utile à l'encontre de son cocontractant, et la faire exécuter par la force (25).

49 Le noyau dur de ce régime juridique n'est pas sensiblement modifié lorsque les communautés, au fur et à mesure de l'émancipation urbaine du XIIe au XIVe siècle, succèdent aux seigneurs. Les jurats, échevins et capitouls se voient reconnaître par le roi une autonomie pour gérer les activités d'intérêt collectif, soit par l'exercice de nombreux pouvoirs de police, soit par la répartition des corvées, soit par l'exploitation des banalités. Les prestations de service ou la mise en valeur du domaine peuvent ensuite faire l'objet de concessions dont les caractéristiques tendent déjà à se fixer. Les conditions générales « réglementaires » du contrat sont imposées par la communauté, le plus souvent d'après les contrats précédents ou des usages locaux établis. Il est attribué par adjudication après annonce ou cri public. La procédure d'adjudication réserve la possibilité de surenchère, puis de dédit pour folle enchère. Enfin, il est toujours loisible à la commune de ne pas conclure le contrat malgré l'adjudication ou de s'en dégager si une meilleure proposition lui est faite à bref délai. Une approche des modes de gestion des services publics se dessine ainsi progressivement.

C. UNE APPROCHE DES MODES DE GESTION

50 De « grands services publics » apparaissent donc à partir du XVe siècle (26). Certains ont un champ d'application national, d'autres sont limités par l'exploitation sous forme de service d'un ouvrage ou d'un élément du domaine. Ainsi en est-il des transports de toutes natures. Louis XI organisa par exemple la poste aux chevaux (1464), Henri III la messagerie royale (1576). Les lignes de coches entre Paris, Rouen, Beauvais, Troyes, et Orléans, et de carrosses publics deviennent suffisamment importantes pour justifier la désignation d'un surintendant (1594). Le milieu du XVIIe siècle voit partout en France se développer des compagnies de louages de chevaux, fiacres et carrosses (27).

(22) G. Dupont-Ferrier, *Les officiers royaux des bailliages et sénéchaussées et les institutions monarchiques locales en France à la fin du Moyen Âge*, th. lettres, 1902, p. 784 et s.

(23) J.-L. Mestre, *Introduction historique au droit administratif français*, PUF, coll. Droit fondamental, 1989, p. 46.

(24) H. Janeau, *Les institutions judiciaires du Dauphiné de Viennois (1282-1349)*, th. droit, Grenoble, 1953.

(25) J.-P. Leguay, *La ville de Rennes au XVe siècle à travers les comptes des Miseurs,* th. lettres Rennes, 1968.

(26) Il est à noter que dès le XVe siècle, et surtout au XVIe les monopoles publics, notamment ceux liés aux banalités, sont contestés par des jurisconsultes au motif qu'ils n'en trouvent pas de précédent dans le droit romain. Ils tentent alors de les fonder sur l'application du droit privé : P. Ourliac, *Droit romain et pratique méridionale au XVe siècle. Étienne Bertrand,* th. droit Paris, 1937 ; J.-L. Mestre, *Introduction... op. cit.* p. 157.

(27) X. Bezançon, « Une approche historique... », *op. cit.* p. 31.

51 La problématique générale des services d'utilité commune introduit également des questionnements à propos des modes de gestion de ces services et, à partir de la période révolutionnaire, de la qualité des personnels qui s'y investissent.

a) Les contrats

52 Un de leurs domaines privilégiés est la salubrité et la sécurité des villes. L'enlèvement des ordures ménagères est délégué pour trente ans par Henri IV à un capitaine de l'artillerie royale (1608). L'alimentation en eau du Louvre est attribuée à Lintlaër sous la forme d'un fief en fonctions (1604) ; Jean de Manse signe un contrat de dix ans avec la ville de Paris (1670) puis les pompes à incendie sont concédées à Dumouriez Dupérier (1669), avant que la première concession d'eau soit confiée aux frères Périer en 1777 (28). L'éclairage public parisien est concédé avec monopole en 1769.

53 Ce foisonnement de services publics a pour première conséquence de promouvoir plusieurs formes contractuelles, correspondant à des types variés de gestion publique, qui s'affinent du XIIIe siècle jusqu'à la Révolution. Certaines d'entre elles ne se rapportent pas directement à la mise en place de services publics de prestation. Il en est ainsi des délégations fiscales et domaniales. En effet, si l'activité fiscale est assurée dans l'intérêt général, elle ne vise qu'à donner les moyens aux pouvoirs publics de remplir un certain nombre de fonctions, mais ne réalise pas en elle-même la fourniture individualisable d'un service d'intérêt collectif. De même, la mise en valeur du domaine public, qu'elle s'opère par la volonté des personnes publiques ou à l'initiative des personnes privées, assure un enrichissement collectif ou crée le support de certains services publics, mais elle ne constitue pas en elle-même une activité de services destinée au public.

54 Les formes contractuelles utilisées répondent à la typologie des besoins de gestion publique sous la Monarchie. Lorsque l'activité à gérer est complexe ou innovante, lorsque la compétence technique et les possibilités financières sont fortement concentrées entre quelques personnes privées, la délégation est le plus souvent utilisée. À l'inverse, pour une activité simple et répétitive et lorsque la puissance publique se trouve face à une multiplicité d'offres, il y est pourvu par des marchés ponctuels et de durée limitée.

55 Le mot « concession » (1280) n'a alors nullement le sens que le commissaire du gouvernement Chardenet contribuera ultérieurement à dégager. Concéder signifie au premier chef « accorder, céder, se retirer » et porte plus aisément sur un privilège ou un droit foncier que sur une tâche d'intérêt collectif. Son apparition semble postérieure à des termes comme affermer (1200) qui désigne la signature, l'accord, la convention par excellence, parce qu'elle porte sur le type le plus représentatif de contrats : celui par lequel un propriétaire laisse exploiter un domaine foncier contre paiement d'un loyer.

Néanmoins, ce contrat se distingue, dans sa logique, d'un simple contrat de bail qui se borne à céder la jouissance d'un droit réel. Il contient des obligations de résultat portant sur des prestations de service renouvelables à exécution successive, alors que

(28) Des extraits *in* X. BEZANÇON, « Une approche historique… », *op. cit.* p. 37.

les caractéristiques essentielles demeurent sous la direction de la puissance publique concédante et que le contrat contient des dispositions matériellement réglementaires.

Par ailleurs, il est avéré que les théoriciens, des juristes médiévaux jusqu'aux jurisconsultes de l'Ancien Régime, ne se sont jamais vraiment attachés à séparer exactement ce qui relevait du pur contrat et de l'acte unilatéral du souverain (29).

56 Le vocabulaire, cependant, ne saurait suffire à la distinction. Certains baux, qui réservent à la puissance publique la conception, la direction et la responsabilité du résultat des travaux, qui dissocient nettement construction et prestations de service, et dont la durée est inférieure à dix ans, sont des marchés. C'est le cas, par exemple, du bail d'entretien des pavés de Paris (Bail « Voisin », 1605). Certaines fermes, qui se bornent à déléguer une simple exécution en n'imposant que des obligations de moyens, selon un règlement détaillé, contre un paiement forfaitaire, même par adjudication, sont aussi matériellement des marchés, comme la ferme de la loterie (1539).

En revanche, certains baux de longue durée, dans lesquels l'autorité transfère ses droits et prérogatives à un tiers fournissant une prestation considérée comme d'intérêt collectif, et lié par certaines obligations de résultat, sont bel et bien des délégations de service public. Il en est ainsi des « concessions municipales » portant sur l'eau, l'assainissement, la voirie, les secours, l'éclairage, et certains « privilèges » royaux, comme l'académie des spectacles d'opéra (Perrin, 1669) (30).

57 Par ailleurs, il est remarquable que le mode de rémunération du délégataire soit totalement indifférent à la qualification du service public, de la délégation ou du contrat. À l'époque, contrairement au principe retenu au XXe siècle par le Conseil d'État, le fait que l'autorité publique rémunère le concessionnaire ne disqualifie nullement le contrat. Nombreux sont les exemples de concessions laissant place au paiement direct par l'autorité concédante. Pour les « concessions classiques », concernant l'éclairage public, les ordures ménagères, « le financement [de l'équipement] demeure en majorité à la charge du concessionnaire, mais le paiement de la prestation peut être mis totalement ou partiellement à celle de la commune ou de l'État » (31). La circulaire de Colbert aux intendants du 10 décembre 1669 aurait également inventé un « contrat de délégation à paiement public » (32), ancêtre du marché d'entreprise de travaux publics.

58 Il est également remarquable que le mode de gestion soit promptement et aisément réversible. Ainsi, l'Assemblée nationale trouve en 1789 une poste aux lettres gérée par affermage. Dès le mois d'octobre (33), elle supprime la délégation contractuelle pour reprendre l'activité en régie et fonde une véritable administration postale. Mais, alerté par le Directoire sur la gravité de l'état du service des postes, le Conseil des Cinq Cents débat de l'avenir de la régie nationale de l'été 1796 à l'été 1797 (34), ce qui aboutira au vote du retour à l'affermage de la poste aux lettres (35). Bien qu'il ait été

(29) V. G. Chevrier, « Remarques sur l'introduction... », *op. cit.*

(30) V. G. J. Guglielmi, « Opéra et service public » *in* M. Touzeil-Divina et G. Koubi (dir.), *Droit et Opéra*, LGDJ, coll. Fac. Droit Poitiers, 2008, p. 87.

(31) X. Bezançon, « Une approche historique... », *op. cit.* p. 37.

(32) *Ibid.* p. 39.

(33) *Arch. Parl.*, t. IX, p. 517.

(34) Synthèse du débat dans O. Langlois, *Contribution à l'histoire du service public postal*, th. hist. du droit, Strasbourg-III, 2003, p. 41 et s.

(35) L. de finances du 9 vendémiaire an VI (30 sept. 1797).

suivi d'effets, puisqu'un bail à ferme fut signé avec un nommé Anson le 19 juin 1798, la ferme fut un échec en raison de l'insuffisance des tarifs et du refus du Conseil des Cinq Cents de les réviser (36). Il fallut résilier le contrat à la demande du fermier le 18 octobre 1799. Finalement, le Consulat imposa durablement d'une part le monopole postal (37), d'autre part la régie intéressée (38).

59 Le contrat n'exclut d'ailleurs ni le contrôle par la puissance publique, ni la préoccupation d'une responsabilité née des dommages créés par le service. Ainsi, sous la restauration, à partir de 1818, le service des malles-poste contraignit les responsables des Postes à prendre diverses mesures pour améliorer la vitesse de l'acheminement des lettres et correspondances, dont les résultats furent publiés et évalués (39). G. Arbellot note ainsi que « les malles-poste faisaient l'objet entre l'administration et leur constructeur d'un contrat d'entretien destiné à leur assurer une fiabilité maximum sur la route » (40). Dans cette même étude, il remarque que, au vu du nombre d'accidents causés par les seules malles-poste, le service des Postes avait établi un barème d'indemnisation des victimes, mais certains procès pouvaient être intentés et l'obliger à des réparations plus importantes que celles prévues par ces évaluations, notamment pour la mort ou les blessures des voyageurs transportés dans les malles accidentées (41). Se construit ainsi un système de responsabilité du fait de dommages causés aux usagers à l'occasion d'une activité de service public.

b) Le personnel

60 Si, dès la Révolution, interfère la question de la nature des emplois dans les administrations et dans les différents services publics alors créés (42), à peine posée, la question est résolue : les détenteurs des emplois publics sont des agents publics.

Par la suite, toutes les variantes du statut des personnels dans les services publics reviendront sur le paradigme révolutionnaire de la *vertu*, prélude de « l'esprit de service public » (43). Car la conscience des intérêts de la Nation commande le travail des agents, élément sociologique qui, en référence à l'article 6 de la Déclaration des droits de 1789, met plus l'accent sur les vertus et les talents que sur l'égale admissibilité des citoyens aux emplois publics.

La « bonne » gestion du service public doit alors beaucoup aux mentalités sociales et aux comportements des individus qui s'y impliquent. Cependant, ces mentalités et comportements dépendent nécessairement non de la seule appréhension de la notion de service public, mais de la connaissance de ses caractéristiques juridiques.

(36) O. Langlois, *op. cit.* p. 172 et s.
(37) Arr. du 27 prairial an IX.
(38) L. du 25 frimaire an VIII (16 déc. 1799) et arrêté du 14 nivôse an VIII (4 janv. 1800).
(39) *Annuaire des Postes ou Manuel de la Poste aux lettres et aux chevaux,* Paris, 1833-1868.
(40) G. Arbellot, « Les premiers pas de la "vitesse" dans les transports publics champenois (XVIIIe-XIXe s.) », *Travaux de l'Académie nationale de Reims,* vol. 164, 1985, p. 123.
(41) *Ibid.* p. 123.
(42) v. G. Thuillier, *Témoins de l'administration de Saint-Just à Marx*, L'Administration nouvelle, Paris, 1967.
(43) A. Le Pors, « La Révolution française et le modèle français du fonctionnaire », *in* C. Mazauric (dir.), *La Révolution française et les processus de socialisation de l'homme moderne*, Messidor, 1989, p. 69 ; v. aussi G. Hurpin, « Personnels et pratiques de l'administration au temps du Directoire », *ibid.* p. 107.

D. LA NÉCESSITÉ DU SERVICE « AU » PUBLIC

61 Avant que n'interviennent les idéologues de la Révolution, dans le prolongement d'une reconstitution « administrative » du Royaume de France, se substituait progressivement à la vision patrimoniale du pouvoir en vigueur durant la période féodale une nouvelle forme de communication publique agencée autour de la personne du roi. Le roi de France était, en effet, devenu une figure centrale dans l'agencement des relations entre les corps sociaux et les institutions de pouvoir. S'opère alors un dédoublement des services royaux, les uns attachés à la personne du roi considérée comme personne privée, les autres préoccupés du maintien des fonctions de pouvoir dans la sphère publique. Dans le cadre de ces derniers, s'esquisse une modification des référents essentiels, quand le souci du service de la personne politique s'estompe au profit du service des sujets du roi, quand le service créé pour accroître le pouvoir du Souverain devient un service « au » public.

62 Par exemple, en 1464, l'organisation des services de chevaux de poste répond à la nécessité de contribuer à la fois au développement des communications, en couvrant l'ensemble du territoire du Royaume, mais aussi, par voie de conséquence, à l'avantage de la plupart des habitants de ce territoire. L'objectif était de rationaliser et de faciliter les communications royales avec les différentes autorités réparties dans le Royaume. Conçu à l'origine pour assurer la transmission des courriers du roi, de ses édits, ordres et lettres, ce service fut, par la suite, ouvert aux particuliers, aux sujets, aux personnes privées, suivant des modes de paiement diversifiés qui pouvaient ainsi, non pas directement en garantir la rentabilité, mais au moins en assurer le maintien. Dès le XVIIe siècle, ce service fut érigé en monopole tant pour des raisons d'ordre public que pour des nécessités d'ordre économique.

63 En ces domaines, l'expression « service public » ou « service *au* public » n'est pas énoncée formellement dans les textes de forme juridique. Ainsi que J.-L. Mestre le relève, elle ne devait pourtant pas être totalement inconnue (44), quand bien même les justifications premières ne pouvaient alors rendre compte d'un souci de cohésion sociale qui ne prendra sens que plus tard. Les diverses significations du mot « service » se comprennent certes en fonction des individus bénéficiaires mais surtout par rapport aux intérêts de l'État, du souverain.

De son côté, X. Bezançon observe que la mention du service public apparaît clairement au début du XVIIe siècle dans les édits royaux, – comme dans l'Édit de 1635 qui réorganise les modes de transport par voie navigable et par voie terrestre pour les transports publics et le courrier postal, dans lequel le roi déclare : « voulant autant qu'il nous sera possible, rendre le commerce de notre Royaume facile et commode, nous ordonnons auxdits fermiers d'établir des bureaux tant en notre bonne ville de Paris qu'en toutes les villes et [...] établirons des personnes et commis suffisants pour subvenir à toutes lesdites voitures, en sorte que le service public n'en soit aucunement retardé ». De même, le 20 novembre 1785, le Roi a l'occasion de rappeler l'obligation de transport gratuit pour les lettres et correspondances dans un arrêt du Conseil portant sur l'administration de la Poste et sur celle des relais et messagers : « le transport des malles aux lettres continuera de se faire gratis par le maître de postes, deux fois

(44) J.-L. Mestre, *Introduction...*, *op. cit.* p. 270.

par semaine, moyennant 5 s. de garde […] sur toutes les routes où il est établi des grands courriers même sur celles où il viendrait à en être établi par la suite pour faciliter le service public ».

Divers récits font encore état d'autres préoccupations comme celles de l'efficacité et de la qualité du service ; puis, dès 1722, lorsque la question de la « vitesse » des services de transport devait être évoquée, et, quand le voyage « en poste » devint le voyage rapide par excellence, ce fut celle de la « sécurité », « mais, au vu de son prix très élevé, il ne pouvait être pratiqué que par un petit nombre de privilégiés » (45).

64 Par ailleurs, l'organisation de nombreux services communaux, municipaux, relatifs à la sécurité et à la salubrité, à la distribution et à la gestion de l'eau (1777) conduisit les autorités locales à s'investir dans le domaine économique dès lors que, pour un besoin donné, aucune personne privée ne semblait se l'être approprié ou bien si l'intervention de personnes privées paraissait insuffisante pour y répondre. Par exemple, en 1655, la commune de Marignane faisait établir une boulangerie communale, assurant aux fermiers le monopole de la fourniture de pain ; les boulangers, alléguant une restriction portée à leurs libertés et signalant le fait que le service créé leur faisait perdre leur travail et leurs sources de revenus se virent opposer par la communauté villageoise le « bien de la population » et l'exigence de « la continuité du service » (46).

65 Ces exemples prouvent, s'il en était besoin, que la question du service *au* public avait été évoquée avant la période révolutionnaire. Mais les principes de fonctionnement et les modes de gestion de ces services ne répondaient pas nécessairement à la philosophie des Lumières. L'accès à ces services restait réservé à une élite, à des privilégiés. Le mérite de la Révolution est d'avoir suscité une réflexion sur la mise en pratique de l'égalité des citoyens devant la loi, donc sur l'égalité des usagers de ces formes de service public – l'idée de solidarité n'étant devenue centrale qu'avec l'avènement de la République. L'idée de bien commun s'estompe au profit de celle de bonheur commun, et « la morale s'efface devant le droit, conçu comme l'instrument par excellence de l'ingéniosité humaine, qui s'attache à résoudre le problème posé par l'antagonisme des intérêts » (47).

SECTION II — LE SERVICE PUBLIC, EXPRESSION JURIDIQUE D'UNE PHILOSOPHIE RÉPUBLICAINE

66 Il n'apparaît pas nécessaire de s'attarder sur les services liés à la puissance publique que, depuis le XIIIe siècle, toute autorité politique s'attache à organiser, souvent dans son propre intérêt, telles l'armée, la levée des impôts, la

(45) G. ARBELLOT, « Les premiers… », *op. cit.* p. 119.
(46) J.-L. MESTRE, *Un droit administratif à la fin de l'Ancien Régime : Le contentieux des communautés de Provence,* LGDJ, 1976.
(47) Conseil d'État, « L'intérêt général », *EDCE* 1999, n° 50, p. 248.

monnaie, la justice ou la diplomatie. En revanche, pour une approche historique de la notion de service public la période révolutionnaire marque une étape essentielle parce que, précisément, elle insère, dans les discours politiques, une appréhension juridique de l'utilité publique (§ 1).

Ensuite, la formation progressive du droit administratif, par le chœur à deux voix de la théorie juridique et de la jurisprudence, réserve à l'utilité publique requalifiée en « intérêt général » et à la notion émergente de service public, une place de plus en plus importante dans la construction de ce droit (§ 2).

Enfin, l'interventionnisme de l'État dans les secteurs économiques et sociaux, engagé depuis la Première Guerre mondiale et poursuivi dans l'entre-deux-guerres a permis l'épanouissement de la notion de service public, tant au plan juridique, où il diversifie sa fonction de « critère » de compétence pour influencer des solutions au fond du droit, qu'au plan politique où il légitime l'élaboration d'un service public que certains qualifieront par la suite « à la française » et qui cumule propriété publique, monopole et prestation matérielle de service public (§ 3.).

§ 1. LA RÉVOLUTION, PRÉLUDE À LA PENSÉE JURIDIQUE DU SERVICE PUBLIC

67 **Bibliographie** : J. Belin, *La logique d'une idée force : l'idée d'utilité sociale sous la Révolution française (1789-1791)*, Hermann, 1939 ; C. Mazauric (dir.), *La Révolution française et les processus de socialisation de l'homme moderne*, éd. Messidor, 1989 ; J.-C. Beguin, P. Charlot, Y. Laidié (dir.), *La solidarité en droit public*, L'Harmattan, coll. Logiques juridiques, 2005 ; M. Hecquard-Théron (dir.), *Solidarité(s) – Perspectives juridiques*, LGDJ/PU Scienc. soc. Toulouse, 2009.

J.-L. Mestre, « La notion de service public d'après les débats de l'Assemblée nationale constituante », *EDCE*, 1998, n° 40, p. 187 ; M. Borgetto, « Secours publics et service public », *in* G. J. Guglielmi (dir.), *Histoire et service public*, PUF, 2004, p. 37 ; P. Napoli, « Service public, XIXe-XXe siècles », *in* A. Stanziani (dir.), *Dictionnaire historique de l'économie-droit, XVIIIe-XXe s.*, LGDJ, 2007.

68 La construction révolutionnaire de la Nation a sans aucun doute pour base le processus d'institutionnalisation de l'État modelé sous l'Ancien Régime. P. Legendre remarque ainsi que « l'étroit mélange de traditions féodales et d'inventions modernes au sein de l'État monarchique nous empêche de voir ce qu'en vérité la Révolution n'a pas récusé, principalement tout ce qui avait jusqu'alors déjà déjoué l'organisation féodale et contribué à produire l'uniformité juridique » (48). Toutefois, la Révolution ne procède pas à une simple opération de rationalisation du pouvoir administratif central, elle modifie substantiellement les référents du politique et remanie les principes de la légitimité des pouvoirs d'État. La Révolution est, en ce domaine, porteuse d'un autre discours qui pose comme axiome central « l'utilité générale ».

69 Dès les premières discussions à l'Assemblée nationale constituante en 1789, apparaît une conscience de l'intérêt général et de la nécessité des services publics.

J.-L. Mestre relève que l'expression « service public » est fréquemment employée lors des débats, ce qui justifie qu'elle apparaisse dans les textes adoptés par l'Assemblée.

(48) P. Legendre, « La royauté du droit administratif – recherches sur les fondements traditionnels de l'État centraliste en France », *RHD*, n° spécial : *La bureaucratie et le droit*, 1975, p. 152.

Toutefois, il remarque que les significations attribuées à ces termes sont « distinctes mais complémentaires ». Si l'expression est parfois employée au sens organique pour désigner un établissement, une agence ou une administration, elle se trouve plus souvent utilisée au sens matériel pour rendre compte tant de l'activité mise en cause que du citoyen placé au service de l'État. C'est à propos du citoyen au service de la Nation ou affecté à une tâche destinée à l'utilité générale, que l'expression « service public » se rencontre le plus souvent, assurant ainsi la liaison entre le sens organique et le sens matériel. Ce constat n'empêche pas que, à l'occasion des débats, aient été envisagées certaines formes particulières d'activités « d'utilité commune », tels des « secours », aides ou prestations, dès lors qualifiées services publics.

70 Les Constituants opposent le service public à un service d'une autre nature : le « service particulier ». Ce type de service pourrait, moyennant certaines nuances, être qualifié de nos jours comme « privé ». Une telle dialectique relevée dans les discours révolutionnaires montre que « l'expression service public [...] avait déjà une portée d'ordre conceptuel » (49) ; les Constituants lui attribuaient des « traits caractéristiques » qui tiennent d'une part à ce qu'il est « lié au principe de l'égalité devant la loi » et, d'autre part à ce qu'il doit « être assuré de manière continue ». En évoquant cette distinction et en notant ces traits spécifiques, les Constituants ont donc « ébauché une notion de service public » (50) rattachée, cependant, à la conception de l'État, de ses actes et actions, telle que la pensée révolutionnaire la développait alors.

La conception de l'État, indissolublement liée à l'avènement de la Nation, de son unité et de son indivisibilité, apparaît ainsi peu à peu « centrée » sur l'existence et l'exigence du service public. Elle commande que certaines activités indispensables à l'affermissement du lien social et au développement de l'individu, nouveau sujet de droits, soient prises en charge par l'État et se trouvent ainsi érigées en « services publics ».

71 L'essentiel de l'apport de la période révolutionnaire à la construction historique de la notion de service public tient sans doute au poids nouveau que les discours et les mots acquièrent dans l'espace de la parole publique. Émerge ainsi la consécration juridique de l'idée que le service public – entendu comme le service du « bien commun » selon l'expression ayant cours sous l'Ancien Régime, de « l'utilité commune » ou de « l'utilité publique » selon la phraséologie révolutionnaire (51), ou de l'intérêt général ou public selon le vocabulaire de l'époque moderne – constitue la mission des gouvernants et la justification des pouvoirs dont ils disposent.

Cette idée progressivement développée dès la fin du Moyen Âge, nettement affirmée à l'époque des Lumières, ne se trouve consacrée qu'à partir du moment où le dépassement de la réflexion philosophique s'imposait pour enfin la mettre en œuvre. La remise en cause des formes d'organisation sociale de l'État monarchique traduit l'idéologie révolutionnaire dont le trait principal est de substituer un État *vertueux*, voué au service de l'intérêt général, à un État jugé ne pas l'être.

(49) J.-L. MESTRE, « La notion de service public d'après les débats de l'Assemblée nationale constituante », *EDCE* 1988, n° 40, p. 198.
(50) *Ibid.* p. 198 ; p. 197.
(51) Ces expressions sont présentes dans la Déclaration des droits de l'homme et du citoyen du 26 août 1789 (art. 1er) et dans la Constitution du 3 sept. 1791 (Titre premier : dispositions fondamentales garanties par la Constitution).

72 La proclamation par l'Assemblée nationale, dans la Déclaration des droits de l'homme et du citoyen, du principe de la souveraineté nationale (art. 3) et, subséquemment, sa réaffirmation dans l'article 1er du titre III de la Constitution du 3 septembre 1791, signalent explicitement la fin de l'Ancien Régime qui se caractérisait par la confusion des intérêts de l'État et de ceux de la personne du Souverain, donc par l'assimilation plus ou moins totale du service de celle-ci au service de celui-là.

L'axiome juridique et politique énoncé par les révolutionnaires n'exprime pas seulement une vérité concernant le titulaire légitime de la souveraineté et la source unique et nécessaire du pouvoir des gouvernants. Il postule, en effet, que ceux qui assurent le gouvernement de l'État par la volonté de la Nation, que ceux qui « sont chargés de vouloir » pour celle-ci, ne sauraient se donner et poursuivre d'autre but dans l'exercice de leur fonction que le service de la collectivité nationale. S'esquisse une nouvelle théorie de l'État en vertu de laquelle « le service public est à la fois le fondement et la limite du pouvoir des gouvernants » (52).

Cette conception se trouve toutefois plus sûrement défendue par les révolutionnaires de 1793, en attendant sa postérité, attribuée à Léon Duguit. Même si les révolutionnaires n'avaient pu ou su l'affirmer ou le proposer dès 1789, leur conception de l'utilité commune sur laquelle peut se fonder l'idée du service public, répond à la dimension fondamentale de « l'interdépendance sociale » dont Duguit formula ultérieurement les caractères principaux en signifiant qu'il était du devoir des autorités de l'État de l'assurer.

73 L'affirmation des droits et libertés de l'homme et du citoyen dépend de cette perception de l'utilité publique ou de l'utilité commune à la base de la notion de service public. La référence au « bonheur de tous » en 1789 puis au « bonheur commun » en 1793 répond à un souci de consolidation de l'association politique et à la construction du lien social rénové. Pour J.-L. Mestre, les révolutionnaires, animés par une forme de mystique, « croyaient sincèrement que l'État régénéré devait se mettre au service du bonheur de tous » (53). Ainsi, il est précisé, dans les dispositions fondamentales garanties par la Constitution de 1791 qui en forment le titre premier, que les biens « destinés à tous les services d'utilité publique appartiennent à la Nation et sont dans tous les temps à sa disposition ». Mais encore, dans ce même titre, est imposée une obligation pour l'État de créer et d'organiser ces services notamment dans le champ de l'assistance sociale et sur le terrain de l'instruction. D'une part, il « sera créé et organisé un établissement général de Secours publics, pour élever les enfants abandonnés, soulager les pauvres infirmes, et fournir du travail aux pauvres valides qui n'auraient pu s'en procurer », d'autre part, « il sera créé et organisé une Instruction publique commune à tous les citoyens, gratuite à l'égard des parties d'enseignement indispensables pour tous les hommes... ».

Ces deux dispositifs relèvent des actions engagées dès 1790 par l'Assemblée constituante. Par exemple, dès le 21 janvier 1790, l'Assemblée mit en place un Comité de mendicité pour remédier aux situations de pauvreté (54). Les rapports du Comité de

(52) J. Chevallier, « Regards sur une évolution », *AJDA* 1997, n° spécial : *Le service public – unité et diversité*, p. 11.

(53) J.-L. Mestre, « La notion de service public d'après les débats de l'Assemblée nationale constituante », *EDCE* 1988, n° 40, p. 208.

(54) H. Hazfeld, *Du paupérisme à la sécurité sociale*, A. Colin, Paris, 1971 ; le Comité de mendicité prit, par la suite, le nom de Comité de Salut public.

mendicité de la Constituante furent établis par La Rochefoucauld-Liancourt. Le programme qu'ils préconisaient consistait en des mesures et mécanismes d'assistance publique pour les indigents. L'objectif était que l'État, par l'intermédiaire de la loi, contribuât à l'élimination de la pauvreté, et par là insérât la charité sélective qui avait cours dans le cadre des contributions communes. Cette préoccupation explique que, dans la Déclaration des droits de l'homme et du citoyen du 24 juin 1793 (art. 21), les secours publics soient considérés comme une « dette sacrée » et que « la société doi[ve] la subsistance aux citoyens malheureux, soit en leur procurant du travail, soit en assurant les moyens d'exister à ceux qui sont hors d'état de travailler ». Comme le souligne M. Borgetto, « cette promotion eut alors deux grandes conséquences : d'une part, la sécularisation de l'assistance, puisque celle-ci relève désormais non plus de l'église et de la charité privée mais de la société toute entière, laquelle accomplit sa mission *via* la mise en place d'un grand service public. Et d'autre part sa nationalisation [...], le service nouveau qu'il convenait de créer devait revêtir, en effet, le caractère d'un service public national » (55). Il en est de même pour l'instruction, puisque cette même Déclaration de 1793 énonce dans son article 22 que « l'instruction est le besoin de tous. La société doit favoriser de tout son pouvoir les progrès de la raison publique, et mettre l'instruction à la portée de tous les citoyens ».

En matière d'utilité commune ou d'utilité publique, les approches développées dans les discours révolutionnaires ne se séparent pas des fonctions de l'égalité en droits : la justification première est d'assurer à tous et à chacun le « bonheur ». De l'utopie du « bonheur » procèdent les premières affirmations à la source de la notion juridique de service public et découlent les premières réalisations concrétisant l'établissement du lien social.

74 Même si jusqu'à la fin du XIXe siècle la notion n'est pas inconnue, « le service public n'est certainement pas cette poutre maîtresse, cette clef de voûte de la construction étatique qu'il est devenu au XXe siècle » (56). Toutefois, certaines traces peuvent être relevées dans les textes constitutionnels de la période révolutionnaire, qui permettent de penser que le confinement actuel de la notion de service public dans le seul champ juridique n'est que le produit d'une corporation, celle des juristes en l'occurrence.

Outre quelques mentions dans la Constitution du 3 septembre 1791, tirées principalement de son titre premier, il est intéressant de noter que dès la Convention, la problématique du service public prit de la vigueur. La Constitution du 24 juin 1793 innovait fondamentalement en proclamant de nouveaux droits, des « droits sociaux », des droits qui mettaient ainsi des devoirs à la charge des gouvernants, de la société en général, des citoyens et qui, par cela, constituaient une invite à la création, à l'organisation et à l'établissement de services publics fondés sur la notion de « solidarité ». La solidarité justifie, en effet, l'intervention croissante des institutions publiques dans la sphère des rapports sociaux (57).

75 Ainsi, il est nécessaire de dépasser les seules dispositions de la Déclaration des droits de l'homme et du citoyen de 1793 pour retenir les mentions de l'article 122

(55) M. Borgetto, « Secours publics... », *op. cit.* p. 50.

(56) J. Chevallier, « Regards sur une évolution », *AJDA* 1997, n° spécial : *Le service public – unité et diversité*, p. 11.

(57) M. David, *La solidarité comme contrat et comme éthique*, Berger-Levrault, 1982 ; Ouvr. coll., *La solidarité, un sentiment républicain ?*, PUF, coll. CURAPP, 1992 ; J.-C. Beguin, P. Charlot, Y. Laidié (dir.), *La solidarité en droit public*, L'Harmattan, coll. Logiques Juridique, 2005.

de l'Acte constitutionnel du 24 juin 1793 qui rappellent que la Constitution garantit à tous « une instruction commune et des secours publics ». À ce propos, on peut lire dans le rapport Barrère du 11 mai 1794 que « la République seule peut exécuter la grande loi de bienfaisance universelle, par des règlements sages et une économie raisonnée » (58), incitant à penser l'État comme un « État protecteur », un État de « sûreté ».

La constance avec laquelle ces deux domaines d'intervention, l'instruction et l'assistance, sont à chaque fois rappelés doit être retenue comme substantielle : ce sont les deux terrains sur lesquels se construit l'interdépendance sociale, à partir desquels se comprend le lien social à la racine de la conception contemporaine du service public (59).

76 La « fin de la Révolution » est confirmée avec l'avènement de la Constitution de l'an III. Cette constitution marque une nouvelle étape dans la construction du droit public, étape pendant laquelle la progression des discours vers une notion de service public semble cependant connaître une éclipse. L'idéal du « bonheur de tous » ou du « bonheur commun » n'est plus à l'ordre du jour. La Déclaration des droits et des devoirs de l'homme et du citoyen du 5 fructidor an III (22 août 1795) ne mentionne plus les droits sociaux tels le droit au travail, le droit à l'assistance et le droit à l'instruction, qui auraient exigé une intervention effective des pouvoirs publics pour instaurer et assurer les services publics aptes à les concrétiser.

Cependant, dans le titre X de la Constitution de 1795 consacré à « l'instruction publique », sont traduites certaines des préoccupations développées auparavant. Ainsi, s'il n'est pas précisé que les écoles primaires sont également ouvertes à tous, au moins est-il établi que « la République pourvoit aux frais de logement des instituteurs préposés à ces écoles » (art. 296) tandis que l'article 298 de la Constitution prévoit l'établissement d'un « institut national chargé de recueillir les découvertes, de perfectionner les arts et les sciences ». De même, à propos des finances qui font l'objet du titre XI de la Constitution, il est prévu que soient publiés « les comptes des dépenses particulières aux départements, et relatives aux tribunaux, aux administrations, au progrès des sciences, à tous les travaux et établissements publics ». Il apparaît difficile de penser que ces mentions soient coupées de la philosophie dont elles sont issues : l'absence de l'expression « utilité publique » ou « commune » dans les textes ne signifie pas nécessairement que certaines de ses dimensions idéologiques soient exclues à l'occasion des insertions relatives à l'instruction publique et aux établissements publics.

Néanmoins, malgré cet élan, la fonction de la solidarité sociale, qui était au centre de l'ébauche d'une théorie du service public par les révolutionnaires perd de son sens dès 1799 et ne se trouvera revitalisée, pour une part, qu'en 1848.

77 En définitive, ce n'est pas parce qu'elle est une innovation fondamentale de l'Assemblée constituante que la notion de service public acquiert un sens juridique dès la période révolutionnaire. L'apport majeur de la Révolution française est plutôt

(58) Cité par H. HAZFELD, *Du paupérisme à la sécurité sociale*, A. Colin, Paris, 1971, p. 280.

(59) On peut y ajouter les dispositions de l'article 54 de l'Acte constitutionnel de 1793 qui offrent une vision du service public encore retenue de nos jours en ce qui concerne « les honneurs publics à la mémoire des grands hommes » et celles de l'article 55 « sont désignées sous le nom particulier de D., les actes du Corps législatif concernant […] les récompenses nationales ».

d'avoir suscité une réflexion sur la qualité du sujet de droit, sur la qualité de citoyen, au-delà même de la consécration de la liberté, et surtout d'avoir construit le champ du service d'utilité publique sur les données essentielles de l'égalité en droits. La performance de ces discours repose toutefois sur l'existence antérieure des formes d'action publique qui avaient pris la mesure de la nécessité du service *au* public.

En ce domaine, la continuité et l'approfondissement des projets et activités d'ordre public ne fait guère de doute. Il n'existe pas de « rupture » dans l'ordre du système juridique mais une « translation » : l'idée d'un service *au* public avancée sous l'Ancien Régime trouve donc une nouvelle justification : le bien commun des citoyens selon leur volonté et non plus selon le désir de puissance du souverain.

§ 2. FORMATION DU DROIT ADMINISTRATIF ET NOTION DE SERVICE PUBLIC

78 **Bibliographie :** J. LUCHET, *L'arrêt Blanco. La thèse de la compétence administrative en matière de responsabilité de l'État,* (th. Nancy), Les Presses modernes, 1935 ; J. CADART, *Les tribunaux judiciaires et la notion de service public : la notion judiciaire de service public*, Sirey, 1954 ; J. LAMARQUE, *Recherche sur l'application du droit privé aux services publics administratifs*, LGDJ, 1960 ; J. CHEVALLIER, *L'élaboration historique du principe de séparation de la juridiction administrative et de l'administration active*, LGDJ, 1970 ; E. PISIER, *Le service public dans la théorie de l'État de Léon Duguit,* LGDJ, 1972 ; G. J. GUGLIELMI, *La notion d'administration publique dans la théorie juridique française, de la Révolution à l'arrêt Cadot (1789-1889),* LGDJ, 1991 ; M.-J. REDOR, *De l'État légal à l'État de droit. L'évolution des conceptions de la doctrine publiciste française (1871-1914)*, Economica, 1992 ; G. QUIOT, *Aux origines du couple gestion publique – gestion privée. Recherche sur la formation de la théorie de la gestion privée des services publics,* th. droit Nice, 1992 ; G. BIGOT, *L'autorité judiciaire et le contentieux de l'administration (1800-1872),* Paris, LGDJ, 1999.

M. HAURIOU, « De la formation du droit administratif français depuis l'an VIII », *RGA,* 1892, t. 2, p. 386 ; « Le développement de la jurisprudence administrative depuis 1870 », *Bull. SLC*, 1922, p. 236 ; H. BERTHÉLÉMY, « Défense de quelques vieux principes (Le service public) », *Mél. Hauriou*, Sirey, 1929, p. 811 ; B. CHENOT, « La notion de service public dans la jurisprudence économique du Conseil d'État », *EDCE* 1950, p. 77 ; J. RIVERO, « Hauriou et l'avènement de la notion de service public », *Mél. Mestre,* 1956, p. 451 ; P. COUZINET, « La théorie de la gestion publique dans l'œuvre de Maurice Hauriou », *Annales fac. de droit et sc. éco. de Toulouse,* 1968, p. 157 ; M. DOUENCE, « La naissance du pouvoir d'organisation du service public dans la jurisprudence administrative des années 1900 », et M. TOUZEIL-DIVINA, « L'histoire d'un service public : le service extérieur des pompes funèbres : du liturgique à l'économique (1802-2002) », *in* G. J. GUGLIELMI (dir.), *Histoire et service public*, PUF, 2004, p. 39 et p. 295 ; G. J. GUGLIELMI, « Les juristes, le service public et les entreprises publiques (XIXe – XXe s.) », *RHMC,* n° 52-3, juill.-sept. 2005, p. 98 ; Cl. LEMERCIER « La construction d'un modèle français de service public avant 1914 », *Regards croisés sur l'économie*, 2/2007 (n° 2), p. 47.

79 L'importance de la notion de service public se manifeste nettement dès les premières décennies du XIXe siècle : la notion est incontestablement présente, et certainement davantage que celle de « puissance publique » – telle qu'entendue par la doctrine moderne –, dans la pensée juridique et le droit positif de la première moitié de ce siècle, sans toutefois faire l'objet d'une structuration théorique. Elle s'affirme de manière claire avec l'arrêt Blanco (60), présenté rétrospectivement comme la « pierre angulaire du droit administratif » (61), et elle avait été au moins signalée par Hauriou dans les années 1890.

(60) TC, 8 févr. 1873, Blanco, *Rec.* 1er suppl. 61, concl. David.
(61) G. JÈZE, *Les Principes généraux du droit administratif*, Giard et Brière, 1914, préface, p. X.

A. LA NOTION DE SERVICE PUBLIC EN QUÊTE DE THÉORIE JURIDIQUE AU XIXe SIÈCLE

80 Il n'existe pas, en apparence, de notion juridique de service public construite entre l'émergence du droit administratif contemporain et 1885. C'est-à-dire que la formulation d'une définition, fondée sur un vocabulaire généralement accepté, et la délimitation de critères d'identification jurisprudentielle font défaut. Pourtant, il n'est pas possible de se contenter d'une telle absence de théorisation alors que, d'une part, la notion de service public a émergé avec la force qu'on sait au tout début du XXe siècle et que, d'autre part, le service public existait, au sens matériel, dans les prestations fournies et faisait l'objet d'attentions ponctuelles des juristes. Aussi, après le constat d'une absence, faut-il s'interroger sur ses explications possibles, puis sur son dépassement ultérieur.

a) Une absence constatée

81 L'expression « service public » n'est certes pas inconnue des théoriciens du droit au XIXe siècle. Comme l'a montré J.-L. Mestre, cette expression prise dans son sens matériel d'activité accomplie dans l'intérêt général est fréquemment utilisée au cours du Consulat et de l'Empire, notamment par des membres du Conseil d'État en leur qualité d'orateurs du gouvernement devant les Chambres (62). Sous la Restauration, elle est également employée à plusieurs reprises en ce même sens par De Gérando, conseiller d'État, membre de la Commission du contentieux et professeur de droit administratif à la faculté de droit de Paris, dans ses « Institutes du droit administratif français » (63) comme catégorie de regroupement et comme fondement de certaines subdivisions du plan de l'ouvrage, plus particulièrement dans la seconde partie intitulée « Des divers services publics ou de la matière du droit administratif » (64). Ainsi, Gérando enseigne-t-il par exemple dans son ouvrage que les réquisitions « doivent concilier autant qu'il est possible le respect dû aux droits privés avec les exigences du service public » (65).

82 Cela peut s'expliquer par le fait que d'une part, De Gérando a vécu la Révolution en tant que spectateur engagé, puis en tant qu'acteur, et que d'autre part, il est un philanthrope et moraliste fortement imprégné de la doctrine de la charité chrétienne (66). Au premier chef, les services publics relèvent donc pour lui, dans des manifestations que nous qualifierions aujourd'hui d'action sanitaire et sociale, d'une évidence de solidarité. Au-delà de cette première approche matérielle, De Gérando est le seul théoricien influent du droit public à attribuer dès cette époque une valeur générale à la locution « services publics », pour lui permettre de désigner l'activité

(62) J.-L. Mestre, « La notion de service public d'après les débats de l'Assemblée nationale constituante », *EDCE,* 1998, n° 40, p. 204.
(63) *Institutes du droit administratif français, ou éléments du Code administratif réunis et mis en ordre par [l'auteur],* Paris, Nève, 1829-1836, premier véritable « traité » de droit administratif.
(64) J.-M. De Gérando, *Institutes du droit administratif français, ou éléments du Code administratif réunis et mis en ordre par [l'auteur],* Paris, Nève, 1829-1836.
(65) *Op. cit.,* t. I, p. 57.
(66) Pour plus de détails, cf. G. Berlia, *Gérando, sa vie, son œuvre,* LGDJ, 1942, et la correspondance entre De Gérando et son épouse, qui fut publiée une dizaine d'années après son décès.

générale des personnes publiques et notamment l'activité de production normative, c'est-à-dire de réglementation. Mais la notion de service public qu'il préfigure, alors embryonnaire, ne se développe pas, en tant que telle, dans la législation ultérieure, même si cette dernière encadre des services publics matériels.

83 Le successeur de ce pionnier, Macarel, ne reprend pas cette conception fédératrice du service public, peut-être parce ce qu'il fut à l'origine chargé du Cours plus largement intitulé « Administration générale » avant de reprendre celui de droit administratif laissé vacant par le décès de De Gérando en 1842 (67). Certes, il arrive bien à Macarel d'utiliser la locution « services publics », dans le sens particulier de « l'état des services » caractérisant l'activité des agents publics, de la durée passée dans une fonction publique, notamment à propos des pensions des fonctionnaires (68). Mais cette locution ne prend certainement pas la valeur d'une catégorie juridique explicative ou même traduisant une représentation globale du système juridique.

84 De même, les principaux juristes de droit public et administratif sous la Monarchie de Juillet, Bouchené-Lefer, Chauveau, Cormenin, Cotelle, Dufour, Foucart, Firmin-Laferrière, Mallein, Serrigny, Trolley, à la recherche d'une notion explicative de la construction du droit administratif, font porter leurs efforts sur d'autres aspects, tels la compétence, la hiérarchie, la séparation des pouvoirs. La locution service public est donc, au mieux, un lieu commun, au pire un moyen commode de désigner, de façon variable selon l'auteur, une activité particulière relevant de la fonction administrative des personnes publiques.

85 Le point culminant de cette façon soit allusive, soit indifférente, de traiter et de ne pas traiter le service public est atteint par Aucoc, qui dans la deuxième édition de ses « Conférences » (69), en 1885, a même éliminé les sens antérieurs de la locution, alors qu'il étudie abondamment les chemins de fer d'intérêt général et les justifications de leur gestion partielle par un réseau d'État. Il est vrai que cet auteur, qui fut président de la section des travaux publics du Conseil d'État à partir de 1870, présente la particularité chronologique d'avoir pris sa retraite en 1879, année charnière pour la stabilisation politique et le point de départ de l'intervention économique de la IIIe République.

86 Le constat majeur sur la portée théorique de l'expression « service public » entre la Révolution et l'installation de la IIIe République, est donc celui d'une double absence. Le « service public » n'a pas de contenu précis qui soit majoritairement partagé par les juristes, il n'a pas non plus de réalité globale, comme celle d'une pré-notion qui servirait à représenter, d'une manière ou d'une autre, le système de droit public.

(67) Cf. *Cours de droit administratif professé à la Faculté de Droit de Paris, 1842-1843*, Paris, Thorel, 1844 ; *Cours d'Administration et de droit administratif professé à la Faculté de Droit de Paris*, Paris, Librairie de jurisprudence de Plon frères, 1852.

(68) Les « pensions pour les services publics » en sont le principal exemple, *in Éléments de droit politique*, Paris, Nève, 1833, p. 389.

(69) *Conférences sur l'Administration et le droit administratif faites à l'École impériale des Ponts et Chaussées*, Paris, Dunod, 1re éd., t. I, 1869 ; t. II, 1870 ; t. III, 1876.

b) Une absence explicable

87 Un facteur non négligeable de l'apparition tardive de la notion contemporaine de service public est certainement le rôle pris, dans la théorie juridique du XIXe siècle par une notion autrement plus commune, qu'on pourrait presque qualifier d'écrasante, celle d'« administration ». Car c'est bien par la notion d'administration publique, souvent honorée d'un grand A, que la plupart des auteurs réalisent progressivement l'unification conceptuelle du droit administratif depuis les premières années suivant la Révolution jusqu'à la fin du second Empire (70). Tout se passe comme si, lorsque la notion d'Administration eut fini de jouer son rôle opératoire, celle de service public l'avait relayée. Et cette hypothèse mérite d'être creusée car la fragilisation relative d'un usage théorique de l'Administration semble bien due à la cristallisation de la pensée juridique française sur la personnalité juridique de l'État entre 1870 et 1900 : la théorie allemande avait personnifié l'État à partir de 1850 ; les juristes français à la fin du XIXe siècle s'opposaient sur la nature réelle ou fictive de la personnalité morale (71).

88 C'est dans ce contexte qu'intervient la construction d'ensemble du droit administratif matériel conçue par Hauriou dès 1892. On ne rappelle jamais assez que, pour celui-ci, la notion unificatrice du droit administratif est la personnalité juridique plus que la « puissance publique ». Or, cette représentation – qui suppose d'ailleurs des personnes administratives fondamentalement duales : privées pour la jouissance de droits subjectifs, et publiques pour les droits de puissance publique – en ce qu'elle se fonde sur plusieurs personnes administratives regroupées dans un État qui peut être une personne juridique, sonne le glas de la notion d'administration telle qu'elle avait cours depuis la Révolution.

89 Si la notion de service public prend alors le relais, c'est qu'elle correspond à une option radicalement différente, qui vient en opposition au système décrit par Hauriou. Elle consiste à conserver la logique d'indistinction de l'État dans le champ juridique, en considérant que l'État, simple centre de la souveraineté politique, n'est pas une personne juridique et qu'il ne détient aucun droit de puissance publique. Dans cette logique, le service public permet de régler autrement, c'est-à-dire par les fins, la construction du droit administratif (72).

c) Une absence surmontée

90 La définition libérale du rôle de l'État qui se répand en France à partir de la Restauration voudrait réduire celui-ci à la fonction de gardien de l'ordre public et lui interdire tout interventionnisme économique et social. L'« État gendarme » évaluerait le bien-fondé de toute action à caractère économique ou à dimension sociale, à l'aune exclusive de l'atteinte portée à la liberté des personnes privées. Mais cette idée, comme tout postulat idéologique, connaît des nuances dès qu'elle se trouve

(70) G. J. Guglielmi, *La notion d'administration…*, *op. cit.*

(71) F. Linditch, « La réception de la théorie allemande de la personnalité morale de l'État dans la doctrine française », *Annales fac. droit Strasbourg*, 1997, n° 1, p. 179.

(72) Sur l'ensemble, dans la période sortant du champ de la présente étude, F. Burdeau, *op. cit.*, p. 341 et s.

confrontée aux faits. Même « gendarme », l'État ne peut rester totalement indifférent à l'expression des besoins sociaux et se trouve parfois conduit à intervenir pour soutenir certaines actions d'ordre économique. De nombreuses illustrations peuvent en être données. Sous la Monarchie de juillet, par exemple, c'est l'État qui instaure un service de paquebots à vapeur sur le Levant, destiné à « imprimer un plus grand développement à nos relations commerciales, à notre marine et à notre influence politique ». Le développement des voies de communication, ayant nécessité un financement considérable pour l'établissement de services de transports, n'a pu se réaliser que grâce à l'intervention de l'État. Cette politique se développe notamment sous le Second Empire.

91 Or, dès que l'État se fait entrepreneur dans l'intérêt général, l'entreprise qu'il crée et gère peut revêtir les caractères d'un service public matériel (73). Autrement dit, s'il est admis que les activités économiques à caractère industriel et commercial relèvent en principe de l'initiative privée, le champ des services publics effectivement investi par l'État s'affirme, même de manière limitative, jusqu'à la crise de 1929. L'État est, en effet, fondé à intervenir pour pallier les carences et les insuffisances de l'initiative privée dès qu'un besoin d'intérêt général doit être satisfait. Dès lors, le juge administratif, puis les théoriciens du droit sont amenés à utiliser la notion de service public pour les besoins d'une théorie de la compétence de la juridiction administrative. Ils le font au moyen du critère du but d'intérêt public ou de service public.

1) Le critère jurisprudentiel du but de service public

92 Sous la Restauration, le Conseil d'État faisait déjà de l'intérêt public lié au service public un critère de la répartition des compétences juridictionnelles pour l'examen des actes administratifs. L'analyse de la jurisprudence du Conseil, juge des compétences, révèle en effet que ce dernier avait pris en considération, tout au long de la première moitié du XIXe siècle, le « but » de l'action de l'autorité administrative à l'origine d'un litige pour décider de la juridiction devant connaître de ce litige.

Certes, afin de justifier l'attribution d'une affaire à la juridiction administrative, le Conseil d'État se borne, le plus souvent, à indiquer – par référence aux lois des 16 et 24 août 1790 et du 16 fructidor an III qui interdisent aux tribunaux judiciaires de troubler les opérations des corps administratifs et de connaître des actes d'administration – que la contestation concerne un acte administratif ou une opération administrative (74), ou à invoquer un texte spécial attributif de compétences, comme par exemple la loi du 28 pluviôse an VIII en matière de travaux publics. Mais lorsqu'une difficulté se présente, il se trouve parfois conduit à mettre en valeur le fait que les autorités administratives ont agi principalement dans un but d'intérêt public.

Tantôt la référence au but d'intérêt public poursuivi est des plus manifestes. Certaines formulations permettent d'en rendre compte comme par exemple : « Considérant que le service de cette chaloupe de secours… n'a été établi que dans l'intérêt général de la navigation » (75), ou « c'est à l'Administration seule qu'il appartient

(73) P. Jourdan, « La formation du concept de service public », *RDP* 1987, p. 117 note 137.
(74) G. Quiot, *Aux origines du couple…, op. cit.* p. 157 et s.
(75) CE, 23 avr. 1807, Simon c. Grasset, *Jurisprudence générale Dalloz,* article « Compétence administrative », p. 458, note 3.

de connaître des dommages provenant de l'exécution de mesures prises dans l'intérêt de la sûreté générale » (76). Tantôt cette référence est, en quelque sorte, implicite, sous-tendant le constat fait par le juge que l'acte ou l'opération litigieux intéresse le fonctionnement d'un service public : « Considérant qu'il s'agit d'interpréter et de déterminer le mode d'exécution d'un acte administratif qui a affecté à un service public les bâtiments de l'ancien couvent de Campoloro ; qu'ainsi l'autorité judiciaire n'était pas compétente » (77) ou encore « les diverses eaux conduites dans Paris à l'aide de travaux d'art et de canaux artificiels ne sont point soumises aux règles et juridictions ordinaires en matière de cours d'eaux privé étant donné que leur emploi est subordonné aux besoins de la consommation et aux moyens d'y pourvoir ; et qu'enfin elles sont placées dans les attributions de l'autorité administrative chargée de pourvoir sous sa responsabilité aux nécessités du service public » (78).

93 À l'inverse, lorsque le juge se décide en faveur de la compétence judiciaire, généralement au motif que l'acte litigieux n'est pas un acte administratif, le constat de l'absence d'un but d'intérêt public est sous-jacent. Il n'est pas rare de le voir expliquer que l'acte est dépourvu de caractère administratif précisément parce qu'il n'a pas été accompli dans un but d'intérêt public : ainsi, par exemple, le juge note que « le maire n'a pas entendu faire un acte d'administration dans l'intérêt de la salubrité publique », et que « ces décisions ne concernant que l'intérêt particulier de la ville… ne changent en rien la nature du contrat de bail qui n'était relatif qu'à des intérêts privés » (79).

94 Le critère du but de service public est alors utilisé par le Conseil d'État, à la fin des années 1840, notamment pour définir le « contrat administratif » dont le contentieux relèvera naturellement du juge administratif en vertu des lois des 16-24 août 1790 et du 16 fructidor an III. Témoignent en ce sens les arrêts Garavini et Pauwels de 1835 et 1849. Par le premier, le Conseil décide que le contrat conclu par l'autorité militaire avec un particulier en vue d'assurer un transport de bestiaux « ne saurait rentrer dans les contrats d'assurance régis par le Code du commerce, mais constitue réellement un marché passé avec l'Administration de la guerre et ayant pour objet de garantir un service public » (80). Dans le second, le Conseil d'État considère que, s'agissant d'un marché « passé avec l'administration pour l'exploitation du travail des détenus dans la maison centrale de force et de correction de Melun », « le marché dont il s'agit est relatif à un service public, et que dès lors aux termes des lois susvisées [les lois de 1790 et de l'an III] il appartient à l'autorité administrative de connaître des contestations élevées entre le Sieur Pauwels et l'administration relativement à l'exécution dudit marché » (81).

2) L'acceptation du critère du but de service public par la doctrine

95 La lecture des théoriciens du droit confirme cette évolution des critères du droit administratif. Dans le très important article qu'il consacre en 1848 à la « Compétence administrative », Dalloz indique, en se fondant sur l'étude de la jurisprudence, que

(76) CE, 15 déc. 1842, Ménestrel, *D.* 1843, III, p. 70.
(77) CE, 8 sept. 1824, Graziani, *Rec.* p. 585.
(78) CE, 23 oct. 1835, Delorme, *Rec.* p. 578, *D.* 1836, III, p. 50.
(79) CE, 28 juill. 1824, Travers, *Rec.* p. 449.
(80) CE, 11 avr. 1837, Garavini, *Rec.* p. 111, *Jurisprudence générale Dalloz (Maritime)* 1850, p. 573, note 1.
(81) CE, 27 févr. 1849, Pauwels, *Rec.* p. 124, *S.* 1849, II, p. 319.

« pour qu'un acte ait le caractère d'acte administratif dans le sens juridique de ce mot il faut en premier lieu, qu'il émane d'une autorité de l'ordre administratif et en second lieu, qu'il se rapporte à un objet d'administration » (82). Cet objet est généralement relatif au service public. Dalloz enseigne ainsi que ne constituent pas des actes dont « l'appréciation rentre dans la sphère de l'autorité judiciaire », au contraire des « contrats civils », « les contrats administratifs c'est-à-dire ceux passés par un administrateur pour un service public » (83).

Ce point de vue coïncide avec celui de Foucart qui, pour sa part, soutient qu'« au nombre des actes administratifs devant l'interprétation desquels les tribunaux doivent s'arrêter, il faut surtout placer les contrats que l'Administration passe avec les particuliers dans l'intérêt du service public… » (84).

96 Qu'ait « prévalu » au sein du Conseil d'État dans la première moitié du XIXe siècle, l'idée selon laquelle « tout acte fait par l'autorité administrative… en vue de la gestion d'un service public ne peut être discuté que devant la juridiction administrative », que la Haute Assemblée ait très généralement considéré au cours de cette période « comme échappant de plein droit à la compétence judiciaire, tout acte émané de l'administration, toute opération accomplie ou prescrite par elle en vue d'un intérêt général », c'est ce qu'enseignent ou reconnaissent implicitement dans leurs ouvrages des membres du Conseil aussi éminents que Aucoc et Laferrière (85).

97 C'est pourquoi la croyance fort répandue dans la doctrine contemporaine selon laquelle, durant la période envisagée, l'« idée de puissance publique » constitue « le fondement de la compétence de la juridiction administrative » et « sert à tracer les limites de la compétence de l'ordre judiciaire » (86) mérite, pour le moins, d'être fortement nuancée.

L'examen de la manière dont est traité et résolu, par la jurisprudence et la doctrine sous la Monarchie de juillet et la Seconde République, le problème de la juridiction devant connaître du contentieux des baux, des bacs et passages d'eaux, fait très clairement apparaître la fragilité des fondements de cette croyance. Il démontre à l'envi que, s'il est une idée dont on peut dire qu'elle est, dans les premières décennies du XIXe siècle, l'idée maîtresse servant de fondement, en même temps que de critère, à la compétence du juge administratif, ce n'est pas celle de puissance publique mais bien plutôt celle d'intérêt public.

(82) *D.* 1848, p. 430.

(83) *Jurisprudence générale Dalloz,* article « Compétence administrative » p. 462.

(84) E.-V. FOUCART, *Éléments de droit public et administratif,* Paris, Videcocq, 3e éd. t. II, 1843, p. 273 : « L'importance et l'urgence des services publics ne permettent pas de soumettre les difficultés auxquelles les marchés publics donnent lieu, au jugement des tribunaux ordinaires […] *aussi est-ce un des principes les plus constants de notre droit, que le contentieux des marchés publics est de la compétence de l'autorité administrative* ».

(85) L. AUCOC, *Conférences sur l'Administration et le droit administratif,* Dunod, 1869, t. I, p. 373 et E. LAFERRIÈRE, *Traité de la juridiction administrative et des recours contentieux*, Berger-Levrault, Paris, 1889, t. I, p. 428.

(86) J. CHEVALLIER, « Les fondements idéologiques du droit administratif français », *in Variations autour de l'idéologie de l'intérêt général,* PUF, 1979, p. 7 et 9 ; Dans le même sens, v. entre autres, R. CHAPUS *Responsabilité publique et responsabilité privée*, LGDJ, 1953 ; C. GOYARD, *La compétence des tribunaux judiciaires en matière administrative*, Montchrestien, 1960 ; M. ROUSSET, *L'idée de puissance publique en droit administratif,* Dalloz, 1960 ; J. LAMARQUE, *Recherche sur l'application du droit privé aux services publics administratifs,* LGDJ, 1960 ; J.-M. AUBY et R. DRAGO, *Traité de contentieux administratif,* LGDJ, 1953 1re éd. 1962-1970 et 2e éd. 1975.

98 Ce problème n'a cessé de soulever des difficultés au cours de la période, essentiellement à cause du caractère particulier des baux, ceux-ci étant susceptibles d'être considérés comme des actes de gestion du domaine privé, ou comme des contrats délégant la gestion d'un service public voire comme les deux à la fois (87).

Les opinions divergentes exprimées par le Conseil de préfecture de l'Eure et par le ministre des Travaux publics à l'occasion d'une affaire opposant, dans les années 1840, un sieur Cartier et d'autres fermiers de bac à l'État permettent d'illustrer parfaitement le propos.

Saisi de l'affaire, le Conseil décline sa compétence au motif que « les bacs appartiennent à l'État au même titre que les immeubles dont il est propriétaire et qu'en conséquence, les contestations auxquelles donnent lieu les baux de ces bacs sont de la compétence des tribunaux ordinaires » (88). Dans son pourvoi en appel, le ministère récuse le jugement du conseil en soutenant que : « le service des bacs constitue un service public, que les bacs font partie non du domaine ordinaire de l'État, mais du domaine public… et qu'à ces divers titres les fermiers de ces bacs sont comme tous concessionnaires ou entrepreneurs d'un service public, justiciables de l'autorité administrative à raison des difficultés résultant de leurs traités avec l'État ». Appelé à trancher, le Conseil d'État désapprouva les premiers juges en faisant notamment valoir dans son arrêt que l'entretien et la réparation du matériel qui avaient été mis à la charge de Cartier et des autres « fermiers de passages d'eau » par les baux « avaient pour objet un service public de grande voirie » (89). Le premier Tribunal des Conflits entérina en 1850 cette jurisprudence (90).

99 Celle-ci s'accorde avec les vues exposées, sous la Monarchie de juillet, par des juristes influents. Selon Cormenin, l'un des fondateurs du droit administratif (91), une « difficulté » entre un fermier de bac et l'autorité administrative « peut être judiciaire » si elle « consiste à payer ou à ne pas payer… car elle se réduit à une question d'argent » mais « lorsque la difficulté consiste à faire ou à ne pas faire, elle devient une question administrative car elle intéresse alors le service public » (92). Firmin Laferrière enseigne dans le même sens que « les contestations étrangères aux conditions de prix et relatives à l'exécution des baux entre l'Administration et les fermiers… sont de la compétence du Conseil de préfecture » pour la raison suivante : « Il s'agit alors de l'entreprise d'un service public, d'un intérêt de communication et de viabilité, d'une surveillance à exercer sur une dépendance du domaine public : la compétence administrative devient dans ce cas la compétence ordinaire » (93).

Boulatignier, conseiller d'État, dans un article d'une grande portée théorique consacré aux « Baux administratifs » (94) s'intéresse à la question de savoir par quelle juridic-

(87) G. Quiot, *Aux origines du couple…, op. cit.* p. 88 et s.
(88) *S.* 1850, II, p. 298.
(89) CE, 26 janv. 1850, *S.* 1850, II, p. 299.
(90) TC, 7 nov. 1850, Periat c. l'État, *S.* 1851, p. 121.
(91) R. de Lacharrière, *Cormenin, politique, pamphlétaire et fondateur du droit administratif*, Paris, LGDJ, 1941 ; P. Bastid, *Un juriste pamphlétaire : Cormenin*, Paris, Hachette, 1948 ; G. J. Guglielmi, « Vu par ses pères fondateurs, le droit administratif », *in Le droit administratif en mutation,* PUF-CURAPP, 1993, p. 41.
(92) *Droit administratif*, Pagnerre-Thorel, 1840, p. 224.
(93) F. Laferrière, *Cours de droit public et administratif,* Paris, Joubert, 1841.
(94) *In* A. Blanché, *Dictionnaire général d'Administration*, Paul Dupont, Paris, 1849, p. 127 et s.

tion doivent être jugés les litiges portant sur l'exécution des actes pris par une autorité administrative et qualifiés baux : « dans notre opinion il y a une différence essentielle entre les baux des immeubles du domaine national où l'État n'a guère à défendre que les intérêts d'un propriétaire foncier et les baux des droits incorporels notamment ceux des bacs et bateaux de passage où se trouvent engagés les intérêts d'un service public. Ces derniers baux sont de véritables actes administratifs et non pas des actes de gestion économique » (95). En conclusion de son article, il fournit une réponse à la question qu'il avait posée en introduction : « quand il s'agit d'en appeler aux principes, nous pensons qu'il faut admettre que parmi les actes administratifs qualifiés baux, ceux-là seuls peuvent donner lieu à un débat judiciaire entre les fermiers et l'Administration, qui ont pour objet des portions du domaine national que l'État détient et exploite dans un simple intérêt de propriété. Quant aux baux qui ont pour objet l'exécution des services publics et qui, pour cela, sont des actes d'administration, les litiges auxquels ils peuvent donner lieu doivent être portés devant la juridiction administrative » (96).

100 L'étude de la jurisprudence et de la doctrine de la première moitié du XIXe siècle ne permet donc pas de conclure sans réserves qu'au cours de cette période « les actes de l'Administration relèvent d'un régime juridique différencié selon que la puissance publique y est plus ou moins apparente » (97). Elle oblige plutôt à penser que le régime juridique de ces actes dépend aussi, voire principalement, de leur but.

Évoquant la méthode à utiliser pour déterminer la nature des « actes qualifiés baux faits par l'Administration » (actes privés ou actes administratifs, et ce en conséquence de leur régime juridique), Boulatignier soutient tout à la fois que « la raison et la science » imposent de « constater la nature du bail par la destination en vue de laquelle il a été fait » (98) et que cette méthode est « celle-là même que met en œuvre le Conseil d'État » (99).

101 Enfin, les théoriciens de la répartition des compétences de la Monarchie de juillet et de la Seconde République enseignent généralement que les actes et opérations des autorités administratives de l'État relèvent du juge administratif ou du juge judiciaire pour les litiges qu'ils soulèvent selon qu'ils ont pour objet d'administrer, c'est-à-dire selon qu'ils ont été accomplis pour les besoins du service public, en vue d'assurer l'exécution ou dans le cadre de l'exécution d'un service public, ou au contraire qu'ils ont pour objet la gestion du domaine privé de l'État.

De Dalloz (100) à Foucart (101) en passant par Serrigny (102), Chauveau (103) ou encore Trolley, tous se rejoignent pour considérer avec Laferrière que l'État doit être justiciable du juge judiciaire à l'instar des simples particuliers lorsqu'il agit, comme

(95) *Op. cit.* p. 129.
(96) *Op. cit.* p. 3.
(97) J. Chevallier, *L'élaboration historique du principe de séparation…, op. cit.* p. 9.
(98) *Op. cit.* p. 127.
(99) *Ibid.*
(100) Art. préc. p. 444, 445 et 446, article « Domaine de l'État », *Jurisprudence générale Dalloz*, p. 236.
(101) *Op. cit.*, 4e éd., p. 316 et p. 683 et 684.
(102) *Traité de l'organisation de la compétence et de la procédure en matière contentieuse administrative*, Durand, 1842, p. 49.
(103) *Principes de compétence et de juridiction administratives*, Paris, Cotillon, Durand, t. I, 1841, p. 119.

une personne privée, pour la gestion de ses intérêts privés de propriétaire, mais qu'il ne saurait l'être en revanche lorsqu'il agit comme « administrateur » en vue de satisfaire l'intérêt général.

102 Cette doctrine est celle que professaient déjà sous l'Empire et la Restauration, les premiers théoriciens de la compétence comme Locré et Henrion de Pansey (104).

La raison essentielle qui justifie, dans l'esprit des auteurs et des théoriciens de la première moitié du XIXe siècle, la soustraction des litiges engendrés par les actes et les opérations des autorités administratives « agissant dans l'intérêt général » réside dans une double conviction. La première est la volonté d'assurer la prééminence de l'intérêt général sur les intérêts privés. Elle commande que le contentieux des activités administratives de service public soit soumis à un traitement spécial comportant l'application d'un droit lui aussi spécial et autonome : le droit administratif, lequel constitue, selon Vivien, « le droit commun de l'Administration comme le Code civil est celui des intérêts privés et des transactions ordinaires des citoyens » (105). La seconde conviction est que le juge judiciaire, imprégné de l'esprit du droit civil, habitué à trancher des différends opposant des intérêts de même valeur et ignorant les nécessités administratives, n'est pas en mesure d'assurer convenablement ce traitement.

103 La notion de service public n'a donc pas acquis de véritable spécificité théorique dans l'analyse juridique avant 1885. Encore doit-on constater que ce n'est pas à l'initiative des juges administratifs que le mouvement va pouvoir ensuite s'inverser. Comme le font remarquer des historiens contemporains des principaux systèmes de droit européen (106), cette vigoureuse tentative de qualification juridique que constitue la *théorie du service public* s'applique plutôt à une « nouvelle dimension sociale de la fonction administrative », laquelle se traduit avant tout dans les faits par un interventionnisme public, principalement local, à partir de la dernière décennie du XIXe siècle.

B. L'ARRÊT *BLANCO* ET LA THÉORIE DU SERVICE PUBLIC

a) Une conception extensive de la compétence contentieuse administrative

104 La théorie juridique des années 1870 à 1900 semble mettre en évidence un mouvement propre au système d'interprétation juridique français et à l'une de ses représentations. Il est probable en effet que la tendance à l'extension de la compétence judiciaire, accentuée de 1870 à 1890 (107), ait rendu juges administratifs et théoriciens du droit public désireux de trouver une clef argumentative pour maintenir les zones stratégiques de compétence du juge administratif. Parmi celles-ci, la gestion des activités de

(104) J. G. Locré, *Du Conseil d'État,* Paris, 1810, p. 166 et p. 189 et 190 ; P. P. N. Henrion de Pansey, *De l'autorité judiciaire en France,* Paris, 1810, ch. XXXIX et ch. XLI.
(105) *Études administratives,* Guillaumin, t. I, 1845, p. 286.
(106) L. Mannori et B. Sordi, *Storia del diritto amministrativo*, Editori Laterza, 2001, p. 418.
(107) F. Burdeau, *Histoire du droit administratif*, PUF, 1995, p. 229, la qualifie de « vaste offensive lancée contre la juridiction administrative » en notant « la fréquence exceptionnelle des conflits d'attribution au cours de ces deux décennies ».

service public (par d'autres voies que la concession ou, plus largement, les contrats) tient une place déterminante grâce à l'arrêt *Blanco* (108). Le Tribunal des conflits y affirme en principe que la responsabilité extracontractuelle « qui peut incomber à l'État pour les dommages causés aux particuliers par le fait des personnes qu'elle emploie dans le service public, ne peut être régie par les principes qui sont établis dans le Code civil pour les rapports de particulier à particulier », mais par « des règles spéciales qui varient suivant les besoins du service et la nécessité de concilier les droits de l'État avec les droits privés ». Il a été clairement déduit de cette formulation que les litiges imputables à l'État agissant en tant que « puissance publique chargée d'assurer la marche des services publics » (109), relèvent de la juridiction administrative. Le Conseil d'État souhaitait ne pas se départir de champs de compétence cruciaux et il est plausible que le concept de service public soit tombé à point pour unifier, voire fonder un faisceau argumentatif (110).

105 Pourtant, on ne peut pas dire que l'arrêt *Blanco*, en tant que tel, marque le point de départ de cette nouvelle structuration théorique (111). Tout d'abord, le texte de l'arrêt mentionne seulement la responsabilité de l'État du « fait des personnes qu'elle emploie dans le service public », ce qui rappelle plutôt l'acception particulière utilisée dès la Monarchie de Juillet pour désigner la fonction publique. À s'en tenir aux termes mêmes, la décision *Dietrich*, rendue par la commission provisoire remplaçant le Conseil d'État, en date du 21 janvier 1871, serait plus suggestive lorsqu'elle évoque les litiges provenant des « actes faits par l'administration pour l'exécution des services publics auxquels elle est chargée de pourvoir ». Ensuite, ce qui déclenche la compétence administrative, ce n'est pas le service public mais un acte de l'État, puissance publique, pris en l'espèce dans sa fonction de gestion des services administratifs. L'acte d'autorité n'est plus nécessaire. Quant à l'acte de gestion, il n'est plus discriminant, car il peut être acte de gestion publique de l'État personnalisé en tant que puissance publique et non acte de gestion privée de l'État personne civile. Enfin, il a été montré depuis longtemps que l'arrêt *Blanco* n'avait pas connu de réception particulière par les théoriciens du droit de l'époque (112). Notamment, la distinction formalisée par Aucoc entre actes d'autorité et acte de gestion (113) continue à être soutenue par la doctrine la plus autorisée, celle du vice-président du Conseil d'État Laferrière (114), jusqu'à ce que les commissaires du gouvernement s'en détachent ouvertement (115). Il n'en demeure pas moins que la plus célèbre décision du Tribunal des conflits éclaire singulièrement la formation de la notion de service public en

(108) TC, 8 févr. 1873, Blanco, *Rec.* 1er suppl. 61, concl. David ; J. LUCHET, « L'arrêt Blanco », *La thèse de la compétence administrative en matière de responsabilité civile de l'État*, Presses modernes, 1935.

(109) Selon les termes du commissaire du gouvernement David.

(110) Ce n'est pas autrement que le présente Léon Duguit (*Les transformations du droit public*, 1913, p. 172) en appréciant la rigueur rédactionnelle de la décision : « Quelque vagues et peu juridiques que soient ces motifs, ils sont intéressants parce qu'ils annoncent l'évolution qui va s'accomplir. »

(111) J.-C. VENEZIA, « La naissance de la notion de service public », *in* G. J. GUGLIELMI (dir.), *Histoire et service public*, PUF, 2004, p. 163.

(112) A.-S. MESCHERIAKOFF, *Droit des services publics*, Thémis, 1997, p. 32.

(113) Concl. sur CE, 20 févr. 1869, Pinard, *Rec.* p. 188.

(114) E. LAFERRIÈRE, *Traité de la juridiction administrative et des recours contentieux*, Berger-Levrault, Paris, t. I, 1888, p. 436.

(115) Pour la première fois clairement dans CE, 6 févr. 1903, Terrier, *Rec.* p. 94, concl. Romieu, *S.* 1903, III, 25, concl. Romieu, note Hauriou.

la situant avant tout comme un outil inabouti de détermination de la compétence juridictionnelle et dans le contexte d'une forte concurrence entre institutions. Dans cette logique, l'arrêt *Blanco*, s'il marque un coup d'arrêt à l'extension de la compétence du juge judiciaire, ne le réussit qu'en esquissant la notion de service public comme fondement de l'argumentation, dont la fortune ultérieure lui échappe en grande partie.

106 L'utilisation de l'expression « service public » à la fois au sens organique dans l'arrêt *Blanco* et au sens matériel, suppose que les services publics, en tant qu'institutions administratives, sont les instruments au moyen desquels l'État assure la fonction de satisfaction de l'intérêt général, et qu'ils bénéficient de l'application d'un droit spécial. Le service public, au sens matériel, est le service de l'intérêt général tandis que les services publics, au sens organique, sont des moyens de satisfaction de l'intérêt général.

107 Pour le commissaire du gouvernement David dans ses conclusions sur l'affaire *Blanco*, comme pour le Conseil d'État et le Tribunal des conflits, le contentieux de la responsabilité extracontractuelle de l'État agissant pour l'accomplissement d'un service public doit relever du juge administratif pour plusieurs raisons, dont la principale est qu'il convient d'appliquer à l'État, agissant par les services publics, un droit différent du droit commun de la responsabilité, c'est-à-dire un droit qui tienne compte de la nécessité de « concilier les droits de l'État avec les intérêts privés ». Selon David, les droits de l'État sont « l'intérêt de tous ».

Il existe toutefois une dérogation à ce principe : la compétence reconnue aux tribunaux judiciaires pour les contrats passés par l'État agissant en tant que personne privée. Le domaine de l'exception est singulièrement réduit, puisque l'interprétation donnée par le juge administratif à ce principe est très favorable à la compétence administrative. Les textes accentuent aussi cette tendance, comme le soulignent, par exemple, les dispositions du décret du 11 juin 1806 qui attribuent au juge administratif le contentieux des marchés de l'État, ou bien en dérivant de la théorie des contrats administratifs par nature, les contrats de concession (116).

b) Une conception extensive du service public

108 Au XIXe siècle, s'affirme progressivement l'existence d'une liaison entre service public, compétence administrative et droit administratif – exception faite des baux immobiliers conclus par l'État pour les besoins du service public – d'où résulte, par la consécration de l'arrêt *Blanco*, une conception extensive du service public.

109 Cette conception paraît alors applicable sans que la nature de la prestation entre en ligne de compte. Dans les décisions *Rothschild* et *Dekeister* (117), le service administratif en cause était le service de la poste, considéré comme un service de nature industriel et commercial dans la mesure où il fournissait une prestation contre rémunération – alors même que la Cour de cassation avait semblé, en 1845 (arrêt

(116) P. Dareste, *Des contrats passés par l'État en droit romain et en droit français,* th. droit, Paris, Derenne, éd., 1875, p. 190.
(117) CE 6 déc. 1855, Rotschild [*sic*], *Rec.* p. 705, *S.* 1856, II, p. 507 et Trib. civ. Dunkerque, 23 mai 1861, Dekeister, *D.* 1861, III, p. 4.

Depeyre (118)), considérer que le caractère non gratuit de ce service interdisait de voir en lui un service public. Dans l'affaire *Blanco*, il s'agissait du service des tabacs dont la prestation pouvait être analysée de façon analogue. Ces services sont considérés comme des services publics parce qu'ils ont été créés et gérés par l'État en vue de la satisfaction de l'intérêt général, et l'application du droit administratif de la responsabilité vaut pour ces services comme pour les autres services publics. Il n'existe donc pas de différenciation particulière au sein de la catégorie des services publics. Or, il s'agit là d'une anticipation de la théorie des services publics « à gestion privée » (119).

110 On se perdrait par ailleurs en conjectures sur les raisons du succès de la notion de service public, même limité à ce contexte particulier de répartition des compétences. Au premier chef interviennent la familiarité avec l'expression « service public » acquise par la lecture des *Institutes* de De Gérando, ouvrage qui demeure une référence majeure pour des juristes majoritairement formés sous le Second Empire, et peut-être aussi la préparation du centenaire de la Révolution française, qui a beaucoup fait pour la rediffusion des écrits de la Constituante. Au second plan, on peut souligner l'effet de réel qui, venu de l'utilisation ponctuelle de l'expression « service public » pour désigner certains secteurs ou thèmes juridiques, convainc les juristes que cette dernière peut être dotée d'un contenu matériel précis (120). Enfin, de façon générale, le langage commun a pu évoluer, notamment sous l'effet du programme politique d'ensemble de la Commune de Paris (121), reposant sur la fondation de services publics nommés, et même surdéterminés, en tant que tels.

111 En définitive, la notion de service public a été activée de la même façon que l'est toute construction scientifique : à un instant donné, elle a constitué à la fois une rupture et une intégration des théories précédentes en faisant progresser un modèle explicatif et représentatif de la matière étudiée.

C. LA NOTION DE SERVICE PUBLIC DANS LA PENSÉE JURIDIQUE ET POLITIQUE DE LA FIN DU XIXe SIÈCLE

112 Alors même que l'Assemblée nationale, à peine élue après la proclamation de la République, le 4 septembre 1870, se transformait en une assemblée constituante après avoir rétabli la paix, la Commune de Paris proclamait, le 28 mars 1871, « tous les services publics, rétablis et simplifiés ». L'objectif recherché était de briser les barrières sociales, d'octroyer de nouveaux droits aux travailleurs, de pourvoir aux besoins des plus démunis, de délivrer le peuple de l'oppression sociale et politique.

(118) Cass. civ., 1er avr. 1845, Depeyre, *S.* 1845, I, p. 363.
(119) TC, 26 juin 1850, Asnif-Loutfyan, *S.* 1850, p. 681, premier arrêt du TC utilisant l'expression « services publics » (G. Quiot, *Aux origines du couple..., op. cit.* p. 556-558), v. aussi concl. ; argument du Directeur des Postes dans l'affaire Vandermarcq dans son pourvoi en cassation contre l'arrêt de la cour d'appel de Paris (CA Paris, 6 août 1850, et Cass., 12 mai 1851, *S.* 1851, I, p. 349).
(120) L. Mannori et B. Sordi, *op. cit.*, évoquent une ancienne construction théorique qui avait cours dans la langue jurisprudentielle du conseil d'État sous la Monarchie de Juillet (p. 418), mais ils ne donnent pas d'autre précision.
(121) G. Koubi, « Révolution et service public pendant la Commune de Paris de 1871 », *in* G. J. Guglielmi (dir.), *Histoire et service public*, PUF, 2004, p. 83.

Il s'agissait d'inciter les gouvernants à assurer une réelle répartition des richesses, donc à se soucier du sort des travailleurs, à se préoccuper des questions économiques et sociales.

Durant les quelques jours pendant lesquels la Commune s'organisa, furent prises des mesures sociales concernant, entre autres, la suppression du Mont de Piété, l'abolition du budget des cultes et de la conscription, et les musées furent ouverts au public (122).

Certaines des idées développées par les révolutionnaires « communards » furent alors reprises sous la IIIe République, mais souvent édulcorées pour nombre d'entre elles : l'égalité, l'instruction, la formation civique, la suppression du service du culte, la liberté de la presse, etc. Mais, en ce qui concerne les principes qui formeraient le corps du service public, la IIIe République n'a pas réalisé d'incursion notable dans le domaine économique et social. S'adressant en premier lieu aux classes moyennes, bourgeoises, elle renforce la liberté d'entreprendre, confinant l'égalité dans la seule sphère de l'affirmation juridique. En quelque sorte, pour les gouvernants, « il n'y a pas de question sociale » (123). G. Berlia notait à ce propos : « on peut dire que l'on admet qu'il y a une question sociale à résoudre lorsque législations fiscale et parafiscale n'ont plus pour seul but de satisfaire au coût des services publics mais de réaliser une redistribution des revenus entre les particuliers » (124). Il pouvait ainsi conclure qu'à ses débuts, le monde des affaires et le monde politique de la IIIe République « n'optent pas pour le capitalisme entreprenant mais pour celui qui vit adossé à l'État, grâce aux prérogatives que peut fournir la technique de la concession et à leurs prolongements » (125).

113 Cependant, dans le dernier quart du XIXe siècle, les interventions des pouvoirs publics dans les domaines économique et social se diversifient. Les crises économiques démontrent la fragilité de l'économie capitaliste et l'État se voit peu à peu contraint de repenser les fonctions de l'interdépendance sociale et d'organiser l'économie en se substituant, au besoin, aux entreprises défaillantes (126). C'est donc à partir de la Première Guerre mondiale que « la vision d'un État tutélaire et auxiliaire va faire place à celle d'un État-providence » (127), mettant aussi largement à contribution les collectivités locales. La notion de service public y trouvera là sa force, sa performance.

a) Interventionnisme social et individualisme libéral

114 La prise en compte des intérêts publics est progressive, accompagnant d'abord le développement des activités artisanales et commerciales porté par le mouvement général d'industrialisation, puis traduisant les nécessités qui en résultent sur le plan de la cohésion sociale. La tension entre les positions libérales et l'aspiration au socialisme est ainsi atténuée par quelques incursions des collectivités publiques dans les

(122) G. Koubi, *ibid.*
(123) Discours de Gambetta, Le Havre, 18 avr. 1872, extrait reproduit *in* P. Barral, *Les fondateurs de la Troisième République*, A. Colin, coll. U, 1968.
(124) G. Berlia, « L'inspiration libérale », *in Centenaire de la Troisième République*, actes du colloque de Rennes 15-17 mai 1975, éd. Universitaires J.-P. Delarge, Paris, 1975, p. 35.
(125) *Ibid.* p. 36.
(126) J. Chevallier, *Science administrative*, PUF, coll. Thémis, (2e éd.), 1994, p. 158 et s.
(127) *Ibid.* p. 155.

domaines sociaux et économiques qui permettent de renforcer l'unité nationale et la stabilité politique.

Au titre des interventions de l'État à la fin du XIXe siècle ou plus justement aux débuts de la IIIe République, peuvent être rappelées la fondation du service de l'instruction publique (1880), celle du service de l'assistance médicale (1893), et les actions publiques menées en matière d'hygiène, de salubrité et de santé (loi du 15 février 1902).

Le développement progressif de ces interventions, initiatrices d'un mouvement vers l'État-providence, correspond à la volonté des républicains de satisfaire les couches de la population constituant leur assise électorale, élément devenu déterminant dans la vie politique en raison de l'institutionnalisation du scrutin universel masculin.

Le progrès des idées socialistes joue également en faveur d'un plus large champ d'interventions publiques dans les domaines socioéconomiques. Il se comprend de deux manières : directement car ceux qui se revendiquent plus ou moins du socialisme poussent à la prise en charge de services publics permettant le développement de la liberté et, surtout, de l'égalité ; et indirectement puisque l'État intervient de manière « spectaculaire » dans l'ordre économique, par exemple avec la création par la loi du 18 mai 1878, d'un réseau d'État des chemins de fer et d'une « administration spéciale chargée de gérer des lignes appartenant à des compagnies privées tombées en faillites ». Cette administration est, en effet, immédiatement considérée comme un « service public » par le juge administratif, en dépit des controverses qui s'élevèrent à ce propos parmi les commentateurs de la législation et les observateurs de la vie économique et administrative. Le rôle de l'État se révèle aussi, suivant cette même optique, dans le développement du réseau routier.

115 Au titre de l'intervention des collectivités locales à la suite des lois de décentralisation (loi du 10 août 1871 sur l'organisation du département et loi municipale du 5 avril 1884), le mouvement de création de services publics par les personnes publiques locales, surtout les communes, s'accentue. Furent ainsi fondés des services essentiels au bien-être des populations, dont l'existence se trouvait permise par les progrès techniques, telle la distribution de l'eau potable, du gaz et de l'électricité, ainsi que divers services sociaux d'entraide, de solidarité et d'assistance. Ces actions révélaient une prise en considération nouvelle des besoins généraux des populations. Elles justifièrent aussi la qualification de « socialisme municipal » (128) attribuée parfois par défiance à ce mouvement qui fut, en effet, l'une des manifestations principales du développement généralisé en Europe des activités de prestation matérielle, assurées par les administrations locales (129). Ce faisant, la fonction administrative de fourniture de prestations marchandes s'ajoute aux activités de réglementation et de contrôle. Peu à peu, les collectivités publiques sont perçues comme gérant des services publics plus qu'exerçant des activités de police.

(128) L'Association internationale des travailleurs fixe en 1874, au VIIe Congrès, la logique d'un socialisme municipal sous l'appellation « organisation des services publics dans le socialisme futur ». César de Paepe en avait donné la définition au IIIe Congrès, dès 1868. *Cf.* L. Donnat, *Le socialisme municipal*, Publications de la Société d'études économiques, 1892 ; A. Veber, *Le socialisme municipal*, Paris, Giard et Brière, 1908 ; E. Montet, *Étude sur le socialisme municipal anglais : les entreprises industrielles des villes anglaises et leurs logements à bon marché*, A. Rousseau, 1901.

(129) U. Kühl (dir.), *Der Munizipal-Sozialismus in Europa*, Munich, Oldenburg Verlag, 2001 ; J. Aubrun « S'unir pour gérer un service public. Le socialisme municipal à l'épreuve de l'intercommunalité », *Cahiers Jaurès*, 3/2005 (n° 177-178), p. 39-51.

116 Ce développement des activités publiques engendre des réactions dans la pensée juridique mais aussi dans le monde de l'économie politique. Des penseurs libéraux, essentiellement économistes, comme Leroy-Beaulieu et Bastiat contestent ainsi le développement de l'État-providence (130). Les principaux arguments qu'ils évoquaient sont d'ailleurs toujours utilisés de nos jours pour critiquer les interventions que les collectivités publiques envisagent encore dans les domaines économiques et sociaux.

117 Bastiat, dans un chapitre de ses *Harmonies économiques* (131), intitulé « services privés, services publics », s'interroge sur les différents services en distinguant, d'une part, ceux qui devraient revenir essentiellement aux activités privées et, d'autre part, ceux qui devraient relever des activités collectives ou publiques.

Selon lui, le système qui consiste à reconnaître à l'État de telles possibilités d'intervention dans les secteurs économique et social, serait caractérisé par une inefficacité économique. Plusieurs arguments sont soulevés. Les uns concernent les agents publics. Par exemple, l'absence d'intérêt privé et personnel du fonctionnaire apparaît comme un obstacle au progrès : « À mesure que les services privés entrent dans la classe des services publics, ils sont frappés, au moins dans une certaine mesure, d'immobilisme et de stérilité au détriment de la communauté tout entière » (132). Les autres, plus généraux, proviennent des entraves à l'exercice de la liberté du commerce et de l'industrie que l'institution de tout service public dans les domaines économique et social présupposerait.

118 Toutefois, pour Bastiat, certains services doivent être, rester, devenir « publics » car, pense-t-il, « il y a quelquefois avantage à substituer l'action collective à l'action individuelle » (133), principalement pour des raisons de régularité, d'uniformité, de garantie, et parfois même en ce qu'ils peuvent être sources d'économies pour la communauté. Ces services peuvent être identifiés à partir de l'idée selon laquelle « le gouvernement n'agit que par l'intervention de la force, donc son action n'est légitime que là où l'intervention de la force est elle-même légitime » (134).

Suivant cette logique, est légitime l'administration par les gouvernants des propriétés communes, la gestion du domaine. À ce titre, l'État doit percevoir les contributions indispensables à la bonne exécution des services publics. Ainsi, écrit-il, « veiller à la sécurité publique ; administrer le domaine commun ; percevoir les contributions, tel est, je crois, le cercle rationnel dans lequel doivent être circonscrites ou ramenées les attributions gouvernementales » (135).

119 En cherchant à cantonner les actions de l'État en ces seuls domaines, les différents détracteurs de l'interventionnisme en matière économique et sociale, pourtant encore ponctuel à la fin du XIXe siècle, préconisent un respect absolu de deux types de droits

(130) O. Langlois, « Une lecture du service public au XIXe s. par les économistes libéraux », *in* G. J. Guglielmi (dir.), *Histoire et service public*, PUF, 2004, spéc. p. 73 ; pour la période antérieure, F. Démier, « Économistes libéraux et « services publics » dans la France du premier XIXe s. », *RHMC*, n° 52-3, juill.-sept. 2005, p. 33 ; J. Aubrun « S'unir pour gérer un service public », *Cahiers Jaurès*, 3/2005 (n° 177-178), p. 39-51.

(131) F. Bastiat, « Harmonies économiques », *in Œuvres complètes*, Guillaumin, 1893.

(132) *Ibid.* p. 557.

(133) *Ibid.* p. 551.

(134) *Ibid.* p. 555-556.

(135) *Ibid.* p. 556.

qui, inscrits dans la Déclaration des droits de l'homme et du citoyen de 1789, ne connaissent pas encore de reconnaissance juridique fondamentale : la liberté individuelle et la propriété. Or, si l'une ne se comprend que dans les « bornes de la loi », l'autre connaît un régime juridique des plus avantageux, notamment depuis la promulgation du Code civil qui la consacre « de la manière la plus absolue » (art. 544). Leur combinaison induit inéluctablement la défense du libéralisme.

b) Liaisons entre puissance publique et service public

120 L'imprégnation du système juridique français par l'idéologie libérale individualiste rend les juristes, pour une large majorité, hostiles au déploiement des activités de l'État au-delà des services dits « régaliens ». Aussi, estiment-ils inconsidérée l'extension du champ d'application du droit administratif et de la compétence du juge administratif qui en résulte. Cette dernière tendance est vue comme un danger pour les administrés lorsqu'ils entrent en conflit avec une autorité administrative. De telles positions ont pour conséquence de remettre en cause, en partie, les prolongements de la jurisprudence *Blanco*.

La remise en cause se réalise de deux façons. D'abord, par le refus du service public comme critère de la compétence du juge administratif, et, en conséquence, de l'application du droit administratif de la responsabilité. Hauriou propose ainsi l'adoption d'un autre critère : celui d'autorité de gestion ou critère du monopole ou critère de service d'autorité de gestion (136). Ensuite, par le rejet de la conception extensive du service public. Une partie de la doctrine, par exemple, nie le caractère de service public du service des chemins de fer, soit parce qu'il s'agit d'une entreprise commerciale qui n'est donc pas un service d'intérêt général, soit parce qu'il s'agit d'une entreprise commerciale, quoiqu'elle soit d'intérêt général. Ainsi, selon Laferrière : « si l'exploitation d'un chemin de fer est un service d'intérêt général, elle n'est pas un service public au sens juridique du mot. Ce qui domine en elle c'est une entreprise de transport, une exploitation commerciale » (137). Pour Berthélémy elle serait même, encore en 1900, « une entreprise du domaine privé de l'État » (138), étant entendu que, entre autres éléments, « l'avantage de l'État consiste dans le service rendu au public » (139).

121 Ces positions traduisent une tentative de réhabilitation de la notion de pouvoir, d'autorité. Elles proposent que l'autorité de mise en œuvre, la personne publique agissante, devienne le fondement et le critère de la compétence administrative.

Cette option ne fut pas retenue par le juge administratif. Les juridictions n'abandonnèrent pas la jurisprudence *Blanco*. Cependant, signe des temps, le Tribunal des Conflits devait finalement adopter une conception du service public plus restrictive qu'en 1873 : ainsi par sa décision *Loiseleur* du 24 novembre 1894 (140), il attribue au juge judiciaire

(136) Note Hauriou sous CE, 20 févr. 1891, Chemin de fer du Midi c. Salles, *S.* 1893, III, p. 13 ; et abandon de sa position : M. Hauriou, *La gestion administrative,* Paris, Larose, 1899 ; G. Quiot, « Aux origines du couple... », *op. cit.* p. 597, 598 et 602.
(137) E. Laferrière, *Traité de la juridiction administrative et des recours contentieux*, Berger-Levrault, Paris, 1889, t. II, p. 179.
(138) H. Berthélémy, *Traité élémentaire de droit administratif,* Rousseau, 1900.
(139) H. Berthélémy, *Traité élémentaire de droit administratif,* Rousseau, 1908, p. 648.
(140) *Rec.* p. 631, *D.* 1896, III, p. 3 ; *S.* 1896, III, p. 487.

la compétence pour connaître d'une action en responsabilité dirigée contre l'État du fait d'un dommage engendré par l'exploitation du monopole des allumettes chimiques. En l'espèce, il note que le litige ne se rattache pas au fonctionnement d'un service public (à la différence de l'arrêt *Blanco* qui concerne le monopole des tabacs).

122 Contrairement à la réputation qui lui est souvent faite, Hauriou s'est érigé dès 1895, à la différence de la quasi-totalité de ses collègues, en défenseur du service public (141). Il assure, dans les dernières années du XIXe siècle, cette défense par deux séries d'arguments.

Hauriou affirme, d'abord, le rôle essentiel du service public « en administration et en droit administratif » (142). Selon lui, « un service public est une organisation créée par une personne administrative en vue de la satisfaction d'un besoin collectif », ce qui justifie de mettre l'accent, dès la première édition de son traité, sur « l'importance du service public ». « C'est vers le service public que tout converge en administration et en droit administratif parce qu'il est la raison d'être de l'existence même des personnes administratives ». « Sa notion se confond avec celle de l'utilité publique car l'utilité publique, c'est l'intérêt général en tant qu'il y est donné satisfaction par un service public » précise-t-il avant de remarquer que, « à son tour, l'utilité publique nécessite et justifie les droits de puissance publique dont disposent les personnes administratives. Il y a donc là trois idées dont nous constaterons à chaque instant les relations étroites, celle de service public, celle d'utilité publique, celle de droit de puissance publique ».

123 Hauriou met en valeur, ensuite, la coïncidence de trois éléments : organique, matériel, et de régime juridique. Le service public est un organe, une institution administrative ; il exerce une activité d'intérêt général ; il le fait sous un régime juridique particulier. Après une brève période de trouble (143), se trouve donc confirmée la liaison nécessaire entre service public et puissance publique.

Enfin, en 1899, dans sa brochure consacrée à « La gestion administrative », Hauriou en vient à considérer que l'activité de gestion des services publics est dans sa totalité empreinte de puissance publique et donc que le juge administratif doit naturellement connaître en intégralité du contentieux de cette activité. Ainsi, le service public devient pour lui un critère certain de répartition des compétences et d'application du droit administratif. Certes, à partir de cette date, même s'il abandonne la « gestion privée » (144), Hauriou continue à faire de la « puissance publique » le fondement de la compétence du juge administratif. Selon lui, la juridiction administrative doit être saisie du contentieux soulevé par les actes et les opérations « qui constituent l'exécution des services publics parce que ceux-ci sont des actes et opérations dans lesquels la « puissance publique » subsiste. Mais il fait aussi incontestablement du « service public » le critère de compétence de cette juridiction. Selon lui, en effet, un acte ou une opération d'une personne

(141) G. Quiot, *Aux origines du couple…, op. cit.* p. 385 et s.

(142) M. Hauriou, *Précis de droit administratif,* Libr. du Recueil gén. des lois et arrêts, 1892, p. 717 et s.

(143) Note sous CE, 20 févr. 1891, Chemin de fer du Midi c. Salles, *S.* 1893, III, p. 13 où Hauriou dissocie service public et puissance publique estimant que la compétence judiciaire s'impose pour les services publics non monopolisés car l'État n'agit pas à titre de puissance publique.

(144) Comme le Tribunal des conflits l'abandonnera dans les décisions *Feutry* (29 févr. 1908, *Rec.* p. 208, *S.* 1908, 3, p. 97, concl. Teissier, note Hauriou, *RDP* 1908, p. 266, note Jèze), *de Fonscolombes* (11 avr. 1908, *Rec.* p. 448, *S.* 1909, 3, p. 49, note Hauriou), *Joullié* (23 mai 1908, *Rec.* p. 509, *S.* 1909, 3, p. 49, note Hauriou) et *Thérond* (4 mars 1910, *Rec.* p. 193, *S.* 1911, 3, p. 17, concl. Pichat, note Hauriou).

publique est ou n'est pas un acte ou une opération de nature « administrative », dont le contentieux échappe naturellement à la connaissance de l'autorité judiciaire, suivant qu'il a ou non pour but « la gestion du service public ».

124 Ainsi, antérieurement au début du XXe siècle, a pris naissance et s'est développée l'idée selon laquelle l'État, les gouvernants, les détenteurs du pouvoir politique ont pour mission d'assurer le service public – la satisfaction du bien commun, de l'intérêt général – et doivent à cette fin organiser des services publics – institutions, organes – chargés de fournir des prestations de services ou des biens au public.

Pendant la même période, a pris naissance et s'est développée cette autre idée selon laquelle le service public appelle pour sa « réalisation » l'application d'un régime juridique exorbitant du droit commun – ce qui ne signifie pas totalement différent de ce droit –, permettant d'assurer la protection de l'intérêt général en même temps que la soumission des autorités administratives à un juge spécial.

125 À l'aube du XXe siècle, deux débats centrés sur la notion de service public se superposent. Ces débats sont distincts mais sujets à interférences.

Le premier est celui de la fonction de l'État et de ses démembrements. La question est de définir le domaine d'intervention des personnes publiques et plus précisément la possibilité, voire la nécessité pour celle-ci d'intervenir dans d'autres domaines que ceux relevant du maintien de l'ordre public (sécurité, tranquillité, salubrité publiques) en créant et en fondant elles-mêmes des entreprises de service public. Dans ce débat relatif au champ du service public resurgissent les oppositions entre État-gendarme et État-providence, État réglementaire et État prestataire de service, libéralisme et socialisme.

Le second est celui du régime juridique applicable aux activités de service public et de la juridiction compétente pour connaître du contentieux de ces services. L'opposition se révèle ici entre partisans de la soumission la plus large possible du « droit des services publics » au droit commun et aux juridictions judiciaires et partisans de sa soustraction à ce droit et à cette compétence.

126 Pour les premiers, l'application du droit administratif et de la compétence administrative n'est légitime qu'aux seuls actes d'autorité accomplis par la personne publique. Du reste, la « gestion des services publics » est en principe soumise au droit commun. Seuls relèvent d'un droit spécial et d'un juge spécial les actes d'autorité ou les services d'autorité. Les services de « gestion », services publics soumis au droit administratif, sont alors surtout des services à caractère administratif. Cette conception fait de la puissance publique à la fois le fondement et le critère de la compétence administrative.

Pour les seconds, dont notamment Hauriou, le service public appelle nécessairement la puissance publique, la gestion publique et donc la compétence administrative. En conséquence, le droit administratif est appelé à devenir le droit du service public.

§ 3. L'ÉPANOUISSEMENT DE LA NOTION DE SERVICE PUBLIC AU XXe SIÈCLE

127 **Bibliographie** : J.-L. DE CORAIL, *La crise de la notion juridique de service public en droit administratif français*, LGDJ, 1954 ; H. DÉROCHE, *Les mythes administratifs*, PUF, 1966 ; *Service public et libertés, Mél. Charlier*, Emile-Paul, 1981 ; « Service public, unité et

diversité », *AJDA* n° spécial annuel 1997 ; J. CHEVALLIER, *Le Service public,* PUF, Que sais-je ?, 8e éd. 2010 ; *Léon Duguit et le service public aujourd'hui*, Actes du colloque éponyme, PU de Galatasaray, 1999 ; N. HAKIM, F. MELLERAY (dir.), *Le renouveau de la doctrine française, Les grands auteurs de la pensée juridique au tournant du XXe s.*, Dalloz, 2009, V. Léon Duguit ; Dossier « Service public », *RFDA* 2008, p. 1-85 ; « Le service public et la mondialisation », *Télescope,* (Revue de l'ENAP, Québec), vol. 14, n° 1, 2007.

G. MORANGE, « Le déclin de la notion de service public », *D.* 1947 chron. p. 45 ; M. WALINE, « Vicissitudes récentes de la notion de service public », *Rev. adm.* 1948, p. 23 ; A. DE LAUBADÈRE, « L'influence de Léon Duguit sur la doctrine du droit administratif », *Rev. jur. éco. Centre-Ouest,* 1959, n° 3 et 4, p. 171 ; R. LATOURNERIE, « Sur un Lazare juridique : bulletin de santé de la notion de service public », *EDCE,* 1960, p. 61 ; « Revalorisations récentes de la notion de service public », *AJDA* 1961, p. 591 ; R. CHAPUS, « Le service public et la puissance publique », *RDP* 1968, p. 235 ; J.-L. DE CORAIL, « L'identification du service public dans la jurisprudence administrative », *Mél. Burdeau,* 1976, p. 789 ; L. NIZARD, « À propos de la notion de service public : mythes étatiques et représentations sociales », *Mél. C. Eisenmann,* Cujas, 1977, p. 91 ; D. TRUCHET, « Nouvelles récentes d'un illustre vieillard : label de service public et statut de service public », *AJDA* 1982, p. 427 ; G. SIMON, « Les théories du service public, théories républicaines », *in* B. MATHIEU, M. VERPEAUX (dir.), *La République en droit français,* Economica 1996, p. 201 ; F. LINDITCH, « La réception de la théorie allemande de la personnalité morale de l'État dans la doctrine française », *Annales fac. droit Strasbourg,* 1997, n° 1, p. 179 ; J.-L. DE CORAIL, « Une question fondamentale : la doctrine du service public, de la définition et de la nature du droit administratif et la compétence du juge administratif », *Rev. adm.* 1997, n° spécial *Le Conseil d'État et la doctrine*, p. 24 ; F. DESCAMPS, « La création du Comité d'enquête sur le coût et le rendement des services publics : 1946-1950 », *RFAP* 2007, p. 27 ; D. GUINARD, « Réflexions actuelles sur la notion de service public », *Regards croisés sur l'économie*, 2007-2, p. 36.

128 La notion de service public a connu au XXe siècle l'épanouissement du visage qui lui est aujourd'hui communément reconnu, bien que la libéralisation économique et le développement du droit communautaire aient, dès la fin du siècle, commencé à fortement redessiner ses traits.

Dans l'ordre juridique, le service public est consacré comme une notion clef du droit administratif. Elle est celle qui définit le champ d'application du droit administratif et le contenu de ce droit. Le droit administratif est le droit des services publics, le droit applicable au service public. Il est un droit original adapté aux nécessités du service public et, inversement, le service public est le critère de compétence du juge administratif.

Dans le domaine politique, est validée l'idée que le service public est le fondement et la limite du pouvoir des gouvernants et affirmée la nécessité de la création, par les gouvernants, de services publics dans l'ordre économique et social. Ainsi se trouve tracée la légitimité de l'intervention des collectivités publiques dans l'ordre économique et social.

A. L'AVÈNEMENT DU SERVICE PUBLIC, DES ANNÉES 1900 JUSQU'À LA LIBÉRATION

129 Dans les « grands arrêts » de la première décennie du XXe siècle : *Terrier* (145), *Feutry* (146) et *Thérond* (147), la notion de service public est utilisée comme critère

(145) CE, 6 févr. 1903, Terrier, *Rec.* p. 94, concl. Romieu, *S.* 1903, 3, p. 25, concl. Romieu, note Hauriou.

(146) TC, 29 févr. 1908, Feutry, *Rec.* p. 208, concl. Teissier, *S.* 1908, 3, p. 97, concl., note Hauriou ; *D.* 1908, 3, p. 49, concl. ; *RDP* 1908, p. 206, note Jèze.

(147) CE, 4 mars 1910, Thérond, *Rec.* p. 193, concl. Pichat, *S.* 1911, 3, p. 17, concl., note Hauriou ; *D.* 1912, 3, p. 57, concl. ; *RDP* 1910, p. 249, note Jèze.

de répartition des compétences juridictionnelles, permettant ainsi une unification du contentieux des activités de l'État et des autres personnes publiques. L'arrêt *Feutry* confirme notamment les principes énoncés dans l'arrêt *Blanco*. Finalement, ces décisions remettent en cause la thèse soutenue alors par la majorité de la doctrine, selon laquelle la compétence du juge administratif serait limitée au contentieux des actes « d'autorité » et ne s'étendrait pas aux actes « de gestion ». Les commissaires du gouvernement Jean Romieu, Georges Teissier et Georges Pichat se font, quant à eux, les défenseurs les plus actifs du critère du service public et de l'idée que les litiges concernant les services publics entraînent l'application d'un droit spécial (148). Ce mouvement jurisprudentiel conduira aussi, par extrapolation, des théoriciens du droit comme Duguit (149) et Jèze (150) à voir dans le service public la pierre angulaire du droit administratif tout entier.

a) Le service public, source de droit objectif en doctrine

130 La notion de service public joue un rôle particulier dans l'élaboration par Duguit d'une théorie nouvelle de l'État (151).

Duguit tire, d'une part, les enseignements de ses observations concernant le rôle concret des personnes publiques dans la société, sous la forme d'un interventionnisme économique et social qui exprime un État-providence. Il poursuit, d'autre part, l'objectif de fonder de façon générale une limitation de l'État par le droit. Il s'inscrit en opposition aux théories allemandes de l'État, dans lesquelles l'État est la source et l'incarnation de la puissance, qui ne peut avoir d'autre limite que celle qu'il se pose à lui-même, et qui fait de l'État la personne publique dépositaire d'un droit subjectif d'exercer la contrainte.

Le service public devient pour Duguit à partir de 1913, non seulement la notion fondatrice du droit administratif, mais une notion clef permettant la subordination juridique de l'État (152). Pour lui, la force de contrainte des gouvernants n'est légitime que pour autant qu'elle est fondée sur le droit. Les actes des gouvernants s'imposent aux gouvernés non parce qu'ils sont l'expression de la puissance « immanente », « naturelle » et incontestable de l'État, ou d'un droit subjectif de commandement, mais uniquement parce qu'ils sont conformes au « droit objectif ».

131 Le droit objectif est l'ensemble des normes juridiques issues de la conscience sociale. La société engendre, pour les besoins de son existence et de son développement, des règles dont l'observation et l'application s'imposent au besoin par la contrainte : le droit objectif est l'ensemble de ces règles, 1° dont l'existence s'impose au regard des besoins de la vie collective ; 2° dont l'existence est nécessaire pour permettre le maintien et le développement de la vie sociale.

(148) Notamment, dans sa thèse, G. Teissier, *La responsabilité de la puissance publique*, Dupont, 1906.
(149) C. Didry, « Léon Duguit, ou le service public en action », *RHMC* n° 52-3, juill.-sept. 2005, p. 88.
(150) J.-C. Venezia, « Gaston Jèze et le service public », *RHFD* 1991, n° 12, (Actes du colloque Gaston Jèze), p. 93 ; v. aussi les hommages rendus lors de sa disparition, *RDP* 1953 : M. Waline, « L'œuvre de Jèze en droit public », p. 879 ; R. Bielsa, « G. Jèze », p. 891.
(151) L. Sfez, « Duguit et la théorie de l'État (représentation et communication) », *APD* 1976, p. 111 ; M. Réglade, « Théorie générale du droit dans l'œuvre de Duguit », *APD* 1932, p. 21. V. aussi *loc. cit.* p. 135, G. Jèze, « L'influence de Duguit sur le droit administratif français » ; S. Pinon, « Léon Duguit face à la doctrine constitutionnelle naissante », *RDP* 2010, p. 523.
(152) L. Duguit, *Les transformations du droit public*, La mémoire du droit (rééd. Libr. A. Colin, 1913), 1999, p. XIX.

Or, au centre de ce droit objectif, se trouve le service public. Le rôle des gouvernants est de travailler à la réalisation et au développement de la solidarité sociale en prenant en charge des activités d'intérêt général indispensables à la vie collective. Les prérogatives qu'ils détiennent ne sont que la contrepartie de cette obligation.

Le service public est ainsi à la fois le fondement et la limite du pouvoir des gouvernants : leur puissance est justifiée par la nécessité de satisfaire les besoins collectifs du public, elle leur confère une légitimité ; mais elle ne saurait aller au-delà de ce qu'admet ou exige la conscience sociale.

132 Cette théorie est libérale dans son essence puisqu'elle est destinée à limiter le pouvoir de contrainte des gouvernants sur les gouvernés. Mais la théorie du droit objectif porte aussi la marque du solidarisme systématisé par L. Bourgeois en 1896 (153) et concrétisé dans l'œuvre législative de la IIIe République. Cette doctrine radicale met l'accent sur la nécessité de développer les liens de solidarité dans la société et prend appui sur la sociologie et sur le droit positif. Mais elle dessine en même temps « une nouvelle figure de la rationalité politique » et encourage le développement des services publics.

C'est ainsi qu'au lendemain de la guerre de 1914, sur la lancée d'une forte intervention de l'État devenu « industriel, transporteur et assureur », le domaine du service public connut une extension croissante et de nombreux services publics nationaux et locaux, nouvellement créés, commencèrent à être confiés à des personnes privées. Peuvent être cités, par exemple, les services publics nationaux des assurances sociales (1930), des allocations familiales (1932), de la sécurité sociale et, plus particulièrement dans le domaine économique, la création des Offices, la nationalisation des transports, de l'armement et du matériel aéronautique. Quant aux services publics locaux, les communes se sont trouvé nettement encouragées à développer sous des formes juridiques diverses, des services municipaux de prestation (décrets-lois de 1926), en dépit des réticences de la jurisprudence administrative.

b) Le service public, notion fonctionnelle en jurisprudence

133 Sans doute, la jurisprudence soutient-elle fortement l'idée de « gestion privée dans le service public » (154). Elle n'en affirme pas moins le rejet définitif de la théorie des actes d'autorité et de gestion ainsi que la disgrâce de la théorie du service public « par nature ». Demeurent du ressort de la compétence judiciaire et sont soumis au droit commun, les contrats « de gestion privée » (155). C'est dans ce contexte que se pose alors la question des services d'ordre industriel et commercial « à gestion publique ».

Le Tribunal des conflits, dans une décision du 22 janvier 1921, *Société commerciale de l'Ouest africain*, refuse de qualifier de service public l'exploitation par une personne

(153) M. Borgetto et R. Lafore, *Droit de l'aide et de l'action sociales*, Montchrestien, coll. Domat, 2004, p. 21-22 ; J.-C. Beguin, P. Charlot, Y. Laidié (dir.), *La solidarité en droit public*, L'Harmattan, coll. Logiques juridiques, 2005.

(154) TC, 4 juin 1910, Compagnie d'Assurances Le Soleil, *Rec.* p. 446, concl. Feuilloley, *D.* 1912.3.89 ; CE, 31 juill. 1912, Société des Granits porphyroïdes des Vosges, *Rec.* p. 909, concl. Blum, *S.* 1917.3.15, concl. ; *D.* 1916.3.35, concl. ; *RDP* 1914, p. 145, note Jèze.

(155) CE, 31 juill. 1912, Société des Granits porphyroïdes des Vosges, *Rec.* p. 909, concl. Blum, *S.* 1917.3.15, concl. ; *D.* 1916.3.35, concl. ; *RDP* 1914, p. 145, note Jèze.

publique d'un service de transport maritime au motif que celui-ci est assuré « dans les mêmes conditions qu'un industriel ordinaire » (156). Cette décision n'utilise pas l'expression « service public » et le choix de réserver cette qualification aux seules activités « organisées par l'État en vue d'accomplir un acte normal de sa fonction [...] qui sont de la nature, de l'essence même de l'État », ne s'explique que par les conclusions du commissaire de gouvernement Matter (157). C'est peut-être pour cela que, dans ces mêmes années 1920, la doctrine nie l'existence de « services publics à gestion privée ». Elle reconnaît seulement la possibilité d'une gestion contractuelle privée des services publics. Les services publics à part entière se doivent d'être des organismes soumis à des règles juridiques spéciales. Pour Duguit et pour Jèze, synthétisés par Waline, « toute activité devenue objet d'un service public se distingue d'une manière générale d'une activité privée ».

134 Pourtant, le Conseil d'État, en qualifiant les « services industriels publics », sera quelques mois plus tard d'un avis inverse dans un arrêt du 23 décembre 1921, *Société générale d'Armement* (158) et admettra clairement qu'une activité économique exploitée par une personne publique dans des conditions ordinaires puisse être nommée service public. Le Tribunal des conflits finira par se ranger explicitement à cette position (159) et les théoriciens du droit en déduiront l'existence d'une nouvelle catégorie : celle des services public à caractère industriel et commercial (SPIC). Il est désormais avéré que le critère du service public n'est pas le critère exclusif de compétence du juge administratif et de l'application du droit administratif.

135 Par ailleurs, une évolution majeure se produisit dans l'entre-deux-guerres : l'extension du service public à des activités assurées par des personnes privées. Le juge administratif fut donc amené à reconnaître, d'abord implicitement, puis explicitement, l'existence de personnes privées « chargées de l'exécution d'un service public ».

Dans un premier temps, par un arrêt *Vézia* (160), le juge a admis qu'une personne privée puisse, hors d'un cadre contractuel, gérer dans un but d'intérêt général une activité qui n'est pas un service public à caractère industriel et commercial.

Puis, dans un deuxième temps, par un arrêt *Aide et Protection* (161), le Conseil d'État a jugé que la loi avait implicitement confié à un organisme de droit privé (caisse d'assurances sociales) un service public. Or en l'occurrence, le service public géré par les caisses est sans aucun doute un service public à caractère administratif.

(156) TC, 22 janv. 1921, Société commerciale de l'Ouest africain [dit Bac d'Éloka], *Rec.* p. 91, *D.* 1921.3.1. concl. Matter.

(157) A.-S. MESCHERIAKOFF, « L'arrêt du bac d'Eloka : légende et réalité d'une gestion privée de la puissance publique », *RDP* 1988, p. 1060 et s. ; J.-F. LACHAUME, « Actualité des conclusions de Matter et de la jurisprudence "Bac d'Eloka" », *in* J.-B. AUBY et S. BRACONNIER (dir.), *Services publics industriels et commerciaux : questions actuelles*, LGDJ, coll. Décentralisation et développement local, 2003, p. 3 ; M. TOUZEIL-DIVINA, « *Eloka*, sa colonie, son wharf, son mythe… mais pas de service public ? », *in* S. KODJO-GRANVAUX et G. KOUBI (dir.), *Droit et colonisation*, Bruylant, coll. Droits, territoires, cultures, 2005, p. 309.

(158) *Rec.* p. 333, *RDP* 1922, p. 75, concl. Rivet.

(159) TC, 11 juill. 1933, Dame Mélinette, *Rec.* p. 1237, concl. Rouchon-Mazerat, *RDP* 1933, p. 426, note Jèze, *S.* 1933.3.97, note Alibert, *D.* 1933.3.65, note Blaevoet.

(160) CE ass., 20 déc. 1935, Établissements Vézia, *Rec.* p. 1212, *RDP* 1936, p. 119, concl. Latournerie.

(161) CE ass., 13 mai 1938, Caisse primaire Aide et protection, *Rec.* p. 417, *D.* 1939.3.65, note Pépy, concl. Latournerie, *RDP* 1938, p. 830, concl.

Ensuite, dans les deux arrêts *Monpeurt* et *Bouguen* (162), le juge administratif en tira la conséquence que les décisions réglementaires ou individuelles que des organismes innomés prennent pour l'exécution du service public dont ils sont chargés, constituent des actes administratifs et donc que la juridiction administrative est compétente pour en connaître.

Enfin, dans l'arrêt *Magnier* (163) le Conseil d'État juge expressément que l'activité en cause est « un service public administratif dont la gestion est confiée sous le contrôle de l'administration, à des organismes de droit privé », et reconnaît que les décisions prises pour l'accomplissement du service public par des personnes explicitement privées sont des « actes administratifs relevant de la compétence de la juridiction administrative ».

136 C'est là une remise en cause fondamentale de l'aspect organique du service public. Désormais le service public est de nature matérielle et fonctionnelle, c'est une activité exercée dans l'intérêt général qui à ce titre relève, au moins partiellement, du droit public. Une telle définition mène inévitablement à étendre le domaine de la compétence du juge administratif et de l'application du droit administratif. Mais, comme en contrepartie, la compétence administrative et le droit administratif ne s'appliquent pas à la totalité des actes et des opérations liés aux activités de service public. La théorie établie par Louis Rolland sur les lois de fonctionnement du service public prend alors une importance nouvelle pour définir le noyau des actes et des domaines directement encadrés par des normes de droit public.

c) Le service public, enjeu d'action et garantie de protection

137 La notion de service public est ainsi marquée par l'utilisation, aujourd'hui analysable comme stratégique, qu'en eurent les interprètes du droit public : le Conseil d'État y voit un moyen de préserver son champ de compétence juridictionnelle ; l'un des plus influents théoriciens du droit de l'époque y trouve une pièce maîtresse de sa position relativement à la personnalité juridique de l'État et à la représentation d'ensemble du système normatif. Il n'empêche que la notion de service public ne fait l'objet d'aucune définition proprement juridique de la part de l'un ou des autres. Le juge administratif suprême ne définit pas, en général, les unités élémentaires de raisonnement que sont ses critères, Duguit se contente d'ancrer le service public à une nécessité sociologique (164) et Jèze en fait une tautologie (165).

138 C'est pourquoi l'École de Bordeaux (166), terme qui regroupe les successeurs pourtant hétérogènes de Duguit (Bonnard, Jèze, Rolland, Réglade, de Laubadère),

(162) CE ass., 31 juill. 1942, Monpeurt, *Rec.* p. 239, *RDP* 1943, p. 57, concl. Ségalat, note Bonnard ; CE ass., 2 avr. 1943, Bouguen, *Rec.* p. 86, *D.* 1944.52, concl. Lagrange, note Donnedieu de Vabres ; *S.* 1944.3.1, concl., note Mestre.

(163) CE sect., 13 janv. 1961, Magnier, *Rec.* p. 32, *RDP* 1961, p. 155, concl. Fournier ; *AJDA* 1961.142, note C.P. v. aussi précurseur, mais ignoré CE sect., 20 juin 1946, Morand, *Rec.* p. 183, *S.* 1947.3.19, note P.H.

(164) « Toute activité dont l'accomplissement doit être réglé, assuré et contrôlé par les gouvernants, parce qu'il est indispensable à la réalisation et au développement de l'interdépendance sociale et qu'il est de telle nature qu'il ne peut être assuré complètement que par l'intervention de la force gouvernante », L. Duguit, *Traité de droit constitutionnel*, t. II, Sirey, 1923, p. 55.

(165) « Besoins d'intérêt général que les gouvernants, dans un pays donné, à une époque donnée, ont décidé de satisfaire par les procédés du service public ».

(166) F. Melleray, « École de Bordeaux, école du service public et école duguiste », *RDP* 2001, p. 1887.

s'attache à donner à la notion de service public la valeur scientifique d'un critère de technique juridique. Ce faisant, chacun à leur manière, ils transforment complètement cette notion. Alors que Duguit en avait une conception objective et ne lui affectait aucun régime juridique unitaire, elle devient pleinement subjective et se caractérise par des principes de fonctionnement communs relevant du droit administratif et garantis par des procédés de puissance publique (167). On peut en venir à douter qu'il s'agisse de la même notion.

139 Au lendemain de la Seconde Guerre mondiale, Louis Rolland réalise la synthèse des vues de l'École de Bordeaux en exposant trois conditions :

1°) Le service public suppose la direction ou la haute direction des gouvernants. C'est l'aspect organique, mais il est nuancé par la distinction entre la maîtrise du service (choix de la création, choix du mode de gestion, contrôle de la gestion) et la gestion proprement dite du service par les personnes publiques.

2°) Le service public suppose la satisfaction à donner à un besoin d'intérêt général. C'est l'aspect fonctionnel. Certains tenants de l'École de Bordeaux comme Jèze estiment que c'est le législateur qui détermine le besoin d'intérêt général ; d'autres admettent qu'il puisse exister des services publics par nature (168).

3°) Le service public suppose la carence ou l'insuffisance de l'initiative privée. Cette particularité fonctionnelle, destinée à limiter l'intervention des collectivités territoriales, ne s'applique pas à l'État car le Parlement représentant la nation souveraine ne saurait mal faire (169).

140 Le point culminant de l'évolution est atteint par Gaston Jèze qui confère à la notion de service public un caractère pleinement subjectif : « sont uniquement, exclusivement services publics, les besoins d'intérêt général que les gouvernants d'un pays donné, à un moment donné ont décidé de satisfaire par le procédé du service public » (170). Le service public devient un procédé technique que peut utiliser le législateur. Cette position prive la notion de service public de son unité essentielle qu'est la limitation de l'État. L'École de Bordeaux introduit ainsi dans une théorie unitaire des germes de division que développera la jurisprudence. Trois conséquences posent problème. Tout d'abord, la notion subjective de service public permet de voir des services publics là où l'État et les personnes publiques ne les assument pas effectivement : c'est une possibilité de divergence entre les caractères organique et fonctionnel. Ensuite, la référence à l'intérêt général ne fait que repousser le problème un peu plus loin, car l'intérêt général est aussi ce que définissent les gouvernants : cela engage l'analyse juridique à donner un caractère de technique juridique à une notion encore plus proche de la politique. Enfin, et c'est probablement l'effet le plus néfaste, la notion de service public développée par l'École du même nom, fait du service public le critère central de compétence du juge administratif et, par conséquent, de l'application d'un régime de droit administratif.

(167) G. Jèze, *Les principes généraux du droit administratif*, Giard et Brière, t. II, 1927, p. 2.

(168) TC, 22 janv. 1921, Société commerciale de l'Ouest africain, *Rec.* p. 91, *D.* 1921.3.1. concl. Matter : certains services se rattachent par nature au fonctionnement de l'État, à la différence d'autres qui sont de nature privée ; TC, 11 juill. 1933, Dame Mélinette, *Rec.* p. 1237, concl. Rouchon-Mazerat, *RDP* 1933, p. 426, note Jèze, *S.* 1933.3.97, note Alibert, *D.* 1933.3.65, note Blaevoet : il existe des « fonctions ne rentrant point dans les attributions exclusives de la puissance publique ».

(169) CE, 27 juill. 1923, Gheusi, *Rec.* p. 638.

(170) G. Jèze, *Les principes généraux..., op. cit.* p. 16.

141 Cette situation aboutit à une sorte de schizophrénie de la notion de service public, prise entre sa qualité de critère de compétence – dont l'imperfection apparaîtra rapidement – et son destin de support théorique d'une représentation du droit public – qui correspond assez bien à la nouvelle dimension sociale de la fonction administrative pendant la période considérée. Il ressortira de cette coexistence une forme de contestation permanente de la notion de service public, marquée par des résurgences que les différentes réévaluations jurisprudentielles (théorie du service public virtuel en 1944-1946, puis arrêts de 1956) ne parviendront pas à masquer. Pourtant, les limites indéniables du service public en tant que critère de compétence, dues pour l'essentiel à une amplification de la portée d'arrêts que le Conseil d'État ne considérait certainement pas comme tournés vers cette question, ni comme fixant sa jurisprudence, ne sont que des épiphénomènes relatifs à la conception française d'un système de dualisme juridictionnel. Beaucoup plus importante pour la réalité de la vie juridique, apparaît la valeur donnée au régime juridique de la notion de service public par les membres de l'École de Bordeaux.

142 Car la conséquence première de l'absence de définition initiale, ou de l'existence potentielle de deux définitions en creux, induites par l'usage téléologique de la notion, est que les théoriciens de l'École de Bordeaux ont dû s'attacher à construire une définition opérationnelle. Et ils l'ont fait à partir du matériau et du point de vue qui leur étaient le plus familier, ceux du droit positif. Or, il n'existait dans la littérature juridique avant 1880 aucune référence à un régime juridique commun aux services publics ou simplement particulier à de telles activités. Aussi, à la question de l'identification du service public, Jèze, Bonnard et Rolland répondent par des définitions qui ont pour point commun de mettre en avant le régime juridique de l'activité de service public. Ainsi se forgent les outils majeurs du droit du service public que sont les fameuses lois de fonctionnement : égalité, continuité, mutabilité, attribuées dans leur ensemble à Rolland (171). Au-delà de leur mise en évidence laborieuse, de leurs fondements hétérogènes et de leur poids inégal, ces principes de fonctionnement, caractérisant toute activité de service public, constituent l'aspect le moins contesté et le plus pérenne de toute définition positive du service public jusqu'à ce jour.

143 Dès lors, ce n'est pas le moindre des paradoxes, pour la doctrine comme pour la jurisprudence – qui de ce point de vue se sont véritablement épaulées – que d'avoir élaboré *a posteriori* par rapport à l'apparition de la notion dans un jeu circonstanciel d'institutions, un régime juridique cohérent et unificateur. Certains y verront un triomphe de la technique juridique et du droit positif sur les représentations théoriques du système de droit public. D'autres préféreront y trouver la démonstration la plus concrète, par le contenu matériel, du fait que toute activité gérée en commun parce qu'elle est indispensable à la vie en société, acquiert de ce fait un statut spécial d'institution juridique.

B. LA VIGUEUR DES SERVICES PUBLICS, DE LA LIBÉRATION AUX ANNÉES 1990

144 **Bibliographie** : J.-M. RAINAUD, *La crise du service public*, PUF, Que sais-je ?, 1999. M.-O. BARUCH, *Servir l'État français. L'administration en France de 1940 à 1944*, Fayard, 1997 ; M.-L. PELLETIER, *L'entreprise public et le service public. Déclin et mutation*, L'Harmattan, coll. Logiques juridiques, 2009

(171) L. BÉZIE, « Louis Rolland, théoricien oublié du service public », *RDP* 2006, p. 847.

J. L'Huillier, « À propos de la crise de la notion de service public », *D.* 1955, chron. p. 99 ; « Nouvelles réflexions sur le service public », *D.* 1957, chron. p. 91 ; C. Leclercq, « La mission de service public », *D.* 1966, chron. p. 9 ; S. Nora, « La philosophie du service public », *in Le Service public industriel et commercial dans la société française d'aujourd'hui – Actes du colloque de Rouen*, mai 1980, supplément au Dossiers et documents du Monde, oct. 1980 ; J.-B. Geffroy, « Service public et puissance publique. Réflexion sur les déboires d'un couple célèbre », *RDP* 1987, p. 45 ; F. Leveque, « Concepts économiques et conceptions juridiques de la notion de service public », *in* T. Kirat, É. Serverin (dir.), *Le droit dans l'action économique*, CNRS éditions, 2000 ; M. Boiteux, « État et services publics », *Économie publique*, n° 8, 2001 ; R. Hugounenq, B. Ventelou, « Les services publics français à l'heure de l'intégration européenne », *Revue de l'OFCE*, 2002, p. 80 ; E. Brillet, « Le service public "à la française" : un mythe national au prisme de l'Europe », *L'économie politique*, n° 24, octobre 2004, p. 20 ; V. Champeil-Desplats, « Le service public dans les débats constituants de 1946 », *in* G. J. Guglielmi (dir.), *Histoire et service public*, PUF 2004, p. 231 ; P. le Masne, « Le rôle des services publics pour Galbraith », *Innovations*, 1/2006, n° 23, p. 173 ; F. Descamps « La création du comité central d'enquête sur le coût et le rendement des services publics : 1946-1950 », *RFAP*, 5/2007 (Hors série), p. 27-43 ; G. Koubi, G. J. Guglielmi, « Le service public à la française : une notion en extinction », *Cahiers français* n° 339, Les Services publics, La Doc. fr., août 2007, p. 1 ; G. J. Guglielmi, « La conception du service public "à la française" », *Évolution des politiques publiques : avenir du service public en France*, MFP Éditions, 2009, p. 9.

145 La Libération et les deux décennies suivantes constituent la période d'apogée du service public. C'est durant ce quart de siècle que se construit véritablement ce que certains appelleront plus tard le « service public à la française ».

a) Le service public, moteur du secteur public

146 Consacrant, à la Libération, la conception duguiste, le préambule de la Constitution de 1946 dispose que « tout bien, toute entreprise, dont l'exploitation a ou acquiert les caractères d'un service public national ou d'un monopole de fait doit devenir la propriété de la collectivité ». Le service public national est alors associé à l'entreprise publique. Il est justifié par la nécessité de l'indépendance nationale, et la volonté d'empêcher la domination des plus grandes entreprises privées sur la vie économique et sociale. Cela justifie *a posteriori* la nationalisation de l'électricité, du gaz, des houillères de bassin. Avec la fondation préalable de la SNCF, la récupération de la Compagnie générale transatlantique et des Messageries maritimes, ainsi que de Air France, se trouve constitué un immense secteur public de l'énergie et des transports.

L'existence de grandes entreprises publiques s'explique ainsi par l'idée que les infrastructures nécessaires au développement économique doivent être la propriété de la collectivité. Il en est notamment ainsi pour ce que le droit communautaire appellera plus tard les « entreprises de réseaux », spécialement l'énergie et les télécommunications. Est alors affirmé un lien de nécessité entre propriété publique, monopole et service public, lien qui fonde la qualification ultérieure de « conception française du service public ». Ces grandes entreprises de service public sont soustraites à la concurrence, elles disposent d'un véritable monopole de droit ou d'une protection légale.

147 Le mouvement conjugué par les vagues de 1936 et de 1945 aboutit dans l'immédiat après-guerre à la prise en charge par les services publics des « grandes fonctions collectives ». Il s'agit d'un élément fondamental de l'organisation et du développement économique du pays, qui est aussi vecteur du lien social, instrument de cohésion et de solidarité, et facteur de promotion de l'égalité. Pourtant, la fondation ou la prise en charge de services publics n'est pas un élément nécessaire de l'intervention par voie d'entreprise publique. Ainsi, les entreprises publiques et sociétés d'économie mixte assujetties au droit des sociétés commerciales, qui interviennent dans les secteurs de la banque, de l'assurance, de l'automobile, de la recherche et de l'exploitation pétrolière, ne sont nullement des services publics. L'intervention de l'État est ici régie par des principes éminemment contingents : nécessités politiques, chocs économiques, stratégie internationale, opportunités financières.

Par la référence aux « principes particulièrement nécessaires à notre temps », le préambule de la Constitution de 1946 affirme un certain nombre de droits sociaux (travail, santé, éducation, culture, loisir) dont la satisfaction appelle nécessairement la constitution d'institutions de service public. Cela implique le développement de l'État, du service public et d'une idéologie, voire d'une mystique du service public comme service pluriel. Il n'y a quasiment plus de limite à l'intervention de la puissance publique. Tout ou presque peut devenir objet de service public par le choix de l'autorité administrative ou par la qualification du juge administratif des activités les plus diverses : spectacles, sports, restauration, soins, etc.

148 Pour certains juristes, ce passage massif de l'État-protecteur à l'État-providence traduit, au niveau des représentations de l'État, « le mouvement dans lequel la société cesse de se penser comme un corps pour se concevoir comme un marché » (172). Pour d'autres, la permanence de la notion de service public dans la sphère du droit contient désormais les dérives qui pourraient affecter le lien social et porter atteinte à certaines libertés publiques (173). Or, même si le débat en droit positif a pu être engagé (174), il suffit de constater qu'il ne présente plus, dans l'action politique et sociale, le moindre caractère de réalité.

Comme l'a synthétisé J. Chevallier (175), le service public est devenu « un agent de redistribution qui doit contribuer à réduire l'ampleur des inégalités sociales ». Il s'adresse d'abord « à ceux qui sont exclus des mécanismes de répartition et de redistribution résultant du marché », de façon à ce qu'ils « ne se voient pas interdire l'accès à des biens jugés essentiels ». Ce but de cohésion sociale définit donc un champ d'intervention prioritaire : « les services publics en réseaux, institués en vue d'assurer à tous, soit l'accès à des réseaux de communication (poste, transports, téléphone) soit la satisfaction de certains besoins fondamentaux (électricité, chauffage, eau potable) ; couvrant l'ensemble du territoire d'un maillage serré, leur fonction est de « brancher » leurs utilisateurs sur la vie économique et sociale ; et la tarification est conçue de telle manière qu'elle n'entraîne pas d'effet d'exclusion ».

149 La force de ces éléments, qui marquent la place centrale des services publics dans l'économie nationale et leur rôle social déterminant, explique pourquoi les Français sont profondément attachés à l'idée de service public et lui accordent une place essentielle dans leurs représentations collectives.

(172) P. Rosanvallon, *La crise de l'État-providence*, éd. du Seuil, 1981, p. 25.
(173) P. Delvolvé, « Service public et libertés publiques », *RFDA* 1985, p. 1.
(174) E. Pisier, « Service public et libertés publiques », *Pouvoirs* 1986, p. 143 ; S. Regourd, « Le service public et la doctrine : pour un plaidoyer dans le procès en cours », *RDP* 1987, p. 5.
(175) J. Chevallier, « Regards sur une évolution », *AJDA* 1997, p. 15.

Le service public, devenu un élément de l'identité nationale, est passé dans le public. Les citoyens se sont naturellement approprié la notion. Le service public est ainsi, de façon exemplaire, « l'expression juridique d'une philosophie politique » (176).

b) Crise et renouveau de la notion de service public

150 Dès la Libération, une partie importante de la doctrine dénonce la crise de la notion de service public (177), causée par la dissociation des éléments organiques, matériels et de régime juridique. La notion de service public aurait perdu, en même temps que son unité, sa valeur de « notion explicative ». L'application de la compétence administrative et du droit administratif n'est plus commandée par l'existence du but de service public mais par l'emploi de prérogatives de puissance publique, de procédés de gestion publique. Le droit administratif n'est plus présenté comme droit des services publics mais comme droit de la puissance publique, de la gestion publique. Donc la notion de service public ne constitue pas la notion fondamentale du droit administratif que prétendait l'École du service public.

151 Il est, par ailleurs, difficile de cerner une définition stable du service public qui, par construction, est caractérisé *de facto* par l'intervention des autorités administratives et n'est qualifié par le juge administratif qu'*a posteriori* en cas de contentieux. À partir de cette époque, l'identification du service public repose sur la présence simultanée de trois éléments : l'existence d'un but d'intérêt général, l'action d'une personne publique, l'application d'un régime de droit public. L'ambiguïté de cette situation, qui sacrifie une définition notionnelle à un procédé empirique d'identification, sera poussée à son point ultime par la théorie dite de l'existentialisme juridique. Conçu pour garantir un régime juridique particulier, le service public n'aurait pas d'essence, mais une existence, que le juge administratif révélerait sans se référer à un système d'interprétation juridique global (178). Or, s'il est vrai que la jurisprudence administrative est, par son office même, maîtresse de la qualification d'une institution spécialisée en cas de silence ou d'imprécision des textes, il n'y a pas lieu de s'en étonner, car le silence du législateur avait sûrement quelque raison d'être. Mais il ne faut pas en conclure pour autant que l'on soit en présence d'un existentialisme juridique. « Si vraiment l'existence précède l'essence, l'homme est responsable de ce qu'il est » (179). La jurisprudence administrative n'est pas responsable de la manière d'agir de ces institutions innomées, ni du régime que leur confère le législateur.

152 Ces interrogations et remises en cause sont cependant reléguées au second plan. Une revalorisation jurisprudentielle de la notion de service public comme critère de la compétence administrative et du droit administratif intervient en effet rapidement, par une succession d'arrêts qui placent, dès la fin des années 1950, le service public en première ligne dans les opérations de détermination de la compétence du juge

(176) J.-M. Pontier, « La conception française du service public », *D.* 1996 chron. p. 9.
(177) J.-L. de Corail, *La crise de la notion juridique de service public en droit administratif français*, LGDJ, 1954.
(178) B. Chenot, concl. sur CE, 6 févr. 1948, Comp. carcassonnaise de transports en commun, *RDP* 1948, p ; 244 ; « La notion de service public dans la jurisprudence économique du Conseil d'État », *EDCE* 1950, p. 77 ; « L'existentialisme et le droit », *RFSP* 1953, p. 57.
(179) J.-P. Sartre, *L'existentialisme est un humanisme,* Folio Essai, 1996, p. 24.

administratif. Ainsi en est-il de l'adoption d'une définition nouvelle et singulièrement extensive de la notion de travaux publics (180), de l'adoption d'un critère alternatif du contrat administratif (181), du régime de carrière des agents publics (182), ou de la définition du domaine public (183) ou des travaux publics (184). Il faut y ajouter la confirmation et la précision constante, par les juridictions, des grands principes de fonctionnement du service public : continuité, égalité, mutabilité.

153 Pendant les années 1960 et 1970, il n'est plus contesté en doctrine que le service public soit la catégorie fondamentale de l'action administrative en droit positif (185). Le fait qu'un acte ou une opération se rattache à l'exécution d'un service public est, de façon générale, la condition nécessaire si ce n'est suffisante de l'application, à cet acte ou cette opération, des règles du droit administratif. Dès lors qu'une activité constitue un service public, s'applique nécessairement un ensemble de règles et de principes, un régime juridique particulier : le régime juridique de service public. Par ailleurs, bon nombre de lois se donnent pour champ d'application l'exécution de différents services publics, quelle que soit la forme de leur gestion, et leur fixent des règles de fond analogues. La notion de service public trouve à cette époque son unité matérielle.

C. LA NOTION DE SERVICE PUBLIC FACE À LA LIBÉRALISATION

154 Le mouvement général de libéralisation qui s'étend à la plupart des économies occidentales à partir du milieu des années 1980 produit deux conséquences distinctes et d'importance inégale. La première est de rendre toute intervention publique suspecte de ne pas respecter la loi du marché et de constituer une mauvaise allocation des ressources. Ce n'est pas tant la notion de service public qui en est affectée, que le principe même de l'intervention publique en régie ou par le biais de personnes publiques spéciales. Au nom de l'efficacité globale, mais aussi du maintien de la compétitivité de la France dans l'Europe et de l'Europe dans le monde, la plupart des activités économiques assurées autrefois par la puissance publique font l'objet de privatisations ou de délégations au profit des entreprises privées (186). De même, les opérateurs

(180) TC, 28 mars 1955, Effimieff, *Rec.* p. 617, *JCP* 1955.II.8786, note Blaevoet, *Rev. adm.* 1955, p. 285, note Liet-Veaux ; *AJDA* 1955, II, p. 332, note J.A.

(181) CE sect. 20 avr. 1956, Époux Bertin, *Rec.* p. 167 ; *D.* 1956.433, note de Laubadère ; *RDP* 1956.869, concl. Long, note M. Waline ; *AJDA* 1956, II, p. 272 et 221, concl. et chron. ; *Rev. adm.* 1956, p. 496, note Liet-Veaux.

(182) CE sect. 4 juin 1954, Affortit et Vingtain, *Rec.* p. 342, concl. Chardeau, *AJDA* 1954, II, p. 6, chron.

(183) CE, 19 oct. 1956, Société « Le Béton », *Rec.* p. 375, *D.* 1956.681, concl. Long ; *RDP* 1957.310, concl. ; *JCP* 1957, II, p. 9765, note Blaevoet ; *AJDA* 1956, II, p. 472, concl. Long et chron. ; *Rev. adm.* 1956, p. 617, note Liet-Veaux.

(184) CE sect. 20 avr. 1956, Consorts Grimouard, *Rec.* p. 168, *D.* 1956.433, note de Laubadère ; *RDP* 1956.869, concl. Long, note M. Waline ; *AJDA* 1956, II, p. 272 et 221, concl. et chron. ; *Rev. adm.* 1956, p. 496, note Liet-Veaux.

(185) R. Latournerie, « Sur un Lazare juridique : bulletin de santé de la notion de service public », *EDCE* 1960, p. 61 ; A. de Laubadère, « Revalorisations récentes de la notion de service public », *AJDA* 1961, p. 591 ; R. Chapus, « Le service public et la puissance publique », *RDP* 1968, p. 235.

(186) La L. n° 86-793 du 2 juill. 1986 autorisant le gouvernement à prendre des mesures d'ordre économique et social, complétée par la L. n° 86-912 du 6 août 1986 relative aux modalités d'application des privatisations, avait ainsi relancé le mouvement des privatisations en opposition au programme des nationalisations mis en œuvre à partir de 1982.

qui demeurent publics sont progressivement dépossédés de leurs avantages structurels. Paradoxalement, cette première tendance a pour effet de recentrer l'intervention publique sur des activités de service public, car les privatisations portent d'abord sur des entreprises publiques qui ne gèrent pas en soi de service public. Pourtant, dans le débat politique national, le service public pâtit de son identification à la propriété publique, à la gestion en régie, au statut public des personnels. La seconde conséquence est de soumettre les activités économiques des personnes publiques au droit de la concurrence. Il s'agit d'une véritable inversion des priorités antérieures, puisque les activités d'intérêt général que les personnes publiques ont décidé d'assurer sous un régime juridique particulier, se trouvent désormais soumises au droit de la concurrence, conçu comme la norme de droit commun d'un marché sur lequel la nature publique ou privée des acteurs ne doit pas influer.

155 Le discours sur la modernisation des services publics et sur la réforme de l'État, élaboré dès les années 1980 et articulé tout au long des années 1990, transforme l'approche des services publics. Outre les débats politiques internes sur la diminution des dépenses publiques, poussant à la réduction des personnels affectés dans les administrations et les services publics, l'application du droit communautaire de la concurrence aux services publics impose des modifications structurelles et managériales (187).

À partir des années 1990, les privatisations portent plus directement sur des opérateurs de service public. L'exemple le plus flagrant est constitué par l'évolution de France Telecom qui, qualifié « exploitant public », devient « société anonyme » dès 1996 (188). La séquence-type consiste à transformer un établissement public gérant un service public industriel et commercial en société par actions détenue très majoritairement par l'État, à supprimer le monopole qu'il était supposé détenir de façon à instituer un début d'équilibre concurrentiel sur le marché, puis à ouvrir progressivement le capital de la société aux actionnaires privés, jusqu'à ce que le seuil des actions détenues par l'État passe au-dessous de 50 %. Pour les grands services publics nationaux, ce schéma n'est envisageable qu'avec l'intervention du législateur (189).

La construction européenne participe, à l'évidence, de ce mouvement de libéralisation (190). Sa présence constante dans les justifications adoptées pour limiter le secteur public est surtout due à son caractère contraignant en termes de sources du droit (191).

▪ (187) G. Quiot, « Ordre concurrentiel et service public », *in L'Ordre concurrentiel, Mél. Pirovano*, Éd. Frison-Roche, 2003, p. 74.
▪ (188) Modification de la L. n° 90-568 du 2 juill. 1990 relative à l'organisation du service public de la poste et des télécommunications par la L. n° 96-660 du 26 juill. 1996 relative à l'entreprise nationale France Télécom (*JO* 27 juill. 1996, p. 11398).
▪ (189) Quelques cas exemplaires : l'Imprimerie nationale, Air France, Aéroports de Paris. Plus tard, vu le rapport particulier que les services correspondants entretiennent avec la notion de cohésion sociale : France Télécom, EDF, GDF.
▪ (190) R. Le Mestre, *La soumission des secteurs publics nationaux à la déréglementation communautaire*, PU Septentrion, 1998. M.-L. Basilien-Gainche, « La libéralisation communautaire des marchés de l'électricité et du gaz, une reconfiguration des obligations de service public », *AJDA* 2007, p. 74 ; P. Bauby, « La libéralisation des services publics », *Cahiers français,* Découverte de l'économie n° 2, Questions et débats contemporains, n° 347, 2008, p. 8.
▪ (191) Y. Gaudemet, « Le service public à l'épreuve de l'Europe : vrai et faux procès », *in Les mutations contemporaines du droit public. Mél. Benoît Jeanneau*, Dalloz, 2002, p. 473.

a) La réforme de l'État et des services publics

156 **Bibliographie** : F. Ewald, *L'État-providence*, Grasset, 1986 ; R. Fraisse, (dir.), *Le service public demain*, Economica 1989 ; B. Delaunay, *L'amélioration des rapports entre l'administration et les administrés. Contribution à l'étude des réformes administratives entreprises depuis 1945*, LGDJ, 1993 ; A. Barilari, *La modernisation de l'administration,* LGDJ, coll. Systèmes, 1994 ; A. Minc, *La France de l'an 2000*, Odile Jacob/La Doc. fr., 1994 ; C. Stoffaës, *Services publics – question d'avenir*, Odile Jacob/La Doc. fr., 1995 ; P. Warin, (dir.), *Quelle modernisation des services publics ?*, La Découverte, 1997 ; M. Crozier, *Comment réformer l'État ?*, La Doc. fr., coll. Rapports, 1998 ; S. Trosa, *Vers un management post-bureaucratique – La réforme de l'État, une réforme de la société*, L'Harmattan, coll. Questions contemporaines, 2007 ; P. Bezes, *Réinventer l'État. Les réformes de l'administration française (1962-2008)*, PUF, coll. Le lien social, 2009 ; N. Kada (dir.), *De la réforme territoriale à la réforme de l'État*, PUG, 2011.

J. Caillosse, « La réforme administrative et la question du droit », *AJDA* 1989, p. 3 ; B. Pêcheur, « France : bilan et perspectives du renouveau du service public », *RFAP*, n° 55, 1990, p. 425 ; L. Rouban, « La modernisation de l'État et la fin de la spécificité française », *RFSP* 1990, p. 521 ; L. Rouban, « Le client, l'usager et le fonctionnaire : quelle politique de modernisation pour l'administration française ? », *RFDA* 1991, p. 435 ; J.-M. Woerhling, « Réflexions sur le renouveau du service public », *Rev. adm.* 1992, n° 269, p. 394 ; B. Stirn, « La conception française du service public », *CJEG* 1993, p. 299 ; P. Stroble, « Modernisation du service public : quelles perspectives de recherche ? », *in* A. David, A. Denis *et alii*, (dir.), *Le service public ? La voie moderne*, L'Harmattan, coll. Logiques sociales, 1995, p. 295 ; J. Chevallier, « La politique française de modernisation administrative », *in L'État de droit, Mél. Braibant*, Dalloz, 1996, p. 69 ; J. Chevallier, « La réforme de l'État et la conception française du service public », *RFAP* 1996, p. 189 ; A. Demichel, « Le service public à la française : éléments pour un débat », *Esprit*, avril 1996, p. 170 ; C. Leroy, « Les rapports contemporains entre l'État et le Marché : Essai d'interprétation », *Rev. adm.* 1996, p. 515 ; B. Hérault, « La modernisation du service public – essai de construction de l'objet », *Sciences de la société*, n° 42, octobre 1997, p. 23 ; M. Pochard, « La modernisation du service public », *AJDA* 1997, n° spécial : *Le service public – Unité et diversité*, p. 123 ; J. Caillosse, « Le service public à la française : Déconstruction d'un mythe ? », *in* J.-J. Pardini, C. Devès (dir.), *La réforme de l'État*, Bruylant, Bruxelles, 2006, p. 177 ; J. Chevallier « Les nouvelles frontières du service public », *in Regards croisés sur l'économie*, 2007 (n° 2), p. 14.

157 Envisagée dès les lendemains de la Libération, la politique de modernisation des administrations a toujours eu pour objectif de promouvoir l'efficacité de l'État et des services publics. La recherche d'efficience concerne les structures organisationnelles et les moyens nécessaires à leur gestion et suppose un remaniement de la définition du rôle de l'État dans les sphères économiques et dans les relations sociales.

Sous la IVe République, la priorité était d'assurer la reconstruction de l'État et la reprise des activités essentielles à la reconstitution du lien social. Pendant les premières années de la Ve République, l'objectif fut de maintenir la distribution des prestations et des fournitures par les organismes qui, suivant l'expression retenue dans l'alinéa 9 du préambule de la Constitution du 27 octobre 1946, exerçaient de fait des activités ayant ou pouvant acquérir le « caractère d'un service public national ». Par la suite, dès le milieu des années 1960, l'enjeu a été de revivifier les relations entre les administrations et les administrés (192). Il s'agissait alors de répondre aux demandes des administrés plutôt que de recueillir les avis des usagers des services publics et de satisfaire leurs attentes. Dans les années 1970, furent créées des instances spécifiques destinées à concrétiser cet objectif. En 1973 fut institué le médiateur

(192) D. Maillard Desgrées Du Lou, *Droit des relations de l'administration avec ses usagers*, PUF, coll. Thémis, 2000.

de la République, puis en 1978, la CNIL, puis la CADA, qui, par la suite, formèrent la catégorie des « autorités administratives indépendantes », autorités dont la création et la fonction semblaient alors liées à des conceptions nouvelles de l'intervention par voie de service public.

158 Dès 1982, bien avant son insertion dans le texte constitutionnel (193), la logique de la décentralisation avait contribué au renforcement de la déconcentration, notamment en modifiant les implications de la notion de hiérarchie dans les rapports administratifs de travail, et induit un resserrement de l'action publique autour de thèmes précis mettant en jeu la conception du service public. La mise en œuvre de nouvelles méthodes administratives alliées à la nécessité de réduire le déficit budgétaire et de limiter les dépenses de l'État, invitait à repenser la notion de service public.

En 1983 furent évoquées certaines priorités nouvelles relatives à la « qualité du service », à « l'efficacité des services publics » et au « rapprochement des services publics et des usagers ». Ces perspectives furent réitérées, en 1988, dans le rapport de la commission du plan présidée par F. de Closets (194). Les premiers développements sur le « renouveau du service public » et la réforme de l'État, ainsi que ceux visant l'accès aux données publiques, en découlent. Traduits ensuite par des actes juridiques et des actions concrètes, ils ont considérablement transformé la notion de service public et, paradoxalement, l'ont en même temps revitalisée.

159 Au début des années 1980, cette politique de modernisation révèle une volonté délibérée des gouvernants de dépasser les réformes administratives traditionnelles. Ce ne sont plus les seuls administrés ni les agents de la fonction publique qui se trouvent impliqués dans le processus de rationalisation des activités de l'État, c'est la conception même de l'État et, par là, du service public qui se trouve revisitée.

Plusieurs facteurs ont contribué à la déconstruction de l'État-providence que la IVe République avait progressivement bâti afin de lui substituer progressivement, dès la fin des années 1990, un « État régulateur » répondant aux exigences du marché intérieur européen. Dans un premier temps, l'approfondissement de la décentralisation territoriale a conduit les autorités centrales à transférer aux collectivités locales un certain nombre d'activités relevant du champ du service public. Dans un second temps, accompagnant et justifiant ce processus décentralisateur, la notion de *régulation*, tant en matière économique qu'en matière juridique (195), suscita une recomposition des modes d'action et des formes d'intervention de l'État dans les secteurs économiques et sociaux qui étaient les principaux lieux du dynamisme des services publics (196).

160 L'objectif alors retenu par les gouvernants ne cantonnait pas l'État dans des fonctions de puissance publique, autour de quelques services dits « régaliens ». Il prenait en

(193) La L. constitutionnelle n° 2003-276 du 28 mars 2003 relative à l'organisation décentralisée de la République, ajoute à l'article premier de la Constitution qui proclame la France comme une République indivisible, laïque démocratique et sociale, cette phrase : « Son organisation est décentralisée ».

(194) *Le pari de la responsabilité*, Commission « Efficacité de l'État », La Doc. fr., 1989.

(195) M.-A. FRISON-ROCHE (dir.), *Les régulations économiques : légitimité et efficacité*, Presses de Sciences Po et Dalloz, 2004.

(196) A. LAGET-ANNAMAYER, *La régulation des services publics en réseaux : télécommunications et électricité*, Bruylant et LGDJ, 2002 ; G. MARCOU, F. MODERNE (dir), *Droit de la régulation, services publics et intégration régionale*, L'Harmattan, coll. Logiques juridiques, 2005.

considération la complexité des systèmes juridiques dans lesquels les activités de service public devaient être agencées. Les discours administratifs portant sur ces thèmes visaient à définir des moyens pour parvenir à un « mieux d'État » en adaptant les autorités administratives et le service public aux exigences de la vie moderne. Ils ne défendaient pas un « moins d'État » ou des thèses ultra-libérales en matière économique.

Toutefois, ce but a été progressivement amoindri, dans la décennie 1995-2005, par l'intensification des discours doctrinaux relatifs à la régulation. Ceux-ci tendent à impulser au sein des administrations de nouvelles façons de penser la post-modernité, dans une Europe économique dont les contours seront très nuancés, comme l'ont montré le refus de ratification par certains États membres de l'Union européenne (197), du traité portant constitution européenne, et la modification substantielle de la directive dite « Bolkestein » sur les services, du Parlement européen et du Conseil n° 2006/123 du 12 décembre 2006.

161 Résolument pensé dans le cadre de la déconcentration administrative, le maître mot de la recomposition du service public dans cet espace discursif est la « qualité » (198). La recherche de qualité pour le service public qui s'ensuit, en France, ne s'apprécie pas en fonction d'un seuil de prestations pris en charge par l'État qui ne serait qu'un minimum de prestations essentielles qu'il faudrait garantir aux plus démunis, comme le supposait au préalable l'introduction de la notion de « service universel » dans le droit du service public en France. Elle s'inscrit effectivement dans le cadre des exigences financières relatives à la réduction des déficits publics et dans le souci permanent du respect du principe de la libre concurrence par les institutions publiques. Mais au-delà, dans la mise en œuvre des services publics, elle recouvre toute une série d'activités ayant pour objet principal de permettre aux administrés, aux citoyens, aux usagers de ces services de jouir pleinement et d'exercer sereinement leurs droits et libertés.

Dès lors, la modernisation des administrations proprement dites n'a jamais été l'objectif principal des réformes. Derrière ces mots, s'inscrit la réflexion sur le rôle de l'État et sur les missions qu'il assure notamment dans le champ social par le biais du service public. Cette préoccupation est censée transcender les clivages idéologiques. Toutefois, les différents discours relatifs à la modernisation, s'ils s'enchevêtrent, ne se recouvrent pas. La modernisation du service public ne se résout pas dans la modernisation des administrations, et la modernisation de l'État ne s'y réduit pas non plus. Mais les entrecroisements entre ces discours révèlent les mutations profondes de la notion de service public en droit français.

162 Dans ce champ particulier, le mouvement de modernisation a surtout été impulsé par la circulaire du Premier ministre du 23 février 1989 relative au renouveau du service public (199). Cette circulaire a enclenché la mutation juridique des services publics tant au plan économique que dans le domaine social. Elle cherchait à provoquer une révision de la conception initiale du service public en opérant résolument un tournant vers le libéralisme économique impliqué par la construction européenne.

(197) Traité portant constitution pour l'Europe, ratifié par plusieurs États de l'Union européenne et rejeté, en France, par référendum le 29 mai 2005 ; v. aussi : Cons. const. n° 2004-505 DC du 19 nov. 2004, *Rec.* p. 173.
(198) Rapport de la Commission présidée par Y. Cannac, *La qualité des services publics*, La Doc. fr., 2004.
(199) Circulaire dite « Rocard », du nom du Premier ministre d'alors, *JO* 24 févr. 1989, p. 2526.

Prenant également en considération la décentralisation qui avait produit ses effets dès la loi du 2 mars 1982 (200), cette circulaire fixait les objectifs d'un renforcement de la déconcentration marqué par le remaniement du dispositif préfectoral sur le territoire de la République (201), et prétendait ouvrir des perspectives sur la « revalorisation du service public ». Ce faisant, elle mettait aussi à contribution les agents publics en insistant sur les exigences de « l'esprit de service public » et en déclinant en parallèle le concept de « responsabilisation des fonctionnaires » (202), sans omettre de signifier un changement à venir du statut des usagers du service public, désormais en passe d'être compris comme des « clients » des services correspondants.

C'est d'ailleurs à cette circulaire de 1989 que renvoie une circulaire ultérieure du Premier ministre qui, en reprenant la logique libérale, évoquait la nécessité des simplifications des procédures et formalités administratives pour les citoyens et invitait les fonctionnaires à poursuivre le processus de réforme du service public (203), alors même qu'ils en subissaient les conséquences quant à leur statut (204).

163 À la suite du rapport rendu par M. Picq en mai 1994 sur *L'État en France : servir une nation ouverte sur le monde* (205), fut prise, le 26 juillet 1995, une circulaire relative à la préparation et à la mise en œuvre de la réforme de l'État et des services publics (206). Cette circulaire reprenant certains éléments de la précédente, accentuait l'importance donnée à la construction d'un nouveau modèle d'État, rendu par la notion singulière « d'État central ».

Le Premier ministre assignait à l'action du gouvernement cinq objectifs prioritaires : clarifier les missions de l'État et le champ des services publics ; mieux prendre en compte les besoins et les attentes des citoyens ; changer l'État central ; déléguer les responsabilités ; rénover la gestion publique. Ces cinq priorités concernaient toutes à des degrés divers le service public.

• Dans un premier temps, il s'agissait de « mieux préciser, domaine par domaine, la frontière entre les missions qui incombent aux personnes publiques et celles qui peuvent relever des acteurs privés (marchés, entreprises ou acteurs sociaux) ». La logique du service public s'en trouvait décomposée par une distinction tranchée entre les différents acteurs, laissant à penser que certains domaines étaient d'emblée placés

(200) L. n° 82-213 relative aux droits et libertés des communes, des départements et des régions, *JO* 3 mars 1982 ; modifiée et complétée par la L. n° 82-623 du 22 juill. 1982 précisant les nouvelles conditions d'exercice du contrôle administratif sur les actes des autorités communales, départementales et régionales, *JO* 23 juill. 1982.

(201) Il s'agissait alors des D. n° 82-389 et n° 82-390 du 10 mai 1982 relatifs, respectivement, aux pouvoirs des préfets et à l'action des services et organismes de l'État dans les départements et aux pouvoirs des préfets de région, à l'action des services de l'État et organismes publics de l'État dans la région et aux décisions de l'État en matière d'investissement public. Ces deux décrets ont été explicitement abrogés par le D. n° 2004-374 du 29 avr. 2004 relatif aux pouvoirs des préfets, à l'organisation et à l'action des services de l'État dans les régions et département.

(202) G. Koubi, « Responsabilisation du fonctionnaire et modernisation de l'administration », *Rev. adm.* 1995, p. 197 ; « La responsabilisation du fonctionnaire dans le renouveau du service public », *LPA*, 1995, n° 11, p. 14

(203) Prise par E. Balladur le 27 mai 1993 : v. P. Langenieux-Villard, rapport au Premier ministre, *L'administration en questions*, La Doc. fr., coll. Rapports officiels, 1995.

(204) L. n° 83-26 du 19 janv. 1983 modifiant l'ordonnance n° 59-244 du 4 févr. 1959 relative au statut général des fonctionnaires, *JO* 20 janv. 1983.

(205) La Doc. fr., Paris, 1994.

(206) Cette fois par Alain Juppé, *JO* 28 juill. 1995, p. 11216.

hors du champ d'intervention des personnes publiques comme s'ils relevaient « par nature » d'initiatives privées.

• À l'occasion du deuxième objectif, la circulaire évoquait l'élaboration d'une « charte des citoyens et des services publics » destinée à donner « corps à des principes nouveaux – la qualité, l'accessibilité, la simplicité, la transparence, la médiation, la participation, la responsabilité qui viendront compléter les principes traditionnels et essentiels du service public – neutralité, égalité, continuité – qui seront confortés » (207). L'énumération prenait en considération les développements du droit administratif de l'époque relatifs à l'amélioration des relations entre les administrations et le public. La présentation de ces prétendus « nouveaux principes » du service public négligeait en revanche l'un des plus anciens qui, pourtant, aurait pu légitimer la rénovation sollicitée de l'ensemble des services publics : l'adaptabilité ou mutabilité.

Ces principes programmatiques, qui n'étaient pas propres au service public, furent d'ailleurs plus particulièrement mis à l'œuvre dans le processus de codification dans lequel l'État s'est engagé dès la fin des années 1980. Durant les deux décennies suivantes, ils ont connu un début de traduction concrète. De nombreux codes ont été remaniés ou réalisés, surtout par voie d'ordonnances ; de nombreuses « chartes » relatives aux services publics ont été diffusées (208) dont, notamment, la charte de l'accueil des usagers dite « Charte Marianne » qu'une circulaire du 2 mars 2004 présente à l'ensemble des administrations accueillant du public afin qu'elles prennent « des engagements de qualité de service » (209).

• Le troisième objectif, « changer l'État central », consistait à rationaliser et à renforcer le rôle de direction et de conception des administrations centrales et du gouvernement (210). Étaient évoqués la réorganisation des processus de décision, les nécessaires évaluations des politiques publiques et un principe de « sécurité juridique » destiné à lutter contre l'inflation normative pour limiter les interventions de l'État dans nombre de secteurs (211).

• La quatrième priorité s'attachait logiquement au développement de la déconcentration administrative, considérée comme « le mode d'organisation de droit commun de l'administration de l'État ».

(207) Une circulaire du 18 mars 1992 portant charte des services publics avait pourtant déjà été élaborée au sein du ministère des réformes administratives.

(208) Parfois de nature sectorielle comme la « charte du service public de l'emploi contre les discriminations » élaborée sous l'égide de la Haute autorité de lutte contre les discriminations et pour l'égalité en 2005, suivant des recommandations délivrées quant à la qualité des prestations comme la « charte du service public de l'eau potable » de 2004, ou bien encore à l'initiative de l'entreprise ayant en charge le service public considéré : tel est le cas de la « charte du service public de la SNCF » diffusée en 2004.

(209) Circ. du 2 mars 2004 relative à la charte de l'accueil des usagers, *JO* 3 mars 2004, p. 4271. Cette circulaire, qui renvoie à plusieurs annexes non publiées, précise toutefois que le texte de la charte « est conçu de façon modulable afin que les engagements qu'il comporte puissent être adaptés à la variété des missions, prestations et publics, et à l'hétérogénéité des conditions d'accueil existantes ». v. aussi, P. Gonod, « L'accueil dans les services publics : à propos de la charte Marianne », *Mél. G. Timsit*, Bruylant, Bruxelles, 2004, p. 327.

(210) V. D. n° 92-604 du 1er juill. 1992 portant « charte de la déconcentration », et les modifications successives qu'il connut durant toute cette période.

(211) Lequel, sans pour autant répondre clairement à des attentes aussi larges, a fini par être érigé en principe général du droit : CE ass., 24 mars 2006, Soc. KPMG, Sté Ernst & Young Audit, req. 288460, *RFDA* 2006, p. 463, concl. Y. Aguila, *D.* 2006, p. 1190, chron. P. Cassia.

En référence à la loi n° 95-115 du 4 février 1995 d'orientation pour l'aménagement et le développement du territoire (212) qui avait alors précisé et complété le dispositif mis en place par la loi d'orientation n° 92-125 du 6 février 1992 relative à l'administration territoriale de la République (213), fut avancée la notion de « contrat de services ». Cette notion annonçait une profonde modification de la conception du travail administratif et de la perception du service public. En effet, selon la circulaire, les contrats de service devaient permettre « de déterminer les objectifs assignés aux services opérateurs, les marges de manœuvre qui leur sont garanties dans la négociation d'un budget global incluant le personnel, les modalités d'évaluation de leurs coûts et de leurs résultats, et les conditions dans lesquelles les services et les agents peuvent bénéficier d'un intéressement aux gains de productivité ». Les principes exposés désormais dans la loi organique n° 2001-692 du 1er août 2001 relative aux lois de finances (dite LOLF) ont maintenant consacré ces éléments (214).

• La recherche de performance des services publics se traduit explicitement dans le dernier objectif souligné par la circulaire : « rénover la gestion publique ». Il concernait surtout la modernisation des fonctions publiques. Le projet de réduction des effectifs souhaitée se voyait confirmé – ce qui, de toute évidence, ne pouvait être dépourvu d'incidences sur le fonctionnement du service public. Mais les combinaisons normatives n'ont pas toujours répondu à cette attente de reconstruction des cadres d'emplois dans les fonctions publiques.

164 C'est, d'ailleurs, dans cette même logique de « modernisation » qui induisait un désengagement progressif de l'État dans nombre de secteurs, que se comprend l'approfondissement de la décentralisation territoriale et, surtout, les nouvelles responsabilités attribuées ou transférées aux collectivités territoriales lesquelles modifient substantiellement la perception des services publics sur le territoire (215).

Ces données ont été à l'origine du développement des politiques de contractualisation dans les espaces publics, et notamment dans les services publics (216), prenant pour objet tant les relations que l'État entretient avec les collectivités territoriales et ses établissements publics que les conditions de travail des fonctionnaires et agents publics et personnels assimilés.

(212) *JO* 5 févr. 1995, p. 1973. L'article 1er al. 5 précisait : « L'État assure l'égal accès de chaque citoyen aux services publics. À cet effet, il détermine l'implantation des administrations publiques, les conditions d'accès à distance aux services publics, la localisation des investissements publics qui relèvent de sa compétence, les obligations des établissements, organismes publics et entreprises nationales placés sous sa tutelle et chargés d'un service public ».

(213) *JO* 8 févr. 1992 ; dont l'article 1er dessinait clairement les enjeux : « L'administration territoriale de la République est assurée par les collectivités territoriales et par les services déconcentrés de l'État. Elle est organisée, dans le respect du principe de libre administration des collectivités territoriales, de manière à mettre en œuvre l'aménagement du territoire, à garantir la démocratie locale et à favoriser la modernisation du service public ».

(214) *JO* 2 août 2001, p. 12480 (nonobstant les rectificatifs qui s'ensuivirent). La L. organique n° 2005-779 du 12 juill. 2005, de même objet, la complète sur certaines dispositions dont relèvent « les emplois effectivement rémunérés par des organismes bénéficiaires d'une subvention pour charges de service public ».

(215) L. n° 2004-809 du 13 août 2004 relative aux libertés et responsabilités locales, *JO* 17 août 2004, p. 14545.

(216) V. L. Richer, « La contractualisation comme technique de gestion des affaires publiques », *AJDA* 2003, p. 973 ; F. Julien-Laferrière, « La contractualisation du service public », *in* B. Basdevant-Gaudemet (dir.), *Contrat ou institution : un enjeu de société*, LGDJ, coll. Systèmes, 2004.

165 Simultanément à ces modulations recherchées du rôle des services publics dans la vie sociale et économique de la France, nombreuses furent les circulaires ministérielles qui, incitant à la reconnaissance des priorités de la modernisation de l'État et de la réforme des services publics, visaient le développement des nouvelles technologies. La circulaire du Premier ministre du 15 mai 1996 relative à la communication, à l'information et à la documentation des services de l'État sur les nouveaux réseaux de télécommunication (217) envisageait ainsi « l'émergence de nouvelles possibilités de dialogue avec les citoyens, les usagers du service public, les entreprises, les autres administrations et les publics étrangers ». De même, dans une circulaire du 3 juin 1998 relative à la préparation des programmes pluriannuels de modernisation des administrations, le Premier ministre estimait qu'il était nécessaire de poursuivre l'effort de rénovation du service public en reliant les processus de réforme de l'État et la recomposition des services publics, et proposait ainsi une relecture de la notion de service public (218). Rappelant que « l'État assume un rôle fondamental de garant de l'intérêt général et de la cohésion sociale et territoriale de la nation », il invitait la réflexion sur la réforme de l'État à tenir compte « des conséquences tant de la construction européenne que de la décentralisation ». Aussi exigeait-il que fusse pensée « la modernisation des outils et des méthodes de la gestion publique », certes sans viser expressément le service public, mais mettant nécessairement en jeu ses modes de gestion. Si les mots « service public » ne sont guère utilisés dans cette circulaire, la problématique invitant à une relecture de la notion y transparaît clairement.

De fait, la circulaire du 17 décembre 1998 relative à la diffusion de données juridiques sur les sites Internet des administrations (219), venait soutenir l'institution d'un « service public des bases de données juridiques » qui permettait d'assurer aux citoyens un accès à la connaissance du droit français. Cette dynamique, lancée par voie de circulaires, fut formellement amorcée par l'arrêté du 6 juillet 1999 fondant le site Internet *Légifrance* (220) permettant au secrétariat général du gouvernement de diffuser gratuitement des données juridiques publiques. L'objet de cet arrêté se vit ensuite validé implicitement par le législateur dans la loi n° 2000-321 relative aux droits des citoyens dans leurs relations avec les administrations (221). Il fut enfin formellement confirmé par le décret n° 2002-1064 du 7 août 2002 relatif au service public de la diffusion du droit par l'internet (222). Ce service a pour objet de faciliter l'accès du public aux textes en vigueur ainsi qu'à la jurisprudence et met gratuitement à la disposition du public les données juridiques publiques.

(217) *JO* 19 mai 1996, p. 7549.

(218) Circulaire « PPM » de Lionel Jospin, *JO* 9 juin 1998, p. 8703.

(219) *JO* 24 déc. 1998, p. 19487.

(220) *JO* 13 juill. 1999, p. 10406.

(221) L'article 2 al. 2 de cette L. précise que « les autorités administratives sont tenues d'organiser un accès simple aux règles de droit qu'elles édictent. La mise à disposition et la diffusion des textes juridiques constituent une mission de service public au bon accomplissement de laquelle il appartient aux autorités administratives de veiller ».

(222) V. aussi arr. du 9 oct. 2002 relatif au site internet Légifrance, *JO* 11 oct. 2002, p. 16801, dont l'article 1er dispose : « Le site internet Légifrance a vocation à constituer le portail permettant l'accès aux données juridiques mentionnées à l'article 1er du D. du 7 août 2002 susvisé, soit directement, soit par lien avec d'autres sites ». Peut-être en écho à certaines analyses sur le « service public du nommage » (v. B. du Marais, « Le service public du nommage », *AJDA* 2003, p. 1590), le D. n° 2007-162 du 6 févr. 2007 relatif à l'attribution et à la gestion des noms de domaine de l'internet (*JO* 8 févr. 2007, p. 2422) modifie certaines dispositions de la partie réglementaire du Code des postes et des communications électroniques.

Quoi qu'il en soit, autant l'utilisation de ces nouveaux outils de communication et de gestion que l'introduction des méthodes de management dans les différents secteurs d'intervention publique, rendaient nécessaires une redéfinition des missions de service public.

166 Ces orientations n'ont pas été remises en cause par la suite. D'une certaine manière, elles ont été renforcées, parfois même au détriment de l'interdépendance sociale que soulignait Léon Duguit.

Sont apparus de nouveaux concepts : charte (223), partenariat (224), nouveau contrat social, concepts que J. Rivero estimait infondés, soulignant la modification du vocabulaire (225) et stigmatisant l'emploi de ces mots vagues et indéterminés qui font perdre au vocabulaire juridique sa précision initiale. S'y sont greffés d'autres termes comme ceux de régulation, contractualisation, externalisation (226), etc.

Ces expressions sont issues des politiques juridiques mises en œuvre à propos des services publics. Elles sont souvent en rapport avec le redéploiement des compétences produit par la décentralisation territoriale, mais elles répondent aussi au vœu des autorités publiques de s'inscrire désormais dans la dynamique du droit européen, laquelle invite à une dissociation entre les activités marchandes et non marchandes et entraîne progressivement le transfert des entreprises publiques au secteur privé, c'est-à-dire les privatisations des « grands services publics » mis en place à la Libération.

b) *Vers la privatisation des « grands services publics »*

167 Léon Duguit avait été conduit à remarquer que « le droit évolue avant tout sous l'action des besoins économiques ». Il en tirait comme leçon que « l'objet même des obligations de l'État et le sens de son action se trouvent déterminés par la situation économique du pays et les besoins de ses habitants » (227). L'évolution du droit, et plus particulièrement du service public, ne répondait donc pas à une conception libérale du marché.

Cependant, les transformations du droit du service public découlent des modifications du système juridique global. Plus que l'idéologie libérale et l'adoption d'analyses économiques particulières, les développements du droit européen ont déclenché la mutation de la notion de service public. Les normes européennes influencent considérablement les modes de lecture de cette dernière, d'autant plus fermement que les discours sur la modernisation administrative et la réforme de l'État l'ont préparée, organisée et facilitée avant même que la pénétration du droit communautaire dans le droit français ne soit enfin admise par l'arrêt du Conseil d'État du 20 octobre 1989, *Nicolo* (228).

(223) G. Koubi, « Une notion de charte, la fragilisation de la règle de droit ? », *in* J. Clam et G. Martin (dir.), *Les transformations de la régulation juridique*, MSH, coll. Recherches et Travaux, Droit et Société, 1998, vol. 5, p. 165 ; v. Bleheut-Dubois, « À “l'école des chartes” », *AJDA* 20 déc. 2004, p. 2431.
(224) A. Ménéménis, « L'ordonnance sur les contrats de partenariat : heureuse innovation ou occasion manquée ? », *AJDA* 2004, p. 1737.
(225) J. Rivero, « État de droit, État du droit », *in L'État de droit. Mél. G. Braibant*, Dalloz, 1996, p. 609.
(226) G. J. Guglielmi, « Réflexions critiques sur la notion d'externalisation », *Dr. ouvr.* n° 717, « Personnes publiques et personnes privées dans la gestion du service public », avr. 2008, p. 175.
(227) L. Duguit, *Les transformations du droit public*, La mémoire du droit, 1999, (rééd. Librairie Armand Colin, 1913), p. 50 et 51.
(228) CE ass., 20 oct. 1989, Nicolo, *Rec.* p. 190, concl. Frydman, *RFDA* 1989, p. 813, concl., note Genevois, *AJDA* 1989, p. 756, chron., note D. Simon, *D.* 1990.135, note P. Sabourin, *RFDA* 1990, p. 267, obs. D. Ruzié, *RTD eur.* 1989, p. 771, note G. Isaac.

168 Dès la fin des années 1990, se sont donc multipliées les lois dites de « modernisation » des activités qui relevaient jusqu'alors des « grands services publics ». Ces lois ont eu pour objet, le plus souvent, de fractionner les activités et de séparer l'infrastructure et l'exploitation. La répartition entre la SNCF et RFF (Réseau ferré de France) en est une illustration typique (229). Puis, par étapes successives, elles ouvrent largement à la concurrence certains secteurs d'activité, comme ce fut le cas pour France Télécom et, plus tard, pour GDF (230).

Ces lois répondent aussi à des objectifs d'adaptation de l'activité économique publique d'abord aux orientations des politiques européennes (231), ensuite à ce qu'il est désormais convenu d'appeler la globalisation ou la mondialisation, œuvrant ainsi subrepticement vers une « globalisation du droit » dont les effets sur la constitution des systèmes juridiques n'ont pas encore été pleinement évalués (232).

Ainsi, dès le 1er janvier 1993, la question de la déréglementation des services publics était posée au niveau européen. Nombre de directives communautaires en montraient la voie, quant aux infrastructures ferroviaires et aux conditions d'exploitation des services de transport des marchandises et des personnes par voie de chemin de fer (233), quant à la libre circulation de l'électricité dans l'Union européenne (234), quant aux marchés publics (235), etc.

169 En rapport avec la mondialisation de l'économie, s'annonçait inévitablement un bouleversement des « règles de fonctionnement de tous les grands services publics, car si "l'efficacité de gestion pouvait demeurer au second plan tant que les marchés nationaux étaient cloisonnés, elle devient inévitablement un facteur de compétitivité dans une économie ouverte" » (236). Or, dans cet espace mondialisé, la notion de service public paraît de plus en plus fragilisée.

(229) L. n° 97-135 du 13 févr. 1997 portant création de l'établissement public « Réseau ferré de France » en vue du renouveau du transport ferroviaire, *JO* 15 févr. 1997, p. 2592. Il est à noter que, selon le deuxième alinéa de l'article 1er de cette L., « compte tenu des impératifs de sécurité et de continuité du service public, la gestion du trafic et des circulations sur le réseau ferré national ainsi que le fonctionnement et l'entretien des installations techniques et de sécurité de ce réseau sont assurés par la Société nationale des chemins de fer français pour le compte et selon les objectifs et principes de gestion définis par Réseau ferré de France », tandis que le D. n° 97-444 du 5 mai 1997 relatif aux missions et aux statuts de Réseau ferré de France (*JO* 7 mai 1997, p. 6897) précise en son article 3 : « RFF est le maître d'ouvrage des opérations d'investissement sur le réseau ferré national. Il propose au ministre chargé des transports, à partir des besoins qu'il identifie, la Société nationale des chemins de fer français [...] consultée, les adaptations qu'il estime nécessaire d'apporter à la consistance et aux caractéristiques du réseau, les modalités de réalisation et les plans de financement correspondants ».

(230) S. Nicinski, P. Pintat, « La libéralisation du secteur gazier », *AJDA* 2003, p. 223 ; M. Long, « La libéralisation du gaz : commentaire de la L. du 3 janv. 2003 », *Dr. adm.,* fév. 2003, p. 6.

(231) M. Thatcher, « L'impact de la Communauté européenne sur la réglementation nationale : les services publics en France et en Grande-Bretagne », *Politique et Management public* sept. 1997, vol. 15 ; H. Pauliat (dir.), Services publics, concurrence, régulation : le grand bouleversement en Europe ?, PULIM, 2008.

(232) J.-B. Auby, *La globalisation, le droit et l'État*, Montchrestien, Clefs, 2009 ; v. aussi, M.-C. Ponthoreau, « Trois interprétations de la globalisation juridique », *AJDA* 2006, p. 20.

(233) Dir. du 29 juill. 1991, *JOCE* n° L 237/25 du 24 août 1991 ; P. Limousin, B. Gantier, « Libéralisation du secteur ferroviaire : l'adoption de trois nouvelles directives renforce la concurrence », *LPA* 2001 n° 98, p. 15.

(234) Dir. n° 96/92 du 19 déc. 1996, *JOCE* n° L 24 du 30 janv. 1997, dossier *CJEG* 1997, p. 165 ; L. Richer, « La L. du 10 févr. 2000 sur l'électricité : entre concurrence et service public », *AJDA* 2000, p. 239 ; G. Chavrier, « Le service public de l'électricité est-il menacé ? », *Dr. adm.*, oct. 2002, p. 10.

(235) Dir. n° 93/36 du 14 juin 1993, *JOCE* 9 août 1993, n° L 199, p. 1 ; n° 93/37 du 14 juin 1993, *JOCE* 9 août 1993, n° L 199, p. 54 ; n° 92/50 du 18 juin 1992, *JOCE* 24 juill. 1992, n° L 209, p. 1.

(236) P. Cassia, « Service public français et droit communautaire », (citant : A. Minc, *La France de l'an 2000*, Rapport Commissariat au Plan, La Doc. fr., 1994), *LPA* 2002, n° 133, p. 4.

La locution « service public » est par ailleurs mal appréhendée par les différents États européens qui n'ont pas subi l'influence déterminante du droit romain. En fait, en sus de la France, les pays qui peuvent connaître de cette notion sont peu nombreux : Belgique, Espagne, Portugal, Grèce et Italie. Et dans certains États européens, dont notamment l'Italie et la France, la notion et les principes qui lui sont inhérents ont suscité nombre de discours qui traduisent autant de modalités de résistance à la globalisation.

Ainsi, la conception française du service public, parfois familièrement désignée comme le « service public à la française », est-elle particulièrement attachée à la préservation du lien social et fondamentalement liée à une application générale et intégrale du principe d'égalité entre les citoyens d'abord, puis, le cas échéant, entre les collectivités territoriales.

170 Assurément, la perception du lien social développée autour de ce concept incertain de « service public à la française » (237) a renforcé les arguments des mouvements sociaux mobilisés pour le maintien des services publics nationaux et engagés dans la défense des services publics locaux. De ce fait, elle a conduit les pouvoirs publics à prendre en considération les situations particulières tant en ce qui concerne l'accès aux services publics par les citoyens que la répartition générale des services publics nationaux sur l'ensemble du territoire de la France (238).

Ces modes d'appréhension des services publics sont des reflets de la difficulté d'une mise en œuvre générale et radicale des logiques marchandes et des principes liés à la notion de libre concurrence alors que la plupart des sociétés démocratiques contemporaines connaissent une aggravation des inégalités sociales et économiques. Pour autant, entre les discours et les faits, entre les textes juridiques et leurs applications, il existe une marge de plus en plus béante : les différents rapports du Conseil de modernisation des politiques publiques, conçus en étapes de la « révision générale des politiques publiques » suivant les éléments de langage ayant cours depuis 2007, montrent combien la notion de service public est désormais dépendante des idéologies directrices et des financements qui peuvent être attribués à certaines activités.

171 Mais après un déclin tout relatif, s'amorce tout de même un rebond du dynamisme de la notion de service public. Au-delà des critiques qui se font de plus en plus entendre contre les conséquences sociales de l'application des logiques du marché, des revendications collectives pour une meilleure qualité de vie, accompagnant les réflexions générales sur l'état de la planète, mettent au cœur du débat politique, économique et social de nouvelles exigences de service public assurant le développement durable et la sauvegarde de l'environnement. Et là encore, en dépit des conséquences induites par la révision générale des politiques publiques, le service public est la notion opérationnelle qui contribue à la fois au maintien du lien social et à la conservation de la cohésion territoriale.

(237) P. Brachet, *L'étatisme à la française. Peut-on relégitimer le service public ?*, Publisud, 1999.

(238) Justifiant les moratoires relatifs au maintien de certains services publics, intégrés dès la fin des années 1960 dans le cadre des politiques d'aménagement du territoire et réitérés jusqu'à la fin des années 1990, notamment dans « les parties du territoire qui connaissent des difficultés particulières de nature économique ou sociale » c'est-à-dire, le plus souvent, dans les zones défavorisées (banlieues) et dans les zones désertifiées (campagne, montagne) : v. les deux circulaires du Premier ministre en date du 7 juill. 2000 relatives à la coordination de l'évolution de l'implantation territoriale des services publics, *JO*, p. 10545 et p. 10546.

CHAPITRE 2
DÉFINITIONS DU SERVICE PUBLIC

172 **Bibliographie** : J.-L. de Corail, *La crise de la notion juridique de service public en droit administratif français*, LGDJ, 1954 ; R. Denoix de Saint-Marc, *Le service public*, La Doc. fr., coll. Rapports officiels, 1996 ; J.-M. Pontier, *Les services publics*, Hachette, coll. Les fondamentaux, 1996 ; P. Bauby, *Le service public*, Flammarion, coll. Dominos, 1997 ; P. Esplugas, *Le service public*, Dalloz, coll. Connaissance du droit, 1997 ; J.-P. Valette, *Le service public à la française*, Ellipse, 2000 ; J. Chevallier, *Le service public*, PUF, coll. Que sais-je ?, 2010 ; *RFDA* 2008 n° 1, Dossier « Le Service public aujourd'hui » ; D. Paiva de Almeida, *L'École du service public*, thèse droit, Paris I, 2008 ; D. Guinard, *Réflexions sur la construction d'une notion juridique : l'exemple de la notion de service d'intérêt général*, thèse droit, Paris-XI, 2010.

C. de Paepe, « Services publics », *Revue socialiste*, t. 10, 1889 ; P. de La Pradelle, « La notion de service public », *Revue critique de législation et de jurisprudence*, 1934, p. 516 ; G. Morange, « Le déclin de la notion de service public », *D.* 1947 chron., p. 45 ; M. Waline, « Vicissitudes récentes de la notion de service public », *Rev. adm.* 1948, p. 23 ; B. Chenot, « La notion de service public dans la jurisprudence économique du Conseil d'État », *EDCE* 1950, p. 77 ; R. Latournerie, « Sur un Lazare juridique : bulletin de santé de la notion de service public », *EDCE* 1960, p. 61 ; A. de Laubadère, « Revalorisations récentes de la notion de service public », *AJDA* 1961, p. 591 ; R. Chapus, « Le service public et la puissance publique », *RDP* 1968, p. 235 ; P. Amselek, « Le service public et la puissance publique : réflexions autour d'une étude récente », *AJDA* 1968, p. 492 ; L. Nizard, « À propos de la notion de service public : mythes étatiques et représentations sociales », *Mél. Eisenmann*, Cujas, 1977, p. 91 ; D. Truchet, « Label de service public et statut de service public », *AJDA* 1982, p. 427 ; S. Regourd, « Le service public et la doctrine : pour un plaidoyer dans le procès en cours », *RDP* 1987, p. 5 ; P. Jourdan, « La formation du concept de service public », *RDP* 1987, p. 89 ; A. Supiot, « La crise de l'esprit de service public », *Dr. soc.* 1989, p. 777 ; G. Dupuis, « Service public : l'évolution des valeurs et des structures », *Pouvoirs locaux*, n° 11, 1991, p. 43 ; J.-P. Francou, « Les services publics et le critère matériel en droit administratif français et en droit européen », *Rev. adm.* 1997, n° 300, p. 688 ; J.-L. de Corail, « Une question fondamentale : la doctrine du service public, de la définition et de la nature du droit administratif et la compétence du juge administratif », *Rev. adm.*, 1997, n° spécial : *Le Conseil d'État et la doctrine*, p. 24 ; L. Rouban, « La crise du service public en France : l'Europe comme catalyseur », *Cultures et conflits*, 1997, n° 28, p. 99 ; A. Allouache, G. Koubi, « Le service public dans les discours : quelques enjeux », *in* R. Kovar et D. Simon (dir.), *Service public et Communauté européenne : entre l'intérêt général et le marché* (t. 2), La Doc. fr., 1998, p. 71 ; F. Lévêque, « Concepts économiques et conceptions juridiques de la notion de service public », *in* T. Kirat, E. Serverin (dir.), *Le droit dans l'action économique*, CNRS éditions, 2000, p. 179 ; J.-L. de Corail, V° Service public, *in* D. Alland et S. Rials, *Dictionnaire de la culture juridique*, PUF, 2002 ; F. MELLERAY, « La notion judiciaire de service public », *AJDA* 2003, p. 114 ; M. GUENAIRE, « Le service public au cœur du modèle de développement français », *JCP A* 2005, n° 20, 1209 ; C. BOITEAU, « Vers une définition du service public ? », *RFDA* 2007, p. 770 ; D. COSTA, « Mission de service public assurée par une personne privée : clarification ou codification ? », *AJDA* 2007, p. 825 ; C. LE BERRE, « La logique économique dans la définition du service public », *RFDA*, 2008, p. 50 ; S. BOUSSARD, « L'éclatement des catégories de service public et la résurgence du "service public par nature" », *RFDA* 2008 p. 43 ; Y. PUPAT, « "Services publics" et "services d'intérêt général". Un processus de traduction dans la configuration européenne et ses effets sur le débat national », *Politique européenne* 2010/3, n° 32, p. 151 ; Y. GAUDEMET, « La fin des écoles du service public », *in Florilèges du Droit public (IDPA, 20 ans de droit public)*, La mémoire du droit, 2011.

173 La notion de service public est complexe, d'une complexité qui relève de sa nature même et de la diversité de ses formes d'émergence. Ces formes, selon un processus historique, induisent une constante recomposition de la notion de service public. Car cette notion n'est pas statique. Elle se modifie aujourd'hui selon la force d'imprégnation du droit européen dans le système de droit français. Elle évolue aussi, nécessairement, en fonction de la conception que les pouvoirs publics ont de leur rôle face à la société civile. Elle se transforme également au vu des formes nouvelles que prennent les relations entre les pouvoirs publics et la société civile, entre les administrations, les administrés et le public.

174 D'une certaine façon, la notion de service public n'est pas d'ordre « pratique », c'est dire qu'elle n'est pas « opératoire » dans le champ des sciences sociales. Elle relève d'un mythe dont la permanence dans le système juridique français découle de l'histoire des institutions politiques et sociales et de celle du droit. Elle construit et déconstruit, au fil des recompositions successives, les valeurs partagées par les sociétés libérales et démocratiques contemporaines, dont la plus importante est celle de solidarité sociale ou de solidarité nationale. En fait, elle reflète l'illusion d'une frontière entre espace d'interventions publiques et zone d'activités privées dans laquelle l'État n'aurait pas à intervenir. Pourtant, l'étude historique de la notion de service public ne construit aucune certitude sur le rôle des pouvoirs publics, ni sur les démarcations entre espaces public et privé.

175 Dans un premier temps, ainsi que le notait Duguit dans son *Traité de droit constitutionnel* (1), « les services publics sont un des éléments de l'État ». Les liens entre l'État et la société civile en dépendent. L'État justifie alors sa permanence à l'aide de la notion de service public. Ce faisant il la légitime, notamment par les notions corrélatives de service public *obligatoire*, *fondamental* ou *régalien*. Il n'offre pour autant aucun moyen de caractériser les activités de service public.

De fait, dès son origine, la définition du service public est de nature *jurisprudentielle*. C'est le juge, et plus spécifiquement le juge administratif qui lui attribue une qualité juridique et en tire les principales conséquences Mais en même temps, cette définition jurisprudentielle ne se démarque pas de la recherche de combinaisons pragmatiques entre discours de pouvoir et discours de contestation sociale, entre discours de droit et secours du droit.

176 C'est ainsi que la notion a survécu aux nombreuses « crises » que les transformations des différentes formes d'interventions de l'État ont subies dans le secteur

(1) t. II, Sirey, 1923, p. 54.

économique et social : le passage de l'État-providence à l'État modeste en est une des manifestations (2). L'une des principales crises ayant affecté l'unité de régime juridique du service public réside dans la remise en cause de l'équation initiale « service public = droit public ». Pourtant, l'apparition de la notion de service public industriel ou commercial qui l'a suivie n'a pas fondamentalement modifié la perception des actions de l'État et de la notion classique de service public. Seules devaient alors être prises en considération les modalités de gestion du service considéré. Cette « crise » du service public n'en était donc pas une.

L'avènement de l'Union européenne et la prédominance des théories du « marché intérieur » et de la libre concurrence ont modifié progressivement ces approches en obligeant le législateur et le juge administratif d'une part à remodeler le concept de service public et d'autre part à lui redonner une nouvelle vigueur dans l'architecture du système de droit français.

177 Il apparaît alors nécessaire de signaler quelques modes de caractérisation du service public (Sect. 1), avant de rendre compte de la mutation des discours qui concernent sa perception aussi bien à la suite de l'intégration des normes européennes dans le droit interne français et de la reconstruction de ce droit dans le cadre de l'Union européenne que des perspectives ouvertes par la modernisation des administrations et la réforme de l'État (Sect. 2)

SECTION 1 LA CARACTÉRISATION DU SERVICE PUBLIC

178 Donner d'emblée une définition positive du service public semble malaisé. Des auteurs contemporains insistent sur la difficulté de proposer une définition incontestable de la notion (3) ou relèvent son caractère flou et imprécis (4), voire soulèvent avec quelque excès « la vacuité de la doctrine juridique du service public » (5) ou les « faillites conceptuelles de la notion » (6). En effet, hormis les considérations idéologiques qui accompagnent la recherche d'une définition du « service public à la française » (7), la notion de service public dépend de la conception générale qu'ont les pouvoirs publics de leurs actions et de leurs interventions à l'égard de la société civile.

(2) M. Crozier, *État modeste, État moderne – Stratégies pour un autre changement*, Fayard, coll. Points essai, 1991.

(3) D. Truchet, « Nouvelles récentes d'un illustre vieillard : Label et statut de service public », *AJDA* 1982, p. 427.

(4) J.-L. de Corail, « L'approche fonctionnelle du service public : sa réalité et ses limites », *AJDA* 1997, n° spécial : *Le service public, unité et diversité*, p. 20.

(5) P. Chrétien, « Divine surprise ou éternels regrets ? ! La vacuité de la doctrine juridique du service public », *Sociétés contemporaines*, 1998, n° 32, p. 11.

(6) G. Bigot, « Les faillites conceptuelles de la notion de service public en droit administratif », *RFDA* 2008, p. 3.

(7) R. Denoix de Saint-Marc, *Le service public*, La Doc. fr., coll. Rapports officiels, 1996.

179 La notion de service public s'avère particulièrement mobile car les paramètres pris en considération pour permettre de la discerner se modifient selon les époques et selon les contextes. Cette mobilité concerne tant les aspects organiques que les éléments matériels ou fonctionnels des activités retenues.

En sont des indices probants, outre l'évolution de la jurisprudence administrative depuis le XIXe siècle, les différentes réformes qu'ont connu les « grands services publics », tels les services des Postes et des télécommunications, les transports publics, les services de l'électricité et du gaz ; ils ont été d'abord complétés par les effets de l'intégration du droit européen dans le droit interne, notamment en raison de la jurisprudence de la Cour de justice des Communautés européennes. Ils sont désormais remodelés suivant les principes directeurs des politiques publiques européennes qui insistent sur les composantes d'une économie de marché privilégiant la libre concurrence.

180 Rechercher une définition « objective » du service public signifierait que la reconnaissance de cette qualité à une activité ne résulte pas essentiellement des politiques juridiques menées par les gouvernants. L'idée de « service public naturel » ou de « service public par nature » s'inscrit plus dans une logique fondamentaliste de réponse aux attentes des citoyens qu'à celle de l'évaluation des besoins sociaux par les pouvoirs publics. Elle ne semble toutefois jouer qu'un rôle supplétif (8), car cette approche qui assigne les gouvernants au constat de l'existence des propriétés intrinsèques d'une activité et à l'obligation d'en assurer la continuité a pour défaut principal de ne pas tenir compte des fluctuations politiques et des tendances idéologiques au fil du temps (9).

De nos jours, il paraît difficile de concevoir qu'un service public puisse exister, se maintenir et fonctionner indépendamment de la volonté des pouvoirs publics, quels qu'ils soient, notamment ceux chargés des politiques publiques européennes.

181 L. Duguit définissait la notion de service public à un instant donné comme « toute activité dont l'accomplissement doit être assuré, réglé, contrôlé par les gouvernants, parce que l'accomplissement de cette activité est indispensable à la réalisation et au développement de l'interdépendance sociale, et qu'elle est de telle nature qu'elle ne peut être réalisée complètement que par l'intervention de la force gouvernante » (10).

Conformément aux normes européennes qui reconnaissent le très large pouvoir discrétionnaire des autorités nationales et locales, le service public est, encore et toujours, une activité que l'État, une collectivité locale ou un organisme public ont, à un moment donné, considérée comme un service public. Dès lors, il n'est pas d'activité qui ait, par nature, vocation à toujours composer un service public. De même il n'est pas d'activité qui n'ait, par essence, jamais vocation à constituer un service public.

182 Fournir une définition catégorique du service public apparaît donc comme une entreprise irréalisable : une telle définition devrait fixer exactement quels sont les

(8) S. Boussard, « L'éclatement des catégories de services publics et la résurgence du service public par nature », *RFDA* 2008, p. 43.

(9) S. Garceries, *L'élaboration d'une notion juridique de service public industriel et commercial (Retour sur un instrument de la mise en œuvre d'une séparation du « politique » et de l'« économique » en droit français)*, thèse droit, Cergy-Pontoise, 2010.

(10) *Traité de droit constitutionnel*, t. II, Sirey, 1923, p. 55.

traits distinctifs et les critères auxquels répondraient les activités devant être considérées comme des services publics. Or, de tels critères ne peuvent être relevés ni dans les textes normatifs, ni dans la jurisprudence, ni dans la théorie du droit. De plus, les diverses propositions de définition données par les lois dans des secteurs donnés ne sont pas nécessairement entérinées par l'ensemble du système juridique régissant des activités d'intérêt général (11).

La définition du service public semble ainsi devoir se comprendre comme une méthode de caractérisation, toujours nuancée en fonction des contextes juridiques dessinés par les normes constitutionnelles, les directives européennes et les lois. Son objet est fonctionnel et vise à identifier des activités de service public.

L'approche juridique du service public, pour définir le régime juridique auquel sont soumises les activités d'intérêt général, retient donc essentiellement le caractère de *l'activité* (§ 1). Seuls peuvent y être décelés des éléments d'identification épars et diversifiés (§ 2).

§ 1. LA NOTION DE SERVICE PUBLIC

183 Comme il n'existe pas de définition constitutionnelle ou législative et comme aucune décision du Tribunal des Conflits ou du Conseil d'État ne défend une définition particulière du service public, la notion de service public semble devoir être caractérisée par des données éparses extraites de textes normatifs et d'actes juridictionnels, de jugements ou arrêts, qui caractérisent telle ou telle activité. Une définition du service public a été énoncée simplement par R. Chapus en ces termes : « une activité constitue un service public quand elle est assurée ou assumée par une personne publique en vue d'un intérêt public ». Dès lors, pour lui, « toutes autres données ou considérations sont indifférentes » (12).

Le service public est donc conçu essentiellement à partir de « l'activité ». Il faut entendre par là les dynamiques mises en œuvre par les personnes publiques pour répondre aux exigences de cohésion de la société civile et dans un but affirmé de solidarité sociale. Ces dynamiques comprennent des animations et opérations, des fonctions et des missions.

On peut considérer que le service public est une fonction à remplir et une mission à assumer. En conséquence, c'est aussi une activité concrète que certains organes prennent en charge (13). C'est surtout en tant qu'*activité d'intérêt général* et non pas en raison seulement de la qualité publique d'un organisme que la notion de service public est considérée comme l'un des fondements du droit administratif français.

184 Le service public s'analyse à raison de la spécificité des fins poursuivies par les pouvoirs publics dans l'espace social. Sont retenus deux éléments d'identification. Pour qu'une activité soit regardée comme étant un service public, par-delà la qualification qui lui aurait été donnée par une loi ou un règlement, il est nécessaire : 1°- qu'existe

(11) R. LATOURNERIE, « Sur un Lazare juridique : bulletin de santé de la notion de service public », *EDCE*, 1960, p. 61.
(12) *Droit administratif général*, t. 1, Montchrestien, 2001, p. 579, n° 748.
(13) J. CHEVALLIER, *Le service public*, PUF, coll. Que sais-je ?, 2010.

un lien de rattachement matériel direct ou indirect entre cette activité et une personne publique ; 2°- que cette activité soit exercée en vue d'un intérêt public ou, plus justement, dans un but d'intérêt général. Aucune autre condition n'est formulée, mais ces deux éléments sont cumulatifs : l'absence de l'un d'entre eux empêcherait d'attribuer la qualification de service public à l'activité considérée.

Le premier de ces éléments découle d'une notion organique du service public que de nombreux auteurs avaient déduite d'une « théorie de l'organisation administrative ». Si la perception organique paraît désormais ténue en raison de la prévalence de la notion de libre concurrence pour un nombre toujours plus grand de services (14), elle s'est maintenue par le biais de la persistance du rattachement que l'activité doit conserver avec une personne publique. En ce que le service public ne peut se défaire d'un rapport à la notion d'activité, la question de l'organisme apparaît principalement sous la forme d'un « rattachement de l'activité à une personne publique » (A). Cette activité restitue la dimension fondamentale du service public, le révélant principalement comme une notion fonctionnelle (B).

A. UNE APPROCHE ORGANIQUE

185 L'approche organique ne signifie pas que le service public soit une structure publique, un établissement ou une institution. Elle vient de ce que l'activité à définir relève d'une structure qui dépend, pour une part prépondérante, d'une collectivité publique. Mais le trait dominant du service public est indéniablement l'activité d'intérêt général, même si celle-ci est prise en charge par une personne privée.

Il n'y a pas de confusion entre l'activité et l'organe. L'expression « service public » ne renvoie pas aux institutions lorsqu'elle est employée au singulier. Prétendre qu'il y a collusion nécessaire entre celles-ci et les activités de prestation fournies revient à entretenir la confusion. Afin de contribuer à la clarification de l'approche organique du service public, il est nécessaire de dissocier l'activité de l'organisation.

Les formes d'organisation dépendent des politiques mises en œuvre par les gouvernants. Ceux-ci ne peuvent négliger les besoins et les demandes des citoyens. L. Duguit avait eu l'occasion de l'affirmer, dans son étude sur *Les transformations du droit public*. Ses remarques pertinentes sont toujours d'actualité. « Quelques économistes attardés peuvent bien, du fond de leur cabinet, déclarer que l'État n'a pas autre chose à faire qu'à procurer la sécurité à l'extérieur, l'ordre et la tranquillité à l'intérieur, qu'il doit se désintéresser de tout le reste et laisser liberté entière à l'action et à la concurrence individuelles, dont le jeu assurera normalement la satisfaction de tous les besoins sociaux. Les faits sont plus forts que toutes les théories ; et la conscience moderne veut autre chose. Elle veut autre chose dans l'ordre intellectuel et moral : elle n'admet pas par exemple que l'État n'intervienne pas dans le domaine de l'enseignement. Elle veut autre chose dans le domaine matériel : elle n'admet pas par exemple que l'État n'organise pas des services d'assistance » (15).

(14) Dans la mesure où « la notion de service marchand transcende les catégories juridiques habituellement utilisées, sans apparaître pour autant comme une novation légitime » : J.-L. Autin, « La dir. "Bolkestein" et le devenir européen des services publics », *LPA* 2005, n° 77, p. 6.

(15) *Les transformations du droit public*, La mémoire du droit, 1999, (rééd. Librairie Armand Colin, 1913), p. 48.

C'est pourquoi les modes d'organisation du service public ne proposent pas de méthodes pour définir l'activité de service public. Mais l'organisation des services permet de rendre compte des nuances de l'approche organique de la notion de service public, en droit interne (16) comme en droit européen.

186 Le premier élément d'identification de la notion de service public retient le principe d'un rapport entre l'activité et l'autorité administrative, entre l'activité et une collectivité publique. Cet élément retrace, classiquement, le nécessaire rattachement de l'activité à une personne publique. Il s'agit d'un rattachement organique ou structurel ; ce rattachement peut être soit direct (a), soit indirect (b). Quelle que soit sa nature, ce lien constitue une garantie de la qualité administrative de l'activité, une garantie du maintien du service public. Certes, il concerne le plus souvent les modes de gestion du service, mais ce lien s'avère d'une complexité particulière due à son intensité variable (c).

a) Le rattachement direct

187 Lorsque l'activité est exercée par la personne publique, avec ses propres moyens matériels et financiers, le rattachement est dit « direct ». L'intensité du lien est maximale : la personne publique assure « en régie », c'est-à-dire avec ses propres moyens, l'activité considérée. C'est le cas de la plupart des services publics qui ne posent alors aucune difficulté de caractérisation.

De plus, en cas de doute sur la nature publique ou privée de la personne chargée de l'activité en cause, le fait que cette activité soit définie comme un service public tend à la faire qualifier de personne publique (17), nonobstant les qualifications complémentaires quant à la qualité administrative ou industrielle et commerciale du service considéré.

L'identification du service public deviendrait plus difficile si on suivait l'idée d'un principe de subsidiarité fondant en partie, selon R. Denoix de Saint-Marc (18), la doctrine du service public, en ce que l'intervention de l'organisme public n'aurait lieu qu'en cas de carence de l'initiative privée. La défaillance de l'initiative privée justifie certes le développement des processus de contractualisation. Toutefois, en matière de service public, ce procédé a également pour objectif de maintenir le lien entre l'activité considérée et l'espace d'intervention de la puissance publique.

b) Le rattachement indirect

188 Le rattachement est dit « indirect » quand existe un échelon intermédiaire entre la personne publique et l'activité. L'intermédiaire a alors la charge d'assumer l'ensemble des opérations que suppose cette activité. Le problème du rattachement de l'activité à une personne publique ne se pose donc réellement que dans l'hypothèse où l'activité à qualifier est assurée par une personne privée. Dans ce cas, plusieurs indices devront

(16) C. David, « Le pouvoir d'organisation du service : une jurisprudence toujours en mouvement », *Dr. adm.* févr. 2006 n° 2, p. 4.
(17) CE, 11 mai 1987, M. Divier, *Rec.* p. 168 ; *RFDA* 1987, p. 780, concl. Schrameck; *RDP* 1988, p. 265, note J.-M. Auby; *AJDA* 1987, chron., p. 446.
(18) R. Denoix de Saint-Marc, *Le service public*, La Doc. fr., coll. Rapports, 1996.

être croisés. Si la personne privée assure une mission de service public, sont mis en regard les conditions de sa création, de son organisation ou de son fonctionnement, sans oublier la fonction de contrôle que la personne publique détient à son égard.

La loi peut confier à une personne privée la gestion d'un service public, soit expressément, soit implicitement (19). Un acte administratif, notamment contractuel, peut aussi décider de confier la gestion d'un service public à une personne privée (20). En ce domaine, il faut donc rechercher si et comment l'activité à qualifier a été « déléguée » par la personne publique à une personne privée, qui l'exercera à la place de la personne publique. La détermination du rattachement à une personne publique dépend alors de la qualité du lien entre la personne publique et la personne privée.

Quand le lien entre la personne publique et une personne privée s'analyse comme un contrat en vertu duquel la personne privée exerce l'activité, la reconnaissance de la qualité de service public à l'activité considérée apparaît sans difficultés. La concession, pratiquée au XIXe siècle pour satisfaire des besoins sociaux et économiques généraux (éclairage des voies publiques, distribution de l'eau, transports en commun) en est une des modalités, qui connaît un regain de vigueur au début du XXIe siècle.

189 En l'absence de contrat, pour que ce lien entre la personne privée et la personne publique emporte la qualification de service public de l'activité en cause, il faut réunir un ensemble d'indices particuliers, stabilisés dans un arrêt du 22 février 2007, *Association du personnel relevant des établissements pour inadaptés* (21). Ils concernent la qualité de la mission exercée, l'origine de la création, le mode de choix des dirigeants, les moyens juridiques dont ils disposent et les modalités de contrôle ou de surveillance de l'activité par la personne publique. Jusqu'à cette date, la position de la doctrine demeurait incertaine à propos des indices d'identification du service public et le Conseil d'État n'était pas toujours très précis, confondant parfois la reconnaissance d'une activité de service public et la qualification d'un acte administratif. La question demeure cependant d'actualité pour tout un ensemble de services publics, notamment pour ceux qui relèvent désormais des collectivités territoriales, départements et communes.

190 Dans certains arrêts antérieurs, le raisonnement juridictionnel montre de toute façon les limites de la méthode. Ainsi, pour ne prendre que l'exemple de la décision du 12 mars 1999, *Ville de Paris* (22), à propos de l'implantation d'un restaurant sur le domaine public, il est possible de remarquer que : 1°- en l'espèce, il s'agissait d'une convention d'exploitation dénommée concession, contrat juridiquement bien qualifié, mais le juge ne s'en contente pas ; 2°- l'intérêt général est reconnu, mais le lien spécial que l'organisme contractant détient avec une personne publique n'est pas soulevé explicitement. Malgré la présence de certains indices, la qualité du rattachement, même

(19) CE, 13 mai 1938, Caisse primaire Aide et protection, *Rec.* p. 417, *D.* 1939.3.65, note Pepy, concl. Latournerie, *RDP* 1938, p. 830 ; CE sect., 20 juin 1946, Morand, *Rec.* p. 183, *S.* 1947.3.19, note P.H.

(20) CE sect., 20 avr. 1956, Époux Bertin, *Rec.* p. 167, *AJDA* 1956.2.272, concl. Long, chron., *RDP* 1956, p. 869, note Waline, *D.* 1956, J, p. 433, note De Laubadère, *Rev. adm.* 1956, p. 496, note Liet-Veaux.

(21) CE sect. 22 févr. 2007, Ass. du personnel relevant des établissements pour inadaptés, req. 264541, *JCP* A 2007, n° 10-11, 2066, concl. Vérot, note Rouault, *JCP A* 2007, n° 23, 2145, note Guglielmi et Koubi ; *RDSS* mai-juin 2007, p. 26, note Koubi et Guglielmi.

(22) CE, 12 mars 1999, Ville de Paris (Soc. Stella Maillot-Orée du Bois), *Rec. T.* p. 778, *AJDA* 1999, p. 439, note Raunet et Rousset.

indirect, n'a pas été considérée comme un élément déterminant. En conséquence, pour le juge, il n'y a pas, en la matière, de service public. La motivation est la suivante : « si l'activité du restaurant L'Orée du Bois contribue à l'accueil de touristes dans la capitale et concourt ainsi au rayonnement et au développement de son attrait touristique, cette seule circonstance, compte tenu des modalités d'exploitation de l'établissement et de son intérêt propre, ne suffit pas à lui conférer le caractère d'un service public ». Sans doute, la question de la nature de l'activité a-t-elle été jugée déterminante.

191 Un parallèle peut toutefois être tenté avec la qualification de pouvoir adjudicateur attribuée en droit européen à une entité équivalente à des personnes morales de droit public (23). Car, selon la Cour de justice des Communautés européennes la notion de pouvoir adjudicateur devrait « recevoir une interprétation fonctionnelle ». La Cour vérifie ainsi que l'organisme a été créé par une personne publique, que des missions lui avaient été confiées par l'État, que les dirigeants étaient nommés par l'État, que certains ministres pouvaient soit lui adresser des injonctions, soit exercer sur lui un contrôle économique (24).

c) *L'identification et la qualité de l'organe*

192 Dans l'étude du rattachement d'un organisme investi d'une mission de service public avec une personne publique, une similitude de méthode et d'indices doit être retenue par rapport à la question de l'identification de l'établissement public en droit administratif français.

193 • Le premier indice est celui de l'origine de l'institution. La fondation de l'institution spécialisée par la loi sans autre qualification ou par un acte administratif (en général un décret) est un indice de la qualité de personne publique. Au XIXe siècle et au début du XXe siècle, cet indice avait une forte valeur. Léon Blum, commissaire du gouvernement sur l'affaire *Pichot* pouvait ainsi déclarer « on naît établissement public, on ne le devient pas » (25).

L'origine de l'institution n'a plus la valeur d'un critère depuis l'exception de l'École française de droit du Caire, fondée par des personnes privées sous la forme d'une association, mais qui a été reconnue comme un établissement public en raison de son but, de son organisation et du recrutement de son corps enseignant (26). Néanmoins, la valeur de l'indice persiste (27).

194 • Le deuxième indice est celui du but de l'activité de l'institution. Un but d'intérêt général, transformable en but de service public est un indice de la qualité d'établissement

(23) Telles qu'énumérées à l'origine à l'annexe I de la dir. 77/62 du Conseil, du 21 déc. 1976, modifiée par la dir. du Conseil 88/295/CEE, du 22 mars 1988, sur les marchés publics de fournitures. V. aujourd'hui, dir. 2004/18/CE et 2004/17/CE du Parlement et du Conseil du 31 mars 2004 (*JOUE* L 134 du 30 avr., p. 114) relatives à la coordination des procédures de passation des marchés publics de travaux, fournitures et services.
(24) CJCE, 17 déc. 1998, Commission c. Irlande, aff. C-353/96.
(25) CE, 21 juin 1912, Delle Pichot, *Rec.* p. 712, concl. Blum; TC, 31 mai 1913, Pichot, *Rec.* p. 605, *S.* 1916.3.43.
(26) CE sect., 24 déc. 1937, de la Bigne de Villeneuve, *D.* 1938.185.
(27) TC, 16 juin 1997, Époux Muet, Soc. la Fontaine de Mars, *CJEG* 1997, p. 363, *RFDA* 1997, p. 823, concl. Arrighi de Casanova ; *JCP* 1998, I, p. 125 chron.

public. On dit traditionnellement que l'établissement public est un service public doté de la personnalité morale. Cette reconnaissance est aisée en cas de service public à caractère administratif (28) ; elle l'est moins s'il s'agit d'un service public à caractère industriel et commercial (29).

195 • Le troisième indice concerne les rapports de l'institution avec les personnes publiques. Les dirigeants ou les membres du conseil d'administration de l'institution peuvent être par exemple nommés, agréés, proposés, par une autorité administrative. Y a-t-il un contrôle budgétaire ou financier exercé par une autorité publique ? L'institution est-elle soumise à des contraintes qui ne s'appliquent pas normalement à des personnes privées ? Dans l'affirmative, il y a un indice positif de la qualité de personne publique. Un exemple peut en être trouvé dans l'arrêt *Brincat* du 20 juin 1919 à propos des caisses de crédit municipal (30) (malgré la qualification d'établissements d'utilité publique donnée, il est vrai, par une loi du 24 juin 1851 donc antérieure à la jurisprudence de 1856).

196 Le problème soulevé par cette question est que le « lien particulier » n'est examiné que dans le contexte d'une qualification jurisprudentielle. Cela induit une double conséquence :

• dans un premier sens, la question de qualification de l'activité ne se distingue pas de l'identification d'un établissement public ; en effet si l'organisme est innommé, la reconnaissance de la gestion d'un service public aboutit à la qualité d'établissement public ;

• dans un second sens, non par nécessité logique, mais par fréquence, la qualification de service public est plutôt recherchée dans le contexte industriel et commercial, même si certains contre-exemples peuvent être effectivement soulevés. Les conclusions développées par le commissaire du gouvernement Arrighi de Casanova sur les arrêts *Touzet* et *Desaunay* du 31 mars 1995 à propos des HLM-ILM, montrent ainsi combien « il est difficile de nier que le logement social se rattache à un intérêt public » et que « cette analyse se vérifie encore davantage s'agissant plus particulièrement du système du surloyer » (31). Reprenant l'argumentation ministérielle, il rappelle alors que l'objectif poursuivi par le législateur est largement placé sous le signe d'une politique sociale de redistribution. « Ce devoir de solidarité [...] implique que ceux dont les capacités contributives ont évolué de façon positive effectuent un effort financier [...] qui contribue à la diversification des catégories d'occupants du parc social » (32).

197 L'intérêt de la notion organique du service public s'avère donc très relatif. Il n'est pas certain que le lien entre la personne publique et une personne privée analysé comme de droit public annonce que l'activité assurée soit de service public, mais dès l'instant où l'activité en cause revêt une fonction d'intérêt général, la qualité de ce lien doit, même par des détours diversifiés, relever du régime de droit public.

(28) Participation à l'exercice du pouvoir réglementaire : CE sect., 13 nov. 1959, Navizet, *Rec.* p. 592, *RDP* 1960, p. 1034, concl. Heumann.
(29) Cass. com., 9 juill. 1951, SNEP, *D.* 1952.141, note Blaevoet, *S.* 1952.1.125, note Drago.
(30) CE, 20 juin 1919, Brincat, *Rec.* p. 535, *D.* 1922.3.13, note Puget.
(31) CE, 31 mars 1995, Touzet et Desaunay (2 arrêts), *Rec.* p. 150, *AJDA* 1995, p. 562. V. spécifiquement pour ce qui concerne le logement social, R. Graeffly, *Le logement social. Étude comparée de l'intervention publique en France et en Europe occidentale*, LGDJ, Bibl. droit public, 2006.
(32) Rép. min. n° 23.425, Min. chargé du logement, *JO déb. AN* 15 oct. 1990, p. 4877.

B. UNE NOTION FONCTIONNELLE

198 Ainsi que le remarque J.-L. de Corail, « définir le service public en fonction des caractères d'une activité, c'est exprimer la finalité de l'État, déterminer le domaine de l'intervention publique et peut-être légitimer le droit spécifique et la compétence juridictionnelle qui sont propres au régime administratif » (33).

199 La notion d'*activité* est un élément substantiel de la définition du service public. Malgré quelques incertitudes et en dépit d'une complexité qui va s'accroissant, les modes d'identification du service public proposés par les juristes retiennent le plus souvent cette nature fonctionnelle de la notion de service public. Si leurs démarches, mettant en valeur la conception matérielle du service public, ne permettent pas de construire une définition objective de la notion, elles traduisent pour l'essentiel l'importance de la notion d'*intérêt général* en droit administratif français. Elles n'oblitèrent pas pour autant la transformation progressive de cet intérêt général en un intérêt économique général (34) et, inversement celle de la perception européenne de l'intérêt économique général en un intérêt général. Ces approches accentuent la vigueur manifestée par l'objectif, le but, la finalité de l'activité considérée dans le droit du service public. L'objectif, le but d'intérêt public et la finalité de la satisfaction des besoins d'intérêt général de l'activité sont les éléments les plus significatifs de la notion de service public.

200 Dès lors, que le service public soit une activité assurée ou assumée par ou sous le contrôle d'une personne publique n'est pas déterminant. Qu'il se réalise « en vue de la satisfaction d'un besoin d'intérêt public, d'ordre collectif » à titre essentiel ou principal, à titre complémentaire ou accessoire, compte bien plus. Certes, parce qu'elle demeure trop imprécise et sans doute parce qu'elle est marquée d'un caractère idéologique indéniable, la seule notion « d'intérêt général » ne suffit pas à en rendre compte. Elle ne permet pas, en effet, de retracer la spécificité de l'activité. Elle est, néanmoins, un moyen primordial pour caractériser le service public et peut être pensée comme « une norme de référence pour l'action administrative. En quelque sorte, sans mission d'intérêt général, pas de service public » (35).

201 Il apparaît nécessaire de retenir les liens qui s'instaurent entre but et contenu de l'activité. La notion de « but » ne se sépare pas aisément de l'étude du contenu de l'activité à qualifier. Le service public s'analyse en une activité mais le produit de cette activité ne se concrétise pas automatiquement par l'apparition d'un bien matériel. L'activité en cause est d'abord et avant tout une *activité de prestation* (36), signifiant que l'objectif de l'activité est la satisfaction d'un besoin collectif qui relève, en quelque sorte, du « mieux-être » social. Au-delà de la diversité des objets que pourrait

(33) J.-L. de Corail, « L'approche fonctionnelle du service public : sa réalité et ses limites », *AJDA* 1997, n° spécial : *Le service public, unité et diversité*, p. 20.

(34) D. Bailleul, « Le droit administratif en question : de l'intérêt général à l'intérêt économique général », *JCP A* 25 mars 2005, p. 589 ; C. Le Berre, « La pénétration de la logique économique dans la définition du service public », *RFDA* 2008, p. 50.

(35) Conseil d'État, rapport public, « L'intérêt général », *EDCE*, 1999, n° 50, p. 239. V. aussi D. Truchet, *Les fonctions de l'intérêt général dans la jurisprudence du Conseil d'État*, LGDJ, 1977.

(36) D. Barbieri, D. Salvatore, « Le pouvoir d'incitation et les types d'autorité : vers un modèle de prestation de service public », *RISA* 2010/2 (vol. 76) p. 373.

concerner une prestation, l'élément objectif de la définition du service public est bel et bien « la satisfaction d'un intérêt général ».

202 Plusieurs thèses ont pu être relevées à ce propos. Elles diffèrent selon le regard que portent les observateurs sur les buts et finalités de l'activité considérée. Pour les uns, insister sur l'approche politique du service public permet de rendre compte de l'importance de la notion de service public dans la constitution du « lien social ». Dans cette perspective, la notion refléterait un modèle de société qui relierait efficacité économique et efficacité sociale (37). Pour d'autres, l'approche juridique est essentielle et, de ce fait, il apparaît inutile de prendre en considération la dimension économique et financière de l'approche fonctionnelle du service public (38). En optant pour une approche historique de la notion de service public, certains estiment que « le fait d'employer la même expression, tantôt au sens d'institutions, tantôt comme activités n'a aucune importance puisque par définition ces deux aspects coïncident obligatoirement » (39). Cependant, lors de développements postérieurs, ils en viennent le plus souvent à insister sur la notion d'activité et plus particulièrement sur la perception de la « prestation » que suppose le service public, sans se préoccuper des modulations structurelles.

De son côté, R. Chapus assemble les conceptions organique et fonctionnelle du service public, réfutant ainsi toute analyse tendant à consolider la dissociation entre ces deux aspects du service public. À propos du rattachement organique de l'activité à qualifier, il précise que « le négliger, le perdre de vue, sous-estimer son importance, c'est exclure toute chance de parvenir à une définition de la notion fonctionnelle de service public » (40). Cette dernière position semble être la plus révélatrice de la portée à accorder au critère fonctionnel. Retenant la notion d'intérêt général comme « objective », elle marque une distinction essentielle entre les *activités de plus grand service* et les *activités de plus grand profit* (41) (a).

Les apports de la jurisprudence administrative ont, au cours du XXe siècle, nuancé cette analyse en appuyant sur la notion de « prestation » (b) et ceux de la jurisprudence européenne ont permis, dès les années 2000, de repenser l'activité en terme de « service », ce qui rejoint nécessairement la fonction de « prestation », tout en maintenant que « la définition des obligations et des missions de service public reste du ressort des pouvoirs publics à l'échelon approprié » (42).

a) Activités de plus grand service et activités de plus grand profit

203 La distinction est fondée sur « l'avenir d'une certaine organisation sociale française ». Elle révèle tout l'intérêt d'un questionnement sur les enjeux d'une notion qui, liée à une action politique, ne peut pas « ne pas être aussi une question juridique, ne

(37) P. Bauby, *Le service public*, Flammarion, coll. Dominos, 1997.
(38) P. Esplugas, *Le service public*, Dalloz, coll. Connaissance du droit, 1997.
(39) A.-S. Mescheriakoff, *Droit des services publics*, PUF, coll. Droit fondamental, 1997, p. 52.
(40) R. Chapus, *Droit administratif général*, t. 1, Montchrestien, 2001, n° 749, p. 780.
(41) *Op. cit.*, n° 753 à 759, p. 582 et s.
(42) *Livre blanc sur les services d'intérêt général*, COM (2004) 374 du 12 mai 2004. V. la confirmation donnée par le Protocole n° 9 ajouté au TFUE en 2007, sur les services d'intérêt général, art. 1er.

serait-ce que parce que la notion de service public contribue à déterminer l'identité de notre droit » (43). Elle peut être agencée autour de notions voisines, telles l'idée de but d'utilité publique ou la notion d'intérêt public. Lorsque l'objectif de l'activité est de satisfaire, le mieux possible, les besoins de la population en général, c'est-à-dire lorsque l'organisme qui en assure ou en assume la charge s'efforce de répondre aux demandes des administrés, donc à un intérêt autre que le sien, ce sont des *activités de plus grand service*. Mais si cet objectif est de satisfaire les besoins de l'organisme qui assure l'activité, notamment dans un but de rentabilisation, ce sont des *activités de plus grand profit*. Toutefois, la particularité de ces dernières est de contribuer principalement à la réalisation des activités de plus grand service.

204 • Les *activités de plus grand service* sont déterminées en fonction de leur objectif premier : la satisfaction de l'intérêt général, la réponse aux besoins des administrés. Ces activités sont d'autant plus précieuses qu'elles permettent, en général, le respect et l'exercice des droits et libertés des administrés. Qu'il s'agisse de répondre à l'exigence d'un droit à l'instruction, de permettre l'accès aux choses de la culture ou d'assurer la jouissance de la liberté de déplacement par la voie des transports en commun, la raison d'être de ces activités n'est pas d'assurer à l'organisme prestataire de substantiels revenus. Il n'existe pas, dans le cadre de ces activités, de préoccupation particulière relative aux bénéfices, même dans le cas où cette prestation n'est pas gratuite.

En effet, la notion de rentabilité n'appartient pas à la logique juridique initiale du service public (44). Cette caractéristique explique, par ailleurs, la difficulté de saisir les enjeux d'une distinction entre « service public administratif » et « service public industriel et/ou commercial ».

Certes, les transformations du système juridique français, du fait de l'intégration des normes européennes, ont sensiblement modifié ces perceptions. Une idée de rentabilité, plus que de profit, est désormais incluse dans les obligations et missions de service public. Y interviennent des notions de résultat, d'efficacité et de performance qui invitent à une quantification des objectifs et insistent sur le respect et l'approfondissement des normes de « qualité » dans un univers concurrentiel.

Par ailleurs, pensée à partir de la notion de prestation, l'insertion de la notion de « service universel » dans le cadre d'obligations de service public définies principalement à partir des directives européennes, a transformé les modes d'approche des activités de plus grand service, incitant à une reconsidération du rapport entre celles-ci et les activités de plus grand profit. Ces dernières, notamment pour les services en réseau, ne participent plus aux premières que suivant des approches sectorielles, par le biais d'incitations au développement des investissements pour le maintien des infrastructures.

205 • En règle générale, *les activités de plus grand profit* sont destinées à permettre le financement d'une partie des activités de plus grand service. Cet objectif peut être exclusif, principal ou accessoire. Lorsque la redistribution des bénéfices se réalise

(43) *Droit administratif général*, t. 1, *op. cit.*, n° 743, p. 574.
(44) V. S. Bernard, *La recherche de la rentabilité des activités publiques et le droit administratif*, LGDJ, Bibl. droit public, 2001.

au profit exclusif d'une amélioration de l'activité de service public, il n'y a pas vraiment de préoccupation financière : les gains financiers sont directement affectés au service. Cette remarque permet de signaler que la notion de service public n'invite pas systématiquement à une analyse de déficits et de bilans négatifs des organismes qui gèrent des activités d'intérêt général. Il n'existe pas, en effet, d'équation absolue entre service public et déficit financier. Bien au contraire, en cas de monopole naturel, la recette marginale de la prestation de service public peut garantir un net surprofit au prestataire.

De ce fait, dans la perception originelle du service public, les activités de plus grand profit sont celles qui permettent à l'organisation qui les assure ou les assume de réaliser de tels gains, utilisés ensuite par elle-même et pour elle-même. C'est d'ailleurs le cas des entreprises publiques ou privées qui ont en charge certaines activités de service public, et qui sont tenues par la loi de répondre à des exigences de service public. Toutefois, comme les activités de service public en cause ne sont pas des activités de plus grand profit, la qualité des prestations et leur répartition sont généralement dépendantes des résultats financiers que procurent les activités de plus grand profit. Une étude du contenu de l'activité ainsi financée devrait donc venir compléter ces approches : ce n'est pas l'activité de plus grand profit en elle-même qui assure de sa qualité de service public mais le fait qu'elle permette le financement d'une autre activité de service public, c'est-à-dire d'une activité de plus grand service (45).

b) Activités de prestation et missions de service public

206 L'évolution récente des discours sur le service public a suscité une modification linguistique qui n'est pas sans incidences sur la compréhension même de la notion de service public et sur la définition du service public. Plus qu'activité d'intérêt général, le service public répond à une *« mission » d'intérêt général*. Cette altération du vocabulaire du droit du service public induit d'autres pistes de recherches pour évaluer les caractéristiques de la notion.

207 Jusqu'à la fin du XXe siècle, l'expression « mission d'intérêt général » permettait de signaler l'existence d'organismes chargés d'activités d'intérêt général mais extérieurs aux personnes publiques. Investis d'une telle mission, ils poursuivaient parfois d'autres buts que ceux exclusivement assignés au service public. L'intérêt de cette notion était de donner au juge les moyens d'assurer une prééminence à la notion fonctionnelle de service public. Ainsi ont été développés durant la seconde moitié du XXe siècle des concepts complémentaires et opératoires qui avaient alors pour objet d'empêcher que les personnes privées ne s'approprient le champ social au détriment des principes généraux du droit administratif, garantissant tant le respect de l'égalité des usagers devant le service public que celui du principe de neutralité des activités publiques.

C'est ainsi que se sont consolidées les constructions relatives aux services publics industriels et commerciaux et qu'ont été approfondies les idées de participation à l'exécution d'une mission de service public révélant la nature administrative d'un contrat, et de reconnaissance de prérogatives de puissance publique aux personnes privées investies d'une telle mission. Dans ce mouvement discursif, la perception

(45) CE, 25 mars 1966, Ville de Royan, *Rec.* p. 237.

fonctionnelle du service public peut parfois passer au second plan. De fait, l'emploi de l'expression « mission de service public » par les juridictions administratives a beaucoup fluctué.

208 La notion de « mission d'intérêt général », par exemple, tend peu à peu à devenir synonyme de celle de service public. Cette coïncidence suscite une interrogation sur une distinction hypothétique entre activité d'intérêt général et mission de service public. Cette dissociation ne marque pas une séparation ou une opposition entre les deux expressions. Les logiques d'action qui les sous-tendent sont identiques : le but est de répondre aux aspirations des individus et des groupes et d'assurer sans équivoque la satisfaction des besoins sociaux, sans qu'il soit nécessaire de rechercher s'il s'agit de besoins d'intérêt général ou, sous un autre angle, d'intérêt collectif. C'est alors que doit être évoquée la nécessaire conjonction entre une activité de prestation (donc de service), et une mission d'intérêt général (de service public en conséquence). En effet, comme le montre l'adéquation entre les mots de service et de prestation, « il n'y a pas de service public sans prestation » (46).

De cette similitude est issue une approche du service public en termes de « service rendu ». Plus largement entendue de nos jours comme « service *au* public », cette approche assure de manière tangible l'intégration des développements du droit européen dans le droit interne.

209 Une activité de prestation a pour objet de proposer un service ou un ensemble de services aux administrés, quelle que soit leur situation. Chacun bénéficie d'un droit d'accès à cette prestation, même si celle-ci peut n'être offerte qu'à ceux qui répondent à certaines conditions de droit, qui y ont droit. Lorsque le juge administratif est saisi d'une question y afférant, il se livre à un examen subtil des finalités de l'activité plus que de la prestation, en tenant compte notamment des pouvoirs et obligations des organismes, des droits et des devoirs des administrés. Ce ne sont pas les formes de la prestation (délivrance d'un bien, service, allocation, assistance) qui guident son analyse mais bien les fondements de l'activité en cause, sa spécificité et les logiques juridiques qui s'y attachent. Au lieu de retenir les aspects économiques d'un rapport de clientèle, le juge relève, en sus du lien existant entre la personne publique et l'activité, les qualités sociales du service, de l'activité, de la prestation.

Ainsi, dans l'arrêt du 22 février 2007, *Association du personnel relevant des établissements pour inadaptés*, le juge administratif a considéré que, même en l'absence de prérogatives de puissance publique, « une personne privée doit… être regardée, dans le silence de la loi, comme assurant une mission de service public lorsque, eu égard à l'intérêt général de son activité, aux conditions de sa création, de son organisation ou de son fonctionnement, aux obligations qui lui sont imposées ainsi qu'aux mesures prises pour vérifier que les objectifs qui lui sont assignés sont atteints, il apparaît que l'administration a entendu lui confier une telle mission » (47). Dans cette perspective, la notion de service public s'entend bel et bien sous son aspect fonctionnel et, au-delà de tout lien organique marqué par une délégation ou un contrat, elle demeure fondamentalement liée à la conception d'un système cohérent de droit administratif.

(46) A.-S. Mescheriakoff, *Droit des services publics*, PUF, coll. Droit fondamental, 1997, p. 76.
(47) CE sect. 22 févr. 2007, Ass. du personnel relevant des établissements pour inadaptés, *préc*.

210 L'idée de mission de service public ne peut donc pas être opposée à l'activité d'intérêt général. Elle ne peut pas, non plus, rendre compte de l'existence de fonctions annexes remplies par l'organisme dispensateur de services. Elle témoigne seulement de la diversité des activités de prestation dont peut être investi un organisme donné, public ou privé, parfois suivant des contrats de partenariat entre l'État, des collectivités territoriales, des associations et organismes privés (48). Les différentes problématiques relatives à la création de « maisons de service public » selon la loi du 12 avril 2000 relative aux droits des citoyens dans leurs relations avec les administrations (49) ou évoquant l'implantation de « services publics de proximité » témoignent d'ailleurs de ces stratégies juridiques développées par les pouvoirs publics depuis la fin des années 1990.

Il n'y a pas de concordance automatique entre la notion organique de personne publique et la notion fonctionnelle du service public. Assuré par une personne privée ou une personne publique, le service public est toujours assumé en dernière analyse par celle-ci, sous sa surveillance ou sous son contrôle. La notion de service public est donc une notion résiduelle, une notion dont les contours évoluent avec le temps, une notion dont les effets dépendent bel et bien des politiques juridiques, sociales et économiques, menées par les pouvoirs publics.

§ 2. SERVICE PUBLIC ADMINISTRATIF, SERVICE PUBLIC INDUSTRIEL OU COMMERCIAL

211 **Bibliographie** : C. Chavanon, *Essai sur la notion et le régime juridique des services publics industriels et commerciaux*, th. Bordeaux, 1939 ; J.-B. Auby et S. Braconnier (dir.), *Services publics industriels et commerciaux : questions actuelles*, LGDJ, coll. Décentralisation et développement local, 2003 ; S. Garceries, *L'élaboration d'une notion juridique de service public industriel et commercial (Retour sur un instrument de la mise en œuvre d'une séparation du « politique » et de l'« économique » en droit français)*, th. droit, Cergy-Pontoise, 2010 ; T. Ginsburger, *L'exercice d'activités commerciales par les collectivités locales : permanence et mutations du service public*, th. droit, Aix-Marseille III, 2010.

C. Blaevoet, « Les services et établissements publics à caractère industriel et commercial », *D.* 1947, chron. p. 73 ; R.-E. Charlier, « La notion juridique de service public industriel et commercial », *JCP* 1955.I.1210 ; J. Lemasurier, « À propos du service des postes et télécommunications. Réflexion sur la distinction des services publics administratifs et des services publics industriels et commerciaux », *AJDA* 1969, p. 139 ; P. Sandevoir, « Les vicissitudes de la notion de service public industriel et commercial », *Mél. Stassinopoulos*, LGDJ, 1974, p. 317 ; J.-F. Auby, « Le déclin de la spécificité juridique des services publics industriels et commerciaux locaux », *AJDA* 1981, p. 508 ; J.-L. de Corail, « Contribution du juge administratif à une théorie générale de l'établissement public à caractère industriel et commercial », *Service public et libertés publiques, Mél. Charlier*, 1981, p. 29 ; A.-S. Mescheriakoff, « L'arrêt du Bac d'Eloka, légende et réalité d'une gestion privée de la puissance publique », *RDP* 1988, p. 1058 ; E. Fatôme, « À propos de la distinction entre les établissements publics à caractère administratif et les établissements publics à caractère industriel et commercial », *Droit administratif, Mél. R. Chapus*, Montchrestien, Paris, 1992, p. 171 ; J. Rivero, « Les deux finalités du service public industriel et commercial », *CJEG* 1994, n° 500, p. 375 ; J.-P. Biays, « Remarques terminologiques sur le secteur public industriel et commercial », *Droit public, Mél. G. Peiser*, PU Grenoble, 1995, p. 39 ; J.-F. Lachaume, « Brèves remarques sur les services publics à double visage », *RFDA* 2003, p. 362 ; B. Jorion, « Les groupements d'intérêt

(48) Ord. n° 2004-559 du 17 juin 2004 sur les contrats de partenariat, *JO* 19 juin 2004, p. 10994.
(49) *JO* 13 avr. 2000, p. 5646.

public : un instrument de gestion du service public administratif », *AJDA* 2004, p. 305 ; P. PEREON, « La délégation des services publics administratifs », *AJDA* 2004, p. 1449 ; M. TOUZEIL-DIVINA, « Eloka, sa colonie, son wharf, son mythe… mais pas de service public ? », *in* S. KODJO-GRANVAUX, G. KOUBI (dir.), *Droit et colonisation*, Bruylant, 2005, p. 309 ; B. SEILLER, « L'érosion de la distinction SPA-SPIC », *AJDA* 2005, p. 417 ; O. POINSOT, « L'action sociale et médico-sociale, un service public industriel et commercial ? », *JCP A* 2005, 1358 ; G. TERRIEN, « Les évolutions de la gestion des services publics industriels et commerciaux locaux », *JCP A*, octobre 2008, n° 2237 ; L. JANICOT, « L'identification du service public géré par une personne privée », *RFDA* 2008, p. 67.

212 Le déplacement linguistique d'une approche juridique univoque de la notion de service public à une approche plurielle des activités de service public, suivant une perception d'ordre économique, résulte d'une distinction jurisprudentielle établie entre les services publics administratifs et les services publics industriels et commerciaux. Cette distinction, aussi discutable puisse-t-elle être sur le plan de la théorie juridique du service public (50), fut entérinée par la doctrine et la jurisprudence durant le XXe siècle. Sans doute, au vu de la complexification du système juridique, connaît-elle une variabilité certaine, voire des remises en cause. Il n'est que de noter la prolifération d'institutions qualifiées par la loi de « service public industriel et commercial » dont les prestations ne répondent pas nécessairement aux critères d'identification des activités tels qu'ils ont été retenus par le juge administratif.

La distinction, telle qu'elle fut construite pendant la première moitié du XXe siècle, est en elle-même de peu d'intérêt pour une définition du service public, car « la notion de service public se situe au-delà de la distinction gestion publique-gestion privée » (51). Mais, même si elle est essentiellement un outil de répartition des compétences entre les deux ordres de juridictions, cette distinction, d'une part, participe de la construction du droit administratif français en général, d'autre part, elle constitue un des piliers de l'édification du droit du service public lui-même.

213 Afin de contrer la propension à ne considérer les services publics que dans un cadre marchand, les pouvoirs publics ont été conduits à renforcer les services publics relevant des missions « régaliennes » de l'État telles la police, la justice, l'armée. Ils se sont également investis dans la construction d'une nouvelle catégorie de services : les « services à compétence nationale ». Si ces activités ne sont pas directement inscrites dans l'espace du droit du service public, elles s'y rattachent dès lors que le service public est pensé comme une des assises de l'État, comme un de ses facteurs substantiels de légitimation (B). Les gouvernants ont ainsi, pour l'instant, maintenu la force des principes républicains, en assumant, suivant des variations particulières dépendant des logiques de la décentralisation territoriale et technique, les services considérés historiquement comme devant relever de la collectivité, tels l'éducation ou la sécurité sociale.

214 Par-delà la tentation d'un remaniement de la notion de service public selon des approches organiques insistant sur le lien que l'activité entretient avec la collectivité publique, la dissociation entre services marchands et services non marchands que suppose la logique libérale du droit européen, ne peut pas recouvrir dans tous les cas la distinction établie par le juge administratif entre service public administratif et service public industriel et commercial (A).

(50) B. SEILLER, « L'érosion de la distinction SPA-SPIC », *AJDA* 2005, p. 417 ; S. GARCERIES, *L'élaboration d'une notion juridique de service public industriel et commercial*, thèse droit, Cergy-Pontoise, 2010.
(51) R. CHAPUS, *Droit administratif général*, t. 1, Montchrestien, 2001, n° 762, p. 588.

En effet, la distinction entre ces deux catégories de services ne concerne pas les activités en soi, mais elle vise les organes qui en ont la charge, en assurent l'exploitation, et le régime juridique auquel sont soumis ces services, ainsi que les agents et les usagers dans ces services. Le principe est, en effet, que le secteur des activités industrielles et commerciales est réservé aux acteurs privés.

À l'origine, les services publics administratifs étaient assurés par des personnes publiques et les services publics industriels et commerciaux par des personnes privées, notamment grâce aux concessions qui concentraient l'attention des juristes sur la nature du contrat plutôt que sur le contenu de l'activité.

215 Dès le début du XXe siècle, il n'est plus inconcevable que certaines activités purement industrielles et commerciales soient directement prises en charge par les personnes publiques. Cette solution résulte de deux arrêts : l'un du Conseil d'État : CE, 23 décembre 1921, *Société générale d'Armement* (52), l'autre du Tribunal des conflits : TC, 11 juillet 1933, *Dame Mélinette* (53). À ce propos, il est intéressant de signaler que l'arrêt du Tribunal des conflits, dit du Bac d'Éloka, du 22 janvier 1921, *Société commerciale de l'Ouest africain* (54), n'use pas de la locution « service public ». Il ne peut être cité que comme point de départ de la construction doctrinale de la catégorie.

216 La connaissance du caractère administratif ou industriel et commercial d'un service public est importante en pratique. Un service public à caractère administratif verra en effet ses rapports avec ses usagers, son personnel et la plupart des tiers, son régime financier, comptable et fiscal, et leur contentieux régis par le droit public (à l'exception des cas de gestion privée). Alors que dans le cas d'un service public à caractère industriel et commercial, c'est le droit privé qui s'appliquera en principe à ces rapports et à leur contentieux (sauf en des points précis comme l'organisation, le statut du directeur, l'usage des prérogatives de puissance publique, les liens de tutelle ou de contrôle et certains cas de responsabilité notamment en matière de dommages de travaux publics).

La distinction joue également un rôle dans la détermination des compétences des collectivités territoriales en tant que ces dernières ne peuvent pas, en principe, subventionner un service public industriel ou commercial ou prendre en charge une partie de ses dépenses. Il y est fait exception pour certains types de service et dans des cas limitativement énumérés pour les communes, par exemple lorsque les exigences du service public conduisent la collectivité à imposer des contraintes particulières de fonctionnement ou lorsque le fonctionnement du service public exige la réalisation d'investissements qui ne peuvent être financés sans augmentation excessive des tarifs.

A. LA QUALIFICATION TEXTUELLE

217 L'analyse du droit positif permet d'affirmer qu'il n'existe pas aujourd'hui de service public qui soit administratif par nature, ou industriel et commercial par nature. Une activité de service public peut être, selon les époques, selon ses modalités de gestion, soit administrative, soit industrielle et commerciale.

(52) *RDP* 1922, p. 75, concl. Rivet, nommant les « services industriels publics ».
(53) TC, 11 juill. 1933, Dame Mélinette, *Rec.* p. 1237, concl. Rouchon-Mazerat, *RDP* 1933, p. 426, note Jèze, *S.* 1933.3.97, note Alibert, *D.* 1933.3.65, note Blaevoet.
(54) *D.* 1921.3.1. concl. Matter.

Par exemple, les assurances maritimes pendant la guerre de 1914-1918 excluaient le risque de guerre. Une loi était intervenue en 1915 pour organiser un service d'assurance ayant cette finalité. La juridiction administrative reconnut un service public dont le fonctionnement relevait du droit privé (55). Mais comme ce service ne récupérait que les plus mauvais risques, une nouvelle loi en 1917 rendit le service public obligatoire et l'organisa de manière dérogatoire au droit des assurances. La jurisprudence estima alors que le contentieux entre l'État et les assurés devenait administratif (56).

Les mêmes fluctuations se reproduisirent fréquemment. Le service des télécommunications fut ainsi qualifié de service public à caractère administratif par le Tribunal des conflits alors que ce service public était, par rapport aux autres, le plus proche d'une activité privée (57). La loi n° 90-568 du 2 juillet 1990 relative à l'organisation du service public de la poste et des télécommunications a par la suite renversé le régime juridique de ce service et le régime contentieux des relations avec les usagers (art. 25). De nos jours, la question ne se pose plus puisque « l'établissement et l'exploitation des réseaux ouverts au public et la fourniture au public de services de communications électroniques sont libres sous réserve d'une déclaration préalable auprès de l'Autorité de régulation des communications électroniques et des postes » (58), ce qui situe la prestation dans un rapport direct entre personnes privées.

218 Certains organismes sont définis par la loi ou par un décret comme des établissements publics administratifs. Les services qu'ils peuvent créer à l'occasion, s'ils ne s'avèrent pas spécifiquement « marchands », sont alors considérés comme des services publics à caractère administratif.

Il en est ainsi par exemple des écoles nationales vétérinaires d'Alfort, de Lyon, de Nantes et de Toulouse, « établissements publics nationaux à caractère administratif ». Le Tribunal des conflits considère que « les activités de soins » qu'elles pratiquent « sur des animaux confiés par leurs propriétaires, constituent l'accessoire nécessaire des missions d'enseignement et de recherche conférées […] à ces établissements publics administratifs ; que ni les modalités d'organisation et de fonctionnement des services dans lesquels sont dispensés ces soins, ni la circonstance qu'une participation aux frais, d'ailleurs recouvrée selon les règles de la comptabilité publique, est demandée aux propriétaires des animaux, ne leur confèrent une autonomie par rapport aux services d'enseignement et de recherche » (59).

Il en est de même pour les établissements d'enseignement technique créés par les chambres de commerce et d'industrie qui, au vu des dispositions de la loi du 9 avril 1898 (60), sont des établissements publics administratifs. Le Tribunal des conflits en conclut que ces activités d'enseignement n'ont pas le caractère de services publics industriels et commerciaux. Si l'article L. 443-1 du Code de l'éducation leur a imposé, pour leur création et leur fonctionnement, le même régime que les établissements

(55) CE, 23 déc. 1921, Société générale d'Armement, *RDP* 1922, p. 75, concl. Rivet.
(56) CE, 23 mai 1924, Soc. Les Affréteurs réunis, *Rec.* p. 498, *S.* 1926.3.10, concl. Rivet.
(57) TC, 24 juin 1968, Ursot, *Rec.* p. 798, *AJDA* 1969, p. 139.
(58) Art. L. 33-1 I. du Code des postes et des communications électroniques.
(59) TC, 17 nov. 2003, SARL Horse Business, *Rec. T.* p. 715.
(60) Aujourd'hui de la L. n° 2010-853 du 23 juill. 2010 relative aux réseaux consulaires, au commerce, à l'artisanat et aux services.

privés d'enseignement technique, une telle disposition n'est pas de nature à les soumettre à un régime de droit privé (61).

219 Il existe aussi des organismes qui sont qualifiés d'établissements publics à caractère industriel et commercial par leur texte institutif. Le principe régulièrement rappelé par le juge administratif est clair. Lorsqu'un établissement public tient de la loi la qualité d'établissement public industriel et commercial, les litiges nés de ses activités relèvent de la compétence de la juridiction judiciaire, à l'exception de ceux relatifs à celles de ses activités qui, telles la réglementation, la police ou le contrôle, ressortissent par leur nature de prérogatives de puissance publique.

Dans le cas où la qualification procède d'un texte législatif, le juge ne peut que la constater et en tirer les conséquences (62). Par exemple, Voies Navigables de France remplaçant l'Office national de la navigation du fait de la loi n° 91-1385 du 31 décembre 1991 portant dispositions diverses en matière de transports, a été qualifié d'établissement public industriel et commercial (art. 1er-I). Les litiges nés de ses activités relèvent donc de la compétence de la juridiction judiciaire (63). Toutefois, le juge administratif a été amené à constater que Voies navigables de France exerce aussi des missions administratives (64). En effet, ces organismes peuvent avoir à gérer un service public administratif, parfois même principalement et non à tire complémentaire ou accessoire. Dans ce cas, outre les exceptions signalées, si le texte fondateur est un décret, la juridiction administrative peut requalifier l'établissement et le service (65).

220 En revanche, il arrive que certaines activités soient reconnues par le juge administratif comme des services publics « par nature », étant observé que cette nature est contingente et dépend de l'interprétation des textes ou des contextes. Le problème s'est surtout posé à propos d'activités relevant de la compétence d'action du pouvoir réglementaire. Ainsi, alors qu'il n'y était pas invité par le commissaire du gouvernement, le Conseil d'État a estimé nécessaire, dans un arrêt du 17 décembre 1997, *Ordre des avocats à la cour d'appel de Paris*, de qualifier la mise à disposition et la diffusion de textes, décisions et documents juridiques dans des conditions adaptées à l'état des techniques, comme étant « par nature une mission de service public au bon accomplissement de laquelle il appartient à l'État de veiller » (66). Le législateur n'a toutefois pas tardé à s'approprier cette innovation (67).

(61) TC, 26 juin 2006, Mlle A. c. Chambre de commerce et d'industrie de Nice Côte d'Azur, n° C3522.

(62) TC, 24 avr. 1978, Soc. Boulangerie de Kourou, *Rec.* p. 645, *D.* 1978.584, note Delvolvé.

(63) TC, 20 mars 2006, M. José A. c. Voies Navigables de France, n° C3505 ; TC, 29 déc. 2004, Époux Blanckeman c. Voies navigables de France, *Rec.* p. 525.

(64) CE, 3 déc. 2003, Houte, n° 233612, *JCP A* 2004, 1146, obs. Moreau.

(65) TC, 24 juin 1968, Soc. Distilleries bretonnes et Soc. d'approvisionnements alimentaires (2 arrêts), *Rec.* p. 801, *AJDA* 1969, p. 311, note De Laubadère, pour le FORMA qualifié d'établissement public industriel et commercial par le D. du 29 juill. 1961, supprimé par celui du 29 janv. 1986 ; TC, 26 oct. 1987, Centre français du commerce extérieur, *JCP* 1988.21402, note Dufau, le CFCE était qualifié d'établissement public industriel et commercial par le D. du 4 mai 1960.

(66) *AJDA* 1998, p. 362, concl. Combrexelle, note Nouel.

(67) L. n° 2000-321 du 12 avr. 2000, relative aux droits des citoyens dans leurs relations avec les administrations, (art. 2) qui l'étend à toutes les autorités administratives de l'État, des collectivités territoriales, des établissements publics à caractère administratif, et des autres organismes chargés de la gestion d'un service public administratif.

B. LA QUALIFICATION JURISPRUDENTIELLE

221 En l'absence de qualification textuelle expresse, le mode de distinction entre service public à caractère administratif et service public à caractère industriel et commercial est posé par la jurisprudence administrative, en conséquence d'un arrêt d'Assemblée du 16 novembre 1956, *Union syndicale des industries aéronautiques* (68). C'est essentiellement à partir de cet arrêt qu'ont été déterminés les modes de distinction entre ces deux catégories de service public alors même que les notions lui étaient antérieures (69).

La jurisprudence n'a pas fondamentalement créé cette distinction, mais elle a précisé une différenciation préalable qui n'avait jusqu'alors qu'un caractère pratique. Dès le début du XXe siècle, des services publics administratifs pouvaient être pris en charge par des organismes privés et des services publics industriels et commerciaux étaient exploités directement par des personnes publiques : la chimère du seul critère organique exigeait une clarification. De plus, en raison de la variabilité des textes normatifs, des modes de gestion et des modalités de financement, aucune activité n'est définitivement fixée dans une qualification. Un service public donné initialement comme administratif peut très bien se voir défini par la suite comme industriel et commercial, et inversement (70).

222 En principe, une activité assurée directement par une personne publique est présumée être un service public à caractère administratif. La présomption ne tombe que lorsque trois indices sont réunis. Ces trois indices ont pour but de certifier que l'activité de service public à qualifier ressemble vraiment à celle d'une entreprise privée. Dans ce cas, le service public est reconnu être à caractère industriel et commercial. Mais si un seul des indices manque, alors la présomption ne tombe pas.

Tournés ainsi vers la qualité industrielle ou commerciale du service considéré, ces trois indices sont les suivants : l'objet du service, son mode de financement, ses modalités de fonctionnement.

a) L'objet du service

223 La question est de savoir si le service effectue des opérations de production, d'achat, de vente, de louage, qui s'apparentent à celles des entreprises privées. Par exemple, l'objet du service est industriel et commercial en cas de gestion d'entrepôts (71), d'exploitation hôtelière (72), de services financiers non désintéressés (73).

(68) CE ass., 16 nov. 1956, USIA, *Rec.* p. 434, *D.* 1956.759, concl. Laurent, *AJDA* 1956, p. 489, chron., *JCP* 1957.II.9968, note Blaevoet.
(69) R. Chapus, *Droit administratif général*, t. 1, Montchrestien, 2001, n° 767, p. 592.
(70) Ces services sont parfois qualifiés de services publics « transfuges » : J.-F. Lachaume, C. Boiteau, H. Pauliat, *Droit des services publics*, A. Colin, coll. U, 2004, p. 77 et s.
(71) TC, 17 déc. 1962, Dame Bertrand, *Rec.* p. 831, concl. Chardeau, *AJDA* 1963, p. 88, chron.
(72) TC, 13 févr. 1984, Pomarèdes, *Rec.* p. 536.
(73) Assurances : TC, 22 févr. 1960, Soc. Pétronaphte, *Rec.* p. 857, *AJDA* 1960, p. 102 ; CE, 18 févr. 1976, Soc. Soulès, *Rec.* p. 811.

224 La qualification n'est pas aisée dans certains cas. Les deux plus connus sont les suivants :

Pourquoi l'exploitation d'un théâtre par une municipalité présente-t-elle un caractère administratif et non un caractère industriel et commercial ? La finalité culturelle du théâtre est-elle un argument suffisant, relève-t-elle d'une politique de fidélisation des résidents, vise-t-elle à la conservation du patrimoine ? On ne l'a pas su immédiatement, étant donné la solution implicite de l'arrêt du Conseil d'État du 26 janvier 1968, *Dame Maron* (74). Par la suite, le juge administratif a précisé les indices de l'origine de la création, des contextes locaux et des modalités de gestion mises en œuvre par les collectivités territoriales concernées. Ainsi, « la ville de Toulouse, par l'organisation et la gestion du théâtre municipal du Capitole assure une mission de service public, dans des conditions exclusives de tout caractère industriel et commercial » (75). De la même façon, l'organisation de la « Grande parade du jazz » à Nice, « eu égard à l'intérêt général d'ordre culturel et touristique que présente cette manifestation, aux conditions de son financement et à son mode de fonctionnement », présente le caractère d'une activité de service public administratif (76). Enfin, « compte tenu de son objet, (statutaire et exclusif : la programmation et l'organisation du festival international d'art lyrique et de l'académie européenne de musique), de ses modalités d'organisation et de ses modalités de financement », le festival international d'Aix-en-Provence est également un service public à caractère administratif (77).

Pourquoi l'exploitation, par un département, d'un bac entre une île et le continent est-elle dépourvue de caractère industriel et commercial ? Bien des dessertes de ce type sont assurées par des entreprises privées (78). Pourtant, le Conseil d'État retient le caractère administratif par une solution également implicite dans l'arrêt *Denoyez et Chorques* (79). On peut penser, du fait que les bacs ont généralement pour objet d'assurer la continuité territoriale entre le continent et les îles, qu'un intérêt général y est fortement attaché (80). Et, en cas de doute, les circonstances de travaux publics ou de police administrative sont attractives et tendent à faire qualifier les activités en tant que services publics à caractère administratif (81).

b) Le mode de financement

225 En pratique, l'origine des ressources est le point central du mode de financement qui permet de découvrir la nature administrative ou industrielle et commerciale du

(74) CE sect., 26 janv. 1968, Dame Maron, *Rec.* p. 69, *AJDA* 1968, p. 293, concl. Bertrand.

(75) TC, 15 janv. 1979, Dames Le Cachez et Grigère et autres c. Ville de Toulouse, *Rec.* p. 561 ; TC, 22 nov. 1993, M. Martinucci c. Ville de Toulouse, *Rec.* p. 409.

(76) CE, 2 juin 1995, Ville de Nice, *Rec. T.* p. 685.

(77) CE, 6 avr. 2007, Commune d'Aix-en-Provence, *AJDA* 2007, p. 1020, chron. ; *RFDA* 2007, p. 812, concl. Séners ; *Gaz. Pal.* 28 août 2007, n° 240, p. 4, note Touzeil-Divina ; *RDP* 2007 p. 1367, note Bui Xuan.

(78) Ou bien par une « colonie » : dans l'affaire dite du « bac d'Eloka » « en effectuant, moyennant rémunération, les opérations de passage des piétons et des voitures d'une rive à l'autre de la lagune, la colonie de la Côte d'Ivoire exploite un service de transport dans les mêmes conditions qu'un industriel ordinaire » : TC, 22 janv. 1921, Société commerciale de l'Ouest africain, *préc.*

(79) CE sect., 10 mai 1974, Denoyez et Chorques, *Rec.* p. 274, *AJDA* 1974, p. 298, chron., *RDP* 1975, p. 467, note Waline, *Rev. adm.* 1974, p. 440, note Moderne, *D.* 1975, J, p. 393, note Tedeschi.

(80) CE, 10 juill. 1989, Régie départementale des passages d'eau de la Charente-Maritime, req. 77006.

(81) TC, 20 janv. 1986, Soc. an. Roblot, *Rec.* p. 298, *AJDA* 1986, p. 267, note Richer ; CE, 2 oct. 1985, SEM du pont Saint-Nazaire/Saint-Brévin, *AJDA* 1986, p. 38, concl. Jeanneney.

service. Si le service fonctionne grâce à des redevances perçues sur les usagers, analogues au prix des services marchands, l'origine des ressources est le chiffre d'affaires, ce qui tend à une qualification de service public à caractère industriel et commercial (82). À l'inverse, si le service fonctionne grâce à des subventions d'une personne publique, ou si la prestation fournie l'est à titre gratuit, le caractère administratif est patent, car un tel mode de financement est exclusif du caractère industriel et commercial, c'est-à-dire de toute ressemblance avec une entreprise privée (83).

226 Cependant, cet indice n'est pas toujours déterminant et son absence n'est pas un empêchement absolu à la qualification de service public à caractère industriel et commercial comme en témoigne l'exception du service des Monnaies et médailles (84).

Il faut à cette occasion remarquer que l'utilisation de la redevance comme mode de financement en matière d'assainissement ou d'enlèvement des ordures ménagères est un indice du caractère industriel et commercial du service, même s'il est assuré par la personne publique elle-même (85) – quand bien même ces redevances seraient inférieures au coût réel du service (86) – alors que l'affectation de la taxe communale d'enlèvement des ordures ménagères au service est l'indice de son caractère administratif (87).

Par ailleurs, certaines activités sont classées « par principe », par leur objet, dans la catégorie service public industriel et commercial. Souvent la loi vient à l'appui de cette approche, par exemple pour les services d'assainissement dans les communes. Mais s'agissant du service public de distribution de l'eau, ce dernier perd cette qualité « lorsque son coût ne fait l'objet d'aucune facturation périodique à l'usager » (88).

c) Les modalités de fonctionnement

227 Le fait que le service à qualifier soit assuré directement par la personne publique est un indice tendant à faire présumer son caractère administratif (89). Cependant, la présomption tombe parfois, sans que le juge soit très précis dans ses motivations (90).

(82) CE, 20 janv. 1988, SCI la Colline, *Rec.* p. 21, *AJDA* 1988, p. 407, obs. J.-B. Auby, *CJEG* 1988, p. 328, concl. De la Verpillière, note Delpirou.
(83) CE sect., 30 juin 1950, Soc. Merrienne, *Rec.* p. 408 ; TC, 12 janv. 1987, Comp. des Eaux et de l'Ozone, *Rec.* p. 442, *RFDA* 1987, p. 284, concl. Massot ; TC, 24 oct. 1994, Préfet de Mayotte, *Rec.* p. 607.
(84) CE, 9 janv. 1981, Bouvet, *Rec.* p. 4 ; Cass. soc., 28 avr. 2006, n° 05-41.865, FS-P, Agent judiciaire du Trésor – Direction des Monnaies et Médailles c. Cecilia et a., *JCP Soc.* n° 25, 20 juin 2006, 1504, note Boubli.
(85) Cass. com., 4 juin 1991, Blot c. Trésorier princ. de Chinon, *D.* 1991, J, p. 457, concl. Jéol ; TC, 2 déc. 1991, Commune de Carqueiranne, req. 2667, pour l'assainissement ; TC, 28 mai 1979, Préfet du Val d'Oise, *Rec.* p. 672, *D.* 1979, inf. rap., p. 386, obs. Delvolvé ; il est de même d'autres activités : CE, 10 nov. 1993, Commune de Mirebeau, *Rec.* p. 314, *CJEG* 1994, p. 145, concl. Pochard, télévision par câble ; CE sect., 10 févr. 1995, Ch. synd. du transport aérien, *Rec.* p. 69, *CJEG* 1995, p. 146, concl. Arrighi de Casanova, *AJDA* 1995, p. 403, note Broussolle, infrastructures portuaires.
(86) TC, 19 févr. 1990, Thomas, *Rec.* p. 618 ; *AJDA* 1990, p. 558, obs. Théron (à propos d'une régie des eaux).
(87) CE avis, 10 avr. 1992, SARL Hofmiller, *AJDA* 1992, p. 687, note Prétot, *RFDA* 1994, p. 160, concl. Arrighi de Casanova.
(88) TC, 12 déc. 2005, Mme Alberti-Scott c. Commune de Tournefort, *Rec.* p. 651 (tel n'est pas le cas en l'espèce).
(89) CE sect., 14 juin 1963, Époux Hébert, *Rec.* p. 364, concl. Méric, *AJDA* 1964, p. 63, note J. Moreau, *D.* 1964, jur. p. 326, note P. Lalumière ; TC, 19 déc. 1988, Ville de Cannes, *Rec.* p. 497, *AJDA* 1989, p. 274, obs. Prétot, *RDP* 1990, p. 571, *D.* 1989, jur. p. 330, note Poujade.
(90) TC, 14 mai 1990, Époux Laperrouze, *Dt adm.* 1990, p. 385 ; Cass. com., 4 juin 1991, Blot c. Trésorier princ. de Chinon, *D.* 1991, J p. 457, concl. Jéol.

Le fait que le service soit assuré d'un monopole légal constitue une modalité de fonctionnement indiquant en principe le caractère administratif du service (91). Mais là encore, le principe connaît des exceptions, car le monopole n'exclut pas totalement le caractère industriel et commercial du service (92).

De plus, certaines distinctions sont nécessaires suivant les finalités poursuivies. Ainsi, par exemple, à propos du monopole du service public transfusionnel confié à l'Établissement français du sang, le juge administratif estime qu'en certaines situations, cet établissement remplit une « mission de santé publique qui se rattache par son objet au service public administratif ». Pourtant il constate « qu'une part importante des ressources de l'établissement français du sang est constituée par la cession de produits sanguins labiles et que le régime administratif, budgétaire, financier et comptable de cet établissement… fait application de règles adaptées à la nature particulière de ses missions et qui peuvent être semblables à celles généralement appliquées aux établissements publics industriels et commerciaux » (93).

228 Finalement, les modalités de la distinction SPA-SPIC montrent que, pour le juge administratif, « tous les services publics ont soit un caractère administratif, soit un caractère industriel et commercial ». Toute qualification se rattache à l'une ou à l'autre de ces catégories. Par exemple, les caisses de crédit municipal, même qualifiées « établissements publics communaux de crédit et d'aide sociale », « ont reçu de la loi la mission de combattre l'usure par l'octroi de prêts sur gages corporels dont elles ont le monopole et d'assurer, sous le contrôle de la commune, un service public à vocation principalement sociale et locale ». Elles sont donc des établissements publics à caractère administratif (94).

L'idée de service public à objet social et à gestion privée, comme les colonies de vacances, les patronages et les centres aérés, n'a pas connu de développements substantiels et avérés pour constituer une réalité juridique distincte (95). Il est possible de le regretter, mais en fin de compte ces qualifications du service public, administratif ou industriel et commercial, ne sont pas autre chose que des catégories juridiques et n'affectent pas l'objet du service.

Certains juristes ont montré une propension à s'emparer de ces deux catégories pour les nier ou pour présenter les services publics suivant une distinction casuelle entre services marchands et services non marchands. Ceci s'inscrit dans une volonté de justifier des sectorisations sociales et économiques dérivées des politiques européennes de libéralisation. Cela n'en apparaît que plus circonstanciel, comme le fut la division des activités d'intérêt général par « secteurs », notamment pour ce qui concerne les services en réseaux.

(91) TC, 24 juin 1968, Ursot, *Rec.* p. 798, *D.* 1969.416, note Du Bois de Gaudusson, *AJDA* 1969, p. 139, art. Lemasurier, à propos des P. et T. ; TC, 15 janv. 1979, Dame Le Cachey, *Rec.* p. 561, concl. Morisot.

(92) TC, 22 févr. 1960, Soc. Pétronaphte, *Rec.* p. 857, *AJDA* 1960, p. 102, s'agissant d'un monopole d'assurance fluviale contre les risques de guerre ; CE, 9 janv. 1981, Bouvet, *Rec.* p. 4, à propos du service des Monnaies et médailles qui, outre son financement public, est un « monopole ».

(93) CE avis, 27 oct. 2000, Mme T., *Rec.* p. 471.

(94) TC, 22 sept. 2003, M. Thomas c. Crédit municipal de Dijon, *Rec.* p. 576.

(95) R. Chapus, *Droit administratif général*, t. 1, Montchrestien, 2001, n° 773, p. 602.

§ 3. DÉCOMPOSITIONS ADMINISTRATIVES ET ÉCONOMIQUES DU SERVICE PUBLIC

229 Poser la question de savoir si « l'idée de service public est encore soutenable » revient à engager le débat non sur la notion juridique de service public mais sur les aspects pratiques d'un rapport entre les différentes activités de services dans un espace marchand. L'objectif d'une telle interrogation est de privilégier les réalités économiques et sociales auxquelles sont confrontées les théories du service public et d'engager un mouvement doctrinal de transformation des discours.

La présentation selon laquelle l'expression « service public » rassemble « un écheveau de forces et d'institutions », et « désigne des services régaliens comme la défense ou la justice, et des services marchands, comme les transports, la poste, l'énergie ou les télécommunications, qui offrent la caractéristique d'être distribués par des réseaux » (96), appelle à une décomposition progressive de la définition du service public puisqu'il n'existerait dès lors aucune alternative entre les services « régaliens » dépendant de l'exercice de la puissance publique et les services marchands obéissant aux lois économiques de la concurrence.

Mais la perspective économique défendue par les tenants de l'ère du marché se heurte de front aux analyses juridiques. Car ce débat est issu d'un mouvement de la critique économique des « monopoles d'État » (97) sans que fussent alors remises en cause les activités monopolistiques de certaines multinationales, nonobstant les condamnations d'abus de position dominante et de nombreuses ententes sur les tarifications de certains segments d'activité, sur les procédures d'appel d'offres, etc.

230 D'une part, les services dits régaliens n'ont pas toujours été ainsi conçus. Les pouvoirs publics ont été conduits, selon l'objectif de modernisation, à affirmer des domaines d'intervention spécifiques de l'État afin d'éviter leur déshérence et d'assurer de la cohérence du droit sur le territoire (A). D'autres services, pensés à l'origine comme régaliens, se sont affranchis de la tutelle de l'État, notamment par le développement de la décentralisation administrative territoriale.

D'autre part, les services dits marchands ne sont pas apparus avec l'avènement du marché. Les réseaux desquels ils dépendent ne se sont pas constitués du fait d'initiatives privées, mais par l'action centralisée des États. Ils répondent à des besoins de la population, à des nécessités publiques de l'État, à des exigences d'adaptation de services existants et, plus encore, à la reconnaissance du rôle fondamental de l'État dans la garantie des droits de l'homme et des libertés fondamentales. Ils assurent les citoyens de l'exercice de certains droits et libertés, tels la liberté de communication, le droit à l'information ou encore la liberté de déplacement.

Du fait de l'actuelle inscription dans le cadre européen de la réflexion sur le service public, la connaissance juridique de celui-ci tendrait-elle à se morceler en secteurs d'activités dont seules les composantes initiales relèveraient d'une conception de l'intérêt général ? La question n'est pas dénuée d'importance, car l'appréhension

(96) I. Ekeland, « Avant-propos », *L'idée de service public est-elle soutenable ?,* PUF, coll. Droit, éthique et société, 1999, p. 7-8.
(97) F. Marty, « La privatisation des services publics : fondements et enjeux », *Regards croisés sur l'économie* 2007/2, n° 2, p. 90.

juridique *du* service public ne peut pas se réaliser par le biais de considérations développées à propos *des* services publics (B).

A. LES « SERVICES À COMPÉTENCE NATIONALE »

231 **Bibliographie** : J. Ferstenbert, « Une troisième catégorie de services de l'État », *AJDA* 1997, p. 315 ; J.-L. Silicani, « Les services à compétence nationale », *CFP* juill.-août 1999, p. 6 ; B. Delaunay, « Les services à compétence nationale », *Dr. adm.* avr. 2009, p. 7 ; J.-F. Boudet, « Les services à compétence nationale », *RFDA* 2009, p. 995.

232 Afin de contribuer à la réforme de l'État et des services publics, a été créée la notion de services à compétence nationale. La conception de ces services dérive de la sectorisation des activités de l'État constatée dans le champ économique. Elle permet de construire « l'État central » auquel se référait la circulaire du Premier ministre du 26 juillet 1995 en approfondissant, parallèlement, la technique de la déconcentration administrative.

Le gouvernement a pu repenser les attributions des administrations centrales et des services déconcentrés en instituant une nouvelle structure qui, sans être intermédiaire, contribue à un renforcement de la centralisation administrative en contrepoids de l'extension des compétences des collectivités territoriales : les « services à compétence nationale ».

Le décret n° 97-464 du 9 mai 1997 relatif à la création et à l'organisation des services à compétence nationale (98) eut ainsi pour objet de répartir les missions entre les administrations centrales, les services à compétence nationale nouvellement créés et les services déconcentrés : « sont confiées aux administrations centrales et aux services à compétence nationale les seules missions qui présentent un caractère national ou dont l'exécution, en vertu de la loi, ne peut être déléguée à un échelon territorial ». Il s'agissait bel et bien de changer l'État central et, d'une certaine manière, de le mettre au diapason de l'Union européenne.

233 Ce décret reprenait mot pour mot dans son premier article, la définition des missions exposée dans l'article 2.1 du décret du 1er juillet 1992 portant charte de la déconcentration modifié par le décret n° 97-463 du même jour : « Les services à compétence nationale peuvent se voir confier des fonctions de gestion, d'études techniques ou de formation, des activités de production de bien ou de prestation de service ainsi que toute autre mission à caractère opérationnel présentant un caractère national et correspondant aux attributions du ministre sous l'autorité duquel ils sont placés ».

Par la suite, le décret n° 2005-124 du 14 février 2005 (99) a précisé, sans qu'aucune modification des fonctions de ces services ne soit évoquée, que : « Les services à compétence nationale rattachés directement au ministre dont ils relèvent sont créés par décret en Conseil d'État. Les services à compétence nationale rattachés à un directeur d'administration centrale, à un chef de service ou à un sous-directeur sont créés par arrêté du ministre dont ils relèvent. Toutefois, ils sont créés par décret en Conseil d'État lorsqu'ils exercent des compétences par délégation du ministre. Le décret ou

(98) Modifiant la L. d'orientation n° 92-125 du 6 févr. 1992 relative à l'administration territoriale de la République (après délégalisation des dispositions de l'art. 2 par déc. CC n° 97-180 L. du 21 janv. 1997) et le D. n° 92-604 du 1er juill. 1992 portant charte de la déconcentration.

(99) Modifiant le D. n° 87-389 du 15 juin 1987 relatif à l'organisation des services d'administration centrale et le D. n° 97-464 du 9 mai 1997.

l'arrêté qui porte création du service à compétence nationale fixe les missions et l'organisation générale de celui-ci ».

234 Ces services sont des « services *opérateurs* à compétence nationale » (100). Les fonctions de l'opérateur (101) sont ici de gérer, appliquer des réglementations, servir des prestations, d'exécuter des études. Aucun pouvoir de conception, voire de décision publique, ne leur est conféré car ces services ne sont pas des entités autonomes. Ils sont chargés de missions spécifiques d'intérêt national qui peuvent ne pas refléter les préoccupations générales du service public. Cependant, en tant qu'ils délivrent des prestations, ils ne peuvent en être totalement exclus.

235 La difficulté de cerner le profil de ces services est due au fait qu'ils sont principalement insérés dans le cadre des administrations centrales et qu'ils apparaissent comme l'un des outils d'organisation des ministères et de répartition des domaines d'intervention entre les différents ministères. Elle est aussi dépendante de la variabilité de leurs missions et fonctions et, surtout, de l'indétermination de leur dénomination.

Ces services sont conçus en termes de « direction » (102) ou de centralisme comme le « service central d'état civil » (103) ou comme simple service administratif, tels le « service historique de la défense » (104), le « service du traitement du renseignement et action contre les circuits financiers clandestins (TRACFIN) » (105). Ils peuvent se présenter sous la dénomination de « Centre » comme le « Centre automatisé de constatation des infractions routières » (CACIR) (106), ou le Centre d'études sur les réseaux, les transports, l'urbanisme et les constructions publiques (107), voire comme un ensemble de « systèmes », tel le service à compétence nationale dénommé « systèmes d'information budgétaire, financière et comptable de l'État » (108), ou encore sous l'appellation « d'agence » (109).

■ (100) Selon l'expression de J. Ferstenbert, *AJDA* 1997, p. 316.

■ (101) Terme polysémique, cf. L. Richer, « Une source d'inspiration de la notion d'opérateur de l'État : la notion d'"organisme de droit public" », *RFFP* n° 105, févr. 2009, p. 57.

■ (102) D. n° 2005-200 du 28 févr. 2005 portant création de la direction des services de la navigation aérienne, « chargée de fournir les services de la circulation aérienne, de communication, de navigation et de surveillance afférents, ainsi que les services d'information aéronautique, aux aéronefs évoluant en circulation aérienne générale dans l'espace aérien dont la gestion a été confiée à la France par l'organisation de l'aviation civile internationale et sur les aérodromes désignés par le ministre chargé de l'aviation civile » (art. 2 al. 2).

■ (103) Art. 1er de l'arrêté du 16 févr. 2000 relatif au service central d'état civil du ministère des Affaires étrangères, *JO* 18 févr. 2000, p. 2555 : « le service central d'état civil est un service à compétence nationale rattaché au directeur des Français à l'étranger et des étrangers en France ».

■ (104) D. n° 2005-36 du 17 janv. 2005 portant création du service historique de la défense, qui rassemble plusieurs centres d'archives et assure le contrôle scientifique et technique des archives courantes, la collecte, la conservation et la gestion des archives intermédiaires, des archives définitives et des autres documents qui sont attribués ou remis au ministère de la défense, à titre onéreux ou gratuit.

■ (105) D. n° 2006-1541 du 6 déc. 2006 érigeant la cellule TRACFIN en service à compétence nationale et modifiant le code monétaire et financier (partie réglementaire).

■ (106) D. n° 2004-1086 du 14 oct. 2004 portant création et organisation d'un service commun à la police et à la gendarmerie nationale dénommé « centre automatisé de constatation des infractions routières » (CACIR), qui a « pour mission de procéder à la constatation et au traitement des infractions à la police de la circulation routière relevées au moyen des systèmes de contrôle automatique » (art. 2). Pour ce service à compétence nationale, c'est « une instruction conjointe du ministre de l'intérieur et du ministre de la défense [qui] fixe les modalités de fonctionnement de ce service » (art. 1er).

■ (107) Arr. du 20 mars 2007 portant organisation du Centre d'études sur les réseaux, les transports, l'urbanisme et les constructions publiques, *JO* 13 avr. 2007, p. 6774.

■ (108) Arr. 17 juin 2005 portant organisation du service à compétence nationale dénommé « systèmes d'information budgétaire, financière et comptable de l'État », *JO* 5 juill. 2005, p. 11080.

■ (109) J.-L. Silicani, « Les services à compétence nationale », *CFP* juill.-août 1999, p. 6.

C'est dans ce dernier cadre que s'inscrit le décret n° 2004-963 du 9 septembre 2004 portant création du service à compétence nationale « Agence des participations de l'État ». « Cette agence exerce, en veillant aux intérêts patrimoniaux de l'État, la mission de l'État actionnaire dans les entreprises et organismes contrôlés ou détenus, majoritairement ou non, directement ou indirectement, par l'État » (art. 1er). Cette institution répond directement aux enjeux avancés dès la fin des années 1990 puisque, désormais, en évaluant la position de l'État actionnaire, cette agence est amenée à suivre « les principaux programmes d'investissement et de financement des entreprises et organismes susmentionnés ainsi que les projets d'acquisition ou de cession, d'accord commercial ou de coopération et de recherche et développement ».

236 En quelque sorte, les services à compétence nationale sont des services de direction ou de contrôle d'autres services (110) qui, eux, peuvent être considérés pour certaines de leurs activités comme des services publics. Il en est ainsi par exemple de la « direction des services de la navigation aérienne », service à compétence nationale directement rattaché à la direction générale de l'aviation civile, qui prépare et met en œuvre les orientations stratégiques de l'État dans le domaine de l'aviation civile (111) ou des musées (112). De même « les Archives nationales sont constituées par l'ensemble des services à compétence nationale rattachés à la direction des Archives de France » (113), elles sont donc indéniablement liées aux services publics des archives et sont appelées à entretenir des relations avec les services des archives des collectivités territoriales.

237 Bien que leur « confusion des genres conjugue une absence de stratégie et de visibilité des structures administratives de l'État » (114), ces services à compétence nationale peuvent constituer les prémisses d'une institution future de nouveaux services publics non marchands, en pleine conformité avec les normes et la jurisprudence européennes.

Pour satisfaire aux normes européennes (115), le décret du 30 août 2004, transformait « l'Institut français de l'environnement » en service à compétence nationale rattaché directement au ministre de l'Écologie et du Développement durable (116).

(110) Par ex., D. n° 2009-300 du 17 mars 2009 portant création du service des achats de l'État, *JO* 19 mars 2009 ; art. 1 : « Il est créé un service à compétence nationale dénommé « service des achats de l'État », rattaché au ministre chargé du budget » ; art. 2. -I : « Le service des achats de l'État définit et met en œuvre la politique des achats courants de l'État. Les établissements publics peuvent participer à la mise en œuvre de cette politique, sur décision de leur conseil d'administration. […] II.- Le service des achats de l'État s'assure que les achats de l'État sont effectués dans les conditions économiquement les plus avantageuses, respectent les objectifs de développement durable et de développement social et sont réalisés dans des conditions favorisant le plus large accès des petites et moyennes entreprises à la commande publique ».

(111) D. n° 2005-471 du 16 mai 2005 fixant l'organisation de l'administration centrale du ministère de l'équipement, des transports, de l'aménagement du territoire, du tourisme et de la mer.

(112) Arr. du 16 déc. 1998 érigeant divers services de la Direction des musées de France en services à compétence nationale, *JORF* 30 déc. 1998, p. 19955.

(113) J.-F. Boudet, « Les services à compétence nationale », *RFDA* 2009, p. 995.

(114) D. n° 2006-1828 du 23 déc. 2006 modifiant le D. n° 79-1037 du 3 déc. 1979 relatif à la compétence des services d'archives publics et à la coopération entre les administrations pour la collecte, la conservation et la communication des archives publiques.

(115) Notamment le règlement (CEE) n° 1210-90 du 7 mai 1990, modifié par le règlement n° 933/99 du 29 avr. 1999 du Conseil des Communautés européennes relatif à la création de l'Agence européenne pour l'environnement et du réseau européen d'information et d'observation pour l'environnement.

(116) D. n° 2004-936 du 30 août 2004 créant un service à compétence nationale au ministère de l'Écologie et du Développement durable et portant dissolution de l'établissement public national dénommé « Institut français de l'environnement ».

Cet Institut était alors chargé, en liaison avec les institutions nationales, européennes et internationales intéressées, de recueillir, d'élaborer et de diffuser l'information sur l'environnement. Il participait ainsi à la constitution de l'information environnementale et œuvrait pour une amélioration de la connaissance de l'état de l'environnement et de son évolution. De telles fonctions auraient pu entrer dans le champ de services publics nationaux ou européens, portés par un « principe de précaution » en passe d'acquérir une valeur constitutionnelle d'une part, et une valeur fédérative en droit européen d'autre part. Ces services publics auraient pu prendre en considération les nécessités sociétales, plus qu'économiques, d'une lutte contre le réchauffement climatique. Toutefois, les fonctions de ce service à compétence nationale ont été remaniées et divisées entre plusieurs services ministériels par un décret du 27 novembre 2008 (117). Un Conseil général de l'environnement et du développement durable a été mis en place (118) et un poste de « commissaire général au développement durable » a été créé. Ce retournement confirme les incertitudes quant à la place que les services à compétence nationale occupent dans le cadre des institutions publiques et rend compte de la distance qui les sépare des services publics.

B. LES SEGMENTATIONS DU SECTEUR PUBLIC : « DES » SERVICES PUBLICS

238 **Bibliographie** : M. Walrave, N. Jestin-Fleury, (Commissariat général du plan), *Les Réseaux des services publics dans le monde : organisation, régulation, concurrence*, ESKA, 1995 ; F. Borotra, *Faut-il défendre le service public (sur le service public dans le cadre de l'Union européenne) ?*, Rapport, *Doc. AN* n° 2260, 1995-1996 ; H. Cox (dir.), *Services publics, missions publiques et régulation dans l'Union européenne*, CIRIEC, Pédone, 1997 ; E. Cohen et C. Henry, *Service public, secteur public*, La Doc. fr., coll. Rapports officiels 1997 ; M.-A. Sabirau Perez, *Secteur public et concurrence*, PU Perpignan, 1998 ; *Les Services publics en réseaux face au progrès technique et à la mondialisation*, Haut conseil du secteur public, La Doc. fr., 1998 ; J.-M. Chevalier, I. Ekeland, M.-A. Frison-Roche, (dir.) *L'idée de service public est-elle soutenable ?* PUF, coll. Droit, éthique et société, 1999 ; J. Bergougnoux (Commissariat général du Plan), *Services publics en réseau : perspectives de concurrence et nouvelles régulations*, Rapport, La Doc. fr., 2000 ; S. Rodrigues, *La nouvelle régulation des services publics en Europe. Énergie, postes, télécommunications et transports*, Éd. Tec & Doc/ASPE Europe, 2000 ; N. Charbit, *Droit de la concurrence du secteur public*, L'Harmattan, coll. Logiques juridiques, 2002 ; C. Henry, M. Matheu, A. Jeunemaître, *Réguler les services publics en réseaux : l'expérience européenne*, Commissariat général du plan, La Doc. fr., 2003 ; A. Laget-Annamayer, *La régulation des services publics en réseaux : télécommunications et électricité*, Bruxelles/Paris, Bruylant et LGDJ, 2002 ; M.-A. Frison-Roche (dir.), *Les régulations économiques : légitimité et efficacité*, Presses de Sciences Po et Dalloz, 2004 ; B. du Marais, *Droit public de la régulation économique*, Presses de Sciences Po et Dalloz, coll. Amphi, 2004 ; N. Chebel-Horstmann, *La régulation du marché de l'électricité. Concurrence et accès aux réseaux*, L'Harmattan, coll. Logiques juridiques, 2006 ; L. Calandri, *Recherche sur la notion de régulation en droit administratif français*, LGDJ, Bibl. droit public, 2008.

M. Bazex, « Vers de nouveaux modèles normatifs pour le secteur public », *AJDA* 1990, p. 659 ; P. Bauby, J.-C. Boual, « Les services publics entre l'État et le marché », *in* B. Bellon, G. Caire

(117) D. n° 2008-1232 du 27 nov. 2008 abrogeant le D. n° 2004-936 du 30 août 2004 créant un service à compétence nationale au ministère de l'Écologie et du Développement durable et portant dissolution de l'établissement public national dénommé « Institut français de l'environnement ».

(118) D. n° 2008-679 du 9 juill. 2008 relatif au Conseil général de l'environnement et du développement durable, *JO* 10 juill. 2008.

(dir.), *L'État et le marché*, Economica, 1994, p. 133 ; P. Bauby, « Services publics : de la tutelle à la régulation », *Demain les services urbains : efficacité, justice, régulation* (Revue Association Metropolis), 1998, n° 31-32, p. 25 ; J.-C. Loupien, « Le système ferroviaire français face au droit communautaire », *CJEG* 2000, p. 181 ; P. Limousin et B. Gantier, « Libéralisation du secteur ferroviaire : l'adoption de trois nouvelles directives renforce la concurrence », *LPA* 2001 n° 98, p. 15 ; V. Suret-Bensussan, « La libre-concurrence imposée aux monopoles publics nationaux risque-t-elle d'entraîner des atteintes au service public ? », *Europe*, n° 7, janvier 2001, p. 8 ; K. Favro, « Secteur public de la communication audiovisuelle et service public », *AJDA* 2001, p. 241 ; M. Long, « La libéralisation du gaz : commentaire de la loi du 3 janvier 2003 », *Dr. adm.* févr. 2003, p. 6-11 ; S. Nicinski, P. Pintat, « La libéralisation du secteur gazier », *AJDA* 2003, p. 223 ; L. Rapp, « France Télécom entre service public et secteur privé ou la tentation de Madrid », *AJDA* 2004, p. 579 ; F.-F. Lissouck, « La régulation des services publics en réseau : réflexion sur la recherche d'un équilibre entre l'ouverture à la concurrence et l'exigence de service public », *RRJ* 2005, p. 841 ; S. Nauges, « L'articulation entre droit commun de la concurrence et droit de la régulation sectorielle », *AJDA* 2007 p. 672 ; B. Dacosta, « Notion d'entité adjudicatrice opérateur de réseaux », *RJEP* n° 676, juin 2010, comm. 31 ; Y. Pujat, « "Services publics" et "services d'intérêt général". Un processus de traduction dans la configuration européenne et ses effets sur le débat national », *Politique européenne*, n° 32, 2010, p. 151.

239 La notion de prestation, en tant qu'elle permet la satisfaction des besoins d'intérêt général, constitue l'essence du service public. Que la prestation soit rendue à titre gratuit ou non, l'activité de service public est fondamentalement une activité de prestation, quelle que soit la nature de cette prestation. Cependant, il apparaît hasardeux de fonder une théorie du service public sur la notion de prestation, qui n'est pas propre au droit du service public, mais cette approche permet d'indiquer deux orientations substantielles. En premier lieu, même si toute activité de prestation n'est dite service public que par la volonté des pouvoirs publics, dès l'instant où l'idée de service public est émise, elle acquiert un sens objectif auquel le juge administratif accorde toute sa valeur. C'est ainsi que la notion de service public est une institution d'ordre objectif (comme l'analysait Duguit) et qu'elle s'entend principalement au singulier : service public.

240 En second lieu, à partir de l'attention et de l'intérêt portés non pas à la notion de service public liée à l'intérêt général, mais aux prestations elles-mêmes, les présentations administratives puis doctrinales de la notion de service public ont de plus en plus souvent usé du « pluriel » : services publics. Ce pluriel permet sans aucun doute d'apprécier la diversité des activités d'intérêt général qu'assument les collectivités publiques, mais, en même temps, il retrace la tendance générale à la sectorisation de ces activités, à leur morcellement préalable à une soumission au principe de libre concurrence qui conduit parfois à leur disparition.

a) Service public, services publics

241 Lorsque le pluriel déterminant l'expression « services publics » est employé, l'objectif est de signaler des branches d'activités publiques. Il s'agit de désigner les diverses interventions de l'État dans des secteurs comme la santé, l'enseignement, la justice, l'accès à la connaissance du droit. Il s'agit aussi de relever parmi ces dernières celles qui se présentent comme des services à caractère industriel ou commercial, organisés en « réseaux », comme la distribution des produits énergétiques, les transports, les télécommunications, les installations d'assainissement de l'eau potable. Cette approche est issue d'une rénovation des conceptions relatives aux « grands services publics », aux monopoles de droit ou de fait et aux entreprises qualifiées « publiques » par la loi.

Tous les types de prestation sont cependant visés car les prestations de service public prennent diverses formes. Elles peuvent être des prestations matérielles (distribution d'eau, raccordement au gaz, transport, cantines scolaires, enlèvement des ordures ménagères), des prestations financières (subventions, allocations, primes) ou des prestations intellectuelles (instruction, enseignement musical, formation professionnelle, animation théâtrale). Elle peuvent également être classées en secteurs d'activité, justifiant ainsi de nouveaux discours fondés sur les prétentions économiques du libéralisme.

242 La prise en considération *des* services publics est issue de la différenciation entre les activités publiques résultant de la séparation, suggérée par A. de Laubadère (119), entre les tâches de conception, impulsion et synthèse et les tâches de gestion et exécution. La notion « d'administration de mission » en relevait (120). Se sont ensuite multipliées diverses formes d'intervention de l'État dans le secteur social et économique génératrices de « besoins nouveaux », ainsi que parallèlement les « missions de service public » assumées par des entreprises privées, conduisant l'État à doubler ses contrôles par des mécanismes d'aides et de subventions pour maintenir l'efficience des activités d'intérêt public.

La distinction entre les secteurs d'intervention de l'État relevait des *finalités* poursuivies par les pouvoirs publics. Étaient, par exemple, distingués : le secteur des « protections » dans lequel se trouvaient classés la défense nationale et l'ordre intérieur ; le secteur « intellectuel » où se voyaient rangées l'éducation, la culture, l'information ; le secteur « social » comprenant l'aide sociale, la santé publique, le régime hospitalier, le sport, le tourisme ; le secteur de « l'économie » rassemblant les modes d'interventions économiques de l'État et les différentes activités industrielles et commerciales menées par les entreprises publiques.

243 Les services publics, compris au pluriel, furent définis par rapport à l'activité de plus grand service dans des domaines et des champs spécifiés mais non exclusifs. C'est dans le cadre du secteur de l'économie que la perception *du* service public s'est ainsi le plus défaite. L'interventionnisme économique ne pouvait pas être compatible avec les références libérales du marché intérieur européen. L'extension des services publics industriels et commerciaux ayant présidé à la création des entreprises publiques, souvent dites « nationales » dès la Libération, fut arrêtée.

Les activités de ces entreprises concernaient pour la plupart des biens reconstructifs du lien social : les transports ferroviaires et aériens, le « métropolitain » (RATP), le service postal, les houilles et le charbon, l'électricité et le gaz. Les plus indispensables d'entre elles avaient pour particularité de se réaliser en « réseaux » : transports, électricité, gaz, Poste.

244 Ainsi, pendant longtemps, les services en réseaux ont été fournis par des entreprises qui bénéficiaient d'un monopole légal. L'institution de ces monopoles répondaient à des impératifs sociaux et économiques. D'une part, ces prestations correspondaient à des fournitures de biens essentiels à la vie quotidienne et il apparaissait inconcevable que certaines catégories de la population (notamment dans les zones rurales) ou

(119) A. de Laubadère, *Traité élémentaire de droit administratif*, t. III : « Grands services publics et entreprises nationales », LGDJ, 1966.
(120) E. Pisani, « Administration de gestion, administration de mission », *RFSP*, 1956, p. 815.

certaines personnes (souvent les plus démunies) ne puissent en bénéficier, ne serait-ce qu'en vertu d'un principe d'égalité qui détenait alors une valeur substantielle dans les processus de refondation de la République. D'autre part, ces actions participent de la croissance économique, relevant de secteurs particulièrement productifs, à rendements d'échelle croissants et contribuant largement au progrès scientifique et technologique.

Entre économie planifiée et économie concertée, puis ouverte sur le système libéral, s'est alors construit un droit administratif de l'économie particulièrement versatile rassemblant au fil des ans le droit de la planification, le droit des nationalisations, le droit de l'interventionnisme économique, le droit des aides publiques, chacun d'entre eux heurté de plein fouet par la construction du droit européen. De ce fait, s'il existe, le droit administratif économique manque singulièrement de cohérence, et surtout d'homogénéité (121). De plus, s'engage maintenant un mouvement d'analyse économique du droit qui prétend pénétrer tous les domaines du droit administratif (122) et du droit des services publics (123). Le droit *du* service public ne saurait y être inséré sans ménagement, tant la modélisation pousse à des simplifications inadéquates.

245 De plus en plus, les juristes évoquent donc un droit « des » services publics (124). Ce faisant, ils guident involontairement la réflexion dans une impasse juridique et, sous prétexte d'une entrée dans l'ère de la modernité ou d'une avancée dans la post-modernité, ils conduisent subrepticement à une relégation dans le « passé » de l'ensemble des règles et principes qui leurs sont communs (125). Les principes clefs du service public tels l'égalité, la continuité et l'adaptabilité deviennent archaïques face aux prétendus nouveaux principes introduits par l'ère de la globalisation, tels la qualité, l'accessibilité, la transparence, etc.

Les ouvrages qui voudraient ainsi traiter expressément de ces questions récapitulent les règles propres à chacun des secteurs : postes, télécommunications ou communications électroniques, transports de personnes et de marchandises, énergie renouvelables ou non, eau, culture et sport, instruction et formation professionnelle, services sociaux, santé, services financiers, banques. Or, il n'existe pas de synonymie entre service public au singulier et services publics au pluriel. Il n'est pas trivial que le même mot désigne tout à la fois le concept général, un des grands secteurs publics comme celui de l'énergie, et une entreprise comme la SNCF. Présenter une telle

(121) P. Delvolvé, *Droit public de l'économie,* Dalloz, coll. Précis, 1998, p. 59 et s.

(122) V. par ex., J.-B. Auby, T. Kirat, F. Marty, L. Vidal, *Le contenu et la portée économiques des règles de droit : application à la répartition des risques dans les contrats administratifs*, G.I.P. Mission de recherche Droit et Justice, 2003 ; J.-F. Calmette, « L'évolution de la prise en compte de l'analyse économique par le juge administratif », *Dr adm.*, juill. 2006, ét. 14.

(123) F. Lévêque, « Concepts économiques et conceptions juridiques de la notion de service public », *in* T. Kirat et E. Serverin, (dir.), *Vers une économie de l'action juridique. Une perspective pluridisciplinaire sur les règles juridiques et l'action*, Paris, CNRS Éditions, 2000.

(124) V. par ex., S. Braconnier, *Droit des services publics*, PUF, coll. Thémis, 2003 ; J.-F. Lachaume, C. Boiteau, H. Pauliat, *Droit des services publics*, A. Colin, coll. U., 2004 ; J.-P. Valette, *Droit des services publics*, Ellipses, 2006.

(125) Le passage du singulier « service public » au pluriel « services publics » relève d'un choix qui est loin d'être anodin. À l'origine, la recherche d'une association entre les caractères du « service public à la française » et les critères variables des services d'intérêt économique ou d'utilité publique retenus par la Commission européenne et la Cour de justice des Communautés européennes n'avait pas pour conséquence de mener au déclin la notion juridique de service public. Mais à la fin du XXe siècle, « l'Europe n'instruit pas le procès du ou des service (s) public (s) ; elle fait pire ; elle ignore largement la notion de service public et l'existence des services publics » : Conseil d'État, rapport public, « Service public, services publics : déclin ou renouveau ? », *EDCE,* 1995, p. 13.

équivalence entre les deux termes, l'un au singulier, l'autre au pluriel, induit de nombreuses confusions sur l'unité du régime juridique du service public par rapport aux approches sectorielles, sur la dissociation entre service public et secteur public, sur le caractère fonctionnel de la notion. Une telle confusion pousse à présenter le droit du service public comme une branche d'un « droit public des affaires », au prix de l'oubli du caractère irréductible d'intérêt général de l'intervention par voie de service public et de l'absence d'« affaires » dans cette logique.

b) Des services publics en réseau

246 Pour chacun de ces « secteurs », des textes législatifs ou réglementaires sont intervenus, renforçant progressivement la segmentation du service public et la sectorisation des activités publiques, souvent préalables à leur délégation au secteur privé ou à leur privatisation.

En constituent des exemples la loi n° 96-659 du 26 juillet 1996 de réglementation des télécommunications et la loi n° 2000-48 du 10 février 2000 relative à la modernisation et au développement du service public de l'électricité. Cette dernière a marqué le point de départ des « privatisations » des entreprises du secteur de l'énergie. Ont poursuivi la logique qu'elle engageait : les lois n° 2003-8 du 3 janvier 2003 relative aux marchés du gaz et de l'électricité et au service public de l'énergie, n° 2004-803 du 9 août 2004 relative au service public de l'électricité et du gaz et aux entreprises électriques et gazières (126), n° 2005-781 du 13 juillet 2005 loi de programme fixant les orientations de la politique énergétique (127), n° 2006-1537 du 7 décembre 2006 relative au secteur de l'énergie, qui ont chacune procédé à des adaptations du secteur de l'énergie aux normes européennes. La dernière à compléter ce processus est la loi n° 2010-1488 du 7 décembre 2010 portant nouvelle organisation du marché de l'électricité.

247 Ne sont donc plus évoqués ni des services publics nationaux, ni des entreprises nationales, ni des entreprises publiques. L'objectif est d'ouvrir à la concurrence des domaines d'intervention qui de ce fait échapperont, pour une part chaque fois plus importante, aux pouvoirs publics. La problématique initiale qui privilégiait les finalités poursuivies se voit décomposée. La sectorisation concerne plutôt le bien, le produit, la prestation. Elle perd de sa qualité fonctionnelle pour s'attacher à des aspects matériels. Le point d'orgue en fut donné par la décision du Conseil constitutionnel du 30 novembre 2006 sur la loi relative au secteur de l'énergie (128) qui marque « la fin d'une certaine époque : celle des grands monopoles publics issus de la Libération » (129).

Cette transformation avait été préparée par la libéralisation du secteur de l'électricité. L'ensemble des dispositions de la loi n° 2000-108 du 10 février 2000 tendait à une

(126) V. CC, 5 août 2004, n° 2004-501 DC, *Rec.* p. 134.
(127) V. CC, 7 juill. 2005, n° 2005-516 DC, *Rec.* p. 102.
(128) CC, n° 2006-543 DC, *AJDA* 2007, p. 192 et 473, note Marcou; *JCP A* 2007, n° 4, 2014, note Drago; *AJDA* 2006, p. 2438, note Charbit ; *LPA*, 4 janv. 2007, p. 3, note Clarenc; *CJEG* 2007, p. 41, note Molina; *LPA* 2007 (48), p. 4, note Quiot. V. aussi, R. de Bellescize, « Grandeur et servitude de la notion de service public constitutionnel », *RFDA* 2006, p. 1163.
(129) G. Drago, « Fin d'un service public national. À propos de la décision du Conseil constitutionnel sur la loi relative au secteur de l'énergie », *JCP A* n° 4, 2007, 2014.

réorganisation générale des moyens de production, des modes d'approvisionnement en électricité, des formes d'exploitation des réseaux de transport et de distribution, des modalités de fourniture d'électricité aux « clients » (130), dont le statut dépendait de leur qualité « éligible » ou non selon le taux de la consommation annuelle. Pourtant, suivant l'article 1er al. 3 de cette loi, le service public de l'électricité « concourt à la cohésion sociale en assurant le droit à l'électricité pour tous, à la lutte contre les exclusions, au développement équilibré du territoire, dans le respect de l'environnement, à la recherche et au progrès technologique ainsi qu'à la défense et à la sécurité publique ». Si la raison d'être d'un service public y est clairement exprimée, elle ne l'est que pour la prestation, la fourniture du bien, du produit. Et, de fait, cette méthode consistant en l'exposition d'un droit d'accès au bien ou à la prestation pour les usagers et posant les bases juridiques de la libéralisation du secteur concerné, se retrouve dans les lois ultérieures (131).

248 Dans toutes ces évolutions, l'activité en cause avait été considérée comme relevant du « secteur public ». À l'origine, elle répondait à des besoins sociaux essentiels. Ainsi, la loi du 2 août 1949 avait étendu le champ de la nationalisation de l'électricité et du gaz opérée par la loi du 8 avril 1946 à la production, le transport, la distribution, l'importation et l'exportation. La segmentation ultérieure des activités a défait le projet républicain de la Libération inscrit à l'alinéa 9 du Préambule de la constitution du 27 octobre 1946 : « Tout bien, toute entreprise dont l'exploitation a ou acquiert les caractères d'un service public national ou d'un monopole de fait doit devenir la propriété de la collectivité ». Dissociant les deux sources d'énergie que sont l'électricité et le gaz, sans même qu'elles aient fait chacune l'objet d'un monopole absolu (132), l'approche sectorielle permet de définir des champs d'action de plus en plus étroits. D'une part, les activités de prestation aux particuliers, dits parfois « clients domestiques », sont souvent les seules à être retenues dans l'appréhension raisonnée des obligations de service public qui pourraient être imposées aux entreprises du secteur considéré. D'autre part, toutes les fonctions diversifiées de ces entreprises, autrefois publiques, qui participaient à l'amélioration de la prestation de base, sont désormais analysées comme des activités privées, pleinement soumises au jeu de la concurrence. Or, dans un univers concurrentiel, les principes de la tarification de ces services toujours publics, de leur prix, ne peuvent plus être seulement guidés par la notion de service public.

249 Le démantèlement de ces activités a été possible précisément parce qu'elles se réalisent « en réseau ». Cette notion de réseau s'entendait principalement sur le territoire national. En effet, si les services publics de réseau de dimension nationale comportent plus particulièrement les services de transport ferroviaire de personnes, les services de communication téléphonique ou électronique, les services de distribution de l'électricité et de distribution du gaz, c'est essentiellement en raison des infrastructures

(130) L. Richer, « La loi du 10 févr. 2000 sur l'électricité : entre concurrence et service public », *AJDA*, 2000, p. 239.

(131) Par exemple, la L. n° 2006-1772 du 30 déc. 2006 sur l'eau et les milieux aquatiques insère dans l'article L. 210-1 du Code de l'environnement cette disposition : « Dans le cadre des lois et règlements ainsi que des droits antérieurement établis, l'usage de l'eau appartient à tous et chaque personne physique, pour son alimentation et son hygiène, a le droit d'accéder à l'eau potable dans des conditions économiquement acceptables par tous ».

(132) Argument que le Conseil constitutionnel utilisera pour relever l'absence de monopole de fait de Gaz de France et permettre sa fusion avec le groupe Suez dès le 1er juill. 2007.

matérielles qu'ils utilisent. Ces dernières nécessitent de grands travaux et des équipements lourds, comme les voies ferrées et les gares, les lignes et câbles téléphoniques, les lignes électriques, les conduites de gaz, ou bien elles exigent l'intervention de réglementations adaptées comme les services de télévision par voie hertzienne. Cette configuration n'exclut pas l'existence de réseaux locaux. Le service de distribution de l'eau qui exige la mise en place de conduites et tuyaux est souvent conçu comme un service public local en réseau. Il en est de même de la création et l'exploitation de réseaux de communications électroniques, compétence nouvelle qui fut définitivement reconnue aux collectivités territoriales par le législateur en 2004 (133).

Cependant, non seulement cette approche relève d'une dissociation entre les activités d'exploitation des réseaux et les activités de prestations, mais elle repose de plus en plus, pour les réseaux nationaux à l'origine, sur les interventions des collectivités territoriales. Ce faisant, elle détache progressivement l'idée de réseau de l'ensemble du territoire et le resserre sur l'espace local, lequel ne s'analyse pas nécessairement suivant les divisions institutionnelles (commune, département, région) mais peut être aussi appréhendé en termes de « zone de desserte » ainsi que le fait le Conseil constitutionnel à propos du service de distribution du gaz (134).

250 Dans la logique concurrentielle, l'ouverture des réseaux à tous les opérateurs de services s'impose. C'est en ce domaine que se comprennent les interventions des différentes « autorités de régulation » (135), lesquelles, chacune dans le secteur particulier qu'elle couvre, doivent faire en sorte que l'activité des différentes entités puisse être coordonnée, que la concurrence ne soit pas violée et que chacune de ces entités n'omette pas de remplir ses « obligations de service public » dans les domaines où l'activité s'avérerait la moins rentable.

Toutefois, il n'est nullement certain que la possibilité de construire un réseau pour une activité de service quelconque soit largement ouverte. Toute construction nécessite une emprise renvoyant à l'expropriation pour cause d'utilité publique ou à l'occupation du domaine public (136). Au vu de l'envergure des projets d'intérêt général, les collectivités publiques se trouvent inévitablement sollicitées pour les financer. Et au plan sociologique, au-delà des études d'impact, toutes les contestations ou revendications exposées lors des propositions de tracé des voies ferrées, autoroutes, canalisations, lignes à haute tension, etc. constituent des illustrations de cette limite apportée à la constitution de nouveaux réseaux.

Suivant cette perspective, la situation de l'usager du service, utilisateur final abordé comme un consommateur, est remaniée en fonction de son accès au réseau grâce aux infrastructures antérieurement mises en place, et de son accès direct ou indirect à la

(133) Art. L. 1425-1, CGCT, créé par l'article 50 II. de la L. n° 2004-575 du 21 juin 2004 pour la confiance dans l'économie numérique.

(134) CC, n° 2006-543 DC du 30 nov. 2006, préc.

(135) Comme par ex. l'Autorité de régulation des communications électroniques et des postes, la Commission de régulation de l'énergie ou le Conseil supérieur de l'audiovisuel.

(136) Même après l'intervention des lois des 10 févr. 2000 relative à la modernisation et au développement du service public de l'électricité et 9 août 2004 relative au service public de l'électricité et du gaz et aux entreprises électriques et gazières, qui affectent le statut de la société Électricité de France et la notion même de service public de l'électricité, les établissements de production électrique détenus par cette société conservent leur caractère d'ouvrage public : CE avis cont., 29 avr. 2010, Béligaud, req. 323179, *RFDA* 2010, p. 557, concl. Guyomar.

prestation. S'il a droit à l'électricité, au téléphone, à l'eau, etc., ce droit ne se concrétise que par le « branchement » au réseau.

251 Même si ces activités s'exercent en réseau, national ou local, elles sont toujours des activités de service public et elles relèvent toujours du secteur public. Seulement, dans ce « secteur public », leurs objets doivent être différenciés alors que la question de l'accès et de l'accessibilité aux services demeure commune. En ce sens, *le service public* acquiert un sens abstrait ; *les services publics* prétendent s'attacher à des actions concrètes. Et, peu à peu, l'unité de la notion risque de se décomposer, car la légitimité des services publics est recherchée dans la gestion à court terme, alors que les principes abstraits du service public et l'identification de l'intérêt général sont contestés en terme de privilèges.

L'analyse juridique de l'activité d'intérêt général qui compose le service public s'entend toujours au singulier. C'est l'analyse économique et surtout financière qui induit une appréhension du pluriel. Le premier modèle retrace l'unicité de la notion et traduit l'unité de son régime juridique, tandis que le second invite à reconstituer les catégories juridiques qui lui sont inhérentes autour de la notion de service marchand, notion qui ne se comprend que dans un univers concurrentiel et qui ne possède pas de valeur juridique propre.

C'est pourquoi, dans les discours juridiques, le pluriel « services publics », qui n'a pas pour objet de consolider ces divisions et dissociations, doit être d'usage limité. Il rend compte, en fait, de la nécessité d'analyser les formes et le contenu de la prestation. Si le régime juridique général est le même pour l'ensemble des activités de service public, certaines différenciations peuvent être opérées selon les formes de leur accessibilité, de leur distribution, de leur prix. Le changement de vocabulaire retrace seulement une certaine évolution de la conception du service public dans les discours administratifs et en droit français.

§ 4. LA RECONSTITUTION SOCIALE DU SERVICE PUBLIC : VERS LE SERVICE « AU » PUBLIC

252 **Bibliographie** : Conseil d'État, *Redevances pour service rendu et redevances pour occupation du domaine public*, La Doc. fr., coll. Études du Conseil d'État, 2002 ; J.-A. Mariotti, *Aménagement du territoire, services publics et services au public*, Rapport Conseil économique et social, Journaux officiels, 2005 ; S. Tissot, *L'État et les quartiers. Genèse d'une catégorie de l'action publique*, Seuil, 2007.

B. Jeanneau, « Du service de l'État au service du public », *Projet*, décembre 1989, p. 10 ; Conseil d'État, rapport public pour 1994, « Service public, services publics : déclin ou renouveau ? », *EDCE* 1994, p. 13 ; A. Supiot, « Les virtualités du droit communautaire : l'avenir des métiers de service public », *CJEG* 1994, n° 500, p. 379 ; M. Long, « Service public, services publics, déclin ou renouveau ? », *RFDA* 1995, p. 497 ; J. Hardy, « Le service public en question », *PMP*, vol. 14, n° 3, sept. 1996, p. 45 ; C. Rouvier-Mexis, « Service public ou service rendu au public », *in* R. Kovar et D. Simon, (dir.), *Services publics et Communauté européenne : entre l'intérêt général et le marché*, La Doc. fr., 1998, t. 2, p. 121 ; R. Fraisse, « Les redevances pour service rendu. Tentative de clarification », *Dr. adm.*, juin 2005, p. 12 ; G. Koubi, « La dégénérescence du service public : du service "au" public au service "rendu à la personne" », *Dr. ouvr.*, avril 2008, p. 167 ; A. Levasseur, « La distribution de l'eau dans les villes médiévales : service public ou service au public ? », *Histoire comparée des villes européennes*. Conférence internationale d'histoire urbaine, Lyon, 27-30 août 2008, organisée par l'European Association for Urban History (EAUH).

253 Le service public est un concept fondamental du droit administratif général. Il y justifie la dissociation des espaces public et privé. Ainsi, « s'il était besoin d'un critérium formel pour reconnaître les activités devant servir de support à l'organisation d'un service public, nous dirions qu'il se trouve dans le désordre social produit par la suspension, même pendant un temps très court, de cette activité » (137). Le service public dispose d'une place centrale dans les représentations collectives du lien social et joue un rôle substantiel pour le maintien de la cohésion sociale et territoriale.

Mythe fondateur, le concept de service public a été enrichi par les politiques de solidarité sociale mises en œuvre dès la Libération en 1945. Le développement de l'État-providence a permis de penser les droits sociaux comme des droits « intégrateurs » qui font la texture du lien social. Durant toute la période 1945-1975, l'investissement de l'État dans le champ social apparaît comme l'un des moteurs de la croissance économique. L'application du principe d'égalité des citoyens par l'activité de service public permettait ainsi de faire coïncider les intérêts des plus défavorisés avec ceux de la société civile dans son ensemble (138), sans qu'il soit nécessaire de faire systématiquement de distinction, pour la délivrance de la prestation, entre les plus démunis et les autres, en vertu d'une conscience solidaire de la notion de besoin collectif.

254 Cette évolution explique l'extension du service public. Les progrès de la Société suscitent de nouveaux besoins et la recomposition de leur analyse résulte tant des interventions du législateur que des interprétations des juges. Car le juge administratif évalue de manière très nuancée l'effectivité de la « carence de l'initiative privée » qui garantit la liberté du commerce et de l'industrie, et de manière atténuée, la liberté d'entreprendre (139), de même qu'il admet des accommodements au principe de spécialité des établissements publics pour intégrer dans le cadre des activités de service public des « compléments » estimés ainsi « nécessaires » (140).

D'ailleurs, dans l'enjeu de la lutte contre l'exclusion qui est l'une des priorités de la politique sociale du gouvernement, la notion de service public « au singulier » est particulièrement soutenue, en dépit des propositions relatives à la création de « maisons des services publics », lesquelles ne relèvent que de stratégies d'implantation des activités publiques dans les zones sous-équipées ou défavorisées, comme les zones urbaines sensibles ou les zones rurales.

255 La notion de service public se trouve altérée dès que le rapport entre le champ social et le champ économique est défait. Sa caractérisation est indéniablement fondée sur la constance des relations entre ces deux champs. Les transformations industrielles et économiques du début du XXe siècle avaient permis d'entrevoir l'interdépendance étroite existant entre la solidarité des intérêts économiques et les besoins collectifs. Dans l'analyse économique, où le contenu de la prestation permet son identification, ce n'est pas l'effet solidaire du service public qui est retenu mais son prix et son coût.

(137) L. DUGUIT, *Les transformations du droit public*, La mémoire du droit (rééd. Librairie Armand Colin 1913), p. 51.

(138) P. CHAMBAT, « Crise sur service public et construction étatique », *Management et conjoncture sociale*, 1996, n° 481, p. 14.

(139) CE, 20 nov. 1964, Ville de Nanterre, *Rec.* p. 562, *AJDA* 1964, p. 686, chron., *RDP* 1965, p. 539 ; J.-P. KOVAR, « Où en est la liberté du commerce et de l'industrie ? », *Dr. adm.* 2007, n° 12, ét. 18.

(140) CE, 18 déc. 1959, Delansorme, *Rec.* p. 692, *AJDA* 1960, p. 213, concl. Mayras, *D.* 1960.3.371, note Lesage.

Or, dès l'instant où le contenu de la prestation est détaillé et entendu comme un « service rendu » qui exige une contrepartie de la part d'un usager, la qualité du rapport entre celui-ci et le service est modifiée (A). Le service public perd ainsi de son unité. Son étude globale n'est plus envisageable car la prestation diffère à chaque activité. Cette dimension sous-tend d'ailleurs l'analyse du « service universel ».

256 Mais une autre méthode de définition du service public par la fourniture de la prestation se fait jour par le biais de la notion de service « au » public (141). Cette formulation contourne la problématique personnaliste de l'idée de « service rendu » pour réinsérer les prestations de service dans un cadre général. Cependant, l'interposition de la préposition « au » modifie la perspective. Celle-ci marque, non une appartenance, mais un mouvement vers le public, sans que celui-ci puisse être décomposé suivant des catégories spécifiques de personnes. Il ne s'agit plus d'évoquer en soi le service public mais des services ouverts ou offerts sans que la qualité juridique « publique » soit essentielle (B). D'une certaine manière, son enjeu est plus de contribuer au maintien de la cohésion territoriale que de participer à la préservation du lien social. C'est dans ce cadre que se comprennent les différentes incitations à l'implantation de maisons, relais ou socles de services publics polyvalents.

A. SERVICE PUBLIC ET SERVICE RENDU

257 La notion de « service rendu » s'oppose d'emblée à la dynamique socialisante inhérente à la notion de service public, laquelle renvoie initialement, de manière symbolique, à une idée de gratuité ou de modicité du prix demandé à l'usager pour une prestation de service donné. Le « désintéressement » financier d'un service public exclut en effet de rechercher l'exacte contrepartie du service.

Cette notion ne peut pas être présentée non plus comme l'une des conséquences de la distinction entre service public administratif et service public industriel et commercial. Les premières approches jurisprudentielles des « péages » pour l'usage d'ouvrages publics, tels les ponts, démentent cette filiation. Le juge administratif a en effet eu l'occasion de rappeler que les péages acquittés par les usagers d'un pont « présentent le caractère non de taxes mais de redevances pour service rendu » et que cette redevance est versée à un service public « qui, quel que soit son mode d'exploitation, présente le caractère non d'un service public industriel et commercial mais d'un service public administratif » (142). Il en est de même pour les péages autoroutiers. Les modifications du contexte causées par la privatisation quasi totale du secteur, la soumission aux règles européennes de concurrence et l'assujettissement à la TVA n'ont pas modifié la qualification de service public administratif conférée à la construction et à l'exploitation des autoroutes (143).

(141) Probablement à l'initiative des Canadiens, D. LEBLANC-BANTEY, « Une nouvelle loi de la fonction publique. Le service au public : valeur pour le citoyen, valorisation pour le fonctionnaire », allocution prononcée devant les membres de l'Association des cadres supérieurs du gouvernement du Québec, 26 avr. 1983, cité par R. DUSSAULT, L. BORGEAT, *Traité de droit administratif*, t. II, PU Laval, 1986, p. 226.

(142) CE, 2 oct. 1985, M. JESSOU, *Rec. T.*, p. 544 (à propos du pont de Saint-Nazaire – Saint Brévin situé sur l'estuaire de la Loire).

(143) TC, 20 nov. 2006, Soc. EGTL c. Escota, req. 3569, Soc. Transports Gautier et SAS Transports Merret, req. 3599, *AJDA* 2007, p. 849, note Chahid-Nouraï et Champy.

258 Cependant, en règle générale, la notion de redevance reproduit une conception « marchande » du service public. Elle prend appui sur la nécessité d'ajuster le prix demandé à l'usager en contrepartie de l'usage du service, ou de l'utilisation des équipements liés au service, avec le coût du service imputé sur le budget de la personne publique ou privée qui en a la responsabilité. Il n'existe cependant pas de rapports directs entre service public et service rendu comme pourraient le laisser à penser certaines analyses insistant sur la qualité de « client » attribuée à l'usager du service public (144).

L'idée de « redevance » est pensée essentiellement en termes de « contrepartie d'un service rendu », mais ce service ne s'analyse pas systématiquement comme un service public puisqu'il peut aussi concerner l'utilisation directe d'ouvrages publics ou de biens relevant d'un domaine public sans nécessairement avoir de liens directs avec une activité d'intérêt général (145).

Au-delà de la distinction classique du droit fiscal entre taxe et redevance (146), la notion de « contrepartie » est substantielle en la matière. En règle générale, pour le juge administratif, constitue une redevance pour service rendu, toute somme demandée à des usagers en vue de couvrir les charges d'un service public déterminé, ou les frais d'établissement et d'entretien d'un ouvrage public, et qui trouve sa contrepartie directe dans les prestations fournies par le service ou dans l'utilisation de l'ouvrage. Néanmoins, la jurisprudence administrative a nuancé cette approche initiale en admettant, à l'instar du Conseil constitutionnel (147), la modulation selon des considérations liées à l'intérêt général pour les péages autoroutiers (148), pour les tarifs aéroportuaires (149), parfois même en évoquant la facturation de travaux programmés (150).

259 Une précision s'impose toutefois : la redevance doit correspondre au prix de la prestation fournie, et non être le reflet du coût d'un autre service ou n'avoir aucun rapport avec le service fourni. Dans la mesure où le rapport entre la redevance et le service doit être clairement établi, la redevance pour service rendu suppose l'application d'un

(144) G. Koubi, « La dégénérescence du service public : du service "au" public au service "rendu à la personne" », *Dr. ouvr.*, avr. 2008, p. 167.

(145) R. Fraisse, « Les redevances pour service rendu. Tentative de clarification », *Dr. adm.*, juin 2005, p. 12.

(146) Notamment, l'institution d'une redevance demandée à des usagers en vue de couvrir les charges d'un service public déterminé, qui a sa contrepartie directe dans des prestations fournies par ce service, ne relève pas du domaine de la loi (art. 34 de la Const.). En principe, les prélèvements perçus par voie d'autorité au profit des personnes publiques ou des personnes privées chargées d'une mission de service public, qui n'ont ni le caractère d'une taxe parafiscale, ni celui d'une redevance pour services rendus, constituent des impositions dont seul le législateur fixer les règles.

(147) CC, 12 juill. 1979, n° 79-107 DC, L. relative à certains ouvrages reliant les voies nationales ou départementales, *Rec*, p. 31 : « si la liberté d'aller et venir est un principe de valeur constitutionnelle, celui-ci ne saurait faire obstacle à ce que l'utilisation de certains ouvrages donne lieu au versement d'une redevance ; que, si la L. du 30 juill. 1880 dispose : "Il ne sera plus construit à l'avenir de ponts à péage sur les routes nationales ou départementales", il ne saurait en résulter que le principe de la gratuité de la circulation sur ces voies publiques doive être regardé, au sens du préambule de la Constitution de 1946, repris par celui de la Constitution de 1958, comme un principe fondamental reconnu par les lois de la République ». V. aussi CC, 29 déc. 1983, n° 83-166 DC, L. relative au prix de l'eau en 1984, *Rec*. p. 77.

(148) CE, 28 févr. 1996, Assoc. FO consommateurs, *Rec*. p. 51.

(149) CE, 13 oct. 1999, Air France c. Aéroport de Paris, *Rec*. p. 303.

(150) CE, 30 juill. 2003, Compagnie générale des eaux, Commune de Saint-Paul (Réunion) et Mme Carlier, *Rec. T.*, p. 674.

tarif proportionnel au coût dudit service (151). Un montant manifestement sans rapport avec le service ou intégrant la prise en compte d'éléments extérieurs au service rendu, la situerait, en un certain sens, comme un impôt (152). En conséquence, « les tarifs des services publics à caractère industriel et commercial, qui servent de base à la détermination des redevances demandées aux usagers en vue de couvrir les charges du service, doivent trouver leur contrepartie directe dans le service rendu aux usagers » (153).

Dès lors, pour le calcul du montant des redevances, les différenciations tarifaires doivent trouver leur justification dans la contrepartie directe du service : elles doivent être en rapport avec l'exploitation du service. En effet, la tarification des services rendus, notamment par un service public industriel et commercial, ne saurait, sans porter atteinte au principe d'égalité des usagers du service public, prévoir des tarifs différents selon les catégories d'usagers, sauf si ces différences sont justifiées par des considérations d'intérêt général fondées sur des différences objectives de situation des usagers concernés (154).

260 Le Conseil constitutionnel, dans sa décision du 14 avril 2005 à propos de la loi relative aux aéroports (155), a confirmé cette orientation jurisprudentielle et en a renforcé les arguments. En premier lieu, il a estimé que « la prise en compte, dans la détermination du montant des redevances, de la rémunération des capitaux investis, ainsi que des dépenses, y compris futures, liées à la construction d'infrastructures ou d'installations nouvelles avant leur mise en service, ne retire pas à ces contributions leur caractère de redevances pour service rendu ». En deuxième lieu, il a rappelé que « ne leur retire pas davantage ce caractère la fixation de tarifs différents applicables, pour un même service rendu, aux usagers d'un service ou d'un ouvrage public, lorsqu'il existe entre ces usagers, eu égard à la nature du service ou de l'ouvrage, des différences de situation objectives justifiant une modulation, ou lorsque cette modulation est commandée par une considération d'intérêt général en rapport avec les conditions d'exploitation du service ou de l'ouvrage ». En troisième lieu, il a admis quelques modalités de péréquation interne, en tolérant « une compensation limitée… organisée entre différentes redevances sans que celles-ci perdent leur caractère de redevances pour service rendu, dès lors que les prestations qu'elles rémunèrent concourent à la fourniture du même service global et que leur produit total n'excède pas le coût des prestations servies ». Par cette décision, se dessine un véritable statut constitutionnel des redevances dont le législateur peut fixer les contours, question essentielle dans la perspective des péages d'infrastructure appelés à se généraliser du fait de la séparation de la plupart des monopoles naturels entre gestion de l'infrastructure et prestation de services.

(151) CE, 9 juill. 2003, Union fédérale des consommateurs Que choisir ? de Côte d'Or, *Rec. T.* p. 703 (garantie d'un lien suffisant entre le tarif de la redevance d'assainissement et le coût du service rendu).

(152) CE, 2 nov. 1987, Mansier, *Rec.* p. 341 ; CE ass., 10 juill. 1996, Société Direct Mail Promotion et autres, *Rec.* p. 277 (rémunération de la fourniture de certaines prestations par l'Insee à des particuliers ou à des organismes privés ou publics autres que l'État : « la circonstance que le produit des prestations de l'Insee serait reversé au budget général, en vertu d'ailleurs du principe de non-affectation des recettes…, ne saurait faire regarder cette ressource de l'État comme une imposition, que seule la loi aurait pu instituer »).

(153) CE, 30 sept. 1996, Société stéphanoise des eaux et ville de Saint-Étienne, *Rec.* p. 355.

(154) Par ex. CE, 12 juill. 1995, Commune de Maintenon, *Rec.* p. 305 (tarifs du stationnement dans des parcs situés aux abords de la gare SNCF).

(155) CC, n° 2005-513 DC du 14 avr. 2005 sur la L. relative aux aéroports, *Rec.* p. 67. V. E. FATÔME, « Le régime juridique des biens affectés au service public », *AJDA* 2006, p. 178 ; J.-F. BRISSON, « Le nouveau régime des redevances aéroportuaires », *AJDA* 2005, p. 1996.

261 Enfin, certains services ne peuvent pas s'analyser en termes de « services rendus ». Il en est ainsi de la plupart des services publics administratifs, même si certains d'entre eux réclament le paiement d'un prix constituant une rémunération qui n'est toutefois nullement conçue comme contrepartie du service rendu. C'est aussi le cas des services qui se réalisent par des prestations sociales.

La tendance à penser le service public seulement en termes de « service rendu » renvoie à une vision mercantiliste des rapports institués entre les services publics et l'usager, alors même que la notion de gratuité n'a pas pu être érigée en principe de fonctionnement du service public. Aussi, « réfléchir sur la place que doivent occuper les services publics dans notre société revient à définir le niveau de solidarité que l'on est en droit d'y attendre. La solidarité doit être toujours organisée par les collectivités publiques. Elle peut moins qu'avant être privatisée. La solidarité n'est pas une marchandise. À côté des programmes d'aide ponctuelle aux personnes en grande difficulté, la solidarité doit en effet reposer sur un ensemble de services publics assumés par la collectivité nationale » (156).

B. SERVICE PUBLIC ET SERVICES « AU » PUBLIC

262 Si le droit du service public absorbe une part des services « au » public, en induisant une analyse de l'offre de services, notamment dans le cadre des services publics industriels et commerciaux, il ne le recouvre pas.

Dérivée de l'idée de « service rendu », l'expression « services au public » est non seulement récente mais aussi, la plupart du temps, incidente dans les textes juridiques. Ainsi, outre certaines dispositions insérées dans le Code des marchés publics (157), cette notion a été révélée dans l'espace du droit du service public par la loi n° 2005-157 du 23 février 2005 relative au développement des territoires ruraux ajoutant un paragraphe à l'article L. 121-4 du Code forestier selon lequel : « l'Office national des forêts peut, dans le cadre des missions confiées aux maisons des services au public prévues à l'article 27 de la loi n° 2000-321 du 12 avril 2000 relative aux droits des citoyens dans leurs relations avec les administrations, contribuer, en zone de revitalisation rurale, au maintien de services au public ne relevant pas de ses compétences ». Le décret n° 2001-494 du 6 juin 2001 relatif aux maisons des services publics a été modifié pour préciser ce dont il s'agit, par l'insertion d'une formule évoquant non plus les services publics seuls mais « les services publics ou privés associés », en sus des « services offerts aux usagers » (158).

263 Jusqu'à ces dernières années, l'expression « service au public » n'apparaissait que dans des circulaires administratives concernant l'amélioration de la qualité des services rendus par les administrations et évoquant les rapports entre celles-ci et les administrés ou les usagers, ou bien lorsqu'il s'agissait pour les pouvoirs publics d'affirmer le maintien de certains services dans les zones rurales (159). Dès lors, cette

(156) M. Guénaire, « Le service public au cœur du modèle de développement français », *JCP A* n° 20, 2005, 1209.

(157) Concernant notamment l'exploitation des réseaux et les formes de production, transport ou distribution des produits ou biens.

(158) D. n° 2006-362 du 21 mars 2006.

(159) V. par ex. circ. Premier ministre du 3 mars 2005 relative au service public en milieu rural, *JO* 5 mars 2005, p. 3826. V. aussi, G. Koubi, « Service (s) public (s) en milieu rural », *L'homme, ses territoires, ses cultures, Mélanges Mesnard*, LGDJ, coll. Décentralisation et développement local, 2006, p. 15 ;

expression n'a pas en soi de valeur juridique. Elle relève de discours politiques et administratifs qui, en liaison avec la notion encore indéterminée de « services d'intérêt général dans l'espace européen », influencent la perception du service public proprement dit.

Dans le contexte français, la notion indéfinie de services « au » public ressort plus particulièrement du rapport rendu par J.-A. Mariotti au Conseil économique et social sur le thème *Aménagement du territoire, services publics et services au public* (160). Il propose d'emblée de rénover la notion de service public et de l'ouvrir sur un large espace qui associerait tous les services estimés « d'intérêt général » sans s'attarder sur leur nature juridique. L'objectif est de regrouper sous une même dénomination l'ensemble des services, publics et privés, qui s'avèrent nécessaires aux populations et aux territoires à un moment donné de leur évolution. La notion rassemble alors plusieurs types de services dits généralement « de proximité » dont le spectre va de la boulangerie à l'agence bancaire, du cabinet médical au bureau de poste. Parmi ces services, nombre d'entre eux ne relèvent pas du droit public.

La problématique adoptée revient, en quelque sorte, à présenter la notion de service public comme archaïque et à amorcer une approche utilitariste et consumériste de cette notion centrale du droit administratif français. La démarche s'avère alors pleinement mercatique puisqu'elle entend, notamment dans les zones rurales, construire le service public « à partir des besoins des citoyens et en fonction de l'expression de ces besoins » (161) sans retenir la qualité publique ou privée des intervenants.

264 La réflexion ainsi engagée est d'une importance certaine quant aux modalités d'implantation territoriale des services publics nationaux – du moins en tant qu'ils subsistent comme tels. Elle confirme les liens existant entre services publics et territoires et appuie les politiques publiques (162) sur quatre principes : l'efficience ; l'amélioration de la qualité par l'obtention d'une taille critique ; l'adaptation de l'offre aux attentes des citoyens ; la compétitivité et l'attractivité des territoires.

L'aménagement et le développement du territoire ne peuvent se penser sans services publics. Mais les territoires pris en considération ne sont pas nécessairement calqués sur les divisions administratives déconcentrées ou décentralisées. Les territorialisations terminologiques ne sont pas sans effet sur cette dynamique. Les notions de quartiers, de zones de revitalisation ou de desserte, de bassins, ainsi que les qualifications données à différentes zones, urbaines ou rurales, voire sensibles, instituent le plus souvent les périmètres retenus comme pertinents pour évoquer la création ou la suppression de ces implantations. Ces espaces sont aussi mobilisés pour envisager les interventions des collectivités territoriales, chacune dans sa sphère de compétences et de responsabilités (163).

V. aussi l'accord national signé le 28 sept. 2010 entre le gouvernement et neuf grands opérateurs de service (La Poste, EDF, SNCF, GDF Suez, Pôle emploi, L'assurance-maladie, la CNAF, la MSA et la CNAV), visant à développer une offre élargie de services et à multiplier des points d'accueils communs du public dans les zones rurales.

(160) J.-A. Mariotti, *Aménagement du territoire, services publics et services au public*, Rapport, Conseil économique et social, Journaux officiels, 2005.

(161) *Ibid.*

(162) V. par ex. le communiqué du Conseil des ministres du 5 janv. 2011.

(163) V. J.-A. Mariotti, *op. cit.*

265 En dépit des critiques formulées à l'égard de la notion de service public, ces approches confirment la liaison permanente entre la notion et la volonté politique, entre la qualification du service et l'orientation idéologique des gouvernants, au niveau national comme au niveau local. Elles ne modifient en rien la caractérisation juridique du service public : dans le champ du droit, quel que soit le « service au public » pris en considération, il sera toujours nécessaire d'examiner l'existence ou la non-existence des trois indices soulignés : l'objet du service, son mode de financement, les modalités de son fonctionnement.

De plus, quant à son indispensable fondement, la notion d'intérêt général (ou d'intérêt local au niveau des collectivités territoriales), elle ne s'apprécie pas exclusivement par rapport aux besoins ou aux demandes des citoyens mais bien en fonction des décisions d'intervention prises par les personnes publiques dans un processus de décision politique.

266 En conclusion, d'une part, le service public n'est pas le service *au* public et d'autre part, les services publics ne constituent pas *le* service public. Le *droit du service public* n'est ni la source ni une conséquence d'un droit des services publics ou d'un droit des services « au » public qui n'existe pas.

En fait, le droit « des » services publics, né d'un approfondissement de la distinction entre service public administratif et service public industriel ou commercial, est maintenant le produit d'une relecture du droit du service public à travers le prisme du marché et dans la logique du droit européen. L'attention portée aux notions « d'obligation de service public » et à celle de « service universel », issues du vocabulaire européen, devrait limiter les confusions auxquelles ces analyses peuvent parfois conduire.

SECTION II LA NOTION DE SERVICE PUBLIC AU PRISME DU DROIT EUROPÉEN

267 C'est désormais à partir des notions de « service d'intérêt général » et de « service d'intérêt économique général », cette dernière ayant été inscrite dans le traité de Rome et réitérée à chacune des modifications que ce traité a subies depuis sa signature en 1957, que peuvent être analysées certaines des évolutions du service public.

268 Les problématiques relatives à la création ou la suppression de services publics par l'État du fait du droit européen ne permettent pas de rendre compte de la mutation des approches relatives à la notion de service public en droit administratif français. En effet, l'insertion du droit européen en droit interne est d'abord le fruit de réflexions politiques et juridiques qui ont accompagné la construction de l'Union européenne dès l'Acte unique de 1986, et surtout depuis le traité de Maastricht de 1992 (§ 1). En découlent certaines subtilités quant aux liens qui s'instituent entre la notion de service public, telle qu'elle est traditionnellement retenue en droit administratif français, et les notions de service d'intérêt général et de service économique d'intérêt général (§ 2). De ce fait, la question du service universel a pu en être affectée (§ 3).

§ 1. LA CONSTRUCTION EUROPÉENNE ET LE SERVICE PUBLIC

269 **Bibliographie** : P. Bauby et J.-C. Boual (dir.), *Les services publics au défi de l'Europe*, Les éditions ouvrières, coll. Portes ouvertes, 1993 ; J. Oudin, *L'Europe et les services publics,* Rapport au nom de la délégation du Sénat pour les Communautés européennes, *Doc. Sénat,* n° 6, 1993-1994 ; C. Stoffaës, (dir.), *L'Europe à l'épreuve de l'intérêt général*, ASPE Europe, 1995 ; L. Grard, J. Vandamme et F. van der Mensbrugghe (dir.), *Vers un service public européen*, ASPE, 1996 ; F. Rachline, *Services publics et économie de marché*, Presses FNSP, coll. La bibliothèque du citoyen, 1996 ; C. Stoffaës (dir.), *Services publics comparés en Europe : exception française, exigence européenne*, Rapports de séminaires de l'ENA, La Doc. Fr., 1997 ; R. Kovar, D. Simon, (dir.), *Service public et Communauté européenne : entre l'intérêt général et le marché* (2 tomes), La Doc. fr., 1998 ; M. Nicolas, S. Rodrigues (dir.), *Dictionnaire économique et juridique des services publics en Europe*, SPE, coll. ISUPE, 1998 ; A. Lyon-Caen, V. Champeil-Desplats (dir.), *Services publics et droits fondamentaux dans la construction européenne*, Dalloz, coll. Thèmes et commentaires, 2001 ; J.-V. Louis, S. Rodrigues (dir.), *Les services d'intérêt économique général et l'Union européenne*, Bruylant, 2006 ; Martinez-Horda, Service public et droit communautaire : les mutations européennes de la notion française, th. Montpellier-I, 2007.

N. Belloubet-Frier, « Service public et droit communautaire », *AJDA* 1994, p. 270 ; Dossier : « Le service public et la construction communautaire », *RFDA* 1995, p. 291 et s. ; M. Bazex, « L'appréhension des services publics par le droit communautaire », *RFDA* 1995, p. 295 ; R. le Mestre, « Le régime juridique du service public en droit communautaire », *LPA*, 2 août 1995, p. 92 ; J.-M. Belorgey, « Service public et droit communautaire », *AJDA* 1996 n° spéc., p. 35 ; S. Rodrigues, « Comment intégrer les principes du service public dans le droit positif communautaire », *RFDA* 1995, p. 335 ; A. Supiot, « Les virtualités du droit communautaire : l'avenir des métiers de services publics », *CJEG* 1995, n° 500, p. 379 ; J.-M. Belorgey, « Service public et droit communautaire », *AJDA* 1996, n° spécial : *Droit administratif et droit communautaire*, p. 35 ; F. Mallol, « Divorce à l'européenne ? ou l'épineuse question des services publics », *JCP* 1996, I, 3963 ; E. Delacour, « Service public et construction européenne : la "guerre des droits" n'aura pas lieu », *LPA* 1997, n° 114, p. 4 ; C. London, « Le service public dans la tourmente », *LPA* 1998, n° 58, p. 16 ; S. Rodrigues, « Services publics et droit communautaire en 2001 : de la régulation à l'évaluation ? », *Europe*, n° 2, 2002, p. 5 ; P. Cassia, « Service public français et droit communautaire », *LPA* 2002 n° 133, p. 4 ; J.-C. Boual, « Europe et service public », *Regards croisés sur l'économie*, 2007/2, n° 2, p. 66 ; L. Dubouis, « Le service public et le traité établissant une constitution pour l'Europe », *Mél. Louis Favoreu*, Dalloz, 2007, p. 1219 ; L. Dubouis, « Service public et droit de l'Union européenne : un perpétuel débat », *Mél. Daniel Labetoulle*, Dalloz, 2007, p. 293 ; M. Karpenschif, « Vers une définition communautaire du service public ? », *RFDA* 2008 p. 58 ; F. Chaltiel, « Les apports du traité de Lisbonne au service public », *AJDA* 2008, p. 1575 ; L. Grard, « Sécuriser le service public avec Lisbonne », *Politeia* 2008, p. 583 ; Y. Pupat, « "Services publics" et "services d'intérêt général". Un processus de traduction dans la configuration européenne et ses effets sur le débat national », *Politique européenne* 2010/3, n° 32, p. 151 ; A. Desingly, « Les services d'intérêt général : une notion plurielle », *AJCT* 2010, p. 56 ; S. Rodrigues, « Les services d'intérêt (économique) général et le traité de Lisbonne. Ou comment assumer pour l'Union européenne et les États membres une responsabilité commune à l'égard des consommateurs », *Revue européenne de droit de la consommation* 2010, p. 679.

270 En matière de service public, les effets de la construction européenne ont été marqués par une opposition entre deux catégories de traditions juridiques qui répondent à deux constructions historiques des systèmes de droit : les systèmes de droit latin et les systèmes de *Common law*. Dans certains États européens, la notion de service public constitue un critère essentiel des activités des pouvoirs publics et de leurs interventions dans le domaine économique et social ; dans d'autres, la notion de service public, bien qu'admise dans l'ordre des discours, ne produit pas d'effets

juridiques notables. Les États estimés « à concept de service public fort » sont des États de tradition juridique latine, comme la France, l'Italie et l'Espagne, les autres sont dits « à concept de service public moins affirmés » relevant de traditions juridique anglo-saxonne pour la plupart, comme la Grande Bretagne, les Pays Bas, et l'Allemagne (164).

Cette confrontation ne se traduit pas, au plan du droit européen, par l'énoncé de compromis économiques et sociaux, car l'objectif des institutions communautaires européennes est de construire un espace de libre-échange économique, un marché européen dont les principaux modes de régulation sont ceux de la libre concurrence. La France, étant de ces États à « concept de service public fort », confronte de plus en plus souvent ses activités de service public aux politiques mises en œuvre au niveau européen.

271 Sans avoir à retracer les étapes de la construction de l'Union européenne, une constante a pu être relevée dans les études menées sur le rapport entre la notion de service public et la construction européenne. Elle concerne essentiellement les activités relevant de la catégorie de service public industriel et commercial.

Durant les années 1990, ce rapport se focalise autour de la notion d'intérêt général telle qu'elle s'établit à partir des formules de l'article 106 TFUE (ancien art. 86 CE) selon lequel « les entreprises chargées de la gestion de *services d'intérêt économique général* ou présentant le caractère d'un monopole fiscal sont soumises aux règles du présent traité, notamment aux règles de concurrence, dans les limites où l'application de ces règles ne fait pas échec à l'accomplissement en droit ou en fait de la mission particulière qui leur a été impartie ». Une première application de ce texte a été réalisée dans l'affaire *Port de Mertert* (165), à propos de laquelle l'Avocat général déclarait « la notion de service d'intérêt économique général est extrêmement large et c'est pour cette raison, semble-t-il, que les auteurs du traité l'ont préférée à la notion, plus traditionnelle pour certains droits nationaux, mais probablement plus étroite, de service public économique, ou de service public à caractère industriel et commercial ».

272 La notion de service public industriel et commercial n'était donc pas le pivot autour duquel se construisait la notion de service public en droit français suivant les lectures du droit européen. Cette notion a pourtant été la première saisie par l'institution de la Communauté économique européenne, bien que la plupart des discours, aussi bien de défense que de contestation du concept de service public, aient contribué à accentuer la confusion entre ces deux notions. Alors que le concept générique de service public paraît relever d'une logique foncièrement antinomique de celle du libéralisme traditionnel (166), la notion de service public industriel et commercial a toujours répondu à cette perception économique, puisque

(164) Centre européen des entreprises à participation publique (CEPP), *Europe, concurrence et service public*, Masson/Armand Colin, 1995, rapport de synthèse p. 12 et s.

(165) CJCE, 14 juill. 1971, ministère public luxembourgeois c. Müller, aff. 10/71 « Port de Mertert », *Rec.* p. 723.

(166) P. Bauby et J.-C. Boual, « Quels services publics demain en France, en Europe ? », P. Bauby et J.-C. Boual (dir.), *Les services publics au défi de l'Europe*, Les éditions ouvrières, coll. Portes ouvertes, 1993, p. 11.

la création d'un tel service exigeait de constater au préalable la carence ou la défaillance de l'initiative privée (167).

La question de la construction européenne n'avait donc pas à être posée par rapport au concept de service public mais seulement par rapport aux interventions des autorités publiques dans le champ économique, en ce qu'elles pouvaient porter atteinte au principe de la liberté du commerce et de l'industrie et, par là, au principe de la libre concurrence. Reste que c'est la notion même de « service » qui connaît une interprétation extensive, car toute prestation de service, quelles que soient sa qualité et sa substance, est peu à peu considérée comme un objet de commerce et relève tendanciellement du champ des échanges commerciaux.

273 Les effets de la construction européenne sur la conception du service public en France ont été particulièrement ressentis par les services en réseaux. Ce sont ainsi les modes de transport des biens et de distribution de la prestation qui font l'objet d'une attention particulière de la part des instances européennes. La notion de service public se trouve décomposée suivant ces données : ont été particulièrement visés les services publics compris comme des « services rendus au public », les activités de service dans les secteurs des transports ferroviaires, de la distribution du courrier, des télécommunications, de l'électricité et du gaz.

La fin de l'État-providence aidant, les fondements essentiels des services publics ont ainsi été remis en cause. Dès les années 1980, alors que le débat sur la décentralisation portait ses fruits et avant même que ne soit institué l'Acte unique européen de 1986, diverses réflexions sur l'efficacité et la productivité des services publics avaient pu être émises, suscitant des interrogations sur les modes d'intervention des personnes publiques dans le domaine économique et leur influence sur le *marché*. Ces études, menées tant au plan européen que dans les institutions nationales, ont ainsi relevé nombre de dysfonctionnements dans les services publics. Elles ont préparé la critique des modes de financement des « grands services publics », mené à la remise en cause des statuts des personnels, incité à l'ajustement des rapports avec les usagers et soulevé l'antinomie existant entre ces formes d'activités et les objectifs du libre-échange et du marché commun.

La perspective de l'unification européenne, dès le début des années 1990 a modifié les données. Alors que la mise en œuvre du marché unique était le principal objectif de la Communauté économique européenne, que la stratégie des institutions européennes était exclusivement fondée sur la libre concurrence et la conduite des affaires économiques, de nouvelles perspectives furent définies tendant à la construction d'un ensemble supranational fondé sur un intérêt général communautaire (168). L'article 90 du traité CE (devenu art. 106 TFUE) rendait compte de cette logique qui fit des services

(167) CE, 4 janv. 1935, De Lara ; CE, 18 janv. 1935, Chouard ; CE, 22 nov. 1935, Didier ; *S.* 1936 III, p. 1, concl. Rivet, note Bonnard ; ce qui n'est plus le cas depuis CE ass., 31 mai 2006, Ordre des avocats au barreau de Paris, req. 275531, *Rec.* p. 272 ; *JCP A* 2006, n° 1133, note Linditch ; *AJDA* 2006, p. 1592, chron. ; et CE, 3 mars 2010, Département de la Corrèze, req. 306911, *JCP A* 2010, 2203, note Idoux ; *CMP* 2010, n° 146, note Eckert ; *AJDA* 2010, p. 957, concl. Boulouis ; *RDSS* 2010, p. 341, note Koubi et Guglielmi.

(168) CJCE, 7 févr. 1973, aff. 39/72, Commission c. Italie, *Rec.* p. 101 ; 14 juill. 1976, aff. 3/76, Kramer, *Rec.* p. 1279. V. aussi C.-F. DURAND, « Service public européen et politique industrielle ou la promotion de l'intérêt général et du service des citoyens », *RMCUE* mars 1996, p. 211 ; E. HONORAT, « La notion d'intérêt général dans la jurisprudence de la Cour de justice des Communautés européennes », *EDCE* 1999, n° 50, p. 387.

publics les principaux suspects d'une entrave au marché unique, au prix d'une remarquable contradiction interne : « Le premier alinéa soumet les services publics aux règles générales de la concurrence. Le second prévoit des limites explicites à leur application et donne une existence juridique en droit européen à l'intérêt général. Le troisième attribue à la Commission le pouvoir exorbitant de faire appliquer directement ces dispositions, sans passer par une décision du Conseil des ministres » (169).

274 Cette mise en situation de la notion de service public par rapport aux politiques publiques de l'Union européenne ne doit pas, cependant, masquer le fait qu'au plan interne, selon l'article L. 410-1 du Code de commerce issu de l'ordonnance du 1er décembre 1986, « les règles définies au présent livre s'appliquent à toutes les activités de production, de distribution et de services, y compris celles qui sont le fait de personnes publiques, notamment dans le cadre de conventions de délégation de service public ». Le droit de la concurrence était ainsi applicable aux activités de service public engagées par les personnes publiques sans qu'il soit nécessairement besoin d'en référer au droit européen, ainsi que la jurisprudence relative à l'ordonnance de 1986 en prit la mesure (170).

275 Ces politiques visaient surtout à stimuler la concurrence sous le prétexte discutable de « mettre à la disposition du consommateur un choix élargi de services de plus grande qualité à des prix moindres » ainsi que nombre de discours européens le prétendaient. Dans cette perspective furent alors soulevées deux séries de questions. L'une était relative au rapport qu'entretenaient les deux notions de service public et de service d'intérêt économique général, l'autre concernait l'un des segments des obligations de service public imposées aux opérateurs : la notion de service universel.

Si, à cette occasion, deux arrêts emblématiques de la Cour de justice des Communautés européennes ont pris en compte les contraintes de service public [*Corbeau* (171), *Commune d'Almelo* (172)], force est de constater qu'ils ne reprennent pas ces termes mêmes mais ceux d'intérêt économique général, de droits exclusifs et spéciaux, voire de pouvoirs adjudicateurs. En bref, ils ne construisent pas une notion juridique distincte mais se contentent de régler la situation juridique d'un service public déterminé par les choix d'un État membre, en lui appliquant les concepts propres au droit européen (173). Il est donc nécessaire, pour apprécier le traitement réservé par le droit européen à la notion de service public, de confronter cette dernière alternativement au concept de service d'intérêt économique général, le plus ancien, et à celui de service d'intérêt général, dont le développement est plus récent.

(169) P. Bauby et J.-C. Boual, « Quels services publics demain en France, en Europe ? », P. Bauby, J.-C. Boual (dir.), *Les services publics au défi de l'Europe*, *op. cit.* p. 24.

(170) CE, 8 nov. 1996, Fédération française des sociétés d'assurance, *Rec.* p. 441, *AJDA* 1997, p. 142, chron. ; *CJEG* 1997, p. 232, concl. Bonichot ; CE, 17 déc. 1997, Ordre des Avocats à la cour d'appel de Paris, *Rec.* p. 491 ; *AJDA*, 1998, p. 362, concl. Combrexelle, note Nouel ; TC, 19 janv. 1998, Préfet de la région Île de France, préfet de Paris c. Trib. de commerce de Paris, (Union française de l'Express et autres c. La Poste et autres), *RFDA* 1999, p. 189, note Seiller ; *AJDA* 1998, p. 530, *D.* 1998, p. 329, concl. Arrighi de Casanova.

(171) CJCE, 19 mai 1993, Corbeau, aff. C-320/91, *Rec. CJCE*, I-2533.

(172) CJCE, 27 avr. 1994, Commune d'Almelo et autres c. Energiebedrijf Ijsselmij, aff. C-393/92, dite « Almelo », *Rec.* 1477.

(173) D. Simon, « Les mutations des services publics du fait des contraintes du droit communautaire », R. Kovar, D. Simon (dir.), *Service public et Communauté européenne : entre l'intérêt général et le marché* (t. 2), La Doc. fr., 1998, p. 65.

§ 2. SERVICE PUBLIC, SERVICE D'INTÉRÊT GÉNÉRAL, SERVICE D'INTÉRÊT ÉCONOMIQUE GÉNÉRAL, SERVICES SOCIAUX D'INTÉRÊT GÉNÉRAL

276 **Bibliographie :** M. Dony et A. de Walsche (dir.), *Les services publics et l'Europe : entre concurrence et droits des usagers*, Université Libre de Bruxelles, 1997 ; F. Moderne, G. Marcou (dir.), *L'idée de service public dans le droit des États de l'Union européenne*, L'Harmattan, coll. Logiques juridiques, 2001 ; *Les services d'intérêt général en Europe*, Sénat, Rapport d'information n° 82 (2000-2001) de M. H. Haenel, 2000 ; Commission européenne, *Communication sur les services économiques d'intérêt général*, COM (2000) 580, 20 sept. 2000 ; G. Fuchs, *Les services d'intérêt général, un pilier de la citoyenneté européenne*, Paris, Doc. info. Ass. nat, 2001 ; Commission européenne, *Étude sur les SIEG auprès des citoyens des 15 pays de l'Union européenne*, 2002, http://ec.europa.eu/public_opinion/quali/ql_sig_2002_fr.pdf ; *Livre vert sur les services d'intérêt général*, COM (2003) 270 final, 21 mai 2003 ; J. Vandamme et S. Rodrigues (dir.), *L'accès aux services d'intérêt économique général*, Aspe, coll. ISUPE, 2003 ; A. Buat, *Les services d'intérêt économique général*, Rapport CCIP, Réactions au Livre vert de la Commission européenne, 2003 ; *Livre blanc sur les services d'intérêt général*, COM (2004) 374 final, 12 mai 2004 ; *Le livre blanc sur les services d'intérêt général*, Sénat, Rapport d'information n° 257 (2004-2005) de Mme C. Tasca, 2005 ; J.-V. Louis et S. Rodrigues (dir.), *Les services d'intérêt économique général et l'Union européenne*, Bruylant, 2006 ; CELSIG, *Promouvoir les SIG pour tous : Quel cadre légal européen ?*, Séminaire européen, 14-15 nov. 2006, Comité des Régions, Bruxelles, http://www.celsig.org/documents/docsCELSIG/Celsig_Semnov06r.pdf ; *Mettre en œuvre le programme communautaire de Lisbonne : Les services sociaux d'intérêt général dans l'Union européenne*, COM (2006) 177, 26 avril 2006 ; CES du Luxembourg, *Analyse des implications du traité de Lisbonne sur les Services d'intérêt général et propositions de mise en œuvre*, mars 2008 ; Conseil économique et social, Rapport et avis, *Quel cadre juridique européen pour les services sociaux d'intérêt général ?*, avril 2008 ; M. Thierry, *Rapport de mission relative à la prise en compte des spécificités des services d'intérêt général dans la transposition de la directive « services » et l'application du droit communautaire des aides d'État*, IGAS/IGA/IGF, janvier 2009 ; Rapport d'information, commission des affaires européennes Ass. nat., n° 1574, *Les services sociaux d'intérêt général*, avril 2009.

R. Kovar, « La Cour de justice et les entreprises chargées de la gestion d'un service d'intérêt économique général », *Europe*, juillet 1994, p. 3 ; J.-L. Lesquins, « Les services d'intérêt économique général », *Rev. conc. consomm.* (Droit et marchés) n° 90, mars-avril 1996, p. 4 ; M. Bazex, « L'impact du droit communautaire sur l'évolution du service public "à la française" », *Actes du Colloque « Léon Duguit aujourd'hui »*, PU Galatasaray, Istamboul, 1998, p. 141 et s. ; S. Desselas et S. Rodrigues, « Marché unique et services publics : la Cour de justice poursuit sa quête de l'équilibre », *LPA*, 16 février 1998 n° 20, p. 9 ; V. Champeil-Desplats, « Service d'intérêt économique général, valeurs communes, cohésion sociale et territoriale », *AJDA* 1999, p. 959 ; A. Schaub, « Libéralisation et respect de l'intérêt général », *EDCE* n° 50, 1999, p. 409 ; J.-P. Keppenne, « Les aides des collectivités territoriales aux entreprises gestionnaires de services d'intérêt général face au droit communautaire : synthèse et développements récents », *RCDSP* 2000, n° 11, p. 11 ; M. Tourbe, « Service d'intérêt économique général et Public Utilities : quelques similitudes entre les expériences européenne et américaine », *L'Europe et la mondialisation, Cahiers du CICC*, Soleb éd., 2005, p. 136 ; F. Chaltiel, « Les services d'intérêt économique général : développements récents », *LPA* 2005, n° 132, p. 4 ; S. Rodrigues, « Les qualifications concurrentes des activités d'intérêt général en droit communautaire », *AJDA* 2006, p. 84 ; C. Blumann, « Quelques variations sur le thème du service public en droit de l'Union européenne », *in Mél. Jean-François Lachaume*, Dalloz, 2007, p. 45 ; P. Thieffry, « Les services sociaux d'intérêt général sont-ils des entreprises ? », *AJDA* 2007, p. 1331 ; M. Laudijois, « Les services sociaux d'intérêt général et la construction de l'"Europe sociale" », *RDSS* 2007, p. 1005 ; L. Driguez, S. Rodrigues, « Services sociaux d'intérêt général et droit communautaire. Entre spécificité et banalisation », *AJDA* 2008, p. 191 ; A. Desingly, « Les services d'intérêt général : une notion plurielle », *AJCT* 2010, p. 56 ; J.-D. Dreyfus, « Services sociaux d'intérêt général et marchés publics », *AJCT* 2010, p. 62 ; C. Saleres, K. Metayer, « La directive Services : une approche française restrictive à l'égard des services sociaux », *AJCT* 2010, p. 65 ; E. Sabatakakis, « De nouvelles voies pour l'Europe sociale – Réflexions autour des services sociaux d'intérêt général », *RMCUE* 2010, p. 197 ; L. CYTERMAN, « Les collectivités territoriales face au droit de l'Union européenne visant les services sociaux », *RDSS* 2010, p. 1024.

277 Dès le début des années 2000, c'était plus à propos de la notion d'intérêt général qu'en fonction du droit de la concurrence qu'il apparaissait nécessaire d'aborder la relation qu'entretient la notion de service public avec les développements du droit européen (174). La notion d'intérêt général est nécessairement évolutive. Elle varie dans le temps, en fonction du développement économique, des progrès technologiques, de l'évolution des mentalités et des comportements sociaux.

Ces qualités de mobilité permettent de rechercher en permanence des conciliations entre la dynamique intrinsèque de la notion de service public en France, telle qu'elle a été élaborée par la doctrine et la jurisprudence, et la politique de libéralisation suivie par les instances européennes dans le domaine des « services d'intérêt économique général » (A) et des « services d'intérêt général » (B).

A. SERVICE PUBLIC ET SERVICES D'INTÉRÊT ÉCONOMIQUE GÉNÉRAL (SIEG)

278 La Commission européenne, dans une communication du 11 septembre 1996 avait donné une définition des SIEG en établissant que ces services « remplissent des missions d'intérêt général et sont soumis de ce fait par les États membres à des obligations de service public » (175). Les personnes qui font appel aux SIEG ou en bénéficient, qu'elles soient des particuliers, des ménages ou des entreprises, sont considérées d'abord et surtout comme des consommateurs. L'objectif est de leur assurer la sécurité d'approvisionnement, l'accessibilité à des services dits essentiels dans le cadre de la solidarité sociale comme la Poste, l'énergie, les transports, les télécommunications – l'eau n'a pas encore été classée dans ce cadre – grâce au respect de la libre concurrence entre les prestataires de service.

L'idée centrale était alors que « la concurrence est bénéfique quand elle introduit des produits nouveaux utiles, élargit des marchés, abaisse les coûts de production, remplace des producteurs moins efficaces par des producteurs plus efficaces. Mais la concurrence peut être dommageable lorsque les perspectives de diversification des produits et de sélection des producteurs sont insuffisantes. Elle a alors pour effet de multiplier les coûts fixes et d'abaisser les rendements, si ceux-ci sont croissants » (176). La visée était d'ordre économique, elle ne comportait pas réellement de dimension sociale apte à réaliser une meilleure répartition des ressources économiques, une meilleure redistribution des services sur le territoire et une efficacité sociale accrue dans la fourniture des services.

(174) V. cependant, S. RODRIGUES, « Concurrence et service d'intérêt général dans l'Union européenne », *LPA*, 1994, n° 83, p. 49 ; D. TRIANTAFYLLOU, « Service public et concurrence – déclin ou maintien des monopoles », *ERPL/REDP*, vol. 7, n° 4, 1995, p. 1025 ; M. BOITEUX, « Concurrence, régulation, service public – variations autour du cas de l'électricité », *Futuribles* 1996 (janv.), p. 39 ; Concurrence et service public, *Sciences de la société* n° 42, oct. 1997, p. 9 ; J. CAILLOSSE, « Le droit administratif français saisi par la concurrence ? », *AJDA* 2000, p. 99.

(175) Comm. n° 96/C 281/03 du 11 sept. 1996 concernant les services d'intérêt général en Europe, *JOCE*, 26 sept. 1996, n° C 281 ; D. SIMON, F. LAGONDET, « La communication de la Commission sur les services d'intérêt général en Europe : Continuité ou rupture ? », *Europe* janv. 1997, p. 4.

(176) C. HENRY, *Concurrence et services publics dans l'Union européenne*, PUF, coll. Économie, 1997, p. 182.

a) La conquête d'un statut dans les textes fondamentaux de l'Union

279 Issu du traité d'Amsterdam (16 et 17 juin 1996), l'article 14 TFUE a consacré les SIEG en précisant que « eu égard à la place qu'occupent les services d'intérêt économique général parmi les valeurs communes de l'Union ainsi qu'au rôle qu'ils jouent dans la promotion de la cohésion sociale et territoriale de l'Union, l'Union et ses États membres, chacun dans les limites de leurs compétences respectives et dans les limites du champ d'application des traités, veillent à ce que ces services fonctionnent sur la base des principes et dans des conditions qui leur permettent d'accomplir leurs missions ».

Cette disposition importante pour la reconnaissance d'un futur « service public européen » s'entend « sans préjudice des articles 93, 106 et 107 » et notamment ne modifie pas la portée de l'article 106 TFUE, qui reconnaît implicitement le droit aux États membres à imposer des obligations spécifiques de service public aux opérateurs économiques. Ce dernier établit un principe fondamental qui garantit la fourniture et le développement des SIEG dans le marché intérieur. Les fournisseurs de services d'intérêt général sont exemptés de l'application des règles du traité lorsque cette exemption est strictement nécessaire pour leur permettre de remplir leur mission d'intérêt général. Par conséquent, en cas de conflit, l'accomplissement d'une mission de service public peut effectivement prévaloir sur l'application des règles européennes, y compris les règles relatives au marché intérieur et à la concurrence. La déclaration annexée à l'Acte final du traité d'Amsterdam soulignait que les dispositions de l'article 14 « relatives aux services publics sont mises en œuvre dans le plein respect de la jurisprudence de la Cour de justice en ce qui concerne, entre autres, les principes d'égalité de traitement, ainsi que de qualité et de continuité de ces services » (177).

La Commission a adopté en septembre 2000 une seconde communication (178) par laquelle elle prenait acte de nouveaux principes du traité, affirme que les services non économiques, tels la santé et l'éducation, n'ont pas à être soumis à la concurrence, et que les services publics locaux n'en relèvent pas non plus s'ils n'affectent pas les échanges entre États membres. Dans le même texte, elle entendait simultanément accroître la libéralisation des autres prestations : « Les États membres disposent de plusieurs possibilités pour assurer la prestation des services d'intérêt général, qui vont d'une ouverture du marché à la concurrence en passant par l'imposition d'obligations de service public, jusqu'à l'octroi de droits spéciaux ou exclusifs à un seul opérateur… avec ou sans mécanismes de financement ».

280 Le projet de traité portant Constitution pour l'Europe prévoyait de renforcer la reconnaissance accordée aux services d'intérêt général par les textes fondamentaux de l'Union. Entré en vigueur le 1er décembre 2009, et presque intégralement issu de ce projet, le traité de Lisbonne a effectivement modifié le statut des services d'intérêt général, à un double titre.

En premier lieu, il a donné pleine valeur à la Charte des droits fondamentaux de l'Union européenne, proclamée au Conseil européen de Nice le 7 décembre 2000, dont

(177) *JOCE* n° C340/1, 10 nov. 1997.
(178) COM (2000) 580, 20 sept. 2000.

l'article 36 dispose que l'Union reconnaît et respecte l'accès aux services d'intérêt économique général pour promouvoir sa cohésion sociale et territoriale. Les SIEG sont désormais définis d'abord en tant que valeur commune de l'Union et plus seulement comme exception à la concurrence, qu'ils demeurent néanmoins. Ils ont aussi introduit au passage la notion de cohésion sociale et territoriale dans les traités fondamentaux.

Mais le traité de Lisbonne a également modifié le statut normatif des services d'intérêt général. Non seulement, en effet, le Protocole 9 annexé au traité consacre la place des services d'intérêt général, économiques ou non, parmi les valeurs communes de l'Union, mais l'article 14 TFUE ajoute aux dispositions introduites par le traité d'Amsterdam une référence à l'adoption d'un cadre communautaire pour les services d'intérêt économiques général. En indiquant, en son troisième alinéa, que « Le Parlement européen et le Conseil, statuant par voie de règlements, conformément à la procédure législative ordinaire, établissent ces principes et fixent ces conditions, sans préjudice de la compétence qu'ont les États membres, dans le respect des traités de fournir, de faire exécuter et de financer ces services », l'article 14 TFUE aurait dû reléguer la Commission, ainsi que la Cour de justice, au rang d'exécutant de normes, générales ou sectorielles, adoptées par le législateur européen. La Commission a cependant très rapidement estimé que l'adoption d'une directive-cadre, pourtant demandée depuis longtemps par nombre d'acteurs européens, était inopportune (179).

À cette étape de l'évolution, il est désormais acquis que toute autorité publique d'un État membre, responsable de la définition et de la fourniture d'un service, peut fonder un SIEG en définissant dans un acte juridique clair les obligations de service public auxquelles seront soumis les opérateurs. Le choix de ces opérateurs, ou d'un seul, appartient à la personne publique responsable, dans le respect des règles du traité et du droit dérivé qui pourraient s'appliquer à ce choix. Les compensations que peut percevoir un opérateur pour des obligations de service public doivent être proportionnées en compensant strictement des surcoûts calculés de façon transparente. Les opérateurs doivent aussi tenir une comptabilité transparente par activités, de façon à éviter que les profits ou compensations relatives à une activité de service public ne financent une autre activité marchande soumise pleinement au droit de la concurrence.

b) La construction d'un régime jurisprudentiel

281 Presque vingt ans après la première application positive du paragraphe 2 de l'article 106 TFUE dans l'affaire du *Port de Mertert*, la Cour de justice a défini les conditions autorisant les entreprises chargées de la gestion d'un SIEG à bénéficier de l'application de ce texte. Elle a posé que : « il appartient, dans chaque cas d'espèce, aux autorités administratives ou juridictionnelles nationales compétentes, de vérifier si l'entreprise [...] a été effectivement chargée du SIEG par un acte de la puissance publique » ; et que « les autorités nationales chargées de l'approbation des tarifs, aussi bien que les juridictions saisies de litiges y relatifs, puissent déterminer quelle est la nature exacte des nécessités en cause et quelle en est la répercussion sur la structure des tarifs » (180).

(179) Commission européenne, *Les services d'intérêt général, y compris les services sociaux d'intérêt général : un nouvel engagement européen*, COM (2007) 725 final.

(180) CJCE, 11 avr. 1989, Ahmed Saeed Flugreisen, aff. 66/86 dite « Silver Line », *Rec.* p. I-838.

Mais une fois remplies ces conditions, l'article 106 § 2 TFUE permet de déroger à l'ensemble des règles générales du traité (181), qu'elles concernent la concurrence, la libre circulation (182) ou les aides publiques (183). La Cour de justice elle-même déduit de cet article que les entreprises chargées d'un SIEG « peuvent échapper aux règles du traité sur la concurrence, dans la mesure où des restrictions à la concurrence, voire une exclusion de toute concurrence de la part d'autres opérateurs économiques, sont nécessaires pour assurer l'accomplissement de la mission particulière qui leur a été impartie » (184). Ces restrictions sont d'ailleurs admises par le juge « dans la mesure où elles s'avèrent nécessaires pour permettre à l'entreprise » d'accomplir cette mission et en tenant compte « des conditions économiques dans lesquelles est placée l'entreprise, notamment des coûts qu'elle doit supporter et des réglementations auxquelles elle est soumise ».

De plus, le bénéfice de cette dérogation n'est pas réservé aux seuls comportements anticoncurrentiels de l'entreprise chargée d'un SIEG. Les paragraphes 1 et 2 de l'article 106 devant être dorénavant lus ensemble et devenant tous deux des règles de droit européen matériel, cette dérogation s'étend aux décisions par lesquelles l'État adopte une réglementation économique visant un SIEG, nécessaire à l'accomplissement par les entreprises de leur mission de SIEG (185). Néanmoins, si le paragraphe 2 de l'article 106 TFUE, peut être invoqué pour justifier l'octroi, par un État membre, à une entreprise chargée d'un SIEG de droits exclusifs contraires à des principes fixés par les articles des traités, il ne saurait en principe être invoqué à l'encontre d'un règlement ou d'une directive qui encadrerait déjà les conditions dans lesquelles les États peuvent aménager le régime de certains SIEG (186).

282 En France, l'approche économique de la notion de service public avait été marquée par l'extension de la notion au domaine du secteur public, c'est-à-dire aux grands services publics et entreprises nationales, aux entreprises publiques et aux monopoles, qui a prévalu de 1946 jusqu'à la fin des années 1970.

L'État légitime n'était plus l'État faisant usage de la coercition mais l'État qui rendait service aux citoyens, grâce à un déploiement des activités des personnes publiques dans le secteur économique et social. De grands travaux publics ont mis en place des infrastructures auxquelles étaient associés des services de production des biens et de distribution des services : traitement des déchets, transports publics, réseau d'électricité, distribution d'eau. Ces activités en réseaux engendraient des monopoles déterminés par des contraintes de fait (monopoles techniques) ou par des structures de coûts (monopoles naturels). Toutes ces activités menées dans le cadre du secteur public ont

(181) J.-Y. Chérot, « L'article 90 § 2 du traité CE après les arrêts de la CJCE du 23 oct. 1997 sur les monopoles d'importation d'électricité », *RFDA* 1998, p. 135.

(182) CJCE, aff. C-157/94, 23 oct. 1997, Commission c. Pays-Bas, *Rec.* p. I-5815.

(183) CJCE, 22 mars 1977, Steinike et Weinlig, *Rec.* p. I-595, puis CJCE, 15 mars 1994, aff. C-387/92, Banco de credito industrial SA, *Rec.* p. I-877 ; TPICE, 27 févr. 1997, Fédération fr. des sociétés d'assurance, *Rec.* p. II-229 ; CJCE ord., 25 mars 1998, *Rec.* p. I-1303.

(184) CJCE, 27 avr. 1994, aff. C-393/92, Commune d'Almelo et autres c. Energiebedrijf Ijsselmij, dite « Almelo », *Rec.* p. I-1477, *CJEG* 1994, p. 623, concl. Darmon ; *AJDA* 1994, p. 637, note Hamon ; *D.* 1995, J. p. 17, note Dutheil de la Rochère, *LPA*, 15 mars 1995, p. 9, note Raymundie.

(185) CJCE, 19 mai 1993, aff. C-320/91, Corbeau, *Rec.* p. I-2533, *AJDA* 1993, p. 865, note Hamon ; *Dr. adm.* 1993, n° 409, *LPA*, 8 déc. 1993, p. 22, obs. Cartou ; *LPA*, 15 mars 1995, p. 4, note Raymundie. Une reformulation expresse figure dans CJCE, 23 oct. 1997, aff. C-157/94, Commission c. Pays-Bas, *Rec.* p. I-5699.

(186) J.-Y. Cherot, « L'article 90 § 2 du traité CE après les arrêts… », *op. cit.*

été remises en cause par les développements du droit européen, mais *ipso facto* elles ont constitué la matière première des SIEG évoqués par l'article 106 TFUE.

283 Le Conseil d'État n'ignore pas la notion de service d'intérêt économique général. Dans la mesure où les SIEG constituent un élément du futur modèle social européen, sans qu'une définition précise puisse être donnée de ces services, il admet que l'État puisse intervenir pour des prestations essentielles qui, de nature économique, ne peuvent pas être satisfaites ou ne peuvent l'être que de manière partielle par le seul jeu du marché. Mais sur ce point, le juge administratif demeure vigilant. S'il attribue la qualification de SIEG, il retient que les droits exclusifs qui pourraient être attribués à un établissement doté de missions de public ne sauraient aboutir à ce que cet établissement abuse de la position dominante qui lui est ainsi attribuée (187). Il apparaît ainsi que, même si certaines conventions passées par l'État avec certains de ses établissements échappent à l'application des règles de mise en concurrence, ces établissements ne peuvent s'attribuer des pouvoirs équivalents à ceux d'un « monopole ». Il n'en demeure pas moins que le juge administratif s'attache plus particulièrement à préserver la notion d'intérêt général qu'à rechercher systématiquement quels sont les caractères des intérêts défendus par l'État, les collectivités territoriales ou les établissements publics.

c) Une évolution inachevée

284 L'approche des SIEG par les institutions de l'Union démontre depuis longtemps qu'il est erroné d'affirmer un droit européen ignorant la notion de service public. Seulement, la perception du service public reste contenue dans des cadres étroits puisqu'elle est intégrée à la logique de libre concurrence structurant les traités relatifs au marché intérieur, à la communauté européenne, à l'Union européenne et qu'elle n'utilise pas, de façon générale, la locution « service public ». Surtout, si en droit européen, le choix et la définition d'un service public peuvent désormais être prioritaires, le régime de ce service (droits exclusifs, financement) demeure défini comme une exception aux règles de la concurrence. Le secteur des transports en est une illustration particulièrement claire. L'article 93 TFUE stipule que « sont compatibles avec le présent traité les aides qui répondent aux besoins de la coordination des transports ou qui correspondent au remboursement de certaines servitudes inhérentes à la notion de service public ». En cette matière, des dispositions de droit dérivé ont autorisé les États membres à poser des « obligations de service public » et la jurisprudence européenne en tire toutes les conséquences (188).

Cependant, l'absence de définition de cette notion par le droit des traités en dehors des transports, demeure préoccupante. La jurisprudence, par un arrêt *Altmark* du 24 juillet 2003 (189), a tenté de lever certaines incertitudes en posant un cadre juridique général

(187) CE, 26 janv. 2007, req. 276928, Synd. professionnel de la géomatique, *LPA*, 2007, n° 55, p. 14, note Glatt.

(188) CJCE, 17 mars 1998, aff. C-387/96, Anders Sjöberg, *Rec.* p. I-1125 ; art. 4 du règlement du 23 juill. 1992.

(189) CJCE, 24 juill. 2003, aff. C-280/00, Altmark Trans GmbH, Regierungspräsidium Magdeburg c./ Nahverkehrsgesellschaft Altmark GmbH, *Rec.* p. I-7747, notes: *JCP A* 2003, n° 38, 1822, Boudier; *JCP A* 2003, n° 43, 1940, Dubos. V. aussi CJCE, 24 nov. 2003, aff. jointes C-34/01 à C-38/01, Enirisorse, *Rec.* p. I-14243.

permettant la distinction entre aides d'État, prohibées par principe, et compensation d'obligations de service public imposées par un État membre. Est exclue de la qualification d'aide d'État toute compensation qui remplit quatre conditions : l'opérateur est chargé d'obligations de service public effectives et clairement définies ; le calcul de la compensation est fondé sur des critères préalables, objectifs et transparents ; la compensation ne dépasse pas la couverture des coûts engendrés par ces obligations, compte tenu d'un bénéfice raisonnable ; lorsque le choix de l'opérateur ne résulte pas d'une procédure de marché public, la compensation doit être déterminée par comparaison avec les coûts qu'aurait à supporter une entreprise moyenne, bien gérée et adéquatement équipée pour satisfaire aux exigences de service public requises.

Néanmoins, les conditions d'application et d'extension de cette jurisprudence, qui demeure encore fortement liée au secteur des transports (190), ne sont pas entièrement prévisibles. Une incertitude demeure en effet sur le point de savoir si le défaut d'une seule condition posée dans cette jurisprudence suffit à disqualifier une compensation d'obligations de service public, car la Cour a ultérieurement constaté l'existence d'une aide d'État au motif que les deux dernières conditions de fond étaient absentes (191). Par ailleurs, une telle jurisprudence peut avoir des effets imprévus. Elle a par exemple ouvert à des entreprises la possibilité d'exciper de l'illégalité d'une mesure d'aide pour obtenir le remboursement d'une taxe, en contestant la compensation d'obligations de service public accordée à ses concurrents sur un marché (192).

Toutefois, à la suite de la communication de la Commission européenne du 23 mars 2011 sur la « Réforme des règles de l'UE en matière d'aides d'État applicables aux services d'intérêt économique général », le débat sur la révision de ce qu'il est désormais convenu de nommer « paquet Altmark » est d'ores et déjà lancé et explicitement relié aux préoccupations de la Commission européenne relatives aux services publics (193).

285 Sans aucun doute, la notion d'intérêt général conserve en Europe une résonance particulière qui imprègne le droit européen originaire et dérivé. Si les discours des instances européennes situent d'emblée la notion de SIEG dans des rapports marchands s'opposant en cela à la perception sociale du service public, l'interdépendance sociale n'est plus écartée des modèles de la construction de l'espace européen, approfondissant ainsi la référence à l'idée de citoyenneté européenne et à la dynamique portée par la Charte des droits fondamentaux de l'Union européenne. Rendant compte de cette nouvelle approche, apparaît ainsi dans les textes européens, bien qu'elle ne dispose pas d'un statut juridique précis, une notion de « service d'intérêt général ».

B. SERVICE PUBLIC ET SERVICES D'INTÉRÊT GÉNÉRAL (SIG)

286 Les services d'intérêt général (SIG) sont toutes les prestations, marchandes ou non, que les pouvoirs publics gouvernementaux ou locaux assument à l'adresse de leurs administrés, sous leur contrôle direct ou par délégation à des tiers (entreprises privées,

(190) CJCE, 9 mars 2006, aff. C-323/03, Commission c. Royaume d'Espagne, *Rec.* p. I-2161 ; CJCE (Gr. Ch.), 10 mai 2005, aff. C-400/99, République italienne c. Commission, *Rec.* p. I-3657.
(191) CJCE, 30 mars 2006, aff. C-451/03, Servizi Ausiliari Dottori Commercialisti, *Rec.* p. I-2941.
(192) CJCE, 7 sept. 2006, aff. C-526/04, Laboratoires Boiron.
(193) COM (2010) 608 final/2, 11 nov. 2010, prop. n° 25.

associations, personnes physiques). Ils sont désormais reconnus par le Protocole 9, qui leur est consacré, et est annexé, par le traité de Lisbonne, aux traités sur l'Union européenne et sur le Fonctionnement de l'Union européenne.

La locution SIG a été utilisée dans le titre des communications de la Commission européenne de 1996 et 2000, de son rapport de 2001, du Livre vert de 2003, du Livre blanc de 2004. Bien que désormais reconnue par les traités, elle n'y est pas définie, ni dans le droit dérivé. La Commission semble avoir choisi cette expression, qui ne figure dans le droit d'aucun État membre, pour des raisons d'autonomie terminologique (194) et pour tenter de dépasser la problématique des SIEG.

a) Une logique non marchande

287 La relative opposition déjà signalée entre la conception européenne des SIEG et la conception française du service public a fait apparaître en effet des questions nouvelles. La notion d'intérêt général qui s'attache à certains services en droit européen signifie essentiellement que ces services doivent être soumis à des règles « qui transcendent la simple recherche de profit sur un marché ». A. Supiot estimait ainsi que « penser la prestation des services d'intérêt économique général dans les termes du droit commun du commerce ou du travail serait un contresens grossier. Parler par exemple de consommateurs et de producteurs de soins ou d'instruction (comme les sociologues parlent de "capital scolaire") supposerait que l'école ou l'hôpital puissent être délocalisés vers le tiers monde ou le Royaume-Uni comme une quelconque fabrique d'aspirateurs, pour maximiser ses gains » (195). Ainsi, ce sont les processus de la construction européenne qui ont suscité un mouvement de réflexion sur la notion de service public en France. Les réflexions relayées par certaines institutions européennes ont alors amené la Commission et le Conseil à évoquer de manière plus explicite les « services d'intérêt général ».

288 La notion de SIG est ambivalente : elle sert tout à la fois à désigner les services d'intérêt général non marchands et, depuis l'adoption du Protocole 9, l'ensemble des services, économiques ou non économiques, d'intérêt général. Certains estiment ainsi qu'elle constitue une catégorie « fourre-tout ». Elle désigne en effet tout un ensemble de services, marchands ou non, que les pouvoirs publics, dans chacun des États membres, offrent, proposent, assurent à leurs administrés que ce soit directement ou par l'intermédiaire de personnes privées, entreprises, associations ou particuliers. Ces services, même s'ils peuvent être rendus contre rémunération, ont la particularité d'être considérés comme « hors marché ». Dès lors, l'Union européenne ne se reconnaît à leur égard aucune compétence et peut admettre que chaque État, chaque collectivité ou autorité administrative qui le compose, demeure libre de les créer et de les organiser.

(194) « Des différences terminologiques, une confusion sémantique et des traditions variées dans les États membres ont créé de nombreux malentendus dans le débat mené au niveau européen. Dans les États membres, des termes et des définitions différents sont utilisés dans le domaine des services d'intérêt général en raison d'évolutions historiques, économiques, culturelles et politiques dissemblables. La terminologie communautaire s'efforce de prendre ces différences en considération » Annexe au Livre blanc de 2004, inspirée des définitions du *Livre vert sur les services d'intérêt général*, COM (2003) 270 du 21 mai 2004.

(195) A. Supiot, « Les virtualités du droit communautaire : l'avenir des métiers de services publics », *CJEG*, 1994, p. 383.

289 Le *Livre blanc sur les services d'intérêt général* adopté par la Commission européenne le 12 mai 2004 approfondit les premières réflexions émises en 1993 puis en 1996. Il rend compte des préoccupations générales des institutions de l'Union européenne pour la constitution d'un « modèle européen de société », dont les services d'intérêt général furent présentés comme une composante essentielle (196).

En quelque sorte, il s'agit autant de rassembler que de construire autour de ces services un ensemble de valeurs communes et partagées par les États membres de l'Union européenne. Cet ensemble renverrait d'ailleurs à des principes particuliers que la notion française de service public a toujours pris en considération ou a pu intégrer tels le service universel, la continuité, la qualité du service, l'accessibilité tarifaire.

290 Paradoxalement, la Commission avait émis l'idée d'une compatibilité entre un marché concurrentiel et l'existence, si ce n'est le développement, de services d'intérêt général (197). Elle proposait d'élaborer une directive-cadre pour les services d'intérêt général mais elle n'a pas trouvé de consensus au sein de l'Union européenne. Au premier chef, le Parlement européen, dans sa résolution du 14 janvier 2004 concernant le Livre vert (198), a estimé qu'il « n'était ni possible, ni pertinent d'élaborer des définitions des SIG et des obligations de service public qui en découlent mais que l'Union européenne doit établir des principes communs : universalité et égalité d'accès, continuité, sécurité, adaptabilité, qualité, efficacité, accessibilité tarifaire, transparence, protection des groupes sociaux défavorisés, protection des usagers, des consommateurs et de l'environnement, et participation des citoyens, étant entendu qu'il convient de tenir compte des spécificités sectorielles » (199). Par ailleurs, il n'a pas semblé évident que le cadrage des SIG réponde à l'incertitude juridique pesant sur les compensations des obligations de service public dans le cadre des SIEG. L'adoption d'une telle directive-cadre a d'ailleurs été abandonnée officiellement par la Commission dans sa communication du 20 novembre 2007 (200).

b) L'enjeu des services sociaux d'intérêt général

291 En définitive, ce sont surtout les services sociaux qui se trouvent concernés par ces développements relatifs aux SIG. Pour la Commission européenne, les services sociaux autres que les services de santé se rattachent à deux familles. Il s'agit soit des régimes légaux et complémentaires de protection sociale, c'est-à-dire de domaines « couvrant les risques fondamentaux de la vie, tels que ceux liés à la santé, la vieillesse, les accidents du travail, le chômage, la retraite, le handicap » ; soit des groupes de services essentiels « prestés directement à la personne » jouant généralement « un rôle

(196) *Livre blanc sur les services d'intérêt général*, COM (2004) 374 du 12 mai 2004.
(197) B. Boissard, « Le traitement communautaire des SIEG non économiques », *RDP* 2006, p. 1301.
(198) Le Livre blanc a été précédé d'un Livre vert sur « Les services d'intérêt général » du 21 mai 2003, COM (2003) 270 final ; 2003/2152 (INI).
(199) *JOE*, n° C 092 E du 16/04/2004 p. 294. V. aussi Avis du Comité économique et social européen sur « L'avenir des services d'intérêt général », *JOE* C 309 du 16 déc. 2006, p. 135.
(200) Commission européenne, *Les services d'intérêt général, y compris les services sociaux d'intérêt général : un nouvel engagement européen*, COM (2007) 725 final.

de prévention et de cohésion sociale », en ce qu'ils « apportent une aide personnalisée pour faciliter l'inclusion des personnes dans la société et garantir l'accomplissement de leurs droits fondamentaux » (201).

Sont ainsi visés, globalement : le service de l'emploi et les services liés à la lutte pour l'emploi des jeunes et des « seniors », les prestations et services aux personnes âgées, les soins de longue durée, les dispositifs de lutte contre le surendettement, les soutiens à la désintoxication, la formation linguistique pour les immigrés, les secteurs de la réinsertion professionnelle et du logement social. À terme, pourraient également entrer dans ce champ l'éducation ou la justice qui, en droit français du service public, semblent relever des services « exigés par la Constitution ».

292 Les services sociaux ne constituent pas encore une catégorie juridique distincte au sein des SIG en droit européen, mais d'une certaine façon, il est possible de les considérer comme « en émergence ». Ainsi que le remarque la Commission, ils occupent « une place spécifique comme piliers de la société et de l'économie européennes » et cette position est due principalement, au « caractère vital des besoins qu'ils sont destinés à satisfaire, garantissant ainsi l'application de droits fondamentaux tels que la dignité et l'intégrité de la personne ». À partir de cette nature propre, la Commission développe aussi les règles particulières d'organisation de ces services. Elle les caractérise par : un fonctionnement sur la base du principe de solidarité ; un caractère polyvalent et personnalisé notamment pour garantir les droits fondamentaux et protéger les personnes les plus vulnérables ; l'absence de but lucratif donc une participation de volontaires et de bénévoles ; un ancrage marqué dans une tradition culturelle locale qui met l'accent sur la « proximité » ; et « une relation asymétrique entre prestataires et bénéficiaires ne pouvant être assimilée à une relation "normale" de type fournisseur-consommateur requérant ainsi la participation d'un tiers payant », qui érige ainsi en « normalité » la relation commerciale.

Il résulte de ces précisions que les modalités d'organisation et de fonctionnement des services sociaux ne correspondraient pas à la perception du service public en droit français (202). Peut-être cela a-t-il poussé la Commission à rappeler que « d'une façon générale, la jurisprudence de la Cour de justice précise que le traité CE reconnaît aux États membres, la liberté de définir des missions d'intérêt général et d'établir les principes d'organisation qui en découlent pour les services destinés à les accomplir. Toutefois, cette liberté doit s'exercer dans la transparence et sans abuser de la notion d'intérêt général » (203).

293 Il existe donc un décalage entre le droit français et le droit européen dans l'appréhension de la notion de service public. En droit européen, la nature de l'activité est déterminante. Les activités d'intérêt économique général n'échappent à l'application du principe de libre concurrence que pour des missions très précises, définies secteur par secteur. Les activités d'intérêt général ne sont pas non plus toutes exclues du

(201) *Mettre en œuvre le programme communautaire de Lisbonne : Les services sociaux d'intérêt général dans l'Union européenne*, COM (2006) 177 du 26 avr. 2006.

(202) V. M. Borgetto, R. Lafore, *Droit de l'aide et de l'action sociales*, Montchrestien, coll. Précis Domat, 7e éd., 2009.

(203) *Les services sociaux d'intérêt général dans l'Union européenne*, COM (2006) 177 du 26 avr. 2006.

champ d'application du principe de la libre concurrence, mais seuls quelques aménagements quant à la forme d'intervention financière absolument nécessaire de l'État peuvent être discernés. Finalement, dans la mesure où ces deux catégories de services envisagent la définition des obligations de service public, la détermination de ces missions permet de distinguer entre service universel et services à valeur ajoutée (204).

§ 3. SERVICE PUBLIC ET SERVICE UNIVERSEL

294 **Bibliographie** : O. RAYMUNDIE, *Gestion déléguée des services publics en France et en Europe*, Éd. Le Moniteur, 1995 ; Numéro spécial : « Service public et service universel », *Sociétés contemporaines* n° 32, 1998.

U. STUMPF, « La coexistence entre service universel et service en concurrence : une approche méthodologique », *Les Cahiers de l'IREPP, Les Postes, l'Europe et le service universel*, septembre 1994, p. 142 ; M. DEBÈNE, O. RAYMUNDIE, « Du service d'intérêt économique général au service universel : quels services publics pour le marché unique ? », in L. CARTELIER (dir.), *Critique de la raison communautaire*, Economica, 1995, p. 109 ; L. RAPP, « La politique de libéralisation des services en Europe entre service public et service universel », *RMC* 1995, p. 352 ; M. DEBÈNE, O. RAYMUNDIE, « Sur le service universel : renouveau du service public ou nouvelle mystification », *AJDA* 1996, p. 183 ; J. TOUSCOZ, « Le service universel des télécommunications », *Juris PTT* 1996, n° 44, p. 3 ; Communication de la Commission, « Le service universel des télécommunications dans la perspective d'un environnement pleinement libéralisé », COM 96/73 du 8 mars 1996 ; M. DEBÈNE, O. RAYMUNDIE, « Du "service d'intérêt économique général" au "service universel" : quels services publics pour le Marché unique ? », *Problèmes économiques* août 1996, n° 2481, p. 12 ; B. DUMONT, « Service universel et cohésion régionale au sein de l'Union européenne », *Sciences de la société* n° 42, octobre 1997, p. 118 ; G. MOINE, « Le service universel : contenu, financement, opérateurs », *AJDA* 1997, p. 246 ; M. BASLÉ, A. KÉMOS, O. LÉON et D. PHAN, « Service universel *versus* service public dans le cadre de l'Union européenne », *Sciences de la société* n° 42, octobre 1997, p. 95 ; F. SOULAGE, « Les insuffisances du service universel, Intérêt général, concurrence et Union européenne : les retrouvailles », *Cahiers de la fondation Europe et Société* 1997, n° 44-45 ; A. BLANDIN, « L'équilibre entre service universel et concurrence dans le régime juridique communautaire des télécommunications », *in* R. KOVAR et D. SIMON, (dir.), *Services publics et Communauté européenne : entre l'intérêt général et le marché*, 1998, p. 103 ; J. TOUSCOZ, O. DUMONT, « Le service universel dans le secteur des télécommunications en droit communautaire et en droit français (quelques remarques juridiques) », *ibid.* p. 165 ; M. BASLÉ, A. KEMOS, O. LEON, « Service universel ou service public dans le secteur des télécommunications ? », *Problèmes économiques*, n° 2560, 1998 p. 25 ; P. ESPLUGAS, « Le service universel », *Dr. adm.* décembre 2002, n° 12, p. 6 ; M. LOMBARD, « Service public et service universel, ou la double inconstance ? », *Mél. B. Jeanneau*, Dalloz, 2002, p. 509 ; M. TOURBE, « Service public *versus* service universel : une controverse infondée », *Critique internationale*, n° 24, juillet 2004, p. 21 ; D. FLATCHER, H. JENNEQUIN, « Ouverture à la concurrence et service universel : avancées ou reculs du service public ? », *Regards croisés sur l'économie*, 2007/2, n° 32, p. 76 ; G. J. GUGLIELMI, « Un service public universel ? », *Objets et sujets universels*, Presses de la Faculté de droit de Strasbourg, 2007, p. 34.

295 La première communication de la Commission sur les services d'intérêt général en Europe (205) posait des définitions destinées à en préciser la conception européenne. Les notions de services d'intérêt général ou d'intérêt économique général d'une part et de service universel d'autre part y étaient distinguées dans leur principe.

(204) M. VOISSET, « Les services publics en France », *Europe, concurrence et service public*, Masson/Armand Colin, 1995, p. 120.

(205) Comm. n° 96/C 281/03 du 11 sept. 1996 concernant les services d'intérêt général en Europe, *JOCE*, 26 sept. 1996, n° C 281.

Dans l'espace européen, alors que le service d'intérêt économique général paraît réservé aux activités de services marchands lorsqu'elles sont accomplies dans une mission d'intérêt général, le service d'intérêt général correspondrait plutôt à l'ensemble indistinct de services marchands ou non marchands pris en charge directement ou indirectement par les autorités publiques. L'expression « service public » quant à elle semble limitée à la locution « obligations de service public ».

Le point commun entre ces deux notions est qu'elles relèvent *a priori* des autorités publiques des États membres, seules compétentes pour déterminer les missions d'intérêt général et les obligations de service public y attachées, ainsi que pour désigner les entreprises qui en sont chargées.

A. UNE RECONNAISSANCE PROGRESSIVE

296 Le service universel provient d'une logique distincte. Il a pour but d'offrir au citoyen européen un accès égal à un service de qualité, universel, continu, adaptable et transparent. Il apparaît comme une préfiguration d'un « service public européen » traduisant l'émergence d'un intérêt général communautaire et a donc vocation à être défini par les institutions de l'Union et à constituer une obligation pour les États membres. Mais curieusement, alors même qu'elle rendrait prétendument compte d'une unité de culture juridique dans l'Union européenne, la notion de service universel n'est pas appréhendée de la même façon en droit européen, en droit français ou dans chacun des États de l'Union européenne. Elle demeure donc étroitement dépendante de la conception que les États se font de la notion de service public.

297 C'est dans le domaine des télécommunications que la notion de service universel, a fait son apparition aux États-Unis (206) et que, un siècle plus tard, elle s'est développée en Europe (207). Elle est néanmoins marquée d'une ambiguïté originelle. L'expression « service universel » a été employée initialement par l'entreprise dominante du secteur des télégraphes et téléphones ATT, pour assurer son propre contrôle privé du marché. Elle servit en effet, après l'expiration du brevet Bell en 1893, à faire obstacle aux concurrents d'ATT qui avait évoqué alors l'idée selon laquelle seul un système interdépendant et universel pouvait offrir au public un service efficace. Mais c'est aussi au nom de la même idée de service universel que le juge Harold Green du tribunal d'instance du district de Columbia ordonna l'éclatement des réseaux régionaux d'ATT en 1982.

La réception en droit européen de ce concept d'origine anglo-saxonne s'est réalisée en plusieurs étapes. Elles sont marquées par un programme d'action dans le domaine des télécommunications approuvé par le Conseil le 17 décembre 1984, par les difficultés pour un opérateur en situation de monopole pour satisfaire toute la demande (Bristish Telecom), et par un arrêt de la Cour de justice reconnaissant que les règles européennes de concurrence des articles 81 et 82 CE étaient applicables au

(206) M. Tourbe, *L'intérêt général entre l'État et le marché. Les débuts du téléphone en France et aux États-Unis (1876-1934)*, mém. DEA univ. Cergy-Pontoise, 2003 ; D. Custos, « Le service universel des télécommunications américain, d'aujourd'hui à demain », *Juris-PTT* 1998, n° 52, p. 3 ; F. van der Mensbrugghe, « Service universel : l'œuvre inachevée du législateur américain », *RID éco.*, n° 3, 1999, p. 384-388.

(207) *Vers une Économie européenne dynamique*, Livre vert sur le développement du marché commun des services et des équipements de télécommunications, COM (87) 290 final ; dir. 2002/22/CE du Parlement européen et du Conseil du 7 mars 2002, dite « service universel », *JOCE* 24 avr. 2002.

pouvoir réglementaire de fixation des tarifs par un organisme public de télécommunications. Par la suite, le Livre vert sur le développement du marché commun des services et des équipements de télécommunications de 1987, qui envisage l'ouverture à la concurrence des marchés de terminaux, puis des services, ainsi qu'une séparation des activités de réglementation et d'exploitation, a utilisé directement l'expression « service universel ».

C'est surtout à partir de la communication de la Commission du 28 avril 1993 que la locution se généralisa dans les institutions et les politiques européennes et qu'elle prit le sens de service minimal à maintenir dans un contexte de libéralisation. Une déclaration ultérieure de la Commission (208) donna finalement un contenu et un objectif au service universel. L'objectif est de mettre à disposition de tout utilisateur un service minimal, selon une qualité définie et à un prix abordable. Trois principes permettent de garantir ce service : l'universalité, l'égalité et la continuité.

298 La notion de service universel a été développée à partir des services d'intérêt économique général (209). Elle supposait ainsi que soit assurée à tous la fourniture d'un certain nombre de services pensés essentiels, c'est-à-dire indispensables, avec une garantie d'approvisionnement relevant de l'ordre de la nécessité, un niveau de qualité minimal et à un prix abordable. De ce fait, le service universel est *a priori* un service minimal, un service de base.

Pourtant, à peine se dessinait une définition du service universel au niveau européen qu'était déjà soulevée la question de ses aménagements pour les catégories d'usagers en situation de vulnérabilité ou de précarité, soit pour des raisons sociales, soit pour des raisons médicales. L'objectif est alors de composer pour soumettre tous les services concernés à la concurrence. La logique du droit français ne pouvait pas être alignée d'emblée sur cette perspective.

299 La notion de service universel est adaptée aux services en réseaux. Elle suppose la construction, la maintenance et l'exploitation de ce réseau en assurant la couverture générale d'une zone ou d'un territoire. En droit européen, la notion de service universel est différente de la notion de « service de base » même si elle a tendance à la recouvrir pour une grande part. Cette notion, de nature technique, répond à des considérations sociales et porte sur le rapport entre le coût du service et le prix, le tarif demandé à l'usager. Elle présume que le service en réseau ne peut pas être assujetti en totalité aux règles de la concurrence. Plus que la notion de service universel c'est la notion de service de base qui justifie le maintien de règles dérogatoires pour les entreprises qui en auraient la charge : droits exclusifs, obligations de respect des principes de fonctionnement, obligations de service public.

Ces distinctions n'ont pas été retenues en droit français pour lequel le service public ne se divise pas. La conception française du service universel étant plus large, le service universel est compris comme un élément spécifique de certaines activités d'intérêt général propres à contribuer au maintien de la cohésion sociale. Elle en est une des dimensions permanentes. Ainsi, par exemple, la notion de service universel, initialement conçue

(208) Déclaration de la Commission concernant la résolution du Conseil sur les principes en matière de service universel dans le secteur des télécommunications n° 94/C 48/06, *JOCE* C 48/8 du 16 févr. 1994.

(209) M. Debène, O. Raymundie, « Du service d'intérêt économique général au service universel : quels services publics pour le marché unique ? », *AJDA*, 1996, p. 183.

pour le secteur des télécommunications (210) a été ensuite étendue à la Poste (211) et à l'électricité (212). La mise en œuvre de ce service universel est la source d'un ensemble d'obligations notamment en matière de défense, de sécurité publique ou d'accessibilité.

B. UNE MISE EN ŒUVRE DÉLICATE

300 La notion de service public universel prétend ainsi se fonder sur une perception particulière de l'équité, ayant pour objectif principal de permettre à tous les utilisateurs de pouvoir bénéficier des prestations de service public, quelle que soit leur situation sociale ou leur localisation géographique.

Toutefois, la mise en œuvre du service universel soulève un certain nombre de problèmes dont rendait partiellement compte le rapport de la Commission du Commissariat général au Plan présidée par A. Minc rendu en 1994 (213). Ce dernier notait que, grâce à l'ouverture de certains secteurs à la concurrence, les opérateurs privés pouvaient proposer des prix d'accès aux réseaux très supérieurs aux coûts sur des lignes fréquentées ou dans des régions densément peuplées. Il remarquait ainsi que « les prix élevés dans les secteurs rentables servaient à l'ancien monopole à éponger ses pertes dans les secteurs non rentables, régions insulaires ou montagneuses, par exemple. Dans ces dernières, il doit donc relever les prix – ce qui signifie supprimer d'éventuelles péréquations tarifaires – ou même envisager de cesser son activité ». La conclusion de cette observation est que « la libéralisation oblige [...] à s'interroger sur le degré d'universalité du service qui doit être rendu, sur la légitimité de la péréquation des tarifs correspondants et sur les multiples formes de compensation qui peuvent être utilisées – entre clients et contribuables » (214). Cette réflexion laisse planer un doute sur les avantages que les utilisateurs du service, clients ou usagers, retirent de la modification des modes de distribution des prestations de service public. Défenseur de la vision libérale de l'économie et partisan de la libéralisation des services publics, C. Stoffaës évoquait lui aussi ce même problème : « Si l'on laisse jouer la concurrence, cela veut dire qu'il y a beaucoup de gens qui ne pourront plus se payer l'électricité dans les régions isolées [...]. Cela veut dire que les entreprises assujetties à l'obligation de fourniture doivent être protégées de la concurrence » (215).

La notion de service universel ne paraît donc pas des plus protectrices pour les droits des citoyens, usagers des services publics alors même qu'elle repose sur la notion de service « devant » être rendu au public.

301 Dans son principe même, il apparaît clairement que le service universel ne laisse guère de place à l'universalité (216) puisque, par définition, il s'agit d'une prestation

(210) L. n° 90-568 du 2 juill. 1990 relative à l'organisation du service public de la poste et des télécommunications, puis L. n° 96-659 du 26 juill. 1996, dite « de réglementation des télécommunications ».

(211) Dir. du Parlement et du Conseil 96/67 CE du 15 déc. 1997, modifiée par la dir. 2002/38 CE du 10 juin 2002, relative aux règles communes pour le développement du marché intérieur des services postaux.

(212) Dir. du Parlement et du Conseil 2003/54 CE du 26 juin 2003, relative aux règles communes pour le marché intérieur de l'électricité.

(213) A. Minc, *La France de l'an 2000*, rapport au Premier ministre, commissariat général du Plan, Odile Jacob/La Doc. fr., 1994.

(214) *Ibid.* p. 67.

(215) C. Stoffaës, « Reprendre l'initiative et forger des alliances », in P. Bauby et J.-C. Boual (dir.), *Les services publics au défi de l'Europe*, Les éditions ouvrières, 1993, p. 95.

(216) G. J. Guglielmi, « Un service public universel... », *op. cit.* p. 43.

« dérogatoire » considérée comme nécessaire à l'ajustement d'un système plus large. Significativement, la définition du service universel ne désigne que « certains services », des services « déterminés », ce qui signifie, vu le régime juridique associé, des services limitativement énumérés. Sont donc services universels certains services caractérisés par les critères posés et non pas « tout service ».

Cela rend évidemment nécessaire, dans chaque secteur économique inclus dans les compétences de l'Union, une intervention spéciale à portée normative pour reconnaître la nécessité d'assurer un service universel. Ainsi par exemple, une collectivité territoriale d'un État membre, même dotée de particularités géographiques et sociales contraignantes, ne pourrait pas utiliser la notion européenne de service universel comme source juridique afin d'organiser par voie d'autorité, pour les entreprises privées de son ressort, une prestation de service de transport public.

La question a été posée, depuis l'arrêt de la Cour du 18 juin 1998, *Corsica Ferries* (217), de savoir si la jurisprudence européenne pourrait spontanément faire du service universel un concept plus général, applicable indépendamment d'une réglementation sectorielle. La Cour y reconnaît que les lamaneurs (qui amarrent et désamarrent les navires) « sont tenus de fournir à tout moment et à tout usager un service universel de lamanage, et ce pour des raisons de sécurité dans les eaux portuaires ». Néanmoins, il n'est pas certain que l'adjectif « universel » affecté à ce service désigne réellement la notion de service universel. De plus, la Cour n'en a pas défini les contours et les termes de l'arrêt n'ont pas été repris pour le moment dans la jurisprudence ultérieure. Probablement faudra-t-il attendre pour cela l'émergence plus générale d'un service public européen.

302 Enfin, il devrait normalement appartenir aux pouvoirs publics de désigner les opérateurs chargés du service universel dans un secteur donné (218). Ces derniers sont considérés comme des « prestataires officiels » et disposent pour cela d'un certain nombre de droits exclusifs. La coexistence d'un opérateur officiel investi à titre principal de la mission de service public et d'opérateurs privés permet ainsi le jeu de la concurrence pour les autres activités. D'ailleurs, le financement du service universel peut être répercuté sur l'ensemble des opérateurs, à condition que le système soit structuré conformément aux dispositions des directives et aux principes fondamentaux du traité, que la jurisprudence interprète strictement. Les États membres peuvent mettre en place un régime de partage des coûts seulement lorsque celui-ci est « nécessaire » ; les valeurs de référence prises en considération pour déterminer les contributions imposées aux nouveaux opérateurs doivent être fixées en tenant compte d'éléments comparables et donc transparents, pour permettre à ces opérateurs de calculer leurs coûts et leurs revenus probables ; seuls peuvent être pris en compte, dans ce calcul, des coûts nets du service universel qui sont la suite directe de la fourniture de ce service, à l'exclusion d'une fixation forfaitaire ou imprécise (219).

(217) CJCE, 18 juin 1998, aff. C-266/96, Corsica Ferries, *Rec.* p. I-3980, concl. Fenelly, *JCP G* 1999, II, 1037, note Le Mestre.

(218) CE, 19 mars 2010, req. 321842, Alain B. (à propos des prestations de service universel dans le secteur postal).

(219) CJCE, 6 déc. 2001, aff. C-146/00, Commission c. République française, *Rec.* p. I-9767 ; CE ord. réf., 8 nov. 2002, req. 250813, Soc. Tiscali Télécom.

303 Cependant, la frontière entre les éléments composant la mission de service universel n'est pas toujours suffisamment définie. La Commission a laissé entendre que certaines prestations du service universel pourraient ne pas être incluses dans les droits exclusifs d'un prestataire officiel. Ils seraient donc ouverts à la concurrence, à moins que l'État membre ne prouve, dans la logique de la jurisprudence *Corbeau* et *Almelo* que ces prestations doivent être nécessairement comprises dans les droits exclusifs, pour des raisons d'équilibre financier. De même, les articles 82 et 86 CE lus ensemble, s'opposent à ce qu'un État membre confère à une entreprise de droit privé la gestion, à titre exclusif, du service postal universel, et subordonne le droit de tout autre opérateur économique de fournir un service de courrier exprès ne relevant pas du service universel à la condition qu'il paie à l'entreprise chargée du service universel un droit postal équivalant à la taxe d'affranchissement normalement due (220). Par ailleurs le choix, par une personne publique, du délégataire d'une activité qui serait à la fois qualifiée de service public par le droit français et de service universel par les textes européens, se trouverait fortement contraint pour ce type de prestations en raison des impératifs de couverture du territoire. Ces considérations ont été évoquées pour ne pas inclure en France la connexion haut débit dans le service universel (221). Elles sont confirmées par la loi n° 2000-108 du 10 février 2000 qui affirme un droit à l'électricité pour tous (art. 1er), fait une distinction entre les catégories de clients, éligibles ou non, mais ne développe pas de dispositions spécifiques au service universel – pas plus que la loi n° 2006-1537 du 7 décembre 2006, définissant un service public de l'énergie (électricité, gaz).

304 Enfin, il ne faut pas négliger la dimension globale de l'institution d'un service universel. L'analyse économique de ce dernier montre que le service universel a pour objectif de réguler des « utilités publiques » définies comme « des actions économiques menées par des agents privés [aux] conséquences économiques ou sociales particulièrement fortes sur leur environnement ». Le service universel est un mécanisme permettant alors « de s'assurer que le caractère privé et de gestion marchande de ces activités économiques n'entrave pas les bénéfices économiques et sociaux dont peut bénéficier l'environnement ». Le service universel se situe dans une logique de satisfaction de l'utilité de l'ensemble des acteurs : « il est destiné à maximiser les avantages procurés à la communauté tout en respectant les intérêts légitimes des opérateurs industriels marchands » (222).

305 En fin de compte, alors que le débat relatif aux conceptions du service public, sous l'angle historique, suivant les logiques sociales et économiques comme d'un point de vue juridique, aurait dû se porter essentiellement sur le plan européen, il s'est principalement développé dans le cadre du droit interne, revitalisant l'ensemble des critiques énoncées envers la notion de service public, simple étiquette ou simple label, pavillon pour un

(220) À moins qu'il ne soit prouvé que les recettes provenant de ce paiement sont nécessaires pour permettre à ladite entreprise d'assurer le service postal universel dans des conditions économiquement acceptables et que cette entreprise soit tenue au paiement du même droit lorsqu'elle fournit elle-même un service de courrier exprès qui ne relève pas du service universel : CJCE, 17 mai 2001, aff. C-340/99, THT Traco SpA c. Poste Italiane SpA. et a..

(221) *Haut débit et territoires : enjeu de couverture, enjeu de concurrence*, Sénat, rapport d'information n° 443 (2004-2005) de M.-C. Belot, 2005.

(222) P. Bouquillon, Communication au colloque organisé par le syndicat SUD-PTT en oct. 2001 : www.sudptt.fr.

ensemble d'activités disparates, clef de référence ou mot de passe pour le juge. Pourtant, si le juge administratif demeure circonspect quant au caractère pertinent ou opératoire de la notion, le législateur n'hésite pas à s'engager dans la création, la réorganisation ou la modernisation de certains services publics, que cela soit en matière de communication audiovisuelle, d'enseignement ou de sport, de transports, etc. Certes, la simple mention législative ne suffit pas à caractériser l'activité de service public, mais ce mouvement témoigne de l'importance que prennent ces mots par rapport à ceux de secteur public. Il retrace aussi la distance qui sépare désormais monopole et service public.

306 En quelque sorte, il est possible de penser le service public comme « un concept général, un principe unificateur », mais il n'est plus pour autant un concept « dont le champ déborde de plus en plus largement celui du secteur public national ou territorial et *a fortiori* celui des seules entreprises publiques ». Au contraire, il serait plus précisément à la base de ces autres notions, à la source des formes de la contractualisation qui associe activités publiques et privées, comme un socle des obligations que doivent respecter les opérateurs privés lorsqu'ils se trouvent soit investis d'une mission de service public, soit chargés de l'exécution d'une partie de ces missions notamment en ce qui concerne la prestation de service universel.

307 La particularité de la conception du service public, aussi française qu'elle puisse paraître, est indéniablement de refléter une idéologie républicaine dont les racines sociales et universalistes ne peuvent être rayées d'un trait de plume, fût-il européen. Car, « synonyme de solidarité collective, le service public n'a jamais été ainsi synonyme de gestion publique. Ce fut sa force à la fois politiquement et économiquement. Le service public a représenté le moyen d'association de personnes publiques et de personnes privées dans la gestion d'activités poursuivant un but d'intérêt général. Il a toujours su incorporer les méthodes de la gestion privée, à travers les services publics industriels et commerciaux et la concession de service public, dans une activité contrôlée par les autorités publiques. Voilà sans doute la caractéristique la plus fondamentale du service public à la française » (223).

(223) M. Guénaire, « Le service public au cœur du modèle de développement français », *JCP A* 2005, n° 20, 1209.

DEUXIÈME PARTIE
ORGANISATION DU SERVICE PUBLIC

308 Parmi toutes les composantes analytiques de la notion de service public, celle de « l'organisation du service public » est l'une des rares à fournir un point d'appui à peu près sûr au raisonnement juridique. Elle retient, en effet, l'attention tant des théoriciens du droit que des juridictions judiciaire et administrative (1) qui, ensemble, lui accordent une valeur toute particulière. Cependant, cette organisation ne s'attache pas exclusivement aux aspects matériels de l'activité considérée, elle est fondamentalement liée à la nature même de celle-ci, privilégiant ainsi la notion fonctionnelle du service public.

309 Si la loi reste la source principale du droit du service public, au plan de l'exercice des compétences de l'État, indépendamment des nouvelles compétences des collectivités territoriales depuis la loi n° 2010-1563 du 16 décembre 2010 de réforme des collectivités territoriales, l'organisation du service public relève de la matière réglementaire, en application aujourd'hui de l'interprétation donnée des articles 34 et 37 de la Constitution de 1958 (2).

De plus, en ce qui concerne la répartition des compétences entre les ordres juridictionnels administratif et judiciaire, il est fermement établi que la compétence judiciaire est écartée dans les cas où est en cause un acte d'organisation du service public ; il en est ainsi, par exemple, pour les actes d'organisation du service public de la justice qui relèvent de la compétence de la juridiction administrative (3), alors que les actes d'exercice de la fonction juridictionnelle lui échappent (4).

(1) M. Douence, *Le pouvoir d'organisation des services publics*, th. droit Pau, 2003 ; C. David, « Le pouvoir d'organisation du service : une jurisprudence toujours en mouvement », *Dr. adm.* févr. 2006, p. 4.

(2) Comme autrefois de la L. du 17 août 1948 ; c'est probablement pour cette raison que les nécessités du service public, notamment la continuité, justifient l'attribution à tout chef de service d'un pouvoir réglementaire d'organisation : CE, 7 févr. 1936, Jamart, *Rec.* p. 172, *S.* 1937, 3, 113, note Rivero.

(3) Cass. soc., 5 janv. 2011, pourvoi n° S 10-21.445, à propos du service public réorganisé de Pôle Emploi.

(4) TC, 27 nov. 1952, Officiers ministériels de Cayenne, *Rec.* p. 642, *JCP* 1953.7598, note Vedel.

Au plan de la détermination de la valeur des actes juridiques, l'organisation du service public est donc un critère assez fiable de la nature réglementaire des décisions. Ainsi, constituent des actes réglementaires les mesures d'organisation du service public (5) ou les clauses essentielles des contrats types transférant la gestion d'un service public (6). Il en est de même, significativement, des décisions prises par les personnes privées gérant un service public à caractère industriel et commercial, dont certains actes réglementaires peuvent être qualifiés d'actes administratifs, non pas seulement en raison de l'existence de prérogatives de puissance publique, mais essentiellement parce qu'ils sont relatifs à l'organisation du service public (7).

310 Pourtant, la notion d'organisation du service public recouvre des questions de fait et des compétences d'action notablement différentes. Elle peut être considérée à la fois comme un cadre englobant le choix du mode de gestion du service et, tel un élément inclus dans cette gestion, les modalités de fonctionnement du service. La notion d'organisation du service public peut donc rassembler des questions aussi vastes que celles de la création et de la suppression du service public, formes initiale et finale d'organisation (Titre 1), que les modes de gestion du service public, qui font appel aux principes régissant tant les actes unilatéraux que les contrats (Titre 2). Et dans ces deux acceptions, les modes de répartition des compétences entre les personnes publiques, ainsi que les modalités de détermination de la valeur des actes juridiques y afférents, doivent être à chaque fois distingués.

(5) CE sect., 13 juin 1969, Commune de Clefcy, *Rec.* p. 308, *AJDA* 1969, p. 428, chron. ; CE, 26 févr. 1975, Garrigou, *Rec.* p. 154 ; CE, 26 nov. 2010, SCP A et B, req. 328038.
(6) CE sect., 23 févr. 1968, Picard, *Rec.* p. 131.
(7) TC, 15 janv. 1968, Époux Barbier, *Rec.* p. 789 concl. Kahn, *RDP* 1968, p. 193, note Waline, *AJDA* 1968, p. 225, chron. Massot et Dewost; TC, 26 oct. 1981, Grostin, *Rec.* p. 656, *RDP* 1982, p. 1139; TC, 12 juin 1961, Rolland, *Rec.* p. 866, *RDP* 1962, p. 725, note Waline, *AJDA* 1961, p. 606, chron.

TITRE 1

LES MODALITÉS DE CRÉATION ET LES MODES DE SUPPRESSION DES SERVICES PUBLICS

311 **Bibliographie** : C. Teitgen-Colly, *L'intérêt financier dans l'action administrative,* Economica, 1981 ; P. Espuglas, *Conseil constitutionnel et service public*, LGDJ, Bibl. constit. et de sc. po., 1994 ; G. Drago, M. Lombard, (dir.), *Les libertés économiques*, Panthéon-Assas Paris-II, 2003 ; R. de Bellescize, *Les services publics constitutionnels*, LGDJ, Bibl. droit public, 2005.

G. Morange, « Réflexions sur la protection accordée par le juge administratif à la liberté du commerce et de l'industrie », *D.* 1956, chron. 117 ; D. Loschak, « Des problèmes juridiques posés par la concurrence des services publics et des activités privées », *AJDA* 1971, p. 261 ; P. Delvolvé, « La faillite des entreprises publiques », *Ann. Univ. Toulouse*, 1975, p. 205 ; J.-P. Théron, « À propos de la liberté d'entreprendre », *Mél. Péquignot*, 1984, t. II, p. 675 ; J.-C. Douence, « Les incidences du caractère national ou local du service public », *AJDA* 1997, n° spécial : « Le service public, unité et diversité », p. 116 ; J.-L. de Corail, « Service public », *Dictionnaire de la culture juridique*, PUF, 2002 ; S. Nicinski, « Les conditions de création d'un service public dans un environnement concurrentiel », *AJDA* 2005, p. 2130 ; E. Fatôme et A. Ménéménis, « Concurrence et liberté d'organisation des personnes : éléments d'analyse », *AJDA* 2006, p. 67 ; O. Rousset, « Création d'un service public et disparition d'un fonds de commerce », *AJDA* 2006, p. 1437 ; D. Vernizeau, « Réflexions sur l'opportunité de la création d'un service public des assurances maritimes », *Ann. Droit maritime et océanique*, 2008, n° 26, p. 621 ; G. Eckert, « Un service public peut être supprimé par convention », *CMP* 2009, n° 7, p. 39 ; P. Idoux, « Création d'un service départemental de télé-assistance au profit des personnes âgées ou handicapées, liberté du commerce et de l'industrie et règles de concurrence », *JCP A* 2010, n° 25, p. 33 ; G. Koubi et G. J. Guglielmi, « La téléassistance aux personnes dépendantes, un service public territorial », *RDSS* 2010, p. 341 ; B. Dacosta, « La création d'une filiale dédiée par un exploitant de service public relève-t-elle d'une sous-traitance ? », concl. sur CE, 7 juin 2010, req. 308883, Société des transports Galiero, *BJDCP* 2010, n° 72, p. 331 ; G. Eckert, « L'intention de créer un service public suffit à justifier la résiliation d'une convention d'occupation du domaine public », *CMP* 2011, n° 3, p. 31.

312 Un service public doit être fondé, institué ou à tout le moins reconnu comme tel, par une autorité publique. Il n'existe pas d'activité constituant objectivement un service public, soumis au régime juridique du service public sans que le principe de cette soumission ait fait l'objet d'une décision plus ou moins explicite des autorités publiques, autorités dont le juge contrôle le bien-fondé de l'intervention et se charge, si besoin est, d'interpréter la pensée.

Cette conception n'a pas été remise en cause par la théorie du service public virtuel, puisque cette dernière ne considère une activité d'intérêt général comme un service public qu'à partir du moment où l'autorité administrative la soumet à une réglementation comportant des « obligations de service public ». Jusqu'à l'intervention de cette réglementation, le service public n'est que virtuel (1).

313 L'étude de la création ou de la suppression d'un service public ne se réalise pas exclusivement dans le champ politique. Si certaines activités sont qualifiées de service public ou dites « d'intérêt général » en vertu des seules réglementations nationales ou européennes, le pouvoir de créer et de supprimer les services publics est détenu, à des degrés divers, par toutes les personnes publiques. Il n'est pas aujourd'hui de personne publique qui ne puisse l'exercer. Ainsi, le pouvoir de création, d'institution et de suppression des services publics n'appartient pas en principe aux personnes privées (2).

Néanmoins, toutes les activités qui pourraient répondre à des demandes sociales et satisfaire à des besoins collectifs ne sont pas transformables en service public. Certaines limites sont assignées aux différentes personnes publiques dans l'exercice de leurs compétences : elles ne peuvent pas instituer des services publics dans tous les domaines, notamment économiques et sociaux, même si leurs interventions sont largement et vigoureusement réclamées par les populations concernées. Ces limites n'empêchent pas qu'il existe, à l'inverse, des activités qui ne sauraient être délaissées par les personnes publiques, elles doivent alors intégrer le champ des services publics.

Assurer l'existence de ces services publics, au titre général de la notion de bonne administration (3), ou du droit particulier qu'ont les citoyens à leur existence et à leur maintien lorsqu'ils sont indispensables à l'exercice de leurs droits fondamentaux, est, sans aucun doute, un des devoirs des personnes publiques. Il n'est pas nécessaire pour autant qu'elles assurent elles-mêmes la gestion et supportent la charge d'activités qui ne relèveraient plus de la qualification de service public qui leur avait été donnée durant les trois premiers quarts du XXe siècle : pour ces dernières, la question de leur

(1) « Certaines activités d'intérêt général non susceptibles d'être exercées dans des conditions satisfaisantes par le libre pouvoir d'une entreprise privée présentent ainsi le caractère de service public virtuel et peuvent être soumises à un régime de droit public ». B. Chenot, concl. sur CE, 6 févr. 1948, Soc. Radio-Atlantique, *Rec.* p. 65, *RDP* 1948, p. 244, note Jèze. V. aussi CE sect., 6 avr. 2007, req. 384736, Commune d'Aix-en-Provence ; *AJDA* 2007, p. 1020 chron. ; *JCP A* 2007, p. 2111, note Karpenschif ; G. J. Guglielmi, « De la théorie du service public virtuel à la reconnaissance pragmatique d'un service public à l'initiative des personnes privées », in *Droit et économie, Interférences et interactions, Mél. Michel Bazex*, Litec, 2009, p. 163.

(2) Même si, dans l'objectif du développement des territoires ruraux, le CGCT use du terme « créer » pour l'intervention de certaines personnes privées (art. L. 2251-3 : « Lorsque l'initiative privée est défaillante ou insuffisante pour assurer la création ou le maintien d'un service nécessaire à la satisfaction des besoins de la population en milieu rural, la commune peut confier la *responsabilité de le créer* ou de le gérer à une association régie par la L. du 1er juill. 1901 relative au contrat d'association ou à toute autre personne ; elle peut aussi accorder des aides, sous réserve de la conclusion avec le bénéficiaire de l'aide d'une convention fixant les obligations de ce dernier »), il apparaît clairement que la décision de création du service appartient, sur la base de cette autorisation législative, à la commune par le fait même qu'elle choisisse de recourir à une association. En réalité, l'association a la responsabilité de commencer à assurer un service public dont l'effectivité est décidée par la personne publique. Il en est de même dans la logique de l'arrêt *Commune d'Aix-en-Provence* (CE, 6 avr. 2007). De plus, puisque l'initiative privée est défaillante, cette association, à la supposer autonome, n'a pas déjà pris la décision d'intervenir. Enfin, les services publics concernés sont des services qui existent déjà dans leur principe, mais qui ne sont pas assurés en milieu rural.

(3) R. Bousta, *Essai sur la notion de bonne administration en droit public*, L'Harmattan, coll. Logiques juridiques, 2010.

suppression, en raison de l'évolution sociale et technologique et des principes relevant du droit européen, doit être soulevée.

314 Le pouvoir de créer ou de supprimer des services publics constitue donc un monopole au profit des personnes publiques. L'exercice de ce pouvoir s'inscrit cependant dans le cadre des règles juridiques générales qui sont désormais largement dépendantes des politiques publiques définies en droit européen (chap. 1), dont la mise en œuvre est cependant différente selon que sont concernés des services publics incombant à l'État et ses établissements publics (chap. 2), ou aux collectivités territoriales (chap. 3).

CHAPITRE 1

PRINCIPES GÉNÉRAUX RELATIFS À LA CRÉATION ET À LA SUPPRESSION DES SERVICES PUBLICS

315 Dans la conception de l'État qui prévaut en France et dans la plupart des sociétés démocratiques, il entre dans la fonction des personnes publiques, quelles qu'elles soient, d'assurer la satisfaction des besoins des populations. Sans avoir à se référer aux analyses exposées en son temps par L. Duguit, la justification de l'existence des personnes publiques et de leurs pouvoirs est justement le service de l'intérêt public. Ces personnes, et d'abord la première d'entre elles, l'État, sont donc seules à pouvoir décider de ce qui est ou non d'intérêt public.

Trois modalités peuvent être distinguées à propos de ce type de décisions qui aboutit à une « création » de service public : « l'acte originel par lequel un service public vient à l'existence juridique » ; « la situation où la puissance publique incorpore tout simplement dans la sphère publique, une activité existante en lui reconnaissant le statut de service public » ; « la situation de certains organismes privés auxquels la puissance publique reconnaît quelque avantage déterminé de manière à leur conférer le statut de service public » (1). Toutefois, dans ces trois cas, les modalités d'intervention sont identiques : c'est toujours une personne publique, une personne investie de la puissance publique, qui décide ou constate l'institution ou la disparition d'un service public.

316 Certaines autorités publiques disposent du droit de décider d'instituer une activité donnée en service public ou encore de décider qu'une activité déjà existante, même prise en charge par des personnes privées, doit être désormais considérée comme étant de service public. En vertu du principe du parallélisme des compétences, elles peuvent également décider qu'une activité érigée en service public doit désormais cesser de l'être. Les détenteurs du droit de créer et de supprimer les services publics doivent cependant être juridiquement habilités pour ce faire. Les modalités de mise en œuvre de ce pouvoir de création et de suppression des services publics sont soumises à un ensemble de règles mêlant plusieurs systèmes de normes juridiques étroitement liés au développement du droit de l'Union européenne et à l'approfondissement de la

(1) J.-F. Auby, O. Raymundie, *Le service public*, Le Moniteur, coll. Analyse juridique, 2003, p. 169-170.

décentralisation territoriale depuis la révision constitutionnelle du 23 mars 2003 ajoutant à l'article premier de la Constitution une formule générale selon laquelle l'organisation de la République française est « décentralisée ».

317 La recherche sur les fondements juridiques du pouvoir de création des services publics invite à repenser les formes et les contenus du pouvoir de décision à partir de la définition ou de la reconnaissance d'une activité d'intérêt général, faculté dont disposent pratiquement toutes les personnes publiques. Ce pouvoir est détenu par l'État en premier lieu, par les collectivités publiques que sont les collectivités territoriales, mais aussi par nombre d'établissements publics. Il est devenu tributaire du régime juridique du marché intérieur de l'Union européenne (Sect. 3), et se traduit par un acte soit législatif soit réglementaire (Sect. 2). Son étendue dépend de la compréhension, par les pouvoirs publics, des obligations juridiques que les textes normatifs leur imposent en fondant de façon générale l'existence de certains services publics (Sect. 1).

SECTION I LES FONDEMENTS JURIDIQUES DE L'EXISTENCE DES SERVICES PUBLICS

318 L'autorité compétente pour créer ou supprimer des services publics est généralement le Parlement ou, à condition de ne pas empiéter sur le domaine législatif, le gouvernement.

Dans l'état du droit antérieur à la Ve République, on considérait que la tradition républicaine commandait la compétence exclusive du pouvoir législatif, donc du Parlement, pour créer et supprimer les services publics. Le principe était qu'un service public ne peut être créé ou supprimé que par une loi ou bien par le gouvernement en application d'une loi (2). Cette habilitation législative devait alors être expresse (3).

Cette solution semblait reposer sur une triple justification : le législateur chargé d'exprimer la volonté générale est seul compétent pour définir l'intérêt public ; la création d'un service public modifie l'ordonnancement juridique, engendrant soit une extension, soit une limitation des droits et libertés des particuliers ; la création d'un service public, étant évidemment génératrice de dépenses, requiert l'intervention du Parlement en tant détenteur de la compétence financière. Les différentes législations qui ont conduit à un élargissement des compétences des collectivités territoriales ne transforment pas radicalement ce schéma : les collectivités locales n'interviennent en ces domaines qu'en vertu d'une habilitation législative préalable.

319 Le commissaire du gouvernement Corneille, dans ses conclusions sur l'affaire *Syndicat des agents généraux des compagnies d'assurance du Territoire de Belfort*, avait remarqué, en 1921, que « Créer un service public c'est assurer la satisfaction d'un intérêt collectif au moyen de règles administratives qui en assurent le bon fonctionnement

(2) CE avis, 6 févr. 1953, *RDP* 1953, p. 170.
(3) CE sect., 13 nov. 1953, Chambre synd. des industries et du commerce des cartouches de chasse, *Rec.* p. 487, *D.* 1954, p. 553, note Reuter.

et la continuité. Comme une telle création emporte avec elle, en même temps que des avantages pour la collectivité en cause, des restrictions à la liberté des individus à la propriété des particuliers, à la liberté du commerce et de l'industrie, la règle qui a dû être admise, c'est que la création de ce service soit, en principe, du Parlement, qui est le représentant des intérêts généraux et qui peut les mettre en contradiction avec les intérêts particuliers » (4).

L'adhésion de la majorité des théoriciens du droit du service public à ces considérations permet de comprendre la réticence initiale qu'ils manifestaient à l'égard de la théorie dite « des services publics virtuels » que le juge administratif adopta et mit en œuvre dans les arrêts du 5 mai 1944, *Compagnie Maritime de l'Afrique orientale*, et du 6 février 1948, *Radio-Atlantique* et *Compagnie carcassonnaise de transports en commun* (5).

L'idée que l'autorité administrative puisse imposer des obligations de service public à des entrepreneurs privés, au motif que ceux-ci exerceraient une activité présentant un caractère prononcé d'intérêt général, serait-elle alors incompatible avec les principes d'organisation de l'État, qui confèrent au législateur le monopole du droit d'étendre ou de limiter les droits et libertés des particuliers ? Au vu de la jurisprudence et de l'évolution du droit du service public dès la fin des années 1980, il n'est plus possible de répondre positivement à cette question, car les autorités administratives ont de plus en plus souvent tendance à invoquer les exigences de l'intérêt général pour réglementer des activités menées par des personnes privées et leur imposer le respect de tout un ensemble de principes de fonctionnement propres au service public (6).

320 La tradition républicaine qui commandait la compétence exclusive du pouvoir législatif n'est pas remise en cause avec l'avènement de la Constitution de 1958 mais la répartition des compétences entre le gouvernement et le Parlement n'a pas fondamentalement clarifié la question. L'article 34 de la Constitution du 4 octobre 1958 ne réserve pas explicitement à la loi la création et la suppression des services publics. En déduire que la matière relèverait en principe de la compétence réglementaire ne s'avère pourtant pas concluant. En effet, la Constitution attribue implicitement ce pouvoir au Parlement ou, plus exactement, elle exige que cette création ou suppression émane de la loi dans de nombreuses hypothèses.

Ces hypothèses sont celles dans lesquelles la création du service public touche, par un élément connexe, à une matière relevant de la compétence législative. Elles se retrouvent notamment : lorsque le service doit être assuré par un ou des établissements publics constituant une « catégorie » ; lorsque son existence est liée à la réalisation d'une opération de nationalisation et la conséquence de cette opération ; lorsque le service relève de la défense nationale, de l'enseignement, de la sécurité sociale, dont il appartient au législateur de déterminer les principes fondamentaux en vertu de l'article 34 de la Constitution. Elles se retrouvent encore si la création du

(4) Concl. Corneille sur CE 21 janv. 1921, Syndicat des agents généraux des compagnies d'assurance du Territoire de Belfort, *S.* 1921, III, p. 33.

(5) CE sect., 5 mai 1944, Comp. maritime de l'Afrique orientale, *Rec.*129, *D.* 1944, p. 164, concl. Chenot, *RDP* 1944, p. 236, note Jèze ; Chenot, concl. sur CE, 6 févr. 1948, Soc. Radio-Atlantique et Compagnie carcassonnaise de transports en commun, *Rec.* p. 65 et 69, *RDP* 1948, p. 244, note Jèze.

(6) CE, 22 févr. 2007, APREI, *préc.* ; CE sect., 6 avr. 2007, req. 384736, Commune d'Aix-en-Provence ; *AJDA* 2007, p. 1020 chron. ; *JCP A* 2007, p. 2111, note Karpenschif.

service est susceptible d'intéresser les « garanties fiscales » accordées aux citoyens pour l'exercice des libertés publiques (comme, par exemple, lors de la création d'un service public de l'audiovisuel) ou si une atteinte risque d'être portée à la liberté du commerce et de l'industrie ou bien encore si un obstacle peut être dressé à l'exercice d'une activité professionnelle, etc.

321 On pourrait estimer que la question ne se pose pas aujourd'hui différemment qu'avant 1958. Les considérations qui fondaient autrefois la compétence législative en matière de création des services publics sont toujours valables en ce qu'elles répondent à la tradition républicaine. Cette compétence, qui n'était rattachée à aucun texte particulier antérieurement à 1958, peut trouver aujourd'hui comme fondement aussi bien les dispositions de la Déclaration des droits de l'homme et du citoyen de 1789 que le Préambule de la Constitution de 1946, puisque ces deux textes, auxquels doit être désormais ajoutée la Charte de l'environnement sous la forme non pas d'un « principe de précaution » mais d'une recherche de promotion du développement durable (7), placent les droits et les libertés sous la sauvegarde de la loi. De ce fait, aujourd'hui comme hier, l'autorité administrative ne serait compétente que si elle peut agir en vertu de dispositions législatives soit précises, soit générales et, pas plus qu'hier, il n'existerait de pouvoir autonome de création des services publics.

La décision du Conseil constitutionnel relative à la privatisation de certaines entreprises publiques invite à une lecture plus nuancée. Le Conseil considère que « si la nécessité de certains services publics nationaux découle de principes ou de règles de valeur constitutionnelle, la détermination des autres activités qui doivent être érigées en service public national est laissée à l'appréciation du législateur ou de l'autorité réglementaire selon les cas » (8). Dans cette même décision, il ajoute « que, s'agissant d'entreprises dont l'activité ne touche pas à l'exercice des libertés publiques, il était loisible au législateur, en vue de l'application de la loi présentement examinée, d'ouvrir la possibilité de changements dans l'administration de ces entreprises, sans pour autant méconnaître un principe ou une règle de valeur constitutionnelle ». Il en découle que la compétence réglementaire est de principe dès lors que la création d'un service public ne « limite » pas une liberté publique ou des droits individuels, c'est-à-dire ne restreint pas l'exercice d'une liberté donnée. À tout le moins, cette position est sensiblement différente de celle défendue par certains théoriciens du droit pour qui toute création de services publics entraîne nécessairement une limitation des libertés et doit donc entraîner la compétence législative.

322 L'importance à accorder à ces supputations doit cependant être soulignée. G. Quiot, dans une étude relative à la loi du 31 décembre 2003 relative aux obligations de service public des télécommunications (9), relève pertinemment que la question d'une dissociation entre les services constitutionnels et ceux qui ne le sont pas parmi les services

(7) CC, 28 avr. 2005, n° 2005-514 DC, L. relative à la création du registre international français, *Rec.* p. 78 ; 7 juill. 2005, n° 2005-516 DC, L. de programme fixant les orientations de la politique énergétique, *Rec.* p. 102.

(8) CC, 25 et 26 juin 1986, n° 86-207 DC, L. autorisant le gouvernement à prendre diverses mesures d'ordre économique et social (Privatisations), *Rec.* p. 61, *AJDA* 1986, p. 575, note Rivero, *RFDA* 1987, p. 153, note Rapp, *Rev. soc.* 1986, p. 606, note Guyon.

(9) G. Quiot, « De l'inconstitutionnalité de la L. du 31 déc. 2003 relative aux obligations de service public des télécommunications et à France Télécom », *AJDA* 2005, p. 813.

publics nationaux, développée par la doctrine à partir de la décision du Conseil constitutionnel du 26 juin 1986, n'a fondamentalement de sens qu'en ce qu'elle octroie au profit du législateur « un pouvoir souverain de faire naître et disparaître les services publics "non constitutionnels" ou, tout du moins, ceux de ces services dont l'activité ne relève pas d'une matière « réglementaire » en vertu de la Constitution » (10). Or si cette lecture du considérant 53 de la décision du Conseil laisse à penser que le Conseil constitutionnel admet l'existence d'un « pouvoir autonome de création de services publics nationaux par l'autorité réglementaire » (11), elle suscite bien des appréhensions quant à la cohérence future du droit du service public.

323 L'acte fondateur d'un service public est donc, outre la Constitution, soit une loi, soit un acte réglementaire. Cette configuration n'est pas modifiée par l'intégration des normes de droit européen dans l'ordonnancement juridique français. La seule conséquence pratique que cette intégration suppose est l'institution de limites quant aux matières et domaines dans lesquels les autorités publiques pourraient intervenir pour créer un service public.

Des exemples d'actes de création ont pu être tirés de différentes lois qui ont construit et défait la matière des services publics, comme ce fut le cas par exemple, de la loi du 31 décembre 1970 portant réforme hospitalière dont le chapitre premier s'intitule « du service public hospitalier », de la loi du 28 juillet 1982 sur la communication audiovisuelle dont l'article 5 est consacré au « service public de la radiodiffusion sonore et de la télévision », de la loi du 30 décembre 1982 d'orientation des transports intérieurs qui dans son article 5 régit le « service public des transports », de la loi du 26 janvier 1984 sur l'enseignement supérieur dont le titre premier est simplement « le service public de l'enseignement supérieur », de la loi du 29 juillet 1990 de réglementation des télécommunications dont l'article 8 prévoyait l'insertion dans le code existant d'un article 3 intitulé « le service public des télécommunications », de la loi de 1996 qui insérait dans le Code rural un article 264 disposant que « la collecte et l'élimination des cadavres d'animaux ainsi que celles des viandes et abats saisis à l'abattoir reconnus impropres à la consommation humaine et animale constituent une mission de service public qui relève de la compétence de l'État » (12), etc.

Des exemples d'actes réglementaires peuvent être vus dans le décret du 24 octobre 1984 qui créait auprès du Premier ministre un service public industriel et commercial, le Centre national d'informatique juridique (CNIJ), chargé de rassembler et de mettre sous forme de bases ou de banques de données informatisées, en vue de leur consultation par voie télématique, le texte et la signalisation documentaire (13), ou dans le décret du 7 août 2002 annonçant dans son article 1er qu'il « est créé un service public de la diffusion du droit par l'internet » (14). En tout état de cause, la création d'un service public par la voie réglementaire est assez rare. Le plus souvent, ce sont les modalités d'organisation d'un service créé par une loi qui en constituent

(10) *Ibid.* p. 815.
(11) *Ibid.*
(12) L. n° 96-1139 du 26 déc. 1996 relative à la collecte et à l'élimination des cadavres d'animaux et des déchets d'abattoirs et aux sanctions en cas d'infraction.
(13) D. n° 84-940 du 24 oct. 1984 relatif au service public des bases et banques de données juridiques, art. 1er.
(14) D. n° 2002-1064 du 7 août 2002 relatif au service public de la diffusion du droit par l'internet.

l'objet. Tel est le cas pour le « service public du changement d'adresse » créé par l'article 1er de l'ordonnance du 28 avril 2005 et désormais géré par l'Agence pour le développement de l'administration électronique (15).

324 La compétence réglementaire peut s'exercer en outre en matière de suppression des services publics. Pour J.-C. Douence, « la suppression obéit au principe du parallélisme des compétences » (16). Pourtant, ce principe ne trouve pas nécessairement à s'appliquer puisque la suppression d'un service public ne risque pas, en soi, de restreindre la jouissance d'une liberté – même si elle peut porter atteinte à un droit fondamental qui serait compris comme un droit-créance et qu'il faudrait alors envisager de recomposer. Le principe de la compétence du pouvoir réglementaire est très général, sous réserve du cas où un service public a été créé entièrement et complètement par une loi, qui devrait alors être modifiée ou abrogée.

En fait, il semblerait que la question du parallélisme des compétences pour la suppression des services publics existants obéisse plus à des effets de circonstances qu'à des principes juridiques formellement établis au préalable. C'est surtout la force d'impact dans la constitution du lien social ou l'importance que revêt le service dans l'imaginaire social et collectif qui désignerait les compétences à mettre en œuvre pour la suppression de certains services publics. Le recours à la loi serait alors plus indiqué pour éviter, sinon les contestations sociales, du moins la multiplication des recours contentieux.

Néanmoins, certains services publics semblent soit devoir être obligatoirement institués, soit ne pas pouvoir être supprimés. Tel serait le cas des services dits « constitutionnels » ou relevant d'obligations posées par des conventions internationales régulièrement ratifiées. Pour tous les autres services publics, doivent être évaluées les formes d'un partage entre le pouvoir législatif et le pouvoir réglementaire, puis entre le pouvoir réglementaire des autorités centrales et les pouvoirs délibérant et réglementaire des autorités locales.

§ 1. L'INSTITUTION DE SERVICES PUBLICS « ENVISAGÉS » PAR LA CONSTITUTION

325 **Bibliographie** : P. YOLKA, *La propriété publique, éléments pour une théorie*, LGDJ, Bibl. droit public, 1997 ; P. ESPUGLAS, *Conseil constitutionnel et service public*, LGDJ, Bibl. droit public, 1994 ; R. DE BELLESCIZE, *Les services publics constitutionnels*, LGDJ, Bibl. droit public, 2005 ; C. BOYER-CAPELLE, *Le service public et la garantie des droits et libertés*, th. droit Limoges, 2009.

L. FAVOREU, « Service public et Constitution », *AJDA* 1997, n° spéc., p. 17 ; P. ESPUGLAS, « La constitutionnalisation du service public : un tigre de papier ? », *Rev. adm.* 1996, n° 290, p. 163 ; P. ESPUGLAS, « À propos de la décision du Conseil constitutionnel du 23 juillet 1996 : les Télécommunications, un nouveau service public constitutionnel », *Rev. adm.* 1996, n° 293, p. 510 ; M. LOMBARD, « Les limites constitutionnelles à la privatisation des entreprises dont l'activité a le caractère d'un monopole », *Mél. F. Moderne*, Dalloz, 2004, p. 673 ; G. QUIOT, « De l'inconstitutionnalité de

(15) D. n° 2005-469 du 16 mai 2005 pris en application de l'ord. n° 2005-395 du 28 avr. 2005 relative au service public du changement d'adresse.

(16) J.-C. DOUENCE, « Les incidences du caractère national ou local du service public », *AJDA* 1997, n° spécial : « Le service public, unité et diversité », p. 118.

la loi du 31 décembre 2003 relative aux obligations de service public des télécommunications et à France Télécom », *AJDA* 2005, p. 813 ; R. DE BELLESCIZE, « Grandeur et servitude de la notion de service public constitutionnel », *RFDA* 2006, p. 1163 ; G. QUIOT, « La révision de l'alinéa 9 du Préambule de la Constitution de 1946 par le Conseil constitutionnel », *LPA*, 7 mars 2007, n° 48, p. 4 ; G. DRAGO, « Fin d'un service public national. À propos de la décision du Conseil constitutionnel "Loi relative au secteur de l'énergie" », *JCP A* 2007, n° 4, 2014 ; « Service public national et services publics constitutionnels », *JCP A* 2007, n° 16-18, 2099 ; G. MARCOU, « Que reste-t-il de l'alinéa 9 du Préambule de la Constitution de 1946 ? », *AJDA* 2007, p. 192 ; M. BORGETTO, « La notion de service public constitutionnel face au droit de la protection sociale », *Mél. Jean-François Lachaume*, Dalloz, 2007, p. 91.

326 L'institution de services publics qui seraient « prévus » par le texte constitutionnel, outre le fait qu'une telle perspective place l'État comme principal acteur, invite à prendre en considération plusieurs notions connexes qui rejoignent peu ou prou l'idée de « service public national ». Car il n'existe pas dans l'absolu de « services publics constitutionnels » en eux-mêmes. Par exemple, il n'est pas certain que le *Journal officiel* en soit un, même s'il constitue un service du Premier ministre depuis une ordonnance du 2 novembre 1944. De même, « l'Imprimerie nationale », principalement chargée de l'impression des documents officiels de l'État n'a pas semblé mériter une telle qualification (17).

La notion de « service public constitutionnel » est une construction doctrinale. Elle est élaborée à partir de quelques décisions du Conseil constitutionnel dont la principale est celle des 25 et 26 juin 1986 à propos du projet de privatisation de certaines entreprises publiques (18). La plupart du temps, le Conseil constitutionnel évalue la nature des activités en cause. Ainsi, en l'espèce, peut-il noter qu'aucune des entreprises figurant sur la liste des entreprises à privatiser « ne peut être regardée comme exploitant un service public dont l'existence et le fonctionnement seraient exigés par la constitution » (19). Soixante-cinq entreprises dont le transfert au secteur privé était envisagé figuraient sur cette liste à l'article 4 de la loi déférée. Le Conseil constitutionnel établit que « la nécessité de certains services publics nationaux découle de principes ou de règles de valeur constitutionnelle » et en déduit « que le fait qu'une activité ait été érigée en service public par le législateur sans que la Constitution l'ait exigé ne fait pas obstacle à ce que cette activité fasse, comme l'entreprise qui en est chargée, l'objet d'un transfert au secteur privé » (20).

Suivant cette logique, le Conseil constitutionnel admit le transfert d'une chaîne de télévision au secteur privé. En effet, la télévision par voie hertzienne en tant que « mode de communication ne constitue pas une activité de service public ayant son fondement dans des dispositions de nature constitutionnelle » (21). Par la suite, le Conseil constitutionnel réutilisa l'expression « service public exigé par la Constitution » et

(17) L'Imprimerie nationale est, depuis la L. n° 93-1419 du 31 déc. 1993 relative à l'Imprimerie nationale, une société anonyme dont l'État est l'unique actionnaire ; v. aussi CE, 3 mars 2006, Société François-Charles Oberthur fiduciaire et autres, req. 287960, considérant que le monopole de l'Imprimerie nationale n'est pas, *a priori*, contraire aux exigences européennes.

(18) CC, 25 et 26 juin 1986, n° 86-207 DC, L. autorisant le gouvernement à prendre diverses mesures d'ordre économique et social, *Rec.* p. 61, *AJDA* 1986, p. 575, note Rivero ; *RFDA* 1987, p. 153, note Rapp ; *Rev. soc.* 1986, p. 606, note Guyon.

(19) CC, 25 et 26 juin 1986, n° 86-207 DC, préc.

(20) *Ibid.*

(21) CC, 18 sept. 1986, n° 86-217 DC, Liberté de communication, *Rec.* p. 141.

estima ainsi que les activités de distribution de prêts bonifiés assurées par la Caisse nationale de crédit agricole n'en relevaient pas (22).

Quelques dix années plus tard, à la suite d'une même analyse, conduite lors de l'examen de la loi portant dispositions d'ordre économique et financier en 1996, le Conseil constitutionnel, notant que le législateur n'est pas le seul compétent pour décider d'une « privatisation », estima qu'il appartient « à l'autorité administrative de s'assurer, sous le contrôle du juge, que ne seront pas concernés les services publics dont l'existence et le fonctionnement seraient exigés par la Constitution » (23). Pour le secteur des télécommunications, le Conseil constitutionnel relevait encore « qu'en maintenant à France Télécom sous la forme d'entreprise nationale, les missions de service public antérieurement dévolues à la personne morale de droit public France Télécom dans les conditions prévues par la loi susvisée de réglementation des télécommunications, le législateur a confirmé sa qualité de service public national ; qu'il a garanti conformément au neuvième alinéa du Préambule de la Constitution de 1946 la participation majoritaire de l'État dans le capital de l'entreprise nationale ; que l'abandon de cette participation majoritaire ne pourrait résulter que d'une loi ultérieure » (24). De nouveau dix ans après, le Conseil constitutionnel a rejeté l'idée que le service public de production de l'énergie serait pourvu d'un caractère constitutionnel (25) et il en a fait de même pour la Poste (26).

A. LA CONSISTANCE DES SERVICES PUBLICS CONSTITUTIONNELS

327 Les différentes formulations du Conseil montrent que, s'il n'existe pas d'obligation constitutionnelle d'instituer des organes pour assurer certains services publics, les activités qu'ils recouvrent doivent, en tout état de cause, être garanties par l'État ou, à tout le moins, par des collectivités territoriales sous le contrôle de l'État. C'est à la notion fonctionnelle du service public qu'il est donc fait référence.

Toutefois, dans l'interprétation doctrinale actuelle et dans la logique de libéralisation économique des pouvoirs publics, les services publics qui trouveraient la source de leur institutionnalisation dans l'alinéa 9 du Préambule de 1946, s'ils exercent une activité économique, commerciale ou industrielle, ne seraient en aucun cas des services publics constitutionnels. Ainsi, plus que le manquement à un devoir d'institution d'un service organique, d'application assez hypothétique, c'est la suppression par la loi de l'activité et de la prestation correspondante qui constituerait une violation de la Constitution. L'enjeu en est évidemment renforcé en ce que la question prioritaire

(22) CC, 7 janv. 1988, n° 87-232 DC, Mutualisation de la CNCA, *Rec.* p. 17.

(23) CC, 9 avr. 1996, n° 96-375 DC, L. portant diverses dispositions d'ordre économique et financier, *Rec.* p. 60.

(24) CC, 23 juill. 1996, n° 96-380 DC, L. relative à l'entreprise nationale France Télécom, *Rec.* p. 107.

(25) CC, 30 nov. 2006, n° 2006-543 DC, L. relative au secteur de l'énergie, *Rec.* p. 120 ; V. aussi 5 août 2004, n° 2004-501 DC, L. relative au service public de l'électricité et du gaz et aux entreprises électriques et gazières, *Rec.* p. 134.

(26) CC, 4 févr. 2010, n° 2010-601 DC, L. relative à l'entreprise publique La poste et aux activités postales, *Rec.* p. 107.

de constitutionnalité permet depuis 2009 aux usagers de se prévaloir de leurs droits-créances constitutionnels.

328 Les services publics qui relèvent positivement de la catégorie des « services publics constitutionnels » ne sont pas aisément discernables. Parfois, ils peuvent ne mériter que la qualification de « service public national » mais pas nécessairement au sens de l'alinéa 9 du préambule de 1946.

Sont usuellement considérés comme services publics exigés par la Constitution, les différents services qualifiés régaliens (27) par approximation : services diplomatiques (art. 14), défense nationale (art. 15, art. 20, art. 21 et art. 34), justice (art. 64 à 66) et force publique (28) (DDHC, art. 12). De façon générale, la détermination des matières qui, même au prix d'une dérogation générale aux règles de répartition des compétences, ne peuvent pas être prises en charge directement par les collectivités territoriales permettrait de cerner de nouveaux fondements d'ordre constitutionnel pour ces activités.

Les autres services publics cités explicitement ou implicitement dans le texte constitutionnel peuvent être discernés à partir des droits économiques et sociaux exposés dans le Préambule de 1946. C'est le cas de l'éducation puisqu'il est du devoir de l'État de procéder à son organisation, de la santé sous l'angle de sa protection (la Sécurité sociale est aussi consacrée par la Constitution de 1958, art. 34 et 47-1), et de la culture quant à son accès, ainsi que de l'aide sociale car la collectivité se doit d'assurer à chacun des moyens convenables d'existence.

D'autres services publics, sans être « constitutionnels », peuvent être considérés comme découlant de principes à valeur constitutionnelle voire d'objectifs à valeur constitutionnelle, comme le droit à un logement décent qui induit une notion de "logement social" dans le champ des services publics (29). De plus, des obligations pourraient être dégagées des « réformes relatives à la politique économique ou sociale de la nation » prévues par l'article 11 de la Constitution, car ces politiques visent directement les services publics.

329 Se sont vu dénier un caractère constitutionnel ou, plus justement, ne sont pas « exigés par la Constitution » selon le Conseil constitutionnel à ce jour : le service public du crédit (30) ; la distribution de prêts bonifiés (31) ; la télévision par voie hertzienne (32). Par ailleurs, le Conseil n'a pas reconnu ce caractère au service public

(27) Lesquels sont souvent dits « de fonctions inséparables de la souveraineté » : il en est ainsi de la Justice ou plus exactement des fonctions juridictionnelles (CC, 5 mai 1998, n° 98-399 DC, L. relative à l'entrée et au séjour des étrangers en France et au droit d'asile, *Rec.* p. 245).

(28) CC, 11 mars 2011, n° 2011-625 DC, L. d'orientation et de programmation relative à la performance de la sécurité intérieure.

(29) Il s'agit surtout de politiques d'aide au logement. L'article L. 300-1 CCH institué par la L. n° 2007-290 du 5 mars 2007 instituant le droit au logement opposable et portant diverses mesures en faveur de la cohésion sociale dispose en effet que « Le droit à un logement décent et indépendant, mentionné à l'article 1er de la L. n° 90-449 du 31 mai 1990 visant à la mise en œuvre du droit au logement, est garanti par l'État à toute personne qui, résidant sur le territoire français de façon régulière et dans des conditions de permanence définies par décret en Conseil d'État, n'est pas en mesure d'y accéder par ses propres moyens ou de s'y maintenir… ».

(30) CC, 25 et 26 juin 1986, n° 86-207 DC, Privatisations, *préc.*

(31) CC, 7 janv. 1988, n° 87-232 DC, Mutualisation de la CNCA, *préc.* Mais une relecture de l'article 73 de la Constitution et notamment de son alinéa 4 pourrait le conduire à modifier cette perception.

(32) CC, 18 sept. 1986, n° 87-217 DC, Liberté de communication, *préc.*

des télécommunications (33), à celui de la production d'énergie (34) et de la poste aux lettres (35). Le Conseil a cependant considéré que le service public des télécommunications est « un service national » au sens de l'alinéa 9 du Préambule de la Constitution de 1946. C'est pourquoi tant que le texte de la loi confirme le caractère national de ce service, celui-ci doit demeurer propriété publique, et si la loi s'avisait de retirer la qualification de service public, le sort des biens transférés gratuitement à France Telecom devrait être réglé de façon à éviter toute appropriation privée d'un domaine autrefois public. Le même problème se poserait d'ailleurs pour toutes les infrastructures des anciens grands services publics nationaux qui ont été transférées sans compensation financière à des personnes juridiques à l'occasion d'une scission entre opérateur de service public et gestionnaire d'infrastructures (énergie, transport public ferroviaire).

330 Les incertitudes quant au contenu de la catégorie des services publics constitutionnels sont à l'origine d'un débat doctrinal inachevé sur la distinction entre service public constitutionnel et service public national.

Car les lectures de l'alinéa 9 du Préambule de 1946, ne sont pas univoques. Penser que les services publics n'étaient dits nationaux que si les biens et le capital de l'entreprise appartenaient en totalité, ou en partie majoritaire, à l'État fédérait les premières approches doctrinales des « grands services publics et entreprises nationales ». N'étaient donc pas des services publics les activités réalisées par des entreprises privées ou privatisées.

Plusieurs courants doctrinaux s'affrontent sur ce terrain, et les présupposés idéologiques qui le déterminaient en 1946 ne semblent plus en phase avec les principes directeurs des politiques publiques libérales. De plus, si la situation de « monopole de fait » semble aisée à relever, la qualification de « service public national » n'apparaît pas d'emblée (36). Durant les premières années de la IVe République, la réponse à la question avait été résolue en attribuant au législateur le soin de distinguer entre les différents services publics ceux qui devaient être ou non nationalisés : la nationalisation induisait la qualification du service considéré. Cette perspective n'est plus pertinente sous la Ve République, où il ne s'agit plus de fonder les services publics mais de déployer des politiques économiques sous l'égide de l'Union européenne. La distinction semble aujourd'hui se réduire à une simple remarque en forme négative : un service national n'est pas un service local ; il n'est pas non plus un service national assuré par plusieurs opérateurs indépendants sur des portions du territoire national (37).

C'est surtout à propos des services de l'électricité et du gaz que le Conseil constitutionnel eut plusieurs fois l'occasion de recomposer les bases de la réflexion sur la notion de service public national comme sur celle de monopole de fait, mais inévitablement, les conséquences dépassent le champ balisé par le secteur de l'énergie.

(33) CC, 23 juill. 1996, n° 96-380 DC, France Télécom, *préc.*
(34) CC, 30 nov. 2006, n° 2006-543 DC, L. relative au secteur de l'énergie, *préc.*
(35) CC, 4 févr. 2010, n° 2010-601 DC, L. relative à l'entreprise publique La poste et aux activités postales, *préc.*
(36) V. R. de Bellescize, *Les services publics constitutionnels*, LGDJ, 2005, p. 53 et s.
(37) CE, 27 sept. 2006, req. 290716 et a, M. B. et Assoc. de défense des usagers des autoroutes publiques de France.

B. L'AFFAIBLISSEMENT DE LA NOTION CONSTITUTIONNELLE DE SERVICE PUBLIC NATIONAL

331 La logique de libéralisation des services menée dans l'Union européenne influence nécessairement la lecture que font les pouvoirs publics français des services qui, dits publics, reçoivent la qualification de services d'intérêt économique général (SIEG) ou de services d'intérêt général (SIG), quand ils ne deviennent pas, à terme, des services privés. Cependant, la notion de « service public national » ne peut être contournée, car les dispositions de l'alinéa 9 du Préambule de 1946 ont une valeur constitutionnelle que ni les autorités publiques, ni les juges ne peuvent éluder.

Le Conseil constitutionnel, dans sa décision n° 2006-543 DC du 30 novembre 2006, a en effet confirmé la liaison entre droit national et droit européen, en s'appuyant sur ses précédentes interprétations de l'article 88-1 de la Constitution, qui dispose : « la République participe aux communautés européennes et à l'Union européenne, constituées d'États qui ont choisi librement, en vertu des traités qui les instituent, d'exercer en commun certaines de leurs compétences ». Selon le Conseil, « la transposition en droit interne d'une directive européenne résulte d'une exigence constitutionnelle à laquelle il ne pourrait être fait obstacle qu'en raison d'une disposition expresse de la Constitution » (38). Cette exigence ne se comprend pas exclusivement à l'égard des lois de transposition de directives européennes (39). Ainsi que le souligne G. Marcou, le « consentement du constituant » doit être avéré pour qu'une telle transposition induise une certaine remise en cause d'une règle ou d'un principe constitutionnel (40). Les dimensions de l'interprétation de ce « consentement » sont données par le Conseil constitutionnel qui, usant de la référence à l'article 88-1 de la Constitution, s'estime fondé à relire les dispositions de l'alinéa 9 du Préambule de 1946 afin de repenser la notion de service public national en l'inscrivant dans la logique du droit de l'UE. Le contrôle de constitutionnalité de la loi se combine désormais avec celui de la compatibilité des normes européennes avec la Constitution. Ce mouvement du droit n'est pas sans incidences sur l'appréhension de la notion de service public.

332 L'alinéa 9 du Préambule de la Constitution de 1946 énonce que « tout bien, toute entreprise, dont l'exploitation a ou acquiert les caractères d'un service public national ou d'un monopole de fait, doit devenir la propriété de la collectivité ». Le Conseil constitutionnel n'a pas toujours resserré la lecture de cet alinéa autour de la notion de service public national. Ce n'est que depuis le milieu des années 1990 qu'il s'est attaché à recomposer l'approche de cette notion, s'offrant l'occasion d'en donner, au début des années 2000, une lecture nouvelle radicalement détachée du contexte de son énonciation initiale. Plusieurs étapes lui ont été nécessaires pour y parvenir.

Le Conseil a d'abord retenu les enjeux de l'exploitation d'un bien ou d'une entreprise pour l'intérêt général. Ensuite, il a souligné que pouvaient exister des services

(38) CC, 10 juin 2004, n° 2004-496 DC, L. pour la confiance dans l'économie numérique, *Rec.* p. 101, *JCP A* 2004, 1620, note Gohin ; v. aussi, CC, 1er juill. 2004, n° 2004-497 DC, L. relative aux communications électroniques et aux services de communication audiovisuelle, *Rec.* p. 107 ; CC, 29 juill. 2004, n° 2004-499 DC, L. relative à la protection des personnes physiques à l'égard des traitements de données à caractère personnel, *Rec.* p. 126.

(39) CC, 30 mars 2006, n° 2006-535 DC, L. sur l'égalité des chances, *JO* 2 avr. 2006, p. 4964.

(40) G. Marcou, « L'exigence constitutionnelle de transposition des directives et les tarifs réglementés de l'électricité et du gaz », *AJDA* 2007, p. 473.

publics exigés par la Constitution, sans signaler expressément lesquels. Enfin il a évoqué les principes d'organisation et de fonctionnement des services publics, au nombre desquels il retient plus particulièrement la fonction de la « continuité ». Au fil de son raisonnement, il a contribué au renforcement du rôle du législateur en lui permettant de contourner la logique solidariste de l'alinéa 9 du Préambule de 1946.

333 Le Conseil constitutionnel estimait, dès 1986, qu'une activité attestée comme service public national ou reconnue comme telle par la loi peut se voir disqualifiée par une autre loi : « Si la nécessité de certains services publics nationaux découle de principes ou de règles de valeur constitutionnelle, la détermination des autres activités qui doivent être érigées en service public national est laissée à l'appréciation du législateur ou de l'autorité réglementaire selon les cas ; il suit de là que le fait qu'une activité ait été érigée en service public par le législateur sans que la Constitution l'ait exigé ne fait pas obstacle à ce que cette activité fasse, comme l'entreprise qui en est chargée, l'objet d'un transfert au secteur privé » (41). Le législateur disposait ainsi d'une liberté d'appréciation que le texte de l'alinéa 9 paraissait pourtant lui dénier. Une catégorie nouvelle de services publics se fait alors jour : le service public national par détermination de la loi.

Y furent inclus France Télécom (42), EDF et GDF : « En maintenant aux sociétés nouvellement créées les missions de service public antérieurement dévolues aux personnes morales de droit public Électricité de France et Gaz de France dans les conditions prévues par les lois du 8 avril 1946, du 10 février 2000 et du 3 janvier 2003 susvisées, le législateur a confirmé leur qualité de services publics nationaux » (43). La logique de ce raisonnement induit une confusion problématique entre l'activité d'intérêt général et le statut de l'entreprise, ou plus exactement entre la mission de service public et l'entreprise de service public.

Enfin, en 2006, le Conseil constitutionnel a pu confirmer que « le fait qu'une activité ait été érigée en service public national sans que la Constitution l'ait exigé ne fait pas obstacle au transfert au secteur privé de l'entreprise qui en est chargée ; que, toutefois, ce transfert suppose que le législateur prive ladite entreprise des caractéristiques qui en faisaient un service public national » (44). La privatisation de l'entreprise ne devient donc possible que si l'activité en cause perd le caractère de service public national. Il faudra désormais appréhender le « service public national » essentiellement à partir des déterminations qu'en délivrent les lois.

334 Ce service national doit par ailleurs être compris comme une activité qui doit être assurée par une entreprise publique sur l'ensemble du territoire car le Conseil d'État a, lui aussi, contribué à l'affaiblissement de la notion de service national tant dans ses activités consultatives qu'en matière contentieuse.

(41) CC, 25 et 26 juin 1986, n° 86-207 DC, préc.

(42) « En maintenant à France Télécom sous la forme d'entreprise nationale, les missions de service public antérieurement dévolues à la personne morale de droit public France Télécom [...] le législateur a confirmé sa qualité de service public national » : CC, 23 juill. 1996, n° 96-380 DC, L. relative à l'entreprise nationale France Télécom, *Rec.* p. 107. V. aussi art. 1er de la L. n° 2010-123 du 9 févr. 2010 relative à l'entreprise publique La Poste et aux activités postales, la transformation de La Poste en société anonyme « ne peut avoir pour conséquence de remettre en cause le caractère de service public national de La Poste ».

(43) CC, 5 août 2004, n° 2004-501 DC, L. relative au service public de l'électricité et du gaz et entreprises électriques et gazières, *Rec.* p. 134.

(44) CC, 30 nov. 2006, n° 2006-543 DC, L. relative au secteur de l'énergie, *JO* 8 déc. 2006, p. 18544.

En constatant, à propos de la privatisation des sociétés d'économie mixte concessionnaires d'autoroutes, qu'il « ne résulte d'aucun principe, d'aucune règle de valeur constitutionnelle, ni d'aucune loi que l'exploitation des concessions autoroutières doive être érigée en service public national », le juge administratif s'est appliqué à introduire un autre critère réducteur de la notion de service public national : l'exigence qu'il soit organisé et mis en œuvre par une seule entreprise et au niveau national (45). Dans un avis du 11 mai 2006 relatif au projet de privatisation de Gaz de France, le Conseil d'État avait déjà suggéré cet argument : « l'essentiel des missions constituant un service public national ne peut être confié qu'à une personne publique ou à un opérateur dont le capital est détenu majoritairement par l'État » (46).

Pourtant, le fait qu'il existe une ou plusieurs sociétés d'économie mixte ou que l'exploitation soit assurée en régie par l'État n'est qu'une modalité d'organisation du service. Il n'y a pas de raison théorique pour qu'un type d'organisation ancien et qui couvre un grand nombre d'autres secteurs, modifie la nature du service public. Le Conseil constitutionnel confirme cependant cette interprétation car, selon lui, « il appartient au législateur ou à l'autorité réglementaire, selon les cas, de déterminer les autres activités qui doivent être ainsi qualifiées [comme service public national], *en fixant leur organisation au niveau national et en les confiant à une seule entreprise* » (47).

335 Aussi réductrice soit-elle devenue, la définition du service public national en est pourtant clarifiée. « C'est une activité de service public, organisée et exercée au niveau national, par une entreprise publique sur la base d'un monopole légal couvrant une part essentielle de son activité » (48). Dans la mesure où, analysant les différents acteurs d'une activité de prestation le Conseil constitutionnel a pu estimer que celle-ci « constitue un service public local et non national » (49), peut-on encore considérer comme un service public national une mission de service public mise en œuvre par une organisation nationale qui se décompose en plusieurs entités autonomes distinctes ? (50).

En poussant cette logique à son terme, écoles, hôpitaux, tribunaux, etc. ne seraient plus que des services publics « locaux ». Mais certains de ces services relèvent aussi de ceux « exigés par la Constitution » (éducation nationale, protection de la santé, justice). Faudrait-il, dès lors, penser que sont seuls des services publics nationaux ceux dont « la nécessité découle de principes ou de règles de valeur constitutionnelle » et qui, par là, échappent à la volonté du législateur (51) ?

(45) CE sect., 27 sept. 2006, req. 290716, François Bayrou et assoc. de défense des usagers des autoroutes publiques de France, *RFDA* 2006, p. 1147, concl. Glaser, note De Bellescize.

(46) CE avis, n° 372040, 11 mai 2006, non publié, cité par G. Marcou, *op. cit.,* et G. Drago, « Fin d'un service public national. À propos de la décision du Conseil constitutionnel "loi relative au secteur de l'énergie" », *JCP A* 2007, n° 4, 2014.

(47) CC, n° 2006-543 DC, *préc.* (souligné par nous).

(48) G. Drago, « Fin d'un service public national… », *op. cit.*

(49) Alors que le terme « local » semble renvoyer ici à des « zones de desserte » dont le périmètre n'est pas nécessairement celui des collectivités territoriales. V. aussi, G. Marcou, « La décision du Conseil constitutionnel sur la privatisation de Gaz de France et le principe de libre administration des collectivités territoriales », *RLCT* 2007, n° 22, p. 23.

(50) C'est le cas de la Sécurité sociale : CE 8 avr. 1998, req. 189314, Fédération nationale interprofessionnelle des mutuelles (FNIM). Toutefois les alinéas 10 et 11 du Préambule de 1946 seraient en jeu.

(51) G. Drago, « Fin d'un service public national… », *op. cit.*

336 En résumé, la distinction supposée entre service public national et service public constitutionnel, issue des argumentations du Conseil constitutionnel élaborées à l'aune du droit européen, confirme le présupposé initial selon lequel n'est service public qu'une activité érigée comme tel par les pouvoirs publics. Néanmoins, certains services publics doivent être créés parce que la Constitution les prévoit explicitement, d'autres peuvent l'être si la définition des droits fondamentaux dans le texte constitutionnel ou les décisions du Conseil constitutionnel les présuppose. Dès lors, le législateur ne dispose pas, comme le pensent certains commentateurs, d'un pouvoir discrétionnaire pour qualifier ou non un service public national, car le Conseil constitutionnel s'est attribué, au titre de son interprétation des normes constitutionnelles, le pouvoir de déterminer quels sont les services « exigés par la Constitution », sans pour autant utiliser l'expression de « services publics constitutionnels ».

C. UNE NOTION EN VOIE D'EXTINCTION JURIDIQUE : LE MONOPOLE DE FAIT

337 Dans sa décision des 25 et 26 juin 1986, le Conseil constitutionnel avait relevé que « la notion de monopole de fait visée dans le neuvième alinéa [...] du Préambule de la Constitution de 1946 doit s'entendre compte tenu de l'ensemble du marché à l'intérieur duquel s'exercent les activités des entreprises ainsi que de la concurrence qu'elles affrontent dans ce marché de la part de l'ensemble des autres entreprises ; qu'on ne saurait prendre en compte les positions privilégiées que telle ou telle entreprise détient momentanément ou à l'égard d'une production qui ne représente qu'une partie de ses activités » (52).

Vingt ans plus tard, dans sa décision du 30 novembre 2006, le Conseil constitutionnel estime que Gaz de France ne constitue pas un monopole de fait, d'une part, en retenant à l'appui de son argumentation qu'il existe une possibilité matérielle pour d'autres entreprises, privées notamment, de fournir du gaz et, d'autre part, en reprenant des arguments que le gouvernement avait présentés dans ses observations en réponse à la saisine des parlementaires, en raison de la substituabilité du gaz par d'autres énergies.

Dès l'instant où interviennent d'autres opérateurs sur un des « segments » du marché concerné, il ne peut pas y avoir monopole. Quand certaines des activités prises en charge par une entreprise publique sont exclues d'une nationalisation et ouvertes à d'autres entreprises, le Conseil constitutionnel relève l'absence de « monopole de fait ». L'attention ainsi portée à la segmentation des activités dans un secteur donné permet de « casser le monopole ».

Le Conseil constitutionnel a donc pu relever, en 2006, que les activités de « transport » de gaz naturel ont été exclues de la nationalisation et ouvertes à d'autres opérateurs dès 1949 ; il a souligné aussi que les activités de « distribution » du gaz, n'étaient pas opérées exclusivement par GDF. De plus, il a rappelé que la loi n° 2003-8 du 3 janvier 2003 relative aux marchés du gaz et de l'électricité et au service public de l'énergie a supprimé les « monopoles d'importation et d'exportation » du gaz naturel. À la suite de cette énumération des différentes activités opérationnelles, le Conseil

(52) CC, 25 et 26 juin 1986, n° 86-207 DC, Privatisations, *préc.*

constitutionnel en déduit que l'entreprise Gaz de France « ne peut être regardée comme une entreprise dont l'exploitation constitue un monopole de fait au sens du neuvième alinéa du Préambule de 1946 » (53).

338 Pour constater l'existence d'un monopole de fait, procéder un raisonnement *a contrario* devient nécessaire. Il n'y a pas monopole de fait quand peuvent être relevés trois éléments : l'absence d'exclusivité dans la fourniture de la prestation ; le fait que les éventuelles obligations de service public prévues par les lois s'imposent à toutes les entreprises du secteur ; l'état du marché dans le secteur considéré et des formes de libre concurrence interdisant la détermination de tarifs réglementés. Ainsi, toutes les entreprises publiques qui n'ont pas les qualités d'un monopole de fait ont perdu ou sont en instance de perdre le caractère de service public national qui leur a été jadis reconnu : EDF, La Poste, France-Télévision.

339 Cette technique d'interprétation repose sur le découpage des opérations menées dans un secteur d'activités considéré comme global. Elle contourne les fondements historiques de l'alinéa 9 du Préambule de 1946 et sa logique.

Car la notion de service public se comprend essentiellement par rapport à la satisfaction des besoins de la population. Retenir et isoler les différentes activités d'une entreprise d'un secteur déterminé par rapport à un bien précis, plus que par rapport aux prestations, revient à défaire la logique même de l'institution prévue par le constituant de 1946. Pour le secteur du gaz, ce qui constituait le service public n'était pas contenu dans les activités de production industrielle ni dans les activités commerciales d'importation ou d'exportation, mais se trouvait bel et bien dans les activités de prestation et dans l'institution d'un tarif réglementé : son objet était d'encadrer la distribution auprès de la population.

Cette interprétation restrictive de la notion de monopole induit d'autres interrogations. Une distinction entre monopole de fait et « monopole de droit » ne pourrait-elle être décelée derrière la notion de service public national « exigé par la Constitution » ? Si l'idée de monopole ne peut plus être soutenue et si la catégorie des services publics nationaux disparaît progressivement pour les services publics industriels et commerciaux, qu'en sera-t-il demain des services publics à caractère administratif, comme la Sécurité sociale ou l'éducation nationale ?

§ 2. LES SERVICES PUBLICS « NÉGOCIÉS » DANS DES CONVENTIONS INTERNATIONALES

340 L'étude particulière des « services publics internationaux », en tant qu'ils existeraient matériellement plus qu'organiquement, appartient au « droit administratif global ». Elle ne saurait être valablement menée dans le cadre du droit français du service public. Les activités des organisations non gouvernementales (ONG), et la plupart des structures mises en place au plan international relèvent souvent des activités de droit privé international, même s'il s'agit d'actions en matière de santé ou d'éducation. Par ailleurs, il n'est pas de la compétence de l'ONU de créer,

(53) CC, n° 2006-543 DC, *préc.*

d'aménager et de disposer de services publics. Ce qui importe donc en matière de conventions internationales est de savoir s'il a existé ou existe encore des normes internationales imposant à la France le devoir de créer (ou de supprimer) des services publics spécifiques, indépendamment des questions posées par le droit de l'Union européenne.

341 L'État français a accepté de se soumettre aux règles du droit international et participe à l'organisation des relations internationales. Ce choix le conduit à accepter des limitations de souveraineté dont certaines mettent à sa charge des obligations juridiques de faire. Cela se traduit parfois par des obligations de créer des services nécessaires tant à la vie internationale, aux échanges et communications internationaux qu'au renforcement de la protection des droits de l'homme.

Sont ainsi considérés comme dérivant des obligations de droit international certains services publics :

• Le service public de la navigation aérienne qui implique la mise en place d'installations de guidage, d'aérodromes, de services de météorologie. Son organisation est imposée par la Convention de Chicago de 1944 portant création de l'Organisation de l'aviation civile internationale. Il est toujours un service public d'État quelle que soit la forme de gestion des aéroports (54).

• Le service public de l'admission des demandeurs d'asile politique qui est géré par l'Office français pour la protection des réfugiés et apatrides (OFPRA). Il résulte des obligations issues de la Convention de Genève du 28 juillet 1951 relative au statut des réfugiés, ainsi que de la convention de New York du 28 septembre 1954 (notamment pour ce qui concerne les problèmes relatifs aux apatrides). L'OFPRA, institué en France depuis 1952, est un établissement public (55) chargé de l'application des textes français relatifs au droit des étrangers et des conventions européennes et internationales relatives à la reconnaissance de la qualité de réfugié ou d'apatride (56) et à l'admission à la protection subsidiaire (57).

• Le service public de l'emploi – en dépit des évolutions juridiques qui ont accompagné la création de diverses organisations internationales comme l'OMC et des différentes incompatibilités qui pourraient apparaître entre les textes de droit européen et le droit international du travail, et malgré les divers textes législatifs qui interfèrent désormais en matière de droit social – devait obligatoirement être institué en vertu de la Convention OIT n° 88 de 1948 et du fait que la France est membre de l'OIT. L'alinéa 1 de l'article 1er de cette Convention stipulait, en effet, que « Chaque membre de l'Organisation internationale du Travail [...] doit entretenir ou veiller à ce que soit entretenu un service public et gratuit de l'emploi ». L'article 2 de cette même

(54) Cette particularité justifie sans doute la qualification de service public national donnée initialement aux services de transports aériens dans l'ordonnance du 26 juin 1945 portant nationalisation des transports aériens, *JO* 27 juin 1945, p. 3880 ; v. aussi L. n° 48-976 du 16 juin 1948 portant institution de la compagnie nationale Air France, *JO* 17 juin 1948, p. 5863. Toutefois, des modifications importantes de cette activité de service public sont intervenues : v. Code de l'aviation civile.

(55) Code de l'entrée et du séjour des étrangers et du droit d'asile, art. L. 721-1 à L. 723-5.

(56) D. n° 2004-814 du 14 août 2004 relatif à l'Office français de protection des réfugiés et apatrides et à la Commission des recours des réfugiés ; F. Donnat, concl. conformes sur CE, 9 mars 2005, M. Moinuddin, req. 274509, *AJDA* 2005, p. 1302.

(57) Notion propre au droit français s'appliquant à des personnes exposées dans leur pays à des menaces graves mais dont la situation ne relèverait pas du statut de réfugié (art. L. 712-1 CESEDA).

Convention précise que « le service de l'emploi doit être constitué par un système national de bureaux de l'emploi placé sous le contrôle d'une autorité nationale » (58). Il est cependant à noter que la loi n° 2005-32 du 18 janvier 2005 de programmation pour la cohésion sociale modifiant le Code du travail avait réorganisé ce service public (59) sans s'attacher aux dispositions de la convention OIT. Il en est de même pour la loi n° 2008-126 du 13 février 2008 relative à la réforme de l'organisation du service public de l'emploi qui prévoit que le placement et l'accompagnement des demandeurs d'emploi sont assurés par une « institution nationale publique dotée de la personnalité morale et de l'autonomie financière » (60).

342 D'autres conventions internationales ont pu inciter à certaines activités relevant de missions de service public comme le supposaient, par exemple, les dispositifs mis en place par l'Union postale universelle conclue à Vienne le 10 juillet 1964, concernant notamment « le service des chèques postaux » ou par l'Union internationale des télécommunications, institution spécialisée de l'ONU fondée en 1947, ou encore par le Centre international d'enregistrement des publications en séries (CIEPS), organisation intergouvernementale sous l'égide de l'UNESCO qui attribue par l'intermédiaire de ses centres nationaux, un numéro d'ordre (ISSN) à tous les périodiques publiés dans le monde. Il en est de même de toutes les conventions ferroviaires transfrontalières, qui sont internationales et bilatérales (61). Enfin, certaines conventions peuvent progressivement conduire les pouvoirs publics à créer certains services publics, notamment pour la protection de l'environnement (62) ou, plus récemment, pour des enjeux de sécurité nationale et internationale et de lutte contre le terrorisme.

§ 3. LES SERVICES PUBLICS « INDUITS » PAR LE DROIT EUROPÉEN

343 **Bibliographie** : A. LYON-CAEN et V. CHAMPEIL-DESPLATS (dir.), *Services publics et droits fondamentaux dans la construction européenne*, Dalloz, coll. Thèmes et

(58) D. n° 52-1255 du 21 nov. 1952 portant publication de la convention internationale du travail n° 88 concernant l'organisation du service de l'emploi, adoptée par la conférence internationale du travail dans sa 31e session, tenue à San Francisco du 17 juin 1938 au 9 juill. 1948, et de la convention internationale du travail n° 95 concernant la protection du salaire, adoptée par la conférence internationale du travail dans sa 32e session, tenue à Genève du 8 juin 1949 au 1er juill. 1949, *JO* 26 nov. 1952, p. 10949.

(59) Pôle Emploi demeure un service public, ainsi qu'en atteste la Cour de cassation : Cass. soc., 5 janv. 2011, pourvoi n° S 10-21.445.

(60) C. trav., art. L. 5312-1.

(61) V. par ex. : Conventions entre la France et l'Espagne du 18 août 1904 et du 16 juill. 1928 stipulant que chaque État s'engage à acheminer sur son territoire les trains venant de l'autre territoire entre Pau et Canfranc.

(62) V. par ex. : Convention sur l'accès à l'information, la participation du public au processus décisionnel, et l'accès à la justice en matière d'environnement du 25 juin 1998, ratifiée par la L. n° 2002-285 du 28 févr. 2002 ; D. n° 2002-1187 du 12 sept. 2002 portant publication de la convention sur l'accès à l'information, la participation du public au processus décisionnel et l'accès à la justice en matière d'environnement, faite à Aarhus le 25 juin 1998. Certains éléments trouvent écho dans la Charte de l'environnement de 2004 placée en tête de la Constitution du 4 oct. 1958 et désormais incluse dans les références du Conseil constitutionnel. Voir aussi le cas du Service hydrographique et océanographique de la Marine (SHOM), qui exerce les attributions de l'État en matière d'hydrographie nationale et de cartographie marine conformément aux obligations internationales de la France, définies notamment par la convention internationale SOLAS pour la sauvegarde de la vie humaine en mer et par la convention des Nations unies sur le droit de la mer.

commentaires, 2001 ; F. Moderne et G. Marcou (dir.), *L'idée de service public dans le droit des États de l'Union européenne*, L'Harmattan, 2001 ; S. Rodrigues, *La nouvelle régulation des services publics en Europe : énergie, postes, télécommunications et transport*, Tec & doc, 2000, 694 p. ; J.-V. Louis, S. Rodrigues (dir.), *Les services d'intérêt économique général et l'Union européenne*, Bruylant, 2006, 450 p.

Y. Gaudemet, « Le service public à l'épreuve de l'Europe : vrais et faux procès », *Mél. B. Jeanneau*, Dalloz 2002, p. 473 ; P. Cassia, « Service public et droit communautaire », *LPA*, 4 juillet 2002 n° 133, p. 4. V. Rojanski, « L'Union européenne et les services d'intérêt général », *Rev. dr. UE* 2002, p. 735-773 ; B. Delzangles, « La systématisation des activités d'intérêt général en droit communautaire », *RDP* 2009, p. 1115.

344 Selon une vision optimiste, « le droit communautaire enrichit la notion française de service public en ajoutant des missions jusqu'alors inconnues du droit administratif français, telle la qualité du service rendu au public. Le droit communautaire tend également à déterminer le plus précisément possible le régime juridique du service public, c'est-à-dire l'organisation de l'entreprise chargée d'une mission d'intérêt général et l'étendue des dérogations dont cette entreprise peut bénéficier dans un environnement caractérisé par le principe de libre concurrence » (63). Cette appréciation peut sans difficulté trouver à s'appliquer aux mutations des services publics existants, ou aux conditions entourant leur suppression (64). Elle est également transposable, dans une mesure plus restreinte, à leur création.

345 Même dans des domaines qualifiés d'économiques, il est tout d'abord des hypothèses dans lesquelles le droit européen, dans le même temps qu'il modifiait profondément le statut et le régime de gestion de « grands services publics », obligeait à créer de nouveaux services publics, ou de nouveaux segments du service public, dans les mêmes secteurs. Tel fut par exemple le cas en matière postale : alors que la loi du 2 juillet 1990 limitait le service public du courrier, assimilé au monopole, au « transport des lettres ainsi que des paquets et papiers n'excédant pas le poids de un kilogramme », la directive postale 97/67/CE du 15 décembre 1997 exigeait que le service public assure *au minimum* le transport de courrier jusqu'à deux kilos et de colis jusqu'à dix kilos, ainsi que les services relatifs aux envois recommandés et aux envois à valeur déclarée, obligation transposée par la loi du 25 juin 1999 (65). La définition du service universel a cependant ultérieurement évolué de façon plus restrictive (66) et tout monopole postal doit prendre fin dans l'UE avant la fin de l'année 2011 (67).

346 La création de services publics en application du droit de l'UE passe également par l'instauration de services d'intérêt général européens, et non plus seulement dans les

(63) P. Cassia, « Service public et droit communautaire », *LPA*, 2002, n° 133, p. 4.

(64) S. Limousin et B. Cantier, « Libéralisation du secteur ferroviaire : l'adoption de trois nouvelles directives renforce la concurrence », *LPA*, 2001, n° 98, p. 15.

(65) M. Lombard, « Commentaire de la dir. 97/67/CE du 15 déc. 1997 concernant des règles communes pour le développement du marché intérieur des services postaux de la Communauté et l'amélioration de la qualité du service », *AJDA* 1998, p. 716.

(66) V. A. Taillefait, « L'ouverture des marchés postaux européens : lenteurs et résistances », *Dr. adm.* oct. 2005, chron. n° 16.

(67) Dir. n° 2008/6 du 20 févr. 2008, modifiant la dir. n° 97/67/CE en ce qui concerne l'achèvement du marché intérieur des services postaux de la Communauté. V. G. Calley, « La fin du monopole postal : quelles perspectives pour le financement du service universel postal ? », *LPA*, 4 juill. 2008 n° 134, p. 3.

États membres (68). Certains de ces services ne sont pas personnalisés : tel est le cas du réseau EURES, créé en 1992 par la Commission, qui a pour vocation de coordonner les activités des services de l'emploi dans les États membres, en vue de faciliter la libre circulation des travailleurs. Telle est aussi la situation du Comité européen de normalisation (CEN), créé en 1961 sous forme d'association sans but lucratif (de droit belge) afin d'harmoniser les normes européennes, et dont la mission est très proche de celle que remplit, en France, l'AFNOR.

D'autres services ont été confiés à des entreprises. Ainsi, le programme européen de services de navigation par satellite Galiléo (69) a été constitué sous forme d'entreprise commune par un règlement de 2002 (70). Toutefois, l'activité de cette institution a été transférée, par une curieuse confusion entre les fonctions de régulateur et d'opérateur, à l'Autorité européenne de surveillance GNSS. Cette dernière, instituée en 2004, devait avoir pour mission d'être l'autorité de régulation européenne du secteur des communications par satellite pendant les phases de déploiement et d'exploitation du programme Galiléo. Or, un règlement du 12 décembre 2006 lui a également transféré la propriété des biens de l'entreprise commune Galiléo (71).

Enfin, les services publics européens peuvent prendre la forme d'agences. Au nombre d'une trentaine, ces entités sont dotées d'une personnalité juridique propre, et sont créées par un règlement pour accomplir une mission particulière, qui ne se limite pas seulement à la régulation (72). Présentes essentiellement dans les domaines relevant du premier pilier de la construction européenne (73), elles se développent également en matière de coopération policière (Europol) (74) ou de politique étrangère et de sécurité commune (Agence européenne de Défense) (75).

347 La dernière hypothèse dans laquelle le droit de l'UE induit la création de services publics est plus indirecte. Étant donné que l'article 106, § 2 TFUE lie la possibilité de déroger aux règles du traité, notamment aux règles de concurrence, à la qualité de gestionnaire de SIEG, on assiste parfois à une requalification en activités de service public d'opérations qui, selon les classifications traditionnelles en droit interne, relevaient de la mise en œuvre de prérogatives de puissance publique par la voie de la « police économique ».

(68) On peut d'ailleurs parfois s'interroger sur la nature de « service » de certaines initiatives d'intérêt général communautaire prises par la Commission. Par ex. la dir. 2004/52/CE du Parlement européen et du Conseil du 29 avr. 2004 tend à assurer l'interopérabilité des systèmes de télépéage routier dans la Communauté. La L. n° 2006-10 du 5 janv. 2006 relative à la sécurité et au développement des transports a ainsi dû compléter le Code de la voirie routière par un chapitre X intitulé « Service européen de télépéage ». Pourtant ce service européen se résume à ce que chaque utilisateur du service dispose d'un équipement à même de fonctionner partout en Europe avec un seul contrat lui permettant d'accéder à toutes les infrastructures routières. Il doit être compris comme une simple appellation générique ou une catégorie désignant cette interopérabilité contractuelle.

(69) V. J.-D. Dreyfus, A. Desingly, « Le programme Galileo, "laboratoire" du partenariat public privé communautaire », *Europe*, 2006, n° 4, p. 4.

(70) Règlement (CE) n° 876/2002 du Conseil du 21 mai 2002 créant l'entreprise commune Galileo, *JOUE* L 138 du 28 mai 2002, p. 1.

(71) Règlement n° 1942/2006 du 12 déc. 2006 modifiant le règlement (CE) n° 1321/2004 sur les structures de gestion des programmes européens de radionavigation par satellite, *JOUE* L 367 du 22 déc. 2006, p. 18.

(72) N. de Grove-Valdeyron, « Les agences de la Communauté sont-elles des autorités de régulation ? », *JCP E*, 2004, suppl. *CDE*, n° 2, p. 22.

(73) V. par ex. L. Grard, « Sécurité et transport dans l'UE. Le recours aux agences de régulation », *Europe*, 2003, ét. 10.

(74) G. Isaac, « Le nouvel office européen de police EUROPOL », *LPA*, 2000, n° 113, p. 7.

(75) F. Kauff-Gazin, *Europe*, 2004, n° 10, comm. 319.

Le TPICE a ainsi pu considérer comme conforme aux règles du traité l'attribution par une collectivité territoriale d'une aide à une entreprise (vente d'un terrain à un prix symbolique), dans la mesure où des obligations de service public avaient été imposées à l'entreprise bénéficiaire (76). Or les obligations en cause n'avaient été fixées, en l'occurrence, que par oral, et se limitaient à la mise à disposition d'une portion du parc de stationnement de l'entreprise bénéficiaire au profit des entreprises concurrentes. Les collectivités publiques françaises sont donc incitées à présenter, parfois avec moins de succès, des activités qui ne relèveraient pas naturellement du service public comme constitutives de tels services pour échapper, au moins pour partie, à l'application des règles de concurrence.

SECTION II LES FONDEMENTS JURIDIQUES DU POUVOIR DE CRÉATION DES SERVICES PUBLICS

348 Il est certain que les personnes publiques ne disposent pas du monopole des prestations en matière de satisfaction de l'intérêt public. En l'état actuel de notre droit, les personnes privées, associations ou entreprises, peuvent parfaitement exercer une activité reconnue comme étant d'intérêt public, voire être investies de charges relatives au « service universel ». Par ailleurs, de plus en plus souvent, les pouvoirs publics en appellent à l'action des associations, personnes morales de droit privé, pour suppléer les interventions qu'ils ne sauraient prendre en charge, la plupart du temps pour des raisons financières et au vu des économies budgétaires qu'ils doivent réaliser (77). Mais, quel que soit le cas, le caractère d'intérêt général ou d'intérêt public de l'activité ne peut être reconnu que par une personne publique. Il doit donc d'une certaine manière être « officialisé » ou « labellisé » par une personne publique ou, selon les contextes, discerné comme tel par le juge (78).

Une activité n'est donc d'intérêt public que si elle est regardée comme telle par une personne publique et seule une personne publique peut vouloir qu'une activité soit, dans un intérêt public, soumise à un régime de droit public. Il en résulte que l'existence d'un service public ne peut procéder que de la volonté exprimée, explicitement ou implicitement, par une personne publique. Le principe de l'incompétence des personnes privées pour créer et supprimer les services publics est donc incontestable, même s'il n'en demeure pas moins que celles-ci peuvent avoir l'initiative de prendre en charge des activités d'intérêt général qui seront ultérieurement reconnues comme service public par des personnes publiques, ou être habilitées à les gérer et les exploiter.

(76) TPICE, 16 sept. 2004, T-274/01, Valmont Nederland BV, *Europe*, 2004, n° 11, note Idot.
(77) M. Long, *Associations et pouvoirs publics*, LGDJ, coll. Systèmes, 2010.
(78) « Une personne privée doit également être regardée, dans le silence de la loi, comme assurant une mission de service public lorsque, eu égard à l'intérêt général de son activité, aux conditions de sa création, de son organisation ou de son fonctionnement, aux obligations qui lui sont imposées ainsi qu'aux mesures prises pour vérifier que les objectifs qui lui sont assignés sont atteints, il apparaît que l'administration a entendu lui confier une telle mission » : CE, 22 févr. 2007, Association du personnel relevant des établissements pour inadaptés (APREI), req. 264541, *JCP A* 2007, n° 10-11, 2066, concl. Vérot, note Rouault ; n° 23, 2145, note Koubi et Guglielmi.

349 Selon certains auteurs, cependant, le monopole des personnes publiques en matière de création des services publics supporterait des exceptions. Ces exceptions n'en sont pourtant pas vraiment. La première est liée à l'application de la « théorie des collaborateurs occasionnels ». L'étude de la jurisprudence permet, en effet, de trouver des cas où « un particulier pallie une insuffisance d'un service public défaillant ou inexistant et se conduit spontanément en gérant d'affaires ». Cela n'autorise pourtant pas à en déduire que « dans ces situations, on se trouve bien en face d'une personne privée qui spontanément crée et fait fonctionner un service public à la place des personnes publiques normalement compétentes » (79). Car en réalité, la théorie des collaborateurs occasionnels suppose que le service public ainsi désigné soit préexistant à l'intervention du particulier. La « collaboration spontanée » à un service public défaillant mais avéré n'équivaut nullement à la création de ce service public. Au contraire, réalisée sur réquisition ou sur convention, la collaboration bénévole ne fait que confirmer l'existence du service (80).

Dans les cas classiquement évoqués, comme par exemple le sauveteur bénévole qui se porte au secours de personnes en danger, il n'y a pas à proprement parler inexistence du service public, mais plutôt défaillance dans le fonctionnement de celui-ci. Le service de secours aux personnes en danger n'existe pas « matériellement » dans les faits visés, mais il existe « juridiquement », qu'il soit un élément particulier d'un ensemble plus général tel le service public de la police ou de la sécurité, ou qu'il constitue une composante d'un service public de surveillance d'activités ou d'animations diverses. La jurisprudence concernant les sauveteurs bénévoles leur reconnaît quasi automatiquement la qualité de collaborateurs du service public du seul fait que le secours d'urgence aux personnes en danger entre dans les attributions de police du maire (CGCT, art. L. 2212-2 5°).

La reconnaissance de la qualité de collaborateur bénévole du service public suppose donc l'existence d'un service public. La reconnaissance du caractère de service public de l'activité concernée échappe ainsi entièrement à la volonté du collaborateur. Le juge examine si l'activité constitue ou non un service public, il recherche si elle a été érigée ou non par les personnes publiques en service public. L'existence du service public précède donc ici l'intervention du particulier.

350 La théorie des « fonctionnaires de fait » est elle aussi parfois présentée comme remise en cause du monopole des personnes publiques pour créer ou supprimer un service public. Mais une analyse plus précise permet de s'opposer à cette idée. Dans des circonstances exceptionnelles, des personnes étrangères aux services administratifs peuvent en effet agir aux lieu et place des autorités compétentes. Leurs actes sont *a posteriori* considérés comme réguliers et leurs applications engagent la personne publique, tel que ce fut le cas lors de la Libération (81). Mais là encore, les particu-

(79) A.-S. MESCHERIAKOFF, *Droit des services publics*, PUF, coll. Droit fondamental, 1997, p. 101.

(80) C'est surtout sur la responsabilité de la personne publique pour tout dommage que subirait le collaborateur occasionnel que le juge a eu à se prononcer : CE, 21 juin 1895, Cames, *Rec.* p. 509 ; CE, 22 nov. 1946, Commune de Saint-Priest La Plaine, *Rec.* p. 27 ; CAA Lyon, 27 janv. 2005, n° 00LY01743, Commune de Choranche c. M. Assael, *AJDA* 2005, p. 889, note Kolbert ; CAA Paris, 27 juin 2006, Consorts Chevillard, n° 02PA02235, concl. (extr.) Helminger, *AJDA* 2006 p. 2019.

(81) CE, 5 mars 1948, Sieur Marion et a., *Rec.*113, *D.* 1949, p. 147 ; CE ass., 7 janv. 1948, Lecocq, *Rec.* p. 5.

liers qui s'investissent dans ces actes d'administration, ne créent pas le service : ils comblent une carence, une défaillance de fait, du service public existant (82).

351 La manifestation la plus forte du monopole des personnes publiques sur la création et la reconnaissance des services publics se trouve dans la nature des actes qu'elles utilisent. Dans la tradition juridique française telle qu'elle s'est affirmée sous la IIIe République, la décision d'inventer un nouveau type de service public ou d'assumer une nouvelle activité sous le régime du service public devait être affirmée de façon solennelle par la source du droit la plus valorisée à l'époque : la loi (§ 1). Néanmoins, à part les cas où une loi habilite des autorités exécutives à créer un service public, explicitement ou implicitement, celles-ci peuvent aussi, de leur propre initiative, vouloir instituer un service public. Dans cette hypothèse, admise pour l'État sinon pour les collectivités territoriales, la création peut intervenir en conséquence de l'exercice de leur propre pouvoir réglementaire (§ 2).

§ 1. LA LOI, PRINCIPAL ACTE DE CRÉATION DES SERVICES PUBLICS

352 **Bibliographie** : J.-C. ODERZO, « La référence au service public dans les textes législatifs français », *RRJ* 2000, p. 1577.

353 C'est par la loi que s'institue ou disparaît un service public, dans tous les cas de figure, qu'il s'agisse de services exigés par la Constitution, de services négociés dans des conventions internationales ou de services induits par le droit européen. La loi s'impose tout d'abord pour les services publics nationaux dont la création relève, en vertu de la Constitution, du domaine législatif sans pour autant omettre l'hypothèse de l'intervention du Parlement dans le domaine du pouvoir réglementaire avec l'accord de celui-ci. Ainsi, par exemple, selon l'article L. 211-1 du Code de l'éducation, « l'éducation est un service public national ». Mais pour la mise en place effective de ces services publics, pour ce qui concerne leur organisation matérielle et, dans une certaine mesure, leurs modes de fonctionnement, une intervention du pouvoir réglementaire est nécessaire.

La loi intervient en quelque sorte indirectement. Elle définit d'abord pour les collectivités territoriales, dans le cadre d'un État unitaire et décentralisé, des attributions de compétence comportant celle de fonder des services publics. Elle fait aussi en sorte que le choix législatif d'attribution des compétences limite d'une certaine manière tant le législateur que les collectivités territoriales : d'une part, les services publics locaux obligatoires ne peuvent être définis que par la loi ; d'autre part, la loi ne peut pas créer d'elle-même les services publics locaux facultatifs, mais, inévitablement, elle conditionne la possibilité de leur existence.

L'intervention de la loi n° 2010-1563 du 16 décembre 2010 de réforme des collectivités territoriales n'a pas de conséquence directe sur cette répartition des pouvoirs, même si elle altère l'appréhension générale de la décentralisation (83).

(82) CE, 16 mai 2001, Préfet de Police de Paris (Massoni), *AJDA* 2001, p. 672, note Legrand.
(83) V. entre autres, J.-F. BRISSON, « La L. du 16 déc. 2010 portant réforme territoriale ou le droit des collectivités territoriales en miettes », *Dr. adm.* mars 2011, ét. 5.

L'approfondissement de la dynamique de la régionalisation (84) et, surtout, de l'intercommunalité (85) entraîne quelques modifications incidentes quant à la conception d'un pouvoir de libre création de services publics par les communes ou les départements. En fait, si « la clause générale de compétence » demeure, en pratique elle semble perdre de sa vigueur. Les notions d'« affaires locales » ou d'« intérêt public local » suffisent aux collectivités territoriales pour envisager de créer des services publics de leur propre initiative, c'est-à-dire indépendamment des prescriptions législatives – en respectant les domaines de compétence des autres collectivités publiques et la hiérarchie des normes juridiques.

Comme le note V. Donier, « la loi n'organise pas réellement la disparition de la clause générale de compétence, y compris pour les départements et les régions qui conservent un droit d'initiative dont la définition est très proche de la définition donnée à la clause générale de compétence. L'apport du texte à cet égard nous paraît donc difficile à discerner, et il est délicat de partager l'analyse selon laquelle la réforme a enterré la clause générale de compétence des départements et des régions. Le maintien d'un droit d'initiative au profit des départements et des régions limite, en effet, l'impact des dispositions affirmant que les départements et les régions règlent les affaires de leur collectivité dans les domaines de compétences que la loi leur attribue » (86). Certes, la loi du 16 décembre 2010 prévoit qu'à partir du 1er janvier 2015, les conseils généraux et régionaux (territoriaux) ne régleront par leurs délibérations que les affaires qui entreront dans les domaines de compétences que les lois leur auront attribués. Ce « principe de l'exclusivité des compétences » se rapporterait alors à quelques exceptions tenant à des actions partagées avec d'autres collectivités territoriales et rationaliserait les délégations de compétence d'une collectivité à une autre.

Il est difficile de penser que la clause générale de compétence ainsi supprimée priverait l'organe délibérant de ces collectivités, département et région, composé d'élus au suffrage universel, des pouvoirs de création de services publics facultatifs, complémentaires ou accessoires soit aux services publics nationaux, soit aux missions d'intérêt général assumées par des entreprises privées. Pas plus qu'il ne serait concevable qu'ils ne puissent pas prendre en charge les activités que ces dernières ont délaissées, c'est-à-dire, souvent, les moins rentables. Il n'en demeure pas moins que, quel que soit le cas, l'intervention des collectivités territoriales dans ces domaines d'activité repose nécessairement sur une habilitation législative, que celle-ci soit d'ordre général ou à fondement spécifique.

354 L'article 34 de la Constitution prévoit en effet que « La loi fixe les règles concernant : les droits civiques et les garanties fondamentales accordées aux citoyens pour

(84) V. B. Faure, « Le regroupement départements-région. Remède ou problème ? », *AJDA* 2011, p. 86 ; M. Philip-Gay, « Répartition des compétences entre la région et le département : un dispositif inachevé », *AJCT* 2011, p. 59.

(85) V. E. Duru, « Portrait-robot de l'intercommunalité au lendemain de la réforme territoriale », *AJCL* 2011, p. 10 ; N. Portier, « La coopération intercommunale dans la réforme des collectivités », *AJDA* 2011, p. 80 ; v. aussi, J.-L. Albert, « La répartition des compétences entre les communes et les institutions intercommunales », *JCP A* 2010, n° 30, 2241.

(86) V. Donier, « Les clairs-obscurs de la nouvelle répartition des compétences », *AJDA* 2011, p. 93, citant J.-C. Douence, « La spécialisation des compétences », *in* J.-C. Némery (dir.), *Quelle nouvelle réforme pour les collectivités territoriales françaises ?*, L'Harmattan, coll. Grale, 2010, p. 243 ; v. aussi, M. Verpeaux, « La clause générale de compétence, consécration ou remise en cause ? », *RLCT* 2009, p. 66.

l'exercice des libertés publiques ; les sujétions imposées par la Défense Nationale aux citoyens […] ; la création de nouveaux ordres de juridiction […] / La loi fixe également les règles concernant : la création de catégories d'établissements publics ; […] ; les nationalisations d'entreprises et les transferts de propriété d'entreprises du secteur public au secteur privé ». De plus « la loi détermine les principes fondamentaux : de l'organisation générale de la Défense Nationale ; de l'enseignement ; […] de la sécurité sociale ». Ces différents domaines devraient ainsi être considérés comme relevant de services publics nationaux, nonobstant les modalités de leurs implantations locales.

Que cela soit en application de la Constitution, ou en raison des décisions du Conseil constitutionnel, ou du fait de la seule volonté du législateur, la loi est le principal acte fondateur du service public. La loi est surtout le principal acte de déclenchement des compétences qui pourraient être attribuées à d'autres personnes publiques que l'État, dont sont bénéficiaires notamment les collectivités territoriales depuis la révision constitutionnelle de mars 2003 et les lois ultérieures. Ce même article 34 dispose en effet que la loi détermine les principes fondamentaux « de la libre administration des collectivités territoriales, de leurs compétences et de leurs ressources ».

§ 2. LA CRÉATION DES SERVICES PUBLICS DU FAIT D'UN ACTE RÉGLEMENTAIRE

355 J.-C. Douence observe qu'en pratique « le législateur intervient presque toujours ne serait-ce que pour des raisons de politique générale ou, plus prosaïquement, de financement du service ». Selon lui, « la compétence réglementaire se réduit comme une peau de chagrin. Elle ne trouve guère à s'exercer que pour des aménagements purement internes, sans incidence directe sur les administrés, c'est-à-dire certains services de logistique » (87). Ainsi, on peut admettre que l'État ou une collectivité territoriale satisfasse par ses propres moyens aux besoins de ses services (88) et, de ce fait, l'autorité administrative responsable d'un service public donné peut, sous certaines conditions, décider la création d'un service complémentaire destiné à pourvoir aux besoins du service qu'il dirige. L'exemple de la création par un décret du 24 octobre 1984 du service public des bases de données juridiques en constitue une illustration particulière.

356 Le service public des bases de données juridiques fut réorganisé par un décret du 31 mai 1996. Ce décret, contesté par l'Ordre des avocats à la Cour de Paris au motif notamment de l'incompétence du gouvernement pour créer le service en cause, a donc conduit le juge administratif à inventer les fondements d'un service public de l'accès au droit. Créé en l'absence d'une habilitation législative, ce service ne pouvait être

(87) J.-C. Douence, « Les incidences du caractère national ou local du service public », *AJDA* 1997, n° spécial : « Le service public, unité et diversité », p. 115.

(88) CE, 29 avr. 1970, Sté Unipain, *Rec.* p. 280, *AJDA* 1970, p. 430, concl. Braibant ; *RDP* 1970, p. 1423, note Waline. Il en est de même des collectivités locales : CE, 27 juin 1930, Bourrageas, *Rec.* p. 609. Ces principes n'ont pas été sensiblement affectés par le droit de l'UE, ni pour l'État : CJCE, 18 nov. 1999, aff. C-107/98, Teckal Srl c. Comune di Viano et Azienda Gas-Acqua Consorziale (AGAC) di Reggio Emilia, ni pour les collectivités territoriales : CJCE, 9 juin 2009, aff. C-480-06, Commission c. RFA, *Lamy coll. Terr.*, oct. 2009, p. 55, note Mondou.

considéré comme complémentaire de services publics existants, mais il n'entrait pas non plus dans la liste des matières absolument réservées au législateur. Le Conseil d'État a donc rejeté le moyen invoqué conformément à l'opinion du commissaire du gouvernement : « La création d'un service public n'est pas en elle-même au nombre des matières réservées au législateur sur le fondement de l'article 34 de la Constitution. Le législateur retrouve toutefois sa compétence si le service créé porte atteinte aux libertés publiques et notamment à la liberté constitutionnelle d'entreprendre ou à des dispositions législatives ». Le juge administratif, notant que la mise à disposition et la diffusion des normes juridiques en vigueur constituent une mission de service public, n'a pas vu d'incompétence de l'autorité réglementaire, d'autant plus que le décret attaqué n'est « pas intervenu en méconnaissance de la liberté du commerce et de l'industrie, ni ne porte atteinte à la propriété intellectuelle, à la liberté d'information ou au droit à l'information » et ne touche pas plus aux autres libertés (89).

Cependant, l'accès à la connaissance du droit est une nécessité pour tout citoyen. Une fiction juridique, exprimée par l'adage « nul n'est censé ignorer la loi », manifeste l'importance conférée à cette connaissance, qui garantit l'obligation d'appliquer et de respecter les normes en vigueur. Le législateur, faisant suite à l'éphémère reconnaissance par la jurisprudence de ce service public par nature, a finalement posé lui-même que « les autorités administratives sont tenues d'organiser un accès simple aux règles de droit qu'elles édictent. La mise à disposition et la diffusion des textes juridiques constituent une mission de service public au bon accomplissement de laquelle il appartient aux autorités administratives de veiller » (90). L'accès aux données juridiques publiques, organisé par les décrets du 24 octobre 1984 et du 31 mai 1996, doit donc être considéré depuis comme un service public à fondement législatif.

357 Plusieurs points doivent être soulevés pour rendre compte d'une compétence réglementaire en matière de création de services publics : si une loi peut habiliter le gouvernement à créer un service public, explicitement ou implicitement, le gouvernement peut aussi, de sa propre initiative instituer un service public, sans avoir à se référer à une loi, alors que les collectivités territoriales, même si leurs compétences ont été sensiblement étendues, demeurent soumises à la loi comme au décret pour pouvoir envisager une telle action de leur propre pouvoir réglementaire.

• Le législateur peut lui-même ériger en service public toute activité dès lors que la création du service public ne contrarie pas le sens donné aux normes constitutionnelles, aux principes et objectifs qui y sont rattachés, et ne porte pas atteinte aux libertés fondamentales. Les autorités administratives de l'État se trouvent, elles, enserrées dans d'autres types de contraintes. Lorsque ces autorités décident la création d'un service public en vertu d'une autorisation législative de portée générale, l'acte de création est un acte administratif soumis au contrôle de légalité du juge administratif (sans s'attarder sur les cas de mise en œuvre de l'article 16 de la Constitution qui concerne le pouvoir du président de la République lors de circonstances exceptionnelles).

Le juge administratif détient alors le pouvoir de s'opposer à la création du service public. Le pouvoir administratif est enfermé dans les limites qui sont celles du contrôle

(89) CE, 17 déc. 1997, Ordre des avocats à la Cour de Paris, *AJDA* 1998, p. 362, concl. Combrexelle, note Nouel ; *CJEG* 1998, p. 157.

(90) L. n° 2000-321 du 12 avr. 2000 relative aux droits des citoyens dans leurs relations avec les administrations, art. 2.

minimum : détournement de pouvoir, erreur de fait, erreur de droit, et erreur manifeste d'appréciation dans la qualification juridique des faits. Le juge administratif se refuse généralement à apprécier l'opportunité de la création et à juger le bien-fondé de l'appréciation portée par l'autorité administrative quant aux exigences de l'intérêt général, sauf erreur manifeste. À vrai dire, cet examen de l'acte par le juge n'est pas absolument nécessaire puisque le juge peut, au-delà de l'analyse du rapport entre la loi et le règlement qui voudrait en être une application, s'arrêter au constat de l'absence d'intérêt général.

• Il en va autrement si la création du service est en contradiction avec le texte de la loi ou bien s'il viole un principe général du droit, voire une disposition constitutionnelle. Le problème se pose aussi si la création du service envisagé risque de porter atteinte aux principes protecteurs des libertés fondamentales et, dans ce cadre, plus particulièrement au principe de la liberté du commerce et de l'industrie et à celui de la liberté d'entreprendre (91). Toutes les autorités administratives, celles de l'État et les autres, sont soumises à l'obligation de respecter ce principe.

Il est également nécessaire de s'interroger sur le fait que, la plupart du temps, la création d'un service public par la voie réglementaire, en application d'une loi ou en s'y référant, se résume dans la réorganisation du service et la constitution de services accessoires, lesquels, en vertu de la jurisprudence administrative, sont des services publics. Le contrôle est exercé par le juge administratif notamment à l'occasion de la création de services nouveaux par les autorités responsables d'un service déjà institué. Mais si le juge administratif avait fait preuve d'un assez grand libéralisme pour les services constituant des activités accessoires à celles d'un service public existant (92), certains indices laissent à penser que cette dimension particulière de l'accessoire n'a plus cours. En effet, les deux libertés de caractère économique, la liberté du commerce et de l'industrie et la liberté d'entreprendre, qui constituaient les principales limites à la création d'un service public se trouvent désormais associées au principe de la libre concurrence.

358 • Il est, cependant, un exemple spécifique de création d'un service public par décret, de pure décision gouvernementale mais indéniablement lié au développement des techniques souhaité par le législateur. Le décret du 7 août 2002 annonce en effet dès son article premier qu'il est « créé un service public de la diffusion du droit par

(91) Ces principes font souvent l'objet de rappels par le juge administratif. Un arrêt en donne la description méthodique : CE ord. réf., 31 mai 2006, req. 275531, Ordre des avocats du barreau de Paris ; *RFDA* 2006, p. 1048, concl. Casas (à propos du D. du 19 oct. 2004 portant création de la mission d'appui à la réalisation des contrats de partenariat) : « les personnes publiques sont chargées d'assurer les activités nécessaires à la réalisation des missions de service public dont elles sont investies et bénéficient à cette fin de prérogatives de puissance publique ; qu'en outre, si elles entendent, indépendamment de ces missions, prendre en charge une activité économique, elles ne peuvent légalement le faire que dans le respect tant de la liberté du commerce et de l'industrie que du droit de la concurrence ; qu'à cet égard, pour intervenir sur un marché, elles doivent, non seulement agir dans la limite de leurs compétences, mais également justifier d'un intérêt public, lequel peut résulter notamment de la carence de l'initiative privée ; qu'une fois admise dans son principe, une telle intervention ne doit pas se réaliser suivant des modalités telles qu'en raison de la situation particulière dans laquelle se trouverait cette personne publique par rapport aux autres opérateurs agissant sur le même marché, elle fausserait le libre jeu de la concurrence sur celui-ci ». Pour une application, cf. CE, 5 juill. 2010, req. 308564, Synd. nat. des agences de voyage.

(92) CE sect., 15 oct. 1965, Compagnie l'Abeille, *Rec.* p. 516, *AJDA* 1965, p. 593, chron. : extension d'assurances à des risques couverts par les compagnies privées ; CE, 4 juill. 1973, Synd. nat. des entreprises de diffusion, *Rec.* p. 462, *Gaz. Pal.* 1974, I, 61, note Moderne, *D.* 1973, p. 74, note G. W. : extension des activités de La Poste au transport et à la distribution d'objets n'entrant pas dans le monopole postal.

l'internet » (93). Ce service public est un des rares services à mettre en exergue une des particularités de fonctionnement les plus disputées du service public : la gratuité. Son objet est de faciliter l'accès du public aux textes juridiques applicables. Sans aucun doute, cette institution constitue une réponse à l'objectif de valeur constitutionnelle d'accessibilité de la loi (94). Mais là encore un tel service pourrait apparaître comme une des applications de la loi du 12 avril 2000 relative aux droits des citoyens dans leurs relations avec les administrations. En effet, cette loi avait invité les autorités administratives à « organiser un accès simple aux règles de droit qu'elles édictent » car elle y voyait « une mission de service public ».

Par la suite, la modification de l'article 1er du titre préliminaire du Code civil a suscité une réflexion générale sur les techniques et modalités d'entrée en vigueur des lois et règlements en valorisant les communications électroniques (95) : depuis l'ordonnance du 20 février 2004 (96), complétée par le décret du 29 juin 2004, certains actes peuvent ne faire l'objet que d'une publication sous forme électronique. Sans pouvoir se prononcer sur la conformité de ces dispositions à l'objectif à valeur constitutionnelle d'accessibilité et d'intelligibilité de la loi en raison de la ratification de l'ordonnance, le juge administratif a estimé qu'une telle entrée en vigueur liée à la seule publication par voie électronique n'était pas contraire à la clause de non-discrimination énoncée à l'article 14 de la Convention européenne de sauvegarde des droits de l'homme et des libertés fondamentales (97).

359 • Enfin, dans un tout autre registre, de nouveaux champs d'intervention des collectivités territoriales ont été définis par le législateur dès le début du XXIe siècle. L'étendue de leurs compétences, parfois suivant la désignation de quelques domaines particuliers tels l'action culturelle, la santé, le tourisme, les transports, les ports, inviterait donc à considérer les modalités de création ou de suppression de services publics locaux de la part des collectivités territoriales, en vertu de ce qui serait un « pouvoir réglementaire local » (98). Selon l'article 72 alinéa 3 de la Constitution, les collectivités territoriales disposent, en effet, d'un pouvoir réglementaire. Lié à la notion de libre administration des collectivités territoriales, quelque peu amoindrie pour les départements et régions, il leur permet d'intervenir, dans les domaines de leurs compétences, afin de pallier les défauts de prise en considération des besoins des populations pour ainsi pourvoir, le cas échéant, à leur satisfaction.

La loi du 16 décembre 2010 portant réforme des collectivités territoriales ne produit pas de modifications substantielles à ce propos sinon par le renforcement de l'intercommunalité et par le fait qu'elle suppose la création de nouveaux établissements publics territoriaux. Cette création induit inévitablement un redécoupage des compétences entre les collectivités territoriales et leurs institutions de regroupement, notamment en retenant la technique de la « mutualisation » des moyens, par ailleurs mise en œuvre par la révision générale des politiques publiques. La loi incite alors, en généralisant

(93) D. n° 2002-1064 du 7 août 2002 relatif au service public de la diffusion du droit par l'internet.

(94) CC, 16 déc. 1999, n° 99-421 DC, L. portant habilitation du gouvernement à procéder, par ordonnances, à l'adoption de la partie législative de certains codes, *Rec.* p. 136.

(95) Voir C. Bléry, « Les nouvelles règles d'entrée en vigueur des lois et de certains actes administratifs », *Revue Lamy Droit Civil*, 2004, n° 5.

(96) Ord. n° 2004-164 du 20 févr. 2004 relative aux modalités et effets de la publication des lois et de certains actes administratifs.

(97) CE, 9 nov. 2005, req. 271713, Meyet, *Rec.* T., *RFDA* 2006, p. 535, concl. Donnat.

(98) V. par ex., B. Faure, *Le pouvoir réglementaire des collectivités locales*, LGDJ, 1998.

le modèle de l'établissement public de coopération territoriale, à un déplacement du pouvoir réglementaire vers un pouvoir d'organisation interne « spécialisé ».

De plus, même si la loi prétend aussi « spécialiser » les collectivités territoriales que sont les départements et les régions, la principale idée conductrice demeure la rationalisation budgétaire grâce au développement des cofinancements. Des lois peuvent ainsi intervenir afin de tracer les contours d'une compétence partagée entre plusieurs catégories de collectivités territoriales – particulièrement en matière de tourisme, de culture et de sport (99). Se dessinerait alors un pouvoir réglementaire « conjoint » des collectivités territoriales. Dès lors, quelles que soient les futures implications de la réforme des collectivités territoriales, en tout état de cause, le pouvoir réglementaire des collectivités territoriales connaît un fondement constitutionnel « dans les conditions prévues par la loi ».

SECTION III LES IMPLICATIONS DU MARCHÉ INTÉRIEUR DE L'UNION EUROPÉENNE SUR LA CRÉATION ET LA SUPPRESSION DES SERVICES PUBLICS

360 La prise de conscience de l'influence du droit européen sur le droit français du service public est relativement tardive : ce n'est qu'à la fin des années 1980 que les effets de la construction européenne ont commencé à entraîner des conséquences visibles, tant sur les modalités de gestion que sur la notion même de service public.

Cette influence est fréquemment présentée, non sans raison, comme portant en elle sinon la destruction, du moins une très forte réduction du « service public à la française ». En cette matière comme dans d'autres, les autorités nationales ont donc, pendant longtemps, eu une attitude consistant à résister aux influences du droit européen, en appliquant *a minima* et parfois très tardivement les textes adoptés par les institutions européennes pour encadrer des activités considérées, en France, comme constitutives de services publics. Mais comme l'a souligné le Conseil d'État dans son rapport public pour 2007 (100), cette attitude a pu avoir pour effet paradoxal de renforcer l'influence du droit européen, puisque, du fait de l'intégration du droit européen par les juridictions internes, la transposition des règles externes devra toujours, sauf improbable constatation d'une contrariété avec une disposition expresse de la Constitution, être effectuée.

Cette confrontation a, cependant, profondément évolué. Alors que, dans un premier temps, des textes sectoriels avaient entraîné le démantèlement de monopoles publics et, pour partie, la disparition ou la reconfiguration des services publics dont ils étaient porteurs, c'est, depuis le début des années 1990, le droit communautaire originaire, et singulièrement les dispositions relatives à la concurrence, qui se trouvent au centre des discussions sur la place des services publics en droit européen. Or les interprétations données, par la Commission puis par la Cour de justice, des termes du traité

(99) M. Philip-Gay, « Répartition des compétences entre la région et le département : un dispositif inachevé », *AJCT* 2011, p. 59.

(100) Conseil d'État, *L'administration française et l'Union européenne. Quelles influences ? Quelles stratégies ? Études et documents*, n° 58, La documentation française, 2007, not. p. 297 et s.

instituant la communauté européenne sont apparues fluctuantes, à la fois quant à leur contenu et quant au périmètre des activités susceptibles d'être concernées par le droit de la concurrence européen, qui ne trouve en principe à s'appliquer que pour autant que les activités visées revêtent un caractère économique.

361 L'évolution de l'appréhension des services d'intérêt général par le droit européen se réalise dans un double mouvement. D'un côté, les services d'intérêt général, et en particulier ceux d'entre eux qui revêtent un caractère économique, ont été progressivement reconnus comme des « valeurs communes » de l'Union européenne, ce qui semble leur conférer une place prédominante, et une certaine protection, en droit européen, au point que leur existence est désormais reconnue au sein même des traités (§ 1). Mais par ailleurs, les modalités de leur rémunération n'ont cessé d'être précisées d'une façon réductrice, puisque ce n'est désormais plus dans leur globalité qu'ils peuvent faire l'objet d'un financement, mais uniquement à travers les obligations de service public que les États membres définissent en leur sein (§ 2). Ce double mouvement contradictoire est caractéristique de la situation, encore très ambiguë, qui est celle du service public en droit européen.

§ 1. LA RECONNAISSANCE PAR LE DROIT EUROPÉEN DE LA SPÉCIFICITÉ DES SERVICES D'INTÉRÊT GÉNÉRAL

362 **Bibliographie** : CEEP, *Europe, concurrence et service public*, Masson/Armand Colin, 1995 ; C. Stoffaës (dir.), *L'Europe à l'épreuve de l'intérêt général*, ASPE Europe, 1995 ; C. Stoffaës (dir.), *L'Europe de l'utilité publique*, ASPE Europe, 1995 ; L. Grard, J. Vandamme, F. van der Mensbrugghe, *Vers un service public européen*, ISUPE/ASPE Europe, 1996 ; C. Quin, G. Jeannot (dir.), *Un service public pour les européens ? Diversité des traditions et espaces de convergence*, ministère de l'Équipement des Transports et du Logement, La Doc. fr., Paris, 1997 ; ENA, *Services publics comparés en Europe, exception française, exigence européenne*, promotion Marc Bloch, La Doc. fr. 1997, 2 t. ; R. Kovar, D. Simon (dir.), *Service public et Communauté européenne : entre l'intérêt général et le marché*, La Doc. fr., 1998, 2 t. ; H. Pauliat (dir.), *L'avenir des missions de service public en Europe*, PULIM, coll. Europa, 1999 ; J. Bergougnoux, *Services publics en réseau : perspectives de concurrence et nouvelles régulations*, La Doc. fr. 2000 ; S. Rodrigues, *La nouvelle régulation des services publics en Europe : énergie, postes, télécommunications et transport*, Tec & Doc, 2000 ; F. Moderne, G. Marcou (dir.), *L'idée de service public dans le droit des États de l'Union européenne*, L'Harmattan, coll. Logiques juridiques, 2001 ; A. Lyon-Caen et V. Champeil-Desplats (dir.), *Services publics et droits fondamentaux dans la construction européenne*, Dalloz, coll. Thèmes et commentaires, 2001 ; J.-V. Louis, S. Rodrigues (dir.), *Les services d'intérêt économique général et l'Union européenne*, Bruylant, 2006 ; Sénat, « Sur les services d'intérêt général après le traité de Lisbonne », *Rapport d'information* n° 376, (C. Tasca) ; F. Chaltiel, « Les apports du traité de Lisbonne au service public », *AJDA* 2008, p. 1575 ; « Le traité de Lisbonne : le service public », *LPA*, 30 mai 2008, p. 6.

363 La prise en compte des services d'intérêt général par les instances européennes, et tout spécialement par la Commission et la Cour de justice, a profondément évolué, notamment dans le sillage des arrêts *Paul Corbeau* (101) et *Commune d'Almelo* (102).

(101) CJCE, 19 mai 1993, aff. C-320/91, Paul Corbeau, *Rec.* p. I-2533, *AJDA* 1993, p. 866, note Hamon, *LPA*, 1993, n° 147, p. 22, note Cartou.
(102) CJCE, 27 avr. 1994, aff. C-393/92, Commune d'Almelo, *Rec.* p. I-1477, *D.* 1995, p. 18, note Dutheil de la Rochère, *AJDA* 1994, p. 639, note Hamon.

Avançant, selon l'expression de Karel Van Miert, « *dans un champ de mines* » (103), la Cour a progressivement permis aux SIEG de faire prévaloir les nécessités de leur gestion à l'encontre d'une application stricte des règles de la concurrence. Les très vifs débats qui ont jalonné le cheminement de la jurisprudence de la Cour de justice et les prises de position de la Commission ont en effet permis d'affirmer la liaison existant entre fourniture des services d'intérêt général et citoyenneté, à la fois en décrivant ces services comme un instrument d'exercice de la citoyenneté européenne, et en érigeant leur accès en droit fondamental des citoyens de l'Union.

A. LES SERVICES D'INTÉRÊT ÉCONOMIQUE GÉNÉRAL, VALEURS COMMUNES DE L'UNION EUROPÉENNE

364 L'introduction de la référence aux citoyens dans le droit européen des services d'intérêt général provient de plusieurs vecteurs. La notion de service universel en constitue l'instrument le plus évident. L'évolution de la position de la Commission sur les services d'intérêt général ainsi que l'article 14 TFUE en sont aussi une manifestation.

Développée depuis 1987 par la Commission, la notion de service universel « repose sur le souci d'assurer partout un service de qualité à un prix abordable pour tous. Les critères du service universel portent sur des principes : égalité, universalité, continuité, adaptation, ainsi que sur des lignes de conduites saines : transparence de gestion, de tarification et de financement, contrôle par des instances indépendantes distinctes des opérateurs » (104). En mettant l'accent sur un « principe d'universalité [qui] vise à assurer un service d'un niveau minimal, accessible à tous » (105), cette notion traduit le caractère indispensable des services en cause : un service est qualifié d'universel parce qu'il est jugé nécessaire à la cohésion de la Communauté par les directives européennes qui le qualifient tel. Le développement de la notion de service universel est donc directement lié à l'affirmation du rôle social des services publics, c'est-à-dire de leur fonction de maintien de la cohésion sociale.

365 Cette dimension civique a été étendue à la notion connexe de services d'intérêt général par la communication de la Commission qui leur fut consacrée, en 1996. Définis comme « les activités de service, marchand ou non, considérées d'intérêt général par les autorités publiques, et soumises pour cette raison à des obligations spécifiques de service public » (106), ils sont, précise la Commission, « au service des citoyens ». L'argument développé à ce propos est le suivant : « Ces services répondent en effet à des besoins fondamentaux. La fonction de ciment de la société que ces services assurent dépasse le seul niveau des préoccupations matérielles. Elle comporte une dimension symbolique : les services d'intérêt général offrent des repères à la collectivité et sont constitutifs du lien d'appartenance des citoyens à celle-ci » (107).

(103) K. van Miert, discours du 27 avr. 1994, reproduit *in* F. Riccardi, « Au-delà de l'information », *ENA-Mensuel*, n° 247, déc. 1994, p. 10.
(104) Commission des Communautés européennes, *Les services d'intérêt général en Europe*, 11 sept. 1996, COM (96) 443, n° 28.
(105) H. Renard, J.-M. Belorgey, « Réflexions sur les notions de service public et de service universel dans la Communauté », *in* « Poste et Services publics en Europe », *Les Cahiers de l'IREPP*, mars 1993, p. 46.
(106) COM (96) 443, *préc.*, n° 4.
(107) *Loc. cit.*, n° 6.

L'utilisation de services d'intérêt général *constitue* donc le lien entre les citoyens et la collectivité (108). Même s'il faut limiter la portée de ce propos, qui vise sans doute à atténuer les critiques dont la Commission avait fait l'objet plus qu'elle ne manifeste une véritable modification de sa position (109), on ne peut ici que noter la proximité avec le raisonnement de Léon Duguit et sa conception d'un État « coopération de services publics ». En tout état de cause, la dimension civique des services d'intérêt général est affirmée avec une vigueur et une netteté que l'on ne rencontre pas fréquemment, même dans les écrits réputés défendre le « service public à la française » (110).

366 Suivant en cela les travaux de la Conférence intergouvernementale, la communication de 1996 proposait d'inscrire dans les traités une référence aux services d'intérêt général en raison de la place qu'ils tiennent dans les « valeurs communes » de l'Union. De fait, l'article 14 TFUE, (ex-16 TCE), dans sa rédaction issue de l'article 2 du traité signé à Amsterdam le 2 octobre 1997, précise que « [...] eu égard à la place qu'occupent les services d'intérêt économique général parmi les valeurs communes de l'Union ainsi qu'au rôle qu'ils jouent dans la promotion de la cohésion sociale et territoriale de l'Union, l'Union et ses États membres, chacun dans les limites de leurs compétences respectives et dans les limites du champ d'application des traités, veillent à ce que ces services fonctionnent sur la base de principes et dans des conditions qui leur permettent d'accomplir leurs missions » (111). Le rapport entre citoyenneté et services d'intérêt général qui se dégage de la lecture de ce texte est un peu différent de celui évoqué par la Commission : par le rôle qu'ils jouent dans la promotion de la cohésion sociale de l'Union, les services d'intérêt général constituent un *préalable* à l'exercice de la citoyenneté européenne.

367 C'est du moins en ce sens que tranche l'actualisation de la communication de la Commission, rendue publique le 20 septembre 2000, en confirmant que « la place particulière qu'occupent les services d'intérêt économique général dans les valeurs partagées de l'Union, reconnue à l'article [14] du traité, nécessite une reconnaissance concomitante du lien qui existe entre l'accès aux services d'intérêt général et la citoyenneté européenne » (112). Cette communication traduit « une conception des services d'intérêt général centrée sur l'utilisateur » (113) : le texte précise en effet

(108) A. T. Billingham, Rapport sur la communication de la Commission « *Les services d'intérêt général en Europe* », Parlement européen, 7 nov. 1997, A4-0357/97.

(109) D. Simon, F. Lagondet, « La communication de la commission sur les services d'intérêt général en Europe : continuité ou rupture ? », *Europe*, 1997, n° 1, p. 4.

(110) La Communication ajoute qu'« au centre de toutes ces considérations figure l'intérêt du citoyen, dont l'exercice requiert dans nos sociétés la garantie d'accès à des services jugés essentiels, et la poursuite d'objectifs prioritaires. Les services d'intérêt général sont ainsi au service de l'ensemble de la société et donc de tous les citoyens. Il en va de même, dans la Communauté, du service universel » (COM (96)443, *loc. cit.*, n° 8).

(111) Sur l'article 14 TFUE, v. S. Rodrigues, « Les services publics et le traité d'Amsterdam (Genèse et portée du projet de nouvel article 16 du traité) », *RMC*, n° 414, janv. 1998, p. 37 ; J.-V. Louis, « Le traité d'Amsterdam : une occasion perdue ? », *RMUE* 1997, n° 2, p. 5.

(112) Commission des communautés européennes, *Les services d'intérêt général en Europe*, COM (2000) 580 final, 20 sept. 2000, § 64. Le texte ajoute que « si les États membres gardent une grande liberté quant aux moyens à mettre en œuvre pour atteindre les objectifs de solidarité auxquels répondent les services d'intérêt général, une conception centrale commune de ce que constitue l'intérêt général peut être nécessaire pour garantir l'attachement à l'Union. Dans son projet de charte sur les droits fondamentaux, la Commission estime que les dispositions sur l'accès aux services d'intérêt économique général constituent un pas important dans cette direction ».

(113) H. Haenel, *Vers des services publics « à l'européenne »*, Rapport d'information sur les services d'intérêt général en Europe, *JO doc. parl., Sénat*, n° 82, 16 nov. 2000, p. 26.

que « L'intérêt des citoyens est au cœur de la politique de l'UE en matière de services d'intérêt général. Ces derniers contribuent dans une large mesure à la compétitivité de l'industrie européenne et à la cohésion économique, sociale et territoriale. En tant qu'utilisateurs de ces services, les citoyens européens attendent désormais des services de qualité à des prix abordables. Ce sont donc les utilisateurs et leurs besoins qui sont au centre de l'action publique dans ce domaine. La Communauté protège les objectifs d'intérêt général et la mission de service public » (114).

S'il y a donc eu évolution de la position des institutions de l'UE sur la compatibilité des services d'intérêt général et des règles de la concurrence, c'est parce que les citoyens attendent des services de qualité à des prix abordables. Le critère de la définition des services d'intérêt général, et donc de leur régime juridique, est ainsi leur conformité aux exigences des citoyens. Par ailleurs, la Commission distingue nettement, parmi les besoins des utilisateurs, ceux qui relèvent d'une qualité de consommateurs, d'entreprises et de citoyens : si les premiers demandent « une garantie d'accès universel, une qualité élevée et des prix abordables » les derniers souhaitent « un niveau élevé de protection de l'environnement ; la prise en compte des besoins spécifiques de certaines catégories de la population, telles que les personnes handicapées et les personnes à bas revenus ; une couverture territoriale complète, y compris dans des zones éloignées ou inaccessibles, pour les services essentiels » (115). La question est alors de savoir comment définir de façon pertinente les attentes des utilisateurs. Pour ce faire, la Commission estime qu'il faut recourir à « un certain nombre de principes », au nombre desquels la définition de normes de service claires, une transparence totale, le choix du service, la création d'organes indépendants de réglementation et, si nécessaire, « une représentation et la participation active des usagers dans la définition des services et le choix des formes de paiement » (116). Même si l'on peut discuter du contenu de la citoyenneté que reflète cette définition des attentes des citoyens, la prise en compte de cette qualité dans la relation avec les services d'intérêt général apporte une contribution à l'idée de citoyenneté administrative.

368 Les textes ultérieurs confirmeront cette prise en compte de la dimension civique de la relation entre services d'intérêt général et utilisateurs (117). La Déclaration sur les services d'intérêt économique général rendue publique lors du Conseil européen de Nice, le 9 décembre 2000, soulignait ainsi que « l'accomplissement des missions des services d'intérêt économique général doit s'effectuer dans le respect des attentes légitimes des consommateurs et des citoyens, qui souhaitent obtenir les prix abordables, dans un système de prix transparent, et qui sont attachés à un égal accès à des services de qualité indispensables à leur insertion économique, territoriale et sociale » (118). Un rapport présenté par la Commission pour le Conseil européen de Laeken (14-15 décembre 2001) dressera ensuite une sorte de synthèse de sa position en la matière, estimant que « ces services contribuent à la qualité de vie des citoyens et sont un préalable au plein exercice de nombre de leurs droits fondamentaux. L'accès de tous aux services

(114) COM (2000) 580, préc., § 8.
(115) COM (2000) 580, préc., § 10.
(116) *Loc. cit.*, § 11.
(117) On peut d'ailleurs noter que les textes commentant la Communication de la commission mettent l'accent sur ce point. V. par ex. Parlement européen, *Rapport sur la communication de la Commission « Les services d'intérêt général en Europe »*, 17 oct. 2001, A5-0361/2001.
(118) Conseil européen de Nice, *Déclaration sur services d'intérêt économique général*, 9 déc. 2000.

d'intérêt général figure parmi les valeurs communes propres à toutes les sociétés européennes » (119). Une relation est ainsi établie entre les deux fondements de la reconnaissance de la dimension civique des services d'intérêt général : en tant que moyen d'exercer la citoyenneté européenne et en tant que droit fondamental des citoyens.

La « directive Bolkestein » constituera paradoxalement, en 2006, une nouvelle étape de cette reconnaissance. Considéré comme visant à libéraliser l'ensemble des services, y compris publics, ce texte exclut en effet de son champ d'application les « services d'intérêt général non économiques » (SIGNE), admettant ainsi, pour la première fois de façon aussi nette, qu'il existe des services publics, non marchands, qui ne peuvent être soumis aux règles de concurrence (120). Les positions plus qu'ambiguës adoptées par la Commission, à la suite de la directive Bolkestein, vont amener les États membres à adopter, à l'initiative des Pays-Bas, un protocole n° 9, annexé au traité de Lisbonne, consacré aux services d'intérêt général. Ce texte explicite ce qu'il faut entendre par « valeurs communes » de l'Union lorsqu'il est fait référence aux services d'intérêt général, qui semblent nettement plus favorables aux conceptions nationales. Il indique en effet à la fois que la détermination des services d'intérêt économique général soumis aux dispositions du traité, relève essentiellement des États membres qui disposent en cette matière d'un « large pouvoir discrétionnaire », et que les « services non économiques d'intérêt général » ne peuvent, « en aucune manière » être atteints par les dispositions des traités. Malgré un contenu plus flou, la Commission a fini par accepter ces précisions (121).

B. L'ACCÈS AUX SERVICES D'INTÉRÊT GÉNÉRAL, UN DROIT FONDAMENTAL

369 À la suite de revendications formulées dans le cadre de la Conférence intergouvernementale de 1996, l'article 36 de la Charte des droits fondamentaux de l'Union européenne « proclamée » à Nice le 7 décembre 2000 (122), indique que « L'Union reconnaît et respecte l'accès aux services d'intérêt économique général tel qu'il est prévu par les législations et pratiques nationales, conformément au traité instituant la Communauté européenne, afin de promouvoir la cohésion sociale et territoriale de l'Union » (123). Ce texte, dont l'adoption a été très discutée (124), n'ajoute en tant que tel, comme l'ensemble de la Charte, rien au droit positif. Il ne fait que reprendre l'article 14 TFUE et, ainsi que le précise le commentaire publié conjointement avec la Charte, « ne crée pas de droit nouveau. Il pose seulement

(119) Commission des communautés européennes, *Les services d'intérêt général. Rapport à l'intention du Conseil européen de Laeken*, 17 oct. 2001, COM (2001) 598, p. 3.

(120) Dir. 2006/123/CE du 12 déc. 2006 relative aux services dans le marché intérieur, *JOUE* L 376 du 27 déc. 2006.

(121) Communication de la Commission, *Les services d'intérêt général, y compris les services sociaux d'intérêt général : un nouvel engagement européen*, COM (2007) 725 final.

(122) A. Pécheul, « La Charte des droits fondamentaux de l'Union européenne », *RFDA* 2001, p. 688 ; F. Benoît-Rohmer, « La Charte des droits fondamentaux de l'Union européenne », *D.* 2001, p. 1483 ; A. Vitorino, « La Charte des droits fondamentaux de l'Union européenne », *Rev. dr. UE*, 2001, p. 27.

(123) Charte des droits fondamentaux de l'Union européenne, *JOCE C* 18 déc. 2000, C 364.

(124) Guy Braibant indique que « *la bataille pour l'inscription des "services d'intérêt économique général" dans la Charte a été l'une des plus rudes et des plus incertaines* » (G. Braibant, *La Charte des droits fondamentaux de l'Union européenne*, Seuil, coll. Points-essais, 2001, p. 200).

le principe du respect par l'Union de l'accès aux services d'intérêt économique général tel qu'il est prévu par les dispositions nationales, dès lors que ces dispositions sont compatibles avec le droit communautaire » (125). Pourtant, son adoption a été très délicate parce que, en passant du traité à la Charte, les services d'intérêt général quittent le statut de « valeur commune » pour celui de « droits fondamentaux » (126).

370 Le contenu et la portée de l'article 36 de la Charte sont délicats à déterminer. Ce n'est pas tant le contenu même de la disposition, qui n'ajoute rien, que le fait de son insertion dans la Charte et la place à laquelle elle s'y trouve qui constituent un enjeu certain. L'article 36 est en effet inséré dans le chapitre consacré à la « solidarité », intitulé qui a lui-même fait l'objet de discussions ardues lors de l'élaboration de la Charte, la Grande-Bretagne contestant notamment sa pertinence. Cette place est fortement symbolique : les services d'intérêt général sont un des fondements et des moyens de renforcement de la solidarité de la société européenne. Au-delà, l'article 36 constitue bien une innovation en ce qu'il consacre *l'accès* aux services d'intérêt général comme un droit fondamental, tandis que l'article 14 TFUE consacrait leur *existence* comme une valeur commune. Contrairement à l'interprétation couramment répandue à ce propos, il semble bien que la codification ne soit pas, en la matière, à droit constant, et que l'on *crée* bien un droit fondamental (127). Cette consécration entérine la modification de la perspective amorcée par la Commission, en confirmant que les citoyens sont bien au centre des services d'intérêt général : l'existence et le régime de ces services sont justifiés par la réponse qu'ils apportent au droit d'accès dont sont titulaires les citoyens.

L'entrée en vigueur du traité de Lisbonne ayant conféré, par le jeu de l'article 6 TUE, une valeur identique aux traités à la Charte des droits fondamentaux, l'accès aux services d'intérêt général constitue donc désormais un droit fondamental. Cette reconnaissance trouve d'ailleurs écho dans le Protocole 9 annexé au traité, qui mentionne la « promotion de l'accès universel et des droits des utilisateurs » parmi les valeurs communes de l'Union concernant les services d'intérêt économique général.

§ 2. LA BANALISATION DU TRAITEMENT CONCURRENTIEL DES ACTIVITÉS DE SERVICE PUBLIC

371 Parallèlement à la reconnaissance de la place des services d'intérêt général dans les traités européens, le traitement qui leur est réservé par les institutions de l'UE (Commission et Cour de justice) a également évolué, mais sans qu'il soit

(125) *Charte des droits fondamentaux de l'Union européenne. Explications relatives au texte complet de la charte*, Office des publications officielles des Communautés européennes, déc. 2000, p. 52.

(126) Droits fondamentaux entendus dans un sens très large, ce qui autorise certains auteurs à déceler un « *syncrétisme des droits fondamentaux* » (G. DRAGO, « La Charte des droits fondamentaux de l'Union européenne. Présentation générale, enjeux, perspectives », *LPA*, 2000, n° 248, p. 5).

(127) Le raisonnement que présuppose l'article 37 de la Charte peut toutefois laisser sceptique. Il n'est en effet pas très loin de la tautologie : l'accès aux SIG est un droit fondamental parce que ces services constituent la garantie d'exercice de droits fondamentaux. L'accès aux services publics n'est ainsi, si l'on peut se permettre de transposer cette expression, qu'un droit fondamental par destination. En ce sens, *cf.* V. CHAMPEIL-DESPLATS, « Services d'intérêt économique général, valeurs communes, cohésion sociale et territoriale », *AJDA* 1999, p. 959.

véritablement possible de déceler dans cette évolution une réelle mise en cohérence avec l'article 16 du traité CE. Cette divergence apparente tient au fait que, contrairement aux instances « politiques » européennes, la Commission et la Cour ont pour mission soit de veiller à l'application des règles du traité, en particulier (et même principalement, s'agissant des services) aux règles de concurrence, soit de contrôler que cette application, par les instances européennes ou par les États membres, est effective. Il est donc relativement logique que la Commission et la Cour n'appréhendent les services publics que sous l'angle de leur relation avec les règles concurrentielles.

372 Dans le traité instituant la communauté européenne, les règles de concurrence sont de deux ordres : les règles générales, concernant la prohibition des ententes et des abus de position dominante, et des règles spécifiques, qui visent les aides accordées par l'État aux entreprises, aides dont les articles 107 TFUE et suivants interdisent, avec des dérogations, le principe. Les services publics ne sont pas, en tant que tels, concernés par ces dispositions, mais uniquement en tant qu'ils exercent des activités économiques. En effet, la qualification d'activité économique entraîne mécaniquement l'applicabilité du droit de la concurrence, quelle que soit la nature privée ou publique de leur gestionnaire. Toutefois, lorsque ces activités sont également constitutives de SIEG, il leur est possible d'échapper à l'application intégrale de ce droit.

L'article 106, § 2 TFUE indique en effet que les entreprises chargées de la gestion de SIEG sont soumises aux règles de concurrence, mais « dans les limites où l'application de ces règles ne fait pas échec à l'accomplissement en droit ou en fait de la mission particulière qui leur a été impartie ». Pour bénéficier d'un tel régime dérogatoire, les gestionnaires, publics ou privés, d'activités économiques doivent apporter la preuve qu'ils sont investis par un acte de l'autorité publique d'une mission de service d'intérêt économique général (SIEG), et que l'application des règles de concurrence entraverait l'accomplissement de cette mission.

373 C'est dans ce cadre que la position des institutions de l'UE a évolué. Alors que, pendant longtemps (et toujours actuellement, dans une certaine mesure) l'enjeu majeur a été la distinction entre les missions économiques et celles qui ne l'étaient pas, c'est désormais autour de la notion d'obligation de service public, plus précise et restrictive, que les discussions européennes se déroulent.

A. LA NORMALISATION DES ACTIVITÉS ÉCONOMIQUES DE SERVICE PUBLIC

374 L'article 106, § 2 TFUE indique que « les entreprises chargées de la gestion de SIEG ou présentant le caractère d'un monopole fiscal sont soumises aux règles du présent traité, notamment aux règles de concurrence, dans les limites où l'application de ces règles ne fait pas échec à l'accomplissement en droit ou en fait de la mission particulière qui leur a été impartie. Le développement des échanges ne doit pas être affecté dans une mesure contraire à l'intérêt de la Communauté ». Ce texte, dont l'interprétation a pendant longtemps été l'un des enjeux majeurs de la discussion entre la France et les institutions européennes quant à la place des services publics, vise donc exclusivement les services à caractère économique, ce qui montre l'importance de la distinction entre activités économiques et hors marché en droit du service public.

a) Le traitement européen des services publics à caractère économique

375 Si les SIEG peuvent bénéficier de dérogations aux règles de concurrence, ce n'est que pour autant qu'ils respectent un certain nombre de conditions découlant de l'article 106, § 2 TFUE.

Il faut, en premier lieu, que l'entreprise gestionnaire du service ait été investie, en vertu d'un acte de la puissance publique, de la gestion d'un SIEG déterminé (128). Il est également indispensable que l'activité d'intérêt général soit nécessaire à la satisfaction des besoins d'une partie de la population européenne, ce qui suppose que la preuve soit apportée que ces besoins ne sont pas satisfaits par les « seules forces du marché », selon l'expression très évocatrice de la Cour de justice (129).

Une fois l'existence et la nécessité du service identifiées, encore faut-il démontrer que l'application des règles de concurrence risquerait de faire échec à l'accomplissement des missions. C'est à ce propos que la jurisprudence de la Cour a le plus évolué vers une interprétation compréhensive. Alors que, jusqu'en 1989, la Cour n'acceptait une dérogation qu'à la condition « que celle-ci soit *indispensable* à l'accomplissement d'une mission d'intérêt général » (130) elle estime, depuis l'arrêt *Commune d'Almelo* du 27 avril 1994 (131) qu'il n'est pas nécessaire que la viabilité économique de l'entreprise chargée de la gestion d'un SIEG soit menacée. Il suffit que, en l'absence de l'exception à l'application des règles de concurrence, il soit fait échec à l'accomplissement des missions particulières imparties à l'entreprise (132).

376 La reconnaissance de la nécessité d'atténuations aux règles de concurrence n'entraîne cependant pas, sauf exception, d'exonération totale à l'égard de ces activités économiques particulières que constituent les SIEG. Les atteintes aux règles de concurrence doivent être strictement proportionnées à ce qui est nécessaire pour la bonne exécution des missions d'intérêt général. Dans ce cadre, la Cour vérifie que « l'accomplissement de la mission particulière qui a été impartie à l'entreprise ne peut être assuré » que par la dérogation invoquée (133).

Cette exigence de proportionnalité a pour conséquence que les dérogations aux règles de concurrence ne peuvent jamais être accordées lorsque l'entreprise qui les demande n'est manifestement pas en mesure de satisfaire à la demande, de sorte qu'elle se trouve structurellement en situation d'abuser de la position dominante

(128) CJCE, 11 avr. 1989, aff. C-66/86, [dite «Silver Line»], Ahmed Saeed Flugreisen e. a./ Zentrale zur Bekämpfung unlauteren Wettbewerbs, *Rec.* p. I-803.

(129) CJCE, 20 févr. 2001, Asociación Profesional de Empresas Navieras de Líneas Regulares (Analir) e.a., aff. C-205/99, *Rec.* p. I-1271.

(130) CJCE, 11 avr. 1989, Ahmed Saeed Flugreisen, *préc.*

(131) CJCE, 27 avr. 1994, aff. C-393/92 [dite « Almelo »], Commune d'Almelo et autres c. Energiebedrijf Ijsselmij, *Rec.* p. I-1477, *CJEG* 1994, p. 623, concl. Darmon ; *AJDA* 1994, p. 637, note Hamon ; *D.* 1995, *jur.* p. 17, note Dutheil de la Rochère, *LPA*, 15 mars 1995, p. 9 note Raymundie.

(132) CJCE, 23 oct. 1997, aff. C-159/94, Commission c. France, *Rec.* p. I-5815 ; *AJDA* 1997, p. 991, note Hamon.

(133) CJCE, 23 mai 2000, aff. C-209/98, Entreprenørforeningens Affalds/Miljøsektion (F.F.A.D.), *Rec.* p. I-3743.

qui lui est confiée (134). En outre, les dérogations seront également impossibles si le développement des échanges est affecté dans une mesure contraire à l'intérêt de la Communauté (135).

b) La délimitation des activités économiques

377 **Bibliographie** : Collectif SSIG-FR, *Les services sociaux et de santé d'intérêt général : droits fondamentaux* versus *marché intérieur ?*, Bruylant, 2007.

F. MODERNE, « Le concept de service public à l'épreuve du marché unique européen », *Mél. Jean Mas, Droit et anthropologie de la complexité*, Economica, 1996, p. 239 ; J. MERTENS DE WILMARS, H. NYSSENS, « Intégration européenne et corrections des mécanismes du marché. Un modèle économique et social européen », *Mél. G. Farjat*, éd. Frison-Roche, 1999, p. 557 ; C. LEROY, « L'intérêt général comme régulateur des marchés », *RTD eur.* 2001, p. 49 ; J.-Y. CHÉROT, « L'identification par la Cour de justice des Communautés européennes de l'activité économique au sens du droit de la concurrence », *AJDA* 2003 p. 436 ; J.-L. AUTIN, « La "directive Bolkestein" et le devenir européen des services publics », *LPA*, 19 avril 2005 n° 77, p. 5 ; J.-F. LACHAUME, « Des services publics dans le marché et hors marché : service public, service d'intérêt général ou service d'intérêt économique général », *RFDA* 2005, p. 364 ; J.-F. AUBY, « Une directive communautaire sur les services d'intérêt général », *RFDA* 2006, p. 778 ; P. LIGNEAU, P. SALERES, « Associations de solidarité, services sociaux d'intérêt général et concurrence dans l'Union européenne », *RDSS* 2006, p. 789 ; B. BOISSARD, « Le traitement communautaire des services d'intérêt général non économiques », *RDP* 2006, p. 1301 ; S. RODRIGUES, « Les qualifications concurrentes des activités d'intérêt général en droit communautaire », *AJDA* 2006, p. 84 ; M. NETTESHEIM, « Les services d'intérêt général en droit communautaire entre concurrence et état social », *RIDC* 2008, p. 603 ; L. GRARD, « Sécuriser le service public avec Lisbonne », *Politeia* 2008, p. 583 ; S. RODRIGUES, « La directive "services" et les services publics : "beaucoup de bruit pour rien ?" », *Mél. Michel Bazex*, LexisNexis, 2009, p. 297.

378 Dans le cadre de l'invocation des dérogations prévues au second alinéa de l'article 106 TFUE, la Cour de justice a été amenée à se prononcer non seulement sur les dérogations accordées, mais aussi au préalable sur l'identification des SIEG faisant l'objet d'une dérogation. Ont ainsi par exemple été considérés comme SIEG : le placement des demandeurs d'emploi (136), la collecte, le transport et la distribution du courrier (137), la fourniture d'énergie électrique sur tout ou partie du territoire national (138) ; la gestion de fonds de retraite complémentaire (139), la gestion des déchets susceptibles de valorisation (140), le transport de malades, mais uniquement en considération du caractère non lucratif des organismes qui en sont chargés (141),

(134) CJCE, 23 avr. 1991, aff. C-41/90, Klaus Höfner et Fritz Elser c. Macroton GmbH, *Rec.* p. I-1979.

(135) Décision 2001/892/C.E. de la Commission du 25 juill. 2001 relative à une procédure d'application de l'article 82 du traité CE (Deutsche Post AG, Interception de courrier transfrontière), *JOCE* L., 15 déc. 2001, p. 40.

(136) CJCE, 23 avr. 1991, Höfner, *préc.*

(137) CJCE, 19 mai 1993, aff. C-320/91, Corbeau, *Rec.* p. I-2533 ; *AJDA* 1993, p. 865, note Hamon ; *Dr. adm.* 1993, n° 409, *LPA*, 8 déc. 1993, p. 22, obs. Cartou ; *LPA*, 15 mars 1995, p. 4, note Raymundie.

(138) CJCE, 27 avr. 1994, Commune d'Almelo, *préc.*,

(139) CJCE, 21 sept. 1999, aff. C-67/96, Albany International, *Rec.* p. I-5751, *RMUE* 1999, n° 4, p. 200, note Humpe; aff. C-115/97, Brentjens'Handelsonderneming, *Rec.* p. I-6025; *JCP* 2000, II, 10325, note Lhernould; *RTD com.* 2000 p. 491, note Poillot-Peruzzetto.

(140) CJCE, 23 mai 2000, Entreprenørforeningens Affalds/Miljøsektion, C-209/98, *préc.*

(141) CJCE, 25 oct. 2001, aff. C-475/99, Firma Ambulanz Glöckner, *Rec.* p. I-8089 ; *Dr. adm.* 2002, n° 3, note Bazex et Blazy ; *Europe* déc. 2001, comm. 372, p. 21, note Idot.

ou encore l'obligation faite aux grossistes en médicaments d'en détenir en permanence un stock important (142).

379 La jurisprudence de la Cour a évolué dans le sens d'une plus grande précision de la délimitation du champ des SIEG. Ce n'est désormais plus en effet une activité qui, d'une façon générale, est qualifiée de SIEG, mais, au sein d'une activité, les missions précises qui sont susceptibles d'être considérées d'intérêt économique général. Ce raisonnement est ancien : c'est ainsi que la Cour a été amenée à différencier, au sein de la gestion des activités portuaires, les activités d'intérêt économique général (les opérations de lamanage) (143), des activités de dockers, qui ne constituent qu'un simple service économique (144). Mais les juges tendent désormais à identifier plus précisément les missions susceptibles d'être considérées comme entrant dans le champ du SIEG, ce qui rapproche cette dernière notion de celle d'obligation de service public. Un tel raisonnement, maintenu par la Cour de justice après Lisbonne, n'est cependant que peu compatible avec les traités, dans la mesure où ceux-ci, à la lumière du Protocole 9 annexé au traité, identifient les services en tant que tels, même si la reconnaissance de leur diversité se traduit nécessairement par la pluralité des régimes juridiques qui peuvent leur être appliqués, d'un État membre à l'autre.

380 Le juge administratif français a adopté très fidèlement l'interprétation de la Cour de justice et ses évolutions quant à l'application du droit de la concurrence aux activités économiques des gestionnaires de SIEG. Dans une décision relative à l'union des groupements d'achat public (UGAP), il estime ainsi que « l'intérêt général qui s'attache au bon accomplissement des missions de l'UGAP ne saurait, sans méconnaître les exigences de l'égal accès aux marchés publics et le principe de libre concurrence, justifier l'octroi de droits exclusifs à l'UGAP que dans la mesure où l'accomplissement de la mission particulière qui a été impartie à cette dernière ne peut être assuré que par l'octroi de tels droits et pour autant que le développement des échanges n'en est pas affecté dans une mesure excessive » (145).

381 Si les activités économiques sont donc définies plus strictement, on pourrait penser que l'influence du droit européen sur les services publics tend à se réduire. Il n'en est rien, car la Commission européenne et, dans une moindre mesure, la Cour de justice, appréhendent désormais non plus seulement les services à caractère économique, mais également, en tant qu'ils peuvent être partiellement le support d'activités économiques, les services d'intérêt général non-économiques, voire les services sociaux d'intérêt général.

La nécessité de distinguer entre SIG et SIEG apparaît, au sein des institutions européennes, dès 1963. Lors d'un colloque consacré à l'actuel art. 106, § 2 TFUE, Paul

(142) CJCE, 22 nov. 2001, aff. C-53/00, Ferring SA c. ACOSS, *Rec.* p. I-9098; *Europe* 2002, comm. 28, obs. Idot.
(143) CJCE, 18 juin 1998, aff. C-266/96, Corsica Ferries France, *Rec.* p. I-3949 ; *Europe* 1998, comm. 286 p. 16 et 289 p. 18, note Idot ; *Contrats, concurrence, consommation* 1998, n° 167, p. 19, note Poillot-Peruzzetto ; *LPA*, 1999 n° 51, p. 10, note Arhel ; *JCP* 1999, II, 10097, note Le Mestre ; *JDI* 1999, p. 586, note Hermitte.
(144) CJCE, 10 déc. 1991, aff. C-179/90, Merci Convenzionali Porto di Genova, *Rec.* p. I-5889 ; *RFDA* 1993, p. 356, note Rézenthel et Mattéi-Dawance ; *JDI* 1992, p. 477, note Hermitte.
(145) CE, 27 juill. 2001, CAMIF, *BJDCP* 2001, p. 497, concl. Bergeal, note Schwartz.

Orianne expliquait ainsi, à propos du concept de « service d'intérêt économique général » : « il ne s'agit ici que de rappeler le domaine d'application du traité lui-même. [...] En un sens, le terme "économique" est ici surabondant car en l'absence d'une entreprise économique, d'un service à caractère économique, il n'y a pas de place pour l'application des règles sur la concurrence. En somme, dans l'expression à définir, seule importe la notion d'intérêt général de l'ensemble des dispositions du traité. Ainsi le service d'intérêt général (SIG) doit être entendu au sens de "service d'intérêt public". C'est le caractère public de service qui permet de qualifier de "particulière" la mission dont est investie l'entreprise qui en est chargée » (146).

382 Les SIG non économiques sont l'objet de travaux européens depuis le début des années 2000, et ont, en particulier, donné lieu à la publication d'un Livre blanc (147), en 2004, qui fait suite à la publication, un an auparavant, d'un livre vert sur le même thème (148). Le livre blanc précise bien que « l'expression "services d'intérêt général" ne se trouve pas dans le traité lui-même. Elle découle dans la pratique européenne de l'expression "service d'intérêt économique général" qui est, elle, utilisée dans le traité. Elle a un sens plus large que l'expression précitée et couvre les services marchands et non marchands que les autorités publiques considèrent comme étant d'intérêt général et soumettent à des obligations spécifiques de service public » (149). Les SIG, d'une façon globale, sont donc des services, économiques ou non, dans lesquels les États membres identifient des obligations de service public auxquelles ils décident de soumettre les entités qui les assument.

Annoncée par le livre blanc sur les SIG de 2004, la Communication, adoptée en 2006, sur les services sociaux d'intérêt général, propose un encadrement de ces services (150), constitués par les régimes légaux et les régimes complémentaires de protection sociale, et les autres services essentiels prestés directement à la personne, par une directive sectorielle en cours d'examen. Dans cette communication, la Commission rappelle, tout d'abord, que doit être considérée comme une activité économique : « toute activité consistant à offrir des biens ou des services sur un marché donné par une entreprise, indépendamment du statut de cette dernière et de son mode de financement ». Par conséquent, ce n'est pas parce qu'un service, aussi essentiel soit-il, revêt un caractère social ou de santé, qu'il n'est pas pour autant économique : les activités hospitalières, par exemple, sont susceptibles d'être considérées comme des activités économiques, même si elles ont un caractère d'intérêt général.

L'entrée en vigueur du traité de Lisbonne n'a pas véritablement modifié cette diversité de la situation des services d'intérêt général : si la notion est désormais reconnue à part entière dans les traités, elle cohabite avec les services d'intérêt économique général et les services non économiques d'intérêt général. La Communication de la Commission du 20 novembre 2007 maintient une définition très large des SIG comme « services, tant économiques que non économiques, que les autorités publiques classent comme étant

(146) Concurrence entre secteur public et secteur privé dans la CEE (art. 90 du traité de Rome), *Rivista di diritto industriale*, mars 1963, p. 5, cité par S. D. SODEV, *in* M. MANGENOT (dir.), *Administrations publiques et services d'intérêt général : quelle européanisation ?*, éd. de l'IEAP, Maastricht, 2005.

(147) *Livre blanc sur les services d'intérêt général*, COM (2004) 374 final, 12 mai 2004.

(148) *Livre vert sur les services d'intérêt général*, COM (2003) 260 final, 21 mai 2003.

(149) Livre blanc *préc.*, p. 24.

(150) Commission européenne, *Mettre en œuvre le programme communautaire de Lisbonne. Les services sociaux d'intérêt général dans l'Union européenne*, COM (2006) 177 final, 26 avr. 2006.

d'intérêt général et soumettent à des obligations spécifiques de service public » (151). Cette Communication précise aussitôt que la distinction entre services économiques ou non économiques « nécessite une analyse au cas par cas », et est, en raison des évolutions économiques, sociales et institutionnelles, impossible à appréhender *a priori*.

383 Devant cette incertitude juridique, deux attitudes se développent. En premier lieu, les États membres (en particulier la France) et les acteurs du secteur des services sociaux demandent avec insistance l'adoption d'une directive-cadre pour les services sociaux, qui leur permettrait d'échapper à l'application directe de l'article 106 TFUE (152). En ce qui concerne la Commission elle-même, ainsi que la Cour, on assiste également à un contournement de la distinction entre activités économiques et non-économiques, au profit du développement de la notion d'obligation de service public.

B. LE TRAITEMENT FINANCIER DES OBLIGATIONS DE SERVICE PUBLIC

384 **Bibliographie** : M. Merola, C. Medina, « De l'arrêt Ferring à l'arrêt Altmark : continuité ou revirement dans l'approche du financement des services publics ? », *Cahiers de droit européen*, 2003, p. 639 ; O. Dubos, « Le service public à la conquête de l'Union européenne : fausse victoire et vraie défaite », *JCP A* 2003, n° 43, 1940 ; M. Karpenschif, « Qu'est-ce qu'une compensation d'obligations de service public ? », *LPA*, 30 mars 2004, n° 64, p. 4 ; D. Ritlend, « Financement du service public et aides d'État », *AJDA* 2004 p. 1011 ; M. Karpenschif, « Compensations d'obligations de service public. À qui profitent les incertitudes ? Retour sur la décision de la Commission du 28 novembre 2005 », *JCP A*, 2005, p. 1895 ; G. Quiot, « De l'inconstitutionnalité de la loi du 31 décembre 2003 relative aux obligations de service public des télécommunications et à France Télécom », *AJDA* 2005, p. 813 ; A. Alexis, « Financement des services publics et droit communautaire. Dispositions essentielles et propositions de la Commission », *RGCT* 2005 p. 211 ; P. Maddalon, « Paquet Altmark : quelle sécurité juridique ? », *Contrats, Concurrence, Consommation*, 2006, ét. n° 5 ; M. Karpenschif, « Face au droit communautaire : quel avenir pour le financement des services publics ? », *RJEP* 2006, p. 43 ; A. Met-Domestici, « Aides d'État, service public et droit communautaire. Éléments de clarification sur la validité des compensations de service public », *AJDA* 2006, p. 1881 ; S. Nicinski, « Application de la jurisprudence *Altmark* par le juge administratif français », *AJDA* 2006, p. 1346 ; M. Karpenschif, « Le financement des obligations de service public : vers une généralisation des contrats de service public ? », *BJDCP* 2008, p. 234.

385 La notion d'obligation de service public est utilisée depuis longtemps par les juges européens, à la suite de la Commission. Issue de l'article 93 TFUE, c'est naturellement dans le domaine des transports qu'il en est le plus fréquemment fait mention. Mais la Cour et le Tribunal de première instance s'y sont également référés pour d'autres services, tels que l'audiovisuel (153) ou l'électricité (154). Pour les juridictions européennes, le recours à la notion d'obligation de service public ne nécessite pas la recherche d'une

(151) Commission européenne, *Les services d'intérêt général, y compris les services sociaux d'intérêt général : un nouvel engagement européen*, COM (2007) 725 final. V. sur cette question, le Rapport du Sénat (C. Tasca) sur *Les services d'intérêt général après le traité de Lisbonne*, 4 juin 2008.

(152) V. en ce sens la Résolution du Parlement européen sur le Livre blanc de la Commission sur les services d'intérêt général, 27 sept. 2006, n° 2006/2101 (INI).

(153) Par ex. TPICE, 3 juin 1999, aff. T-17/96, TF1 c. Commission.

(154) CJCE, 23 oct. 1997, aff. C-157/94, Commission c. Pays-Bas, *Rec.* p. I-5699 ; R. Kovar, « La fée électricité : plus de lumière sur les articles 37 et 90 du traité CE », *Europe* 1997, chron. n° 12, p. 3.

qualification générale de l'activité concernée, mais repose sur l'identification, de façon plus précise, des éléments d'intérêt général dans un champ d'activité déterminé (155).

Cette notion connaît un développement très important depuis les discussions soulevées par l'interprétation conjointe des dispositions de l'article 106 § 2 TFUE, et des dispositions relatives aux aides d'État, en ce qui concerne le financement des missions de service public.

386 Dans deux arrêts *Fédération française des sociétés d'assurance* (156) et *SIC* (157), le Tribunal de première instance avait considéré que « la circonstance qu'un avantage financier soit octroyé à une entreprise par les autorités publiques pour compenser le coût des obligations de service public prétendument assumées par ladite entreprise, est sans incidence sur la qualification de cette mesure d'aide au sens de l'article [107 § 1] du traité, sans préjudice de la prise en compte de cet élément dans le cadre de l'examen de la compatibilité de l'aide en cause avec le marché commun, au titre de l'article [106 § 2] du traité ». Par conséquent, un financement accordé par un État à une entreprise titulaire d'obligations de service public est un transfert financier effectué à partir de ressources d'État, donc une aide d'État qui doit, en tant que telle, être notifiée préalablement à la Commission. Mais le TPICE ajoutait aussitôt que « le versement d'une aide d'État est susceptible d'échapper à l'interdiction de l'article 107 dudit traité, à condition que l'aide en question ne vise qu'à compenser les surcoûts engendrés par l'accomplissement de la mission particulière incombant à l'entreprise chargée de la gestion d'un SIEG, et que l'octroi de l'aide s'avère nécessaire pour que ladite entreprise puisse assurer ses obligations de service public dans des conditions d'équilibre économique ». À la suite de ces décisions, la Cour a, dans un premier temps, semblé confirmer la position du TPICE, en estimant que le fait que le financement soit, éventuellement, jugé compatible avec le traité au titre de l'article 106, § 2, ne permettait pas d'échapper à l'obligation de notification préalable de la mesure à la Commission établie par l'article 108 § 3 (158).

387 La Cour a cependant fait évoluer sa jurisprudence par l'arrêt *Ferring* du 22 novembre 2001 (159). À propos de la distribution en gros des médicaments en France, la Cour indique que, lorsqu'une exonération fiscale accordée à des entreprises chargées d'exploiter un SIEG ne fait que compenser le surcoût des obligations de service public, les entreprises bénéficiaires ne reçoivent pas un avantage au sens de l'article 107 § 1 : la mesure en cause ne constitue donc pas une aide d'État. Cette décision, après quelques hésitations, a été confirmée par l'important arrêt *Altmark* du 24 juillet 2003 (160).

(155) Voir les évolutions notées ci-dessous depuis l'arrêt *Altmark*, spécialement auprès du TPICE.
(156) CJCE, 23 oct. 1997, Commission c. Pays-Bas, *préc.*
(157) TPICE, 10 mai 2000, aff. T-46/97, SIC.
(158) CJCE, 22 juin 2000, aff. C-332/98, CELF.
(159) CJCE, 22 nov. 2001, Ferring, *préc.*
(160) CJCE, 24 juill. 2003, aff. C-280/00, Altmark Trans GmbH, *Rec.* p. I-7747 ; *JCP A* 2003, n° 38, 1822, note Boudier ; *AJDA* 2003, p. 1739 note Rodrigues ; *AJDA* 2003 p. 2155, chron. ; O. DUPÉRON, « Le régime des services publics en droit communautaire : des précisions apportées par la Cour de justice des Communautés européennes », *LPA*, 2003 n° 229 p. 6 ; R. BALLESTER, « Services économiques d'intérêt général », *Rev. dr. UE* 2003 n° 3 p. 755 ; J.-L. CLERGERIE, « La légalité d'une contrepartie d'obligation de service public », *D.* 2003, Jur., p. 2814 ; J.-M. THOUVENIN, M.-P. LORIEUX, « L'arrêt de la CJCE du 24 juill. 2003 Altmark », *RMUE* 2004, p. 633 ; S. BRACQ, « Droit communautaire matériel et qualification juridique : le financement des obligations de service public au cœur de la tourmente », *RTD eur.* 2004, p. 33.

La Cour précise en effet que « dans la mesure où une intervention étatique doit être considérée comme une compensation représentant la contrepartie des prestations effectuées par les entreprises bénéficiaires pour exécuter des obligations de service public, de sorte que ces entreprises ne profitent pas, en réalité, d'un avantage financier et que ladite intervention n'a donc pas pour effet de mettre ces entreprises dans une position concurrentielle plus favorable par rapport aux entreprises qui leur font concurrence, une telle intervention ne tombe pas sous le coup de l'article [107 § 1] du traité ». Un financement apporté par l'État à un gestionnaire de SIEG ou d'obligations de service public, lorsqu'il vise à compenser ces obligations, n'est donc pas une aide : il n'a, de ce fait, pas à être notifié préalablement à la Commission.

388 La Cour assortit cependant la qualification de compensation de quatre conditions d'une très grande importance (161) : 1 – l'entreprise bénéficiaire doit effectivement être chargée de l'exécution d'obligations de service public et ces obligations doivent être clairement définies ; 2 – les paramètres sur la base desquels est calculée la compensation doivent être préalablement établis de façon objective et transparente, afin d'éviter qu'elle comporte un avantage économique susceptible de favoriser l'entreprise bénéficiaire par rapport à des entreprises concurrentes ; 3 – la compensation ne saurait dépasser ce qui est nécessaire pour couvrir tout ou partie des coûts occasionnés par l'exécution des obligations de service public ; 4 – lorsque le choix de l'entreprise à charger de l'exécution d'obligations de service public, dans un cas concret, n'est pas effectué dans le cadre d'une procédure de marché public permettant de sélectionner le candidat capable de fournir ces services au moindre coût pour la collectivité, le niveau de la compensation nécessaire doit être déterminé sur la base d'une analyse des coûts qu'une entreprise moyenne, bien gérée et adéquatement équipée en moyens de transport afin de pouvoir satisfaire aux exigences de service public requises, aurait encourus pour exécuter ces obligations, en tenant compte des recettes y relatives ainsi que d'un bénéfice raisonnable pour l'exécution de ces obligations.

389 L'avantage de la jurisprudence *Altmark* était de faire échapper à la Commission la compétence de déterminer ce que sont les obligations de service public, et le montant de leur financement. Mais la contrepartie est très lourde. Le quatrième « critère Altmark » suppose que la modalité de droit commun de l'attribution d'obligation de service public n'est pas la gestion directe, ni même la délégation de service public, mais bien le marché public. Lorsque l'attribution des obligations de services publics ne résulte pas d'un contrat, l'arrêt indique que « le niveau de la compensation nécessaire doit être déterminé sur la base d'une analyse des coûts qu'une entreprise moyenne, bien gérée et adéquatement équipée » supporterait. Cette question de la comparabilité soulève quelques doutes quant à sa faisabilité, comme la Cour l'a elle-même reconnu dans l'affaire *Chronopost* (162). Dans cet arrêt, la Cour relève en effet « l'absence de toute possibilité de comparer la situation de La Poste avec celle d'un groupe privé d'entreprises n'opérant pas dans un secteur réservé », et censure la décision du TPICE (163), qui avait estimé que l'assistance logistique fournie par La Poste à sa filiale SFMI-Chronopost était contraire au droit des aides d'État sans rechercher si la contrepartie financière était comparable à

(161) CJCE, 24 juill. 2003, Altmark, *préc.* points 89 à 93.
(162) CJCE, 1er août 2003, aff. C-83/01, Chronopost c. Ufex.
(163) TPICE, 14 déc. 2000, aff. T-613/97, Ufex c. Commission.

celle susceptible d'être accordée par une entreprise privée. Le rapprochement de ces deux jurisprudences, qui apparaissent contradictoires, ne permet pas de déterminer clairement les modalités de calcul des compensations des obligations de service public.

390 Pour obvier à ce risque ouvert par l'arrêt *Altmark*, la Commission a adopté le « paquet SIEG », c'est-à-dire deux textes du 28 novembre 2005 : une décision de la Commission concernant l'application de l'article 106 § 2 TFUE aux aides d'État accordées sous forme de compensation d'obligation de service public (164), et une directive de la Commission modifiant la directive relative à la transparence des relations financières entre les États membres et les entreprises publiques (165). Il peut paraître curieux qu'une directive ayant des implications dans un domaine aussi stratégique que celui des SIG ait pu être adoptée par la Commission. Si la portée de cette directive a été très édulcorée par rapport à ce que réclamait initialement le commissaire à la concurrence Mario Monti, (qui souhaitait faire adopter, par une directive de la Commission, un encadrement global des SIEG), cette compétence exclusive découle de l'article 106 § 3 du traité, qui mandate la Commission pour adresser « les directives ou décisions appropriées » aux États membres.

Jusqu'à l'arrêt *Altmark*, l'appréciation portée sur le financement d'un service public, au titre du paragraphe 2 de l'article 106, pouvait être globale. Désormais, ce n'est plus le financement du SIEG qui est considéré, mais celui des obligations de service public contenues dans ce service. Dans ce cadre, seules deux hypothèses se présentent.

Si le financement accordé remplit parfaitement les critères, précisés ci-dessus, de l'arrêt *Altmark*, le droit européen ne peut interférer *a posteriori* avec les modalités de financement, puisqu'il s'agit d'une simple compensation d'obligation de service public, et non d'une aide d'État. Cette solution est la plus simple pour garantir la pérennité des services publics, mais, pour la respecter, les États doivent passer par l'attribution des obligations de service public selon des procédures de marchés publics. Il faut toutefois préciser à cet égard que la preuve du non-respect des critères *Altmark* incombe à la Commission (166).

À l'inverse, si le financement accordé à un gestionnaire de SIEG ne répond pas à l'un au moins des critères de l'arrêt *Altmark*, ce financement sera une aide d'État, en principe prohibée par l'article 107 § 1 du traité CE. Dans une telle hypothèse, le raisonnement de la Cour de justice, jusqu'aux arrêts *Ferring* et *Altmark*, consistait à considérer que, bien qu'il s'agisse d'une aide d'État en principe prohibée, le fait que l'article 106 § 2 du traité CE autorise une dérogation aux règles du traité, en particulier aux règles de concurrence, lorsque cette dérogation est nécessaire à l'accomplissement de la mission de SIEG incombant à l'entreprise, permettait de considérer l'aide ainsi accordée comme exemptée de l'application des règles de concurrence. L'accomplissement

(164) Comm. CE, décision C (2005) 2673 du 28 nov. 2005 concernant l'application des dispositions de l'article 86 § 2 du traité de la communauté européenne (TCE) aux aides d'État sous forme de compensations de service public octroyées à certaines entreprises chargées de la gestion de services d'intérêt économique général : *JOUE* L n° 312, 29 nov. 2005, p. 67 ; *Dr. adm.* 2006, n° 36, comm. Bazex.

(165) Dir. n° 2005/81/CE de la Commission du 28 nov. 2005 modifiant la dir. 80/723/CEE relative à la transparence des relations financières entre les États membres et les entreprises publiques ainsi qu'à la transparence financière dans certaines entreprises, *JOUE*, L n° 132, 29 nov. 2005, p. 47 ; *Dr. adm.* 2006, n° 36, comm. Bazex.

(166) TPICE, 16 mars 2004, aff. T-157/01, Danske Busvognmaend c. Commission [Combus], *Rec.* p. II-917, *Dr. adm.* 2004, n° 90, comm. Bazex et Blazy ; *Europe* 2004, comm. 146, p. 29 note Idot.

des missions de service public à caractère économique pouvait ainsi neutraliser les effets de la qualification d'aide d'État pour le financement de ces missions.

391 C'est dans ce domaine que la jurisprudence *Altmark*, précisée par le « paquet SIEG » dit Monti-Kroes, révèle sa capacité de réduction du service public. Il n'est en effet plus possible pour une personne publique de financer un SIEG en tant que tel, mais uniquement en tant qu'il contient des obligations de service public qui, elles seules, peuvent faire l'objet d'une compensation. La décision de la Commission du 28 novembre 2005 est très claire à cet égard : « il convient de fixer des conditions plus précises, qui doivent être satisfaites en ce qui concerne la gestion des SIEG qui ont été confiés ». Le respect des conditions posées par l'article 106, paragraphe 2, ne sera assuré que « si les obligations de service public incombant aux entreprises et les éventuelles obligations à la charge de l'État sont clairement indiquées dans un acte officiel délivré par les autorités publiques compétentes de l'État membre concerné. La forme de cet acte peut varier d'un État membre à l'autre, mais il doit préciser à tout le moins la nature exacte, la portée et la durée des obligations de service public imposées, l'identité des entreprises concernées, ainsi que les coûts que celles-ci devront supporter ». Ce n'est donc pas le SIEG qui peut être financé, mais bien, uniquement, les obligations de service public définies au titre de ce service.

La conséquence d'une telle approche est, tout à la fois, le dépassement de la notion de SIEG et, partant, la dilution de la frontière entre activités économiques et non économiques, et la segmentation des services publics. Le corset pragmatique résultant du « paquet SIEG » expire en novembre 2011 car l'encadrement 2005/C 297/04 et la décision 2005/842/CE avaient fixé un terme et une procédure d'évaluation. Après avoir recueilli en 2009 les observations des États membres sur l'application de ce régime de compensation des SIEG (167), la Commission a ouvert, de juin à septembre 2010, une consultation sur la révision du « paquet Monti-Kroes ». Devant la complexité et la sécurité juridique très relative de ce régime, le Parlement européen, chargé par le traité de Lisbonne entré en vigueur en décembre 2009, de légiférer avec le Conseil pour fixer les conditions économiques et financières nécessaires au bon accomplissement des missions de service public, préconise un élargissement des conditions de compensation (168). Cette révision doit en effet être située par rapport à l'Acte pour le marché unique adopté en octobre 2010, prévoyant une communication et un ensemble d'actions sur les SIG pour favoriser leur mise en œuvre plus aisée, une meilleure accessibilité et des règles clarifiées. Dans sa communication (169) issue de ces travaux, la Commission déclare d'une part qu'elle s'attachera à « préciser plusieurs notions clés pertinentes pour l'application des règles en matière d'aides d'État aux SIEG ». D'autre part, elle annonce qu'elle « pourrait notamment simplifier l'application des règles pour certains types de services publics de petite envergure et de portée locale ayant un impact limité sur les échanges entre États membres, ainsi que pour certains types de services sociaux, tout en

(167) Le rapport français est disponible à http://ec.europa.eu/competition/consultations/2010_sgei/fr_fr.pdf.

(168) Parlement européen, Commission de l'emploi et des affaires sociales, *Projet de rapport concernant l'avenir des services sociaux d'intérêt général*, (2009/222 (INI)).

(169) Communication de la Commission, 23 mars 2011, *Réforme des règles de l'UE en matière d'aides d'État applicables aux SIEG*, COM (2011) 146 final ; V. aussi Commission Staff Working Paper, *The Application of EU State Aid rules on Services of General Economic Interest since 2005 and the Outcome of the Public Consultation*, SEC (2011) 397.

tenant davantage compte de considérations liées à l'efficacité et à la concurrence aux fins du traitement des services commerciaux ayant clairement une portée européenne ».

392 On notera, enfin, que la notion d'obligation de service public, et son usage en droit interne, peut entraîner des conséquences dévastatrices. Une jurisprudence *Combus* montre bien la difficulté de la mise en cohérence des notions de service public et d'obligation de service public. Une entreprise publique de transport local de voyageurs s'était vue attribuer par l'État danois une importante subvention pour transformer le statut de ses agents, de fonctionnaires en agents contractuels de droit privé. Le TPICE a alors estimé qu'en ne qualifiant pas une telle mesure d'aide d'État, prohibée par l'article 107, § 1 du traité, la Commission n'avait commis aucune erreur de qualification, car une telle mesure « visait à remplacer le statut privilégié et coûteux des fonctionnaires employés par Combus par un statut d'agent contractuel comparable à celui des employés d'autres entreprises de transport par autobus se trouvant en concurrence avec Combus. Il s'agissait donc de libérer Combus d'un désavantage structurel par rapport à ses concurrents privés » (170). Le fait de « gérer » du personnel de droit public est donc, pour un opérateur économique, une charge, c'est-à-dire, bien que le terme ne soit pas expressément employé par le Tribunal, une obligation de service public, qui doit en tant que telle être compensée par la personne publique.

Le statut de fonctionnaire, conçu, si l'on se rapporte à la théorie classique, comme le moyen nécessaire pour garantir l'indépendance des personnels, et partant la continuité, des services publics, est donc vu par le droit européen comme un *frein* à l'accomplissement de missions économiques, y compris bien sûr de service public, par les entités publiques ou privées auxquels ces personnels sont affectés, frein qui est constitutif d'une obligation de service public.

(170) TPICE, 16 mars 2004, Combus, *préc.*

CHAPITRE 2

CRÉATION ET SUPPRESSION DE SERVICES PUBLICS PAR L'ÉTAT ET SES ÉTABLISSEMENTS PUBLICS

393 Bien que fortement encadré par le droit de l'Union européenne, à l'élaboration duquel il est au demeurant associé de façon étroite, l'État dispose toujours d'un très large pouvoir de création de services publics, dont profitent ses établissements publics. Les principes européens sont, d'ailleurs, loin d'être les seuls à encadrer le pouvoir de création de services publics par l'État, puisque la Constitution peut non seulement constituer un frein à la création de services – et, à l'inverse, obliger à créer d'autres services – mais aussi limiter, dans une certaine mesure, les effets réducteurs du droit de l'UE (Sect. 1).

La situation est différente en ce qui concerne la suppression des services publics étatiques. Il faut, tout d'abord, rappeler que la suppression des services publics reste largement discrétionnaire, sauf, sous réserve d'un contrôle effectif, pour ceux dont le maintien est exigé par la Constitution. Mais sans qu'il y ait de relation de cause à effet clairement identifiable, le droit européen joue incontestablement un rôle prépondérant dans la transformation profonde, et parfois la suppression, de services publics gérés par l'État (Sect. 2).

Le régime des établissements publics, en matière de création et de suppression de services publics, est également largement conditionné par le droit de l'UE. Mais il obéit aussi à des règles spécifiques (Sect. 3), liées à la spécialisation de la personne morale qui leur est attribuée.

SECTION I CRÉATION DES SERVICES PUBLICS PAR L'ÉTAT

394 Illimité pendant longtemps, le pouvoir de création de services publics par l'État ne l'est plus aujourd'hui. Il demeure cependant assez étendu, même si sa mise en œuvre dépend essentiellement des orientations politiques et économiques

déterminées par les gouvernants. Inconditionné jusqu'en 1958, ce pouvoir est, sous la Ve République, limité d'abord par la Constitution, ensuite par les développements du droit de l'UE et, suivant certains discours, par les dispositions internationales mettant en pratique ce qu'il est convenu de désigner par « mondialisation ».

On pouvait en effet, évoquer le caractère inconditionné du droit de l'État de créer des services publics sous la IIIe et la IVe République, dans la mesure où aucune limite juridique n'était susceptible d'entraver la volonté du législateur, qui disposait du pouvoir d'ériger en service public n'importe quelle activité.

S'il n'existait aucun frein à la création de services publics par les pouvoirs publics de l'État, le juge administratif témoignait d'une certaine réticence à la création de services publics par les collectivités locales, alors même que celle-ci se trouvait encouragée par le Parlement et le gouvernement. Le mouvement ultérieur en faveur de l'introduction d'un contrôle de constitutionnalité des lois eut par ailleurs pour objectif d'entraver l'idéologie « socialisante » que la notion de service public véhiculait, car un tel contrôle devait permettre de faire prévaloir les principes libéraux de 1789 à l'encontre de la création de services publics par l'État et les collectivités territoriales.

En instituant ce contrôle, la Constitution du 4 octobre 1958 permet dès lors de poser des bornes à la volonté du législateur d'ériger en services publics certaines activités qui ne seraient pas d'emblée fondées sur la nécessité d'assurer la sauvegarde de principes et de droits ayant valeur constitutionnelle.

395 La construction par le Conseil constitutionnel d'un bloc de constitutionnalité comprenant la Constitution elle-même, la Déclaration des droits de l'homme et du citoyen de 1789, le Préambule de la Constitution de 1946 et les principes fondamentaux reconnus par les lois de la République, auquel s'ajoute désormais la Charte de l'environnement de 2004, situe les premiers cadres dans lesquels le législateur intervient en la matière. Outre la répartition des domaines entre les lois et les règlements, c'est le respect des droits et libertés constitutionnellement reconnus, souvent les droits dits fondamentaux, qui retrace cette évolution libérale (§ 1). À ces cadres, doit être adjointe la prévalence reconnue aux traités internationaux sur les lois (§ 2). Les autorités administratives se trouvent alors soumises au respect de ces différentes normes pour envisager la création ou la suppression d'un service public.

396 Il est depuis longtemps admis par la jurisprudence administrative qu'une autorité exécutive peut créer un service public dès lors que l'activité apparaît comme connexe ou complémentaire de celle d'un service public déjà existant (1) ou créer un service destiné à produire les biens ou services nécessaires à l'exercice de la fonction administrative ou d'autres services publics (2).

La liaison que certains opèrent entre service public et établissement public mérite alors d'être reconsidérée. Le principe de spécialité ne fait pas obstacle à ce que l'autorité compétente pour définir les règles constitutives d'un établissement public

(1) CE, 27 févr. 1942, Mollet, *Rec.* p. 64, *S.* 1942,3,41, note P. L. : légalité de la création par l'université de Paris et le ministre de l'Éducation de la Cité universitaire en tant que celle-ci « constitue un complément du service public de l'enseignement » parce qu'elle a pour objet d'assurer aux étudiants les meilleures conditions d'existence matérielles, intellectuelles et morales et qu'elle favorise le rapprochement des cultures ; CE sect., 18 déc. 1959, Delansorme, *Rec.* p. 692, *AJDA* 1960, III, 213, concl. Mayras, *D.* 1960, 3, 371, note Lesage.
(2) CE, 29 avr. 1970, Soc. Unipain, *préc.*

modifie l'étendue de sa mission (3). Mais l'autorité compétente pour procéder à une telle transformation n'est pas nécessairement celle qui était compétente pour créer l'établissement en cause. Le juge a fixé les limites de cet exercice : l'extension des attributions d'un établissement public ne relève pas du législateur si les nouvelles attributions se rattachent à une spécialité comparable à celle qui lui était fixée et que, de ce fait, elles ne transforment pas cet organisme en une catégorie nouvelle et particulière d'établissement public (4).

Par ailleurs, l'autorité administrative est en principe compétente pour décider les mesures d'organisation interne des services de l'État ou de la collectivité. Le principe est posé, sans texte, par la jurisprudence administrative du début du XXe siècle (5). Il est également consacré, pour l'État, par l'article 37 de la Constitution, car la matière n'entre pas directement dans le domaine de la loi. Cependant, le partage des compétences de création d'une part, et d'organisation d'autre part, qui se produit en de nombreuses hypothèses pour les services de l'État, n'existe pas au niveau local dans la mesure où, dans la plupart des collectivités territoriales, l'assemblée délibérante cumule pouvoir de création et pouvoir d'organisation.

397 Néanmoins, pour distinguer la création de l'organisation, lorsque la première opération est l'œuvre de la loi, il est possible d'utiliser la jurisprudence constitutionnelle établie pour la création d'établissements publics nationaux : la création implique la définition des règles constitutives, notamment la mission du service public créé. Le pouvoir réglementaire intervient ensuite pour mettre en œuvre ces règles constitutives sans les dénaturer.

Sous le pouvoir d'organisation exercé par le titulaire du pouvoir réglementaire, se situe celui du chef de service auquel la jurisprudence a reconnu une compétence générale mais résiduelle, subordonnée et limités dans son objet, pour régler l'organisation et le fonctionnement interne du service dont il a la charge (6).

Quant à la compétence du pouvoir réglementaire général, elle a trouvé une limite dans le principe d'autonomie des établissements publics nationaux et le respect de leurs statuts, qui en découle (7).

398 La création d'un service public est explicite s'il existe un acte juridique de la personne morale exprimant sa volonté non ambiguë d'ériger une activité en service public (8). Lorsqu'une activité n'a pas été expressément qualifiée de service public par un acte d'une personne publique, en cas de litige, c'est au juge d'apprécier la

(3) CE, 23 déc. 1993, Assoc. de sauvegarde du site Alma-Champ de Mars, *Rec.* p. 384, *AJDA* 1992, p. 822, concl. Lamy.

(4) Concl. Bergeal sur CE, 9 juill. 1997, Soc. Maison Balland-Brugneaux, *Rec.* T., p. 846, *CJEG* 1997, p. 400, *RFDA* 1998, p. 53.

(5) CE, 19 févr. 1904, Chambre syndicale des constructeurs de matériels de chemin de fer et de tramways, *Rec.* p. 191 ; CE, 4 mai 1906, Babin, *Rec.* p. 365 et surtout CE, 28 juin 1918, Heyriès, *Rec.* p. 651, *S.* 1922, 3, 49, note Hauriou ; v. aussi, M. Douence, *Le pouvoir d'organisation des services publics*, th. droit Pau, 2003.

(6) CE, 7 févr. 1936, Jamart, *Rec.* p. 172, *S.* 1937,3,113, note Rivero, jamais remis en question.

(7) CE ass., 4 juin 1993, *Assoc. des anciens élèves de l'ENA, Rec.* p. 166, *AJDA* 1993, p. 576, chron., *RFDA* 1993, p. 657, concl. Schwartz.

(8) Tel est le cas du service public de l'équarrissage, prévu à l'article L. 226-1 du Code rural et de la pêche maritime. V. aussi, A.-S. Gorge, « Le service public de l'équarrissage, un nouveau service public ? », *RRJ-Droit prospectif,* 2010/1, p. 221.

qualification de l'activité. La création du service public est dite implicite lorsque le caractère d'activité d'intérêt général est identifié indépendamment de toute référence textuelle précise. Le juge doit vérifier si cette activité présente effectivement le caractère de service public à l'aide de différents critères. Si l'activité d'intérêt général est assurée par une personne publique, le caractère de service public est présumé (9).

Si l'activité est assurée par une personne privée, le juge met en œuvre la méthode du faisceau d'indices en vue d'examiner les situations dans lesquelles l'activité en cause est mise en œuvre et, dans ce cas, il recherche si les personnes publiques ont entendu ou non donner à la personne privée une mission de service public. Cette méthode induit souvent l'examen des statuts de la personne, des actes émanant des personnes publiques dont elle est l'objet et de l'activité directement en cause.

Les autorités administratives peuvent donc aussi, par la mise en œuvre de leur pouvoir réglementaire, imposer des « obligations de service public » par exemple aux entreprises exerçant sur le domaine public une activité d'intérêt général (10). Ces entreprises se trouvent, par l'effet de l'autorisation donnée et de la réglementation imposée, investies d'une véritable mission de service public (11). De plus, en vertu de la jurisprudence administrative d'abord, puis des lois ensuite, des entreprises privées peuvent être soumises de façon générale à des obligations de service public. Sous l'influence des politiques de libéralisation des services, cette méthode se trouve de plus en plus souvent appliquée, car la définition des obligations de service public pour les entreprises d'un secteur donné a pour but d'éviter la déperdition du lien social.

§ 1. LE RESPECT NÉCESSAIRE DES PRINCIPES TENANT AUX DROITS ET LIBERTÉS

399 Les principes posés par l'article 1er de la Constitution (12) imposent à toutes les autorités publiques de respecter et faire respecter les droits et libertés dont jouissent tous les citoyens sur le territoire français (A). D'autres sources textuelles et jurisprudentielles peuvent être soulignées comme constituant autant de limites fondées sur le respect des droits de l'homme et des libertés fondamentales à l'exercice du pouvoir de création de services publics par les organes d'État (13). Il en est ainsi notamment du principe de la *liberté d'entreprendre* qui fut évoqué dans la décision du Conseil constitutionnel du 16 janvier 1982 sur les lois de nationalisation votées par

(9) CE ass., 16 nov. 1956, Union syndicale des industries aéronautiques, *Rec.* p. 434, *D.* 1956, p. 759, concl. Laurent, *AJDA* 1956, II, 489, chron., *JCP* 1957, II, 9968, note Blaevoet ; abandon de la méthode de Odent « d'après la nature juridique propre des questions soulevées [i.e. des actes] » : concl. CE, 14 juin 1946, *Soc. fin. de l'Est, S.* 1947, 3, 32.

(10) CE sect., 5 mai 1944, Comp. maritime de l'Afrique orientale, *Rec.* p. 129, *D.* 1944, p. 164, concl. Chenot, *RDP* 1944, p. 236, note Jèze.

(11) M. DEGOFFE, « À propos du service public virtuel », *CJEG* 1993, p. 535 et s. ; concl. Chenot (préc.) ; CE sect., 6 avr. 2007, Commune d'Aix-en-Provence, req. 384736 ; *AJDA* 2007, p. 1020, chron. ; *JCP A* 2007, p. 2111, note Karpenschif.

(12) « La France est une République indivisible, laïque, démocratique et sociale. Elle assure l'égalité devant la loi de tous les citoyens sans distinction d'origine, de race ou de religion. Elle respecte toutes les croyances. Son organisation est décentralisée ».

(13) C. BOYER-CAPELLE, *Le service public et la garantie des droits et libertés*, th. droit Limoges, 2009.

le Parlement au lendemain de la première alternance politique de la Vᵉ République. Ce principe doit donc lui aussi être respecté par les institutions publiques (B).

A. LES PRINCIPES POSÉS À L'ARTICLE 1er DE LA CONSTITUTION

400 Leur formulation a d'emblée pour effet d'interdire la création de certains services publics tels les services publics cultuels, qui contrediraient le principe de laïcité (sauf dans les collectivités encore soumises au respect d'un droit local sous l'empire des normes d'un système concordataire). De même, est impossible la création de services publics réservés à certaines catégories de personnes identifiées notamment en raison de leur origine, réelle ou supposée, ethnique ou nationale, ou à partir de critères linguistiques (14).

Quant à l'affirmation relative au respect des croyances, corollaire des libertés fondamentales d'opinion et d'expression (DDHC 1789, art. 10 et 11) et de conscience (art. 1er de la loi du 9 décembre 1905 relative à la séparation des églises et de l'État), elle empêche l'État et les collectivités locales de s'engager dans des actions et services destinés à favoriser un courant de pensée de nature à endoctriner les populations. Les principes tirés des dispositions de l'article 1er de la Constitution engendrent donc des interdictions que l'on peut qualifier d'« absolues ».

401 Par ailleurs, en précisant que l'organisation de la République est *décentralisée*, l'article 1er de la Constitution renforce et consolide les implications données au principe tiré initialement de l'article 34 et de l'article 72 de la Constitution : le principe de libre administration des collectivités territoriales (15). Cette disposition semble marquer l'impossibilité pour le législateur de réserver à l'État le monopole de la création de services publics sur l'ensemble du territoire. Un certain pouvoir de création des services publics devrait relever de l'action des collectivités locales. Ce principe fondamental, qui revient à reconnaître un ensemble de droits et libertés au profit des collectivités territoriales et de leurs groupements, ne fait pourtant pas obstacle à ce que les autorités de l'État puissent décider de la création de services publics destinés à la satisfaction de besoins locaux, à tout le moins dépendants de circonstances locales. Cela permet à l'État de mettre des services dits « obligatoires » à la charge des collectivités. La portée des interdictions et restrictions découlant du principe de libre administration des collectivités territoriales demeure cependant à la disposition du législateur, seul compétent pour déterminer leur étendue et leur contenu.

B. UN PRINCIPE PARTICULIER : LA LIBERTÉ D'ENTREPRENDRE

402 **Bibliographie** : G. DRAGO, M. LOMBARD (dir.), *Les libertés économiques*, Éd. Panthéon-Assas, 2003.

P. DELVOLVÉ, « La faillite des entreprises publiques », *Ann. Univ. Toulouse*, 1975, p. 205 ; J.-P. THÉRON, « À propos de la liberté d'entreprendre », *Mél. Péquignot*, 1984, t. II, p. 675 ; « La

(14) CC, 15 juin 1999, n° 99-412 DC, Charte européenne des langues régionales ou minoritaires, *Rec.* p. 71.

(15) CC, 23 mai 1979, n° 79-104 DC, *Rec.* p. 27 ; *Gaz. Pal.* 1981, p. 12, note L. Hamon ; CC, 25 févr. 1982, n° 82-137 DC et n° 82-138 DC, sur les lois de décentralisation, *Rec.* p. 38 et p. 41.

liberté d'entreprendre », *in* G. Koubi (dir.), *Propriété et Révolution*, CNRS – Univ. Toulouse 1, 1990, p. 215 ; M. Lombard, « À propos de la liberté de concurrence entre opérateurs publics et opérateurs privés », *D.* 1994, chron. p. 163 ; G. Quiot, « Service public national et liberté d'entreprendre », *in* G. Koubi (dir), *Le Préambule de la Constitution de 1946*, PUF-CURAPP, 1996, p. 187 ; D. Truchet, « Les personnes publiques disposent-elles, en droit français, de la liberté d'entreprendre ? », *D. Aff.* 1996, p. 731 ; O. Berthelot, « Liberté du commerce et de l'industrie et transferts de compétences : socialisation de l'économie ou privatisation du service public ? », *AJDA* 2003, p. 707 ; M. Moliner, « La liberté d'entreprendre : brèves réflexions sur une "nébuleuse" juridique », *TDP* n° 15, 2004, p. 65 ; D. Linotte, « Existe-t-il un principe général du droit de la libre concurrence », *AJDA* 2005, p. 1549 ; J.-P. Kovar, « Où en est la liberté du commerce et de l'industrie ? », *Dr. adm.* déc. 2007, ét. 18 ; J. Caillosse, « Service public et concurrence : le service public entre deux mythologies », *Dr. ouvr.* avril 2008, p. 199 ; A. Monpion, « Le contrôle de l'interventionnisme économique public : l'affaiblissement du principe de liberté du commerce et de l'industrie ? », *AJDA* 2008, p. 232.

403 Le Conseil constitutionnel dans sa décision du 16 janvier 1982 à propos des lois de nationalisation a rappelé que « La liberté qui, aux termes de l'article 4 de la Déclaration des droits de l'Homme, consiste à pouvoir faire tout ce qui ne nuit pas à autrui, ne saurait elle-même être préservée si des restrictions arbitraires ou abusives étaient apportées à la liberté d'entreprendre » (16). Corollaire du droit de propriété en même temps que composante de la liberté, la liberté d'entreprendre joue alors un rôle particulier dans la panoplie des droits et libertés que le Conseil constitutionnel établit progressivement. Cette jurisprudence d'inspiration libérale engendre, évidemment, une limitation du pouvoir de création des services publics par l'État, tout en amoindrissant fortement la compréhension initiale des données de l'alinéa 9 du Préambule de 1946.

La recomposition des pouvoirs de création des services publics par le législateur qu'entraîne la qualification de principe à valeur constitutionnelle appliquée à la liberté d'entreprendre est, elle aussi, indéterminée. La reconnaissance de la liberté d'entreprendre est peut-être capable de fonder une interdiction totale de création des services publics par l'État, mais si tel est le souhait de certains idéologues, ce dernier ne tient pas compte, dans l'état actuel du droit, de la portée du principe de la liberté d'entreprendre à l'égard du législateur. En tout état de cause, ce principe ne peut pas fonder une prohibition faite à l'État législateur de créer un service public. En effet, ainsi que le Conseil constitutionnel a de lui-même été amené à le préciser, « La liberté d'entreprendre n'est ni générale, ni absolue et ne peut exister que dans le cadre d'une réglementation instituée par la loi » (17). Dès lors, le législateur peut « y apporter les limitations exigées par l'intérêt général à la condition que celles-ci n'aient pas pour conséquence d'en dénaturer la portée » (18).

404 Un problème d'interprétation non pas des dispositions constitutionnelles elles-mêmes, mais de la jurisprudence du Conseil constitutionnel, doit être alors soulevé : suivant quels critères est-il possible d'établir que les restrictions éventuelles portées à

(16) CC, 16 janv. 1982, n° 81-132 DC, L. de nationalisation, *Rec.* p. 18, *AJDA* 1982, p. 209, note Rivero, *D.* 1983, 1, 169, note L. Hamon.

(17) CC, 27 juill. 1982, n° 84-141 DC, L. sur la communication audiovisuelle, *Rec.* p. 48 ; n° 85-200 DC du 16 janv. 1986, *Rec.* p. 9 ; 8 janv. 1991, n° 90-283 DC, *Rec.* p. 11, *AJDA* 1991, p. 384, note Wachsmann.

(18) CC, 20 janv. 1993, n° 92-316 DC, L. sur la prévention de la corruption, *Rec.* p. 14, *RFDA* 1993, p. 902, note Pouyaud ; *JCP* 1993, I, 3670, chron. Picard.

la liberté d'entreprendre seraient abusives ? Les décisions du Conseil constitutionnel ne livrent aucune réponse à cette question (19). Comment penser que l'institution d'un service public puisse être, à elle seule, constitutive d'une telle restriction ?

Ce pourrait être le cas si la création de services publics se réalisait dans des secteurs complets d'activité, ce qui ne revient pas nécessairement à réinstituer des situations de monopole. L'inconstitutionnalité d'une telle disposition demeurerait incertaine en ce qu'elle dépend des nuances que le Conseil constitutionnel peut encore apporter à la lecture de l'alinéa 9 du Préambule de 1946. Sans aucun doute, l'interdiction concomitante faite aux entreprises privées d'intervenir dans le domaine d'action de ces services pourrait être soulevée. Mais comme de telles perspectives n'impliquent nullement l'instauration d'un monopole, il faudrait envisager que cette interdiction concerne des secteurs exclusivement marchands ne relevant ni des impératifs de la sécurité nationale intérieure et extérieure, ni des formes essentielles de la souveraineté étatique.

405 La définition précise de la « liberté d'entreprendre » n'a d'ailleurs jamais été formellement donnée. Aussi, certains auteurs assimilent abusivement liberté d'entreprendre et liberté du commerce et de l'industrie. Ils déduisent des décisions du Conseil constitutionnel que l'État législateur aurait été mis, par le Conseil constitutionnel, dans la même situation que celle où ont été placées les collectivités territoriales et plus généralement les autorités administratives par le Conseil d'État. Dans la jurisprudence administrative, en effet, la liberté du commerce et de l'industrie est comprise comme un principe général du droit qui interdit aux autorités publiques, en dehors d'une habilitation législative, de faire concurrence aux entreprises industrielles et commerciales privées (20). Mais la liaison faite entre ces trois principes (liberté du commerce et de l'industrie, liberté d'entreprendre et libre concurrence) n'est pas non plus dans ce cadre une preuve de leur synonymie.

Une telle assimilation n'est en effet pas possible. La liberté d'entreprendre ne se confond pas avec la liberté du commerce et de l'industrie. Elle implique simplement la possibilité de créer librement une entreprise et s'applique à toute entreprise individuelle, indépendante ou libérale. Elle signifie plus largement que les personnes publiques ne peuvent pas, en se réservant le monopole d'une activité donnée, interdire à des entrepreneurs privés de s'y investir, sauf si ce monopole est nécessaire à l'accomplissement du service public (21). La liberté du commerce et de l'industrie concerne les activités industrielles et commerciales d'entreprises déjà existantes et constituées, et plutôt le régime juridique de ces activités que les modalités de leur établissement. Elle limite ainsi les interventions des personnes publiques afin de ne pas entraver les

(19) CC, 12 janv. 2002, n° 2001-455 DC, L. de modernisation sociale, *Rec.* p. 49 ; n° 2000-436 DC, 7 déc. 2000, L. sur la solidarité et le renouvellement urbain, *Rec.* p. 176.

(20) X. Prétot, note sous TA Versailles, 17 oct. 1989, Sté Clinique Pasteur, *AJDA* 1990, p. 50.

(21) Comme le rappelle le droit de l'UE lui-même : « l'article 86, paragraphe 2, CE, lu en combinaison avec le paragraphe 1 du même article, permet de justifier l'octroi, par un État membre, à une entreprise chargée de la gestion de services d'intérêt économique général, de droits spéciaux ou exclusifs contraires aux dispositions du traité, dans la mesure où l'accomplissement de la mission particulière qui lui a été impartie ne peut être assuré que par l'octroi de tels droits et pour autant que le développement des échanges n'est pas affecté dans une mesure contraire à l'intérêt de la Communauté » (CJCE, 17 mai 2001, aff. C-340/99, TNT Traco, *Rec.* p. I-4109, point 52 ; 18 déc. 2007, aff. C-220/06, Asociación Profesional de Empresas de Reparto y Manipulado de Correspondencia, *Rec.* p. I-12175, point 78 ; 1er oct. 2009, aff. C-567/07, Servatius, point 44).

principes corollaires de la libre concurrence et du libre-échange (22). Cependant, la libre concurrence suppose essentiellement le droit pour les entreprises privées exerçant une activité sur un marché déterminé de ne pas voir la concurrence faussée par divers mécanismes d'aides et de subventions institués par des organismes publics.

Ces deux libertés, liberté d'entreprendre et liberté du commerce et de l'industrie, sont distinctes (23) ; elles ont été introduites dans l'ordre juridique à des moments différents et selon des logiques différentes (24). Bien qu'elles soient particulières à un domaine particulier, celui de l'activité économique, elles concourent à une même idée générale : la protection de l'initiative privée, de l'initiative individuelle, c'est-à-dire de la liberté individuelle d'agir tant que cette action n'a pas été légalement interdite.

Dès lors, l'existence de la liberté d'entreprendre en tant que principe à valeur constitutionnelle, non seulement n'interdit pas à l'État la création de services publics sans monopole, mais elle n'interdit pas non plus l'instauration de services publics monopolisés. La Constitution en ce qu'elle consacre l'existence de la liberté d'entreprendre, pas plus que le traité de Rome, ne fait obstacle à la création de services publics par l'État. La seule limite, relevée à partir des décisions du Conseil, serait la transformation en service public avec monopole d'un trop grand nombre d'activités privées et publiques, qui porterait ainsi une atteinte générale et massive au régime économique et social de la libre entreprise.

406 Le problème de l'interprétation et de la mise en œuvre des dispositions de l'alinéa 9 du Préambule de la Constitution de 1946 et de la conciliation de celles-ci avec la jurisprudence concernant la liberté d'entreprendre pourrait donc à nouveau se poser en théorie. Si le Parlement décidait de la nationalisation de diverses entreprises privées, aux activités non considérées autrefois comme des services publics nationaux, en relevant que celles-ci présenteraient aujourd'hui précisément, au vu de circonstances spécifiques et dans des contextes particuliers, le caractère de « service public national », le Conseil constitutionnel pourrait certes contester le caractère « national » des activités, mais, en tout état de cause, il ne saurait contrôler celui de « service public » de celles-ci. En effet, le Conseil constitutionnel ne se reconnaît pas un pouvoir général d'appréciation et de décision identique à celui du Parlement (25). Il ne lui appartient pas d'y substituer son appréciation quant à la nécessité, au regard des exigences de l'intérêt général, d'ériger telle ou telle activité en service public. Il n'y a donc aucun contrôle formel du juge constitutionnel sur l'opportunité de la création de services publics par le législateur, même si la théorie de l'erreur manifeste d'appréciation peut éventuellement être mise en œuvre.

(22) Les arrêts : CE, 1er avr. 1998, *Union hospitalière privée et autres* et CE, 5 oct. 1998, *Fédération française des pompes funèbres et autres*, cités par M. Bazex, « Droit public de la concurrence », *RFDA* 1998, p. 182 d'une part, et les principes posés par l'ordonnance du 1er déc. 1986 d'autre part, laissent entrevoir l'existence d'un principe général du droit lui aussi distinct.

(23) *Contra*, P. Delvolvé, *Droit public de l'économie*, Dalloz, coll. Précis, 1998, p. 107.

(24) D'ailleurs, selon certains auteurs, le premier principe a été constitutionnalisé, et non le second : M. Lombard, « À propos de la libre concurrence entre opérateurs publics et opérateurs privés », *D.* 1994, p. 167 ; v. aussi, D. Linotte, « Existe-t-il un principe général du droit de la libre concurrence ? », *AJDA* 2005, p. 1549.

(25) CC, 15 janv. 1975, n° 74-54 DC, L. relative à l'Interruption volontaire de grossesse, et n° 86-207 DC, 25 et 26 juin 1986, Privatisations, *préc.*

Telle n'est pas la tendance adoptée de nos jours par les pouvoirs publics, bien au contraire. Toute la question est entièrement contenue dans l'inversion de la problématique : sur quels fondements constitutionnels serait-il envisageable de limiter la propension générale des pouvoirs publics à se défaire des services publics existants et à en transférer le capital au secteur privé ? Il ne s'agirait donc plus d'évoquer la création des services publics par l'État mais d'étudier la suppression de ces services.

§ 2. LE PRINCIPE DE LA SUPÉRIORITÉ DES TRAITÉS SUR LES LOIS

407 Introduits dans l'ordre juridique national par l'article 26 de la Constitution du 27 octobre 1946, les traités internationaux voient leur supériorité sur les lois réaffirmée par l'article 55 de la Constitution de 1958 : « Les traités ou accords régulièrement ratifiés ou publiés ont, dès leur publication, une autorité supérieure à celle des lois sous réserve, pour chaque accord ou traité, de son application par l'autre partie ».

Le Conseil constitutionnel a longtemps refusé de vérifier la conformité de la loi à un traité international dans le cadre de l'article 61 (26) ; il s'interdisait de mettre en cause la constitutionnalité d'une loi au motif que celle-ci contreviendrait aux dispositions d'un traité. Le Conseil considère généralement qu'il appartient aux juridictions, judiciaires et administratives, de faire respecter le principe énoncé à l'article 55.

La Cour de cassation l'admit rapidement (27) tandis que le Conseil d'État refusa un temps d'examiner la légalité d'un acte administratif pris en vertu d'une loi au regard des dispositions conformes d'un traité, au motif que cela revenait à l'instituer juge de la constitutionnalité de la loi. Puis il finit par l'admettre, d'abord par le biais de l'arrêt *Nicolo* du 20 octobre 1989 posant le principe d'un nécessaire contrôle de la conformité d'une loi postérieure aux dispositions d'un traité ; ensuite la solution fut étendue aux actes dérivés des traités internationaux, qu'il s'agisse des règlements du Conseil des communautés européennes (28), des directives européennes (29), et aux arrêts de la Cour de justice des Communautés européennes (30). À défaut de conformité, l'acte administratif pris en application régulière d'une loi mais contrevenant à une disposition du traité est illégal. Le juge administratif n'applique donc plus la théorie de la loi-écran qui avait permis au gouvernement de contourner les implications logiques de l'article 55 de la Constitution. La décision *Nicolo* revêt une valeur capitale mais elle est

(26) CC, 15 janv. 1975, n° 74-54 DC, L. relative à l'Interruption volontaire de grossesse, *Rec.* p. 19, *AJDA* 1975, p. 134, note Rivero, *D.* 1975.529, note Hamon, *Clunet* 1975, p. 249, note Ruzié, *RMC* 1975, p. 69, note Druesne.

(27) Cass. ch. mixte, 24 mai 1975, Soc. des Cafés Jacques Vabre, *D.* 1975, p. 497, concl. Touffait, *AJDA* 1975, p. 567, note Boulouis, *RDP* 1975, p. 1335, note Favoreu et Philip, *Clunet* 1975, p. 820, note Ruzié, *RGDIP* 1976, p. 960, note Rousseau, *Rev. crit. DIP* 1976, p. 347, note Foyer et Holleaux.

(28) CE, 24 sept. 1990, Boisdet, *Rec.* p. 250, *AJDA* 1990, p. 863, chron., *RFDA* 1991, p. 172, note Dubouis, *LPA*, 1990, n° 123, p. 15, concl. Laroque.

(29) CE ass., 28 févr. 1992, Soc. an. Rothmans International France et Soc. Arizona Tobacco Products (deux arrêts), *Rec.* p. 78, *RFDA* 1992, p. 425, note Dubouis, *RDP* 1992, p. 1480, note Fines, *RTD eur.* 1992, p. 265, note Simon, *JCP* 1992, II, 21859, note Teboul, *D.* 1992, p. 207, art. Kovar.

(30) CE, 23 mars 1992, Société Klöckner France, *Rec.* p. 133.

lourde de conséquences en raison des prolongements qu'elle a suscités touchant tant à l'intégration des normes européennes qu'à la mise en œuvre du droit européen.

408 L'évolution de la jurisprudence administrative depuis 1990 oblige ainsi à considérer que la création d'un service public par des autorités administratives, en application d'une loi votée postérieurement à la ratification d'un traité ou à l'adoption d'un règlement ou d'une directive (31) européenne dont les dispositions s'opposeraient directement ou indirectement à une telle création, est illégale. La primauté du droit de l'UE ne connaît pas d'autres exceptions que celles des actions et des activités de puissance publique, qui ne rejoignent pas nécessairement les préoccupations inhérentes au service public. En quelque sorte, on peut penser que législateur détient toujours un fort pouvoir de décision de création d'un service public. S'il n'y a pas eu de saisine ou de censure par le Conseil constitutionnel de la loi traduisant cette volonté, la mise en œuvre de la loi par l'autorité réglementaire est particulièrement malaisée, car le juge administratif peut être conduit à censurer les actes administratifs qui donneraient application aux dispositions législatives.

Il faut toutefois souligner le caractère assez hypothétique de l'existence d'un traité dont les clauses porteraient interdiction stricte pour les parties signataires de créer un service public. Même les objectifs décriés de la « marchandisation des services » par l'AGCS (Accord général sur le commerce et les services) avant son échec en 2006 ne déterminent nullement une telle interdiction. Le champ d'application d'une telle convention internationale n'aurait pu être que des plus réduits. La possibilité de créer des services publics à caractère économique n'est pas à ce jour entièrement limitée par un quelconque traité international, pas même le traité de Rome et les traités européens qui l'ont modifié et complété (32).

Enfin, le principe de supériorité de la Constitution sur les traités en limite considérablement les risques. Effectivement mis en œuvre par le Conseil d'État dans son arrêt du 30 octobre 1998, *Sarran* (33) il permet de rappeler que les traités et accords internationaux ne tiennent valeur *supra*-législative que de la Constitution de 1958 et, en conséquence, ne sauraient contredire celle-ci.

409 Si ce principe a été repris par la Cour de cassation, qui estime que « la suprématie conférée aux engagements internationaux ne s'applique pas, dans l'ordre interne, aux dispositions de valeur constitutionnelle » (34), il est désormais tempéré par l'obligation constitutionnelle de transposition des directives européennes, consacrée par le conseil constitutionnel dans sa décision *Loi pour la confiance dans l'économie numérique* du 10 juin 2004 (35). Le Conseil estime en effet que « la transposition en droit interne

▪ (31) CJCE, 19 janv. 1994, aff. C-364/92, SAT c. Eurocontrol, *Rec.* p. 43, *D.* 1995, p. 33, note Lhuillier.
▪ (32) F. Moderne, « Le concept de service public à l'épreuve du marché unique européen », *Mél. Jean Mas, Droit et anthropologie de la complexité*, Economica, 1996, p. 239 ; C. Leroy, « L'intérêt général comme régulateur des marchés », *RTD eur.* 2001, p. 49.
▪ (33) CE ass., 30 oct. 1998, Sarran, *AJDA* 1998, p. 1039, chron., *RFDA* 1998, p. 1081, concl. Maugüe, note Alland, *RDP* 1999, p. 919, note Flauss.
▪ (34) Cass. com., 2 juin 2000, Mademoiselle Fraisse, *RDP* 2000, p. 1037.
▪ (35) CC, 10 juin 2004, n° 2004-496 DC, L. pour la confiance dans l'économie numérique, *Rec.* p. 101 ; B. Genevois, « Le Conseil constitutionnel et le droit communautaire dérivé », *RFDA* 2004, p. 651 ; M. Gautier, F. Melleray, « Le refus du Conseil constitutionnel d'apprécier la constitutionnalité de dispositions législatives transposant une directive communautaire », *AJDA* 2004, p. 1537 ; P.-Y.

d'une directive européenne résulte d'une exigence constitutionnelle à laquelle il ne pourrait être fait obstacle qu'en raison d'une disposition expresse de la Constitution ». Les principes du service public que constituent la continuité ou l'égalité n'étant pas des « dispositions expresses contraires », la transposition de directives européennes qui, sans doute de façon improbable, les remettraient en cause, ne pourrait désormais plus se voir opposer la supériorité du texte constitutionnel français.

Cette solution a été reprise par le juge administratif dans un arrêt du 8 février 2007 (36) qui, après avoir confirmé le principe de la jurisprudence *Sarran*, en limite singulièrement les conditions d'application, puisqu'il précise qu'en vertu de l'article 88-1 de la Constitution, dont découle l'obligation constitutionnelle de transposition des directives, un motif tiré de la contrariété entre un texte de transposition d'une directive et un principe constitutionnel ne sera examiné que pour autant que n'existe pas, en droit européen, de règle ou de principe général du droit de l'UE garantissant l'effectivité du respect de la disposition ou du principe constitutionnel invoqué.

410 Les limitations résultant des dispositions constitutionnelles paraissent donc *a priori* très contraignantes pour tout un ensemble d'actions qui concernent le maintien du lien social ou le rétablissement de la solidarité nationale, notamment en matière d'action sociale. La conjonction entre le principe de liberté d'entreprendre et la règle de la supériorité des traités sur les lois induisant une valorisation du droit européen modifie substantiellement le cadre juridique du service public. Si certains services publics doivent être institués par l'État en vertu de la Constitution, ou plus généralement, du fait des lois, désormais de nombreuses limites lui sont opposées par le droit de l'UE qui, originaire ou dérivé, s'impose aux autorités étatiques ou nationales. La primauté du droit européen sur les normes juridiques nationales ne peut être éludée ni contournée (37), en dépit du refus de ratification du traité portant constitution européenne par le peuple français le 29 mai 2005. Mais ces contraintes théoriques s'avèrent en réalité moins restrictives qu'on ne le pense généralement. D'une part, en dépit de ces principes et règles, l'État dispose d'une liberté d'action quasi totale, tenant à la reconnaissance à son profit d'un pouvoir souverain d'apprécier les exigences de l'intérêt général. D'autre part la suprématie du droit européen est quelque peu contestée par certains juristes qui, suivant l'argumentation initiale propre au juge français, persistent à considérer que la Constitution demeure la source suprême du droit applicable. Le droit international et *a fortiori* le droit de l'UE ne peuvent être lus et interprétés qu'à son aune : ainsi, les traités internationaux sont supérieurs aux lois seulement parce que la Constitution en dispose ainsi.

411 Le problème n'est pas ici de rechercher les fondements juridiques de l'intervention de l'État pour créer ou non un service public ni de déterminer quelle est l'autorité compétente pour ce faire : le Parlement ou le gouvernement. S'agissant de la création d'un service public pour le compte de l'État, le pouvoir mis en œuvre peut être

MONJAL, « Le Conseil constitutionnel français et les directives communautaires : l'incompétence du juge suprême comme garantie de l'inopposabilité de la Constitution au droit communautaire ? », *Rev. dr. UE* 2004, p. 509 ; J. ROUX, « Le Conseil constitutionnel, le droit communautaire dérivé et la Constitution », *RDP* 2004, p. 912 ; P. CASSIA, « Le juge administratif, la primauté du droit de l'Union européenne et la Constitution française », *RFDA* 2005, p. 465.

(36) CE ass, 8 févr. 2007, Sté Arcelor Atlantique et Lorraine et autres, *LPA*, 2007 n° 43, p. 5, note Chaltiel.

(37) CJCE, 11 janv. 2000, aff. C-285/98, Kreil, *Rec.* p. 1-97.

législatif ou réglementaire, ou bien encore relever d'un partage de compétences. Si l'article 34 de la Constitution de 1958 ne réserve pas explicitement à la loi la création et la suppression des services publics, on remarque cependant que les principaux services publics créés par l'État, pour le compte de l'État, le sont par la loi. Mais en même temps, tenant compte des problématiques de la décentralisation, ils supposent souvent une coopération entre l'État et les collectivités locales (38).

SECTION II TRANSFORMATION ET DISPARITION DES SERVICES PUBLICS INSTITUÉS PAR L'ÉTAT

412 **Bibliographie** : P. Delvolvé, « Les entreprises publiques et le droit de la concurrence », *in* R. Drago (dir.), *Quel avenir pour les entreprises publiques ?*, *Cahier des sciences morales et politiques*, PUF, 2001, p. 51 ; M. Karpenschif, « La privatisation des entreprises publiques : une pratique encouragée sous surveillance communautaire », *RFDA* 2002, p. 95 ; O. Berthelot, « Liberté du commerce et de l'industrie et transferts de compétences : socialisation de l'économie ou privatisation du service public ? », *AJDA* 2003, p. 707 ; H. Ruiz Fabri, J.-P. Crontiras, « L'Organisation mondiale du commerce et les services publics », *Les Rapports de l'IDDRI*, n° 2, août 2003 ; S. Nicinski, P. Pintat, « La libéralisation du secteur gazier », *AJDA* 2003, p. 223 ; A. Mazières, « Concurrence et services publics : détermination des coûts pertinents », *AJDA* 2005, p. 1334 ; E. Fatôme, « Le régime juridique des biens affectés au service public – À propos de la décision du Conseil constitutionnel du 14 avril 2005 », *AJDA* 2006, p. 178 ; M.-L. Basilien-Gainche, « La libéralisation communautaire des marchés de l'électricité et du gaz. Une reconfiguration des obligations de service public », *AJDA* 2007, p. 74.

413 La « suppression » pure et simple d'un service public ne semble pas une problématique pertinente pour les différentes activités qui constituaient autrefois « les grands services publics », disposant souvent d'un label « national » (39), tels les services audiovisuels (ORTF), les services de la Poste et des Télécommunications (PTT), les services de distribution de l'électricité et du gaz (EDF/GDF), les services de transports ferroviaires (SNCF) et aériens (Air France). Il serait erroné d'affirmer que ces activités sont désormais « privatisées ». L'objet de la privatisation n'est pas l'activité mais l'entreprise investie de la mission de service public correspondante. La mission elle-même n'est ni supprimée, ni fondamentalement modifiée : elle est maintenue sous le label des obligations de service public imposées aux nouveaux opérateurs privés.

414 Conformément aux logiques juridiques qui sous-tendent le droit de l'UE, la recomposition de ce qui relevait du « secteur public » a conduit à une « liquidation » partielle de ces services. Outre la modification des modes de financement, qui en est la caractéristique majeure, elle se caractérise par l'instauration d'une segmentation générale des activités que ces différentes entreprises assuraient et par une redéfinition des périmètres des activités de service public.

(38) G. Marcou, « Services publics locaux et droit communautaire », *Annuaire 2003 des collectivités locales*, Éd. CNRS, p. 95.
(39) Sans doute par référence à l'alinéa 9 du Préambule de 1946.

Les fragmentations dépassent les processus classiques de la privatisation même si elles en empruntent parfois les voies. Tel fut le cas pour ce qui concerne le secteur de l'énergie : « une société, dont le capital est détenu en totalité par Électricité de France, l'État ou d'autres entreprises ou organismes appartenant au secteur public, est le gestionnaire du réseau public de transport d'électricité… Cette société est régie, sauf dispositions législatives contraires, par les lois applicables aux sociétés anonymes. Elle est soumise à la loi n° 83-675 du 26 juillet 1983 relative à la démocratisation du secteur public… » (40). Ces orientations ont suscité la transformation du statut de l'entreprise « publique » en sociétés de droit privé (41). Il en fut de même pour le secteur gazier (42).

415 Ces méthodes ont radicalement transformé le statut de ces anciens « grands services publics ». Toutefois, elles se concentrent particulièrement autour de quelques principes aux contours variables se rapportant à l'affirmation d'un droit pour les citoyens concernés (§ 1), à la définition du contenu du service universel (§ 2) et à la détermination des obligations de service public (§ 3). Elles ont également suscité une réforme générale des différents services publics existants et maintenus, qu'ils soient nationaux ou locaux.

§ 1. L'AFFIRMATION D'UN DROIT D'ACCÈS À LA PRESTATION DE SERVICE

416 **Bibliographie** : L. Richer, « Droit d'accès et service public », *AJDA* 2006, p. 73 ; F.-C. Bernard, « L'égalité d'accès aux services publics », *ARSP, Arch. Philo. droit*, 2008, n° 51, p. 63 ; V. Donier, « Droit d'accès aux services publics dans la jurisprudence : une consécration en demi-teinte », *RDSS* 2010, p. 800.

417 Le premier fondement d'un droit d'accès à des prestations de service public est, depuis l'entrée en vigueur du traité de Lisbonne au 1er décembre 2009, la Charte des droits fondamentaux de l'Union européenne qu'il désigne et dont la valeur est identique. De nombreuses dispositions garantissent aux citoyens de l'Union des droits d'accès à certains services : l'éducation et la formation (art. 16), le placement dans les emplois (art. 29), la sécurité sociale et les services sociaux associés (art. 34), la justice (art. 47). En revanche, l'accès aux services d'intérêt économique général, qui est reconnu par l'article 36, ne constitue pas formellement un droit.

Étant donné que ces « grands services publics » répondaient à des besoins sociaux identifiés et présentaient un caractère d'intérêt général prononcé, la modification du

(40) L. n° 83-675 du 26 juill. 1983 relative à la démocratisation du secteur public, *JO* du 27 juill. 1983, p. 2326. *Cf.* A. Jeammeaud, « La démocratisation du secteur public », *AJDA* 1983, p. 563 ; X. Prétot, « À propos de la L. du 26 juill. 1983 relative à la démocratisation du secteur public », *Rev. adm.* 1984, p. 29.

(41) Art. 24, L. n° 2004-803 du 9 août 2004 relative au service public de l'électricité et du gaz et aux entreprises électriques et gazières, *JO* 11 août 2004, p. 14256 : « Électricité de France et Gaz de France sont transformés en sociétés dont l'État détient plus de 70 % du capital. Sauf dispositions législatives contraires, elles sont régies par les lois applicables aux sociétés anonymes ». Le pourcentage a été ramené à 36 % par la fusion de GDF avec Suez début 2008 et le nouveau groupe GDF-Suez a été introduit en bourse en juill. 2008.

(42) V. par ex. S. Nicinski et P. Pintat, « La libéralisation du secteur gazier », *AJDA* 2003, p. 223.

statut des entreprises publiques monopolistiques qui en avaient la charge, souvent opérée sous la pression du droit de l'UE et dans un objectif affiché de réduction des dépenses publiques, se devait d'en tenir compte. Afin d'éviter que la marchandisation de l'activité induise une logique de « rentabilité » absolue de la prestation correspondante, le plus souvent, la recomposition de ces entreprises nationales en sociétés de droit privé s'est accompagnée de la formulation de « droits sociaux » d'un nouveau type. Il apparaissait en effet illusoire de s'en remettre aux seules règles de la concurrence pour que leur reconnaissance et l'accès au service correspondant soient effectivement garantis.

Ainsi que le note L. Richer, « il existe un lien étroit entre les droits fondamentaux ou les droits économiques et sociaux et les services publics [...]. Le législateur pense conforter le service public en proclamant le droit au transport, le droit à l'électricité, le droit à l'énergie. À la différence de ces droits dont la juridicité reste à démonter, le droit d'accès ne se situe pas au fondement du service public, il coexiste avec lui... » (43). Ces droits d'un type nouveau sont pensés comme des droits d'accès au « produit » de l'activité en cause plus qu'à la prestation elle-même. Ils ne peuvent pas être des droits exigibles par les particuliers, personnes physiques essentiellement, vis-à-vis de l'État. Du fait même que ces droits énoncés concernent l'opérateur de service public sans qu'une quelconque obligation lui soit signifiée, ils demeurent d'une nature incertaine. Ils reposent généralement sur des dispositions dont le caractère « non normatif » est régulièrement dénoncé par les juges.

418 Plus particulièrement, ces droits se rattachent à des « réseaux de service », c'est-à-dire à des services publics dont la prestation nécessite l'usage de réseaux interconnectés (réseaux de transport ferroviaire, routiers ou par voies navigables ; réseaux de communications électroniques ou audiovisuelles ; réseaux de transport d'énergie).

Une distinction devrait être relevée, selon la qualité de l'usager, ou plus exactement du « client », entre droit d'accès et droit au bénéfice du service. Conçus comme un droit d'accès au produit pour les usagers proprement dits, ces droits invitent à s'interroger sur l'usage effectif de la prestation correspondante, de la distribution ou de la délivrance de ce produit, suivant des tarifications diversifiées qui peuvent paraître équivoques et interférer avec la notion controversée de « service universel ». Il en est ainsi par exemple, du droit à l'électricité, du droit au gaz, du droit à l'eau, du droit au transport et, pourquoi pas, du droit à un compte bancaire (44). Quelques illustrations peuvent en être données.

419 *Le service public de l'électricité et du gaz.* L'article 1er de la loi du 9 août 2004 relative au service public de l'électricité et du gaz et aux entreprises électriques et gazières affirme, *in fine*, que « dans le cadre de leurs activités, en particulier de gestionnaires de réseaux, EDF et GDF contribuent à la cohésion sociale, notamment au travers de la péréquation nationale des tarifs de vente de l'électricité aux consommateurs domestiques, de l'harmonisation de ces tarifs pour le gaz et de la péréquation des tarifs

(43) L. Richer, « Droit d'accès et service public », *AJDA* 2006, p. 73.

(44) M. Bazex, S. Blazy, « Service bancaire de base, service universel et service public, [note sous Cons. conc., 31 mars 2005 (avis n° 05-A-08) relatif à une demande d'avis de la CLCV portant sur les conditions dans lesquelles pourrait être envisagée la mise en place d'un service bancaire] », *Dr. adm.*, juin 2005, p. 31.

d'utilisation des réseaux publics de distribution » (45). Toutefois, ces précisions ne peuvent guère se comprendre indépendamment des différentes législations auxquelles ce même article fait référence dans son premier alinéa : « Les objectifs et les modalités de mise en œuvre des missions de service public qui sont assignées à EDF et à GDF [...] font l'objet de contrats conclus entre l'État et chacune de ces entreprises, sans préjudice des dispositions des contrats de concession mentionnés à l'article L. 2224-31 du Code général des collectivités territoriales ».

La dislocation du statut de ces entreprises du secteur de l'énergie en plusieurs sociétés et l'ouverture à la concurrence des marchés correspondants les ont séparées, même si les missions de service public demeurent déterminées, pour le gaz comme pour l'électricité, à partir de la satisfaction des besoins de l'ensemble de la population (46).

Le « droit à l'électricité » se présente comme un reflet de l'obligation de fourniture sur l'ensemble du territoire et à tous les usagers : tout usager potentiel doit se voir offrir l'accès à la fourniture d'électricité. Pour garantir ce droit à l'électricité, suivant la logique du service universel, peuvent être prévues des aides à la fourniture d'électricité ou le maintien d'une prestation minimale aux personnes en situation de précarité sont mises en place. Plus qu'un « droit à l'électricité », il s'agit bien d'un droit d'accès à la fourniture d'électricité qui répond à la conception classique du service public, ce qui est confirmé par les formulations de l'article 1er de la loi de programme n° 2005-781 du 13 juillet 2005 fixant les orientations de la politique énergétique, laquelle, appuyée sur un « service public de l'énergie », vise à « garantir la cohésion sociale et territoriale en assurant l'accès de tous à l'énergie ». Réduire cette approche au « prix » qui pourrait être demandé, aux tarifs de distribution, en modifie sensiblement la logique, car, en tout état de cause, l'application du principe d'égalité conduit les pouvoirs publics à réglementer le prix de l'électricité notamment en veillant à ce qu'aucune discrimination ne puisse être réalisée entre les usagers.

420 *Le service public des communications électroniques*. L'article L. 35 du Code des postes et des communications électroniques indique que « les obligations de service public sont assurées dans le respect des principes d'égalité, de continuité et d'adaptabilité. Elles comprennent : a) Le service universel des communications électroniques défini, fourni et financé dans les conditions fixées aux articles L. 35-1 à L. 35-4 ; b) Les services obligatoires de communications électroniques offerts dans les conditions fixées à l'article L. 35-5 ; c) Les missions d'intérêt général dans le domaine des communications électroniques, en matière de défense et de sécurité, de recherche publique et d'enseignement supérieur, assurées dans les conditions fixées à l'article L. 35-6 ».

(45) L. n° 2004-803 du 9 août 2004 relative au service public de l'électricité et du gaz et aux entreprises électriques et gazières.

(46) En retenant les principes posés par la L. n° 2000-108 du 10 févr. 2000 relative à la modernisation et au développement du service public de l'électricité, « le service public de l'électricité a pour objet de garantir l'approvisionnement en électricité sur l'ensemble du territoire national, dans le respect de l'intérêt général./[...] /Il concourt à la cohésion sociale, *en assurant le droit à l'électricité pour tous*, à la lutte contre les exclusions, au développement équilibré du territoire, dans le respect de l'environnement, à la recherche et au progrès technologique, ainsi qu'à la défense et à la sécurité publique./Matérialisant *le droit de tous à l'électricité, produit de première nécessité*, le service public de l'électricité est géré dans le respect des principes d'égalité, de continuité et d'adaptabilité, et dans les meilleures conditions de sécurité, de qualité, de coûts, de prix et d'efficacité économique, sociale et énergétique./Le service public de l'électricité est organisé, chacun pour ce qui le concerne, par l'État et les communes ou leurs établissements publics de coopération ».

Le service universel y est donc désormais défini comme partie intégrante du service public, alors qu'en droit européen, soit les deux notions ne se recoupent pas, soit, à tout le moins, les obligations de service public sont comprises dans le service universel. Le législateur, par la loi n° 2003-1365 du 31 décembre 2003, comme par celle n° 2004-669 du 9 juillet 2004, a donc souhaité continuer à articuler service public et obligations de service public, en donnant le sentiment que les deux notions pouvaient être considérées comme équivalentes, quand bien même l'opérateur historique n'en est plus chargé par la loi (47).

De plus, le Conseil constitutionnel a établi que l'accès à l'Internet était la conséquence nécessaire d'un droit fondamental : la liberté de communication résultant de l'article 11 de la Déclaration des droits de l'homme et du citoyen de 1789. Selon le juge constitutionnel, ce droit fondamental « implique la liberté d'accéder aux services de communication au public en ligne » (48). La liberté d'accès au réseau est donc particulièrement protégée puisque toute atteinte qui y serait portée s'analyse en la violation d'une liberté publique fondamentale. Pour reconnaître cette liberté, le Conseil constitutionnel a pris en considération la technologie (l'état actuel des moyens de communication), le marché (le développement généralisé des services en ligne), la démocratie (la place prise par ces services dans le débat démocratique et l'expression des idées et des opinions).

On remarque pourtant que la gestion des réseaux de communications électroniques (filaires ou par câble, désormais soumis à un régime juridique similaire) eux-mêmes échappe à toute qualification de service public, ce qui montre que la notion de service universel, autant que celle d'obligation de service public, est révélatrice d'un environnement de prestation de services privés. À ce titre, il existe bien un droit d'accès au réseau, mais qui n'a que peu à voir avec le service public : celui des entreprises privées prestataires. Il serait plutôt à rapprocher de la notion, issue exclusivement du droit de la concurrence, d'infrastructure ou de facilité essentielle (49).

§ 2. LA DÉFINITION LÉGISLATIVE DU SERVICE UNIVERSEL

421 L'introduction de la notion de « service universel » dans le droit du service public n'est pas entièrement dépendante des différentes réglementations européennes, règlements, directives ou décisions. Elle a été réalisée principalement à l'occasion des débats visant à réaliser une convergence entre les notions de service public et de service universel européen, notamment à l'aide de la notion de « régulation » (50), laquelle s'inscrit à la croisée des champs économique et juridique. Cependant,

(47) G. Quiot, « De l'inconstitutionnalité de la L. du 31 déc. 2003 relative aux obligations de service public des télécommunications et à France Télécom », *AJDA* 2005, p. 813.

(48) CC, 10 juin 2009, n° 2009-580 DC, L. favorisant la diffusion et la protection de la création sur internet, cons. 12 : « en l'état actuel des moyens de communication et eu égard au développement généralisé des services de communication au public en ligne ainsi qu'à l'importance prise par ces services pour la participation à la vie démocratique et l'expression des idées et des opinions, ce droit implique la liberté d'accéder à ces services ».

(49) M. Bazex, « Entre concurrence et régulation, la théorie des facilités essentielles », *Rev. conc. consom.* 2001, n° 119, p. 37.

(50) G. Timsit, « La régulation : la notion et le phénomène », *RFAP* 2005, n° 109. V. aussi L. Calandri, *Recherche sur la notion de régulation en droit administratif français*, LGDJ, Bibl. droit public, 2008.

le service universel pratiqué par la France mérite d'être précisé, tant il apparaît parfois détaché de ses fondements initiaux liés à la lutte contre les exclusions (51).

422 Il faut noter d'abord que l'usage de la notion de « service universel » en France est très ambigu. L'expression est employée depuis 1987 par la Commission européenne et repose pour celle-ci « sur le souci d'assurer partout un service de qualité à un prix abordable pour tous. Les critères du service universel portent sur des principes : égalité, universalité, continuité, adaptation, ainsi que sur des lignes de conduites saines : transparence de gestion, de tarification et de financement, contrôle par des instances indépendantes distinctes des opérateurs » (52). Cette notion, en mettant l'accent sur un « principe d'universalité [qui] vise à assurer un service d'un niveau minimal, accessible à tous » (53), traduit le caractère indispensable des services en cause. Si un service est qualifié d'universel, c'est parce que les institutions européennes l'ont estimé nécessaire à la cohésion de la Communauté. Le développement de la notion de service universel est donc directement lié à l'affirmation du rôle social des services publics, c'est-à-dire leur fonction de maintien de la cohésion sociale.

Pendant que le vocable a été repris en droit français dans un sens relativement proche, la Commission européenne en a, de son côté, modifié l'interprétation. S'il est toujours décrit comme « une notion clé que la Communauté a développée pour assurer l'accessibilité effective des services essentiels », la Commission estime désormais que « le service universel, et notamment la définition des obligations de service universel, doit accompagner la libéralisation des secteurs de services dans l'Union européenne, tels que celui des télécommunications » (54). Par définition, ce service universel au sens européen évoluera au gré de la mise en œuvre de la libéralisation. Il pourrait disparaître à terme si le libre jeu du marché aboutissait à la réalisation de ses missions par le seul jeu des entreprises privées, mais les États membres conserveraient alors la faculté d'user de leur « large pouvoir discrétionnaire » (55) pour le maintenir en raison de la diversité des besoins, sous le label du service d'intérêt économique général.

423 L'usage de l'expression « service universel » en droit de l'Union européenne tend ainsi à s'atténuer, en raison à la fois de l'effectivité de la libéralisation, qui rend moins nécessaire le recours à ce procédé, et de l'évolution propre au droit des services d'intérêt économique général. Parallèlement, se développe une notion française du service universel dotée d'un contenu en partie autonome au regard de la notion européenne, mais dont la portée est limitée seulement à deux domaines, d'importance très inégale : les postes et communications électroniques ; la reproduction animale. Le secteur de l'énergie, dont l'évolution a été proche de celle des communications électroniques et des postes, n'est pourtant pas soumis au régime du service universel.

(51) Ne peut pas relever d'une notion de service universel rattachée au droit du service public, par exemple, le « chèque emploi-service universel » prévu par la L. n° 2005-841 du 26 juill. 2005 relative au développement des services à la personne et portant diverses mesures en faveur de la cohésion sociale.

(52) Commission européenne, *Les services d'intérêt général en Europe*, 11 sept. 1996, COM (96) 443, n° 28.

(53) H. Renard, J.-M. Belorgey, « Réflexions sur les notions de service public et de service universel dans la Communauté », *in* « Poste et Services publics en Europe », *Les Cahiers de l'IREPP*, mars 1993, p. 46.

(54) Commission européenne, *Les services d'intérêt général*, rapport à l'intention du Conseil européen de Laeken, COM (2001) 598 (01) du 17 oct. 2001, non publié au *JOCE*.

(55) Protocole n° 9 sur les services d'intérêt général (2007) ajouté au TFUE, précisant les valeurs communes citées en son art. 16.

A. LE SERVICE DE LA POSTE, DES TÉLÉCOMMUNICATIONS PUIS DES COMMUNICATIONS ÉLECTRONIQUES

424 Aux termes de la loi du 2 juillet 1990 modifiée en 2009, relative à l'organisation du service public de la poste et à France Télécom, « La Poste et ses filiales constituent un groupe public qui remplit des missions de service public et d'intérêt général et exerce d'autres activités dans les conditions définies par la présente loi et par les textes qui régissent chacun de ses domaines d'activité. Les réseaux postaux ont une dimension territoriale et sociale importante qui permet l'accès universel à des services locaux essentiels. I.-Les missions de service public et d'intérêt général sont : 1° Le service universel postal… 2° La contribution, par son réseau de points de contact, à l'aménagement et au développement du territoire… 3° Le transport et la distribution de la presse… 4° L'accessibilité bancaire… » (56).

Ces formulations accompagnent la transformation législative de La Poste à compter du 1er mars 2010 (57), en société anonyme détenue par l'État, actionnaire majoritaire, et par d'autres personnes morales de droit public. Bien que, aux termes de la loi, « cette transformation ne [puisse] avoir pour conséquence de remettre en cause le caractère de service public national de La Poste », les réserves tenant à la confusion des notions de service universel et de service public, et celles relatives à l'amoindrissement de la notion de service public national sont pleinement applicables à cette nouvelle architecture, au demeurant modifiable par le législateur futur.

Les premières qualifications législatives relatives au service universel concernaient précisément les postes et télécommunications. Dès 1996, la loi de réglementation des télécommunications avait évoqué cette notion, en faisant du service universel une composante du service public ainsi définie : « le service universel des télécommunications fournit à tous un service téléphonique de qualité à un prix abordable. Il assure l'acheminement des communications téléphoniques en provenance ou à destination des points d'abonnement, ainsi que l'acheminement gratuit des appels d'urgence, la fourniture d'un service de renseignements et d'un annuaire d'abonnés, sous formes imprimée et électronique, et la desserte du territoire national en cabines téléphoniques installées sur le domaine public » (58).

425 Ce domaine d'activité publique a été profondément remanié. Les réformes successives du Code des postes et télécommunications ont intégré à la fois les progrès techniques et la libéralisation des services dans l'UE. Elles ont pris en considération le développement exponentiel des communications électroniques, consacrant une reformulation de l'intitulé même du code.

Le chapitre Ier du titre Ier du livre Ier du Code des postes et des communications électroniques (CPCE) s'intitule désormais : « Le service universel postal et les obligations

(56) L. n° 90-568 du 2 juill. 1990 relative à l'organisation du service public de La Poste et à France Télécom, art. 2 modifié par la L. n° 2010-123 du 9 févr. 2010 relative à l'entreprise publique La Poste et aux activités postales ; F. Fages et S. Rodrigues, « La L. du 20 mai 2005 : la nouvelle régulation des activités postales », *AJDA* 2005, p. 1896.

(57) L. n° 90-568 du 2 juill. 1990 relative à l'organisation du service public de La Poste et à France Télécom, art. 1er-2-1 ajouté par la L. n° 2010-123 du 9 févr. 2010 relative à l'entreprise publique La Poste et aux activités postales.

(58) L. n° 96-659 du 26 juill. 1996 de réglementation des télécommunications, art. 3 et 8.

du service postal » (59). Les articles L. 1 à L. 3-4 le composant redéfinissent le contenu des services postaux, jusqu'alors essentiellement compris comme relevant du service public de la Poste. Ces services sont : « la levée, le tri, l'acheminement et la distribution des envois postaux dans le cadre de tournées régulières ». Chacun des éléments inscrits dans le cadre de la prestation de service est reconstitué suivant des logiques spécifiques révélatrices d'un rétrécissement de l'activité de service public antérieure. « L'envoi postal » concerne les envois de correspondance ne dépassant pas deux kilogrammes et comportant une communication écrite sur un support matériel ainsi que les envois de livres, catalogues, journaux, périodiques. Le « service de distribution » est assuré selon des « installations appropriées », au domicile de chaque personne physique ou morale destinataire. Il doit être assuré tous les jours ouvrables sauf circonstances exceptionnelles.

La loi du 20 mai 2005 sur « la régulation des activités postales » a ainsi marqué la transformation foncière de l'approche en décomposant les prestations de service par strates (60) : relèvent du droit du service public le service universel postal et le service public du transport et de la distribution de la presse, tandis que les activités pouvant être désormais assurées aussi, voire principalement, par des personnes privées, les services de collecte, de tri, de transport et de distribution d'envois postaux, de courrier et d'objets, sont soumises à une logique économique et à un régime de droit privé.

426 La directive européenne de 2008 achevant la libéralisation des services postaux (61) ne modifie pas le contenu même de la prestation de service universel ainsi définie par les articles L. 1 et R. 1 du CPCE. Le service universel postal comprend les envois postaux nationaux et transfrontières d'un poids inférieur à deux kilogrammes, les colis postaux jusqu'à vingt kilogrammes, les envois recommandés et les envois en valeur déclarée. La loi du 9 février 2010 a attribué à La Poste la qualité de prestataire du service universel postal jusqu'à 2026. Mais cette loi a aussi supprimé tout monopole postal ou secteur autrefois réservé à La Poste par la loi du 20 mai 2005 (envois de correspondance intérieure ou en provenance de l'étranger, y compris ceux assurés par courrier accéléré, d'un poids ne dépassant pas 50 grammes).

Par ailleurs, de façon à adapter son offre à toutes les catégories de clients, « le prestataire du service universel peut conclure avec les expéditeurs d'envois de correspondance en nombre, les intermédiaires groupant les envois de correspondance de plusieurs clients ou les titulaires de l'autorisation prévue à l'article L. 3 (62), des

(59) Art. 2 al. 1 de la L. n° 2005-516 du 20 mai 2005 relative à la régulation des activités postales.

(60) V. cependant, les dir. européennes : dir. 97/67/CE du Parlement européen et du Conseil du 15 déc. 1997 concernant les règles communes pour le développement du marché intérieur des services postaux de la Communauté et la qualité du service ; dir. 2002/39/CE du Parlement européen et du Conseil du 10 juin 2002 modifiant la dir. 97/67/CE en ce qui concerne la poursuite de l'ouverture à la concurrence des services postaux de la Communauté.

(61) Dir. 2008/6/CE du Parlement européen et du Conseil du 20 févr. 2008 modifiant la dir. 97/67/CE en ce qui concerne l'achèvement du marché intérieur des services postaux de la Communauté, *JOUE* n° L 052 du 27 févr. 2008 p. 3.

(62) Art. L. 3 : « Les prestataires de services postaux non réservés relatifs aux envois de correspondance, y compris transfrontalière, doivent être titulaires d'une autorisation délivrée dans les conditions prévues à l'article L. 5-1, sauf si leur activité se limite à la correspondance intérieure et n'inclut pas la distribution ». Sur le modèle des différentes autorités de régulation, est ainsi créée une autorité de régulation des communications électroniques et des postes. Cette autorité est ainsi chargée de l'examen des demandes d'autorisation (CPCE, art. L. 5-1).

contrats dérogeant aux conditions générales de l'offre du service universel et incluant des tarifs spéciaux pour des services aux entreprises, dans le respect des règles énoncées au quatrième alinéa de l'article L. 1 » (CPCE, art. L. 2-1).

La Poste est tenue d'assurer l'offre de service universel comme toutes les autres prestations postales, mais d'autres organismes « autorisés » peuvent intervenir. Ceux-ci ont alors accès, « dans des conditions transparentes et non discriminatoires, selon des modalités techniques et tarifaires prévues dans le cadre de conventions signées à cette fin avec le prestataire du service universel, aux moyens, détenus ou contrôlés par celui-ci, qui sont indispensables à l'exercice de leurs activités postales » (art. L. 3-1) (63). Les modalités de financement du service universel postal, par le biais d'un établissement public gérant un fonds de compensation, deviennent alors l'enjeu majeur de l'avenir de ce service public (64) dont la loi a subtilement ajouté que les prix « sont orientés sur les coûts et incitent à une prestation efficace, tout en tenant compte des caractéristiques des marchés sur lesquels ils s'appliquent. » (65)

427 De même, dans le secteur des communications téléphoniques et électroniques, l'un des premiers ouverts à la concurrence, le service public n'a pas disparu (CPCE, art. L. 35 et s.), mais les obligations qu'il recouvre sont réduites au contenu du « service universel » (66). De plus, France Télécom n'en a plus l'exclusivité depuis la loi du 31 décembre 2003 (67).

B. LE SERVICE UNIVERSEL DE REPRODUCTION ANIMALE

428 Les centres d'insémination disposaient, depuis une loi de 1966 (68), d'une exclusivité territoriale correspondant à leur zone géographique de desserte, pour exercer leur mission d'assistance auprès de l'ensemble des éleveurs présents dans leur circonscription et leur garantir un approvisionnement en semences de qualité identique à celui dont bénéficient les autres exploitants. Cette situation monopolistique n'avait pas été directement condamnée par la Cour de justice des Communautés européennes, qui avait opéré une distinction entre la possession d'une position dominante, constatée à propos de ces centres, et l'exploitation abusive de cette position, dont la preuve n'avait pas été rapportée (69). Cependant, le Conseil de la concurrence a estimé, par une décision du 28 octobre 2004, qu'en pratiquant une tarification globale, les centres d'insémination

(63) Ces moyens sont : « le répertoire des codes postaux assorti de la correspondance entre ces codes et l'information géographique sur les voies et adresses, les informations collectées par La Poste sur les changements d'adresse, un service de réexpédition en cas de changement d'adresse du destinataire, une faculté ou un service de distribution dans les boîtes postales installées dans les bureaux de poste ».

(64) G. Calley, « La fin du monopole postal : quelles perspectives pour le financement du service universel postal ? », *LPA*, 4 juill. 2008 n° 134, p. 3.

(65) CPCE, art. L. 1, al. 4, modifié par l'art. 18 de la L. n° 2010-123 du 9 févr. 2010.

(66) V. pour une illustration, F. Carmagnat, « Du service public au service universel : une approche historique du cas du service des cabines téléphoniques en France au XXe siècle », *Bogues 2001 – Globalisme et Pluralisme*, Montréal, Canada, 2002.

(67) L. n° 2003-1365 du 31 déc. 2003 relative aux obligations de service public des télécommunications ; G. Quiot, « De l'inconstitutionnalité de la L. du 31 déc. 2003 relative aux obligations de service public des télécommunications et à France Télécom », *AJDA* 2005, p. 813.

(68) L. n° 66-1005 du 28 déc. 1966 sur l'élevage.

(69) CJCE, 5 oct. 1994, aff. C-323/93, SCA Centre d'insémination de la Crespelle, *Rec.* p. I-5077 ; *Europe* 1994, comm. 460, p. 10, Gazin et Simon, comm. 474, p. 18, note Idot.

commettaient un abus de position dominante. Une loi du 5 janvier 2006 a donc supprimé le monopole des centres, et institué, sans que cela soit exigé par les institutions européennes, un « service universel de distribution et de mise en place de la semence des ruminants en monte publique, assuré dans le respect des principes d'égalité, de continuité et d'adaptabilité au bénéfice de tous les éleveurs qui en font la demande » (70), afin de contribuer à l'aménagement du territoire et de préserver la diversité génétique.

Ce service universel fonctionne sur un modèle proche de celui des communications électroniques. Il « est assuré par des opérateurs agréés par le ministre chargé de l'Agriculture à l'issue d'un appel d'offres », procédure toutefois mise en œuvre après une période transitoire de trois ans, pendant laquelle les centres d'insémination ont été agréés par arrêté ministériel (71). Le financement du service est assuré par un fonds de compensation, dont les conditions d'abondement par l'État devront être définies par décret en Conseil d'État.

429 Un dispositif similaire devait être adopté pour les Haras nationaux, à la suite de la constatation, par le Conseil de la concurrence, de l'exploitation abusive par l'établissement public des haras nationaux de la position dominante qu'il détient sur le marché de la reproduction équine (72). Le « contrat d'objectifs » signé entre l'État et l'établissement public en juin 2003 indiquait que « les prestations du service public de la monte doivent respecter une concurrence loyale avec le secteur privé » (73). Toutefois, c'est la formule du Groupement d'intérêt public qui a finalement été choisie afin de réunir quatorze associations socio-professionnelles d'éleveurs et de lui transférer la gestion du service public précédemment aux mains des Haras nationaux.

L'ancien établissement public des Haras nationaux a absorbé l'École nationale d'équitation de Saumur pour constituer un nouvel établissement public administratif national créé par le décret n° 2010-90 du 22 janvier 2010 : l'Institut français du cheval et de l'équitation (IFCE). La fonction d'acquérir et de gérer les reproducteurs lui appartient toujours au titre du service public de la monte, mais elle est déléguée au GIP France-Haras (C. rur. et pêche maritime, art. R. 653-15).

Par convention signée le 6 décembre 2010 et conclue pour cinq ans, le GIP France Haras a été constitué le 1er janvier 2011 pour assurer la gestion de la monte publique (achat des étalons, répartition géographique des centres techniques). Il reçoit pour cela l'ensemble des étalons, mais doit prévoir un désengagement financier progressif de l'État jusqu'à la disparition totale, annoncée pour 2015, des aides étatiques aux races menacées. Ce sera donc la fin des starlettes aux Haras.

■ (70) L. n° 2006-11 du 5 janv. 2006 d'orientation agricole, art. 93, modifiant l'art. L. 653-7 du Code rural et de la pêche maritime.

■ (71) Arr. du 28 déc. 2006 relatif au service universel de distribution et de mise en place de la semence des ruminants au cours de la période d'agrément transitoire des opérateurs historiques, *JO* 31 déc. 2006, p. 20404. V. ensuite les arr. du 27 nov. 2007 relatif à l'enregistrement et à la certification de parenté des bovins, du 30 déc. 2008 portant agrément des établissements de l'élevage, et surtout du 20 août 2009 relatif à l'identification des sangliers détenus au sein des établissements d'élevage, de vente ou de transit.

■ (72) Cons. conc., déc. n° 05-D-29 du 16 juin 2005 relative à des pratiques mises en œuvre par les « Haras nationaux » sur le marché de la reproduction équine, *BOCCRF,* 14 mars 2006, n° 4.

■ (73) Ministère de l'agriculture, de l'alimentation, de la pêche et des affaires rurales, *Contrat d'objectifs signé avec l'établissement public des haras nationaux*, juin 2003, p. 4.

§ 3. LES OBLIGATIONS DE SERVICE PUBLIC

430 La notion d'obligation de service public constitue l'un des outils actuellement les plus efficaces en droit de l'Union européenne pour appréhender les services publics (74). Dans le Livre blanc sur les services d'intérêt général de 2004, la Commission précise qu'elle entend par là « les obligations spécifiques imposées par les autorités publiques à un fournisseur de service afin de garantir la réalisation de certains objectifs d'intérêt public, par exemple dans le secteur du transport aérien, ferroviaire ou routier et dans le domaine de l'énergie. Ces obligations peuvent être imposées au niveau communautaire, national ou régional » (75).

« Le droit de tous à l'électricité » et l'existence du « service public de l'électricité » ont été consacrés par la loi du 10 février 2000 (76), précisant que ce dernier doit être « géré dans le respect des principes d'égalité, de continuité et d'adaptabilité ». Ces formules signifient que l'activité demeure comprise comme un « service public », car ces principes en sont considérés comme une des caractéristiques. Toutefois, en l'espèce, les obligations de service public sont définies à partir de certaines activités matérielles précises, tels « le développement et l'exploitation des réseaux publics de transport et de distribution d'électricité », ce qui suppose « le raccordement et l'accès, dans des conditions non discriminatoires, aux réseaux publics de transport et de distribution ».

Pour le secteur gazier, des obligations de service public sont imposées aux opérateurs de réseaux de transport et de distribution de gaz naturel et aux exploitants de stockages (77). Elles ont été précisées pour chaque catégorie d'opérateurs : le décret n° 2004-251 du 19 mars 2004 relatif aux obligations de service public dans le secteur du gaz impose notamment aux gestionnaires de réseaux une « obligation de continuité », mais il ne définit pas l'obligation de raccordement, ce qui laisse supposer une certaine concurrence entre le gaz et l'électricité pour un ensemble de prestations, sachant que, pour les particuliers, les coûts très différents induits par les moyens de chauffage déterminent des choix peu réversibles.

431 Cette confrontation peut se lire à travers les dispositifs mis en place par la loi de programme du 13 juillet 2005 qui orientent les obligations de service public vers une recomposition à la lumière de la notion de « développement durable ». Le développement des énergies renouvelables tend, en effet, à limiter le recours aux énergies fossiles (78), définies à partir de certaines activités matérielles telles « le développement et l'exploitation des réseaux publics de transport et de distribution d'électricité », ce qui suppose « le raccordement et l'accès, dans des conditions non discriminatoires, aux réseaux publics de transport et de distribution ».

(74) A. Chaminade, « La notion d'obligation de service public en droit communautaire », *JCP* 2006, n° 43, I, 182.
(75) Commission européenne, Livre blanc sur les services d'intérêt général, COM 2004 (374) final.
(76) L. n° 2000-108 du 10 févr. 2000 relative à la modernisation et au développement du service public de l'électricité ; L. Richer, *AJDA* 2000, chron. législ., p. 239.
(77) L. n° 2003-8 du 3 janv. 2003 relative aux marchés du gaz et de l'électricité et au service public de l'énergie, art. 16 et 30-1.
(78) L. de programme n° 2005-7801 du 13 juill. 2005 fixant les orientations de la politique énergétique en France ; B. Lebaut-Ferrarèse, D. Landbeck, « La loi sur l'énergie du 13 juill. 2005 et les énergies renouvelables », *AJDA* 2006, p. 189.

Outre le secteur de l'énergie, les obligations de service public se sont aussi développées, à la suite de la libéralisation des services postaux par la loi du 9 février 2010, sans que la frontière entre obligations de service public et service universel soit toujours très claire. Elles sont également présentes, à une moindre mesure, dans celui du transport.

A. LE SERVICE POSTAL

432 Pour les activités postales, les composantes du service universel ont été définies par la loi, étant entendu que les prestataires qui l'assurent doivent y être autorisés par l'Autorité de régulation des communications électroniques et des postes (ARCEP). En sus des caractéristiques essentielles du service universel postal, définies à l'article L. 1 du CPCE, le respect des principes d'égalité, de continuité et d'adaptabilité, les prestataires du service universel postal sont soumis à des obligations particulières en matière de qualité et d'accessibilité du service, de traitement des réclamations des utilisateurs et, pour des prestations déterminées, de dédommagement en cas de non-respect des engagements de qualité de service (art. L. 2). Ils tiennent une comptabilité spécifique sur leurs activités dans le champ du service universel.

433 Il est intéressant de souligner que les obligations de service public ne se limitent pas au contenu du service universel postal, même si le rôle de celui-ci a été élargi par l'article L. 1 comme concourant à la cohésion sociale et au développement équilibré du territoire (79). La Poste et ses filiales, au titre de leurs missions de service public et d'intérêt général, ont également l'obligation d'accomplir, sous un régime juridique très détaillé, les trois autres tâches qui leur sont fixées (contribution à l'aménagement du territoire par son réseau de points de contact, acheminement spécifique de la presse, accessibilité bancaire).

La Poste est donc tenue d'adapter son réseau de points de contact, éventuellement par la conclusion de partenariats locaux publics ou privés, « en recherchant la meilleure efficacité économique et sociale » selon les termes de la loi du 20 mai 2005. Dans ce cadre, sont définies des règles complémentaires d'accessibilité au réseau de La Poste qui doivent prendre en considération : la distance et la durée d'accès au service de proximité offert (80) ; les caractéristiques démographiques, sociales et économiques des zones concernées (zones de revitalisation rurale ou en zones urbaines sensibles, notamment) ; les spécificités géographiques du territoire départemental et des départements environnants (zones de montagne). Toutefois,

(79) Sans doute ce rappel est-il un moyen de rassurer les populations concernées quant au maintien des services publics dans les territoires ruraux : v. Circ. Premier min. du 3 mars 2005 relative au service public en milieu rural, *JO* du 5 mars 2005, p. 3826.

(80) Plus précisément, « sauf circonstances exceptionnelles, ces règles ne peuvent autoriser que plus de 10 % de la population d'un département se trouve éloignée de plus de cinq kilomètres et de plus de vingt minutes de trajet automobile, dans les conditions de circulation du territoire concerné, des plus proches points de contact de La Poste » (art. 6 modifié de la L. n° 90-568 du 2 juill. 1990 relative à l'organisation du service public de La Poste et à France Télécom). Ces dispositions législatives ont été précisées de façon différente et restrictive par le D. n° 2007-29 du 5 janv. 2007 relatif au service universel postal et aux droits et obligations de La Poste et modifiant le CPCE. L'article R. 1-1 du code dispose ainsi que « En particulier, les points de contact avec le public donnant accès aux prestations du service universel autres que les envois en nombre et à l'information sur ces prestations doivent permettre qu'au moins 99 % de la population nationale et au moins 95 % de la population de chaque département soit à moins de 10 kilomètres d'un point de contact et que toutes les communes de plus de 10 000 habitants disposent d'au moins un point de contact par tranche de 20 000 habitants ».

l'intervention de la loi n° 2010-123 du 9 février 2010 relative à l'entreprise publique La Poste et aux activités postales a quelque peu infléchi ces priorités en ajoutant à l'article 9 de la loi du 2 juillet 1990 : « L'État conclut avec La Poste le contrat d'entreprise mentionné à l'article 140 de la loi n° 2001-420 du 15 mai 2001 relative aux nouvelles régulations économiques. Ce contrat détermine en particulier les objectifs des quatre missions de service public et d'intérêt général visées au I de l'article 2 de la présente loi. Il propose des objectifs de qualité de service pour les différentes prestations du service universel postal, concernant notamment le temps d'attente des usagers dans le réseau des bureaux de poste ainsi que la rapidité et l'efficacité du traitement de leurs réclamations… ».

Par ailleurs, quelle que soit la qualité du prestataire de services postaux, et pour tous les services, d'autres obligations doivent être obligatoirement respectées. Elles sont énumérées à l'article L. 3-2 du Code. Il s'agit notamment de garantir la sécurité des usagers, des personnels et des installations du prestataire de service ; de garantir la confidentialité des envois de correspondance et l'intégrité de leur contenu ainsi que la neutralité des services postaux au regard de l'identité de l'expéditeur et de la nature des envois ; d'assurer la protection des données à caractère personnel dont peuvent être dépositaires le prestataire du service universel ou les titulaires de l'autorisation, ainsi que la protection de la vie privée des usagers de ces services ; de fournir la prestation dans des conditions techniques respectant l'objectif de préservation de l'environnement.

434 Enfin, les services postaux sont clairement maintenus dans le secteur public par l'article L. 4 du CPCE qui charge le ministre des Postes de la réglementation applicable aux services postaux et soumet à la décision des ministres des Postes et de l'Économie, après avis public de l'Autorité de régulation des communications électroniques et des postes, les tarifs des prestations offertes à la presse au titre du service public du transport et de la distribution de la presse.

B. LES SERVICES DE DISTRIBUTION DE L'ÉNERGIE

435 Un des modèles de transformation des services publics préalable à leur délégation au secteur privé est l'incitation générale à la « contractualisation ». Pour le secteur de l'énergie, la loi du 9 août 2004 donnait déjà le ton : « Les objectifs et les modalités de mise en œuvre des missions de service public qui sont assignées à Électricité de France et à Gaz de France […] font l'objet de contrats conclus entre l'État et chacune de ces entreprises… » (81).

De plus, les contrats qui se substituent à ceux évoqués dans la loi sur les nouvelles régulations économiques (82) portent, entre autres objets, sur les exigences de service public en matière de sécurité d'approvisionnement, de régularité et de qualité du service rendu aux consommateurs ; sur les moyens permettant d'assurer l'accès au service public ; sur l'évolution pluriannuelle des tarifs de vente de l'électricité et du gaz ; sur la politique de protection de l'environnement et la lutte contre l'effet de serre.

(81) L. n° 2004-803 du 9 août 2004 relative au service public de l'électricité et du gaz et aux entreprises électriques et gazières, art. 1er.
(82) L. n° 2001-420 du 15 mai 2001 relative aux nouvelles régulations économiques.

Ces différentes indications concernent les « obligations de service public » définies à l'égard de tous les intervenants dans le secteur public de l'énergie. Ainsi, selon ce même article, l'État peut également conclure avec les autres entreprises du secteur de l'électricité et du gaz assumant des missions de service public, des contrats précisant ces missions.

436 Une séparation juridique et économique a ainsi été instituée entre les secteurs du gaz et de l'électricité. La loi elle-même use du vocable « séparation » : « Les entreprises de transport de gaz issues de la séparation juridique [...] peuvent exercer directement en France toute activité de construction ou d'exploitation d'un réseau de gaz ou d'installations de gaz naturel liquéfié ainsi que toute activité de stockage de gaz » (83).

Outre la dissociation entre ces deux modes de production et de distribution d'énergie, la segmentation des activités menées jusqu'alors par les entreprises publiques accuse la dissociation entre la mission de service public consistant en une distribution et une fourniture de l'électricité et du gaz à l'usager, dit « consommateur », et la gestion des réseaux (84). En effet, alors que la mission de service public est essentiellement construite autour de la prestation, « la gestion d'un réseau de transport d'électricité ou de gaz est assurée par des personnes morales distinctes de celles qui exercent des activités de production ou de fourniture d'électricité ou de gaz » (art. 5). Ainsi, « les gestionnaires de réseaux de transport d'électricité ou de gaz exploitent, entretiennent et développent ces réseaux de manière indépendante vis-à-vis des intérêts, dans les activités de production ou de fourniture d'électricité ou de gaz, des entreprises qui leur sont liées » (art. 6).

Comme le remarque L. Richer, « dans le cas du gaz, comme dans celui de l'électricité, les lois nouvelles font de la gestion des réseaux une activité de service public à destination d'usagers, qui sont les producteurs et les consommateurs, qualifiés par les directives d'utilisateurs des réseaux. La situation a donc changé depuis l'époque où la qualité d'usager était déniée aux producteurs autonomes (85). En tant qu'usagers du service public industriel et commercial, les producteurs, fournisseurs et consommateurs bénéficient des droits qui sont reconnus à tout usager d'un service public » (86).

C. LE SERVICE DE TRANSPORT PUBLIC FERROVIAIRE

437 Contrairement à une idée reçue, il n'existe pas, et il n'a jamais existé, de service public du transport ferroviaire. Pas plus que lors de la création de la Société nationale des chemins de fer français en 1937, la loi n° 82-1153 du 30 décembre 1982

(83) L. n° 2004-803 du 9 août 2004 relative au service public de l'électricité et du gaz et aux entreprises électriques et gazières, art. 11 ; v. aussi art. 2 : « Électricité de France et Gaz de France peuvent, par convention, créer des services communs dotés ou non de la personnalité morale. La création d'un service commun est obligatoire dans le secteur de la distribution, pour la construction des ouvrages, la maîtrise d'œuvre de travaux, l'exploitation et la maintenance des réseaux, les opérations de comptage ainsi que d'autres missions afférentes à ces activités... Chacune des sociétés assume les conséquences de ses activités propres dans le cadre des services communs non dotés de la personnalité morale ».

(84) L. n° 2004-803 du 9 août 2004 relative au service public de l'électricité et du gaz et aux entreprises électriques et gazières.

(85) Concl. Rougevin-Baville sur CE sect., 19 janv. 1973, Société d'exploitation de la rivière du Sant, *Rec.* p. 48, *CJEG* 1973, p. 239.

(86) L. Richer, « Droit d'accès et service public », *AJDA* 2006, p. 75.

d'orientation des transports intérieurs ne définit en effet cette activité comme un service public. Son article 5 définissait en revanche un « service public des transports », qui comportait « l'ensemble des missions qui incombent aux pouvoirs publics en vue d'organiser le transport des personnes et des biens ». Mais la formulation unitaire de ce service public a été abandonnée par l'ordonnance n° 2010-1307 du 28 octobre 2010, au profit d'une segmentation en missions de service public énoncées à l'article L. 1211-4 du Code des transports institué par cette ordonnance. Son article 18 (87) complète les missions par des principes, en précisant que la SNCF « a pour objet d'exploiter selon les principes du service public, les services de transport ferroviaire de personnes sur le réseau ferré national » et d'assurer, selon les mêmes principes, certaines missions de gestion de l'infrastructure.

Le dispositif a été fortement modifié au plan national par la régionalisation des transports ferroviaires opérée par la loi du 4 février 1995 et le décret du 27 novembre 2001 (88). Mais l'évolution du droit européen (89) a été plus profonde encore et, en particulier, les modifications successives du règlement du 26 juin 1969 (90) jusqu'à sa refonte par le règlement du 23 octobre 2007 (91) ont entraîné l'introduction, dans les transports ferroviaires, d'obligations de service public qui sont déjà reconnues dans d'autres secteurs de transports, notamment maritimes (92) et aériens (93). La problématique générale est fixée dès l'article 1er de ce dernier règlement, qui entend définir « les conditions dans lesquelles les autorités compétentes, lorsqu'elles imposent des obligations de service public ou qu'elles en confient l'exécution à une entreprise, octroient une compensation aux opérateurs de service public en contrepartie des coûts supportés et/ou leur accordent des droits exclusifs en contrepartie de l'exécution d'obligations de service public ». Le pivot de ce règlement est constitué par la conclusion de « contrats de service public » chaque fois que l'« autorité compétente décide d'octroyer à l'opérateur de son choix un droit exclusif et/ou une compensation, qu'elle qu'en soit la nature, en contrepartie de la réalisation d'obligations de service public »

(87) Devenu art. L. 2141-1 du Code des transports après l'ordonnance n° 2010-1307 du 28 oct. 2010.

(88) D. n° 2001-1116 du 27 nov. 2001 relatif au transfert de compétences en matière de transports collectifs d'intérêt régional. V. aussi D. Broussolle, « La régionalisation ferroviaire », *AJDA* 2002, p. 435.

(89) P. Limousin, P. Cantier, « Libéralisation du secteur ferroviaire ; l'adoption de trois nouvelles directives renforce la concurrence », *LPA*, 2001, n° 98, p. 15 ; P. Limousin, L. Babin, « Projet de règlement communautaire sur les obligations de service public dans le secteur des transports : perspectives d'adoption et effets potentiels », *LPA*, 2003, n° 40, p. 7 ; O. Dubos, « L'Europe ferroviaire : le "deuxième paquet" législatif », *JCP A* 2004, 1190.

(90) Règlement (CEE) n° 1191/69 du Conseil, du 26 juin 1969, relatif à l'action des États membres en matière d'obligations inhérentes à la notion de service public dans le domaine des transports par chemin de fer, par route et par voie navigable, *JOCE* L du 28 juin 1969, p. 1. Ce règlement, qui prévoyait initialement la suppression progressive des obligations inhérentes à la notion de service (au sens de l'art. 73 traité CE), indique désormais que « lorsque les autorités compétentes des États membres décident le maintien de tout ou partie d'une obligation de service public et que plusieurs solutions garantissent, dans des conditions analogues, la fourniture de services de transport suffisants, les autorités compétentes choisissent celle qui entraîne le moindre coût pour la collectivité ».

(91) Règlement (CE) n° 1370/2007 du 23 oct. 2007 du Parlement européen et du Conseil, complété par la dir. 2007/58/CE du 23 oct. 2007 modifiant la dir. 91/440/CEE du Conseil relative au développement de chemins de fer communautaires et la dir. 2001/14/CE concernant la répartition des capacités d'infrastructure ferroviaire et la tarification de l'infrastructure ferroviaire.

(92) L. n° 2002-276 du 27 févr. 2002 relative à la démocratie de proximité, art. 116-I.

(93) K. Kostopoulos, *Les obligations de service public dans les lignes aériennes et les aéroports en droit communautaire de la concurrence*, Bruylant, 2005.

(art. 3 § 1). Une période transitoire de dix ans à échéance du 3 décembre 2019 permettra aux autorités organisatrices et aux opérateurs d'organiser une ouverture progressive à la concurrence (94).

438 L'équivalent d'obligations de service public avait déjà été introduit (95) dans les contrats de partenariat ou les conventions de délégation de service public passées entre Réseau ferré de France et ses partenaires, publics ou privés, pour la construction et l'exploitation de réseaux ferrés, qui doivent comporter des « stipulations de nature à garantir le respect des impératifs de sécurité et continuité du service public » (96) pour tous les projets d'infrastructures d'intérêt national ou international.

Parmi ces quasi-obligations de service public du service du transport ferroviaire, la « sécurité » renvoie sans aucun doute à la qualité du service. Mais au-delà, la loi du 5 janvier 2006, qui a créé un « Établissement public de sécurité ferroviaire » dont la principale mission est de veiller « au respect des règles relatives à la sécurité et à l'interopérabilité des transports ferroviaires sur le réseau ferré national et sur les autres réseaux ferroviaires présentant des caractéristiques d'exploitation comparables » (Code des transports, art. L. 2221-1), a aussi rappelé explicitement les « principes du service public » figurant aujourd'hui dans les missions de la SNCF (Code des transports, art. L. 2141-1).

SECTION III CRÉATION ET SUPPRESSION DE SERVICES PUBLICS PAR DES ÉTABLISSEMENTS PUBLICS

439 Présentés traditionnellement comme des services publics personnalisés, ce qu'ils n'ont cependant jamais été intégralement, les établissements publics constituent un cadre privilégié pour l'exercice d'activités de service public. Compris en ce sens, ils ne constituent finalement qu'une des modalités de création, par l'État ou par les collectivités territoriales, des services publics qui leur incombent. Les établissements publics sont ainsi un procédé de gestion du service public (97), au même titre que la gestion directe ou la gestion déléguée, dont ils ne constituent au demeurant qu'une modalité très particulière. Il est cependant des hypothèses, limitées mais

(94) Pour un bilan, v. *La libéralisation des transports ferroviaires dans l'Union européenne*, rapport d'information n° 220 (2008-2009) de M. H. Haenel, fait au nom de la commission des affaires européennes, déposé le 12 févr. 2009.

(95) L. n° 2006-10 du 5 janv. 2006 relative à la sécurité et au développement des transports, précisée par D. n° 2006-1534 du 6 déc. 2006 pris pour l'application des articles 1er, 1er-1 et 1er-2 de la L. n° 97-135 du 13 févr. 1997 modifiée portant création de l'établissement public « Réseau ferré de France » en vue du renouveau du transport ferroviaire ; v. C. Salque, « Les contrats de partenariat public privé (PPP) : une innovation utile pour financer les projets ferroviaires ? », *JCP E* 2007, n° 1053.

(96) L. n° 97-135 du 13 févr. 1997 préc., art. 1-1 devenu art. L. 2111-9 du Code des transports, formulation réitérée pour « Voies navigables de France » et insérées à l'article L. 4311-4 du Code des transports.

(97) F. Beroujon, « Le recul de l'établissement public comme procédé de gestion des services publics », *RFDA* 2008, p. 26.

tendant à se développer, dans lesquelles les établissements publics sont un outil non de gestion du service public, mais de suppression de services publics nationaux.

Il est à première vue paradoxal de présenter la création d'un établissement public comme une méthode pour faire disparaître un service public, alors que l'établissement public était traditionnellement défini comme un « service public personnalisé ». L'établissement public peut cependant être conçu, par la relative souplesse de gestion qu'il apporte, si on le compare avec la régie directe, comme un moyen de procéder à la dénationalisation de gestionnaires de services publics, voire à la disparition pure et simple du service public géré.

440 La question de la création d'établissements publics à seule fin de procéder à la « dénationalisation » d'un service public a été précisée par le juge administratif à propos des autoroutes (98). Parallèlement au recours fondé sur le non-respect par le gouvernement de l'alinéa 9 du préambule de la Constitution de 1946, le Conseil d'État était saisi du caractère fictif de la création d'un établissement public, dans le seul but de faire passer le seuil de participation directe de l'État dans une entreprise à un montant inférieur à 50 %. En l'occurrence, si l'État ne détenait, dans le capital des sociétés d'autoroute à la privatisation complète desquelles il souhaitait procéder, qu'entre 35 et 41 %, s'ajoutait à cette participation directe celle possédée par un établissement public créé en 1982, Autoroutes de France : le total des participations publiques était alors compris entre 50 et 76 % selon les sociétés concernées. Le fait que l'État ait eu recours, pour structurer le capital des sociétés d'autoroutes, à un établissement public qui n'avait pour objet que d'être un simple instrument financier, permettait ensuite au gouvernement de procéder seul à la privatisation de ces sociétés, alors même que leur capital était détenu majoritairement par des personnes publiques (mais non directement par l'État), sans autorisation préalable du législateur, et donc sans que la question de la nature, nationale ou locale, exigée par la Constitution, des services concernés, soit examinée par le Parlement.

441 Ce procédé avait également été utilisé en ce qui concerne France Télécom, en aboutissant à un résultat similaire, bien que l'objectif initial ait été différent. Dans le cadre de la restructuration de l'entreprise dans laquelle l'État détenait encore la majorité du capital, le gouvernement avait décidé de transférer l'ensemble de sa part de capital à l'Entreprise de recherches et d'activités pétrolières (ERAP). Cet établissement public qui n'exerçait plus aucune activité a, dans un premier temps, été restructuré (99), avant que le législateur ne vienne préciser que « les emprunts contractés par l'ERAP, dans le cadre de son soutien d'actionnaire à France Télécom, bénéficient, en principal et intérêts, de la garantie de l'État dans la limite de 10 milliards d'euros en principal » (100). Ce véhicule de financement ainsi (re)constitué accordait immédiatement à France Télécom une avance d'actionnaire de 9 milliards d'euros. Bien que non effectivement versée, elle permettait à France Télécom d'obtenir le report de sa dette sans intervention directe de l'État, qui n'aurait pas pu

(98) CE sect., 27 sept. 2006, François Bayrou et assoc. de défense des usagers des autoroutes publiques de France, *RFDA* 2006, p. 1147, concl. Glaser, note De Bellescize ; *Dr adm.* 2006, n° 169, note Glaser.

(99) D. n° 2002-1409 du 2 déc. 2002 modifiant le D. n° 65-1117 du 17 déc. 1965 portant organisation administrative et financière de l'Entreprise de recherches et d'activités pétrolières.

(100) Art. 80 de la L. n° 2002-1576 du 30 déc. 2002 de finances rectificative pour 2002.

obtenir l'accord de la Commission européenne (101), et d'emprunter sur le marché obligataire dans la perspective d'une augmentation de capital. Cette augmentation, d'un montant de 15 milliards d'euros, eut lieu dès le mois d'avril 2003. Elle faisait mécaniquement passer le seuil de participation, directe ou indirecte, de l'État assez largement en dessous du seuil de 50 % : France Télécom était privatisée. L'ERAP, établissement public « transparent », avait servi d'instrument pour accélérer la privatisation d'une entreprise publique (102).

442 Mais l'établissement public n'est pas uniquement un mode de gestion (ou de dévaluation) du service public. Il est également une personne morale de droit public dotée d'une autonomie de gestion et de décision, et, à ce titre, capable, en tant qu'autorité titulaire d'un pouvoir réglementaire délégué, de créer, de gérer et de supprimer des services publics. La création des services publics par les établissements publics obéit à des règles propres, tenant à l'objet limité qui est le leur (§ 1). Quant à la suppression des services publics qui leur incombent (§ 2), elle est, le plus souvent, liée à la disparition des établissements publics eux-mêmes.

§ 1. L'ENCADREMENT DE LA CRÉATION DES SERVICES PUBLICS PAR LES ÉTABLISSEMENTS PUBLICS

443 Il faut souligner que les règles de compétence quant à la création de services publics par les établissements publics ne diffèrent pas de celles des autorités étatiques : le pouvoir de création est, pour eux aussi, soumis à la répartition des compétences normatives entre le législateur et le pouvoir réglementaire. C'est en tant qu'ils ont été habilités pour ce faire par leurs textes institutifs, et en respectant les compétences des autres autorités, que les établissements publics disposent d'un pouvoir de création de services publics.

En revanche, la création de services publics à caractère industriel et commercial par les établissements publics obéit à des règles particulières, liées non à la nature publique du service créé, mais à la nature économique de l'activité développée. Cette création n'est possible, au terme d'une jurisprudence parfois fluctuante, que si, d'une part, la spécialité de l'établissement est respectée et si, d'autre part, la situation concurrentielle n'est pas faussée par l'irruption de l'établissement dans le secteur d'activité concernée.

A. LE RESPECT DU PRINCIPE DE SPÉCIALITÉ

444 **Bibliographie** : A. Baldous, *Le principe de spécialité en droit administratif français*, Thèse Aix, 1974 ; J. Ferstenbert, *Recherche sur la notion juridique de spécialité des personnes publiques*, Thèse Paris II, 1976 ; Rapport d'études du Conseil d'État, *Les Établissements publics*, La Doc. fr., oct. 2009.

(101) La Commission, cependant, n'était pas vraiment dupe de la manœuvre : le 30 janv. 2003, elle ouvrait une procédure formelle d'examen afin de déterminer si l'aide attribuée par l'État (c'est-à-dire par l'ERAP) était compatible avec le bon fonctionnement du marché intérieur.

(102) E. Glaser, dans la note préc., remarque que le juge a évité de répondre au moyen, pourtant soulevé par M. Bayrou, de la transparence de l'établissement public « Autoroutes de France », sans doute au motif que tous les établissements publics administratifs répondraient aux critères de la transparence précisés par la jurisprudence à propos des associations (CE, 5 déc. 2005, Département de la Dordogne, *Rec.* p. 552, *AJDA* 2006, p. 656, note Brenet). Il est cependant des établissements plus transparents que d'autres.

G. Timsit, « La spécialité des entreprises publiques », *in Études de droit public*, Cujas, 1964, p. 475 ; L. Jacquignon, « Éléments d'une étude des finances et de la gestion des entreprises nationales », *AJDA* 1967, p. 446 ; J.-C. Douence, « La spécialité des personnes publiques en droit administratif français », *RDP* 1972, p. 753 ; M. Long, « La diversification des entreprises publiques françaises », *RFAP* 1980, p. 499 ; G. Dupiellet, « L'adaptation du principe de spécialité à l'évolution du secteur public », *CJEG* 1985, p. 289 ; M. Lombard, « À propos de la liberté de concurrence entre opérateurs publics et opérateurs privés », *D.* 1994, chr., p. 163 ; M. Junqua-Lamarque, « La diversification des activités des opérateurs publics sous haute surveillance », *Gaz. Pal.*, 2-3 août 1995, p. 11 ; C. Lucas de Leyssac, « Diversification des entreprises publiques et concurrence déloyale », *D.* 1995, chr., p. 288 ; *D.* Truchet, « Les personnes publiques disposent-elles, en droit français, de la liberté d'entreprendre ? », *D. aff.*, 1996, p. 731 ; C. Barthélémy, « Le principe de spécialité appliqué à Électricité de France, Libres propos sur l'article 44 de la loi du 10 février 2000 », *CJEG* 2002, p. 507 ; C. Barthélémy, « L'ouverture à la concurrence du marché de l'électricité et la transformation d'EDF », *Dr. adm.* 2004, n° 10, ét. 2 ; « Questions sur l'avenir de l'établissement public », Dossier *AJDA* 2010, p. 1238.

445 La spécialité constitue un élément essentiel de tout établissement public. En effet, la personnalité juridique spéciale qui est la sienne ne provient, conformément à la théorie de la personnalité morale (103), que de l'objet spécial qui lui est attribué. Aller au-delà de cette spécialité, même pour exercer des missions de service public, serait empiéter sur les compétences des autres personnes morales de droit public. La spécialité de l'établissement public est ainsi identifiée à partir de ses règles constitutives, c'est-à-dire de la mission qui lui est conférée.

Ce « principe » de spécialité est interprété d'une façon plus rigoureuse pour les établissements des collectivités territoriales (104), et pour les établissements publics territorialisés de l'État, puisqu'à la spécialité fonctionnelle s'ajoute une spécialité territoriale (105), qui l'empêche alors, du moins en théorie, d'exercer ses activités au-delà du territoire pour lequel il a été créé.

446 Pourtant le principe de spécialité n'a cessé d'être interprété avec souplesse. Ainsi dans un avis du 15 juillet 1992 (106), le Conseil d'État estimait que si « la limitation à la région des transports parisiens de la mission d'exploitant de la RATP, de même que la référence aux collectivités locales de la région parisienne dans son organisation et son financement, comptent parmi les règles constitutives du statut de l'établissement public », cette analyse de la spécialité de l'établissement « ne saurait être interprétée comme lui interdisant d'exercer, conformément à une jurisprudence constante et même en dehors de la région des transports parisiens, des activités qui sont le complément de sa mission et qui présentent un intérêt direct pour l'amélioration des conditions d'exercice de celle-ci. Il en va ainsi notamment des activités représentant un apport de savoir-faire, ou d'assistance technique, qui se fixent pour objectif la formation du personnel de la Régie, les échanges techniques et la valorisation de ses compétences ».

(103) L. Michoud, *Théorie de la personnalité morale et son application au droit français*, LGDJ, 1924, 2 vol.

(104) P.-Y. Monjal, « Les enjeux de la notion "d'intérêt communautaire" ou les faces cachées d'une réforme constitutionnelle décisive pour les EPCI », *AJDA* 2003, p. 1701.

(105) CE, 14 mars 1997, Cie d'aménagement des coteaux de Gascogne, *RFDA* 1997, p. 349, note Delvolvé. V. dans le même sens CE, 10 févr. 1988, *Mézy c. Ville de Montpellier* (à propos d'un service de pompes funèbres).

(106) CE, 15 juill. 1992, avis n° 352 281, RATP, *Les grands avis du Conseil d'État*, Dalloz, 2002, p. 616.

Deux ans plus tard, à propos d'EDF (107), le juge administratif réitéra cette interprétation souple. Il estima que si « le principe de spécialité qui s'applique à un établissement public tel qu'EDF et GDF signifie que la personne morale, dont la création a été justifiée par la mission qui lui a été confiée, n'a pas de compétence générale au-delà de cette mission », ce qui empêche *a priori* l'établissement d'exercer des activités extérieures à cette mission, « il ne s'oppose pas par lui-même à ce qu'un établissement public, surtout s'il a un caractère industriel et commercial, se livre à d'autres activités économiques ». Mais il assortissait cette possibilité de deux conditions, en réalité assez légères. Il faut, d'une part, que les activités annexes soient « techniquement et commercialement le complément normal de sa mission statutaire principale », et, d'autre part, que les mêmes activités soient « à la fois d'intérêt général et directement utiles à l'établissement public, notamment par son adaptation à l'évolution technique, aux impératifs d'une bonne gestion des intérêts confiés à l'établissement, le savoir-faire de ses personnels, la vigueur de sa recherche et la valorisation de ses compétences, tous moyens mis au service de son objet principal ».

447 Cette interprétation est extrêmement souple. Comme le souligne M. Lombard (108), « il était difficile de définir de façon moins contraignante le champ des activités ouvert [...], à cet établissement public. Les derniers mots de "valorisation de ses compétences", caractérisant les objectifs susceptibles d'être retenus pour justifier une extension d'activités hors du domaine défini par le statut de l'établissement public, permettent, en effet, *a priori*, de s'appliquer à toute opération dès lors qu'il ne paraît guère concevable qu'un opérateur économique, quel qu'il soit, ait pour "objectif" avoué de "dévaloriser ses compétences" ».

Le Conseil d'État a encore renforcé le sentiment que le principe de spécialité avait quasiment disparu, en estimant, dans un important avis *Société Jean-Louis Bernard Consultants* (109), qu'un établissement public pouvait se porter candidat à l'attribution d'un marché public, sans en examiner au préalable la compatibilité avec la spécialité de l'établissement. Cette absence a permis à certains auteurs d'estimer que désormais, « le principe de spécialité s'incline devant cette liberté reconnue aux collectivités publiques d'intervenir directement sur les marchés » (110).

448 Cette évolution a cependant rencontré depuis lors sinon un coup d'arrêt, du moins une limitation. Alors qu'EDF avait vu sa spécialité très largement entendue par le juge administratif, l'article 44 de la loi du 10 février 2000 était venu rappeler qu'EDF « a pour objet de produire, de transporter et de distribuer de l'électricité. Cet objet inclut la fourniture, l'importation et l'exportation d'électricité. Dans le cadre de cet objet, Électricité de France peut également exercer en France [...] toutes les activités qui y

(107) CE ass., 7 juill. 1994, *EDF*, avis n° 356 089, *Les grands avis du Conseil d'État*, Dalloz, 2002, p. 315, note Vigouroux.

(108) M. Lombard, « À propos de la liberté de concurrence entre opérateurs publics et opérateurs privés », *D.* 1994, chron., p. 163.

(109) CE avis, 8 nov. 2000, Sté Jean-Louis Bernard Consultants, *Rec.* p. 492, concl. Bergeal ; *CJEG* 2001, p. 58, note Degoffe et Dreyfus ; *CMP* fév. 2001, note Eckert.

(110) B. du Marais, *Droit public de la régulation économique*, Dalloz – Presses de Sciences-Po, 2004, p. 145. V. *contra*, C. Bergeal : « bien que l'avis ne le précise pas, car la question n'était pas posée en l'espèce, le principe demeure » (*in* G. Drago, M. Lombard (dir.), *Les libertés économiques*, Éd. Panthéon-Assas, 2003, p. 94).

concourent directement ou indirectement » (111), mais uniquement par la création de filiales. Surtout, le même article précisait ensuite que, s'agissant des clients non éligibles, EDF et ses filiales « ne peuvent proposer aux clients non éligibles présents sur le territoire national que des prestations de conseil destinées à promouvoir la maîtrise de la demande d'électricité. Ils ne peuvent offrir de services portant sur la réalisation ou l'entretien des installations intérieures, la vente et la location d'appareils utilisateurs d'énergie ». L'encadrement du principe de spécialité était donc renforcé par ce texte, empêchant, à l'égard des clients captifs, toute diversification, y compris par le biais de la création de services publics. Le juge administratif avait donc fait de cette disposition une application relativement stricte (112).

À cette occasion, l'établissement public avait avancé qu'« avec le basculement progressif dans la concurrence, le principe de spécialité devenait véritablement anachronique » (113). La suppression, du fait de l'ouverture intégrale du marché de l'énergie à la concurrence, de la distinction entre clients non éligibles et éligibles a effectivement entraîné celle de la spécialité d'EDF. La limitation à la diversification prévue par l'article 44 a été abrogée par la loi (114) et l'objet de l'activité des sociétés concernées désormais renvoyé au décret. Son maintien aurait été impossible dans la mesure où EDF était elle-même transformée en entreprise.

449 La seule limite en matière de création de services publics à caractère économique par les établissements publics ne semble plus concerner que les établissements publics locaux. Comme pour les collectivités territoriales, la création d'un service public industriel et commercial par ceux-ci n'est possible « que si un intérêt public le justifie et dans le respect du principe de liberté du commerce et de l'industrie » (115).

B. LE RESPECT DES RÈGLES DE CONCURRENCE

450 **Bibliographie** : P. Delvolvé, « Les entreprises publiques et le droit de la concurrence », p. 51, *in* R. Drago (dir.), *Quel avenir pour les entreprises publiques ?*, Cahier des sciences morales et politiques, PUF, 2001 ; S. Nicinski, « Les établissements publics en quête d'identité sur le marché concurrentiel », *AC-ACCP* nov. 2001, n° 5, p. 7 ; B. Faure, « Remarques sur les mutations du principe de la liberté du commerce et de l'industrie », *RFDA* 2004, p. 299 ; J.-Y. Chérot, « Nouvelles observations sur la régulation par le Conseil d'État de la concurrence entre personnes publiques et personnes privées », *Mél. F. Moderne*, Dalloz, 2004, p. 87 ; A. Mazières, « Concurrence et services publics : détermination des coûts pertinents », *AJDA* 2005, p. 1334 ; S. Nicinski, « Les conditions de création d'un service public dans un environnement concurrentiel », *AJDA* 2005, p. 2130 ; G. Chavrier, « Établissement public de santé, logique économique et droit de la concurrence », *RDSS* 2006, p. 274 ; G. Dumont, « Application du droit de la concurrence aux activités publiques »,

(111) L. n° 2000-108 du 10 févr. 2000 relative à la modernisation et au développement du service public de l'électricité.

(112) CE, 11 juill. 2001, Syndicat CGT de la société Clemessy, *Rec.* p. 359, *CJEG* 2002, p. 539, concl. Séners et note Barthélémy, *Dr. adm.* 2002, n° 4, p. 15, note Delelis. Voir, en l'état du droit antérieur à la L. du 10 févr. 2000, TA Paris, 25 mai 1994, Chambre syndicale des sociétés d'études techniques et d'ingénierie, *RFDA* 1994, p. 1146, note Rodrigues, *CJEG* 1995, p. 157, concl. Plouvin et note Sablière.

(113) C. Barthélémy, « L'ouverture à la concurrence du marché de l'électricité et la transformation d'EDF », *Dr. adm.* 2004, n° 10, ent. 2.

(114) L. n° 2004-803 du 9 août 2004 relative au service public de l'électricité et du gaz et aux entreprises électriques et gazières.

(115) CE, 23 mai 2003, Communauté de communes Artois-Lys, *Rec.* p. 234, *Dr. adm.* 2003, n° 208, note Lombard, *RFDA* 2004, p. 299, note Faure.

J.-Cl. Adm., Fasc. 292 ; J.-C. VIDELIN « Établissement public industriel et commercial et service public », *RRJ-Droit prospectif*, 2007/1, p. 265.

451 Le principe de spécialité n'encadre que de façon très lâche la faculté dont disposent les établissements publics de créer des services publics à caractère industriel et commercial. Il en va différemment du respect des règles de concurrence, distinctes de la liberté du commerce et de l'industrie. Même si l'interprétation souple de leur spécialité l'autorise, les établissements publics n'ont pas vocation à créer des activités visant uniquement à concurrencer les personnes privées, dans la mesure où une telle opération porterait atteinte aux libertés économiques. Après une hésitation, due à la formulation de l'avis *Jean-Louis Bernard Consultants*, le juge administratif a rappelé en 2006, dans sa formation la plus solennelle, que « les personnes publiques sont chargées d'assurer les activités nécessaires à la réalisation des missions de service public dont elles sont investies et bénéficient à cette fin de prérogatives de puissance publique ; qu'en outre, si elles entendent, indépendamment de ces missions, prendre en charge une activité économique, elles ne peuvent légalement le faire que dans le respect tant de la liberté du commerce et de l'industrie que du droit de la concurrence ; qu'à cet égard, pour intervenir sur un marché, elles doivent, non seulement agir dans la limite de leurs compétences, mais également justifier d'un intérêt public, lequel peut résulter notamment de la carence de l'initiative privée ; qu'une fois admise dans son principe, une telle intervention ne doit pas se réaliser suivant des modalités telles qu'en raison de la situation particulière dans laquelle se trouverait cette personne publique par rapport aux autres opérateurs agissant sur le même marché, elle fausserait le libre jeu de la concurrence sur celui-ci » (116).

Ce rappel, qui porte un coup d'arrêt à l'extension des activités purement concurrentielles des établissements publics, ne limite cependant pas directement les activités de service public. L'une des conditions fixées par la jurisprudence est en effet que les activités en cause justifient d'un intérêt public, ce qui est le cas. Elles doivent seulement respecter le libre jeu de la concurrence.

452 La création de services publics industriels et commerciaux par les établissements publics est donc possible au regard de la liberté du commerce et de l'industrie, mais elle est soumise au respect de la concurrence. Les critères de ce respect ont été fixés, notamment, dans l'avis *Jean-Louis Bernard Consultants* : il faut que l'activité économique de service public soit réalisée dans des conditions qui échappent à toute subvention croisée provenant d'activités de service public non concurrentielles. Ainsi, s'agissant de la soumission à un marché public, l'avis précise que le prix proposé par l'établissement doit être déterminé « en prenant en compte l'ensemble des coûts directs et indirects concourant à la formation du prix de la prestation objet du contrat », que l'établissement ne doit pas avoir « bénéficié, pour déterminer le prix qu'il a proposé, d'un avantage découlant des ressources ou des moyens qui lui sont attribués au titre de sa mission de service public », enfin qu'il doit pouvoir, si nécessaire, en justifier par ses documents comptables ou tout autre moyen d'information approprié (117). Ces précisions sont d'autant

(116) CE ass., 19 mai 2006, Ordre des avocats au barreau de Paris, *JCP A* 2006, n° 1133, note Linditch, *Dr. adm.* 2006, comm. 129, note Bazex.

(117) CE, 16 oct. 2000, Compagnie méditerranéenne d'exploitation des services d'eau, *Rec.* p. 422, *AJDA* 2001, p. 662, note Treppoz, *RFDA* 2001, p. 106, concl. Bergeal.

plus utiles que le contrôle exercé par le juge administratif sur les conditions de formation du prix proposé par l'établissement public est un contrôle normal (118).

Par ailleurs, il existe une contradiction potentielle entre l'appréciation du Conseil d'État dans l'avis précité, selon laquelle les établissements publics industriels et commerciaux ne sont pas, en raison de leur qualité de personne publique ou de leur statut, en situation structurelle plus favorable que les autres opérateurs économiques, et celle de l'UE qui considère que les garanties illimitées dont ils bénéficient sont contraires au droit européen. Le statut légal des EPIC exclut en effet le plus souvent la mise en faillite ou l'insolvabilité, ce qui constitue, selon une lettre de la Commission adressée au gouvernement français en février 2010 à propos de la SNCF, une garantie illimitée de l'État contraire à l'article 107 TFUE régissant les aides publiques. Le Tribunal de l'UE a été saisi par la France, mais la contradiction pourrait être résolue en chiffrant l'avantage ainsi conféré. Si cette garantie constitue une aide, son montant devrait être intégré dans le calcul de la compensation des obligations de service public, ce qui n'est pas le cas à l'heure actuelle.

§ 2. SUPPRESSION DES ÉTABLISSEMENTS PUBLICS ET RECONFIGURATION DU SERVICE PUBLIC

453 **Bibliographie** : M. Karpenschif, « La privatisation des entreprises publiques : une pratique encouragée sous surveillance communautaire », *RFDA* 2002, p. 95 ; O. Berthelot, « Liberté du commerce et de l'industrie et transferts de compétences : socialisation de l'économie ou privatisation du service public ? », *AJDA* 2003, p. 707 ; H. Ruiz Fabri, J.-P. Crontiras, « L'Organisation mondiale du commerce et les services publics », *Les Rapports de l'IDDRI*, n° 2, août 2003 ; C. Barthélémy, « La garantie implicite, gratuite ou illimitée de l'État aux établissements publics : mythe ou réalité ? », *RJEP* 2004, p. 425 ; M. Poyet, « La transformation des entreprises publiques, véritable enjeu de pérennité », *Rev. adm.* 2004, p. 565 ; J. Fournier, « Le devenir des entreprises publiques dans le droit et la pratique de l'Union européenne », *RJEP* 2005, p. 135 ; M. Lombard, « L'établissement public industriel et commercial est-il condamné ? », *AJDA* 2006, p. 79 ; D. Bailleul, « Vers la fin de l'établissement public industriel et commercial ? À propos de la transformation des EPIC en sociétés », *RJEP* 2006, p. 105 ; E. Fatome, « Les établissements publics à caractère industriel et commercial et la tentation de l'abandon », *JCP A* 2009, n° 31, p. 40.

454 En tant qu'ils sont créés par l'État ou les collectivités territoriales dans le but de gérer un service public, les établissements publics ne sont pas maîtres de la suppression des services publics qu'ils gèrent. En revanche, ils peuvent, et même doivent, procéder à l'adaptation des modalités de gestion des services publics qui leur sont confiés, ce qui, parfois, peut prendre la forme de la disparition d'une forme de service public au profit d'une autre.

Ainsi, s'agissant du service public en matière de transport auquel la SNCF apporte statutairement son concours (Code des transports, art. L. 2141-2), la suppression d'une ligne ferroviaire au profit d'un autre mode de desserte (par route) n'est pas constitutive d'une suppression du service public, mais d'un redéploiement. Celui-ci peut reposer sur des motifs économiques, liés à l'absence structurelle de rentabilité de la desserte ferroviaire. L'article L. 1111-1 du Code des transports impose en effet

(118) TA Dijon, 20 févr. 2003, Société Jean-Louis Bernard Consultants c. District de l'agglomération dijonnaise, *BJDCP* n° 29, p. 276, concl. Heckel.

au « système de transports intérieurs » de « satisfaire les besoins des usagers dans les conditions économiques, sociales et environnementales les plus avantageuses pour la collectivité ». Le juge administratif a eu l'occasion, à plusieurs reprises, de reconnaître à la SNCF la faculté de supprimer un certain nombre de dessertes inter-régionales (relevant de ses missions propres, et non déléguées par les régions), et de les remplacer, soit par des trains express régionaux, soit par des dessertes sur route. Cette décision se comprend « compte tenu de l'ampleur du déficit supporté par la SNCF en raison de l'exploitation des liaisons inter-régionales en cause, d'une part, et du nombre réduit de voyageurs sur ces liaisons », étant précisé qu'il s'agit seulement là d'une « réorganisation de la consistance des services sur ces lignes sans les supprimer et en les adaptant à la fréquentation » (119).

455 S'il n'appartient pas à l'établissement public de supprimer les services publics qui lui sont confiés, cette possibilité est, en revanche, ouverte à la personne publique qui l'en a investi. Cette suppression de la mission de l'établissement prend, le plus souvent, la forme de la suppression de l'établissement lui-même, ou de sa transformation en une autre structure. La suppression d'un établissement public ne suppose pas le respect d'autres formalités que celles prévues par les textes qui l'instituent. Il n'est, ainsi, nul besoin, sauf texte contraire, que l'autorité titulaire du pouvoir de création, et donc de suppression de l'établissement public, consulte le conseil d'administration de celui-ci avant de procéder à la suppression (120). En outre, la compétence pour supprimer l'établissement public appartient au pouvoir réglementaire, sous réserve que, eu égard à son objet, à la nature de ses activités, et aux règles de tutelle auxquelles il est soumis, il ne constitue pas à lui seul une catégorie d'établissement public (121) : seul le législateur, en vertu de l'article 34 de la Constitution, pourrait alors procéder à sa suppression (122).

456 Si la suppression des établissements publics, en tant que modalité de gestion de services publics, est possible, la question se pose avec toujours plus d'acuité de savoir si leur disparition ne serait pas, en raison du droit européen, devenue obligatoire. Les établissements publics à caractère industriel et commercial ont, en effet, vu leur statut fortement contesté depuis quelques années par la Commission européenne.

Dans une communication du 11 mars 2000, la Commission considérait ainsi que le fait que le « statut légal » de certaines entreprises puisse exclure la possibilité d'une procédure de faillite ou d'insolvabilité constituait une aide sous forme de garantie, car ce statut permet d'obtenir des conditions de crédit plus favorables sur le marché financier (123). Les établissements publics industriels et commerciaux bénéficient,

(119) CE, 13 nov. 2006, Région Pays de la Loire, req. 287665, *Rec. T.*

(120) CE sect., 14 nov. 1975, Syndicat national de l'enseignement supérieur (FEN), qui indique qu'aucune disposition législative ou réglementaire n'exige que le conseil d'une université (Aix-Marseille I et II) soit consulté sur un projet de décret supprimant celle-ci et créant une nouvelle université dans la même académie (Aix-Marseille III).

(121) CE, 6 mars 1991, req. 31458, Syndicat national CGT du Crédit d'équipement des petites et moyennes entreprises, *Rec. T.*, à propos du D. du 23 déc. 1980 supprimant la Caisse nationale des marchés de l'État, des collectivités et des établissements publics.

(122) CC, 30 mai 1979, n° 79-107 L, Agence nationale pour la valorisation de la recherche, *Rec.* p. 44, *D.* 1980, p. 121, note Gaudemet ; CC, 5 déc. 1989, n° 89-162 L, Institut national de la consommation, *Rec.* p. 100 ; *AIJC* 1989, p. 486, obs. Genevois ; *Dr. adm.* 1989, n° 633.

(123) Communication de la Commission sur l'application des articles 87 et 88 du traité CE aux aides d'État sous forme de garanties, *JOCE* C 71 du 11 mars 2000, p. 14.

en effet, d'une garantie de l'État (124), qui est la contrepartie de l'insaisissabilité de leurs biens et de l'exclusion, à leur encontre, du recours aux voies d'exécution de droit commun (125). Cette incompatibilité entre certaines conséquences du statut d'établissement public et le droit européen, lorsque ces établissements exercent des activités économiques, a été précisée par la Commission à propos d'EDF, de GDF et, plus récemment, de La Poste.

457 En ce qui concerne EDF, la Commission avait ouvert une enquête, en juillet 2001, sur « la garantie illimitée dont bénéficie EDF sur tous ses engagements en vertu de son statut d'EPIC (Établissement public à caractère industriel et commercial), qui rend inapplicable à EDF la législation sur la faillite et l'insolvabilité », ainsi que sur les garanties explicites que les autorités françaises ont accordées, sans exiger de rémunération, sur les emprunts émis par EDF (126). Le 16 octobre 2002, la Commission décida de lancer une enquête approfondie contre EDF au titre des aides d'État et de demander au gouvernement de mettre fin à la garantie accordée par l'État aux emprunts d'EDF, du fait de son statut d'EPIC (127). Toutefois, la Commission prenait soin de préciser que sa décision ne remettait aucunement en question le fait que l'État soit propriétaire du capital d'EDF, et ne contestait pas non plus son statut d'EPIC, mais uniquement les avantages qu'EDF tirait de ce statut. Le gouvernement français ayant refusé d'obtempérer aux injonctions de la Commission, celle-ci décida, le 2 avril 2003, d'ouvrir la procédure formelle d'examen quant à la compatibilité de l'aide d'État ainsi identifiée avec le traité (128). Finalement, elle renonça à aller plus loin contre la France dans ce dossier, pour la seule raison que le gouvernement s'était entre temps engagé à faire adopter, devant le Parlement, la transformation d'EDF et de GDF en sociétés (129). La Commission rappelait en effet qu'elle considérait « que l'impossibilité pour EDF d'être soumise à une procédure de redressement ou de liquidation judiciaires, et par conséquent de faire faillite, équivaut à une garantie générale portant sur l'ensemble des engagements de l'entreprise. Une telle garantie ne peut faire l'objet d'aucune rémunération selon les règles du marché. Cette garantie, qui est illimitée dans sa couverture, dans le temps et dans son montant, constitue une aide d'État » (130). Contrairement à ce qu'elle affirmait par ailleurs, à savoir qu'elle ne remettait en aucune façon en cause le caractère public du capital d'EDF, ni ne contestait le statut d'EPIC en tant que tel, c'est bien d'une telle contestation que sa décision

(124) Bien que cette garantie découle de leur nature d'établissement public, et donc de personne publique, certains textes en rappellent le principe, voire semblent en limiter la portée. Ainsi, l'art. 80 de la L. n° 2002-1576 du 30 déc. 2002 de finances rectificative pour 2002 (*JO* 31 déc. 2002, p. 22070), indique que « les emprunts contractés par l'ERAP, dans le cadre de son soutien d'actionnaire à France Télécom, bénéficient, en principal et intérêts, de la garantie de l'État dans la limite de 10 milliards d'euros en principal ».

(125) TC, 9 déc. 1899, Assoc. syndicale du canal de Gignac, *Rec.* p. 731 ; *S.* 1900, 3, 49, note Hauriou ; Cass. civ. 1re, 21 déc. 1987, Bureau de recherches géologiques et minières, *Bull. civ.* I, n° 348 ; *RFDA* 1988, p. 771, concl. Charbonnier, note Pacteau ; *CJEG* 1988, p. 107, note Richer ; *JCP* 1989, II, 21183, note Nicod ; *RTD civ.* 1989, p. 1445, chron. Perrot.

(126) Commission européenne, communiqué du 16 oct. 2002 (site internet de la Commission).

(127) *JOCE C* 280 du 16 nov. 2002, p. 8. V. M. Chenevoy-Guériaud, « L'établissement public industriel et commercial face au droit communautaire : la décision du 16 oct. 2002 de la Commission européenne relative aux aides d'État et à Électricité de France », *RRJ* 2004, p. 1964.

(128) *JOCE C* 164 du 15 juill. 2003, p. 7.

(129) Décision 2005/145/CE de la Commission du 16 déc. 2003 relative aux aides d'État accordées par la France à EDF et au secteur des industries électriques et gazières, *JOCE L*, 22 févr. 2005, n° 49, p. 9.

(130) Décision 2005/145/CE *préc.*, p. 16.

était porteuse. En effet, elle précisait par ailleurs qu'« être créancier d'un EPIC ne comporte donc aucun risque à la fin de non-remboursement des créances : non seulement l'EPIC ne peut pas faire faillite, mais, en outre, la loi garantit le remboursement de ses créances à travers des procédures administratives spéciales ».

458 Plus récemment, la Commission européenne avait également demandé la suppression de la garantie illimitée accordée par l'État à la Poste, garantie dont elle bénéficiait en tant qu'exploitant public (131). Bien que la Commission indiquât, comme pour EDF, que sa proposition ne remettait en cause ni le statut de personne morale de droit public de La Poste en tant que tel, ni l'actionnariat public de l'opérateur postal, les mêmes causes ont produit les mêmes effets, et La Poste a été transformée en société anonyme. En revanche, le gouvernement n'entend pas remettre en question le statut d'EPIC de la SNCF, malgré la logique identique de la lettre de la Commission du 11 février 2010 rappelant sa communication du 30 avril 2008 sur les aides d'État aux entreprises ferroviaires (132).

Ces contestations européennes de la forme d'établissement public en tant que modalité de gestion d'activités économiques, quand bien même ces dernières auraient le caractère de service public, montrent les limites de l'article 345 TFUE, indiquant pourtant que « les traités ne préjugent en rien le régime de la propriété dans les États membres ». Ce principe de neutralité est ainsi devenu une fiction. Le directeur juridique d'EDF précise que « même si elle s'en défend, la Commission européenne sape en réalité, peu à peu, à travers la politique de concurrence qu'elle conduit, le principe de neutralité… La base des raisonnements qui prévalent à Bruxelles repose en effet sur la conviction que l'État n'a pas à intervenir dans l'économie parce que, par nature, cela entraîne des distorsions de concurrence. En témoigne la référence, dans le cadre de la mise en œuvre du régime des aides d'État, à la théorie de l'« investisseur avisé », qui est nécessairement conçu comme un investisseur *privé* et avisé » (133).

459 Mais au-delà de l'établissement public, c'est bien le service public porté par l'établissement qui se trouve indirectement touché. La transformation, sous la contrainte européenne, des établissements publics industriels et commerciaux en sociétés de droit commun ne constitue qu'une étape dans leur remise en cause. Il s'avère que « l'expérience tend pourtant à montrer que la forme de la société pour une entreprise publique est souvent dans les faits transitoire, la banalisation de leur statut précédant leur véritable privatisation au sens de perte du contrôle public sur la majorité du capital » (134). Au demeurant, ce ne sont pas seulement les établissements publics qui sont visés, mais également leurs filiales. Ainsi, en 2003, et à la suite de décisions relatives aux banques régionales allemandes, la Commission a demandé que la garantie accordée par la Caisse des dépôts et consignations CDC à sa filiale CDC-IXIS soit

(131) Comm. CE, 4 oct. 2006, n° IP/06/1305, *JCP A* 2006, act. n° 848. Comm. UE, 26 janv. 2010, déc. n° C 56/07 relative aux aides d'État accordées par la France à La Poste. V. aussi, sur un autre secteur de moindre enjeu, Comm. CE, 22 nov. 2006, décision sur l'aide en faveur du Laboratoire national de métrologie et d'essais, C[2006]5477, *JOUE* L 95 du 5 avr. 2007, p. 25 ; *AJDA* 2007, p. 1738, note Nicinski.

(132) Communication de la Commission du 30 avr. 2008, « Lignes directrices communautaires sur les aides d'État aux entreprises ferroviaires », *JOUE* n° C 184 du 22 juill. 2008, p. 13.

(133) C. Barthélémy, « L'ouverture à la concurrence du marché de l'électricité et la transformation d'EDF », *Dr. adm.* 2004, n° 10, ent. 2.

(134) M. Lombard, « L'établissement public industriel et commercial est-il condamné ? », *AJDA* 2006, p. 79.

progressivement supprimée (135). Quelques mois auparavant, les activités concurrentielles de la Caisse des dépôts avaient dû, pour les mêmes raisons, être isolées au sein d'une filiale spécifique de l'établissement. Le processus de disparition des établissements publics se déroule donc en plusieurs temps : identification des activités concurrentielles et regroupement de celles-ci dans des entités spécifiques ; suppression de la garantie accordée à ces entités par l'établissement (ce qui se traduit par leur transformation en filiales de droit commun, dont le capital est ouvert) ; transformation de l'établissement public en société de droit commun ; ouverture du capital de la société constituée et, éventuellement, privatisation de celle-ci.

460 La dernière phase de ce mouvement est constituée par la remise en cause des modalités d'attribution des activités de service public à l'établissement public, ou à la société qui lui a succédé. Il a été souligné à cet égard que l'évolution de la jurisprudence de la Cour de justice des Communautés européennes sur la notion de contrat *in house* était porteuse d'une contestation plus radicale. Les contrats par lesquels des missions concurrentielles sont confiées à des sociétés, au sens européen, ne peuvent échapper à la mise en concurrence que si ces sociétés constituent des entreprises spéciales ayant pour fonction spécifique la « prestation intégrée » de services publics (136). L'ouverture du capital ainsi que la diversification des activités de l'établissement entraînent obligatoirement sa distanciation d'avec la collectivité publique à laquelle il est rattaché, situation qui l'empêche de déroger aux règles de mise en concurrence. Ainsi, « l'abandon de la formule de l'établissement public peut provoquer des conséquences en chaîne en tant qu'il permet précisément l'élargissement du domaine d'activité de l'entité concernée et l'ouverture à des capitaux privés » (137), allant jusqu'à la remise en cause de l'attribution de missions de service public.

(135) Commission européenne, Notification de mesures utiles visant à mettre un terme à l'accord de garantie conclu entre la Caisse des dépôts et sa filiale CDC IXIS, 21 janv. 2003.
(136) CJCE, 13 oct. 2005, aff. C-458/03, Parking Brixen GmbH, *JCP* A 2005, n° 47, p. 1712, note Dreifuss; *Rev. dr. UE* 2005, p. 845, note Kotschy. V. aussi C. Lecuyer-Thieffry, P. Thieffry, « Les prestations effectuées *in house* sans mise en concurrence », *AJDA* 2005, p. 927.
(137) M. Lombard, « L'établissement public industriel et commercial est-il condamné ? », préc.

CHAPITRE 3
CRÉATION OU SUPPRESSION DU SERVICE PUBLIC ET COLLECTIVITÉS TERRITORIALES

461 **Bibliographie** : J. Chapuisat, *La notion d'affaires locales*, th. Paris, 1972 ; A. Coudevylle, *Contribution à la théorie générale du service public communal*, th. Bordeaux, 1976 ; J. Carles, J. Dupuis, *Service public local. Gestion publique, gestion privée ?*, Nouvelles éditions fiduciaires (coll. Secteur public), Paris, 1989 ; L. Richer, *Droit des services publics locaux*, Le moniteur, 1995 ; J.-F. Auby, *Les services publics locaux*, Berger-Levrault, coll. Administration locale, 1997 ; J. Fialaire, *Le droit des services publics locaux*, LGDJ, coll. Systèmes, Paris, 1998 ; B. Faure, *Le pouvoir réglementaire des collectivités locales*, LGDJ, Bibl. droit public, 1998 ; H. Groud (dir.), *Mutations du service public et territoires*, L'Harmattan, coll. Administration et Aménagement du Territoire, 1999 ; M. Douence, *Le pouvoir d'organisation des services publics*, thèse droit Pau, 2003 ; Conseil d'État, *Collectivités territoriales et obligations communautaires*, La Doc. fr., 2004 ; V. de Briant, *L'action commune en droit des collectivités territoriales*, L'Harmattan, coll. Logiques juridiques, 2009.

J.-C. Douence, « Les incidences du caractère national ou local du service public », *AJDA* 1997, n° spéc. Service public, unité et diversité, p. 113 ; Y. Madiot, « Service public et aménagement du territoire », *AJDA* n° spéc. *Service public,* 1997, p. 84 ; M. Pugeault, « Les services publics locaux et le droit interne de la concurrence », *D.* 1999, chron. p. 347 ; G. Quiot, « La doctrine et la distinction des services publics nationaux et des services publics locaux : observations critiques », *Mél. Hubert Charles*, PU Nice-Sophia-Antipolis, 2001, p. 305 ; R. Hertzog, « Les personnes publiques n'ont pas de compétences », *Mél. Jean Waline*, Dalloz, 2002, p. 235 ; Conseil d'État, (rapport), « Collectivités publiques et concurrence », *EDCE* 2002, n° 53, p. 215 ; G. Marcou, « Services publics locaux et droit communautaire », *Annuaire des Collectivités locales 2003,* CNRS Éditions, p. 95 ; L. Janicot, « Réflexions sur la notion de compétences propres appliquée aux collectivités territoriales en droit français », *AJDA* 2004, p. 1574 ; P.-L. Frier, « Les transferts de compétences dans le secteur de la formation professionnelle, de l'éducation et de la culture », *AJDA* 2004, p. 1984 ; M. Karpenschif, « Les collectivités locales et la directive « services » : entre contraintes nouvelles et espoirs déçus », *JCP A* 2010, 2256.

462 La notion de service public « local » s'oppose à celle de service public « national » mais cette opposition ne garantit pas la distinction entre l'une et l'autre. En effet, des services publics nationaux prennent sens par leurs implantations locales ou disposent d'antennes locales, les faisant ainsi considérer comme des services locaux (commissariats de police, agences du Trésor public, etc.) tandis que des services publics locaux prennent en charge des activités d'intérêt général relevant de dispositifs nationaux (conservation du patrimoine, prestations d'aide sociale, etc.).

De plus, des services publics territoriaux émergent dans l'architecture du droit du service public, soit parce qu'ils recouvrent des périmètres qui ne coïncident nullement avec les limites des collectivités territoriales (services hospitaliers), soit parce que, provenant des transferts de compétences de l'État aux collectivités territoriales, ils ne correspondent pas exactement aux intérêts locaux d'une collectivité territoriale, soit encore parce qu'ils appartiennent, de droit ou par transfert, aux champs d'intervention d'établissements publics territoriaux, comme les établissements publics de coopération intercommunale.

463 La problématique des services locaux remonte au Moyen Âge, quand la mise en place de services d'intérêt commun, tels l'entretien des fortifications et la garde des remparts, les halles et marchés, la protection contre les fléaux, commença à révéler une forme de « solidarité urbaine ». Les communautés villageoises furent donc les premières concernées par la dynamique des services communs, il semblait utile de reconnaître aux communes un pouvoir de décision substantiel sur des affaires locales ayant un impact social pour leurs habitants (hôpitaux, placements, prisons, écoles).

À la suite des mouvements révolutionnaires et réactionnaires, pendant les premières décennies du XIXe siècle, les communes, pour la gestion des affaires municipales, ont souvent été assimilées à des personnes privées gérant leurs intérêts propres. Leurs interventions s'inscrivaient pourtant sur le terrain de l'amélioration de la vie quotidienne des habitants, révélant un souci de cohésion sociale – sans doute à l'adresse d'une classe sociale donnée. Les départements ont, eux, longtemps constitué de simples circonscriptions administratives même si la personnalité morale leur fut reconnue en 1838. En tant que tel, le département a été le siège de nombreux services publics nationaux ou étatiques, à peine déconcentrés. À défaut d'avoir pu les créer, il pouvait ainsi, au moins théoriquement, décider de leur organisation. Quant aux régions, de création plus récente, elles n'ont pas acquis d'emblée de tels pouvoirs de décision quant aux affaires régionales.

464 Dès la fin du XIXe siècle, l'État, par le biais des lois de décentralisation, dont la loi du 10 août 1871 sur l'organisation du département et celle du 5 avril 1884 sur l'organisation de la commune, a délégué aux collectivités locales une partie de son pouvoir d'institution de services publics. Ces lois, en tant qu'elles attribuent aux conseils nommés ou élus des collectivités locales la charge de « régler par leurs délibérations » les affaires de celles-ci, leur donnent compétence pour répondre aux demandes sociales émanant de leurs habitants ou de leurs contribuables et satisfaire aux besoins locaux, en bien des matières, par le moyen de la création et de la gestion de services publics municipaux ou départementaux.

Les différentes lois de décentralisation qui se sont succédé durant le XXe siècle et, notamment, jusqu'aux lois reconnaissant des droits et libertés aux collectivités locales, (lois de 1982 et de 1983 relatives respectivement à ces droits et libertés et aux transferts de compétences nécessaires), n'ont pas remis en cause l'existence de cette compétence fondée sur les « affaires locales ».

Les premières lois du XXIe siècle s'inscrivent dans un mouvement général d'approfondissement de la décentralisation territoriale, acté par la révision constitutionnelle de 2003. En conséquence, le pouvoir de création de services publics locaux paraissait pleinement reconnu aux collectivités territoriales, communes, départements et régions ainsi qu'aux collectivités périphériques (Corse) et aux territoires ou pays d'outre-mer

(Polynésie française et Nouvelle-Calédonie). Cependant, dès 2007, réforme de l'État et réforme des collectivités territoriales allant de pair, les lois intervenues par la suite ont modifié l'appréhension générale de ce pouvoir local.

465 En se tournant vers les fondements historiques du service public, il est possible de cerner les contours de la notion de service public local. Ce sont les collectivités locales qui, tenant compte de l'évolution de la société, des progrès technologiques et des changements socio-politiques, ont été amenées à reconsidérer les composantes de leurs intérêts locaux qui déterminent les services nécessaires à la vie en collectivité ou bien qui participent à leur propre développement économique ou culturel.

Ces intérêts d'abord conçus comme des intérêts collectifs propres aux habitants, destinés à maintenir une certaine cohésion sociale (moulins, pâtures, foires, marchés) ont été, dès la fin du XIXe siècle, ouverts sur un ensemble d'actions et d'activités d'intérêt général, parfois aux confins des stratégies gouvernementales. Prenant la mesure de la désocialisation qui accompagnait le développement industriel et le déclin de l'artisanat du fait du progrès des techniques, la jurisprudence les a validés suivant certaines limites qui conservent encore tout leur sens : absence d'atteinte au principe de la liberté du commerce et de l'industrie et constat préalable de la carence de l'initiative privée ; existence d'un intérêt public ou de besoins d'ordre public à satisfaire – intégrant ainsi les services nécessaires au fonctionnement des exploitations communes et les services indispensables aux institutions administratives, notamment au plan communal.

466 Ces évolutions, comprises dans le schéma d'une histoire de la décentralisation, avaient permis un déploiement de l'intervention des collectivités locales. Ce fut le cas, par exemple, pour la recomposition des modes d'utilisation du domaine public dont découlent la création de services de logements sociaux, la détermination des modes de circulation des transports publics urbains ou scolaires, la mise en place de l'éclairage des voies publiques, l'organisation des réseaux de distribution du gaz, de l'électricité, de l'eau, des câbles, etc.

Des lois spéciales avaient permis également aux collectivités locales de conserver certaines activités, héritées de l'Ancien Régime comme les halles et les marchés, les abattoirs, les bureaux de placement, ou issues des politiques poursuivies sous la IIIe République comme les voies ferrées d'intérêt local, les concessions thermales, les logements dits « à bon marché ». Sous les IVe et Ve Républiques, de nombreux textes législatifs et réglementaires contribuèrent au renforcement de ces formes d'intervention en « libérant » progressivement les initiatives locales. Ce mouvement s'est, paradoxalement, approfondi et en même temps ralenti dès la fin des années 2000.

467 Les variations de ces approches invitent à considérer la notion de service public local suivant une perception organique quelque peu restrictive. Seraient des services publics locaux les services publics créés par, et placés sous la responsabilité, le contrôle ou la surveillance des collectivités locales ou des structures de regroupement territorial auxquelles elles seraient liées, car l'intercommunalité est devenue un des pivots de la conception de la décentralisation développée par les pouvoirs publics. Dans ce dernier cadre, ils correspondraient à des intérêts locaux dûment identifiés ou identifiables comme communs ou partagés.

Le service public local serait ainsi l'« expression d'une solidarité locale tant par les moyens qu'il met en œuvre que par les fins d'intérêt public local qu'il poursuit » (1). Mais c'est aussi à des intérêts locaux que répondent les implantations territoriales des services gérés par l'État, même si elles dépendent désormais des priorités et des stratégies développées sous le sceau de la révision générale des politiques publiques (RGPP) mise en application depuis 2007. Certes, souvent, ces modélisations locales répondent à des approches synthétiques de la géographie administrative de l'État. Selon des politiques conjoncturelles d'aménagement du territoire, sont ainsi institués et remaniés des services publics qui ne pourraient pas être juridiquement qualifiés de services locaux malgré la perception concrète qu'en ont les populations concernées. Par ailleurs, des personnes privées interviennent de plus en plus directement à l'appui d'activités d'intérêt général, sur le terrain local, autant sous la forme d'associations sans but lucratif que dans le cadre économique, suivant la forme de sociétés d'économie mixte locales ou de sociétés publiques locales.

Le dispositif de la loi n° 2010-559 du 28 mai 2010 pour le développement des sociétés publiques locales (2) a, en effet, inscrit dans le Code général des collectivités territoriales un article L. 1531-1 permettant aux collectivités territoriales et à leurs groupements de créer, « dans le cadre des compétences qui leur sont attribuées par la loi, des sociétés publiques locales dont ils détiennent la totalité du capital », pour entre autres actions, « exploiter des services publics à caractère industriel ou commercial ou toutes autres activités d'intérêt général » (3). Par-delà ces dispositions, si ces personnes privées investies de missions de service public ne bénéficient pas nécessairement de subventions publiques, elles n'en assurent pas moins un ensemble de prestations allant de l'assistance aux personnes démunies jusqu'à l'organisation d'animations culturelles, en passant par la gestion des équipements publics comme les aéroports ou les stades. Elles sont alors considérées comme assumant directement des charges de service public.

468 L'adjectif « local » peut donc être source de confusions ; il ne permet pas d'emblée de dissocier les services placés sous la responsabilité des collectivités territoriales, des services nationaux disposant d'antennes locales d'une part, ni de séparer les activités des collectivités territoriales de celles mises en œuvre par des sociétés privées ou des associations. Une substitution terminologique a été enregistrée dans le texte de la Constitution : les collectivités locales sont devenues des collectivités territoriales, mais la même démarche n'a pas été appliquée au service public. Pourtant, au vu des développements de la législation relative aux collectivités territoriales et des reconfigurations de l'État central et de ses services déconcentrés autour de la Région, une distinction pourrait être opérée entre les services publics « locaux » et les services publics « territoriaux ». Les premiers relèveraient d'une initiative locale en rapport direct avec le principe de libre administration ; les seconds, institués à partir d'incitations ou d'obligations décidées au niveau national, seraient déterminés en rapport

(1) J.-C. Douence, « Les incidences du caractère national ou local du service public », *AJDA* 1997, n° spéc. Service public, unité et diversité, p. 118.

(2) *JO* 29 mai 2010, p. 9697.

(3) V. entre autres, S. Nicinski, « La loi du 28 mai 2010 pour le développement des sociétés publiques locales », *AJDA* 2010, p. 1759 ; J.-L. Pissaloux, « Le développement des sociétés publiques locales », *LPA*, 2 août 2010, n° 152, p. 7 ; J.-D. Dreyfus, F. Latullaie, « SEML et SPL : les conditions de prise en charge d'une activité économique », *AJCT*, 2011, p. 77 ; D. Linotte, « Sur un nouvel instrument d'action publique locale : la société publique locale, panacée ou placebo ? », *Gaz. Pal.* 2 oct. 2010, n° 275, p. 19.

avec les mesures d'aménagement du territoire et les stratégies prioritaires de l'État. Cette distinction est encore instable dans la mesure où l'État intervient de plus en plus fréquemment dans des domaines qu'il avait pourtant délaissés ou qu'il avait simplement supervisés sans réaliser de contrôles approfondis.

La distinction entre les uns et les autres, services locaux et services nationaux, services locaux et services territoriaux, ne peut être appréhendée à la seule lumière du Livre IV de la Première partie législative du Code général des collectivités territoriales, qui s'intitule : « services publics locaux » (art. L. 1411-1 à L. 1441-2) et qui, en son titre Ier, concerne surtout les délégations de service public puis envisage, en un titre II, des dispositions particulières propres à certains de ces services. Elle dépend d'une mise en perspective du pouvoir de création et de suppression des services publics par les collectivités territoriales elles-mêmes.

469 Le Code général des collectivités territoriales prévoit des dispositions communes à toutes les catégories de collectivités territoriales pour ce qui concerne la gestion des services publics locaux. Pourtant, des différenciations sont établies entre les champs d'intervention de chacune d'entre elles, selon les compétences qu'elles mettent en œuvre, soit au titre d'une compétence générale dérivée de la notion d'affaires locales, soit avec l'aval de l'État (4), soit à raison des transferts de compétences réalisés par l'État, soit encore du fait des transferts qu'elles réalisent en direction des établissements publics territoriaux qui les regroupent.

En schématisant, bien que le modèle strict des « blocs de compétences » ne soit pas utilisable, on peut penser que les activités des communes demeurent centrées sur des fonctions de vie locale englobant la démocratie participative, les formes d'éducation, des activités liées à la culture, à l'urbanisme, voire, dans certaines limites, l'aide aux entreprises, bref des interventions généralement destinées à maintenir le contact entre les élus locaux et les citoyens. Le champ des interventions des départements peut être inscrit surtout dans l'ordre de l'aide sociale et de l'action sociale, domaines dans lequel les prestations de service public sont nombreuses (5). Les investissements des régions dans les services publics, outre leur qualité de cadre d'action étatique et de pilote des politiques publiques nationales, peuvent être éclairés par un spectre élargi alliant considérations économiques, intérêts culturels, modélisations sanitaires, préoccupations environnementales, concrétisés surtout dans le champ de la formation. Par ailleurs, les incitations générales au regroupement de collectivités territoriales peuvent, à terme, modifier cette simple présentation.

Évoquer seulement la question de la création et de la suppression de services publics ne permet pas de rendre compte de la place que les collectivités territoriales occupent dans le maillage géographique des services publics en France, tant l'intensité des transferts de compétences de l'État vers les collectivités territoriales et le développement de l'intercommunalité en transforment les données. Cette question se pose surtout à partir des besoins exprimés par les habitants, notamment pour l'institution des services publics industriels et commerciaux (Sect. 2), mais elle ne peut être

(4) Comme ce fut le cas pour les casinos, au moins dans les communes classées (station balnéaire, thermale, climatique, touristique) et soutenant une scène culturelle, à condition qu'ils « concourent au développement touristique des communes concernées » : CE 25 mars 1966, req. n° 46504, Ville de Royan et soc. an. de Royan et Couzinet, *Rec.* p. 237 ; CE avis, 4 avr. 1995, *EDCE* 1995 n° 47 p. 414.

(5) M. Borgetto, R. Lafore, *Droit de l'aide et de l'action sociales*, LGDJ, coll. Précis Domat, 7e éd., 2009.

abordée sans que soient évoquées les conséquences des discours sur la modernisation des politiques publiques engagée par l'État.

Si, dans le cadre de la création ou de la suppression des services publics, des règles identiques quant aux organes, aux pouvoirs et compétences et aux contrôles juridictionnels, rassemblent les différentes catégories de collectivités territoriales, le modèle de la commune reste encore déterminant, en dépit de l'intention de recomposer et étendre les champs d'intervention des établissements publics de coopération intercommunale, portée par la loi n° 2010-1563 du 16 décembre 2010 de réforme des collectivités territoriales. Par-delà quelques ajustements organisationnels, les interventions des départements comme celles des régions répondent souvent à des considérations plus générales, les unes relevant des conceptions sociales de la République, les autres répondant à des stratégies économiques (Sect. 3).

Il n'en reste pas moins que, depuis la loi constitutionnelle n° 2003-276 du 28 mars 2003 relative à l'organisation décentralisée de la République (6), au vu de la loi n° 2004-809 du 13 août 2004 relative aux libertés et responsabilités locales et des recompositions introduites dans l'architecture du droit des collectivités territoriales du fait de la loi n° 2010-1563 du 16 décembre 2010 (7), tant la question de l'étendue des pouvoirs locaux que celle de la nature des fondements d'un pouvoir de création ou de suppression de ces services par ces collectivités demeure : ces pouvoirs relèvent-ils de la Constitution ou de normes législatives ? (section I).

SECTION I — FONDEMENTS JURIDIQUES DU POUVOIR DE CRÉATION DE SERVICES PUBLICS LOCAUX

470 Sans avoir à revenir sur le principe fondateur qui veut que tout service public ait pour but la satisfaction d'un besoin d'intérêt général et que seule une autorité administrative publique puisse décider de l'instituer, de l'assumer ou de le confier à une personne privée pour sa gestion, la recherche des fondements du pouvoir des collectivités territoriales pour créer des services publics soulève principalement la question de savoir si ces collectivités disposent « de manière effective » et « en propre » de ce pouvoir.

§ 1. L'ANCRAGE CONSTITUTIONNEL

471 C'est souvent au principe de libre administration des collectivités locales (8) qu'il est fait référence pour rendre compte de l'existence de services

(6) Art. 1er : « L'article 1er de la Constitution est complété par une phrase ainsi rédigée : "Son organisation est décentralisée" ».

(7) *JO* 17 déc. 2010, p. 22146.

(8) V. entre autres, J. Moreau, G. Darcy (dir.), *La libre administration des collectivités locales*, Economica, 1984.

publics locaux créés par les collectivités locales. Cependant, outre le fait qu'il n'est pas le principe essentiel du pouvoir de création ou de suppression du service public dans les collectivités territoriales, le développement de l'intercommunalité semble lui avoir fait perdre de sa pertinence pour toute une série d'interventions en ce domaine.

Le principe de « libre administration des collectivités locales » prenait initialement sa source dans une combinaison normative liant une disposition de l'article 34 de la Constitution (9) et les dispositions de l'article 72 de la Constitution (10). Cet article 72 a été remanié et découpé en différents alinéas et paragraphes qui prolongent la logique des dispositions contenues dans la dernière phrase du premier alinéa de l'article 1er de la Constitution : « Son organisation est décentralisée ». Le principe de la libre administration des collectivités territoriales a donc, depuis 2003, une autre consistance. Les alinéas 2 et 3 de l'article 72 disposent désormais : « Les collectivités territoriales ont vocation à prendre les décisions pour l'ensemble des compétences qui peuvent le mieux être mises en œuvre à leur échelon. Dans les conditions prévues par la loi, ces collectivités s'administrent librement par des conseils élus et disposent d'un pouvoir réglementaire pour l'exercice de leurs compétences ». La condition de l'interposition de la loi étant maintenue, il n'est nullement avéré que ce principe soit effectivement et directement à la base des compétences de création et de suppression des services publics locaux par les collectivités locales.

472 Par-delà la « clause générale de compétence » – dont la substance est en instance d'être fortement atténuée par l'incitation générale à la création de structures intercommunales sous la forme d'établissements publics territoriaux par la loi du 16 décembre 2010 de réforme des collectivités territoriales – et indépendamment du deuxième alinéa de l'article 72 qui prend la mesure d'un principe de subsidiarité encore flou (11), la reconnaissance d'un pouvoir de création comme de suppression des services publics locaux par les collectivités territoriales elles-mêmes invite à prendre en considération tant les contextes politiques que les normes juridiques sur lesquelles elle se fonde.

En 1982, le Conseil constitutionnel avait énoncé que « si la loi peut fixer les conditions de la libre administration des collectivités territoriales, c'est sous la réserve qu'elle respecte les prérogatives de l'État » (12). Cette mise en perspective constitue la base du principe de libre administration des collectivités territoriales même si ce dernier implique que l'organe délibérant élu doit disposer d'attributions effectives (13). Les autorités locales disposent pour cela d'un pouvoir réglementaire entériné par le texte constitutionnel. L'existence d'une sphère de compétences propres s'appliquant notamment à l'organisation et à la gestion des services publics locaux ne peut être contestée. Mais si la gestion de ces services retient principalement

(9) En tant que la loi détermine les principes fondamentaux « de la libre administration des collectivités territoriales, de leurs compétences et de leurs ressources ».

(10) Il spécifiait, dans son alinéa 2, que les collectivités locales « s'administrent librement par des conseils élus et dans les conditions prévues par la loi ». L'inversion de la proposition, en plaçant l'expression « dans les conditions prévues par la loi » en premier lieu, en modifie l'appréhension ; l'ajout quant à la reconnaissance d'un pouvoir réglementaire ne fait que confirmer les incidences du principe ; v. toutefois, B. Faure, *Le pouvoir réglementaire des collectivités locales*, LGDJ, Bibl. droit public, 1998.

(11) V. pour ce qui concerne le RMI : CC, 18 déc. 2003, n° 2003-487 DC, relative à la L. portant décentralisation en matière de revenu minimum d'insertion et créant un revenu minimum d'activité, *Rec.* p. 473.

(12) CC, 25 févr. 1982, n° 82-137 DC, Loi relative aux droits et libertés des communes, des départements et des régions, *Rec.* p. 38.

(13) CC, 8 août 1985, n° 85-196 DC, Évolution de la Nouvelle-Calédonie, *Rec.* p. 63.

l'attention, il a été soutenu que « la vocation générale des collectivités locales et leur capacité à créer des services locaux qui s'y rattache, découlent directement et uniquement de la loi. La médiation de la loi entre la compétence locale et le principe constitutionnel de libre administration reste indispensable » (14). Depuis la décision n° 2001-454 DC du 17 janvier 2002 sur la Corse (15) et la réforme constitutionnelle de 2003, les lectures qui en sont faites semblent douter de cette médiation et cherchent à fonder le pouvoir réglementaire local directement sur l'article 72. Pourtant, le texte de cet article présente l'exercice de ce pouvoir « dans les conditions prévues par la loi ».

Dès lors, les collectivités territoriales doivent certes pouvoir créer des services publics locaux, mais l'exercice de ce pouvoir repose sur des bases législatives plus que constitutionnelles. Il appartient au législateur non pas de définir systématiquement le contenu du pouvoir de création de ces derniers, mais à tout le moins d'encadrer les possibilités d'intervention et les pouvoirs d'initiative de chaque collectivité territoriale, afin que les règles régissant les modes de répartition des compétences entre l'État et ces collectivités, et entre les collectivités territoriales elles-mêmes, soient effectivement respectées (16).

Qu'il s'agisse de fonctions générales relevant des affaires locales ou de transferts de compétences par l'État, la plupart des services publics locaux découlent d'attributions légales de compétences : la source du pouvoir de création, d'organisation et de suppression des services publics par les autorités locales est ainsi, dans tous les cas, la loi.

473 À la lisière des questions de droit et des questions de politique (17), s'agissant du contenu et des limites du pouvoir de création des services publics et de la latitude dont dispose le législateur pour les définir, la question demeure posée de savoir si la vocation généralement reconnue par la loi pour créer des services publics, pourrait être supprimée – par la loi – au profit d'un certain nombre d'attributions effectives ou si elle est, comme le pensent certains, « inhérente au statut constitutionnel des collectivités territoriales » résultant de l'organisation administrative décentralisée et du principe de libre administration des collectivités territoriales.

Les propositions de réforme des collectivités locales formulées par différents rapports émanant de comités *ad hoc* ou de missions parlementaires ont pour la plupart préconisé la définition de limites du périmètre des services publics, la détermination des secteurs dans lesquels les collectivités publiques n'ont pas à intervenir et un encadrement plus strict du pouvoir de création de service public. Sans retenir toutes ces recommandations, la réforme des collectivités territoriales réalisée en 2010 confirme

(14) J.-C. Douence, « Les incidences du caractère national ou local du service public », *AJDA* 1997, p. 116.

(15) Au moins pour toute application des lois qui ne met pas en cause « les conditions essentielles de mise en œuvre des libertés publiques et, par suite, l'ensemble des garanties que celles-ci comportent ».

(16) CC, 7 déc. 2000, n° 2000-436 DC, Loi relative à la solidarité et au renouvellement urbains, *Rec.* p. 176 : « si le législateur peut, sur le fondement des dispositions des articles 34 et 72 de la Constitution, assujettir les collectivités territoriales ou leurs groupements à des obligations et à des charges, c'est à la condition que celles-ci répondent à des exigences constitutionnelles ou concourent à des fins d'intérêt général, qu'elles ne méconnaissent pas la compétence propre des collectivités concernées, qu'elles n'entravent pas leur libre administration et qu'elles soient définies de façon suffisamment précise quant à leur objet et à leur portée ».

(17) V. B. Faure, « De la détermination des compétences des collectivités locales », *LPA*, 14 mai 2001, n° 95, p. 36.

la tonalité politique du principe de libre administration des collectivités territoriales. Sans porter atteinte à ce principe, elle permet d'envisager à terme un recentrage des questions relatives au service public autour de structures intercommunales en accentuant leur lien avec les préoccupations économiques de l'État, notamment quant à l'exercice des pouvoirs locaux, au maillage territorial des activités déconcentrées et à l'aménagement du territoire. La notion de « service public territorial » trouverait en ce domaine une de ses assises principales.

474 Les différentes lois (18) parachevant la constitutionnalisation de l'*organisation décentralisée* de la France ont quelque peu modifié la perception initiale (19). Si la répartition des domaines d'intervention entre l'État et les collectivités locales demeure marquée par le rapport au politique, d'autres paramètres entrent en ligne de compte pour le législateur, souvent de nature financière, mais aussi et surtout d'ordre économique suivant les éléments de langage liés à la compétitivité – ce qui décale quelque peu la perspective sociale inhérente à la notion de service public.

§ 2. LA BRIDE LÉGISLATIVE

475 Le procédé des « transferts de compétences » qui a eu cours de 1982 à 2004 consistait à restreindre les champs d'intervention du gouvernement en certaines matières, pour les déplacer et les céder aux collectivités locales. L'État choisissait ainsi, le plus souvent unilatéralement, d'attribuer aux collectivités territoriales certaines compétences et, ce faisant, il se désintéressait du domaine considéré et se désinvestissait, pour une grande part, de la charge financière que la mise en œuvre de ces compétences supposait. S'il s'était d'abord agi de reconnaître aux collectivités des « vocations prioritaires » dans des matières prédéterminées, approchant ce qui pouvait apparaître comme un principe de spécialisation – issu de l'idée de « bloc de compétences » destinée à rassembler certains domaines d'intervention dans un cadre territorial donné –, la plupart des compétences reconnues à ces collectivités territoriales se référaient – et se réfèrent encore – à leurs activités traditionnelles dérivant principalement des premières lois relatives aux structures municipales (1884), départementales (1871) et régionales (1972).

Les lois du 7 janvier et du 22 juillet 1983 portant transferts de compétences de l'État aux collectivités locales (20) avaient eu un fort impact et redessinaient les rapports entre l'État et ses collectivités. Elles furent, certes, modifiées par des lois postérieures mais, souvent, l'État usait de ces moyens pour « instrumentaliser les collectivités comme administrations de mission au service de tâches envahissantes, induisant des

(18) L. n° 2010-1563 du 16 déc. 2010 de réforme des collectivités territoriales ; L. n° 2004-809 du 13 août 2004 relative aux libertés et responsabilités locales ; LO n° 2004-758 du 29 juill. 2004 prise en application de l'article 72-2 de la Constitution, relative à l'autonomie financière des collectivités territoriales ; LO n° 2003-705 du 1er août 2003 relative au référendum local ; LO n° 2003-704 du 1er août 2003 relative à l'expérimentation par les collectivités territoriales.

(19) V. P.-L. Frier, « Le pouvoir réglementaire local : force de frappe ou puissance symbolique ? », *AJDA* 2003, p. 559.

(20) Il s'agissait plus certainement d'un mode de « répartition des compétences » de l'État transférées aux différentes collectivités locales concernées, v. entre autres, M. Verpeaux, *Droit des collectivités territoriales*, PUF, 2005, p. 234 et s.

dépenses obligatoires pour les collectivités et, parfois même, engageant la plus grande part de leur budget » (21).

En dépit des innovations quant à l'étendue des espaces d'intervention des collectivités territoriales, la situation est identique dans l'application de la loi du 13 août 2004 (22). De la même manière, quand une collectivité locale se voit contrainte de procéder à la création d'un service public, l'étendue et la qualité des prestations correspondantes demeurent indéterminées, dépendantes du niveau de ses ressources budgétaires, de ses capacités financières ou de celles de la structure inter ou transterritoriale dans laquelle elle se serait impliquée.

476 La liberté des collectivités territoriales de s'administrer elles-mêmes laisse penser que les différentes lois, parfois exclusivement sectorielles (23), leur reconnaissent le droit de s'engager librement dans tout un ensemble d'actions sans que ces libres initiatives décentralisées soient limitées. Encore faudrait-il que ces actions puissent être financées sans systématiquement grever le budget des collectivités (24) et, par le biais des différents impôts locaux, ponctionner les ressources des ménages habitant ou résidant dans ces collectivités, et sans violer les principes et les règles de droit européen. Par ailleurs, si l'article 72 de la Constitution prévoit expressément que ces collectivités ont « vocation à prendre les décisions pour l'ensemble des compétences qui peuvent le mieux être mises en œuvre à leur échelon », le principe de subsidiarité qui en résulte ne leur permet pas de passer outre les modalités du partage des pouvoirs établi entre l'État, les communes, les départements et les régions.

477 Les dispositions de la loi du 13 août 2004 relative aux libertés et responsabilités locales n'ont pas vraiment conduit à une reconsidération générale de l'intervention des collectivités territoriales en matière de services publics ; elles ont simplement élargi leurs domaines. Elles ont fait se rejoindre deux temps qui étaient jusqu'alors dissociés : le principe de la compétence de la collectivité pour ce qui concerne « les affaires locales » et la règle de la compétence pour les activités complémentaires des politiques menées par l'État dans les collectivités.

Ces dernières activités qui, au départ, étaient assumées par l'État et sont ainsi transférées par l'État dans l'espace d'intervention des collectivités locales, se trouvent dorénavant intégralement incluses dans le champ des responsabilités propres des collectivités.

(21) B. Faure (*LPA*, 14 mai 2001, *op. cit.*) proposait à l'appui de cette affirmation une illustration « avec l'article 32 de la L. du 22 juill. 1983 en vertu duquel *« le département prend en charge l'ensemble des prestations légales d'aide sociale »*. Il dispense ces aides mais suivant des conditions d'attribution définies par décret comme le prévoit le même article. Ces conditions créent donc des droits que leurs bénéficiaires peuvent exiger de leur département ».

(22) Circ. du 10 sept. 2004 relative à l'entrée en application de la L. n° 2004-809 du 13 août 2004 relative aux libertés et responsabilités locales.

(23) Comme c'est le cas pour les eaux pluviales : CGCT, art. L. 2333-97, al. 1 : « La gestion des eaux pluviales urbaines correspondant à la collecte, au transport, au stockage et au traitement des eaux pluviales des aires urbaines constitue un service public administratif relevant des communes, qui peuvent instituer une taxe annuelle pour la gestion des eaux pluviales urbaines, dont le produit est affecté à son financement. Ce service est désigné sous la dénomination de service public de gestion des eaux pluviales urbaines ». Et pour l'eau potable : la première phrase de l'article L. 2224-7-1 précise que « les communes sont compétentes en matière de distribution d'eau potable » ; v. aussi S. Duroy, *La distribution d'eau potable en France. Contribution à l'étude d'un service public local*, LGDJ, Bibl. Droit public, 1996.

(24) V. M. Long (dir.), *Le financement des services publics locaux*, LGDJ, coll. Décentralisation et développement local, 2010.

La distinction entre les matières relevant des affaires locales ouvrant sur celles composées par un intérêt local et celles qui, énumérées dans les lois relatives aux transferts de compétences ne correspondaient pas nécessairement à l'exercice d'intérêts locaux, tend progressivement à s'estomper (25) – même si l'article L. 1111-4 du CGCT demande que « la répartition des compétences entre les collectivités territoriales et l'État s'effectue, dans la mesure du possible, en distinguant celles qui sont mises à la charge de l'État et celles qui sont dévolues aux communes, aux départements ou aux régions » (26). Les effets d'une territorialisation progressive du droit se font donc largement sentir (27).

478 Poursuivre la détermination de « blocs de compétences » conduit à les désigner selon les catégories de collectivités territoriales. Les recompositions des formes et des modalités de territorialisation des interventions des collectivités publiques, associant souvent l'État et les collectivités territoriales, ont fait perdre sa pertinence à leur présentation : au dessein initial des responsabilités dévolues à chaque catégorie de collectivités territoriales s'ajoute la détermination de « spécialités territoriales » et de terrains d'expérimentation. De plus, les politiques de territorialisation des actions publiques se dotent d'espaces et périmètres diversifiés sous la notion de « territoire pertinent » (zones, bassins, aires ou périmètres) qui remettent en question les principes de l'aménagement du territoire et du développement durable, conçus dès 1995 pour corriger les déséquilibres territoriaux. La disparition progressive des implantations locales des services publics nationaux qui s'en est ensuivie, aurait pu faire croire qu'un élargissement des services institués par les collectivités territoriales interviendrait au moins pour pallier les défauts qui en résulteraient. Il n'en fut rien, et des incertitudes ont pesé quant au maintien des services publics locaux existants, qu'ils fussent d'institution nationale, de création territoriale ou d'initiative associative, notamment dans les zones rurales ou dans les zones urbaines sensibles.

479 Certains domaines aux enjeux fortement sociaux posent l'État en principal acteur et induisent des collaborations avec les régions et les autres collectivités locales : marché de l'emploi (28), développement économique (29), politiques de santé publique (30).

(25) L'expression, parfois utilisée au sein du texte législatif de 2004, de « compétences incombant à la collectivité de rattachement » en est une des principales illustrations.

(26) V. Sénat, *Rapport d'information* n° 283 (A. Lefèvre, 2 févr. 2011), « Les compétences des collectivités territoriales à la croisée des chemins : quelles pistes pour demain ? ».

(27) J. Moreau, « Esquisse d'une théorie juridique de la territorialisation », *RDSS* 2009, p. 16.

(28) Suivant l'ancien art. L. 311-1 du Code du travail, le service public de l'emploi était assuré par les services de l'État chargés de l'emploi, l'Agence nationale pour l'emploi et l'Association nationale pour la formation professionnelle des adultes : « Les collectivités territoriales et leurs groupements concourent au service public de l'emploi ». L'art. L. 5311-1 du Code du travail dispose désormais que : « Le service public de l'emploi a pour mission l'accueil, l'orientation, la formation et l'insertion ; il comprend le placement, le versement d'un revenu de remplacement, l'accompagnement des demandeurs d'emploi et l'aide à la sécurisation des parcours professionnels de tous les salariés. » L'art. L. 5311-3 indique seulement que « les collectivités territoriales et leurs groupements concourent au service public de l'emploi dans les conditions déterminées aux articles L. 5322-2 et suivants ». Le rôle des collectivités territoriales s'entend donc au titre du « placement » dans les localités où n'existe pas d'antennes de Pôle emploi ; elles « peuvent recevoir des offres d'emploi et réaliser des opérations de placement en faveur de leurs administrés à la recherche d'un emploi, après avoir conclu à cet effet une convention avec l'État et l'institution » en cause. V. par ailleurs, M. Véricel, « Restructuration du marché du travail et ouverture à la concurrence du service public de l'emploi », *Dr. ouvr.*, avr. 2008, p. 209.

(29) CGCT, art. L. 2251-1 : « L'État a la responsabilité de la conduite de la politique économique et sociale ainsi que de la défense de l'emploi./ Néanmoins, sous réserve du respect de la liberté du commerce et de l'industrie, du principe d'égalité des citoyens devant la loi ainsi que des règles de l'aménagement du territoire définies par la loi approuvant le plan, la commune peut intervenir en matière économique et sociale » dans des conditions déterminées (mêmes données pour le département : CGCT, art. L. 3231-1).

(30) L. n° 2004-806 du 9 août 2004 relative à la politique de santé publique (modifiée).

Dans ceux-ci, la spécialisation des interventions publiques suivant les catégories de collectivités connaît des atténuations importantes. Ces modèles ont suscité des superpositions de périmètres d'interventions entre les différentes collectivités territoriales et les structures territorialisées spécialisées, délimitées à partir d'une référence dérivée de l'approche statistique, comme les bassins de vie ou bassins d'emplois, ou les zones spécifiques (zones de revitalisation rurale ou urbaine, zones sensibles), et ont désorganisé les modes de répartition de compétence établis.

L'État est alors un partenaire privilégié pour des conventions. L'objectif des textes généraux ou particuliers qui donnent une nouvelle teinte à la coopération territoriale pour une série d'actions et d'activités liées au développement économique local et aux actions sociales, est plus de susciter des collaborations entre les collectivités territoriales elles-mêmes et d'impliquer sur ces terrains des entreprises et des associations, personnes privées, que d'étendre la sphère de compétences des collectivités territoriales et de leurs groupements.

480 Ces collaborations de plus en plus sollicitées invitent, plutôt qu'à insister sur la nature, la qualité et le contenu des transferts ou attributions de compétences, à prendre la mesure d'une complexification du droit sur l'ensemble du territoire national, notamment par le développement conjoint de la contractualisation et de l'intercommunalité, laissant ainsi la question du pouvoir de création ou de suppression des services publics par les collectivités locales toujours en suspens.

Le législateur dès le début du XXIe siècle a défini de nouveaux champs d'intervention des collectivités territoriales par l'attribution de domaines particuliers tels l'action culturelle, la santé, le tourisme, les transports de voyageurs, les ports de plaisance, les aéroports (31). Mais l'étendue de leurs compétences invite plutôt à considérer les modalités de création ou de suppression de services publics locaux par ces collectivités territoriales, comme relevant d'un « pouvoir réglementaire local » (32), subordonné aux déterminations législatives ou aux précisions réglementaires nationales, ainsi qu'aux clauses conventionnelles de collaboration entre les différentes collectivités publiques et les organismes publics ou privés intervenant dans le secteur considéré.

481 S'il existe indéniablement un pouvoir de création des services publics par les collectivités locales, soit parce que le législateur le détermine, soit parce qu'il leur en a laissé la possibilité, variant selon les collectivités considérées (33), l'étendue de ce pouvoir se heurte à certaines limites dont les caractéristiques ne relèvent pas d'un même registre.

Les unes proviennent des évolutions de la jurisprudence administrative depuis le début du XXe siècle notamment en conséquence de la notion de « socialisme municipal » dont les déterminants subsistent et dont l'impact se perpétue dans l'imaginaire collectif. Les autres, de nature contradictoire, traduisent d'une part les réticences des autorités centrales envers le désengagement des collectivités locales dans le champ des services publics, tout en rappelant les principes de la révision générale des politiques publiques quant à l'extension nécessaire de ce champ. D'autre part, elles affichent la

(31) V. toutefois, sur le transfert imposé des aéroports : CE, 19 nov. 2008, req. n° 312095, Communauté urbaine de Strasbourg.

(32) B. Faure, *Le pouvoir réglementaire des collectivités locales*, 1998, *op. cit.*

(33) En dépit de l'implication du principe d'égalité, v. A.-S. Gorge, *Le principe d'égalité entre les collectivités territoriales*, Dalloz, Bibl. parl. et const., 2011.

volonté de l'État de rationaliser, c'est-à-dire limiter ou supprimer, son propre investissement dans des secteurs essentiels à la cohésion sociale, sous le label de la compétitivité économique.

SECTION II CRÉATION DE SERVICES PUBLICS LOCAUX ET INITIATIVE PRIVÉE

482 Indépendamment des transformations à venir de la conception des collectivités territoriales, les services publics que ces dernières prennent en charge se rapportent tant aux exigences de la vie en collectivité qu'à la satisfaction des besoins des habitants, généralement, collectivement ou individuellement. Ils concernent, pêle-mêle, le service public des archives, celui de l'éclairage public, de la distribution d'eau potable, de l'assainissement collectif, le service « extérieur » des pompes funèbres, les bibliothèques, les équipements sportifs, etc.

483 En dépit du fait que, dès sa première partie, le Code général des collectivités territoriales institue une distinction entre les règles relatives aux services publics locaux (Livre IV) et celles concernant le développement économique (Livre V), pour la plupart des théoriciens du droit la question relative aux services publics locaux semble singulièrement s'inscrire dans le champ économique, délaissant ou pénétrant les questions sociales et culturelles.

Cette perception d'un des principaux traits caractéristiques de la vie locale conduit à présenter comme inéluctable la marchandisation de tous les services, sous toutes leurs formes, au mépris de la considération des intérêts publics et collectifs. Elle revient aussi à nier la dimension proprement conviviale, dite sociale, des services publics locaux ainsi qu'à refuser leur institution dès lors qu'ils répondraient à des besoins nécessitant la gratuité ou la modicité du prix des biens ou prestations proposés en réponse – sauf pour certaines catégories d'usagers, au risque, d'ailleurs, de porter atteinte au principe d'égalité.

484 La reconnaissance des droits et des libertés des collectivités locales, l'extension de la démocratie locale et la revitalisation de la citoyenneté locale qui en sont l'expression fondamentale (34), notamment au niveau municipal, démentent substantiellement une vision purement marchande de l'activité des communes comme de leurs groupements, pour tout ce qui concerne la création ou la suppression des services publics.

Ainsi, les dispositions relatives à une application raisonnée des principes de la démocratie locale sont rassemblées, au sein du Code général des collectivités territoriales, dans le chapitre : « Participation des électeurs aux décisions locales », inséré dans la première partie du Code. La logique qui les anime relève d'une phrase tirée de l'article L. 1111-2 : « Les communes, les départements et les régions constituent

(34) Pétition et référendum locaux ont été institués au niveau constitutionnel : Const. 1958, art. 72-1.

le cadre institutionnel de la participation des citoyens à la vie locale et garantissent l'expression de sa diversité ».

Toutefois, ce dernier dispose également que, si les communes, les départements et les régions règlent par leurs délibérations les affaires de leur compétence, « ils concourent avec l'État à l'administration et à l'aménagement du territoire, au développement économique, social, sanitaire, culturel et scientifique, ainsi qu'à la protection de l'environnement, à la lutte contre l'effet de serre par la maîtrise et l'utilisation rationnelle de l'énergie, et à l'amélioration du cadre de vie. » ; il évoque encore les rapports que l'État entretient avec les communes qui ont « conclu avec l'État un contrat d'objectifs et de moyens relevant de la politique de la ville ou [ont] bénéficié de la dotation de solidarité urbaine et de cohésion sociale » comme avec les établissements publics de coopération intercommunale qui disposeraient de moyens pour des « actions menées en matière de développement social urbain ».

Le chapitre intitulé : « Participation des habitants et des usagers à la vie des services publics » ne comporte qu'un seul article, qui concerne les « commissions consultatives des services publics locaux » (35). Les régions, les départements, les communes de plus de 10 000 habitants, les établissements publics de coopération intercommunale de plus de 50 000 habitants et les syndicats mixtes comprenant au moins une commune de plus de 10 000 habitants sont appelés à créer « une commission consultative des services publics locaux pour l'ensemble des services publics qu'ils confient à un tiers par convention de délégation de service public ou qu'ils exploitent en régie dotée de l'autonomie financière » (36). Cette commission est appelée à donner des avis sur « le principe de toute délégation de service public local » décidée par un organe délibérant d'une collectivité territoriale ou d'un établissement public de coopération intercommunale (37).

485 En certaines matières, la problématique de la gestion des services publics rejoint les préoccupations économiques en tant qu'elle emprunte des formes contractuelles diverses, dont la plus importante demeure celle de la délégation de service public. Toutefois l'influence du droit européen n'impose pas de considérer *a priori* les actes relatifs à la création et à la suppression d'un service public comme relevant directement du champ de « l'interventionnisme » économique (38).

Trop souvent les diverses études qui se préoccupent des services publics négligent les actions sociales des communes (centres de loisirs, crèches, musées, bibliothèques), pour réduire les initiatives des collectivités territoriales à un interventionnisme économique de leur part. Le respect du principe de la liberté du commerce et de l'industrie demandé aux différents organes de ces collectivités s'appuie pourtant sur le

(35) Art. L. 1413-1, dans sa rédaction issue de la L. n° 2010-788 du 12 juill. 2010 portant engagement national pour l'environnement.

(36) Suivant les art. CGCT, L. 1411-4 et L. 1413-1, tout projet de délégation de service public et tout projet de contrat de partenariat doivent faire l'objet d'un avis préalable de la commission consultative des services publics locaux. V. aussi J.-F. Lachaume, « Participation et services publics locaux », *in Les collectivités locales, Mélanges en l'honneur de Jacques Moreau*, Economica, 2002, p. 233.

(37) CGCT, art. L. 1411-4 ; CE, 24 nov. 2010, req. 318342, Assoc. fédérale d'action régionale pour l'environnement.

(38) Le domaine du développement économique est, du fait des lois, principalement dévolu à la région ; il s'entend dans le cadre de coopérations entre l'État et les collectivités territoriales, la région ayant entre ces dernières un rôle de coordination : CGCT, art. L. 1511-1.

mouvement dit de « socialisme municipal », engagé dès le début du XXe siècle par les élus locaux des communes. La liaison entre interventionnisme économique et création de services publics industriels et commerciaux s'avérait artificielle à l'époque, car les activités que nous dirions aujourd'hui de « production » se trouvaient souvent exclues des sphères d'intervention concernées.

486 En cas de création de services publics par les collectivités territoriales dans des secteurs marchands ou producteurs de biens, une distinction entre le constat de la défaillance d'une initiative privée et la protection due à l'exercice d'une liberté particulière, la liberté du commerce et de l'industrie, doit être retenue. D'une part, elle permet de rendre compte de la distinction entre liberté d'entreprendre et liberté du commerce et de l'industrie et montre l'intérêt que porte le juge administratif au respect des libertés fondamentales (§ 1). D'autre part, elle permet de supposer que les circonstances exceptionnelles ou l'urgence qui conditionnaient alors le « socialisme municipal » peuvent encore fonder l'action des collectivités, notamment lorsque la création d'un service public s'avère indispensable pour des finalités sociales (§ 2). Mais inversement, elle légitime la suppression de ce service dès que les raisons initiales de cette intervention se trouvent, par la suite, substantiellement modifiées ou ont disparu.

487 Par ailleurs, la distinction entre services obligatoires et services facultatifs qui avait longtemps servi l'analyse, apparaît nettement dépassée à partir du moment où une certaine autonomie financière est reconnue aux collectivités locales. La coïncidence entre dépense obligatoirement mise à la charge des budgets locaux et « service public obligatoire » n'est nullement avérée, d'autant que le service en cause, de création législative, est directement mis à la charge de la collectivité sans qu'elle l'ait sollicité, voulu ou accepté, voire sans qu'un intérêt proprement local ait été souligné. Une recomposition générale des approches du service public local, dit obligatoire ou facultatif, en découle (§ 3).

Ces perceptions supposent également des remaniements de la distinction entre service public administratif et service public industriel ou commercial au niveau local dans la mesure où les collectivités territoriales ne disposent pas nécessairement du choix de la qualification des services et activités d'intérêt général qu'elles pourraient être amenées à devoir instituer ou à créer par elles-mêmes. C'est le cas par exemple pour les services d'assainissement, qui ne peuvent être compris que sous le label de service public industriel et commercial en vertu de la loi.

488 Les responsabilités dévolues aux collectivités territoriales du fait de la loi du 13 août 2004 ont compromis la lisibilité du droit en la matière. Les énumérations successives des champs d'intervention de ces collectivités exigent inévitablement des croisements, parfois antithétiques, entre les dispositions législatives, éparpillées le plus souvent dans différents codes, allant de celui de l'action sociale et des familles à celui de la voirie routière en passant par ceux de la santé publique, de la construction et de l'urbanisme ou du patrimoine. La complexification du droit des collectivités territoriales accroît donc les incertitudes quant au pouvoir de création ou de suppression de services publics sur simple initiative locale.

L'encombrement de normes est accentué par les incitations au regroupement intercommunal, notamment par la création (39) d'un nouvel établissement public

(39) L. n° 2010-1563 du 16 déc. 2010 de réforme des collectivités territoriales.

territorial sous le nom de « métropole » (40) et par l'institution de « pôles métropolitains », établissements publics réunissant des établissements publics de coopération intercommunale (41). Aucune de ces structures ne dispose de la qualité de collectivité territoriale. Seules les « communes nouvelles », emportant une fusion complète et radicale de communes existantes, en bénéficient (art. 21). Quelles que soient ces situations, cependant, les règles générales présidant à la création ou à la suppression de services publics par les collectivités territoriales trouvent toujours à s'appliquer.

§ 1. LE RESPECT DU PRINCIPE DE LA LIBERTÉ DU COMMERCE ET DE L'INDUSTRIE

489 **Bibliographie** : F. DREYFUS, *La liberté du commerce et de l'industrie*, Berger-Levrault, 1973.

G. MORANGE, « Réflexions sur la protection accordée par le juge administratif à la liberté du commerce et de l'industrie », *D.* 1956, chron. 117 ; D. LOSCHAK, « Des problèmes juridiques posés par la concurrence des services publics et des activités privées », *AJDA* 1971, p. 261 ; A. ALLOUACHE, G. KOUBI, « Le service public dans les discours : quelques enjeux », *in* R. KOVAR et D. SIMON (dir.), *Services publics et Communauté européenne : entre l'intérêt général et le marché*, La Doc. fr., coll. Les travaux de la CEDECE, 1998, t. 2, p. 71 ; B. FAURE, « Le droit administratif des collectivités locales et la concurrence », *AJDA* 2001, p. 136 ; Conseil d'État, « Collectivités publiques et concurrence », *EDCE* n° 53, 2002, p. 215 ; J.-F. SESTIER, « L'intervention des collectivités locales entre liberté du commerce et de l'industrie et égale concurrence », *Mél. J. Moreau*, Economica, 2003, p. 401 ; O. BERTHELOT, « Liberté du commerce et de l'industrie et transferts de compétences : Socialisation de l'économie ou privatisation du service public ? », *AJDA* 2003, p. 707 ; R. VANDERMEEREN, « Police administrative et service public : quand la police administrative et le service public se rencontrent dans les salles de casino et s'unissent sur les pistes de ski », *AJDA* 2004, p. 1916 ; R. DE CASTELNAU, P. DE FAY, « Le nouveau régime des interventions économiques des collectivités territoriales », *AJDA* 2005, p. 121 ; A. MAZIÈRES, « Concurrence et services publics : détermination des coûts pertinents », *AJDA* 2005, p. 1334 ; P. KOVAR, « Où en est la liberté du commerce et de l'industrie ? », *Droit adm.* 2007, n° 12, ét. 18 ; J. CAILLOSSE, « Service public et concurrence : le service public entre deux mythologies », *Dr. ouvr.* 2008, p. 199.

490 L'obligation de respecter la liberté du commerce et de l'industrie est, à tort, rarement distinguée de l'obligation faite aux communes ou aux organes des structures intercommunales, pour la création d'un service public donné, de constater au préalable la carence d'une initiative privée. Elle doit aussi être comprise comme intégrée

(40) CGCT, art. L. 5217-1 : « La métropole est un établissement public de coopération intercommunale regroupant plusieurs communes d'un seul tenant et sans enclave et qui s'associent au sein d'un espace de solidarité pour élaborer et conduire ensemble un projet d'aménagement et de développement économique, écologique, éducatif, culturel et social de leur territoire afin d'en améliorer la compétitivité et la cohésion. »

(41) CGCT, art. L. 5731-1 : « Le pôle métropolitain est un établissement public constitué par accord entre des établissements publics de coopération intercommunale à fiscalité propre, en vue d'actions d'intérêt métropolitain en matière de développement économique, de promotion de l'innovation, de la recherche, de l'enseignement supérieur et de la culture, d'aménagement de l'espace par la coordination des schémas de cohérence territoriale dont le périmètre est identique à celui des établissements publics de coopération intercommunale qui composent le pôle, et de développement des infrastructures et des services de transport au sens des articles L. 1231-10 à L. 1231-13 du Code des transports, afin de promouvoir un modèle de développement durable du pôle métropolitain et d'améliorer la compétitivité et l'attractivité de son territoire, ainsi que l'aménagement du territoire *infra*-départemental et *infra*-régional. »

dans l'ensemble des obligations de respect et de protection de toutes les libertés individuelles et collectives par les organes administratifs et, ensuite, plus particulièrement comme l'un des premiers seuils de l'obligation de respect de la libre concurrence entre toutes les entreprises, qu'elles soient publiques ou privées.

491 Pour s'opposer au développement de l'interventionnisme économique des communes et donner une base juridique à la conception libérale des rapports sociaux dont relève la protection de la liberté du commerce et de l'industrie, le Conseil d'État s'est référé au décret D'Allarde des 2-17 mars 1791 et, plus précisément, à l'un des articles de ce texte qui a valeur législative et dont le Conseil constate qu'il n'a pas été formellement aboli par un texte postérieur. Les actes administratifs doivent donc respecter ce texte selon lequel : « à compter du 15 avril prochain, il sera libre à toute personne de faire tel négoce ou d'exercer telle profession art ou métier qu'elle trouvera bon, mais elle sera tenue de se conformer aux règlements de police qui sont ou pourront être faits ».

Le juge administratif en a tiré deux catégories de principes : d'une part, le principe de la liberté d'entreprendre, compris comme une négation du système corporatif et, d'autre part, l'interdiction d'entraves au libre exercice des activités économiques et des professions. Parallèlement, la jurisprudence justifie les réglementations dont les activités correspondantes pourraient faire l'objet pour des raisons d'ordre public. Le Conseil d'État interpréta ce texte, ainsi que le releva Hauriou, « comme déclarant le monopole de l'activité privée dans l'ordre commercial et industriel » (42). Il retint ces dispositions comme affirmant non seulement le principe de la liberté du commerce et de l'industrie pour les personnes privées mais de plus, en filigrane, celui de la « libre concurrence », comme une reconnaissance du droit pour ces personnes de ne pas être concurrencées dans l'exercice de leurs activités professionnelles par les personnes publiques. Il s'agit là d'une « interprétation constructive » qui traduit la sensibilité libérale de cet organe à l'époque.

La valeur de cette argumentation peut être discutée. Mais cette méthode qui consiste à relire les textes dans un sens contraire à celui que leurs auteurs leur donnaient, « pour la bonne cause », est une constante de la façon de faire d'une partie de la doctrine libérale à la fin du XIXe siècle et au début du XXe siècle. Son objectif est de requérir la sauvegarde des principes individualistes et libéraux proclamés en 1789, lesquels seraient bafoués, selon elle, par le développement d'une législation socialisante.

492 Selon le Conseil d'État, les activités de caractère économique, « les professions » sont des activités qui relèvent par nature de l'initiative privée, conformément à l'idée libérale de l'existence d'une division naturelle et nécessaire du travail dans la société entre ce qui relève des personnes publiques et ce qui appartient aux personnes privées.

Dépassant le domaine de l'exploitation industrielle, le juge finit par prendre aussi en considération la matière commerciale : en sus de la production de biens, la vente de ceux-ci est exclue du champ des activités publiques communales. Ainsi, par exemple, l'avis du Conseil d'État du 2 août 1894 désapprouve un projet tendant à autoriser les communes à fonder des pharmacies municipales étant donné que « les opérations industrielles et commerciales [sont] étrangères aux attributions légales des

(42) M. Hauriou, *Précis de droit administratif,* Larose, 4e éd., 1901, p. 36 en note.

communes » (43). Il n'acceptait pas « une concurrence à l'initiative privée dans le domaine même qui appartient naturellement à celle-ci, en s'adressant à la même clientèle en tendant à remplir une fonction identique » (44).

Si une forme de refus de la marchandisation de l'activité publique peut aussi être décelée dans ces argumentations allant jusqu'à préconiser la gratuité des services alors pris en charge par la collectivité (45), l'objectif principal était tout de même de laisser aux entreprises privées toute latitude pour occuper des espaces qui auraient pu exiger des actions publiques : logement (46), soins, ravitaillement, etc.

493 L'émergence du principe général du droit de la liberté du commerce et de l'industrie semble pouvoir être datée des années 1930 ; son épanouissement se produit après la Seconde Guerre mondiale, lorsque lui est associé le critère de l'insuffisance de l'initiative privée, non pas au seul plan quantitatif mais suivant une dimension qualitative. L'initiative privée peut exister et être exclusive, si elle est telle que les besoins publics s'avèrent convenablement satisfaits et si aucune circonstance exceptionnelle ne justifie l'intervention publique. La protection de la liberté du commerce et de l'industrie acquiert ainsi un statut d'argument imparable. L'éventuelle atteinte au principe de la liberté du commerce et de l'industrie par une collectivité locale n'est admise et validée que si les prestations proposées par des entreprises privées existantes dans un secteur donné ne sont pas de bonne qualité, sont délivrées à un prix excessif ou bien ne sont pas accessibles à tous les citoyens.

Plusieurs décisions de justice reflètent cette approche. Les solutions jurisprudentielles reconnaissant la légalité de la création d'un cinéma (47) ou d'un théâtre municipal en faisant prévaloir les intérêts artistiques sur les intérêts commerciaux de l'exploitation (48) ou de la création d'un théâtre de verdure destiné à « mettre pendant les mois d'été et pour un prix modique à la disposition de la population de larges possibilités de distraction en plein air » (49), en relèvent. Il en est de même de la création d'un cabinet dentaire ouvert à tous et assurant les personnes démunies des soins adéquats sans tarification excessive, validée par le Conseil d'État (50). Le juge administratif reconnut aussi la légalité de la création d'un camping municipal en considérant que les intervenants privés en la matière ne répondaient pas suffisamment aux besoins d'une commune dont le développement touristique s'avérait essentiel (51). La création d'un service communal destiné « à fournir aux habitants des renseignements juridiques et à les orienter vers les services administratifs, les juridictions ou les hommes de loi

(43) *DP* 1898,3,4.

(44) Selon un rapport du ministre de l'Intérieur de 1894 cité par A. Matter, « Le municipalisme et le Conseil d'État », *Revue d'économie politique,* 1905, p. 325.

(45) La création par la Ville de Paris d'un établissement de bains gratuits (sous réserve de 10 centimes perçus pour la location de linge) est légale dès lors que les bains, parce que gratuits, « ne pouvaient être considérés comme l'objet d'un commerce ou d'une industrie » : CE ass., 19 mai 1933, Blanc, *Rec.* p. 540, *S.* 1933,3,81, note Alibert.

(46) CE, 22 nov. 1935, Chouard et autres, *Rec.* p. 1020 (légalité de la création d'une société immobilière de création et d'exploitation de logements en période de crise).

(47) CE, 12 nov. 1938, Golberg et Lichtenberg, *Rec.* p. 822, *DH* 1938, p. 598.

(48) CE, 21 janv. 1944, Léoni, *Rec.* p. 26

(49) CE, 12 janv. 1959, Syndicat des exploitants de cinématographe de l'Oranie, *Rec.* p. 363, *D.* 1960, J, p. 402, note J. Robert ; *AJDA* 1960, p. 89, concl. Mayras.

(50) CE, 20 nov. 1964, Ville de Nanterre, *Rec.* p. 562.

(51) CE sect. 17 avr. 1964, Commune de Merville-Franceville, *Rec.* p. 231 ; *AJDA* 1964, p. 304.

compétents » et répondant « à un besoin de la population et donc à un intérêt public local » fut entérinée. Pour le commissaire du gouvernement Kahn, il s'agissait moins de remédier à « l'insuffisance quantitative des services offerts sur le marché, que d'aller au devant d'une demande qui, solvable ou non, ne doit pas rester insatisfaite » (52). Quant à la création d'un café hôtel restaurant destiné à permettre « l'organisation des repas collectifs et des réunions que comportait normalement la vie administrative et sociale de ce chef-lieu de canton », elle devait être admise parce qu'il « n'était pas suffisamment pourvu à cet intérêt (communal) eu égard au mauvais état d'entretien et aux interruptions de fonctionnement de l'unique hôtel bar restaurant existant » (53).

494 Mais aujourd'hui comme hier, le principe de la liberté du commerce et de l'industrie ne peut plus être invoqué seul à l'encontre de la création, sous forme de service public, d'une activité qu'un particulier pourrait assurer mais qui serait, néanmoins, considérée comme entrant dans les attributions « normales » des collectivités publiques : par exemple, les services de pompes funèbres ou les abattoirs (54). Les variations de la notion d'intérêt général et les différentes lois relatives aux transferts de compétences dépendent toujours des appréciations des pouvoirs publics, avec la conséquence que la gamme des activités des collectivités locales qui en relèvent s'est, selon les cas, rétrécie ou élargie.

495 L'obligation pour les collectivités locales de respecter la liberté du commerce et de l'industrie, leur imposant de ne pas exercer une activité susceptible d'être assurée par une personne privée, est toutefois présumée remplie lorsqu'un texte régit une intervention locale dans les cas de carence ou d'insuffisance de l'initiative privée. Encore faut-il que ces cas soient avérés, que l'intervention touche à des domaines sociaux essentiels pour la vie locale et qu'elle réponde à un intérêt public local.

Dans les zones rurales par exemple, l'article L. 2251-3 du CGCT prévoit que « lorsque l'initiative privée est défaillante ou insuffisante pour assurer la création ou le maintien d'un service nécessaire à la satisfaction des besoins de la population en milieu rural, la commune peut confier la responsabilité de le créer ou de le gérer à une association régie par la loi du 1er juillet 1901 relative au contrat d'association ou à toute autre personne ; elle peut aussi accorder des aides, sous réserve de la conclusion avec le bénéficiaire de l'aide d'une convention fixant les obligations de ce dernier ». On notera d'ailleurs que le constat de la défaillance de l'initiative privée suscite ici une intervention mixte, impliquant des personnes privées, associations sans but lucratif en l'occurrence, pour la création de services publics.

Par ailleurs, ce n'est pas suivant la logique jurisprudentielle « classique » mais en vertu de textes spéciaux que les collectivités territoriales peuvent aujourd'hui créer, « établir et exploiter des infrastructures et des réseaux de communications électroniques ». On peut penser que les services y afférents auraient le caractère de service public industriel et commercial. Mais ce type d'interventions ne peut être développé

(52) « En outre, il n'était pas de nature à porter illégalement atteinte à l'activité des membres des professions juridiques des villes voisines » : CE, 23 déc. 1970, Commune de Montmagny, *Rec.* p. 788, *RDP* 1971, p. 249, concl. Kahn ; *AJDA* 1971, p. 153 chron. Labetoulle et Cabanes.

(53) CE, 25 juill. 1986, Commune de Mercœur, *JCP* 1987, IV, p. 52 ; *Dr. adm.* 1986, n° 489.

(54) TC, 14 févr. 2005, SA Maison de Domingo, *Rec.* p. 649 : « la gestion et l'exploitation des abattoirs municipaux présentent le caractère de service public industriel et commercial ».

que si les collectivités concernées ont constaté, ainsi que l'article L. 1425-1 I. du CGCT l'exige, « *une insuffisance d'initiatives privées* propres à satisfaire les besoins des utilisateurs finals ». L'estimation de cette insuffisance est formalisée par ce même article, car elle doit être « constatée par un appel d'offres déclaré infructueux ayant visé à satisfaire les besoins concernés des utilisateurs finals en services de communications électroniques » (55).

496 De plus en plus, en veillant à ce que les règles de droit européen soient respectées (56), le juge administratif reconnaît la possibilité de création de services à caractère social, économique et culturel par les collectivités territoriales, communes et départements, justement en des hypothèses où sont absentes la carence, la défaillance ou l'insuffisance de l'initiative privée (57), parfois même sans avoir à s'y référer (58).

§ 2. LA FINALITÉ SOCIALE DU CONSTAT DE LA DÉFAILLANCE DE L'INITIATIVE PRIVÉE

497 **Bibliographie** : J.-J. Bienvenu, L. Richer, « Le socialisme municipal a-t-il existé ? », *RHD* 1984, p. 204 ; R. Letteron, « Les aides des collectivités territoriales aux services publics », *AJDA* 1993, p. 437 ; J.-C. Douence, « L'action économique locale », *AJDA* 1992, n° spéc. « Décentralisation : bilan et perspectives », p. 68 ; J. Caillosse, « Droit public-droit privé : sens et portée d'un partage académique », *AJDA* 1996, p. 955 ; J.-D. Dreyfus, M. Noël, « Un socialisme municipal qui ne dit pas son nom ? », *BJCL* 2005, n° 4, p. 214 ; H.-M. Crucis, « Le "Palimpseste de Naliato". Le service public social au cœur », *Mél. A.-H. Mesnard,* LGDJ, 2006, p. 323 ; D. Bordier, « Les chassés-croisés de l'intérêt local et de l'intérêt national », *AJDA* 2007, p. 2188 ; J.-F. Boudet, « Les dépenses interdites des collectivités locales », *Droit et cultures*, n° 55, 2009, p. 171.

498 Alors que la problématique de la liberté du commerce et de l'industrie doit s'entendre non plus comme une « limite » à l'intervention des collectivités territoriales dans les secteurs économiques, mais comme l'expression du respect d'un droit et, plus exactement, d'une forme de protection des libertés fondamentales (59), la condition de la carence, de l'insuffisance ou de la défaillance de l'initiative privée lorsqu'elle demeure se comprend dans un champ économique marqué par l'idéologie libérale et puise ses racines dans la jurisprudence administrative du XXe siècle.

(55) V. L. Crapart, « Télécommunications : l'article L. 1425-1 du Code général des collectivités territoriales relatif à l'intervention des collectivités en matière de communications électroniques », *Collectivités territoriales – Intercommunalité* n° 10, 2004, Et. 17.

(56) V. Conseil d'État, *Collectivités territoriales et obligations communautaires*, La Doc. fr. (coll. Les études du Conseil d'État) 2004.

(57) CE ass., 31 mai 2006, req. 275531, Ordre des avocats au Barreau de Paris, *AJDA* 2006, p. 1592, chron. ; *JCP* A 2006, n° 1133, note Linditch, *Dr. adm.* 2006, comm. 129, note Bazex ; *RFDA* 2006, p. 1048, concl. Casas.

(58) CE, 3 mars 2010, Département de la Corrèze, req. 306911, *AJDA* 2010, p. 957, concl. N. Boulouis ; *RDSS* 2010, p. 341, note Koubi et Guglielmi ; *JCP A* 2010, 2203 comm. Idoux ; *RJEP* 2010, comm. 44, Pellissier.

(59) Pour le juge administratif, « la liberté d'entreprendre, la liberté du commerce et de l'industrie qui en est une composante, la libre disposition de ses biens par un propriétaire ainsi que la liberté contractuelle ont le caractère de libertés fondamentales » au sens de CJA, art. L. 521-2 : CE ord. réf., 22 mai 2003, Commune de Théoule-sur-mer, *Rec.* p. 232 ; *RFDA* 2003, p. 837. Mais encore, la liberté du commerce et de l'industrie constitue une liberté publique « entrant dans le champ des prévisions de la procédure de suspension particulière régie par le cinquième alinéa de l'article L. 2131-6 CGCT » (relatif au déféré préfectoral) : CE, 17 mai 2006, Commune de Wissous, req. 293110.

499 À la fin du XIXe et au début du XXe siècle se produisit un essor considérable de l'interventionnisme des collectivités locales en matière sociale, principalement de la part des communes qui, devant les premiers effets de l'exode rural suscité par le développement des centres industriels, étaient confrontées à l'émergence de besoins en services publics.

Utilisant les pouvoirs attribués par les lois de décentralisation qui se succédèrent à partir de 1884, ces collectivités organisèrent de nombreux services fournissant des biens et des prestations en vue non seulement de procéder aux ajustements entre progrès technique et amélioration des formes de vie sociale, mais aussi pour lutter contre les abus du secteur privé et répondre à des demandes croissantes de la part des habitants : distribution de l'électricité et du gaz, organisation des transports urbains et interurbains, assainissement et distribution de l'eau, mais aussi construction de bains-douches, mises à disposition de lieux de ravitaillement, installation de cabinets médicaux, etc. Le juge administratif admit ainsi la légalité de la création d'un service médical gratuit par une commune quand n'existait pas de médecin exerçant de manière régulière dans la commune (60).

500 Aussi, plus que par l'obligation faite aux collectivités locales de ne pas porter atteinte au principe de la liberté du commerce et l'industrie, c'est par la règle d'origine jurisprudentielle signifiant le nécessaire « constat préalable » de la carence ou de l'insuffisance de l'initiative privée qu'a été contrarié le mouvement de ce que la doctrine nommait « le socialisme municipal » (A), alors même qu'une telle perspective avait pour principal objet de satisfaire aux besoins de la population (B).

A. LIBÉRALISME ÉCONOMIQUE ET SOCIALISME MUNICIPAL

501 De fait, « le développement du socialisme municipal aboutit à la prise en charge par les collectivités locales de la gestion d'une série de services de proximité, ainsi que d'activités plus directement économiques » (61). Bien des services concernés par les interventions locales étaient des services de type industriel ou commercial, de ces services qui fournissent un bien ou une prestation contre rémunération. Ils s'apparentaient à des entreprises industrielles et commerciales mais leur activité n'avait pas pour but, pour finalité ou pour objectif, la réalisation d'un bénéfice ou d'un profit pour la collectivité locale. Ce mouvement, constitutif de ce que l'on a appelé le « socialisme municipal » ou le « municipalisme », avait ses défenseurs et ses détracteurs.

502 Au début du XXe siècle, certains membres du Conseil d'État étaient favorables à la municipalisation progressive du plus grand nombre de services d'intérêt commun.

Léon Blum, dans des conclusions prononcées en 1911, réfutait la distinction faite par le Conseil d'État entre les services d'ordre industriel et commercial entrepris par les communes qui seraient d'intérêt public et ceux qui ne le seraient pas. Il était

(60) CE, 7 août 1896, Bonnardot, *Rec.* p. 642 ; cette création était jugée illégale si un médecin exerçait sur le territoire de la commune : CE, 29 mars 1901, Casanova, *Rec.* p. 333, *S.* 1901, III, 73, note Hauriou.

(61) J. CHEVALLIER, « Le service public : regards sur une évolution », *AJDA* 1997, p. 9.

impossible, selon lui, d'adopter un critère satisfaisant pour fonder la dissociation entre les deux, dans la mesure où les uns et les autres répondaient à des besoins sociaux. La conséquence de cette distinction était que, une fois adoptée, elle conduisait à conclure que les services communaux d'intérêt public sont licites et les autres illégaux, même s'ils intervenaient dans des domaines réservés à l'action publique de l'État. Blum proposait de remplacer cette distinction par celle des « services publics obligatoires », c'est-à-dire ceux devant nécessairement être pris en charge par la collectivité locale, et des « services publics facultatifs » institués de la libre initiative de la collectivité locale et ne relevant pas d'exigences sociales, étant entendu qu'ils demeurent les uns et les autres des services publics. L'intervention des collectivités concernées n'aurait alors été exclusive qu'à propos des premiers. Pour Blum, l'avantage de cette distinction était de favoriser l'extension des services communaux, car il estimait « infiniment souhaitable la municipalisation progressive du plus grand nombre de services d'intérêt commun » (62).

Mais, plus généralement, le Conseil d'État était hostile à un élargissement des pouvoirs des communes. Caractérisant les « solutions du Conseil d'État touchant à l'utilisation qui peut être faite par les autorités locales du procédé du service public », Jèze écrivait qu'« elles correspond[aient] à un état d'esprit particulier touchant les problèmes économiques et politiques ». Il précisait : « à l'heure actuelle, le Conseil d'État est composé en majorité d'hommes dont la formation intellectuelle, au point de vue économique, remonte à une époque où triomphaient les doctrines de l'économie politique dite orthodoxe, libérale, doctrines individualistes à outrance, résolument hostiles au développement des services publics. D'autre part, au point de vue politique, quelle que soit la préoccupation des juges du Conseil d'État de ne les point manifester, il n'est pas douteux que les programmes socialistes ou même interventionnistes, n'ont point la faveur de la majorité » (63). À cela s'ajoutaient aussi des craintes pour l'équilibre des finances communales.

503 L'un des principaux moyens utilisés par le Conseil d'État pour s'opposer au déploiement du « socialisme municipal » fut donc l'exhumation du décret D'Allarde des 2-17 mars 1791 selon lequel « il sera libre à toute personne de faire tel négoce ou d'exercer telle profession, art ou métier qu'elle trouvera bon ». La mise en œuvre, au plan juridique, de la conception politique et économique libérale qu'il traduit, se trouvait concrétisée par la limitation du droit des communes ou des départements de créer des services publics.

Les collectivités locales ne peuvent créer des services publics que, d'abord, si elles ne portent pas atteinte au principe de la liberté du commerce et de l'industrie et, ensuite et surtout, si elles respectent les règles de concurrence applicables aux activités privées. Elles doivent ainsi se cantonner à l'accomplissement d'activités administratives ou de puissance publique sauf, évidemment, si des circonstances de temps et de lieux exigent leur intervention dans d'autres secteurs que les espaces traditionnels dont relevaient les « affaires locales » – comme ce fut le cas au lendemain de la Première Guerre mondiale.

(62) L. BLUM, concl. sur CE, 3 févr. 1911, Commune de Mesle-sur-Sarthe, *Rec.* p. 136, *S.* 1913, III, p. 108.

(63) G. JÈZE, *Les Principes généraux du droit administratif,* Giard et Brière, 2e éd., 1914, p. 307-308.

a) La carence, la défaillance ou l'insuffisance de l'initiative privée

504 En vertu de la jurisprudence administrative, la légalité de la création de services publics à caractère économique et social susceptibles d'être assurés par des personnes privées est en principe subordonnée à l'existence de circonstances locales, particulières ou exceptionnelles.

La réalisation de cette condition se trouve satisfaite dans deux hypothèses : la carence, l'insuffisance ou la défaillance de l'initiative privée, et l'exploitation du service dans des conditions telles qu'elle ne contrevient pas au droit de la concurrence applicable aux entreprises privées fournissant des prestations analogues. Si ces deux types de situations sont souvent distingués, ils ont un point commun qui prend tout son sens dans l'état actuel du droit : le respect de la libre concurrence, quels que soient les acteurs en lice.

505 Comprise essentiellement dans des champs économiques ou à propos de services devant être rémunérés, la carence de l'initiative privée s'entend de manière nuancée ; elle rejoint le constat d'un « manque ». Elle recouvre une série de situations allant de l'absence totale d'entreprise privée susceptible de prendre en charge le service considéré jusqu'à la défaillance accidentelle d'une entreprise privée qui l'aurait jusqu'alors assuré. Carence et défaillance peuvent ainsi être reliées. Cependant, la défaillance d'une entreprise privée assurant des missions de service public ne se résume pas à des faits ponctuels ; outre les problématiques financières qui pourraient interférer, elle peut tout autant signifier de sa part la commission d'irrégularités contraires aux principes de fonctionnement du service public, que l'existence de défauts substantiels dans la délivrance des prestations correspondantes.

La notion d'insuffisance de l'initiative privée, qui peut aussi recouvrir des situations permanentes ou incidentes (64), fait l'objet d'un examen qualitatif approfondi revenant, en quelque sorte, à vérifier que l'exploitation du service par la collectivité ne se réalise pas dans des conditions telles qu'elle engendre une concurrence déloyale envers les entreprises privées fournissant des prestations identiques, similaires ou analogues.

Plusieurs temps ont pu être discernés quant à la constitution de la jurisprudence administrative sur la question des carences ou insuffisances de l'initiative privée à la source d'une création de service public par une autorité locale. Ces temps peuvent être articulés autour de deux décrets-lois, l'un du 5 novembre 1926, l'autre du 28 décembre 1926, tous deux relatifs aux régies municipales et à leur contrôle. Par la suite, au milieu du XXe siècle, l'extension des compétences dévolues aux collectivités locales fut manifeste et le juge administratif dut en admettre les implications. Enfin, au début du XXIe siècle, sous l'emprise du droit européen et des lois de décentralisation, le juge administratif s'oblige toujours à rechercher non la qualité des intérêts en présence mais bel et bien la rémunération à laquelle le service doit donner lieu ainsi que la présence, réelle, potentielle ou éventuelle, d'entreprises ou d'initiatives privées dans les secteurs couverts par les initiatives locales.

(64) Concl. Corneille sur CE ass., 21 janv. 1921, Syndicat des agents généraux des compagnies d'assurances du Territoire de Belfort, *Rec.* p. 82, *S.* 1921, III, p. 33 ; CE, 11 avr. 1919, Sieur Dubot, *Rec.* p. 371.

506 En l'absence de lois spécifiques en la matière, la création d'un service public par les collectivités locales n'était donc légale qu'en cas de carence ou insuffisance de l'initiative privée dûment constatée. Cependant, cette condition autrefois nécessaire a été ramenée au rang d'indice par la jurisprudence *Ordre des avocats au barreau de Paris* (65), ce qui permet au juge de faire prévaloir l'existence d'autres intérêts publics locaux qui, bien que touchant au développement économique, revêtent une utilité sociale ou s'avèrent répondre à une notion de cohésion territoriale (66).

Les justifications de l'état ancien de cette jurisprudence qui concernait les collectivités locales, donc autant la commune que le département, demeurent toujours valables relativement à l'atteinte éventuelle à la concurrence. Elles furent présentées par le commissaire du gouvernement Corneille dans ses conclusions sur l'arrêt d'Assemblée *Syndicat des agents généraux des compagnies d'assurances du Territoire de Belfort* du 21 janvier 1921 (67). Corneille indique que la jurisprudence pose « le principe net et précis qu'une assemblée locale ne peut modifier les conditions générales du régime économique en faisant, avec le poids des moyens administratifs dont elle dispose, concurrence à l'initiative privée » et qu'ainsi « ce n'est qu'à défaut de l'initiative privée que, pour la satisfaction des besoins généraux de la collectivité, l'administration locale pourra exceptionnellement intervenir ». Après quoi il observe que cette jurisprudence, en même temps que « précise », est « purement logique et juridique ». Selon lui, en effet, lorsqu'il n'y a pas carence de l'initiative privée, c'est-à-dire lorsqu'une satisfaction convenable des besoins collectifs des habitants est assurée par des industriels ou des commerçants, il n'y a pas d'intérêt collectif à satisfaire et il n'y a donc pas de base légale au service voulu comme service public. Retenant cette manière de voir, le juge annule les délibérations du Conseil général du Territoire de Belfort créant une caisse départementale d'assurance contre l'incendie dont les tarifs étaient moins élevés que ceux des compagnies privées (68).

En outre, si les conditions qui avaient justifié la décision stratégique d'intervenir par voie de service public disparaissent, il en résulte, pour la personne publique locale concernée, département ou commune, l'obligation de faire disparaître le service, notamment si l'activité est prise en charge par des personnes privées (69).

507 Cette attitude restrictive fut remise en cause par les autorités politiques dès la fin de l'année 1926. Pour autant, le Conseil d'État maintint sa position, la confirma même en 1930 et ne consentit à l'assouplir que dans les années suivantes.

En 1926, deux décrets pris en application d'une délégation législative autorisèrent explicitement les communes à exploiter directement des entreprises commerciales ayant pour objet le fonctionnement des services publics (70). Le décret-loi du 5 novembre 1926 en pose les premiers jalons. Quant au décret-loi du 28 décembre 1926, il dispose que « les communes et les syndicats de communes peuvent être

(65) CE ass., 31 mai 2006, req. 275531, Ordre des avocats au Barreau de Paris, *préc.* ; CE, 3 mars 2010, req. 306911, Département de la Corrèze, *préc.*

(66) CE, 20 oct. 2010, req. 300347, Province des îles Loyauté ; *JCP A* 2011, 2037, note Markus.

(67) *S.* 1927, III, 43, p. 33.

(68) Dans le même sens, CE, 11 juin 1926, Raynaud, *D.* 1921, III, concl. Rivet, *RDP* 1926, p. 695, note Jèze.

(69) CE, 27 mars 1930, Sieur Connat, *Rec.* p. 349, (à propos du maintien en activité d'une boucherie municipale créée pendant la guerre de 1914-1918).

(70) Note Alibert, *S.* 1931, III, p. 73.

autorisés à exploiter directement des services d'intérêt public à caractère industriel et commercial » et que sont considérées comme industrielles et commerciales « les exploitations susceptibles d'être gérées par des entreprises privées… en application de la loi des 2-17 mars 1791 ». L'exposé des motifs de ce décret laisse peu de doutes quant à l'intention de ses auteurs de dépasser le cadre jurisprudentiel existant et d'étendre l'aptitude économique des municipalités : « l'expérience a prouvé qu'il était temps de rendre plus souples, par une extension des libertés communales, les liens que la prudence du législateur, en 1884, avait conservés autour de ces libertés […]. Les municipalités sont bien placées pour gérer à peu de frais, et avec un contrôle plus proche, tous les *services nouveaux* qu'imposent progressivement aux communes la complexité de la vie moderne et l'extension des organisations communales. La guerre et l'après-guerre ont confirmé l'aptitude et le droit des communes dans *la création et la direction de tous les services publics* destinés à assurer la vie économique et sociale de la cité… ». L'ouverture de la nomenclature d'intervention a pour but « de permettre à l'action de l'assemblée communale de se porter sur *nouveaux objectifs* et il y a lieu d'espérer que son intervention *ainsi légalisée* […] aura les résultats les plus bienfaisants ». Il n'y a donc là aucune équivoque : il s'agissait de faire sauter le verrou posé par le Conseil d'État.

508 À partir de 1930, le Conseil d'État, tout en confirmant sa jurisprudence quant à la protection de la liberté du commerce et de l'industrie, commence à en atténuer la portée. Pour admettre la création de services publics locaux à caractère économique et social, il demande que soient réunies deux conditions : l'existence d'une demande sociale avérée ou plus exactement, à l'échelle de la population concernée, d'un besoin d'intérêt public ; et le constat de la carence, de la défaillance ou de l'insuffisance de l'initiative privée, évalué par rapport à aux besoins sociaux, en tenant compte toutefois « de circonstances particulières de temps ou de lieu ».

509 C'est à propos de ces décrets-lois remettant en cause la jurisprudence que furent contestées, par des recours contentieux, des délibérations municipales faisant application de leurs dispositions. Il en fut ainsi de celle du conseil municipal de la ville de Nevers autorisant le maire à créer, maintenir et développer un service de ravitaillement en denrées de toutes sortes, attaquée par le syndicat professionnel des épiciers en détail de Nevers, et de celle du conseil municipal de Draguignan en 1928, décidant l'institution d'un service public municipal de représentation cinématographique. Par deux arrêts du 30 mai 1930 *Syndicat professionnel des épiciers en détail* et *Chambre syndicale du commerce en détail de Nevers* (71) et du 27 février 1931, *Giaccardi* (72), le Conseil d'État déclara légaux les deux décrets-lois. Mais ce faisant, et c'est ce qui est essentiel, il les vida entièrement de leur « venin » en procédant là encore à une interprétation « très constructive » alors même que ces décrets auraient pu être annulés comme non conformes à l'habilitation législative.

Selon le juge, le gouvernement, en élaborant ces textes sur délégation législative, n'avait pas entendu attribuer de nouveaux pouvoirs aux communes par rapport à ceux que leur reconnaissait jusqu'alors la jurisprudence. En conséquence, il annula les

(71) CE, 30 mai 1930, Syndicat professionnel des épiciers en détail et Chambre syndicale du commerce en détail de Nevers (deux arrêts), *Rec.* p. 583, *S.* 1931, III, 73, concl. Josse, note Alibert.
(72) CE, 27 févr. 1931, Giaccardi, *Rec.* p. 225, *S.* 1931, III, p. 73, note Alibert.

décisions de création de services publics prises par les communes de Nevers et de Draguignan au motif que les entreprises et services communaux en cause « restent en général réservés à l'initiative privée et les conseils municipaux ne peuvent ériger des entreprises de cette nature en services publics communaux que si, en raison de circonstances particulières de temps et de lieu, un intérêt public justifie leur intervention en cette matière ». Ces circonstances particulières n'existaient pas dans chacune des deux espèces.

510 Un infléchissement de la politique jurisprudentielle du Conseil d'État put par la suite être constaté par divers théoriciens du droit. Dans une note de jurisprudence, Alibert évoque les conclusions du commissaire du gouvernement Rivet sur l'affaire *Lavabre* jugée par le Conseil le 29 juin 1933 (73). Rivet indiquait que la jurisprudence du Conseil d'État n'a pas pu refuser d'interpréter les décrets de 1926 comme une « invitation à élargir au maximum la notion de circonstances particulières de temps et de lieu susceptibles de justifier la création d'une Régie municipale ». Or, en l'espèce, se fondant sur la loi de 1884 et sur les décrets-lois de 1926, le juge envisageait une lecture « compréhensive » de l'intérêt public pour reconnaître la création d'une boucherie municipale afin de lutter contre les prix excessifs et limiter la fraude quant aux poids et mesures pratiqués, que les clients ne pouvaient contrôler par eux-mêmes (74).

511 Capitant, dans sa note sous l'arrêt du 4 janvier 1935, *De Lara* (75), remarquait, lui aussi, que le Conseil d'État admet la légalité d'une intervention municipale en se référant à la loi de 1884 modifiée par le décret-loi du 5 novembre 1926, car la ville n'a pas violé le principe de la liberté du commerce et de l'industrie en décidant de participer à la réalisation d'une entreprise d'assainissement urbain par l'intermédiaire d'une société privée. Capitant évoquait également l'arrêt *Zénard* du 24 novembre 1933 à propos de la légalité de la création et du maintien d'une boucherie municipale destinée à provoquer une baisse des prix pratiqués par les bouchers privés (76). Selon lui, « le décret du 5 novembre 1926 est redevenu ce qu'il était dans l'esprit de ses rédacteurs, une habilitation des communes à intervenir par création d'entreprises publiques dans le domaine économique et social » (77).

Selon Bonnard, cependant, la position du Conseil d'État n'était pas tranchée (78). Les termes de l'arrêt *De Lara* semblent indiquer une évolution de la politique jurisprudentielle du juge vers une reconnaissance relative des implications du socialisme municipal tandis que les solutions retenues dans deux autres affaires : l'une le 18 janvier

(73) CE, 23 juin 1933, Lavabre, *Rec.* p. 677, *S.* 1933, III, p. 81, concl. Rivet, note Alibert.

(74) C'est toujours en vertu d'une tradition municipale que « les communes peuvent instituer les bureaux de pesage, de mesurage et de jaugeage publics où chacun peut faire peser et jauger ses marchandises moyennant le payement d'un droit » (CGCT, art. L. 2224-23 ; il est cependant précisé que « le recours à ces bureaux n'est obligatoire qu'en cas de contestation »).

(75) *DH* 1936, III, p. 1.

(76) CE, 24 nov. 1933, Zénard, préc. : « … le fonctionnement de la boucherie municipale… a simplement permis, en ce qui concerne la viande fraîche… une meilleure adaptation des cours de détail aux conditions économiques et, par suite, la régularisation des prix d'une denrée de première nécessité ; ainsi, le maintien de la boucherie municipale… était justifié par un intérêt public local ».

(77) *DH* 1936, III, *op. cit.*.

(78) Obs. Bonnard sous CE, 4 janv. 1935, De Lara, CE sect., 18 janv. 1935, Chouard, et CE, 22 nov. 1935, Didier, *S.* 1936, III, p. 9.

1935, *Chouard* et l'autre le 22 novembre 1935, *Didier* attesteraient de la permanence de l'adhésion à une doctrine strictement libérale. Dans la première affaire, la légalité de l'intervention municipale fut admise en raison de « circonstances exceptionnelles » tenant à l'insuffisance de l'initiative privée face à ce qui constituait une « crise du logement ». Dans la seconde, l'illégalité de la participation financière d'une ville à une entreprise cinématographique est retenue dès lors qu'on ne constate pas de « défaillance ou d'insuffisance manifeste de l'initiative privée ». Le juge administratif y rappelle alors le principe que « les communes ne peuvent intervenir dans les entreprises commerciales réservées en principe à l'initiative privée ».

La sauvegarde des initiatives privées demeurait donc une des préoccupations essentielles du Conseil d'État et justifiait les freins mis au déploiement de l'activité économique et sociale des communes, notamment par le biais des « régies ». Près d'un siècle plus tard, elle a été fortement nuancée.

b) Conciliation entre municipalisme et libéralisme économique

512 En 1926, la recherche du contournement de la jurisprudence du Conseil d'État se prétendait aussi fondée sur l'aspiration des collectivités locales à répondre par elles-mêmes aux nouvelles visées sociales exigées par les contextes politiques, sociaux et économiques. Ni le gouvernement, ni le législateur, ni d'ailleurs les autorités locales, ne mettaient en doute l'idéologie dominante. La philosophie portée par le « socialisme municipal » ne contrevenait donc pas à l'approche libérale du droit entérinée par le juge administratif.

Les actions envisagées par les communes ou les départements ne portaient guère sur les activités de production qui, à cette époque, étaient les principales visées par les restrictions jurisprudentielles. Le but des interventions locales était, en effet, principalement d'ordre social.

513 Déjà, dans ses conclusions sur l'affaire *Chambre syndicale du commerce en détail de Nevers*, le commissaire du gouvernement Josse avait de lui-même évoqué certaines extensions en distinguant plusieurs types de service municipaux (79). Les uns ont « pour objet de satisfaire des besoins auxquels normalement l'industrie privée doit pourvoir » ; d'autres sont « légitimés par un monopole de fait résultant de l'occupation du domaine public » ; d'autres encore peuvent être qualifiés de services « de première nécessité se rattachant à l'hygiène, à la salubrité et à l'assistance, pour lesquels l'intervention de la collectivité est justifiée dans son principe » ; enfin les services « industriels pour lesquels il est difficile d'obtenir un service généralisé », comme c'était le cas pour les interventions menées dans l'industrie et le commerce limitées à certains quartiers d'une ville par exemple, en raison de l'absence de rentabilité suffisante de l'exploitation des services dans les autres quartiers.

Tous ces services exceptés, selon Josse, la jurisprudence administrative admet l'institution en service public de certains commerces ou industries si l'intérêt public l'exige, c'est-à-dire « s'il n'y a pas d'autre moyen, au moment et à l'endroit dont

(79) Concl. Josse sur CE, 30 mai 1930, Chambre syndicale du commerce en détail de Nevers, *S.* 1931, III, 73, *op. cit.*

s'agit, de donner une satisfaction aux besoins de la collectivité ». Ce raisonnement dévoile une permanence de l'attachement à l'idée d'activités relevant naturellement des personnes privées, une fidélité aux principes du libéralisme et de l'individualisme alors même que ces principes avaient été remis en cause par les deux décrets-lois de 1926. Il ajoutait que « le désir des municipalités de lutter contre la hausse des prix en faisant concurrence à l'industrie privée n'est pas une de ces circonstances spéciales qui vous font admettre l'intérêt public », y compris pour prévenir les situations de pauvreté. Pour Josse, « il s'agit de protéger les droits individuels à la fois des consommateurs, des contribuables et des industriels ou commerçants. Les droits de l'une de ces catégories ne peuvent être touchés que si l'intérêt de la collectivité, l'intérêt public l'exige. Cet intérêt public, c'est la condition de la légalité du service public ». Ces remarques paraissent encore fondées en ce début de XXIe siècle.

514 La jurisprudence du Conseil d'État a évolué de telle sorte que les collectivités locales ont fini par disposer d'une assez grande liberté d'intervention pour envisager la création, notamment à l'égard des populations déshéritées, de services publics à vocation sociale pour lesquels le constat de la défaillance des initiatives privées était acquis du fait même qu'aucun profit ne pouvait être dégagé.

Le Conseil d'État admit, par exemple, la création par une commune d'un cabinet dentaire municipal ouvert à l'ensemble de la population locale bien que l'insuffisance de l'initiative privée n'ait été formellement constituée que pour les catégories modestes de la population (80). Cette circonstance ne semblait pas alors de nature à détourner l'activité de « son objectif d'intérêt public ni, par suite, à porter une concurrence illégale aux chirurgiens-dentistes de la ville ». L'application du principe d'égalité renforçait ainsi l'action locale des collectivités publiques dans les domaines où la prise en considération des difficultés rencontrées par certaines catégories de personnes demandait de telles interventions.

Cette approche apparaîtrait, de nos jours, inadaptée en ce qu'elle n'opérerait aucune distinction entre les catégories de personnes, alors que même la promotion du service universel dans le cadre du droit européen aboutit à ce que seules les personnes les plus démunies soient appelées à bénéficier de tels services.

515 Par ailleurs, le constat de l'existence d'une initiative privée évaluée comme « suffisante » n'entraîne pas pour autant l'illégalité de la création d'un service par la collectivité. Ce fut le cas notamment des services dont l'exploitation impliquait l'occupation de dépendances du domaine public (81), ainsi que des services créés pour la satisfaction des besoins de la collectivité elle-même. Tout comme fut admise, pour les services de l'État, l'extension de services de ravitaillement et d'approvisionnement pour les administrations et établissements publics (82). Pour tous les services qui constituent le complément d'un service public existant, cette hypothèse permet assurément un renforcement des services publics économiques locaux.

(80) CE, 20 nov. 1964, Ville de Nanterre, *Rec.* p. 562, *RDP* 1965, p. 539 ; *AJDA* 1964, p. 586, chron. ; *Rev. adm.* 1965, p. 31, note Liet-Veaux.

(81) CE, 2 juin 1972, Fédération française des syndicats professionnels de pilotes maritimes, *Rec.* p. 407, *AJDA* 1972, p. 647, concl. Rougevin-Baville.

(82) CE, 29 avr. 1970, Soc. Unipain, *Rec.* p. 280 ; *AJDA* 1970, p. 340, concl. Braibant ; *RDP* 1970, p. 423, note M. Waline ; CE, 29 juill. 1994, SA Coopérative d'achat mutualiste des instituteurs, *Rec.* p. 365.

Cette dynamique connaît aussi quelques applications particulières, notamment dans les zones rurales, semi-rurales ou périurbaines, par exemple pour un commerce d'alimentation dans des communes où se fait cruellement sentir l'absence de commerce nécessaire au maintien des populations et à la revitalisation du lien social (83).

B. LE POUVOIR DE CRÉATION DE SERVICES MUNICIPAUX ENTRE TRADITIONS ET INNOVATIONS

516 Certaines activités avaient d'emblée été considérées par le Conseil d'État comme relevant de la compétence des communes en vertu de traditions locales remontant à l'Ancien Régime ou rattachées au fait religieux. D'autres le sont aujourd'hui suivant un raisonnement logique dont les effets pratiques s'avèrent substantiels, ou bien du fait des lois qui venaient accentuer les formes de la décentralisation territoriale.

517 Le juge administratif reconnut ainsi l'existence d'espaces d'action et de domaines d'intervention des collectivités locales en leur attribuant un certain pouvoir de création de services publics pour des questions essentielles à la vie en collectivité (a). L'institution de tels services nécessitant parfois des activités complémentaires, même de caractère commercial ou industriel, le juge fut aussi amené à insérer ces dernières dans le champ des services publics (b).

518 Ce sont les lois instituées pour un approfondissement de la décentralisation administrative et territoriale qui ont donné sens au pouvoir de création de services publics locaux.

Si les principes jurisprudentiels ainsi dégagés pour la protection de la liberté du commerce et de l'industrie et le constat préalable de la défaillance de l'initiative privée, conservent tout leur sens et toute leur portée, la loi du 2 mars 1982 relative aux droits et libertés des communes, départements et régions, en déterminant des sphères de compétences propres aux collectivités locales a modifié la perception de ce pouvoir de création (c). Elle a aussi pour conséquence que la question du pouvoir de suppression de ces services doit parfois en être dissociée.

a) Missions essentielles à la vie locale

519 Le juge administratif admet la légalité de la création d'un service public dès lors que celui-ci relève des missions incombant « naturellement » aux personnes publiques. C'est notamment le cas pour des missions de « police ». Cette notion fut développée par Romieu et permit à Hauriou de rendre compte d'une conception « large » de la police (84). Ces missions rejoignent une conception extensive de la « police administrative » qui ne se confond pas là avec la seule notion de « sécurité publique ».

(83) CE, 25 juill. 1986, Commune de Mercœur, *préc.* ; *comp.* CE, 28 juin 1963, Narcy, *Rec.* p. 401 ; *RDP* 1963, p. 1186, note M. Waline.
(84) Concl. Romieu sur CE, 6 févr. 1903, *Rec.* p. 94, *S.* 1903, III, 25, concl., note Hauriou.

520 Outre ces missions, le premier domaine concerné fut celui, classique et toujours d'actualité, de l'hygiène et de la salubrité (85), à quelques exceptions près (86). Au-delà des premières interventions relatives aux bains-douches et aux lavoirs (87), sont concernées toutes les actions relatives aux mises aux normes de sécurité, ainsi que celles visant la protection de la santé publique (88).

521 Ce secteur d'intervention a été ensuite complété par celui des activités d'animation socioculturelle, souvent de loisirs comme l'institution de centres aérés ou de colonies de vacances, voire de campings (89), puis par celui des équipements sportifs et services associés.

Cette dernière idée inspire la reconnaissance, en 1972, de la légalité de la décision d'une commune de créer une piscine. « En décidant la réalisation d'un bassin de plein air et d'un bassin couvert avec éventuellement un bassin école, le conseil municipal de Fontainebleau a entendu améliorer l'équipement en piscine de la ville ; ce faisant, il n'a fait qu'user des pouvoirs dont il dispose en vue d'un objet conforme à sa mission ; *le principe de la liberté du commerce et de l'industrie ne peut faire obstacle à une intervention municipale en ce domaine* » (90).

Il n'y a pas d'antinomies entre le maintien de cette jurisprudence, les principes insérés dans les lois de décentralisation et l'interprétation contemporaine de la libre administration des collectivités territoriales. L'extension de l'intervention des communes en matière culturelle, par exemple, l'illustre.

522 Le troisième secteur est celui constitué par « l'assistance », terme simplificateur pour désigner essentiellement des compléments de l'action sociale, considérés comme indispensables dans des circonstances déterminées (91). La qualification juridique

(85) CE, 19 juill. 1912, Sieur Pancier, et Sieur Arpin (2 esp.), *Rec.* p. 836 : la L. du 1er août 1905 sur la répression des fraudes prévoyait la création de laboratoires municipaux et l'organisation d'une police municipale alimentaire. L'annexion au laboratoire municipal d'un service public d'analyses médicales est donc légale, car ce service est au nombre de ceux qu'il appartient aux communes d'organiser dans un but d'hygiène publique ; v. L. Paquy, « Santé publique, répression des fraudes et action municipale à la fin du XIXe siècle : le laboratoire grenoblois d'analyses alimentaires », *Revue d'histoire moderne et contemporaine* 2004, n° 51-3, p. 44.

(86) Par ex. exception pour l'établissement de bains gratuits de la Ville de Paris, car « l'installation de cet établissement ne constitue qu'une amélioration apportée dans le fonctionnement du service public et général de l'hygiène » (CE ass., 19 mai 1933, Blanc, préc.) et pour le ramassage des ordures (TC, 11 juill. 1933, Dame Melinette, *Rec.* p. 1237, concl. Rouchon-Mazerat, *RDP* 1933, p. 426, note Jèze, *S.* 1933, III, 97, note Alibert, *D.* 1933, III, 65, note Blaevoet).

(87) CE, 12 juill. 1939, Chambre syndicale des maîtres-buandiers de Saint-Étienne, *Rec.* p. 478, *D.* 1940, III, 1, note Josse.

(88) Élément encore retenu, par ex : CE, 23 mai 2003, Communauté de communes Artois-Lys, *Rec.* p. 234 ; *Dr. adm.* 2003, n° 208, note Lombard ; *RFDA* 2004, p. 299, note Faure : « la création d'un service facultatif de réhabilitation des installations d'assainissement autonome en zone d'assainissement non collectif... constitue un complément utile aux services de contrôle et d'entretien institués par cette collectivité, conformément à la loi, dans l'intérêt de l'hygiène et de la salubrité publiques ».

(89) Avec les conséquences à tirer quant au statut du personnel : TC, 14 janv. 1980, req. 02141, Commune de Saint-Philibert Morbihan.

(90) CE, 23 juin 1972, Soc. « La Plage de la Forêt », *Rec.* p. 477 (souligné par nous) ; *RDP* 1972, p. 1259, concl. Bernard, *AJDA* 1972, p. 452, chron. Labetoulle et Cabanes.

(91) Par ex. la création d'un restaurant économique dans le cadre du service public de l'aide aux indigents : CE ass., 19 févr. 1943, Ricordel, *Rec.* p. 49.

« service public social » (92), n'ayant pas pu perdurer (93), a laissé la place à d'autres paramètres pour que ce type d'activités relève des modes d'intervention des collectivités locales.

Notamment, les développements de l'assistance aux personnes âgées, comme ceux de la lutte contre les discriminations et les exclusions sociales et économiques, peuvent donner à ce domaine une étendue proportionnée aux écarts sociaux creusés par le libéralisme économique (94).

523 Le quatrième domaine, aujourd'hui lié aux redéploiements de l'action sociale et de la lutte contre les exclusions, est celui du logement social (95). Peuvent ainsi être instituées des allocations municipales destinées à favoriser l'insertion sociale des personnes bénéficiaires (96). Peut encore être reconnue légale la réalisation d'un lotissement destiné à pourvoir aux besoins en logement de la population (97). Le logement social avait été reconnu comme un service public municipal (98). La loi n° 2007-290 du 5 mars 2007 institue le droit au logement « opposable » et promeut diverses mesures en faveur de la cohésion sociale comme, par exemple, le « droit à une aide de la collectivité pour disposer de la fourniture d'eau, d'énergie et de services téléphoniques dans son logement », pour toute personne ou famille éprouvant des difficultés particulières, au regard notamment de son patrimoine, de l'insuffisance de ses ressources ou de ses conditions d'existence (Code de l'action sociale et des familles, art. L. 115-3) – mais les collectivités territoriales concernées devraient alors disposer des moyens financiers adéquats (99). Car même garanti par l'État, le « droit à un logement » n'acquiert pas une valeur juridique supérieure. Il dépend aussi pour sa mise en œuvre effective, des politiques de soutien menées par les communes dans le cadre juridique déjà existant (100).

524 Pour l'ensemble de ces interventions essentielles, selon l'article L. 2251-1 du CGCT qui entérine sur ce point la jurisprudence administrative, c'est toujours « *sous*

(92) Développée à l'origine pour l'organisation de colonies de vacances : TC, 22 janv. 1955, Naliato, *Rec.* p. 614.

(93) TC, 4 juill. 1983, Gambini, *Rec.* p. 540, *RDP* 1983, p. 1381, note J.-M. Auby.

(94) Sur ces questions, M. Borgetto et R. Lafore, *Droit de l'aide et de l'action sociales,* Montchrestien, coll. Précis Domat, 7e éd. 2009.

(95) CE, 4 janv. 1935, De Lara, et CE sect., 18 janv. 1935, Chouard, *préc.*

(96) CE, 29 juin 2001, Commune de Mons-en-Barœul, req. 193716, *AJDA* 2002, p. 42, note Jegouzo.

(97) CE, 27 oct. 1971, Melle Degraix, *Rec.* p. 632.

(98) CE, 8 janv. 1992, Preel, req. 120282.

(99) Au niveau du département, les arrêtés du ministre de l'Intérieur et du ministre de l'Économie qui constatent « le droit à compensation financière en contrepartie du transfert de la gestion et du financement du fonds de solidarité pour le logement et du fonds de l'aide à la médiation locative » sont dépourvus de caractère réglementaire (CE, 16 mars 2009, req. 294534, Département de la Seine-Saint-Denis) : le Conseil d'État ne peut donc pas accueillir la contestation des montants alloués en premier ressort.

(100) CCH, titre préliminaire du livre III, art. L. 300-1 : « Le droit à un logement décent et indépendant, mentionné à l'article 1er de la L. n° 90-449 du 31 mai 1990 visant à la mise en œuvre du droit au logement, est garanti par l'État à toute personne qui, résidant sur le territoire français de façon régulière et dans des conditions de permanence définies par décret en Conseil d'État, n'est pas en mesure d'y accéder par ses propres moyens ou de s'y maintenir ».

réserve du respect de la liberté du commerce et de l'industrie [...], [que] la commune peut intervenir en matière économique et sociale... » (101).

b) Services publics locaux et activités accessoires

525 La création de services publics locaux fut admise lorsque le service institué dans l'intérêt public supposait l'utilisation du domaine public et ne pouvait être institué puis organisé qu'au moyen d'un « monopole » de réseaux (tramways, distribution de gaz ou d'électricité). Le fait que le monopole soit nécessaire permettait alors au juge administratif de ne pas avoir à s'interroger sur la sauvegarde de la liberté du commerce et de l'industrie, ni sur la défense de l'initiative privée. Comme il ne s'agissait que d'assurer au mieux les besoins des usagers, le juge considérait ainsi comme fondée l'intervention de la commune, au besoin par la direction de l'entreprise. De ce fait, furent aussi regardées comme légales les créations d'activités accessoires à un service public déjà institué.

526 L'existence de ces activités accessoires fut admise très tôt et connut un élargissement constant (102), dans le respect de certaines conditions.

Dès l'origine, l'activité accessoire n'est pas légale si elle est destinée essentiellement à accroître la rentabilité du service principal (103). La qualité supposée « d'activité de plus grand profit » ne suffit pas. La raison d'être de cette activité doit avant tout demeurer fondée sur l'intérêt local et la satisfaction des besoins des populations.

Toutefois, le mobile financier, lorsqu'il n'est pas la raison principale de l'institution d'un service public, fut reconnu progressivement comme une justification acceptable (104), notamment lorsque l'équilibre financier du service dans son ensemble en était dépendant (105).

527 L'affaire *Delansorme* en constitue une illustration (106). Un contrat de concession avait été passé entre l'État et la ville de Rouen pour la construction d'un parc souterrain de stationnement situé sur le domaine public. Le recours mettait en cause la légalité de cette convention au motif que le cahier des charges permettait d'une part à l'exploitant du parc de stationnement d'installer une station-service, et d'autre part d'y consentir des locations d'emplacements pour une longue durée. Ces dispositions auraient porté aux garages privés avoisinants une concurrence contraire au principe de la liberté du commerce et de l'industrie. Le Conseil d'État a rejeté la requête en distinguant les questions.

(101) Étant entendu que l'État conserve au plus haut niveau « la responsabilité de la conduite de la politique économique et sociale ainsi que de la défense de l'emploi », et que les mêmes dispositions sont reprises à l'article L. 3223-1-1 pour le département.

(102) CE, 2 févr. 1906, Chambre syndicale des propriétaires de bains-douches, *Rec.* p. 91, note Hauriou, *S.* 1907, III, 1 ; CE, 19 avr. 1918, Chapelon, *Rec.* p. 343, s'agissant de la vente de produits de lavage ou de la location de serviettes dans les lavoirs et bains-douches.

(103) CE ass., 19 mai 1933, Blanc, *Rec.* p. 540, *S.* 1933, III, 81, note Alibert (refus de la création d'une buanderie destinée à compenser le déficit probable des bains-douches, piscines et lavoirs).

(104) CE, 4 juin 1954, Dame Berthod, *Rec.* p. 336 : à propos de la mise en place d'un service offrant des fournitures funéraires complétant le service extérieur des pompes funèbres, *comp.* CE, 10 févr. 1988, Mézy, *Rec.* p. 52 : mise en place d'un service de thanatopraxie.

(105) V. concl. Jouvin sur CE sect., 4 oct. 1957, Ville de Charleville, *Rec.* p. 504 ; *S.* 1957, p. 437.

(106) CE, 18 déc. 1959, Delansorme, *Rec.* p. 692, *AJDA* 1960,3,213, concl. Mayras ; *D.* 1960, III, 371, note Lesage.

Pour ce qui est de la station-service, elle constitue « l'une des conditions normales de la fréquentation de ce parc » et ce, « en raison de l'intérêt qui s'attache à ce que les propriétaires des voitures automobiles soient incités à utiliser les parcs municipaux de stationnement ». Elle contribue ainsi, en assurant seulement la fourniture de carburants et les services courants, à l'exclusion des réparations automobiles, à rendre plus attractif le service principal et à permettre une amélioration de la circulation. Elle concourt donc à un intérêt public.

Pour ce qui est de la location de longue durée, le Conseil d'État observe qu'elle n'est prévue que pour une période maximale de quinze jours, à la condition que les besoins de stationnement de courte durée aient été satisfaits en priorité et sous le contrôle de l'autorité concédante, laquelle s'est réservé le droit d'interdire à toute époque après préavis les locations prolongées. En conséquence, « dans les conditions où elles ont été autorisées lesdites locations prévues *dans l'intérêt financier de l'exploitant*, constituent [...], compte tenu du développement de la circulation automobile, le complément normal et nécessaire d'un parc de stationnement tant que celui-ci dispose d'un nombre d'emplacements supérieur à celui des véhicules en stationnement de courte durée ». En l'espèce, les emplacements n'étaient pas directement et exclusivement destinés à la clientèle du parc, c'est-à-dire aux seuls usagers du service principal.

528 D. Loschak remarque que la notion de « complément normal et nécessaire » n'est, pour la seconde activité, qu'une « clause de style » s'ajoutant au fait que la location d'emplacements est un complément du parc en raison des conditions financières (107). Mais l'essentiel est ailleurs. « Le juge se borne à rechercher si un intérêt public justifie l'intervention des collectivités publiques et si l'initiative privée peut être considérée comme insuffisante ou, en cas d'extension d'un service existant, si les activités nouvelles en constituent l'accessoire nécessaire. Dans le cas contraire, il déclare cette intervention illégale sans se préoccuper de ses incidences concrètes sur le fonctionnement du marché. Autrement dit, c'est bien l'intervention d'un service public sur le marché qui est par elle-même illégale, et non pas seulement l'atteinte au libre jeu de la concurrence » (108).

529 Aujourd'hui, la considération des prix pratiqués peut amener à revoir les apports de l'affaire *Delansorme*. Le commissaire du gouvernement dans ses conclusions sur cette affaire avait retenu le fait que la station-service était tenue de pratiquer des prix comparables à ceux fixés par la chambre syndicale des commerçants et réparateurs d'automobiles. Mais lorsque le juge administratif estime que « les opérations de thanatopraxie que la ville de Montpellier a décidé d'ajouter aux autres activités du service municipal des pompes funèbres répondent tant à l'intérêt du public qu'à celui de bon fonctionnement du service public sous monopole dont elles constituent le complément normal », il se contente de remarquer que la ville de Montpellier n'a pas excédé ses attributions ni « porté une atteinte à la liberté du commerce et de l'industrie » (109). Aucune attention quant aux prix pratiqués n'est soulevée, aucune allusion à un projet financier de la collectivité locale ou du service lui-même n'est avancée.

(107) D. Loschak, « Des problèmes juridiques posés par la concurrence des services publics et des activités privées », *AJDA* 1971, p. 261.
(108) D. Loschak, *loc. cit.*
(109) CE, 10 févr. 1988, M. Mézy, *préc.*

Seule est prise en considération la possibilité pour la commune d'adjoindre une telle activité aux services déjà proposés dans les locaux du service municipal des pompes funèbres (110).

530 Néanmoins, en raison du fait que la notion de libre concurrence réduit de plus en plus les champs d'intervention des collectivités locales, d'autres arguments paraissent désormais nécessaires pour justifier l'institution de services complémentaires. La notion d'intérêt public et ses dérivées (hygiène, salubrité, santé, ordre public, etc.) redeviennent substantielles tant pour apprécier les motivations locales que pour rattacher ces services à un pouvoir détenu par la collectivité (111).

531 La manière dont le juge administratif considère le contentieux économique au début du XXIe siècle (112) plonge ses racines dans ces formes d'interprétation de la protection de la liberté du commerce et de l'industrie et des situations particulières de carence de l'initiative privée.

L'atteinte à la concurrence a été progressivement envisagée par rapport au respect de l'ordonnance du 1er décembre 1986 relative à la liberté des prix et de la concurrence (113), puis interprétée à partir de l'intégration du droit européen au système de droit français. Elle conduit la jurisprudence relative à la création de services publics à hiérarchiser autrement le raisonnement du juge dans sa prise en compte des modes de gestion économique de ces services et des pouvoirs d'intervention des collectivités territoriales depuis 2004.

c) Extension des libertés locales et intérêt public local

532 Constatant que, depuis les années 1930, la légalité des initiatives locales malgré leur grande expansion dans tous les domaines « est rarement contestée et pratiquement jamais récusée par le juge », J.-C. Douence en déduisait que « le principe selon lequel le respect de la liberté du commerce et de l'industrie fait normalement obstacle à l'intervention des collectivités locales s'est maintenu jusqu'à nos jours ». Il remarquait cependant que « la pratique administrative et jurisprudentielle l'a progressivement vidé de son contenu effectif » (114).

Ce n'est plus par référence à cette liberté que le droit des collectivités locales de créer des services publics peut être limité. Si l'obligation faite aux collectivités locales, et plus généralement aux autorités administratives, de respecter le principe de la liberté du commerce et de l'industrie demeure dans la jurisprudence administrative, c'est surtout pour ses effets indirects de protection de l'initiative privée et d'élargissement

(110) Et, de nos jours, la mission de service public que les pompes funèbres municipales fournissent comprend encore les soins de conservation des corps : CGCT, art. L. 2223-19.

(111) CE, 23 mai 2003, Communauté de communes Artois-Lys, *préc.*

(112) CE, 3 nov. 1997, Soc. Million et Marais, *Rec.* p. 406, *RFDA* 1997, p. 1228, concl. Stahl ; *AJDA* 1997, p. 945, chron. ; *AJDA*, 1998, p. 247 note Guezou ; précisé par : CE sect., 26 mars 1999, Soc. EDA, Soc. Hertz France et a., req. 202256 et suiv. ; *AJDA* 1999, p. 427, concl. Stahl, p. 435 note Bazex ; CE sect., 9 avr. 1999, Soc. The Coca-Cola Company, req. 201853 ; *AJDA* 1999, p. 611, note Bazex et Thiry. V. aussi, C. Bréchon-Moulènes, « La place du juge administratif dans le contentieux économique public », *AJDA* 2000, p. 679.

(113) Codifiée dans le Code de commerce.

(114) J.-C. Douence, *Encycl. Dalloz Collectivités locales,* 1988, p. 6024-6027.

des sphères d'intervention des personnes privées dans le secteur des services. C'est en ce sens que l'obligation de respecter la liberté du commerce et de l'industrie est rappelée parfois par le législateur, parfois par la jurisprudence.

533 En 1982 et 1983, le législateur réitéra le principe, allant jusqu'à lui donner une consécration législative. L'article 5 de la loi du 2 mars 1982 disposait que les communes pouvaient, « sous réserve de la liberté du commerce et de l'industrie », intervenir en matière économique et sociale, – notamment lorsque l'action envisagée avait pour but d'assurer le maintien des services nécessaires à la satisfaction des besoins de la population en milieu rural et que l'initiative privée est défaillante ou absente.

Dans ce même registre, l'article 1er de la loi du 7 juillet 1983 relative aux sociétés d'économie mixte à laquelle renvoyait l'article L. 381-1 du Code des communes alors en vigueur, disposait pour sa part que « les communes, les départements, les régions et leurs groupements peuvent dans le cadre des compétences qui leurs sont reconnues par la loi, créer des sociétés d'économie mixte locales qui les associent à une ou plusieurs personnes privées, et éventuellement à d'autres personnes publiques pour réaliser les opérations d'aménagement, de construction, pour exploiter des services publics industriels et commerciaux ou pour toute activité d'intérêt général ».

M. Pochard concluait, à propos du droit reconnu aux collectivités locales d'intervenir dans le domaine économique et social : « on sait en effet qu'il a été mis fin au principe d'interdiction jusqu'alors dominant pour ce qui est des possibilités pour les collectivités locales d'intervenir dans le domaine économique… Avec la législation de 1982, la perspective change et les collectivités locales se voient reconnaître un véritable droit d'intervention dans le domaine économique » (115).

534 Depuis les premières lois de décentralisation, complétées par les lois de transfert de compétences, le juge administratif eut donc plusieurs fois l'occasion de se prononcer sur le pouvoir de création de services publics par des collectivités locales. Il a maintenu la constatation préalable de la carence, de l'insuffisance, de la défaillance de l'initiative privée, mais elle n'est plus qu'un des éléments constitutifs, parmi d'autres, de l'intérêt public.

La position du juge administratif est, sur ce point, explicite : « Considérant que les personnes publiques sont chargées d'assurer les activités nécessaires à la réalisation des missions de service public dont elles sont investies et bénéficient à cette fin de prérogatives de puissance publique ; qu'en outre, si elles entendent, indépendamment de ces missions, prendre en charge une activité économique, elles ne peuvent légalement le faire que dans le respect tant de la liberté du commerce et de l'industrie que du droit de la concurrence ; qu'à cet égard, pour intervenir sur un marché, elles doivent, non seulement agir dans la limite de leurs compétences, mais également justifier d'un intérêt public, lequel peut résulter notamment de la carence de l'initiative privée ; qu'une fois admise dans son principe, une telle intervention ne doit pas se réaliser suivant des modalités telles qu'en raison de la situation particulière dans laquelle se trouverait cette personne publique par rapport aux autres opérateurs agissant sur le même marché, elle fausserait le libre jeu de la concurrence sur celui-ci » (116). L'intérêt public

(115) CE, 18 nov. 1991, Département des Alpes-Maritimes, *RDP* 1992, p. 531.
(116) CE ass., 31 mai 2006, Ordre des avocats au Barreau de Paris, *préc.*

« devient ainsi le critère unique à l'aune duquel s'apprécie désormais la légalité de l'intervention économique d'une personne publique » (117).

535 Les autorités locales peuvent intervenir pour la satisfaction des besoins éventuels de la vie locale en cas de carence, de défaillance ou d'insuffisance « manifeste » de l'initiative privée et à la condition désormais de ne pas porter atteinte aux règles de la concurrence si, et seulement si, elles font état d'un intérêt public local incontestable.

Toutefois les positions établies autour des arrêts de 1930 servent encore d'arguments dans le débat contemporain. Leur pérennité assure une protection de la liberté du commerce et de l'industrie, mais le raisonnement se trouve de plus en plus concentré autour de l'intérêt public local, présent ou futur (118), et, le cas échéant, des formes de l'initiative privée.

536 Dès la fin du XXe siècle, les développements du droit européen aidant (119), l'adoption par le Conseil d'État d'une conception large de la notion de « défaillance ou d'insuffisance de l'initiative privée » s'accompagne d'une lecture compréhensive, souple ou libérale, du principe de la liberté du commerce de l'industrie, par ailleurs inclus dans les libertés fondamentales.

Cette tendance reflète une conception extensive du principe de libre concurrence qui limite d'autant les possibilités d'intervention des communes à leur propre initiative pour la création de services publics dits « facultatifs ». Car les services publics placés sous la responsabilité des communes ou des EPCI, en dépit du fait qu'ils ont souvent été formellement créés par l'État ou du fait de l'État, ne sont pas tous des services publics administratifs : ils peuvent être des services publics industriels et commerciaux.

537 La notion « d'affaires locales » a connu une extension particulière qui la rapproche des objectifs de « développement local ». Leur sphère d'influence s'est ouverte sur tous les aspects de la vie en collectivité et n'est plus seulement d'ordre économique.

À titre d'exemple, « le statut juridique et les modalités d'organisation de l'office de tourisme sont déterminés par le conseil municipal » (120). Les compétences de cet Office relèvent de la conception et de la coordination, mais aussi de l'exploitation de certains services (121). L'intérêt local auquel répond cette institution peut comporter une dimension commerciale puisque, d'une part, l'office de tourisme « peut être autorisé

(117) C. Landais, F. Lenica, chron. sous CE ass., 31 mai 2006, Ordre des avocats au Barreau de Paris, *AJDA* 2006, p. 1592.

(118) CE, 18 mai 2005, Territoire de la Polynésie française, *Rec.* T. p. 748, *AJDA* 2005, p. 2130, note Nicinski ; *Dr. adm.* n° 7, juill. 2005, comm. 98, Donnat : « Cons. que la bonne desserte aérienne de la Polynésie française, indispensable à ses relations avec le reste du monde et à son développement, constitue un intérêt public local ; qu'en jugeant que l'intérêt public ne pouvait s'apprécier au regard des besoins futurs du développement touristique et que seule l'insuffisance de l'initiative privée était susceptible de justifier les délibérations litigieuses, la cour administrative d'appel de Paris a commis une erreur de droit… ».

(119) V. Conseil d'État, *Collectivités territoriales et obligations communautaires*, La Doc. fr., *op. cit.*

(120) Code du tourisme, art. L. 133-2.

(121) Code du tourisme, art. L. 133-3 (CGCT, ancien art. L. 2231-10) : « L'office de tourisme assure l'accueil et l'information des touristes ainsi que la promotion touristique de la commune ou du groupement de communes, en coordination avec le comité départemental et le comité régional du tourisme./ Il contribue à coordonner les interventions des divers partenaires du développement touristique local./ Il peut être chargé, par le conseil municipal, de tout ou partie de l'élaboration et de la mise en œuvre de la politique locale du tourisme et des programmes locaux de développement touristique, notamment dans les domaines de l'élaboration des services touristiques, de l'exploitation d'installations touristiques et de loisirs, des études, de l'animation des loisirs, de l'organisation de fêtes et de manifestations culturelles… ».

à commercialiser des prestations de services touristiques » (122), et, d'autre part, il peut être constitué « sous la forme d'un établissement public industriel et commercial » (123), dont le budget comprend en recettes des « subventions » (124).

Les missions des services touristiques (exploitation d'installations, animation, organisation de fêtes et de manifestations culturelles) relèvent des objectifs de « développement local » que le juge administratif avait retenus, dès les années 1960, pour reconnaître le bien fondé de certaines actions menées de manière autonome par les collectivités locales pour leur propre rayonnement touristique (125). Ce seul intérêt ne pouvait toutefois suffire à imprimer à l'activité le caractère d'un service public (126). Avait été admise la création saisonnière d'un camping municipal puisque les campings ouverts par les sociétés privées ne comportaient pas de places en nombre suffisant pour faire face aux besoins des estivants (127), mais il faut établir qu'un tel service possède un caractère industriel et commercial (128). Suivant cette même logique, les animations festivalières (jazz ou musique lyrique, spectacles de rue ou traditions folkloriques) sont reconnues comme répondant aux objectifs de développement local. Si aucune notion « d'exploitation » n'interfère, ces interventions sont accueillies sous le label d'activités de service public « administratif » (129).

538 En dépit de ces divers modes d'intervention, l'action des communes en matière de services publics se situe le plus souvent aujourd'hui dans le cadre de la coopération intercommunale ou, plus précisément, des établissements publics de coopération intercommunale (syndicats de communes, communautés de communes, communautés urbaines ou communautés d'agglomération).

Le juge administratif s'évertue alors à rappeler que les principales instances de décision sont, et restent, les autorités locales authentiques, à savoir le maire et le conseil municipal (130). Car, si cette restructuration des personnes décentralisées induit des particularismes qui ne sont pas sans incidences sur les formes de création des services publics ainsi que sur leurs modes de gestion, la question du pouvoir de création ou de suppression du service public local ne reste juridiquement posée que par l'intermédiation des autorités locales communales.

§ 3. DES SERVICES PUBLICS MUNICIPAUX, OBLIGATOIRES OU FACULTATIFS ?

539 L'énumération des différents services publics locaux ne rend nullement compte des problématiques que la loi du 13 août 2004 attribuant de nouvelles

(122) Code du tourisme, art. L. 133-3.
(123) CAA Marseille, 10 janv. 2006, Chambre syndicale des agents de voyages de la région Côte d'Azur, n° 02MA00906, *AJDA* 2006, p. 1723, note Claeys.
(124) Code du tourisme, art. L. 133-7.
(125) V. D. Bailleul, *Le service public local du tourisme,* LGDJ, coll. Systèmes, 2010.
(126) CE, 12 mars 1999, Ville de Paris, *Rec.* T. p. 778 ; *AJDA* 1999, p. 439, chron. Raunet et Rousset.
(127) CE, 17 avr. 1964, Commune de Merville-Franceville, *préc.*
(128) TC, 18 avr. 2005, Mme Mattern c. Commune de Barr, *Rec.* p. 656.
(129) V., par ailleurs, O. Amiel, « Conflit autour de la notion de service public culturel d'exploitation cinématographique », *AJDA* 2008, p. 23 ; M. Le Roy, « Réflexions sur le service public d'exploitation cinématographique municipal », *Dr. adm,* oct. 2008, ét. 18.
(130) Ex., CAA Lyon, 27 juill. 2004, Préfet de l'Allier c. SIVOM du canton de Chevagnes, *Rec.* p. 501.

compétences aux collectivités territoriales a introduites dans les modes d'appréhension de ces services. Nombreux sont, en effet, les services publics locaux qui peuvent être institués dans les collectivités territoriales, qu'ils soient mis ou non « obligatoirement » à leur charge. Dans les deux cas en effet il leur incombe de prendre la mesure de leurs capacités de financement (131).

Pour évaluer l'étendue du pouvoir de création de services locaux par les communes, la distinction entre service public administratif et service public industriel et commercial est souvent substantielle : elle permet de situer les formes d'intervention, les compétences et les responsabilités des communes. Mais, dans le même temps, outre les effets de la marchandisation de nombreuses activités déterminées comme relevant généralement des services publics administratifs telle la délivrance de documents d'archives, une distinction entre « service public obligatoire » et « service public facultatif » s'interpose. Elle exige du juge qu'il qualifie le service local dans l'un de ces cadres (132), et le situe dans l'exercice des pouvoirs détenus par les collectivités territoriales.

En général, on peut penser que sont des services publics locaux à caractère administratif ceux qui se révèlent indispensables à l'institution de la vie locale, communale ou intercommunale, à condition, bien sûr, qu'ils en présentent les caractéristiques.

Dans le cadre des services institués à l'initiative des collectivités territoriales, parfois dits facultatifs, s'insère un ensemble de services à caractère social mis à la disposition des populations. La qualification de service public administratif, obligatoire ou non, est alors le plus souvent admise pour les bibliothèques (133), les musées (134), les écoles de musique (135), les centres d'animation culturelle (136), les crèches (137), les centres de loisirs (138), les activités théâtrales (139), les fêtes traditionnelles (140) voire les festivals de bande dessinée (141), de musique classique ou lyrique (142), etc. Parmi les services publics locaux industriels et commerciaux, sous réserve de modalités spécifiques de fonctionnement parfois rendues obligatoires par la loi, peuvent être signalés certains services de restauration, de distribution d'eau potable, d'assainissement, d'enlèvement des ordures ménagères et de traitement de déchets, d'éclairage des voies publiques, les halles, marchés et poids publics, les

(131) M. Long (dir.), *Le financement des services publics locaux*, LGDJ, coll. Décentralisation et développement local, 2010.

(132) Ex., CAA Bordeaux, 19 mars 2003, n° 98BX02088, Commune de Lavaur, *JCP A* n° 22, 2003, 1519, p. 714, note Moreau (« cons. que la création d'une crèche municipale présente pour la commune de Lavaur un caractère facultatif… »).

(133) Code du patrimoine, art. L. 310-1 al. 1 : « Les bibliothèques municipales sont organisées et financées par les communes ».

(134) Code du patrimoine, art. L. 410-2 al. 1 : « Les musées des collectivités territoriales ou de leurs groupements sont organisés et financés par la collectivité dont ils relèvent ».

(135) CE sect., 13 mai 1994, Commune de Dreux, *Rec.* p. 233 ; *RFDA* 1994, p. 711, concl. Daël ; *AJDA* 1994, p. 652, obs. Hecquart-Théron.

(136) CE, 20 juill. 1990, Ville de Melun, *Rec.* p. 220 ; *AJDA* 1990, p. 820, concl. Pochard ; *JCP* 1991, II, 21663, note Fatôme.

(137) V. M.-J. Bernard, « L'accueil collectif de la petite enfance : un service public local encore facultatif », *JCP A*, 2006, n° 49, 1299.

(138) TC, 3 juin 1996, Vogel c. Commune de Chatou, req. 3019.

(139) Tôt reconnue par le Conseil d'État : CE, 12 juin 1959, Syndicat des exploitants cinématographes de l'Oranie, *Rec.* p. 363.

(140) TC, 22 avr. 1985, n° 02368, Commune de Saint-Rémy-de-Provence, *Rec.* T.

(141) CE, 25 mars 1988, Commune d'Hyères c. Serre, *Rec.* T. p. 669.

(142) Ex., CAA Marseille, 4 juill. 2005, n° 00MA02343, M. et Mme Armand c. Ville d'Aix-en-Provence, *AJDA* 2006, p. 369, note Pontier.

activités liées au développement touristique de la ville, les transports publics, les remontées mécaniques dans les stations de ski (143), etc.

540 Plus qu'à la qualification qui permet de déterminer à quel régime juridique ces services sont soumis, c'est à la distinction classique entre service public obligatoire et service public facultatif qu'il semble nécessaire de s'attacher. Elle doit être repensée à la lumière des dispositions de la loi du 13 août 2004 et des développements de la jurisprudence ainsi que suivant la détermination des compétences attribuées « de droit » aux établissements publics de coopération intercommunale en vertu de la loi du 16 décembre 2010. Dès lors que les collectivités territoriales sont contraintes par la loi d'instituer certains services publics, de contribuer à leur institution ou de participer à leur gestion, cette distinction entre services obligatoires et services facultatifs s'avère cruciale.

L'intention de renoncer ou au contraire de maintenir divers services publics est en effet limitée pour ces collectivités, qui ne disposent pas d'une totale liberté d'appréciation en ce domaine. Les services imposés par le législateur ne peuvent pas être supprimés, parce qu'ils ont été mis à leur charge, notamment financière. Les services facultatifs, à l'inverse, sont exposés à la suppression ou au retrait du régime de droit public, même s'ils concourent au bon fonctionnement des premiers. En particulier, dans la conjoncture du financement des budgets des collectivités territoriales depuis 1992, devant le déploiement des transferts de compétences de l'État aux collectivités territoriales et sous les exigences de la révision générale des politiques publiques, leur existence est menacée par le dogme de la réduction des dépenses publiques locales.

541 Le fait que le service public soit obligatoire ne préjuge nullement de la façon dont les personnes publiques le gèrent, ni *a fortiori* de la façon dont elles le financent. Les deux notions, dépenses obligatoires et services obligatoires, ne sont pas équivalentes. Si nombre de dépenses obligatoires recouvrent effectivement des services publics imposés par la loi, l'objectif réel de leur qualification est de permettre, en cas de manquement, l'intervention du représentant de l'État et l'exercice d'un pouvoir de substitution de sa part. La question des transferts de compétences en certains domaines comme les secours, la voirie et l'école ne peut pas se régler suivant la méthode des « attributions de compétence ». En ces matières, plus que la notion de dépenses obligatoires, c'est celle de la responsabilité administrative qui permet d'en analyser les tenants et les aboutissants. Ainsi l'entretien des écoles ou de la voirie et les services de secours sont obligatoirement payés par les communes, et ce n'est qu'à cette seule condition que leur responsabilité peut être engagée, soit pour défaut d'entretien normal des locaux scolaires et des voies de circulation, soit pour carence ou inertie dans les secours.

C'est parce que des activités constituent des services publics « obligatoires » pour les collectivités, que ces règles de détermination de la responsabilité ont un sens cohérent. On peut, parfois, les considérer comme des activités exercées, non pour le compte de l'État – ce qui serait contraire à l'esprit des lois de décentralisation et de répartition des compétences –, mais plus sûrement comme des services réalisés avec le concours de l'État ou d'autres collectivités locales. Mais en tout cas chacune des collectivités territoriales dispose d'une partie de cette sphère de compétences, dans laquelle elle reste maîtresse et dont elle est seule responsable.

(143) CE sect., 23 janv. 1959, Commune d'Huez, *Rec.* p. 67 ; *AJDA* 1959, II, p. 65, concl. Braibant ; G. Mollion, « La gestion déléguée des remontées mécaniques », *RDP* 2008, p. 863.

542 Le principe de libre administration des collectivités territoriales se comprend aussi en liaison avec le principe de l'indivisibilité de la République qui s'oppose à ce que le législateur impose la création d'un trop grand nombre de services publics locaux, car il déciderait de la gestion des affaires locales à la place des collectivités. Cette limite que le législateur s'est assignée est atténuée par le développement de l'intercommunalité. Les formes des établissements publics de coopération intercommunale ont été resserrées autour d'institutions spécifiques qui induisent d'autres modalités de création et de suppression des services publics dont l'institution est imposée. L'extinction de certaines de ces formes, programmée par la loi du 16 décembre 2010, induit deux effets spécifiques. D'une part, le transfert de compétences d'une commune à un établissement public de coopération intercommunale entraîne le transfert du service même s'il est admis que, « dans le cadre d'une bonne organisation des services, une commune peut conserver tout ou partie du service concerné par le transfert de compétences, à raison du caractère partiel de ce dernier » (144) ; d'autre part, certains de ces établissements publics territoriaux comme les « métropoles » se voient attribuer « de plein droit » des compétences « en lieu et place des communes membres ». Ces compétences recouvrent tout un ensemble d'actions dans le cadre du service public comme, par exemple, le fonctionnement d'équipements culturels, socio-culturels, socio-éducatifs et sportifs, l'organisation des transports urbains, les actions en faveur du logement social ou en faveur du logement des personnes défavorisées, la gestion des services d'intérêt collectif d'assainissement et eau, etc.

Par ailleurs, depuis les années 1990, les dispositifs législatifs concernent plus particulièrement le procédé de la déconcentration administrative et les modalités de l'aménagement du territoire de la République qui accompagnaient l'approfondissement de la décentralisation. De nos jours, ils épousent les contours d'une recomposition centralisée de la géographie administrative de l'État. Les processus de re-centralisation à l'œuvre, suivant les consignes du Conseil de modernisation des politiques publiques, font que les acquis des collectivités locales n'apparaissent plus aussi solidement ancrés qu'ils l'étaient jusqu'alors dans le droit administratif. Toutefois, en raison de cette capacité qu'elles détiennent de créer et de maintenir des services publics, malgré les difficultés budgétaires auxquelles elles ont à faire face, et en dépit de la trajectoire de déploiement des établissements publics de coopération intercommunale sur l'ensemble du territoire de la République, les collectivités territoriales conservent une grande part de leur force d'intervention.

543 Dès lors, plus qu'à la question de la création de services publics dans les collectivités territoriales, c'est la question de la disparition des services publics dans ces collectivités qu'il faudrait résoudre. La distinction entre services publics obligatoires et services publics facultatifs suppose que les premiers constituent une limite au pouvoir de suppression des services publics par les collectivités territoriales elles-mêmes, sachant que le législateur est seul à pouvoir apprécier lesquels de ces services demeureraient obligatoires pour les collectivités territoriales, nonobstant les « compétences de droit » dont peuvent être investies les métropoles du fait de la loi du 16 décembre 2010. Mais l'existence d'un tel pouvoir se conçoit pour les seuls services dits « facultatifs ».

Plusieurs cas de figure doivent être relevés au-delà de l'approche fondée exclusivement sur la notion de « dépense obligatoirement inscrite au budget de la collectivité ».

(144) CGCT, art. L. 5211-4-1.

D'autres distinctions pourraient être établies au sein même de la catégorie des services publics obligatoires (A), comme au sein de celle des services publics facultatifs (B).

A. DES SERVICES PUBLICS LOCAUX DITS « OBLIGATOIRES »

544 Dans les communes, et dans les départements, certains services publics doivent être « obligatoirement institués » (145).

Les communes et les départements pourraient alors, dans un souci de réduction des dépenses publiques, s'impliquer exclusivement dans l'organisation et la gestion des services publics donnant lieu à des « dépenses obligatoires ». Mais serait-il admissible qu'une collectivité locale décide de n'assurer que les services publics obligatoires ? Il faudrait alors s'interroger sur le fait qu'une commune puisse refuser d'organiser sur son territoire une quantité de services publics, certes usuels, mais qui ne sont pas rendus formellement obligatoires par les lois de décentralisation ; ou sur le fait qu'un département, déjà lourdement grevé de charges en matière sociale, ne s'investisse plus dans d'autres secteurs, notamment celui de la culture. Plus largement, y aurait-il, au niveau local, une société véritablement organisée sans services publics ? La définition, par le législateur national, non d'un minimum de services obligatoires pour toutes les communes, départements ou régions, mais plutôt des services dont la qualité essentielle, quels qu'ils soient, est de contribuer au maintien du lien social, au niveau national comme au niveau local, n'est pourtant pas un des enjeux majeurs de la dernière réforme des collectivités territoriales.

545 Parfois, le service en cause s'il est pensé comme un service local, s'avère principalement à caractère national (a) (146). Mais comme l'État se désinvestit progressivement des priorités sociales pour ne retenir que les perspectives économiques d'une compétitivité des territoires qu'il recompose au travers de l'attractivité des pôles économiques, cette qualité apparaît de plus en plus mise en doute, d'autant plus que la notion de « service public national » a été catégoriquement enserrée par le Conseil constitutionnel et par le Conseil d'État autour d'un seul et unique intervenant. Par ailleurs, d'autres services publics, dits locaux à proprement parler, doivent être formellement aménagés (b). C'est souvent à leur propos qu'intervient la notion de « dépense obligatoire ».

546 Dans les deux cas, à ces activités peuvent être reliées d'autres interventions de la collectivité territoriale, annexes ou accessoires, révélant des services publics « facultatifs ».

a) Service public « national » mais aussi service public « local »

547 L'exemple type de service public national qui apparaît aussi comme un service public local obligatoirement institué dans la commune est « l'École ».

(145) Le service qui a le plus attiré l'attention des pouvoirs publics, la conservation des documents de l'état civil, assuré par la commune au nom de l'État, n'est pas, au sens fonctionnel, un service communal.

(146) Même si, aux termes de l'art. L. 1611-1 du CGCT, « aucune dépense à la charge de l'État ou d'un établissement public à caractère national ne peut être imposée directement ou indirectement aux collectivités territoriales ou à leurs groupements qu'en vertu de la loi ».

L'école « primaire », la « *communale* », dès son institutionnalisation juridique a été conçue en associant deux dimensions. D'une part, le recrutement des enseignants et les programmes d'enseignement sont de la compétence de l'État ; d'autre part, les locaux scolaires et les activités péri- et post-scolaires relèvent de la compétence de la collectivité territoriale. L'article L. 211-1 du Code de l'éducation dispose en effet que « l'éducation est un service public national, dont l'organisation et le fonctionnement sont assurés par l'État, sous réserve des compétences attribuées par le présent code aux collectivités territoriales pour les associer au développement de ce service public. » Ne sont pas mentionnées les écoles « maternelles » ou « classes enfantines » : d'une part, elles concernent, en milieu rural comme en milieu urbain, les « enfants qui n'ont pas atteint l'âge de la scolarité obligatoire » (147) ; d'autre part, même si l'État assure la rémunération de leurs personnels, elles n'ont pas à être nécessairement créées, car d'autres modèles alternatifs sont désormais proposés.

Il est de principe que « toute commune doit être pourvue au moins d'une école élémentaire publique » lorsque quinze enfants d'âge scolaire au moins sont recensés, étant précisé que « l'établissement des écoles élémentaires publiques… est une dépense obligatoire pour les communes » en sus des dépenses engendrées par le fait que la commune « est propriétaire des locaux et en assure la construction, la reconstruction, l'extension, les grosses réparations, l'équipement et le fonctionnement, à l'exception des droits dus en contrepartie de la reproduction par reprographie à usage pédagogique d'œuvres protégées » (148).

Dans ce cadre, « le conseil municipal décide de la création et de l'implantation des écoles et classes élémentaires et maternelles d'enseignement public après avis du représentant de l'État dans le département » (CGCT, art. L. 2121-30). L'avis du représentant de l'État est dirimant en tant qu'il fait part des modes de financement des postes correspondants, car, même si la commune a la charge des écoles publiques, elle ne décide pas des programmes d'enseignement, ni surtout des emplois correspondants. Les fermetures de classes sont ainsi plus souvent liées aux avis des autorités administratives et académiques qu'aux décisions du conseil municipal.

548 La commune peut organiser certaines activités pédagogiques. Les locaux des établissements scolaires primaires peuvent être ouverts à des activités prises en charge par les collectivités territoriales, mais celles-ci ne relèvent pas de la catégorie des services locaux obligatoires.

Certaines interventions en milieu scolaire ou dans les locaux scolaires peuvent donc être décidées par les autorités locales. L'article L. 216-1 du Code de l'éducation dispose : « Les communes, départements ou régions peuvent organiser dans les établissements scolaires, pendant leurs heures d'ouverture et avec l'accord des conseils et autorités responsables de leur fonctionnement, des activités éducatives, sportives et culturelles complémentaires. Ces activités sont facultatives et ne peuvent ni se substituer ni porter atteinte aux activités d'enseignement et de formation fixées par l'État ». Ce même article précise que « les communes, départements et régions en supportent la charge financière ». Par suite, ces activités peuvent acquérir la qualité de service public facultatif lorsqu'elles se réalisent suivant une organisation formelle

(147) C. éduc., art. L. 113-1.
(148) C. éduc., art. L. 212-2, al. 1 et L. 212-5.

et procédurale et acquièrent une certaine régularité. Elles sont souvent conçues en appoint ou à l'appui des activités d'enseignement ou de formation, mais peuvent aussi entrer dans le domaine de la culture et de la connaissance des arts.

Les locaux fournissent de façon générale un support d'activités, car le maire peut utiliser « les locaux et les équipements scolaires dans la commune pour l'organisation d'activités à caractère culturel, sportif, social ou socio-éducatif pendant les heures ou les périodes au cours desquelles ils ne sont pas utilisés pour les besoins de la formation initiale et continue. Ces activités doivent être compatibles avec la nature des installations et l'aménagement des locaux » (C. éduc., art. L. 212-15). Il s'agit là des activités péri- et post-scolaires. Sans aucun doute, ces activités pourraient être rattachées à des activités d'intérêt local et présenter, le cas échéant, les caractéristiques d'un service public.

549 Les situations évoquées dans les deux premiers alinéas de l'article L. 212-10 du Code de l'éducation ont autrefois été retenues par le juge administratif pour caractériser la création de services publics locaux (149). « Une délibération du conseil municipal crée, dans chaque commune, une caisse des écoles, destinée à faciliter la fréquentation de l'école par des aides aux élèves en fonction des ressources de leur famille. Les compétences de la caisse des écoles peuvent être étendues à des actions à caractère éducatif, culturel, social et sanitaire en faveur des enfants relevant de l'enseignement des premier et second degrés. À cette fin, la caisse des écoles peut constituer des dispositifs de réussite éducative... ». Dans le cas d'extension à de telles actions, il apparaît nettement que les services sont considérés comme facultatifs (150).

De plus, outre le maniement des compétences attribuées aux collectivités territoriales dans le cadre « des actions sociales qui concernent notamment l'alimentation, l'hygiène, l'habillement et les transports, des actions éducatives, culturelles, sportives ou de loisirs qu'elles mènent », les caisses des écoles peuvent intervenir dans le schéma des prestations de service public personnalisées et, ainsi, délivrer aux personnes qui rencontrent des difficultés sociales des « chèques d'accompagnement personnalisé » pour acquérir des biens et services, comme les fournitures et la restauration (151).

550 Depuis les transferts massifs de compétences de l'État aux collectivités territoriales, la catégorie des services publics consistant en un service national aux ramifications locales ou en un service local à fondation nationale, obligatoirement institué par les communes, est de plus en plus réduite.

Cependant, sous la pression des démarches sécuritaires, par-delà l'implantation plus ou moins exigée de caméras de vidéosurveillance pour des dispositifs locaux de prévention de la délinquance ou aux fins de prévention d'actes de terrorisme (152), l'instauration de services de police municipale deviendrait obligatoire dans bien des

(149) CE, 22 mai 1903, Caisse des écoles du VIe arrondissement de Paris, *D.* 1904, 3, p. 1, concl. Romieu ; CE, 25 juin 1986, Caisse des écoles de Saint-Gratien, *Rec.* T. p. 412.

(150) Tel n'est pas le cas des prolongements pratiques éventuels de la L. n° 2009-1312 du 28 oct. 2009 tendant à garantir la parité de financement entre les écoles élémentaires publiques et privées sous contrat d'association lorsqu'elles accueillent des élèves scolarisés hors de leur commune de résidence (dite Carle – *JO* 29 oct. 2009).

(151) Combinaison des articles L. 212-10 Code de l'éducation et L. 1611-6 CGCT.

(152) L. n° 2011-267 du 14 mars 2011 d'orientation et de programmation pour la performance de la sécurité intérieure, *JO* 15 mars 2011 ; CC, 10 mars 2011, n° 2011-625 DC, L. d'orientation et de programmation pour la performance de la sécurité intérieure.

communes – notant que « les traitements et autres frais du personnel de la police municipale et rurale » sont inscrits au titre des dépenses obligatoires. Certes, le pouvoir de police se comprend comme une prérogative de puissance publique insusceptible de délégation. Néanmoins, l'existence du service public de la police ne fait plus de doute et, de plus en plus, sont évoqués les services publics municipaux de police. Dans ce cas, un même jeu d'association/dissociation entre les responsabilités locales et nationales se constituerait, au moins à partir de la logique formulée à l'article L. 2212-6 du CGCT (153). Toutefois, pour aucune des activités de police exercées au nom de l'État les frais de fonctionnement ne sont à la charge de la collectivité territoriale (154).

D'autres activités, facultatives, pourraient alors accompagner la police municipale, accentuant alors sa qualité de service public tels, sous diverses dénominations, la sécurité des enfants aux abords des écoles, la surveillance dans les parcs et des jardins publics ou « l'avis à la population » qui, n'étant plus annoncé par un roulement de tambour, est évoqué comme « le courrier à la population ».

b) Des services publics locaux « obligatoirement » institués

551 « Sont obligatoires pour la commune les dépenses mises à sa charge par la loi » (CGCT, art. L. 2232-1). Lier service public et dépense obligatoire pour déterminer quels sont les services publics obligatoires revient à rechercher parmi les dépenses obligatoirement inscrites au budget de la commune celles qui concernent des services publics dûment identifiés comme tels soit par le législateur, soit par le juge.

Mis à part les dépenses induites par la gestion de certains biens et ouvrages qui servent de support aux services publics ou en permettent l'accès, et les charges des structures de regroupement intercommunal, les services publics obligatoires peuvent se déduire de la liste présentée à l'article L. 2321-2 du CGCT. Celle-ci inclut les frais de conservation des archives communales, les dépenses relatives au service d'incendie et de secours, les dépenses en matière d'éducation nationale, les dépenses des services communaux de désinfection et des services communaux d'hygiène et de santé, la clôture des cimetières et leur entretien, les dépenses de prospections, traitements, travaux et contrôles nécessaires à l'action de lutte contre les moustiques, les dépenses relatives au système d'assainissement collectif, les dépenses liées à la police de la salubrité, les dépenses liées aux ouvrages correspondants à des travaux d'aménagement essentiels participant d'activités générales de prévention des risques qui, en certains domaines,

(153) « I. - Dès lors qu'un service de police municipale comporte au moins cinq emplois d'agent de police municipale, y compris d'agent mis à disposition de la commune par un établissement public de coopération intercommunale [...], une convention de coordination est conclue entre le maire de la commune, le président de l'établissement public de coopération intercommunale le cas échéant, et le représentant de l'État dans le département, après avis du procureur de la République./ Cette convention peut également être conclue, à la demande du maire, lorsqu'un service de police municipale compte moins de cinq emplois d'agent de police municipale./ [...] III.- La convention de coordination précise la nature et les lieux des interventions des agents de police municipale. [...] À défaut de convention, les missions de police municipale ne peuvent s'exercer qu'entre 6 heures et 23 heures, à l'exception des gardes statiques des bâtiments communaux et de la surveillance des cérémonies, fêtes et réjouissances organisées par la commune ou par l'établissement public de coopération intercommunale. ».

(154) CE, 22 oct. 2010, req. 328102, Commune de Versailles.

peuvent rejoindre les problématiques du service public (155), les dépenses liées à la garde et la conservation des objets mobiliers classés au titre des monuments historiques, les dépenses liées à l'accueil et à l'habitat des gens du voyage.

De ces objets, on conclut que les services publics désignés, associés ou sous-entendus, sont obligatoirement institués et mis à la charge des collectivités territoriales. Pourtant ces services, bien que qualifiés de « locaux », ne sont pas institués par la seule volonté de celles-ci (156).

552 Ainsi, en matière de santé, même si l'État est responsable de la politique de santé publique, il associe toutes les collectivités territoriales à la définition de cette politique et à sa mise en œuvre (157). Les services communaux d'hygiène et de santé (158) sont alors chargés, sous l'autorité du maire, de l'application des dispositions relatives à la protection générale de la santé publique et de plus, s'avèrent dépendants, dans la définition de leurs missions, des attributions dévolues aux départements et aux régions, car le domaine sanitaire relève désormais aussi de la région.

La loi n° 2009-879 du 21 juillet 2009 portant réforme de l'hôpital et relative aux patients, à la santé et aux territoires a quelque peu modifié ce schéma en évoquant l'institution de « territoires de santé » qui ne correspondent pas aux périmètres des collectivités territoriales et en positionnant certaines interventions de leur part dans le cadre des services locaux facultatifs. Ainsi, les collectivités territoriales peuvent, au vu de l'article L. 6323-1 du Code de la santé publique, créer et gérer, comme d'autres organismes à but non lucratif, des « centres de santé ». Ces centres de santé sont conçus comme « des structures sanitaires de proximité dispensant principalement des soins de premier recours. Ils assurent des activités de soins sans hébergement et mènent des actions de santé publique ainsi que des actions de prévention, d'éducation pour la santé, d'éducation thérapeutique des patients et des actions sociales ». Par ailleurs, du fait des recentralisations opérées par la loi n° 2004-806 du 9 août 2004 sur les politiques de santé publique, des tâches qu'accomplissaient les services municipaux d'hygiène et de santé ont été replacées dans le cadre des responsabilités de l'État, notamment en ce qui concerne les vaccinations, obligatoires ou non, et la prévention des risques sanitaires liés à l'environnement.

Toutefois, en vertu de la loi de finances n° 2010-1657 du 29 décembre 2010, une disposition spécifique a été insérée dans le Code général des collectivités territoriales afin de permettre aux collectivités territoriales et à leurs groupements d'attribuer des aides destinées à favoriser l'installation ou le maintien de professionnels de santé dans des zones prédéfinies et « dans lesquelles est constaté un déficit en matière d'offre de soins ». Ces désignations pourraient constituer les prémisses d'une obligation.

(155) Selon les précisions réalisées par l'ord. n° 2010-461 du 6 mai 2010 portant adaptation des renvois à des dispositions réglementaires d'application dans la partie législative du code rural.

(156) Sauf pour les services qui leur seraient accessoires : CE, 23 mai 2003, Communauté de communes Artois-Lys, *préc*.

(157) D. Maillard Desgrées du Loû, « La santé publique, les établissements de santé et les collectivités territoriales : derniers développements », *AJDA* 2006, p. 406.

(158) Qui avaient été créés par une L. du 15 févr. 1902 relative à la protection générale de la santé publique. V. cependant, C. santé publique, art. L. 1422-1, al. 1 : « Les services municipaux de désinfection et les services communaux d'hygiène et de santé relèvent de la compétence des communes ou, le cas échéant, des groupements de communes, qui en assurent l'organisation et le financement, sous l'autorité du maire ou, le cas échéant, du président de l'établissement public de coopération intercommunale. »

Là encore, le modèle de la contractualisation trouve à s'appliquer puisque ces interventions se réalisent à partir de conventions entre les collectivités et groupements, les organismes d'assurance-maladie et les professionnels de santé intéressés. L'article L. 1511-8 du CGCT précise néanmoins que « ces aides ne sont pas exclusives des aides déjà attribuées par les collectivités territoriales aux centres de santé implantés sur l'ensemble du territoire ». De même, afin de suppléer le désengagement de l'État en ce domaine, cet article prévoit que « les collectivités territoriales et leurs groupements peuvent aussi attribuer des aides visant à financer des structures participant à la permanence des soins, notamment des maisons médicales ». La création de ces maisons médicales relève alors de leur propre initiative, mais sous certaines conditions tenant à la désertification médicale de la zone.

553 D'autres particularités peuvent être soulignées. L'eau et l'assainissement sont par exemple entrés dans le domaine de compétences des communes (159). Plusieurs lois sont intervenues pour modifier le régime juridique des services d'eau et d'assainissement, qui résulte maintenant d'une combinaison entre les dispositions de la loi n° 2006-1772 du 30 décembre 2006 sur l'eau et les milieux aquatiques, celles de la loi n° 2010-788 du 12 juillet 2010 portant engagement national pour l'environnement et celles de la loi n° 2011-156 du 7 février 2011 relative à la solidarité dans les domaines de l'alimentation en eau et de l'assainissement. Toutefois, l'obligatoire et le facultatif sont inévitablement liés. Le service obligatoire relève de l'institution de l'assainissement et de la distribution d'eau potable ; le service facultatif s'entend des éléments accessoires, des modalités de la distribution de l'eau et de sa politique tarifaire. La part obligatoire est de loin majoritaire. Au titre de la loi du 30 décembre 2006, « tout service assurant tout ou partie de la production par captage ou pompage, de la protection du point de prélèvement, du traitement, du transport, du stockage et de la distribution d'eau destinée à la consommation humaine est un service d'eau potable. » (CGCT, art. L. 2224-7). Du fait de la loi du 12 juillet 2010, les communes ou leurs établissements publics de coopération délimitent « les zones d'assainissement collectif où elles sont tenues d'assurer la collecte des eaux usées domestiques et le stockage, l'épuration et le rejet ou la réutilisation de l'ensemble des eaux collectées » (art. L. 2224-10). Par la loi du 7 février 2011, au 1er janvier 2012, suivant les données d'une politique d'aide sociale, les services publics d'eau et d'assainissement pourront attribuer une subvention au fonds de solidarité pour le logement afin de contribuer au financement des aides relatives au paiement des fournitures d'eau ou des charges collectives contribuant à la mise en œuvre du droit au logement (art. L. 2224-12-3).

Enfin, « les services publics d'eau et d'assainissement sont financièrement gérés comme des services à caractère industriel et commercial » (CGCT, art. L. 2224-11, liant donc eau et assainissement). Or, une commune ne peut pas, en principe, subventionner un service public industriel ou commercial ou prendre en charge une partie de ses dépenses, car l'équilibre financier des services publics locaux à caractère industriel

(159) « Les communes sont compétentes en matière de distribution d'eau potable » (CGCT, art. L. 2224-7-1) et « en matière d'assainissement des eaux usées » (art. L. 2224-8).

et commercial est la règle (160). Il appartient en effet à tout service industriel et commercial communal, quel que soit son mode de gestion, d'équilibrer son budget en recettes et en dépenses (161). Il ne peut être fait exception à cette règle que pour des services limitativement énumérés par la loi, ce qui est le cas de l'eau et de l'assainissement, et des offices de tourisme constitués sous la forme d'un établissement public industriel et commercial (162).

554 Pourtant il existe des dérogations plus générales lorsque les exigences du service public conduisent la collectivité à imposer des contraintes particulières de fonctionnement. Par exemple quand le fonctionnement du service public exige la réalisation d'investissements qui, en raison de leur importance et eu égard au nombre d'usagers, ne peuvent être financés sans augmentation excessive des tarifs ; ou lorsque, après la période de réglementation des prix, la suppression de toute prise en charge par le budget de la commune aurait pour conséquence une hausse excessive des tarifs (CGCT, art. L. 2224-2). Par ailleurs, les organes délibérants des collectivités publiques ou établissements publics dont relève le service d'eau et d'assainissement ne sont pas obligés d'instituer un tarif uniforme par mètre cube prélevé : « ils peuvent légalement instituer un tarif dégressif ou progressif, en fonction des tranches de consommation ; une telle variation peut résulter de l'institution d'un tarif d'eau et d'une redevance d'assainissement comportant une partie fixe et une partie proportionnelle au volume d'eau prélevé ; la collectivité publique peut prendre en considération, dans la tarification qu'elle adopte, les caractéristiques particulières du branchement, notamment celles ayant une incidence sur l'importance des besoins en eau ; de même, la collectivité publique peut légalement tenir compte des charges fixes du service, eu égard notamment à ses conditions d'exploitation et à l'importance des investissements à amortir et des extensions à réaliser pour garantir qu'en toute circonstance les usagers puissent disposer du volume et de la pression d'eau nécessaires » (163).

La notion de service public obligatoirement institué et pris en charge, suivant diverses modalités, par la collectivité territoriale suscite aussi quelques interrogations relatives aux services mis obligatoirement à la charge de la collectivité du fait des transferts de compétence de la part de l'État. Elle induit également des questionnements sur les segmentations internes aux services considérés qui incitent à la création d'autres services publics dits facultatifs, ou rapportés à la théorie de l'accessoire, mais souvent liés à la mise en œuvre de perspectives sociales, notamment dans l'objectif d'une catégorisation ou d'une personnalisation des prestations délivrées ou des services rendus.

(160) Elle trouve son origine dans l'article L. 322-5 du Code des communes qui concernait les SEM. Issu d'un D.-L. du 30 juill. 1937, à une époque où la dynamique du socialisme municipal s'intensifiait, cet article révélait un « souci de maîtrise des finances publiques en réaction aux dérives de l'interventionnisme local ». Le principe de l'équilibre financier des services publics locaux à caractère industriel et commercial ainsi introduit imposait aux budgets et comptes des services concernés d'être présentés en équilibre : les recettes propres du service devaient couvrir l'intégralité de ses dépenses. Il interdisait ainsi aux départements et aux communes de prendre en charge dans leurs budgets propres des dépenses exposées par ces services. V. C. Maugüé, J.-H. Stahl, « Le cadre juridique des relations financières entre les sociétés d'économie mixte et les collectivités locales », *AJDA* 1996, p. 475.

(161) CE, 30 juill. 2003, Compagnie générale des eaux, *Rec.* T. p. 674 et 680 ; *BJCL* 2003, p. 824, concl. Lamy ; CE, 23 déc. 1994, Communes de Clairvaux-d'Aveyron et autres, *Rec.* p. 582.

(162) Code du tourisme, art. L. 133-1 et s.

(163) CE, 31 juill. 2009, Soc. Les Sables d'Or et autres, req. 303876.

La distinction entre les services institués par la commune et les services imposés à la commune revêt alors un intérêt d'ordre historique, dans la mesure où la rhétorique de l'approfondissement de la décentralisation qui avait présidé à l'élargissement de ses compétences n'est plus à l'ordre du jour. Le désinvestissement de l'État dans de nombreux secteurs a modifié l'appréhension du modèle initial, en faisant des collectivités territoriales le réceptacle de son désengagement financier en matière sociale. Les discours sur la réforme des collectivités territoriales ont été développés dans le cadre de la réforme de l'État et suivant les principes de la révision générale des politiques publiques et répondent en premier lieu à une stratégie politique de recomposition des interventions étatiques sur territoire de la République. L'utilisation du terme de « carte » pour envisager les redécoupages de ces actions et activités en est un des premiers indices. Ainsi, dans la reconstruction de la « carte intercommunale », les objectifs inscrits dans la loi du 16 décembre 2010 de réforme des collectivités territoriales ne sont pas d'élargir les champs de la compétence des communes en matière de services publics, mais de les recentrer dans le cadre des établissements publics territoriaux, établissements qui ne disposent pas des mêmes capacités d'intervention que les collectivités territoriales pour la simple raison qu'ils sont régis par le principe de spécialité et tributaires des compétences transférées lors de leur constitution.

B. DES SERVICES PUBLICS LOCAUX DITS « FACULTATIFS »

555 Des compétences mentionnées par le Code général des collectivités territoriales ne sont pas comprises dans la liste des dépenses obligatoires, mais il ne fait guère de doute qu'elles donnent lieu à l'exercice d'activités d'intérêt général constitutives de services publics. Ce ne sont pas nécessairement des services publics facultatifs « par nature ». Simplement leur organisation dépend souvent de la taille, des besoins et des moyens financiers de la collectivité : transports urbains, actions éducatives, équipements sportifs, moyens scolaires (cantines scolaires), action sociale (crèches), marchés et foires, abattoirs, bibliothèques, musées. Ces activités ne peuvent relever que des autorités locales. Or, il est utile de signaler que, dès qu'un service public se trouve créé, soit à la libre initiative de la collectivité, soit suivant les incitations ou les possibilités offertes par les lois ou les règlements, toutes les dépenses y afférentes acquièrent la qualité de dépenses obligatoires, au moins pour les services à caractère administratif. La distinction entre service public obligatoire et service public facultatif ne saurait donc reposer exclusivement sur l'imputation au budget de la collectivité territoriale concernée des dépenses correspondantes.

556 En règle générale, la création ou la suppression de services publics locaux relève d'une compétence discrétionnaire des collectivités territoriales, dans la mesure où ces services répondent ou ne répondent plus à un intérêt local.

De fait, l'existence d'un service public local à caractère facultatif est déduite « d'une part, de l'analyse objective de l'activité censée révéler un certain niveau d'intérêt général et, d'autre part, du constat plus subjectif de la volonté de la collectivité publique d'ériger en service public ladite activité » (164). Seuls les services publics

(164) O. Rousset, note sous TA Dijon, n° 0402428, 2 févr. 2006, Soc. Les Lions d'or, *AJDA* 2006, p. 1437 (lien entre fonds de commerce et maintien d'un cinéma pour les besoins de la vie locale).

dits « facultatifs » seraient alors des services librement créés, maintenus et supprimés par les collectivités territoriales.

557 Plus valablement, si la distinction entre service obligatoire et service facultatif devait conserver une fonction institutionnelle, plutôt que reposer sur la notion de « dépense obligatoire », elle devrait être établie à partir de l'initiative de la création du service. Une distinction transparaît entre les services publics locaux « nommés » que les textes législatifs et réglementaires laissent à la libre disposition des collectivités territoriales, et les services publics spontanément conçus, inventés, voire « imaginés », par les collectivités territoriales sur la base de leurs propres évaluations des besoins et des intérêts locaux.

L'institution des premiers n'étant pas « imposée » aux collectivités territoriales, ils relèvent de la catégorie des « services facultatifs » : seule leur éventuelle qualification par la loi, administrative ou industrielle et commerciale, serait incontournable. Quant aux seconds, leur qualité facultative ne fait aucun doute, à la condition qu'ils soient, dans l'un et l'autre cadre, effectivement reconnus comme des services publics. Mais que cela soit sur incitation législative, sur recommandation nationale, régionale ou départementale, ou en vertu des seules appréciations de la commune, le service public dit « facultatif » est librement décidé par la collectivité locale.

Le terme de « facultatif » est alors quelque peu trompeur : il ne traduit qu'une opposition relative par rapport aux services publics obligatoirement institués du fait des lois. En effet, ces services dits facultatifs relèvent directement des « affaires locales » à la source de la clause générale de compétence. Ils sont créés ou supprimés en vertu d'évaluations établies au niveau local ou comme suite aux demandes sociales émanant des habitants de la collectivité. Ils relèvent ainsi de considérations territoriales qui peuvent tout aussi bien venir à l'appui de services publics dits obligatoires, en complément de collaborations menées avec d'autres collectivités territoriales, ou en raison d'initiatives strictement locales, quel qu'en soit le domaine, social, culturel, économique, touristique, etc.

558 Par ailleurs, et sur un tout autre plan, si la distinction entre service public obligatoire et service public facultatif devait intégrer une fonction exclusivement sociale, c'est-à-dire en rapport avec la situation des usagers. Elle devrait être évaluée suivant les attitudes particulières qu'elle suppose de la part de ces derniers.

L'usage de certains services est obligatoire pour les usagers, par exemple des vaccinations, ou facultatif de leur part : nulle obligation n'est faite aux usagers d'utiliser les services mis à leur disposition en matière sportive. La qualification dépendrait de la situation dans laquelle se trouveraient les usagers. Une telle approche aurait pour défaut de ne prendre en considération que les « usagers captifs », c'est-à-dire ceux qui ne peuvent pas se soustraire aux prestations délivrées par la collectivité publique ou qui ne disposent d'aucun choix dans l'usage des services donnés.

559 Deux approches peuvent donc être discernées. Dans un cas, l'assise de certains services publics est soutenue par une intervention législative ou réglementaire, mais leur création et leur organisation reposent sur la mise en œuvre d'une libre appréciation de la collectivité locale. Ces services sont, en quelque sorte, prédéfinis par les textes juridiques (a). Et dans l'autre cadre, des services naissent directement d'une libre conception des sphères d'action et des rapports sociaux évalués au niveau local, ils sont alors nettement « d'initiative locale » (b).

a) Des services publics locaux d'institution facultative

560 Nombreux sont les services publics qui, créés par les collectivités locales, correspondent à des facultés ouvertes par les textes législatifs ou réglementaires. Qu'ils soient simplement évoqués ou au contraire précisément élaborés par ces textes, ces services ne sont pas imposés aux collectivités territoriales. Aussi, bien que leurs formes et leurs régimes juridiques soient prédéterminés par les lois ou décrets, ils sont qualifiés « facultatifs ».

Il apparaît à l'inverse que certains services d'initiative locale ont été progressivement imposés par le législateur, alors même qu'ils avaient été institués par les collectivités à leur seule initiative, avec le soutien éventuel des pouvoirs publics. On peut citer, pour les communes : le service public de la désinfection, de l'hygiène et de santé, celui des archives communales ou encore, dès le XIXe siècle, les services de secours. Pourtant, la situation de ces services a été ultérieurement bouleversée par le désinvestissement social et le désengagement financier de l'État. La perception de l'autonomie locale en est alors considérablement modifiée (165).

561 Procéder à l'énumération de ces services ne s'avère guère utile. La liste qui en résulterait serait hétéroclite car tous les secteurs d'action publique sont concernés à un titre ou un autre. Elle ne rendrait nullement compte des marges d'appréciation dont disposent les autorités locales dans chacun de ces secteurs, lesquels varient au rythme des modifications législatives.

D'une part, la redéfinition des compétences et des activités des collectivités locales par l'intégration du droit européen dans le droit interne en réduit l'étendue. D'autre part, si l'on peut penser que les communes détiennent un pouvoir de création quant aux sphères saisies par de nouveaux services publics, les lois sectorielles ou les réglementations particulières, qui s'accaparent progressivement ces champs, finissent par encadrer ces interventions et par en limiter l'amplitude (166). De fait, les collectivités territoriales lorsqu'elles disposent de moyens et en affirment la volonté, peuvent intervenir dans très nombreux domaines concernant la vie locale, tant que l'État ne s'y immisce pas en venant organiser leurs compétences, voire en rendant obligatoires leurs concours. L'institution de services publics prévus par les textes est donc plus ou moins encouragée. Mais si des réglementations et procédures sont déterminées, il n'est pas défini d'obligations relatives à la mise en place de ces services. La création du service demeure le fruit d'une décision positive de la part de l'autorité locale, qui dispose là d'un pouvoir discrétionnaire en présence d'un intérêt local.

562 Dans les communes, certaines activités de prestation, conçues comme facultatives, sont définies comme des services publics ou comme des missions de service public par le législateur. Cependant, la référence à la notion de mission de service public peut déconsidérer l'élément organique du service public et mettre en cause son rattachement

(165) V. J.-C. Douence, « La création et la suppression des services publics locaux », *Encyclopédie Dalloz Collectivités locales*, fasc. 6043, (2003).

(166) Tel serait le cas pour les services de restauration scolaire : CE sect., 5 oct. 1984, Commissaire de la République de l'Ariège c. Commune de Lavelanet, *Rec.* p. 315 ; *AJDA* 1984, p. 692, chron. Hubac et Schoettl ; *RFDA* 1985, p. 241, concl. (contraires) Delon. V. cependant, A. Pelcran, « Le transfert de la restauration scolaire aux collectivités locales : un cadeau empoisonné », *JCP A* 2007, 2186.

à une personne publique (167). Bien que l'expression de « mission de service public » soit de plus en plus souvent utilisée dans les textes juridiques, elle s'entend surtout par rapport aux organismes privés et à propos de la gestion de ces services. En effet, le propre des collectivités publiques est de répondre aux besoins de la population, le service public est un des critères de la légitimité de leur institutionnalisation.

La liaison entre les pouvoirs accordés aux collectivités territoriales et la mise en place de services publics différenciés est la clef de la notion d'affaires locales. Elle est à la base des interventions des collectivités territoriales dans des secteurs diversifiés allant des compléments d'aide sociale jusqu'aux mises à la disposition du public de lieux de loisirs ou de structures culturelles. Dans certains cas, l'expression « mission de service public » employée à leur propos permet de repérer les domaines dans lesquels des repositionnements de la collectivité territoriale par rapport aux activités de personnes privées doivent être réalisés, ou dans lesquels une segmentation de l'activité concernée se fait jour, notamment pour ce qui est des mesures relevant de la lutte contre les exclusions sociales. Il apparaît alors que, progressivement, la fonction de service public se réduit au service envers les personnes vulnérables, défavorisées ou démunies, car la problématique du vieillissement de la population et celle de la pauvreté sont devenus des piliers des activités de service public.

563 Il en est ainsi par exemple du service extérieur des pompes funèbres considéré comme « une mission de service public » (168), depuis que les communes ne disposent plus du monopole de l'organisation des opérations funéraires (169). Le service public des pompes funèbres comprend « le transport des corps avant et après mise en bière ; l'organisation des obsèques ; les soins de conservation ; la fourniture des housses, des cercueils et de leurs accessoires intérieurs et extérieurs ainsi que des urnes cinéraires ; la gestion et l'utilisation des chambres funéraires ; la fourniture des corbillards et des voitures de deuil ; la fourniture de personnel et des objets et prestations nécessaires aux obsèques, inhumations, exhumations et crémations, à l'exception des plaques funéraires, emblèmes religieux, fleurs, travaux divers d'imprimerie et de la marbrerie funéraire » (CGCT, art. L. 2223-19). Cette mission peut être assurée directement par les communes, ou bien par voie de gestion déléguée. Le même article précise que « les communes ou leurs délégataires ne bénéficient d'aucun droit d'exclusivité pour l'exercice de cette mission ». La mission peut être également assurée par toute autre entreprise ou association « qui aurait reçu autorisation pour ce faire » (170). L'institution de ce service n'est donc pas une obligation pour la commune, notamment si des entreprises privées sont présentes sur ce marché. Inversement, l'existence de ce service ne fait pas obstacle à l'ouverture de ce marché à d'autres prestataires.

(167) CE sect., 22 févr. 2007, req. 264541, Assoc. du personnel relevant des établissements pour inadaptés, *JCP A* 2007, 2066, concl. Vérot, note Rouault, *JCP A* 2007, 2145, note Guglielmi et Koubi.

(168) Étant entendu que « la création, l'agrandissement et la translation d'un cimetière sont décidés par le conseil municipal » (CGCT, art. L. 2223-1).

(169) L. n° 93-23 du 8 janv. 1993 modifiant le titre VI du livre III du Code des communes et relative à la législation dans le domaine funéraire. G. SEBASTIEN, « La fin du monopole communal des pompes funèbres : vers un nouveau droit funéraire », *JCP* 1993, I, 3701 ; v. ensuite, E. AUBIN, I. SAVARIT-BOURJOIS, « Du statut juridique des cendres à la nouvelle gestion communale en matière funéraire », *AJDA* 2009 p. 531.

(170) CAA Lyon, 6e ch., 26 mai 2009, req. 06LY02229, note Dutrieux : http://www.resonance-mag.com consulté le 31 mai 2011.

Certaines obligations particulières du service extérieur des pompes funèbres sont corrélatives aux principes de fonctionnement inhérents à tout service public. D'une part, « le service est gratuit pour les personnes dépourvues de ressources suffisantes » et, lorsque la mission de service public n'est pas directement assurée par la commune, celle-ci doit prendre en charge les frais d'obsèques de ces personnes (CGCT, art. L. 2223-27). D'autre part, si suivant l'article L. 2223-26 « le matériel fourni [...] par les régies et les entreprises ou associations habilitées doit être constitué en vue aussi bien d'obsèques religieuses de tout culte que d'obsèques dépourvues de tout caractère confessionnel », le principe de laïcité porte à considérer la commune comme directement engagée pour les seules obsèques dépourvues de caractère confessionnel (171).

564 Peut être encore citée la possibilité pour les communes, ou les départements et régions, d'éditer « un service de télévision destiné aux informations sur la vie locale et diffusé par voie hertzienne terrestre ou par un réseau n'utilisant pas des fréquences assignées par le Conseil supérieur de l'audiovisuel » (CGCT, art. L. 1426-1). Si les termes « service public » ne sont pas utilisés, cette activité est conçue comme relevant de missions de service public. Il resterait à assurer pour les collectivités territoriales qui y auraient procédé, le passage de l'analogique au numérique. La liberté d'appréciation des collectivités territoriales est ici largement comprise, même si le resserrement sur les informations relatives à la vie locale n'est pas une garantie de la libre concurrence.

Par ailleurs, certains services publics pourraient, tout en étant conçus comme facultatifs et dépendants d'une initiative locale, s'avérer indispensables : dans une certaine mesure, ils seraient d'institution obligatoire. Ainsi, les relations entre les administrations et les administrés se réalisant par voie électronique ou numérique, induisent des politiques d'incitation qui exigent des collectivités territoriales, sans que cela puisse formellement leur être imposé, certaines interventions en matière de service public de communication électronique. En effet, les collectivités territoriales et leurs groupements peuvent, sous certaines conditions, « établir et exploiter sur leur territoire des infrastructures et des réseaux de communications électroniques » ; mais elles « ne peuvent fournir des services de communications électroniques aux utilisateurs finals qu'après avoir constaté une insuffisance d'initiatives privées propres à satisfaire les besoins des utilisateurs finals » (CGCT, art. L. 1425-1). En relève la mise en place de « réseaux haut débit », désormais indispensables pour nombre de démarches administratives. Les collectivités territoriales peuvent donc, depuis la loi n° 2004-575 du 21 juin 2004 pour la confiance dans l'économie numérique, s'instituer en ce domaine en « opérateur de services » (172). Si l'institution d'un tel service reste « facultative », les mesures relatives au développement des territoires numériques impulsé par l'État, renforçant le dispositif de la loi n° 2009-1570 du 17 décembre 2009 relative à la lutte contre la fracture numérique, conduisent progressivement les collectivités territoriales à s'en préoccuper (173). Toutefois, cette ouverture répond à une dynamique insérée dans le cadre de l'aménagement du territoire, cadre qui relève en premier lieu des politiques

(171) Suivant CGCT, art. L. 2213-11, « il est procédé aux cérémonies conformément aux coutumes et suivant les différents cultes ; il est libre aux familles d'en régler la dépense selon leurs moyens et facultés ».

(172) G. Terrien, « Des réseaux haut débit d'initiative publique », *JCP A* 2007, n° 30, 2195.

(173) CE, 8 juin 2010, req. 327062, Fédération française des télécommunications et des communications électroniques, *RJEP*, 2010, 52, note Pellissier.

publiques de l'État : « l'extension de la compétence des collectivités territoriales dans le secteur des communications électroniques vise exclusivement à réduire les disparités importantes entre les différentes zones du territoire : zones non desservies par le haut débit (zones blanches), zones grises (zones desservies par une seule technologie, ne permettant pas à la concurrence de jouer en faveur des usagers), zones noires (dans lesquelles plusieurs offres de haut débit sont en concurrence) » (174).

b) Des services publics facultatifs « d'initiative locale »

565 La création de services publics locaux par la commune est souvent entendue comme « facultative » parce qu'elle résulte d'une libre initiative. Rattachée indéniablement aux logiques du municipalisme, elle se réalise le plus souvent dans les secteurs culturels et sociaux.

La création d'écoles de musique ou de danse a ainsi longtemps constitué l'exemple type de services publics librement institués par la commune. Le juge administratif a eu plusieurs occasions de faire remarquer que la commune n'a pas l'obligation de créer des écoles municipales de musique ni de les maintenir. Elle a même pu en restreindre l'accès en spécifiant les principales catégories d'usagers suivant des critères objectifs (âge, domicile, ressources) (175).

Aujourd'hui, l'institution de ce type d'enseignement relève, pour une large part, de dispositions insérées dans le Code de l'éducation (176). Ces écoles ne passent pas pour autant d'un statut – indéfini – de service public d'initiative locale à un statut – tout aussi hasardeux – de service public à détermination législative ou réglementaire. Seules leurs finalités sont plus ou moins déterminées puisqu'elles sont associées à une certaine culture du « résultat » ou de la « réussite ».

567 À vrai dire, c'est surtout en matière d'action sociale, de sports ou de loisirs, et de culture (177), aussi bien pour l'institution, l'organisation ou la gestion d'une piscine municipale (178), d'un centre de loisirs (179) ou encore d'activités socio-éducatives,

(174) G. PELLISSIER, *op. cit.*

(175) CE sect., 29 déc. 1997, Commune de Nanterre, *Rec.* p. 499 ; CE, 25 févr. 1998, Commune de Colombes, *Rec.* T. p. 753 ; *comp.* CE sect., 26 avr. 1985, Ville de Tarbes, *Rec.* p. 119.

(176) C. éduc., art. L. 216-2 : « Les établissements d'enseignement public de la musique, de la danse et de l'art dramatique dispensent un enseignement initial, sanctionné par des certificats d'études, qui assure l'éveil, l'initiation, puis l'acquisition des savoirs fondamentaux nécessaires à une pratique artistique autonome. Ils participent également à l'éducation artistique des enfants d'âge scolaire. Ils peuvent proposer un cycle d'enseignement professionnel initial, sanctionné par un diplôme national./ *Ces établissements relèvent de l'initiative et de la responsabilité des collectivités territoriales* [...]./ *Les communes et leurs groupements organisent et financent les missions d'enseignement initial et d'éducation artistique de ces établissements.* Les autres collectivités territoriales ou les établissements publics qui gèrent de tels établissements [...] peuvent poursuivre cette mission ; ces établissements sont intégrés dans le schéma départemental [de développement des enseignements artistiques dans les domaines de la musique, de la danse et de l'art dramatique]. [...] Ce schéma, élaboré en concertation avec les communes concernées, a pour objet de définir les principes d'organisation des enseignements artistiques, en vue d'améliorer l'offre de formation et les conditions d'accès à l'enseignement » (souligné par nous).

(177) J.-M. PONTIER, « Le service public culturel existe-t-il ? », *AJDA* 2000, n° spéc. *Culture et service public*, p. 8.

(178) CE, 23 juin 1972, Soc. « La Plage de la Forêt », *préc.*

(179) CE, 25 juin 1986, Caisse des écoles de Saint-Gratien, *préc.*

d'animations culturelles et de festivals (180), que la commune dispose encore d'une certaine liberté d'action. En ces domaines, même membre d'un établissement public de coopération intercommunale, et sauf si la matière a été déléguée à l'établissement, la commune conserve la plénitude de ses compétences.

Elle peut soit se charger elle-même des missions de service public qui s'y rattachent, soit être à l'initiative de la création des organismes qui en ont la charge, et en être la principale source de financement. Ces solutions sont discrétionnaires pour les services publics à caractère administratif, mais elles ne peuvent être appliquées sans nuances dans le cadre des services publics industriels et commerciaux (181).

568 L'action sociale facultative regroupant les initiatives librement décidées par les collectivités locales est de plus en plus développée. De fait, ainsi que le note D. Roman, les mesures en ce domaine « sont prises par les collectivités sur le fondement de leur clause générale de compétence : un premier bilan permettrait ainsi de conclure que la clause générale de compétence communale s'incarne en matière sociale en une action sociale facultative, résiduelle et ponctuelle, destinée à compléter les failles de l'aide sociale. Or, une telle approche est loin de refléter la réalité : les communes ont toutes multiplié leurs interventions dans le domaine social : qu'il s'agisse de mesures prises pour les personnes âgées (foyers, restaurants…), l'enfance (crèches, garderies…), la jeunesse (centres aérés, maisons de quartiers), l'action sociale des communes s'est diversifiée au point d'échapper à toute classification » (182).

Les services de restauration scolaire, services publics locaux, en forment une illustration. Ils sont aussi bien des services publics facultatifs pour les communes que des services publics accessoires aux services de l'enseignement (183). C'est pourquoi la préparation des repas et leur distribution peuvent faire l'objet d'une délégation de service public, alors que la surveillance des élèves, qui relève des missions d'éducation ou d'accueil, ne le peut point (184).

569 Longtemps le juge administratif a refusé de valider l'institution de tarifs différenciés en fonction des ressources des familles pour l'accès aux services publics culturels à l'inverse du traitement juridique des services à vocation sociale comme les centres de loisirs (185). Pour les services facultatifs (186) ont été acceptés des tarifs différents

(180) CE, 2 juin 1995, Ville de Nice, *Rec.* T. p. 685.

(181) CE sect., 6 avr. 2007, Commune d'Aix-en-Provence, req. 284736, *AJDA* 2007, p. 793.

(182) D. Roman, « Les collectivités locales et l'insertion sociale », *AJDA* 2002, p. 389.

(183) « Le service public de la restauration scolaire est un service public facultatif, bien que sa création au sein d'une école soit vivement recommandée. Cependant, lorsque les communes décident de mettre en place un restaurant scolaire, des règles d'organisation de ce service doivent être observées. À cet égard, la mise en place d'un restaurant scolaire implique que le service soit organisé par la commune de manière directe ou indirecte afin d'assurer auprès des élèves la distribution de repas qui répondent aux exigences de sécurité et d'équilibre alimentaire conformément aux instructions de la circulaire n° 2001-118 du 25 juin 2001 relative à la composition des repas servis en restauration scolaire et à la sécurité des aliments. […] Par conséquent, la mise à disposition des élèves d'un local équipé pour réchauffer la nourriture apportée par ces derniers, ne saurait être considérée comme un service de restauration scolaire… », Rép. min. *JO* Sénat 26 août 2010, p. 2223.

(184) CE sect., 11 janv. 1952, Association des parents d'élèves de l'enseignement libre de Seine-et-Oise, *Rec.* p. 26.

(185) Dont la gestion relève de contrats de délégation de service public et non de marchés publics : CE, 20 oct. 2006, Fédération des œuvres laïques c. Commune d'Andeville, req. 289234.

(186) Suivant certaines conditions, ni dans tous les cas, ni pour tous les services, CAA Lyon, 13 avr. 2000, Commune de Saint-Sorlin-d'Arves, *AJDA* 2000, p. 849, concl. Bourrachot ; *RGCT*, 2001, p. 826, note Fiorentino.

selon que les usagers sont ou non domiciliés dans la commune, ou qu'ils entretiennent avec elle un lien particulier (187), à condition toutefois que les principes de fonctionnement du service public soient respectés, notamment quant à l'égalité d'accès au service considéré (188). Néanmoins, ces pratiques devront être réévaluées à l'aune de la jurisprudence européenne (189).

570 Les « services d'accueil des enfants de moins de six ans » constituent aussi des services publics dont l'institution est facultative pour les communes. S'agissant des crèches collectives, des haltes garderies ou des jardins d'enfants, il n'existe pas de droit à l'accueil, *a fortiori* en collectivité, pour les enfants d'âge préscolaire. Il n'y a donc, pour les collectivités publiques, ni obligation de les créer, ni contrainte d'en assumer la charge (190). Un décret n° 2010-613 du 7 juin 2010 relatif aux établissements et services d'accueil des enfants de moins de six ans est cependant intervenu pour en encadrer les modes de fonctionnement. Ce décret modifie le décret n° 2007-230 du 20 février 2007 relatif aux établissements et services d'accueil des enfants de moins de six ans (191) qui faisait suite à la remise d'un rapport du Conseil d'analyse stratégique sur le « service public de la petite enfance » du 14 février 2007. Les compétences des communes en matière de création de ce type de services publics s'entendent en relation avec le département qui est la principale collectivité territoriale concernée. Les facilités qui avaient été envisagées « à titre expérimental » pour les communes rurales rencontrant de nombreux obstacles pour instituer des structures d'accueil (192) sont maintenues. La création de lieux d'accueil d'une capacité de neuf places, que l'on pourrait présenter comme des « micro-crèches », est ainsi toujours envisageable et laissée à l'appréciation de la commune.

La situation est différente pour ce qui concerne l'accueil ponctuel des enfants, quel que soit leur âge, pendant le temps scolaire au titre de la loi n° 2008-790 du 20 août 2008 instituant un droit d'accueil pour les élèves des écoles maternelles et élémentaires pendant le temps scolaire, ce droit signifiant la mise en place « d'un service minimum d'accueil ». L'article L. 133-3 du Code de l'éducation prévoit en effet qu'« en cas de grève des enseignants d'une école maternelle ou élémentaire publique, les enfants scolarisés dans cette école bénéficient gratuitement, pendant le temps scolaire, d'un service d'accueil qui est organisé par l'État, sauf lorsque la commune en est chargée… » (193).

▪ (187) CE sect., 29 déc. 1997, req. 157425, Commune de Gennevilliers ; req. 157500, Commune de Nanterre, *Rec.* p. 499 ; *AJDA* 1998, p. 102, chron. ; notes : *RDP* 1998, p. 899, Borgetto ; *LPA*, 1998, n° 59, p. 12, Alloiteau ; *Rev. adm.*, 1998, p. 406, Pontier.

▪ (188) CE, 23 oct. 2009, req. 329076, Fédération des conseils de parents d'élèves de l'enseignement public du Rhône (FCPE), Mme Pasquier, note Verpeaux, *AJDA* 2010, p. 265.

▪ (189) CJCE, aff. 388/01, 16 janv. 2003, Commission c. République Italienne ; G. Chavrier, « La tarification des services publics selon le lieu de résidence face au droit communautaire », *in* L. Solis-Potvin (dir.), *Égalité et non discrimination dans l'accès aux services publics*, Paris, L'Harmattan, coll. Grale, 2008, p. 139.

▪ (190) CE, 6 mai 1996, req. 148042, Mme Gilama.

▪ (191) Modifiant le C. santé publ. (dispositions réglementaires).

▪ (192) CAA Bordeaux, 19 mars 2003, n° 98BX02088, Commune de Lavaur, *préc.*

▪ (193) CE, 17 juin 2009, req. 321897, Synd. des enseignants UNSA ; L. Janicot, « Le conflit relatif au service minimum d'accueil. Le pouvoir de contrainte de l'État mis à l'épreuve », *AJDA* 2009, p. 292 ; CE, 7 oct. 2009, Commune du Plessis-Pâté, req. 325829, *Rec.* T, *Lamy CT* 2010, n° 53, p. 54, note Guglielmi et Koubi.

Par-delà ces particularités, les interventions des communes sont fréquentes en la matière, car la création de ces services d'accueil répond indéniablement à une demande locale. Elles doivent respecter des réglementations précises relevant autant de l'action sociale que de la santé publique. Ainsi, sous l'empire de la loi n° 2010-625 du 9 juin 2010 relative à la création des maisons d'assistants maternels et portant diverses dispositions relatives aux assistants maternels, « la création, l'extension et la transformation des établissements et services publics accueillant des enfants de moins de six ans sont décidées par la collectivité publique intéressée », notamment la commune d'implantation, après avis du Conseil général (territorial). Ces établissements doivent garantir « des places pour l'accueil d'enfants non scolarisés âgés de moins de six ans à la charge de personnes engagées dans un parcours d'insertion sociale et professionnelle » (C. santé publ., art. L. 2324-1). Outre la qualification des personnels et la différenciation selon l'âge des enfants (moins ou plus de deux ans (194)), l'accueil de la petite enfance n'est envisageable pour les communes, comme pour les personnes privées, que dans le respect de normes relatives aux aménagements matériels, à la sécurité, aux différents modes de garde, et toujours sous le contrôle des services départementaux de Protection maternelle et infantile (PMI).

Une analyse similaire pourrait être menée à propos des centres d'accueil des personnes âgées, des centres municipaux sanitaires ou des services locaux d'hygiène (195). Ces exemples permettent de signifier que bien des initiatives municipales pour la création de services publics ont retenu l'attention des pouvoirs publics. Les réglementations qui en découlent ont alors pour objet de recentrer les compétences autour de la figure de l'État ou de la collectivité territoriale directement habilitée à intervenir dans le domaine concerné, le département le plus souvent. Cependant, ces configurations ne sont pas stabilisées tant les réformes menées secteur par secteur recomposent les cartes et redéfinissent les périmètres d'action qu'il s'agisse des structures hospitalières ou des services culturels.

571 La prise en considération de différents « périmètres », révélateurs d'une appréhension des « territoires » en termes d'espaces d'action, reconduit le constat initial selon lequel territorialisation et décentralisation ne sont pas nécessairement synonymes.

Cependant, la liberté locale reconnue aux collectivités territoriales pour créer ou faire disparaître des services publics conçus comme facultatifs, au motif qu'ils ne sont pas imposés par le législateur, ne saurait masquer certains obstacles à la suppression de ces services. L'appréciation discrétionnaire par les autorités locales des exigences de l'intérêt public en matière de service public peut être infirmée par le juge. Le principe de continuité revêt là un caractère contraignant même pour des services facultatifs. Ainsi, une autorité locale ne peut-elle supprimer un service public qu'elle a elle-même institué que si le service en cause s'avère désormais inutile et non pas seulement inopportun.

(194) Ainsi, « les établissements d'accueil collectif qui reçoivent exclusivement des enfants âgés de plus de deux ans non scolarisés ou scolarisés à temps partiel » sont dénommés jardins d'enfants (C. santé publique, art. R. 2324-17) – dont l'effectif peut atteindre quatre-vingts places.

(195) C. santé publique, art. 1422-1 al. 1 : « Les services municipaux de désinfection et les services communaux d'hygiène et de santé relèvent de la compétence des communes ou, le cas échéant, des groupements de communes, qui en assurent l'organisation et le financement, sous l'autorité du maire ou, le cas échéant, du président de l'établissement public de coopération intercommunale. »

Car le juge administratif demeure vigilant sur les fondements allégués pour de telles décisions. Il examine ainsi nombre de moyens de procédure, allant de la notion de conseiller personnellement intéressé jusqu'au relevé de vices de forme substantiels, et s'investit dans la recherche de combinaisons de normes pour éviter que les collectivités locales ne se cantonnent dans les seuls cadres fixés par le législateur : le Code général des collectivités territoriales ne saurait être la seule et unique référence.

572 La distinction entre les services publics locaux dont l'institution est facultative et les services publics locaux créés sur une libre initiative de la commune, qui doit être répercutée au niveau de chaque collectivité territoriale, n'a pas, en soi, de valeur opératoire. La force d'initiative des collectivités territoriales réside toujours dans la clause générale de compétence adossée à la notion d'affaires locales (196). Elle permet aux communes de s'engager dans nombre d'actions sociales et culturelles (197) – et pour ces dernières, par exemple la bande dessinée, les livres pour la jeunesse, la musique (198), le cinéma (199). Néanmoins, le développement de l'intercommunalité peut conduire à une dégénérescence de cette dynamique en introduisant une notion indéterminée de service public territorial, car les établissements publics de coopération intercommunale ont vocation à accaparer nombre de ces domaines. Le déclin de la clause générale de compétence s'entend ainsi autour de l'intérêt communautaire – et, à terme, métropolitain – lequel rejoint l'institution de services publics, soit imposée par la loi, soit décidée par accord entre les communes membres de l'établissement, soit nécessitée par les circonstances.

Cependant, outre le fait qu'elle pourrait contribuer à une étude des raisons de l'inflation législative et réglementaire tant décriée, la distinction entre service public local facultatif et service public local de libre initiative sert tout autant l'analyse des politiques de recentralisation sollicitant la participation des collectivités territoriales, menées dans certains secteurs comme l'emploi (200), l'hébergement (201) ou le sport (202).

(196) V. cependant, G. Le Chatelier, « Le débat sur la clause générale de compétence est-il vraiment utile ? », *AJDA* 2009 p. 186.

(197) P.-L. Frier, « La répartition actuelle des compétences entre l'État et le pouvoir local », *AJDA* 2000, n° spéc. *Culture et service public*, p. 58.

(198) CAA Marseille, 17 juin 2010, req. 09MA01507, Commune de Six-Fours-les-Plages, note Pontier, *JCP A* n° 45, 2010, 2335.

(199) CE, 5 oct. 2007, req. 298773, Soc. UGC-Ciné-Cité, *Droit adm.* déc. 2007, comm. 165, Ménéménis ; *AJDA* 2007, p. 2260, note J.-D. Dreyfus ; Cons. conc., avis n° 08-A-13, 10 juill. 2008, saisine du syndicat professionnel UniCiné portant sur l'intervention des collectivités locales dans le domaine des salles de cinéma, comm. Leroy, *CMP,* janv. 2009, comm. 23.

(200) L. n° 2008-126 du 13 févr. 2008 relative à la réforme de l'organisation du service public de l'emploi.

(201) D. n° 2010-255 du 11 mars 2010 relatif aux modalités de détermination du nombre de places d'hébergement à atteindre par les communes et au dispositif de la veille sociale, *JO* 13 mars 2010.

(202) À l'article L. 111-2 du Code du sport est prévue « la coordination des différents services publics impliqués dans le développement des pratiques sportives en relation avec les politiques de développement local, économique, touristique et culturel ». V. aussi, dans le même code, art. L. 113-2 al. 1 : « Pour des missions d'intérêt général, les associations sportives ou les sociétés sportives peuvent recevoir des subventions publiques. Ces subventions font l'objet de conventions passées, d'une part, entre les collectivités territoriales, leurs groupements ainsi que les établissements publics de coopération intercommunale et, d'autre part, les associations sportives ou les sociétés qu'elles constituent. » ; art. R. 113-2 : « Les missions d'intérêt général mentionnées à l'article L. 113-2 concernent : 1° La formation, le perfectionnement et l'insertion scolaire ou professionnelle des jeunes sportifs accueillis dans les centres de formation agréés [...] ;

SECTION III LES SERVICES PUBLICS LOCAUX ENTRE DROITS SOCIAUX ET STRATÉGIES ÉCONOMIQUES

573 **Bibliographie** : J.-C. DOUENCE, *L'action économique locale : décentralisation ou recentralisation ?*, Economica, 1999 ; Institut de la gestion déléguée, *La régulation des services publics locaux*, (table ronde), 2000 ; J.-L. GOUSSEAU, Y. MADIOT, *Collectivités locales et développement économique. Élus locaux, entreprises et territoires*, Imp. nat., (coll. Action locale), Éd. Dexia, 2002.

T. TRAORÉ, « Tentatives récentes de mise en œuvre des politiques de développement local en France », *LPA*, 12 juillet 1999, p. 9 et 14 juillet 1999, p. 4 ; K. JULIENNE, « Aide et action sociales des collectivités locales : évolution des bénéficiaires et des dépenses depuis vingt ans », *RFAS* n° 4, 2004, p. 35 ; R. ALLEMAND, « L'intervention des collectivités territoriales dans le domaine des télécommunications », *AJDA* 2004, p. 2025 ; E. FOREY, « Le rôle des collectivités territoriales dans l'aménagement numérique du territoire », *RFDA* 2005, p. 296 ; R. DE CASTELNAU, P. DE FAY, « Le nouveau régime des interventions économiques des collectivités territoriales », *AJDA* 2005, p. 121 ; L. BENOIT, « Décentralisation et développement économique : la nouvelle répartition de compétences », *AJDA* 2005, p. 1878 ; H. GROUD, « Réflexions sur le nouveau droit de l'interventionnisme économique local et régional », *RDP* 2005, p. 1247 ; M. LONG, « Développement économique et développement local », *La profondeur du droit local, Mél. J.-C. Douence*, Dalloz, 2006, p. 315 ; B. DESTREMAU et M. MESSU, « Le droit à l'assistance sociale à l'épreuve du local », *RFSP* 2008, p. 713 ; S. NICINSKI, « Les services sociaux devant le Conseil d'État : la construction d'une exception française », *AJDA* 2008, p. 185 ; Y. JÉGOUZO, « Le logement social entre solidarité, décentralisation, service public et concurrence », *AJDA* 2008, p. 500 ; D. TURPIN, « Les nouvelles compétences des régions », *AJDA* 2008, p. 1645 ; P. QUILICHINI, « Les politiques locales de l'habitat », *AJDI* 2009, p. 512 ; P. VILLENEUVE, « Les compétences sanitaires des collectivités territoriales », *RDSS* 2009, p. 86 ; M.-L. MOQUET-ANGER, « Territoires de santé et égalité des citoyens », *RDSS* 2009, p. 116 ; D. CRISTOL, « La réorganisation des services de l'État en matière sociale », *RDSS* 2011, p. 27.

574 Le service public joue un rôle clef en matière économique et sociale. De ce fait, il est au cœur des débats contemporains sur la stratégie de décentralisation territoriale et d'aménagement du territoire national. En même temps, il ne peut plus être conçu indépendamment des recompositions économiques induites par le mouvement de libéralisation des services dans le cadre européen ni de la pression des mesures inférées par la révision générale des politiques publiques.

575 L'approfondissement de la décentralisation territoriale avait conduit à une revalorisation du rôle des collectivités départementales et régionales mais, dans l'enjeu de la réforme de l'État et des collectivités territoriales, une association plus étroite entre ces deux niveaux de politiques territoriales est désormais recherchée (§ 1). Le développement de la décentralisation est aujourd'hui surtout assimilé à une forte incitation au regroupement intercommunal, ce qui affaiblit progressivement le modèle que constituait la commune en la matière.

576 L'expression « service public local » ne recouvre pas seulement les services institués, créés et pris en charge ou contrôlés par les collectivités territoriales. Des

2° La participation de l'association ou de la société à des actions d'éducation, d'intégration ou de cohésion sociale ; 3° La mise en œuvre d'actions visant à l'amélioration de la sécurité du public et à la prévention de la violence dans les enceintes sportives. […] ».

établissements publics, des structures intercommunales, quelques entreprises publiques, ou des personnes privées sont intervenus dans le champ des services assurant la satisfaction de besoins locaux. Dans certains cas, ces services pourraient être considérés comme des services publics territoriaux. Car, du fait des privatisations des « grands services publics » décidées par l'État depuis les années 1980, ces derniers peuvent être supprimés en dépit de l'intensité des besoins et des intérêts locaux. Les collectivités territoriales concernées ne disposent alors d'aucun moyen, notamment structurel et financier, pour remédier aux manques et aux lacunes que ces suppressions entraînent, en des domaines où les habitants sont à même de revendiquer le respect de droits et libertés (§ 2).

577 C'est entre droits sociaux et stratégies économiques que se comprennent les compétences des départements et des régions en matière de services publics, encore ces deux aspects ne sont-ils pas nécessairement liés. C'est aussi dans cet espace que s'entendent les revendications des collectivités territoriales sous-équipées en services publics, lesquelles peuvent souvent n'être satisfaites que grâce aux soutiens donnés par le département ou la région.

§ 1. ACTION SOCIALE DU DÉPARTEMENT, FONCTION ÉCONOMIQUE DE LA RÉGION

578 Les départements et régions, collectivités territoriales au même titre que la commune, ne disposent pas des mêmes possibilités d'intervention en matière de création de services publics, quoique, depuis 1982, les autorités départementales et régionales bénéficient d'une même « clause générale de compétence » pour la gestion de leurs propres affaires locales, assortie des mêmes limites. En effet, dès l'application des lois de 1982 et 1983, la jurisprudence relative aux communes a été étendue aux départements en raison de la similitude de situation, érigeant ainsi l'organisation administrative communale en modèle type de la décentralisation territoriale. De ce fait, les limites apportées aux interventions des communes sont également applicables aux départements et, par la suite, dans les domaines qui les concernent, aux régions.

579 Cette translation ne signifie pas que les interventions des départements pour créer ou supprimer des services publics n'aient pas fait auparavant l'objet de recours et de jurisprudence. Puisque les départements constituaient une catégorie de collectivités décentralisées antérieurement à ces lois, ces interventions ont, de la même manière, été analysées par le juge administratif à l'aune de la liberté du commerce et de l'industrie et suivant le critère de l'absence, de la carence ou de la défaillance de l'initiative privée. Les exceptions et hypothèses développées au niveau communal ont été soit dégagées de situations relevées au niveau départemental, soit appliquées par la suite aux départements (203).

(203) CE, 4 juill. 1984, Département de la Meuse c. Poilera, inédit au *Rec.*, *RFDA* 1985, p. 58, Douence ; *RDP* 1985, p. 199, note de Soto. Le Conseil d'État jugeait à propos de la création d'un service départemental d'assurance qu'il peut « appartenir exceptionnellement aux administrations locales d'intervenir pour la satisfaction des besoins essentiels de la collectivité en cas de défaillance ou d'insuffisance manifeste de l'initiative privée ».

Par exemple, à propos du service public par accessoire, certains critères de la complémentarité nécessaire entre les activités, retenus par la jurisprudence en la matière, relèvent d'affaires étudiées au niveau départemental. Le juge administratif admit ainsi la légalité d'une subvention départementale accordée à une caisse mutuelle agricole, dont l'objet principal était de couvrir des risques non assurés par les compagnies privées (gel, inondation, ouragans), mais qui assurait également le risque de grêle pour lequel il n'existait pas de carence de l'initiative privée. Ce dernier risque, « par sa nature, se rattache aux précédents » et sa couverture « est nécessaire pour assurer l'équilibre financier de l'ensemble des opérations » (204). Les deux catégories de prestations s'adressaient aux mêmes usagers. La solution était inverse lorsque l'activité seconde était établie pour une autre clientèle que celle du service principal existant. Dans ce cas, le juge refusait de lui reconnaître un caractère complémentaire même s'il existait un lien technique (205).

580 Il n'est pas nécessaire d'énumérer les principales attributions des départements et des régions qui pourraient conduire à instituer des services publics, car elles appartiennent dans leur généralité au droit des collectivités territoriales ou au droit des services publics locaux inséré dans le droit de la décentralisation. Seuls quelques éléments saillants de ces services seront ici soulignés tant au niveau départemental (A) que régional (B).

A. LE DÉPARTEMENT ET LE RESPECT DES DROITS SOCIAUX

581 La création et la suppression de services publics départementaux répondent généralement aux mêmes principes que ceux développés pour les communes. Il apparaît néanmoins utile de signaler que le département constitue la collectivité territoriale la plus lourdement chargée en services imposés par le législateur, surtout par transferts de compétences de la part de l'État, mais aussi du fait de lois sectorielles particulières.

582 Dans les départements, certains services publics sont obligatoirement institués et pris en charge sur leurs budgets ou par l'entremise de délégations de service public. D'autres, conçus comme annexes à ces services, le sont facultativement.

Il en est ainsi dans les domaines des voies de communication et de l'action sociale et sanitaire, qui répondent directement à des considérations de cohésion sociale. En relèvent, par exemple, au vu de l'article L. 123-1 du Code l'action sociale et des familles, le service public départemental d'action sociale (206), le service de l'aide sociale à l'enfance, le service de protection maternelle et infantile. De façon générale « le conseil général concourt aux actions de prévention de la délinquance dans le cadre de l'exercice de ses compétences d'action sociale. Il statue sur l'organisation et le financement des services et des actions sanitaires et sociaux qui relèvent de sa

(204) CE sect. 15 oct. 1965, Département du Var c. Compagnie l'Abeille, *Rec.* p. 515 ; *AJDA* 1965, p. 593, chron.

(205) CE sect., 4 oct. 1957, Ville de Charleville, *Rec.* p. 504.

(206) Code de l'action sociale et des familles, art. L 123-2 : « Le service public départemental d'action sociale a pour mission générale d'aider les personnes en difficulté à retrouver ou à développer leur autonomie de vie… ».

compétence, notamment des actions qui concourent à la politique de prévention de la délinquance » (CGCT, art. L. 3214-1). En font également partie les services rattachés aux ouvrages d'art, comme les bacs (207) ou les ponts (208), ou encore le transport scolaire (CGCT, art. 3351-27) et les services annexés aux collèges, établissements scolaires du second degré, (accueil, restauration, hébergement (209)). L'implication des départements dans ces services varie cependant selon les ajustements réalisés par les réglementations successives touchant à tel ou tel secteur. La détermination législative de différents périmètres d'action de certains établissements ou organismes, privés ou publics, peut aussi retrancher ou ajouter des compétences, même partielles, pour des interventions diversifiées dans ces domaines spécifiques.

Les conseils généraux (210), autorités départementales, disposent aussi de compétences pour créer, de leur propre initiative, certains services locaux. Ces services relèvent généralement des compétences en matière d'action sociale comme, par exemple, au titre de l'article L. 121-1 du Code de l'action sociale et des familles : « Le département définit et met en œuvre la politique d'action sociale, en tenant compte des compétences confiées par la loi à l'État, aux autres collectivités territoriales ainsi qu'aux organismes de sécurité sociale. Il coordonne les actions menées sur son territoire qui y concourent ». Le fait de « définir et mettre en œuvre » rend compte effectivement de pouvoirs quant à la création et la suppression de services publics dans les limites territoriales de la collectivité considérée, nonobstant les structures de regroupement qui pourraient être instituées.

583 La problématique des interventions départementales fut, un temps, évoquée en ce qui concerne les « aides aux entreprises privées », notamment lorsque ces dernières se trouvaient en difficulté et participaient à la poursuite d'un intérêt local. Elle concerne aussi une panoplie générale de compétences et services transférés aux départements par la loi du 13 août 2004 (routes, aérodromes, ports, etc.) mais les interventions des départements s'entendent toujours dans les limites territoriales. Au vu des évolutions législatives et d'un principe relatif de spécialité territoriale et fonctionnelle, il apparaît que les services publics pris en charge au niveau départemental qui retiennent l'attention sont ceux qui intéressent plus particulièrement le champ des droits et libertés économiques et sociaux. Ces services publics peuvent être mis à la charge des départements par des lois diversifiées n'emportant pas nécessairement un transfert direct de compétences.

Les transferts de compétences de l'État vers les départements en ces matières peuvent susciter des difficultés de financement des services publics correspondants. Le Conseil constitutionnel a ainsi estimé que, lorsque la loi modifie les conditions d'exercice des missions des services de protection maternelle et infantile et d'aide sociale à l'enfance exercées par les départements, sans créer de nouvelles

(207) CE, 10 déc. 1982, Sivom de l'Île de Ré, req. 33198, *D.* 1983, IR, 239, obs. Delvolvé.

(208) CE, 2 oct. 1985, Jeissou et SEM Pont de Saint-Nazaire-Saint-Brevin, *Rec.* T. p. 544 ; *AJDA* 1986, p. 38, concl. Jeanneney.

(209) C. éduc., art. L. 213-2, al. 2 : « Le département assure l'accueil, la restauration, l'hébergement ainsi que l'entretien général et technique, à l'exception des missions d'encadrement et de surveillance des élèves, dans les collèges dont il a la charge ». V. aussi, M. Long, « Restauration scolaire : quelles modalités d'accès », *JCP A* 2005, 1315.

(210) CE, 6 janv. 1995, Synd. national des personnels technique, administratif et de service de l'équipement-CGT, *Rec.* p. 5, *JCP* 1995, IV, 94, note Rouault.

prestations sociales, elle ne porte pas atteinte au principe de libre administration des collectivités territoriales ni n'oblige l'État à prévoir de compensations financières en raison de l'article 72-2 de la Constitution, qui dispose pourtant : « Tout transfert de compétences entre l'État et les collectivités territoriales s'accompagne de l'attribution de ressources équivalentes à celles qui étaient consacrées à leur exercice. Toute création ou extension de compétences ayant pour conséquence d'augmenter les dépenses des collectivités territoriales est accompagnée de ressources déterminées par la loi » (211).

584 Établir la liste des « dépenses obligatoires » (CGCT, art. L. 3321-1) n'est, là aussi, qu'un moyen de discerner quelques-uns des services publics dont le département a la charge ou dont il permet le bon fonctionnement. Il en va ainsi, notamment, des dépenses de fonctionnement des collèges et de certaines, relatives au fonctionnement des instituts universitaires de formation des maîtres, de celles liées à l'organisation des transports scolaires, des dépenses relatives à l'action sociale, à la protection sanitaire, à la santé et à l'insertion mises à la charge du département, et de la participation au service départemental d'incendie et de secours (212).

En matière d'aide sociale, pour ce qui concerne les services publics qui y sont associés, sont ainsi à la charge de l'État les dépenses d'aide sociale engagées en faveur des personnes sans domicile fixe, des personnes âgées, des personnes handicapées, des personnes dépendantes. Il en est de même pour les frais de fonctionnement des centres d'aide par le travail, les aides en matière de logement, d'hébergement et de réinsertion.

Ces dispositions n'empêchent pas l'institution de services facultatifs bien que, le plus souvent, ceux-ci soient associés aux interventions des communes ou de leurs groupements. Par ailleurs, dès lors que le département crée avec d'autres personnes publiques ou privées un groupement d'intérêt public devant prendre en charge, dans le domaine de l'action sanitaire, des missions de service public qu'il avait auparavant exercées à titre facultatif, il « ne peut être regardé comme ayant confié la gestion d'un service public dont il a la responsabilité à un délégataire public ou privé », ni « comme ayant pris lui-même en charge une activité économique ». Dans cette configuration, en se référant à la loi n° 87-571 du 23 juillet 1987, le juge administratif estime que le groupement d'intérêt public peut « prendre en charge une activité économique de prestations d'analyses dans le domaine sanitaire sans méconnaître la liberté du commerce et de l'industrie et le droit de la concurrence » (213).

585 S'il est un domaine dans lequel l'intervention des collectivités territoriales trouve de plus lointaines racines que celles de l'État, révélant leur capacité d'action et le

(211) CC, 25 mars 2011, n° 2010-109 QPC, Département des Côtes d'Armor : financement de la protection de l'enfance par les départements, visant ainsi « en particulier, l'établissement d'un bilan de santé pour les enfants âgés de trois à quatre ans, l'entretien psychosocial pour les femmes enceintes au cours de leur quatrième mois de grossesse ainsi que la mise en œuvre d'actions sociales et médico-sociales pour les parents en période postnatale, qui relevaient déjà des attributions de la protection maternelle et infantile… ».

(212) Pour ce qui concerne la prestation d'autonomie et le RMI, l'article L. 3321-2 CGCT dispose : « Les dépenses relatives au revenu minimum d'insertion et à l'allocation personnalisée d'autonomie sont retracées dans un chapitre individualisé du budget du département ».

(213) CE, 10 nov. 2010, req. 319109, Soc. Carso-Laboratoire Santé Hygiène Environnement.

caractère facultatif des services alors institués, c'est bien celui de l'action sociale et, accessoirement, de la santé publique (214). Le département est la collectivité territoriale principalement compétente en matière de « solidarité », donc pour les secteurs sociaux et sanitaires (215), lesquels s'avèrent souvent être des services mis obligatoirement à sa charge par la loi (216). En revanche, les répartitions des compétences induites d'abord par la loi n° 2004-806 du 9 août 2004 sur la politique de santé publique, puis par la loi n° 2009-879 du 21 juillet 2009 portant réforme de l'hôpital et relative aux patients, à la santé et aux territoires situent l'espace régional comme principal territoire pertinent dans le secteur hospitalier.

En ce qui concerne la santé publique, il n'existe ni libre création de services publics départementaux ni développement de l'autonomie du département. Bien au contraire, le département subit une sorte de mise en demeure d'appliquer les politiques nationales de santé en rapport avec le rôle de coordination joué par les régions et, surtout désormais, par les « agences régionales de santé ».

586 Les autorités départementales ne peuvent pourtant pas rester indifférentes aux évolutions que connaît le secteur hospitalier du fait de l'institution des agences régionales. Par exemple, la combinaison entre les lois du 9 août 2004 (santé publique) et du 13 août 2004 (responsabilités locales) avait fait des départements les principaux acteurs de l'action gérontologique de proximité. Ils disposaient ainsi d'une certaine latitude pour instituer de nouvelles structures ou reprendre celles qu'avaient, parfois, mises en place les communes, notamment pour l'accueil, l'information, le conseil ou l'orientation des personnes âgées. Ce domaine d'intervention relève toujours de leurs compétences (217), ne serait-ce qu'en raison de leur meilleure connaissance que les structures nationales ou régionales « des besoins rencontrés par les personnes âgées dépendantes et les personnes handicapées » (218). Mais, sauf par l'institution de services publics dits accessoires, elles se concrétisent sous certaines conditions et souvent du fait de conventions passées avec l'État, comme d'autres activités, telle la prévention des maladies contagieuses dites transmissibles.

En ces matières, le département vient alors pallier les manques des politiques nationales même s'il est tenu d'inscrire ses interventions dans le cadre des schémas régionaux de santé publique ou d'organisation sanitaire.

587 Par ailleurs, les services de prévention sanitaire ont été recentralisés, de manière partielle et suivant les particularismes territoriaux. Ainsi, mis à part le domaine de la

(214) J.-M. Lemoyne De Forges, « Collectivités locales et protection de la santé publique », *in Les collectivités locales, Mél. J. Moreau*, Economica, 2003, p. 253.

(215) V. M. Borgetto et R. Lafore, *Droit de l'aide et de l'action sociales*, Montchrestien, coll. Précis Domat, 7e éd. 2009.

(216) Code de l'action sociale et des familles, art. L. 116-1 : « L'action sociale et médico-sociale tend à promouvoir, dans un cadre interministériel, l'autonomie et la protection des personnes, la cohésion sociale, l'exercice de la citoyenneté, à prévenir les exclusions et à en corriger les effets. Elle repose sur une évaluation continue des besoins et des attentes des membres de tous les groupes sociaux, en particulier des personnes handicapées et des personnes âgées, des personnes et des familles vulnérables, en situation de précarité ou de pauvreté, et sur la mise à leur disposition de prestations en espèces ou en nature. Elle est mise en œuvre par l'État, les collectivités territoriales et leurs établissements publics, les organismes de sécurité sociale, les associations ainsi que par les institutions sociales et médico-sociales… ».

(217) CE, 3 mars 2010, req. 306911, Département de la Corrèze, *préc.*

(218) C. santé publ., art. L. 1434-12.

protection maternelle et infantile (PMI) (219) qui demeure dans la compétence départementale, les services de vaccination obligatoire (220) et les services de dépistage des maladies infectieuses sont retournés dans le giron de l'État. Des conventions, effectivement signées par de nombreux départements, peuvent être passées avec l'État suivant l'évaluation de la « capacité de la collectivité locale à répondre aux objectifs de la politique de santé publique » (221).

588 Dans un autre domaine, celui de l'établissement public dénommé « Service départemental d'incendie et de secours » (SDIS), principalement chargé de la prévention, de la protection et de la lutte contre les incendies (222), l'extension des objets d'intervention paraît malaisée hors les cas de circonstances exceptionnelles. L'article L. 1424-42 du CGCT affirme que « le service départemental d'incendie et de secours n'est tenu de procéder qu'aux seules interventions qui se rattachent directement à ses missions de service public ». C'est seulement en liaison avec d'autres services et professionnels concernés qu'ils concourent à la protection et à la lutte contre les autres accidents, sinistres et catastrophes, à l'évaluation et à la prévention des risques technologiques ou naturels ainsi qu'aux secours d'urgence. Dès lors, si un service départemental d'incendie et de secours « a procédé à des interventions ne se rattachant pas directement à l'exercice de ses missions, il peut demander aux personnes bénéficiaires une participation aux frais ».

Si le département ne semble pas disposer pleinement de pouvoirs de création ou de suppression de service public hors le secteur de l'action sociale, dans la mesure où des tâches d'organisation de certains services publics lui sont dévolues, il peut, si le besoin s'en fait sentir, instituer des formes de prolongement à ces services publics à condition qu'elles ne portent pas atteinte au principe de la liberté du commerce et de l'industrie, par exemple pour les services de transports non urbains, réguliers et à la demande, organisés par le département.

589 Ainsi, quelle que soit l'activité considérée, le département demeure lié aux politiques nationales de santé ou aux programmes développés dans des conventions État/régions. Des entrecroisements et des superpositions d'actions entre État, régions et départements sont alors inévitables. En fait, si les domaines d'intervention de ces collectivités territoriales sont différenciés, leur capacité d'action et la mise en œuvre des pouvoirs de création et de suppression de service public obéissent à des principes identiques. Pourtant, la problématique n'est plus tout à fait la même lorsque la collectivité territoriale concernée est la région.

B. LES PROGRAMMES SOCIO-ÉCONOMIQUES DANS LES RÉGIONS

590 Dans l'ordonnancement des règles relatives à la décentralisation, le développement économique a toujours été lié au développement local. De toutes les collectivités

(219) C. santé publ., art. L. 2112-1 : « le service départemental de protection maternelle et infantile… est un service non personnalisé du département ».
(220) Ce qui limite la possibilité pour le département d'instaurer une obligation de vaccination en raison de circonstances locales : CE, 29 juill. 1994, Courty, *Rec.* p. 369.
(221) Circ. interministérielle DGS/SD5A/SD5C/SD6A/DGCL n° 2005-342 du 18 juill. 2005 relative à la mise en œuvre de la recentralisation des activités de dépistage du cancer, de vaccination, de lutte contre la tuberculose, la lèpre et les infections sexuellement transmissibles et aux orientations pour la négociation des conventions permettant l'exercice de ces activités par les départements, *BO Santé, protection sociale, solidarité*, 2005, n° 10, p. 60.
(222) Art. L. 1424-1 et s. CGCT.

décentralisées, c'est la région qui s'est trouvée, dès 1982, principalement concernée. Elle l'est d'autant plus que, depuis la restructuration des administrations centrales et des services déconcentrées, la circonscription régionale est le siège principal des activités de l'État sur le territoire.

Certes, la région n'est pas fondamentalement impliquée dans l'organisation des services publics mais elle est engagée dans la dynamique de la notion de service public par le rôle d'impulsion qu'elle est appelée à jouer dans les formes de rééquilibrage du territoire et dans les dessins des schémas de cohérence territoriale, notamment au moyen des contrats et conventions qu'elle est amenée à passer avec l'État.

Plus encore, le « développement économique » dont la région est un acteur clef, se voit graduellement reconnu comme constituant en lui-même une « mission de service public ». Cette reconnaissance ambivalente apparaît comme une excroissance de la notion d'intérêt local et de celle de développement local qui avait permis aux communes et aux départements de prendre progressivement en charge un certain nombre d'activités nécessaires à la satisfaction de besoins locaux résultant des demandes exprimées par les habitants.

Toutefois, une telle perspective ne peut conduire à une légitimation générale d'un interventionnisme économique d'une part, parce que le régime des aides aux entreprises est toujours soigneusement encadré, d'autre part, parce que le mouvement de recentralisation des activités publiques allié à la préoccupation de la réduction des déficits publics s'est largement amplifié de 2005 à 2010.

591 La région est devenue une collectivité territoriale de plein exercice. Cependant, son champ de compétences, même revu par la loi du 13 août 2004, demeure essentiellement tourné vers le développement économique, social, sanitaire, culturel et scientifique. Son rôle de coordination des actions menées par les autres collectivités a alors été repensé à partir d'une reconsidération de la notion « d'intérêt régional direct » (223) dont la compréhension demeure plus étroite que celle de « l'intérêt local » caractérisant les communes. Néanmoins, au-delà du domaine particulier de la formation professionnelle, l'action de la région en matière de services publics prend une importance certaine, ne serait-ce que par la définition des « schémas régionaux », dans des secteurs aussi diversifiés que l'organisation des soins hospitaliers ou des modes d'exploitation des transports de voyageurs.

592 « La région a pour mission, dans le respect des attributions des départements et des communes et, le cas échéant, en collaboration avec ces collectivités et avec l'État, de contribuer au développement économique, social et culturel de la région par : 1° Toutes études intéressant le développement régional ; 2° Toutes propositions tendant à coordonner et à rationaliser les choix des investissements à réaliser par les collectivités publiques ; 3° La participation volontaire au financement d'équipements collectifs présentant un intérêt régional direct ; 4° La réalisation d'équipements collectifs présentant un intérêt régional direct, avec l'accord et pour le compte de collectivités locales, de groupements de collectivités locales, d'autres établissements publics ou de l'État ; 5° Toute participation à des dépenses de fonctionnement liées à des opérations

(223) J. Moreau, « L'intérêt régional direct dans la jurisprudence administrative et dans la pratique gouvernementale officielle de 1972 à 1982 », *Mél. Péquignot*, t. 2, 1984, p. 505.

d'intérêt régional direct ; 6° Toutes interventions dans le domaine économique… » (CGCT, art. L. 4211-1).

Suivant une formule tout aussi générale, le Conseil régional (à terme aussi territorial) « a compétence pour promouvoir le développement économique, social, sanitaire, culturel et scientifique de la région et l'aménagement de son territoire et pour assurer la préservation de son identité, dans le respect de l'intégrité, de l'autonomie et des attributions des départements et des communes » (CGCT, art. 4221-1). Confirmant la dissociation entre services publics obligatoirement institués ou dévolus par transfert de compétences et dépenses mises obligatoirement à la charge des collectivités territoriales, la liste de ces dépenses établies à l'article L. 4321-1 du CGCT, modifié par la loi n° 2010-1330 du 9 novembre 2010, ne mentionne pour ce qui concerne les services publics de la région, que « 7° les dépenses dont elle a la charge en matière d'éducation nationale » et « 8° les dépenses résultant de l'entretien des biens transférés à la région », visant là les équipements mobiliers ou immobiliers destinés à un service public ou à l'usage public. Les autres types de services régionaux comme, par exemple, la formation professionnelle des jeunes – qui doit distinguer entre l'apprentissage, l'enseignement professionnel sous statut scolaire et les formations continues en alternance – ne relèvent pas du Code général des collectivités territoriales (224).

La rédaction législative quant aux différentes missions dévolues à la région ne semble toujours pas la doter de responsabilités générales pour l'institution de services publics à caractère régional, sauf outre-mer (225). Son domaine d'intervention en matière économique est réservé aux actions de « pilotage » ou de coordination, lesquelles s'inscrivent souvent dans le cadre de la planification régionalisée ou dans le jeu des schémas de cohérence territoriale. De plus, les services publics de la région semblent exclusivement s'inscrire dans le cadre d'établissements publics régionaux (226).

Dans la dynamique des partenariats entre les différentes collectivités territoriales, même si aucune collectivité ne peut être placée sous la tutelle d'une autre, certaines activités d'intérêt général paraissent détenir toutefois le caractère de service public régional. Les « concours attribués par la région sous forme de prestations en nature ou de subventions » permettraient alors de les repérer.

593 La loi du 13 août 2004 avait doté la région non plus seulement d'une compétence de principe, mais bien d'un réel pouvoir en matière de formation professionnelle (formation permanente et apprentissage). On aurait pu en déduire alors que reviendrait à la région le pouvoir de création des services publics relatifs à cette formation (sauf pour ce qui concerne les stages d'accès à l'emploi, d'insertion et de formation à l'emploi et la formation des publics dits spécifiques).

(224) C'est à l'article L. 214-12 du Code de l'éducation qu'il faut se référer : « La région définit et met en œuvre la politique régionale d'apprentissage et de formation professionnelle des jeunes et des adultes à la recherche d'un emploi ou d'une nouvelle orientation professionnelle ».

(225) Par ex., CGCT, art. L. 4433-21-1 : « Les régions d'outre-mer, en tant qu'autorités organisatrices des transports collectifs d'intérêt régional, sont compétentes pour créer et exploiter des infrastructures de service ferroviaire ou de transport guidé ».

(226) Dans la partie du CGCT relative à la région et concernant ses attributions, le titre IV intitulé « gestion des services publics de la région » comporte un seul chapitre composé d'un seul article, L. 4261-1 : « Les règles de fonctionnement et de contrôle applicables aux régions s'appliquent aux établissements publics régionaux qui leur sont rattachés ».

Mais il s'est avéré que ces formations professionnelles étaient inséparables de conventions passées avec des autorités académiques, des établissements publics d'enseignement ou des organismes de droit privé tels ceux qui s'investissent dans le domaine de l'emploi, désormais placés sous la houlette de Pôle emploi. Seule la formation aux professions paramédicales, sanitaires et sociales serait encore intégralement prise en charge par les régions, ce qui leur permet de délivrer les autorisations aux écoles de sages-femmes ou de décider de prestations sous la forme de bourses et allocations pour les étudiants concernés (227).

594 Certaines interventions dans le secteur des transports, en dépit du fait que ce secteur croise les actions de plusieurs types d'acteurs entre déconcentration et décentralisation, invitent directement à identifier un service public régional de transport de voyageurs (228).

La région est en effet compétente en matière de transport depuis la loi du 30 décembre 1982 d'orientation des transports intérieurs – largement modifiée et codifiée, dont la logique décentralisatrice en matière de transports collectifs a été maintenue. Ces services sont dits « services d'intérêt régional ». En ce secteur, la région est chargée de l'organisation des services réguliers non urbains d'intérêt régional, des services ferroviaires régionaux de personnes (effectués sur le réseau ferré national) et des services routiers effectués en substitution de ces services (229). Elle ne peut intervenir que « dans le respect des compétences des départements, des communes et de leurs groupements et dans celui de la cohérence et de l'unicité du système ferroviaire dont l'État est le garant ». Elle ne fait qu'organiser ce service mais elle est compétente pour définir, « dans son ressort territorial, le contenu du service public de transport régional de personnes, notamment les dessertes, la tarification, la qualité du service et l'information de l'usager » (Code des transports, art. L. 2121-3). Dans le cadre du service public ferroviaire, l'accord de la région est nécessaire quand la SNCF envisage d'en modifier ou d'en supprimer certains éléments (230), en relation avec les autres collectivités territoriales puisque « toute création ou suppression de la desserte d'un itinéraire par un service régional de personnes ou de la desserte d'un point d'arrêt par un service régional de personnes est soumise pour avis aux départements et aux communes concernés » (art. L. 2121-5).

Les régions (sauf en Île-de-France et en Corse) définissent donc les conditions des services ferroviaires, suivant des accords passés avec la SNCF qui demeure l'exploitant principal, et des services routiers de substitution, le cas échéant. Elles décident des dessertes comme des tarifs. Les TER (trains express régionaux) et les lignes intervilles ou intercités en forment l'illustration principale (231). Mais la région, autorité organisatrice des transports dans son ressort, est aussi appelée à déterminer quelles

▒ (227) L. n° 2004-806 du 9 août 2004 relative aux politiques de santé publique modifiant le C. santé publ. ; D. n° 2005-418 du 3 mai 2005 fixant les règles minimales de taux et de barème des bourses d'études accordées aux élèves et étudiants inscrits dans les instituts et écoles de formation de certaines professions de santé.

▒ (228) L. n° 2000-1208 du 13 déc. 2000 relative à la solidarité et au renouvellement urbains, *JO* 14 déc. 2000.

▒ (229) CE, 29 sept. 2010, req. 324531, Soc. Les Courriers automobiles picards.

▒ (230) CE, 13 nov. 2006, req. 287665, Région Pays de la Loire.

▒ (231) V. pour ce qui concerne leur suppression, CE, 18 juill. 2004, Fédération nationale des associations des usagers de transports, *RFDA* 2005, p. 364, note Lachaume.

sont les « dessertes prioritaires en cas de perturbation prévisible du trafic » et à décider des « différents niveaux de service en fonction de l'importance de la perturbation ». En ces circonstances, elle est ainsi amenée à fixer le « niveau minimal de service ». Ce niveau dépend des fréquences et des plages horaires ainsi décidées (232).

595 Par ailleurs, la région constitue le « territoire pertinent » retenu pour des plans d'action et de mise en œuvre de politiques publiques spécifiques. Les modalités de son action dans le cadre de la programmation stratégique d'actions de santé ont par exemple été modifiées par la loi n° 2009-879 du 21 juillet 2009 portant réforme de l'hôpital et relative aux patients, à la santé et aux territoires.

Précédemment, la situation laissait penser que la région pouvait développer certaines activités complémentaires relevant de son initiative et de son orientation mais tributaires des différents plans ou schémas régionaux établis en concertation avec d'autres collectivités territoriales. Certes, l'article L. 1424-1 du Code de la santé publique n'a pas été modifié (233). Mais plusieurs institutions, telle l'Agence régionale de santé, ont été créées par la loi et affectent le rayon d'action de la région. La dilution de ce qui constituait le service public hospitalier dans un rassemblement d'établissements de santé, publics et privés, dans des territoires de santé qui ne coïncident pas avec les délimitations administratives des collectivités territoriales (département et commune) aurait pour conséquence de réduire la marge d'initiative de la région en ce domaine.

Pour les pouvoirs publics, la région n'est une collectivité territoriale qu'en tant que relais de communication avec les autres collectivités territoriales et qu'elle sert d'appui à ses priorités stratégiques. La circonscription régionale est par ailleurs, dans le cadre de la réforme engagée sous la pression de la révision générale des politiques publiques, le pivot de l'administration de l'État sur le territoire.

596 Par ailleurs, des particularismes régionaux peuvent être signalés, notamment pour les collectivités qui sont dotées de statuts particuliers. Il en existe, au cœur des interrogations sur la fonction sociale des transports publics de personnes, pour la liaison entre île de Corse et continent. Indépendamment de la médiation des conflits sociaux nés du désengagement de l'État dans un domaine clef pour la cohésion territoriale et sociale, la collectivité territoriale de Corse dispose de pouvoirs de décision essentiels qui confinent à la création de services publics, et touchent aussi à certains principes de fonctionnement comme le principe de continuité, à partir d'une de ses dimensions, la notion de continuité territoriale (234).

La collectivité territoriale de Corse « définit, sur la base du principe de continuité territoriale destiné à atténuer les contraintes de l'insularité […], les modalités

(232) Ce niveau « doit permettre d'éviter que soit portée une atteinte disproportionnée à la liberté d'aller et venir, à la liberté d'accès aux services publics, à la liberté du travail, à la liberté du commerce et de l'industrie et à l'organisation des transports scolaires. Il correspond à la couverture des besoins essentiels de la population. Il doit également garantir l'accès au service public de l'enseignement les jours d'examens nationaux. Il prend en compte les besoins particuliers des personnes à mobilité réduite » (Code des transports, art. L. 1222-2 et L. 1222-3).

(233) « Dans le cadre des compétences qui lui sont reconnues par l'article L. 4221-1 du Code général des collectivités territoriales, le conseil régional peut définir des objectifs particuliers à la région en matière de santé. Il élabore et met en œuvre les actions régionales correspondantes. Il informe le représentant de l'État dans la région sur le contenu de ces actions et les moyens qu'il y consacre ».

(234) V. CGCT, art. L. 4424-18 et s.

d'organisation des transports maritimes et aériens entre l'île et toute destination de la France continentale, en particulier en matière de desserte et de tarifs ». Elle impose « des obligations de service public » sur certaines liaisons aériennes ou maritimes « pour assurer le principe de continuité territoriale ». Ceci suppose « continuité, régularité, fréquence, qualité et prix et, le cas échéant, de capacité », car, en sus d'une atténuation des contraintes nées de l'insularité, il s'agit pour la Corse de « faciliter… le développement économique de l'île, l'aménagement équilibré du territoire insulaire et le développement des échanges économiques et humains entre l'île et la France continentale ». Tous les principes essentiels de fonctionnement du service public sont ici réunis et, de plus, pour certaines liaisons, la collectivité territoriale de Corse détient le droit « d'établir un régime d'aides individuelles à caractère social pour certaines catégories de passagers » (CGCT, art. L. 4424-18 et L. 4424-19). Cette insertion dans le domaine de l'action sociale rend compte de la difficulté de dissocier les différentes activités de service public dans les espaces éloignés du centre de décision politique.

L'un des intérêts de la notion de « collectivité périphérique » qui fut un temps développée (235), était de rendre compte de ces particularismes liés aux positions géographiques de certaines parties du territoire qui suscitaient certaines extensions du pouvoir de création et d'organisation des services publics. Toutefois, si la notion de continuité territoriale s'attachait et s'attache encore en ce domaine des transports à la question spécifique du maintien des liens de ces collectivités avec la métropole, ou plus exactement le territoire continental de la France, d'autres problématiques interfèrent. En effet, en vertu de l'intérêt local qui y est sous-jacent, une collectivité périphérique, collectivité d'outre-mer le plus souvent, peut assurer par elle-même ou sur délégation de service public une liaison, par divers moyens de transport, entre les différentes parties de son territoire sans qu'il lui soit nécessaire de constater au préalable une carence de l'initiative privée (236).

La collectivité territoriale de Corse exerce un pouvoir de tutelle sur l'office des transports de la Corse, établissement public à caractère industriel et commercial, étant précisé que « l'office des transports de la Corse cesse d'exister lorsque la collectivité territoriale de Corse reprend l'exercice de ses missions » (art. L. 4424-20). Cet office conclut, avec les compagnies retenues pour l'exploitation des liaisons, des conventions de délégation de service public qui définissent les tarifs, les conditions d'exécution et la qualité du service ainsi que les modalités de contrôle.

597 Certaines actions, qui peuvent être concrétisées seulement par le service public, sont menées dans le domaine culturel, en respectant les modalités de répartition des compétences et suivant les formes de partenariat recherché entre l'État et les collectivités locales (237). En quelque sorte, les domaines dans lesquels la Corse peut librement

(235) V. J.-F. Aubry, *Droit des collectivités périphériques*, PUF, coll. Thémis, 1992.

(236) CE, 20 oct. 2010, req. 300347, Province des îles Loyauté, *AJDA* 2010 p. 2025 ; *JCP A* 2011, 2037, note Markus.

(237) CGCT, art. L. 4424-5, « Sur proposition du Conseil exécutif, qui recueille l'avis du conseil économique, social et culturel de Corse, l'Assemblée détermine les activités éducatives complémentaires que la collectivité territoriale de Corse organise. L'Assemblée adopte, dans les mêmes conditions, un plan de développement de l'enseignement de la langue et de la culture corses, dont les modalités d'application font l'objet d'une convention conclue entre la collectivité territoriale de Corse et l'État. Cette convention prévoit les mesures d'accompagnement nécessaires, et notamment celles relatives à la formation initiale et à la formation continue des enseignants ».

créer des services publics se situent principalement aux alentours des « activités éducatives complémentaires », et paradoxalement, celles-ci ne concernent pas directement l'enseignement de et dans la langue corse.

Ces actions s'entendent aussi sur le terrain du tourisme (238). Une institution spécialisée peut être chargée de la coordination de l'ensemble des actions de développement du tourisme. Cette institution, placée sous la tutelle de la collectivité territoriale de Corse, assure la promotion touristique de l'île, « met en œuvre la politique d'aide à la modernisation et au développement des structures d'accueil et d'hébergement » et elle « cesse d'exister lorsque la collectivité territoriale de Corse reprend l'exercice de ses missions ».

598 Bien que les départements, territoires et pays d'outre-mer obéissent aussi à des normes spécifiques, la Corse peut être retenue comme un des modèles d'autonomisation progressive des collectivités territoriales quant aux services publics locaux dont les objectifs seraient dépendants de situations géographiques particulières et de spécificités culturelles ou linguistiques.

§ 2. DES LIMITES À LA SUPPRESSION DE SERVICES PUBLICS LOCAUX

599 **Bibliographie** : Y. Jegouzo, « La décentralisation et la ville », *AJDA* 1992, p. 101 ; D. Broussolle, « Les privatisations locales », *AJDA* 1993, p. 323 ; J.-F. Lachaume, « La loi d'orientation pour le développement et l'aménagement du territoire du 4 février 1995 et le service public », *RFDA* 1995, p. 893 ; Y. Madiot, « Service public et aménagement du territoire », *AJDA* 1997, p. 83 ; J.-D. Dreyfus, « Présence des services publics dans les territoires ruraux : l'émergence d'une "loi" de proximité », *AJDA* 2005, p. 1274 ; G. Koubi, « Service (s) public (s) en milieu rural », *Mél. André-Hubert Mesnard*, LGDJ, coll. Décentralisation et développement local, 2006, p. 157.

600 Tandis que dès 1933, le Conseil d'État avait admis le maintien d'un service municipal, quel que soit son degré de nécessité, pendant le temps indispensable à l'amortissement des investissements, alors même que les circonstances justifiant sa création avaient disparu (239), les logiques économiques portées par le droit européen puis par le dogme de la révision générale des politiques publiques, laissent penser que cette lecture du droit, au moins pour les services publics locaux industriels et commerciaux, n'a plus cours aujourd'hui.

Par ailleurs, les habitants d'une commune, d'un département ou d'une région, n'ont nullement droit au maintien d'un service public local, et ce service peut « disparaître » ou, plus exactement, être supprimé même s'il avait été auparavant reconnu comme un besoin de la collectivité, même s'il est encore perçu comme satisfaisant toujours aux besoins de la collectivité.

(238) CGCT, art. L. 4424-31, « La collectivité territoriale de Corse détermine et met en œuvre, dans le cadre du plan d'aménagement et de développement durable, les orientations du développement touristique de l'île. Elle définit, met en œuvre et évalue la politique du tourisme de la Corse et les actions de promotion qu'elle entend mener. Elle assure le recueil, le traitement et la diffusion des données relatives à l'activité touristique en Corse. Elle coordonne les initiatives publiques et privées dans les domaines du développement, de la promotion et de l'information touristiques en Corse ».

(239) CE, 23 juin 1933, Lavabre ; CE, 24 nov. 1933, Zénard ; CE, 12 nov. 1938, Goldberg et Lichtenberg, *préc.*

Mis à part les nombreuses dispositions législatives qui ont transféré certaines activités d'intérêt général au secteur privé, et sans approfondir le parallélisme des formes qui veut que la suppression d'un service obéisse aux mêmes formalités juridiques que sa création, dès que les circonstances particulières qui avaient justifié la création d'un service public local disparaissent, le service peut être supprimé.

601 Les services publics locaux ne sont pas seulement des services institués, créés et pris en charge ou contrôlés par les collectivités territoriales. Plus souvent, les personnes privées interviennent librement dans des champs qui auraient pu être ceux des services publics pour la satisfaction de besoins locaux. L'État peut également intervenir en ces matières, notamment par des politiques de reconfiguration des « cartes » administratives, par exemple pour ce qui concerne l'implantation des hôpitaux. D'autres services publics locaux, ne relevant pas des compétences des autorités locales, sont donc aussi pris en charge par l'État ou, à des degrés divers, par des entreprises d'envergure nationale, parfois opérateurs historiques et principaux dispensateurs d'un « service universel ». Ceux-ci peuvent être aussi l'objet de suppressions, qui obéissent surtout à des considérations économiques mais portent simultanément atteinte à des intérêts locaux, puisque ces services publics sont souvent au cœur de la vie locale.

602 L'approche de cette question ne s'insère pas directement dans le droit des services publics locaux. Pourtant, certains textes sont intervenus pour rendre compte des liens étroits entre la présence de ces services dans les zones rurales et la politique d'aménagement du territoire (A) ou entre la présence de ces services dans les zones urbaines sensibles et la politique de la ville (240). Cette dynamique semble, de nos jours, ne plus être au nombre des préoccupations des pouvoirs publics. Toutefois, les demandes émanant des collectivités territoriales et des populations civiles laissent penser que la question de la création et du maintien des services publics dans les territoires dits défavorisés, ruraux ou périurbains, est toujours d'actualité, même si elle emprunte des formes « virtuelles ».

Penser autrement le retrait des implantations territoriales des services nationaux à la suite de leur libéralisation devient crucial. Parce que ces services produisaient des effets sur le développement local, répondaient aux besoins locaux, présentaient les caractères d'un intérêt local, une dynamique de « résistance » à la disparition des services publics et de « soutien » aux services publics locaux s'était développée. Elle était, et est toujours, particulièrement perceptible à travers les questions parlementaires adressées aux ministres et aux réponses qui leur sont données (241), de même que suivant les observations accompagnant la « charte du maintien du service public en milieu rural ». Mais les réponses qui y sont données mettent surtout en exergue les exigences du « développement numérique du territoire » (B), les zones rurales devenant ainsi les laboratoires d'expérimentation du « tout numérique ».

(240) L. n° 96-987 du 14 nov. 1996 de mise en œuvre du pacte de relance de la politique de la ville, *JO* 15 nov. 1996, p. 16656.

(241) Par ex., réponse du ministre de l'Aménagement du territoire à la question AN n° 94664 : « La Poste, nonobstant son nouveau statut, doit assurer plusieurs missions de service public au titre des lois du 2 juill. 1990 modifiées, notamment, par les lois du 9 févr. 2010 et du 21 mai 2005 relatives à la régulation des activités postales [...] Le contrat de présence postale territoriale, cosigné par l'État (ministère chargé de l'économie et ministère chargé de l'aménagement du territoire), l'Association des maires de France (AMF) et La Poste pour une période de trois ans, fixe la répartition du fonds de péréquation. C'est dans ce cadre que l'offre de service est maintenue, notamment concernant les points de contact partenariaux que sont les agences postales communales ou intercommunales et les relais-poste ».

A. AMÉNAGEMENT DU TERRITOIRE ET SERVICE PUBLIC

603 Pour relever les effets de « l'irruption des territoires dans les principes de fonctionnement du service public », Y. Madiot remarquait : « À l'époque où chaque village (ou presque) avait son école, sa gare d'intérêt local et son bureau de poste, la couverture territoriale des services publics ne posait pas de problèmes particuliers [...] Aujourd'hui, la couverture territoriale des services publics, ainsi que leurs modalités de fonctionnement sont fortement inégalitaires et l'égalité d'accès n'est plus garantie » (242). Il soulignait cependant combien il n'était « pas concevable de maintenir le même type de fonctionnement des services publics dans des zones à très forte densité de population et dans des zones en voie de dévitalisation ». Aussi estimait-il que « l'égal accès [devait] être garanti par une adaptation territoriale des services publics et par la nécessité de maintenir leur continuité territoriale ». Les principes de fonctionnement du service public d'adaptation et de continuité devaient ainsi acquérir une dimension territoriale dont ils ne disposaient pas jusqu'alors.

604 En quelque sorte, les problématiques du service public renvoient aux modalités de l'aménagement du territoire, au risque d'ailleurs d'en modifier l'approche, car les politiques d'aménagement du territoire recomposent de plus en plus le service public autour de la notion de « service *au* public ».

C'est entre ville et campagne que se répartissaient les services publics « nationaux ». Y. Jegouzo avait ainsi fait remarquer que « l'urbanisation croissante se traduit globalement par une demande accrue d'équipements et de services publics locaux. Outre la nécessité pour les collectivités d'accompagner par leurs équipements ce vaste déménagement de la population française (l'école fermée dans telle ou telle petite commune rurale devra être reconstruite dans une zone urbaine), il est démontré que la demande sociale en équipements et prestations collectives croît avec la taille des communes. L'école de musique sera mise en place à partir de 8 000 habitants, la piscine couverte devra être créée à partir de 25 000 et, au-delà, la sophistication des demandes qui s'adressent principalement aux collectivités locales s'accroît de manière quasi exponentielle » (243).

Plus précisément encore, ces données démographiques avaient été complétées par des évaluations topographiques et géographiques (littoral, montagne), puis par des calculs financiers qui avaient justifié des pondérations kilométriques pour l'implantation de « points de contact », de « points d'accès », de « points-relais » de divers services publics, dans les zones rurales comme dans les zones urbaines sous-équipées. Cette partition géographique connaît des transformations profondes avec la politique de développement des territoires numériques.

a) L'école

605 Le premier des secteurs qui retint l'attention fut celui de l'éducation. Suivant l'article L. 212-2 du Code de l'éducation, « toute commune doit être pourvue au moins d'une école élémentaire publique » et, au-delà de la forme juridique des regroupements

(242) Y. Madiot, « Service public et aménagement du territoire », *AJDA* 1997, p. 83.
(243) Y. Jegouzo, « La décentralisation et la ville », *AJDA* 1992, p. 101.

d'habitat, « il en est de même de tout hameau séparé du chef-lieu ou de toute autre agglomération par une distance de trois kilomètres et réunissant au moins quinze enfants d'âge scolaire ». Néanmoins, en raison de la dispersion géographique, des formules de regroupements des écoles, soit sous la forme de « regroupements pédagogiques intercommunaux », soit selon la logique de « réseau » comme les « réseaux ruraux d'éducation » ou, dans les zones urbaines défavorisées, les « réseaux d'écoles », avaient déjà été expérimentées.

606 Ces regroupements et réseaux de redynamisation de la vie locale ne disposaient pas de bases juridiques assurées. Les « regroupements pédagogiques intercommunaux » (RPI) ont été institués sans qu'une réglementation précise régissant leur création et leur fonctionnement n'intervienne. Ils se présentent comme des structures pédagogiques d'enseignement dont l'existence repose sur un accord contractuel entre communes (répartition des charges), après consultation de l'inspecteur d'académie, puisque la mise en œuvre de cet accord est conditionnée par les possibilités d'affectation d'emplois. L'évolution des structures scolaires s'inscrit désormais dans la logique de l'intercommunalité (244) et dans la perception d'une « école numérique » encore incertaine.

Les réseaux d'écoles connaissaient une grande diversité de situations. Leur origine se trouve dans les « réseaux ruraux d'éducation » (RRE). Ceux-ci avaient été mis en place par une circulaire n° 98-252 du 17 décembre 1998 relative à l'avenir du système éducatif en milieu rural isolé (245) et étaient conçus à la fois comme des outils de politique éducative et comme des instruments d'aménagement du territoire. Le RRE se présentait comme « un dispositif », définissant « un territoire scolaire » évolutif et dynamique d'une autre nature que les découpages territoriaux que sont les cantons ou les communautés de communes. Le RRE s'établissait plutôt sur une zone rurale fragile, mais pouvait aussi englober des communes urbaines. Ces réseaux reposaient sur la solidarité des équipes éducatives, parents d'élèves, élus locaux, acteurs de l'enseignement agricole et du monde associatif, qui se réunissaient autour d'un « projet ». Ce projet suivait le parcours des élèves de la maternelle au collège en intégrant une offre éducative scolaire et périscolaire afin d'encourager un déplacement « du centre vers les périphéries ».

607 Ces démarches prenaient appui sur la complémentarité des ressources et des apports, humains et matériels, de l'école, et participaient d'une politique d'aménagement du territoire dans laquelle les services publics et l'école contribuaient à répondre aux besoins de proximité et de qualité des populations. L'analyse des données démographiques, économiques et sociales, qui intègre les politiques intercommunales ainsi que les territoires de projet (bassins), ne se fonde plus sur les mêmes préoccupations. Si elle permet d'évaluer les besoins de leur fonctionnement et d'associer les collectivités départementale et régionale, l'institution de ces regroupements et réseaux dépend aussi de l'organisation des transports scolaires, de leur rapport avec les bassins de formation initiale et professionnelle, des aides à l'investissement, etc. Dès lors, l'institution de « l'école numérique » pourrait modifier considérablement ce schéma (246).

(244) Plus de la moitié des RPI étaient gérés par un établissement public de coopération intercommunale.

(245) *BOEN*, 24 déc. 1998.

(246) V. J.-M. Fourgous, rapport sur la modernisation de l'école par le numérique, *Réussir l'école numérique*, La Doc. fr. 2010.

b) La Poste

608 La loi n° 2010-123 du 9 février 2010 relative à l'entreprise publique La Poste et aux activités postales a conduit à reconsidérer l'implantation territoriale des services de La Poste, car ces services ne sont plus seulement liés à l'activité postale et intègrent une activité bancaire.

Certes, le groupe public La Poste et ses filiales remplissent toujours des missions de service public et d'intérêt général dont la « dimension territoriale et sociale » reste déterminante puisque « l'accès universel à des services locaux essentiels » en dépend (L. n° 90-568 du 2 juillet 1990 modifiée relative à l'organisation du service public de la poste et à France Télécom, art. 2). L'une de ces missions est de contribuer « par son réseau de points de contact, à l'aménagement et au développement du territoire ».

La mise en œuvre de cette activité, dite mission de service public (247), réalisée en complément de ses obligations de service universel, dépend de la configuration géographique, de la densité de population et de la répartition de cette dernière sur le territoire : « La Poste adapte son réseau de points de contact, notamment par la conclusion de partenariats locaux publics ou privés, en recherchant la meilleure efficacité économique et sociale. » Il s'agit d'une « offre de base de services postaux et financiers ». Mais encore, « à titre expérimental », La Poste est invitée à proposer aux usagers « un accès à internet haut débit depuis leur terminal personnel [...] dans une centaine de bureaux de poste » (248).

Il est prévu que le changement de statut de La Poste n'ait aucune incidence sur les partenariats locaux publics et privés existants quant à l'institution du réseau de « points de contact ». La contribution de La Poste à l'aménagement du territoire consiste en la fourniture, sur l'ensemble du territoire de la métropole et dans les DOM, d'un service public de qualité qui réponde aux besoins de toutes les catégories d'usagers. Aucun texte n'impose explicitement à La Poste, prestataire du service universel, une obligation d'implantation dans les zones défavorisées. Toutefois, lié au contrat pluriannuel de la présence postale territoriale. le dispositif de la loi du 9 juillet 2010 a conservé le principe du maintien des points de contact situés en zones de revitalisation rurale, en zones urbaines sensibles ou sur le territoire d'une commune ayant conclu, avec une ou plusieurs autres, dans le cadre ou non d'un établissement public de coopération intercommunale, une convention de présence territoriale avec La Poste. Dans cette configuration, peuvent toujours être signées des « conventions de consolidation des services publics de la poste » qui établissent des agences postales communales ou intercommunales dont les communes assument la charge.

609 Ces approches doivent être conciliées avec les impératifs généraux assignés aux services publics, parfois sous la désignation d'obligations de service public, par les lois prises pour l'aménagement et le développement durable du territoire.

L'article L. 1 du Code des postes et des communications électroniques définit quels sont les services postaux et précise en son alinéa 4 que « le service universel

(247) Déterminée à l'article 6 de la L. n° 90-568 du 2 juill. 1990 relative à l'organisation du service public de la poste et à France Télécom tel que modifié par les articles 3, 4 et 5 de la L. n° 2010-123 du 9 févr. 2010 relative à l'entreprise publique La Poste et aux activités postales.

(248) Ce, jusqu'au 31 déc. 2011.

postal concourt à la cohésion sociale et au développement équilibré du territoire. Il est assuré dans le respect des principes d'égalité, de continuité et d'adaptabilité en recherchant la meilleure efficacité économique et sociale. Il garantit à tous les usagers, de manière permanente et sur l'ensemble du territoire national, des services postaux répondant à des normes de qualité déterminées. Ces services sont offerts à des prix abordables pour tous les utilisateurs. Les prix sont orientés sur les coûts et incitent à une prestation efficace, tout en tenant compte des caractéristiques des marchés sur lesquels ils s'appliquent » (249).

La création de bureaux de poste dépendant toujours des autorisations accordées par les lois de finances (CPCE, art. D. 4), l'accessibilité au réseau des « points de contact » peut être gérée différemment selon les collectivités territoriales. Ainsi, les horaires d'ouverture des points de contact sont déterminés suivant les modes de vie de la population desservie. Dès lors, la « réduction des horaires d'ouverture d'un bureau de poste » peut être décidée « au regard de son activité constatée au cours d'une période de référence significative » (L. du 2 juillet 1990, art. 6).

610 La tension entre logique de rentabilité et mission de service public entraîne donc des remaniements, qui ne privilégient pas forcément le rôle social rempli par La Poste (250). Le décret n° 2007-29 du 5 janvier 2007 relatif au service universel postal (251) comporte ainsi des dispositions qui modifient substantiellement le rapport entre le service postal et le territoire.

L'article R. 1-1 CPCE, que ce décret réécrit, dispose que « les prestations du service universel postal sont offertes à l'ensemble des usagers de manière permanente sur tout le territoire métropolitain, dans les départements d'outre-mer, à Mayotte et à Saint-Pierre-et-Miquelon. Les prestations du service universel sont accessibles aux usagers. En particulier, les points de contact avec le public donnant accès aux prestations du service universel autres que les envois en nombre et à l'information sur ces prestations doivent permettre qu'au moins 99 % de la population nationale et au moins 95 % de la population de chaque département soient à moins de 10 kilomètres d'un point de contact et que toutes les communes de plus de 10 000 habitants disposent d'au moins un point de contact par tranche de 20 000 habitants ».

La loi modifiée n° 90-568 du 2 juillet 1990 relative à l'organisation du service public de la poste et à France Télécom, revisitée par la loi n° 2005-516 du 20 mai 2005 relative à la régulation des activités postales, établit une logique différente quant aux règles d'implantation territoriale des services postaux. Doivent être pris en compte : « la distance et la durée d'accès au service de proximité offert dans le réseau de points de contact ; les caractéristiques démographiques, sociales et économiques des zones concernées et, notamment, leur éventuel classement en zones de revitalisation rurale ou en zones urbaines sensibles [...] ; les spécificités géographiques du territoire départemental et des départements environnants, en particulier dans les zones de

(249) Selon CPCE, art. L. 2, « La Poste est le prestataire du service universel postal pour une durée de quinze ans à compter du 1er janv. 2011 ».

(250) V. Circ. 30 avr. 2007 relative à l'application de la L. n° 2005-516 du 20 mai 2005 relative à la régulation des activités postales et au rôle du représentant de l'État pour la mise œuvre de la contribution de La Poste à l'aménagement du territoire.

(251) Et aux droits et obligations de La Poste, modifiant le Code des postes et des communications électroniques, *JO* 7 janv. 2007, p. 397.

montagne. » (art. 6). La loi spécifie surtout que « sauf circonstances exceptionnelles, ces règles ne peuvent autoriser que plus de 10 % de la population d'un département se trouve éloignée de plus de cinq kilomètres et de plus de vingt minutes de trajet automobile, dans les conditions de circulation du territoire concerné, des plus proches points de contact de La Poste ».

Entre la loi et le décret existent donc des différences d'appréciation qui laissent craindre une suppression amplifiée des bureaux et points de contact. Quant à la conclusion de partenariats locaux publics ou privés, qui permettait la constitution d'agences postales communales comme l'institution de « Points-Poste » chez les commerçants, elle n'est nullement évoquée par le décret du 5 janvier 2007 (d'où ressort l'article R. 1-1 CPCE).

611 La suppression des services de La Poste et la réduction des implantations territoriales des prestataires de service universel postal qui suit, entravent le développement des communes rurales. La disparition d'un service public national n'est pas dépourvue de conséquences au plan de la vie locale. Seules les conventions de partenariat entre les communes et le prestataire de service universel permettent d'éviter la désertification des zones défavorisées, rurales ou urbaines, mais elles dépendent inévitablement des solidarités territoriales. Or, les ressources dont disposent les communes en zones rurales sont souvent limitées.

Par ailleurs, La Poste est désormais appelée à participer au maintien des autres services publics. Du fait des politiques d'aménagement du territoire, « elle peut offrir des produits et services que d'autres administrations ou services publics sont dans l'impossibilité de délivrer, après accord passé avec ceux-ci ». Le principe de ce « maillage complémentaire » répond cependant à des considérations financières plus que sociales.

612 Un dernier exemple de textes, concernant d'autres services publics, rend compte de la diversité des dynamiques de solidarité territoriale.

Ainsi, l'article L. 3232-1-1 du CGCT, issu de la loi n° 2006-1772 du 30 décembre 2006 sur l'eau et les milieux aquatiques, prévoit que « pour des raisons de solidarité et d'aménagement du territoire, le département met à la disposition des communes ou des établissements publics de coopération intercommunale qui ne bénéficient pas des moyens suffisants pour l'exercice de leurs compétences dans le domaine de l'assainissement, de la protection de la ressource en eau, de la restauration et de l'entretien des milieux aquatiques une assistance technique dans des conditions déterminées par convention ». Ces procédés fondés sur le conventionnement et l'assistance technique sont appelés à se développer, même si la solidarité visant plus spécialement les communes rurales fait l'objet de dispositions tendant au maintien du service public de façon générale.

B. LE MAINTIEN DU SERVICE PUBLIC EN MILIEU RURAL

613 De la même manière qu'une « dotation de solidarité urbaine et de cohésion sociale » peut être instituée pour l'amélioration des conditions de vie dans certaines communes urbaines confrontées à une insuffisance de leurs ressources (CGCT, art. L. 2334-15), une dotation « de solidarité rurale » peut être attribuée « aux communes de moins de 10 000 habitants et à certains chefs-lieux d'arrondissement de moins de 20 000 habitants pour tenir compte, d'une part, des charges qu'ils supportent pour contribuer au maintien de la vie sociale en milieu rural, d'autre part, de l'insuffisance de leurs ressources fiscales » (CGCT, art. L. 2334-20).

Alors que pour les communes urbaines concernées, les critères d'attribution de cette dotation reposent surtout sur la proportion de logements sociaux locatifs, pour les communes rurales, ce sont des éléments d'ordre fiscal tenant compte du potentiel financier par habitant qui sont retenus. C'est donc en vertu de deux autres articles du Code général des collectivités territoriales (art. L. 2251-3 et L. 3231-3) qu'est soulevée la question particulière des communes rurales en face de la « disparition » des services publics dans les collectivités locales. Le premier s'inscrit dans le cadre des compétences dévolues à la commune et le second concerne celles du département.

614 L'article L. 2251-3 a été composé à partir de deux lois complémentaires : la loi du 13 août 2004 et, plus particulièrement, la loi n° 2005-157 du 23 février 2005 concernant les territoires ruraux. « Lorsque l'initiative privée est défaillante ou insuffisante pour assurer la création ou le maintien d'un service nécessaire à la satisfaction des besoins de la population en milieu rural, la commune peut confier la responsabilité de le créer ou de le gérer à une association régie par la loi du 1er juillet 1901 relative au contrat d'association ou à toute autre personne ; elle peut aussi accorder des aides, sous réserve de la conclusion avec le bénéficiaire de l'aide d'une convention fixant les obligations de ce dernier. Pour compléter les aides visées à l'alinéa précédent, la commune peut passer des conventions avec d'autres collectivités territoriales concernées et disposant de moyens adaptés à la conduite de ces actions, notamment au plan financier ».

L'article L. 3231-3, d'un plus large spectre et de tonalité plus ouverte sur des problématiques économiques, dispose : « Lorsque la protection des intérêts économiques et sociaux de la population départementale l'exige, le département peut accorder des aides à des entreprises en difficulté pour la mise en œuvre de mesures de redressement prévues par une convention passée avec celles-ci. Le département peut passer des conventions avec d'autres départements ou régions concernés et disposant de moyens adaptés à la conduite de ces actions, notamment au plan financier. Les mesures [...] doivent faire l'objet d'un avis préalable du conseil municipal de la commune où est située l'entreprise concernée. Les mêmes règles s'appliquent lorsque l'intervention a pour but d'assurer le maintien des services nécessaires à la satisfaction des besoins de la population en milieu rural et que l'initiative privée est défaillante ou absente ».

615 Il est ainsi admis que le département puisse intervenir en des matières qui visent la protection des intérêts économiques et sociaux de la population départementale, ce qui correspond à un intérêt départemental identifiable.

La situation est différente lorsqu'il s'agit « d'assurer le maintien des services nécessaires à la satisfaction des besoins de la population en milieu rural ». Cette précision issue de la loi du 23 février 2005 relative au développement des territoires ruraux marque indirectement une extension des compétences des autorités départementales en matière économique et sociale. Celle-ci s'apparenterait à une immixtion dans les sphères d'intervention des communes rurales (252), s'il n'y avait d'une part, les inévitables difficultés de financement des services correspondants par les communes rurales et d'autre part, le souci commun du maintien de ces services publics dans les zones rurales. Communes et départements doivent agir de concert.

616 Les considérations géographiques et démographiques justifient ces dispositifs, qui sont destinés à limiter la désertification de certaines sections du territoire et à compenser la charge des communes rurales face à l'arrivée de nouvelles populations.

Outre le fait qu'ils introduisent également le département dans la dynamique du maintien des implantations territoriales des services publics nationaux ou départementaux, ces dispositifs induisent une responsabilité pour la commune qui ne peut s'opposer aux suppressions de ces services publics et qui ne dispose pas de moyens pour en créer d'autres, comme les crèches ou jardins d'enfants ou les activités culturelles. L'action de la commune revient alors à user, notamment envers les associations, d'un pouvoir d'incitation à créer et à gérer un service qui, nécessaire à la satisfaction des besoins de la population, n'est pourtant pas défini d'emblée comme un service public. À cette façon de concevoir l'intervention, se rattache la jurisprudence renouvelant la notion de service public virtuel, qui pose que l'activité d'une personne privée « peut se voir reconnaître un caractère de service public, alors même qu'elle n'a fait l'objet d'aucun contrat de délégation de service public procédant à sa dévolution, si une personne publique, en raison de l'intérêt général qui s'y attache et de l'importance qu'elle revêt à ses yeux, exerce un droit de regard sur son organisation et, le cas échéant, lui accorde, dès lors qu'aucune règle ni aucun principe n'y font obstacle, des financements » (253).

Cependant, les limites de ce pouvoir d'incitation sont rapidement atteintes lorsqu'est posée la question de la désertification médicale, désertification qui, flagrante dans les zones rurales, atteint désormais les zones périurbaines. Les dysfonctionnements induits par la loi du 21 juillet 2009 portant réforme de l'hôpital et relative aux patients, à la santé et aux territoires accentuent le problème que le déploiement de la « télémédecine » ne résout pas, même si elle est appelée à contribuer à l'amélioration de l'accès aux soins « en proximité ».

617 La lecture de l'article L. 2251-3 du CGCT ouvre toutefois une série de perspectives. La formule évoquant « la création ou le maintien d'un service nécessaire à la satisfaction des besoins de la population en milieu rural » ne vise pas directement le service public. Mais tout service public se définit en fonction de ces mêmes observations. On peut aussi penser que l'expression désigne des « services de proximité » couvrant une large gamme d'activités allant de l'alimentation générale et des livraisons associées, des services de réparations diverses jusqu'aux aides ménagères et services à domicile, telles qu'elles résultaient de la loi d'orientation pour la ville validant « les actions destinées à assurer le maintien ou l'implantation de services ou d'équipements commerciaux ou artisanaux de proximité » (254). La rhétorique du municipalisme peut

(252) Le principe de ces subventions a été admis par la jurisprudence qui n'y a pas décelé de risque de tutelle d'une collectivité territoriale sur une autre : CE ass., 12 déc. 2003, Département des Landes, *AJDA* 2004, p. 195, chron. ; *RFDA* 2004, p. 518, concl. Séners.

(253) CE sect., 6 avr. 2007, req. 284736, Commune d'Aix-en-Provence, *AJDA* 2007, p. 793.

(254) L. n° 91-662 du 13 juill. 1991, *JO* 19 juill. 1991, p. 9520.

être rappelée ici, car de telles activités pouvaient être, autrefois, qualifiées de service public industriel ou commercial.

Les limites inhérentes à cette forme d'intervention locale doivent tout autant être rappelées. Si la commune peut confier la responsabilité de les créer ou de les gérer à une association ou à toute autre personne, pour des services de type « commerces de proximité » (boulangerie, épicerie, station-service, hôtel-restaurant, débit de tabac…), cette association ou personne ne saurait, en tout état de cause, exercer de prérogatives de puissance publique. Par ailleurs, même si ces services sont nécessaires à la satisfaction des besoins de la population, et créés dans cette logique par une association, l'implication de la commune rurale dans leur réalisation demande à être mesurée. Dès lors, ils n'auront pas automatiquement la qualité d'un service public.

Cette qualité dépend des financements dont dispose l'association et des contrôles que subirait cette association. Si l'association bénéfice d'aides de la part de la commune, si elle intègre des élus locaux dans ses organes dirigeants, « l'identification de cette situation de dépendance [fait] alors admettre au juge administratif que l'association, même non pourvue de prérogatives de puissance publique, doit être considérée comme gérant un service public » (255). Il n'est pourtant pas assuré qu'une boulangerie ou une épicerie puissent être, de nos jours, considérées comme un service public local (256). Il en irait sans doute différemment des modalités d'accueil et de garde des enfants, des animations théâtrales, de l'organisation d'activités sportives ou de loisirs (257).

618 Les préoccupations relatives aux zones rurales se retrouvent dans l'article L. 3232-1 du CGCT, par lequel le département « établit un programme d'aide à l'équipement rural au vu, notamment, des propositions qui lui sont adressées par les communes ». Mais elles ne concernent ni les absences ou défaillances d'initiatives privées, ni les conséquences de la « disparition » de services publics dits locaux, que ceux-ci soient des antennes locales de ce qui constituait autrefois les « grands services publics » (SNCF, La Poste) ou des services municipaux dont la viabilité reposait sur le nombre des habitants.

Ces situations avaient pourtant suscité l'instauration de « moratoires » par des circulaires administratives, qui y mirent ensuite un frein dès le début des années 1990. Dès lors, les questions parlementaires relatives aux services publics en milieu rural se multiplièrent, et des mesures particulières durent être prises par les pouvoirs publics.

Concluant ses réflexions sur le rapport entre aménagement du territoire et service public, Y. Madiot relevait que « la « territorialisation », non maîtrisée, aboutit à un mélange des genres, le service public étant plus ou moins largement pris en charge par des collectivités dont ce n'est pas le rôle de l'assurer » (258).

Mais comme leurs sphères de compétence sont bornées par le droit économique et leurs moyens de plus en plus limités, les communes rurales ne peuvent valablement

(255) J.-D. Dreyfus, « Présence des services publics dans les territoires ruraux… », *AJDA* 20 juin 2005, p. 1276.
(256) CE, 28 juin 1963, Narcy, *préc.*
(257) V. toutefois, J. Fialaire, « La délégation du service public local aux associations », *LPA*, 22 août 1997, p. 3.
(258) Citant comme exemple les agences postales et les maisons du droit.

envisager de pallier les manques causés par le retrait des services « nationaux ». Il leur est tout aussi difficile d'envisager de passer des conventions avec La Poste pour maintenir des « agences postales » que de s'obstiner à conserver une école de plein exercice face aux décisions de l'inspection académique ou d'exiger le maintien d'un petit hôpital public. Enfin, les communes rurales doivent attendre des différentes institutions publiques qu'elles procèdent à l'implantation de maisons de services publics dont les périmètres sont alignés sur les définitions des obligations de service public des prestataires de service universel postal ou de communications électroniques.

619 À ces difficultés, les pouvoirs publics nationaux avaient prêté une certaine attention en publiant la « charte sur l'organisation de l'offre de service public et de services au public en milieu rural » du 23 juin 2006. Dépourvue de valeur juridique, cette « charte du maintien » du service public en milieu rural avait permis aux élus locaux de protester contre la suppression des services publics sur le territoire des collectivités territoriales dont ils ont la charge. Quelques ajouts sont prévus pour une adaptation de la charte au contexte de la révision générale des politiques publiques. Ils concernent les objectifs d'accessibilité et de qualité de service, l'engagement de l'État, des collectivités territoriales et des opérateurs dans des « contrats locaux de service par territoire de vie », et la mutualisation des moyens et services par des offres dématérialisées. Les premières réponses s'étant concentrées sur l'implantation des « maisons des services publics » alors prévues par la loi n° 2000-321 du 12 avril 2000 relative aux droits des citoyens dans leurs relations avec les administrations, elles devaient en effet être revisitées. En quelque sorte, ces maisons ne servaient qu'à orienter les usagers et n'avaient pas réellement de fonctions opérantes. D'autres modalités ont consisté à implanter des « relais de services publics » ou contribué à dématérialiser les relations avec les gestionnaires des services publics ou des services « au » public (259). La dématérialisation exigerait alors que les réseaux soient, eux, opérationnels.

L'article L. 1425-1 du CGCT, inséré dans la partie relative aux services publics locaux et relevant de la loi pour la confiance dans l'économie numérique du 21 juin 2004, reconnaît implicitement la possibilité pour les collectivités locales de se positionner comme opérateur de communications électroniques, donc de créer un service public local des communications électroniques (260). Cette ouverture est substantielle de nos jours mais la compétence ainsi attribuée aux collectivités territoriales est facultative. Pourtant, les mutations technologiques et surtout l'Internet, ont transformé le modèle du service public en zone rurale : l'enjeu est national mais c'est aux collectivités locales de s'y engager. Bien que les services associés s'entendent dans le cadre du « marché des communications électroniques », afin d'éviter que certaines zones ne soient pas desservies par le « (très) haut débit », les pouvoirs publics ont recherché les voies d'une conciliation entre les impératifs de la rentabilité poursuivis par les uns et les nécessités d'un service d'accès à l'Internet (261). Ainsi, des « schémas directeurs territoriaux d'aménagement numérique » doivent permettre d'identifier les zones et

(259) Circ. min. de l'Intérieur du 2 août 2006, Labellisation des Relais Services publics. La notion de « service de proximité » sous-tend celle de service « au » public mais ne renvoie pas systématiquement à celle de « service public ».

(260) C. Bronner, « L'intervention des collectivités territoriales en matière de réseaux de communications électroniques », *RFDA* 2005 p. 305.

(261) V. J.-C. Bourdier, J.-P. Arnaud, *Réseaux à hauts débits : nouveaux contenus, nouveaux usages, nouveaux services*, rapport, La Doc. fr., 2000.

ainsi « d'assurer la couverture du territoire concerné ». Ces schémas ont une valeur indicative. Ils sont établis « à l'initiative des collectivités territoriales, par les départements ou la région concernés ou par un syndicat mixte ou syndicat de communes, existant ou créé à cet effet » ; ils « visent à favoriser la cohérence des initiatives publiques et leur bonne articulation avec l'investissement privé » (262).

Dans ce cadre, « l'exercice de la concurrence dans l'offre des télécommunications est censé accélérer l'accès au haut débit à des tarifs raisonnables, promouvoir le développement économique des collectivités locales et contribuer ainsi à l'aménagement du territoire. L'intervention des collectivités locales a donc pour objectif de susciter l'apparition de nouveaux opérateurs économiques en vue de favoriser l'attractivité des prix » (263). En quelque sorte, seul le « service de l'accès aux services numériques » acquerrait la qualité de service public local. Pour inciter à la mise en place de ces réseaux ou d'un point d'accès fixe aux réseaux, a été décidée l'attribution d'un label « haut débit pour tous ». Pour l'État, cette partition entre les collectivités territoriales ou leurs groupements et les entreprises privées, qu'elles assurent les travaux de réalisation des infrastructures et réseaux ou qu'elles exploitent les réseaux, devrait résoudre le problème de l'accès aux renseignements administratifs et aux démarches administratives par les citoyens. Ce sont les maîtres d'ouvrage qui bénéficient des aides du fonds d'aménagement numérique des territoires. « Les aides doivent permettre à l'ensemble de la population de la zone concernée par le projet d'accéder, à un tarif raisonnable, aux communications électroniques en très haut débit. » En effet, ces aides « ne peuvent être attribuées qu'à la réalisation d'infrastructures et de réseaux accessibles et ouverts ».

Si « la cohérence nécessite une bonne connaissance des infrastructures, réseaux et services actuels et en projet, elle passe surtout par un dialogue renforcé et plus constructif entre opérateurs et collectivités permettant à ces dernières de faire valoir leur choix au nom de l'intérêt général » (264), il n'en reste pas moins qu'en ce domaine, les zones rurales et périphériques sont inévitablement désavantagées. Pour garantir la disponibilité d'une offre haut débit, l'action des collectivités territoriales est déterminante. Dans les zones rurales et dans les zones de montagne, le déploiement des réseaux de communication électronique ne peut parvenir à la résorption des « zones blanches de l'ADSL » que si elles s'y impliquent. Le seul effet de la concurrence entre les entreprises privées de ce secteur d'activité ne peut suffire : « Le jeu du marché n'a pas permis de parvenir à une couverture totale et équilibrée du territoire que ce soit pour le haut débit ou pour le réseau de téléphonie mobile. Les opérateurs ont privilégié les zones les plus denses où le retour sur investissement est garanti » (265). Toutefois, les collectivités territoriales se sont largement investies pour, au moins, permettre l'accès aux réseaux, et l'exploitation de ceux-ci fait le plus souvent l'objet de délégation de service public.

620 Les différentes démarches envisagées dans le cadre des zones rurales peuvent également servir de fondement à des actions menées en milieu urbain, zones sensibles ou

(262) CGCT, art. L. 1425-2, issu de la L. n° 2009-1572 du 17 déc. 2009 relative à la lutte contre la fracture numérique.

(263) E. Forey, « Le rôle des collectivités territoriales dans l'aménagement numérique du territoire », *RFDA* 2005, p. 296.

(264) A. Marcon, avis et rapport, Conseil économique, social et environnemental, *Conditions pour le développement numérique des territoires*, La Doc. fr., 2009, p. 35.

(265) A. Marcon, *ibid.* p. 31.

communes périphériques d'importante densité démographique. Outre les problèmes sociaux spécifiques que rencontrent les « banlieues », les difficultés d'implantation territoriale des services publics nationaux, la notion d'intérêt public local et les présupposés de la jurisprudence administrative relative à la défaillance de l'initiative privée, les concernent aussi. Ceci démontre encore une fois, s'il en était besoin, combien la notion de service public contribue, pour toute la population française, au maintien du lien social et à la cohésion territoriale.

Car ce ne sont pas les seules zones rurales qui souffrent d'une désaffection des services publics. Les programmes ressortissant de la politique de la ville ne se réalisent que par à-coups. Dans le cadre des « contrats urbains de cohésion sociale », ont été plus particulièrement visés, pour les quartiers d'habitat indigne ou dégradé, la production de logements locatifs sociaux et de places d'hébergement, l'aménagement des espaces et des équipements publics de proximité, la réorganisation ou la création d'activités économiques et commerciales, de services publics et de services de santé ainsi que l'accompagnement social des habitants (266). Mais les interventions sont du fait de l'État plus que des collectivités territoriales elles-mêmes.

Les critères de cohérence avec la politique de la ville auxquels répondent les contrats urbains de cohésion sociale (s'ils existent) sont notamment appréciés par rapport aux mesures de développement social (cadre de vie, insertion sociale, actions éducatives, accès aux soins, tout particulièrement des enfants et des jeunes adultes, sports, loisirs, culture, services publics de proximité) ; à la stratégie de revitalisation économique et d'emploi (lutte contre les discriminations à l'emploi, équipes emploi-insertion) ; et aux mesures de prévention de la délinquance. Cependant, les services publics de proximité auxquels il est ainsi fait référence ne sont pas déterminés : ils pourraient alors concerner autant les implantations des commissariats de police que l'institution de centres de santé, les uns relevant d'une politique nationale, les autres dépendant d'interventions locales.

(266) L. n° 2009-323 du 25 mars 2009 de mobilisation pour le logement et la lutte contre l'exclusion, art. 25.

TITRE 2
LES MODES DE GESTION DU SERVICE PUBLIC

621 Bien que la notion de service public comporte une forte unité conceptuelle et soit dotée d'un régime juridique cohérent, la diversité des modes de fondation des services publics et la multiplicité des organes et des personnes intervenant dans leur apparition ont été soulignées. Il résulte de cette diversité qu'il n'existe pas une manière unique de gérer le service public, mais bien plusieurs modes de gestion de celui-ci. Avant d'étudier les différents modes de gestion et leurs variantes, il faut constater que cette pluralité de modes de gestion est structurée par des principes directeurs forts.

Tout comme les personnes publiques ne peuvent fonder et supprimer les services publics qu'en raison de leur compétence, déterminée par une norme constitutionnelle ou législative, la gestion des activités de service public ne peut pas être confiée sans forme ni condition à n'importe quel acteur du système juridique. Le principe de base en la matière est celui de l'habilitation. Si la personne publique responsable du service entend le gérer elle-même, la question ne se pose pas. Mais si, au contraire, la gestion est transférée, soit à une autre personne publique, soit à une personne privée, l'habilitation est nécessaire. Ses modalités sont cependant différentes en fonction de la nature publique ou privée du délégataire, ce qui détermine le cadre juridique du choix du mode de gestion.

CHAPITRE INTRODUCTIF
LE SERVICE PUBLIC ET L'HABILITATION À LE GÉRER

622 Les activités de service public ont pour mission reconnue de satisfaire un besoin d'intérêt général par la fourniture de prestations. La réalisation de cette mission et la bonne marche de ces activités nécessitent l'accomplissement de plusieurs tâches. Or, il est possible de regrouper ces tâches en quelques « fonctions », au sens que prend ce terme en théorie des organisations pour l'analyse de toute entreprise. Il s'agit de « fonctions objets » décrivant l'organisation et le fonctionnement interne *de l'entreprise* de service public et non des « fonctions fins » *de la prestation*, externes et déterminées par l'intérêt général. Ces fonctions correspondent à des niveaux de gestion distincts (1), dont l'encadrement juridique est suffisamment autonome pour expliquer l'ensemble du régime juridique de la gestion du service public.

623 Au début du XXe siècle, la question de la gestion du service public ne se posait pas dans les mêmes termes. En raison des éléments classiques de définition, le service public est avant tout « une organisation qui dépend d'une collectivité publique » (A. de Corail). Les personnes publiques géraient elles-mêmes directement le service, et la logique de fonctionnement était celle du droit administratif, du principe hiérarchique et de l'acte unilatéral. Depuis l'apparition en jurisprudence des personnes privées chargées d'une mission de service public, la notion de gestion du service et ses modalités ont progressivement pris une place centrale parce qu'elles permettent de dépasser la différence entre service public à caractère administratif et service public à caractère industriel et commercial, ainsi que la différence entre personne publique et personne privée.

(1) Une transposition possible de ces niveaux de gestion a été donnée par A.-S. MESCHERIAKOFF, *Droit des services publics,* PUF, 1997, p. 268 et s.

SECTION I UN OBJECTIF FONDAMENTAL : MAÎTRISER LA GESTION DU SERVICE PUBLIC

624 Qu'on se situe dans la perspective d'un État centralisé et de la nécessité de faire respecter par celui-ci le principe de légalité, ou qu'on se place dans l'hypothèse d'une forte libéralisation laissant aux acteurs privés une sphère d'activité maximale mais nécessitant, par là même, un contrôle de ces derniers au regard du respect de l'intérêt général et de l'ordre public, il est primordial que la gestion du service public soit sans conteste maîtrisée par la personne publique responsable du service.

Pour assurer cette maîtrise, il est nécessaire d'analyser précisément la nature fonctionnelle des tâches assumées dans l'activité de service public et de les répartir en niveaux de gestion.

§ 1. LES FONCTIONS DE SERVICE PUBLIC ET LEURS NIVEAUX DE GESTION

A. DISTINCTION DES FONCTIONS

625 Il faut distinguer plusieurs fonctions dans l'activité de service public. La première fonction, supérieure, appelée ici *direction stratégique*, concerne la direction du service public, sa stratégie, sa maîtrise. Son identification est simple pour deux raisons : elle appartient obligatoirement à une personne publique ; elle s'analyse comme la réponse à la question « à qui revient le dernier mot quant au choix des objectifs ? ». Il est totalement exclu que la personne publique responsable du service public se défasse de cette fonction. Elle ne peut même pas se départir de son pouvoir de contrôle (2) et ne perd pas sa qualité de pouvoir adjudicateur en cas de délégation du service public (3).

À l'opposé, la troisième fonction, inférieure, désignée comme *l'exécution*, la plus concrète, concerne la réalisation strictement matérielle de la prestation. Elle est plutôt aisée à identifier, puisqu'elle dépend d'une constatation de fait : quelle personne juridique réalise, sur le terrain, les opérations de prestation de service ?

Intermédiaire entre les deux précédentes, la deuxième fonction concerne les tâches de régulation et d'optimisation, désignée comme *gestion opérationnelle*. Elle consiste à assurer la continuité du service, la logistique, le traitement des conflits, des écarts et des urgences, c'est-à-dire une *régulation* (au sens utilisé en sciences de gestion et non dans l'acception juridique récente) mais aussi à réaliser les opérations au meilleur coût, à accomplir les adaptations prévues dans le cadre juridique existant, donc une *optimisation*. Il faut alors remarquer que cette fonction concerne à la fois ce que la science juridique désigne par fonctionnement et ce qu'elle attribue à l'organisation du service. Elle n'est, de ce fait, pas forcément assurée de façon unitaire parce que, dans certains cas, des régulations sont effectuées par la personne juridique chargée

(2) CE, 2 nov. 1962, ASSEDIC de la sidérurgie de l'Est, *Rec.* p. 588.
(3) Concl. B. Dacosta sur CE, req. 330052, 14 déc. 2009, Dép. Du Cher, *RJEP* juin 2010, comm. 21.

de l'exploitation, mais des optimisations sont décidées par la personne publique qui possède la maîtrise des objectifs. Dans d'autres cas l'optimisation est déléguée à un exploitant, mais la régulation est transférée par celui-ci à des exécutants.

626 Il convient donc d'adopter un vocabulaire suffisamment précis pour décrire la façon dont est structurée et assurée l'activité de service public. Les décisions qui marquent cette activité dans son ensemble, doivent toujours être distinguées selon la fonction concernée. L'activité de service public n'est pas, en effet, une activité comme une autre. Elle vise l'intérêt général et elle utilise pour cela des moyens de droit public. Aussi les décisions qui relèvent de sa direction stratégique ne peuvent-elles pas simplement se fondre dans la catégorie des décisions « de gestion ». L'exécution matérielle des prestations, au contraire, est souvent une activité comme une autre, mais assurer une simple exécution élémentaire ne relève pas de la gestion. Finalement, au sens strict, la « gestion » du service public est assurée au deuxième niveau, intermédiaire, de gestion opérationnelle.

B. TRADUCTION JURIDIQUE

627 Au plan strictement juridique, on peut essayer de regrouper les compétences par fonction dans le service public. La fonction supérieure, la direction stratégique du service public, comprend certainement les cinq compétences suivantes : 1°) la compétence de fondation et de suppression du service public ; 2°) la compétence de choix du gestionnaire opérationnel et des exécutants du service public ; 3°) la compétence de fixation des principes d'organisation et de fonctionnement du service public ; 4°) la compétence de contrôle du respect de ces principes ; 5°) la compétence de sanction en cas de violation, au besoin par le choix d'un nouveau gestionnaire.

628 La fonction intermédiaire, la gestion opérationnelle du service public, comprend au moins trois compétences, qui font partie de la liberté de gestion de l'opérateur (4) : 1°) la compétence de réglementer les liens avec les usagers du service public, qui sont ses clients ; 2°) la compétence de réglementer les liens avec les agents du service public, qui sont ses employés ; 3°) la compétence de maîtrise d'ouvrage des installations du service public, ou au moins celle de disposer de ces installations.

629 La fonction terminale, l'exécution matérielle du service public n'est pas caractérisée par des compétences, car la personne exécutante n'est pas normalement en situation de produire des actes juridiques pour les besoins du service public. Elle est plutôt définie par des éléments négatifs : 1°) la fourniture matérielle de prestations qui ne constituent pas le service public dans son entier, mais des éléments ou des tâches annexes du service public ; 2°) l'absence de lien contractuel avec les usagers du service public – ce qui ne signifie pas l'absence de lien juridique car des rapports quasi délictuels peuvent surgir, sinon des actes juridiques exclus par principe, du moins des faits juridiques – ; 3°) l'absence de régime administratif, car les rapports nés de la simple participation à un service public ne sont pas soumis à un régime de droit public quand bien même l'exécutant aurait un contrat avec une personne publique.

(4) CE, 8 juill. 1930, Compagnie des chemins de fer PLM et autres, *Rec.* p. 753, *RDP* 1931, p. 141, concl. Josse, *D.* 1931, p. 21, *S.* 1932, III, p. 26.

C. DIVERSITÉ DES SITUATIONS

630 Une grande diversité des situations juridiques peut être constatée de deux points de vue. Le premier est relatif au degré d'intégration de l'activité de service public au sein de la personne publique qui en est chargée. Cette dernière a en effet le choix entre *faire* et *faire faire* (5). Elle peut souhaiter conserver la gestion opérationnelle et recourir à des prestataires pour la fonction d'exécution, ou bien déléguer la gestion opérationnelle et l'exécution en totalité. Quoi qu'il en soit, le degré d'intégration à la personne publique est élevé dès lors que le deuxième niveau de service public est entièrement assuré par la personne publique : le service public est dit *en régie*. Au contraire le service public est dit en délégation si la personne publique responsable du service confie à un tiers soit la gestion opérationnelle seule, en mettant ses moyens d'exécution à disposition de ce tiers, soit la gestion opérationnelle et l'exécution. Dans cette hypothèse, tous les procédés relèvent d'une même idée : la personne publique se décharge de la gestion stricte sur une autre personne juridique, soit par application d'un statut légal et réglementaire, soit par contrat. La formule classique est que l'autorité publique « assume » le service public mais qu'elle ne « l'assure » pas.

Le deuxième point de vue consiste à distinguer les cas où le service public est géré ou exécuté par une personne publique (État, collectivité territoriale, établissement public, groupement d'intérêt public) de ceux où il est géré ou exécuté par une personne privée (société commerciale, société nationale, société d'économie mixte, ordre professionnel, autre personne morale ou même personne physique).

Les deux points de vue s'additionnent et des situations croisées, intercalant dans la même activité de service public des délégations de niveau différent à des personnes publiques et d'autres à des personnes privées, peuvent apparaître.

§ 2. LA DIRECTION STRATÉGIQUE DU SERVICE PUBLIC

631 Le but d'intérêt général de toute activité de service public, ainsi que le rattachement à une personne publique, impliquent une maîtrise totale de cette dernière sur les conditions d'organisation et de fonctionnement du service public. Cette direction est d'autant plus nécessaire que la personne publique est responsable vis-à-vis des usagers du respect des principes juridiques précités qui régissent l'activité de service public. Elle ne pose guère de problèmes dans le cas d'une *gestion directe* de l'activité de service public, puisque c'est la personne publique responsable qui la prend en charge sans intermédiaire entre elle-même et les usagers. Mais il en va différemment dans l'hypothèse d'une *gestion déléguée,* car la prestation de service finalement fournie à l'usager lui échappe concrètement. C'est pourquoi la direction stratégique de la personne publique responsable du service public, lorsque l'activité est déléguée, repose sur un acte formel qui fixe l'étendue des droits et obligations du délégataire : l'acte d'habilitation.

(5) « Lorsque des collectivités publiques sont responsables d'un service public, elles peuvent, dès lors que la nature de ce service n'y fait pas par elle-même obstacle, décider de confier sa gestion à un tiers », CE sect., 6 avr. 2007, Commune d'Aix-en-Provence, req. 284736, *AJDA* 2007, p. 793.

Le Conseil d'État, consulté avant la loi du 29 janvier 1993 a très nettement fait la différence entre la direction stratégique du service public et toute autre fonction permettant l'exercice de l'activité de service public. Dans un avis du 11 juin 1991, portant sur l'application de l'article 55 du traité de Rome (droit d'établissement), et sur la question de savoir si les concessionnaires de service public participaient ou non à « l'exercice de l'autorité publique », le Conseil a remarqué que « *si le concessionnaire assure l'exécution du service, le concédant en conserve la responsabilité et exerce, pour ce motif un contrôle sur le concessionnaire* ». Est ainsi consacrée la distinction entre des fonctions radicalement différentes : d'une part, celle de direction stratégique du service public ; d'autre part, les autres fonctions de gestion ou d'exécution.

La direction stratégique est donc indissolublement liée à l'acte d'habilitation, elle se matérialise dans le principe que la compétence de production de cet acte appartient toujours à la personne publique responsable du service. Les formes radicalement différentes que cet acte peut prendre, selon le destinataire de l'habilitation, ne sauraient faire oublier le principe. Cependant, les principes d'habilitation mènent à des résultats très différents selon que la direction stratégique s'exerce en gestion publique, c'est-à-dire à l'intérieur d'une personne publique ou entre personnes publiques, ou bien en gestion déléguée privée.

A. EN GESTION PUBLIQUE, DIRECTE OU DÉLÉGUÉE

632 La maîtrise d'une personne publique sur une activité de service public peut user des principes d'organisation traditionnelle des rapports à l'intérieur d'une personne publique ou entre personnes publiques. Ces principes ont pour but d'assurer de manière soit permanente soit ponctuelle la soumission de l'exploitant à la personne publique responsable de l'activité. Ils sont de trois types :

– la négation de toute autonomie de fonctionnement

Dans la régie directe, le service public assuré ne se distingue pas, notamment au plan organique, des autres services, ni de la compétence administrative générale dont la personne publique a la charge. Les structures de la régie sont gouvernées par le principe hiérarchique.

– l'autonomie de fonctionnement sans reconnaissance d'une personnalité juridique distincte

Dans la régie indirecte, certains organes disposent d'une relative autonomie administrative et financière. La loi organique n° 2001-692 relative aux lois de finances du 1er août 2001 prévoit la possibilité d'un budget annexe réservé « aux seules opérations de l'État non dotées de la personnalité morale résultant de leur activité de production de biens ou de prestation de service donnant lieu au paiement de redevances ». À ce titre, exceptionnel, deux organes de l'État en sont encore dotés en 2011 (Publications officielles et information administrative, Contrôle et exploitation aériens).

De même, certains services industriels et commerciaux des collectivités territoriales sont dotés d'un conseil d'exploitation, d'un directeur, d'un budget propre, et d'un agent comptable (CGCT, art. L. 2221-11 à 14, R. 2221-63 à 98) et qualifiés de régies à seule autonomie financière.

Ces structures sont autonomes dans leur fonctionnement, mais elles relèvent de la personne publique responsable du service parce que, organiquement, elles n'en sont pas distinctes (6).

– le rattachement de la personne gestionnaire du service à la personne publique responsable

L'exemple le plus net est celui de l'établissement public, car il emporte création d'une personne juridique distincte, dont la capacité de développement autonome est limitée soit, pour l'objet de gestion du service public, par le rattachement à la personne publique responsable, soit en dehors de cet objet, par le principe de spécialité. Par ailleurs, la gestion de services publics par des collectivités territoriales s'insère dans les rapports de décentralisation, où l'influence de la personne publique État sur ces collectivités demeure fondée sur le principe constitutionnel d'unité de la République. Les régies locales dotées de la personnalité morale prévues à ce titre sont donc des établissements publics locaux (CGCT, art. L. 2221-10 et R. 2221-1 à 62).

633 Parallèlement, la pratique des conventions pour la délégation du service public s'est multipliée entre personnes publiques. Le « conventionnement public » a été conceptualisé comme mode de collaboration des personnes publiques entre elles, d'association de plusieurs personnes publiques pour l'accomplissement de missions d'intérêt général, de partage des rôles et des responsabilités dans la gestion du service public (7).

B. EN GESTION DÉLÉGUÉE PRIVÉE

634 La gestion du service public par une personne privée n'est pas un cas inconnu de la théorie juridique classique puisque l'affermage, qui en est un mode reconnu fut largement pratiqué sous la Monarchie de Juillet pour les bacs et passages d'eaux, puisque, aussi, la concession fut développée pour satisfaire des besoins économiques généraux (éclairage, transports) au XIXe siècle. Cependant, elle constituait l'exception. Au contraire, depuis le début du XXe siècle, cette situation est devenue de plus en plus fréquente, mais il faut tout de même qu'un lien demeure entre la personne privée gestionnaire et la personne publique. La qualification de service public d'un théâtre avait ainsi été écartée dans l'arrêt *Astruc* (8) parce que l'activité se pratiquait sans aucune intervention de la personne publique. Au contraire, dans l'arrêt *Gheusi* (9), la qualité de service public fut reconnue à l'Opéra-Comique parce qu'il existait un lien juridique, en l'espèce une concession, assurant le contrôle d'une personne publique sur la gestion de l'activité.

635 Les formes d'organisation propres aux personnes publiques ne peuvent pas être utilisées dans les rapports entre personnes publiques et personnes privées. Dans

(6) Ce fut le cas des Postes et télécommunications jusqu'à la réforme de la L. n° 90-568 du 2 juill. 1990.

(7) CE sect., 31 mars 1989, Département de la Moselle, *AJDA* 1989, p. 339 ; sur l'exemple des services de transport public régionaux, v. L. Rapp, *RFFP* 1988, n° 22, p. 176.

(8) CE, 7 avr. 1916, Astruc, *Rec.* p. 163, *S.* 1916, III, p. 49, note Hauriou, *RDP* 1916, p. 377, concl. Corneille.

(9) CE, 27 juill. 1923, Gheusi, *Rec.* p. 638, *DP* 1923, III, p. 57, note Appleton, *RDP* 1923, p. 560, concl. Mazerat.

cette seconde hypothèse, la direction stratégique s'exerce dans des conditions non contraintes par le cadre institutionnel des personnes publiques. Deux solutions sont alors envisageables pour habiliter une personne privée à gérer le service public. Soit la personne publique responsable réalise la délégation par acte unilatéral, soit elle fait par convention. C'est dans ce deuxième cadre qu'est apparue la notion de « convention de délégation de service public ». Depuis la présentation donnée par le Conseil d'État dans l'arrêt fondamental *Commune d'Aix-en-Provence* (10), le principe est que la délégation doit être contractuelle, sauf si un texte en dispose autrement. En d'autres termes, le régime de droit commun de l'habilitation est le contrat et le régime d'exception est la voie unilatérale, qui doit se fonder sur un texte précis.

SECTION II UN ACTE FONDAMENTAL : L'ACTE D'HABILITATION

636 **Bibliographie** : F. Sabiani, « L'habilitation des personnes privées à gérer un service public », *AJDA* 1977, p. 4 ; A. Hourcabié et A. Tabouis, « Notion et régime juridiques de la délégation unilatérale de service public », *CMP* 2005, chron. 13 ; P. Marest « Contribution à la réflexion sur le rôle d'autorité organisatrice des services urbains par les collectivités territoriales et sur les conditions de mise en pratique de ces services au niveau local, *JCP A*, juin 2011, ét. 2226.

637 La loi peut tout d'abord confier à une personne privée la gestion d'un service public, soit expressément, soit implicitement. Dans cette dernière circonstance, la jurisprudence peut reconnaître l'intervention publique et qualifier l'activité de service public. Le point de départ de cette évolution est donné dans l'arrêt *Caisse primaire Aide et protection* (11). Elle s'est développée ensuite avec les ordres professionnels ou corporatifs chargés par la loi du 2 décembre 1940 « d'assurer la gestion d'un service public relatif à l'organisation et au contrôle de la profession » (12). Nombreux sont les organismes privés chargés de gérer un service public : centres techniques industriels, fédérations sportives, fédérations de chasseurs, sociétés d'aménagement foncier et d'équipement rural, associations du secteur sanitaire et social, etc.

638 Il arrive aussi que la gestion d'un service public soit conférée par un acte administratif à une personne privée. Il s'agit rarement d'un acte administratif réglementaire. On peut citer l'exemple du service public de la Comédie française, en application des décrets du 15 octobre 1812 (13) et du 1er avril 1995. Mais beaucoup plus fréquemment les personnes publiques ont recours à un acte contractuel. Dans ce dernier cas, le contrat est administratif en raison de son objet (14). Il n'y a donc plus de concordance absolue entre service public organique et service public fonctionnel.

(10) CE sect., 6 avr. 2007, req. 284736, Commune d'Aix-en-Provence, *AJDA* 2007, p. 793.
(11) CE, 13 mai 1938, *Rec.* p. 417, *D.* 1939, III, p. 65, note Pepy, concl. Latournerie, *RDP* 1938, p. 830.
(12) CE sect., 20 juin 1946, Morand, *Rec.* p. 183, *S.* 1947, III, p. 19, note P.H.
(13) Trib. civ. Seine, 8 oct. 1952, *Gaz. Trib.* 1952, 2, 542.
(14) CE sect., 20 avr. 1956, Époux Bertin, *Rec.* p. 167, *AJDA* 1956, II, p. 272, concl. Long, chron., *RDP* 1956, p. 869, note Waline, *D.* 1956, p. 433, note de Laubadère, *Rev. adm.* 1956, p. 496, note Liet-Veaux.

§ 1. LA NOTION D'HABILITATION

639 L'habilitation à gérer des activités de service public, destinée à regrouper les différentes situations de transfert de gestion, peut être tout d'abord définie conformément au sens commun. Néanmoins son principal intérêt réside dans l'analyse de son objet juridique.

A. DÉFINITION DE L'HABILITATION

640 Le souhait d'une personne publique responsable du service public d'en transférer la gestion, totalement ou partiellement – c'est-à-dire de confier l'exercice de ses compétences dans un ou deux niveaux de gestion – suppose un acte juridique particulier. En l'absence d'acte, aucune autre personne que celle qui est responsable du service public n'est juridiquement fondée à assurer la gestion de ce dernier. Cet acte est donc bien le fondement de l'intervention de la personne ayant reçu mission de gérer le service à la place de la personne publique responsable (15). Il peut cependant prendre plusieurs formes, car il est admis qu'il comporte plusieurs objets, pourvu que l'un d'entre eux entraîne explicitement ou nécessairement l'habilitation (16).

641 Cet acte de délégation du service public, de transfert de l'exercice de compétences de gestion, est en général qualifié d'acte d'habilitation. Ce terme, au sens précis, emporte deux conséquences :

– d'une part, l'habilitation est définie comme « une opération dont l'objet est de conférer une capacité à une personne, qui, naturellement, ne la possède pas ». Cette définition marque bien que la personne habilitée à exploiter l'activité de service public ne pourrait pas l'exercer par elle-même, sans l'intervention d'une personne publique habilitante ;

– d'autre part, la définition de l'habilitation rappelle que l'exercice des missions de service public est un monopole originel des personnes publiques. Elle limite donc l'étendue de la délégation consentie au profit d'une personne privée, de deux manières : cette délégation ne peut être ni totale ni définitive ; la personne publique responsable du service dispose *de jure* d'un pouvoir de direction et de contrôle sur l'habilité.

B. OBJET DE L'HABILITATION

642 S'il n'existe qu'un objet à l'acte d'habilitation – celui d'habiliter une personne, qui n'est pas originairement responsable du service public, à gérer ce dernier – il n'en demeure pas moins que l'habilitation elle-même est susceptible de porter sur plusieurs objets. Puisque différents niveaux ont été distingués dans la gestion du service public, il est possible de distinguer aussi différents types d'habilitation en fonction de l'objet des compétences transférées.

(15) F. SABIANI, « L'habilitation des personnes privées à gérer un service public », *AJDA* 1977, p. 4.
(16) CE, 25 janv. 2006, req. 284878, Commune de la Souche, l'acquisition et l'aménagement d'un immeuble en gîte rural révèlent l'habilitation à exploiter un service public de développement économique et touristique.

643 *Objet exclu*. L'habilitation, tout d'abord, ne peut pas avoir pour objet de confier à l'habilité la direction stratégique du service public, tout simplement parce que la personne publique responsable n'est jamais autorisée à s'en dessaisir.

Par exemple, les services publics attribués par la loi aux collectivités territoriales ne peuvent pas être en totalité délégués à des personnes privées (17), surtout lorsqu'ils comportent des prérogatives de puissance publique (18). Une délégation partielle d'une certaine envergure n'est même pas envisageable lorsque le service public transféré, par sa nature ou par détermination législative, fait partie de ceux qui ne peuvent être assurés que par la collectivité territoriale elle-même (19).

644 *Objet de niveau intermédiaire*. La personne publique responsable du service souhaite que la gestion opérationnelle de l'activité de service public revienne entièrement à la personne habilitée à cet effet. L'objet de l'habilitation est donc la gestion opérationnelle dans son ensemble. L'habilité exercera alors les compétences d'optimisation et de régulation. Il n'est pas exclu cependant que, soit initialement, soit avec l'accord de la personne publique responsable, ce deuxième niveau soit scindé et que la régulation (20) soit assurée par une autre personne, titulaire d'une habilitation plus restreinte. Par exemple, si France Télécom a été habilité par l'État à gérer le service public des télécommunications, cet exploitant public n'en a pas moins été autorisé à déléguer diverses fonctions à des filiales.

645 *Objet de niveau terminal*. La personne publique responsable du service peut souhaiter que l'exécution matérielle du service, c'est-à-dire des prestations élémentaires du service, soit attribuée à une ou plusieurs personnes distinctes. Il faut éviter d'utiliser à ce propos le terme d'exploitation du service qui ne recouvre pas l'exécution, mais la gestion opérationnelle. Un certain nombre de services publics sont ainsi répartis, pour les tâches élémentaires d'exécution, entre plusieurs intervenants (21). Les contrats en jeu sont alors soit des marchés publics si le gestionnaire opérationnel est un pouvoir adjudicateur, soit des contrats de droit privé (contrats d'entreprise).

Il apparaît clairement que, si la gestion opérationnelle du service public a déjà été transférée, en vertu d'une habilitation portant sur le niveau de gestion opérationnelle, c'est l'opérateur habilité, chargé *in fine* de coordonner l'ensemble, qui sera le mieux à même de proposer de recourir à des habilitations portant sur le niveau inférieur d'exécution et de suggérer leurs éventuelles délimitations (22).

(17) CE, 12 nov. 1997, Synd. nat. des médecins du travail, *Dr. adm.* 1998, n° 20 ; CE, 17 mars 1989, Synd. des psychiatres français, *Rec.* p. 94, *AJDA* 1989, p. 407, obs. X. Prétot ; *RFDA* 1991, p. 267, concl. Stirn.

(18) TA Amiens, 1er déc. 1987, Braine et Vantomme, *AJDA* 1988, p. 394, habilitation donnée à une association pour réaliser par voie de subventions l'essentiel de l'intervention économique départementale.

(19) CE avis, 11 mars 1958 ; CE, 27 mars 1995, Chambre d'agriculture des Alpes-Maritimes, *Rec.* p. 142, *AJDA* 1995, p. 921, note Braud ; CE, 12 nov. 1997, Synd. nat. des médecins du travail, *Dr. adm.* 1998, n° 20.

(20) Au sens défini plus haut, purement gestionnaire, de réduction automatique des écarts, et non au sens plus couramment utilisé par les publicistes pour désigner, par exemple, les fonctions d'une AAI ou un mode d'action de l'État.

(21) C'est le cas dans le service public hospitalier selon les lois n° 70-1318 du 31 déc. 1970 et du 31 juill. 1991.

(22) L'organisation du service public de placement des chômeurs (ord. n° 86-1286 du 20 déc. 1986, circ. du 17 juill. 1987, *Mon. TP,* 11 sept. 1987) en est un exemple.

646 Il n'est pas exclu, surtout, que la personne publique ait choisi d'habiliter la même personne pour exercer les compétences relevant du niveau intermédiaire et du niveau terminal. Dans ce cas, l'objet de l'habilitation est à la fois la gestion opérationnelle et l'exécution matérielle de prestations élémentaires.

§ 2. LES CARACTÈRES DE L'ACTE

647 L'acte d'habilitation peut être caractérisé en lui-même par deux dimensions juridiques essentielles. D'une manière logique, celles-ci induisent un régime juridique de droit public qui confirme et structure la maîtrise juridique de l'autorité publique sur les services dont elle est responsable.

A. DEUX CARACTÈRES JURIDIQUES MAJEURS

648 De la définition de l'habilitation, il découle que l'acte d'habilitation à gérer un service public présente deux caractères juridiques majeurs :

a) *L'acte d'habilitation est obligatoire*

649 L'existence de cet acte est nécessaire pour que soit constituée juridiquement la délégation de l'activité de service public. En effet, ni une personne privée, ni une personne publique qui ne serait pas, du fait de sa compétence territoriale générale, de sa spécialité ou des textes, compétente pour gérer un service public, ne peuvent en principe décider spontanément de se livrer à une activité de service public. Pour ce qui est des personnes publiques, il s'agirait d'une illégalité par violation des règles de compétence. Quant aux personnes privées, qui ne subissent pas une telle limitation, elles pourraient peut-être exercer une telle activité, si elle est conforme à leur objet social, sous réserve qu'elle ne fasse pas l'objet de « droits exclusifs ou spéciaux », et sans prétendre au bénéfice du régime juridique normalement attaché à toute activité de service public. Mais il est peu probable que leur objectif de rentabilité soit, dans ces conditions, en situation d'être aisément atteint.

650 C'est pour cela qu'a été élaborée la notion de « service public virtuel » (23). Cette expression est utilisée dans le sens où certaines activités privées peuvent être considérées en elles-mêmes, en l'absence de participation d'une personne publique à leur fondation, comme des services publics potentiels en raison de leur caractère d'intérêt général. L'intervention ultérieure de la personne publique responsable du service, par un acte de reconnaissance comportant des sujétions (24), transforme alors en services publics ces activités d'intérêt général. L'acte d'habilitation peut être de formes diverses,

(23) CE, 6 févr. 1948, Soc. Radio-Atlantique, *Rec.* p. 65, *RDP* 1948, p. 244, concl. Chenot, note Jèze ; M. Degoffe, « À propos du service public virtuel », *CJEG* 1993, p. 535.

(24) Par ex. l'octroi d'une autorisation de voirie faisant état d'obligations de service public : il s'agissait surtout à l'origine de transports publics, CE sect., 5 mai 1944, Comp. maritime de l'Afrique orientale, *Rec.* p. 129, *D.* 1944, p. 164, concl. Chenot.

mais il doit traduire « un droit de regard » de la personne publique sur l'organisation de l'activité (25). Il va de soi aussi que, dans cette hypothèse, la compétence de création et de direction stratégique du service public appartient bien à la personne publique responsable du service, qui agit dans le cadre de sa compétence d'action. La fondation de la seule activité d'intérêt général par la personne privée ne signifie nullement que cette dernière puisse créer le service public et s'auto-habiliter. Elle a pour seul effet de présumer l'accord de la personne privée pour être habilitée à gérer sous forme de service public l'activité qu'elle a fondée.

651 Quant à la jurisprudence relative à la collaboration occasionnelle et bénévole, elle ne constitue pas une exception à la nécessité d'une habilitation. D'une part, elle ne se révèle que face à une situation où le service public existe déjà dans son principe, mais est défaillant ou absent en fait (26). D'autre part, elle porte sur une action élémentaire constituant l'exécution matérielle du service public et non sur la gestion de celui-ci.

652 Pour l'application de ce caractère intrinsèque à l'acte d'habilitation, lorsqu'une personne privée exerce de façon informelle une mission de service public relevant des compétences d'une personne publique, la jurisprudence n'hésite pas à requalifier soit cette personne (27), soit les rapports entre la personne publique et cette personne (28).

b) L'acte d'habilitation procède d'un pouvoir discrétionnaire

1) La personne publique responsable du service public choisit librement d'en assurer elle-même la gestion ou de la transférer à un tiers.

653 Il faut évidemment réserver l'hypothèse où la loi se prononcerait expressément sur la méthode de gestion à adopter relativement à un service public : la compétence de la personne publique serait alors liée (29). Mais dans les cas les plus fréquents, il appartient exclusivement à la personne publique qui en a la charge de choisir la manière dont le service public doit être assuré, c'est-à-dire de choisir d'en réaliser elle-même la gestion ou au contraire de la confier à un tiers. Sur cette appréciation d'opportunité, le contrôle juridictionnel est restreint (30).

(25) CE sect., 6 avr. 2007, Commune d'Aix-en-Provence, req. 284736, *AJDA* 2007, p. 793.

(26) CAA Bordeaux, 2e ch., 18 déc. 2003, n° 99BX001461, Mme Lacrouts c. Commune de Larrau, *AJDA* 2004, p. 89, note Rey.

(27) TC, 15 nov. 1999, req. 3153, Comité d'expansion de la Dordogne, *Rec.* p. 479, *AJDA* 1999, p. 992, chron. ; CE, 11 mai 1987, Divier c. Association pour l'information municipale, *Rec.* p. 168, *RDP* 1988, p. 264, note J.-M. Auby ; J.-P. Négrin, « L'utilisation par l'administration des associations de la loi de 1901 », *RFAP* 1977, n° 3, p. 113 ; R. Brichet, « Le rôle des associations privées dans la vie administrative », *AJDA* mars 1980, n° spécial, p. 123.

(28) CE sect., 6 avr. 2007, req. 284736, Commune d'Aix-en-Provence ; L. Rapp, « Les tribunaux administratifs et la définition du service public », *Lamy droit public des affaires, Bull. F*, août-sept. 1997. Le droit communautaire dénie également l'existence du contrat lorsque le cocontractant est « transparent » : CJCE, 18 nov. 1999, aff. C-107/98, Teckal, *Rec.* I-8121, concl. Cosmas.

(29) Par ex. le mode de gestion du service public hospitalier (L. n° 70-1318 du 31 déc. 1970, CE, 29 avr. 1987, Association de gestion de la résidence médicale des Sources, *Rec.* p. 154), ou celui de l'électricité (L. du 10 févr. 2000).

(30) Concl. Romieu sur CE, 4 mai 1906, Babin, *Rec.* p. 363 ; CE, 18 mars 1988, Loupias, *Rec.* p. 975, *RDP* 1988, p. 1460, *Dr. adm.* 1988, n° 289, s'agissant d'un affermage ; CE, 28 juin 1989, Synd. du personnel des ind. électriques et gazières du centre de Grenoble, *RFDA* 1989, p. 929, concl. Guillaume, note Lachaume, à propos d'une société d'économie mixte ; CE ass., 2 févr. 1987, Soc. TV6, Scorpio Music, Aréna, Pathé-Marconi-Emi, *RFDA* 1987, p. 41 pour une concession.

654 Le fondement du libre choix des modes de gestion du service public est différent selon la personne publique concernée. S'agissant de l'État, il n'est que la conséquence de la clause générale de compétence du pouvoir réglementaire prévue par l'article 37 de la Constitution de 1958. En ce qui concerne les collectivités *infra*-étatiques, le libre choix résulte du principe de libre administration des collectivités territoriales (art. 72). La loi confirme souvent ce principe dans des domaines particuliers (31). La jurisprudence administrative le reconnaît également (32).

655 Depuis quelques années, la jurisprudence administrative ne lie plus les modes de gestion au caractère du service public, abandonnant ainsi l'équation entre services publics à caractère industriel et commercial et transfert aux personnes privées, d'une part, services publics à caractère administratif et régie d'autre part (33). Un avis du Conseil d'État le confirme : « le caractère administratif d'un service public n'interdit pas à la collectivité territoriale d'en confier l'exécution à des personnes privées, sous réserve toutefois que le service ne soit pas au nombre de ceux qui, par leur nature ou par la volonté du législateur, ne peuvent être assurés que par la collectivité territoriale elle-même » (34). Aujourd'hui, le même service public, indépendamment de sa qualification administrative ou industrielle et commerciale, peut être géré *simultanément* en gestion directe par une personne publique, en gestion déléguée, par une personne privée (35), et en gestion distincte et concurrente par des personnes privées, au besoin agréées (36).

2) le bénéficiaire de l'habilitation n'a aucun droit acquis au maintien de celle-ci

656 En ce qui concerne les habilitations contractuelles, ce principe résulte de la théorie générale des contrats (37). Pour les habilitations unilatérales, sans qu'il y ait de principe identifié en tant que tel à ce jour, il s'agit sans doute d'une conséquence du fait que, d'une part, les habilitations entraînent délégation de compétence, mesure réglementaire (38), par définition non créatrice de droits (39) ; d'autre part, les habilitations traduisent une autorisation essentiellement précaire, acte qui n'est jamais considéré non plus comme créateur de droits (40).

(31) L. du 22 juill. 1983 sur les transports scolaires ; L. du 8 janv. 1993 sur le service extérieur des pompes funèbres.

(32) CE, 1er avr. 1960, Guanter, *Rec.* p. 249, *S.* 1960, III, 239, note Sirat ; CE, 24 févr. 1971, Commune de Sainte-Maure-de-Touraine, *Rec.* p. 155 ; TC, 7 juill. 1975, Commune des Ponts-de-Cé, *Rec.* p. 795 ; CE sect., 6 avr. 2007, Commune d'Aix-en-Provence, req. 284736, *AJDA* 2007, p. 793.

(33) La concession de service public à caractère administratif était toujours conçue comme une exception : TC 20 janv. 1986, Roblot, *Rec.* p. 298, *AJDA* 1986, p. 267, obs. Richer.

(34) CE Avis, 7 oct. 1986, cité *in* circ. min. Int. 7 août 1987, *Mon TPB* 15 janv. 1988, p. 32.

(35) CE, 20 janv. 1988, SCI la Colline, *Rec.* p. 21, *AJDA* 1988, p. 407, obs. J.-B. Auby, *CJEG* 1988, p. 328, concl. De la Verpillière, note Delpirou ; D. Michon, « De la coexistence de plusieurs concessions de services publics occupant en commun le domaine public », *CJEG* 1957, p. 346.

(36) Comme c'est le cas, en application du régime législatif, dans le domaine des pompes funèbres : cf. CGCT, art. L. 2223-19 et L. 2223-23.

(37) CE, 25 mars 1988, Demereau, *JCP* 1989, II, 21160, note Davignon.

(38) CE ass., 17 févr. 1950, Meynier, *Rec.* p. 111 ; CAA Lyon, 6e ch., 26 mai 2009, n° 06LY02229, Denis A..

(39) CE sect., 5 mai 1972, Delle Noyer, *Rec.* p. 342, *RDSS* 1973, p. 176, concl. Questiaux ; CE ass., 1er juill. 1988, Avesques, *Rec.* p. 267.

(40) CE, 2 févr. 1957, Dupé, *Rec.* p. 77 ; CE sect., 17 avr. 1963, Blois, *Rec.* p. 223, *AJDA* 1963, p. 486, *JCP* 1963, II, 13227, note Luce.

B. UN RÉGIME DE DROIT PUBLIC

a) L'acte d'habilitation est toujours un acte de droit public

657 En raison de la définition même de l'habilitation et de la jurisprudence développée sur l'identification du contrat administratif, l'acte d'habilitation est toujours un acte de droit public.

658 Dans le cas où l'habilitation est unilatérale, l'acte est de droit public par sa forme. En effet, que l'habilitation soit législative, réglementaire ou résulte d'une décision individuelle, l'acte est formellement de droit public. Cependant, si l'application d'un régime administratif est totalement acquise pour les actes réglementaires ou individuels, parce qu'ils relèvent du régime général des actes administratifs unilatéraux, il est beaucoup plus difficile de préciser le régime dans lequel se trouve placé le législateur qui peut, sous réserve du respect des principes constitutionnels, varier à son gré les contours de ses habilitations directes (41).

659 Dans le cas où l'habilitation est contractuelle, l'acte est administratif en raison de son objet. En effet, tout contrat passé entre une personne publique et une personne privée est un contrat administratif dès lors qu'il a pour objet l'exécution même du service public. Le principe est posé de manière générale par la jurisprudence *Bertin* (42), mais sa reconnaissance pour les seules concessions était déjà acquise depuis longtemps (43). De même, les contrats qui constituent en eux-mêmes une modalité élémentaire de l'exécution même du service public sont des contrats administratifs. En pratique, il s'agit des contrats conclus avec les usagers des services publics à caractère administratif (44). Quant aux contrats passés entre personnes publiques, comme ils sont présumés être des contrats administratifs (45), et que la présomption ne peut tomber que lorsque le contrat, en raison de son objet « ne fait naître entre les parties [personnes publiques] que des rapports de droit privé », il est juridiquement impossible que les habilitations contractuelles entre personnes publiques ne soient pas des contrats administratifs.

b) L'acte d'habilitation relève de la compétence du juge administratif ou du Conseil constitutionnel

660 Lorsque l'acte d'habilitation résulte d'une loi, seul le Conseil constitutionnel est en mesure d'en apprécier la conformité aux règles de droit, qui s'imposent éventuellement au législateur dans l'édiction de cet acte.

(41) V. par ex. L. n° 90-568 du 2 juill. 1990 sur La Poste et France Télécom.
(42) CE sect., 20 avr. 1956, Époux Bertin, *Rec.* p. 167, *AJDA* 1956, II, 272, concl. Long.
(43) CE, 4 mars 1910, Thérond, *Rec.* p. 193, concl. Pichat, *RDP* 1910, p. 249, note Jèze, *S.* 1911, III, 17, note Hauriou, pour l'enlèvement des chiens errants ; TC, 22 avr. 1990, GIE Copagau…, *Dr. adm.* 1990, n° 389, pour l'enlèvement des automobiles.
(44) CE sect., 20 avr. 1956, Consorts Grimouard, *Rec.* p. 168, *RDP* 1956, p. 1058, concl., note Waline ; CE sect., 18 juin 1976, Dame Culard, *Rec.* p. 319, *AJDA* 1976, p. 579, note Durupty ; CE, 6 mai 1985, Association Eurolat et autres, *Rec.* p. 141, *RFDA* 1986, p. 26, concl. Genevois.
(45) TC, 21 mars 1983, Union des assurances de Paris, *Rec.* p. 537, *AJDA* 1983, p. 356, concl. Labetoulle, *D.* 1984, p. 33, note Auby et Hubrecht.

661 Si l'acte d'habilitation à exercer une activité de service public est un acte administratif individuel, réglementaire, ou contractuel, le juge administratif est compétent pour en connaître. Les principes généraux du contentieux administratif sont dès lors applicables : les actes administratifs unilatéraux sont jugés dans le contentieux de l'excès de pouvoir ; les contrats administratifs relèvent du plein contentieux. Leur examen détaillé relève de la théorie générale des contrats, mais il convient de signaler ici que le juge administratif déroge notamment aux principes du contentieux administratif contractuel, en acceptant :

– d'abord, de constater la nullité de certaines clauses qui seraient incompatibles « avec les nécessités du fonctionnement du service public » (46) sans disqualifier pour autant le contrat, alors que cette nullité lui retire toutes ses clauses exorbitantes.

– ensuite, d'annuler des décisions prises en exécution de clauses elles-mêmes annulées, par analogie, peut-être, avec les conventions « de longue durée » (47)

– enfin, d'admettre l'irruption du recours pour excès de pouvoir à l'initiative des tiers dans le champ contractuel dans des conditions très encadrées (48).

c) L'acte d'habilitation manifeste l'exercice d'une prérogative de puissance publique

662 **Bibliographie** : M.-A. Sabirau Perez, *Secteur public et concurrence*, PU de Perpignan, 1998 ; N. Charbit, *Secteur public et droit de la concurrence*, Joly, 1999 ; P. Nihoul, *La concurrence et le droit*, Éd. EMS, 2001 ; Conseil d'État, *Rapport public 2002*, « Réflexions sur les collectivités publiques et la concurrence », *Études et Documents* n° 53, La Doc. fr. ; G. Hénaff, *Concurrence et services publics : enjeux et perspectives*, PU Rennes, coll. Sociétés, 2002 ; S. Nicinski, *Droit public des affaires*, LGDJ, Domat, 2010.

J.-Y. Chérot, « La soumission d'actes de droit public au droit de la concurrence n'est pas contraire à la Constitution », *D.* 1991, chron. p. 163 ; M. Guibal, « Droit public et concurrence : le style européen », *JCP* 1993, I, 3667 ; « Services publics en Europe : entre monopole et concurrence », *RAE* 1994, n° 2 (spécial) ; J.-J. Maigre, « Des précisions sur l'application des règles de concurrence aux organismes investis d'une mission de service public », *Rev. conc. consom.* 1996, n° 90 ; E. Delacour, « Services publics et concurrence communautaire. Aspects juridiques », *RMC* 1996, n° 400, p. 501 ; C. Courtois, « Les monopoles et le droit communautaire de la concurrence : problèmes actuels », *Juris. PTT* 1996, n° 44, p. 33. ; C. Adam, « La prise en compte des missions de service public par les règles de concurrence », *Gaz. Pal.* 12 février 1997, p. 45 ; M. Bazex, « Le droit public de la concurrence », *RFDA* 1998, p. 781 ; A. Ménéménis, « Organisation du service public et concurrence : quelques remarques », *Rev. adm.* 2004, n° 340.

663 La question s'est posée de savoir si l'acte d'habilitation relevait des activités de production, de distribution ou de service au sens de l'article 53 de l'ordonnance n° 86-1243 du 1er décembre 1986 relative à la liberté des prix (devenu art. L. 410-1 Code commerce). Le principe a été posé que l'acte par lequel une personne organise un service public n'est pas en lui-même un acte de production, de distribution ou de

(46) CE, 6 mai 1985, Association Eurolat c. Crédit Foncier de France, *Rec.* p. 141 ; *AJDA* 1985, p. 620, note Fâtome et Moreau ; *RFDA* 1986, p. 21, concl. Genevois, *RDP* 1986, p. 21, note Llorens.

(47) CE, 26 nov. 1971, SIMA, *Rec.* p. 723, *RDP* 1972, p. 239, concl. Gentot, note Waline, *AJDA* 1971, p. 649, *CJEG* 1972, p. 140.

(48) CE ass., 10 juill. 1996, Cayzeele, *Rec.* p. 274 ; *AJDA* 1996, p. 732, chron. ; *CJEG* 1996, p. 382, note Terneyre ; *RFDA* 1997, p. 89, note Delvolvé ; *LPA*, 18 déc. 1996, note Viviano. CE sect., 30 oct. 1998, Ville de Lisieux, *Rec.* p. 375, *AJDA* 1998, p. 1041, chron. ; *RFDA* 1999, p. 128, concl. Stahl, note Pouyaud ; *Alinéa* 1999 n° 5, p. 4, note Guglielmi.

services et que, en conséquence, les règles de l'ordonnance ne sont pas applicables à cet acte d'habilitation (49). Ce point de vue a été confirmé par l'arrêt *Datasport* (50).

664 Cela ne signifie pas, en revanche, que les actes de droit public relatifs aux activités résultant de ces habilitations échappent au droit de la concurrence dans son ensemble. En effet, l'acte d'habilitation, comme tout acte administratif, doit en vertu du principe de légalité respecter les normes de référence dont l'ordonnance fait partie. Par un arrêt du 3 novembre 1997 (51), il a été jugé que la légalité d'un contrat de concession de service public pouvait être discutée devant le juge administratif au regard des articles 7 et 8 de l'ordonnance du 1er décembre 1986.

665 Ainsi, après avoir admis que l'activité normative de l'État pouvait être soumise au droit européen de la concurrence (52), le juge administratif a très logiquement étendu son interprétation au droit national de la concurrence, dont le contenu n'est d'ailleurs guère différent. Il faut dire qu'une considération de politique jurisprudentielle y a aidé. Le 6 mai 1996, la Cour de cassation (53) avait estimé que, si un comportement anticoncurrentiel d'entreprise résultait d'un acte réglementaire, le juge judiciaire pouvait écarter l'acte pour apprécier le comportement. Le juge administratif se devait de ne pas laisser le juge judiciaire cultiver les considérables potentialités d'extension de la compétence judiciaire qu'aurait comportées une telle jurisprudence.

666 L'aboutissement logique de cette prise de position se trouve dans l'affirmation, immédiatement postérieure, que le juge de l'excès de pouvoir demeurait exclusivement compétent pour apprécier la légalité des actes administratifs – actes unilatéraux et contrats administratifs – y compris par application des règles du droit de la concurrence, tout en ayant éventuellement recours, pour faciliter son appréciation, à l'expertise du Conseil de la concurrence (54). Et surtout, le Tribunal des conflits a fermement confirmé que le Conseil de la concurrence, et par voie de conséquence la Cour d'appel de Paris, ne pouvaient pas connaître de comportements indissociables d'un acte comportant usage de prérogatives de puissance publique (55). Le juge administratif

(49) TC, 6 juin 1989, Préfet de la Région Île-de-France c. Soc. d'Exploitation et de Distribution d'Eau (SAEDE), *AJDA* 1989, p. 467, note Bazex ; *RFDA* 1989, p. 457, concl. Stirn ; *RDP* 1989, p. 1782, note Gaudemet ; *JCP* 1990, II, 21395, note Terneyre ; *D.* 1990, jur., p. 418, note Israël ; M.-C. BOUTARD-LABARDE et L. VOGEL, « Droit de la concurrence et personnes publiques », *Gaz. Pal.* 23 déc. 1989, 2, doc., p. 747.

(50) TC, 4 nov. 1996, Soc. Datasport c. Ligue nationale de football, *JCP* 1997, II, 22802, concl. Arrighi de Casanova, *AJDA* 1997, p. 142, chron.

(51) Sté Million et Marais, *Rec.* p. 406, *RFDA* 1997, p. 1228, concl. Stahl, *AJDA* 1997, p. 945, chron. ; revir. de CE, 23 juill. 1993, Compagnie générale des eaux, *Rec.* p. 226, et 29 juill. 1994, SA Coopérative d'achat mutualiste des instituteurs de France – CAMIF, *Rec.* p. 365.

(52) CE sect., 8 nov. 1996, Fédération française des sociétés d'assurances, *AJDA* 1997, p. 204, chron. ; *LPA*, 4 avr. 1997, p. 10, note Bazex ; la légalité d'un décret peut être contestée au regard de l'article 82 CE qui ne vise pourtant, comme l'article 8 de l'ord. du 1er déc. 1986, que le comportement des entreprises ; F.-H. BRIARD, « Lorsque l'Europe de la concurrence triomphe au Palais-Royal », *D.* 1997, p. 281.

(53) Cass. comm. 6 mai 1996, France Télécom c. Sté CMS, *Bull. civ.* IV, n° 125 ; *AJDA* 1996, p. 1033, note Bazex ; *RFDA* 1996, p. 1161, note Seiller.

(54) CE sect., 26 mars 1999, req. 202260, Société EDA, *AJDA* 1999, p. 427, concl. Stahl, note Bazex.

(55) TC, 18 oct. 1999, ADP et Air France, *Rec.* p. 479, concl. Schwartz, *AJDA* 1999, p. 1029, note Bazex et chron., *RFDA* 2000, p. 567, note Laidié, *DP aff.* 2000, p. 607, note Louvaris. Cette solution, qui précise le démenti allusif de TC, 19 janv. 1998, Union française de l'Express, *Rec.* p. 534, *D.* 1998, p. 329, concl. Arrighi, *RFDA* 1999, p. 189, note Seiller, met fin à la possibilité de voir la légalité d'un même acte administratif appréciée à la fois par le juge administratif et par le juge judiciaire : *comp.* CE sect, 26 mars 1999, Société EDA préc. et Cons. conc., 2 déc. 1998, *BJDCP* 1999, p. 558, note Schwartz.

aujourd'hui est donc exclusivement compétent pour connaître des décisions par lesquelles est organisée la mission de service public lorsqu'elles traduisent l'exercice de prérogatives de puissance publique, et ceci sur le simple fondement de la compétence générale de cette juridiction pour connaître des actes administratifs. Dans le cadre de sa compétence, le juge administratif applique alors les règles de l'ordonnance du 1er décembre 1986, comme toute autre composante du bloc de légalité, aux comportements et pratiques des personnes assumant le service public.

667 Malgré les apparences, le droit de la concurrence communautaire ne rend pas illégales toutes les interventions publiques en raison de leur monopole ou de leurs droits exclusifs. Ainsi, le juge communautaire exonère, tout d'abord, des règles de la concurrence les organismes publics exerçant des activités régaliennes, par exemple de police (56) ou des activités purement sociales et non marchandes, par exemple la sécurité sociale ou les régimes complémentaires obligatoires (57). Par ailleurs, même si ces règles sont applicables, la jurisprudence européenne admet que les missions particulières de service public justifient des dérogations aux règles de concurrence sur la base de l'article 106 § 2 TFUE. Ainsi, lorsqu'une activité relève d'une mission d'intérêt général, ce qui est le cas pour tout service public, cette activité ainsi que l'acte d'habilitation qui la fonde, échappent à l'application des règles de concurrence du traité (58). Pour apprécier le champ de la dérogation, la CJCE a tenu compte dès l'origine des exigences tenant à l'équilibre économique du service (59).

(56) CJCE, 19 janv. 1994, aff. C-364/92, SAT Fluggesellschaft et Eurocontrol, *Rec.* p. I-43, *D.* 1995, p. 33, note Lhuillier.

(57) CJCE, 17 févr. 1993, aff. C-159/91 et 160/91, Poucet et Pistre, *Rec.* p. I-637, *Dr. soc.* 1993, p. 488, note Laigre, *RDSS* 1993, p. 556, note Chenillet, *RTD com.* 1993, p. 429, note Bolze.

(58) CJCE, 13 mars 1997, aff. C-343/95, Diego Cali et Figli, *Rec.* p. 1547, *Europe* 1997, n° 160, note Idot, *RTD eur.* 1997, p. 459, chron.

(59) CJCE, 19 mai 1993, aff. C-320/91, Corbeau, *Rec.* p. I-2533 ; CJCE, 27 avr. 1994, aff. C-393/92, Commune d'Almelo, *Rec.* p. I-623, concl. Darmon; CJCE, 23 oct. 1997, aff. C-159/94, Commission c. France, *Rec.* p. I-5815, *AJDA* 1997, p. 991, note F. Hamon ; S. Desselas et S. Rodrigues, « Marché unique et services publics : la Cour de justice poursuit sa quête de l'équilibre », *LPA*, 16 févr. 1998, n° 20.

SOUS-TITRE 1
LA GESTION PAR LE MAÎTRE DU SERVICE

668 La première question posée est d'identifier juridiquement le maître du service. Quelle personne publique est, au vu des textes, compétente pour assumer un service public donné et être responsable de son évolution future ? Alors que la distinction d'un intérêt national et d'un intérêt local n'est guère pertinente à elle seule, la répartition prévue par les textes entre service public national et service public local peut être déterminante pour répondre à une telle question, même si elle ne l'absorbe pas (1). À cet égard, les lois de décentralisation, la notion constitutionnelle de libre administration des collectivités territoriales et la jurisprudence administrative ont déjà donné les principes actuels de solution. Il n'en demeure pas moins que cette identification est d'une importance exceptionnelle pour la structuration juridique de l'activité de service public.

Dans des cas assez nombreux, il arrive d'ailleurs qu'une détermination législative spéciale semble désigner plusieurs personnes publiques pour assumer l'activité de service public. C'est le cas, par exemple, pour les pompes funèbres dont les modalités juridiques de prestation sont choisies par les communes, mais dont l'agrément des entreprises prestataires est accordé par l'État, ou pour les services de secours et de lutte contre l'incendie dont la responsabilité pèse sur les communes alors qu'ils sont principalement organisés par les départements. Toutefois ces cas de collaboration entre personnes publiques ne constituent pas plusieurs personnes maîtresses du service, mais bien une seule avec l'aide fonctionnelle des autres.

669 Une fois réglée cette identification, les activités de service public et les aspects fonctionnels du service public sont toujours maîtrisés, stratégiquement dirigés, par la

(1) G. Quiot, « Service public national et liberté d'entreprendre », *in* G. Koubi (dir), *Le Préambule de la Constitution de 1946*, PUF-CURAPP, 1996, p. 187 ; « La doctrine et la distinction des services publics nationaux et des services publics locaux : observations critiques », *La République et la cité, Mél. Hubert Charles*, univ. de Nice-Sophia-Antipolis, 2001, p. 305 ; « Le Conseil d'État et la constitutionnalité de la privatisation des sociétés concessionnaires d'autoroutes », *AJDA* 2006, p. 1063 ; « La révision de l'alinéa 9 du Préambule de la Constitution de 1946 par le Conseil constitutionnel », *LPA*, 2007 n° 48, p. 4.

personne publique qui a reçu d'un texte compétence pour ce faire. Pour une catégorie particulière d'activités, qualifiées de « régaliennes », il est communément admis que la personne publique compétente, ou « maître du service », en assure de surcroît elle-même la gestion opérationnelle. Dans ce cas, l'activité de service public est gérée « en régie ».

La doctrine classique a longtemps considéré la régie comme le mode normal de gestion des services publics (2). Néanmoins, cette apparente unanimité provenait en fait d'une confusion de termes. Avant le début du XXe siècle, sauf exception, toute activité de service public correspondait organiquement à une institution administrative. Les services publics institués, finalement peu nombreux, correspondaient presque directement à la fonction administrative de l'exécutif (la police, l'armée, la diplomatie, le fisc et la justice). Ils n'avaient pas, le plus souvent, d'usagers, mais des bénéficiaires directs ou indirects. Dans ces circonstances, seules les personnes publiques étaient fondées à faire fonctionner de tels services publics qui ne fournissaient pas à proprement parler des prestations évaluables sur un marché.

La perspective change dès lors que, en raison du progrès économique et de l'augmentation de la demande sociale, les activités de service public sont appelées à se diversifier. La plupart des interventions par voie de service public au XXe siècle concernent cette fois des prestations individualisables dont profitent des usagers et qui, soit initialement, soit à terme par le développement qu'elles amorcent, concurrencent des acteurs privés agissant sur un marché. Cependant, il n'y a pas de raison pour que la régie soit à titre exclusif et durable le mode de gestion de tout service public. Elle peut être, en revanche, le mode de gestion initial et temporaire d'une activité considérée comme un service public à un moment donné, dans l'attente du développement de l'activité privée de prestation (3).

670 L'évolution récente des méthodes d'action de l'État a, de plus, fait apparaître des institutions nouvelles dont la place dans l'organisation administrative n'a pas toujours été établie avec certitude. Les autorités administratives indépendantes ont été chargées depuis une trentaine d'années de certaines compétences d'intervention dans des secteurs variés : marchés financiers, communication audiovisuelle, médiation sociale, libertés individuelles. La question se pose dès lors de savoir ce qu'elles gèrent et sous quelle forme juridique.

(2) J. De Soto, *Droit administratif. Théorie générale du service public,* Domat, Montchrestien, 1981, p. 316.

(3) Ont ainsi pu être distinguées quatre catégories d'activité par vocation croissante à être gérées par des entreprises privées : missions naturelles de l'administration (administration publique, ordre public, défense) ; monopoles naturels (grands réseaux, grandes infrastructures de transports) ; intérêt public important (services sociaux, loisirs) ; secteurs exposés à la concurrence. P. Rodocanachi et P. Duetti, « La gestion des services publics locaux dans l'Europe de demain », cités *in* J.-F. Auby, *Le service public en Europe,* coll. Que sais-je ?, PUF, 1997.

CHAPITRE 1
LA RÉGIE

671 **Bibliographie** : J. Tétreau, *Les entreprises des communes. Étude sur les régies municipales,* Sirey, 1935 ; J. Viguier, *Les régies des collectivités locales*, Economica, 1992 ; B. Delcros, *L'unité de la personnalité juridique de l'État*, LGDJ, 1976 ; C. Radenac, *La régie comme mode d'exploitation des remontées mécaniques*, th. Droit, Lyon-II, 2004.

A. Delion, « Les services industriels en régie de l'État », *Dr. soc.* 1963, p 1 ; J.-F. Lachaume, « Décentralisation et régies locales », *RFDA* 1989, p. 432 ; E. Guillaume, concl., J.-F. Lachaume, note : CE, 28 juin 1989, Syndicat du personnel des industries électriques et gazières du centre de Grenoble, *RFDA* 1989, p. 929 ; J.-F. Lachaume, Comm. D. n° 2001-184 du 23 févr. 2001, *RFDA* 2001, p. 1063 ; J.-C. Douence, « La réforme des régies locales », *AJDA* 2001, p. 376.

672 La régie peut tout d'abord s'accompagner de l'exécution matérielle du service par la même personne publique que celle qui en a la charge. C'est le cas de la régie totale homogène (par exemple, les services de renseignement). Tous les niveaux du service public sont assurés par la même personne publique « en interne » : la direction stratégique, la gestion opérationnelle et l'exécution matérielle. Une variante consiste à confier l'exécution matérielle du service public à une personne publique différente. C'est aussi un cas de régie totale mais avec collaboration de plusieurs personnes publiques (par exemple, l'état civil, le recensement, les listes électorales). Mais il est possible, au contraire, de faire exécuter à une personne privée des activités matérielles et élémentaires d'exécution du service public. C'est le cas de la régie avec exploitant privé (ordures ménagères, cantines du primaire, hôpitaux). Quels que soient, néanmoins, les accompagnements pratiques de la gestion en régie, sa définition est inchangée et son régime juridique présente des traits communs.

SECTION I DÉFINITION

673 Un service public est géré en régie si la personne publique assume non seulement la gestion stratégique mais aussi la gestion opérationnelle du service. C'est le cas d'une grande quantité de services publics. Les cas où la gestion opérationnelle est en régie directe doivent cependant être distingués de ceux où elle est en régie indirecte.

Dans la régie directe, le service public assuré ne se distingue pas, notamment au plan organique, des autres services, ni de la compétence administrative générale dont la personne publique a la charge.

Dans la régie indirecte, au contraire, certains organes disposent d'une relative autonomie administrative et financière. Par exemple, quelques organes de l'État sont dotés d'un budget annexe (Publications officielles et information administrative, Contrôle et exploitation aériens). Certains services industriels et commerciaux des collectivités territoriales sont dotés d'un conseil d'exploitation, d'un directeur (1), d'un budget propre et d'un agent comptable (2), et qualifiés de régies à seule autonomie financière (« régies autonomes », mais la locution est contradictoire).

674 En revanche, la régie doit être différenciée d'autres méthodes de gestion. Elle ne saurait par exemple être assimilée à la gestion publique dans son entier, ou à la gestion directe que pourraient assurer des personnes privées. La régie est à la fois publique et directe. On doit également se garder d'user d'un vocabulaire imprécis. La régie nationale des usines Renault, la Régie autonome des transports parisiens ne furent pas des régies, mais respectivement une société anonyme nationale et un établissement public. Les régies municipales prévues par l'article L. 2221-10 du Code général des collectivités territoriales, étant dotées de la personnalité morale, se distinguent de la personne publique chargée du service public et ne sont pas des régies mais des établissements publics locaux (3). Enfin, la régie intéressée est un mode contractuel de gestion déléguée qui sera étudié à ce titre, mais n'est pas une régie. Il en est de même des contrats de quasi-régie, ainsi baptisés par la Commission générale de terminologie et de néologie (4) pour désigner les contrats « *in house* ».

675 En réalité, la régie pose un problème de fond. Sa caractéristique est de ne pas pouvoir être dissociée du reste de la personne publique qui l'assure. C'est un critère négatif : une régie n'existe que si elle n'est pas individualisable au sens organique (5). Son contenu est donc exclusivement fonctionnel et matériel. Comme, de plus, les personnes publiques chargées du service public ne peuvent être que l'État ou des collectivités territoriales, elles disposent d'une compétence d'intervention très large (6). La fondation et la suppression des régies ne soulèvent aucune difficulté

(1) CGCT, art. L. 2221-14.
(2) CGCT, art. R. 2221-76.
(3) Qualification législative enfin exacte depuis la L. n° 2004-809 du 13 août 2004, art. 197.
(4) *JORF* 19 nov. 2008.
(5) CE, 28 oct. 1928, Veuve Alaize, *S.* 1939, III, 21.
(6) Note Waline sous CE, 18 avr. 1958, Ville de Besançon, *Rec.* p. 213, *RDP* 1959, p. 105 ; CE, 1er avr. 1969, Guanter, *S.* 1960, I, 239, note Sirat, *Dép. et Cnes*, sept-oct. 1960, p. 235, note Hourticq.

spécifique. On en vient alors parfois à se demander si la régie au lieu d'être un mode de gestion, ne se confond pas avec l'activité fonctionnelle de service public, sans autre particularité que d'être gérée directement par la personne publique (7).

SECTION II RÉGIME

676 Trois éléments classiques caractérisent toutes les régies. Le personnel est recruté directement par la personne publique chargée du service public, que ce personnel soit fonctionnaire, simple agent public ou contractuel de droit privé. Les biens utilisés par le service appartiennent à la personne publique considérée, que ce soit sous le régime de la domanialité publique ou sous celui de la domanialité privée. Le financement est assuré par le budget de la personne publique concernée. Néanmoins, il existe deux types de régies, en fonction du caractère plus ou moins poussé de leur intégration au sein de la personne publique responsable du service.

§ 1. LES RÉGIES DIRECTES

677 En ce qui concerne les administrations centrales de l'État, toute tâche nouvelle peut être prise en charge avec ou sans création d'une structure organique correspondante. Dans cette dernière hypothèse, la compétence d'organisation des services est réglementaire. Quant aux administrations locales, l'organe délibérant de la collectivité territoriale est toujours compétent pour fonder, par une délibération expresse, une régie (8). Mais une décision de l'organe exécutif organisant les services peut quelquefois suffire, sous réserve de respecter la législation applicable à l'activité, et les règles budgétaires régissant les emplois. Il peut d'ailleurs exister exceptionnellement des éléments d'individualisation de la régie au sein de la personne publique.

678 Le fonctionnement de ces régies est soumis au régime administratif de l'État ou de la collectivité territoriale qui assure le service public. C'est un élément de souplesse important quant à la gestion du personnel, et au contrôle de l'activité. Cependant, quelques obligations, principalement financières, pèsent sur la collectivité publique. Pour les collectivités territoriales, par exemple, le Code exige le respect du principe de l'équilibre budgétaire chaque fois qu'un service public à caractère industriel et commercial est assuré en régie ou qu'il est géré financièrement dans les mêmes conditions (9). Ce n'est d'ailleurs pas tant l'équilibre financier absolu qui est recherché que la connaissance et la transparence des conditions financières d'exploitation. Cela se traduit par exemple, par l'obligation de tenir une comptabilité séparée, et d'amortir les

(7) CE, 30 mai 1951, Soc. Les Casinos de Saint-Aubin sur mer, *Rec.* p. 296.
(8) CGCT, art. L. 2221-2 et 3. Cette possibilité est d'ailleurs ouverte à toutes les collectivités territoriales (art. L. 1412-1).
(9) CGCT, art. L. 2224-1, avec toutefois les assouplissements prévus à l'art. L. 2224-2 notamment pour la distribution d'eau dans les communes comptant moins de 3000 habitants.

immobilisations. L'ensemble du plan comptable applicable aux collectivités territoriales a été adapté à cet effet.

§ 2. LES RÉGIES INDIRECTES

679 Elles bénéficient traditionnellement de spécificités consécutives à leur histoire et à leur régime financier. Lorsque les services publics qu'elles gèrent sont des services publics à caractère industriel et commercial, leur personnel est normalement sous régime de droit privé, mais cette situation se double généralement d'un statut particulier garantissant la stabilité de l'emploi, des primes et avantages sociaux comparables et parfois supérieurs à ceux des fonctionnaires. Il devient alors très difficile d'identifier extérieurement ces régies indirectes par rapport à d'autres formes juridiques pourtant différentes dans leur fondement (exemple des Monnaies et médailles par rapport à la Banque de France). Il arrive également que, soit en vertu d'une disposition législative, soit en application de la jurisprudence, les personnels d'une régie ayant la qualité de fonctionnaires puissent conserver leur statut au moment de la transformation de cette régie en société ou en établissement public (10). Il faut également rappeler l'individualisation très poussée des Télécommunications (Direction générale au sein du ministère, budget annexe, statut des personnels) avant même que la loi du 2 juillet 1990 ne renonce à la régie pour leur gestion et que celle du 29 juillet 1996 ne procède à une privatisation partielle après déclassement de ce service public national.

680 *Quant à l'État*. Certaines règles de droit budgétaire et de comptabilité publique viennent préciser le fonctionnement des régies indirectes. La loi de finances peut encadrer certaines activités industrielles et commerciales par un budget annexe. Les activités de service public en régie qui ne possèdent pas ce caractère ont pu relever naguère de comptes spéciaux du Trésor. Il n'est pas souhaitable qu'elles fassent l'objet de comptes de commerce, car ceux-ci ne doivent retracer des opérations à caractère industriel et commercial que si elles sont effectuées à titre accessoire par des services de l'État non dotés de la personnalité morale, et non lorsque ces opérations constituent leur raison d'être (11). L'avantage du cantonnement des dépenses et des recettes réalisé dans ces instruments budgétaires est de déterminer des prix de revient et d'affecter des ressources à la régie (12).

681 *Quant aux collectivités territoriales*. Le régime particulier des régies locales à seule autonomie financière doit être signalé. Les services publics à caractère industriel et commercial susceptibles d'être gérés par des entreprises privées peuvent être pris en charge par une personne publique sous la forme de régies locales à seule autonomie

(10) L. du 23 déc. 1964 pour l'Office national des forêts, ordonnance du 7 janv. 1959 pour le SEITA – EPIC après cette réforme –, ordonnance du 4 févr. 1959 pour la RTF, CE ass., 29 févr. 1965, L'Herbier, *Rec.* p. 60, *AJDA* 1965, p. 93, chron. et concl. Rigaud pour la Caisse nationale des marchés de l'État, L. du 6 janv. 1986 pour l'ONIC, L. du 13 juill. 1987 pour les caisses de crédit municipal.

(11) C'est pourtant le cas de la Régie industrielle des établissements pénitentiaires, ainsi que de la Cantine et du travail des détenus.

(12) Et même nécessaire, car l'art. 21 de la L. organique du 1er août 2001 relative aux lois de finances prévoit que les recettes des comptes d'affectation spéciale doivent être « par nature en relation directe avec les dépenses concernées ».

financière (13). La fondation et la suppression de ces régies, ainsi que leur règlement intérieur, en tant qu'il est le règlement du service public, et les moyens qui lui sont affectés dépendent d'une délibération de l'assemblée de la collectivité territoriale concernée. Les régies locales à seule autonomie financière sont composées d'un conseil d'exploitation, d'un directeur et d'un agent comptable. Le conseil d'exploitation, dans les communes de moins de 3500 habitants peut être le Conseil municipal. Le directeur est désigné ou révoqué par l'organe exécutif de la collectivité territoriale. Enfin, l'agent comptable est celui de la collectivité locale, mais un comptable spécial peut être affecté à la régie si ses recettes annuelles d'exploitation dépassent 500 000 F [*sic*]. Cette décision de principe est prise par l'organe délibérant de la collectivité territoriale après avis du conseil d'exploitation et du Trésorier-Payeur général ; la nomination du comptable revient au Préfet sur proposition de l'organe exécutif. Cet agent comptable, qui a la qualité de comptable public, est contrôlé par le comptable de la commune, par le Trésorier-Payeur général et éventuellement par l'Inspection générale des Finances.

682 Conformément à leur dénomination, les régies locales à seule autonomie financière ne sont pas conçues pour disposer d'une autonomie administrative car on ne les différencierait pas alors des établissements publics. En réalité, l'organe délibérant de la collectivité territoriale possède les pouvoirs essentiels pour influencer le fonctionnement de la régie. Il fixe les conditions de recrutement et d'activité du personnel, les tarifs, vote le budget, affecte les résultats d'exploitation, approuve les investissements. Le conseil d'exploitation ne possède que des pouvoirs résiduels, ou se limite aux avis et propositions. En revanche, et c'est là leur finalité, les régies locales à seule autonomie financière disposent surtout d'un budget autonome à l'intérieur de celui de la collectivité territoriale qui assure le service public. Ce budget est séparé en section d'exploitation et section d'investissement. En cas d'excédent d'exploitation, celui-ci est affecté prioritairement à l'investissement, puis au report à nouveau, enfin au reversement au budget de la collectivité territoriale de rattachement. En cas de déficit d'exploitation, en revanche, la collectivité territoriale doit le couvrir par ajout aux charges d'exploitation de l'exercice. Ceci semble exclure toute couverture du déficit par une subvention interne quelle que soit sa provenance. De plus, l'organe délibérant de la collectivité territoriale est tenu en cas de déficit de prendre des mesures de redressement, soit en modifiant les tarifs, soit en réorganisant les services dans un esprit d'économie (14).

(13) CGCT, art. L. 2221-11 à 14, R. 2221-63 à 98.
(14) CGCT, art. R. 2221-94.

CHAPITRE 2
LES AUTORITÉS ADMINISTRATIVES INDÉPENDANTES

683 **Bibliographie :** C.-A. Colliard et G. Timsit (dir.), *Les autorités administratives indépendantes*, PUF, coll. Les voies du droit, 1988 ; M. Gentot, *Les autorités administratives indépendantes*, Montchrestien, Clefs, 1991 ; M.-J. Guédon, *Les autorités administratives indépendantes*, LGDJ, coll. Systèmes, 1991 ; *La régulation des services publics, Concilier équité et efficacité*, Rapport par C. Martinand (Commissariat général du Plan), éd. ESKA, 1996 ; *Services publics en réseau : perspectives de concurrence et nouvelles régulations*, Rapport par J. Bergougnoux (Commissariat général du Plan), La Doc. fr., 2000 ; Conseil d'État, Rapport public 2001, *Les autorités administratives indépendantes*, La Doc. Fr., 2001 ; G. Marcou, F. Moderne (dir.), *Droit de la régulation, services publics et intégration régionale*, L'Harmattan, coll. Logiques juridiques, 2005 ; L. Calandri, *Recherches sur la notion de régulation en droit administratif français*, LGDJ, Bibl. droit public, 2009.

P. Sabourin, « Les autorités administratives indépendantes, une catégorie nouvelle », *AJDA* 1983, p. 275 ; F. Gazier et Y. Cannac, « Étude sur les autorités administratives indépendantes », *EDCE* 1983, n° 35, p. 13 ; J. Chevallier, « Réflexions sur l'institution des autorités administratives indépendantes », *JCP* 1986, I, 3254 ; J.-L. Autin, « Les autorités administratives indépendantes et la Constitution », *Rev. adm.* 1988, p. 333 ; G. Timsit, « Les deux corps du Droit. Essai sur la notion de régulation », *RFAP* 1996, p. 377 ; S. Braconnier, « La régulation des services publics », *RFDA* 2001, p. 43 ; J.-P. Duprat, « La soumission des régulateurs à régulation », *AJDA* 2006, p. 1203 ; G. Dellis, « Régulation et droit public "continental", Essai d'une approche synthétique », *RDP* 2010, p. 957 ; R. Noguellou, « Le Conseil d'État et la régulation des télécommunications », *RDP* 2010, p. 825.

684 Les formes d'intervention de l'État ont connu des modifications profondes après mai 1968 et le premier choc pétrolier de 1973. L'une d'entre elles peut, avec le recul, être considérée comme une nouvelle forme de gestion publique : la création d'autorités administratives indépendantes (AAI) (1). Il ne saurait être question d'en faire ici l'inventaire (2), ni d'en donner le régime, qui de toute façon est aussi divers que

(1) V. pour le premier exemple d'utilisation de ces termes : L. du 6 janv. 1978, Commission nationale de l'informatique et des libertés.

(2) Les plus connues, dans l'ordre d'apparition : la Commission de contrôle des banques (1941), la Commission des opérations de bourse (1967), le Médiateur (1973), la Commission de la concurrence (1977), la Commission nationale de l'informatique et des libertés (1978), la Commission d'accès aux

ces autorités. Néanmoins, le phénomène lui-même mérite d'être analysé au regard du droit des services publics. Les autorités administratives indépendantes, en effet, gèrent un service public avec une autonomie institutionnelle certaine, mais d'une façon qui ne constitue finalement qu'une modalité de la régie lorsqu'elles n'ont pas de personnalité morale.

SECTION I UN SERVICE PUBLIC DE LA RÉGULATION ?

685 Les domaines d'activité des autorités administratives sont variés et concernent potentiellement, comme les services publics, tous les champs de l'activité humaine. Néanmoins, parce que cette forme d'institutions est née de l'affaiblissement des contre-pouvoirs à l'exécutif sous la Ve République et de l'inexistence d'un pouvoir d'injonction des juridictions administratives, les trois types d'activités privilégiées sont des « questions sensibles » pour le fonctionnement de l'État dans le respect de la légalité. Il s'agit des activités économiques et financières, de l'information et de la communication, et des droits des administrés.

686 Les fonctions assurées par les AAI sont essentiellement de surveillance, de contrôle et de sanction (3). Dans l'exercice de ces fonctions, les autorités administratives indépendantes disposent de certains pouvoirs : celui d'émettre des recommandations (au sens d'avis et propositions (4)), est classique et assimilable à celui des organismes consultatifs. Mais l'originalité des autorités administratives indépendantes est qu'elles peuvent également prendre des décisions (5). Ainsi, ces décisions sont en principe susceptibles de recours devant le juge administratif (6), mais les lois qui les instituent prévoient fréquemment une attribution de compétences dérogatoires au profit des juridictions judiciaires (pour les sanctions de l'AMF, de l'Autorité de la concurrence, de l'ARCEP).

documents administratifs (1979), la Haute Autorité de l'Audiovisuel (1982) devenue Conseil supérieur de l'Audiovisuel en 1988, la Commission nationale des comptes de campagne (1990), l'Autorité de régulation des télécommunications (1996) et celles qui ont suivi pour l'électricité et le gaz (2000).

(3) Les amendes administratives ont connu un grand essor dans l'activité des AAI. Le Conseil de la concurrence (ord. du 1er déc. 1986, art. 13 et 44), peut infliger des amendes aux entreprises, tout comme la Commission des opérations de bourse (ord. du 28 sept. 1987 et L. du 2 août 1989) devenue Autorité des marchés financiers depuis la L. n° 2003-706 de sécurité financière du 1er août 2003, et le Conseil supérieur de l'audiovisuel (lois du 30 sept. 1986 et du 17 janv. 1989).

(4) Certaines « recommandations » des AAI sont en réalité des décisions : CE ass., 20 mai 1985, Labbé et Gaudin, *Rec.* p. 157, *RFDA* 1985, p. 554, concl. Roux.

(5) CE, 10 juill. 1981, Retail, *Rec.* p. 303, *RDP* 1981, p. 1441, concl. Franc, note Auby, *AJDA* 1981, p. 486, chron., *Rev. adm.* 1981, p. 493, note Rials ; le Conseil constitutionnel a aussi rappelé qu'une AAI est, « à l'instar de toute autorité administrative, soumise à un contrôle de légalité » (CC, 18 sept. 1986, n° 86-217 DC, Liberté de communication, *Rec.* p. 141, *AJDA* 1987, p. 102, note Wachsmann, *Rev. adm.* 1986, p. 458, note Etien).

(6) CE ass., 22 déc. 1982, d'Orcival, *Rec.* p. 437 ; CE, 5 juill. 1985, Soc. à resp. lim. Ipsos, *Rec.* p. 219, *AJDA* 1985, p. 554, concl. Jeanneney ; CE, 11 déc. 1987, Soc. Ipsos, *Rec.* p. 555, *RFDA* 1988, p. 495, concl. Guillaume.

687 De façon remarquable, il arrive que la loi confère aux AAI l'exercice d'un pouvoir réglementaire (7), contrôlé, comme il se doit, par le juge administratif (8). On a pu se poser la question de la compatibilité de ces attributions de pouvoir réglementaire avec l'article 21 de la Constitution. Le Conseil constitutionnel a estimé que le fait de confier à une autre autorité que le Premier ministre le pouvoir de prendre des mesures d'application d'une loi n'était pas contraire à l'article 21, à la condition que l'habilitation législative ne concerne « que des mesures d'application de portée limitée tant par leur champ d'application que par leur contenu » (9). Bien que dictée par la nécessité de respecter les contraintes de la production normative et les objectifs de déconcentration du pouvoir réglementaire, cette innovation semble fortement solliciter l'interprétation des textes, et devrait plutôt résulter d'une modification constitutionnelle.

688 Immanquablement se pose la question de la nature du service public qui serait géré par les AAI. À cet égard, il est remarquable d'une part, que les pouvoirs conférés à ces institutions recouvrent la gamme complète des pouvoirs habituellement reconnus à toutes les autorités administratives de l'exécutif. Il est avéré, d'autre part, que les domaines d'intervention correspondent à ceux que traverse l'État à la recherche de l'optimisation sociale.

La fonction ainsi exercée, par son objet ou son objectif, est ordinairement qualifiée de « régulation ». Mais ce terme n'a pas la même acception que celle que retiennent les sciences de gestion dans la décomposition analytique des activités d'entreprise. La régulation, dans la gestion opérationnelle du service public, désignait des activités automatiques de réduction des écarts par rapport à un résultat quantifié et attendu. La « régulation » assurée par les AAI est considérée comme beaucoup plus complète (10). Elle consiste à déterminer, par consultation, négociation et association des acteurs sociaux et économiques, une règle du jeu dont le statut n'est pas forcément celui d'une norme juridique. Elle doit à la fois donner toute son effectivité aux principes de liberté juridiquement reconnus, répondre à la demande de sécurité et de confiance d'un secteur socio-économique, assurer l'application des lois, et prendre en compte les spécificités de l'activité. Même si on a pu évoquer un assujettissement progressif aux règles procédurales traditionnelles, les AAI ne sont pas des juridictions et l'essentiel de leur activité relève de la médiation et de la négociation, au point d'ailleurs qu'on puisse leur appliquer la théorie Principal-Agent et celle de la capture du régulateur.

Quoi qu'il en soit, la « régulation » exercée par les AAI, tant dans ses objectifs que dans ses moyens, est le cœur même de la mission première de l'État. Il n'est pas

(7) Il a été explicitement attribué par la loi à la Commission nationale de l'informatique et des libertés (L. du 6 janv. 1978), à l'Autorité des marchés financiers (L. n° 2003-706 du 1er août 2003, codifiée à l'article L. 621-1 Code monétaire et financier), au Conseil supérieur de l'audiovisuel (L. du 17 janv. 1989).

(8) CE ass., 12 mars 1982, CGT, *Rec.* p. 107, *AJDA* 1982, p. 541, concl. Dondoux, *RDP* 1982, p. 1697, note Auby, pour la Commission nationale de l'informatique et des libertés ; CE ass. 20 mai 1985, Labbé et Gaudin, *Rec.* p. 157, *AJDA* 1985, p. 412, chron., *RFDA* 1985, p. 554, concl. Roux, pour la Haute autorité de l'audiovisuel.

(9) CC, 18 sept. 1986, n° 86-217 DC, Liberté de communication, *Rec.* p. 141, *AJDA* 1987, p. 102, note Wachsmann, *Rev. adm.* 1986, p. 458, note Etien ; CC, 17 janv. 1989, n° 88-248 DC, Liberté de communication, *Rec.* p. 18, *RFDA* 1989, p. 215, note Genevois, *Rev. adm.* 1989, p. 223, note Autin.

(10) J. Clam et G. Martin (dir.), *Transformations de la régulation juridique*, LGDJ, 1998 ; G. Timsit, « La régulation : la notion et le phénomène », *RFAP* 2005, n° 109 ; G. Marcou, « La notion juridique de régulation », *AJDA* 2006, p. 347.

douteux qu'il s'agisse d'un service public, même si la reconnaissance jurisprudentielle, comme dans beaucoup de cas d'évidences, est indirecte (11). La fondation de ces autorités n'est qu'une des modalités ouvertes au choix de l'exécutif pour remplir, concurremment avec d'autres pouvoirs publics, cette mission essentielle. Les AAI ne se distinguent pas de ce point de vue, du reste de l'appareil de l'exécutif.

SECTION II DES MODALITÉS DE LA RÉGIE

689 La question principale posée par les AAI est de savoir quelle est leur véritable nature. Une théorisation doctrinale les caractérise par l'analyse de leur dénomination. *Autorités* : il s'agit donc d'organes étatiques ou de personnes morales, dotés de pouvoirs propres, c'est-à-dire qui prennent des décisions. *Administratives* : elles font partie des services de l'État agissant dans sa fonction administrative ou bien concourent exclusivement à cette fonction en tant que personnes morales distinctes. Ce statut administratif leur interdit *a priori* l'attribution de fonctions juridictionnelles. *Indépendantes* : elles sont soustraites aux pouvoirs hiérarchique, de tutelle ou de contrôle (12). Il faut ajouter que leur autorité morale auprès des acteurs socio-économiques tient aussi à ce qu'elles sont conçues pour résister aux influences politiques et professionnelles.

690 Leur statut est toujours particulier. Leur composition est très variable : autorité unique (médiateur) ou collégiale (de cinq à vingt et un) ; grands corps, représentants du Parlement (Commission d'accès aux documents administratifs, Commission nationale de l'informatique et des libertés), de l'État (Commission d'accès aux documents administratifs), personnalités qualifiées (Conseil de la Concurrence), aucune exigence (Conseil supérieur de l'audiovisuel), désignation par les chefs de Cours (Autorité des marchés financiers). L'indépendance des membres est assurée par des inéligibilités, des incompatibilités, le caractère non renouvelable des mandats (médiateur, président de l'Autorité des marchés financiers), l'interdiction des prises de position publiques (Conseil supérieur de l'audiovisuel). Concrètement, leur place dans l'État est caractérisée par le fait qu'elles sont identifiables par une ligne budgétaire inscrite au titre de leur ministère de rattachement.

691 Pourtant, ce statut qui leur confère une indéniable spécificité ne permet pas d'aller au-delà des constatations précédentes qui montrent en tout point que les AAI sont pour une part des institutions appartenant à la fonction exécutive de l'État et, pour une autre part, des personnes morales concourant à cette fonction. Leur personnel est gouverné par les mêmes principes que ceux employés dans les services des autorités administratives « classiques ». Leurs moyens financiers sont ceux autorisés

(11) CE sect., 31 mars 2003, req. 188833, Bergaderm, *RFDA* 2003, p. 1192, concl. Chauvaux ; *AJDA* 2003, p. 397, chron. ; CE avis, 8 sept. 2005, CCAMIP, *Rapport public*, 2006, p. 211 ; L. Calandri, *Recherches sur la notion de régulation en droit administratif français*, LGDJ, Bibl. droit public, 2009, p. 499 et s.

(12) CE ass., 7 juill. 1989, Ordonneau, *Rec.* p. 161, *AJDA* 1989, p. 598, chron.

par le Parlement dans le cadre de l'action exécutive. Si on ajoute ces éléments à la constatation préalable selon laquelle, œuvrant à un service public de « régulation », leur mission est essentiellement celle de l'État, il faut bien se rendre à l'évidence que les AAI sont, pour la plupart, des régies et pour d'autres des personnes morales exclusivement chargées d'un service public administratif. S'agissant des premières, leur individualisation ne paraît d'ailleurs pas suffisante, quant au fonctionnement administratif courant, pour les classer dans la catégorie ancienne des régies indirectes. S'agissant des secondes (13), même si leur spécificité est indéniable, leur statut hétérogène et leur qualification de personnes publiques *sui generis* ne reflètent pas l'importance déterminante que le modèle de la régulation a pris dans l'intervention socio-économique de l'État contemporain.

(13) Celles qui se sont vu reconnaître la personnalité morale, par ex. l'Autorité des marchés financiers (L. n° 2003-706 du 1er août 2003), et aussi la Haute autorité de santé (HAS), la Haute autorité pour la diffusion des œuvres et la protection des droits sur internet (HADOPI), l'Autorité de régulation des activités ferroviaires (ARAF), l'Agence française de lutte contre le dopage (AFLD), le Haut conseil du commissariat aux comptes (H3C), le Médiateur national de l'énergie.

SOUS-TITRE 2
LA GESTION DÉLÉGUÉE RÉSERVÉE EXCLUSIVEMENT À DES PERSONNES PUBLIQUES

692 La gestion du service public par une personne publique est le procédé public le plus exemplaire. L'État et les personnes publiques entretiennent spécialement un certain nombre d'organes pour assurer les prestations de service public. C'est le schéma de l'arrêt *Blanco* et aussi de l'arrêt *Caisse des écoles du VIe arrondissement de Paris*, dans lequel la nature d'établissement public découle de ce que les caisses « sont des branches d'une administration publique ».

693 La gestion opérationnelle du service public par des personnes publiques est sujette à des variantes. Elle peut tout d'abord être assurée par la même personne publique que celle qui en détient la gestion stratégique. Dans ce cas, le mode de gestion employé est qualifié de régie. Mais il est également concevable que cette gestion opérationnelle soit confiée à une autre personne publique que celle qui a la charge du service public au niveau le plus élevé. Ce mode de gestion est majoritairement réalisé par le recours à des établissements publics, mais il est tout à fait possible que d'autres personnes publiques interviennent.

CHAPITRE 1
LES ÉTABLISSEMENTS PUBLICS

694 **Bibliographie** : R. Drago, *La crise de la notion d'établissement public,* Pédone, 1950 ; S. Passeron, *L'autonomie des établissements publics nationaux*, LGDJ, 1968 ; J.-P. Théron, *Recherches sur la notion d'établissement public,* LGDJ, 1976 ; *Les établissements publics, transformation et suppression,* NED n° 4876, La Doc. fr., 1989 ; O. Dugrip, L. Saïdj, *Les établissements publics nationaux,* LGDJ (coll. Systèmes), 1991 ; L. Jégouzo-Vienot, *Établissement public et logement social*, LGDJ, Bibl. droit public, 2002.

J. Chevallier, « La place de l'établissement public en droit administratif français », *Publ. Fac. Droit d'Amiens,* 1972, n° 3 ; « Les transformations du statut d'établissement public », *JCP* 1972, I, 2496 ; A. de Laubadère, « Vicissitudes actuelles d'une distinction classique : établissement public et collectivité territoriale », *Mél. Couzinet,* 1974, p. 411 ; J.-L. de Corail, « Contribution du juge administratif à une théorie générale de l'établissement public à caractère industriel et commercial », *Mél. Charlier,* 1981, p. 29 ; « Étude sur les établissements publics. Réflexions sur les catégories et les spécificités des établissements publics nationaux », *EDCE* n° 36, 1985, p. 13 ; E. Fatôme *et al.*, « Établissement public et service public », *AJDA* 1986, p. 701 ; « L'établissement public local », *AJDA* 1987, p. 563 ; « L'établissement public territorial, mode de gestion du service public ? », *AJDA* 1988, p. 699 ; J.-F. Lachaume, « Décentralisation et régies locales », *RFDA* 1989, p. 432 ; J.-C. Douence, « La réforme des régies locales », *AJDA* 2001, p. 376 ; M.-G. Calamarte-Doguet, « Les établissements publics à caractère scientifique et technologique », *AJDA* 2002, p. 569 ; D. Guillard, « Les établissements publics de coopération culturelle : premier bilan », *AJDA* 2006, p. 183 ; M. Lombard, « L'établissement public industriel et commercial est-il condamné ? », *AJDA* 2006, p. 79 ; F. Beroujon, « Le recul du procédé de l'établissement public comme procédé de gestion du service public », *RFDA* 2008, p. 26 ; F. Blanc, « L'insaisissabilité des biens des établissements publics industriels et commerciaux, éléments pour une évolution », *RDP* 2009, p. 1553 ; S. Mouton, « À propos de la réforme portuaire : un nouveau visage pour les établissements publics », *RDP* 2010, p. 91 ; J.-F. Kerleo, « L'autonomie des établissements publics : l'exemple du droit portuaire », *AJDA* 2011, p. 716.

695 L'intérêt principal de l'établissement public est de permettre à la personne publique responsable du service public de réaliser une délégation de gestion à une autre personne publique tout en se réservant la possibilité de choisir le cadre d'une gestion publique ou d'une gestion privée, avec tous les instruments qui y sont attachés (de la simple utilisation des effets de commerce, jusqu'à la participation à une société par actions simplifiée (1)), ainsi que des modalités particulières d'adaptation à l'activité.

(1) L. n° 94-1 du 3 janv. 1994, instituant un art. 262-1 de la L. du 24 juill. 1966 sur les sociétés commerciales.

696 L'établissement public est certainement un mode de gestion du service public, mais trois remarques liminaires doivent être faites. Premièrement, l'établissement public ne se limite pas à cette fonction. Parce qu'il est une personne morale, en effet, ce procédé public est analysable en termes d'institution, et la notion d'établissement public joue, dans la construction de la théorie juridique de droit public, un rôle qui dépasse le simple problème pratique de gestion des services publics. Deuxièmement, l'établissement public est un mode de gestion des services publics qui ne se limite pas à la fondation d'un régime légal et réglementaire. En effet, d'une part, le régime légal et réglementaire peut précéder la reconnaissance du statut d'établissement public à un organisme dont la nature juridique est incertaine (par exemple, établissement public corporatif). D'autre part, la personne publique responsable du service public peut en confier la gestion à un établissement public en vertu d'un contrat et non en application d'un régime légal et réglementaire. Troisièmement, il peut arriver que l'établissement public ne soit pas utilisé par une personne publique comme mode de gestion opérationnelle déléguée, mais qu'il se voie confier directement par le législateur la gestion stratégique du service public. Cependant, dans ce dernier cas, une telle attribution de compétences ne se réalise que sous la tutelle d'une autre personne publique, et l'on peut soutenir que la compétence stratégique est alors partagée entre l'État ou les collectivités territoriales d'une part et l'établissement public d'autre part.

SECTION I DÉFINITION

697 Les établissements publics furent longtemps présentés comme des services publics dotés d'une personnalité morale de droit public. C'est en effet la définition historique que l'on pouvait en donner, mais la complexité de la situation contemporaine doit faire préférer une définition plus analytique, fondée sur des critères, lorsque se posent des problèmes d'identification, ou une définition plus catégorielle si l'on se propose de décrire le système du droit administratif.

698 Dès la Révolution et l'Empire en effet, l'intervention publique emprunte, hors de l'État et des collectivités territoriales, des formes juridiques personnalisées. Cependant, il faut attendre la moitié du XIXe siècle pour que la catégorie d'établissement public se distingue de celle de l'établissement d'utilité publique. Depuis la Seconde Guerre mondiale, malgré cette rationalisation des catégories juridiques, bien des organismes nouveaux et innomés ont été fondés auxquels, *a posteriori,* le juge administratif a donné la qualification d'établissement public. Le résultat actuel est une grande hétérogénéité du régime des établissements publics et corrélativement du mode de gestion des services publics qui leur sont délégués (2).

(2) CE ass., 12 déc. 2003, USPAC CGT, req. 239507, *Dr. adm.* 2004, n° 46, pour l'Institut de France, manifestement conçu par la loi (L. du 3 brumaire an IV sur l'organisation de l'instruction publique, L. du 15 germinal an IV contenant règlement pour l'Institut national des sciences et arts, ord. du 21 mars 1816) pour faciliter l'affectation de dons et legs.

699 Le Code civil et le Code de procédure civile utilisent dès le début du XIXe siècle les termes d'établissement public, soit dans le sens de personne morale de droit public – mais sans les distinguer des collectivités territoriales –, soit dans le sens de personne morale protégée par l'État ou par une collectivité territoriale – mais sans les distinguer des personnes morales de droit privé –. Il faut attendre un arrêt de la Cour de cassation (3) et une loi du 21 février 1862 sur les emprunts des personnes morales de droit public pour utiliser distinctement les deux notions d'établissement public et d'établissement d'utilité publique, la première désignant une personne publique, la seconde une personne privée. Il en résulte immédiatement que les établissements d'utilité publique, même s'ils bénéficient d'une protection de la part des personnes publiques, sont placés sous un régime de droit privé exclusif de prérogatives de puissance publique, alors que les établissements publics, constitués de services publics dotés de la personnalité morale et de l'autonomie financière peuvent être placés sous un régime de droit public et, lorsqu'ils demeurent sous un régime de droit privé, peuvent au moins bénéficier de prérogatives de puissance publique.

700 L'établissement public s'est donc affirmé dans un premier temps comme une personne publique, par opposition aux personnes privées, et dans un deuxième temps comme une personne différente de l'État et des collectivités territoriales. Comme point final de l'autonomie de cette forme juridique, les établissements publics qualifiés de territoriaux, et ceux qualifiés de corporatifs sont fréquemment désignés par la loi comme les responsables de la gestion stratégique du service public, à ce titre ils dépassent le simple mode de gestion du service public.

L'étude des modes de gestion du service public conduit ainsi à se concentrer sur certains types d'établissements publics : ceux qui, de manière classique, sont caractérisés par leur strict rattachement à une autre personne publique (établissements publics rattachés) ; ceux qui, plus récemment, ont été conçus pour s'adapter aux cas particuliers de services publics (régies locales dotées de la personnalité morale et de l'autonomie financière).

SECTION II — LES ÉTABLISSEMENTS PUBLICS RATTACHÉS

701 Il est loisible à chaque collectivité territoriale de confier la gestion opérationnelle de l'un des services publics dont elle est responsable à un établissement public. Cela ne signifie pas forcément que le champ d'action territorial de l'établissement public corresponde à sa collectivité de rattachement. Ainsi des établissements publics locaux gèrent-ils des services publics nationaux, comme les hôpitaux, les lycées et collèges. À l'inverse, des établissements publics nationaux gèrent parfois des services publics locaux, comme la SNCF et autrefois EDF, mais c'est alors en vertu d'un contrat et pour des raisons plus historiques et politiques que juridiques.

(3) Cass. 5 mars 1856, *D.* 1856, 1, 121

§ 1. FONDATION ET SUPPRESSION

702 Quant à l'État, tout d'abord. La loi du 25 juillet 1925 réservait la fondation d'établissements publics nationaux au législateur. La Constitution de 1958 est venue limiter cette compétence législative à la fixation des règles concernant « la création de catégories d'établissements publics » (art. 34). Pour ce qui est de la fondation d'établissements publics appartenant à des catégories déjà constituées, le pouvoir réglementaire est compétent en application de l'article 37. Ce principe constitutionnel a été interprété d'une manière particulière par le Conseil constitutionnel. Selon celui-ci, pour relever d'une même catégorie les établissements publics doivent présenter une double ressemblance : ils doivent avoir le même rattachement territorial, ainsi qu'une spécialité analogue (4).

703 Il faut noter que le critère de la spécialité analogue facilite l'assimilation de certains établissements publics à une catégorie déjà existante, et réduit d'autant la compétence du législateur. Le Conseil constitutionnel a aussi supprimé l'exigence d'un troisième critère qui était d'avoir le même caractère, administratif ou industriel et commercial. Sur ce point, le Conseil d'État se démarque des décisions citées puisque l'appartenance d'un établissement public à une catégorie a toujours été appréciée en considérant un objet comparable, soit administratif, soit industriel et commercial (5).

704 En application des critères du Conseil constitutionnel, rien n'empêche qu'un établissement public constitue à lui seul une catégorie. C'est le cas de la RATP, du Centre national d'art et de culture Georges Pompidou, de l'Institut national de la consommation (6).

705 La répartition de la compétence entre pouvoir législatif et réglementaire peut être précisée. Il appartient à la loi de fixer les règles concernant la création de catégories d'établissements publics. Il s'agit des règles constitutives de chaque catégorie (7), par exemple : le cadre de la mission de l'établissement (8), le type de ressources budgétaires (9), les rapports de l'établissement public avec l'État ou la collectivité de rattachement (10), la structure des conseils d'administration (11). Il appartient au pouvoir réglementaire de concrétiser et d'appliquer les règles constitutives.

(4) CC, 25 juill. 1979, n° 79-108 L, Agence nationale pour l'emploi, *Rec.* p. 45, D. 1980.201, note L. Hamon ; CC, 30 mai 1979, n° 79-107 L, Agence nationale pour la valorisation de la recherche, *Rec.* p. 44, *D.* 1980.121, note Gaudemet.

(5) CE, 10 mai 1972, Féd. nat. des synd. d'ingénieurs, *Rec.* p. 350, *D.* 1973.353, note Comte (EPIC) ; CE, 16 oct. 1974, Synd. nat. de l'éducation physique, *Rec.* p. 488 (EPA) ; CE, 11 oct. 1985, *Synd. gén. de la recherche agronomique CFDT*, *Rec.* p. 278, *AJDA* 1985, p. 718, chron., *RFDA* 1986, p. 408, *RDP* 1987, p. 828.

(6) Respectivement CC, 27 nov. 1959, n° 59-1 L, RATP, *Rec.* p. 67, *D.* 1960, p. 518, note L. Hamon, *RDP* 1960, p. 1011, note Waline; CC, 10 nov. 1982, n° 82-127 L, Centre Georges Pompidou, *Rec.* p. 103, *D.* 1984, inf. rap. p. 467, obs. L. Hamon ; CC, 5 déc. 1989, n° 89-162 L, Institut national de la consommation, *Rec.* p. 100 ; *AIJC* 1989, p. 486, obs. Genevois.

(7) CE, 11 oct. 1985, Synd. gén. de la recherche agronomique CFDT, *préc.*

(8) CC, 12 déc. 1967, n° 67-47 L, Synd. des transports parisiens, *Rec.* p. 34.

(9) CC, 6 oct. 1976, n° 76-93 L, Centre de formation des personnels communaux, *Rec.* p. 63, *RDP* 1977, p. 460.

(10) CC, 17 et 19 mars 1964, n° 64-27 L, ORTF, *Rec.* p. 33, *D.* 1965, p. 189, note L. Hamon.

(11) CC, 23 juin 1982, n° 82-124 L, Agences financières de bassin, *Rec.* p. 99.

Ainsi, lui reviennent la dénomination précise de l'établissement (12), son caractère administratif ou commercial (13) – sous réserve bien sûr, d'une disposition législative contraire –, le nombre des membres du conseil d'administration et le régime de sa tutelle (14).

706 Quant aux collectivités territoriales, ensuite. La fondation d'un établissement public relève d'une décision de l'organe délibérant de la personne publique concernée. Malgré le peu d'innovation juridique des premières lois de décentralisation sur ce point, les collectivités territoriales se sont senties plus libres de recourir à la formule des établissements publics locaux, notamment en matière culturelle. La loi du 6 février 1992 a heureusement adapté un cadre juridique à ces initiatives en prévoyant des « ententes interrégionales », et des organismes interdépartementaux, sous forme *d'établissements publics de coopération* (art. 54 et s., 65). Il en est de même des communes, qui ont pu se regrouper selon les formes législatives diverses qui se sont succédé pour promouvoir la notion d'intercommunalité. Depuis la loi du 12 juillet 1999 située dans la logique de l'aménagement du territoire, qui institue des communautés d'agglomération, des établissements publics de coopération locale moins nombreux ont remplacé automatiquement les anciennes formes (syndicats à vocation unique ou multiple, districts, communautés urbaines). La coopération locale mérite une étude spécifique, qui relève du droit des collectivités territoriales (15).

§ 2. ORGANISATION

707 Les établissements publics sont marqués d'une ambiguïté originelle. D'un côté, ils sont dotés d'une organisation analogue à celle d'une personne morale, destinée à garantir leur autonomie. De l'autre, le rattachement de l'établissement public à une autre personne publique produit des atténuations à cette autonomie, notamment dans les rapports, juridiques et parfois non juridiques, entre les organes de l'établissement public et ceux de la collectivité de rattachement. En général, les organes des établissements publics, comme ceux des personnes morales, sont de deux types : délibérant et exécutif.

708 *L'organe délibérant*. Suivant les établissements, il peut être dénommé conseil (d'administration, de direction), ou comité (de direction, de gestion). Il peut arriver à titre exceptionnel que cet organe soit assisté d'autres organes. Ainsi en est-il des Universités pour lesquelles la loi du 26 janvier 1984 prévoit, en plus du conseil

(12) CC, 24 nov. 1987, n° 87-152 L, Office nat. de l'immigration, *Rec.* p. 58 ; *AIJC* 1987, p. 583, obs. Genevois.

(13) CC, 17 mars 1987, n° 87-150 L, Caisses de crédit municipal, *Rec.* p. 32 ; *AIJC* 1987, p. 581, obs. Genevois ; CC, 5 déc. 1989, n° 89-162 L, Institut national de la consommation, *Rec.* p. 100.

(14) CC, 18 mars 1999, n° 99-185, Établissements publics à caractère scientifique, culturel et professionnel, *AJDA* 1999, p. 499, note Schoettl.

(15) J. Ferstenbert, *Les grands arrêts du droit de la décentralisation*, Paris, Dalloz, 3e éd., coll. Grands arrêts, 2007 ; B. Faure, *Droit des collectivités territoriales*, Dalloz, 2009 ; J. Ferstenbert, F. Priet, P. Quilichini, *Droit des collectivités territoriales*, Dalloz, 2009 ; P. Bluteau, *Leçons de droit des collectivités territoriales*, Ellipses, 2009.

d'administration, un conseil scientifique et un conseil des études et de la vie universitaire. En principe, l'organe délibérant règle, par ses délibérations, les affaires de la compétence de l'établissement public. Par exemple, le conseil d'administration de la SNCF « définit la politique générale de la SNCF, détermine les orientations du groupe, met en œuvre les contrats de plan, délibère sur toutes les affaires relatives à l'objet de l'établissement » (décret du 18 février 1983). En réalité, c'est l'État qui nomme le président de ce conseil, qui, par décret, fixe l'organisation de l'établissement public et certaines des contraintes d'exploitation en vertu de l'intérêt général. La marge de décision de ce genre de conseils est donc extrêmement limitée. Les organes délibérants ou exécutifs ne disposent pas toujours d'une totale autonomie de gestion, notamment en raison de l'encadrement législatif du secteur (16).

Le gouvernement ne peut pourtant pas aller jusqu'à méconnaître les dispositions statutaires qui attribuent compétence à ces organes. Ainsi, la modification du siège de l'établissement demeure une décision de l'organe délibérant (17) et non du ministre de tutelle.

709 Le rattachement peut se traduire de diverses manières dans la composition de l'organe délibérant. Dans certains cas, tous les membres du conseil peuvent être nommés par la personne publique de rattachement. Il en va ainsi des Centre communaux d'action sociale (à parité élus par le Conseil municipal et nommés par le Maire), selon la loi du 6 janvier 1986 (18). Il en va de même dans les établissements publics locaux à caractère industriel et commercial où les membres du conseil d'administration sont désignés par l'organe délibérant de la collectivité territoriale. Dans d'autres, on essaie de respecter un tripartisme associant représentants de la personne publique, personnalités qualifiées désignées par cette personne publique et représentants du personnel. La formule est courante dans les entreprises publiques : depuis les nationalisations de 1946, la tendance est d'y nommer également des représentants des usagers, mais il n'existe pas de principe de quadripartisme, et par le biais des personnalités qualifiées, l'État est toujours assuré de disposer de la majorité. Il faut signaler à ce propos qu'aucun principe juridique n'impose que les membres des conseils d'administration des établissements publics soient élus par les personnes intéressées à sa gestion. Enfin, certains organes délibérants sont une mosaïque de représentation des intérêts concernés. Dans le cas des centres hospitaliers, par exemple, sont associés des représentants de la commune et du département, des universitaires, des médecins, des caisses d'assurances sociales, d'autres personnels, des personnalités extérieures. Dans ce dernier cas, les conseils ne peuvent être que des instances de rencontre, de concertation, d'information ; ils ne sauraient pour des raisons pratiques réaliser une véritable gestion de l'établissement public.

710 *L'organe exécutif.* Les établissements publics sont dotés d'un organe exécutif constitué le plus souvent par un directeur unique ou par un président du conseil d'administration assisté d'un directeur général. Plusieurs procédés de nomination sont possibles.

(16) CE, 8 janv. 1992, Kryzanski et Birtel, *Rec.* p. 6, *RFDA* 1992, p. 875, concl. Pochard.

(17) CE, 14 mai 1993, Comité d'établissement de la Caisse centrale de coopération économique, *Rec.* p. 152 et CE ass., 4 juin 1993, Assoc. des anciens élèves de l'ENA, *Rec.* p. 168, concl. R. Schwartz, *RFDA* 1993, p. 657, *AJDA* 1993, p. 576, chron. ; CE ass., 4 juin 1993, Union des groupements d'Achats publics, *Rec.* p. 166, concl. Denis-Linton, *RFDA* 1993, p. 667.

(18) V. ensuite Code de la famille et de l'action sociale, art. L. 123-6.

711 Quant aux établissements publics administratifs nationaux, le principe est simple. Les emplois de direction de ces établissements sont des emplois supérieurs laissés à la discrétion du gouvernement régis par l'ordonnance du 28 novembre 1958. Cependant, d'autres textes ont posé des règles de nomination : la nomination est effectuée en Conseil des ministres, avec une limite d'âge de 65 ans et pour une durée maximale de trois ans renouvelable (19). Le détenteur du pouvoir exécutif est, en général, le président du conseil d'administration.

Ce régime est étendu à certains établissements publics nationaux à caractère industriel et commercial, en vertu de la loi organisant les services publics qui leur sont confiés (20). Le détenteur du pouvoir exécutif est soit le président du conseil d'administration (SNCF, RATP), soit le directeur général (EDF, GDF).

712 Quant aux établissements publics locaux à caractère industriel et commercial, c'est le directeur qui détient le pouvoir exécutif : exécution des délibérations du conseil, direction des services, embauche et licenciement du personnel, ordonnancement des dépenses. Le président possède une autorité de principe sur le directeur ainsi qu'un pouvoir de contrôle.

713 Hormis ces régimes généraux, d'autres modes de nomination peuvent être prescrits par les textes. On citera, par exemple, la nomination par la personne publique de rattachement sur proposition de l'organe délibérant de l'établissement public (SNCF, IEP), ou encore l'élection par le conseil d'administration de son propre président (Universités). Mais ces cas demeurent très exceptionnels.

§ 3. RÉGIME DE DROIT PUBLIC APPLICABLE

714 Le fait que les établissements publics rattachés soient des personnes publiques leur permet de recourir à des techniques juridiques de droit public (possibilité, et non application automatique). Les actes des établissements publics bénéficient d'une présomption de leur caractère public. Les actes des personnes publiques sont en principe des actes administratifs unilatéraux, sauf exception. Pour ce qui est des contrats, la présence identifiable d'une personne publique ne rend nécessaire que l'examen du deuxième critère (exécution même du service public, ou clause exorbitante). Les biens des établissements publics appartiennent au domaine public, soit en vertu d'une loi pour les établissements publics territoriaux, soit en vertu de la jurisprudence pour les autres établissements publics, qu'ils soient ou non à caractère industriel et commercial (21). Les travaux qu'ils réalisent peuvent être des travaux publics si les critères habituels sont reconnus, que les travaux soient réalisés par l'établissement public lui-même (travail immobilier, but d'intérêt général), ou pour son compte (travail immobilier, accomplissement d'une mission de service public).

(19) D. n° 85-834 du 6 août 1985.

(20) CC, 8 juin 1995, n° 95-177 L, *RDP* 1995, p. 1, note Luchaire, *RFDC* 1995, p. 584, note Favoreu, *LPA*, 1995, n° 137, p. 26, note Camby.

(21) CE, 21 mars 1984, Mansuy, *Rec.* p. 616, *CJEG* 1984, p. 274, concl. Dondoux, *RDP* 1984, p. 1059, note Gaudemet, *D.* 1984, p. 510, note Moderne, J. Arrighi de Casanova, « Établissements publics et domanialité publique », *AJDA* 1985, p. 347, *JCP* 1985, II, 20393, note Hervouet.

715 Il existe également un noyau minimal du régime de droit public, qui est toujours applicable aux établissements publics. Premièrement, la personne physique chargée de la direction des établissements publics a toujours la qualité d'agent public, ainsi que le chef de la comptabilité s'il est comptable public (22). Deuxièmement, les établissements publics ne peuvent pas recourir à l'arbitrage (23), sauf si une disposition législative ou réglementaire les y autorise (24) ou si un droit étranger est applicable (25). Troisièmement, les voies d'exécution (26) et les actions en comblement de passif (27) sont exclues à leur encontre.

716 Finalement, on ne peut que constater la permanence du rattachement en rappelant deux grands principes. Le premier garantit, en quelque sorte négativement, que l'établissement public n'empiétera pas sur les compétences des autres personnes publiques. C'est le principe de spécialité. L'établissement public est fondé afin de gérer un service public et ne peut sortir de sa mission, de son but initial. Certes, la mutabilité du service public exige parfois des activités annexes, complémentaires ou accessoires. Certes, la prestation de service public peut connaître des problèmes de définition. Certes, la mission du service public peut être exprimée par la loi de manière très extensive (loi du 24 janvier 1984 sur l'enseignement supérieur). Mais quoi qu'il arrive, la spécialité de l'établissement public demeure la limite légale de son action (28). Ce principe connaît des atténuations du fait de l'utilisation de la forme d'établissement public pour regrouper des collectivités territoriales dans l'accomplissement de tâches multiples (syndicats, communautés), mais elles sont explicables par le fait que l'établissement public ne fait que représenter des collectivités territoriales non limitées par le principe de spécialité matérielle, et que ses attributions multiples sont énumérées par ses statuts.

(22) CE, 8 mars 1957, Jalenques de Labeau, *Rec.* p. 158, *D.* 1957, p. 378, concl. Mosset, note de Laubadère, *AJDA* 1957, II, p. 184, chron., *JCP* 1957, II, 9987, note Dufau ; CE, 15 déc. 1967, Level, *Rec.* p. 501, *AJDA* 1968, p. 228, concl. Braibant et chron., *D.* 1968, p. 287, note Leclercq.

(23) C. civ., art. 2060 ; CE, 13 déc. 1957, Soc. nat. de vente des surplus, *Rec.* p. 677, *D.* 1958, p. 517, concl. Gazier, note L'Huillier, *JCP* 1958, II, 10800, note Motulsky ; Y. Gaudemet, « L'arbitrage : aspects de droit public ; état de la question », *Rev. arbitrage* 1992, p. 241 ; A. Patrikios, « L'arbitrage en matière administrative », th. Paris-II, 1996 ; C. Jarrosson, « L'arbitrage en droit public », *AJDA* 1997, p. 17. Néanmoins, un rapport remis au garde des Sceaux le 27 mars 2007 (*JCP A* 2007, 2082) préconise l'ouverture à toutes les personnes publiques de certaines possibilités d'arbitrage, exclusivement en matière contractuelle.

(24) L. du 30 déc. 1982, pour la SNCF ; L. du 2 juill. 1990, pour la Poste et France Télécom ; D. n° 2002-56 du 8 janv. 2002 ; ord. n° 2004-559 du 17 juin 2004.

(25) Cass. civ., 14 avr. 1964, *D.* 1964, p. 637, note Robert ;

(26) Cass. com, 9 juill. 1951, *D.* 1952, p. 141, note Blaevoet, *S.* 1952, I, 125, note Drago ; puis, après remise en question, confirmation par Cass. civ. 1re, 21 déc. 1987, *RFDA* 1988, p. 771, concl. Charbonnier, note Pacteau, *CJEG* 1988, p. 107, note Richer, *JCP* 1989, II, 21183, note Nicod, *RTD civ.* 1989, p. 1445, chron. Perrot ; P. Amselek, « Les établissements publics sans comptable public et le principe de l'insaisissabilité des biens des personnes publiques », *JCP* 1986, I, 3236 ; C. Barthelemy, « La garantie implicite, gratuite et illimitée de l'État aux établissements publics : mythe ou réalité », *RJEP* 2004, p. 423.

(27) TC, 15 nov. 1999, req. 3153, Comité d'expansion de la Dordogne, *Rec.* p. 479, *AJDA* 1999, p. 992, chron.

(28) CE ass., 4 juin 1954, *ENA, Rec.* p. 338, l'école ne défend pas les intérêts de la carrière future de ses élèves ; CE, 3 juill. 1974, Dame Hurter, *Rec.* p. 390, *JCP* 1975, II, 18078, note Durupty ; CE, 19 nov. 1975, Commune de Thaon-les-Vosges, *Rec.* p. 577 ; CE, 28 sept. 1984, Cons. rég. de l'ordre des architectes de Bourgogne, *Rec.* p. 309, à propos d'une chambre d'agriculture ; CE, 23 oct. 1985, Commune de Blaye-les-Mines, *Rec.* p. 297, s'agissant d'un syndicat de communes.

717 Le second principe garantit qu'en l'absence de rattachement exprès, comme c'est le cas pour les chambres de commerce par exemple, les établissements publics ne sauraient être livrés à eux-mêmes. Le principe de subordination des établissements publics les soumet toujours à la tutelle potentielle de l'État (29). Par exemple, et contrairement à ce qu'il en est des rapports entre l'État et les collectivités territoriales, la tutelle de l'État s'exerce même en l'absence de texte (30). La plupart des établissements publics locaux sont de toute façon régis par les textes prévoyant leur rattachement aux collectivités territoriales. C'est pourquoi il est vain de chercher à reconnaître un principe prétendument général d'autonomie qui irait au-delà des conséquences habituellement attachées à la personnalité morale, alors que l'essentiel de l'organisation des établissements publics concerne leur rattachement à la collectivité territoriale responsable du service public, et que toute maîtrise interne est niée dans leur régime de fonctionnement (nomination de l'exécutif, fixation du règlement intérieur, des tarifs, choix des secteurs d'activité sont extérieurs à l'établissement public). Cette circonstance ne saurait aller cependant jusqu'à donner à l'exécutif de la collectivité de rattachement la compétence nécessaire pour prendre, en violation des statuts, des décisions qui sont normalement du ressort de l'organe délibérant ou exécutif de l'établissement public lui-même (31).

SECTION III LES RÉGIES LOCALES DOTÉES DE LA PERSONNALITÉ MORALE ET DE L'AUTONOMIE FINANCIÈRE

718 Les régies locales dotées de la personnalité morale et de l'autonomie financière, parfois qualifiées régies personnalisées, sont mal nommées. Elles ne sont pas des régies au sens de l'analyse juridique, mais bel et bien des établissements publics (32). Leur fondation est expressément prévue par le Code général des collectivités territoriales (33) et les éléments supplétifs de leur régime sont alignés sur celui des établissements publics (34). Les communes peuvent leur confier la distribution de l'eau potable, les transports, le chauffage urbain.

(29) Par ex. les chambres de commerce et d'industrie sont des établissements publics administratifs de l'État : TC, 26 juin 2006, Melle A., n° 3522, *Rec.* T. ; CE sect., 29 nov. 1991, Crépin, *Rec.* p. 411, *AJDA* 1991, p. 889, chron. ; *RFDA* 1992, p. 884, concl. Lamy ; CC, 28 janv. 1999, n° 98-17 I, Situation du président de la CCI, *Rec.* p. 40.

(30) CE, 13 janv. 1965, Caisse des écoles du 10e arrondissement, *Rec.* p. 27, *AJDA* 1965, p. 97, chron., *RDP* 1965, p. 970, note Waline.

(31) CE, 14 mai 1993, Comité d'établissement de la Caisse centrale de coopération économique, préc. ; CE ass., 4 juin 1993, Assoc. des anciens élèves de l'ENA, et Union des groupements d'Achats publics, *préc.*

(32) Ce que la loi a fini par reconnaître en les qualifiant d'établissements publics locaux (L. n° 2004-809 du 13 août 2004, art. 197).

(33) CGCT, art. L. 2221-10, art. R. 2221-18 à 52.

(34) CE avis sect. Intérieur, 1er oct. 1996, n° 359409, *EDCE* 1996, n° 48, p. 305.

§ 1. FONDATION ET SUPPRESSION

719 La compétence à cet égard est la même que pour les régies autonomes non personnalisées, à seule autonomie financière (art. R. 2221-1). Le recours à cette forme juridique a longtemps paru réservé aux services publics à caractère industriel et commercial, mais il est arrivé que le juge administratif qualifie certains services assurés de cette façon de services publics à caractère administratif et la loi a fini par consacrer explicitement cette possibilité (35). Au moment de la fondation, la dotation initiale versée par la collectivité territoriale au nouvel établissement public (art. R. 2221-13) prend une importance particulière, puisque la propriété de ce patrimoine nécessaire à l'activité de service public est juridiquement transférée de la collectivité territoriale à la régie personnalisée.

§ 2. ORGANISATION ET FONCTIONNEMENT

720 L'organisation des régies locales dotées de la personnalité morale et de l'autonomie financière respecte la distinction classique entre organe délibérant et organe exécutif. Les statuts votés par l'organe délibérant de la collectivité territoriale prévoient un conseil d'administration, les catégories de membres extérieurs prévues au règlement intérieur, la durée des fonctions et mandats, qui ne peut pas excéder celle du mandat électif. Il existe aussi un directeur, nommé par le président du conseil d'administration, élu par l'assemblée délibérante de la collectivité sur proposition du maire (art. L. 2221-10).

721 La compétence de principe appartient au conseil d'exploitation qui « administre » l'établissement public local avec son président et un directeur (art. R. 2221-2) et « délibère sur toutes les questions intéressant le fonctionnement » (art. R. 2221-18), à la différence de la régie non personnalisée qui est administrée sous l'autorité du maire et de l'organe délibérant de la collectivité territoriale de rattachement (art. R. 2221-3).

722 C'est donc le conseil d'administration qui, par exemple, vote le budget, fixe les tarifs, décide des prises de participation dans des entreprises locales, décide du sort des immeubles, affecte le résultat comptable (dans les mêmes conditions que pour la régie non personnalisée). Le directeur de la régie est doté d'un pouvoir exécutif étendu (art. L. 2221-28) (36) dans les mêmes conditions que dans les régies non personnalisées : il exécute les délibérations du conseil d'administration, prépare le budget, recrute et licencie le personnel, réalise l'ordonnancement des dépenses et peut recevoir délégation financière du conseil d'administration. Un risque de dyarchie avec le président du conseil d'administration a été évoqué à de propos. En définitive, le fonctionnement de ces régies locales dotées de la personnalité morale

(35) CGCT, art. L. 1412-2, résultant de l'art. 62 de la L. du 12 juill. 1999.
(36) Bien plus que le directeur des régies à seule autonomie financière, qui, nommé par le maire, ne procède qu'à la préparation du budget et aux actes de gestion courante (art. R. 2221-68).

et de l'autonomie financière est, notamment en raison de leur régime financier (art. R. 2221-35 à 42), celui de tout EPIC lorsqu'elles sont chargées d'un service public à caractère industriel et commercial, et celui d'un EPA quand elles assurent un service public à caractère administratif (art. R. 2221-60).

CHAPITRE 2

LES GROUPEMENTS D'INTÉRÊT PUBLIC

723 **Bibliographie :** Y.-L. Gégout, *Vers une nouvelle forme de personne morale, le Groupement d'intérêt public,* th. Paris-II, 1985 ; R. Muzellec et Nguyen Quoc Vinh, *Les GIP*, Economica, 1993 ; C. Réchard-Moiroud, *Le groupement d'intérêt public, nouvelle institution publique*, th. Paris-I, 1994 ; Conseil d'État, *Les groupements d'intérêt public,* Rapport, La Doc. fr., 1997.

Nguyen Quoc Vinh, *J.-Cl. Adm.* fasc. 163 ; F. Moderne, « Opinion d'un publiciste à propos d'une nouvelle formule juridique : les groupements d'intérêt public », *LPA*, 25 avril 1983 ; D. Lamethe, « Les groupements d'intérêt public », *CJEG* 1984, p. 169 ; F. Rohmer-Benoît, « Les GIP, une nouvelle catégorie de personnes publiques ? » *AJDA* 1986, p. 663 ; Y.-L. Gégout, « Réflexions sur la nécessité du vote d'une loi générale sur les GIP », *LPA*, 25 janvier 1988 ; F. Benoît-Rohmer, « L'avenir des groupements d'intérêt public, Invitation à une réforme législative », *AJDA* 1992, p. 99 ; Y.-L. Gégout, « Un nouveau groupement d'intérêt professionnel à vocation européenne et internationale : le GIP issu de la loi du 25 juillet 1994 relative à la fonction publique », *LPA* 1994, n° 127, p. 15 ; R. Muzellec, « Les contrôles sur les GIP », *RFFP* 1996, n° 56, p. 71 ; P. Demaye, « Une nouvelle catégorie de personne morale de droit public : les GIP », *LPA*, 24 juill. 2001, n° 146, p. 9 ; M. Collin-Demumieux, « Les problèmes juridiques posés par les GIP », *AJDA* 2003, p. 481 ; B. Jorion, « Les GIP : un instrument de gestion du service public administratif », *AJDA* 2004, p. 305 ; P. Soler-Couteaux, « La création d'un GIP est légale au regard du droit des marchés publics dès lors que ses statuts obéissent aux principes régissant la gestion intégrée », *CMP* avril 2009, comm. 120 ; S. Bernard, « Le GIP à l'abri de la commande publique et de la liberté du commerce et de l'industrie ? », *RJEP* mai 2011, comm. 24 ; P. Combeau, « La nouvelle "loi de 1901" des groupements d'intérêt public – Entre rupture et continuité » *JCP A juin 2011, ét. 2235.*

724 Dans sa publication annuelle (1), le Conseil d'État avait suggéré d'améliorer la coopération entre personnes publiques et personnes privées en constituant des groupements de personnes juridiques en vue d'un objet précis et pour une durée limitée. La loi du 15 juillet 1982 d'orientation et de programmation de la recherche (2), a ainsi institué des « groupements d'intérêt public » en remplacement des « groupements d'intérêt scientifique » dont la structure juridique était inadaptée. La forme des groupements d'intérêt public a successivement été étendue à une grande diversité de domaines (3).

(1) *EDCE,* 1982-1983, n° 34, p. 169.
(2) Art. 21, ultérieurement précisé par les D.s du 15 mars 1983, 14 janv. 1988, et 7 nov. 1988.
(3) L'enseignement supérieur (L. du 24 janv. 1984, art. 45, D. du 13 juin 1985 ; L. du 25 juill. 1994), le sport (L. du 16 juill. 1984, art. 50, et D. du 12 janv. 1989), le travail des détenus (L. relative au service public pénitentiaire du 22 juin 1987, art. 6), le mécénat (L. du 23 juill. 1987, art. 22), l'action sanitaire et

SECTION I IDENTIFICATION ET NATURE

725 Les groupements d'intérêt public actuellement constitués sont d'une extrême diversité. Estimés à plus de 70 en 2004, ils ne présentent le plus souvent, ni le même objet, ni les mêmes modalités de fonctionnement. Mais la particularité de cette nouvelle forme de personne publique est d'avoir pour objet une activité de service public (4). Néanmoins, lorsque cette dernière présente un caractère administratif, certains éléments de régime admettent l'irruption de considérations plus proches des services publics à caractère industriel et commercial. En témoignent la possibilité d'utiliser une comptabilité privée si l'une des personnes constitutives est de droit privé, et l'existence d'activités subsidiaires à caractère industriel et commercial (5).

726 En premier lieu, après quelques hésitations, il a été admis que les groupements d'intérêt public sont des personnes morales de droit public. En ce qui concerne certains groupements d'intérêt public, la qualification leur est expressément donnée par la loi (6). En ce qui concerne les autres le Conseil d'État était d'avis de leur reconnaître cette nature (7). Cela correspondait à l'intention du législateur au moment de l'examen de la loi du 15 juillet 1982 sur la recherche (8) et pendant l'examen d'autres lois prévoyant des groupements d'intérêt public. C'est la présentation qu'en donnait aussi le gouvernement dans sa documentation administrative (*Guide d'information sur les groupements d'intérêt public* publié par le ministère de la Recherche). Rien ne justifiait qu'on n'étende pas cette qualification à tous les groupements d'intérêt public car de nouveaux types de GIP ne peuvent être fondés que par le législateur, qui se réfère toujours alors à la loi de 1982.

727 La question de savoir si, parmi les personnes publiques, les groupements d'intérêt public sont des établissements publics ou des personnes publiques d'une catégorie nouvelle et spéciale a finalement été tranchée par la jurisprudence. Le Tribunal des conflits a en effet reconnu, dans une décision *GIP Habitat et interventions sociales pour les mal-logés et les sans-abri* (9), que le législateur a entendu faire des GIP des personnes publiques soumises à un régime spécifique, c'est-à-dire sans aucun

sociale (D. du 7 nov. 1988), la protection de l'enfance (L. du 10 juill. 1989, art. 19), la formation continue (L. d'orientation sur l'éducation du 10 juill. 1989), la culture (D. du 28 nov. 1991), la sécurité en matière de transfusion sanguine (L. du 4 janv. 1993), la réforme de l'hospitalisation (ord. 24 avr. 1996) etc.

(4) B. Jorion, *op. cit.* p. 306.

(5) Le « double visage » de certains EPA pourrait donc être arboré aussi par les GIP : CE, 1er avr. 2005, Synd. nat. des affaires culturelles, *Rec.* T. p. 799, *AJDA* 2005, p. 2183, note Raymundie et De la Brosse, *JCP A* 2005, 1321, note Jorion.

(6) Par ex. les lois du 26 janv. 1984 et du 25 juill. 1994 pour les GIP d'enseignement supérieur et de recherche ; Code santé publ., art. L. 710-17 pour ceux relatifs à la réforme du secteur hospitalier.

(7) CE avis sect. Intérieur, 15 oct. 1985, *EDCE* 1986, n° 37, p. 189.

(8) *JO déb. AN*, 22 juin 1982, p. 3753 : « il s'agit de renvoyer à plus tard la création de cette nouvelle catégorie de personnes publiques » ; *JO déb. Sénat*, 13 mai 1982, p. 199 : « nous avons également prévu une nouvelle personne de droit public : le groupement d'intérêt public ».

(9) TC, 14 févr. 2000, GIP Habitat et interventions sociales pour les mal-logés et les sans-abri, *Rec.* p. 748, *AJDA* 2000, p. 410, chron., *JCP* 2000, II, 10301, note Eveno.

doute des personnes publiques *sui generis* (10). Outre le faisceau d'indices permettant de conclure au caractère public de cette personne juridique, les caractéristiques objectives de la formule du GIP – objet associant personnes publiques et privées, majorité acquise aux personnes publiques ; contrôle administratif du groupement ; et surtout nature conventionnelle de l'acte fondateur – ont paru matérialiser la volonté du législateur d'échapper aux règles classiques applicables aux établissements publics, et donc d'écarter cette dernière qualification. Renforce encore ce régime l'attraction de tous les contractuels des GIP dans le droit public en application de la jurisprudence Berkani.

728 En revanche, si la nature du GIP ne fait plus aucun doute, il faut souligner que cette structure institutionnelle est utilisée pour des activités très variées, qui vont de la gestion des activités concurrentielles de la filière cheval (France Haras) à l'Atelier international du Grand Paris, en passant par l'Agence du service civique.

SECTION II FONDATION ET SUPPRESSION

729 La fondation d'un groupement d'intérêt public repose sur un contrat et comporte trois phases : le regroupement de membres fondateurs par contrat ; la rédaction des statuts du groupement ; leur approbation administrative.

§ 1. LE REGROUPEMENT DES MEMBRES FONDATEURS PAR CONTRAT

730 Le regroupement des membres fondateurs est dominé par une double contrainte. D'une part, l'un au moins de ces membres doit être une personne publique. Dans certains cas, cette personne publique doit être un établissement public appartenant au secteur visé par la loi : recherche pour les groupements d'intérêt public relevant de la loi de 1982, enseignement supérieur pour les GIP universitaires. Dans les autres cas, la personne publique n'est pas déterminée : elle pourrait donc être l'État, une collectivité territoriale, ou un établissement public. D'autre part, les autres membres doivent être des personnes morales, quelle que soit leur nature, publique ou privée.

§ 2. LA RÉDACTION DES STATUTS

731 Les statuts du groupement d'intérêt public résultent d'un contrat, mais comme dans le contrat de société, la liberté conventionnelle comporte des limites légales. De plus, l'État a produit (pour l'instant dans le secteur de la recherche scientifique) une convention modèle qu'il pourrait imposer par le simple fait qu'il maîtrise la

(10) TC, 15 déc. 2003, Préfet du Val d'Oise, *BJCL* 2004, n° 3, p. 183, concl. Commaret, *JCP A* 2004, 1163, note Moreau.

mise en vigueur finale des GIP. Les statuts doivent expressément régler les modalités de fondation et la dénomination du GIP, la désignation de ses membres et sa durée obligatoirement limitée (dix ans est un maximum coutumier). Ils doivent en outre préciser les modalités de fonctionnement, c'est-à-dire la possession ou non d'un capital social, la répartition du capital éventuel entre les membres, la contribution de chaque membre aux charges, la responsabilité des dettes, l'option pour la comptabilité publique ou la comptabilité privée, la mise à disposition du groupement de personnel rémunérés par les membres. Les statuts doivent enfin prévoir la dissolution du GIP : échéance du terme, réalisation de l'objet social, abrogation de l'autorisation administrative, liquidation du patrimoine. L'entrée en vigueur de ces statuts est subordonnée à l'accomplissement de la phase suivante.

§ 3. L'APPROBATION ADMINISTRATIVE

732 Le dossier de constitution du groupement d'intérêt public (11) est transmis au ministre compétent. Le contrôle est d'une double nature. C'est d'abord un contrôle de l'existence des faits et de la conformité des statuts aux règles légales. Il porte sur le contenu des statuts, la réalité de l'engagement juridique et financier des membres déclarés. C'est aussi un contrôle d'opportunité. Par exemple, les GIP de recherche scientifique doivent comporter un projet de recherche viable et opportun, un budget prévisionnel réaliste, un plan de recrutement du personnel équilibré. L'approbation du GIP n'est donc pas obtenue de plein droit. Une autorité de l'État, variable en fonction du type de GIP, dispose d'un pouvoir discrétionnaire en la matière, ce qui ne fait que traduire le fait que, dans les services publics concernés, c'est l'État qui possède la gestion stratégique du service public, donc le choix du mode de gestion opérationnelle. Néanmoins, ce pouvoir discrétionnaire est contrôlé par le juge administratif, qui annule notamment les refus résultant d'une erreur de droit (12). L'approbation administrative est matérialisée par la publication au *Journal officiel* d'un arrêté d'approbation, signé par le ministre compétent et par le ministre chargé du Budget.

SECTION III ORGANISATION ET FONCTIONNEMENT

733 Le plus souvent, en application des textes législatifs et réglementaires, ou des conventions modèles de l'État, le groupement d'intérêt public comprend un conseil d'administration, un directeur, une assemblée générale.

(11) Cf. Guide méthodologique de la direction de la comptabilité publique publié en 2003 : http://www.finances.gouv.fr/ directions_services/Tresor_public. gip.pdf.

(12) CE, 28 déc. 2005, Synd. mixte intercomm. d'aménagement du bassin de la Vesle, *Rec.* p. 603, *AJDA* 2006, p. 380, concl. Guyomar; *JCP A* 2006, p. 1137, note Jorion.

L'assemblée générale rassemble les membres du GIP, qui sont dotés chacun d'un nombre de voix proportionnel à leur apport en capital ou en actif. Quoi qu'il en soit, les personnes publiques, entreprises nationales ou personnes privées chargées de la gestion d'un service public doivent y détenir la majorité des voix. Le fonctionnement de cette assemblée générale est assimilable à celui qui s'applique dans les personnes privées. L'assemblée générale prend les décisions les plus importantes : admission et retrait des membres, prise de participation, modification des statuts, de la durée, programme annuel d'activité (à l'unanimité), approbation des comptes, modalités financières d'admission ou de retrait (à la majorité).

Le conseil d'administration, composé de cinq à neuf personnes physiques désignées par l'assemblée générale, élit son président parmi les administrateurs. Ses décisions concernent le fonctionnement courant du groupement, notamment le budget.

Le directeur du GIP est nommé par le conseil d'administration sur proposition de son président. Si le groupement est exclusivement constitué de personnes publiques, le statut du directeur est le même que celui des directeurs d'établissements publics à caractère industriel et commercial. Il est le chef du personnel, l'ordonnateur des dépenses, il engage le GIP dans les limites de sa compétence.

On doit ajouter que le contrôle des GIP n'est pas laissé au hasard. Un agent comptable leur est désigné par arrêté ministériel, un commissaire du gouvernement par le ministre compétent, un contrôleur d'État par le ministre chargé de l'Économie et des Finances. Les GIP sont également soumis au contrôle de la Cour des comptes. Au plan fiscal, le GIP est transparent. Comme pour certaines personnes morales de droit privé, les bénéfices éventuels ne peuvent pas être partagés, il faut les reporter ou les réinvestir.

734 Enfin, en ce qui concerne le régime applicable aux contrats passés par les GIP, il est maintenant acquis que les personnes publiques, qui disposent à la fois de la liberté d'organiser leurs services et structures, et de celle de satisfaire leurs besoins par leurs propres moyens, peuvent fonder dans ce but un GIP sans avoir à le mettre en concurrence avec d'autres opérateurs dans le cadre de la passation d'un marché public. Il suffit pour cela que les personnes publiques concernées respectent les conditions posées par la jurisprudence *Teckal* : exercer conjointement sur le GIP un contrôle comparable à celui qu'elles exercent sur leurs propres services ; faire en sorte que le GIP leur consacre l'essentiel de son activité (13).

Conformément aux précisions de la jurisprudence précitée, le juge exercera un contrôle attentif à l'objet statutaire du GIP, devant garantir une quasi-exclusivité de son action au profit de ses membres ; à ses principes d'organisation assurant aux personnes publiques une influence déterminante sur ses décisions stratégiques ; à son son périmètre, fermé à toute activité de marché dont le développement éventuel ferait perdre le contrôle effectif des personnes publiques ou le caractère exclusif de la prestation à leur profit.

(13) CJCE, 18 nov. 1999, aff. C-107/98, Teckal, *Rec.* I, p. 8121, concl. Cosmas ; CE, 4 mars 2009), req. 300481, Synd. national des industries d'information de santé (SNIIS), *CMP* avr. 2009, comm. 120, Soler-Couteaux.

Par ailleurs, lorsqu'une personne publique fonde un GIP pour exercer une mission d'intérêt public expressément régie par une loi, sans que soit mis en jeu un cadre de délégation de service public ou de marché public, elle ne se livre pas à une activité économique et échappe donc à l'application des règles européennes ou nationales de relatives à la commande publique (14).

(14) CE, 10 nov. 2010, req. 319109, 319239, Sté Carso – Laboratoire Santé Hygiène Environnement, *RJEP* mai 2011, comm. 24, note Bernard.

CHAPITRE 3
LES CONTRATS ENTRE PERSONNES PUBLIQUES

735 **Bibliographie** : M.-H. BERNARD-DOUCHEZ, *La coopération entre personnes publiques,* th. Toulouse, 1979 ; J.-D. DREYFUS, *Contribution à une théorie générale des contrats entre personnes publiques,* L'Harmattan, coll. Logiques juridiques, 1997 ; F. ROLIN, *Accord de volontés et contrat dans les relations entre personnes publiques,* th. Paris II, 1997.

J.-C. DOUENCE, « Les conventions entre personnes publiques », *Mél. Stassinopoulos,* 1974, p. 113 ; D. FLÉCHER-BOURJOL, « Essai de typologie fonctionnelle des contrats passés entre l'État et les collectivités locales et établissements publics territoriaux », *Bull. IIAP* 1976, p. 309 ; F. MODERNE, « L'évolution récente du droit des contrats administratifs : les contrats entre personnes publiques », *RFDA* 1984, p. 1 ; D. BROUSSOLLE, « Conventions entre personnes publiques et décentralisation », *AJDA* 1989, p. 747 ; E. FATÔME et J. MOREAU, « Les relations contractuelles entre collectivités publiques », *AJDA* 1990, p. 142 ; R. ROMI, « Les relations contractuelles entre collectivités publiques », *AJDA* 1990, p. 131 ; M. HÉCQUART-THÉROND, « La contractualisation des actions et des moyens publics d'intervention », *in* dossier *Aides publiques, AJDA* 1993, p. 395 ; J.-M. PONTIER, « Contractualisation et Planification », *RDP* 1993, p. 641 ; D. TRUCHET, « Le juge administratif et le développement du partenariat », *in Le Juge administratif à l'aube du XXIe siècle,* PUG, 1995, p. 93 ; M. KARPENSCHIF, « Les sociétés publiques locales : passeport pour un véritable PPPI ? », *JCP A*, 29 nov. 2010, n° 2048.

736 La « spectaculaire progression de la technique contractuelle dans les rapports entre personnes publiques » (1) a été fréquemment soulignée depuis les années 1980. Elle a inspiré de véritables politiques de contractualisation dont les plus célèbres, mais pas les moins ambiguës, concernent les contrats de Plan et les contrats de programme ou d'entreprise conclus avec les entreprises publiques (2). Or l'instrument contractuel particulier qu'est le contrat entre personnes publiques a été doté d'un régime général par la jurisprudence. Rien n'exclut donc qu'il puisse servir de cadre à une délégation de gestion de service public entre personnes publiques, que la loi organise dans le cas particulier des collectivités locales.

Par ailleurs, les modalités de conventionnement ou de partenariat entre personnes publiques dépassent la seule question de l'instrument juridique dénommé contrat,

(1) F. MODERNE, *art. cité.*
(2) P. DELVOLVÉ, *Droit public économique*, Dalloz, 1998, p. 380.

pour atteindre à une logique d'intégration de montages complexes qui associent l'État, principal créateur de certains services publics délocalisés ou dont la prestation dépend d'un maillage territorial, et les collectivités territoriales qui les hébergent.

SECTION I ÉMERGENCE D'UNE CATÉGORIE

737 Au cœur même de l'action administrative, les contrats de service public entre personnes publiques se sont multipliés à partir des années 1980. La mise en œuvre de la décentralisation en a donné le coup d'envoi à travers les transferts de compétences qui l'ont accompagnée (3). La réforme hospitalière, dans un environnement associant fortement les personnes privées et privilégiant la maîtrise du financement public a étendu ce mouvement au secteur sanitaire et social (4). Il s'est de toute façon généralisé, sous l'appellation de « conventionnement public », aux transports publics (5), à la fonction publique (6), à la coopération institutionnelle entre collectivités territoriales, etc. Par ailleurs, le juge administratif accepte que des personnes publiques puissent se porter candidates à l'attribution de marchés publics ou de délégations de gestion du service public dans le cadre des procédures existantes de mise en concurrence sans y voir par principe une atteinte à la liberté du commerce de l'industrie (7).

738 La généralisation des instruments contractuels dans les rapports entre personnes publiques a progressivement défini, à l'intérieur de l'ensemble des contrats administratifs, une catégorie de contrats conclus entre personnes publiques pour l'accomplissement de missions d'intérêt général, définissant le partage des rôles et des responsabilités dans la gestion du service public. Ceux-ci ont en effet des particularités liées à la nature publique de leur environnement et des parties (8).

739 Le principe de délimitation de la catégorie est simple. Posé dès le départ par le Tribunal des conflits (9), et repris par le Conseil d'État (10), il peut être énoncé ainsi :

(3) Art. 26 de la L. du 2 mars 1982, par ex.

(4) C. santé publ., art. L. 714-26-1.

(5) Art. 22 de la L. du 30 déc. 1982 sur l'orientation des transports intérieurs (Cahier des charges de la SNCF du 13 sept. 1983) permettant aux régions, ainsi qu'aux départements et aux communes, d'établir leur plan de transport et de négocier les dessertes ferroviaires et leur tarification, L. Rapp, « Cinq ans d'évolution du secteur public français industriel et commercial », *RFFP* 1988, n° 22, p. 176.

(6) L. n° 94-1134 du 27 déc. 1994, sur la fonction publique territoriale, prévoyant des possibilités de conventionnement du CNFPT, des centres de gestion et des collectivités locales avec les organismes de l'État pour des concours de recrutement communs ou des formations communes.

(7) CE, 16 oct. 2000, Compagnie méditerranéenne d'exploitation des services d'eau, *RFDA* 2001, p. 106, concl. Bergeal ; CE avis, 8 nov. 2000, Soc. Jean-Louis Bernard Consultants, *Rec.* p. 492, concl. Bergeal ; *CJEG* 2001, p. 58, note Degoffe et Dreyfus ; *CMP* fév. 2001, note Eckert.

(8) Pour un exemple, destiné à la coordination des… services publics, cf. Titre IV de la L. n° 2000-321 du 12 avr. 2000 instituant des « maisons des services publics », fondées sur des conventions approuvées par le préfet.

(9) TC, 21 mars 1983, Union des assurances de Paris, *Rec.* p. 537, *AJDA* 1983, p. 356, concl. Labetoulle, *D* 1984, p. 33, note Auby et Hubrecht, *Rev. adm.* 1983, p. 368, note Pacteau, à propos d'un contrat entre l'État et le CNEXO, établissement public.

(10) CE, 11 mai 1990, Bureau d'aide sociale de Blénod-lès-Pont-à-Mousson, *AJDA* 1990, p. 614, note Colly.

un contrat conclu entre deux personnes publiques revêt en principe un caractère administratif, il est présumé administratif.

Ce principe connaît cependant une véritable inversion, que rappellent l'une et l'autre juridiction (11). Lorsque le contrat, en raison de son objet « ne fait naître entre les parties [personnes publiques] que des rapports de droit privé », il est présumé ne pas être un contrat administratif. C'est le cas par exemple d'un contrat de bail entre personnes publiques, ou des contrats de prestations de services publics à caractère industriel et commercial conclus entre la personne publique prestataire et une personne publique usager.

740 Les contrats conclus entre personnes publiques pour l'organisation d'un service public bénéficient par ailleurs d'un régime contentieux particulier, élaboré par le juge administratif en conséquence de leur spécificité. Le juge accepte, relativement à ces contrats, d'annuler toutes les mesures d'exécution qui seraient prises sur leur fondement (12), et non pas seulement celles qui ont pour effet de mettre un terme au contrat.

SECTION II CONVENTIONNEMENT, PARTENARIATS ET COLLABORATION ENTRE PERSONNES PUBLIQUES

741 La première vague de décentralisation a fixé des principes généraux relativement à la coopération entre personnes publiques locales. « Les collectivités territoriales peuvent conclure entre elles des conventions par lesquelles l'une d'elles s'engage à mettre à la disposition d'une autre collectivité ses services et ses moyens afin de lui faciliter l'exercice de ses compétences » (13). Cette possibilité institutionnelle correspond à une volonté affirmée de favoriser le développement de toutes les formes de coopération entre collectivités locales. La question s'est donc posée de savoir si ces dispositions fondaient un régime applicable aux cas où une collectivité territoriale se verrait confier la gestion opérationnelle d'un service public par une autre, en application d'une concession.

Un arrêt (14) a dû préciser les limites à l'application de l'article L. 5111-1 du CGCT et établir que ce dernier ne constituait pas un fondement juridique pour une délégation de service public entre deux établissements publics de coopération locale.

(11) CE, 11 mai 1990, *préc.* ; CE, 1er mars 2000, req. 192790, Commune de Morestel ; TC, 7 oct. 1991, CROUS de l'académie de Nancy-Metz, *Rec.* p. 472, *AJDA* 1992, p. 157, obs. Richer.

(12) CE sect., 31 mars 1989, Départ. de la Moselle, *Rec.* p. 105, *AJDA* 1989, p. 315, chron., *Rev. adm.* 1989, p. 341, note Terneyre, *RDP* 1989, p. 1171, note Llorens, *RFDA* 1989, p. 466, concl. Fornacciari ; CE, 13 mai 1992, Commune d'Ivry-sur-Seine, *Rec.* p. 197, *AJDA* 1992, p. 480, chron. ; *JCP* 1992, IV, 1930, note Rouault ; *JCP* 1993, II, 22014, note Haïm.

(13) CGCT, art. L. 5111-1, résultant de la L. n° 83-8 du 7 janv. 1983, art. 6.

(14) Le contrat par lequel une communauté de communes attribue la gestion de son service d'assainissement à un syndicat de communes n'entre pas dans le champ de l'art. L. 5111-1 : CE sect., 20 mai 1998, Communauté de communes du Piémont de Barr et autres, *RFDA* 1998, p. 609, concl. Savoie ; *AJDA* 1998, chron. p. 553 ; *Mon. TPB* 29 mai 1998, p. 425, *RFDA* 1998, p. 434, note J.-D. Dreyfus.

Indépendamment, il n'est pas sûr que « la mise à disposition de services, pour faciliter l'exercice de compétences », que la loi pose comme objet de la convention, soit suffisante pour caractériser dans d'autres cas un véritable transfert de la gestion opérationnelle d'un service public. Il faut donc en conclure que le « conventionnement » cité est d'une autre nature.

La solution pourrait être recherchée dans la notion de régies d'intérêt intercommunal (CGCT, art. L. 2221-13) qui « peuvent être exploitées sous la direction d'une commune agissant, vis-à-vis des autres communes, comme concessionnaire ». À ce titre, chaque service public concédé pourrait donner lieu à une convention et à un cahier des charges qui, seuls, régiraient les rapports entre la commune concessionnaire et les communes concédantes. Toutefois, il est également possible de soutenir à l'inverse que, dans ce cas, l'ensemble du régime juridique prévu pour les régies, qui laisse peu de place au contrat, devrait être appliqué.

Elle pourrait l'être également par le développement d'une contractualisation « *in house* » à la française, que permet la société publique locale (SPL) instituée par la loi n° 2010-559 du 28 mai 2010 (15). Les collectivités territoriales peuvent dorénavant fonder des sociétés publiques locales dont elles détiennent le capital à 100 %, pour exploiter des services publics à caractère industriel ou commercial ou toutes autres activités d'intérêt général, exclusivement pour le compte de leurs actionnaires et sur leur territoire (16). Dès lors, conformément à la jurisprudence *Teckal*, elles pourront conclure avec leurs SPL, entreprises publiques locales, des contrats qui échappent au droit européen des contrats publics. Le fait que ces sociétés publiques locales soient formellement des sociétés anonymes ne s'oppose d'ailleurs pas à ce qu'elles soient considérées comme des personnes matériellement publiques.

742 Il est probable que le conventionnement entre les personnes publiques locales soit également poursuivi dans le large mouvement de contractualisation des rapports entre ces personnes et l'État, pour la mise en place de dispositifs complexes. Il s'ajoute à une logique générale d'incitation à la coopération ou à la collaboration entre entreprises publiques et entreprises privées, tracée autour de la notion de « partenariat » (17). Cette dynamique a été développée entre l'État et les collectivités locales sous la forme de conventions. Les objets de ces conventions recouvrent parfois des activités de service public dont les formes d'organisation, de fonctionnement et d'entretien dépendent de la participation de plusieurs collectivités, parfois même en y associant des institutions particulières telles les groupements d'intérêt public (GIP) ou les établissements publics. Cette marque du développement de la contractualisation des relations institutionnelles en droit français n'exclut aucun mode de coopération, de collaboration, d'association ou de concours, suivant des montages comprenant aussi des actes unilatéraux. La coopération territoriale a d'ailleurs reçu un statut juridique issu de

(15) F. Llorens et P. Soler-Couteaux, « Les sociétés publiques locales ou la naissance du *in house* à la française », *CMP* 2010, repère 7 ; C. Deves, « La L. n° 2010-559 du 28 mai 2010 pour le développement des sociétés publiques locales : évolution ou régression des règles de la commande publique », *JCP* A 2010, n° 2229 ; S. Nicinski, « La L. du 28 mai 2010 pour le développement des sociétés publiques locales », *AJDA* 2010, p. 1759.

(16) CGCT, art. L. 1531-1.

(17) Vocable plus large que le contrat de partenariat né de l'ord. n° 2004-559 du 17 juin 2004, dont les modalités pour les collectivités territoriales sont cernées par la circ. du 29 nov. 2005 relative aux contrats de partenariat, *JO* 15 déc. 2005, p. 19271.

la jurisprudence européenne puisque la Cour l'a exclue du cadre des contrats « *in house* » pour y reconnaître la mise en œuvre de considérations et d'exigences propres à la poursuite d'objectifs d'intérêt public, qui ne saurait remettre en cause l'objectif principal des règles européennes en matière de marchés publics (18).

743 Le domaine de la santé publique, et notamment l'ensemble des activités liées à l'action hospitalière, est aussi un des lieux principaux de collaboration entre l'État et les collectivités locales (19). De même, si selon l'article L. 211-1 du Code de l'éducation, « l'éducation est un service public national », les collectivités territoriales doivent être associées au développement de ce service public. La loi du 13 août 2004 relative aux libertés et responsabilités locales a, en effet, inséré de nombreuses dispositions modifiant le Code de l'éducation. Ces modifications (20) se traduisent principalement dans l'institution de conseils territoriaux associant l'État et les collectivités territoriales dans la définition de certaines politiques éducatives. En dépit du fait que l'État soit désigné comme le principal acteur en matière d'éducation et le principal créateur des établissements publics d'enseignement, certaines restrictions sont désormais énoncées en ce qui concerne leur fondation. Les répartitions de compétences entre l'État et les collectivités territoriales ont modifié les modes de financement des services dont ces établissements ont la charge et des biens et équipements dont ils sont dépendants pour leur bon fonctionnement. L'article L. 211-3 du Code de l'éducation dispose ainsi que « L'État peut créer *exceptionnellement* des établissements d'enseignement public du premier et du second degré dont la propriété est transférée de plein droit à la collectivité territoriale compétente ». La condition de l'exception suit immédiatement : « ces créations ne peuvent intervenir que dans le cas où la collectivité compétente refuse de pourvoir à une organisation convenable du service public ».

Il est cependant à noter que la locution « service public » est, dans le Code de l'éducation, essentiellement formulée à propos de l'enseignement supérieur, degré d'enseignement qui demeure pour l'instant de la compétence de l'État. Plusieurs articles de ce code en définissent le contenu et y associent directement la formation professionnelle appartenant souvent au domaine d'intervention des régions, et la recherche. Toutefois pour ces dernières personnes publiques, une incitation au partenariat avec les entreprises privées est prévue, indiquant ainsi les possibilités de création de services publics dans les activités d'enseignement et de recherche (21) soit dans des « bassins d'emplois » circonscrits au préalable par des conventions entre l'État et la région, soit suivant des « pôles d'excellence » à déterminer suivant la qualité des relations entre les divers acteurs de la recherche publique et privée.

744 Dans nombre de domaines, l'État recherche le plus souvent une collaboration des collectivités territoriales. Depuis ces dernières années, l'institution des services publics se comprend dans des montages complexes qui associent l'État, principal créateur du

(18) CJCE, aff. C-480/06, 9 juin 2009, Commission c. Allemagne, *Lamy coll. Terr.*, oct. 2009, p. 55, note Mondou ; *JCP* A 2009, n° 27, comm. 2158, Proot ; *LPA*, 30 juill. 2009, p. 10, note Glatt.

(19) Trop nombreuses sont les dispositions du C. santé publ. en cette matière pour être ici répertoriées.

(20) Circ. du 10 sept. 2004 relative à l'application de la L. du 13 août 2004 relative aux libertés et responsabilités locales, non publ. au *JO*.

(21) C. éduc., art. L. 123-5.

service public considéré, et les collectivités territoriales, principaux responsables de la dynamique ainsi impulsée.

Dans ce mouvement de transfert des compétences qui s'apparente à un désinvestissement généralisé et qui côtoie la question de la suppression des services publics, l'État ne peut pas totalement se décharger sur les collectivités territoriales des services publics qu'il crée. La tendance devient alors de constituer des *agences* (22) qui, sous la responsabilité et le contrôle de l'État, sont conduites à mettre en œuvre les activités qui y sont liées. Ainsi, par exemple, une ordonnance du 28 avril 2005 crée un « service public du changement d'adresse » (23). Ce service public a pour objet de permettre « à toute personne qui le demande de faire connaître son changement d'adresse, en une seule opération gratuite, à des personnes morales choisies par elle [...] » (art. 1er). L'article 1er du décret du 16 mai 2005 pris en application de l'ordonnance, en confie la gestion à l'Agence pour le développement de l'administration électronique (24). Cette création d'un nouveau service public s'inscrit directement dans la logique de la simplification administrative engagée par l'État depuis plusieurs années (25).

Ce service public a pour particularité de ne pas être associé à une personne publique unique. Toutes les institutions chargées de délivrer des prestations de service public aux personnes physiques et morales sont concernées, dans la mesure où ces activités supposent de connaître *nommément* les usagers, et par là leur domiciliation. Ainsi, participent au service public du changement d'adresse les administrations de l'État, des collectivités territoriales, les établissements publics nationaux à caractère administratif, les organismes gérant des régimes de protection sociale, les personnes morales chargées du service public de la fourniture de services postaux, de communications électroniques, d'électricité, de gaz ou d'eau.

Par ailleurs, « dans une logique de "guichet unique", l'État a décidé de créer un service en ligne de changement de coordonnées sur mon.service-public.fr. » Pour accéder à ce service, la première étape proposée est de « créer son compte personnel électronique sur mon.service-public.fr. »

745 Ces dispositifs annoncent un déplacement progressif des modes de collaboration entre l'État et les collectivités territoriales pour la mise en œuvre des services publics crées par l'État. Ils introduisent aussi, dans le conventionnement, des personnes privées soit investies de mission de service public, soit assujetties à des obligations de service public.

(22) J. Chevallier, « Les agences : effet de mode ou révolution administrative ? », *in Études en l'honneur de Georges Dupuis*, LGDJ, 1997, p. 47 et s.

(23) Ord. n° 2005-395 du 28 avr. 2005 relative au service public du changement d'adresse.

(24) D. n° 2005-469 du 16 mai 2005 pris en application de l'ordonnance n° 2005-395 du 28 avr. 2005 relative au service public du changement d'adresse.

(25) L. n° 2004-1343 du 9 déc. 2004 de simplification du droit, art. 3. 5° : « Pour faire en sorte que les usagers puissent déclarer, en une seule opération, leur changement d'adresse ou leur changement de situation familiale aux autorités administratives ainsi que, le cas échéant, à tout organisme chargé d'une mission de service public et à des organismes de droit privé ».

SOUS-TITRE 3
LA GESTION DÉLÉGUÉE RÉSERVÉE EN PRINCIPE À DES PERSONNES PRIVÉES

746 Deux solutions principales s'offrent à la personne publique responsable lorsqu'elle envisage d'habiliter une tierce personne à gérer un service public : l'acte unilatéral ou le contrat. Ces deux formes correspondent à des voies discriminantes : elles s'excluent l'une l'autre et le choix doit être réalisé dès avant l'élaboration de l'acte, car le régime législatif des habilitations contractuelles oblige la personne publique responsable à respecter des procédures spéciales et contraignantes. Elles sont par ailleurs reconnues comme telles en droit européen, car la Cour les admet toutes deux, s'agissant d'habiliter une entreprise à gérer un service d'intérêt économique général (1). On mesure ici la différence avec le droit administratif général qui peut parfois requalifier, après leur naissance, des actes négociés en actes unilatéraux, lorsque les modalités préparatoires de négociation et d'adoption ne sont pas soumises à un régime discriminant. L'acte d'habilitation est donc soit un acte unilatéral (Chap. 1), soit un acte contractuel (Chap. 2), au choix de la personne habilitante, qui exerce là une prérogative de puissance publique (2).

(1) CJCE, 21 mars 1974, aff. 127/73, BRT c. SABAM, *Rec.* p. 313 pour l'acte unilatéral, et CJCE, 27 avr. 1994, aff. C-393/92, Commune d'Almelo et autres c. Energiebedrijf Ijsselmij, *Rec.* p. I-1477, *CJEG* 1994, p. 623, concl. Darmon ; *AJDA* 1994, p. 637, note Hamon ; *D.* 1995, *jur.* p. 17, note Dutheil de la Rochère, *LPA*, 15 mars 1995, p. 9, note Raymundie, pour le contrat.

(2) Pour la jurisprudence administrative française : CE, 22 mars 2000, Lasaulce, *RFDA* 2001, p. 353, note Guglielmi. Pour l'européenne, CJCE, 14 juill. 1971, aff. 10/71, Min. Public luxembourgeois c. Muller, *Rec.* p. 723.

CHAPITRE 1
L'HABILITATION UNILATÉRALE

747 Les cas d'habilitation unilatérale sont classiques et nombreux, même si leur diversité et leur utilisation habituelle les font souvent passer inaperçus. Il arrive aussi parfois qu'une autorisation se cache dans une procédure d'apparence contractuelle, comme celle intervenant entre le CSA et les sociétés de programmes audiovisuels (1). Il en existe trois grands types, qui peuvent ainsi être schématisés :

• *Les habilitations législatives*

748 Depuis les ordres professionnels (2) jusqu'à France Télécom (3) en passant par les fédérations sportives (4), et les aéroports (5), l'habilitation, par la loi, à gérer le service public, est une technique couramment pratiquée. Elle est d'autant plus d'actualité que l'ouverture à la concurrence européenne a nécessité la modification des statuts juridiques de la plupart des entreprises chargées de la gestion de services publics nationaux. Il faut par ailleurs remarquer que le juge administratif, amené à interpréter la loi, joue un rôle déterminant dans l'appréciation de l'étendue de l'habilitation. L'exemple des fédérations sportives montre ainsi que la jurisprudence a compris l'attribution aux fédérations du pouvoir d'autoriser les compétitions comme une faculté d'organisation de l'ensemble des activités sportives (6).

(1) CE ass., 8 avr. 1998, Société Serc Fun Radio, *Rec.* p. 138, concl. Hubac ; CE, 25 nov. 1998, Soc. Luxembourgeoise de télédiffusion, *Rec.* p. 443, *AJDA* 1999, p. 54, concl. Chauvaux.

(2) L. du 2 déc. 1940.

(3) L. n° 90-568, 2 juill. 1990, L. n° 96-660 du 26 juill. 1996, et L. n° 2003-1365 du 31 déc. 2003 habilitant cet opérateur à assurer différentes missions de service public et définissant les obligations qui en découlent.

(4) L. n° 84-610 du 16 juill. 1984, modifiée dernièrement par les L. n° 2000-627 du 6 juill. 2000 et 2003-708 du 1er août 2003.

(5) CE, 25 avr. 2007, Fédération nationale de l'aviation marchande, req. 291976, à propos de la L. du 20 avr. 2005 sur les aéroports.

(6) À partir de l'ord. n° 45-1992 du 28 août 1945, *JO* 29 août 1945, p. 5382, l'arrêt CE sect., 22 nov. 1974, Fédération des industries françaises d'articles de sport, *Rec.* p. 577, concl. Théry, *AJDA* 1975, p. 19, chron. consacre cette extension. V. G. MOLLION, *Les fédérations sportives à l'épreuve du droit administratif*, th. dact. Grenoble-II, p. 38 et s. V. aussi édition de cette thèse, *Les fédérations sportives, Le droit administratif à l'épreuve de groupements privés,* LGDJ (bibl. de droit public t. 246), 2005.

• *Les habilitations réglementaires*

749 Des décrets peuvent, bien sûr, compléter les principes posés par les habilitations législatives précitées. En revanche, il est beaucoup plus rare qu'une habilitation réglementaire se suffise à elle-même. On peut citer l'exemple de la Comédie française, en application des décrets du 15 octobre 1812 (7) et du 1er avril 1995.

• *Les habilitations individuelles*

750 Un acte administratif unilatéral non réglementaire peut habiliter une personne à gérer un service public dans deux hypothèses principales : la demande du pétitionnaire ou l'initiative de la personne publique. Même si, dans ces deux hypothèses, l'habilitation tient principalement à l'acte individuel, il faut toutefois rappeler qu'elle se fonde sur un régime général (8) posé par des textes de valeur supérieure : il ne saurait être pratiqué de délégation unilatérale sans texte (9).

SECTION I HABILITATION À LA DEMANDE DU PÉTITIONNAIRE

751 La première hypothèse d'habilitation par acte individuel est celle où la tierce personne sollicite cette activité auprès de la personne publique responsable du service. Autorisation (simple ou conditionnelle), reconnaissance d'utilité publique, agrément sont ainsi des actes portant habilitation du pétitionnaire à gérer tout ou partie du service public.

§ 1. L'AUTORISATION SIMPLE OU CONDITIONNELLE

752 L'objet de l'acte d'autorisation n'est pas l'habilitation, mais une habilitation peut être l'effet d'un acte d'autorisation. Une autorisation peut avoir soit pour objet, soit pour effet de transférer à une personne tierce la gestion d'une activité de service public. Le principe de base du recours à ce type d'actes est que seule la loi peut instaurer un régime d'autorisation. À défaut de loi, toute réglementation édictée par une autorité administrative, surtout en matière de police, si elle

(7) Trib. civ. Seine, 8 oct. 1952, *Gaz. Trib.* 1952, 2, 542.
(8) A. Tabouis, « Notion et régime juridiques de la délégation unilatérale de service public », *CMP* juin 2005, n° 6, ét. 13.
(9) CE, 3 mai 2004, req. 249832, Fondation Assistance aux animaux, *Rec.* T., *BJDCP* 2004, p. 464, à propos du service public d'identification des animaux domestiques ; CE sect., 6 avr. 2007, Commune d'Aix-en-Provence, req. 284736, *RFDA* 2007, p. 812, concl. Séners, note Douence, *AJDA* 2007, p. 1020, chron. ; *JCP A* 2007, n° 2111, note Karpenschif ; *D.* 2007, 2617, chron. Clamour ; *RDI* 2007. 424, obs. J.-D. Dreyfus ; *RTD com.* 2007. 694, obs. Orsoni ; *RTD eur.* 2008. 835, chron. Ritleng, Bouveresse et Kovar.

impose une autorisation, est considérée comme illégale, qu'elle soit simple (10) ou conditionnelle (11).

La seule exception de portée générale apparaît lorsque l'activité privée donne lieu à occupation privative du domaine public (12). Les autorisations d'occuper le domaine public sont alors *conditionnelles*. Elles confèrent un droit d'occuper à titre privatif une dépendance du domaine public en y associant indissolublement des conditions d'intérêt général portant sur un service public. Un exemple type de ces autorisations conditionnelles est fourni par les autorisations de voirie permettant l'utilisation du domaine public, délivrées par les municipalités aux entreprises de transport. Il est de principe que les autorisations administratives, étant accordées *intuitu personae* (13), sont incessibles (14) et ne peuvent donc pas faire l'objet de transactions pécuniaires. Néanmoins, ce principe reçoit aussi quelques exceptions, parfois législatives, notamment lorsque l'occupation du domaine public est en jeu (15).

§ 2. L'AGRÉMENT

753 **Bibliographie :** C. Bertrand, *L'agrément en droit public*, PU de la Faculté de droit de Clermont, coll. Thèses n° 6, 1999 ; G. Tournié, *Les agréments fiscaux,* Paris, 1970.

B. Tricot, « L'agrément des institutions privées », *D.* 1948, chr, 25 ; J. Georgel, « L'agrément administratif », *AJDA* 1962, p. 467 ; N. Boulouis, « L'attribution de la gestion d'un service de transport collectif en Île-de-France est-elle réalisée au travers d'un contrat public ou d'un acte administratif unilatéral ? », *BJDCP* déc. 2007, p. 444.

754 L'acte administratif particulier nommé agrément peut aussi conférer habilitation à gérer une activité de service public. Sont ainsi agréées, principalement pour des raisons d'incitation économique, des personnes ou des activités qui remplissent certaines conditions. Cet acte a pour effet de conférer à l'institution bénéficiaire de l'agrément, ou à ses membres, soit des avantages fiscaux, soit des subventions, soit l'exercice de prérogatives de puissance publique. Ce point distingue l'agrément de l'autorisation, cette dernière se contentant de permettre l'exercice d'une activité déterminée sans contrepartie de cette nature. Comme d'habitude en droit administratif, il ne faut pas s'en tenir au seul vocabulaire, certains agréments étant en fait des autorisations, voire de simples actes recognitifs de droits (16).

755 L'agrément est également une technique juridique qui ne nécessite pas la vérification de la conformité de l'activité agréée avec l'intérêt général, car ce caractère

(10) CE ass., 22 juin 1951, Daudignac, *Rec.* p. 363, *D.* 1951, jur. p. 589, concl. Gazier, note J. C.
(11) CE, 4 janv. 1935, Dame Baron, *Rec.* p. 16.
(12) CE, 17 janv. 1986, Mansuy, *AJDA* 1986, p. 185, *RDP* 1987, p. 817.
(13) CE, 21 nov. 1969, Sieurs André et Manuel Kœberlin, *AJDA* 1970, p. 160, note Godfrin.
(14) CE, 20 mars 1996, M. Veber, req. 121601.
(15) CGCT, art. L. 1311-1 à 1311-6 ; Code du domaine de l'État, art. L. 34-1 à L. 34-9 ; CPCE, art. L. 42-3, issu de la L. du 9 juill. 2004, relative aux communications électroniques, art. 22, transposant la dir. 2002/21/CE du Parlement et du Conseil du 7 mars 2002 ; M. Moliner-Dubost, « *Requiem* pour le principe d'incessibilité des autorisations administratives », *AJDA* 2004, p. 2141.
(16) J. Rubellin-Devichi, « La phase administrative de l'adoption : l'agrément délivré par les services de l'aide sociale à l'enfance », *RFDA* 1992, p. 896.

est présumé. Ce que l'autorité cherche à travers l'agrément, c'est la collaboration de personnes privées à des tâches d'exécution qui par leur nombre ou leur technicité ne pourraient être assurées par une gestion publique sur l'ensemble du territoire. Cet aspect « positif » de l'agrément, son absence de rattachement aux pouvoirs de police, expliquent sans doute la compétence purement réglementaire d'édiction des agréments, sans qu'il soit besoin en la matière d'un texte législatif. L'autorité administrative dispose en ce domaine d'un pouvoir discrétionnaire d'appréciation, évidemment contrôlé par le juge (17). Ce contrôle est d'autant plus nécessaire que l'exigence d'un agrément pour l'exercice d'une activité peut être un empêchement à la délégation contractuelle du service public qu'elle constitue (18).

756 Le régime de l'agrément est simple. Comme d'autres décisions administratives, l'agrément doit être demandé par la personne privée qui entend en bénéficier : toutes les règles relatives à l'édiction de l'acte administratif trouvent donc à s'appliquer (19). Par ailleurs, l'agrément, à la différence de l'autorisation, est un acte créateur de droits (20), ce qui semble inciter le juge administratif à exercer un contrôle normal (21). Enfin, les actes d'agrément, quoique unilatéraux et révélant l'exercice d'une prérogative de puissance publique, doivent dorénavant respecter les dispositions du droit de la concurrence, national (22) ou européen (23).

757 Les exemples d'agréments sont courants. Peuvent être cités ceux des fédérations sportives, lorsqu'elles ne disposent pas du transfert complet du service public dans leur discipline (24) ; des associations de défense des consommateurs, qui à condition d'être déclarées et donc de disposer de la personnalité morale, peuvent être agréées afin d'exercer en justice les droits reconnus à la partie civile dans les affaires où un préjudice a été causé à l'intérêt collectif des consommateurs (loi du 5 janvier 1988) ; des associations de défense de l'environnement ; des associations de jeunesse et d'éducation populaire ; des personnes privées dans certains services publics sociaux, comme celui des centres d'aide par le travail (25) ; des associations intercommunales de chasse ; des accords professionnels, notamment dans le

■ (17) CE sect., 26 janv. 1968, Soc. Maison Génestal, *Rec.* p. 62, concl. Bertrand, *AJDA* 1968, p. 102, chron., *D.* 1969, jur. p. 456, note Fromont ; CE, 13 juin 1984, Assoc. intercommunale de chasse Quercy-Gascogne, *Rec.* p. 207, *Gaz. Pal.* 1985, Pan. 1, 39 ; CE, 9 nov. 1990, Sté Union commerciale de Crédit – Leasico, *Rec.* p. 757, *D.* 1992, somm. p. 19, obs. Vasseur.
■ (18) CAA Marseille, 12 juin 2003, req. 99MA01873, Commune d'Ajaccio.
■ (19) CE, 3 mars 1967, Soc. Behr Manning, *Rec.* p. 105, *AJDA* 1967, p. 528, concl. Fournier, note Liet-Veaux.
■ (20) CE, 4 mars 1983, Organisation de vacances socio-éducatives, *RDSS* 1983, p. 251 ; CE, 23 mai 2003, Fédération des pratiquants de Budo traditionnel, *AJDA* 2004, p. 282, note Lachaume.
■ (21) CE, 27 juin 2005, Dép. de la Charente-Maritime, *AJDA* 2005, p. 2363, note Rihal.
■ (22) CE, 3 nov. 1997, Sté Million et Marais, *Rec.* p. 406, *RFDA* 1997, p. 1228, concl. Stahl, *AJDA* 1997, p. 945, chron. : art. 7 de l'ord. du 1er déc. 1986.
■ (23) CE, 12 juin 1996, Soc. Christ et fils, *Rec.* p. 223 : art. 81 CE (ex-85 TCE).
■ (24) CE, 19 déc. 1988, Madame Pascau, *Rec.* p. 459, *AJDA* 1989, p. 271, note Moreau ; CE, 20 janv. 1989, Fédération française de karaté-tækwondo, *Rec.* p. 434, *RDP* 1990, p. 575 ; CE, 22 févr. 1991, Melles Bensimon, Guyot, Kamoun, *Rec.* p. 61, *AJDA* 1991, p. 481, obs. Hecquard-Théron. Puis L. du 6 juill. 2000 et D. n° 2004-22 du 7 janv. 2004 relatif à l'agrément des fédérations sportives. M. Carius, « Le nouveau droit des fédérations sportives », *AJDA* 2001, p. 169.
■ (25) D. n° 2003-938 du 1er oct. 2003 relatif à l'agrément et au financement des ateliers protégés et des centres de distribution de travail à domicile. CE sect., 22 févr. 2007, req. 264541, APREI, *RDSS* 2007, n° 3, p. 26, note Koubi et Guglielmi

secteur agricole et dans la filière agro-alimentaire ; des associations représentant les usagers dans les instances hospitalières ou de santé publique (26).

§ 3. LA RECONNAISSANCE D'UTILITÉ PUBLIQUE

758 **Bibliographie :** M. POMEY, *Traité des fondations d'utilité publique*, PUF, 1980. M. POMEY, « Le contrôle par le Conseil d'État des associations reconnues d'utilité publique », *EDCE* n° 32, 1981, p. 135. R. CRÔNE, « La constitution des fondations reconnues d'utilité publique », *LPA* 1996, n° 50, p. 81.

759 Cet acte se distingue de la reconnaissance simple qu'entraîne l'acceptation, par les autorités administratives chargées du contrôle, des statuts déposés par les associations et fondations. Il s'agit d'un acte juridiquement distinct qui confère à ces personnes morales la « grande capacité », c'est-à-dire la capacité de recevoir des dons et legs et de posséder les immeubles nécessaires à leur activité.

760 La reconnaissance d'utilité publique peut procéder d'une loi qui qualifie expressément ainsi certains organismes, soit en régissant leur catégorie juridique (Chambres professionnelles des notaires), soit en les désignant nominativement (Entraide française). Dans ce cas, les lois fixent un régime particulier auquel sont soumises ces personnes. La reconnaissance d'utilité publique peut aussi, c'est plus fréquent, résulter d'un acte administratif particulier, plus précisément d'un décret après avis du Conseil d'État, lorsqu'il s'agit d'associations ou de fondations dont le régime général résulte des lois du 1er juillet 1901 et du 23 juillet 1987. Dans ce dernier cas, les conditions de fond de la reconnaissance d'utilité publique sont fixées par la pratique consultative du Conseil : la mission de la personne morale doit être d'utilité publique et son activité doit avoir atteint une taille suffisante. On peut préciser la mission d'utilité publique en rappelant que cette notion exclut les objets lucratifs, ou simplement trop proches de préoccupations économiques ou professionnelles, ainsi que les objets politiques et cultuels. Il faut également rappeler que l'importance de l'activité de ces organismes s'apprécie en fonction de leur ancienneté, de leur nombre d'adhérents, de leur surface financière.

761 Il existe aussi des conditions de forme. Les lois prévoient pour chaque personne morale concernée des statuts types qui, malgré leur caractère indicatif, sont en fait obligatoires (pour les associations comme pour les fondations). Ces statuts sont ensuite approuvés. Les règlements intérieurs sont approuvés par le ministre de l'Intérieur. En contrepartie des avantages de la reconnaissance d'utilité publique, l'autorité administrative exerce un contrôle renforcé sur ces organismes (27). Il s'agit d'une véritable tutelle, s'agissant des actes de disposition. Les délibérations les plus importantes, notamment celles qui concernent le patrimoine, doivent aussi être approuvées par le ministre de l'Intérieur. Lorsqu'un recours administratif est exercé contre ces décisions auprès du Premier ministre, il donne lieu à un décret pris après avis du Conseil d'État.

(26) D. n° 2005-300 du 31 mars 2005, définissant les conditions d'agrément des associations mentionnées à l'art. L. 1114-1 du C. santé publ.

(27) Le retrait de la reconnaissance d'utilité publique est d'ailleurs soumis à un contrôle restreint : CE, 28 juill. 1995, MM. Dabezies et Hamon, *Rec.* p. 1000.

762 On peut s'interroger sur l'intérêt que présente aujourd'hui la reconnaissance d'utilité publique, qui concerne à peu près deux mille associations et six cents fondations. Comparativement aux législations d'autres pays comme les États-Unis, l'Allemagne, l'Italie, cette reconnaissance ne confère pas d'avantages fiscaux vraiment significatifs dans la gestion courante des organismes ainsi reconnus.

SECTION II HABILITATION À L'INITIATIVE DE LA PERSONNE PUBLIQUE RESPONSABLE DU SERVICE

Étant donné le pouvoir de création et le rôle de direction stratégique de la personne publique responsable du service, il existe de nombreux cas où l'habilitation n'a pas été demandée par la personne privée assurant des activités de service public mais où, au contraire, elle provient de l'initiative de la personne publique. Ces cas relèvent soit, dans la sphère des prérogatives de puissance publique, d'une habilitation forcée (§ 1), soit dans celle de l'organisation du service public, de la reconnaissance *a posteriori* d'un service public dans une activité d'intérêt général exercée spontanément ou non par une personne privée (§ 2).

§ 1. L'HABILITATION FORCÉE : LES RÉQUISITIONS

763 **Bibliographie :** F. Gazier, « L'œuvre du Conseil d'État en matière de réquisitions », *EDCE* 1948, p. 67 ; P. Terneyre, « Réquisitions de personnes », *Encycl. Dalloz de Droit du travail* ; R. de Bellescize, « Réquisitions de personnes et de services », *J.-Cl. Administratif*, Fasc. 252 ; L. Imbert, « Réquisitions de biens, généralités, conditions d'exercice du droit de réquisition », *J.-Cl. Administratif*, Fasc. 481 ; « Réquisitions de biens, effets et contentieux », *J.-Cl. Administratif*, Fasc. 481 ; F. Luchaire, « Les réquisitions de logement », *D.* 1959, chron., p. 31 ; P. Soubelet, « Préfets et réquisitions civiles », *Rev. adm.* 1992, p. 215 ; D. Maillard Desgrées du Loû, « Réquisition : faut-il un texte ? », *AJDA* 1999 n° spécial, p. 28, et « L'encadrement législatif du pouvoir de réquisitions des préfets et de la police générale », *JCP A* 2003, n° 1475, p. 649 ; C. Bauzerand, « Le fondement juridique des pouvoirs de réquisition des préfets », concl. sur TA Lille, 2 mai 2002, Sté France Manche, *AJDA* 2002, p. 933 ; S. Théron, « La réquisition administrative de logement », *AJDA* 2005, p. 247 ; G. Koubi, G. J. Guglielmi, « Réquisitions stratégiques et effectivité du droit de grève », *Dr. ouvr.* mars 2011, p. 153.

764 La seconde hypothèse d'habilitation par acte individuel correspond aux cas où non seulement la tierce personne amenée à gérer le service n'a pas sollicité cette activité, mais où elle est contrainte de l'assurer.

L'habilitation est ainsi une composante nécessaire, quoique implicite, de la réquisition (28). Un acte de réquisition, en temps de guerre ou en temps de paix, est celui qui associe, éventuellement contre sa volonté, une personne physique ou morale à

(28) R. Ducos-Ader, *Le droit de réquisition. Théorie générale et régime juridique,* th. droit Bordeaux, 1955.

l'exécution d'une activité de service public. Il est donc acquis *ipso facto* que la personne tierce, dans la réalisation de ces actes imposés, est au moins détentrice d'une habilitation à les accomplir. La réquisition n'est certes pas un acte dont l'objet est l'habilitation de la personne requise, mais cette habilitation en est tout de même un effet nécessaire.

De plus, le pouvoir de réquisition est une des prérogatives de puissance publique qui peuvent être attribuées aux personnes privées chargées de la gestion d'un service public et qui font donc partie de l'habilitation.

765 Les pouvoirs de réquisition sont extrêmement nombreux. Mis à part les réquisitions militaires qui sont prononcées en cas de rassemblement de troupes ou de mobilisation (29), par toute autorité militaire, et les réquisitions de police en situation d'urgence ou de risque de troubles à l'ordre public (30), elles peuvent intéresser des domaines variés du droit des services publics. C'est ainsi le cas des réquisitions civiles (31) de personnes ou de services, des réquisitions de logement (32), des réquisitions de grévistes utilisées en cas d'atteinte grave à la continuité du service public (33), des réquisitions de compagnies aériennes françaises (34). Enfin, des textes particuliers prévoient de manière éparse de nombreuses possibilités de réquisitions spéciales (35), ainsi que certains contrats (36). Le problème principal qu'ils posent est celui de leur effectivité. Pour ne prendre que l'exemple de la réquisition de grévistes, il est notable que, après une utilisation intensive dès 1948 (37), la résistance des grévistes à des décrets de réquisition (38), non suivie de sanctions, a dissuadé le gouvernement d'y recourir à nouveau, à l'exception du conflit généralisé sur les retraites de l'automne 2010, où le mouvement avait touché les dépôts de carburants (39). Cette inflexion des modalités de l'action de l'État se traduit par le choix d'une simple loi-cadre incitant au service minimum en cas de grève dans certains services publics.

§ 2. L'HABILITATION *A POSTERIORI* : LA RECONNAISSANCE DE SERVICE PUBLIC

766 La jurisprudence administrative a jadis admis qu'une activité fondée et assurée à l'initiative d'une personne privée soit qualifiée, par le juge, de

(29) L. du 3 juill. 1877, D. du 2 août 1877, L. du 21 janv. 1935.
(30) CGCT, art. L. 2212-2-6° ; CE sect., 15 févr. 1961, Werquin, *Rec.* p. 118, *RDP* 1961, p. 321, concl. Braibant ; *RDP* 1961, p. 1253, note Waline ; *AJDA* 1961 p. 197, chron. ; *D.* 1961, jur. p. 611, note P. Weil, *JCP* 1961, II, 12259, note J.-M. Auby.
(31) L. du 11 juill. 1938, art. 1er L. du 28 févr. 1950, ord. du 6 janv. 1959, D. du 26 mars 1962.
(32) Ord. du 11 oct. 1945, CCH. art. L. 641-1 et s., L. n° 98-657 du 29 juill. 1998 sur les exclusions, art. 52.
(33) CE sect., 26 oct. 1962, Le Moult, *Rec.* p. 580 ; CE, 24 févr. 1961, Isnardon, *Rec.* p. 150, *AJDA* 1962, p. 204.
(34) D. n° 2004-1190 du 10 nov. 2004 portant ouverture du droit de réquisition des compagnies aériennes françaises.
(35) D. du 20 mai 1903 ; ord. du 1er févr. 1961 et D. du 28 mai 1963 ; L. du 3 juill. 1985 et D. du 6 oct. 1987 ; L. du 22 juill. 1987, sur la sécurité publique.
(36) CAA Lyon, 27 janv. 2005, n° 00LY01743, Commune de Choranche c. M. Assael, *AJDA* 2005, p. 889, note Kolbert, à propos d'une convention sur des opérations de secours.
(37) Avec, à partir de 1950, un fondement législatif : L. n° 50-244 du 28 févr. 1950.
(38) Décrets des 27 févr. et 2 mars 1963.
(39) CE, ord. réf., 27 oct. 2010, req. 343966, M. Lefebvre, *Dr. ouvr.* mars 2011, p. 153, note Koubi et Guglielmi ; *LPA*, 5 janv. 2011, p. 15, note Rouault et Duquesne.

service public, sans qu'une personne publique n'ait explicitement entendu participer à sa fondation. L'expression « service public virtuel » fut alors utilisée, dans le sens où certaines activités privées pouvaient être considérées en elles-mêmes, avant l'intervention d'une personne publique, comme des services publics potentiels en raison de leur caractère d'intérêt général.

Les autorisations conditionnelles de voirie, permettant l'utilisation du domaine public et délivrées par les municipalités aux entreprises de transport, furent à l'origine de la théorie des services publics virtuels (40). La particularité de ces autorisations était de contenir des sujétions relatives aux itinéraires, horaires, points d'arrêt et de stationnement. Ultérieurement, le juge administratif a considéré que le gouvernement avait même l'obligation d'édicter certaines de ces sujétions (41).

Selon la théorie du service public virtuel, une activité d'intérêt général ne devient un service public qu'à partir du moment où l'autorité administrative la soumet à une réglementation comportant des « obligations de service public » : jusqu'à l'intervention de cette réglementation, le service public n'est donc que « virtuel ».

767 La majorité des théoriciens du droit manifesta une certaine réticence à l'égard de cette jurisprudence, que le juge administratif avait adoptée et mise en œuvre dans les arrêts du 5 mai 1944, *Compagnie Maritime de l'Afrique orientale*, et du 6 février 1948, *Radio-Atlantique* et *Compagnie carcassonnaise de transports en commun* (42). Elle pouvait en effet être interprétée comme permettant une nationalisation rampante des activités économiques et plaçant les personnes privées dans une situation d'incertitude quant au régime juridique ultérieur des prestations qu'elles choisissent *a priori* d'assurer sur un marché en vertu de leur liberté d'entreprendre.

Pour limiter les effets de cette théorie, les commentateurs ont déduit pendant un temps qu'une autorité réglementaire ne pouvait transformer en services publics que des activités de transport public d'intérêt général exercées sur le domaine public, grâce à l'octroi d'une autorisation faisant état d'obligations de service public. Pendant un demi-siècle, le juge administratif n'a plus donné de relief à sa jurisprudence initiale. La qualification de service public paraissait ainsi inséparable de l'intervention fondatrice, et non seulement recognitive, d'une personne publique. Toutefois, des résurgences de la théorie des services publics virtuels ont été détectées à la fin du XXe siècle dans certaines décisions des juridictions judiciaires (43).

768 Contre toute attente, le juge administratif a alors redonné vigueur à cette théorie dans un contexte juridique pourtant très contraignant en termes de respect de la concurrence, celui des conventions de délégation de service public. Il a ainsi dit pour droit que l'activité d'une personne privée, dont elle a eu l'initiative et qu'elle exerce sous sa

(40) CE, 6 févr. 1948, Soc. Radio-Atlantique, *Rec.* p. 65, *RDP* 1948, p. 244, concl. Chenot, note Jèze ; CE sect., 5 mai 1944, Comp. maritime de l'Afrique orientale, *Rec.* p. 129, *D.* 1944, jur. p. 164, concl. Chenot.

(41) CE, 19 juin 1964, Soc. des pétroles Shell-Berre, *Rec.* p. 344, *RDP* 1964, p. 1019, concl. Questiaux, *AJDA* 1964, p. 438, note de Laubadère, à propos des sujétions de distribution associées aux autorisations d'importation des produits pétroliers.

(42) CE sect., 5 mai 1944, Comp. maritime de l'Afrique orientale, *Rec.* 129, *D.* 1944.164, concl. Chenot, *RDP* 1944, p. 236, note Jèze ; CE, 6 févr. 1948, Soc. Radio-Atlantique et Compagnie carcassonnaise de transports en commun (deux arrêts), *Rec.* p. 65 et 69, *RDP* 1948, p. 244, concl. Chenot, note Jèze.

(43) M. Degoffe, « À propos du service public virtuel », *CJEG* 1993, p. 535.

responsabilité et sans qu'une personne publique en détermine le contenu, « peut cependant se voir reconnaître un caractère de service public, alors même qu'elle n'a fait l'objet d'aucun contrat de délégation de service public procédant à sa dévolution » (44). Bien qu'il ne s'agisse pas, en l'espèce, d'une personne privée assimilable à une entreprise, mais d'une association de la loi de 1901 fondée par la personne publique responsable du service, conjointement avec d'autres personnes publiques, la formulation est volontairement générale et elle a vocation à s'appliquer à tout type d'acteurs.

769 Le juge administratif a fixé par la même occasion les conditions auxquelles une activité fondée et assurée par une personne privée peut faire l'objet d'une reconnaissance de service public. Il faut pour cela que la personne publique responsable du service, « en raison de l'intérêt général qui s'attache [à l'activité] et de l'importance qu'elle revêt à ses yeux, exerce un droit de regard sur son organisation et, le cas échéant, lui accorde, dès lors qu'aucune règle ni aucun principe n'y font obstacle, des financements ». Outre l'intérêt général, préalable nécessaire à toute activité de service public, la personne publique doit donc marquer clairement sa volonté d'habiliter la personne privée à gérer le service public en affirmant les moyens institutionnels d'imposer à cette dernière ses décisions stratégiques. L'octroi de moyens financiers n'est qu'un indice complémentaire de ce droit de regard, même si, en l'espèce, c'est l'attribution de subventions qui posait la question de sa contrariété au droit des délégations de service public. En revanche, il va de soi que s'ajoute la condition implicite que l'activité présente les caractères classiques d'un service public.

770 Est ainsi établie la possibilité d'une reconnaissance de service public postérieure à la fondation de celui-ci par une personne privée. Cette faculté ouverte aux personnes publiques responsables du service public rejoint la réflexion du commissaire du gouvernement Chenot fondant la théorie du service public virtuel : « Certaines activités d'intérêt général, non susceptibles d'être exercées dans des conditions satisfaisantes par le libre pouvoir d'une entreprise privée, présentent ainsi le caractère de service public virtuels et peuvent être soumises à un régime de droit public » (45). Au début du XXIe siècle, le vocabulaire a changé : l'association habilitée à gérer le service public par les quatre collectivités publiques « ne saurait être regardée, compte tenu de son objet statutaire et du contrôle qu'exercent sur elle ces collectivités, comme un opérateur auquel il ne pourrait être fait appel que dans le cadre d'un contrat de délégation de service public ou d'un marché public de service » (46). La solution est très adaptée au cas d'un service public à caractère administratif (47), dont le fonctionnement peut être largement subventionné sur le budget des personnes publiques. Elle le serait sans doute moins à un service public à caractère industriel et commercial, enserré dans un régime juridique bien plus contraignant en termes de financement public et de droit de la commande publique.

Mais si cette reconnaissance est clairement unilatérale et résulte d'un ensemble variable d'actes de ce type (fondation, contrôle, subventionnement), elle ne saurait cacher que le procédé contractuel est devenu le mode de principe d'habilitation à gérer le service public.

(44) CE sect., 6 avr. 2007, req. 284736, Commune d'Aix-en-Provence, *préc*.
(45) B. Chenot, concl. sur CE, 6 févr. 1948, Soc. Radio-Atlantique, *Rec*. p. 65, *RDP* 1948, p. 244, note Jèze.
(46) CE sect., 6 avr. 2007, req. 284736, Commune d'Aix-en-Provence, *préc*.
(47) P. Pereon, « La délégation des services publics administratifs » *AJDA* 2004, p. 1449.

CHAPITRE 2
L'HABILITATION CONTRACTUELLE

771 Pour des raisons générales tenant à l'évolution des rapports entre les personnes publiques et les personnes privées dans le champ économique, l'acte d'habilitation que préfèrent de plus en plus fréquemment les personnes publiques responsables du service est l'acte contractuel. D'une part, cet acte est utilisable pour la plupart des activités de service public (1) et pour la plupart des structures de répartition des différents niveaux de gestion du service. D'autre part, la jurisprudence administrative a finalement formulé la hiérarchie du choix. Pour habiliter un tiers à gérer un service public, « sauf si un texte en dispose autrement, [les personnes publiques] doivent en principe conclure avec un opérateur […] un contrat de délégation de service public ou, si la rémunération de leur cocontractant n'est pas substantiellement liée aux résultats de l'exploitation du service, un marché public de service » (2).

772 Le fait que l'acte d'habilitation soit contractuel n'empêche pas, dans la théorie des contrats administratifs, que certains de ces contrats comprennent initialement, ou incorporent par référence, des dispositions de nature unilatérale. Par exemple, certaines parties des concessions de service public ont été reconnues comme ayant un caractère réglementaire (3). C'est le cas notamment des cahiers des charges, dont le contenu peut même être fixé par décret (4) – ce qui n'est pas une preuve de leur caractère réglementaire, mais un indice de l'importance que la personne publique responsable, en l'occurrence l'État, attache à ces dispositions, dont les usagers du service pourront se prévaloir de manière générale et absolue. De même, l'acte d'habilitation contractuelle se trouve souvent enserré dans un ensemble d'actes

(1) Pour un ex., l'habilitation à participer au service public hospitalier, résultant d'un contrat conclu en application de l'art. L. 715-10 du C. santé publ. : TA Paris, 27 juin 2000, n° 9911581/6, Centre cardiologique du Nord, *LPA*, 25 janv. 2001, n° 19, p. 9, note Fraisseix.

(2) CE sect., 6 avr. 2007, req. 284736, Commune d'Aix-en-Provence, *préc.*

(3) CE, 18 mars 1977, CCI de La Rochelle et autres, *Rec.* p. 153, concl. Massot.

(4) Par ex. D. n° 87-43 du 30 janv. 1987, fixant le cahier des charges de TFl.

mêlant procédés unilatéraux et contractuels (5) et sa logique n'exclut pas qu'il tienne compte de modalités non contractuelles de gestion déléguée, à travers des hypothèses de délégation unilatérale mais aussi structurelle (6). La Commission ne s'y est pas trompée, qui tente dorénavant de promouvoir la notion de « partenariat public-privé institutionnalisé » (7).

773 Les habilitations contractuelles, en raison de leur forme conventionnelle sont toutes soumises au régime général des contrats administratifs. Néanmoins, leur qualification précise pose problème. Parmi les habilitations contractuelles à exercer une activité de service public, certaines ont reçu la qualification spéciale de « convention de délégation de service public ». Une première question est de savoir si toutes les habilitations contractuelles doivent être considérées comme assimilables à cette catégorie juridique, ou si doivent être distinguées, d'une part les conventions de délégation, et d'autre part les autres habilitations contractuelles. Une seconde question est de savoir si les différentes configurations de transfert à la personne tierce des niveaux de gestion de l'activité de service public peuvent servir de critère pour répondre à la première question.

774 *La complexité des niveaux d'activité délégués.* Si l'on se réfère aux niveaux d'activité du service public, des quatre fonctions identifiées (direction stratégique, optimisation, régulation, exécution), trois sont susceptibles de délégation, puisque la direction stratégique de l'activité de service public ne peut qu'être conservée par la personne publique responsable. Sous cette réserve, les délégations de l'activité de service peuvent avoir lieu selon toutes les modalités, et chaque niveau d'activité peut donc être transféré à une personne tierce, publique ou privée.

Le plus souvent, les fonctions sont déléguées deux par deux à la même personne tierce : l'optimisation avec la régulation, la régulation avec l'exécution. Parfois les trois fonctions sont déléguées ensemble. Ces cas sont évidemment les plus simples. Rien n'empêche cependant de séparer ces fonctions et de les attribuer à des personnes différentes.

Lorsque s'ajoute à la seule préoccupation d'assurer une activité de service public la nécessité de réaliser une opération complexe, plusieurs contrats se superposent, voire se complètent à chaque niveau. La réalisation d'un parc de stationnement public en est l'exemple type. Le domaine public sur lequel est réalisé un parc appartient à une personne publique, mais la maîtrise d'ouvrage nécessaire à la réalisation des immobilisations est en général attribuée à une société d'économie mixte par un contrat de concession. Cette SEM est d'ailleurs autorisée par la personne publique responsable à concéder à son tour à une société privée de travaux publics. C'est le concessionnaire privé qui assure le niveau de gestion opérationnelle du service public et les rapports avec les usagers, mais il peut transférer par contrat les prestations de nettoyage à

(5) CE, 22 mars 2000, Lasaulce, *RFDA* 2001, p. 353, note Guglielmi ; CE, 3 mai 2004, Fondation Assistance aux animaux, req. 249832, *Rec.* T., *BJDCP* 2004, p. 464, à propos du service public d'identification des animaux domestiques.

(6) D. Melloni, *Délégation de service public : du contrat à l'habilitation institutionnelle*, th. Nancy-II, 2006.

(7) « Communication interprétative de la Commission concernant l'application du droit communautaire des marchés publics et des concessions aux partenariats public-privé institutionnalisés (PPPI) », COM (2007) 6661, 5 févr. 2008, *JOUE* n° C 91, 12 avr. 2008, p. 4.

des sous-traitants privés et solliciter la personne publique d'assurer elle-même la surveillance au moyen de ses forces de police.

775 *La transformation de la fonction de service public*. La notion de fonction est constituée de deux aspects principaux (8). La fonction-objet, d'une part, est l'activité assurée, le contenu factuel et opérationnel. La fonction gouvernementale, par exemple, consiste à participer à la production législative par divers actes de procédure, à édicter des actes réglementaires, à nommer des fonctionnaires d'autorité, à diriger l'appareil administratif. La fonction-fin, d'autre part, est le but dans lequel l'activité est assurée, la justification de son existence. Dans le même exemple, le gouvernement a pour fonction d'exercer le pouvoir exécutif.

Or, la fonction de service public, très fortement marquée, au début du XXe siècle, par sa fonction-fin, répondre aux besoins d'intérêt général, a nettement évolué, dans les trente dernières années, vers une prédominance de la fonction-objet. La *mission* de service public passe au second plan derrière *l'entreprise* de service public. L'activité de service public, en ce qu'elle est maintenant conçue principalement comme une entreprise, au sens organique et fonctionnel, est amenée à *associer* différents facteurs de production et différents acteurs. Or, l'effacement des procédés de puissance publique sous la pression sociale, la complexité du régime des actes unilatéraux, la libéralisation de l'économie, ont dissuadé les personnes publiques responsables d'avoir recours principalement aux actes administratifs unilatéraux pour réaliser, entre personne publique, personne privée responsable et usagers, une association avant tout fondée sur l'adhésion volontaire. C'est naturellement l'instrument contractuel qui a pris le pas sur l'ensemble des techniques juridiques *a priori* envisageables.

Ainsi, l'habilitation à gérer le service public, devenue délégation de service public, qui n'imposait en elle-même aucun procédé particulier, a-t-elle débouché sur une quasi-exclusivité du procédé conventionnel. La notion de « contrat de délégation de service public » tend à masquer celles, pourtant plus larges, d'habilitation, de dévolution, de transfert de compétences.

776 *La complexité des différents contrats de délégation*. Les procédés contractuels classiquement utilisés depuis le début du XXe siècle, comme la concession et l'affermage, ont profondément modifié la théorie générale des contrats administratifs en se constituant en catégories autonomes. De plus, ces contrats comme formes idéales ont également servi de point de référence pour une diversification des autres instruments conventionnels et le nombre de leurs variantes a considérablement augmenté. Il devenait impossible au législateur d'ignorer ce double mouvement de catégorisation et de diversification des contrats de délégation du service public. Une synthèse sommaire des modes de délégation contractuelle d'une activité de service public permet de saisir cette diversification.

777 La concession et l'affermage réalisaient depuis un siècle et demi le transfert de la gestion opérationnelle du service public. La différence principale entre ces contrats est que le fermier n'a pas à faire l'avance de l'équipement initial ou l'investissement des

(8) G. Timsit, *Le rôle de la notion de fonction administrative en droit administratif français,* LGDJ, Bibl. droit public, 1966.

frais de premier établissement, alors que le concessionnaire doit d'abord construire ce qu'il va ensuite faire fonctionner. Autour de ce noyau initial se déclinent ensuite des contrats variés. La loi du 19 juin 1979 et le décret du 29 octobre 1980, malgré leur objet limité aux transports publics d'intérêt local, identifiaient assez généralement ces variantes : conventions de gestion aux risques et périls, de gestion avec garantie de recettes, de gestion à prix forfaitaire, de gérance. Par exemple, la convention de gestion aux risques et périls se distinguait par une durée d'exécution courte, de 4 ou 5 ans. Elle empruntait à la concession le principe d'un transfert total de la gestion opérationnelle de service public, sans concours financier de la personne publique responsable ; et à l'affermage la possibilité de mise à disposition, par la personne publique responsable, de biens nécessaires à l'exécution des prestations du service public.

À l'opposé, les marchés de prestations conclus pour l'exécution d'activités de service public ne réalisent pas une délégation de la gestion du service public dans son ensemble. Néanmoins, les prestations élémentaires d'exécution matérielle peuvent être homogènes et il n'est pas contestable qu'elles sont transférées par la personne publique responsable à une personne tierce. Simplement, ces marchés de prestation sont formellement des marchés publics de services.

778 Entre les deux se situe le procédé contractuel de la gérance, dans lequel la personne publique responsable mandate une tierce personne appelée gérant. Ce dernier est rémunéré forfaitairement par prélèvement sur le budget de la personne publique responsable. Le gérant est en quelque sorte transparent car il agit au nom et pour le compte de son mandant, la personne publique responsable du service. En conséquence, il n'assume pas le risque financier lié à l'activité et il n'engage pas sa responsabilité vis-à-vis des usagers.

Entre les deux aussi, la régie intéressée – improprement dénommée puisqu'il s'agit d'un contrat et non d'un mode de gestion directe – relève du même principe que la gérance. Cependant, le régisseur est rémunéré sur le budget du service qui est en général individualisé dans celui de la personne publique responsable ; par ailleurs, cette rémunération est variable. La pratique de ce contrat montre que le régisseur intéressé se comporte souvent comme un concessionnaire, alors que sa prestation pourrait se limiter à une simple prestation de services.

Encore moins localisables sont les contrats mixtes ou montages contractuels complexes, qui articulent ou superposent des contrats de concession de service et de travaux, de location, de location-gérance, de concession mobilière, de bail emphytéotique, ou de bail à construction.

779 Cette complexité par la diversité méritait une tentative d'unification de régimes mais aussi de concepts. Autant dire d'emblée qu'il n'entrait pas dans l'objectif du législateur, préoccupé de manière plus générale par le financement de la vie politique, la transparence de la vie économique et la lutte contre la corruption, d'y procéder. C'est pourquoi on ne s'étonnera pas que la notion de « contrat de délégation de service public » soit impropre à constituer un tel regroupement. Si les divers contrats cités réalisent, à des degrés divers, un transfert de gestion et d'exécution d'activités de service public, il s'en faut de beaucoup qu'ils soient réputés appartenir à une catégorie unificatrice. Il ne suffit pas qu'un contrat confie la gestion d'un service public à un tiers pour qu'il soit un contrat de « délégation de service public » au sens de la loi du 29 janvier 1993.

Pour le vérifier et le comprendre, il faut d'abord rappeler les circonstances de la naissance de la notion de « délégation de service public », ensuite donner un sens à cette notion par rapport aux buts poursuivis par le législateur.

SECTION I NAISSANCE DE LA NOTION DE DÉLÉGATION DE SERVICE PUBLIC

780 **Bibliographie :** O. RAYMUNDIE, *La gestion déléguée des services publics*, éd. Le Moniteur, 1995.

J.-C. DOUENCE, « Les contrats de délégation de service public », *RFDA* 1993, p. 936 ; J.-B. AUBY et Ch. MAUGÜÉ, « Les contrats de délégation de service public », *JCP* 1994, I, 3743 ; D. LAURENT, O. ROUSSET, « Convention de délégation de service public et loi Sapin. La transparence dans le brouillard », *LPA*, 11 mars 1994, n° 30, p. 4 ; G. MARCOU, « La notion de délégation de service public après la loi du 29 janvier 1993 », *RFDA* 1994, p. 691 et 875 ; C. CHENUAUD-FRAZIER, « La notion de délégation de service public », *RDP* 1995, p. 175 ; J.-B. AUBY et Ch. MAUGÜÉ, « La notion et le régime de la délégation de service public. Quelques précisions du Conseil d'État », *JCP* 1996, I, 3941 ; C. MAUGÜÉ et P. TERNEYRE, « Les délégations de service public en questions », *CJEG* 1997, p. 131 ; G. GLÉNARD, « La notion de délégation dans le droit de la délégation de service public », *Dr. adm.* 2002, chron. n° 3 et 4.

781 La naissance de la notion de délégation de service public est une réaction à des phénomènes de nature profondément différente. Le premier est de répondre à divers scandales qui avaient révélé, dès le début des années 1980, que la conclusion des conventions de délégation de service public permettait d'alimenter un circuit de financement occulte des partis politiques. La question était d'ailleurs plus large, puisque de manière générale les collectivités territoriales ne respectaient pas non plus les règles de passation des marchés publics (9). La réforme législative vise donc à la transparence et à la pédagogie. Elle assure aussi une meilleure maîtrise des techniques juridiques de transfert et de contrôle des services publics transférés.

Elle a enfin pour objectif de lutter contre la tendance très marquée qu'avaient les décideurs publics à travailler toujours avec les mêmes entreprises. Cette pratique, qui peut être justifiée par l'*intuitus personae*, et par la simplification du travail de préparation nécessaire, comporte deux inconvénients majeurs : d'une part elle affaiblit le contrôle en raison des liens de confiance noués entre la personne publique responsable et le gestionnaire du service, d'autre part, en constituant des situations de rente, elle aboutit à des prix plus élevés par défaut de concurrence. Dans le premier cas, les contentieux entraînent donc plus facilement l'engagement de la responsabilité de la

(9) L'ensemble de ces dysfonctionnements faisaient régulièrement l'objet de mentions dans les rapports de la Cour des comptes (par ex. *Rapports annuels* 1989, p. 150 ; 1991, p. 281 ; 1992, p. 381). Ses contrôles ont révélé en effet des pratiques diverses, également répréhensibles, comme par exemple : le paiement par la personne tierce appelée à gérer le service, d'un droit d'entrée, dont le montant était par ailleurs démesuré ; le versement par la personne publique responsable, d'avances de trésorerie non rémunérées ou donnant lieu au paiement d'intérêts dérisoires ; le monopole, accordé au gestionnaire, d'obtention des marchés de travaux pour réaliser des équipements non directement nécessaires au service public géré, joint à la dispense de fait d'appliquer la loi sur la maîtrise d'ouvrage publique ; la conclusion de conventions excessivement longues par rapport à leur objet (30 ans et plus).

personne publique responsable. Dans le second, la conclusion des contrats ne se fait pas au meilleur prix pour cette personne publique. Dans les deux cas, l'utilisation des deniers publics n'est pas satisfaisante.

Même si le régime juridique posé par les lois de 1992 et 1993 ne fut pas complet à cet égard, il remédia à l'absence de forme, de transparence et de contrôle qui caractérisait auparavant le transfert contractuel de la gestion des services publics. Il ne fut d'ailleurs qu'un point de départ pour poursuivre après la loi du 12 juillet 1999, l'objectif prioritaire pour les collectivités territoriales de « sécuriser le régime des services délégués » (10).

782 Le législateur était par ailleurs confronté à la pression constante de l'évolution des pratiques de gestion des personnes publiques. Du service public, fournissant à tous un service sûr et constant répondant à un besoin, mais standardisé et parfois minimal, le passage s'est fait, de 1975 à 2005, à un service au public, différencié en fonction des exigences de catégories d'individus.

Le premier indice de ce développement est l'accroissement en volume du poids économique des contrats publics. En France, pour les seules collectivités locales, le montant global de ces contrats représentait au début des années 2000 environ 16 % du PIB. Le second indice est l'amélioration et l'accroissement de la complexité du service rendu. Le développement des transports publics ou scolaires dans de meilleures conditions de sécurité, de fréquence et de desserte ; l'adaptation de la restauration collective (le plus grand nombre des repas quotidiens en France est réalisé pour l'ensemble des communes) aux demandes de diététique, d'hygiène et de qualité gustative, en sont deux exemples majeurs. Le troisième indice est la prise en charge de nouveaux services publics correspondant à l'évolution démographique de la population. On peut à ce titre signaler la généralisation de services de santé ou d'aide ménagère à domicile. Bien entendu les lois de décentralisation, en fournissant un cadre juridique sûr aux collectivités locales, ont été un moyen déterminant de ce développement.

783 Ces évolutions ont entraîné une radicalisation de la contrainte budgétaire. Les services publics étaient de manière classique gérés en régie, c'est-à-dire que la personne publique responsable préférait ne pas transférer ces activités à des personnes tierces. Cependant, la décentralisation et le développement des exigences de service au public se sont heurtés rapidement à une conjoncture de restriction budgétaire au niveau national (dès 1984) puis local (dès que les effets du transfert de ressources ont été épuisés, en 1991). Il est apparu que la gestion en régie des activités de service public ne pouvait plus être développée parce qu'elle s'assoit quasi exclusivement sur le budget général des personnes publiques. C'est pourquoi les personnes publiques responsables des services publics ont modifié leur pratique en matière de transfert de ces activités à des personnes tierces, de deux façons différentes. Tout d'abord, elles se sont dessaisies de la gestion de nombreux services publics, elles ont accru le nombre de délégations ; ensuite, elles ont recherché la meilleure solution de transfert, en attribuant au besoin, pour le même service public, des niveaux de gestion différents à des personnes distinctes.

La notion de délégation de gestion du service public a donc été conçue pour permettre l'harmonisation des pratiques jusque-là éclatées en matière de délégation des

(10) Rapport *Intercommunalité et délégation de service public*, Institut de la gestion déléguée, déc. 2000.

services publics. Une telle harmonisation était nécessaire au plan du droit interne en raison d'une politique de libéralisation économique qui accroît le nombre des transferts d'activités de service public à des personnes tierces, en général privées. Elle s'imposait également à cause de la complexité et de la diversité des formes juridiques de ces transferts. L'harmonisation était ensuite rendue indispensable par l'évolution du droit européen, soit que l'on souhaite éviter l'alignement des conventions de délégation du service public sur le régime européen des marchés publics, soit que l'on doive définir ces conventions lorsqu'elles entrent à titre exceptionnel dans le champ d'application des directives.

§ 1. L'IMPULSION TERMINOLOGIQUE DU LÉGISLATEUR

784 Le point de départ d'une réflexion approfondie sur le transfert de gestion opérationnelle du service public par des « conventions de délégation » résulte de l'intervention du législateur et de la réception immédiate de son vocabulaire par la jurisprudence.

A. LA LÉGISLATION FONDATRICE

785 Le législateur a eu l'initiative de forger l'expression « contrat (ou convention) de délégation de service public ». Animée par des préoccupations différentes et organisant des objets non identiques, une continuité législative apparaît, qui s'est manifestée en trois étapes, « chaque étape marquant, selon l'expression de J.-C. Douence (11), un élargissement de la notion jusqu'à ce qu'elle atteigne ses limites naturelles ».

a) La loi n° 91-3 du 3 janvier 1991

786 Loi de transposition (12), elle adaptait en droit français la directive européenne n° 71-305 du 26 juillet 1971, souvent modifiée, sur les marchés publics de travaux. Conformément aux objectifs de la directive, cette loi (art. 11) intégra dans son champ d'application les contrats pour lesquels la rémunération de l'entreprise consiste en tout ou en partie dans le droit d'exploiter l'ouvrage. Or, ce type de contrats comprend les concessions de travaux et de service public, connus antérieurement à la loi, mais qui, avant elle, n'avaient pas encore fait l'objet d'une consécration législative. Comme la loi assujettissait ces contrats à un ensemble d'obligations et de publicité, applicables par ailleurs à l'ensemble des marchés et conventions qu'elles visent, on a pu considérer (13) qu'elle réalise une consécration « indirecte, partielle et implicite » d'une catégorie homogène de contrats « de délégation de service public ».

(11) J.-C. Douence, « Les contrats de délégation de service public », *RFDA* 1993, p. 937 et s., note p. 939.
(12) La transposition actuelle résulte de l'ordonnance n° 2009-864 du 15 juill. 2009 relative aux concessions de travaux publics modifiée par l'ordonnance n° 2010-137 du 11 févr. 2010, et du D. n° 2010-406 du 26 avr. 2010.
(13) J.-C. Douence, *ibid.*

b) La loi n° 92-125 du 6 février 1992

787 Loi relative à l'administration territoriale de la République (dite loi « ATR »), elle complétait les règles de décentralisation et de déconcentration à l'occasion de leur dixième anniversaire. Son apport est d'utiliser expressément, pour la première fois, l'expression même de « contrat de délégation de service public ». Si elle fixe pour ce nouveau type de contrats des règles nouvelles, notamment de publicité et de mise en concurrence elle n'est cependant, en raison de son objet, applicable qu'aux conventions conclues par les collectivités locales et leurs groupements.

c) La loi n° 93-122 du 29 janvier 1993

788 La principale loi régissant aujourd'hui les contrats de délégation de service public achève la mise en place d'un régime général de ces contrats. Il ne faut pas négliger que cette loi est intitulée « loi relative à la prévention de la corruption et à la transparence de la vie politique » et que son objet est de garantir, par des procédures, que la gestion des services publics ne donne pas lieu à des détournements de financement. Elle étend le régime des conventions de délégation de service public, précédemment fixé pour les collectivités territoriales, à l'ensemble des contrats passés par les personnes publiques, y compris l'État et ses établissements publics. Est ainsi consacré l'avènement d'une catégorie particulière de contrats publics, dotés d'un régime juridique spécial.

789 En peu de temps, l'expression et la catégorie sont devenues courantes. Elles ont été reprises dans de nombreuses lois (14) ultérieures. Ces dernières, notamment la loi n° 95-125 du 8 février 1995, n'ont pas modifié les contours de la catégorie et se sont bornées à compléter ce régime sur des points mineurs. Sans qu'il soit nécessaire d'une définition législative ou réglementaire pour chacune, les conventions qui ont pour objet la gestion déléguée d'un service public et qui entrent dans le champ de la loi ont dès lors trouvé un régime juridique commun de principe.

B. LA RÉCEPTION PAR LA JURISPRUDENCE

790 L'expression a immédiatement donné lieu à une interprétation « jurisprudentielle », puisque le Conseil constitutionnel a été saisi du texte devenu loi du 29 janvier 1993. Sa décision en date du 20 janvier 1993 reprend évidemment l'expression utilisée par le législateur et précise certains éléments du régime de ces conventions de délégation de service public.

Le Conseil d'État a été amené, par la suite, à utiliser cette interprétation et à lui donner un contenu. Il a ainsi qualifié de délégation de service public le contrat par lequel un syndicat intercommunal avait confié la responsabilité de la gestion du service de transport public de voyageurs à une entreprise privée qui percevait des redevances sur les usagers et supportait dans certaines limites les risques financiers de l'exploitation (15). À cette occasion, pour la première fois, le juge administratif a reconnu

(14) Depuis la L. n° 92-125 du 6 févr. 1992, L. n° 92-683 du 22 juill. 1992, L. n° 93-122 du 29 janv. 1993, L. n° 94-679 du 8 août 1994, L. n° 94-1040 du 2 déc. 1994, L. n° 95-101 du 2 févr. 1995, L. n° 95-127 du 8 févr. 1995.

(15) CE, 15 juin 1994, Syndicat intercommunal des transports publics de la Région de Douai, *Rec.* p. 1033.

des « modalités d'exploitation caractérisant l'existence d'une délégation de gestion d'un service public ». À un autre titre, le Conseil d'État a interprété la portée de la loi du 29 janvier 1993 et de la notion de délégation de service public dans deux avis de 1995 (16). Il s'agissait en résumé de savoir si la procédure imposée par la loi pour les contrats de délégation était également applicable aux habilitations unilatérales, question à laquelle il a été répondu par la négative.

§ 2. L'ASSISE JURIDIQUE PRÉALABLE ET L'ANTÉRIORITÉ CONCEPTUELLE DES THÉORICIENS DU DROIT

791 L'ancienneté des procédés de délégation contractuelle n'est plus à démontrer. Des nombreuses études contemporaines de la naissance de la notion de délégation de service public, on ne peut guère retirer que le législateur ait fait œuvre innovante en inventant de toutes pièces une notion juridique originale et fédératrice. Ceci explique qu'il n'en ait pas dès l'abord donné une définition explicite. La notion nouvellement qualifiée par le législateur trouvait ses fondements dans le droit antérieur et dans les analyses des théoriciens du droit. Mais la fixation d'une procédure détaillée de passation et d'un régime juridique embryonnaire de l'exécution des conventions a contribué à la fondation rapide d'une véritable catégorie juridique nouvelle qu'il a bien fallu, *a posteriori*, définir. Le législateur de 1992 a indéniablement eu le mérite d'inventer la formule « convention de délégation de service public », même si la réalité de ce qu'elle désigne était déjà ancrée dans les textes et la pratique juridique, ainsi que l'avaient remarqué plusieurs théoriciens du droit.

A. UNE ASSISE JURIDIQUE PRÉALABLE

792 Bien que la notion et l'expression de « délégation de service public » soient apparues récemment, l'assise juridique qui les fonde date du début du XXe siècle. Ce fondement est à rechercher tout simplement dans la notion de concession, au sens large, qui a été analysée et fixée par les conclusions des commissaires du gouvernement Romieu et Blum sur deux arrêts (17).

Cependant, à cette époque, la question n'est pas de délimiter la convention de délégation de service public. Il s'agit plus simplement de donner un régime juridique aux activités de service public en général. La jurisprudence se concentre donc, soit sur les règles de fonctionnement des services publics, soit sur les conventions qui portent sur une activité de service public, pour les qualifier juridiquement de contrats publics (administratifs). En ce sens seulement peuvent être interprétés l'arrêt *Thérond* (18), par lequel le critère du contrat administratif est définitivement lié au but de service public, ainsi que l'arrêt *Époux Bertin* (19) qui pose que, pour être administratif, il faut et il suffit qu'un contrat ait pour objet de confier à un cocontractant l'exécution même du service public.

(16) CE avis, 9 mars 1995, *EDCE* 1996, n° 47, p. 399 ; CE avis, 28 sept. 1995, *EDCE* 1996, n° 47, p. 402.
(17) CE, 11 mars 1910, Compagnie générale française des tramways, *Rec.* p. 216, *S.* 1911, III, 1, note Hauriou ; *RDP* 1910, p. 274, note Jèze, concl. Blum.
(18) CE, 4 mars 1910, Thérond, *Rec.* p. 193, concl. Pichat.
(19) CE, 20 avr. 1956, Époux Bertin, *Rec.* p. 167.

Les développements du droit positif, qui aboutissent à limiter progressivement la qualification juridique de concession à un contrat au contenu très précis, n'ont pas brisé ce lien initial, comme en témoigne la présentation très éclairante donnée par L. Richer (20). Il est donc indispensable de connaître la théorie générale des contrats et l'évolution du régime de la concession pour comprendre ce qu'est aujourd'hui la notion de contrat de délégation de service public.

B. L'ANTÉRIORITÉ CONCEPTUELLE DES THÉORICIENS DU DROIT

a) L'effort initial d'unification conceptuelle

793 Deux auteurs ont indéniablement prouvé par leurs travaux l'existence d'une catégorie homogène de contrats administratifs utilisés pour réaliser diverses modalités de gestion déléguée des services publics, c'est-à-dire d'une catégorie autonome au sein de la catégorie plus générale des contrats publics. Le premier s'est attaché à définir la catégorie (21). Le second s'est concentré sur l'opération consistant à déléguer la gestion des services public locaux (22).

La matière donnant lieu à cette catégorie se trouvait déjà, bien sûr, dans la jurisprudence. « Déjà dans le célèbre arrêt *Thérond* du 4 mars 1910, le Conseil d'État lie le critère du contrat administratif au but de service public et se déclare compétent pour connaître d'un litige relatif à l'exécution d'un service public confié au cocontractant de l'administration [...] Mais la formulation trop vaste du critère retenu empêche sa généralisation ultérieure puisqu'il sera très vite supplanté par le critère de la clause exorbitante » (23). Pourtant, l'existence d'un critère alternatif du contrat administratif laisse à penser que les contrats ayant pour *objet* la participation à l'exécution même du service public ne sont pas assimilables aux contrats ayant pour *contenu* des clauses exorbitantes du droit commun. Ces deux auteurs cherchent donc à montrer que, dans la jurisprudence administrative, les contrats ayant pour objet la délégation d'une activité de service public doivent relever d'un régime particulier et constituer par conséquent une catégorie autonome. Hubert-Gérald Hubrecht écrit ainsi : « nous partons donc du postulat selon lequel l'objet d'organisation présente un effet déstabilisant sur l'ensemble du cadre contractuel et suffit à expliquer un particularisme irréductible que l'on doit retrouver pour l'essentiel dans tous les contrats présentant ce même objet. Les contrats ayant pour objet d'organiser et de fixer les modalités de fonctionnement d'un service public appartiendraient par conséquent tous à une même catégorie générique ; c'est pourquoi nous proposons de les désigner sous le terme commun de contrats de service public ».

Ces deux théoriciens, pas plus que d'autres s'en inspirant, n'ont utilisé l'expression « délégation de service public ». Ils n'en ont pas eu besoin pour que leur constat soit renforcé par les quinze années de pratique de la décentralisation. Ils ont eu raison, car, au regard de la réalité juridique, l'expression est mal bâtie. Jean-Claude Douence utilise, beaucoup plus rigoureusement, l'expression de « dévolution

(20) *Droit des contrats administratifs,* LGDJ, 2010, n° 1063 à 1066.
(21) H.-G. Hubrecht, *Les contrats de service public,* thèse dact. Bordeaux, 1979, 611 p.
(22) J.-C. Douence, « La dévolution contractuelle du service public local », *Répertoire Dalloz des Collectivités locales,* p. 6550-1 et s.
(23) J.-C. Douence, « Les contrats de délégation de service public », *RFDA* 1993, p. 936 et s.

contractuelle » (24). Les lois du 3 janvier 1991, du 6 février 1992 et du 29 janvier 1993 ont donc simplement désigné assez improprement la catégorie identifiée par les théoriciens du droit, et lui ont donné un régime unitaire de principe, à valeur législative.

b) La qualification impropre de la catégorie

794 Elle résulte de la pratique administrative qui, dans les circulaires administratives, utilisait déjà un vocabulaire approximatif. La circulaire du ministre de l'Intérieur du 7 août 1987 (25) a probablement inauguré l'expression « contrat de gestion déléguée » pour désigner concession, affermage, régie intéressée, gérance et potentiellement « tout contrat nommé ou innomé par lequel un entrepreneur est chargé de l'exécution même du service public ». Une circulaire plus ancienne avait été plus prudente – la logique était différente en l'absence de décentralisation – en regroupant les mêmes contrats sous l'appellation « mode de gestion indirecte » (26).

Il apparaît clairement que, si l'expression « contrat de délégation de service public » a été reprise plusieurs fois par le législateur et utilisée telle quelle par la jurisprudence, elle n'en est pas moins impropre à désigner précisément son objet en toute rigueur juridique (27). En effet, l'analyse des fonctions du service public et de ses niveaux de gestion a montré que ce n'est pas le service public lui-même qui se trouve délégué, mais seulement un ensemble de compétences particulières relevant de la gestion opérationnelle de ce service. Par ailleurs, le mot « délégation » induit l'idée que le contrat de délégation de service public recouvre une *représentation* de la personne publique délégante par son délégataire. Or, un tel mécanisme est exclu, car dans les cas les plus fréquents et les plus anciens, les rapports entre le délégant et le délégataire sont fondés sur leur autonomie respective (28), même si le degré de cette autonomie est variable et même s'il existe toujours un contrôle de l'autorité délégante (29).

Ces contrats sont donc en réalité de délégation de la gestion du service public, ou plus simplement des contrats de gestion déléguée. Cela ne retire rien au mérite de la loi qui a su désigner une catégorie contractuelle et l'encadrer par un régime juridique précis, quitte à la définir ultérieurement.

§ 3. LA PRESSION DU DROIT EUROPÉEN

795 Le modèle concessif fait partie d'une tradition bien ancrée dans le droit public français en faveur de la préservation du pouvoir de direction stratégique des personnes publiques, et d'un choix largement discrétionnaire tant du principe de la

(24) J.-C. Douence, « La dévolution contractuelle du service public local », *Répertoire Dalloz des Collectivités locales,* p. 6550-1 et s.
(25) Circ. min. de l'Intérieur, 7 août 1987, *JO* 20 déc. 1987, p. 14863.
(26) Circ. min. de l'Intérieur, 13 déc. 1975, *Mon TPB* 18 févr. 1976, suppl. p. 204.
(27) P. Delvolvé, « Les contradictions de la délégation de service public », *AJDA* 1996, p. 675.
(28) Lorsque le délégataire cause un dommage aux usagers ou aux tiers, la responsabilité lui en est imputée à l'exclusion de celle du délégant ; CE sect., 18 mai 1979, Association Urbanisme Judaïque Saint-Seurin, *Rec.* p. 218 ; *RDP* 1979, p. 1481, concl. M.-A. Latournerie.
(29) D. Truchet, « Le contrôle et la surveillance des délégations de service public », *in La gestion déléguée du service public*, supplément au n° 3, *RFDA* 1997, p. 57.

délégation, que du délégataire *intuitu personae*. Or, la Commission européenne a fini par constater que, bien souvent, les sociétés auxquelles étaient attribuées sans grande formalité des concessions de service public et travaux publics semblaient agir principalement pour en rétrocéder les travaux, sans plus de mise en concurrence, à certaines entreprises de travaux publics. Sous son impulsion, des modifications du droit européen ont été tentées pour assujettir les contrats de gestion déléguée aux directives applicables aux marchés publics. Leurs prémices avaient motivé l'adoption de la loi du 29 janvier 1993.

A. LES TENTATIVES D'EXTENSION DU DROIT EUROPÉEN DES MARCHÉS PUBLICS DE TRAVAUX

796 Depuis de nombreuses années, le droit européen s'est attaché à régir les formes les plus courantes de l'achat public. Les textes considérés étaient exclusivement applicables aux marchés publics et les soumettaient à des obligations de publicité et de mise en concurrence. Les plus connues sont les directives « travaux » du Conseil (30). Elles concernaient les marchés publics de travaux (d'un montant supérieur à 5 millions d'écus), dont l'objet est soit l'exécution, soit l'exécution et la conception, soit la maîtrise d'œuvre d'un ouvrage défini par un « pouvoir adjudicateur », moyennant un prix.

Néanmoins, dès l'élaboration de ces textes autour des années soixante-dix, des tentatives avaient été faites pour assujettir également les contrats de délégation de service public. Contrairement à ce qui est parfois avancé, il existait bien des dispositions de droit européen relatives à certains contrats de « concession », mais elles étaient seulement indicatives (31).

797 Or, la directive n° 93/37 du 14 juin 1993, complétant les précédentes, a expressément assujetti, au-delà des contrats précédemment définis, ceux qui ont le même objet, mais dont « la contrepartie des travaux consiste soit uniquement dans le droit d'exploiter l'ouvrage, soit dans ce droit assorti d'un prix ». Se trouvent donc attraites les concessions de travaux et de services publics qui, en droit interne, sont pourtant considérées comme des contrats de délégation de service public (32). Une première incursion des obligations de publicité fut donc réalisée par le droit européen dans le droit français des délégations de service public. Encore pourrait-on soutenir comme la directive, la considération d'opportunité de leur « importance croissante » ou, comme la théorie juridique, de leur spécificité juridique puisqu'elles portent sur la matière des travaux publics, traditionnellement « attractive » en droit français. La Commission a ensuite essayé dans son projet de communication interprétative pour 2000, d'assujettir les concessions de travaux relevant de la directive 93/38 aux mêmes règles que si elles relevaient de la directive 93/37 (33). Mais la tentative d'extension ne s'arrêta pas aux marchés publics de travaux. Elle fut déployée dans le champ, beaucoup plus direct au regard de la notion de service public, des marchés publics de services.

(30) Dir. n° 71/304 et 71/305 du 26 juill. 1971, complétées par n° 89/4040 du 18 juill. 1989 ; transposées en droit français par la L. n° 91-3 du 3 janv. 1991 ; D. n° 92-311 du 31 mars 1992.
(31) Décl. repr. gouv. *JOCE* n° C 82, 16 août 1971.
(32) B. Genevois, « La distinction entre concession de service public et marché de travaux publics », *CJEG* 2001, p. 179.
(33) C. Maugüé, « La distinction entre marchés publics et délégations de service public en droit français et en droit communautaire », *LPA*, 2 févr. 2000, n° 23, p. 26.

B. LES TENTATIVES D'EXTENSION DU DROIT EUROPÉEN DES MARCHÉS PUBLICS DE SERVICES

798 **Bibliographie :** Communication interprétative de la Commission européenne sur les concessions en droit communautaire du 27 avril 2000, *JOCE* n° C 121 du 29 avril 2000 ; J. Arnould, « Le projet de communication interprétative de la Commission européenne sur les concessions en droit communautaire des marchés publics », *RFD adm. 2000*, p. 24 ; C. Bettinger, « La nouvelle conception de la concession issue des affaires soumises à la CJCE », *RCDSP*, septembre 1999, n° 6, p. 23 ; « Entretien avec Alfonso Mattera », *RCDSP*, janvier 1999, n° 4, p. 11 ; « Projet de communication interprétative de la Commission européenne sur les concessions en droit communautaire des marchés publics du 24 février 1999 », *JOCE* n° C 94 du 7 avril 1999.

799 Dès l'origine de la réglementation européenne des marchés publics, le Conseil a élaboré une proposition de directive sur les marchés de services qui incluait les délégations de services publics (34) : « Considérant que pour garantir la cohérence des procédures de passation, il importe que les concessions de service public soient couvertes par la présente directive, de la même façon que la directive CE n° 71/305 s'applique aux concessions de travaux publics ». Le gouvernement français a réagi à cette première tentative et a saisi le Conseil d'État d'une demande d'avis tendant à faire reconnaître que les principaux contrats emportant délégation de service public, les concessions, n'étaient pas soumis au droit européen.

800 La question posée au Conseil était de savoir si l'article 45 CE (ancien art. 55 TCE) instituant la Communauté économique européenne était applicable aux activités concédées de service public. Si la réponse avait été négative, le gouvernement aurait eu un argument pour soutenir, au niveau européen, que les initiatives de la Commission traduites par des propositions de directive relatives aux marchés de services mais incluant les conventions de gestion déléguée du service public, étaient dépourvues de fondement. En effet, de telles interventions de la Commission reposent traditionnellement sur le principe de la liberté d'établissement posé par l'article 45 CE. Or, ce dernier exclut du champ d'application du chapitre du traité consacré au droit d'établissement, en ce qui concerne l'État membre intéressé, « les activités participant dans cet État, même à titre occasionnel, à l'exercice de l'autorité publique ». La traduction de cette question dans le droit français des concessions est la suivante : le concessionnaire participe-t-il à l'exercice de l'autorité publique dès lors qu'il est chargé de l'exécution d'une activité de service public, et qu'il reçoit le plus souvent pour l'accomplissement de sa mission, des prérogatives de puissance publique ? Le Conseil d'État a répondu, dans un avis du 11 juin 1991, que « le régime des concessions, qu'il s'applique à l'exécution de services ou à la réalisation de travaux, ne fait pas participer le concessionnaire à l'exercice de l'autorité publique et ne fait par suite pas obstacle à l'application aux concessions du principe de la liberté d'établissement posé par l'article 55 du traité de Rome ». La réponse est donc positive : l'article 45 CE est bien applicable aux concessions (35).

(34) Prop. dir. Cons. CE n° 91/C23/01. *JOCE* n° C 23, 31 janv. 1991, p. 1.

(35) Le Conseil pour parvenir à cette conclusion, considère que la délégation de gestion n'entraîne la remise d'aucune parcelle d'autorité publique au concessionnaire, en utilisant quatre constatations : – « si le concessionnaire assure l'exécution du service, le concédant en conserve la responsabilité et exerce, pour ce motif un contrôle sur le concessionnaire » (*direction stratégique*) ; – « si celui-ci peut avoir la qualité d'expropriant ou de bénéficiaire d'une expropriation, c'est l'État qui déclare l'utilité publique et détermine

801 Néanmoins, devant ces difficultés, les organes européens ont jugé plus prudent de scinder la question en deux. Voyant qu'il ne serait pas possible d'arriver à un assujettissement complet, une deuxième proposition a été émise le 28 août 1991 (36) confirmant la définition de la concession de service public « pure et simple » et posant que, en cas de concession de service et de travaux, le contrat devait être qualifié de concession de travaux (art. 1, point h) « La concession de service public est un contrat autre qu'une concession de travaux publics au sens de l'article l point d) de la directive CE n° 71/305, conclu entre un pouvoir adjudicateur et une autre entité de son choix, en vertu duquel le premier confie l'exécution d'une activité dont il est chargé à la seconde et par lequel la seconde accepte d'exercer l'activité moyennant soit le droit d'exploiter le service, soit ce droit assorti d'un prix ». Cette proposition n'a pas abouti dans les négociations ultérieures. D'ailleurs, même la jurisprudence européenne considère que les contrats mixtes comportant une part de travaux ne sont pas *ipso facto* des marchés de travaux : il appartient au juge national d'apprécier si la part de travaux est ou non accessoire (37), ce que le juge français ne manque pas de faire (38).

802 Une troisième proposition, publiée en 1992, modifiait sensiblement l'économie de la première. « Elle reconnaît implicitement les différences entre concessions et marchés publics de services. Une concession de service public a pour objet la fourniture d'un service au public, alors qu'un marché public de services implique la fourniture d'un service aux pouvoirs publics. Un concessionnaire accepte le risque financier (39) inhérent à la fourniture d'un service public en échange de la perspective de réaliser un bénéfice, tandis qu'un adjudicataire cherche son bénéfice dans le contexte plus limité du prix qu'il perçoit pour une prestation de service donné » (explications de la Commission). Cependant, cette proposition contient encore le principe d'assujettissement des concessions de service public à des obligations de publicité, et son article 4 fixe des conditions d'attribution pour ces concessions. Cette troisième proposition n'a pas été non plus suivie d'effets, car la directive CE n° 92-50 du 18 juin 1992 portant coordination des procédures de passation des marchés publics de services, et la loi de transposition en droit français (40) excluent de leur champ d'application les conventions de délégation de service public.

la liste des biens ou droits immobiliers à exproprier », « le droit de constater les infractions conféré aux agents de certains services concédés n'emporte pas, pour le concessionnaire, une participation à l'exercice du pouvoir de police » (*les prérogatives de puissance publique demeurent une compétence de l'État*) ; – « les redevances prélevées sur les usagers ont le caractère d'un prix, non celui d'une taxe » (*pas d'usage de la fiscalité*) ; – « la circonstance que certains services concédés constituent un monopole attribué à l'autorité concédante ne modifie pas la situation du concessionnaire, dont le rôle se borne à la gestion de service par délégation du concédant ».

(36) *JOCE* n° C 250, p. 7.

(37) CJCE, 19 avr. 1994, aff. C/331-92, Gestión Hotelera internacional SA, concl. Lenz, *Rec.* p. 1329, *Rev. dr. imm.* 1996, p. 411. La Commission, dans sa communication interprétative du 27 avr. 2000, semble réticente à l'extension, aux concessions de travaux et de services, de cette jurisprudence, intervenue pour des cessions d'actifs immobiliers ou des conventions de financement accompagnées de travaux.

(38) CE ass., 10 juin 1994, Commune de Cabourg, *Rec.* p. 300, *RFDA* 1994, p. 728, concl. Lasvignes, *AJDA* 1994, p. 502, où une convention de financement d'ouvrage adossée à un bail emphytéotique a été considérée comme une concession de travaux.

(39) C. Milhat, « L'appréhension juridique du risque financier dans les contrats de gestion déléguée de service public », *CMP* n° 10, oct. 2006, ét. 17.

(40) L. n° 97-50 du 22 janv. 1997.

803 En cette matière, la pression du droit communautaire était donc constante et les propositions régulièrement renouvelées. Ainsi, il est remarquable que le gouvernement français ait considéré cette question comme suffisamment importante pour faire voter la loi du 29 janvier 1993, c'est-à-dire d'une part confier la matière aux soins du Parlement, expression de la souveraineté nationale, d'autre part, promouvoir un régime juridique des conventions de délégation de service public qui anticipe les exigences du droit européen. De fait, le but a été atteint puisque la directive 2004/18, qui a refondu le droit européen des marchés publics, a clos le débat en définissant classiquement la concession de services ou de travaux publics (un contrat présentant les mêmes caractéristiques qu'un marché public, à l'exception du fait que la contrepartie de la prestation consiste soit uniquement dans le droit d'exploiter le service, soit dans ce droit assorti d'un prix), mais en l'excluant expressément de son champ d'application.

SECTION II **CONSISTANCE DE LA NOTION DE DÉLÉGATION DE SERVICE PUBLIC**

804 **Bibliographie :** O. Raymundie, *Recherches sur la gestion déléguée des services publics : aspects de droit interne, comparé et communautaire* (2 vol.), th. Rouen, 1993 ; E. Delacour, *La notion de convention de délégation de service public – Essai de définition d'une nouvelle catégorie de contrat administratif* (2 vol.), th. Paris II, 1997 ; C. Boiteau, *Les conventions de délégation de service public (transparence et service public local),* LGDJ – Imprimerie nationale, coll. Action locale, 1999 ; X. Bezançon, *Essai sur les concessions de travaux et de services publics. Contribution à l'histoire administrative de la délégation de mission publique*, LGDJ, Bibl. droit public, 2001 ; P. Cossalter, *Les délégations d'activités publiques dans l'Union européenne*, LGDJ, Bibl. droit public, 2007.

AJDA septembre 1996, n° 9, Dossier spécial, « Délégation de service public » ; *RFDA* 1997, *La gestion déléguée du service public*, supplément au n° 3 ; *LPA*, n° spécial : « Marchés publics et délégation de service public face au droit communautaire », 2 février 2000 ; *CMP* n° spécial, mai 2003, n° 5, dossier spécial : « Dix ans de droit des délégations de service public ».

805 Dès lors que la loi du 29 janvier 1993 ne posait aucune définition préalable de la notion de délégation de service public, la jurisprudence et la théorie juridique (41) se sont attachées à la déduire, à partir du régime juridique que la loi détaillait. Néanmoins, face à certaines incertitudes persistantes, il a paru opportun que le législateur intervienne de nouveau pour stabiliser les éléments de définition générale (42) progressivement dégagés par les acteurs du système juridique.

(41) P. Delvolvé, « Les contradictions de la délégation de service public », *AJDA* 1996, p. 675 ; C. Huglo, « Point de vue sur une notion très discutée : la délégation de service public », *LPA*, 1994, n° 58, p. 12 ; C. Chenuaud-Frazier, « La notion de délégation de service public », *RDP* 1995, p. 175 ; J.-B. Auby, C. Maugüé, « Les contrats de délégation de service public », *JCP* 1994, I, n° 3743 ; J.-C. Douence, « Les contrats de délégation de service public », *RFDA* 1993, p. 936 ; P. Terneyre, « La notion de convention de délégation », *AJDA* 1996, p. 588 ; G. Marcou, « La notion de délégation de service public après la L. du 29 janv. 1993 », *RFDA* 1994, p. 691.

(42) La qualification législative expresse d'un contrat particulier comme délégation de service public exclut toute interrogation générale. En revanche, si la loi qualifie l'activité de service public transférée sans placer les contrats auxquels elle peut donner lieu dans une catégorie existante, le problème reste entier

§ 1. LA NÉCESSAIRE DÉFINITION *A POSTERIORI*

806 **Bibliographie** : E. Delacour (dir.), *La loi Sapin et la délégation de service public : dix ans d'application jurisprudentielle*, Litec, 2003.

J.-D. Dreyfus, « La définition légale des délégations de service public », *AJDA* 2002, p. 38 ; A.-S. Mescheriakoff, « La nouvelle délégation de service public », *RGCT* 2002, p. 225 ; L. Rapp, « Faut-il vraiment définir l'ensemble des délégations de service public ? », *AJDA* 2001, p. 1001 ; M. Ubaud-Bergeron, « Loi MURCEF : la définition législative des délégations de service public » *JCP* 2002, I, 125 ; P. Péréon, « La délégation des services publics administratifs », *AJDA* 2004, p. 1449. F. Llorens, « Remarques sur la rémunération du cocontractant comme critère de la délégation de service public », *Mél. Jean Waline*, Dalloz, 2002, p. 301 ; J.-C. Douence, « Le critère financier de la délégation de service public à l'épreuve de la pratique contractuelle », *Mél. F. Moderne*, Dalloz, 2004, p. 501 ; D. Moreau, « Pour une relativisation du critère financier dans l'identification des délégations de service public », *AJDA* 2003, p. 1418 ; N. Symchowicz, « La notion de délégation de service public. Critique de la jurisprudence *Préfet des Bouches-du-Rhône* », *AJDA* 1998, p. 195 ; B. Eglie-Richters, « La frontière entre les délégations de service public, les contrats de partenariat et les marchés publics a-t-elle bougé le 18 juillet 2007 ? », *AJDA* 2008, p. 2346 ; L. Richer, « Que reste-t-il de la délégation de service public ? » *AJDA* 2007, p. 2225 ; D. Capitant, « Le risque économique, nouveau critère de la délégation de service public ? », *RLCT* 2009, p. 42 ; T. Pez, « Le risque d'exploitation et la rémunération substantiellement liée au résultat de l'exploitation », *BJDCP* 2009, n° 62, p. 7.

807 L'article 3 de la loi du 11 décembre 2001 dite MURCEF (portant mesures urgentes de réformes à caractère économique et financier), aujourd'hui codifié à l'article L. 1411-1 du CGCT, a finalement posé une définition de la délégation de service public. Elle est « un contrat par lequel une personne morale de droit public confie la gestion d'un service public dont elle a la responsabilité à un délégataire public ou privé, dont la rémunération est substantiellement liée aux résultats de l'exploitation du service ». La loi ajoute ensuite comme éléments complémentaires que « le délégataire peut être chargé de construire des ouvrages ou d'acquérir des biens nécessaires au service ».

Ainsi énoncée, la formulation législative finale n'est qu'une mise en forme des éléments utilisés par la jurisprudence. Adoptée dans le but de rassurer, par une définition claire, les collectivités locales appelées à utiliser ce type de contrats, la définition légale a l'inconvénient de consacrer comme éléments constitutifs des indices que la jurisprudence n'avait pas forcément conçus comme tels, comme la rémunération, au détriment d'autres éléments de régime juridique moins accessibles à l'argumentation contentieuse, comme le transfert de risques accepté par le délégataire ou l'existence de rapports avec les usagers.

A. LA DÉLÉGATION DE SERVICE PUBLIC EST UN CONTRAT...

808 Le premier caractère indubitable de la notion désignée par la seule locution « délégation de service public » est d'être d'une nature contractuelle obligeant les parties contractantes. Même si le rappel de cette évidence paraît superflu, il s'impose en

(TA Paris, 2 nov. 1994, Groupement des sociétés Eiffage et autres, *Rec.* p. 710, *AJDA* 1995, p. 147, note Bréchon, *LPA*, 1995, n° 89, p. 4, note Morand-Deviller ; L. n° 93-1435 du 31 déc. 1993, sur le Grand Stade, « équipement sportif d'intérêt national »).

raison du mélange, dans certaines activités de service public, de procédés unilatéraux et contractuels (43), ainsi que de l'apparition, dans l'intervention publique, d'instruments juridiques nommés contrats, mais dont on peut fortement douter de la nature contractuelle, comme par exemple les contrats d'objectifs. Les délégations de service public sont non seulement incluses dans la catégorie juridique des conventions, actes réunissant des volontés concourantes, mais dans celle des contrats, actes dans lesquels les volontés concourantes ont des objets différents déterminés l'un par l'autre. À ce titre, ces véritables contrats créent des droits et des obligations au profit ou à la charge des cocontractants. Réciproquement, la loi du 29 janvier 1993 ne s'applique pas aux modes unilatéraux de délégation (44).

Qui dit contrat suppose, d'une part, un objet contractuel propre à donner lieu à prestations et contre-prestations, et d'autre part, des parties assumant les unes et les autres.

a) L'objet de la délégation de service public

809 Le contrat qualifié délégation de service public par la loi « confie la gestion d'un service public ». L'objet du contrat est donc de transférer la gestion d'un service public. Inversement, la forme contractuelle particulière qu'est la délégation de service public ne peut pas être utilisée lorsque l'objet n'est pas de transférer la gestion opérationnelle mais seulement de faire participer ponctuellement un tiers à des tâches d'exécution sans en maîtriser la coordination, ou lorsque l'activité gérée n'est pas un service public (45). La définition législative renvoie à la question de l'identification du service public, question classique et mettant en œuvre les apports multiples de la jurisprudence, de la loi et de la théorie juridique. Cet élément de définition par l'objet est premier, par rapport à tous les autres, dans la mesure où il définit à la fois la consistance de la délégation de service public et son caractère spécifique par rapport à d'autres contrats publics. Son absence empêche, avant toute autre considération, et radicalement, toute qualification de délégation de service public.

La liaison indissoluble de l'objet à la gestion du service public a pour première conséquence, en application de la jurisprudence administrative générale sur les contrats, de conférer aux délégations de service public le caractère de contrats administratifs. En effet, suivant la jurisprudence *Époux Bertin* (46), sont qualifiés tels et ressortissent à la compétence des juridictions administratives, les contrats conclus par une personne publique ayant pour objet de confier à son cocontractant l'exécution même d'un service public, dans sa cohérence et son intégralité. Ensuite, il résulte de la définition législative que le contrat doit avoir pour objet « conscient » et

(43) CE, 22 mars 2000, Lasaulce, *RFDA* 2001, p. 353, note Guglielmi ; CE, 3 mai 2004, Fondation Assistance aux animaux, req. 249832, *Rec.* T., *BJDCP* 2004, p. 464, à propos du service public d'identification des animaux domestiques.

(44) CE avis, 9 mars 1995, Habilitation unilatérale en matière de transport public de voyageurs, *EDCE* n° 47, p. 399 ; B. Stirn (dir.), *Grands avis du Conseil d'État*, Dalloz, 2002, p. 328, comm. Dal Farra ; CE avis, 28 sept. 1995, Habilitation unilatérale en matière de distribution et de transport de gaz et d'énergie hydraulique, *EDCE* n° 47, p. 402 ; CE, 13 juill. 2007, req. 299207, Commune de Rosny-sous-Bois ; A. Hourcabie et A. Tabouis, « Notion et régime juridiques de la délégation unilatérale de service public », *CMP*, 2005, chron. 13.

(45) CE, 14 févr. 1936, Graindorge, *Rec.* p. 204 : pure activité commerciale qui ne concerne ni de près ni de loin une activité de service public.

(46) CE, 20 avr. 1956, Époux Bertin, *Rec.* p. 167.

non pas seulement pour *effet* de confier la gestion du service public au cocontractant. Si un contrat se trouvait répondre *a posteriori* à la définition législative, comme par accessoire à un objet principal visible, il ne pourrait probablement obtenir la qualification de délégation de service public que pour être simultanément annulé. Car le formalisme de passation des délégations de service public imposé par la loi ne laisse rien au hasard : il est préalable, complexe, impératif et son omission n'est pas régularisable. Le problème survient notamment lorsque, à l'occasion d'un contrat d'une autre nature, la personne publique confère à son cocontractant des obligations accessoires relevant de la gestion d'un service public. Ainsi, les concessions de plage (47) et diverses conventions d'occupation du domaine public (48) entraînent parfois des sujétions que le juge peut interpréter comme telles. Il n'en demeure pas moins, d'une part, que ces contrats domaniaux ne sont pas, par principe, soumis au régime de publicité et de mise en concurrence des directives européennes sur les marchés et, d'autre part, que leurs sujétions accessoires ne sont pas présumées être des délégations de gestion du service public (49).

En revanche, il est admis que les délégations de service public puissent opérer un transfert seulement partiel de la gestion du service public. Ainsi, « aucune disposition législative ou réglementaire n'interdit à une commune de n'affermer que partiellement un service public, dès lors que la différence de traitement en résultant pour les usagers du service est justifiée soit par l'existence de différences de situation appréciables, soit par une nécessité d'intérêt général » (50). De même, il est possible de déléguer un ensemble de prestations sans lesquelles le service public ne pourrait être assuré, comme la production et le traitement de l'eau potable avant sa distribution (51).

b) Les parties à la délégation de service public

810 En réservant la qualification de délégation de service public aux contrats conclus à l'initiative d'une personne publique responsable d'un service public, la définition législative des délégations de service public intervenue en 2001 comble une imprécision de la loi du 29 janvier 1993 qui ne comportait pas cette limitation du côté du délégant. Cela dit, il est conforme aux principes théoriques et à l'analyse des niveaux de gestion du service public que l'existence d'un « contrat de délégation de service public » soit subordonnée à ce qu'une personne publique soit partie au contrat. En effet, la direction stratégique du service public appartient toujours à la personne publique qui en est responsable. Cette personne est donc la seule à pouvoir décider d'habiliter une tierce personne à exercer l'activité de service public, et cette décision est nécessaire quelle que soit la forme, unilatérale ou contractuelle, de l'habilitation. Le

(47) CE, 21 juin 2000, req. 212100, SARL Plage "Chez Joseph", *RFDA* 2000, p. 797, concl. Bergeal.

(48) CE, 11 déc. 2000, Agofroy, *Rec.* p. 607, *RFDA* 2001, p. 1277, concl. Austruy, *AJDA* 2001, p. 193, note Raunet et Rousset.

(49) CE, 13 janv. 2010, req. 329576, Assoc. Jean Bouin et Ville de Paris ; puis v. sur cette affaire CAA Paris, plén., 25 mars 2010, n° 09PA01920, *AJDA* 2010, p. 774, chron., *CMP* mai 2010, p. 32, note Eckert ; enfin CE sect., 3 déc. 2010, req. 338272, *AJDA* 2010, p. 2343, obs. R. Grand.

(50) CE, 8 avr. 1998, req. 127205, Assoc. pour la promotion et le rayonnement des Orres c. Compagnie générale des eaux, *AJDA* 1998, p. 463.

(51) CE, 28 juin 2006, Syndicat intercommunal d'alimentation en eau de la moyenne vallée du Gier, *AJDA* 2006, p. 1781, note Richer, *Dr. adm.* 2006, n° 185, comm. Ménéménis, *CMP* 2006, n° 232, obs. Eckert.

monopole de conclusion des contrats de délégation ainsi conféré à la personne publique responsable du service public a par là même pour effet de renforcer le rôle de l'objet du contrat. Il devient en effet indispensable de s'assurer de la nature de service public de l'objet transféré non seulement en raison du contenu matériel imposé par la définition législative, mais de plus pour vérifier que la personne publique contractante est bien celle régulièrement désignée comme responsable du service.

811 On remarquera à cette occasion que le droit européen est moins exigeant. En effet la réglementation européenne, initiale ou transposée en droit français, ne distingue pas selon que le pouvoir adjudicateur (ou l'entité adjudicatrice) est une personne publique ou privée. C'est d'ailleurs logique, puisque le droit européen n'a pas de prise sur les options fondamentales des systèmes juridiques nationaux, comme la distinction entre personnes publiques et personnes privées ou la théorie générale des contrats. Le pouvoir adjudicateur est ainsi une « entité » équivalente à des personnes morales de droit public énumérées à l'annexe I de la directive 77/62 du Conseil, du 21 décembre 1976, modifiée par la directive du Conseil 88/295/CEE, du 22 mars 1988, sur les marchés publics de fournitures au sens du droit européen. La notion de pouvoir adjudicateur « doit recevoir une interprétation fonctionnelle » selon la Cour. Celle-ci vérifie ainsi que l'organisme a été créé par une personne publique, que des missions lui ont été confiées par l'État, que les dirigeants sont nommés par l'État, que certains ministres peuvent soit lui adresser des injonctions, soit exercer sur lui un contrôle économique (52). Quant à la notion européenne « d'organisme de droit public », elle a été posée à l'article 1er, point b), de la directive européenne 93/37 du 14 juin 1993 sur les marchés de travaux (53). Selon ces dispositions, « un organisme de droit public est un organisme créé pour satisfaire spécifiquement des besoins d'intérêt général ayant un caractère autre qu'industriel et commercial, doté de la personnalité juridique et dépendant étroitement de l'État, de collectivités territoriales ou d'autres organismes de droit public ». La Cour de justice des Communautés européennes a pu préciser que ces trois conditions sont cumulatives. De plus, la charge de satisfaire à des besoins d'intérêt général spécifiques doit seulement faire partie de sa mission initiale, donc l'organisme peut se diversifier dans toute activité de nature industrielle ou commerciale (54) qu'autorisent ses statuts. Le législateur européen, qui a ainsi créé dans la catégorie des besoins d'intérêt général une sous-catégorie de ceux qui ont un caractère autre qu'industriel et commercial (55), accorde d'autant moins d'importance à la nature organique de l'éventuel délégant.

812 En revanche, la définition législative demeure volontairement large du côté du délégataire en soulignant que celui-ci peut être public ou privé. Au-delà, les éléments de régime contenus dans la loi induisent tout de même de façon implicite que le délégataire est une personne juridique, car il doit être doté de la capacité de contracter, et

(52) CJCE, 17 déc. 1998, aff. C-353/96, Commission c. Irlande.

(53) Dir. Cons. CE, n° 93/37/CEE, 14 juin 1993, *JOCE* 9 août 1993. Cette notion figure aujourd'hui expressément dans la dir. 2004/18/CE du Parlement européen et du Conseil du 31 mars 2004 relative à la coordination des procédures de passation des marchés publics de travaux, de fournitures et de services, art. 1er 9°.

(54) CJCE, 15 janv. 1998, aff. C-44/96, Mannesmann Anlagenbau Austria AG, *Dr. adm.*, 1998, n° 155.

(55) CJCE, 10 nov. 1998, aff. C-360/96, Gemeente Arnhem Gemeente Rheden et BFI Holding BV, concl. La Pergola, *BJDCP* 1999, n° 2.

que cette personne exerce au moins une activité d'entreprise, même si sa nature ou sa forme juridique n'est pas spécifiée (56). Aucune exigence particulière n'est donc posée relativement au bénéficiaire de l'habilitation à exercer une activité de service public. Il peut être aussi bien une personne publique qu'une personne privée. La loi a, certes, été conçue pour permettre plutôt un transfert de gestion à destination des personnes privées, et dans cette hypothèse à tout type de personnes privées (société commerciale, société d'économie mixte (57), association de la loi de 1901 (58), personne physique, personne de droit étranger) (59). À cet égard, le droit européen, qui ne s'immisce pas dans les choix relatifs aux formes publiques ou privées de personnes juridiques, accepte qu'un organisme subventionné par un pouvoir adjudicateur ou par une personne publique présente une offre dans les procédures de délégation ou de marchés, y compris pour un montant inférieur à celles d'autres acteurs économiques, pourvu que ce candidat ne perçoive pas d'aides publiques contraire au traité (60). Mais la loi française s'applique aussi aux personnes publiques, notamment aux établissements publics à caractère administratif ou à caractère industriel ou commercial (61), ou bien aux collectivités territoriales (62) bien que l'on ne voie pas quel intérêt elles auraient à participer à une mise en concurrence. L'application de cette loi aux personnes publiques a ainsi été formalisée d'abord par une réponse ministérielle : « les régies communales ou intercommunales à caractère industriel et commercial qui ont le statut d'établissement public et qui sont délégataires de collectivités locales autres que celles de rattachement ne bénéficient pas [du] régime d'exonération [de l'article 41 de la loi du 29 janvier 1993] et sont dès lors soumises à la procédure de transparence et de concurrence instaurée par la loi n° 93-122 précitée » (63). Puis le juge administratif français s'est prononcé clairement pour l'assujettissement des personnes publiques à la loi, en détaillant les conditions dans lesquelles elles peuvent être candidates, à égalité avec les entreprises privées, à une délégation de service public (64). Il en résulte que : ni les principes généraux du droit administratif, ni aucun texte n'interdisent ces candidatures ; les dispositions fiscales et sociales particulières régissant les établissements publics ne les placent pas *ipso facto* en situation privilégiée au regard de la

(56) La loi codifiée par le CGCT (art. L. 1441-5) ne prévoit comme candidats à la délégation que des « entreprises ayant présenté une offre ».

(57) CC, n° 92-316 DC, 20 janv. 1993, *RJC* I-516, *RFDA* 1993, p. 902, note Pouyaud ; C. Boiteau, « La SEM locale, délégataire de service public », *AJDA* 2002, p. 1318 ; C. Devès, « SEM et gestion déléguée », *Dr. adm.* 1997, p. 4.

(58) P. Blacher, « L'association délégataire de service public », *LPA*, 21 déc. 2001, p. 3 ; J.-D. Dreyfus, « Associations et délégations de service public », *AJDA* 2002, p. 894 ; D. Moreau, « Les risques de requalification des subventions aux associations en marchés ou en délégations de service public », *AJDA* 2002, p. 902.

(59) Rép. min. n° 9350, *JOAN Q* 14 févr. 1994.

(60) CJCE, 7 déc. 2000, aff. C-94/99, ARGE, *BJDCP* 2001, n° 15, p. 132; dir. Parlement et Conseil, 2004/18/CE du 31 mars 2004, relative à la passation et à la coordination des procédures de passation des marchés publics de travaux, fournitures et services, art. 55 § 3.

(61) La L. du 29 janv. 1993 prévoit même la délégation à un établissement public, précisément pour le dispenser de l'application des procédures de choix lorsque l'activité déléguée figure dans les statuts de l'établissement (CGCT, art. L. 1411-12 et CE sect., 20 mai 1998, Communauté de communes de Piémont-de-Barr, *Rec.* p. 202).

(62) Quoiqu'il y ait eu quelque flottement dans les premiers temps : Rép. min. 21 févr. 1994, *MP* oct. 1994, n° 284.

(63) Rép. min. n° 12055, *JOS Q* 25 janv. 1996, p. 154.

(64) CE, 16 oct. 2000, Compagnie méditerranéenne d'exploitation des services d'eau, *RFDA* 2001, p. 106, concl. Bergeal ; CE avis, 8 nov. 2000, Soc. Jean-Louis Bernard Consultants, *Rec.* p. 492, *RFDA* 2001, p. 112, concl. Bergeal.

concurrence qui doit exister avec les entreprises privées (65). Cependant, d'une part le prix proposé par l'établissement public doit tenir compte de tous les coûts directs et indirects, d'autre part ce prix ne doit pas bénéficier d'avantages découlant de la mission de service public de l'établissement. Le système de comptabilité de l'établissement public doit permettre de s'assurer de ces deux conditions.

813 Enfin, peut surgir la question de l'éventuelle « subdélégation » de la gestion du service public (66). Bien que le terme « subdélégation » soit aussi impropre que celui de délégation, il est utilisé pour désigner le transfert, par la personne habilitée à gérer une activité de service public, de tout ou partie de cette activité à une personne tierce. Dans cette hypothèse, rien n'empêcherait une personne privée, bénéficiaire d'une habilitation, de conclure un contrat avec une autre personne privée, et il serait donc possible, en toute logique qu'une délégation de gestion du service public fasse l'objet d'un contrat entre personnes privées. Cette opération pose une grande quantité de questions juridiques dont deux sont majeures.

814 La première est de savoir si le contrat passé entre une personne déjà habilitée et une tierce personne privée est bien un contrat de délégation, c'est-à-dire s'il est de la même nature. La réponse est clairement négative (67) : le second contrat n'emporte pas par lui-même habilitation de la personne privée « de second rang » pour plusieurs raisons.

D'abord, s'il en était autrement, c'est-à-dire si le délégataire de premier rang pouvait de son propre chef procéder à une subdélégation d'un contrat conservant le même objet, il serait acquis qu'une délégation de service public pourrait se réaliser entre deux personnes privées, ce qui est contraire à la définition législative, et la direction stratégique du service échapperait à la personne publique responsable (68), ce qui est contraire au principe même de la théorie de la délégation.

Ensuite, il est de principe que s'agissant d'habilitation unilatérale à gérer le service public, la subdélégation n'est valide qu'à la condition d'être acceptée par la personne publique qui est à l'origine de la première délégation. Cette limite est tellement forte qu'elle vaut même entre personnes publiques. Des services publics délégués par une première personne publique à une seconde personne publique ne peuvent faire l'objet d'une nouvelle délégation par la seconde personne publique au profit de quelque personne que ce soit sans l'avis de la première. Concernant spécialement les collectivités territoriales, une circulaire du 7 août 1987 rappelle que les autorités centrales de l'État s'opposent par avance à toute subdélégation de ce type, pour ce qui est des services publics de l'État dont l'exécution est confiée aux collectivités *infra*-étatiques (exem-

(65) Ce qui n'exclut pas qu'ils le soient, mais il faut l'établir : CJCE, 8 juin 2006, aff. C-430/04, Finanzamt Eisleben c. Feuerbestattungsverein Halle eV.

(66) L. Richer, « La subdélégation de service public et les notions voisines », *ACCP* 2002, p. 54.

(67) CE ass., avis n° 3066-305, du 16 mai 2002, *EDCE* 2003, p. 201, *ACCP* 2003, n° 23, p. 52, note Richer : le Conseil d'État a considéré que la distribution de carburant et la restauration sur le réseau autoroutier devaient être regardées comme des activités de service public. Néanmoins, les contrats nommés « sous-concessions » liant les sociétés concessionnaires aux restaurateurs et distributeurs de carburant ne sont pas des délégations de service public et n'ont pas à être soumis à la L. du 29 janv. 1993.

(68) Sauf dans le cas où elle en aurait donné mandat spécial (CE, 2 juin 1961, Leduc, *Rec.* p. 365, *AJDA* 1961, p. 345, concl. Braibant).

ples précités : l'état civil, le recensement, la surveillance des élèves dans les écoles publiques).

De même, dans la théorie générale des contrats, il résulte clairement de la jurisprudence administrative qu'un concessionnaire ne peut, même en l'absence de toute stipulation à cet égard dans le contrat de premier rang, légalement céder tout ou partie de l'exécution du service public qui lui est confié sans autorisation préalable de la personne publique délégante (69).

Il ne serait pas illogique de poser que l'habilitation au second rang est distincte de l'instrument contractuel liant les personnes privées. Elle est réalisée, par la personne publique responsable, en dehors du contrat. Dès lors, celui-ci n'a pas le même objet que le contrat de délégation de service public du premier rang et n'est pas de la même nature. Le sous-traité, ou contrat secondaire, n'est donc pas soumis au régime législatif de la loi du 29 janvier 1993 (70). En revanche, lorsque la délégation de service public est conclue au profit d'un délégataire public, et que la subdélégation est prévue, elle peut être pleine et entière et se trouve dès lors soumise aux obligations de publicité et de mise en concurrence définies par la loi et par la jurisprudence européenne. C'est notamment le cas en matière de concession de plages (71), ou d'outillage portuaire et aéroportuaire.

815 La seconde question juridique est de savoir si, dans une éventuelle subdélégation, le transfert de la gestion du service public peut être à ce point total que le premier bénéficiaire n'intervienne plus directement dans l'activité, mais joue seulement le rôle d'intermédiaire. Car dans le cas des actes unilatéraux, une délégation ne peut être que partielle. Elle ne peut en aucun cas aboutir à transférer l'ensemble des compétences d'une autorité au profit d'une autre. Dans la théorie contractuelle, l'exigence générale de l'exécution *intuitu personae* doit aboutir en principe à la même conclusion. Que le contrat soit public ou non, le cocontractant titulaire est tenu d'en procurer personnellement l'exécution. Il est donc difficilement concevable que ce cocontractant se décharge entièrement sur une tierce personne privée, sans en tirer la seule conséquence juridique exacte, qui serait la cession du contrat. Pourtant, la distinction des niveaux de gestion permet d'entrevoir qu'un cocontractant gestionnaire du deuxième niveau de service public peut au moins, sans se décharger de *l'exécution du contrat* qui a pour objet la coordination, la régulation, l'optimisation, subdéléguer les activités *d'exécution du service public* (72). Par ailleurs, la création par le délégataire de service public d'une filiale dédiée n'est pas qualifiée de sous-traitance par le juge administratif (73).

(69) CE, 4 juin 1999, req. 155825, SARL Maison Dulac, 160390, *Rec. T.* ; *BJDCP* 1999, p. 558. Conformément à une jurisprudence classique : CE, 9 juill. 1924, Soc. Le Secteur électrique de la Vallée d'Auge, *Rec.* p. 656 ; Il en est d'ailleurs de même en matière de marchés publics où la sous-traitance n'est valide que si l'autorité administrative a accepté explicitement et personnellement le sous-traitant et son mode de paiement.

(70) CE avis, 16 mai 2002, Sous-concession par une société privée, *Rapport CE* 2003, p. 201 ; CAA Marseille, req. 00MA00118, 15 mai 2003, Commune de Saint-Laurent-du-Var, *CMP* 2003, comm. 181 ; CE, 3 mai 2004, req. 249832, Fondation Assistance aux animaux, *Rec.* T., *BJDCP* 2004, p. 464.

(71) D. n° 2006-608 du 26 mai 2006 pris pour l'application de la L. du 27 févr. 2002 modifiant l'article L. 321-9 du Code de l'environnement. Si le concessionnaire est une collectivité territoriale, en général une commune, la procédure de subdélégation est soumise à l'art. L. 1411-1 CGCT. Dans le cas contraire, le concessionnaire doit respecter la procédure définie par le décret lui-même.

(72) CE, 20 déc. 2000, CCI du Var, *Rec.* p. 1089.

(73) CE, 7 juin 2010, req. 308883, Soc. des transports Galiero, *BJDCP* 2010 p. 331, concl. Dacosta.

B. ... DONT LA RÉMUNÉRATION EST SUBSTANTIELLEMENT ASSURÉE PAR LES RÉSULTATS DE L'EXPLOITATION

816 La formulation législative de 2001 est la reprise littérale d'un élément d'identification forgé par la jurisprudence administrative à partir des indications de la loi du 29 janvier 1993 et de la théorie générale des contrats. Nuançant les interprétations antérieures de sa jurisprudence (74) qui considérait la présence d'une recette forfaitaire garantie, même partielle, comme un prix déclenchant automatiquement la qualification de marché public, le juge administratif a en effet rapidement décidé que la loi du 29 janvier 1993 (art. 38) était applicable aux contrats « dans lesquels la rémunération du cocontractant de l'Administration est *substantiellement* assurée par les résultats de l'exploitation » (75), les identifiant ainsi comme des contrats appartenant à la catégorie des « conventions de délégation service public ». Mais la loi, parce qu'elle inscrit ce caractère financier au cœur de la définition des contrats de délégation de service public, tire les conséquences ultimes de la logique jurisprudentielle et de l'évolution du régime législatif de certains contrats de délégation (76), en faisant de la rémunération substantiellement assurée par les résultats de l'exploitation une condition nécessaire à la qualification (77).

817 Cette condition est une résurgence de l'un des éléments de définition de la concession de service public, laquelle devait s'accomplir « aux frais et risques » du concessionnaire. Certes, le délégataire, le plus souvent personne privée à but lucratif, ne conclut un contrat de délégation de service public qu'à la condition d'en espérer une rémunération. Cette espérance comporte une part d'aléa, car le montant précis de la

(74) La jurisprudence avait été interprétée dans le sens que, en présence d'une rémunération assise directement sur les redevances des usagers, un contrat ne pouvait pas être qualifié de marché public (CE, 10 avr. 1970, Beau et Lagarde, *Rec.* p. 243 ; CE, 6 mai 1991, Synd. intercommunal du Bocage, *AJDA* 1991, p. 717, note Subra) ; et symétriquement que, si la rémunération était un prix payé par la personne publique responsable, le contrat ne pouvait pas être qualifié de « convention de délégation de service public » (CE, 11 déc. 1963, Ville de Colombes, *Rec.* p. 812 ; CE, 26 juill. 1985, Soc. Lyonnaise des Eaux, *Rec.* p. 246). À l'inverse, si le cocontractant d'une personne publique est rémunéré par un prix, le juge administratif, face à un contrat conclu pour les besoins d'une activité de service public, reconnaît un marché public lorsque le contrat a pour objet une prestation de travaux, de fournitures ou de service rendue à la personne publique responsable (CE avis, 18 juin 1991, *Les Grands avis du Conseil d'État*, Dalloz, 1997, p. 331 ; *CJEG* 1992, p. 517, note Richer ; TA Clermont-Ferrand, 30 mars 1993, Préfet de l'Allier c. Commune de Vichy, *AJDA* 1994, p. 231, note J. Dufau, *Dr. adm.* 1993, n° 227). Peu importe la durée du contrat ou de la prestation considérée.

(75) CE, 15 avr. 1996, Préfet des Bouches du Rhône c. Cne de Lambesc, *Rec.* p. 137 ; *RFDA* 1996, p. 715, concl. Chantepy, note Terneyre; *CJEG* 1996, p. 267, note Savignat; *Dr. adm.* 1996, n° 355, obs. J.-B. Auby ; *JCP* 1997, I, 4019, chron. J. Petit ; *LPA*, 1996, p. 30, note Préat ; *JCP E*, 1997, 929, note Delaire. Malgré de nombreuses critiques, les arrêts ultérieurs confirment cette formulation et cet indice : CE, 8 févr. 1999, Préfet des Bouches-du-Rhône c. Commune de La Ciotat, *AJDA* 1999, p. 364, concl. Bergeal, note Chabanol ; *BJDCP* 1999, 352, note Ch. M. ; *Mon. TP,* 16 avr. 1999, p. 53, note Rapp ; CE, 30 juin 1999, Synd. mixte du traitement des ordures ménagères Centre Ouest Seine-et-Marnais, *AJDA* 1999, p. 714, concl. Bergeal, note Peyrical ; *RFDA* 1999, p. 875 ; *CJEG* 1999, p. 344 ; *LPA*, 2000, p. 10, note Boiteau ; *RCDSP* n° 5, juin 1999 ; *Droit de l'Environnement,* 1999, n° 73, p. 3, note Blondel.

(76) En effet, le législateur a immédiatement ouvert la voie à un accroissement des subventions dont peuvent bénéficier les services publics d'eau et d'assainissement, à caractère industriel et commercial (L. n° 96-314 du 12 avr. 1996, art. 75 ; J.-M. PEYRICAL, « Aides des collectivités locales à leurs délégataires », *Dr. adm.* mars 1999, chron. p. 4). Ce texte autorise une dérogation au principe de l'équilibre financier des SPIC pour les communes de moins de 3000 habitants, quel que soit le mode de gestion du service (Rép. min. n° 14700, *JOSQ* 30 mai 1996, p. 1333), c'est-à-dire y compris au cœur des conventions de délégation de service public.

(77) A. SEVINO et A. GAUTHIER, « La notion de rémunération substantiellement assurée par les résultats de l'exploitation : le cas de la régie intéressée », *AJDA* 2003, p. 828.

rémunération dépend du volume d'activité du service, de la maîtrise des coûts, donc de la rentabilité, paramètres qui ne sont pas connus avec certitude. Le caractère indéterminé de l'adverbe « substantiellement » ne fait que traduire l'incertitude qui pèse sur le délégataire de service public, lequel ne saurait exiger que les résultats de l'exploitation le rémunèrent entièrement et à coup sûr. En réalité, le contrat de délégation de service public ne garantit au délégataire que la possibilité d'être rémunéré, le montant de la rémunération variera en fonction intrinsèque des résultats d'exploitation. Néanmoins, l'énoncé de cette condition simplificatrice de la qualification doit faire l'objet de trois précisions destinées à en relativiser la portée dans la théorie générale des contrats.

818 *1) La rémunération par paiement forfaitaire intégral, par opposition à la rémunération substantiellement assurée par les résultats d'exploitation, n'est plus un critère discriminant la catégorie des marchés publics par rapport aux conventions de délégation de service public.*

La rémunération du cocontractant privé était traditionnellement un véritable critère de la distinction entre marchés publics, conventions de délégation de service public (concessions, affermage), et contrats d'occupation du domaine public. Au marché public correspondait le versement d'un prix ; aux conventions de concession ou d'affermage, la perception d'une redevance sur l'usager couvrant les dépenses de fonctionnement mais aussi de premier établissement, supportées par le délégataire (la responsabilité des travaux de premier établissement constitue moins un critère d'identification de la délégation de service en tant que catégorie autonome au sein de celle des contrats administratifs, qu'un élément de distinction, au sein de la catégorie des conventions de délégation de service public, entre les différents types de conventions : concession, affermage, régie intéressée) ; au contrat d'occupation du domaine public, un loyer.

Or ce critère a cédé le pas dans la jurisprudence et ne demeure aujourd'hui dans la définition législative qu'un indice soumis à interprétation. L'accroissement de la complexité des contrats et l'évolution jurisprudentielle récente l'ont relégué à un rôle subsidiaire. La jurisprudence n'a pas tardé en effet à nuancer les premières certitudes apparentes, en suivant deux logiques complémentaires. Tout d'abord, le concept de prix est interprété de manière extensive. Le prix ne découle pas exclusivement d'un paiement financier. Le juge administratif qualifie également de marchés publics par application du critère de la rémunération forfaitaire, des contrats prévoyant en paiement la remise d'un droit d'affichage ou un droit d'occupation du domaine public (78). Ensuite, le prix n'est pas distinctif des marchés publics par rapport à d'autres contrats n'opérant pas transfert d'une activité de service public. Les ventes en l'état futur d'achèvement, par exemple, qui donnent lieu à paiement d'un prix, ne sont pas des marchés publics. Le juge administratif a également requalifié en marchés publics des contrats ayant pour objet l'exploitation d'ouvrages publics et/ou l'exécution d'activités de service public : les « marchés d'entreprise de travaux publics (METP) » sont aujourd'hui indéniablement soumis au Code des marchés publics (79). Enfin, pour

(78) CE, Avis 14 oct. 1980, *EDCE* 1980-1981, n° 32, p. 196, *AJDA* 1983, p. 193, note Auby ; CAA Paris, 11 oct. 1994, Editor Tennog c. Commune de Houilles, *Rec.* p. 664 ; *AJDA* 1994, p. 901, concl. Paitre ; *LPA*, 1995, p. 38, note Haïm ; *JCP E* 1995, II, 672, note Guibal.

(79) CE, 11 déc. 1963, Ville de Colombes, *préc.* ; CE, 26 nov. 1971, SIMA, *Rec.* p. 723 ; CE, 26 juill. 1985, Soc. Lyonnaise des eaux et de l'éclairage, *Rec.* p. 246 ; CE, 11 juill. 1986, Préfet de la Creuse, *Rec.* p. 611, *Dr. adm.* 1986, n° 450 ; *D.* 1987, somm. p. 279, obs. Terneyre ; CE, 14 oct. 1988, req. 68583,

achever de rendre inopérante toute tentative de discrimination par la rémunération des catégories de délégation de service public et de marchés publics, le juge administratif a qualifié les contrats de mobilier urbain de marchés publics (80), alors même que leur rémunération est substantiellement liée aux résultats d'exploitation (81) grâce aux recettes publicitaires engendrées par l'utilisation des deux faces des abribus.

819 *2) La perception d'une redevance sur les usagers n'est pas une condition nécessaire de la délégation de service public.*

La question s'était posée initialement pour la concession, appellation qui a vite débordé le cadre du strict contrat qu'il désigne, pour devenir synonyme de convention opérant transfert de la gestion du service public. Il est vrai que la définition classique de la concession comportait un élément positif d'identification : la rémunération du concessionnaire était assurée par des redevances perçues sur les usagers du service public. Le commissaire de gouvernement Chardenet dans ses conclusions sur l'arrêt *Gaz de Bordeaux* (82) donnait du contrat de concession, principale convention de délégation de service public, la définition suivante : c'est un *« contrat qui charge un particulier ou une société d'exécuter un ouvrage public ou d'assurer un service public à ses frais, avec ou sans subvention, avec ou sans garantie d'intérêt et que l'on rémunère en lui confiant l'exploitation de l'ouvrage public ou l'exécution d'un service public avec le droit de percevoir des redevances sur les usagers de l'ouvrage ou sur ceux qui bénéficient du service public »*.

Ainsi, lorsque la rémunération consistait en un prix payé par la personne publique responsable du service, le contrat ne pouvait pas être qualifié de concession ou d'affermage (83). Le Conseil d'État avait confirmé ce critère de définition dans un avis du 14 octobre 1980 (84) en déclarant que « le versement des redevances par les usagers en contrepartie des prestations qui leur sont fournies » est un « élément caractéristique essentiel de la concession ».

820 Or, il existait des tentatives anciennes de qualification du contrat de concession sans recours principal au critère de rémunération par la redevance sur les usagers. Ainsi dès la fin du XIXe siècle, un contrat de distribution d'eau qui ne donnait pas au cocontractant privé de droit à percevoir directement une redevance avait été qualifié de concession au vu d'une analyse plus large : ce cocontractant avait au titre d'un contrat distinct

SA SOBEA et autres, *Mon. TP*, 1989, n° 240, p. 8 ; CE, 8 févr. 1999, Préfet des Bouches-du-Rhône c. Commune de La Ciotat, *AJDA* 1999, p. 364, concl. Bergeal, note Chabanol ; *BJDCP* 1999, 352, note Ch. M. ; *Mon. TP*, 16 avr. 1999, p. 53, note Rapp.

(80) CE avis, 14 oct. 1980, préc. ; B. Stirn (dir.), *Grands avis du Conseil d'État*, Dalloz, 2002, n° 12, note Richer.

(81) CE, 4 nov. 2005, req. 247298, 247299, Société Jean-Claude Decaux ; cassation de CAA Paris, 26 mars 2002, Société Jean-Claude Decaux, *AJDA* 2002, p. 519, note J.-D. Dreyfus ; A. Ménéménis, « Contrats de mobilier urbain : quelques éléments de réflexion sur les arrêts Decaux », *AJDA* 2006, p. 120 ; CE, 28 avr. 2006, req. 280197, Commune de Toulouse ; J.-D. Dreyfus, « Le contrat de mobilier urbain, "ensemble contractuel complexe" », *LPA*, 2005, n° 239, p. 10 ; C.-A. Dubreuil, « La qualification juridique des contrats de mobilier urbain : dernier acte ? », *LPA*, 2006, n° 142, p. 20.

(82) CE, 30 mars 1916, Compagnie générale d'éclairage de Bordeaux, *Rec.* p. 125, *RDP* 1916, p. 206 et 388, note Jèze.

(83) CE, 11 déc. 1963, Ville de Colombes, *Rec.* p. 812 pour les concessions ; CE, 14 oct. 1988, SOCEA-Balency, *Marchés publics* 1989, n° 240, p. 8, note Moderne pour les affermages.

(84) CE avis, 14 oct. 1980, préc. : les « abribus » sont installés en échange d'une rémunération constituée par les recettes publicitaires qu'ils engendrent et non par le prélèvement d'une partie des recettes des bus.

préalablement construit les installations et il recevait une partie des produits de l'activité sous forme de rétrocession par la commune (85). Dans bon nombre de contrats, la rémunération du concessionnaire provenait non des usagers mais de la personne publique (86). Au milieu du XXe siècle, Desgranges définissait avant tout le contrat de concession par l'exécution même du service public, fondée sur l'habilitation à exercer des prérogatives de puissance publique et sur le retour des biens en fin de contrat (87).

Dès la fin des années 1980, la théorie juridique a soutenu que la concession était plutôt caractérisée comme un transfert avant tout global de la mission de service public, de ses charges, risques et modalités de rémunération. Le critère de la rémunération ne serait pertinent que dans les concessions de travaux publics (88). De fait, la jurisprudence a infléchi ses positions antérieures. Dans un arrêt de 1986 *Compagnie luxembourgeoise de télédiffusion,* la rémunération du concessionnaire de programmes télévisés peut ne résulter ni d'une dotation de la personne publique concédante, ni d'une redevance perçue sur l'usager, mais de la simple « exploitation du service, notamment de la diffusion de messages et d'écrans publicitaires ». Le fait que ce régime de concession ait été imposé par détermination de la loi ne suffit pas tout à fait à faire considérer cette solution jurisprudentielle comme une décision d'espèce, car il apparaît que dans d'autres cas, tel celui des parcs de stationnement, les ressources proviennent d'une multiplicité de recettes assises sur l'activité, c'est-à-dire au-delà des redevances, de produits annexes (publicité et exploitation de commerces dans le périmètre du parc).

L'exigence d'une rémunération directe sur les usagers est très assouplie aujourd'hui. Elle se limite à ce que le concessionnaire tire sa rémunération « d'une manière ou d'une autre », des recettes liées à l'activité de service public (89). Ainsi, les modalités de cette rémunération sont variables. Le plus souvent, le concessionnaire se rémunère en fonction d'un tarif qui doit être considéré comme une clause réglementaire de la concession (90). Quoi qu'il en soit, le tarif, s'il existe, détermine toujours des redevances pour service rendu, même si ces dernières sont qualifiées couramment de « prix » lorsque le service public possède un caractère industriel et commercial. Dans les cas où le concessionnaire ne se rémunère pas directement sur l'usager, le cahier des charges de la concession doit donner les moyens au concessionnaire de retirer des produits de l'activité de service public. C'est la seule justification par exemple du régime des « coupures publicitaires » pour les concessionnaires audiovisuels, ou de la mobilisation de surfaces réservées à des fonds de commerce dans le périmètre des parcs de stationnement.

821 Le juge administratif est ainsi devenu moins exigeant dans la définition de la délégation de service public : il se contente de rechercher un lien entre la rémunération du délégataire et l'activité de service public dans son ensemble. Ce lien n'est plus

(85) CE, 8 févr. 1878, Pasquet, *DP* 1878, III, 59.

(86) CE, 8 févr. 1878, Pasquet, *préc.* ; CE, 4 mars 1910, Thérond, *Rec.* p. 193, concl. Pichat ; CE, 22 nov. 1935, Sieur Chouard et autres c. Ville de Marseille, *Rec.* p. 1080 ; CE, 30 oct. 1936, Sibille et autres c. Ville de Paris, *Rec.* p. 936.

(87) E. Desgranges, « Définition du marché de fournitures », *RDP* 1942, p. 214.

(88) G. Dupuis, « Sur la concession de service public », *D.* 1978, chron. p. 222.

(89) Concl. Dutheillet de Lamothe sur CE ass., 16 déc. 1986, Compagnie luxembourgeoise de télédiffusion, *préc.*

(90) Sauf lorsque ce tarif fixé par un texte législatif ou réglementaire est intégré ensuite dans la concession : CE, 18 nov. 1983, Duhayoum, *Rec.* p. 650, à propos du service extérieur des pompes funèbres, les clauses de tarif sont alors de nature contractuelle.

exclusif et il n'empêche pas le versement direct de sommes forfaitaires par la personne publique délégante (91). Il avait déjà été admis anciennement que le versement d'une certaine somme au cocontractant par la collectivité n'empêche pas le contrat de rester une convention de délégation de service public dès lors que l'entreprise continue pour une part à tirer sa rémunération de l'exploitation du service (92). On peut aussi rappeler, que, dès l'origine, le contrat de régie intéressée comportait une rémunération forfaitaire complétée d'un intéressement proportionnel au résultat comptable ou au chiffre d'affaires. Or la régie intéressée a été considérée comme une convention de délégation de service public par le législateur dans l'élaboration de la loi du 29 janvier 1993. C'est pourquoi il n'est pas étonnant que, relativement à la catégorie positive des conventions de délégation de service public prise dans sa généralité, rien n'empêche de reconnaître une convention de délégation de service public en l'absence de rémunération assise directement sur l'usager. L'essentiel est que cette rémunération provienne, en partie, d'autres sources qu'un paiement par la personne publique délégante. Mais il n'en demeure pas moins que ces sources peuvent se trouver réduites à la portion congrue comme en témoigne la jurisprudence qui considère comme rémunération substantiellement assurée par les résultats d'exploitation un montant ne représentant que 20 ou même 10 pour cent des dépenses du service (93).

3) Enfin, la rémunération substantiellement assurée par les résultats de l'exploitation joue le rôle d'intégrateur de la notion de risque dans l'appréciation par le juge de la notion même de contrat de délégation de gestion du service public.

La Commission européenne, dans sa communication du 29 avril 2000 sur les concessions, souhaitait en effet faire du transfert du risque un élément de définition du contrat de concession. Mais la définition donnée par la loi du 11 décembre 2001 un an plus tard ne faisait pas allusion à la notion de risque. Quant à la jurisprudence administrative, elle n'avait pas clairement décidé si le risque constituait un élément autonome (94), ni même prioritaire par rapport au critère de la rémunération (95). Le Conseil d'État a finalement décidé que le risque d'exploitation était l'élément déterminant le caractère « substantiellement lié aux résultats » de la rémunération, incluant ainsi la notion de risque dans l'examen du critère de la rémunération (96). Il est donc acquis qu'une part significative du risque doit être transférée pour que le critère financier soit satisfait (97). Toutefois des écarts subsistent avec

(91) CE, 30 juin 1999, Synd. mixte du traitement des ordures ménagères Centre Ouest Seine-et-Marnais, *AJDA* 1999, p. 714, concl. Bergeal, note Peyrical ; *RFDA* 1999, p. 1147, note Vidal ; *CJEG* 1999, p. 344 ; *LPA*, 2000, p. 10, note Boiteau ; *RCDSP* n° 5, juin 1999 ; *Droit de l'Environnement,* 1999, n° 73, p. 3, note Blondel ; *RGCT* 1999, p. 440, note Mescheriakoff.

(92) CE, 8 nov. 1963, Compagnie des entrepôts et magasins généraux de Paris et Société Maurel et Prom, *Rec.* p. 534.

(93) TA Dijon, 14 nov. 2000, Préfet du Département de la Nièvre, *CMP*, mai 2001, p. 27 ; CAA Marseille, 5 mars 2001, Préfet du Var, *AJDA* 2001, p. 968, note Marcovici.

(94) CAA Versailles, 14 sept. 2006, Soc. Avenance, *BJDCP* 2007, p. 23, concl. Brunelli ; CE, 28 juin 2006, Syndicat intercommunal d'alimentation en eau de la moyenne vallée du Gier, *AJDA* 2006, p. 1781, note Richer, *Dr. adm.* 2006, n° 185, comm. Ménéménis, *CMP* 2006, n° 232, obs. Eckert.

(95) CE, 30 juin 1999, Synd. mixte du traitement des ordures ménagères Centre Ouest Seine-et-Marnais, *préc.*

(96) CE, 7 nov. 2008, req. 291794, Départ. de la Vendée, *AJDA* 2008, p. 2454, note Richer, *BJDCP* 2009, p. 55, concl. Boulouis.

(97) CE, 5 juin 2009, Soc. Avenance, *BJDCP* 2009, p. 393, concl. Dacosta ; CJCE, 10 sept. 2009, aff. C-206/08, WAZV Gotha c. Eurawasser, *Rec.* p. I-8377 ; *AJDA* 2009, p. 2276, chron. ; *AJDA* 2010, p. 162, note Camous ; *CMP* 2009, comm. 329, note Zimmer.

la jurisprudence européenne, sur plusieurs points importants. D'une part le montant de recettes perçues sur des tiers n'est pas retenu par la Cour lorsque celles-ci proviennent d'une activité accessoire à la gestion du service public, alors que le juge administratif en fait masse dans le résultat global d'exploitation (98). D'autre part, pourvu que la rémunération soit intégralement assurée par des personnes distinctes du pouvoir adjudicateur, la Cour accepte de qualifier une concession de services en présence d'un risque d'exploitation « très limité » (99).

§ 2. LA MATIÈRE DU CONTRAT

822 À défaut de pouvoir reposer entièrement sur des critères organiques ou formels, l'identification d'un contrat de délégation est centrée sur la spécificité de ce type de conventions, celle d'avoir pour objet de transférer la gestion opérationnelle d'une activité qualifiée service public. Le contenu du contrat se définit quant à lui par la notion d'activité de service public.

A. LE TRANSFERT DE LA GESTION OPÉRATIONNELLE D'UN SERVICE PUBLIC

823 Les activités susceptibles de faire l'objet de contrats de délégation de service public sont nombreuses et variées (100). Le Conseil d'État avait déjà été amené à cerner cet objet à l'occasion de son avis du 11 juin 1991 précité portant sur les concessions antérieurement à la loi du 29 janvier 1993. Leur qualification, déjà délicate par le passé, aurait pu dorénavant faire l'objet d'interprétations plus diverses encore. En effet, depuis la mise en œuvre du nouveau Code pénal, l'article L. 121-2 pose en principe la responsabilité pénale des collectivités territoriales, « pour leurs activités susceptibles de faire l'objet de conventions de délégation de service public ». Les juridictions répressives peuvent donc être amenées à qualifier ces activités pour les besoins de l'application du droit pénal. Rien ne garantissait qu'à ce titre, leur interprétation au premier degré soit identique à celle des juridictions administratives. Néanmoins, par une sorte de convention tacite entre ordres juridictionnels, continuant une jurisprudence antérieure (101), le juge judiciaire se place le plus possible dans les catégories et raisonnements du droit administratif. Ainsi, selon lui, ne peuvent pas être déléguées les activités du service public de l'enseignement (102), d'animation d'une classe de découverte (103), d'organisation

(98) CJCE, 18 juill. 2007, aff. C-382/05, Commission c. Italie, *Rec.* p. I-6657.

(99) CJUE, 10 mars 2011, aff. C-274/09, Privater Rettungsdienst und Krankentransport Stadler c. Zweckverband für Rettungsdienst und Feuerwehralarmierung Passau, à paraître au *Rec.*

(100) C. Guettier, « La responsabilité pénale des collectivités territoriales en question (s) », in *Les collectivités locales, Mél. Moreau*, Economica, 2002.

(101) Lorsque le juge judiciaire se prononçait en vertu de la jurisprudence Avranches et Desmarets sur la légalité d'un acte administratif, il devait le faire en considération des mêmes règles d'appréciation que celles qu'utilise le juge administratif (Cass. crim., 21 déc. 1961, *Dame Le Roux, D.* 1962,102, rapp. Costa, *JCP* 1962, 12680, note Lamarque ; Cass. crim., 21 oct. 1987, *Dame Montorio, AJDA* 1988, p. 405, obs. Prétot, *D* 1988, p. 58, note Kehrig, *D* 1989, somm. p. 116, obs. Waquet et Julien-Laferrière, *Rev. crit. DIP* 1988, p. 291, obs. Lagarde.

(102) Cass. crim., 11 déc. 2001, Région Bourgogne Franche-Comté, *BJDCP* 2001, p. 147, concl. Commaret.

(103) Cass. crim., 12 déc. 2000, req. 98-83969, Véronique X. et Mauricette Z.

du transport scolaire en lien avec l'aménagement de la voirie départementale (104), la formation des pompiers volontaires (105), alors que l'exploitation d'un théâtre (106) ou d'un domaine public skiable (107), l'aménagement de sites de promenade (108), peuvent au contraire faire l'objet d'un contrat de délégation de service public.

824 Par nature, le contrat de délégation de service public a pour objet le transfert d'une activité de service public à une tierce personne. Pour la reconnaissance de l'activité de service public, il convient de se reporter aux deux éléments d'identification posés préalablement : l'exercice d'une mission d'intérêt général, le rattachement à une personne publique. Il faut aussi rappeler que la détention de prérogatives de puissance publique n'identifie pas par elle-même et à elle seule une activité de service public (109). Il en résulte deux caractères juridiques relatifs à l'objet. Le premier concerne la relation entre l'activité transférée et la personne tierce habilitée à l'exercer. Le second concerne l'activité elle-même, qui doit être susceptible de délégation.

a) La relation entre l'activité et le titulaire de l'habilitation

825 Quant à la relation entre l'activité transférée et la personne tierce habilitée à l'exercer, l'objet des conventions de gestion déléguée est marqué par un élément personnel : l'*intuitus personae.* C'est en raison de l'objet du transfert, c'est-à-dire de l'activité de service public, qu'il est considéré comme indispensable de laisser à la personne publique responsable une grande liberté d'appréciation pour choisir une personne tierce dont le comportement soit prévisible et conforme à l'intérêt général. Cette appréciation reflète inévitablement une part d'impalpable, d'intuition, d'éléments qu'il n'est pas souhaitable de codifier, de diffuser ou tout simplement de saisir par le droit. C'est en raison du caractère sensible de l'activité de service public, des compétences techniques ou humaines propres au bénéficiaire de l'habilitation, et de l'adéquation entre les deux, que l'obligation est posée d'un accomplissement personnel des tâches et que la contrepartie est donnée d'une marge de manœuvre non saisie par le droit dans ce choix (110). La loi du 29 janvier 1993 a maintenu le principe de la liberté de choix de la personne publique responsable, même si elle l'encadre par un régime juridique précis.

b) Une activité qui puisse être transférée

826 Quant à l'activité objet du transfert, il doit être admis que la personne publique responsable soit autorisée à s'en décharger pour des raisons d'opportunité de gestion.

(104) Cass. crim., 6 avr. 2004, req. 03-82394, Département de l'Orne.
(105) Cass. crim., 3 mars 2009, req. 08-85720, Louis et Nadine X. : attribution par la loi à une collectivité territoriale.
(106) Cass. crim., 3 avr. 2002, req. 01-83160, SGTE, Commune de Saint-Maur des Fossés, et Cie Axa assurances, *CMP* 2002, comm. n° 191, note Eckert.
(107) Cass. crim., 14 mars 2000, req. 99-82871, Céline Misson.
(108) Cass. crim., 7 sept. 2010, req. 10-82119, Ville de Colmar.
(109) CE, 20 juill. 1990, Ville de Melun, *Rec.* p. 220 ; *AJDA* 1990, p. 820, concl. M. Pochard ; *JCP* 1991, II, n° 21663, note Fatôme. CE sect., 22 févr. 2007, APREI, req. 264541, *JCP A* 2007, n° 23, 2145, note Guglielmi et Koubi.
(110) CE, 10 janv. 1992, Association des usagers de l'eau de Peyreleau, *Rec.* p. 13.

Par principe, cette autorisation est présumée de façon permanente. De manière générale, peuvent être transférées par une personne publique toutes les activités de service public qu'elle souhaite faire gérer par une tierce personne, à moins que ne s'y oppose une loi ou une jurisprudence constante. Encore faut-il que les activités transférées soient unanimement reconnues comme étant de service public, ce qui n'est pas automatique. La gestion du domaine privé des personnes publiques est un exemple classique d'exclusion des activités de service public. Mais d'autres activités ont pu parfois être écartées (111). Plus aisément ont été reconnues comme des activités de service public, la distribution de gaz, l'exploitation de l'énergie hydraulique, la gestion des chambres mortuaires des établissements de santé, l'activité de casino dans des stations balnéaires ou thermales (112). La jurisprudence fait souvent l'effort d'une appréciation très détaillée des situations justifiant l'intérêt général. Est ainsi activité de service public, pour le juge administratif, l'organisation de certains festivals (113). En revanche, peu importe *a priori* le caractère administratif ou industriel et commercial du service : « le caractère administratif d'un service public n'interdit pas à la collectivité territoriale d'en confier l'exécution à des personnes privées » (114), bien qu'il soit plus délicat dans ce dernier cas de satisfaire les exigences légales de définition de la délégation (115).

827 Aussi bien pour le Conseil d'État (116) que pour la Cour de cassation (117), il existe des services publics qui « par leur nature ou par la volonté du législateur ne peuvent être assurés » que par la personne publique responsable. Il va de soi que ne sont pas susceptibles de faire l'objet de contrats de délégation des activités de service public qui ont été imparties par la loi à une personne publique appelée à les gérer directement comme un tout cohérent. Cette limite résulte de la constatation que la loi, en désignant une personne publique particulière, a opéré une double attribution de compétences : la première confère l'activité de service public à un intervenant public au lieu de la laisser à la disposition des acteurs privés ; la seconde confère cette activité à une personne publique particulière, précisément désignée comme personne responsable du service.

Ainsi, lorsque le législateur attribue à des collectivités territoriales des tâches obligatoires, constitutives de service public, un tel objet de compétence ne peut pas entrer dans une « convention de délégation de service public ». Par exemple, un département ne peut pas se décharger entièrement sur une tierce personne des niveaux de

(111) Par ex. la fourniture de services de télécommunications par les collectivités territoriales. Après une jurisprudence restrictive exigeant l'exclusivité de l'opérateur sur la zone et le droit d'égal accès des habitants (TA Versailles, 21 nov. 1994, Préfet de la Seine-et-Marne, *RFDA* 1995, p. 567, note Truchet ; CE, 17 mars 1999, SAN de Cergy-Pontoise, req. 131676, *AJDA* 1999, p. 729, note Benoit-Seibt ; CE avis sect. Intérieur, 25 juill. 1995, *EDCE* 1996, n° 47, p. 422 ; *RFDA* 1996, p. 980, note Truchet) il a fallu une disposition de la L. du 21 juin 2004 sur la confiance dans l'économie numérique pour créer l'art. L. 1425-1 CGCT l'autorisant.

(112) CE, 28 juin 1918, Société générale et fermière, *Rec.* p. 641 ; CE avis sect. Intérieur, 4 avr. 1995, n° 357274, *EDCE* 1996, n° 47.

(113) CE, 2 juin 1995, Ville de Nice, *Rec.* p. 688 ; *Dr. adm.* 1995, n° 494.

(114) CE avis, 7 oct. 1986 ; circ. du 7 août 1987, *JO* du 20 déc. 1987, p. 14863 ; L. du 11 déc. 2001, dite MURCEF.

(115) P. PÉRÉON, « La délégation des services publics administratifs », *AJDA* 2004, p. 1449.

(116) P. PÉRÉON, *ibid.*

(117) Cass. crim., 3 avr. 2002, SGTE Travaux électriques, *Rev. Sc. Crim.*, avr.-juin 2004, p. 341, note Fortis.

gestion opérationnelle et d'exécution matérielle du service public de prévention des maladies infantiles, lorsque la loi les lui a spécialement attribués (118), ni du service public d'incitation au développement en matière agricole (119). Pas plus un établissement public hospitalier ne pourrait se décharger de l'activité proprement médicale caractérisant l'hospitalisation, telle qu'elle a été définie par la loi (120).

828 Enfin, certaines activités ne peuvent pas être transférées en totalité par la personne publique responsable à une tierce personne. Il ne s'agit pas d'une impossibilité matérielle liée à un domaine d'activité dans son ensemble, mais plus simplement à l'exercice de certaines compétences, de certains éléments de régime juridique nécessaires à l'activité dans ces domaines.

L'usage inconditionné et général de prérogatives de puissance publique est réservé aux personnes publiques et ne peut constituer le seul objet de transfert par le truchement d'une activité de service public sur laquelle elles se fondent (121).

Ainsi, par exemple, l'activité d'aménagement urbanistique d'un quartier peut être transférée à une tierce personne, mais ce transfert de gestion ne saurait comporter les tâches d'instruction et les décisions relatives aux demandes d'autorisation de construire dans la zone concernée (122). Il en serait de même pour l'usage de l'expropriation. Si l'intervenant privé titulaire de l'habilitation à exercer des activités de service public « *peut avoir la qualité d'expropriant ou de bénéficiaire d'une expropriation, c'est l'État qui déclare l'utilité publique et détermine la liste des biens ou droits immobiliers à exproprier* », conformément à la conception classique du droit d'expropriation, prérogative de puissance publique appartenant à l'État, à l'exclusion de toute autre personne (123).

De même, si l'éclairage public, y compris la signalisation routière lumineuse, peut faire l'objet d'une délégation de service public par un METP (124), il demeure de principe que la responsabilité des voies publiques ne peut pas faire l'objet de transfert, même pour leur entretien, qui ne peut pas donner lieu à METP mais à un simple marché de travaux (125).

829 Le cas de la police municipale est considéré de manière classique comme l'exemple type d'activité relevant par nature des personnes publiques et concentrant une quantité de prérogatives de puissance publique telle que la délégation contractuelle s'en trouverait totalement empêchée. La jurisprudence fondatrice (126) a reçu confirmation dans le contexte juridique contemporain : la police ne peut pas faire l'objet d'un

(118) CE avis, 11 mars 1958 ; CE, 17 mars 1989, Syndicat des psychiatres français, *Rec.* p. 95, *RFDA* 1991, p. 267, concl. Stirn.

(119) CE, 27 mars 1995, *Chambre d'agriculture des Alpes-Maritimes, Rec.* p. 142, *Dr. adm.* 1995 n° 341, *JCP* 1995, IV, n° 1431, obs. Rouault.

(120) CE avis, 16 juin 1994, *EDCE* 1994, n° 46, p. 367, seul le transfert des activités d'hébergement « hôtelier » est possible.

(121) CE avis, 7 oct. 1986 ; circ. du 7 août 1987, *JO* 20 déc. 1987, p. 14863.

(122) CAA Paris, 1re ch., 13 juin 1989, Commune de Bois-d'Arcy, *Rec.* p. 318 ; CAA Lyon, 31 déc. 1993, Époux Eymain-Mallet, *Rec.* p. 874.

(123) CE avis, 11 juin 1991.

(124) TA Marseille, 27 mars 1993, req. 150931, Préfet des Bouches-du-Rhône c. Cne de La Ciotat.

(125) TA Clermont-Ferrand, 30 mars 1993, Préfet de l'Allier c. Commune de Vichy, *AJDA* 1994, p. 231, note Dufau, *Dr. adm.* 1993, n° 227.

(126) CE, 17 juin 1932, Ville de Castelnaudary, *D.* 1932, jur. p. 3, p. 26, concl. Josse.

transfert contractuel d'activités de service public, qu'il s'agisse de police générale (127), ou de police spéciale (128), de police étatique (129) ou municipale (130).

Il convient de préciser cette interprétation. Certaines activités manifestant une participation à l'exécution du service public de la police sont tout à fait aptes à faire l'objet de « contrats de délégation de service public ». Ainsi, l'organisation du stationnement automobile y compris sur la voirie en surface, la gestion des paiements, l'exécution de l'enlèvement peuvent sans nul doute être transférés à des tierces personnes (131). Si une mesure initiale de police est nécessaire pour instaurer un stationnement payant en raison des difficultés de circulation, ce n'est pas elle, ni la compétence qui la rend possible, qui se trouvent déléguées. La seule opération qui n'entre pas dans l'exécution des « contrats de délégation de service public » de ce type, est la constatation matérielle des infractions et l'établissement des actes juridiques d'incrimination et de poursuites.

Consulté sur l'application du traité de Rome aux concessions de service public (art. 55 sur le droit d'établissement) avant l'adoption de la loi du 29 janvier 1993, le Conseil d'État avait même fait observer que « le droit de constater les infractions conféré aux agents de certains services concédés n'emporte pas, pour le concessionnaire, une participation à l'exercice du pouvoir de police », attitude conforme à la jurisprudence antérieure (132).

Par analogie, les activités du service public pénitentiaire peuvent aussi être déléguées, sauf lorsqu'elles concernent la direction de l'établissement, la gestion de l'exécution des peines, la situation juridique du détenu et la surveillance (133).

En revanche, il apparaît clairement que les pouvoirs locaux ne pourraient pas déléguer des activités de vidéosurveillance à des personnes privées car cela reviendrait à leur confier la surveillance générale de la voie publique, c'est-à-dire une compétence de police administrative générale relevant de l'exercice de la « force publique » (134).

B. LE CONTENU DE L'HABILITATION CONTRACTUELLE À GÉRER LE SERVICE PUBLIC

830 D'une manière générale, le contrat de délégation de service public est celui par lequel, se plaçant sous le régime des lois du 6 février 1992 et 29 janvier 1993, la

(127) TA Versailles, 17 janv. 1986, Commissaire de la République de Seine-et-Marne, *Rec.* p. 303.

(128) CE, 8 mars 1985, Les Amis de la Terre, *Rec.* p. 73.

(129) J. Moreau, « De l'interdiction faite à l'autorité de police d'utiliser une technique d'ordre contractuel », *AJDA* 1965, p. 3.

(130) CE, 29 déc. 1997, req. 170606, Commune d'Ostricourt.

(131) CE, 7 janv. 1976, Ville d'Amiens, *Rec.* p. 11 ; CE, 15 avr. 1994, Commune de Menton, *Rec.* p. 176, *Dr. adm.* 1994, concl. Lasvignes, *RDP* 1994, p. 1827, note J.-B. Auby ; CE, 8 févr. 1999, req. 168535, Ville de Montélimar.

(132) T. confl., 28 juin 1976, Sieur Burlat c. Commune de Sommes Suippe, *AJDA* 1976, p. 570 ; CE, 14 juin 1963, Époux Hebert, *Rec.* p. 364, concl. Méric, *D.* 1964, jur., p. 326, note Lalumière, *AJDA* 1964, p. 63, note Moreau ; CE, 13 mai 1977, Compagnie financière et industrielle des autoroutes, *Dr. soc.* 1978, p. 130, note Delvolvé, *JCP* 1978, II, n° 18904, note Davignon.

(133) L. n° 87-432, 22 juin 1987 qui n'autorise que l'usage simultané d'un marché de conception-construction et d'un marché de fonctionnement, en conséquence de l'abandon du projet de concession au privé du service public pénitentiaire, immobilier et fonction de surveillance et greffe inclus.

(134) CC, n° 2011-265 DC du 10 mars 2011, L. d'orientation et de programmation pour la performance de la sécurité intérieure (dite Loppsi 2) ; F. Dieu, « La télésurveillance ne peut pas être déléguée par une commune », *AJDA* 2007, p. 1482.

personne publique responsable « délégante » confère au cocontractant « délégataire » une habilitation à exercer des activités de service public. Le contenu de ces contrats de délégation peut, conformément à l'approche de tout contrat synallagmatique, être considéré comme le croisement d'obligations constituant prestation et contre-prestation. D'une part, le cocontractant a l'obligation d'exercer ces activités et de le faire conformément aux principes fondamentaux du service public et aux dispositions d'un cahier des charges. D'autre part, la personne publique responsable s'oblige à garantir une possibilité de rémunération au cocontractant.

La première obligation est porteuse d'un ensemble d'obligations déterminées par l'évolution de l'exécution du contrat. En raison des principes fondamentaux du service public, et notamment de la mutabilité, le contenu et le surgissement d'obligations dérivées sont possibles. La seconde obligation est plus facilement définie dès le début du contrat (135). Même si son montant peut être amené à varier en fonction des évolutions de la contre-prestation, la nature juridique de la rémunération ne change pas, à l'exception des situations d'imprévision. La possibilité de rémunération consiste soit, sans aléa, en un paiement forfaitaire, soit avec aléa, en un paiement assis sur les redevances prélevées sur les usagers. La personne publique garantit, dans ce second cas, la protection d'une possibilité de rémunération en ne conférant pas d'habilitation à un autre délégataire et en faisant respecter au besoin « les droits exclusifs » conférés à l'opérateur de service public, ainsi que la compensation financière des charges d'exploitation qu'entraînerait la modification des conditions de prestation du service public.

Le cocontractant délégataire a donc pour obligation essentielle *d'accomplir les activités* que comprend nécessairement le service public à lui transféré par la personne publique délégante.

a) La notion d'activité de service public

831 Le contenu matériel suffisant à caractériser l'obligation du délégataire est l'exercice des activités de service public. Bien sûr, l'exercice de ces activités est plus ou moins complexe et nécessite plus ou moins d'exécution, de régulation et d'optimisation. La personne publique délégante peut d'ailleurs expressément souhaiter que les niveaux d'activités soient transférés ou non, concentrés ou non entre les mains du même délégataire.

832 C'est pourquoi, d'un côté, il faut réfuter l'idée selon laquelle le contenu du contrat de délégation de service public serait l'exploitation du service. Exploitation signifie en effet « mise en valeur en vue de tirer un profit ». Or, en raison du but d'intérêt général de tout service public, aucune valeur ne peut être attribuée à un service public, lequel, d'ailleurs, est traditionnellement considéré comme insusceptible de constituer un fonds de commerce (136). Le « délégataire » n'accepte pas l'obligation de gérer

(135) La rémunération a donc été examinée *supra* au titre de la définition des délégations de service public.

(136) « Mais attendu qu'on ne saurait assimiler le concessionnaire d'un service public à un propriétaire de fonds de commerce ; que la concession dont il bénéficie, pendant un laps de temps limité, ne revêt pas le caractère d'une entreprise privée ; que si le concessionnaire possède une clientèle comme exploitant d'un service public, cette clientèle reste attachée à la concession et ne lui est pas personnelle. » : Cass., 5 déc. 1944, Sté Est-Lumière c. Administration de l'Enregistrement, *D.* 1946, jur. p. 391, note Blaevoet ;

le service public afin de le mettre en valeur ou de le développer selon une logique patrimoniale, dans une perspective de cession. Il l'accepte en raison de l'espérance de gain qu'il pense retirer à moyen terme, selon un calcul d'actualisation financière, des *revenus réguliers de l'activité* de service public. Ces revenus ne sont pas déterminés par la qualité ou l'originalité du service rendu, mais par un tarif fixé en accord avec la personne publique délégante.

Le véritable critère du contrat de délégation est donc simplement l'objet du contrat, dont on doit rechercher s'il est ou non de faire participer le cocontractant à l'exécution même du service public. De même si un arrêt abondamment commenté (137) évoque incidemment les « résultats de l'exploitation », c'est au sens comptable du « résultat d'exploitation » et non pour en tirer des conséquences au fond du droit.

En revanche, certains théoriciens du droit (138) adoptent une définition très large du terme « exploitation ». Selon eux, l'exploitation concerne une activité engendrant directement ou indirectement des recettes identifiables ; elle suppose une mission globale ; elle implique l'existence de rapports directs entre l'exploitant et les usagers du service. À ce prix, ils peuvent lui faire jouer un rôle utile d'identification de la frontière entre délégation de service public et conventions voisines, notamment les conventions d'aménagement qui sont l'objet principal de l'article précité. Cela tient, semble-t-il, plus aux éléments de construction de la notion, qui restituent le champ d'application de la loi du 29 janvier 1993, qu'à une éventuelle unité conceptuelle d'origine.

833 D'un autre côté, l'obligation d'assurer les activités que comporte nécessairement le service public permet de distinguer dans les montages contractuels complexes ceux qui relèvent éventuellement de la catégorie des « conventions de délégation de service public », de ceux qui ne peuvent y prétendre. Si en effet, un contrat innomé ou un montage complexe de contrats, comportant bail emphytéotique ou contrat d'occupation temporaire du domaine public sont considérés avant tout comme conférant des droits à l'occupant et si l'occupant est avant tout attaché à développer les installations qu'il possède sur l'emprise occupée, bref, s'il y a des droits servant de base à une exploitation, alors il n'y a pas de « contrat de délégation de service public ». Quand bien même ces droits serviraient de support à une activité de service public, le contenu d'un tel contrat (ou groupe de contrats) ne serait pas l'obligation d'assurer les activités que comporte nécessairement le service public.

b) L'autonomie du cocontractant délégataire

834 Le contrat de délégation de service public comporte nécessairement l'autonomie du délégataire. Les choix stratégiques du transfert des activités de service public, dans un contexte donné, expliquent cette nécessité.

J.-F. Auby, « Délégation de service public et fonds de commerce », *LPA*, 5 avr. 2000, p. 4 ; v. aussi P. Terneyre, « La vénalité de la réglementation économique », *JCP E* 1995, I, p. 29 ; O. Rousset, « Création d'un service public et disparition d'un fonds de commerce », *AJDA* 2006, p. 1537.

(137) CE, 15 avr. 1996, Préfet des Bouches du Rhône c. Cne de Lambesc, *Rec.* p. 137 ; *RFDA* 1996, p. 715, concl. Chantepy, note P. Terneyre ; *CJEG* 1996, p. 267, note Savignat ; *Dr. adm.* 1996, n° 355, obs. J.-B. Auby ; *JCP* 1997, I, 4019, chron. J. Petit ; *LPA*, 1996, p. 30, note Préat ; *JCP E*, 1997, 929, note Delaire.

(138) E. Fatôme, L. Richer, « Nature et contenu des conventions d'aménagement », *RD imm.* 1994, p. 169.

1) En tant que mode de gestion du service public, le choix de ne pas exercer les activités du service en régie entraîne par définition même le recours à une personne tierce, c'est-à-dire à un centre d'imputation juridique doté d'une volonté propre.

2) La loi du 29 janvier 1993, en tant qu'elle trace les contours d'un transfert de gestion exclusivement contractuel, renforce ce choix. Le recours au contrat a pour caractéristique de donner plein effet à la distinction des personnes juridiques et de leurs volontés propres. Comme on l'a vu, ces conventions de délégation ne sont pas des conventions, où les volontés seraient simplement concourantes, mais des véritables contrats instituant un rapport de créancier à débiteur tant pour la prestation que pour la contre prestation.

3) Le but poursuivi par la personne publique « délégante » est précisément de ne pas se charger elle-même d'activités qui mobilisent de manière jugée inopportune ses moyens d'action, ce qui suppose que le cocontractant « délégataire » soit libre de ses mouvements et décisions, pour les tâches qu'il assure, et dans le respect des spécifications contractuelles. C'est aussi pour enlever à la personne publique le souci de la gestion quotidienne des activités de service public que le délégataire est tenu par l'obligation d'exercer les activités au titre desquelles il a été habilité.

4) Le délégataire est choisi *intuitu personae*, en raison de ses qualités personnelles propres et d'un savoir-faire technique ou d'organisation, gage de bonne gestion. Dans ce contexte, l'autonomie de décision est la condition même de l'accomplissement des compétences professionnelles et de la performance.

835 L'analyse juridique du contenu des contrats de délégation confirme l'autonomie du délégataire. Plusieurs caractères juridiques peuvent être interprétés comme matérialisant l'autonomie du délégataire au cœur de l'activité de service public et de sa gestion.

Certains résultent du principe même du transfert d'un service public à une tierce personne.

1) Le délégataire participe à l'exécution même du service public. Il ne se contente pas de fournir des moyens d'exécution à la personne publique délégante ou à d'autres délégataires. Il réalise lui-même au profit direct des usagers une tâche peut-être élémentaire mais cohérente (exécution), des tâches élémentaires qu'il coordonne (gestion partielle) ou à la limite, l'ensemble des activités de service public et leur optimisation (gestion totale). Au titre des activités de service public transférées, le lien contractuel unit les usagers au délégataire et non au délégant.

2) Le délégataire, pour mener à bien les activités de service public, reçoit les moyens nécessaires, en termes de compétence juridique, y compris en tant que de besoin la possibilité de mettre en œuvre des prérogatives de puissance publique. Il faut que ces prérogatives fassent expressément partie du contenu du « contrat de délégation », mais, une fois qu'elles y sont inscrites, elles sont à la disposition du délégataire sans qu'une autorisation du délégant soit requise.

3) Le délégataire, en conséquence de l'existence d'un contrat, de la liberté de gestion qui lui est laissée et des moyens dont il dispose, supportera la responsabilité contractuelle et délictuelle liée aux activités de service public transférées. Quel meilleur indice de l'autonomie que la responsabilité ?

836 D'autres caractères juridiques marquant l'autonomie du délégataire sont étroitement liés au niveau d'activité de service public affecté à la gestion opérationnelle. Ils ont été reconnus par la jurisprudence au titre de la liberté de gestion bien avant la naissance de la notion de « contrat de délégation » (139).

1) Le délégataire dispose du pouvoir d'édicter un règlement du service, applicable aux usagers ;

2) Le délégataire dispose d'un pouvoir hiérarchique direct sur tous les agents dans la mesure où ils participent aux activités de service public, et pour les besoins de ces activités, même s'ils sont mis à sa disposition par la personne publique délégante et même si leur statut demeure un statut de droit public.

3) Le délégataire exerce par principe la maîtrise d'ouvrage pour tous les travaux rendus nécessaires par l'activité de service public (140), indépendamment de toute considération relative à la propriété des ouvrages.

c) Les risques de l'activité

837 Toutes les activités marchandes comportent un risque financier (141), celui que les revenus de l'activité ne couvrent pas ses coûts. Celles qui relèvent du service public n'y font pas exception, d'autant plus qu'il faut, à l'intérieur des coûts, inclure la rémunération du « délégataire ».

L'acceptation du risque par le cocontractant est souvent présentée comme le corollaire de l'autonomie qui lui est reconnue. Si ce point de vue est exact, il ne faut pas négliger le fait que risques et autonomie ne sont pas liés par leur nature propre ou indépendamment de l'objet du contrat. La contrepartie nécessaire de l'autonomie dans les systèmes juridiques est la responsabilité et non le risque. Aussi, dans un contrat de délégation de service public l'acceptation des risques de l'activité et l'autonomie sont des conditions nécessaires à la réalisation de l'objet du contrat (142), qui est de transférer la gestion des activités de service public à une tierce personne. C'est en ce sens que la jurisprudence a conféré au risque le rôle d'indicateur du caractère substantiel de la rémunération assise sur les résultats d'exploitation (143).

838 Il est acquis, aujourd'hui, que la seule notion autonome de risque concerne les risques anormaux de gestion. Il peut arriver en effet que des modifications des circonstances économiques, anormales et imprévisibles – qui ne présentent pas les caractères de cas de force majeure, parce qu'elles ne rendent pas totalement impossible l'exécution du contrat – puissent conduire lentement le cocontractant privé à la ruine. Ce bouleversement de l'équilibre général du contrat est appelé état d'imprévision (144). Comme les activités de service public sont contraintes par le

(139) CE, 8 juill. 1930, Compagnie des chemins de fer PLM et autres, *Rec.* p. 753, *RDP* 1931, p. 141, concl. Josse, *D.* 1931, p. 21, *S.* 1932, III, p. 26.

(140) J.-J. Louis, « Travaux supplémentaires et convention de délégation de service public », *LPA*, 3 mai 2005, n° 87.

(141) L. Vidal, « Le juge administratif, l'économie et le contrat », *RFDA* 1999, p. 1147.

(142) L. Rapp, « La prise en compte du risque économique et financier dans les contrats publics : le risque d'exploitation », *BJDCP* 2000, p. 82 ; C. Milhat, « L'appréhension juridique du risque financier dans les contrats de gestion déléguée de service public », *CMP* n° 10, octobre 2006, Et. 17.

(143) CE, 7 nov. 2008, req. 291794, Départ. de la Vendée, *AJDA* 2008, p. 2454, note Richer, *BJDCP* 2009, p. 55, concl. Boulouis.

(144) CE, 30 mars 1916, Compagnie générale d'éclairage de Bordeaux, *Rec.* p. 125, *RDP* 1916, p. 206 et p. 388, concl. Chardenet, note Jèze.

principe de continuité, le « délégataire » reste tenu d'exécuter sa prestation. Mais la personne publique « délégante » doit aider son cocontractant en supportant une part des charges supplémentaires engendrées par l'état d'imprévision.

Il y va évidemment de l'intérêt général que l'activité de service public déléguée soit assurée quoi qu'il arrive. Il ne serait pas admissible que la personne publique, qui reste par principe responsable du service public, se désintéresse de la poursuite de l'activité au motif que des événements imprévisibles remettent en cause la viabilité de son choix de gestion. Au demeurant, la personne publique responsable commettrait une erreur de droit, car elle a l'obligation d'exercer le pouvoir de contrôle qui lui appartient lorsque la stratégie du service public, et *a fortiori* sa survie, sont concernées.

En revanche, si la personne publique qui assume la direction stratégique du service a l'obligation de pourvoir, en cas d'imprévision, au fonctionnement du service public qu'elle a délégué, c'est-à-dire de garantir l'activité de service public dans le cadre qu'elle a antérieurement décidé, elle dispose de la liberté de reconsidérer l'opportunité de l'existence même du service lorsque ce service public n'est pas rendu obligatoire par des textes législatifs ou constitutionnels. Ainsi, la personne publique responsable n'est-elle pas tenue d'assurer au détriment des deniers publics et dans un cadre devenu totalement différent des conditions initiales du transfert de la gestion, un service public qui ne serait plus viable (145).

§ 3. LA DÉFINITION PARALLÈLE EN DROIT EUROPÉEN

839 **Bibliographie :** L. Pascal, *L'incidence du droit communautaire sur le service public français : entre intangibilité et remise en cause, la reconstruction d'une notion titre*, th. univ. Grenoble 2, 1999 ; Commission européenne, *Communication interprétative sur les concessions en droit communautaire* du 27 avr. 2000, *JOCE* n° C 121 du 29 avr. 2000 ; Commission européenne, *Livre vert sur les partenariats public-privé et le droit communautaire des marchés publics et des concessions* du 30 avr. 2004, COM (2004) 327 final ; P. Cossalter, *Les délégations d'activités publiques dans l'Union européenne*, LGDJ, Bibl. droit public, 2007 ; L. Richer, *L'Europe des marchés publics*, LGDJ, 2009.

J.-F. Sestier, « Délégation de service public et droit communautaire », *CMP* mai 2003, chron. n° 9, p. 26 ; dir. du Parlement et du Conseil n° 2004/18, 31 mars 2004, art. 1er, § 3 et 4, *JOUE* n° L 134, 30 avr. 2004 ; Parlement européen, Résolution du 26 oct. 2006, A6-0363/2006 ; P. Cossalter, « La renaissance de la concession de travaux : un contrat ni souhaité, ni souhaitable », *AJDA* 2009, p. 1882 ; F. Lepron, « La délégation de service public au risque de la concession de travaux publics », *CP-ACCP*, janv. 2010, p. 35.

840 Après les tentatives échouées d'assujettir les concessions à l'ensemble du droit des marchés publics, la Commission, avec prudence, et après une consultation publique largement ouverte sur son projet (146), a finalement adopté le 27 avril 2000 une communication interprétative sur les concessions en droit européen (147). Elle y maintient sa définition de la concession comme un acte (unilatéral ou contractuel)

(145) CE ass., 9 déc. 1932, Compagnie des tramways de Cherbourg, *Rec.* p. 1050, *RDP* 1933, p. 117, concl. Josse, note Jèze ; CE, 18 nov. 1988, Ville d'Amiens, *RDP* 1989, p. 1815.
(146) Projet de communication du 24 févr. 1999, *JOCE* n° C 94, 7 avr. 1999.
(147) Communication interprétative de la Commission européenne sur les concessions en droit communautaire du 27 avr. 2000, *JOCE* n° C 121 du 29 avr. 2000.

par lequel les autorités publiques chargent un tiers de la gestion d'un projet d'infrastructure ou d'autres services à fournir au public, dont la rémunération consiste dans le droit d'exploiter l'ouvrage ou dans ce droit assorti d'un prix. Paradoxalement, selon la jurisprudence administrative française qui ne reconnaît une délégation de service public que si la rémunération est substantiellement assurée par les résultats de l'exploitation (148), il apparaît donc que certaines délégations de service public français peuvent être qualifiées de marchés publics de services européens. Mais la Commission y ajoute nettement le fait que ce tiers assume les risques d'exploitation et surtout, elle accepte le principe d'une distinction entre marchés publics et concessions, ces dernières opérant délégation de services d'intérêt général. La communication confirme par ailleurs que les principes du droit européen primaire tel qu'il ressort des traités, notamment l'égalité de traitement, la transparence, la reconnaissance mutuelle et la proportionnalité, sont applicables aux concessions.

En revanche, bien qu'elle rappelle que le traité impose le respect des principes d'égalité de traitement, de transparence, de reconnaissance mutuelle, de proportionnalité et de droit à un recours efficace, la Commission n'en précise pas les conséquences les plus importantes quant aux concessions. Par exemple, le régime de leur durée n'est pas mentionné et les exceptions posées à l'article 106 § 2 TFUE (anciennement 86 § 2 CE) ne sont pas examinées au regard du choix du titulaire de droits exclusifs ou spéciaux et du respect des principes posés.

841 Le Parlement européen a invité la Commission à examiner la possibilité d'adopter une proposition de Directive visant à réglementer de manière homogène le secteur des concessions et d'autres formes de PPP (149). Le Comité économique et social a également estimé qu'une initiative législative s'imposait (150). Le livre vert sur les partenariats public-privé et le droit européen des marchés publics et des concessions publié le 30 avril 2004 (151) a finalement pris acte des champs respectifs des domaines normatifs et consacré l'existence de trois catégories de contrats soumis à un encadrement différent : les marchés publics, les concessions, et les partenariats public-privé. « Les contrats qualifiés de marché public de travaux ou de services, définis comme étant prioritaires, sont soumis aux dispositions détaillées des directives communautaires. Les concessions de travaux et les marchés publics de services dits "non prioritaires" ne sont régis que par quelques dispositions éparses du droit dérivé. Enfin, certaines opérations, et notamment les concessions de services, échappent à tout encadrement de droit dérivé. Il en va de même, d'ailleurs, de toute attribution de mission réalisée par la voie d'un acte unilatéral. » (point 11).

La Commission avait annoncé qu'elle « pourrait envisager de soumettre la passation de tous les PPP contractuels, qu'ils soient qualifiés de marchés publics ou de concessions, à un régime de passation identique » en se fondant pour cela sur

(148) CE, 15 avr. 1996, Commune de Lambesc, *préc.* ; CE, 30 juin 1999, SMITOM, *préc.*

(149) Avis du Parlement européen en première lecture sur la proposition de la Commission COM (2000) 275 du 10 mai 2002.

(150) Avis CES, *JO C* 14 du 16 janv. 2001, point 4.1.3 et Avis CES, *JO C* 193 du 10 juill. 2001, point 3.5.

(151) Doc. COM (2004) 327 final, *ACCP* juin 2004, p. 70, comm. Cabannes, *JCP A* 2004, p. 1518, comm. Brenet, *BJDCP* 2004, p. 419, comm. Tessier.

l'éventualité d'une « insécurité juridique, liée à la difficulté d'identifier *a priori* la répartition des risques d'exploitation entre les partenaires » qui serait « fréquemment présente dans le cadre de la passation de certains PPP de type purement contractuel ». Certes, la Commission a indiqué dans une communication ultérieure, qu'elle y renonçait (152), mais depuis lors, les travaux ont repris. D'août à septembre 2010, la Commission a ouvert une consultation destinée à recueillir les avis et commentaires des pouvoirs adjudicateurs, acteurs économiques et des partenaires sociaux, sur la passation des contrats de concession (153). Le but affiché est limité à l'amélioration des règles de transparence et les mesures proposées feront l'objet d'une étude d'impact concernant la réglementation de l'ensemble des États membres. Mais la lecture du questionnaire de la consultation montre clairement que la Commission envisage la publicité obligatoire, des délais de réponse aux appels d'offres, la question des services complémentaires au concédant, l'obligation de sous-traitance, la limitation des critères d'attribution à l'offre la plus économiquement avantageuse, la soumission à la directive 2004/18 pour le degré d'ouverture de la procédure, etc. Par ailleurs, l'inclusion toujours possible de ces contrats dans un ensemble regroupant les PPP (154) et les PPPI (155) serait en réalité porteuse de modifications tout aussi profondes.

A. LA CONCESSION DE TRAVAUX PUBLICS (ET DE SERVICE PUBLIC)

842 La directive n° 93/37 du 14 juin 1993 sur les marchés de travaux, complétant les précédentes, a expressément assujetti, au-delà des contrats de travaux qu'elle définit comme marchés, « les contrats présentant les mêmes caractéristiques qu'un marché public de travaux, à l'exception du fait que la contrepartie des travaux consiste soit uniquement dans le droit d'exploiter l'ouvrage, soit dans ce droit assorti d'un prix ». La directive 2004/18 (art. 1er, § 3) a confirmé cette définition et s'applique par principe aux concessions de travaux dépassant un seuil. Se trouvent donc attraites dans l'application du droit européen, les concessions de travaux supérieures à 6 242 000 euros, qui sont dès lors soumises à un régime allégé, constitué d'obligations de publicité (*ibid.* art. 56 à 61). Mais dès lors, les concessions de *travaux et services publics* qui, en droit interne, sont pourtant considérées comme des contrats de délégation de service public peuvent également s'y trouver assujetties. En effet, la jurisprudence européenne considère que les contrats mixtes comportant une part de travaux peuvent être qualifiés de marchés publics de

(152) Commission européenne, Communication du 15 nov. 2005 « concernant PPP et le droit communautaire des marchés publics et des concessions », COM (2005), 569 final, 2.1.

(153) En anglais et dont on ne peut pas lire les contributions déposées : http://ec.europa.eu/internal_market/consultations/2010/ concessions_en.htm.

(154) Communication du 15 nov. 2005, point 2.4 : « L'expérience des PPP est en constante évolution. L'ensemble des parties prenantes, y compris les autorités nationales et la Commission, tirent en permanence des enseignements de l'expérience pratique acquise à la suite de l'application du droit communautaire à ces partenariats ».

(155) Commission européenne, Communication interprétative du 5 févr. 2008, concernant l'application du droit communautaire des marchés publics et des concessions aux partenariats public-privé institutionnalisés (PPPI), COM (2007) 6661.

travaux si les travaux sont dominants. Il appartient à cet effet au juge national de l'apprécier (156), ce que le juge français ne manque pas de faire (157). Le droit européen dérivé contraint donc au moins à des obligations de publicité le droit français des délégations de service public lorsque ces dernières sont accessoires à des travaux. De plus, il va de soi que les principes posés par le droit primaire des traités lui sont applicables.

B. LA CONCESSION DE SERVICE PUBLIC (SANS TRAVAUX)

843 De la même façon, la directive 2004/18 définit la « concession de services » comme « un contrat présentant les mêmes caractéristiques qu'un marché public de services, à l'exception du fait que la contrepartie de la prestation des services consiste soit uniquement dans le droit d'exploiter le service, soit dans ce droit assorti d'un prix » (art. 1er, § 4). Mais c'est pour poser clairement que « sans préjudice de l'application des dispositions prévues à l'article 3, la présente directive ne s'applique pas aux concessions de services ». Les concessions de service public ne sont donc pas des marchés publics de services et sont exclues du champ d'application du droit européen dérivé, sauf sur un point qui concerne leur contenu et non leur définition ou leur régime : « lorsqu'un pouvoir adjudicateur octroie à une entité autre qu'un tel pouvoir adjudicateur des droits spéciaux ou exclusifs d'exercer une activité de service public, l'acte par lequel ce droit est octroyé », qui peut donc être un contrat de délégation de service public, « prévoit que l'entité concernée doit, pour les marchés de fournitures qu'elle passe avec des tiers dans le cadre de cette activité, respecter le principe de non-discrimination en raison de la nationalité » (art. 3).

Dès lors que le droit dérivé ne saisit pas à titre principal la concession de service public, c'est à la jurisprudence qu'il revient de préciser son statut juridique en droit européen. Ce statut résulte de deux séries d'arrêts de la Cour : d'une part les affaires *Telaustria* (158) et *Buchhändler-Vereinigung* (159) ; d'autre part les affaires *Coname* (160), *Parking Brixen* (161) et *Commission c. Allemagne* (162). Il peut être caractérisé par les propositions suivantes.

(156) CJCE, 19 avr. 1994, aff. C/331-92, Gestión Hotelera internacional SA, concl. Lenz, *Rec.* p. 1329, *Rev. dr. imm.* 1996, p. 411. La Commission, dans sa communication interprétative du 27 avr. 2000, semble réticente à l'extension, aux concessions de travaux et de services, de cette jurisprudence, intervenue pour des cessions d'actifs immobiliers ou des conventions de financement accompagnées de travaux.

(157) CE ass., 10 juin 1994, Commune de Cabourg, *Rec.* p. 300, *RFDA* 1994, p. 728, concl. Lasvignes, *AJDA* 1994, p. 502, où une convention de financement d'ouvrage adossée à un bail emphytéotique a été considérée comme une concession de travaux.

(158) CJCE, 7 déc. 2000, aff. C-324/98, Telaustria Verlags GmbH et Telefonadress GmbH, *Rec.* I-10745, *BJDCP* 2001, p. 132, concl. Fenelly, note Maugüé, *AJDA* 2001, p. 106, note Richer.

(159) CJCE ord., 30 mai 2002, aff. C-358/00, Buchhändler-Vereinigung, *Rec.* p. I-4685.

(160) CJCE, 21 juill. 2005, aff. C-231/03, Consorzio Aziende Metano (Coname) c. Comune di Cingia de'Botti, *Rec.* p. I-07287.

(161) CJCE, aff. C-458/03, 13 oct. 2005, Parking Brixen GmbH c. Gemeinde Brixen, Stadtwerke Brixen AG, *AJDA* 2005, p. 2335, chron.

(162) CJCE, aff. C-480/06, 9 juin 2009, Commission c. Allemagne, pt 34, *Rec.* p. I-04747 ; *AJDA* 2009 p. 1535, chron., note Dreyfus et Rodrigues ; *RDI* 2009, p. 469, obs. Noguellou ; *AJCT* 2010, p. 98, étude Dreyfus.

a) Les concessions de services sont exclues du champ d'application des directives

844 La CJCE, dans l'arrêt *Telaustria*, à l'issue d'un examen approfondi de la législation européenne, constate d'une part que la Commission n'a pas proposé d'inclure les concessions de service public dans sa proposition de directive 91/C 337/01 du Conseil, du 27 septembre 1991, modifiant la directive 90/531 (*JO* C 337, p. 1), laquelle a abouti, par la suite, à l'adoption de la directive 93/38. Et d'autre part, elle interprète l'absence de référence explicite aux concessions de service public dans la directive 93/38 au regard de la présence d'une référence à la concession de travaux dans la directive 93/37 comme une volonté de ne pas assujettir les concessions de service au droit dérivé. Ultérieurement la Cour a constaté la même exclusion du champ d'application de la directive 92/50 du Conseil, du 18 juin 1992, portant coordination des procédures de passation des marchés publics de services (aff. *Buchhändler-Vereinigung*, point 28).

b) Le juge européen ne qualifie pas les concessions de service public au sens des droits nationaux, mais vérifie si ces contrats répondent à la définition de concessions de services issue des directives européennes

845 Tirant les conséquences de sa propre compétence, limitée en renvoi préjudiciel aux questions d'interprétation et d'appréciation de légalité du seul droit européen, la Cour rappelle, puisque les concessions de services ne relèvent à titre principal d'aucune directive, qu'il appartient au juge national de qualifier lui-même ces contrats (aff. *Coname* et *Parking Brixen*). En revanche, il vérifie si les concessions de services publics identifiées ou supposées dans l'affaire qui lui est soumise sont des concessions de services au sens des directives (aff. *Parking Brixen* : « l'attribution, par une autorité publique à un prestataire de services, de la gestion d'un parking public payant, en contrepartie de laquelle ce prestataire est rémunéré par des montants payés par les tiers pour l'usage de ce parking, constitue une concession de services publics à laquelle la directive 92/50 n'est pas applicable »).

c) Les concessions sont soumises aux règles et principes fondamentaux des traités, sauf en cas de contrat maison

846 L'exclusion du champ d'application des directives ne signifie nullement pour la Cour que les concessions ne soient régies par aucune norme européenne. Au contraire, les entités adjudicatrices concluant ces concessions « sont, néanmoins, tenues de respecter les règles fondamentales du traité en général et le principe de non-discrimination en raison de la nationalité en particulier » (aff. *Telaustria*). Ce principe implique, notamment, une obligation de transparence qui permet au pouvoir adjudicateur de s'assurer que ledit principe est respecté (163). Cette obligation de transparence consiste à garantir, en faveur de tout soumissionnaire potentiel, un degré de publicité

(163) Aff. *Telaustria*, invoquant elle-même CJCE, 18 nov. 1999, aff. C-275/98, Unitron Scandinavia et 3-S, *Rec.* p. I-8291, point 31.

adéquat permettant une ouverture du marché des services à la concurrence ainsi que le contrôle de l'impartialité des procédures d'adjudication.

Ce statut juridique des concessions en droit européen est toutefois limité aux règles les plus importantes des traités. « C'est à la lumière du droit primaire et, plus particulièrement, des libertés fondamentales prévues par le traité que doivent être examinées les conséquences du droit communautaire relatives à l'attribution de telles concessions » (aff. *Coname*, point 16).

Le statut juridique des concessions construit par la jurisprudence européenne donne confirmation de la dérogation selon laquelle « il n'y a pas lieu d'appliquer les règles communautaires en matière de marchés publics ou de concessions de services publics au cas où une autorité publique accomplit les tâches d'intérêt public qui lui incombent par ses propres moyens, administratifs, techniques et autres, sans faire appel à des entités externes (CJCE aff. C-26/03, 11 janvier 2005, Stadt Halle et RPL Lochau, Rec. p. I-1, point 48) » (aff. *Parking Brixen*). Par conséquent, dans le domaine des concessions de services publics, l'application des règles et des principes généraux du traité « est exclue si, tout à la fois, le contrôle exercé sur l'entité concessionnaire par l'autorité publique concédante est analogue à celui que cette dernière exerce sur ses propres services et si cette entité réalise l'essentiel de son activité avec l'autorité qui la détient » (critères cumulatifs *Teckal*). S'agissant d'une dérogation aux principes et règles du droit européen, l'interprétation est stricte et la charge de la preuve incombe au demandeur.

847 L'avocat général Geelhœd, dans ses brèves conclusions du 12 janvier 2006 sur l'affaire ANAV (164) avait invité la Cour à s'assurer qu'un troisième critère serait bien respecté, à savoir celui concernant la pérennité de cette situation dans le temps, de sorte que les opérateurs ne soient pas tentés, par le biais d'une construction artificielle, de contourner le dispositif en attribuant une concession de service public sans mise en concurrence préalable à une simple entreprise d'économie mixte. Les deux premiers critères de la jurisprudence *Teckal* devaient selon lui rester « durablement remplis après l'attribution de la gestion d'un service public à cette société ». Néanmoins, l'arrêt du 6 avril 2006 n'a pas confirmé ce raisonnement, et la question de la pérennité du respect des critères de la jurisprudence *Teckal* par les opérateurs demeure entière, ce qui amène progressivement la Cour à préciser par anticipation quelles modifications seraient envisageables. Elle a par exemple indiqué que, dans l'hypothèse où un marché aurait été attribué sans mise en concurrence à une société à capital public, l'entrée ultérieure au capital d'actionnaires privés « constituerait un changement d'une condition fondamentale du marché qui nécessiterait une mise en concurrence » (165).

Enfin, la question s'est posée de savoir comment le critère du contrôle analogue devait être apprécié en cas de pluralité de personnes publiques détentrices d'une entreprise publique à capital entièrement public constituée en vue de lui attribuer la gestion d'un service public. Le fait qu'une autorité publique soit ou devienne minoritaire dans le capital n'a pas d'effet sur le contrôle exercé conjointement par les autorités

(164) CJCE, aff. C-410/04, 6 avr. 2006, Associazione nazionale autotrasporto viaggiatori c. Comune de Bari, AMTAB Servizio SpA.

(165) CJCE, aff. C-573-07, 10 sept. 2009, Sea SRL c. Cne Di Ponte Nossa, *JCP A* 2009, n° 2242, note Devès.

publiques associées au sein de cette société sur celle-ci : il est qualifié d'analogue au contrôle qu'elles exercent chacune sur leurs propres services (166).

d) Les règles et principes fondamentaux des traités sont dominés par le principe d'égalité de traitement dont le respect peut seulement être contrôlé grâce à l'obligation de transparence

848 Le juge européen a précisé que le principe fondamental du droit primaire applicable aux concessions de services est le principe d'égalité de traitement, dont des modalités particulières sont la liberté d'établissement (art. 43) et la liberté de prestation (art. 49) (167). « L'interdiction de discrimination en raison de la nationalité est également une expression spécifique du principe général d'égalité de traitement » (168). En conséquence, le principe d'égalité de traitement entre soumissionnaires élaboré à propos des marchés publics (169), qui vise à ce que tous les soumissionnaires disposent des mêmes chances dans la formulation des termes de leurs offres, et ceci indépendamment de leur nationalité, parce qu'il est plus général, trouve à s'appliquer aux concessions de services publics même en l'absence d'une discrimination en raison de la nationalité (aff. *Parking Brixen*).

La Cour confirme concrètement l'obligation de transparence posée par l'arrêt *Telaustria*, « qui, sans nécessairement impliquer une obligation de procéder à un appel d'offres » (aff. *Coname*), impose à ladite autorité de garantir, en faveur de tout soumissionnaire potentiel situé sur le territoire de tout État membre, un degré de publicité adéquat avant que le contrat ne soit conclu, permettant une ouverture de la concession de services à la concurrence ainsi que le contrôle de l'impartialité des procédures d'adjudication. Cette transparence est la condition nécessaire pour que soit vérifié de façon objective le respect du principe d'égalité de traitement entre soumissionnaires ou candidats. L'appréciation de l'adéquation des modalités de mise en concurrence aux spécificités de la concession de service public en cause appartient à l'autorité publique sous le contrôle des juridictions nationales compétentes. Toutefois, le juge européen pose d'ores et déjà en principe que « l'absence totale d'une mise en concurrence dans le cas de l'attribution d'une concession de services publics telle que celle en cause au principal n'est pas conforme aux exigences des articles 43 CE et 49 CE non plus qu'aux principes d'égalité de traitement, de non-discrimination et de transparence » (aff. *Parking Brixen*). Cette avancée jurisprudentielle peut être interprétée de deux façons. Soit la législation des États doit prévoir une procédure de mise en concurrence formalisant quelque peu la comparaison des offres, soit elle doit organiser une procédure de publicité, première étape et partie intégrante de la mise en concurrence. On conçoit que cela ne revienne pas au même. Néanmoins, la France, par la loi du 29 janvier 1993 modifiée, satisfait largement à la formulation de la Cour, quelle que soit son interprétation (170).

(166) Combinaison de CJCE, 19 avr. 2007, aff. C-295/05, Asemfo, *Rec.* p. I-2999, pt 57, et CJCE, aff. C-324/07, 13 nov. 2008, Coditel Brabant, pt 49 : CJCE, 10 sept. 2009, aff. C-573-07, Sea SRL c. Cne Di Ponte Nossa, *préc.*

(167) CJCE, 5 déc. 1989, aff. C-3/88, Commission/Italie, *Rec.* p. I-4035, point 8.

(168) CJCE, 8 oct. 1980, aff. C-810/79, *Überschär*, *Rec.* p. 2747, point 16.

(169) CJCE, 25 avr. 1996, aff. C-87/94, Commission/Belgique, *Rec.* p. I-2043, points 33 et 54.

(170) Pour les autres pays, cf. la synthèse des législations dans l'Avis du Comité économique et social européen n° 2005/C 120/18.

§ 4. LA RARETÉ DES RÈGLES DE FOND

849 Il n'est pas étonnant que la loi du 29 janvier 1993, destinée à promouvoir la lutte contre la corruption et la transparence de la vie politique, ne contienne pas de dispositions nombreuses sur le contenu des « contrats de délégation de service public » et le fond du droit applicable. Cette loi n'a pas pour but en effet de limiter la liberté des cocontractants, mais seulement d'assurer une égale information permettant leur mise en concurrence. Les seuls éléments de contenu qui, dès lors, se trouvent régis par la loi sont ceux qui indirectement peuvent donner prise à des phénomènes de corruption ou qui compromettent l'égalité des cocontractants. Deux éléments principaux (171) sont concernés à ce titre, comme supports éventuels de rentes et de barrières à l'entrée du marché : l'existence de droits d'entrée et de redevances à la charge du délégataire ; la transparence comptable et financière.

A. LE SORT DES DROITS D'ENTRÉE ET REDEVANCES

850 **Bibliographie :** J.-F. AUBY, « Délégation de service public : la question des droits d'entrée », *LPA*, n° 58, 13 mai 1996 ; C. DEVÈS, « Les droits d'entrée », *AJDA* 1996, p. 631 ; M.-T. SUR-LE LIBOUX, « Les prix et les services », *AJDA* 1996, p. 642 ; E. GINTRAND, G. GOUAISLIN, « Les redevances dues par les délégataires de service public, étude de leur régime juridique et fiscal », *Dr. adm.* 1997, chron., n° 19 ; Conseil d'État, *Redevances pour service rendu et redevances pour occupation du domaine public*, La Doc. fr., 2002 ; Conseil d'État, *Rapport annuel 2006*, Avis de la section des travaux publics, 19 avril 2005, p. 197 ; N. SYMCHOWICZ et P. PROOT, « D'utiles précisions sur le contenu et le régime d'exécution des conventions de DSP », *AJDA* 2006, p. 1371.

851 La question ici posée est, de manière générale, celle des sommes versées par le délégataire à l'autorité délégante. Lorsque celle-ci demande, en début de contrat, le paiement d'une somme forfaitaire, elle est dénommée « droits d'entrée » ou « fonds de concours ». Lorsque, en contrepartie de droits accordés aux délégataires ou en contrepartie de charges supportées par la personne publique, le délégataire est appelé à verser périodiquement une somme fixée, elle est qualifiée « redevance » ou « surtaxe ».

L'augmentation des tarifs des services publics et la situation financière parfois délicate des personnes publiques délégantes avaient conduit à des pratiques qui ont été vivement dénoncées. La loi du 29 janvier 1993 (art. 40 al. 4 et 5), puis la loi n° 95-101 du 2 février 1995 (art. 75) visent à encadrer le plus strictement possible ces versements, de façon à garantir qu'ils correspondent à une réalité de gestion.

L'article 40 de la loi du 29 janvier 1993 (al. 4 et 5) et l'article L. 1411-2 al. 5 du CGCT disposent que « les conventions de délégation de service public ne peuvent contenir de clauses par lesquelles le délégataire prend en charge l'exécution de services ou de paiements étrangers à l'objet de la délégation » (172). En conséquence, et

(171) Les normes européennes éventuellement applicables (dir. CE n° 93/13 du 5 avr. 1993, *JOCE* 21 avr. 1993, n° L 95, sur les clauses abusives, transposée par la L. n° 95-96 du 15 févr. 1995, *JCP* 1995, I, n° 3854 ; C. DEVÈS, « Les droits d'entrée », *AJDA* 1996, p. 631) ne présentent pas une cohérence telle qu'elles puissent être considérées comme fixant un régime juridique spécial à ce type de contrats.

(172) Rappr. CGCT, art. L. 2222-1 interdisant aux communes et à leurs établissements publics « d'insérer des clauses par lesquelles le concessionnaire prend à sa charge l'exécution de travaux étrangers à l'objet de la concession ».

pour donner un moyen d'appréhender ces paiements étrangers, l'alinéa 5 impose que « les montants et modes de calcul des droits d'entrée et des redevances versées par le délégataire doivent être justifiées dans ces conventions ».

Il a été salué comme une innovation et c'en est indéniablement une pour les droits d'entrée. En revanche, la jurisprudence administrative antérieure posait déjà que les redevances payées par le concessionnaire n'étaient régulières qu'à la condition d'être la contrepartie d'un service rendu (173). Elle a donc maintenu le principe selon lequel les usagers d'un service public n'ont pas à supporter la charge de paiements qui ne trouvent pas leur contrepartie directe dans les prestations fournies, en l'appliquant à la fois aux redevances et aux droits d'entrée (174).

852 Comment justifier du montant ? À titre indicatif, on peut signaler que, si la redevance est versée en contrepartie de l'occupation par le délégataire, du domaine public, elle doit, conformément à l'article L. 2125-3(V) du CG3P, « tenir compte des avantages de toute nature procurés au concessionnaire ». La personne publique peut, à ce titre, se fonder sur les conditions de gestion du service et sur la rentabilité de l'occupation du domaine (175). Si la redevance versée par le délégataire sert à compenser les charges supportées par la personne publique délégante, elle doit y correspondre exactement. Il faut que les charges résultent d'opérations ou de situations, assumées par la personne publique délégante, qui constituent des prestations directement rendues aux usagers, à l'exclusion de toute activité d'intérêt général dont il n'est pas possible d'identifier les bénéficiaires (176).

La justification du montant peut aussi se fonder sur le contrat précédent, qu'il ait été mené à son terme, ou au contraire, ait fait l'objet d'une résiliation (177). Tout d'abord, les droits d'entrée pourraient au moins comprendre l'indemnité versée à l'ancien délégataire pour la part des investissements réalisés et non amortis. Ensuite, partant du principe qu'il s'agit d'une somme en relation avec le service public, on peut penser que l'indemnisation au titre de la cession des biens de retour nécessaires au service et même des biens de reprise, définis comme utiles à l'activité déléguée, entrerait aussi dans les droits d'entrée. Enfin, selon l'avis du Conseil d'État les droits d'entrée ne pourraient pas inclure les frais d'une résiliation « qui seraient la conséquence d'une faute de la collectivité délégante, frais par nature étrangers à l'objet de la délégation ». Cette solution est sans doute inspirée par la considération qu'une faute de service, causant par exemple la nullité du contrat, ne relève pas de la responsabilité contractuelle. Mais dans le cas où la résiliation aux torts et griefs de la

(173) CE, 28 sept. 1984, req. 33439, Ville de Marseille, *CJEG* 1984, p. 419 ; CE, 31 janv. 1986, SIVOM de la région d'Aigues-Mortes, *Rec.* p. 24, *CJEG* 1986, p. 136.

(174) TA Lyon, 14 déc. 1993, Chomat, *RFDA* 1995, p. 699, concl. Bourrachot ; *AJDA* 1994, p. 349, note Broussolle ; CE, 30 sept. 1996, Société stéphanoise des eaux, *Rec.* p. 355, *Dr. adm.* 1996, comm. 557, note Devès ; CE, 20 mai 1998, Syndicat des compagnies aériennes autonomes, *Rec. T.* p. 891 et p. 1195. V. aussi, J.-F. Brisson, « Le nouveau régime des redevances aéroportuaires (comm. L. n° 2005-357 du 20 avr. 2005 relative aux aéroports, JO 21 avr. 2005, p. 6969) », *AJDA* 2005, p. 1996.

(175) CE, 7 mai 1980, SA Les Marines de Cogolin, *Rec.* p. 215 ; *D.* 1980, IR p. 562, obs. Delvolvé ; CE, 28 juill. 1999, Cofiroute, *Rec.* p. 256.

(176) CE ass., 30 oct. 1996, Wajs et Monnier, *AJDA* 1996, p. 1041, chron. ; *RFDA* 1997, p. 726, concl. Combrexelle.

(177) CE, Avis sect. Travaux publics, n° 371234 du 19 avr. 2005, *BJDCP* 2006, p. 107, obs. R. S. et P. T. ; N. Symchowicz et P. Proot, « L'avis du 19 avr. 2006 : d'utiles précisions sur le contenu et le régime d'exécution des conventions de délégation de service public », *AJDA* 2006, p. 1371.

personne publique délégante engage sa responsabilité contractuelle (178), il est permis de remarquer que les frais consécutifs ne seraient pas vraiment étrangers à l'objet de la délégation. L'objet de la délégation, bien plus large que l'objet du contrat, est de déléguer la gestion d'un service public. Or les imperfections dans l'exécution du contrat de délégation, quelque regrettables qu'elles puissent être, ne sont pas étrangères à l'objet de ce contrat.

853 Les clauses contractuelles qui déterminent ces redevances, étant considérées comme non réglementaires, ne sont pas accessibles au recours pour excès de pouvoir (179). Il faut donc, si un tel recours est utilisé, le diriger contre la décision de l'autorité délégante approuvant le cahier des charges, en se fondant sur la contrariété existant directement entre cette décision et la loi du 29 janvier 1993 (180). La violation de l'article 40 entraîne l'annulation de la délibération, détachable du contrat, adoptant le cahier des charges.

Par ailleurs, l'article L. 1411-2 alinéa 5 du CGCT interdit tout versement par le délégataire de droits d'entrée à la personne publique délégante, « quand la délégation concerne l'eau potable, l'assainissement ou les ordures ménagères et autres déchets ». Les redevances, *a contrario*, sont toujours possibles sous réserve de respecter les principes précédents. Leur régime résulte de la loi n° 2006-1772 du 30 décembre 2006 sur l'eau et les milieux aquatiques, qui prévoit un plafonnement par décret du montant des redevances (181).

B. LE RAPPORT DES COMPTES DU DÉLÉGATAIRE

854 **Bibliographie :** P. Faisandier, *La vérification des comptes des délégations par les chambres régionales des comptes*, Institut de la gestion déléguée, 1999.

J.-Y. Bertucci et A. Doyelle, « L'examen des conventions relatives à des marchés ou à des délégations de service public », *AJDA* 1995, p. 200 ; F.-C. Bernard, note sous CE, avis, 20 mai 1998, Compagnie générale des eaux, *LPA* 1999, n° 32, p. 13 ; J.-E. Mottes, « Le contrôle financier des délégations », *AJDA* 1996, p. 661 ; G. Piolé et J.-M. Piquin, « Les chambres régionales des comptes et les délégations de service public au plan local : quel contrôle ? », *RFFP* n° 56, 1996 ; V. Derosiaux, « Nature du contrôle des comptes des délégataires de service public par les Chambres régionales des comptes », note sous CE, avis, 20 mai 1998, n° 192689, Compagnie générale des eaux, *JCP* 1998, II, n° 10176 ; J.-L. Bœuf et M. Texier, « Délégations de service public : le contrôle des chambres régionales des comptes en pratique », *BJDCP* 2002, p. 10.

855 La loi du 8 février 1995 a innové en prévoyant pour les contrats de délégation de service public, des contrôles centrés sur les comptes. Les obligations de fond qu'elle contient ont motivé un complément à la loi du 29 janvier 1993 (182), selon lequel, « le délégataire produit avant le 1er juin un rapport comportant notamment les comptes

(178) CE, 12 mars 1999, Soc. Méribel 92, *Rec.* p. 91.
(179) CE ass., 30 oct. 1996, Wajs et Monnier, *préc.* ; CE, 29 déc. 1997, Bessis, *AJDA* 1998, p. 287.
(180) CE, 14 janv. 1998, Porelli, *Rec.* p. 10, *Marchés publics* 1998, n° 4, p. 23, *Dr. adm.* 1998, n° 44, *BJDCP* 1998, p. 51, concl. Savoie, obs. Schwartz : Les paiements n'étaient pas étrangers à l'objet de la délégation, mais aucune justification n'avait été donnée, dans la convention, de ces montants et du mode de calcul utilisé.
(181) CGCT, art. L. 2224-11-2. Des dispositions analogues existent d'ailleurs pour d'autres activités en réseaux (gaz, électricité, téléphone).
(182) Art. 40-1, devenu CGCT, art. L. 1411-3.

retraçant la totalité des opérations afférentes à l'exécution de la délégation de service public ». La loi du 8 février a, de plus, établi un contrôle spécial de ce rapport par une modification du Code des juridictions financières (183) qui charge la Cour des comptes et les Chambres régionales des comptes de vérifier les comptes contenus dans ce rapport. Pour les besoins de cette vérification, les magistrats concernés ont été dotés de forts pouvoirs d'enquête (184). En complétant le dispositif de contrôle ébauché par la loi du 6 février 1992, la loi du 8 février 1995, reconnaît ainsi aux juridictions financières dans leur fonction non juridictionnelle, non plus seulement un rôle de contrôle des conventions à leur origine, mais aussi une fonction de contrôle des comptes de la gestion déléguée elle-même.

Ce rapport a été institué dans un but de transparence comptable et tarifaire que promeuvent déjà la loi du 29 janvier 1993 et les textes européens relatifs aux contrats publics. Il favorise le contrôle du délégant sur le délégataire ou tout simplement son information en prévision des révisions, avenants et renégociations. Il permet aussi de mesurer la prestation de service du délégataire au regard des principes fondamentaux de l'organisation et de fonctionnement du service public. Le rapport du délégataire doit, à ce titre, concilier deux exigences : celle d'informer en détail les services techniques et comptables de la personne publique délégante tout en protégeant le secret des affaires ; celle d'informer clairement le public, non spécialiste, des élus et des usagers.

856 Plusieurs conséquences peuvent être tirées, d'une part, de la généralité du champ d'application de la loi. Le rapport doit être fourni par tout délégataire, y compris s'il est une personne publique agissant comme délégataire d'une autre personne publique. Il est dû pour toute délégation de service public quelle que soit sa forme juridique et ne porte que sur les activités faisant l'objet de la délégation et non sur la totalité de l'activité de l'entreprise délégataire.

D'autre part, il résulte des termes mêmes de la loi que ce rapport doit développer au moins trois axes. Celui des comptes, tout d'abord, qui décrivent la totalité des opérations relatives à l'activité déléguée (chiffres bruts et ratios principaux). À ce propos, le rapport doit présenter le choix des méthodes retenues pour l'affectation des charges indirectes. Celui de la qualité du service, ensuite, grâce à des indicateurs qualitatifs (enquête auprès des usagers, normes d'hygiène et d'environnement, développement de la participation, contentieux des réclamations). Celui des conditions d'exercice du service public, enfin, en donnant les éléments factuels et chiffrés permettant d'apprécier le respect des principes d'égalité de continuité et de mutabilité, l'analyse tarifaire du côté des usagers, les avenants particuliers, le renouvellement des immobilisations, les travaux d'entretien.

L'élaboration du rapport, qui peut prendre en compte les avis de la commission consultative des services publics locaux, relève de la libre appréciation du délégataire et de sa responsabilité. Il peut varier notablement suivant les activités concernées. Néanmoins, l'article R. 1411-7 du CGCT (185) précise maintenant de façon très

(183) Art. L. 111-4 et L. 211-8.

(184) L. du 8 févr. 1995, art. 9, devenu C. jur. fin., art. L. 140-4.

(185) Inséré par le D. n° 2005-236 du 14 mars 2005, et inspiré par un document d'orientation élaboré par l'Ordre des Experts comptables à la demande de la Cour des comptes, « Le rapport annuel du délégataire de service public », *Le Courrier des Maires*, mai 1998, p. 27.

détaillée les états récapitulatifs comptables qui devront y être annexés et qui portent en particulier sur « les biens et immobilisations nécessaires à l'exploitation du service public concerné ».

Le contrôle du rapport peut finalement, en raison de la généralité des procédures, emprunter différentes voies. La première est celle du contrôle de légalité du préfet. Le rapport annuel du délégataire est en effet une pièce obligatoire qui doit être jointe aux comptes de la délégation. La deuxième est celle du contrôle financier. Les juridictions financières peuvent en effet être amenées à en connaître, dans leurs attributions juridictionnelles ou non juridictionnelles. Mais la voie la plus efficace est peut-être celle du contrôle par les citoyens. Dans les communes de plus de 3500 habitants, tous les documents relatifs aux délégations de services publics locaux, donc *a fortiori* le rapport annuel du délégataire, doivent être mis à disposition du public en mairie dans les quinze jours qui suivent leur réception. L'information est donnée par voie d'affichage (186).

(186) CGCT, art. L. 1411-13.

CHAPITRE 3
LE RÉGIME DES « CONTRATS DE DÉLÉGATION DE SERVICE PUBLIC »

857 L'événement majeur du droit du service public de la fin du XXe siècle est certainement l'apparition d'un régime légal de la délégation de service public. Le législateur français a défini, en moins de dix ans, la catégorie juridique des contrats de délégation de service public. Mais une difficulté s'est alors fait jour. Elle tient au fait que les lois de 1992 à 2001 n'ont pas eu pour objet de définir un mode unique ou dominant de délégation de service public, mais seulement de garantir que la conclusion de plusieurs contrats ayant pour point commun de transférer la gestion opérationnelle du service public s'accomplirait dans des conditions de transparence permettant une bonne prévention de la corruption. La nouvelle catégorie législative n'a donc pas explicitement supprimé ou regroupé les multiples formes de transfert de gestion du service public qui lui préexistaient. Il en résulte que le régime juridique des contrats de délégation de service public s'attache bien plus à préciser des règles de conclusion et de passation qu'à unifier des règles de fond du droit.

Pour autant, les dispositions régissant le contenu de ces contrats et les normes applicables à leur exécution ne sont pas négligeables. Elles résultaient déjà en grande partie de la jurisprudence applicable antérieurement aux concessions et aux affermages (1). Le législateur, en établissant un régime strict de passation, a certes contribué, par le formalisme des documents d'appel d'offres et des cahiers des charges, à contraindre indirectement le contenu des conventions de délégation. Mais de plus, il y a ajouté de façon directe quelques règles de régime. Certaines d'entre elles, relatives au financement et à la transparence concernent strictement l'exécution des « conventions de délégation de service public ». D'autres qui concernent à la fois l'exécution et la passation sont relatives à leur durée. Par ailleurs, différents types de contrats sont utilisés à l'occasion d'une délégation de gestion d'un service public. Il convient donc d'en tracer le régime, en distinguant ceux d'entre eux qui appartiennent certainement à la catégorie des « conventions de délégation de service public » de ceux qui relèvent d'autres modes contractuels et ne font qu'accompagner la gestion déléguée.

(1) Elles sont inspirées par le principe de l'équilibre, notamment financier, du contrat.

SECTION I LE CHOIX DE LA DÉLÉGATION ET DU DÉLÉGATAIRE

858 **Bibliographie** : C. Mondou, *Le choix de la gestion déléguée des services publics locaux*, th. dact., Aix-Marseille, 1994 ; J. Fialaire, *Le droit des services publics locaux*, LGDJ, coll. Systèmes, 1998 ; C. Mondou, *Les conventions de délégation de service public des collectivités territoriales*, Éd. du Papyrus, 2006 ; A. Breville et M. Hemond, Dossier « Quel mode de gestion après la délégation de service public ? », *CP-ACCP* 2009, n° 88, Dossier, p. 31.

J. Fialaire, « La délégation du service public local aux associations », *LPA*, 22 août 1997, p. 3. E. Fatôme et A. Ménéménis, « Concurrence et liberté d'organisation des personnes publiques : éléments d'analyse », *AJDA* 2006, p. 67.

859 Jusqu'à l'intervention du législateur au début des années 1990, l'autorité délégante disposait par principe d'une grande liberté de choix qui ne poussait guère le juge administratif à distinguer les étapes et les composantes du choix. Mais depuis les lois des 6 février 1992 et 29 janvier 1993, la liberté de choix a rencontré ses premières limites dans des textes qui autorisent non seulement un contrôle juridictionnel plus approfondi à terme, mais aussi une analyse juridique plus fine du processus de passation.

§ 1. LA DOUBLE ARTICULATION DU CHOIX

860 La délégation du service public par un acte d'habilitation ne revêt pas obligatoirement une forme contractuelle. L'habilitation à gérer des activités de service public, qui s'oppose à la gestion directe « en régie » recouvre l'ensemble des techniques juridiques, y compris unilatérales, par lesquelles la personne publique responsable d'un service public confie à une personne tierce, publique ou privée, la compétence d'assurer les activités de ce dernier, avec des degrés variables d'autonomie et de contrôle.

Force est de constater cependant que le législateur, par les lois n° 92-125 du 6 février 1992 et n° 93-122 du 29 janvier 1993 a choisi de donner un cadre homogène aux seuls procédés contractuels réalisant cette habilitation et d'inventer pour les désigner la qualification de « contrat de délégation de service public ».

A. UN CHOIX EXCLUSIF

861 L'habilitation à gérer une activité de service public peut être conférée par acte unilatéral ou par acte contractuel. Ce choix est exclusif dans le sens où, si l'habilitation est unilatérale, elle ne sera pas régie par le cadre général des lois du 6 février 1992 et 29 janvier 1993 et aucun fondement juridique n'autorisera l'adoption, par simple analogie, d'éléments de ce régime. Le choix porte donc sur le régime juridique de principe de l'habilitation. On sait, en revanche, que le régime contractuel est présenté par le juge administratif comme étant « de principe », si aucun texte ne prévoit la possibilité d'une habilitation unilatérale (2).

(2) CE sect., 6 avr. 2007, Commune d'Aix-en-Provence, *préc.*

Une illustration peut en être aisément donnée dans le secteur des transports. Un parlementaire s'étant ému de ce que les entreprises participant au service public de transports en région parisienne n'étaient pas mises en concurrence, le ministre chargé des Transports lui répond que la loi du 29 janvier 1993 « puisqu'elle vise les délégations de service public par voie contractuelle » ne s'applique pas aux dessertes des transports publics en Ile-de-France au motif que leur « acte fondateur » est l'inscription au plan de transport réalisée par décision unilatérale du syndicat des transports parisiens (STP) (3). La solution est claire. C'est le fondement juridique de l'habilitation à gérer le service public, ici un acte unilatéral, qui livre le régime de l'activité. Le fait que des contrats divers soient utilisés dans la suite des opérations juridiques n'est d'aucun effet sur le fondement initial. La maîtrise du service public repose donc sur un régime juridique totalement différent, dont la personne publique responsable reste libre de fixer les principes généraux d'organisation, pour des raisons d'opportunité (4).

862 Le régime de principe sous la bannière duquel est placée une habilitation n'exclut pas le recours à des instruments juridiques divers ou reposant éventuellement sur des fondements différents.

Tout d'abord, les lois du 6 février 1992 et du 29 janvier 1993 ne fixent pas de manière limitative la dénomination des « conventions de délégation de service public » qu'elles regroupent ou qu'elles intègrent dans leur champ d'application. Ensuite, l'habilitation contractuelle ne se matérialise pas nécessairement dans un seul acte. Plusieurs contrats peuvent s'articuler pour réaliser la même délégation d'une activité de service public en un « montage contractuel complexe » (5).

Certains instruments contractuels à fondement différent peuvent être associés au régime juridique global posé par un « contrat de délégation de service public ». Bien sûr, ces instruments qui ont leur cohérence propre et un objet différent ne peuvent pas être intégrés dans la catégorie des « conventions de délégation » (6). Mais il est admis que ces dispositions sont applicables si le contrat autre « s'accompagne d'une véritable délégation de service public, dans les cas où aucun texte ni aucun principe ne font obstacle à une telle délégation » (7).

B. UNE DÉCISION EN DEUX ÉTAPES

863 Depuis l'intervention de la loi du 29 janvier 1993, les données de principe du choix de la délégation du service public ont donc été, dans une grande mesure, clarifiées.

(3) Rép. min. n° 29035, *JOAN Q* 25 déc. 1995, p. 5474. Devenu depuis le STIF.

(4) Rappr. CE avis, 9 mars 1995, *EDCE* 1996, n° 47, p. 399, relatif aux transports publics dans la région parisienne.

(5) P. Terneyre, « Les montages contractuels complexes », *AJDA* 1994, n° spécial, p. 43 ; L. Rapp, « Les marchés et conventions complexes », *AJDA* 1996, p. 616.

(6) Par exemple, les baux emphytéotiques des établissements hospitaliers sont *a priori* exclus du champ d'application de la L. du 29 janv. 1993 (CE avis, 16 juin 1994, *EDCE* 1994, n° 46, p. 367) : « Le bail emphytéotique ne constituant par lui-même, ni un marché de travaux publics, ni, du moins en cas de mission limitée du preneur, une délégation de service public, les mesures de publicité et de concurrence prévue aux articles 8 et 48 de la L. […] ne lui sont pas applicables ».

(7) CE, 9 déc. 1996, req. 172800, Préfet du Gard, *Rev. Dr. Imm.* 1997, p. 224, obs. Llorens et Terneyre ; TA Bordeaux, ord. réf., 17 janv. 1997, SA Fassa *c.* Sytomog, *CJEG* 1997, p. 134, obs. Maugüé et Terneyre ; CE ass., 10 juin 1994, Commune de Cabourg, *Rec.* p. 300, *RFDA* 1994, p. 728, concl. Lasvignes, *AJDA* 1994, p. 502.

La liberté de choix, classiquement reconnue en jurisprudence (8), dispose dorénavant d'un fondement textuel. La personne publique responsable du service public se trouve aujourd'hui placée, pour la gestion de ce service, face à deux choix successifs, dont le second dépend du premier. Dans ce sens, on peut parler de deux choix articulés ou de la double articulation d'un choix global de gestion.

Le premier choix consiste à décider de conserver ou non la gestion du service public en régie, c'est-à-dire de procéder ou non à l'habilitation d'une tierce personne. Le second choix consiste, dans l'hypothèse d'une habilitation, à en choisir la tierce personne bénéficiaire.

La double articulation essentielle est là. Il est possible de considérer qu'un autre choix s'intercale entre les deux, celui du procédé contractuel ou du procédé unilatéral. Mais si, juridiquement, cette étape intermédiaire doit être distinguée, il faut remarquer qu'elle est largement conditionnée par le processus de décision. En effet, le premier choix, celui de transférer la gestion du service ou non implique le plus souvent, en raison de l'objet du service, ou maintenant du champ d'application de la loi du 29 janvier 1993, le recours à l'une ou l'autre des deux formes, unilatérale ou contractuelle. De même, il serait purement rhétorique de distinguer le choix du bénéficiaire dans le cas du recours à l'acte unilatéral, car le destinataire de l'acte est connu dès l'élaboration.

§ 2. LE CHOIX DE CONCLURE UN CONTRAT DE DÉLÉGATION DE SERVICE PUBLIC

864 À l'origine du choix de recourir à un contrat se trouve communément, pour les personnes privées, le principe de la liberté contractuelle. Le Conseil d'État donne à cette liberté la valeur d'un principe général du droit (9). Néanmoins, la liberté contractuelle n'est toujours pas clairement reconnue comme un principe autonome à valeur constitutionnelle par le Conseil constitutionnel. Pour le Conseil, « le principe de liberté contractuelle n'a pas en lui-même valeur constitutionnelle » et « sa méconnaissance ne peut être invoquée que dans le cas où elle conduirait à porter atteinte à des droits et libertés constitutionnellement garantis » (10). Relativement aux personnes publiques, au premier rang de ces droits et libertés figure le principe

(8) CE, 19 juin 1936, Cromeck, *Rec.* p. 672 ; CE, 10 avr. 1970, Beau et Lagarde, *Rec.* p. 243.

(9) CE sect., 28 janv. 1998, Soc. Borg Warner, *AJDA* 1998, p. 287 ; *CJEG* 1998, p. 269, note Moderne ; *RFDA* 1998, p. 455, et CE, 27 avr. 1998, Cornette de Saint-Cyr, *RFDA* 1998, p. 640 ; CE, 7 févr. 1986, Assoc. FO consommateurs, *Rec.* p. 31.

(10) CC, 3 août 1994, n° 94-348 DC, *Rec.* p. 117, *JCP* 1995, II, 22404, note Broussolle, et 20 mars 1997, n° 97-388 DC, *Rec.* p. 31, *JCP* 1997, I, 4066, chron. Mathieu et Verpeaux. Certes, a été admise ultérieurement dans le raisonnement du Conseil, au profit des personnes privées, une notion globale de « liberté contractuelle qui découle de l'article 4 » (CC, 19 déc. 2000, n° 2000-437 DC, L. de financement de la sécurité sociale, *Rec.* p. 190). Mais cette formulation n'implique pas que la liberté contractuelle dépasse sa valeur de principe législatif pour accéder à la valeur constitutionnelle de la liberté qui lui donne son fondement. La décision de 2000 doit être lue à la lumière de celle de 1994 : elle protège la liberté contractuelle non pas en tant que principe normatif auquel le législateur ne pourrait pas porter atteinte, mais en tant que liberté qu'il ne saurait encadrer en contredisant une norme de référence plus élevée. Étant donné les divergences de formulation des diverses décisions postérieures du Conseil (2001-451 DC ; 2001-455 DC ; 2002-464 DC ; 2002-465 DC ; 2006-535 DC), la question de la valeur constitutionnelle de la liberté contractuelle est loin d'être réglée (F. MODERNE, « La liberté contractuelle est-elle vraiment et pleinement constitutionnelle ? », *RFDA* 2006, p. 2), et en tout cas son application aux personnes publiques ne saurait procéder des mêmes fondements fussent-ils identifiés.

de libre administration des collectivités territoriales, dont la protection nécessite que les personnes publiques locales ne soient pas contraintes par l'État sur la dimension particulière de l'utilisation d'actes juridiques généraux nécessaires à leur gestion des affaires locales (11). Force est de constater que dans ce cas, le Conseil constitutionnel ne prend nullement position sur la liberté contractuelle des personnes publiques territoriales, mais sur la question classique du respect par le législateur du principe de libre administration.

À propos précisément de la commande publique, il est avéré que la « liberté » contractuelle des personnes publiques, qui mériterait pour cela d'être qualifiée plutôt d'autonomie contractuelle, ne se rattache en aucune façon à l'idée de liberté, au sens de la liberté individuelle générale reconnue par l'article 4 de la Déclaration des Droits de l'Homme, car selon le Conseil constitutionnel, « ni l'article 34, *ni aucune autre règle de valeur constitutionnelle* n'exige que les conditions de passation des marchés et contrats passés par l'État soient définis par la loi » (12).

A. LE PRINCIPE DE LIBERTÉ DE CHOIX

865 La liberté de choix entre la gestion en régie et l'habilitation d'une personne tierce a connu une évolution parallèle à celle de l'intervention générale par voie de service public dans l'économie.

Du XIXe siècle jusqu'aux années 1930, la liberté de délégation du service public n'était qu'une apparence trompeuse. Elle résultait d'un double phénomène. D'une part, la possibilité d'intervention dans l'économie était limitée par la tutelle de l'État et par la protection des deniers publics. D'autre part, la jurisprudence n'a reconnu cette intervention comme régulière qu'à la condition de ne pas porter atteinte au principe de liberté du commerce et de l'industrie (13). Or, comme le mode de gestion « de principe » des activités industrielles et commerciales est le recours à l'entreprise privée, l'intervention par voie de service public dans ces activités, sous la pression du contrôle du juge, a été réalisée par habilitation d'une personne privée (14).

On sait également que l'attitude restrictive du juge face au « socialisme municipal » (15), c'est-à-dire à la tendance des communes à fonder des services publics en matière industrielle et commerciale, a fléchi devant l'évolution sociale et les décrets-lois « Poincaré » du 5 novembre et du 28 décembre 1926, modifiant les lois fondamentales régissant les collectivités locales (lois du 10 août 1871 et du 4 avril 1884). La jurisprudence a finalement accepté que les communes puissent fonder des services publics lorsque, en raison de circonstances particulières de temps et de lieu, un intérêt

(11) CC, 20 janv. 1993, n° 92-316 DC, L. relative à la prévention de la corruption, *Rec.* p. 14 ; CC, n° 94-358 DC du 26 janv. 1995, L. d'orientation pour l'aménagement et le développement du territoire, *Rec.* p. 183, *RFDA* 1995, p. 876, note Rousseau ; *LPA*, 1995, n° 126, p. 8, note Mathieu et Verpeaux.

(12) CC, 22 août 2002, n° 2002-460 DC, LOPSI.

(13) D. d'Allarde des 2 et 17 mars 1791, art. 7.

(14) Cf. *supra* et CE, 29 mars 1901, Casanova, *Rec.* p. 333, *S.* 1901, III, 73, note Hauriou ; CE, 30 mai 1930, Chambre syndicale du commerce en détail de Nevers, *Rec.* p. 583, *RDP* 1930, p. 530, concl. Josse, *S.* 1931, III, p. 73, concl., note Alibert ; CE, 24 nov. 1933, Zénard, *Rec.* p. 1100, *S.* 1934, III, 105, concl. Detton, note Mestre ; CE, 20 nov. 1964, Ville de Nanterre, *Rec.* p. 562, *AJDA* 1964, p. 686, chron.

(15) J.-P. MACHELON, « La naissance du socialisme municipal (1882-1911). Retour sur un vieux débat », *Mél. Lavroff*, Dalloz, 2004.

public justifie cette intervention. Ainsi la liberté de fonder ces services publics est-elle liée à la liberté du choix de leur mode de gestion.

La problématique s'est récemment concentrée sur la notion d'externalisation (16). Venue de la gestion anglo-saxonne (*outsourcing*), l'externalisation est l'opération réalisée par une personne publique lorsqu'elle confie à un opérateur externe et autonome une partie de ses missions, une activité ou un organe de gestion qu'elle prenait jusque-là en charge elle-même en raison de leur caractère annexe. La problématique managériale privilégie alors une fonctionnalité présentée comme évidente : le « cœur de métier », pour préconiser un « recentrage » sur celle-ci, dans un but d'efficience. Cette présentation, qui privilégie l'approche et les activités économiques du service public (17), renvoie aux réformes et à la modernisation de l'État qui s'intensifient depuis 2007. Toutefois, cette notion en raison de son champ d'application incertain et peu juridique est tributaire des principes normatifs encadrant le choix du mode de gestion du service public.

Le principe de libre choix du mode de gestion des services publics est aujourd'hui couramment justifié par l'argumentation du commissaire du gouvernement Romieu dans ses conclusions sur l'arrêt *Babin* (18). Il est régulièrement confirmé par la jurisprudence contemporaine (19), malgré la haute teneur en arguments d'opportunité que contient ce principe (20). L'acte par lequel la personne responsable du service public en choisit le mode de gestion appartient pleinement à la catégorie des décisions administratives (21). Il peut être contesté devant le juge administratif (22), mais ce dernier n'exerce qu'un contrôle restreint excluant tout contrôle de qualification juridique des faits, fût-ce de l'erreur manifeste d'appréciation (23).

(16) J.-D. Dreyfus, « L'externalisation, éléments de droit public », *AJDA* 2002, p. 1214 ; G.-J. Guglielmi, « Réflexions critiques sur la notion d'externalisation », *Dr. ouvr.* n° 717, avr. 2008, p. 175 ; J.-D. Dreyfus, « Externalisation et liberté d'organisation du service », *AJDA* 2009, p. 1529.

(17) « L'externalisation de certaines tâches relevant du ministère de la Défense », *Rapport AN* n° 3595, M. Dasseux, 12 févr. 2002 ; Y. Lécuyer, « Mutualisation et services publics : les enjeux de la réforme », *Dr. adm.* mars 2009, p. 13.

(18) CE, 4 mai 1906, Babin, *Rec.* p. 363. V. aussi CE, 23 juin 1933, Planche, *RDP* 1934, p. 267.

(19) CE, 1er avr. 1960, Guanter, *Rec.* p. 249, *S.* 1960, III, 239, note Sirat ; CE, 24 févr. 1971, Commune de Sainte-Maure-de-Touraine, *Rec.* p. 155 ; TC, 7 juill. 1975, Commune des Ponts-de-Cé, *Rec.* p. 795 ; CE, 18 mars 1988, Loupias, *Rec.* p. 975, *RDP* 1988, p. 1460, *Dr. adm.* 1988, p. 289, s'agissant d'un affermage ; CE, 28 juin 1989, Synd. du personnel des ind. électriques et gazières du centre de Grenoble, *RFDA* 1989, p. 929, concl. Guillaume, note Lachaume, à propos d'une société d'économie mixte ; CE, ass., 2 févr. 1987, Soc. TV6, Scorpio Music, Aréna, Pathé-Marconi-Emi, *RFDA* 1987, p. 41 pour une concession.

(20) G. le Chatelier, « Le juge doit-il contrôler le mode de gestion des services publics ? », *ACCP* 2009, n° 88, p. 3.

(21) En application des règles traditionnelles relatives à l'existence et à l'entrée en vigueur des actes, la procédure de passation d'une délégation de service public n'est pas irrégulière du seul fait que les avis d'appel public à la concurrence ont été envoyés à la publication à une date où la délibération décidant de déléguer la gestion du service public n'était pas encore devenue exécutoire. Il suffit qu'elle existe : CE, 24 nov. 2010, req. 335703, Commune de Ramatuelle, *CMP* 2011, comm. 23, note Eckert.

(22) CE, 24 nov. 2010, req. 318342, Assoc. Féd. d'action régionale pour l'environnement (FARE), *CMP* janv. 2011, comm. 21 obs. Eckert. La délibération par laquelle une collectivité territoriale se prononce sur le choix du mode de gestion d'un service public et décide du principe de sa délégation est un acte exécutoire susceptible de faire l'objet d'un recours pour excès de pouvoir et non une mesure préparatoire.

(23) CE, 10 janv. 1992, req. 97476, Assoc. des usagers de l'eau de Peyreleau, *Rec.* p. 13 ; CE, 7 juin 1995, req. 143647 et 143648, Comité mixte SEML Gaz de Bordeaux, *Rec.* p. 226 ; Cass. com., 18 juin 1996, *Quot. jur.*, 1er août 1996, p. 6, à propos de la L. n° 93-23 du 8 janv. 1993 sur le monopole des pompes funèbres ; CE, 27 nov. 2002, req. 246764, SICAE région Péronne et SICAE secteur Roisel, *CMP* 2003, comm. 33, note Delacour.

Par ailleurs, on ne peut pas manquer de noter que la tendance est à la réduction des contraintes financières affectant ce choix. Ainsi, la loi de finances pour 2006 a facilité l'éligibilité au fonds de compensation de la TVA des équipements publics inclus dans un contrat de délégation de service public (24) et un décret du 16 avril 2007 a modifié le Code général des impôts pour étendre à tous les contrats de délégation le transfert du droit à déduction au délégataire, autrefois réservé aux concessions et affermages (25). De même la jurisprudence a reconnu cette éligibilité à l'ensemble des équipements réalisés par des contrats complexes (26). C'est pourquoi des incitations financières inverses ont été promptement jugées attentatoires à la liberté des collectivités publiques de s'administrer librement (27).

B. LES FONDEMENTS JURIDIQUES DE LA LIBERTÉ DE CHOIX

a) La Constitution du 4 octobre 1958

866 La loi fondamentale de l'État français contient une série de fondements généraux dont l'action du pouvoir exécutif peut se réclamer pour choisir le mode de gestion des services publics, nationaux ou locaux.

1) Fondements constitutionnels généraux

867 Le premier fondement général concernant directement l'État est l'exercice de la souveraineté nationale. À ce titre, les organes de l'État, qu'il s'agisse du pouvoir législatif ou du pouvoir exécutif, disposent d'une liberté d'appréciation pour intervenir dans le choix des moyens mis en œuvre.

L'argument de la souveraineté a été originellement mis en œuvre au XIXe siècle et au début du XXe siècle, dans le choix entre concession, au sens large, et gestion en régie. Il concernait alors des services publics à caractère industriel et commercial. Ce fondement a été étendu ultérieurement aux choix du mode de gestion des services publics à caractère administratif. L'arrêt *Caisse primaire Aide et protection* (28), donne le premier exemple de reconnaissance jurisprudentielle d'un service public à caractère administratif que la loi a implicitement confié à un organisme de droit privé (caisse d'assurances sociales), mais significativement, la jurisprudence administrative n'en tire clairement les conséquences sur les actes pris par ces organismes qu'en 1961, c'est-à-dire après l'entrée en vigueur de la Constitution (29), alors même qu'un arrêt antérieur pouvait être interprété en ce sens (30).

(24) L. LEVOYER, « Contrats publics et fonds de compensation de la TVA : enfin une clarification ! », *AJDA* 2006, p. 920.
(25) CGI, art. 201 et 216 *bis* de l'annexe II.
(26) CE, 27 juill. 2005, Département du Lot-et-Garonne, *AJDA* 2005, p. 2253, concl. Verclytte ; CE, 7 nov. 2005, Commune d'Orange, *AJDA* 2006, p. 608, concl. Glaser, note Levoyer.
(27) TA Pau, 8 avr. 2008, n° 0701422, Féd. professionnelle des entreprises de l'eau, *Dr. adm.* oct. 2008, comm. 130 : la décision d'un Conseil général de réserver certaines subventions aux travaux des communes sur les réseaux d'eau et d'assainissement à celles gérant les services en régie porte atteinte à la libre administration des communes.
(28) CE ass., 13 mai 1938, *D.* 1939, III, 65, note Pépy, concl. Latournerie.
(29) CE sect., 13 janv. 1961, Magnier, *Rec.* p. 32, *RDP* 1961, p. 155, concl. Fournier ; *AJDA* 1961, p. 142, note C.P.
(30) CE sect., 20 juin 1946, Morand, *Rec.* p. 183, *S.* 1947, III, 19, note P. H.

Dans le silence de la loi sur un mode de gestion qui serait imposé, il faut ajouter que les autorités administratives de l'exécutif disposent par principe, depuis 1958, du pouvoir réglementaire dans la matière concernée, car l'article 37 reconnaît à leur profit une clause générale de compétence. De ce fait, les autorités concernées disposent aussi du pouvoir de décision individuelle sur le choix du mode de gestion du service public.

868 Le second fondement, relatif aux collectivités territoriales, est le principe de libre administration (31) affirmé à l'article 72 et organisé par l'article 34 de la Constitution. Une des modalités d'exercice de cette libre administration des collectivités territoriales consiste, pour ces dernières, à pouvoir choisir le mode de gestion des services publics locaux qui entrent dans leur compétence en application de la notion d'affaires locales.

Le Conseil constitutionnel avait fait une première application restrictive du principe de libre administration des collectivités locales, en rappelant que la nature unitaire de l'État s'opposait à une liberté de nature politique, affranchie du respect de la loi nationale (32). Postérieurement aux lois de décentralisation, l'interprétation du Conseil a été plus favorable aux collectivités locales et a garanti à celles-ci le libre exercice de leurs compétences (33). Plus précisément en matière de conventions de délégation de service public, le Conseil constitutionnel a finalement dégagé du principe de libre administration, un principe d'autonomie contractuelle des collectivités locales, applicable à *l'exécution* de leurs services publics locaux (34). La majorité des auteurs en déduisent que le principe de liberté contractuelle en matière de gestion des services publics locaux est, *a fortiori*, applicable au choix du mode de gestion par les collectivités locales. Le juge administratif a par ailleurs reconnu que la conséquence directe du principe de libre administration des collectivités territoriales est de donner aux communes la liberté de choisir le mode de gestion de leurs réseaux (35), formulation qui a pu être élargie implicitement à la liberté de choix du mode de gestion des services publics (36).

2) La limitation spéciale des services publics constitutionnels

869 L'existence de certains services publics nationaux dont la nécessité « découle de principes ou de règles de valeur constitutionnelle » ou qui seraient « exigés par la Constitution » (37) peut avoir des conséquences sur le choix de leurs modes de gestion. De l'alinéa 9 du préambule de la Constitution de 1946, la juridiction administrative, d'une part, a déduit que, quel que soit le rang de l'entreprise publique (entreprises publiques de premier rang et entreprises entrées dans le secteur public du fait d'une loi), seule la loi peut décider de privatiser une entreprise au cas où elle gère un service public rattaché à l'État (38).

(31) *EDCE* 1994, n° 45, p. 15 à 105.
(32) CC, 23 mai 1979, n° 79-104 DC, *Rec.* p. 27; *Gaz. Pal.* 1981, n° 53-55, p. 12, note Hamon.
(33) CC, n° 89-251 DC, 12 janv. 1989, *Rec.* p. 10; *AIJC* 1988, vol. IV, p. 402, chron. Genevois.
(34) CC, 20 janv. 1993, n° 92-316 DC, *RJC* I-516, *RFDA* 1993, p. 902, note Pouyaud.
(35) CE ass., 12 déc. 2003, req. 236442, Département des Landes, *AJDA* 2004, p. 195.
(36) CE sect., 6 avr. 2007, req. 284736, Commune d'Aix en Provence, *AJDA* 2007, p. 793.
(37) CC, 25 et 26 juin 1986, n° 86-207 DC, Privatisations, *Rec.* p. 61 ; CC, n° 86-217 DC, 18 sept. 1986, Liberté de communication, *Rec.* p. 141 ; CC, 7 janv. 1988, n° 87-232 DC, L. relative à la mutualisation de la Caisse Régionale du Crédit Agricole, *Rec.* p. 17.
(38) CE, 30 juin 1995, Union des syndicats CGT de la Caisse des dépôts, *CJEG* 1996, p. 23, concl. Bonichot, à propos du CLF.

870 D'autre part, les théoriciens du droit ont tenté de distinguer au sein de cette catégorie des « services publics constitutionnels » ceux correspondant à des fonctions de souveraineté, police, justice, affaires étrangères et défense nationale, qui devraient être obligatoirement gérés en régie (39) et ne pourraient donc pas faire l'objet d'une délégation de service public. C'est le cas de la police administrative générale, même lorsqu'elle résulte d'une activité de prévention comme la vidéosurveillance (40). En revanche, d'autres services publics constitutionnels, notamment ceux inscrits au préambule de la Constitution du 27 octobre 1946, enseignement, santé ou aide sociale, pourraient faire l'objet d'une telle délégation.

Pourtant, le Conseil constitutionnel n'a pas défini de manière générale les services publics qui entreraient dans la catégorie, ni ceux qui pourraient donner lieu à distinction (41). Bien au contraire, le Conseil a accepté que le législateur transfère à une personne privée la gestion d'un service public appartenant en principe aux fonctions de souveraineté de l'État : le recouvrement de l'impôt (42). Cette dernière décision et la loi relative à l'entreprise nationale France Telecom ont donné l'occasion au Conseil de déterminer les conditions imposées au législateur lorsqu'il souhaite fixer le mode de gestion des services publics par un transfert de principe aux personnes privées (43). Elles se résument à ce que la mission de service public soit placée sous la tutelle de l'État ou sous son contrôle direct.

b) La volonté du législateur

871 Il convient de souligner le caractère déterminant de la compétence législative en la matière. Certes, il n'est pas contestable que la fondation de services publics et le choix de leur mode de gestion puissent appartenir au pouvoir réglementaire général. Pourtant, cette compétence est étroitement conditionnée par la loi, qui intervient dans la plupart des domaines. Il est alors nécessaire de faire remarquer que la reconnaissance jurisprudentielle du mode de gestion du service public par des organismes privés habilités par acte unilatéral était fondée sur des textes législatifs : loi du 20 juin 1936, limitant les cumuls d'emplois ou de rémunérations publics pour l'arrêt *Caisse primaire Aide et protection* ; Code rural, articles 343 et suivants, pour l'arrêt *Magnier* ; loi du 2 décembre 1940 pour les arrêts *Monpeurt*, *Bouguen*, *Morand*.

1) La loi fournit le cadre principal de l'intervention grâce au cadre normatif de la décentralisation

872 D'une part, les lois de décentralisation ont posé de manière générale le principe de la liberté de choix du mode de gestion des services publics. Elles précisent surtout la

(39) L. Favoreu, « Le Droit constitutionnel jurisprudentiel », *RDP* 1989, p. 462 ; « Service public et Constitution », *AJDA* 1997 n° spécial, p. 16 ; G. Drago, « Service public national et services publics constitutionnels », *JCP A* 2007, n° 16-18, p. 26.

(40) CC, 10 mars 2011, n° 2011-265 DC, L. d'orientation et de programmation pour la performance de la sécurité intérieure (dite Loppsi 2), devenue L. n° 2011-267 du 14 mars 2011, *JO* 15 mars 2011.

(41) R. De Bellescize, *Les services publics constitutionnels*, LGDJ, Bibl. droit public, t. 244, 2005.

(42) CC, 28 déc. 1990, n° 90-285 DC, L. de finances pour 1991, *Rec.* p. 95, *AJDA* 1991, p. 475, note Prétot ; *Dr. fisc.* 1991, n° 14, p. 612, note Philip ; *Dr. soc.* 1991, p. 338, note Prétot ; *LPA*, 8 févr. 1991, p. 15, note Chaumont.

(43) CC, 23 juill. 1996, n° 96-380 DC, France Télécom, *Rec.* p. 107, *AJDA* 1996, p. 694, note Schrameck ; *RFDA* 1996, p. 950.

compétence des assemblées locales pour régler, par leurs délibérations, les affaires locales relevant de leur niveau d'administration. Ces affaires locales comprennent les services publics locaux, et notamment l'organisation de leur gestion, avec, au premier chef, le choix du mode de gestion. Le déféré préfectoral sur ce point a parfaitement intégré la jurisprudence antérieure, élaborée pour le recours pour excès de pouvoir des particuliers : les organes des collectivités locales sont pleinement compétents pour organiser les services publics en fonction de leur propre appréciation de l'intérêt général (44). En l'occurrence, il s'agit des maires ou présidents des conseils généraux et régionaux, en leur qualité d'organes exécutifs (45).

La circulaire du 7 août 1987 a tiré les conséquences du principe de liberté de choix du mode de gestion des services publics locaux, à la suite de deux avis du Conseil d'État en date du 7 octobre 1986 et du 7 avril 1987 (46). Elle a été prise à l'issue d'une très large consultation avec les associations relais des collectivités locales. Son principal apport est d'avoir confirmé que le caractère administratif d'un service public n'interdit pas à une collectivité locale compétente d'en transférer la gestion ou l'exécution à des personnes privées.

À ce titre, elle a joué un rôle déterminant dans l'intervention locale après la décentralisation qui, jusqu'alors, était limitée par la distinction des services publics administratifs, pour lesquels aucune possibilité de délégation n'était envisageable, et des services publics industriels et commerciaux pour lesquels les collectivités territoriales disposaient d'une faculté de délégation. Sans faire disparaître cette distinction pourtant critiquée, les avis et la circulaire ont rappelé que les collectivités territoriales peuvent librement choisir le transfert de l'activité de service public. Seulement, « les mêmes règles ne sont pas applicables aux services publics industriels et commerciaux et aux services publics administratifs dont la charge suivant le cas est supportée par la commune seule ou répartie entre la commune et les usagers ».

2) Le libre choix du mode de gestion et l'application de la législation nationale sur la concurrence

873 La question s'est posée, depuis l'entrée en vigueur de l'ordonnance n° 86-1243 du 1er décembre 1986 (devenue art. L. 410-1 et s. C. commerce), de l'application du droit de la concurrence aux personnes publiques dans leurs activités d'intervention économique. Dans cet ordre d'idées, la décision même de transférer des activités de service public à une tierce personne aurait pu se trouver contrainte par les règles de l'ordonnance.

Mais le Tribunal des conflits a très tôt considéré que le choix du mode de gestion du service public, en tant que décision d'organisation du service, n'est pas en lui-même constitutif d'une activité de production, de distribution et de service, et n'entre donc pas dans le champ d'application de l'article L. 410-1 (47). De plus, il a fermement

(44) CE, 1er avr. 1960, Sieur Guanter, *Rec.* p. 249, *S.* 1960, III, 239, note Sirat ; TC, 7 juill. 1975, Commune des Ponts-de-Cé, *Rec.* p. 795.

(45) CE, 6 janv. 1995, Ville de Paris, *Rec.* p. 3 ; la dernière circulaire antérieure à la L. du 29 janv. 1993, en date du 11 juill. 1991, relative à la gestion déléguée des services publics locaux le rappelait encore.

(46) *Les Grands Avis du Conseil d'État*, Dalloz, 1997, n° 26, comm. Dal Farra.

(47) TC, 6 juin 1989, Préfet de la Région Île-de-France c. Soc. d'Exploitation et de Distribution d'Eau (SAEDE), *Rec.* p. 292, *AJDA* 1989, p. 467, note Bazex, *RFDA* 1989, p. 457, concl. Stirn ; *RDP* 1989, p. 1782, note Gaudemet ; *JCP* 1990, II, 21395, note Terneyre ; *D.* 1990, jur. p. 418, note Israël ; M.-C. Boutard-Labarde, L. Vogel, « Droit de la concurrence et personnes publiques », *Gaz. Pal.* 23 déc. 1989, 2, doc., p. 747.

confirmé que le Conseil de la concurrence, et par voie de conséquence la cour d'appel de Paris, ne pouvaient pas connaître d'actes administratifs non détachables du choix (48) ou de comportements indissociables d'un acte comportant usage de prérogatives de puissance publique (49).

Le juge administratif aujourd'hui est donc exclusivement compétent pour connaître des décisions par lesquelles est assuré le choix du mode de gestion du service public parce qu'elles traduisent l'exercice de prérogatives de puissance publique, et ceci sur le simple fondement de la compétence générale de cette juridiction pour connaître des actes administratifs. Dans le cadre de sa compétence, le juge administratif applique alors les règles des articles L. 410-1 et s. du Code de commerce, comme toute autre composante du bloc de légalité (50). Le législateur a bien marqué que cette liberté de choix dans la conclusion du contrat ne saurait soustraire les conventions de délégation de service public, *une fois conclues*, aux dispositions de l'article L. 410-1 du Code de commerce (51).

Depuis l'arrêt *Million et Marais* (52), l'acte même de choix, qui échappe au droit de la concurrence en tant qu'acte de puissance publique, peut cependant être sanctionné à travers ses effets s'ils sont anticoncurrentiels (53). Il en est ainsi par exemple des décisions relatives à la tarification des services publics (54).

Il va de soi aussi que tout acte ou comportement détachable de l'acte administratif d'habilitation peut faire l'objet d'un contrôle juridictionnel, au besoin par le juge judiciaire, au regard du droit de la concurrence (55), à condition qu'il relève d'une activité de production, de distribution et de service soumise aux règles de la concurrence.

c) Le droit européen

874 Il peut paraître paradoxal de fonder la liberté de choix sur les traités européens, mais force est de constater que ces textes ne remettent nullement en question la liberté de choix du mode de gestion des services publics. Au contraire, la liberté de choix demeure de principe pour chaque État membre, car elle est considérée comme liée à sa souveraineté nationale. La jurisprudence européenne se garde bien de contraindre

(48) Ceux relatifs à l'organisation ou aux conditions d'exploitation du service : TC, 19 janv. 1998, Union française de l'Express, *Rec.* p. 534, *D.* 1998, p. 329, concl. Arrighi de Casanova, *RFDA* 1999, p. 189, note Seiller.

(49) TC, 18 oct. 1999, ADP et Air France, *Rec.* p. 479, concl. Schwartz, *AJDA* 1999, p. 1029, note Bazex, chron., *RFDA* 2000, p. 567, note Laidié, *DP aff.* 2000, p. 607, note Louvaris.

(50) C. Ribot, « Délégation de service public et droit du marché », *CMP* mai 2003, chr. n° 8.

(51) L. n° 95-127 du 8 févr. 1995, relative aux marchés publics et délégations de service public modifiant l'article 53 de l'ordonnance n° 86-1243 du 1er déc. 1986, pour y ajouter *in fine* « notamment dans le cadre de convention de délégation de service public ».

(52) CE, 3 nov. 1997, Soc. Million et Marais, *Rec.* p. 406, *RFDA* 1997, p. 1228, concl. Stahl, *AJDA* 1997, p. 945, chron.

(53) Le Conseil de la concurrence sanctionnait depuis longtemps la détermination par une personne publique de pratiques anticoncurrentielles (Cons. conc., n° 91-D-15, Commune de Baie-Mahault, *BOCCRF* 12 avr. 1991, p. 111).

(54) CE, 29 juill. 2002, Soc. CEGEDIM, *Dr. adm.* 2002, n° 173, note Bazex et Blazy, *AJDA* 2002, p. 1072, note Nicinski.

(55) CA Paris, 1re ch. H, 27 janv. 1998, Électricité de France c. Soc. auxiliaire de chauffage, *AJDA* 1998, p. 435, note Adam et Blazy.

le choix stratégique entre gérer en régie ou bien en délégation (56). Une telle attitude est d'ailleurs renforcée par l'article 345 TFUE (ex-222 TCE) qui interdit aux organes européens d'intervenir directement dans le régime de la propriété de chacun des États membres. La forme juridique des entreprises bénéficiaires d'une habilitation à gérer un service public, ou entreprises chargées d'activités d'intérêt général, est donc laissée à l'entière liberté d'appréciation des États membres.

De même, la forme de l'entreprise ne paraît pas entrer en ligne de compte pour déterminer si une activité de service public déléguée est ou non soumise aux règles de concurrence. La Cour de justice des Communautés européennes (57), en effet, part seulement du constat de la nature de l'activité exercée pour justifier l'application d'un régime dérogatoire à l'article 106 TFUE (ancien art. 86 TCE). Elle affirme nettement la différence entre « l'hypothèse où l'État agit en exerçant l'autorité publique de celle où il exerce des activités économiques de caractère industriel et commercial consistant à offrir des biens ou des services sur le marché ». Il existe ainsi des activités visant à remplir « une mission d'intérêt général qui relève des fonctions essentielles de l'État » qui « par sa nature, son objet et les règles auxquelles elle est soumise, se rattache ainsi à l'exercice de prérogatives [...] qui sont uniquement des prérogatives de puissance publique » (58).

875 En revanche, le mode d'organisation des services publics choisi par chaque État et le régime juridique de cette organisation, doivent être compatibles avec les normes posées en matière de concurrence par les traités, chaque fois que l'activité de service public transférée est soumise à ces normes.

Ainsi l'article 106 TFUE prévoit-il d'une part que les règles de concurrence posées par les traités sont applicables aux entreprises chargées d'activités d'intérêt général – et il est admis que les entreprises exerçant une activité de service public en France font partie de cette dernière catégorie ; d'autre part que les règles de concurrence européennes doivent être atténuées en fonction des exigences particulières des missions d'intérêt général confiées à ces entreprises. L'organe européen de décision en matière de droit de la concurrence est la Commission, laquelle dispose des moyens réglementaires nécessaires pour ce faire.

876 L'application jurisprudentielle de ces principes est maintenant bien cernée par la Cour de justice des Communautés européennes. Les arrêts *Corbeau* et *Commune d'Almelo* (précités, en matière de distribution d'énergie) et *Franzen* (59) marquent un rééquilibrage favorable à la souveraineté des États membres et à la liberté de choix du mode de gestion face à un droit de la concurrence parfois très contraignant.

Dans cet ordre d'idées, selon la jurisprudence européenne, l'article 101 TFUE relatif aux accords entre entreprises ne concerne pas les contrats de délégation de service public conclus entre les collectivités locales et les entreprises privées

(56) CJCE, 11 janv. 2005, aff. C-26/03, Stadt Halle et RPL Lochau, *Rec.* p. I-1, *AJDA* 2005, p. 898, note Rolin.

(57) CJCE, 18 mars 1997, aff. C-343/95, Diego Cali et Figli, *Rec.* p. 1547, *Europe* 1997, n° 160, note L. Idot.

(58) Application de la jurisprudence *Eurocontrol* : CJCE, 19 janv. 1994, aff. C-364/92, SAT Fluggesellschaft et Eurocontrol, *Rec.* p. 43, *D.* 1995, p. 33, note Lhuillier ; CJCE, 14 déc. 2000, aff. C-446/98, Fazenda Pública, *Rec.* p. I-11435.

(59) CJCE, 23 oct. 1997, aff. C-189/9, Franzen, *Rec.* p. 5909.

chargées de l'exécution de ces services (60). Les juridictions françaises en ont d'ailleurs jugé de même (61). La solution posée par le Tribunal des conflits (62), qui soustrait le choix du mode de gestion du service public, sinon ses effets, au champ d'application de l'article L. 410-1 du Code de commerce, signifie surtout, dans l'ordre juridique français, qu'une autorité administrative indépendante, le Conseil de la concurrence, chargée de la régulation du domaine dans lequel s'exerce l'activité de service public, ne peut pas invalider la décision de l'organe délibérant d'une collectivité locale opérant le choix du mode de gestion, même si elle peut en sanctionner les effets anticoncurrentiels.

Enfin, il faut rappeler que le droit de l'Union n'impose aucunement aux personnes publiques de s'assurer qu'une activité serait plus efficiente si elle était externalisée. L'arrêt *Stadt Halle* (63) rappelle qu'« une autorité publique, qui est un pouvoir adjudicateur, a la possibilité d'accomplir les tâches d'intérêt public qui lui incombent par ses propres moyens, administratifs, techniques et autres, sans être obligée de faire appel à des entités externes n'appartenant pas à ses services ».

§ 3. LE CHOIX DU DÉLÉGATAIRE

877 **Bibliographie** : T. Alibert, « L'*intuitus personae* dans la concession de service public : un principe en mutation ? », *Rev. adm.* 1990, p. 507 ; *LPA*, n° spécial « Marchés publics et délégations de service public face au droit communautaire », 2 février 2000 ; C. Bréchon-Moulènes, « De la loyauté de l'administration publique contractante », *Mél. F. Moderne*, Dalloz, 2004, p. 439 ; P. Zavoli, « Délégation de service public et exigence de sincérité », *AJDA* 2006, p. 1150 ; S. Braconnier, « Étendue de la négociation dans la procédure de délégation de service public », *AJDA* 2006, p. 554 ; J.-B. Vila, « De la liberté des personnes publiques en matière de procédure de passation des délégations de service public », *JCP A*, 27 sept. 2010, 2291 ; F. Brenet, « La négociation du contrat de délégation de service public en cours de passation », *Dr. adm.*, oct. 2010, comm. 128.

878 Le principe du libre choix du mode de gestion s'accompagnait traditionnellement d'un corollaire : le libre choix du délégataire (64). Néanmoins, l'intervention de la loi du 29 janvier 1993 a entraîné deux types de conséquences sur cette option. La première est que la définition d'un cadre légal pour la délégation de service public a unifié la manière d'envisager le choix du délégataire ; la seconde est que le contenu de ce cadre légal fixe de manière assez précise la procédure de choix (art. 38 et s.), ce qui constitue bien évidemment une contrainte en soi.

(60) CJCE, 4 mai 1988, aff. n° 301-87, Bodson c. Pompes Funèbres des Régions Libérées, *Rec.* p. 2518 ; *JCP* 1988, II, n° 21145, obs. Boutard-Labarde.

(61) CE, 26 juill. 1996, req. 142503, SARL Pompes funèbres des Alpes-Maritimes et autres.

(62) TC, 6 juin 1989, Préfet de la Région Île-de-France c. Soc. d'Exploitation et de Distribution d'Eau (SAEDE), *préc.*

(63) CJCE, 11 janv. 2005, *préc.* Cette affirmation est constante depuis lors : Cf. CJCE, 19 avr. 2007, aff. C-295/05, Asociación Nacional de Empresas Forestales [ASEMFO], *Rec.*, p. I-2999, *AJDA* 2007, p. 1759, note De Fenoyl et 1117, chron. ; 13 nov. 2008, aff. C-324/07, Coditel Brabant ; 9 juin 2009, aff. C-480/06, Commission c. Allemagne, *AJDA* 2009, p. 1535, chron., note Dreyfus et Rodrigues ; *RDI* 2009, p. 469, obs. Noguellou ; *AJCT* 2010, p. 98, étude Dreyfus.

(64) CE, 19 déc. 1913, Drapeyron, *Rec.* p. 1280 ; CE sect., 19 juin 1936, Sieur Cromeck, *Rec.* p. 672 ; CE, 10 avr. 1970, Sieurs Beau et Lagarde, *Rec.* p. 243 ; CE ass., 14 févr. 1975, Époux Merlin, *Rec.* p. 109 ; CE ass., 16 avr. 1986, Compagnie luxembourgeoise de télévision, *préc.* ; CE ass., 3 mars 1993, Assoc. des amis de la forêt de Saint-Germain et de Marly, *CJEG* 1993, p. 360, concl. Sanson.

A. LE PRINCIPE DE LIBERTÉ DE CHOIX

a) En droit européen

879 Le droit européen applicable en France aux contrats conclus par des personnes publiques ou pour les besoins de l'exécution de services publics se limite actuellement aux marchés publics de travaux, de fourniture ou de services. En revanche, aucune directive n'a été rendue applicable, en droit français, aux délégations de service public. Seules les concessions de travaux publics, par exception, ont été assujetties aux dispositions des directives applicables aux marchés publics (65). Il en résulte que, pour le moment, le choix du délégataire par l'autorité délégante, dans les conventions de délégation de service public ne comportant pas de travaux, est entièrement régi par le droit national, à l'exclusion de toute norme écrite de droit dérivé européen.

b) En droit interne

880 Jusqu'à une période récente, le principe de libre choix du cocontractant était une règle absolue pour les contrats de délégation de service public, alors que les marchés publics étaient soumis au Code des marchés publics, lequel impose des procédures contraignantes de mise en concurrence et de publicité (art. 33). Les conventions de délégation de service public étaient donc caractérisées par un *intuitus personae* très fort, qui pouvait atteindre la forme d'une véritable entente entre la personne publique responsable du service public et la personne tierce bénéficiaire de l'habilitation.

De même, relativement au droit de la concurrence, le juge administratif tire de la jurisprudence du Tribunal des conflits (66) la conséquence que l'« organisation » du service public, qui échappe à l'application de l'article L. 410-1 du Code de commerce, comprend aussi bien le choix du mode de gestion du service public que le choix du délégataire (67).

Par ailleurs, même après l'arrêt *Million et Marais* (68), l'ordonnance du 1er décembre 1986 ne peut pas être interprétée comme imposant *de manière générale* à l'acheteur public de procéder à une mise en concurrence préalablement à la passation d'un contrat (69). En revanche, *ceux des contrats* de délégation de service public qui ont pour objet de confier à un partenaire de la personne publique une activité de production, de distribution ou de service au sens de l'article L. 410-1 du Code de commerce, peuvent conduire à un abus automatique de position dominante s'ils ont pour effet

(65) Dir. Cons. CE, n° 93/37/CEE, 14 juin 1993, art. 3, *JOCE* 9 août 1993 ; CE, 6 févr. 1998, M. Tête c. Assoc. de sauvegarde de l'ouest Lyonnais, *Mon. TPB* 13 févr. 1998, p. 45 et *Mon. TPB* 27 févr. 1998, p. 18 et s., *Europe* 1998, n° 80, p. 8.

(66) TC, 6 juin 1989, Préfet de la Région Île-de-France c. Soc. d'Exploitation et de Distribution d'Eau (SAEDE), *préc.*

(67) CE, 23 juill. 1993, Compagnie générale des eaux, *Rec.* p. 226, *RFDA* 1994, p. 252, note Terneyre, *Dr. adm.* 1993, n° 398, obs. F. S., *LPA*, 1994, n° 81, p. 15, note Guezou ; Cass. com., 14 déc. 1993, *Soc. Couach-Plascoa, CJEG* 1994, p. 124, note Leonnet.

(68) CE, 3 nov. 1997, Soc. Million et Marais, *Rec.* p. 406, *RFDA* 1997, p. 1228, concl. Stahl, *AJDA* 1997, p. 945, chron.

(69) Absence de principe général de mise en concurrence, CE sect., 12 oct. 1984, Chambre syndicale des agents d'assurances des Hautes-Pyrénées, *préc.* ; CE, req. 62781, 24 juin 1990, Martinetti ; v. également G. PÉQUIGNOT, *Théorie générale du contrat administratif*, préc. p. 198 et s.

d'affecter la concurrence (subvention, exclusivité) dans un secteur d'activité sans raison valable. Dans ce cas, si le contrat place le cocontractant dans une position dominante sur le marché pertinent et en exclut la concurrence, la violation de l'article 8 de l'ordonnance devra être sanctionnée par le juge administratif.

Enfin, malgré l'extension des pouvoirs du juge administratif par le référé précontractuel, aucun contrôle n'est exercé au titre de cette procédure sur le choix du délégataire (70), même si les articles L. 410-1 et suivants du Code de commerce font partie des normes dont la violation peut être invoquée (71).

881 La loi du 3 janvier 1991 rompit pourtant avec une absence quasi totale de contraintes, en soumettant à des obligations de publicité certains contrats d'ouvrages dans lesquels la rémunération de l'entrepreneur consiste dans le droit d'exploiter l'ouvrage, c'est-à-dire sans nul doute des contrats de transfert de gestion d'un service public. La loi du 6 février 1992 utilisant explicitement les termes de contrat de délégation de service public, imposa, elle aussi, des conditions de publicité (art. 14, 19, 30), et un contrôle éventuel de la chambre régionale des comptes (art. 47) aux contrats de délégation de service public.

Mais c'est surtout la loi du 29 janvier 1993 qui entreprit de rendre transparentes les relations entre personnes publiques responsables du service public et tierces personnes chargées de le gérer par transfert. Le choix du délégataire depuis 1992 est donc organisé et réalisé selon des procédures de passation très précises et pour la première fois en ce domaine, formelles (art. 38 et s. devenus CGCT, L. 1411-1 et s.).

Malgré cette précision des procédures, la loi du 29 janvier 1993 maintient le principe de la liberté de choix du délégataire par la personne publique délégante. Sous réserve du respect des obligations relatives à la transparence des choix, qui constituent une procédure préalable, la décision de délégation elle-même reste libre et marquée par l'*intuitus personae* (72). Elle doit cependant respecter le principe de l'égal accès des intéressés à l'octroi de la délégation (73), même lorsque les atteintes à l'égalité des candidats résultent de la décision d'une autre autorité administrative (74).

L'examen des modalités du choix du délégataire posées par la loi permet de se convaincre que l'existence et le formalisme des procédures n'ont pas réduit cette liberté de choix.

B. LES MODALITÉS DU CHOIX

882 Une fois précisé que les modalités de choix instituées par la loi du 29 janvier 1993 sont exclusives d'autres régimes juridiques, il convient de connaître les conventions de

(70) CE, 29 juill. 1998, Synd. des transports en commun de l'agglomération clermontoise, *BJDCP* 1999 p. 191, concl. Savoie, obs. R. S.
(71) CE, 2 juill. 1999, Société Bouygues, *CJEG* 1999, p. 357, concl. Bergeal.
(72) G. Marcou, « La notion de délégation de service public après la L. du 29 janv. 1993 », *RFDA* 1994, p. 875 ; CE, 29 juill. 1998, req. 188686, Éditions Dalloz-Sirey, *AJDA* 1999, p. 250, note Subra de Bieusses.
(73) TA Paris ord. Prés., 2 nov. 1994, Groupement des Sociétés Eiffage, *AJDA* 1995, p. 147, note Bréchon-Moulènes ; TA Paris, 2 juill. 1996, Sarfati, *RFDA* 1996, p. 1113, concl. Couzinet.
(74) CE sect., 10 mars 2006, Commune d'Houlgate, *AJDA* 2006, p. 751, note Dreyfus.

délégation exclues par la loi elle-même de son champ d'application, avant d'envisager les modalités de choix applicables à celles qui y sont soumises.

a) Exclusivité des règles instaurées par la loi du 29 janvier 1993

883 Lorsque la loi du 29 janvier 1993 est applicable, le régime juridique qu'elle pose est exclusif de tout autre et notamment de celui des marchés publics. D'une part, dans le texte même de la loi, les règles applicables aux délégations de service public font l'objet d'un chapitre distinct de celles qui modifient le droit des marchés publics (chap. IV et V de la loi). D'autre part, l'ensemble des procédures prévues constitue un régime cohérent applicable aux conventions de délégation de service public. Ce régime structure notamment des règles de mise en concurrence différentes de celles contenues dans le Code des marchés publics, règles plus légères et plus adaptées aux nécessités de l'*intuitus personae* (75).

b) Conventions exclues du champ d'application de la loi du 29 janvier 1993

884 L'article L. 1411-12 du CGCT, détermine les conventions de délégation de service public exclues du champ d'application de la loi (76). Ces conventions sont celles conclues par deux types de délégataires : les entreprises en situation de monopole (77) ; les établissements publics statutairement compétents liés par un contrat maison à la collectivité délégante (78) ; ou bien celles de faible montant.

Les montants retenus pour la détermination de ces dernières sont : 106 000 euros sur toute la durée d'une convention de délégation de service public ; ou bien 68 000 euros par an pour les conventions dont la durée d'exécution n'excède pas trois ans. Ils s'apprécient hors taxes (79), ce qui est cohérent par rapport aux textes européens.

La tentation de contourner ces seuils par la conclusion de conventions initiales de montant inférieur, puis d'avenants permettant de les dépasser ne manquerait pas d'être sanctionnée par le juge administratif. En effet, il est admis, à la suite d'événements imprévus, qu'un avenant amenant à dépasser, pour l'ensemble des opérations régies par le contrat, ces seuils, ne provoque pas l'assujettissement aux procédures prévues par la loi (80). Il n'en irait pas de même en l'absence de tout événement particulier ou en présence de faits prévisibles dès la conception de la convention.

(75) CE, 15 avr. 1996, Préfet des Bouches du Rhône c. Commune de Lambesc, *Rec.* p. 137 ; *RFDA* 1996, p. 715, concl. Chantepy, note Terneyre; *CJEG* 1996, p. 267, note Savignat; *Dr. adm.* 1996, n° 355, obs. J.-B. Auby ; *JCP* 1997, I, 4019, chron. J. Petit ; *LPA*, 12 juill. 1996, p. 30, note Préat ; *JCP E*, 1997, p. 929, note Delaire.

(76) Initialement par la L. du 29 janv. 1993, art. 41 ; ultérieurement par les lois n° 94-679, du 8 août 1994, art. 70-II ; n° 95-127 du 8 févr. 1995, art. 5 ; n° 2010-559 du 28 mai 2010.

(77) Cas de nos jours assez rare. Plus fréquemment les lois récentes attribuent, pour des raisons diverses, un privilège d'exclusivité à certaines entreprises pour l'exercice d'une de leurs activités de base.

(78) Dès lors qu'un établissement public se livre à une activité distincte, annexe ou complémentaire, il entre *a priori* dans le champ d'application de la L. du 29 janv. 1993 et doit donc être soumis aux procédures de mise en concurrence pour celle-ci.

(79) Circ. 3 mars 1995, *Mon. TPB* 3 mars 1995, Textes off., n° 4762.

(80) CE, 1er avr. 1998, req. 150702, Coenon (marché public, mais la transposition aux délégations est possible).

À la différence des deux premiers cas qui exonèrent le délégant de toute obligation, les conventions de faible montant sont alors soumises à une procédure simplifiée consistant à respecter l'article L. 1411-2 du CGCT ainsi que le décret prévoyant une publicité allégée. Elle consiste soit en une insertion dans une publication spécialisée correspondant au secteur économique concerné, soit en une insertion dans une publication habilitée à recevoir des annonces légales. Le texte de l'insertion doit mentionner : les caractéristiques essentielles de la convention envisagée, notamment son objet et sa nature ; le délai de présentation des offres, qui ne peut être inférieur à quinze jours à compter de la date de publication ; les formes et procédures à suivre pour cette présentation.

885 Une dernière dispense de procédure, à portée spéciale, doit être citée. L'article L. 1411-8 du CGCT prévoit un cas dans lequel une collectivité territoriale peut procéder à une négociation directe avec une entreprise déterminée. Il s'agit de l'impossibilité d'aboutissement de la procédure précédente. Si aucune offre n'a été présentée au stade de l'ouverture des plis, l'impossibilité est objective. Mais au-delà, si aucune offre présentée n'a été proposée par l'autorité habilitée à signer la convention ou si aucune proposition n'est acceptée par l'organe délibérant, la loi permet le recours à la négociation directe. Dans ces deux derniers cas, il est clair que le déclenchement possible d'une procédure de gré à gré est le résultat d'une décision prise par l'un ou l'autre des organes de la personne publique. Il convient dès lors de souligner que cette décision ne peut pas être prise exclusivement dans le but d'échapper au champ d'application des procédures normales prévues par la loi. La consultation initiale doit avoir été organisée dans des conditions encourageant sa réussite (81) et, une fois infructueuse, ses conditions initiales de mise en concurrence ne doivent pas être substantiellement modifiées lors de la négociation directe (82).

c) Les conventions soumises à la loi du 29 janvier 1993

886 Doivent être distingués le régime général applicable à toutes les personnes publiques et le régime spécial aux collectivités locales, qui vient ajouter des obligations nombreuses au régime général.

1) Régime général

887 La persistance du principe de libre choix se traduit, dans les termes de la loi du 29 janvier 1993, par le rôle accordé à la négociation, qui préserve la possibilité d'une décision prise *intuitu personae*. L'article 38 dispose que « les offres ainsi présentées sont librement négociées par l'autorité responsable de la personne publique délégante, qui, au terme de ces négociations, choisit le délégataire ». Cependant, pour encadrer cette négociation et assurer la transparence sinon de toutes ses phases, au moins de ses conditions initiales, de son cadre, la nouvelle procédure de conclusion des conventions de délégation de service public impose directement et formellement une publicité et indirectement et globalement (procédure de sélection, définition des critères d'attribution) une mise en concurrence préalable.

(81) CE, 29 déc. 1997, req. 160686, Préfet de Seine et Marne, s'agissant d'appels d'offres.
(82) CE, 14 mars 1997, req. 146911, Préfet du Maine et Loire, s'agissant de marchés négociés.

La publicité est réalisée au moyen de deux insertions : l'une, dans une publication habilitée à recevoir des annonces légales (journal généraliste d'annonces légales) ; l'autre, dans une publication spécialisée correspondant au secteur économique concerné (Moniteur des Travaux publics pour le bâtiment et les travaux publics, Usine nouvelle pour l'industrie, etc.). Le défaut de respect des délais de publication peut entraîner aisément la suspension du contrat dans une procédure de référé fondée sur l'article L. 551-1 CJA (83) et, au-delà, affecter la validité du contrat (84). En revanche, la prorogation du délai initialement prévu peut être jugée régulière si elle ne porte pas atteinte à l'égalité entre les candidats (85).

888 L'article L. 1411-1 du CGCT, consacre par ailleurs une première phase d'admission à présenter une offre, équivalente à l'admission à concourir connue dans d'autres domaines juridiques. L'objet auquel s'applique la décision est donc l'entreprise candidate et non l'offre présentée. En raison de la forte dose d'*intuitus personae* dans cette procédure, et de la nécessité de poursuivre une véritable négociation qui n'a pas d'équivalent par exemple en matière de marchés publics, il existe ici une phase de sélection des entreprises candidates, pour obtenir une liste d'admission à concourir préalablement au dépôt et à l'examen des offres formelles et quasi définitives. Son déroulement confirme le principe, antérieur à la loi, de l'égal accès des candidats au contrat de délégation (86).

Il n'est pas exclu que la personne publique délégante ajoute aux critères légaux des critères complémentaires à condition que, dans le respect du principe de transparence, ceux-ci soient mentionnés dans la publicité préalable et que, dans le respect du principe d'égalité des candidats à la délégation, ils ne portent pas atteinte à cette égalité (87).

889 La phase suivante de la procédure a pour but de remédier au caractère sommaire des insertions prévues par la publicité légale, mais aussi de limiter la diffusion de l'ensemble des renseignements détaillés aux seules entreprises dotées de chances sérieuses d'obtenir la délégation de service public : « la collectivité adresse à chaque candidat un document définissant les caractéristiques quantitatives et qualitatives des prestations ainsi que, s'il y a lieu les conditions de tarification du service rendu à l'usager » (art. L. 1411-1 al. 4).

Le « document » qui sert de base aux candidats admis à concourir doit donc définir les besoins à satisfaire, les objectifs de gestion, les caractéristiques des prestations et le délai de présentation des offres (88), lorsque celui-ci n'est pas fixé par la

(83) Par analogie, la question a été tranchée pour un marché public : TA Grenoble, 17 mars 1993, Soc. Polytec, *Marchés publ.* 1993, n° 276, p. 64.

(84) CE avis, 19 déc. 1995, *EDCE* 1996, n° 47, le non-respect des formalités de publicité ou de mise en concurrence entraîne la nullité du contrat conclu en méconnaissance de la loi ; TA Montpellier 5 déc. 1996, Compagnie générale des eaux, cité *in* L. Richer, *Droit des services publics locaux*, préc., m.a.j. déc. 1997, IV.10 ; TA Amiens, 31 oct. 2001, Gildas Donon, *BJDCP* 2002, p. 324.

(85) CE, 13 déc. 1996, req. 169706 et 169796, Syndicat intercommunal pour la revalorisation des déchets du secteur Cannes-Grasse et autres ; CE, 29 juill. 1998, req 188686, Éditions Dalloz-Sirey, *AJDA* 1999, p. 250, note Subra de Bieusses.

(86) TA Paris ord. Prés., 2 nov. 1994, Groupement des Sociétés Eiffage, *AJDA* 1995, p. 147, note Bréchon-Moulènes ; TA Paris, 2 juill. 1996, Sarfati, *RFDA* 1996, p. 1113, concl. Couzinet.

(87) CE, 14 déc. 2009, req. 325830, Commune de La Roche-sur-Yon ; *CMP* 2010, comm. 87, note Eckert.

(88) CE, 15 juin 2001, Synd. intercomm. d'assainissement de Saint-Martin de Ré, *Rec.* p. 265, *BJDCP* 2001, p. 415, concl. Piveteau.

réglementation. Il s'agit en quelque sorte d'un projet de cahier des charges. « Projet » car, s'agissant d'une phase préalable à la conclusion, incluse dans une véritable négociation, ce document peut toujours être amendé, y compris profondément, par la personne publique responsable du service ; « Cahier des charges », car ces éléments de définition, notamment portant sur la prestation et la tarification, sont nécessairement des éléments de contenu du futur cahier des charges du service public.

890 Les offres adressées par les entreprises candidates sur la base du « document » adressé par la personne publique délégante aux candidats se présentent comme des soumissions en matière d'appel d'offres restreint de marchés publics. Elles sont remises sous pli cacheté à l'autorité responsable de la personne publique délégante ou à la commission d'examen. Peut alors s'engager la négociation directe, phase ultime et originale de la procédure de conclusion des conventions de délégation de service public. La plus grande liberté caractérise la phase de négociation, dominée par la notion d'*intuitus personae*. Les offres sont « librement négociées par l'autorité responsable qui, au terme de ces négociations, choisit le délégataire ».

Cette liberté de principe exposée dans le régime général, est tempérée par une nécessaire exigence de sincérité (89), par l'éventuel régime légal de l'activité de service public faisant l'objet de la convention de délégation, par le statut du personnel et l'évolution de son cadre juridique en cas de transformation d'une régie en convention de délégation, ou l'évolution technologique en cours de procédure. Quels qu'en soient les motifs, qui appartiennent à la personne publique délégante, l'objet et les conditions de la délégation peuvent être modifiés au stade de la négociation lorsque ces adaptations sont d'une portée limitée, qu'elles sont justifiées par l'intérêt du service et qu'elles ne présentent pas un caractère discriminatoire pour certains candidats (90). Il convient évidemment qu'ils en soient tous informés (91). De même, la personne publique délégante peut, sans rompre le principe d'égalité ni celui de mise en concurrence, inviter un ou plusieurs candidats à modifier leurs offres si elles ne correspondent pas aux exigences du service public à assurer (92).

Dans tous les cas, si la définition de critères ou d'un cadre de référence est utile à la personne publique responsable et à une comparaison des offres, aucune forme n'est imposée par la loi. S'ils sont publiés, en revanche, ils doivent être suivis et ce, dans le respect de leur éventuelle hiérarchisation (93). L'obligation de respecter le principe d'égalité dans l'information transmise aux candidats se double alors de celle de ne pas modifier substantiellement en cours de négociation l'objet, les conditions et les critères d'attribution du contrat de délégation de service public. Il n'en demeure pas moins que la notion même de négociation impose de ne pas adopter un formalisme trop lourd dans cette dernière phase.

(89) P. Zavoli, « Délégation de service public et exigence de sincérité », *AJDA* 2006, p. 1150.

(90) CE, 21 juin 2000, req. 209319, Synd. intercommunal de la côte d'Amour et de la presqu'île guérandaise ; CE, 29 avr. 2002, Groupement des associations de l'Ouest parisien, req. 216902, 241134, *CMP* 2002, comm. n° 177, obs. Delacour.

(91) CE, 29 juill. 1998, Éditions Dalloz-Sirey, *AJDA* 1999, p. 250, note Subra de Bieusses, *BJDCP* 1999, p. 76, concl. Savoie ; CE, 21 juin 2000, Synd. intercomm. de la Côte d'amour et de la presqu'île guérandaise, *Rec.* p. 283, *RFDA* 2000, p. 1031, concl. Bergeal, *CMP* 2000, comm. 189.

(92) CE, 14 mars 2003, Soc. Air Lib, *AJDA* 2003, p. 1052, note Dreyfus.

(93) CE, 25 juill. 2001, req. 229666, Commune de Gravelines, rendu en matière de marchés publics.

2) Régime spécial aux collectivités territoriales

891 La méfiance traditionnelle du législateur national vis-à-vis des compétences et des initiatives des collectivités locales s'est traduite par l'adoption, dans la loi du 29 janvier 1993, d'un régime spécial lorsque la personne publique délégante est une collectivité territoriale. Il s'y ajoute des préoccupations propres aux objectifs conjoncturels de cette loi, qui vise à empêcher des pratiques de favoritisme et de corruption en liaison avec le financement de la vie politique (94). De manière classique, ce régime est applicable aux collectivités territoriales, à leurs groupements et à leurs établissements publics rattachés.

Ainsi, les articles L. 1411-1 et suivants du CGCT définissent un régime spécial aux collectivités territoriales, plus contraignant, plus encadré et permettant un contrôle *a posteriori* plus détaillé, par rapport au régime général. La procédure de conclusion des conventions de délégation de service public par des collectivités locales repose sur des obligations formelles spécifiques qui ont pour but d'établir clairement la compétence des organes délibérants de ces personnes publiques, ainsi que la participation, aux instances d'instruction des offres et d'expertise de la décision, de toutes les forces politiques locales représentées.

Le régime spécial affirme nettement, d'une part, que l'assemblée locale est compétente à deux moments clefs qui doivent pour cette raison être formellement distincts dans cette procédure : la décision de principe d'avoir recours à une convention de délégation (CGCT, art. L. 1411-4), c'est-à-dire le choix du mode de gestion du service public avant même tout début de recherche des entreprises candidates ; le choix du délégataire à l'issue de la procédure. Il instaure d'autre part, pour le choix de la délégation et son contrôle, une commission consultative des services publics locaux et pour l'ouverture des plis et l'instruction des offres, une commission spécialisée obligatoire (art. L. 1413-1). Enfin, de manière générale, les articles L. 1411-1 à 5 imposent des formalités de publicité beaucoup plus nombreuses, et ce à tous les stades de la procédure.

892 Le plus souvent, l'autorité habilitée à signer le contrat de délégation de service public est l'organe exécutif de la collectivité locale concernée : président de l'assemblée locale ou directeur général de l'établissement public. Le rôle de cette autorité est double. D'une part, elle dispose du pouvoir de proposition relativement au choix d'une des entreprises candidates (art. 43 al. 5). L'autorité habilitée à signer présente cette proposition à l'assemblée délibérante, en l'accompagnant de ses motifs et d'une information sur l'économie générale du contrat projeté.

D'autre part, elle est chargée par la loi de la négociation à proprement parler. Ce rôle est déterminant et il s'exerce, contre toute attente, autant avant la proposition qu'après celle-ci. Avant la proposition, de manière à pouvoir la formuler : « au vu de l'avis de la commission, l'autorité habilitée à signer la convention engage librement toute discussion utile avec une ou des entreprises ayant présenté une offre ». Il est remarquable que, à ce stade, l'autorité exécutive puisse ne s'adresser qu'aux entreprises de son choix. Le législateur a essentiellement traduit le principe de liberté de

(94) Cf. dès 1992 le rapport Bouchery, *Rapport de la commission de prévention de la corruption*, Doc. fr., 1994.

choix dans cette phase que l'on peut qualifier de libre négociation. Après la proposition, contre toute attente, le pouvoir de négociation de cette autorité reste entier. En effet, l'autorité habilitée à signer a déjà fait connaître son intention, mais la décision appartient à l'assemblée délibérante (v. *infra*) et un délai minimal a été prévu avant qu'elle ne se prononce.

Toutefois, la liberté de négociation et les possibilités de régulariser des offres incomplètes trouvent leurs limites dans le principe d'égalité d'accès à la commande publique qui implique l'égalité dans l'information et la stabilité des critères de sélection des offres, tout au long de la procédure (95).

893 La décision de choix du délégataire appartient à l'organe délibérant de la personne publique souhaitant transférer des activités de service public dont elle est responsable.

Pour prendre cette décision, l'assemblée locale dispose d'une part de la proposition faite par l'autorité habilitée à signer le contrat, d'autre part d'éléments d'information sur l'ensemble de l'opération : l'avis de la commission consultative des services publics locaux, le rapport de la commission d'ouverture des plis, les motifs de l'autorité habilitée à signer justifiant sa proposition, un descriptif de l'économie générale de la convention projetée. Il faut y ajouter, dans les communes de plus de 3500 habitants, l'obligation générale d'adresser aux conseillers municipaux une note de synthèse sur les décisions soumises à délibération au moins cinq jours francs avant la séance (CGCT, art. L. 2121-12), ainsi que celle de tenir le contrat et l'ensemble des pièces à la disposition du public en mairie (CGCT, art. L. 1411-13).

En conséquence de ces dispositions, l'assemblée délibérante dispose d'un choix ternaire. Soit elle approuve la proposition de l'autorité habilitée à signer la convention et prononce le choix du délégataire proposé. Soit elle refuse expressément la proposition. Soit elle s'estime insuffisamment informée. Dans les deux derniers cas, le fait que l'autorité exécutive dispose d'un pouvoir de proposition interdit à l'assemblée délibérante de choisir immédiatement une autre entreprise parmi celles qui avaient été admises à concourir. Dès lors, ou bien la décision de recourir à une convention de délégation de service public doit être considérée comme abandonnée, ou bien la procédure doit être reprise à la phase de négociation, c'est-à-dire que l'autorité habilitée à signer doit, en cas de refus exprès, reprendre ses entretiens avec d'autres entreprises ; en cas de manque d'information, préciser ses motivations et/ou l'économie générale du contrat projeté.

§ 4. LE CONTRÔLE DES CHOIX

894 La liberté de choix postulée au profit des personnes publiques souhaitant transférer des activités de service public par contrat ne s'entend pas de manière arbitraire ou absolue. Outre les procédures destinées à l'encadrer *a priori*,

(95) CE, 9 août 2006, Compagnie générale des Eaux, *AJDA* 2006, p. 2064, note Morel ; CE, 20 oct. 2006, req. 287198, Communauté d'agglomération SEBD, *AJDA* 2007, p. 311, note Videlin ; CE, 15 déc. 2006, req. 298618, Société Corsica Ferries, *AJDA* 2007, p. 185, note Dreyfus.

elle est soumise à plusieurs contrôles *a posteriori* (96). Ces contrôles sont de deux natures : administratifs, notamment pour les collectivités locales, et juridictionnels.

A. CONTRÔLES ADMINISTRATIFS

895 La loi du 29 janvier 1993 a eu pour effet d'unifier les modes de contrôle administratif applicables aux marchés publics et aux contrats de délégation de service public.

a) Le contrôle de légalité

896 Le régime du contrôle de légalité, aujourd'hui codifié au Code général des collectivités territoriales, à l'origine issu des lois de décentralisation était lacunaire en ce qui concerne les contrats de délégation de service public. Il ne s'appliquait qu'à certains d'entre eux : concessions et affermages de services publics industriels et commerciaux. Ce régime a été modifié par la loi du 6 février 1992 quant aux marchés publics. Par ailleurs, la loi du 29 janvier 1993 en a étendu l'application aux contrats de délégation de service public. Le préfet peut donc aujourd'hui directement déférer au tribunal administratif tous ces contrats, dans un contentieux qui est d'ailleurs celui de l'excès de pouvoir. En application des principes généraux du contrôle de légalité, si le contrat était signé puis transmis avant le vote de l'assemblée délibérante, il serait frappé de nullité (97).

La publicité qui sert de base au contrôle de légalité s'exerce en trois temps. Le contrat est transmis au préfet, avec des annexes dont la liste est fixée par décret (CGCT, art. R. 2131-5), dans les quinze jours de sa signature. Il est apposé, sur l'exemplaire du contrat notifié au cocontractant, une mention certifiant la transmission. Dans les quinze jours le préfet est averti de cette notification (CGCT, art. L. 1411-9).

b) Le contrôle éventuel des chambres régionales des comptes

897 Le contrôle, par ces institutions, du choix du délégataire est celui qui s'effectue à l'occasion du contrôle de légalité (98). Le préfet de département a la faculté de transmettre à la Chambre régionale des comptes (CRC) les conventions de délégation de services publics (99). Il en informe alors la collectivité territoriale ou l'établissement public concerné. La CRC, après avoir mis en demeure l'ordonnateur de la collectivité délégante de présenter ses propres observations dans un délai d'un mois, formule dans le même délai un avis transmis au préfet et à l'autorité exécutive de la personne

(96) M. Guénaire, « Le contrôle des services publics », *LPA*, 2000, n° 35, p. 12.
(97) CE, 8 févr. 1999, Commune de Cap d'Ail, *AJDA* 1999, p. 283.
(98) Un deuxième contrôle par les institutions des comptes résulte de la L. du 8 févr. 1995, qui impose au délégataire de produire chaque année avant le 1er juin à l'autorité délégante un rapport comportant notamment les comptes retraçant la totalité des opérations afférentes à l'exécution de la délégation de service public et une analyse de la qualité du service, avec une annexe permettant à l'autorité délégante d'apprécier les conditions d'exécution du service public. Les juridictions des comptes assurent, dans le cadre du contrôle de ceux de l'autorité délégante, la vérification du rapport et des comptes produits par le délégataire. Mais ce contrôle ne porte pas sur le choix du délégataire : il est relatif à l'exécution de la convention de délégation de service public.
(99) L. n° 92-125 du 6 févr. 1992, art. 47.III ; C. jur. fin., art. L. 234-1.

publique délégante, qui doit immédiatement en informer l'assemblée délibérante. Cet avis doit être mis à la disposition du public.

Le contrôle de gestion par la CRC peut être exercé à tout moment et non pas seulement à l'occasion d'un contrôle juridictionnel. Ses pouvoirs d'investigation sont, même dans cette compétence, très larges puisqu'elle doit avoir accès à tous les comptes de la société délégataire et la lettre du président avertissant le délégataire du contrôle n'est pas accessible au recours pour excès de pouvoir (100).

Les avis émis par les chambres régionales des comptes à la demande du représentant de l'État au cours de cette procédure ne sont pas non plus susceptibles de faire l'objet d'un recours pour excès de pouvoir. Le Conseil d'État a en effet jugé que « l'avis émis par une chambre régionale des comptes, dans le cadre [des dispositions du dernier alinéa de l'article 87 de la loi du 2 mars 1982], ne présente pas le caractère d'une décision susceptible d'être soumise au juge par la voie du recours pour excès de pouvoir » (101).

Par ailleurs, il reste de principe que l'avis de la Chambre régionale des comptes, qui constitue ici un acte administratif non décisoire, ne lie pas la décision de la Chambre qui l'a émis, en cas de prolongements contentieux sur la même convention.

En revanche, l'article L. 243-6 du Code des juridictions financières impose désormais que les observations définitives sur la gestion d'un organisme soient arrêtées par la chambre régionale des comptes après l'audition, à leur demande, de toute personne nominativement ou explicitement mise en cause (102).

c) Le contrôle de la Mission interministérielle d'enquête sur les marchés et contrats de délégation

898 Cet organisme a été fondé par la loi du 3 janvier 1991, appliquée par le décret n° 91-1232 du 6 décembre 1991 et une circulaire du 29 juillet 1992. Sa fonction est de « procéder à des enquêtes portant sur les conditions de régularité et d'impartialité dans lesquelles sont préparés, passés ou exécutés » les marchés publics. La mission interministérielle d'enquête sur les marchés publics ne peut être saisie que par des autorités administratives de l'État (ministres, préfets, Cour des comptes). Elle cherche à détecter tout particulièrement le délit de favoritisme consistant à procurer à autrui un avantage injustifié par un acte contraire aux dispositions légales et réglementaires qui ont pour objet de garantir l'égalité des candidats aux marchés publics.

899 La loi du 29 janvier 1993 a indéniablement étendu la compétence de la mission interministérielle d'enquête. D'une part elle prévoit que l'enquête sur les conditions

(100) CE avis, 20 mai 1998, Compagnie générale des eaux, *JCP* 1998, II, n° 10176, note Derosiaux ; *LPA*, 1999, n° 32, p. 13, note Bernard.

(101) CE, 8 déc. 1995, Département de la Réunion, *Dr. adm.* 1996, n° 75 ; confirmation de TA Saint-Denis de la Réunion, 29 sept. 1993, Société Transport Moolai Osman pour l'exploitation des transports scolaires de Saint-Leu.

(102) D. du 23 août 1995, articles 37 à 39 et 114 à 117 ; consacrant CE sect., 12 févr. 1993, Gaillard, *Rec.* p. 28 ; *RFDA* 1994, p. 533, concl. Lamy ; *AJDA* 1993, p. 666, note Hecquard-Théron ; *D.* 1994, p. 121, note Weil.

de régularité et d'impartialité des opérations relatives aux marchés publics pourra être également menée pour les contrats de délégation de service public (art. 49). Cette compétence s'exerce apparemment de manière indistincte quel que soit le type de contrat, marché public ou contrat de délégation de service public, ce qui est d'autant plus remarquable que le droit applicable dans ce dernier cas devient le droit administratif général et non le seul droit des marchés publics. Elle se manifeste par des pouvoirs d'enquête sur la régularité et l'impartialité des procédures dont elle a à connaître. En cas de découverte d'irrégularités, la Mission peut saisir diverses autorités y compris juridictionnelles pour donner suite à l'enquête, mais elle n'exerce pas elle-même de pouvoir de sanction, à la différence des autorités administratives indépendantes. D'autre part, le champ d'investigation est étendu en raison des personnes signataires des marchés. Non seulement les contrats de l'État et les collectivités territoriales, mais de surcroît ceux de tous les établissements publics, nationaux ou locaux, administratifs ou industriels et commerciaux – que ces contrats soient de droit public ou non – peuvent être contrôlés par la Mission. La disposition qui en exemptait les établissements publics à caractère industriel et commercial a été déclarée contraire à la Constitution par le Conseil constitutionnel (103). Il en est de même des contrats des sociétés d'économie mixte non seulement locales (loi du 3 janvier 1991), mais aussi nationales lorsqu'elles gèrent un service public.

900 Dans son rapport pour 1998, la Mission a proposé de modifier l'article 432-14 du Code pénal et de supprimer la liste des institutions (État, collectivités territoriales, établissements publics, sociétés d'économie mixte) pouvant faire l'objet d'une enquête. Cette liste, trop limitative selon elle, n'incluait pas les organismes et groupements de droit privé également soumis, en vertu de cette même loi, à des obligations de publicité et de mise en concurrence. Elle cherchait ainsi à s'aligner sur la conception large du « pouvoir adjudicateur » en droit européen. Néanmoins, dans son rapport de 2003, la MIEM précise que « depuis bientôt une année, la mission n'a plus été saisie de demande d'enquête et que les deux magistrats qui la composaient ne sont plus affectés depuis plus de deux ans... ». Cette absence de saisine de la MIEM contraste avec la multiplication des contentieux engagés en matière de délégation de service public, dans lesquels l'avis qu'elle rend peut même être utilisé par des tiers (104). Elle résulte d'une volonté gouvernementale. Il a paru nécessaire aux ministres de l'Économie et de la Justice de faire un bilan quantitatif et qualitatif de l'activité de ces deux organismes et du SCPC. À cette fin, une mission d'évaluation a été confiée conjointement à l'inspection générale des finances et à l'inspection générale des services judiciaires, chargées de faire toutes propositions utiles sur leurs perspectives d'évolution (105). Le résultat a dû être négatif, car la mission a cessé son activité à une date non définie, aux dires mêmes du Premier ministre (106). Toutefois l'arrêt de la rémunération de son dirigeant, mentionné comme le dernier, au 2 décembre 2004 donne rétrospectivement une indication.

(103) CC, 20 janv. 1993, n° 92-316 DC, *RJC* I-516, *RFDA* 1993, p. 902, note Pouyaud.
(104) Cass. crim., 25 juin 2008, n° 07-88373, *Bull. crim.* 2008, n° 166.
(105) Rép. min. n° 51888, *JOAN Q* 24 oct. 2006, p. 11060. Depuis lors les questions restent sans réponse : Question n° 1095, F. Cornut-Gentile, *JOANQ* 24 juill. 2007, p. 2946,
(106) Rép. min. n° 23233, *JOAN Q* 24 mai 2010, p. 4933,

d) Le contrôle de la délégation

901 De surcroît, lorsque les conventions de délégation de service public sont qualifiées concessions ou affermages, elles sont considérées comme des « conventions financières comportant des règlements de compte périodique » au sens de l'article R. 2222-1 du CGCT. Dès lors, le délégataire est tenu de fournir des comptes détaillés de ses opérations à la personne publique délégante. Dans les collectivités territoriales ayant plus de 75 000 euros de recettes de fonctionnement, les comptes fournis par le délégataire sont examinés par une commission de contrôle désignée par décision de l'assemblée délibérante et comportant un représentant du préfet (art. R. 2222-3). Enfin, le délégataire est tenu de se plier à toutes les demandes de communication de pièces ou de consultation sur place émanant d'agents municipaux, préfectoraux, de l'inspection générale des finances ou de l'inspection générale de l'administration (art. R. 2222-2). Ces dispositions propres aux concessions et affermages avant la loi du 29 janvier 1993, ne sont pas applicables aux modes de gestion mixtes (régies intéressées, contrats innomés) qui donnent lieu, comme dans une régie, à la reprise des opérations de recettes et dépenses dans un budget annexe de la personne publique (107).

B. CONTRÔLES JURIDICTIONNELS

902 Une des originalités du régime juridique des conventions de délégation de service public est de comporter un système juridictionnel de contrôle précontractuel. Même s'il n'appartient pas à ce juge d'examiner l'appréciation portée par l'autorité délégante sur les mérites respectifs des candidats avec lesquels elle a négocié (108), le « référé précontractuel » peut avoir un intérêt en matière de délégation de service public dans au moins deux cas. Le premier est celui du référé engagé très tôt, en phase de négociation, pour faire amender un « document » d'appel d'offres improprement rédigé ou pour tirer au clair la nature d'un contrat mal qualifié (109). Le second cas est celui de la préparation de la reconnaissance d'un délit de favoritisme. En effet, l'accomplissement d'une mise en demeure précisément rédigée peut permettre, s'il y est passé outre, de caractériser l'intention coupable nécessaire au juge pénal.

Ces mécanismes sont toutefois limités à des mesures conservatoires, même si c'est un juge du fond qui statue en référé, et leur étude relève du droit général des contrats publics (110). La compétence et l'étendue des pouvoirs du juge du fond, tant dans le contentieux administratif que dans le droit pénal présentent en revanche quelques particularités.

Deux types de contrôles peuvent être exercés au fond sur les conventions de délégation de service public. Le premier résulte de la saisine du juge administratif sur le fondement du contentieux administratif général. Le second, de la saisine du juge pénal sur le fondement de la responsabilité pénale des personnes morales de droit public.

(107) Rép. min. n° 22499, *JOAN Q* 15 janv. 1996, p. 260.
(108) CE, 25 juill. 2001, Syndicat des Eaux de l'Iffernet, *Rec.* p. 1041 ; *BJDCP* 2001, p. 530, concl. Piveteau, obs. R. S.
(109) Délégation de service public alors qu'il s'agit d'un marché public : CE, 15 avr. 1996, Préfet des Bouches du Rhône c. Commune de Lambesc, *préc.*
(110) P. Cossalter, *Le référé précontractuel et le référé contractuel. La directive recours décryptée*, Territorial Éditions, 2010 ; P. Cassia, *Pratique des référés précontractuels*, Litec, 2008.

a) Le juge administratif

903 En principe, seules les parties contractantes peuvent exercer un recours relatif à l'exécution du contrat. Les tiers sont exclus du contentieux contractuel (111), même si ce principe est atténué par le fait qu'ils disposent du recours pour excès de pouvoir contre les actes unilatéraux détachables du contrat (112). Le plus souvent, le tiers recevable à contester l'acte détachable doit avoir présenté une offre, sinon il n'aurait pas d'intérêt lui donnant qualité à agir, à moins d'avoir été irrégulièrement empêché de concourir (113).

904 Deux exceptions à ce principe peuvent avoir un grand intérêt dans le contentieux des conventions de délégation de service public. Première d'entre elles : on sait que le préfet détient de la loi du 2 mars 1982 (codifiée à l'article L. 2131-2 4° CGCT), le pouvoir de déférer directement au tribunal administratif, « les conventions relatives aux marchés… et les conventions de concession ou d'affermage des services publics locaux et les contrats de partenariat », qui font l'objet d'une transmission obligatoire au représentant de l'État. Or, le Conseil d'État a qualifié le déféré préfectoral contre les contrats de « recours pour excès de pouvoir » (114) et a admis qu'un tel recours pouvait s'exercer contre tous les contrats, même non soumis à transmission obligatoire (115). Un tiers intéressé peut alors demander au préfet d'exercer son pouvoir de déférer. L'avantage de cette procédure en cas de réussite tient au fait que, le recours pour excès de pouvoir étant ouvert contre le contrat, le juge pourra annuler l'acte.

Seconde exception au principe de l'inaccessibilité du contrat au recours pour excès de pouvoir des tiers : un tel recours peut être formé par les tiers concernés, en tant qu'usagers, contre les stipulations des contrats administratifs présentant un caractère réglementaire (116). Là encore, cette solution présente l'avantage d'admettre l'annulation directe de certaines clauses du contrat. Or, si ces clauses sont substantielles et touchent à l'économie même du contrat, il est probable que la procédure de délégation contractuelle devra être recommencée.

905 Dans ce cadre, quelle peut être l'attitude du juge administratif statuant au fond ? Quant au respect de la procédure de choix du délégataire, la plupart des contentieux ont trouvé leur mesure dans la procédure de référé contractuel. Mais au-delà, dans un avis du 19 décembre 1995, le Conseil d'État a avancé que le défaut de respect des formalités de publicité ou de mise en concurrence entraînerait la nullité du contrat conclu en méconnaissance de la loi. En conséquence, le juge du contrat saisi par un requérant ayant qualité à agir applique le même raisonnement (117).

(111) CE sect., 9 nov. 1934, Ch. de comm. et d'ind. de Tamatave, *Rec.* p. 1034.
(112) CE sect., 24 avr. 1964, Soc. an. de Livraisons industrielles et commerciales, *Rec.* p. 239, *AJDA* 1964. p. 293, chron., et 308 concl. Combarnous, *D.* 1964, jur. p. 665, note Debbasch.
(113) CE, 19 févr. 1996, SA Aubettes (deux espèces) *Rec.* p. 45, *AJDA* 1996, p. 392, concl. Fratacci, solution établie pour les marchés publics mais généralisable à tous les contrats.
(114) CE sect., 26 juill. 1991, Commune de Sainte-Marie, *Rec.* p. 302.
(115) CE, 4 nov. 1994, Département de la Sarthe, *Rec.* p. 1045.
(116) CE ass., 10 juill. 1996, Cayzeele, *Rec.* p. 274 ; *AJDA* 1996, p. 732, chron. ; *CJEG* 1996, p. 382, note Terneyre ; *RFDA* 1997, p. 89, note Delvolvé ; *LPA*, 18 déc. 1996, p. 4, note Viviano.
(117) CE avis, 19 déc. 1995, *EDCE* 1996, n° 47 ; TA Montpellier, 5 déc. 1996, Compagnie générale des eaux, cité *in* L. Richer, *Droit des services publics locaux*, préc., m.a.j. déc. 1997, IV.10.

Le juge administratif contrôle principalement le respect des règles légales et réglementaires dans la phase de négociation. Ce contrôle s'exerce d'abord au regard de principes généraux, par exemple celui d'égal accès des entreprises à l'octroi d'une délégation (118). Il porte aussi sur la procédure de négociation, par exemple sur l'établissement de la liste des candidats admis à présenter une offre, sur le respect des conditions fixées dans le règlement de consultation (119). Il est acquis que les contrats de délégation sont soumis aux principes de transparence des procédures et d'égal accès des candidats aux délégations de service public (120).

Bien que les directives européennes ne s'appliquent pas, l'arrêt *Telaustria* rappelle que la conclusion de concessions de services par les pouvoirs adjudicateurs doit « respecter les règles fondamentales du traité en général et le principe de non-discrimination en raison de la nationalité », ce qui implique notamment « une obligation de transparence » qui consiste à « garantir, en faveur de tout soumissionnaire potentiel, un degré de publicité adéquat permettant une ouverture du marché des services à la concurrence ainsi que le contrôle de l'impartialité des procédures d'adjudication » (121). La jurisprudence européenne ultérieure a dégagé un encadrement global des règles applicables à la passation de contrats de délégation de service public. Les principes généraux, au nombre de trois, se complètent : égalité de traitement, non-discrimination et transparence (122). Ils influencent nécessairement le contrôle du choix du délégataire, même si le juge administratif préfère parfois se fonder sur des dispositions exclusivement nationales lorsqu'elles leur sont conformes tout en étant plus précises (123).

Que le contrat de délégation entre ou non dans le champ d'application du droit européen, le juge administratif impose aussi un principe d'information des candidats sur les critères de sélection des offres (124). Mais l'information ne porte pas sur la façon dont sont mis en œuvre ces critères, qui n'ont donc pas à être pondérés ou hiérarchisés (125). La passation des conventions de délégation continue à donner une place centrale à l'*intuitu personae* quant au choix du délégataire. La liberté de négociation permet ainsi « d'engager les négociations avec l'une quelconque des entreprises ayant présenté une offre », sans que le refus de discuter avec les autres soit

(118) TA Paris ord. Prés., 2 nov. 1994, Groupement des Sociétés Eiffage, *AJDA* 1995, p. 147, note Bréchon-Moulènes.

(119) TA Paris, 2 juill. 1996, Sarfati, *RFDA* 1996, p. 1113, concl. Couzinet : annulation de la décision d'attribution, par le Premier ministre, de la concession du Grand Stade, motif pris de la méconnaissance des conditions financières du règlement.

(120) CE, 20 oct. 2006, Communauté d'agglomération Salon-Étang de Berre-Durance, *AJDA* 2007, p. 311, obs. Videlin ; *CMP* 2006, comm. 322, obs. Eckert.

(121) CJCE, 7 déc. 2000, aff. C-324/98, Telaustria et Telefonadress, *Rec.* p. I-10745 ; *CMP* 2001, comm. 50, obs. Llorens ; *AJDA* 2001, p. 106, note Richer.

(122) CJCE, 18 oct. 2007, aff. C-220/06, Asociación Profesional de Empresas de Reparto y Manipulado de Correspondencia, *Rec.* p. I-12175 ; *CMP* 2008, comm. 32, obs. Zimmer.

(123) CE, 1er avr. 2009, req. 323585, Communauté urbaine de Bordeaux et soc, Kéolis, *RDP* 2010, p. 217, note Eckert.

(124) CE, 23 déc. 2009, req. 328827, Établ. public du musée et du domaine de Versailles, *CMP* 2009, comm. 83, obs. Rees; *JCP A* 2010, n° 2103; *AJDA* 2010, p. 500, obs. Dreyfus; *CMP* 2010, comm. 36, obs. Eckert.

(125) CE, 3 mars 2010, Département de la Corrèze, req. 306911, *CMP* avr. 2010, p. 22, obs. Eckert ; B. Dacosta concl. sur CE ord., 21 mai 2010, Commune de Bordeaux, req. 334845, *JCP A* 2010, 2218, comm. Linditch ; J.-B. Vila, « De la liberté des personnes publiques en matière de procédure de passation des délégations de service public », *JCP A*, 2010, 2291.

jugé illégal (126). Elle s'étend aux modalités d'organisation des négociations que les personnes publiques fixent comme elles l'entendent. Aucun calendrier préalable de négociation n'est nécessaire ni contraignant pour l'avenir. La poursuite des négociations entamées avec un candidat n'est jamais obligatoire et leur interruption peut ne pas être publique (127).

906 Pourtant, si le juge administratif examine, à travers la régularité de la phase de négociation, le choix du délégataire (128), le degré de son contrôle n'est pas encore approfondi. Le choix du délégataire bénéficie de la proximité du choix du mode de gestion lui-même. Tout comme la jurisprudence du début du XXe siècle ne faisait guère la distinction et adoptait le principe du contrôle restreint (129), l'affaire *Ville de Pamiers* (130) a également posé que l'« organisation » du service public, qui échappe à l'application de l'article L. 410-1 du Code de commerce, comprend aussi bien le choix du mode de gestion du service public que le choix du délégataire (131).

Comme le juge administratif a affiché son intention de s'en tenir au contrôle de l'erreur manifeste d'appréciation (132) quant au contenu de la convention de délégation de service public, il en est de même pour le moment quant au choix du délégataire. Le premier cas d'annulation effective résultait d'une erreur manifeste d'appréciation (133). Le principe a été confirmé par la juridiction suprême (134). Mais il est probable que le degré du contrôle connaîtra un approfondissement, en raison de la précision des procédures qui demandent dorénavant une motivation des choix et offrent une prise complète au contrôle juridictionnel (135).

(126) CE, 23 mai 2008, req. 306153, Musée Rodin ; *Rec.* p. 805 ; *CMP* 2008, comm. 164, note Eckert ; AJDA 2008, p. 1768, note Sablière.

(127) CE, 18 juin 2010, req. 336120, Communauté urbaine de Strasbourg et Soc. Séché Éco Industrie, *Dr. adm.* 2010, comm. 128, obs. Brunet ; *AJCT* 2010, p. 31.

(128) TA Nantes, 11 avr. 1996, Compagnie des transports de l'Atlantique, *RFDA* 1996, p. 722, concl. Millet, *AJDA* 1996, p. 562, note Millet : l'entreprise choisie pour gérer un transport scolaire ne présentait pas les garanties et aptitudes requises par l'article 38 de la loi.

(129) Concl. Romieu sur CE, 4 mai 1906, Babin, *Rec.* p. 363.

(130) TC, 6 juin 1989, Préfet de la Région Île-de-France c. Soc. d'Exploitation et de Distribution d'Eau (SAEDE), *préc.*

(131) CE, 23 juill. 1993, Compagnie générale des eaux, *Rec.* p. 226, *RFDA* 1994, p. 252, note P. Terneyre, *Dr. adm.* 1993, n° 398, obs. F. S., *LPA*, 1994, n° 81, p. 15, note Guezou ; Cass. com., 14 déc. 1993, Soc. Couach-Plascoa, *CJEG* 1994, p. 124, note Leonnet.

(132) CE, 23 juill. 1993, Compagnie générale des eaux, *préc.*

(133) TA Nantes, 11 avr. 1996, Compagnie des transports de l'Atlantique, *RFDA* 1996, p. 722, concl. Millet ; *AJDA* 1996, p. 562, note Millet.

(134) CE, 7 nov. 2008, Département de la Vendée, *Rec.* T ; *AJDA* 2008, p. 2454, note Richer ; *CMP* 2008, comm. 296, obs. Eckert.

(135) Ch. Bettinger, G. Le Chatelier, *Les nouveaux enjeux de la concession après les réformes de 1993-1995*, éditions EFE, 1995, p. 25 : la loi fixe des critères légaux suffisamment précis pour permettre la mise en place de la qualification des faits ; C. Bréchon-Moulènes, « Choix des procédures, choix dans les procédures », *AJDA* 1998, p. 753 ; CE, 4 juin 1999, req. 150956, Soc. Recherches et développement des services funéraires : il ne ressort pas des pièces du dossier que le choix de [l'entreprise] ait été effectué en méconnaissance de l'intérêt général ou du souci d'une meilleure gestion du service public ; D. n° 2009-1456 du 27 nov. 2009 relatif aux procédures de recours applicables aux contrats de la commande publique, imposant une temporisation de 11 jours après publication d'un avis d'intention d'attribuer le contrat (CGCT, art. R. 1411-2-1), ainsi que la publication d'un avis d'attribution permettant la saisine du juge du référé contractuel dans un délai de trente-et-un jours (à défaut, le juge peut être saisi jusqu'à l'expiration d'un délai de six mois à compter du lendemain du jour de la conclusion du contrat (CJA, art. R. 551-7 ; CGCT, art. R. 1411-2-2).

b) Le juge pénal

907 **Bibliographie** : *LPA*, Colloque – actes – *De la loi Sapin au nouveau Code pénal. Transparence et contrôles des activités publiques*, 1995, n° 45 ; G. Dellis, *Droit pénal et droit administratif*, LGDJ, Bibl. de droit public, t. 184, 1997 ; F. Galetti, *Le juge pénal, nouveau juge de la responsabilité des agents publics et des élus ?*, L'Harmattan, coll. Logiques juridiques, 2000.

P. Delelis, « Délégation de service public et droit pénal », *CMP* mai 2003, chr. n° 10 ; G. Giudicelli-Delage, « Délégation de service public : le contentieux pénal », *RGCT* 2001, p. 678 ; J. Michon, « Bilan de la jurisprudence de la Cour de cassation sur le délit de favoritisme depuis sa création », *LPA* 2005, n° 109, 2 juin ; P. Reis, « Le délit de favoritisme dans les marchés publics : une régulation pénale des pratiques discriminatoires et de certaines pratiques anticoncurrentielles », *LPA*, 4 juill. 2003, n° 133.

908 Par analogie avec le droit privé, et depuis la réforme du Code pénal entrée en vigueur en 1994, il existe une responsabilité publique spéciale, dont le fondement est législatif : la responsabilité pénale des personnes morales de droit public (136). Il ne s'agit pas d'une responsabilité pénale générale. Elle ne s'applique pas à l'État, et elle doit être prévue par des textes définissant le type d'activité et l'infraction. La dissolution de la personne morale, l'interdiction d'exercice, la surveillance judiciaire sont exclues de l'arsenal des peines. Les amendes ou certaines peines de confiscation, d'exclusion des marchés publics, d'affichage de jugement sont possibles.

En l'état actuel de la législation, les collectivités territoriales et leurs groupements seront pénalement responsables des infractions commises pour leur compte, par leurs organes ou représentants, dans l'exercice d'activités susceptibles de faire l'objet de conventions de délégation de service public.

909 Or, premièrement, cette disposition peut être porteuse de divergences d'appréciation entre les ordres juridictionnels administratif et judiciaire. La loi du 22 juillet 1992 portant réforme du Code pénal a posé à l'article L. 111-5 nouveau du Code pénal que les tribunaux judiciaires statuant en matière pénale ont compétence pour interpréter les actes administratifs, réglementaires ou non, et en apprécier la légalité lorsque la solution du procès pénal en dépend. Il n'y a donc plus de question préjudicielle de droit administratif devant le juge pénal. La position du juge judiciaire sur l'appréciation des « activités susceptibles de faire l'objet de conventions de délégation de service public » pourrait alors être différente sur certains points précis, de celle du juge administratif. Il serait envisageable que ces termes désignent simplement des activités ne relevant pas de prérogatives de puissance publique régaliennes, – interprétation globale familière au juge judiciaire. En sens inverse, il faut relever que, lorsque le juge judiciaire se prononçait en vertu de la jurisprudence *Avranches et Desmarets* sur la légalité d'un acte administratif, il devait le faire en considération des mêmes règles d'appréciation que celles qu'utilisait le juge administratif (137). Il n'y a pas de raison

(136) C. pén., art. 121-2, al. 2 ; C. Mondou, « Responsabilité pénale des collectivités territoriales », *AJDA* 1993, p. 539 ; E. Picard, « La responsabilité pénale des personnes morales de droit public : fondements et champ d'application », *Rev. Soc.* 1993, p. 261 ; F. Gartner, « L'extension de la répression pénale aux personnes publiques », *RFDA* 1994, p. 126 ; J. Viret, « La responsabilité de l'administration et de ses agents à l'épreuve du droit pénal contemporain », *AJDA* 1995, p. 763.

(137) Cass. crim., 21 déc. 1961, Dame Le Roux, *préc.*, détournement de pouvoir, et Cass. crim., 21 oct. 1987, Dame Montorio, *AJDA* 1988, p. 405, obs. Prétot, *D.* 1988, 58, note Kehrig, *D.* 1989, SC, 116, obs. Waquet et Julien-Laferrière, *Rev. crit. DIP* 1988, p. 291, obs. Lagarde, erreur manifeste d'appréciation.

de penser que le juge judiciaire se prononçant sur le fondement de l'article L. 111-5 doive aujourd'hui procéder autrement.

910 Le juge pénal a ainsi considéré que ne pouvaient pas faire l'objet de délégation de service public les activités du service public de l'enseignement (138), d'animation d'une classe de découverte (139), d'organisation du transport scolaire en lien avec l'aménagement de la voirie départementale (140), la formation des pompiers volontaires (141), alors que l'exploitation d'un théâtre (142) ou d'un domaine public skiable (143), la prévention des inondations (144), l'aménagement de sites de promenade (145), peuvent au contraire faire l'objet d'un contrat de délégation de service public. Le fait qu'une activité ne soit pas susceptible de délégation de service public n'est cependant pas de nature à exonérer les personnes publiques de toute responsabilité de ce fait, notamment en matière de police (146).

911 Deuxièmement, en pratique, il existe un délit spécial concernant directement la passation des marchés publics et des conventions de délégation de service public, introduit dans notre droit pénal par l'article 7 de la loi du 3 janvier 1991 pour les marchés publics, élargi aux conventions de délégation par la loi du 29 janvier 1993, puis rétabli par la loi du 8 février 1995 (147). Il figure à l'article 432-14 du nouveau Code pénal, qui punit d'une peine de deux ans d'emprisonnement et d'une amende allant jusqu'à 30 000 euros quiconque « procure ou tente de procurer un avantage injustifié par un acte contraire aux lois et règlements visant à garantir la liberté d'accès et l'égalité des candidats dans les marchés publics et les délégations de service public ». Cette infraction, qualifiée délit de favoritisme, peut être imputée à toute « personne dépositaire de l'autorité publique ou chargée d'une mission de service public ou investie d'un mandat électif public ou exerçant les fonctions de représentant, administrateur ou agent de l'État, des collectivités territoriales, des établissements publics, des sociétés d'économie mixte d'intérêt national chargées d'une mission de service public et des sociétés d'économie mixte locale ou par toute personne agissant pour le compte de l'une de celles susmentionnées ». Il en résulte que le juge pénal est, aujourd'hui, porté à apprécier à la fois les contours des activités aptes à faire l'objet de conventions de délégation de service public et les pratiques éventuellement délictueuses qui président

(138) Cass. crim., 11 déc. 2001, Région Bourgogne Franche-Comté, *BJDCP* 2001, p. 147, concl. Commaret.

(139) Cass. crim., 12 déc. 2000, req. 98-83969, Véronique X. et Mauricette Z.

(140) Cass. crim., 6 avr. 2004, req. 03-82394, Département de l'Orne.

(141) Cass. crim., 3 mars 2009, req. 08-85720, Louis et Nadine X. : attribution par la loi à une collectivité territoriale.

(142) Cass. crim., 3 avr. 2002, req. 01-83160, SGTE, Commune de Saint-Maur des Fossés, et Cie Axa assurances, *CMP* 2002, comm. n° 191, note Eckert.

(143) Cass. crim., 14 mars 2000, req. 99-82871, Céline Misson.

(144) Cass. crim., 23 mars 2004, req. 03-84914, Commune de Manteyer.

(145) Cass. crim., 7 sept. 2010, req. 10-82119, Ville de Colmar.

(146) Cass. crim., 14 mars 2000, req. 99-82871, Céline Misson.

(147) Ce délit avait été inclus dans le nouveau Code pénal par la loi instituant ce dernier, mais la L. du 29 janv. 1993, qui en a étendu l'application aux conventions de délégation de service public, n'avait évidemment pas modifié le Code pénal, déjà établi depuis 1992 mais non en vigueur, de sorte qu'à l'entrée en vigueur du nouveau Code pénal, en 1994, la référence aux conventions de délégation avait disparu. C'est pourquoi l'article 10 de la L. n° 95-125 du 8 févr. 1995 définit une nouvelle fois ce délit. v. D. Préat, « EPIC nationaux et délit de favoritisme », *LPA*, 24 mai 1996, p. 4 ; T. Dal Farra, « La pratique du contentieux de la passation des marchés publics et délégations de service public », *Le Courrier juridique des Finances,* n° 74, mars 1997.

à la conclusion de ces conventions lorsqu'elles existent. Néanmoins, plusieurs difficultés d'application peuvent apparaître.

912 Une première difficulté est relative à l'établissement de l'intention coupable. Selon les principes généraux du droit pénal, et en application de l'article 121-3 du Code pénal, l'intention est un élément constitutif du délit. Or, le plus souvent, l'infraction n'est caractérisée que par la gravité de l'irrégularité qui entache la procédure ayant abouti à favoriser un candidat. Il est donc toujours délicat d'établir l'existence d'une intention de la personne publique responsable de favoriser le délégataire finalement choisi.

La Cour de cassation a pu poser que *« la seule constatation de la violation en connaissance de cause d'une prescription légale ou réglementaire implique de la part de son auteur l'intention coupable exigée par l'article 121-3 du Code pénal »* (148). Pourtant, le fait que les personnes publiques soient seules titulaires de la compétence de direction stratégique et bénéficiaires du libre choix du délégataire, ne suffit pas à ce qu'elles soient toujours réputées agir en pleine connaissance de cause relativement à des règles très complexes de passation des marchés et des délégations de service public. Il reste donc à démontrer la connaissance acquise des personnes publiques dans les situations objectives de *favoritisme*.

913 Une deuxième difficulté est relative à la notion *d'avantage injustifié,* prévue par le texte même de l'article d'incrimination. La rédaction de l'article 432-14 s'inspire de celle de l'article 6 de la loi du 5 septembre 1948 relative à la Cour de discipline budgétaire et financière (149). Or, la jurisprudence de la CDBF distingue l'octroi d'avantages simples, de l'octroi d'avantages injustifiés. Seul ce dernier peut éventuellement donner lieu à sanction. Rien ne laisse à penser que les juridictions pénales retiendront la même distinction que la CDBF. En l'état actuel de la jurisprudence, le juge pénal considère que constitue un avantage injustifié, sans distinction particulière, le seul fait d'avoir signé un contrat dans des conditions gravement irrégulières donnant la préférence à une entreprise sur la base de critères illégaux ou étrangers à ceux qui étaient annoncés dans l'appel d'offres (150).

914 Une troisième difficulté est relative à l'appréciation de l'imputabilité des faits à la personne publique responsable du service public ou à celle du délégataire. En effet, la responsabilité pénale de la personne morale de droit public délégante n'absorbe pas celle du délégataire pour les faits qui sont directement imputables à ce dernier (151).

(148) Cass. crim., 25 mai 1994, *Bull.* n° 203; 12 juill. 1994, *Bull.* n° 280, 14 janv. 2004, n° 03-83396 : Le délit de favoritisme ne nécessite pas l'intention de favoriser un candidat. Un simple non-respect des procédures du code suffit à le caractériser. Et le prestataire acceptant plusieurs commandes directes alors que les montants auraient dû justifier un appel d'offres commet un recel du délit d'atteinte à l'égalité des candidats dans les marchés publics : Cass. crim., 28 janv. 2004, req. 02-86597. De manière analogue, violation en connaissance de cause lorsque le prévenu signe l'engagement contractuel alors que la commission d'appel d'offres ne s'était pas encore réunie : Cass crim., 19 sept. 2007, req. 06-85003, *Bull.* n° 217.

(149) Codifié par la L. du 24 juill. 1995 à l'article L. 313-6 du Code des juridictions financières.

(150) L'avantage injustifié se caractérise par la rupture d'égalité entre les candidats : « cette rupture est suffisante en elle-même pour constituer le délit, dès lors qu'elle a été procurée en connaissance de cause », TGI Orléans, 15 juin 1996 ; V. aussi TGI Strasbourg, 19 janv. 1996. Pour un exemple de critères étrangers parce que subjectifs et occultes : Cass. crim., 24 févr. 2010, req. 09-83988, inédit.

(151) Cass. crim., 25 oct. 1995, n° 94-82.459, Assoc. des Marins-pêcheurs de Palavas-les-Flots, *Dr. adm.* 1996, n° 12.

c) Le juge financier

915 Même si elle n'est pas souvent utilisée par les candidats évincés, la voie de la Cour de discipline budgétaire et financière peut dans une certaine mesure être ouverte. La CDBF peut sanctionner l'octroi d'un avantage injustifié à autrui, en vertu de l'article L. 313-6 du Code des juridictions financières. Certes, les exécutifs locaux ne peuvent être traduits devant la CDBF sur ce fondement que s'ils ont octroyé l'avantage injustifié à l'occasion d'un ordre de réquisition (art. L. 312-2). Certes, les concurrents évincés ne peuvent pas directement saisir la CDBF. Il n'en demeure pas moins qu'ils restent libres de solliciter le procureur général près la Cour des comptes (art. L. 314-1) pour qu'il déclenche les poursuites.

Un Service central de prévention de la corruption, service interministériel rattaché au ministère de la Justice, a été chargé de centraliser les informations nécessaires à la détection et à la prévention des faits délictueux (152). Il peut être saisi moyennant une simple lettre adressée à son chef de service par une grande quantité d'autorités publiques, y compris par les maires et les dirigeants d'organismes privés chargés d'un service public. Il n'a toutefois pas publié son rapport annuel depuis 2008. Par ailleurs, les liens des juridictions financières avec le parquet pénal ont été renforcés (153) et peuvent aboutir à des saisines pour engagement de poursuites, notamment sur le fondement de l'article 432-14 du Code pénal (154).

SECTION II L'ENCADREMENT PRÉCIS DE LA FIN DU CONTRAT DE DÉLÉGATION

916 Les liens entre parties aux contrats, publics comme privés, peuvent cesser de trois manières différentes. Par l'accomplissement complet de l'objet du contrat indépendamment du temps, par l'échéance normale du contrat à la survenance du terme prévu, par la résiliation anticipée. Dans ce dernier cas, plusieurs modalités sont envisageables : l'accord conjoint des deux parties, l'initiative de l'une des parties, avec ou sans intervention du juge.

917 L'accomplissement complet de l'objet indépendamment du temps est en principe exclu des activités de service public, car elles portent sur des services et des prestations à exécution successive. Seules les deux hypothèses restantes sont envisageables. Elles ont d'ailleurs un point commun. La spécificité de l'objet de la délégation, qui est de pourvoir à l'exécution d'un service public, nécessite de concilier les principes régissant cette activité et les droits du délégataire. D'un côté en effet, la fin du contrat de délégation ne doit pas porter atteinte à la continuité du service public et, symétriquement la prolongation du contrat ne doit pas empêcher la mutabilité du service

(152) D. n° 93-232 du 13 févr. 1993.
(153) B. Poujade, « Les contrôles du juge financier sur les délégations de service public », *CMP* 2003, chron. n° 12, p. 41.
(154) D. 23 août 1995 ; Circ. du min. de la Justice, 25 août 1996, *BO* n° 62, p. 43, 3e trim. 1996.

public. D'un autre côté, le délégataire qui a investi de bonne foi dans l'activité de service public transférée par concession ne doit pas être privé du gain normal qu'il espérait, alors que le délégataire qui contracterait de mauvaise foi, dans l'espoir d'une indemnisation provoquée doit pouvoir être exclu d'avantages exclusivement liés à la fin du contrat. Enfin, il ne faut pas négliger que les relations entre collectivité délégante et délégataire peuvent faire apparaître une solidarité d'intérêts dans l'exécution du service public au profit des usagers.

918 Comme elles connaissent des solutions distinctes animées par des logiques différentes, la fin normale du contrat d'une part, et la fin anticipée du contrat d'autre part, feront l'objet de développements séparés (§ 1 et 2). Par ailleurs, la fin du contrat de délégation de service public a des effets particuliers qui seront traités en conséquence (§ 3).

§ 1. LA FIN NORMALE DU CONTRAT DE DÉLÉGATION

919 Les contrats de délégation de service public sont en principe conclus dans la perspective d'être exécutés jusqu'à leur terme, d'autant plus que, en raison de leur objet particulier, le principe de continuité du service public pousse à les maintenir malgré la réalisation de certains aléas (155). La fin normale du contrat, parce qu'elle conditionne la durée de celui-ci est aussi dans l'intérêt du cocontractant privé qui la place au centre de ses calculs de rentabilité. Néanmoins, même relativement à une fin normale, le législateur de 1993 a souhaité éviter l'apparition de phénomènes de rente ou d'enjeux de corruption en réglementant précisément, et pour la première fois, tant la durée donnant sa fin normale au contrat, que les possibilités de sa prolongation.

A. LA DURÉE PRÉVUE AU CONTRAT

a) Régime initial de la durée des concessions de service public

920 Depuis le début du XIXe siècle, la forme aujourd'hui particulière de la concession n'était soumise à aucune règle législative de portée générale. *A fortiori*, la volonté des parties n'était-elle pas contrainte dans la formation du contrat. La personne publique responsable du service déterminait donc les conditions essentielles de conclusion du contrat de concession en plein accord avec le concessionnaire. La durée, en tant qu'élément déterminant de la négociation, n'était pas fixée par référence à un usage ou à une limite légale. La durée du contrat devait simplement être assez longue pour permettre au concessionnaire de se rémunérer. Les contrats de concession étaient ainsi fréquemment conclus pour une durée de trente ans. Les affermages, qui ne nécessitaient pas les mêmes investissements de départ, pouvaient avoisiner des durées de vingt ans, mais la moyenne s'établissait plutôt à une douzaine d'années. Le dernier exemple notable

(155) CE, 29 juill. 2002, Centre hospitalier d'Armentières, *AJDA* 2002, p. 1451, note Dreyfus : Le juge du contrat, qui n'intervient pas en principe dans la gestion du délégataire de service public, y consent par exception lorsque la personne publique délégante lui demande d'adresser au délégataire, au besoin en urgence et sous astreinte, des injonctions d'adopter les mesures nécessaires à la continuité du service public.

de durées « conseillées » pour le transfert de gestion des services publics locaux se trouve dans la circulaire du 7 août 1987 (156). La théorie générale des contrats avait donc fini par présenter les plus connus des contrats opérant transfert de la gestion des services publics, la concession et l'affermage, comme définis, entre autres choses, par leur longue durée. Mais en réalité, la jurisprudence administrative, quant à elle, s'est toujours refusé à considérer la durée d'un contrat administratif comme critère de la concession, de l'affermage ou de la distinction entre les deux (157).

921 Les lois du 6 février 1992 et du 29 janvier 1993, ne font pas de la durée des conventions de délégation de service public un élément déterminant de l'appartenance à la catégorie. Le Conseil constitutionnel a été amené à se prononcer sur ce point, dans sa décision sur la loi du 29 janvier 1993 (158). Il a rappelé à cette occasion, d'une part, que même dans le domaine des contrats administratifs, la liberté des contractants demeurait de principe ; d'autre part, que, en application du principe de libre administration des collectivités territoriales, la loi ne saurait retirer aux collectivités territoriales les compétences et la liberté nécessaires pour gérer pleinement les services publics dans les domaines qu'elle leur a attribués en vertu des lois de décentralisation. Ont donc été supprimés les passages limitant la durée des « contrats de délégation de service public », les conditions d'amortissement des investissements réalisés par le bénéficiaire, les modalités de renouvellement des contrats arrivés à terme. En conséquence, les contrats de délégation de service public ne peuvent pas, pour des raisons constitutionnelles, avoir de durée préfixée. Ainsi les concessions et les affermages, en ce qu'ils sont des contrats de délégation de service public, ne sont-ils ni caractérisés, ni disqualifiés par leur durée inhabituelle. Le juge administratif acceptait d'ailleurs depuis quelque temps, aussi bien les concessions de courte durée que les affermages de longue durée (159). Néanmoins, depuis l'intervention du fondement législatif unifiant la catégorie, il a rappelé qu'il se reconnaît le pouvoir d'apprécier une éventuelle erreur manifeste d'appréciation portant sur la durée de tels contrats (160).

b) Limitation de la durée prévue aux contrats de délégation

922 **Bibliographie** : J.-F. Auby, « La durée des conventions de délégation de service public », *LPA*, 13 mars 1996, n° 32, p. 12 ; J.-F. Sestier, « Gestion contractuelle des services publics et bouleversement de l'économie du contrat », *BJDCP* 1999, p. 574 ; C. Bonnotte, « Les conventions de délégation de service public et le temps », *RFDA* 2005, p. 89 ; E. Geffray, concl. sur CE ass., 8 avr. 2009, req. 271737, Compagnie générale des eaux (CGE) c/Commune d'Olivet, *RFDA* 2009, p. 449.

923 Les règles initialement élaborées pour les concessions ont subi une double modification. Dans le sens d'un élargissement, elles se trouvent applicables à la catégorie plus générale des contrats de délégation de service public. Mais de l'autre, le principe de liberté de fixation de la durée a été abandonné.

(156) *JO* 20 déc., p. 14863.
(157) CE, 3 juin 1987, Soc. nîmoise de Tauromachie, *LPA*, 15 juin 1988, p. 12, note Poujade.
(158) CC, 20 janv. 1993, n° 92-316 DC, *RJC* I-516, *RFDA* 1993, p. 902, note Pouyaud.
(159) CE, 29 avr. 1987, Commune d'Elancourt, *Rec.* p. 153, *RFDA* 1987, p. 525, concl. Robineau.
(160) CE, 23 juill. 1993, Compagnie générale des eaux, *Rec.* p. 226, *RFDA* 1994, p. 252, note Terneyre, *Dr. adm.* 1993, n° 398, obs. F. S., *LPA*, 1994, n° 81, p. 15, note Guezou.

1) Le principe et sa portée

924 La loi du 29 janvier 1993 a profondément modifié la situation antérieure quant à la durée prévue aux contrats. Pour la première fois, cette durée fait l'objet d'un encadrement spécial, et surtout, le principe antérieur est inversé. L'article 40 de la loi pose en effet que les contrats de délégation de service public ont, par principe, une durée limitée : « Les conventions de délégation de service public doivent être limitées dans leur durée » (CGCT, art. L. 1411-2, al. 1). Cette disposition est inspirée par une volonté très nette de diminuer la durée des conventions, suspectée par les parlementaires de favoriser l'apparition de phénomènes de niche injustifiée ou de corruption. Pour autant la loi du 29 janvier 1993 n'a pas fixé les durées précises de chaque type de conventions (sauf dans le cas de l'eau, de l'assainissement et des déchets). Elle définit un cadre juridique, dans lequel les parties usent de leur liberté contractuelle, y compris quant à la durée, qu'elles peuvent négocier (161). Cette liberté contractuelle est évidemment soumise au contrôle du juge administratif.

925 Cette limitation nouvelle de la durée des contrats de délégation de service public s'applique de plein droit à l'ensemble des conventions ainsi qualifiées (162), à l'exception bien sûr de celles qui échappent au champ d'application de l'ensemble de la loi du 29 janvier 1993 (163), ou qui bénéficient d'un autre régime textuel spécial.

Ainsi, la durée des contrats de délégation de service public conclus dans les domaines de l'eau, de l'assainissement, des ordures et des déchets doit être inférieure ou égale à 20 ans. Ce plafond peut être dépassé sous condition d'examen préalable par le Directeur départemental des finances publiques, à la demande de la collectivité délégante, des justificatifs de dépassement de cette durée (164). Il faut y ajouter les opérations de délégation comprenant des conventions qui attribuent des droits réels dans le cadre de la loi du 25 juillet 1994 : la durée de ces dernières ne peut excéder une période de soixante-dix ans, non renouvelable. De même les concessions de plage sont limitées à douze ans par le décret n° 2006-608 du 26 mai 2006. Ou encore, les délégations relatives à des casinos municipaux sont tributaires de la réglementation nationale limitant à dix-huit ans les autorisations de jeux (165).

(161) CE, 15 déc. 2008, req. 312350, Communauté intercommunale des villes solidaires, et CE, 4 févr. 2009, Communauté urbaine d'Arras, req. 312411, *JCP A* 2009, 2102, note Dieu.

(162) Du moins celles conclues après l'entrée en vigueur de la loi. Pour celles qui lui préexistent, le juge administratif estime qu'elles ne peuvent plus recevoir exécution au-delà de la durée maximale fixée par l'art. 40 de cette loi à compter de l'entrée en vigueur de celle-ci, sauf en cas de prolongation par avenant (si la durée d'amortissement des installations le justifie) : CE ass., 8 avr. 2009, req. 271737 et 271782, Compagnie générale des eaux (CGE) c. Commune d'Olivet ; *RFDA* 2009, p. 449, concl. Geffray ; *AJDA* 2009, p. 1090, chron. ; *JCP A* 2009, 29, note Linditch ; *D.* 2009, 1209 ; S. Nicinski, « L'arrêt Commune d'Olivet et les distributeurs d'eau », *AJDA* 2009, p. 1747.

(163) V. *supra*, notamment art. 41 modifié par la L. n° 95-127, du 8 févr. 1995 : monopole, activité entrant dans les statuts d'un établissement public, conventions inférieures à 106 000 euros ou à 68 000 euros par an sur moins de trois ans.

(164) L. n° 93-122 du 29 janv. 1993, art. 40 modifié par l'article 75 de la L. n° 95-101 du 2 févr. 1995, devenu art. L. 1411-2 CGCT. Sur le rôle du TPG, v. circ. min. Budget du 10 mai 1995, *JO* du 12 mai 1995, p. 8019.

(165) CE, 3 oct. 2003, Commune de Ramatuelle, *BJDCP* 2003, n° 32, p. 50, concl. Mitjaville ; M. Vincent Beautsar, « Durée des concessions de casino : pour une remise en cause de la jurisprudence "Commune de Ramatuelle" par des considérations historiques », *LPA*, 9 août 2004, n° 158, p. 18 ; S. Denaja, « Casinos et concessions de service public », *Mél. Guibal*, 2006, p. 659. V. aussi L. n° 2006-437, 14 avr. 2006, portant diverses dispositions relatives au tourisme ; D. n° 2006-1595, 13 déc. 2006, modifiant

2) Le contenu

926 L'article 40 de la loi du 29 janvier 1993 fixe trois règles structurant le cadre juridique imposé à la durée. Tout d'abord, la durée prévue au contrat de délégation de service public « est déterminée par la collectivité [délégante] en fonction des prestations demandées au délégataire » (al. 1). De cette disposition très générale, le juge conclut que la durée est un élément négociable. Notamment, la collectivité délégante n'est pas tenue de fixer la durée de la convention de délégation avant la phase de négociation. Toutefois, dans ce cas il lui faudra arrêter, avant l'engagement de cette phase, les critères de sélection des offres en les rapportant à la durée proposée par les candidats. La limite de cette négociation se trouve précisément dans la loi, fixant la durée en « fonction des prestations demandées », qui n'autoriserait aucune disproportion (166).

927 Ensuite, dans le cas particulier de la concession, c'est-à-dire « lorsque les installations sont à la charge du délégataire, la convention de délégation tient compte, pour la détermination de sa durée, de la nature et du montant de l'investissement à réaliser » (al. 1). Mais au-delà, la durée de ce type de délégations de service public « ne peut dépasser la durée normale d'amortissement des installations mises en œuvre ». L'importance de la concession ne saurait servir de prétexte pour lui conférer une durée qui donnerait à terme au concessionnaire une rentabilité due à la disparition du coût d'amortissement.

928 Cette référence à la durée normale d'amortissement n'est pourtant pas pleinement satisfaisante (167). D'une part, elle tend à la fois à abréger les concessions et à augmenter les tarifs du service public à moyen terme. En effet, il devient impossible de compenser une première période de rentabilité faible due à l'amortissement et une seconde période de forte rentabilité. Le tarif du service doit donc supporter un coût réparti sur une période plus courte. Corrélativement, la marge totale espérée sur l'ensemble du contrat vient s'y ajouter aussi sur une période plus courte. D'autre part, elle n'est pas aussi précise qu'on pourrait le penser (168). Il existe en effet principalement deux sortes d'amortissement : l'amortissement fiscal, seul retenu par les services des impôts pour la détermination du résultat et de l'imposition ; l'amortissement économique, que les entreprises pratiquent en parallèle pour avoir une idée réelle de la dépréciation de leurs immobilisations. Par ailleurs, il existe, dans l'amortissement fiscal, plusieurs techniques.

929 L'amortissement comptable et fiscal est régi par les dispositions du Code général des impôts. Il est calculé en fonction d'une durée de vie théorique de l'immobilisation. Par exemple, s'agissant de bâtiments commerciaux, cette durée est au minimum de 20 ans et elle est assise sur le coût historique d'acquisition.

D. n° 59-1489, 22 déc. 1959, relatif aux casinos ; arr. 14 mai 2007, relatif à la réglementation des jeux dans les casinos ; J.-B. VILA, « La réforme du régime juridique applicable aux délégations de casinos : les enjeux d'une modernisation », *JCP A*, 2007, 2346. La mise en concurrence est de toute façon inévitable : CJUE, 9 sept. 2010, aff. C-64/08, Ernst Engelmann, *CMP* 2011, comm. 388, Zimmer.

(166) S. NICINSKI, « L'offre anormalement basse dans les délégations de service public », *AJDA* 2011, p. 879.

(167) J.-B. VILA, *Recherches sur la notion d'amortissement en matière de contrats administratifs*, thèse droit Toulouse-I, 2009.

(168) F. LINDITCH, « Recherche sur la place de l'amortissement en droit administratif », *AJDA* 1996, p. 103.

L'amortissement économique est « la résultante de la marge qui chaque année peut être dégagée sur l'exploitation pour couvrir la charge (financière) de l'investissement » (169). La charge financière de l'investissement peut dans cette approche, englober des dépenses annexes à l'immobilisation principale, voire des coûts qui ne seraient pas considérés comme immobilisés (communication, formation). Elle peut tenir compte du fait que la dépense nécessaire au renouvellement de l'installation serait supérieure à la dépense initiale en raison de l'évolution technologique. Enfin l'amortissement économique peut utiliser des modes de calcul que n'autorise pas la fiscalité, notamment l'amortissement progressif.

Pour se situer à l'intersection de ces deux logiques, le juge administratif a posé que la « durée normale d'amortissement » déterminée par la collectivité délégante est la durée normalement attendue permettant au délégataire de couvrir ses charges d'exploitation et d'investissement, compte tenu des contraintes d'exploitation liées à la nature du service et des exigences du délégant, ainsi que de la prévision des tarifs payés par les usagers, « que cette durée coïncide ou non avec la durée d'amortissement comptable des investissements » (170). Par ailleurs, pour évaluer la durée maximale de la délégation, il faut ajouter à leur durée normale d'amortissement le temps nécessaire à la réalisation de ces investissements (171). La solution d'espèce n'est pas contestable, mais elle assouplit considérablement la portée de la loi au moment où la rigueur semblait de mise quant à l'appréciation de la durée des délégations (172).

B. LA PROLONGATION DE LA DURÉE DES CONVENTIONS DE DÉLÉGATION

930 Pour éviter les contraintes excessives et les phénomènes de contournement qui pourraient naître de durées intangibles, la loi du 29 janvier 1993 (CGCT art. L. 1411-2 al. 2) a défini les conditions de la prolongation des contrats de délégation de service public. Ces conditions ouvrent des possibilités d'adaptation du contrat par voie de négociation et évitent le recours aux moyens unilatéraux dont dispose la personne publique. Peut-être pour cette raison, la jurisprudence a établi en principe général la nullité, rejaillissant sur le contrat, des clauses de tacite reconduction (173), car celles-ci ont pour objet même de permettre la passation d'un nouveau contrat sans que soient respectées les obligations de publicité et la mise en concurrence préalables.

a) Nature de la prolongation

931 La première question posée est celle de la nature juridique de la prolongation inopinée d'une convention de délégation de service public. Constitue-t-elle un nouveau contrat succédant au précédent, arrivé à son terme prévu ? Ou s'agit-il d'un

(169) J.-F. Auby, « La durée des conventions de délégation de service public », *LPA*, 1996, n° 32, p. 12.
(170) CE, 11 août 2009, req. 303517, Soc. Maison Comba, *AJDA* 2009, p. 1524.
(171) CE, 8 févr. 2010, req. 323158, Commune de Chartres, *Rec.*
(172) P. Subra de Bieusses, « Durée normale d'amortissement dans une délégation de service public », *AJDA* 2010, p. 954.
(173) CE, 29 nov. 2000, Commune de Païta, *Rec.* p. 573, *AJDA* 2001, p. 101 ; dans un contentieux des marchés publics mais avec une formulation applicable aux divers contrats soumis à des obligations de publicité et de mise en concurrence.

prolongement du contrat précédemment conclu et qui en fait partie ? La réponse est importante, car si la première solution est retenue, il convient logiquement d'appliquer à nouveau les règles de publicité et la procédure de choix prévues par la loi du 29 janvier 1993 pour la conclusion d'un contrat de délégation de service public. L'article 40 de la loi, étant muet sur ce point, renvoie implicitement aux principes applicables en général aux opérations contractuelles.

932 Premièrement, une prolongation de contrat n'est pas, en droit des contrats, considérée comme une novation de la convention initiale. La prolongation, en effet, ne réalise qu'une survie du contrat, elle le continue au-delà du terme initialement prévu. L'idée de continuation exclut celle de changement. En ce sens, la prolongation ne modifie ni l'objet du contrat de délégation de service public, ni sa cause, ni les parties contractantes. N'apparaissent ainsi ni nouveau contrat ni contrat différent (174).

Les prolongations contractuelles font d'ailleurs l'objet d'avenants, ce qui montre bien qu'elles ne transforment pas le contrat initial en un contrat qui serait nouveau ou différent. L'avenant n'a pour effet qu'une modification de l'un des éléments du régime contractuel, en cette hypothèse la durée.

Il est aisé d'en déduire que, si la prolongation ne peut, aux termes de la loi, être motivée que par les contraintes et exigences propres au service public considéré, ou par son extension géographique, alors elle ne modifie pas l'objet du contrat. En revanche, une prolongation induite par la volonté de faire assurer au délégataire un autre service public, complémentaire de celui prévu au contrat, ne serait pas juridiquement une prolongation, mais une véritable novation et encourrait donc l'annulation (175).

933 Deuxièmement, il y aurait, de toute façon, des limites à une telle novation.

Selon certains juristes « la doctrine est unanime à considérer que, depuis la loi Sapin du 29 janvier 1993, le droit des parties aux contrats de délégation de service public d'en modifier le contenu en cours d'exécution par la conclusion d'avenants est limité par la nécessité de ne pas porter atteinte au principe de mise en concurrence posé par cette loi » (176). Une première application de la logique de la loi du 29 janvier 1993 aux avenants avait été réalisée par l'annulation de trois délibérations de « régularisation » au motif qu'elles « constituent une même opération qui, compte tenu des modifications substantielles qu'elles apportent aux délégations décidées en 1989, a pour objet de nouvelles délégations des services de l'eau et de l'assainissement qui sont intervenues sans mise en œuvre de la procédure imposée par les dispositions de l'article L. 1411-1 » (177). La même limitation du contenu et de l'ampleur des avenants s'applique lorsque le cadre procédural est fondé sur le droit européen (178). Puis, un avis de la section des travaux publics (179) a synthétisé

(174) Cass. req., 8 nov. 1875, *S.* 1876, I, 102.

(175) CE, 29 déc. 2004, req. 239681, Société SOCCRAM, *Rec.* p. 762 ; *AJDA* 2005, p. 607, note Dreyfus ; *CTI* 2005, n° 19, obs. Glaser ; *BJDCP* 2005, p. 216, concl. Casas.

(176) E. Fatôme, « Les avenants », *AJDA* 1998, p. 760.

(177) TA Grenoble, 7 août 1998, Betto, *Dr. adm.* 1998, n° 303, note Devès; *BJDCP* 1999, p. 181, concl. Cau.

(178) CE ass., 20 févr. 1998, Ville de Vaucresson, *RFDA* 1998, p. 421, concl. Bergeal.

(179) CE avis sect. travaux publics, 19 avr. 2005, n° 371234, *BJDCP* 2006, p. 107, obs. R. S. et P. T. ; N. Symchowicz et P. Proot, « L'avis du 19 avr. 2005 : d'utiles précisions sur le contenu et le régime d'exécution des conventions de délégation de service public », *AJDA* 2006, p. 1371 ; CJCE, 27 oct. 2005, aff. C-187 et 188-04, Commission c. République Italienne.

les règles générales relatives aux avenants. L'avenant, qui ne doit pas porter sur des investissements qui seraient normalement à la charge du délégataire, ne peut pas modifier *substantiellement* l'objet de la gestion déléguée, ni d'ailleurs, sans qu'il soit nécessaire de caractériser un bouleversement (180), l'un des éléments essentiels de la délégation comme la durée ou le montant des investissements incombant au délégataire (181).

b) Motifs de la prolongation

934 Il existe deux motifs de prolongation des contrats de délégation de service public.

1) La prolongation est possible « pour des motifs d'intérêt général ».

Dans ce cas, la prolongation ne peut pas excéder un an. Tout d'abord, il peut s'agir du temps légitimement nécessaire au lancement d'une nouvelle procédure pour le renouvellement du contrat (182). Ensuite, le sens des termes « motif d'intérêt général » est donné par la jurisprudence administrative. Ils ne doivent pas être pris dans l'absolu, mais relativement à l'objet du contrat de concession. Ainsi, l'adaptation nécessaire d'un objectif, qui relève de la direction stratégique du service public fournit un motif d'intérêt général, parce que le principe de mutabilité du service public doit être respecté.

Cette adaptation peut venir d'une modification de l'état du droit. Ainsi, dans l'affaire des eaux de Grenoble, la modification du cadre législatif et réglementaire étant avérée et porteuse de conséquences, « rien ne faisait obstacle à ce que le maire de Grenoble procède, sans attendre l'issue de la procédure contentieuse engagée par M. Avrillier devant le Conseil d'État, à la renégociation des contrats litigieux et ait demandé à son conseil municipal de l'autoriser [...] à signer les avenants destinés à mettre le contrat initial en conformité avec les dispositions législatives et réglementaires » (183). Elle peut aussi être déclenchée par une modification des circonstances de fait.

En revanche, il serait interdit aux parties à un contrat de délégation de la gestion d'un service public, et en général à tout contrat soumis à une obligation de mise en concurrence, de rechercher discrétionnairement, après la conclusion du contrat, une modification substantielle des données de la mise en concurrence, alors qu'aucun événement particulier ne les y contraint ou ne les y incite fortement.

(180) Exigence propre aux marchés publics et non applicable aux contrats de délégation : L. Vidal, *L'équilibre financier du contrat*, Bruylant, 2005, p. 670 ; Code Marchés publ., art. 19 ; CCA Versailles, 3 mars 2005, Comm. d'agglo. de Cergy-Pontoise, req. 03VE04736, *AJDA* 2005, p. 1078, *BJDCP* 2005, p. 295, concl. Barnaba, obs. Schwartz.

(181) Cette solution est cohérente avec celle que la section des finances avait mise au point pour les cessions dans son avis du 8 juin 2000 : n° 141654, *AJDA* 2000, p. 758, obs. Richer ; *CMP* 2000, chr. n° 1 et comm. n° 24, Llorens ; *CJEG* 2001, p. 103, obs. Maugüé et Deruy ; *BJDCP* 2002, p. 94, obs. Glaser.

(182) CE, 8 juin 2005, Tomaselli, *AJDA* 2005, p. 1686, note Dreyfus ; *BJDCP* 2005, p. 381, concl. Boulouis, obs. C.M.

(183) Avis, section du rapport et des études du Conseil d'État, 3 déc. 1997, Avrillier, *AJDA* 1998, p. 169, note Richer. Le maire y avait été incité par une lettre de la CRC du 22 nov. 1995, concluant à la nécessité de renégocier les conventions d'affermage dans un sens plus favorable aux intérêts des usagers.

2) La prolongation est possible et, en fait, inévitable en conséquence d'une demande de la personne publique délégante qui modifierait significativement, en cours d'exécution, le contrat initial.

935 La loi du 29 janvier 1993 vise en effet les cas où une telle demande porte sur la bonne exécution du service public, ou bien sur l'extension du champ géographique initial, ce qui est classique. La loi n° 2010-788 du 12 juillet 2010 portant engagement national pour l'environnement y a ajouté les demandes portant sur l'utilisation nouvelle ou accrue d'énergies renouvelables ou de récupération, si la durée de la convention restant à courir avant son terme est supérieure à trois ans, ce qui répond à une jurisprudence contraire ; et celles concernant la réalisation d'une opération pilote d'injection et de stockage de dioxyde de carbone, ce qui est étonnant étant donné l'absence de consensus sur cette activité.

Lorsque le délégataire est alors contraint, du fait de cette demande, à réaliser des « investissements matériels » non prévus au contrat initial, investissements qui en modifient l'économie générale et qui ne peuvent être amortis sur la durée restante de la convention, sauf à augmenter de manière « manifestement excessive » les tarifs subis par les usagers, le contrat de délégation de service public peut être prolongé. Il ne doit donc pas s'agir d'investissements de simple opportunité ou qui incomberaient normalement au délégataire (184).

L'intérêt de ce deuxième motif de prolongation est de permettre, par une négociation maintenue dans le cadre du contrat, l'adaptation nécessaire du contrat à d'éventuelles évolutions des besoins du service public, car les investissements « doivent être impliqués nécessairement par un fonctionnement du service public adapté aux besoins des usagers » (185). La loi ne limite expressément pas la durée de la prolongation, mais tant l'application du régime général de la loi, que le motif de la prolongation qui repose sur l'effet d'investissements imprévus, indiquent que cette durée ne saurait excéder la durée d'amortissement des nouveaux investissements.

c) Conditions de la prolongation

936 Les conditions de procédure, d'une part, sont les plus simples. Pour les collectivités territoriales et les établissements publics, nationaux ou locaux, la prolongation ne peut résulter que d'un vote de l'assemblée délibérante (186). Ce vote doit bien sûr être acquis conformément aux dispositions régissant le fonctionnement de ces assemblées. Pour ce qui est de l'État, aucune condition de procédure particulière n'est prévue. Enfin, les conventions conclues dans les secteurs de l'eau potable de l'assainissement des ordures ménagères et autres déchets, limitées initialement à 20 ans, sont également soumises aux règles relatives à la durée globale et à la prorogation telles qu'elles résultent de l'article L. 1411-2 (187).

(184) CE avis sect. travaux publics, 19 avr. 2005 ; n° 371234, *préc.*
(185) *Ibid.*, et on retrouve l'idée d'exigence propre au service public considéré de CE, 29 déc. 2004, Soccram, *préc.*
(186) L. du 29 janv. 1993, art. 40 ; CGCT, art. L. 1411-2.
(187) CE avis sect. travaux publics, 20 févr. 1996, *EDCE* 1996, p. 334.

937 Les conditions de fond de la prolongation, d'autre part, résultent de la stricte définition des deux motifs précités.

Dans les deux cas, la prolongation résulte d'une décision de la personne publique délégante. La décision de prolongation pour motif d'intérêt général a pour objet même d'agir directement sur la durée du contrat. La décision de modifier l'économie générale du contrat utilise la prolongation de la durée parmi d'autres éléments permettant d'atteindre son but en termes de consistance du service public. Dans les deux cas aussi, le cocontractant privé est juridiquement tenu de se conformer à la décision de la personne publique délégante. Dans les deux cas, enfin, ces dispositions s'appliquent aux prolongations non prévues et non à celles qui pourraient résulter d'une option contenue dans le contrat et conforme aux règles encadrant la durée initiale.

Dans la première hypothèse, la seule condition de fond est l'existence d'un motif d'intérêt général, apprécié en relation avec l'objet du contrat de délégation.

En revanche, dans la seconde hypothèse, les conditions sont à la fois nombreuses et articulées. Certaines conditions relèvent de la décision de la personne publique délégante. Il faut tout d'abord une décision de la personne publique délégante. Cette décision doit porter sur le fonctionnement du service public (bonne exécution ou extension géographique). Cette décision doit avoir pour effet de rendre nécessaire des investissements matériels. D'autres conditions relèvent de l'ampleur de la modification ainsi apportée au contrat de délégation : les investissements matériels doivent modifier l'économie générale du contrat ; l'amortissement des investissements ne peut pas être réalisé sur la durée restante sans augmentation manifestement excessive des tarifs.

Sur ce dernier point, il faut noter que la formulation initiale de la loi qui prévoyait, dans une logique trop proche de celle des marchés, des « travaux non prévus au contrat initial » a été abandonnée au profit de la caractérisation d'investissements, « matériels et immatériels » dans un premier temps (loi DDOEF du 8 août 1994, art. 70), puis par prudence, seulement « matériels » (loi du 8 février 1995, art. 1er).

938 Le contrôle du juge, dans les conditions habituelles du contentieux administratif général, est toujours possible. Le juge de l'excès de pouvoir connaît d'abord des demandes d'annulation des délibérations autorisant la prolongation, qu'elle ait lieu pour un motif d'intérêt général (188) ou pour investissement supplémentaire (189). Il exerce un contrôle normal, en vérifiant que des équipements nouveaux sont demandés par le délégant, que ces équipements sont indispensables au bon fonctionnement du service public ou à son extension géographique et qu'ils ne peuvent être amortis pendant le temps restant de la convention sans augmentation de prix manifestement excessive. En revanche, la décision de refus de prolonger le contrat de délégation au titre de la demande modifiant l'économie générale du contrat, qui relève de la compétence de l'exécutif local, n'est pas détachable du contrat et ne saurait faire l'objet d'un recours pour excès de pouvoir (190). Seul un contentieux contractuel en indemnisation

(188) CE, 8 juin 2005, Tomaselli, *préc.*
(189) Pour un ex. dans le domaine de l'énergie : CE, 29 déc. 2004, Soc. SOCCRAM, *préc.*
(190) TA Nice, 9 nov. 2007, req. 0305563, Soc. Parking de la Promenade du Paillon, *AJDA* 2008, p. 758, note F. Dieu.

apparaît possible (191). Il n'en serait pas peut-être pas de même pour un refus de prolongation dans l'intérêt général, par analogie avec la jurisprudence sur la résiliation dans l'intérêt général.

§ 2. LA FIN ANTICIPÉE DU CONTRAT DE DÉLÉGATION

939 Les contrats de délégation de service public, étant par définition des contrats administratifs, sont régis par les règles élaborées par la jurisprudence administrative avec l'objectif de garantir au procédé contractuel public la souplesse d'intervention et la protection de l'intérêt général nécessaires. À cet égard, le régime juridique posé par la loi du 29 janvier 1993 n'affecte pas directement le contentieux de la fin anticipée du contrat. La cessation des rapports contractuels dans ces circonstances traduit le plus souvent l'exercice du pouvoir de direction stratégique du service public par la personne publique délégante, lequel n'a fait l'objet d'aucune limitation législative. En revanche, les solutions élaborées par la jurisprudence ne pourront plus mêler la fin anticipée du contrat et ses conséquences éventuelles sur la conclusion d'un autre contrat, car la procédure prévue par la loi du 29 janvier 1993 est applicable indépendamment des circonstances qui mènent à négocier un nouveau contrat.

940 La fin anticipée du contrat se produit dans cinq cas classiques du contentieux administratif des contrats : la détermination de la loi, l'accord des parties, une sanction ayant ce but, l'intérêt du service, la cession. Ces cas peuvent être regroupés en fonction de l'initiative de la fin anticipée. La fin anticipée du contrat par détermination de la loi provient d'un facteur extérieur à la volonté des parties. La sanction et l'intérêt du service aboutissent à une résiliation à l'initiative de la personne publique délégante, alors que la cession est le fait de l'entreprise délégataire. Enfin, l'accord des parties sur la fin anticipée du contrat est une initiative commune aux parties.

A. LA DÉTERMINATION DE LA LOI

941 Ce cas de figure est toujours possible. Bien qu'il puisse le faire (192), il est pourtant rare que le législateur vote des textes interrompant des contrats en cours. Plus subtilement, la loi peut permettre à l'une des parties de déclencher unilatéralement sur le seul fondement législatif, une résiliation à laquelle l'autre partie ne peut s'opposer (193). Cette hypothèse doit être distinguée de la situation résultant de réformes législatives de grande ampleur qui, constituant un changement de l'état du droit, motivent, au seul profit de la personne publique contractante, une résiliation régulière dans l'intérêt du service (194).

(191) CE, 21 mars 2011, req. 304806, Commune de Béziers ; *AJDA* 2011, p. 591 et 670, chron. ; *D.* 2011, p. 954, obs. de Montecler ; *RDI* 2011, p. 270, note Braconnier.

(192) CC, 4 juill. 1989, n° 89-254 DC, *Rec.* p. 41, *AIJC* vol. V, 1989, p. 483, chron. Genevois; *RTD civ.* 1990, p. 209, note Zenati.

(193) CC, 18 janv. 1985, n° 84-185 DC, *Rec.* p. 36, *RDP* 1986, p. 395, note Favoreu ; 21 juill. 1994, n° 94-346 DC, *Rec.* p. 96, *CJEG* 1995, p. 1, note Godfrin ; par ex. L. du 30 juill. 1947 ; L. du 8 janv. 1993, sur le service public des pompes funèbres.

(194) CE, 22 avr. 1988, Soc. France 5, *Rec.* p. 157, *AJDA* 1988, p. 540, note B. D., *Rev. adm.* 1988, p. 240, note Terneyre.

B. L'INITIATIVE DE LA PERSONNE PUBLIQUE DÉLÉGANTE

942 Quelle qu'en soit la cause, faute du délégataire ou intérêt du service en l'absence de toute faute, l'initiative de la cessation du contrat obligera la personne publique délégante – qui ne bénéficie d'aucune procédure comparable à celle prévue pour l'appel d'offres infructueux par l'article L. 1411-8 du CGCT – à organiser une nouvelle procédure de délégation pour trouver un nouveau contractant.

a) La résiliation-sanction

943 Dans le cas de la concession et de l'affermage, elle est appelée déchéance. La déchéance est une mesure unilatérale de la personne publique concédante ou affermante prise en cas de faute grave du cocontractant, surtout si elle ne met pas en cause la continuité ou la mutabilité du service public – si c'était le cas la résiliation interviendrait non seulement en vertu d'une sanction mais le plus souvent en invoquant l'intérêt du service –. Elle doit cependant être prévue par le contrat pour pouvoir être prononcée d'office après mise en demeure (195). Dans le cas contraire, la personne publique doit demander la déchéance au juge du contrat (196). De plus, la gravité de la faute doit dépasser celle à laquelle on pourrait remédier par une simple mise sous séquestre (197), car le juge exerce en ce domaine un plein contrôle sur la gravité des faits et l'adéquation de la sanction (198). La passation du nouveau contrat, qui est la conséquence directe de la résiliation, sera réalisée aux frais de l'ancien cocontractant fautif, qui supportera aussi l'éventuel surcoût du nouveau contrat par rapport à l'ancien. En revanche, malgré sa faute grave, le cocontractant défaillant pourra obtenir le paiement des prestations exécutées au titre du contrat initial (199) et l'indemnisation des investissements qu'il aurait réalisés et verrait reprendre par la personne publique délégante (200).

Pour les autres contrats confiant la gestion opérationnelle d'un service public à une personne privée, la sanction de la résiliation obéit aux mêmes principes, adaptés à la diversité des situations (201).

Il est rare, mais pas impossible, que la résiliation à titre de sanction soit prononcée à l'inverse par le juge administratif à l'encontre de la personne publique, sur demande de son cocontractant (202).

(195) CE, 19 oct. 2001, Synd. intercom. Guzet-Neige, *CMP* 2001, comm. n° 240.
(196) CE, 21 juin 1980, Synd. intercom. d'organisation des sports d'hiver de Peyresourde-Balestas, *Rec.* p. 438, *AJDA* 1981, p. 271 ; CE, 20 janv. 1988, Soc. d'ét. et de réal. des applications du froid, *Rec.* p. 29.
(197) CE, 30 mars 1928, Ville de Louhans, *Rec.* p. 481 ; CAA Douai, 18 oct. 2005, Commune de Caudry, *AJDA* 2006, p. 221, note Subra de Bieusses.
(198) CE, 4 mars 1991, Département de la Haute-Loire, *RDP* 1982, p. 1537 ; CE, 31 mars 1989, Département de la Moselle, *Rec.* p. 105.
(199) CE, 28 déc. 2001, CNED, *CMP* 2002, comm. n° 58.
(200) CAA Bordeaux, 23 juill. 2002, Commune de Fouras, *AJDA* 2002, p. 924, si le contenu du contrat ne l'exclut pas.
(201) J. Antoine, « Les pouvoirs de sanction du cocontractant défaillant (Approche comparée entre droit des contrats administratifs et droit privé des obligations) », *LPA*, 7 oct. 2002, n° 200, p. 4.
(202) CE, 27 sept. 1985, Compagnie française d'irrigation, *Rec.* p. 686.

b) La résiliation dans l'intérêt du service

944 La personne publique contractante peut à tout moment décider de la résiliation d'un contrat transférant la gestion d'un service public en invoquant l'intérêt du service. La jurisprudence reconnaît ce pouvoir à la personne publique « en vertu des règles générales applicables aux contrats administratifs et sous réserve des droits d'indemnisation » du contractant (203), en l'entendant largement puisque, selon l'expression aujourd'hui utilisée, la personne publique peut en décider « alors même qu'aucune disposition législative ou réglementaire, non plus qu'aucune stipulation contractuelle » ne l'aurait prévu. Enfin, la clause par laquelle une personne publique responsable du service entendrait renoncer au pouvoir de résiliation dans l'intérêt du service serait nulle et non avenue (204).

945 Le contrat peut prévoir explicitement le pouvoir de résiliation dans l'intérêt du service et l'assortir de modalités limitant ou supprimant l'indemnisation (205). En revanche, si rien n'a été prévu au contrat, la résiliation dans l'intérêt du service confère au cocontractant un droit à indemnité (206). Le principe est celui de l'indemnisation intégrale (à la différence des cas d'illégalité). Sont réparés les frais exposés (*damnum emergens*) les investissements non amortis, même ceux qui ne font pas retour au concédant (207), ainsi que les gains et bénéfices manqués (*lucrum cessans*) par une indemnité appelée annuité de rachat (208). Il faut espérer que cette dernière solution prévaudra sur les dispositions contractuelles, car la Cour européenne des droits de l'Homme a déjà posé qu'une résiliation doit nécessairement se fonder sur une motivation objective et faire l'objet d'une compensation financière (209). Enfin, le juge administratif peut connaître des conséquences de la résiliation – même s'il n'a pas à la prononcer et même s'il se refuse à annuler les mesures d'exécution – en requalifiant une résiliation dans l'intérêt du service en résiliation-sanction, ou en appréciant les litiges relatifs à l'indemnité (210).

946 L'intérêt du service n'est cependant pas une formule type conçue comme un sésame. Il s'agit en réalité de l'intérêt général apprécié au regard de l'objet et des besoins du service public. Le juge administratif exerce au moins un contrôle sur l'existence de cette qualification. Les motifs d'intérêt général ou l'intérêt du service, sont de plusieurs natures : l'abandon d'un projet (211) ; la réorganisation du service (212) ; le

(203) CE ass., 2 mai 1958, Distillerie de Magnac-Laval, *Rec.* p. 246, *AJDA* 1958, II, p. 282, concl. Kahn, D. 1958, jur. p. 730, note de Laubadère, pour tout contrat administratif, en l'occurrence marché de fournitures ; CE ass., 2 févr. 1987, Soc. TV6, *Rec.* p. 28, *AJDA* 1987, p. 314, chron., *RFDA* 1987, p. 29, concl. Fornacciari ; CE, 22 avr. 1988, Soc. France 5, *Rec.* p. 157, *AJDA* 1988, p. 540, note B.D., *Rev. adm.* 1988, p. 240, note Terneyre, pour des concessions.

(204) CE, 6 mai 1985, Assoc. Eurolat c. Crédit Foncier de France, *AJDA* 1985, p. 620, note Fâtome et Moreau, *AJDA* 1986, p. 21, concl. Genevois ; *RDP* 1986, p. 21, note Llorens.

(205) CE, 7 mai 1952, Eloy, *Rec.* p. 225 ; CE, 10 déc. 1982, Loiselet, *Rec.* p. 669.

(206) CE, 31 juill. 1996, Soc. Téléphériques du massif du Mont-Blanc, *Rec.* p. 334, *JCP* 1997, II, 22790, concl. Delarue, *AJDA* 1996, p. 788, note Gilli.

(207) CE, 27 févr. 1935, Soc. des Eaux et de Gaz de Courtenay, *Rec.* p. 256.

(208) CE, 20 mai 1952, Gleize, *Rec.* p. 268.

(209) CEDH, 9 déc. 1994, Raffineries grecques Stran, *Dr. adm.* 1995, n° 200.

(210) CE, 24 févr. 1950, Soc. fr. du gyroplane, *Rec.* p. 126.

(211) CE sect., 22 janv. 1965, Soc. Ets Michel Aubrun, *Rec.* p. 50.

(212) CE ass., 29 avr. 1994, Colombani, *RFDA* 1994, p. 479.

changement d'objectifs (213) ; le motif financier n'est pas exclu en principe (214) ; l'illégalité du contrat n'est pas un motif d'intérêt général, mais l'autorité administrative est aujourd'hui tenue de demander au juge l'annulation du contrat (215).

947 Les mesures de résiliation dans l'intérêt du service semblent en revanche inaccessibles à l'annulation par la juridiction administrative dans la plupart des cas (216). Ce principe ancien a cependant connu une atténuation en ce que le juge administratif a finalement accepté de manière générale qu'une partie à un contrat administratif, eu égard à la portée d'une mesure d'exécution entraînant la cessation du contrat, puisse contester devant le juge du contrat la validité de la mesure et demander la reprise des relations contractuelles (217). Il n'en demeure pas moins que, dans un tel cas, le juge de plein contentieux se limitera en principe à rechercher si cette mesure est intervenue dans des conditions de nature à ouvrir droit à indemnité.

Les contrats de délégation de service public bénéficient de toute façon d'un traitement spécifique plus favorable. La jurisprudence privilégie classiquement les contrats nécessitant de lourds investissements et comportant des clauses réglementaires : concession (218), marchés d'entreprise de travaux publics (219), ou ceux conclus entre personnes publiques (220). Dans ces cas, le cocontractant peut être fondé à obtenir l'annulation des décisions ayant pour objet de mettre fin définitivement aux relations contractuelles et seulement de celles-ci (221).

C. L'INITIATIVE DE L'ENTREPRISE DÉLÉGATAIRE : LA CESSION

948 **Bibliographie :** Y. Gaudemet et L. Aynès, *La cession de contrat en droit public et en droit privé*, Éd. Cridon, 2000 ; R. Noguellou, *La transmission des obligations en droit administratif*, LGDJ, Bibl. droit public, 2004 ; F. Brenet, « Cession de contrats », *J.-Cl. Contrats et marchés publics*, fasc. 16 ; H. Hoepffner, *La modification du contrat administratif*, LGDJ, Bibl. droit public, 2009.

G. Liet-Veaux, « Nature juridique des cessions de concessions de travaux ou de services publics », *AJDA* 1983, p. 348 ; M. Billiau, « Cession de contrat ou délégation de contrat », *JCP* 1994, I, n° 3758 ; P. Terneyre, « La vénalité de la réglementation économique », *JCP E*, juin 1995, p. 29 ;

(213) TA Grenoble, 9 avr. 1980, Soc. d'aménagement touristique de l'Alpe-d'Huez, *D.* 1981, p. 581, note Servouin.

(214) CE, 23 juin 1986, Thomas, *RFDA* 1987, p. 195, concl. Stirn.

(215) CE sect., 7 oct. 1994, Époux Lopez, *RFDA* 1994, p. 1090.

(216) CE sect., 10 mai 1963, Soc. coop. La prospérité fermière, *Rec.* p. 288, *AJDA* 1963, p. 344, chron., *RDP* 1963, p. 584, concl. Braibant, CE, 19 avr. 1989, Soc. des transp. urbains d'Angers, *Rec.* p. 780, *RDP* 1989, p. 1794, pour un affermage ; le délégataire évincé demeure recevable à former un recours pour excès de pouvoir contre la décision qui mettrait à disposition d'un tiers les ouvrages affectés au service (TA Rennes, 13 nov. 1996, req. 93-3052, Commune de Malansac).

(217) CE, 21 mars 2011, req. 304806, Commune de Béziers ; *AJDA* 2011, p. 591 et 670, chron. ; *D.* 2011, p. 954, obs. de Montecler ; *RDI* 2011, p. 270, note Braconnier.

(218) CE, 20 janv. 1905, Compagnie départementale des eaux c. Ville de Langres, *Rec.* p. 54, concl. Romieu, *S.* 1907, III, 9, *D.* 1906, jur. p. 77.

(219) CE sect., 26 nov. 1971, Soc. de fertilisants humiques, *Rec.* p. 723, *AJDA* 1971, p. 649, chron., *RDP* 1972, p. 239, concl. Gentot, note Waline.

(220) CE sect., 31 mars 1989, Département de la Moselle, *Rec.* p. 105, *RFDA* 1989, p. 466, concl. Fornacciari, *AJDA* 1989, p. 315, chron., *RDP* 1989, p. 1171, note F. Llorens, *Rev. adm.* 1989, p. 341, note Terneyre.

(221) CE sect., 9 déc. 1983, Soc. d'études, de participation et de développement, *Rec.* p. 498, *RFDA* 1984, p. 39, note Genevois ; CE, 9 juill. 1997, Soc. des eaux de Luxeuil-les-Bains et CE 9 juill. 1997, Ville de Cannes, *Rec.* p. 746, *RFDA* 1998, p. 535, concl. Bergeal ; *RTD com.* 1998. 839, obs. Orsoni.

E. FATÔME, « Les avenants », *AJDA* 1996, p. 760 ; M. BILLIAU, « Le point sur la cession conventionnelle du contrat », *LPA* 1998, n° 54, p. 46 ; C. MAUGÜÉ et L. DERUY, « Les cessions de marchés publics et de délégations de service public », *BJDCP* 1999, p. 154 ; L. RICHER, « Publicité ou non pour les cessions de contrats », *Mon. TPB*, 18 févr. 2000, p. 74 ; F. LLORENS, « La cession des marchés publics et des délégations de service public », *CMP* 2000, p. 4 ; N. SYMCHOWICZ, « Contrats administratifs et mise en concurrence : la question des cessions », *AJDA* 2000, p. 104 ; F. LLORENS et P. SOLER-COUTEAUX, « La cession des marchés publics à l'épreuve du droit communautaire », *CMP* 2008, repère n° 9 ; P. PROOT, « Cession de contrat : où en est-on un an et demi après l'arrêt Pressetext ? », *JCP A* 2010, 2071.

949 Initiative de la fin du contrat ne signifie pas liberté de se dégager des liens contractuels. Le délégataire est évidemment le premier intéressé à la cession du contrat de délégation. C'est donc lui qui en prend le plus souvent l'initiative. Mais cette initiative ne peut être suivie d'effets qu'avec l'accord de la personne publique délégante. La jurisprudence administrative pose depuis longtemps le principe que le contrat ne peut faire l'objet de cession qu'après autorisation donnée par la personne publique délégante (222). À défaut, le pseudo-cessionnaire serait gérant de fait (223) et le pseudo-cédant encourrait la résiliation (224), tout en demeurant responsable de l'exécution du contrat (225). Elle a cependant tempéré ce principe en contrôlant le refus de cette autorisation. La personne publique délégante n'est fondée à refuser l'autorisation que dans l'intérêt du service (226), lequel s'apprécie aujourd'hui notamment au regard de l'égalité des usagers et de la continuité du service public, ou en raison de l'insuffisance des garanties techniques ou financières du repreneur (227). L'acceptation de la cession et du nouveau délégataire est en principe expresse, mais son caractère tacite n'est pas une cause d'illégalité (228).

950 La cession du contrat de délégation de service public relève d'un apparent paradoxe. Comme il a été vu précédemment, le contrat a été conclu *intuitu personae* c'est-à-dire en vue de l'exécution personnelle et exclusive du contrat par le délégataire. Or, il n'en demeure pas moins que ces contrats ont toujours pu être cédés du délégataire initial à une nouvelle entreprise, quelle que soit sa nature, publique ou privée et même dans le silence du contrat (229). Il est donc possible de transférer à un tiers, par convention distincte, les droits et obligations résultant du contrat de délégation de service public. Le nouveau titulaire remplace l'ancien dans la gestion opérationnelle du service public

(222) CE, 20 janv. 1905, Compagnie départementale des eaux, *préc.* ; Cass. civ., 3 mai 1924, *DP* 1924, I, p. 65 ; CE, 30 mai 1980, Frery, *Rec.* p. 256.
(223) CE, 5 janv. 1951, Commune de Lesparrou, *Rec.* p. 3.
(224) CE sect., 12 avr. 1935, SA de Distribution d'Électricité, *Rec.* p. 515.
(225) CE, 11 juill. 1894, Ville de Courtenay, *Rec.* p. 479.
(226) CE sect., 19 févr. 1933, Mélon, *Rec.* p. 206 ; CE, 5 juill. 1935, Commune de Reuilly, *Rec.* p. 771, *S.* 1935, III, 121, note Alibert ; CE, 8 nov. 1935, Cie Guadeloupéenne de Distribution d'Énergie Électrique, *Rec.* p. 1021 ; CE, 1er juill. 1949, Cie Guadeloupéenne de Distribution d'Énergie Électrique, *Rec.* T. p. 764 ; CE sect., 24 juill. 1937, Soc. Le Centre Électrique, *Rec.* p. 772.
(227) CE, 8 mars 1944, Commune de Balaguères, *Rec.* p. 80.
(228) CE, 28 mai 2001, Territoire des îles Wallis-et-Futuna, *BJDCP* 2001, p. 396, concl. Piveteau, *Dr. adm.* 2001, comm. n° 136, note D. P. ; Rappr. CE ass., 10 janv. 1930, Commune de Pointe-à-Pitre, *Rec.* p. 32.
(229) CE, 20 janv. 1905, Compagnie départementale des eaux, *préc.* ; CE, 5 janv. 1951, Commune de Lesparrou, *Rec.* p. 3 ; CE, 29 déc. 1995, GIE Menamox, Soc. métallurgique et de nickel SLN, *QJ* 14 mars 1996, p. 4, bien que la concession de service public soit secondaire par rapport à une concession de mines – qui n'est pas un contrat ; CAA Marseille 18 juin 1998, Société de développement du Val d'Allos, *RFDA* 1999, p. 1079, obs. Chérot.

objet de la délégation (230), et non simplement dans l'exécution de certaines tâches matérielles élémentaires qui relèvent, elles, d'une simple sous-traitance par contrats privés. Il doit donc disposer de sa propre autonomie de gestion (231).

À ces cas de cession directe du contrat, on doit ajouter la cession de la personne morale titulaire du contrat de délégation, qui résulterait d'une opération de restructuration capitalistique et sociétaire (C. com., art. L. 236-1).

951 À la différence de la prolongation du contrat – qui ne modifie que la durée initialement prévue –, la cession – qui ne modifie que le titulaire du contrat – produit bien une novation du contrat. Le contrat de délégation de service public conclu avec le délégataire initial prend fin au moment de la cession. Un nouveau contrat s'établit entre la personne publique délégante et le nouveau cocontractant, cessionnaire du délégataire. Le caractère nouveau du contrat de délégation ne doit cependant pas être surestimé. Bien sûr, juridiquement le nouveau contrat prend la suite du précédent. Ce principe assure l'étanchéité des relations entre les anciens et les nouveaux contractants, notamment quant à la détermination des obligations résiduelles et quant à l'imputation de responsabilité (232). Mais en réalité, le nouveau contrat n'est pas nouveau par son contenu. Il se contente d'appliquer au nouveau délégataire le cadre précédemment défini entre deux autres contractants. Une disposition textuelle, conçue comme assez générale antérieurement à la loi du 29 janvier 1993, disposait déjà que « lorsque des marchés ou conventions passés par une commune ou un établissement public communal font l'objet d'une rétrocession même partielle, le concessionnaire est soumis, en ce qui concerne les mesures de contrôle, aux mêmes obligations » (233).

952 Quoi qu'il en soit, le fait est que la cession modifie le titulaire, c'est-à-dire affecte précisément la dimension contractuelle que la loi du 29 janvier 1993 entend soumettre à des règles spéciales. À partir du moment où se profile le choix ou l'acceptation d'un nouveau titulaire, impliquant un nouveau contrat, la question se pose, dans la logique de la loi, de savoir si ce dernier doit être soumis à la procédure de publicité prévue pour sa passation (234) de façon à ne pas priver d'effets la procédure de choix du délégataire (235). La réponse devant inspirer le juge administratif a été livrée par deux avis du Conseil d'État, qui considèrent que la cession réalise une substitution de cocontractants et non la conclusion d'un nouveau contrat (236). En conséquence, elle ne nécessite ni publicité ni mise en concurrence. Se trouve ainsi confirmée une jurisprudence antérieure

▩ (230) CE, 11 juill. 1941, Hôpital-hospice de Chauny, *Rec.* p. 129.
▩ (231) CE ord, 26 mai 2006, Soc. du Yacht Club International de Marina Baie des Anges, req. 293501.
▩ (232) CAA Paris, 27 sept. 2001, Centre hosp. Paul Guiraud de Villejuif, *CMP* 2001, comm. n° 12, note Haïm.
▩ (233) C. Communes, art. R. 324-7 devenu CGCT, art. R. 2222-6.
▩ (234) Par analogie avec la matière des marchés publics (CE, 11 juill. 1939, Thouna, *Rec.* p. 468, cité par L. Richer *op. cit.* dans lequel le juge admet, pour un marché de travaux publics, que la cession n'est pas soumise aux règles de passation des marchés publics au seul motif que la mise en concurrence ne lui était pas imposée par les textes).
▩ (235) Rép. min., *JOAN Q* 8 juin 1998, p. 3161 ; *JOAN Q* 31 août 1998, p. 4818 ; *JOAN Q* 12 avr. 1999, p. 2243.
▩ (236) CE avis sect. finances, 8 juin 2000, n° 141654, *AJDA* 2000, p. 758, obs. Richer ; *CMP* 2000, chr. n° 1 et comm. n° 24, Llorens ; *CJEG* 2001, p. 103, obs. Maugüé et Deruy ; *BJDCP* 2002, p. 94, obs. Glaser ; CE avis 19 avr. 2005, n° 371234, *EDCE* p. 197, obs. Schwartz et Terneyre, *BJDCP* n° 45/2006, p. 107 ; *AJDA* 2006, p. 1371, Symchowicz et Proot ; *CMP* 2006, ét. n° 19, Hoepffner.

à la loi du 29 janvier 1993, et satisfaites les exigences économiques du regroupement des entreprises, mais il n'est pas sûr que l'esprit d'une loi cherchant à accroître la transparence des procédures d'attribution ait été, en l'occurrence, privilégié.

La cession de contrat de délégation de service public a donc reçu une définition consistant en « la reprise pure et simple, par le concessionnaire qui constitue son nouveau titulaire, de l'ensemble des droits et obligations résultant du précédent contrat ». Puisqu'elle a pour objet le remplacement d'une partie par un tiers au cours de l'exécution du contrat et que ce tiers « s'entend d'une personne morale distincte du titulaire initial dudit contrat » (237), il en résulte clairement que la fusion, la scission et le transfert global d'actifs à une personne morale nouvelle s'analysent en une cession (238). Tel n'est pas le cas, en revanche, du changement de la forme sociale ou de la filialisation de la société délégataire qui ne constituent qu'une mesure de réorganisation considérée comme interne (239). De même toute cession portant sur le capital social ne mène pas à une cession de contrat de délégation de service public (240), même si une modification substantielle du capital peut justifier que le délégant, en raison de risques de conflit d'intérêts ou de modification des garanties, prononce la résiliation dans l'intérêt du service (241).

953 Selon certains points de vue, la jurisprudence européenne pourrait induire un écart par rapport au cadre fixé à la cession par les avis précités du Conseil d'État. La CJCE a bien marqué en effet que « si les parts sociales (de la filiale) étaient cédées à un tiers pendant la durée du marché en cause au principal, il s'agirait non plus d'une réorganisation interne du cocontractant initial, mais d'un changement effectif de cocontractant, ce qui constituerait en principe le changement d'un terme essentiel du marché. Un tel événement serait susceptible de constituer une nouvelle passation de marché au sens de la directive 92/50 » (242). Nous ne le pensons pas, dans la mesure où il s'agit en l'espèce de marchés publics et où les délégations de service public ne sont soumises qu'aux obligations résultant des principes des traités et non pas à une procédure qui jouerait de l'analogie avec celles des directives 2004/18 et 17. De plus, dans un autre arrêt, rendu à propos de cessions d'activités incluses dans une concession de services, le juge européen admet, « lorsqu'une entreprise concessionnaire conclut un contrat relatif à des services entrant dans le champ de la concession dont elle a été chargée par une collectivité territoriale, que l'obligation de transparence découlant des articles 43 CE et 49 CE ainsi que des principes d'égalité de traitement et de non-discrimination en

(237) *Ibid.*
(238) CE, 21 févr. 1986, ministre de l'urbanisme et du logement, *RDP* 1986, p. 1734.
(239) CJCE, 19 juin 2008, aff. C-454/06, Pressetext Nachrichtenagentur GmbH, *Rec.* p. I-4401 ; *AJDA* 2008, p. 2008, note Dreyfus ; *RTD eur.* 2009. 511, chron. Sibony et Defossez ; *Dr. adm.* 2008. comm. 132, Noguellou ; *CMP* 2008, comm. 186, Zimmer ; v. aussi, F. LLORENS et P. SOLER-COUTEAUX, « La cession des marchés publics à l'épreuve du droit communautaire », *CMP* 2008, repère n° 9.
(240) Transfert de la majorité des actions à un nouveau propriétaire : CE, 4 avr. 1997, req. 137065, Soc. Ledoyen.
(241) CE, 31 juill. 1996, Soc. Téléphériques du massif du Mont-Blanc, *Rec.* p. 334, *JCP* 1997, II, 22790, concl. Delarue, *AJDA* 1996, p. 788, note Gilli. Pour maintenir les garanties en cas de cession à une filiale, on peut prévoir une clause de substitution de la société mère à la filiale (Rép. min. n° 24748, *JOAN Q* 12 avr. 1999).
(242) CJCE, 19 juin 2008, aff. C-454/06, Pressetext, *préc.* point 47.

raison de la nationalité ne s'applique pas » (243). Il suffit que l'entreprise remplisse les conditions qu'il pose : avoir été créée par cette collectivité territoriale et être également active sur le marché ; appartenir à ladite collectivité territoriale à hauteur de 51 %, les décisions de gestion ne pouvant cependant être adoptées qu'à la majorité des trois quarts des voix de l'assemblée générale de cette entreprise ; compter un quart seulement des membres du conseil de surveillance, y compris le président de celui-ci, nommés par cette même collectivité territoriale ; tirer plus de la moitié de son chiffre d'affaires de contrats […] sur le territoire de ladite collectivité territoriale, cette dernière les finançant par les impôts locaux versés par ses administrés.

954 Par ailleurs, le juge administratif a précisé que la cession est une substitution pure et simple qui ne doit en aucun cas s'accompagner d'une remise en cause des éléments essentiels de ce contrat, tels que la durée, le prix, la nature des prestations et les tarifs (244). Il existe cependant une marge d'ajustement sur ces éléments, à condition que les modifications apportées ne soient pas substantielles (245).

D. L'ACCORD DES PARTIES

955 Ce que les parties ont fait, elles peuvent le défaire. Les contrats de transfert de la gestion opérationnelle des services publics, quoique administratifs, restent avant tout des contrats (246). L'indemnité – ou son absence – est alors le fruit d'une négociation. Certaines dispositions des contrats de concession prévoient par exemple que la personne publique pourra reprendre la gestion du service dans une période précédant l'échéance du terme. On utilise quelquefois pour décrire cette situation le terme impropre de rachat contractuel. Il s'agit en fait d'une résiliation dans l'intérêt du service (247) accompagnée d'un accord sur l'indemnité. L'accord des parties à cette occasion peut se matérialiser dans une transaction, accessible à l'homologation éventuelle du juge administratif (248).

956 Par ailleurs, l'accord des parties peut porter sur des opérations plus complexes que la simple cessation des rapports contractuels, qui l'impliquent pourtant nécessairement. Ainsi, une personne publique et son délégataire qui décident, en plein accord, de fonder ensemble une société d'économie mixte destinée à reprendre le contrat de délégation, et de modifier profondément les conditions financières de ce dernier, sont réputés avoir mis fin au contrat par cession.

(243) CJCE, 13 avr. 2010, aff. C-91/08, Wall AG : *AJDA* 2010, p. 760 et 937 chron. ; *Europe* 2010, comm. 208, Simon ; *Dr. adm.* 2010, comm. 109, Noguellou ; *CMP* 2010, comm. 222, Zimmer.

(244) CE avis sect. finances, 8 juin 2000, *préc.*

(245) CE, 20 janv. 1989, Société GBA Berry-Loire, *Rec.* p. 26 ; CE sect., 28 janv. 1998, Soc. Borg Warner, *AJDA* 1998, p. 287 ; *CJEG* 1998, p. 269, note Moderne ; *RFDA* 1998, p. 455.

(246) CE, 2 févr. 1983, Union des transp. publics urbains rég., *Rec.* p. 33, *RFDA* 1984, p. 45, note Llorens, *RDP* 1984, p. 212, note J.-M. Auby.

(247) CE ass., 2 févr. 1987, Soc. TV6, *Rec.* p. 28, *AJDA* 1987, p. 314, chron., *D.* 1987, IR, p. 51, *RFDA* 1987, p. 29, concl. Fornacciari, pour une concession ; depuis lors la résiliation et le rachat contractuel sont synonymes : TC, 2 mars 1987, Soc. d'aménagement et de développement de Briançon, *RFDA* 1987, p. 191, note Moderne.

(248) CE ass., Avis, 6 déc. 2002, Synd intercom. des établissements du second degré de l'Haÿ-les-Roses, *RFDA* 2003, p. 291, concl. Le Chatelier, note Pacteau ; *AJDA* 2003, p. 280, chron. ; *Dr. adm.* 2003, comm. n° 44, note Méneménis.

§ 3. EFFETS DE LA CESSATION DES CONTRATS DE DÉLÉGATION DE SERVICE PUBLIC

957 La cessation du contrat est encadrée par des règles qui ont pour objet essentiel de permettre la continuité du service public. Leur domaine privilégié est celui du patrimoine servant de support au contrat, mais elles s'appliquent aussi aux relations du travail.

A. RÉGIME DU PATRIMOINE VISÉ AU CONTRAT

958 La première question posée par la cessation du contrat est celle du sort des biens utilisés pour l'activité de service public. L'Ancien droit et la première pratique de la concession au XIXe siècle avaient réglé la question d'une manière radicale. Le concessionnaire était propriétaire de l'ensemble, soit définitivement, soit au moins pendant la durée du contrat.

959 Puis, la solution a été inversée. Puisque le but de la concession est de réaliser les installations nécessaires à l'activité de service public, et que l'objectif des autres contrats de délégation amène le plus souvent à utiliser le domaine public, le droit commun des contrats administratifs a posé que les biens les plus importants pour l'activité déléguée, même acquis et gérés par l'entreprise délégataire, appartiennent dès le début du contrat à la personne publique délégante. En revanche, la propriété des autres biens inclus dans le contrat est soit celle du délégataire, soit en suspens. Aussi ne peut-on pas soutenir que le contrat de délégation de service public réalise une véritable universalité juridique de droits et d'obligations pour tous les biens qu'il concerne. Plus limitativement, le contrat institue une solidarité de situation relativement à certains biens. De plus, le contrat de délégation ne peut pas avoir pour effet de conférer au délégataire autre chose qu'un droit de jouissance temporaire sur les biens nécessaires à la gestion du service lorsqu'ils font partie du domaine public de la personne publique délégante (249).

960 Ainsi, que la fin du contrat soit normale ou anticipée, elle ne déclenche de toute façon qu'une option sur la propriété de biens qui ne sont pas essentiels au fonctionnement de la délégation. Ces solutions, dégagées pour la concession, n'en sont pas moins applicables en tant que de besoin à tous les contrats opérant transfert de la gestion d'un service public.

a) Principe

961 Une distinction est donc faite parmi l'ensemble des biens englobés par le contrat. Elle les répartit entre trois catégories : biens de retour, biens de rachat (ou de reprise), biens propres du délégataire. Bien que cette distinction ait été inventée pour les seules concessions, la loi du 29 janvier 1993 ne l'a certainement pas affectée. D'une part, parce qu'il n'entre pas dans l'objet de la loi de régler le régime des contrats, d'autre

(249) Sauf en cas de bail emphytéotique administratif (CGCT, art. L. 1311-2 et s., CG3P, art. L. 2122-6(v)).

part, parce que la jurisprudence avait déjà étendu cette distinction à d'autres contrats que les concessions (250).

962 La distinction entre trois types de biens composant le patrimoine de la délégation de service public doit être considérée comme faisant partie des « règles générales applicables au contrat administratif ». Bien que l'expression ne soit pas employée par la jurisprudence, le juge administratif supplée à l'absence de dispositions précises du contrat sur ce point en reconstituant la structure des trois types de biens à partir de la commune intention des parties (251).

b) Les biens de retour

963 Les biens de retour sont des biens, le plus souvent immobiliers, considérés comme indispensables à la réalisation de la délégation, à l'exercice de l'activité de service public (252). Le point de vue est objectif : ces biens ne pourraient pas être remplacés sans gêne pour le fonctionnement du service public en cas de changement de délégataire. Ils doivent faire retour gratuitement à la personne publique concédante au plus tard à l'expiration du contrat. Même si elle n'est pas un élément de définition des biens de retour, cette gratuité est en quelque sorte coutumière (253). Elle relève aujourd'hui des « règles générales applicables aux contrats administratifs » et elle s'appuie implicitement sur l'article 40 de la loi du 29 janvier 1993 qui fixe la durée des délégations en fonction de l'amortissement complet des installations et garantit ainsi que leur valeur comptable soit nulle. En tant que telle, la gratuité des biens de retour initialement prévus au contrat est obligatoire et les parties ne devraient pas y déroger (254).

964 Les biens de retour présentent donc trois caractéristiques : dès leur achèvement (255), leur destin est de devenir la propriété de la personne publique concédante (256) ; cette propriété sera pleine et entière (à l'exception des ensembles immobiliers complexes, pour leur partie non affectée au public) ; leur conception dépend des besoins particuliers du service public, définis par la personne publique délégante (257). Le

(250) CE, 4 oct. 1978, Société marseillaise de crédit, *RDP* 1980, p. 1485.
(251) CE sect., 11 mai 1956, Compagnie des transports en commun de la région de Douai, *AJDA* 1956, p. 275, concl. Laurent ; CE, 13 avr. 1985, GDF c. Ville de Nice, *CJEG* 1986, p. 7.
(252) CE, 4 oct. 1978, Soc. Marseillaise de crédit, *RDP* 1980, p. 1485 ; CAA Douai, 30 juin 2010, req. n° 08DA01191, ERDF, *CMP* nov. 2010, comm. 390 ; ce qui ne dispense pas de vérifier qu'ils sont aussi affectés au service : CE, 13 avr. 1985, GDF c. Ville de Nice, *CJEG* 1986, p. 7.
(253) CE, 12 nov. 1897, Casino municipal de Nice, *DP* 1899, III, 6 ; CE, 1er févr. 1929, Compagnie centrale d'énergie électrique, *D.* 1929, 45, note Blaevoët.
(254) *Contra*, G. Mollion, « Vers l'érosion de la théorie des biens de retour ? », *AJDA* 2011, p. 363.
(255) Le caractère obligatoire du retour est un critère d'identification de ces biens : CE, 10 janv. 1938, Compagnie industrielle maritime, *Rec.* p. 2 ; CE, 5 mai 1958, Secr. d'État aux finances, *CJEG* 1958, p. 187, note A. C.
(256) CE, 28 mars 1928, Société L'énergie électrique de la Basse-Isère, *S.* 1928, III, 110 ; CE, 24 janv. 1934, Société Ouenza, *DP* 1936, III, 56, note Blaevoët.
(257) Quoique ce soit préférable, il n'est pas nécessaire de le mentionner expressément dans le contrat. CE avis sect. travaux publics, n° 371234 du 19 avr. 2005, *BJDCP* 2006, p. 107, obs. R. S. et P. T. ; N. Symchowicz et P. Proot, « L'avis du 19 avr. 2005 : d'utiles précisions sur le contenu et le régime d'exécution des conventions de délégation de service public », *AJDA* 2006, p. 1371. *Contra*, TC, 2 déc. 1968, EDF, *Rec.* p. 803.

concessionnaire peut toutefois exercer la maîtrise d'ouvrage sur eux sans habilitation particulière (258) car, à la différence des biens des services exploités en régie, ces biens lui sont remis dès leur achèvement, bien qu'il n'en soit pas propriétaire, pour les exploiter pendant toute la durée de la convention. Une obligation de remise en état pèse d'ailleurs sur le concessionnaire au moment du retour, en vertu de laquelle le délégant serait fondé à réclamer une indemnité en cas d'inexécution (259).

965 Quelle que soit leur date d'acquisition, au début ou en cours de contrat, quand bien même ils sont acquis par le délégataire et quand bien même celui-ci en est maître d'ouvrage (260), les biens de retour sont, par leur entrée dans le champ d'application du contrat, et dès leur achèvement, la propriété de la personne publique délégante (261). Leur dénomination est donc trompeuse. Ils ne retournent pas au domaine public de la personne publique délégante ; ils en ont toujours fait partie. Ils sont *ipso facto* incorporés à ce domaine public (262).

966 Une telle qualification juridique devrait mener aux conséquences habituelles. Les biens de retour sont inaliénables : par le délégataire parce qu'ils ne lui appartiennent pas et par la personne publique parce qu'ils appartiennent à son domaine public. Pourtant, il a pu être admis parfois que les biens de retour soient hypothéqués, qu'ils figurent à l'actif du bilan des délégataires ou que les concessionnaires et fermiers déduisent la TVA sur ces immobilisations (CGI, annexe II, art. 216 *ter*) qui ne leur appartiennent pas. L'explication peut en être trouvée dans le fait que ces actes juridiques assis sur la propriété ont pour cause juridique l'exercice de l'activité de service public. La majorité de la théorie du droit (263) cite, à ce propos, Bonnard, pour qui le délégataire « jouit de ces ouvrages, non point en vertu d'un droit propre, ce qui serait l'apanage réel du propriétaire, mais en vertu de pouvoirs dérivés d'un lien personnel que lui reconnaît par traité le concédant, maître de l'ouvrage » (264).

Mais finalement la meilleure protection des biens de retour est encore la jurisprudence *Sagifa* (265) qui exclut toute appropriation privée d'un bien édifié sur le domaine public lorsque ce bien est affecté à un service public. Il en résulte que le juge administratif « a confirmé l'affectation comme puissant critère d'identification

(258) Qui n'est pas une maîtrise d'ouvrage publique : CE, 22 juin 1928, Époux de Sigalas, *Rec.* p. 785 ; CE avis, 31 janv. 1995, req. 356960, *EDCE* 1995, n° 47, p. 407 ; *AJDA* 1997, p. 126, note Fatôme et Terneyre. Sur les principes généraux, V. G. Pellissier, « Précisions sur la définition de la maîtrise d'ouvrage et sur son application aux délégations de service public », *RJEP*, nov. 2009, comm. 45.

(259) TA Amiens, 25 sept. 2007, req. 0400581, SICAE de la Somme et du Cambraisis, *AJDA* 2007, p. 2334 ; *BJDCP* 2008, p. 64 ; P. Yolka, « Démonter les remontées », *JCP A*, 2010, n° 18, actu. 352.

(260) CE, 3 mars 1989, Soc. Area, *Rec.* p. 69, concl. Guillaume ; *RFDA* 1989, p. 619, note Pacteau.

(261) CE, 9 déc. 1898, Compagnie du gaz de Castelsarrasin, *S.* 1901, III, 40 ; CE, 28 mars 1928, Société L'Énergie électrique de la basse Isère, *S.* 1928, III, 110 ; T. confl., 2 déc. 1968, req. 1913, EDF, *JCP* 1969, II, 15908, note Dufau ; CAA Nantes, 11 avr. 2008, req. n° 07NT00284, Société AUXIFIP ; CE, 25 sept. 2009, req. 307368, Commune de Val-d'Isère, *JCP A*, 2009, 2303, note Erstein.

(262) CE sect., 22 mars 1985, Société des Autoroutes du Sud de la France, *Rec.* concl. M.-A. Latournerie, p. 88. Sauf pour ceux d'entre eux qui se trouveraient exceptionnellement établis sur des propriétés privées en application de la servitude prévue aux art. L. 342-20 et s. du Code du tourisme au profit des pistes de ski et sites nordiques.

(263) Comme L. Richer, J. Dufau, M. Guibal, L. Rapp.

(264) Bonnard, *S.* 1934, III, 25.

(265) CE, 21 avr. 1997, req. 147602, Min. du Budget c. Soc. Sagifa, *RFDA* 1997, p. 935, note Fatôme et Terneyre ; *Dr. adm.* 1997, n° 316, note Lavialle ; *RDI* 1997, p. 418, obs. Auby et Maugüé ; CE, 23 juill. 2010, req. 320188, Montravers, *Dr. adm.* nov. 2010, comm. Brenet.

du bien de retour » ce que les parties « ne peuvent que très difficilement contourner par leur seule volonté » (266).

967 En revanche, il est plus difficile de justifier la jurisprudence selon laquelle la résiliation avant terme (267) d'une concession ouvre droit au concessionnaire à paiement d'une indemnité par le concédant (268), calculée d'après l'importance des capitaux investis dans l'entreprise et non encore amortis (269). Le fondement en est probablement la notion d'équilibre général du contrat, car elle ne s'applique pas lorsque les clauses du contrat s'y opposent (270).

968 De même, il est malaisé d'expliquer le traitement spécial réservé aux biens de retour non prévus initialement au contrat. Si des investissements nouveaux sont réalisés en cours de contrat sans toutefois permettre par leur importance la prolongation de la convention de délégation, ou tout simplement si la personne publique délégante ne souhaite pas la prolonger, ils peuvent faire l'objet d'une subvention d'exploitation ou d'une indemnité finale inférieure à la valeur nette comptable des actifs (271). Force est de constater que ces biens de retour peuvent être payants. Cette particularité rend d'autant plus nécessaire un contrôle strict du juge administratif sur la validité des avenants.

c) Les biens de rachat (ou de reprise)

969 Les biens de rachat sont ceux sur lesquels la personne publique délégante peut exercer une option d'achat à la fin du contrat de délégation de service public.

970 La particularité de ces biens est que le délégataire ne peut pas s'opposer à la levée d'option, et ceci quel que soit l'état de ses relations avec la personne publique et notamment en cas de contentieux sur la légalité d'une résiliation ou sur l'insuffisance de l'indemnisation. Ainsi, même en cours de litige, la personne publique responsable du service peut obtenir du juge des référés que le délégataire dont le contrat est expiré mette à sa disposition les biens de retour et les biens de reprise (272). En revanche, bien sûr, le prix des biens de reprise ainsi cédés (indemnité de rachat ou de reprise) est dû.

971 La notion de bien de reprise est applicable aussi bien aux installations immobilières utiles à l'activité de service public (273), qu'aux équipements mobiliers (274).

(266) G. Mollion, « Vers l'érosion de la théorie des biens de retour ? », *AJDA* 2011, p. 363.
(267) P. Subra de Bieusses, « Le sort des biens en cas de rupture d'un contrat administratif », *ACCP* 2002, n° 17, p. 35 et s.
(268) CE, 27 févr. 1935, Société des Eaux et du Gaz de Courtenay, *Rec.* p. 34 (cas de résiliation pour faute) ; CE, 20 mars 1957, Société des établissements thermaux d'Ussat-les-Bains, *Rec.* p. 182 ; CAA Lyon, 22 oct. 2009, req. 07LY01625, Société Prodith, *AJDA* 2010, p. 286 ; *CMP* janv. 2010, comm. 36.
(269) CE, 27 févr. 1935, *préc.* et CE, 5 juill. 1967, Commune de Donville-les-Bains, *Rec.* p. 297.
(270) CAA Bordeaux, 23 juill. 2002, Commune de Fouras, *AJDA* 2002, p. 924.
(271) Sous réserve qu'elle ne soit pas supérieure à la valeur réelle des actifs (avis du Conseil d'État du 19 avr. 2005, *préc.*).
(272) CE, 24 févr. 1982, Soc. entreprise industrielle et financière, *Rec.* p. 87 ; CE, 9 déc. 1988, Soc. Les téléphériques du massif du Mont-Blanc c. commune de Saint-Gervais, *Rec.* p. 438, *AJDA* 1989, p. 272, note Prétot.
(273) D'où la tentation de les inclure dans les biens de retour : J.-F. Sestier, « Retour sur les biens de retour », *BJCP* 2003, p. 349.
(274) TA Paris, 3 mars 1981, SNCF, *Rec.* p. 519.

Les biens de reprise peuvent être établis sur le domaine public pourvu que l'autorisation d'occupation et de construction soit accordée non pas en vue de répondre aux besoins du service public auquel le domaine est affecté, mais pour les seuls besoins de l'activité du permissionnaire, et que les constructions ne constituent pas un accessoire indispensable du domaine public affecté au service public (275).

d) Les biens propres du délégataire

972 Les biens propres du délégataire sont ceux qui sont apportés ou acquis par le délégataire dans le cadre de son activité, mais qui ne sont ni spécialement utiles à la prestation de service public, ni nécessaires en cas de poursuite de l'activité de service public par la personne publique responsable après la fin du contrat avec le délégataire (276). Très logiquement, rien ne peut obliger le délégataire à les céder à la personne publique délégante en fin de contrat. Rien n'empêche non plus les deux parties de convenir dès la conclusion du contrat, d'un commun accord, du principe d'une cession et d'un prix.

B. RÉGIME DES CONTRATS DE TRAVAIL

973 **Bibliographie :** P. Moudoudou, « Service public et changement d'employeur », *AJDA* 1996, p. 339 ; S. Pugeault, « L'application de l'article L. 122-12 du Code du travail aux services publics administratifs », *AJDA* 2002, p. 695 ; E. Sagalovitsch, « Les obligations de reprise du personnel dans le droit des marchés publics et des délégations de service public », *BJDCP* 2003, p. 174 ; J. Martin, « À propos du maintien des contrats de travail en cas de reprise en régie d'un service public », *AJDA* 2003, p. 768 ; A. Taillefait, « Maintien des contrats de travail en cas de reprise en régie d'un service public », *JCP A* 2005, 1094 ; P. Collière, « Situation des personnels des associations reprises en régie par une collectivité territoriale », *AJDA* 2006, p. 1018 ; M. Touzeil-Divina, « L'art. L. 122-12 du Code du travail confronté au droit public », *AJFP* 2006, p. 172 ; S. Pignon et A. Jouhet, « Délégation de service public et transfert de personnel – Attention aux agents publics ! », *CMP* 2008, ét. 1.

974 Dans l'hypothèse de plus en plus fréquente où la gestion déléguée porte sur une activité de service public à caractère industriel et commercial, une partie des employés du service public délégué est régie par le droit privé. Il existe donc des contrats de travail. Dès lors, l'article L. 1224-1 du Code du travail (277), selon lequel « s'il survient une modification dans la situation juridique de l'employeur, notamment par succession, vente, fusion, transformation du fonds, mise en société, tous les contrats de travail en cours au jour de la modification subsistent entre le nouvel employeur et le personnel de l'entreprise » est applicable. La continuité des contrats de travail en cours doit donc être assurée, quelle que soit la modification imposée à la forme juridique de gestion du service public (278). Relevant *a posteriori* d'une application de la directive 2001/23 du 12 mars 2001, l'article L. 1224-1 s'applique indépendamment de la qualité de

(275) CE, 21 avr. 1997, req. 147602, Min. du Budget. Il s'agit strictement de biens de reprise, nonobstant la circonstance que leur cession s'opère à titre gratuit, selon une disposition prévue au contrat.

(276) CE, 1er févr. 1929, Compagnie centrale d'énergie électrique, *Rec.* p. 133.

(277) Anciennement C. trav., art. L. 122-12 : établi en 1974, il précédait de toute façon les obligations d'harmonisation communautaires issues de la dir. 77/187/CEE du 14 févr. 1977, art. 3-1, modifiée par la dir. 98/50/CE du 29 juin 1998.

(278) Pour respecter l'égalité entre candidats au contrat de délégation, les données relatives à la reprise du personnel doivent leur être communiquées : CE, 7 juin 1997, req. 129437, SA SIN ; CE, 13 mars 1998, req. 165238, SA Transports Galiero, s'agissant de marchés publics, mais avec obligations de reprise.

personne publique ou privée des acteurs (279). Ce principe a d'ailleurs été inscrit en droit public français, s'agissant de la reprise par une personne publique d'un service public à caractère administratif, par la loi n° 2005-843 du 26 juillet 2005. Si l'activité de service public se poursuit, la cessation du contrat de délégation ne doit pas affecter les contrats de travail. À cet égard, plusieurs cas doivent être distingués.

a) Le changement de délégataire sans modification du mode de gestion du service public

975 Le contrat de délégation cesse ses effets à l'égard de l'ancien délégataire, mais l'activité se poursuit, inchangée, sur le fondement d'un contrat du même type, avec un nouveau titulaire. Le juge judiciaire se laisse guider par la notion d'entité économique qui englobe celle d'activité déléguée (280).

Les conditions d'application de l'ancien article L. 122-12 du Code du travail (281), posées par la jurisprudence sont les suivantes. Peu importent les liens de droit entre les entrepreneurs successifs (282), il suffit que l'entité conserve son identité, c'est-à-dire son organisation et ses moyens de fonctionnement pour exercer une activité économique qui poursuit un objectif propre (283). Dès lors, la personne publique responsable ou le nouveau délégataire ont l'obligation de maintenir les contrats de travail en cours d'exécution (284). Ce principe est d'ordre public (285) et le juge judiciaire semble l'appliquer indistinctement aux délégations de service public et aux marchés publics de services (286). Se posera surtout le problème d'identifier les titulaires d'un contrat de travail, c'est-à-dire ceux qui relèvent du droit privé. C'est le cas de la très grande majorité des agents des services publics à caractère industriel et commercial, y compris ceux relevant d'un contrat précaire qualifié privé par détermination de la loi (287). Néanmoins la jurisprudence classique sur le directeur et le comptable public (288) y fait exception. De même, se trouvent en situation légale et réglementaire de droit public certains fonctionnaires affectés à ces services publics, qu'ils soient détachés,

(279) CJCE, 25 janv. 2001, aff. C-172/99, Oy Liikenne Ab, *Rec.* p. I-745.

(280) Cass. soc., 9 nov. 2005, Soc. Rémy Loisirs, *AJDA* 2006, p. 1227, note Mazières.

(281) Interprété aujourd'hui au regard de la dir. 2001/23/CE du 12 mars 2001.

(282) Cass. ass. plén., 16 mars 1990, n° 89-45.730, n° 312, *D.* 1990, p. 305, note A. Lyon-Caen; V. aussi CJCE, 20 nov. 2003, aff. C-340/01, Carlito Abler et Sodexho, *Rec.* p. I-14023, d'où il ressort notamment qu'est sans effet l'absence de transfert de propriété des éléments d'actif corporel entre l'ancien et le nouveau cocontractant.

(283) CJCE, 25 janv. 2001, aff. C-172/99, Oy Liikenne Ab, *Rec.* I-745 ; *Dr. ouvrier* 2001, p. 180, note Bonnechère ; CJCE, 15 déc. 2005, aff. C-232/04, Nurten Güney-Görres, *Rec.* p. I-11237.

(284) Cass. soc., 27 févr. 1934, *DH* 1934, p. 252 ; *Gaz. Pal.* 1934, II, p. 40 ; G. LYON-CAEN, J. PÉLISSIER, *Les Grands Arrêts du droit du travail*, Sirey, 1978, n° 104 ; Cass. soc., 29 oct. 1957, *D.* 1958, jur. p. 30 ; Cass. soc., 16 juill. 1960, *Bull. civ* IV, n° 753 ; Cass. soc., 1er mars 1961, *Bull. civ.* IV, p. 211; Cass. soc., 15 nov. 1972, *Bull. civ.* V, n° 614 ; Cass. ass. plén., 16 mars 1990, n° 86-40.686, n° 311, SA Nîmoise de tauromachie, *préc.*

(285) Cass. soc., 13 juin 1990, *Bull. civ.* V, n° 273.

(286) E. SAGALOVITSCH, « Les obligations de reprise du personnel dans le droit des marchés publics et des délégations de service public », *BJDCP* 2003, p. 174 ; A. Mazières, note sous Cass. soc., 9 nov. 2005, Soc. Rémy Loisirs, *AJDA* 2006, p. 1227.

(287) Contrats emploi-solidarité : TC, 17 déc. 2001, Mme Cocu, *AJDA* 2002, p. 184, *CMP* 2002, comm. n° 67 ; contrats emploi-jeunes : TC, 3 juill. 2000, Préfet des Hauts-de-Seine, *Dr. adm.* 2000, comm. n° 52.

(288) CE, 26 janv. 1923, de Robert Lafreygère, *Rec.* p. 67 ; CE, 8 mars 1957, Jalenques de Labeau, *Rec.* p. 157.

en disponibilité ou bénéficiaires d'un statut transitoire (289). À ces derniers, en raison de leur statut de droit public, le Code du travail n'est pas applicable (290).

b) Le changement de mode de gestion du service public

976 • Première possibilité : la personne publique renonce à la gestion déléguée pour assurer la gestion directe, en régie, de l'activité qui, elle, se poursuit.

La jurisprudence a aisément déterminé, dans un premier temps, que, si cette activité demeurait industrielle et commerciale, l'article L. 122-12 devait s'appliquer à cette succession simple d'entreprises (291). Le personnel de statut privé sous contrat de travail change simplement d'employeur. Seuls le directeur et le comptable public justifient d'un traitement différent (292).

Si la personne publique reprenant elle-même une activité déléguée de service public transforme celle-ci en service public à caractère administratif, la continuité des contrats de travail est également instaurée en principe, en application d'une jurisprudence dont l'élaboration s'est avérée plus complexe (293). Elle résulte de l'interprétation de la directive européenne du 14 février 1977, qui vise à rapprocher les législations des États membres relatives au maintien des droits des travailleurs en cas de transfert d'entreprise. La seule exclusion de son champ d'application, prévue par son article 1er et appliquée strictement par la jurisprudence européenne (294), est « la réorganisation administrative d'autorités administratives publiques ou le transfert de fonctions administratives publiques ». Il en résulte que la mise en régie, qui s'analyse en un transfert d'activité économique d'une personne de droit privé à une personne de droit public, entre en principe dans le champ de la directive, quels que soient la qualification juridique de l'organisme cessionnaire et le but non lucratif de son action (295). Le juge français a finalement adopté ce point de vue en considérant que la modification de l'organisation du service public n'affecte pas la nature économique de l'entité transférée et que l'ancien article L. 122-12 doit donc lui être appliqué (296).

Pourtant, le fait que la continuité des contrats de travail soit le principe, garanti par le droit, n'assure pas leur continuation effective. Car si les contrats de droit privé ont été

(289) TC, 4 juill. 1991, Mme Pillard, *Rec.* p. 469 ; CE, 29 janv. 1992, Mme Bayle, *Rec.* p. 836 ; Cass. soc., 4 juill. 1990, *Bull. civ.* V, n° 543; Cass. soc., 7 févr. 1980, *Bull. civ. V*, n° 127.

(290) Cass. soc., 1er déc. 1993, Assoc. Opéra de Lille, *JCP* 1994, n° 22230, note Saint-Jours ; CE, 16 mai 2003, req. 239375, Ch. métiers de Seine Maritime ; T. confl., 24 mai 2004, req. 3410, Préfet Seine-et-Marne.

(291) Cass. soc., 8 nov. 1978, *D.* 1979, jur. p. 278, note Pélissier ; Cass. soc., 7 oct. 1992, (deux arrêts), *Bull. civ.* V, n°s 499 et 500, *D.* 1992 inf. rap. p. 252 ; Cass. soc., 10 juill. 1995, *AJDA* 1996, p. 396, note Bazex ; TC, 15 mars 1999, Faulcon, *Dr. soc.* 1999, p. 679, concl. Saint-Josse.

(292) CE, 14 mai 2003, CCI de Nîmes-Uzès-Bagnols-Le Vigan, *Dr. adm.* 2003, comm. n° 142, note G.L.C.

(293) Revirement de Cass. soc., 7 févr. 1980, *Bull. civ.* n° 115 (2 esp.) ; rapport Waquet sur Cass. soc., 7 oct. 1992, Lazareff, *JCP* 1992, II, 21973 ; Cass. soc., 10 juill. 1995, M. Lazareff c. Commune de Soulac-sur-Mer, *RFDA* 1997, p. 403, rapport Chauvy.

(294) CJCE, 15 oct. 1996, aff. C-298/94, Annette Henke, *Rec.* p. I-4989; CJCE, 14 sept. 2000, aff. C-343/98, Renato Collino, *Rec.* p. I-6659.

(295) CJCE, 26 sept. 2000, aff. C-175/99, Mayeur et Assoc. pour la promotion de l'information messine, *Rec.* p. I-9755, *Dr. adm.* 2001, comm. n° 58.

(296) Cass. soc., 25 juin 2002, AGS c. Hamon, *AJDA* 2002, p. 695, note Pugeault, *JCP* 2002, II, n° 10171, note Clamour ; Cass. soc., 14 janv. 2003, Commune de Théoule-sur-mer, *AJDA* 2003, p. 108.

conclus à durée indéterminée, ils vont se trouver le plus souvent en contradiction avec le statut de la fonction publique qui interdit en général ce type de contrats en dehors du cas des services publics administratifs, prévu par la loi n° 2005-843 du 26 juillet 2005 (297). Ni la directive, ni le juge ne peuvent imposer que soient créés entre la personne publique et son personnel des liens contraires au droit de la fonction publique en vigueur. En conséquence, soit la personne publique doit rompre les contrats de travail (298), soit elle doit les transformer en contrats à durée déterminée, qui d'ailleurs s'ils deviennent successifs pourraient se trouver contraires à l'accord-cadre sur la durée du travail annexé à la directive 1999/70/CE du 28 juin 1999 (299). Dans les deux cas, elle aura à supporter l'indemnisation de ce préjudice anormal et spécial qui résulte de la rupture de l'égalité devant les charges publiques subie par les salariés.

977 • Seconde possibilité : un service public industriel et commercial qui était jusqu'à présent en régie directe est délégué par contrat à une personne privée. Dans cette hypothèse, les personnels de droit privé bénéficient de la continuité de l'article L. 122-12 comme dans le cas précédent. Quant aux personnels de droit public, s'ils sont titulaires, ils relèvent du statut de la fonction publique qui garantit le maintien de leur grade (300). En fonction des nécessités de service et de la négociation entre la personne publique délégante et le repreneur, ils peuvent être maintenus en poste dans le service public délégué ou être affectés à un autre emploi par décision unilatérale. Si le fonctionnaire reste dans sa fonction, le délégataire peut lui proposer d'opter pour un contrat de travail de droit privé. La situation des personnels contractuels de droit public est plus délicate. Le changement de mode de gestion du service public, en ce qu'il constitue une réorganisation du service, est considéré comme un motif d'intérêt général justifiant la résiliation anticipée de leur contrat (301). Ils peuvent donc ne pas être repris par le délégataire, sauf si le document d'appel d'offres du contrat de délégation inclut cette reprise dans les éléments de base du transfert de gestion.

Il apparaît clairement que la stabilité des contrats de travail est perçue comme un inconvénient tant par les personnes publiques qui re-municipalisent des activités

(297) L. n° 2005-843 du 26 juill. 2005, codifiée à l'art. L. 1224-3 du Code du travail : « lorsque l'activité d'une entité économique employant des salariés de droit privé est, par transfert de cette entité, reprise par une personne publique dans le cadre d'un service public administratif, il appartient à cette personne publique de proposer à ces salariés un contrat de droit public, à durée déterminée ou indéterminée selon la nature du contrat dont ils sont titulaires. Sauf disposition légale ou conditions générales de rémunération et d'emploi des agents non titulaires de la personne publique contraires, le contrat qu'elle propose reprend les clauses substantielles du contrat dont les salariés sont titulaires, en particulier celles qui concernent la rémunération. En cas de refus des salariés d'accepter les modifications de leur contrat, la personne publique procède à leur licenciement, dans les conditions prévues par le présent code et par leur contrat ». Cette loi est complétée par la L. n° 2009-972 du 3 août 2009 relative à la mobilité et aux parcours professionnels.

(298) Et la compétence sera celle du juge judiciaire : TC, 26 juin 2006, req. 3508, Finot c. Commune de Chaulgnes, *Rec.* p. 50 ; toutefois il ne peut, ni se prononcer sur la conformité du contrat de droit public proposé par la personne morale de droit public au regard des exigences de l'article 20 de la L. du 26 juill. 2005, ni lui faire injonction de proposer un tel contrat : Cass. soc., 1er juin 2010, req. 09-40.679, *Bull. civ.* V, n° 120.

(299) CJCE, 4 juill. 2006, aff. C-212/04, Adelener, qui interprète la directive comme s'opposant à des contrats de travail à durée déterminée successifs qui ne seraient justifiés que par une disposition générale législative ou réglementaire d'un État et non par l'existence d'éléments concrets relatifs à l'activité en cause et aux conditions de son exercice.

(300) CE ass., 29 févr. 1965, L'Herbier, *Rec.* p. 60, *AJDA* 1965, p. 93, chron., concl. Rigaud ; TC, 24 oct. 1994, Préfet de la Région Île-de-France, *Rec.* p. 608 ; *AJDA* 1995, p. 165, note Salon.

(301) CE, 17 oct. 1984, Judlin, *Rec.*, p. 332.

déléguées, que par les entreprises privées qui entendent disputer la ré-attribution d'une délégation. En effet, dans les deux cas la masse de rémunérations est un frein à la décision de reprise ; et dans le second, la conservation du personnel peut avantager le titulaire sortant de la délégation (302) parce qu'il connaît ses employés et peut prétendre travailler à nouveau avec un personnel expérimenté, alors que les candidats nouveaux devront récupérer un personnel dont ils ne savent rien, et s'ils veulent travailler avec leur propre personnel, ils devront l'y ajouter. Seul le caractère législatif ou européen de cette obligation permet de surpasser les conséquences de cette inégalité de situation, car des obligations de reprise du personnel qui iraient au-delà de l'article L. 1224-1 ont été jugées illégales en raison des atteintes excessives qu'elles portent à la libre concurrence (303).

C. RÉGIMES DE LA SUBROGATION FINALE ET DE LA RESPONSABILITÉ

a) Subrogation

978 Dans un bon nombre de cas, les contrats de délégation de service public prévoient expressément une clause de subrogation finale stipulant que la personne publique délégante est substituée de plein droit dans les droits et obligations du délégataire à l'issue de la convention.

979 Le Conseil d'État a interprété (304) l'une de ces clauses indiquant que « l'État sera tenu de se substituer à la société concessionnaire pour l'exécution des engagements pris par elle dans les conditions normales pour l'achèvement des travaux et pour l'exploitation ». Selon le Conseil, cette clause ne peut viser que « les engagements dont l'objet direct est l'achèvement des travaux (marchés de travaux par exemple) ou l'exploitation (contrats de travail ou contrats d'occupation du domaine public) et non les engagements dont l'objet est un emprunt, le montant de celui-ci fût-il affecté à l'achèvement des travaux ou à l'exploitation ».

Puisque la personne publique délégante est, par définition, celle qui a la direction stratégique du service public, il serait logique de considérer qu'il existe par principe, pour tout ce qui est indissociable de l'activité de service public, une subrogation du délégant dans les droits et obligations du délégataire à l'expiration du contrat. Néanmoins aucun arrêt n'a posé ce principe de manière générale (305).

b) Responsabilité

980 Enfin, en liaison directe avec ce mécanisme de subrogation, se pose la question de la responsabilité de la personne publique délégante et du délégataire.

(302) Cons. conc., 4 déc. 2000, avis n° 2000-A-30, *ACCP* 2003, n° 24, p. 71, note Richer.
(303) CE sect., 30 avr. 2003, Synd. prof. des exploitants indépendants des réseaux d'eau et d'assainissement, req. 230804 ; *AJDA* 2003, p. 1151 ; *EDCE* 2004, n° 55, p. 31.
(304) Avis du 27 oct. 1977, *EDCE* 1977, n° 29, p. 240.
(305) Cf. jugement implicite, TA Nice, 7 oct. 2005, Soc. Azur Pullman Voyage, n° 0002411, *CTI* n° 2, févr. 2006, comm. 25, Dieu.

981 L'hypothèse est ici celle où la compétence du juge administratif se trouve déjà résolue (306). Le juge administratif est compétent si le litige porte sur des dommages de travaux publics ou sur des actes administratifs. Le principe est alors que la personne de droit privé qui gère le service public est responsable de l'exercice de l'activité de service public qui lui a été transférée. Il s'applique quel que soit le mode de transfert de la gestion du service public (307), même si à l'origine, il a été reconnu pour les concessions (308).

982 Il y a, à ce principe, quelques dérogations, notamment dans les cas où l'on peut identifier une véritable faute de la personne publique, par exemple dans le contrôle de la personne privée (309), ou encore dans les contrats d'affermage, lorsque le dommage provient exclusivement de l'ouvrage public ou de travaux qui s'y rapportent lorsque le fermier n'a pas eu de rapports contractuels avec les entrepreneurs (310).

983 Néanmoins, de façon générale dans la responsabilité administrative, lorsque le défendeur et un tiers sont coauteurs d'un dommage, leur responsabilité n'est engagée qu'en proportion de leur participation au dommage. Il n'y a pas de solidarité entre débiteurs de l'obligation de réparation contrairement aux règles du droit civil. Si la personne privée se trouve insolvable, la responsabilité à titre subsidiaire sera imputée à la personne publique (311), ce qui ne fait que traduire qu'en dernier ressort la direction stratégique du service public appartient toujours à une personne publique.

984 Il faut noter que cette solution est moins favorable aux victimes que celle adoptée par le juge administratif en matière de dommages de travaux publics. Lorsque ces travaux publics sont indépendants de toute concession, et qu'il ne s'agit pas de dommages permanents, les victimes peuvent en effet rechercher l'imputation du fait générateur, soit à l'entrepreneur privé de travaux publics, soit à la collectivité publique maître de l'ouvrage, soit à l'un et à l'autre solidairement (312). Une fois obtenue cette condamnation solidaire, la victime peut obtenir de l'une ou de l'autre personne le versement de la totalité des dommages-intérêts (313) : il s'agit en général de la personne publique pour des raisons de solvabilité, et c'est en cela que ce régime est favorable. Il appartient alors à celle des personnes actionnées de réclamer simplement à la seconde,

▪ (306) CE, 1er févr. 1989, Soc. SOCEA Balency, *Rec.* p. 520, *RDP* 1989, p. 1816, ordre administratif incompétent pour connaître des opérations de gestion privée relatives à un éventuel enrichissement sans cause en l'absence de faute commise par l'autorité délégante.

▪ (307) CE sect., 13 nov. 1970, Ville de Royan, *Rec.* p. 683, *RDP* 1971, p. 740, concl. Braibant, pour une pyrotechnie ; CE sect., 21 mars 1980, Vanderiele, *Rec.* p. 161, concl. Labetoulle, pour une colonie de vacances.

▪ (308) CE, 16 mai 1872, Ville de Meaux, *Rec.* p. 325.

▪ (309) CE sect., 19 déc. 1969, Soc. des Éts Delannoy, *Rec.* p. 595, *RDP* 1970, p. 787, concl. Grévisse, *AJDA* 1970, p. 99, chron., *RDSS* 1970, p. 178, note Moderne, *D.* 1970, jur. p. 270, note Garrigou-Lagrange.

▪ (310) CE, 24 sept. 1990, Commune de Tignes, *Rec.* p. 253 ; *D.* 1991, SC, p. 186, obs. Terneyre. Il en va différemment lorsque, dans le contrat, l'affermant a expressément et généralement subrogé le fermier dans ses droits relativement aux dommages survenus aux installations : CE, 18 janv. 1991, Soc. Tunzini Nessi, req. 73879.

▪ (311) CE sect., 20 nov. 1992, Commune de Saint-Victoret, *Rec.* p. 418.

▪ (312) CE sect., 29 janv. 1971, Assoc. Jeunesse et Reconstruction, *Rec.* p. 81, *AJDA* 1971, p. 279, chron., *RDP* 1971, p. 1473, note Waline, *Rev. adm.* 1971, p. 279, note Moderne.

▪ (313) CE, 13 mai 1959, GDF, *Rec.* p. 1104, *AJDA* 1959, II, p. 164.

pour sa part de responsabilité, le remboursement des sommes versées (314), à moins qu'elle n'ait, plus formellement, exercé un appel en garantie en cours d'instance (315), ou qu'elle n'exerce une action récursoire distincte.

985 C'est ce qui explique que, chaque fois que la possibilité en est ouverte, notamment en cas de concession et d'affermage, le requérant recherche la responsabilité de la personne publique en essayant de se placer sur ce fondement. Il n'en demeure pas moins que les clauses contractuelles types liant le délégant au délégataire disposent presque invariablement « que tous accidents, dégâts, dommages de quelque nature que ce soit » sont à la charge du délégataire « sans que la responsabilité de la commune puisse être recherchée », ce qui permet un appel en garantie ou une action récursoire contre le délégataire.

986 Enfin, lorsque l'usager entend engager la responsabilité du délégataire devant les tribunaux judiciaires pour insuffisance de prestation, la situation est ambiguë. Le principe reconnu par le juge est que l'obligation du délégataire s'analyse en une obligation de résultat (316). Cela procure l'avantage que la responsabilité est engagée sur le fondement d'une faute présumée. Mais la plupart des règlements de service contiennent des clauses prévoyant une large exonération du fermier quant aux préjudices causés par l'exploitation. Leur validité est admise par la jurisprudence (317), dès lors que le règlement de service a été notifié à l'usager (318). L'imputation effective d'une responsabilité apparaît pour le moins hasardeuse (319).

SECTION III **LES DIFFÉRENTS CONTRATS DE DÉLÉGATION**

987 Il résulte des conditions de la naissance de la notion de « convention de délégation de service public » que cette dernière constitue essentiellement une catégorie législative. Par ailleurs, le rôle joué par l'indice du mode de rémunération, « substantiellement assurée par les résultats » de la gestion fait clairement apparaître que tout contrat ayant pour objet matériel la délégation de gestion d'un service public ne fait pas automatiquement partie de cette catégorie.

988 L'exemple type des questions juridiques posées par la qualification législative des délégations de service public est fourni par l'évolution ayant affecté la gérance. La gérance est un contrat de transfert de la gestion opérationnelle du service public, dans lequel la personne publique responsable du service et qui en garantit l'équilibre financier, en confie la gestion à un tiers, appelé gérant, qui

(314) CE, 13 juin 1984, Daurel, *Rec.* p. 216, *RDP* 1985, p. 250.
(315) CE, 19 sept. 1958, EDF, *Rec.* p. 571.
(316) Cass. civ. 1re 26 mai 1994, Ville de Concarneau, *JCP* 1994, IV, n° 1895.
(317) Cass. civ. 1re, 3 janv. 1996, Soc. Tourres, *Bull. Civ. I*, n° 9.
(318) Cass. civ. 10 mai 1988, n° 87.12.476.G, Soc. SADE-CGTH.
(319) Cass. civ. 1re, 31 mai 1988, Soc. des Eaux de l'Essonne.

agit pour le compte de la personne publique et reçoit d'elle une rémunération forfaitaire qui est comptée dans les charges d'exploitation du service. Ce mode de gestion est à l'évidence très proche de la régie intéressée : la différence provient de la rémunération du gérant qui, même si elle comprend parfois une part variable, n'est proportionnelle qu'à la quantité de services fournis, ne comporte aucun véritable *intéressement* au résultat.

989 La rémunération du gérant est forfaitaire, c'est-à-dire qu'elle est fixée en valeur nominale dans le contrat pour toute sa durée. Elle est versée par la personne publique responsable du service public. Cette rémunération doit couvrir les charges d'exploitation et assurer un surplus au gérant. En pratique, cette valeur nominale est actualisée ou indexée en fonction d'indices économiques généraux ou spéciaux en rapport avec l'activité du service. Néanmoins cette indexation n'est pas suffisante pour constituer une participation aux risques et profits. Au forfait de rémunération peuvent s'ajouter une ou des primes proportionnelles à l'activité du service, mais celles-ci sont toujours facultatives et ne sauraient représenter l'essentiel des versements de la personne publique au gérant. En aucun cas, le gérant n'encourt de risque économique, puisque le forfait, actualisé, lui sera versé, quels que soient les produits du service et quels que soient les résultats financiers (320).

990 Avant la loi du 29 janvier 1993, la gérance était considérée comme une variante de la concession au sens large, c'est-à-dire de la délégation de service public. Elle est fréquemment citée par la théorie juridique et par les documents de la pratique, telles les circulaires, comme l'un des quatre contrats opérant délégation de la gestion du service public. Cette forme contractuelle a été couramment pratiquée, mais elle a donné lieu à un contentieux très peu fourni (321). Dans les cas où ce contentieux portait sur la qualification du contrat, il a été tranché par la qualification ou la requalification en marché public (322). De plus, la loi appelée à fixer les principes directeurs de ce type de contrats n'a pas cité expressément la gérance comme faisant partie des conventions de délégation, même si les travaux préparatoires, à l'instar de la régie intéressée, permettaient de conclure à leur inclusion dans cette catégorie (323).

991 La même analyse que celle de la régie intéressée pourrait être faite. La gérance est un contrat, et elle présente des similitudes encore plus fortes que la régie intéressée avec le contrat de mandat. Son contenu en atteste, ce qui explique que le gérant ait pu être présenté comme le mandataire de la personne publique délégante (324), civilement responsable de ses fautes dans ce cadre. Mais au-delà, le gérant définit le règle-

▒ (320) CE, 7 avr. 1999, *préc.*, où la rémunération, assise sur le volume de produit fourni, est indépendante de la performance de l'exploitation, c'est-à-dire du résultat financier.

▒ (321) CE, 9 oct. 1968, Pigalle, *Rec.* p. 481 ; TA Toulouse, 20 janv. 1998, req. 97-3452, Compagnie de services et d'environnement c. Syndicat intercommunal d'amenée d'eau potable du Ségala, *AJDA* 1998, p. 271, note Gilli.

▒ (322) CE, 26 juill. 1985, Soc. Lyonnaise des Eaux, *Rec.* p. 246 ; CE, 11 juill. 1986, Préfet de la Creuse, *Rec.* p. 611 ; *D.* 1987, Sc. p. 280, obs. Terneyre.

▒ (323) Ce que fit sans difficulté une réponse ministérielle : Rép. min. n° 4494, 20 janv. 1994, *JO Sénat Q* 13 oct. 1994, p. 2476, avant d'être démentie.

▒ (324) CE, 28 mars 1984, Cie générale des eaux, *Rec.* p. 136 ; CAA Nantes, 26 janv. 1994, req. 92-00325, ministre du Budget c. SIVOM de Lorient.

ment du service, engage le personnel, choisit les entreprises prestataires de service pour l'exécution matérielle d'éléments de service public, assume l'entretien courant des ouvrages et installations. Il est donc plus qu'un simple prestataire de service ou qu'un salarié. Il assure bien la gestion opérationnelle du service public et dispose d'un pouvoir propre. Néanmoins son autonomie est, dans la pratique, très faible. Surtout, il n'assume aucun des risques de l'exploitation, la collectivité locale assume en dernier lieu la responsabilité vis-à-vis de l'usager et, à la différence du régisseur intéressé, il ne bénéficie pas non plus des résultats qu'il aurait contribué à améliorer, puisqu'il ne reçoit aucun intéressement. Les interrogations déclenchées par les premiers développements jurisprudentiels consécutifs à la loi du 29 janvier 1993 ont amené certains juristes à considérer la gérance comme une variété de marché de prestations de services (325). De fait, l'imprécision de ce contrat rendait difficile la résistance à la pression européenne vers l'assimilation des conventions de délégation de service public à des marchés publics de services. Le gouvernement avait d'ailleurs prudemment abandonné ce terrain (326).

992 En conséquence, la jurisprudence a finalement considéré que ce contrat, « qui s'apparente davantage à d'authentiques marchés de services publics » (327) n'appartient pas à la catégorie législative des conventions de délégation de service public, en le soumettant par principe au Code des marchés publics (328). Les conclusions sur cet arrêt ne livrent pas vraiment de raison théorique déterminante pour justifier une telle solution. Les multiples considérations portant sur l'exclusion de la notion de risques et profits, l'absence de définition jurisprudentielle antérieure, la faiblesse de la construction doctrinale, l'incompatibilité avec la méthode simplificatrice de qualification par la rémunération (329), ont globalement emporté la décision. Il n'en demeure pas moins que cet instrument contractuel peut avoir pour objet la gestion opérationnelle d'un service public, ce qui lui confère un rôle particulier dans les modes de gestion déléguée du service public (330).

993 Il a semblé nécessaire de regrouper ici les plus courants des différents instruments contractuels qui peuvent avoir cet objet, en distinguant ceux qui, expressément désignés par le texte de la loi du 29 janvier 1993, appartiennent à la catégorie des « conventions de délégation » (contrats nommés), de ceux qui n'y sont pas, *a priori* inclus, mais qui n'en constituent pas moins des modes de gestion déléguée d'activités de service public (contrats innomés).

(325) M. Guibal et L. Rapp, « Contrats des collectivités locales », *J.-Cl.* n° 363.

(326) Rép. min. n° 1490, *JO Sénat Q*, 17 sept. 1997, p. 3006.

(327) L. Rapp, « Les marchés et conventions complexes », *AJDA* 1996, p. 616 ; H.-G. Hubrecht et F. Melleray, « L'évolution des catégories notionnelles de la commande publique. Retour sur les contrats de services public », *Mél. Guibal*, Presses de l'Université de Montpellier I, 2006, p. 809.

(328) CE, 7 avr. 1999, req. 156008, Commune de Guilherand-Granges, *AJDA* 1999, p. 517, concl. Bergeal ; CAA Nancy, 13 mai 2004, req. 98NC02350, Ville de Colmar, *CMP* 2004, comm. 165, Delacour ; CAA Marseille, 6e ch., 11 avr. 2005, n° 01MA01466, Département des Alpes-Maritimes.

(329) CE, 15 avr. 1996, Préfet des Bouches du Rhône c. Commune de Lambesc, *Rec.* p. 137 ; *RFDA* 1996, p. 715, concl. Chantepy, note Terneyre; *CJEG* 1996, p. 267, note Savignat; *Dr. adm.* 1996, n° 355, obs. J.-B. Auby ; *JCP* 1997, I, 4019, chron. J. Petit ; *LPA*, 12 juill. 1996, p. 30, note Préat ; *JCP E*, 1997, II, 929, note Delaire.

(330) R. Schwartz, « Réflexion sur l'avenir de la gérance après l'arrêt Guilherand-Granges », *RCDSP* 1999, n° 5, p. 11.

S/SECTION I LES CONTRATS NOMMÉS

994 Deux grands types de contrats qualifiés de délégation de service public ont pour point commun d'avoir été régis par des textes divers bien avant la loi du 29 janvier 1993 (331) qui fixe aujourd'hui leur régime. La jurisprudence les a progressivement distingués l'un de l'autre, et en a harmonisé les sources en dégageant un certain nombre de principes communs. Il s'agit de la concession et de l'affermage (§ 1 et § 2). Ultérieurement, un troisième type de contrats nommés est apparu puisqu'une ordonnance n° 2004-559 du 17 juin 2004 a unifié le régime du partenariat, dont l'objet est le plus souvent, et au moins matériellement, de transférer la gestion d'un service public. Néanmoins, le contrat de partenariat n'est pas assimilable aux deux précédents, d'une part, parce qu'il peut avoir aussi d'autres buts et d'autre part, parce que la jurisprudence lui applique non seulement le régime spécial de l'ordonnance qui le fonde mais aussi le régime des marchés publics au sens du droit de l'Union (§ 3). La présentation de ces types généraux, applicables à des activités de service public très différentes, ne doit pas faire oublier qu'il existe aussi des contrats de délégation nommés et spécialisés par leur objet, qui ne pourront pas être détaillés ici (332).

§ 1. LA CONCESSION DE SERVICE PUBLIC

995 **Bibliographie :** A. Blondeau, *La concession de service public*, Dalloz, préf. A. Mestre, 1933 ; C. Bettinger, *La concession de service public et de travaux publics*, LGDJ, 1978 ; J. Dufau, *La concession de service public*, LGDJ, 1979 ; A. Coudevylle, *Les concessions de service public des collectivités locales*, LGDJ, 1983 ; C. Bréchon-Moulènes (dir.), *La concession de service public face au droit communautaire*, Sirey, 1992.

J. Cathelineau, « Diversité et particularisme de la concession de travaux publics », *CJEG* 1968, p. 27 ; J. Dufau, « La nature juridique de la concession de service public », *Mél. R. Chapus*, Montchrestien, 1992 ; G. Dupuis, « Sur la concession de service public », *D.* 1978, chron. p. 222 ; P. Faisandier, « Concession et notion de risque », *Dr. adm.* 1992, 10 ; E. Ginglinger, « Contrat de concession et comportement des opérateurs privés de services publics locaux », *Performances des services publics locaux,* GREP-UNSPIC, Litec, 1990 ; P. Ségur, « Le contrat, le temps et l'institution, essai sur la mutabilité des contrats de concession de service public », *Annales Univ. Sc. Soc.*

(331) Par ex. L. du 8 avr. 1946, D.-L. du 8 août 1935, CGI, annexe II, art. L. 112-2 et art. 216 *ter*, L. sur l'eau de 1992, L. du 8 janv. 1993.

(332) L'exemple le plus récent est celui des « concessions de plage ». Les communes reçoivent en effet délégation de la part de l'État pour conclure des conventions d'occupation privative de ce domaine public particulier. Les activités des plagistes ayant été qualifiées de service public balnéaire par la jurisprudence (CE sect., 21 juin 2000, SARL Plage « Chez Joseph », *Rec.* p. 202, *RFDA* 2000, p. 797, *CJEG* 2000, p. 374, concl. Bergeal ; *D.* 2001, p. 733, note Bordereaux) sont dorénavant régies, pour les plages concédées, par des principes fixés dans le D. n° 2006-608 du 26 mai 2006 (F. Linditch, « Droit du sable ou droit au sable ? » *JCP A* 2006, p. 1145 ; C. Maugüé, « La réaffirmation du caractère exceptionnel de l'occupation privative des plages », *AJDA* 2006, p. 1496 ; O. De David Beauregard Berthier, « L'activité commerciale sur la plage : le commerçant plagiste peut-il être considéré comme propriétaire d'un fonds de commerce ? », *JCP A* 2007, n° 16-18, p. 37). Les communes et leurs groupements ont un droit de priorité à l'attribution de la concession. À défaut d'être exercé, la procédure applicable est celle de la L. du 29 janv. 1993 (art. 38). Si le concessionnaire est une collectivité territoriale, en général une commune, la procédure de subdélégation est soumise à l'art. L. 1411-1 CGCT. Dans le cas contraire, le concessionnaire doit respecter la procédure définie par le décret lui-même.

Toulouse, t. XLII, 1994, p. 69-123 ; G. J. GUGLIELMI, « La concession française et l'émergence de nouvelles formes contractuelles », *JCP A* 2007, n° 16-18, p. 23 ; S. BRACONNIER, « Le modèle français de la concession : conquête ou concurrence ? », *JCP A* 2007, n° 16-18, p. 34.

996 Au sens large, la concession de service public est le mode de gestion par lequel une personne publique, dite concédante, confie par contrat la gestion opérationnelle d'un service public à une personne, physique ou morale, privée ou publique, dite concessionnaire, qu'elle a librement choisie. D'une certaine manière, ce sens large recouvre ce que, aujourd'hui, le législateur a fini par désigner de manière générale comme délégation de service public.

997 Au sens strict qui est celui de la théorie juridique du début du XXe siècle furent ajoutés comme composants nécessaires de la définition précédente trois éléments : que le concessionnaire assure le service public à ses frais et risques, dans le respect d'un cahier des charges, et se rémunère grâce à des redevances perçues sur les usagers (concl. Chardenet sur CE, 30 mars 1916, *Compagnie générale d'éclairage de Bordeaux, Rec.* p. 125, *RDP* 1916, p. 206 et 388, note Jèze) (333).

998 Très fréquemment, la concession de service public est associée à une concession de travaux publics puisque le concessionnaire a d'abord pour mission de construire les ouvrages immobiliers nécessaires au service (334). Mais les deux formes ne se confondent plus (335). Il peut y avoir concession de travaux publics sans concession de service public (336). Par exemple dans une concession de force hydraulique l'exploitation des ouvrages construits, par la vente d'électricité ou l'irrigation, n'est pas un service public, mais la mise à disposition permanente de l'eau et de l'électricité sur demande d'une personne publique constitue un objet d'intérêt général. Il peut aussi y avoir, à l'inverse, concession de service public sans concession de travaux publics (337). Il est important de rappeler que la concession de travaux publics (338), ainsi que celle de

▪ (333) Gaston Jèze fit la synthèse de cette définition en recensant dans *Les principes généraux du droit administratif* (1926) cinq éléments constitutifs du contrat de concession de service public : 1° - Le contrat de concession de service public est un contrat administratif proprement dit ; 2° - Il a pour objet l'exploitation d'un service public, le fonctionnement d'un service public ; 3° - L'exploitation a lieu aux risques et périls du concessionnaire ; 4° - La rémunération du concessionnaire consiste dans le droit qui lui est donné de percevoir, à son profit, sur les usagers, sur le public, une redevance (taxe) fixée par un tarif, pendant toute la durée de la concession ; 5° - La concession est faite pour une longue période de temps, c'est un contrat de longue durée.

▪ (334) CE, 10 avr. 1970, Beau et Lagarde, *Rec.* p. 243, pour les parcs de stationnement.

▪ (335) CE, 14 févr. 1902, Blanleuil et Vernaudon, *S.* 1904, III, 81, note Hauriou ; S. DUROY, *Contribution à l'étude d'un service public local : la distribution de l'eau potable*, th. Paris II, 1992, p. 176 et s.

▪ (336) CE, 22 juin 1928, Époux de Sigalas, *DP* 1928, III, 49, concl. Josse, note Pépy ; *S.* 1928, III, 113, concl., note Hauriou, concession de force hydraulique ; TC, 8 nov. 1967, Soc. des Bois du Sud, *Rec.* p. 655, *AJDA* 1968, p. 234, note P. L.

▪ (337) CE, 4 mars 1910, Thérond, *Rec.* p. 193, concl. Pichat, *RDP* 1910, p. 249, note Jèze, *S.* 1911, III, 17, note Hauriou ; CE, 3 août 1917, Comp. des Messageries maritimes, *Rec.* p. 620, *S.* 1917, III, 33, note Hauriou ; CE, 16 déc. 1921, Sassey, *Rec.* p. 1062 ; CE, 25 nov. 1921, Comp. gén. des automobiles postales, *Rec.* p. 586, *S.* 1923, III, 38, note Hauriou ; TC, 23 févr. 1981, Crouzel, *Rec.* p. 631 ou la jurisprudence de 1986 sur la télévision.

▪ (338) L'ordonnance n° 2009-864 du 15 juill. 2009, et le D. n° 2010-406 du 26 avr. 2010 ont dernièrement fixé le régime de la concession de travaux publics, qui est compatible avec la procédure de passation des délégations de service public.

travaux et de service public (339) sont soumises aux obligations de publicité prévues par le droit européen, alors que la concession du seul service public ne l'est pas.

A. ÉVOLUTION DE LA DÉFINITION

999 L'utilisation de la concession a permis d'équiper la France en réseaux modernes de voies ferrées, de distribution d'eau, de gaz, d'électricité (340). L'avantage principal de ces concessions de service public et de travaux publics, est que la charge d'investissement initiale est supportée par une personne privée qui immobilise dans tous les cas des capitaux propres et des fonds d'emprunt dont ne pourraient pas disposer les finances publiques. Un avantage non négligeable, qui s'y ajoute en cas de concession de travaux publics simultanée, est que la propriété des ouvrages et installations revient gratuitement, à l'expiration d'un délai assez long (entre 25 et 75 ans), à la personne publique concédante qui n'a plus qu'à en assurer l'entretien. Le système a bien fonctionné au XIXe siècle en raison de la remarquable stabilité économique et monétaire qui permettait au concessionnaire, sur une période suffisamment longue, d'amortir ses immobilisations et de réaliser des bénéfices, sans imposer pour autant des tarifs trop élevés pour les usagers.

1000 L'instabilité économique et monétaire issue de la guerre de 1914 a bouleversé l'équilibre du système. En 1916, la jurisprudence de l'imprévision a autorisé les concessionnaires à faire supporter les difficultés temporaires dues à l'environnement économique aux personnes publiques concédantes. Mais la situation s'est prolongée et les collectivités publiques ont été obligées de supporter la charge financière d'exploitation qu'elles entendaient précisément éviter par l'usage de la forme de la concession. De plus, les premières concessions comportaient plus de potentiel de rentabilité parce qu'il s'agissait de fournir un service nouveau à des usagers nombreux. Or, plus l'équipement et le service public se développent, plus le maillage du territoire se complète, moins les nouvelles installations sont rentables. Le rapport de forces entre les concessionnaires et les concédants a tourné au désavantage des seconds qui, même en l'absence d'obligation juridique, couvraient certaines pertes d'exploitation pour ne pas compromettre l'ensemble du service. La concession confirmait ainsi de manière trop voyante la prééminence du capitalisme privé sur les structures d'intervention des personnes publiques. Entre 1918 et 1939, certaines grandes concessions ne furent pas renouvelées, d'autres furent résiliées par voie législative, certaines compagnies concessionnaires de chemin de fer structurellement déficitaires furent regroupées avec le réseau d'État par une opération de nationalisation.

1001 Le procédé de la concession connaît aujourd'hui un regain de faveur. La loi ou le règlement prévoient à nouveau la possibilité de recourir à la concession avec des personnes privées dans de nombreux cas. Les autoroutes peuvent, depuis le décret du 12 mai 1970, être concédées à des sociétés privées (et non exclusivement à des sociétés d'économie mixte, comme le prévoyait la loi du 18 avril 1955). L'exploitation des transports publics

(339) CGCT, art. L. 1415-2 : « Lorsqu'un contrat de concession porte à la fois sur des services et des travaux, il est soumis au présent chapitre si son objet principal est de réaliser des travaux ».

(340) L. Dubois de Carratier, « Le Conseil d'État, l'économie et le service public : Concessions et services publics industriels et commerciaux (1880-1950) », *RHMC*, n° 52-3, juill.-sept. 2005, p. 51.

d'intérêt local (341) peut être réalisée par concession à des personnes privées, avec une classification légèrement différente qui semble regrouper concession et affermage. Il en est de même des ponts et bacs à péage (342) ou du tunnel sous la Manche (343) et la décision a été prise en juin 2011 de confier en concession la route Centre Europe-Atlantique (RCEA), annonçant ainsi la fin de la gratuité des routes nationales à deux fois deux voies. Au plan local, la distribution de l'eau dont le régime normal est la régie ou l'affermage, est majoritairement confiée à deux sociétés privées, ce qui explique la puissance des entreprises de ce secteur, ainsi que le service extérieur des pompes funèbres dont l'ancien monopole communal (344) n'avait jamais interdit qu'il soit l'objet d'une concession.

La technique de la concession n'est pas réservée à des sociétés purement privées. Elle peut également avoir pour but de confier le service public à d'autres personnes publiques. Ainsi, EDF et GDF établissements publics issus de la nationalisation de sociétés privées, en application de la loi du 8 avril 1946, étaient concessionnaires des personnes publiques pour la distribution du gaz et de l'électricité. De même, les chambres de commerce furent les exploitants naturels des installations portuaires et aéroportuaires. Enfin, on peut rappeler les régies intercommunales confiées par concession à une collectivité territoriale.

1002 Le procédé de la concession est d'ailleurs surtout utilisé pour confier la gestion des services publics à des sociétés d'économie mixte. Ainsi, la SNCF, nationalisée en 1937 sous forme de société d'économie mixte, avait été constituée en concessionnaire de l'État pour la gestion du réseau ferré (depuis l'obtention de sa qualité d'établissement public en 1982, elle n'est plus concessionnaire). La plupart des sociétés gestionnaires d'autoroutes sont des sociétés d'économie mixte, ainsi que celles qui exploitent les tunnels du Mont-Blanc, du Fréjus, de Sainte-Marie-aux-Mines, et le pont à péage de Saint-Nazaire/Saint-Brévin.

1003 La jurisprudence, négligeant les caractéristiques de la prestation fournie à l'usager, a qualifié les concessions d'autoroutes de concessions de service public à caractère administratif (345). Les modifications du contexte causées par la privatisation quasi totale du secteur, la soumission aux règles européennes de concurrence et l'assujettissement à la TVA n'ont d'ailleurs pas modifié cette qualification englobant la construction et l'exploitation des autoroutes (346). Cela ne saurait signifier qu'il existe un principe général selon lequel les services publics à caractère administratif sont normalement assurés en concession. La situation serait plutôt explicable par la présence simultanée d'une concession de travaux publics et par le caractère spécial des règles de cette matière. En revanche, cela montre que

(341) L. du 19 juill. 1979, D. du 29 oct. 1980.
(342) L. du 12 juill. 1979, L. du 19 août 1986.
(343) Traité de Cantorbery conclu entre la France et la Grande-Bretagne le 12 févr. 1986 ; J. Morand-Deviller, « Eurotunnel : les contrats relatifs à la construction du tunnel sous la manche », *LPA*, 1995, n° 113, p. 20.
(344) Assoupli par la L. du 9 janv. 1986 et supprimé par celle du 8 janv. 1993, CGCT, art. L. 2223-19.
(345) CE ass., 14 févr. 1975, Époux Merlin, *Rec.* p. 110, *AJDA* 1975, p. 229, chron., *RDP* 1975, p. 1705, note Waline, *D.* 1976, jur. p. 144, note Boivin, *CJEG* 1975, p. 128, note Virole ; CE, 13 mai 1977, Soc. Cofiroute, *Rec.* p. 219, *JCP* 1978, II, 18904, note Davignon, et s'agissant du pont à péage, *préc.*, CE, 2 oct. 1985, SEM du pont Saint-Nazaire/Saint-Brévin, *AJDA* 1986, p. 38, concl. Jeanneney.
(346) TC, 20 nov. 2006, req. 3569, Soc. EGTL c. Escota ; req. 3599, Soc. Transports Gautier et SAS Transports Merret, *AJDA* 2007, p. 849, note Chahid-Nouraï et Champy.

rien n'interdisait, avant 1993, de déléguer la gestion d'un service public administratif à une personne privée (347).

1004 Cependant, le législateur, comme le gouvernement, se réserve la faculté de revenir assez rapidement sur le choix de la concession si la réalisation pratique s'avère ne pas atteindre les buts initialement fixés. Le procédé de concession prévu par la loi du 31 décembre 1970 et le décret du 9 mai 1974 pour le service public hospitalier, jamais appliqué, a été supprimé par une réforme hospitalière (loi du 31 juillet 1991), qui ne laisse subsister qu'une autorisation ministérielle. La concession à des personnes privées en matière de télévision, qu'imposait la loi du 22 juillet 1982 a été remplacée par un régime d'autorisation (loi du 30 septembre 1986, par la CNCL ; loi du 27 novembre 1989, par le CSA).

B. NATURE JURIDIQUE DE LA CONCESSION

1005 Le vocabulaire doit être précisé. Certains actes juridiques portent le nom de « concession » sans répondre à la définition générale d'un contrat de délégation de service public. Mais le juge administratif n'étant pas formaliste, il ne manque pas de requalifier ces actes en appliquant les textes qui les régissent ou à défaut en recherchant leur véritable nature juridique. Par exemple, les concessions de mines ne sont pas des contrats, les concessions de lais et relais de mer sont des contrats de vente (348), la concession de main-d'œuvre pénale est un contrat de droit privé (349). Il convient d'écarter ces hypothèses et de demeurer dans la limite de la définition classique.

1006 La concession est, avant toute autre considération de détail, un contrat administratif. Plus particulièrement, la théorie juridique et la jurisprudence ont parfois qualifié la concession d'acte mixte. Cette expression n'a pour but que de qualifier la présence, à l'intérieur d'un acte contractuel, de clauses dont la nature est réglementaire (350).

1007 Les clauses réglementaires sont celles qui traduisent directement que la direction stratégique du service public appartient à la personne publique concédante. Elles sont celles qui, contenues dans l'instrument contractuel ou dans le cahier des charges, portent sur l'organisation et le fonctionnement du service public par rapport aux usagers (351). Peu importe, pour le juge administratif, que ce cahier des charges soit approuvé par décret (352). Lorsqu'un cahier des charges est prévu, la compétence de sa conception et de son édition revient de toute façon à la personne publique

(347) Depuis la L. du 29 janv. 1993, un service public administratif peut faire l'objet d'une convention de délégation de service public si l'activité n'est pas au nombre de celles qui, par leur nature ou par la volonté du législateur, ne peuvent être assurées que par la collectivité elle-même (Rép. min. n° 560, 3 juill. 1997, *JOSQ* 18 juin 1998) ; P. Pereon, « La délégation des services publics administratifs », *AJDA* 2004 p. 1449.

(348) CE, 8 janv. 1958, Société des Courses de la Côte-d'Azur, *AJDA* 1958, p. 53, concl. Long.

(349) TC, 10 mai 1993, req. n° 2860, Lectiel.

(350) Concl. Odent sur CE, 5 mai 1943, Compagnie générale des eaux, *Rec.* p. 62, *D.* 1944, jur. p. 121, note Blaevoet ; où les dérogations contractuelles aux clauses réglementaires du cahier des charges sont jugées illégales.

(351) CE, 5 mai 1943, Compagnie générale des eaux, *préc.* ; CE ass., 16 avr. 1986, Compagnie luxembourgeoise de télédiffusion, *Rec.* p. 97, *RDP* 1986, p. 847 ; et, en dehors des seules concessions, CE sect., 18 mars 1977, CCI de la Rochelle, *Rec.* p. 153.

(352) Divergence sur ce point avec le juge judiciaire : Cass. civ. 1re, 31 mai 1988, Soc. des Eaux de l'Essonne, *CJEG* 1988, p. 418, note Sablière.

délégante (353). Certains éléments fondamentaux du cahier des charges de la concession sont réglementaires. Il en est ainsi des règles de sécurité, des principes qualitatifs ou quantitatifs d'organisation (354), de sous-traitance (355), des principes régissant les rapports du concessionnaire avec les usagers, notamment les tarifs (356), ou encore le contrôle de l'exécution du contrat (357) ce qui permet à la personne publique concédante de les modifier en fonction des intérêts des usagers ou de l'intérêt général. En conséquence, le contentieux de ces clauses est inspiré par les mêmes principes que celui de tout acte réglementaire.

1008 Les tiers ou les usagers peuvent invoquer les clauses réglementaires pour demander dans un recours pour excès de pouvoir l'annulation des décisions du concessionnaire qui méconnaîtraient ces clauses (358). Les mêmes requérants peuvent aussi agir par le recours de plein contentieux pour se faire indemniser des préjudices naissant de telles décisions (359).

Les tiers ou les usagers peuvent, inversement, arguer de l'illégalité de certaines clauses réglementaires pour fonder un recours pour excès de pouvoir contre une décision détachable du contrat (360).

Enfin, après huit décennies de résistance jurisprudentielle, les usagers peuvent aujourd'hui former directement un recours contre les stipulations des contrats de concession présentant un caractère réglementaire (361).

C. RÉMUNÉRATION DU CONCESSIONNAIRE

1009 Une particularité du contrat de concession est négative. La rémunération du concessionnaire n'est pas assurée par la seule personne publique concédante. Si cette dernière

(353) CE, 17 déc. 1986, Synd. de l'armagnac et des vins du Gers, *Rec.* p. 359, *AJDA* 1987, p. 125, *RFDA* 1987, p. 25.

(354) Horaires des transports : CE, 21 déc. 1906, Synd. des propriétaires et contribuables du quartier Croix-de-Seguey-Tivoli, *Rec.* p. 962, concl. Romieu, *S.* 1907, III, 33, note Hauriou. Rétablissement d'ouvrages : CE, 11 déc. 1963, Syndicat de défense en vue du rétablissement de la voie ferrée Bort-Eygurande, *JCP* 1964, II, 13753, note Dufau.

(355) CE, 24 janv. 1990, Martinetti, *Rec.* p. 557, *RDP* 1990, p. 288.

(356) Mais n'ont pas un caractère réglementaire les clauses déterminant les redevances dues par le concessionnaire : TA Dijon, 9 mai 1995, Bessis, *AJDA* 1995, p. 941, note Richer ; CE, 29 déc. 1997, Bessis, *AJDA* 1998, p. 287.

(357) TA Marseille, 12 avr. 1994, req. 924729, Porelli.

(358) CE, 21 déc. 1906, *préc.* : même le refus de l'autorité concédante de contraindre le concessionnaire à appliquer le cahier des charges prévoyant la desserte de certains quartiers est attaquable par la voie du recours pour excès de pouvoir.

(359) CE sect., 7 nov. 1958, Soc. Électricité et Eaux de Madagascar, *Rec.* p. 530, concl. Heumann, *CJEG* 1959, p. 113, note Renaud.

(360) CE, 12 juill. 1918, Lefèvre, *Rec.* p. 698, clause prévoyant un droit exclusif au concessionnaire ; CE sect., 24 avr. 1964, Soc. an. de Livraisons industrielles et commerciales, *Rec.* p. 239, *AJDA* 1964, p. 293, chron., et 308 concl. Combarnous, *D.* 1964, jur. p. 665, note C. Debbasch, clause prétendument contraire à l'égalité entre usagers.

(361) CE ass., 10 juill. 1996, Cayzeele, *Rec.* p. 274 ; *AJDA* 1996, p. 732, chron. ; *CJEG* 1996, p. 382, note Terneyre ; *RFDA* 1997, p. 89, note Delvolvé ; *LPA*, 18 déc. 1996, p. 4, note Viviano ; revirement de CE ass., 16 avr. 1986, Compagnie luxembourgeoise de télédiffusion, *Rec.* p. 97, *RDP* 1986, p. 847, concl. Dutheillet de Lamothe, *AJDA* 1986, p. 284, chron., *RFDA* 1987, p. 2, notes Delvolvé et Moderne, *JCP* 1986, II, 20617, note Guibal. La question demeure posée toutefois de la divisibilité de ces clauses : CE sect., 8 avr. 2009, req. 290604, Assoc. Alcaly et autres, *BJDCP* 2009, p. 276 et s. ; *AJDA* 2009, p. 2437, obs. Jeanneney ; CE, 31 juill. 2009, req. 303876, Soc. Les Sables d'Or, *AJDA* 2010, p. 895, note Subra de Biensses.

rémunère elle-même directement le cocontractant, la jurisprudence exclut que la situation juridique en cause soit une concession (362). C'est pourquoi, en l'état actuel de la jurisprudence française, les contrats qualifiés de « concessions à péages virtuels », inspirés de la méthode anglo-saxonne des *shadow tolls* (363), ne sont pas des concessions lorsque le péage virtuel est entièrement supporté par la personne publique délégante. En raison de leur mode de rémunération du délégataire, ces contrats, qui font reposer sur ce dernier la construction et/ou l'exploitation, à ses risques et périls, d'une infrastructure ou d'un ouvrage dont il est considéré comme impossible de faire supporter le coût d'utilisation par les usagers, seraient au mieux, si les usagers paient une contribution, des délégations de service public avec rémunération proportionnelle à l'activité, c'est-à-dire des contrats de régie intéressée (cf. *infra*).

1010 La définition classique de la concession comportait par ailleurs une particularité positive qui a déjà été évoquée. La rémunération du concessionnaire était assurée par des redevances perçues sur les usagers du service public (364). Cette particularité positive est moins rigide aujourd'hui. Elle se limite à ce que « le concessionnaire tire sa rémunération d'une manière ou d'une autre », de l'activité de service public qu'il a pour mission de gérer (365).

1011 Les modalités de cette rémunération sont donc variables. La loi du 29 janvier 1993 a incidemment confirmé la diversité possible de la rémunération du concessionnaire, qui selon ses propres termes, ne repose pas obligatoirement sur les usagers. L'article 38 al. 3, (devenu CGCT, art. L. 1411-1) prévoit en effet que la personne publique délégante indique « s'il y a lieu » les conditions de la tarification. Dans les cas où le concessionnaire ne se rémunère pas directement sur l'usager (366), le cahier des charges de la concession doit donner les moyens au concessionnaire de retirer des produits de l'activité de service public qu'il assure.

1012 Néanmoins, lorsque le service public fourni donne lieu à paiement de redevances par les usagers, le concessionnaire se rémunère en fonction d'un tarif qui est le plus souvent considéré comme une clause réglementaire de la concession. Les rapports entre le concessionnaire et l'usager, relativement à l'application des tarifs, sont des rapports de fournisseur à clients entre personnes privées. Ils relèvent donc du droit privé et leur contentieux appartient à la juridiction judiciaire (367).

1013 Du fait que la structure de la tarification donne naissance à des clauses réglementaires, ces rapports sont encadrés par des principes de droit public (368). Tout d'abord,

(362) CE, 11 déc. 1963, Ville de Colombes, *Rec.* p. 812 ; CE, 26 nov. 1971, Soc. SIMA, *Rec.* p. 723, *RDP* 1972, p. 239, concl. Gentot et p. 1245, note Waline, *AJDA* 1971, p. 649, chron. ; CE, 8 juill. 1985, Soc. lyonnaise des eaux et de l'éclairage, *Rec.* p. 246, *RFDA* 1986, p. 231, concl. Dandelot.

(363) D. Linotte et B. Cantier, « Shadow tolls : le droit public français à l'épreuve des concessions à péages virtuels », *AJDA* 2000, p. 863.

(364) Concl. Chardenet, *préc.* ; CE, 10 avr. 1970, Beau et Lagarde, *préc.* ; TC, 4 févr. 1974, Époux di Vita, *Rec.* p. 789.

(365) Concl. Dutheillet de Lamothe sur CE ass., 16 avr. 1986, Compagnie luxembourgeoise de télédiffusion, *préc.*

(366) C'est bien en ce sens qu'il faut comprendre le « s'il y a lieu », et non comme une faculté que l'autorité délégante aurait de ne pas conserver la maîtrise du tarif (Rép. min. *JOS Q*, 30 avr. 1998, p. 1403).

(367) TC, 12 janv. 1987, Soc. Vétillard, *RJF* 1988, p. 426.

(368) Le principe est ancien, et posé au moins depuis les concessions de péages : par ex. CE, 28 juill. 1824, Fleurdelix, Robichon et a., *Rec.* p. 461. TC, 7 oct. 1996, req. 3033, Préfet de l'Essonne, *RFDA* 1997, p. 189.

le concessionnaire ne dispose pas de son autonomie de décision en matière de tarifs : la personne publique délégante intervient dans ce type de décisions, soit totalement, en cas de détermination légale ou réglementaire (369), soit partiellement, en application des dispositions contractuelles. Même si la référence aux conditions tarifaires demeure facultative dans le « document d'appel d'offres », la fixation des tarifs ne peut être laissée à la libre appréciation du délégataire de la gestion du service public. Les tarifs, élément de l'organisation et du fonctionnement du service public, relèvent de la direction stratégique, exercée par l'autorité publique délégante et qu'elle ne saurait abandonner sous peine de nullité du contrat. Les prix doivent donc finalement figurer au contrat (370) et l'autorité délégante ne saurait méconnaître elle-même les limites générales de la compétence de la personne publique dont elle est l'organe (371).

1014 Ensuite, les règles fondamentales applicables au fonctionnement du service public (« lois » de Rolland) limitent par définition la liberté tarifaire du concessionnaire. En particulier, la nécessaire égalité entre les usagers devant le service public empêche toute discrimination infondée entre usagers, tant en ce qui concerne le prix de la prestation que, à prix égal, le contenu de la prestation. De même le principe de mutabilité impose que les modifications du tarif prennent effet pour l'avenir sans que l'usager puisse se prévaloir de sa situation contractuelle initiale de droit privé. La loi du 8 février 1995 modifiant sur ce point l'article 40 de la loi du 29 janvier 1993 a d'ailleurs prévu (CGCT, art. L. 1411-2, al. 6) que tout contrat de délégation « précise l'incidence sur ces tarifs des paramètres ou indices qui déterminent son évolution ». Les clauses d'indexation, d'actualisation ou de révision tarifaire des concessions ont donc un fondement légal, alors que les « clauses de rendez-vous contractuel » prévues pour des avenants à objet plus complexe ne relèvent que de l'initiative et de la liberté contractuelle des cocontractants (372). Mais ces dernières ne peuvent pas mener à renégocier des clauses essentielles du contrat sur la base desquelles s'était effectué le choix du délégataire après mise en concurrence.

1015 Enfin, il faut s'interroger, s'agissant de la forme particulière de la concession, sur la postérité de la jurisprudence qui autorise le concessionnaire à fixer librement le tarif. Il avait été admis en effet que les contrats de concession pouvaient laisser au concessionnaire une entière liberté tarifaire (373). Or, la loi du 8 février 1995 semble bien exclure une telle liberté lorsqu'elle prévoit de manière générale pour les contrats de délégation de service public, que « la convention stipule les tarifs à la charge des usagers (et en précise l'incidence…) » (CGCT, art. L. 1411-2, al. 6). Il faut en conclure que la liberté tarifaire du concessionnaire peut être reconnue dans les limites d'une clause déterminant obligatoirement dans le contrat la structure du tarif ; mais qu'elle ne sera plus jamais soumise à titre seulement supplétif aux règles générales applicables aux concessions ou aux contrats administratifs (comme ce fut le cas auparavant, où la liberté tarifaire ne rencontrait que le principe de l'équilibre financier du contrat).

(369) L'article L. 2224-12 CGCT dispose par exemple que les conditions de tarification des redevances d'assainissement sont prévues par décret en Conseil d'État.

(370) Rép. min. *JOSQ*, 30 avr. 1998, p. 1403.

(371) CAA Lyon, 20 mai 1999, req. 981177, Soc. Comolait Industries, *DP aff.* oct. 1999, p. 4 : une clause réglementaire d'un cahier des charges autorisant le délégataire à réduire de sa propre initiative, même dans le respect du principe d'égalité, les prix payés par certains usagers, est illégale.

(372) CE ass., 16 avr. 1986, Compagnie luxembourgeoise de télédiffusion, *préc.*

(373) CE, 18 mai 1979, Assoc. Urbanisme Judaïque Saint-Seurin, *RDP* 1979, p. 1486, concl. Latournerie.

1016 En conséquence de ce cadre de droit public, qui détermine de plus en plus les principes fondamentaux de la tarification, il est admis que la question de la légalité du tarif est une question préjudicielle pour le juge judiciaire qui doit surseoir à statuer sur ce point avant de répondre à la demande d'un usager contestant les actes de droit privé tendant au paiement des sommes dues (374).

D. AUTRES ÉLÉMENTS DE RÉGIME

a) Quant à la durée

1017 La concession est maintenant soumise au régime général des conventions de délégation de service public. La durée de la concession doit être assez longue pour permettre au concessionnaire de se rémunérer. En effet, le principe de l'équilibre financier du contrat pose que le concessionnaire a un droit à couvrir les frais de fonctionnement du service et à en tirer une « rémunération normale » (375). Cependant, aucune durée minimale n'a été posée par les textes ni par la jurisprudence. Pour les services publics locaux, certaines durées avaient été conseillées par une circulaire du 7 août 1987 (376). La loi du 29 janvier 1993 n'a pas prévu de durée minimale spéciale à la concession sauf en matière d'eau, d'assainissement et de déchets (*cf. supra*). Elle accrédite cependant l'idée que la forme de la concession n'est pas impossible sur une courte durée, en prévoyant notamment un régime simplifié pour les contrats ne dépassant pas trois ans et le montant annuel de 68 000 euros.

b) Quant à l'exclusivité

1018 Le concessionnaire peut aussi bénéficier d'une protection ou d'avantages distinctifs contre la concurrence. Par exemple, le concessionnaire possède en général la disposition exclusive du domaine public, et même privé, que le service public exige pour son accomplissement, parce que le délégant s'engage à ne pas délivrer d'autres autorisations unilatérales ou contractuelles dès lors qu'elles auraient pour effet de permettre de concurrencer l'activité déléguée (377). De telles dispositions ne sont pas contraires au droit européen, qui prévoit, pour les services d'intérêt économique général, des droits exclusifs ou spéciaux. Néanmoins, d'une part, ces particularités doivent figurer au contrat car il n'existe pas de principe général de protection du concessionnaire contre la concurrence (378), d'autre part, il n'est pas inconcevable qu'elles soient accordées sous réserve de l'accès des concurrents aux facilités essentielles (379). De

(374) TC, 2 mai 1977, Paraiso, *Rec.* p. 739.

(375) CE, 27 juin 1919, Soc. du gaz et de l'électricité de Nice : *S.* 1920, p. 25, note Hauriou. CE, 23 mai 1936, Commune du Vésinet, *Rec.* p. 591. Pour G. Jèze, l'équation financière de la concession est acceptée par le concessionnaire comme lui assurant la couverture de ses dépenses, une rémunération raisonnable des capitaux investis et un bénéfice normal, *RDP* 1935, p. 735 ; S. Ziani, « Les limites conceptuelles et prudentielles à la rentabilité d'un service public délégué », *Dr. adm.* mai 2011, ét. 10.

(376) *JO* du 20 déc. 1987, p. 14863.

(377) CE, 29 janv. 1932, Soc. des autobus antibois, *Rec.* p. 117, *D.* 1932, III, 60, concl. Latournerie, note Blaevoet.

(378) CE, 10 oct. 2007, req. 255213, Soc. SPS Tarbes, *JCP A* 2007, 2316, note Guettier.

(379) Pour une synthèse de cette théorie, cf. M. Bazex, « Entre concurrence et régulation, la théorie des facilités essentielles », *Rev. Conc. Consomm.* 2001, n° 119, p. 37. Le juge administratif français n'a pas pris position sur son applicabilité à l'accès aux installations d'un service public (dans TC, 18 oct.

plus, dans le silence du contrat, la personne publique délégante, même si elle n'y est pas tenue, doit, pour ne pas risquer de compromettre la continuité du service public, faire preuve de loyauté et s'abstenir d'aggraver sans raison la concurrence à laquelle est soumis le délégataire (380).

1019 Au-delà de cette protection matérielle un peu indirecte, le concessionnaire peut se voir conférer un droit à être protégé (381). Néanmoins, ce droit n'est pas absolu et rencontre de nombreuses atténuations dans sa mise en œuvre.

D'une part, la clause de protection n'est que très rarement une véritable clause d'exclusivité (382). Lorsqu'elle est admise comme telle, se trouve constitué un monopole. Or la personne publique délégante n'est pas en général compétente pour le fonder en vertu de son seul pouvoir réglementaire (383). La jurisprudence la plus ancienne en disposait déjà ainsi (384).

D'autre part, la Constitution de la Ve République et le droit européen ont aujourd'hui réévalué le fondement de cette jurisprudence. Notamment, la considération que l'ordonnance du 1er décembre 1986 (devenue art. L. 410-1 et s. C. Commerce) ainsi que le droit européen de la concurrence forment aujourd'hui un droit matériel applicable au contrat de délégation de service public (385) est de nature à soumettre toute clause de protection à un examen minutieux du juge du droit public économique qu'est devenu le juge administratif.

Enfin, la clause de protection ne vaut qu'entre le concédant et le concessionnaire. Elle permet au cocontractant privé d'engager éventuellement la responsabilité contractuelle de la personne publique délégante, mais elle n'a pas de valeur réglementaire et ne saurait obliger les tiers, notamment les concurrents (386).

c) Quant à la préférence

1020 Certaines conventions, ou certains textes les régissant avaient établi avant la loi du 29 janvier 1993 un droit de préférence ou de priorité au profit de titulaires de concessions.

1999, ADP et Air France, *AJDA* 1999, p. 1029, note Bazex et chron., la situation était différente) mais c'est peut-être parce que l'exécutif a anticipé cette question dans les cas les plus flagrants, par exemple en incitant à l'ouverture de la boucle locale dans le secteur des télécommunications, et parce que le juge utilise d'autres fondements juridiques pour obtenir l'accès des entreprises concurrentes aux éléments essentiels à l'exploitation (L. RICHER, « Le droit à la paresse, *Essential facilities* version française », *Dalloz Affaires* 1999, p. 523 et s. ; CE, 29 juill. 2002, Soc. CEGEDIM, *Dr. adm.* 2002, n° 173, note Bazex et Blazy, *AJDA* 2002, p. 1072, note Nicinski ; et les apports du D. n° 2005-1755 du 30 déc. 2005 relatif à la liberté d'accès aux documents administratifs et à la réutilisation des informations publiques : *AJDA* 2006, p. 1377, comm. Delaunay).

(380) CE, 25 juill. 2001, Ville de Toulon, *Dr. adm.* 2001, comm. n° 211, obs. D. P.

(381) CAA Paris, 2e ch., 4 juin 1992, SA Tahiti Moorea Service, *Rec.* p. 535, *AJDA* 1993, p. 140, chr., *CJEG* 1993, p. 331, note Delpirou : il n'est pas nécessaire qu'il figure dans le contrat.

(382) CE, 1er juill. 1910, Ville de Pau, *Rec.* p. 531 ; CE, 11 juill. 1934, Beaumont et Meley (deux arrêts), *Rec.* p. 809 ; CE, 10 janv. 1936, Guyot, *Rec.* p. 43.

(383) Le législateur peut toutefois lui attribuer cette compétence : CGCT, art. L. 2223-19-8°, al. 2.

(384) CE, 17 nov. 1882, Compagnie générale des Eaux, *Rec.* p. 889 ; CE, 9 juill. 1926, Duris, *Rec.* p. 715.

(385) CE, 3 nov. 1997, Soc. Million et Marais, *Rec.* p. 406, *RFDA* 1997, p. 1228, concl. Stahl ; *AJDA* 1997, p. 945, chron.

(386) CE, 13 janv. 1933, Mironneau, *S.* 1933, III, 41, note Laroque.

Lorsque ce droit de préférence ou de priorité aboutit seulement à proposer au concessionnaire de concourir à une procédure d'extension de l'activité de service public ou au renouvellement du contrat de délégation, ou l'inscrit d'office sur la liste d'un appel d'offres restreint, il n'est pas contraire à la loi. En revanche, lorsqu'un droit de préférence ou de priorité substitue le concessionnaire actuel, s'il s'aligne, au concurrent le mieux disant, il est clairement contraire à l'objectif de garantir une concurrence effective et au principe d'égalité entre les candidats au contrat (387). Le droit de préférence n'est plus acceptable au regard des nécessités de la procédure de publicité et de recueil des offres organisée par la loi du 29 janvier 1993. De même, la solution jurisprudentielle consistant à reconnaître un droit de préférence au concessionnaire qui voit le contrat résilié par anticipation n'est plus envisageable (388). Il serait enfin difficile à concilier avec les règles générales du droit de la concurrence (389) et avec le principe européen de liberté d'établissement.

d) Quant au droit européen applicable

1021 La directive du Conseil n° 92-50, et la loi de transposition en droit français (L. n° 97-50, 22 janv. 1997) ainsi que les directives 2004/18/CE et 2004/17/CE du Parlement européen et du Conseil du 31 mars 2004 relatives à la coordination des procédures de passation des marchés publics de travaux, excluent de leur champ d'application les conventions de délégation de service public.

1022 Néanmoins, la communication interprétative de la Commission du 27 avril 2000 (390) rappelle que les concessions ont pour objet des prestations d'activités économiques, et sont dès lors soumises aux règles du traité ainsi qu'aux principes dégagés par la jurisprudence de la Cour en la matière. Il s'agit en particulier de la non-discrimination, de l'égalité de traitement, de la transparence, de la reconnaissance mutuelle et du principe de proportionnalité. Le principe d'égalité de traitement qui figure également parmi les principes généraux, implique que les règles du jeu doivent être connues de tous les soumissionnaires et doivent s'appliquer à tous de la même manière. Quant à la transparence, la Commission constate qu'il existe souvent dans les États membres des règles ou des pratiques administratives instaurant une certaine publicité dans l'octroi d'une concession. La Cour y ajoute (391) que le principe de non-discrimination implique une obligation de transparence afin de permettre au pouvoir adjudicateur de s'assurer de son respect. Cette transparence peut être assurée par tout moyen approprié, y compris la publicité. Le principe de proportionnalité exige que toute mesure choisie par le pouvoir adjudicateur soit à la fois nécessaire et appropriée au regard du but recherché. Enfin, le principe de la reconnaissance mutuelle implique que l'État membre où la prestation sera fournie devra accepter les spécifications techniques et les contrôles réalisés dans un autre État membre.

(387) CAA Marseille, 13 janv. 2004, n° 99MA02005, Danièle P.

(388) CE, 10 janv. 1902, Compagnie nouvelle de gaz de Deville-lès-Rouen, *Rec.* p. 5, *S.* 1902, III, 17, note Hauriou.

(389) G. BOUQUET, E. BUTTERY, « Vers la fin du droit de préférence accordé aux concessionnaires de transport et de distribution d'électricité et de gaz », *AJDA* 2006, p. 954.

(390) Communication interprétative de la Commission européenne sur les concessions en droit communautaire du 27 avr. 2000, *JOCE* n° C 121 du 29 avr. 2000.

(391) CJCE, 18 nov. 1999, aff. C-275/98, Unitron, *Rec.* p. I-08291.

1023 Quant à la directive n° 93/37 du 14 juin 1993 (392), et à sa suite la directive n° 2004/18 du 31 mars 2004, elles ont expressément assujetti, au-delà des marchés publics précédemment saisis, ceux qui ont le même objet, mais dont « la contrepartie des travaux consiste soit uniquement dans le droit d'exploiter l'ouvrage, soit dans ce droit assorti d'un prix ». Se trouvent donc attraites les concessions de travaux et de services publics qui, en droit interne, sont pourtant considérés comme des contrats de délégation de service public. Une première incursion des obligations de publicité a donc été réalisée par le droit européen dans le droit français des délégations de service public (393) avant que le législateur ne fixe la transposition et l'adaptation des principes européens dans la loi (394).

La jurisprudence européenne considère que les contrats mixtes comportant une part de gestion du service public et une part de travaux ne sont pas *ipso facto* des marchés de travaux : il appartient au juge national d'apprécier si la part de travaux est ou non accessoire (395), ce que le juge français ne manque pas de faire (396). Toutefois, même s'ils échappent à la qualification de marchés publics de travaux au sens des directives, ces contrats n'en sont pas moins soumis aux principes et règles des traités précisés par la jurisprudence *Telaustria* (397).

§ 2. L'AFFERMAGE

1024 **Bibliographie :** J.-M. AUBY, « Actualité de l'affermage de service public », *Études en hommage au Doyen G. Péquignot*, 1984, t. I, p. 29 ; P. SUBRA DE BIEUSSES, « Spécificité de l'affermage », *AJDA* 1996, p. 608 ; J.-M. PEYRICAL, « Les zones floues de l'affermage », *Mon. TPB* 1997, n° 4859, p. 46 ; M.-P. CHANLAIR, « Réflexion sur les contrats de service public avec mise à disposition d'ouvrage appartenant à la collectivité », *AJDA* 2005, p. 241 ; A. MÉNÉMÉNIS, « L'affermage d'un parking entre jurisprudence *Telaustria* et jurisprudence *Teckal* », *Dr. adm.* n° 12, déc. 2005, comm. 167.

1025 L'affermage est un transfert de la gestion opérationnelle d'un service public que l'on peut estimer très proche de la concession. L'affermage de service public est

(392) Complétant les précédentes n° 71/304 et 71/305 du 26 juill. 1971, et n° 89/4040 du 18 juill. 1989, transposées en droit français par la L. n° 91-3 du 3 janv. 1991, D. n° 92-311 du 31 mars 1992. Elles concernaient les marchés publics de travaux d'un montant supérieur à 5 millions d'écus, dont l'objet est soit l'exécution, soit l'exécution et la conception, soit la maîtrise d'œuvre d'un ouvrage défini par un pouvoir adjudicateur, moyennant un prix.

(393) Elle a d'ailleurs été sanctionnée par le juge administratif de façon exemplaire : CE, 6 févr. 1998, M. Tête c. Assoc. de sauvegarde de l'ouest Lyonnais, *Mon. TPB* 13 févr. 1998, p. 45 et *Mon. TPB* 27 févr. 1998, p. 18 et s., *Europe* 1998, n° 80, p. 8 (délibération de la communauté urbaine de Lyon autorisant la concession du périphérique nord et décret instituant le péage incompatible avec les objectifs de la directive travaux n° 89/440 du 18 juill. 1989) ; CE, ass., 20 févr. 1998, req. 159496 et 159508, Ville de Vaucresson et autres c. Assoc. syndicale autorisée des propriétaires du parc de Malmaison, *Europe* 1998, p. 8 (annulation d'un D. du 21 avr. 1994, approuvant un avenant à la convention de concession passée entre l'État et la société Cofiroute pour défaut de respect de la procédure de publicité prévue par la dir. du 18 juill. 1989 *préc.*).

(394) Ord. n° 2009-864 du 15 juill. 2009 ; D. n° 2010-406 du 26 avr. 2010 ; CGCT, art. L. 1415-2.

(395) CJCE, 19 avr. 1994, aff. C/331-92, Gestión Hotelera internacional SA, concl. Lenz, *Rec.* p. I-1329, *Rev. dr. imm.* 1996, p. 411; CJCE, 18 janv. 2007, aff. C-220/05, Auroux et a.

(396) CE ass., 10 juin 1994, Commune de Cabourg, *Rec.* p. 300, *RFDA* 1994, p. 728, concl. Lasvignes, *AJDA* 1994, p. 502, où une convention de financement d'ouvrage adossée à un bail emphytéotique a été considérée comme une concession de travaux.

(397) CAA Bordeaux, 9 nov. 2004, n° 01BX00381, Sodegis.

un contrat par lequel la personne publique responsable du service public charge un tiers, appelé fermier, de gérer le service public, éventuellement grâce à des ouvrages qu'elle lui remet, moyennant le versement à cette personne publique d'une rémunération prélevée sur les redevances versées par les usagers.

La différence entre affermage et concession est donc double. D'une part, lorsque l'utilisation d'ouvrages est nécessaire pour l'exploitation du service public, leur construction n'est jamais à la charge du fermier, puisqu'il les reçoit de la personne publique responsable. D'autre part, le mode de rémunération du fermier est résiduel par rapport aux recettes.

1026 L'affermage est bien un contrat de nature distincte de la concession (398), même si la pratique administrative n'en a tiré les conséquences que tardivement (399) et si la jurisprudence ne l'a expressément reconnu qu'à partir de l'arrêt *Commune d'Élancourt* (400). Il peut arriver cependant que le même instrument contractuel contienne à la fois un contrat d'affermage et un contrat de concession. C'est le cas par exemple lorsque le fermier, en cours de contrat, reçoit pour mission de réaliser des travaux ou des investissements pour réaliser des ouvrages nouveaux (401).

A. OBJET DU CONTRAT D'AFFERMAGE

1027 La ferme comporte le plus souvent l'utilisation d'ouvrages publics. L'affermage s'applique par exemple à la distribution de l'eau potable (402), aux transports publics urbains de voyageurs (403). Il n'est alors pas besoin de délivrer spécialement au fermier une autorisation d'utilisation du réseau ou du domaine public. Elle résulte explicitement du contrat de délégation de service public, ou parfois de la loi qui en fixe le régime. Une autorisation spéciale n'est considérée comme nécessaire qu'au cas où la ferme doit utiliser des installations placées sur le domaine d'une autre personne publique que celle qui délègue le service.

1028 En l'absence d'exploitation d'ouvrages publics, l'affermage peut être utilisé pour la perception des droits de place dans les halles et marchés (404). Mais il s'agit d'un cas particulier : la perception de taxes municipales est à l'évidence un service public, comme l'est aussi la perception des impôts au niveau national, simplement ce service public ne fournit pas de prestations aux usagers, mais consiste à percevoir des contributions au profit d'une personne publique. Ce qui est étonnant c'est que ce service public, habituellement assuré en régie, soit confié à des personnes privées. Le service public fiscal semble ainsi ne pas être assimilable à la police administrative,

(398) CE, 6 janv. 1971, Société Eau et Gaz, *Rec.* p. 1.
(399) Circ. 17 mars 1980, portant application du cahier des charges type pour l'exploitation en affermage d'un service de distribution d'eau, *Recueil des modèles*, La Doc. fr. 1987, p. 309.
(400) CE, 29 avr. 1987, Commune d'Élancourt, *Rec.* p. 153, *RFDA* 1987, p. 525, concl. Robineau, *AJDA* 1987, p. 543, obs. Prétot.
(401) CE, 6 mai 1991, Syndicat intercommunal du Bocage, *AJDA* 1991, p. 717, note Subra de Bieusses, *JCP* 1991, II, 21749, note Guibal.
(402) CE, 29 avr. 1987, Commune d'Élancourt, *préc.*
(403) CE, 19 avr. 1989, Soc. des transports urbains d'Angers, *Rec.* p. 780, *RDP* 1989, p. 1784.
(404) CE, 15 mai 1953, Commune de Nogent-sur-Marne, *Rec.* p. 235.

insusceptible, elle, de délégation. Ce principe de solution n'est d'ailleurs pas nouveau, il s'inspire en fait de la ferme des impôts de l'Ancien Régime. En réalité, cette particularité est explicable. En effet, ce n'est pas la gestion opérationnelle du service public qui est confiée au fermier. C'est sa simple exécution, c'est-à-dire la plus simple des fonctions de service public. Cela explique que le contrat d'affermage de droits de place soit un contrat de droit privé par détermination de la loi. La compétence contentieuse relative à l'exécution du contrat est en effet judiciaire (405). Mais celle de l'interprétation et de l'appréciation de validité appartient à la juridiction administrative (406).

1029 Enfin, il s'avère que l'affermage n'est pas une technique réservée à la délégation de la gestion opérationnelle des services publics. Outre que certains juristes classent le cas précédent, donnant lieu à perception de taxes, hors du service public, l'affermage peut s'appliquer aux terrains. En revanche, il est interdit d'affermer des recettes publiques dans les contrats de travaux publics qualifiables de concession (407).

B. RÉMUNÉRATION DU FERMIER

1030 Le fermier gère le service public à ses risques et profits, mais à la différence de la concession, il n'a pas eu à faire l'avance de ses frais d'installation, et ses coûts sont donc inférieurs. Aussi, le tarif des redevances perçues par le fermier comprend deux parties.

1031 La première partie du tarif perçu constitue la rémunération proprement dite du fermier. Elle doit être précisée par le contrat, et prévue selon un calcul précis qui tient compte de plusieurs éléments : les charges d'exploitation du service, la privation de valeur commerciale de l'exploitation (un service public ne s'assimile pas à un fonds de commerce (408)). La seconde partie du tarif perçu est une redevance (improprement désignée comme la « surtaxe » (409)), encaissée par le fermier pour être reversée à la personne publique responsable du service public. Cette somme doit être calculée de façon à compenser les charges supportées par la personne publique du fait de la mise à disposition de l'ouvrage nécessaire et plus généralement toutes les dépenses du service qui n'incombent pas au délégataire (410). Elle peut comprendre les amortissements de cette immobilisation, ainsi que les intérêts de l'emprunt éventuellement contracté pour l'acquérir, les frais de contrôle, d'indemnisation de tiers etc. Elle ne saurait en aucun cas dépasser ces dépenses et l'amortissement nécessaire au renouvellement des ouvrages.

Pour la collecte de la surtaxe, le fermier agit comme mandataire de la personne publique délégante, tout simplement parce, en raison de l'inclusion dans le « prix »,

(405) D. du 17 mai 1809, et CE, 16 juill. 1952, Revouy, *Rec.* p. 379.
(406) TC, 25 mai 1950, Lecavelier, *Rec.* p. 659.
(407) D. 30 oct. 1935, art. 1 et 2; CGCT, art. L. 3241-2.
(408) O. De David Beauregard Berthier, « Fonds de commerce et domaine public », *AJDA* 2002, p. 790.
(409) Elle n'est ni une taxe ni une surtaxe au sens fiscal ou parafiscal car elle a été qualifiée comme « un élément constitutif du prix correspondant à la part des charges d'investissement dans le coût global du produit distribué par le service et réparti entre les usagers » : CC, 29 déc. 1983, n° 83-166 DC, *Rec.* p. 77.
(410) Cf. *supra*, « Le sort des droits d'entrée et redevances ».

il n'assume pas le risque que les usagers se dispensent de son paiement (411). Pour le reste, le tarif de l'affermage est soumis au même régime que celui dégagé par la jurisprudence relative aux concessions, lorsque ce dernier est compatible avec les principes applicables aux autres contrats de délégation de service public.

C. RÉGIME JURIDIQUE

1032 Les installations de la ferme obéissent à un régime particulier. Le fermier n'a pas à financer en principe, les ouvrages nécessaires au fonctionnement du service public : il ne supporte pas les frais de premier établissement. Il peut cependant avoir à faire l'avance du fonds de roulement financier (412), ou peut être amené à financer certaines installations, à condition qu'elles ne constituent que des accessoires des installations principales.

Pour fixer les engagements des parties, les installations neuves font l'objet d'une procédure de réception des travaux analogue à celle qui concerne les constructions privées, les installations anciennes sont soumises à une prise de possession, analogue à un état des lieux en matière de contrat de baux d'habitation. Cette délimitation permet d'apprécier plus facilement les imputations de responsabilité qui pourraient survenir dans l'exécution de l'affermage. En effet, les dommages qui résultent des ouvrages eux-mêmes sont imputés à la personne publique responsable ; ceux qui résultent du fonctionnement du service relèvent de la responsabilité du fermier.

Le juge administratif semble guidé en cette matière par le fait que la personne publique affermante est et demeure propriétaire des ouvrages publics. Ainsi, la responsabilité décennale ne peut être mise en œuvre que par cette dernière (413), même si la réception, qui joue un rôle déterminant dans l'imputation de responsabilité, a été réalisée par le fermier. De même, si les cahiers des charges types prévoient que la personne publique affermante garantit le fermier contre d'éventuels vices de construction, cette disposition est de portée limitée. Elle est justifiée par l'impossibilité dans laquelle se trouve le fermier de rechercher la responsabilité du constructeur ou même de faire réaliser les travaux de remise en état aux frais de la personne publique (414).

1033 Dans tous les cas, le fermier prend à sa charge les frais d'entretien courant car ils relèvent de l'exploitation du service public. Par ailleurs, le fermier dispose d'un droit de contrôle sur les travaux dont il ne serait pas chargé lui-même.

1034 La durée du contrat d'affermage est en général inférieure à celle d'une concession, parce que le fermier n'a précisément pas la charge du financement de l'investissement en ouvrages. L'étalement nécessaire des frais d'établissement est donc moins long avant de dégager une rentabilité. La durée n'est cependant pas un critère de distinction entre la concession et l'affermage (415). Cette durée ne peut pas être limitée par le

(411) CE, 17 oct. 2003, req. 244521, Commune de Venelle ; TA Melun, 13 oct. 2009, req. 0605819/2, Commune d'Orly, *AJDA* 2010, p. 331, concl. Dewailly.
(412) CE, 3 juin 1987, Soc. nîmoise de tauromachie, *LPA*, 15 juin 1988, p. 30, note Poujade.
(413) CE, 15 févr. 1984, Soc. des travaux et entretiens industriels, *Mon. TPB* 15 avr. 1984, p. 108.
(414) CE, 24 sept. 1990, Commune de Tignes, *Rec.* p. 253, *D.* 1991, SC, 196, note Terneyre.
(415) CE, 3 juin 1987, Soc. nîmoise de tauromachie, *préc.*

pouvoir réglementaire, notamment par voie de circulaire ; elle constitue d'ailleurs un choix stratégique sur lequel le juge administratif n'exerce qu'un contrôle restreint.

1035 Le régime contentieux de l'affermage est par ailleurs guidé par le principe du respect de l'équilibre (notamment, mais pas exclusivement, financier) du contrat. Si le juge du contrat se refusait autrefois, à la différence de la concession, à annuler la résiliation irrégulière d'un contrat d'affermage (416) ou les mesures litigieuses prises par la personne publique affermante (417), l'application de la jurisprudence permettant de demander au juge la reprise des relations contractuelles et de la résoudre en indemnités (418) devrait aligner les deux types de contrat. En revanche, au fond, la protection du fermier est réputée moindre que celle du concessionnaire, parce que les risques sont moins élevés et les immobilisations moindres. Il est d'usage dans les contrats types de prévoir une garantie de révision à termes échelonnés (5 ans), et la possibilité de percevoir des produits annexes (publicité).

§ 3. LES CONTRATS DE PARTENARIAT

1036 **Bibliographie :** A. Bréville et L. Boulard (dir.), *Partenariats public-privé : mode d'emploi juridique et approche économique*, Institut de la gestion déléguée – Dexia, 2006 ; C. Saint-Étienne et V. Piron, *Les partenariats public-privé, leviers pour l'investissement et l'emploi. Méthodes et exemples pratiques pour fonder l'efficacité économique du choix public*, La Doc. fr., 2006 ; F. Brenet et F. Melleray, *Les contrats de partenariat de l'ordonnance du 17 juin 2004. Une nouvelle espèce de contrats administratifs*, Litec, 2005 ; X. Bezançon (dir.), *Les nouveaux contrats de partenariat public-privé. Analyses juridiques, problèmes financiers et comptables, conseils pratiques*, Le Moniteur, Guides juridiques, 2005 ; P. Lignières, *Droit des partenariats public-privé*, Litec, coll. Affaires financières, 2005 ; P. Cossalter et B. du Marais, *La Private Finance Initiative*, Institut de la gestion déléguée, 2001 ; J.-Y. Perrot et G. Chatelus, *Financement des infrastructures et services collectifs : le recours au partenariat public-privé*, Presses des Ponts et Chaussées, 2000 ; E. Muller, *Les instruments juridiques des partenariats public-privé*, th. Strasbourg, 2009.

F. Lichère, « Le Conseil constitutionnel, la commande publique et le partenariat public/privé : *bis repetita non placent* : commentaire des considérants 13 à 20 de la décision n° 2003-473 DC du 26 juin 2003 », *RDP* 2003, p. 1163-1178 ; F. Marty, S. Trosa, A. Voisin, « Le « chaînon manquant » des contrats publics : les partenariats public-privé », *Pouvoirs locaux,* déc. 2003, n° 59 ; F. Linditch, « Les partenariats public-privé devant le Conseil constitutionnel », *JCP A*, n° 41, 2003, p. 1289 ; A. Ménéménis, « La Constitution et les partenariats public-privé », *Dr. adm.* 2003, n° 10, p. 24 ; L. Rapp, « Partenariats publics/privés, dialogue autour de l'ordonnance », *LPA*, 18 mars 2004, n° 56, p. 3 ; B. Martor et S. Thouvenot, « Le contrat de partenariat ; la nouvelle alternative aux modes traditionnels d'achat public », *JCP A* 2004, p. 1442 ; « Le contrat de partenariat ou la renaissance du partenariat public privé à la française », *RDAI* 2004, n° 2, p. 111 ; C. Emery, « Les trois principes de la passation des contrats de partenariat public-privé », *AJDA* 2006, p. 2269 ; F. Marty, A. Voisin, « Le contrat de partenariat constitue-t-il une *private finance initiative* à la française ? », *RIDE* 2006/2, p. 131 ; T. M. Nisar, "Risk Management in Public-Private Partnership Contracts", *Public Organization Review*, vol. 7, n° 1, 2007, p. 1 ; F. Lichère, « La réforme des partenariats public-privé », *CMP* oct. 2008, ét. 9 ; C. Boiteau, « Les techniques contractuelles : les partenariats public-privé », *RFFP*, 2010, p. 91 ; G. Huet, « Contrat de PPP : vers un premier bilan », *JCP A*, 2011, 2147.

(416) CE, 19 avr. 1989, Soc. des transports urbains d'Angers, *RDP* 1989, p. 1784.

(417) CE, 3 juin 1987, Soc. nîmoise de tauromachie, *préc.*

(418) CE, 21 mars 2011, req. 304806, Commune de Béziers ; *AJDA* 2011, p. 591 et 670, chron. ; *D.* 2011, p. 954, obs. de Montecler ; *RDI* 2011, p. 270, note Braconnier.

1037 L'idée générale selon laquelle les personnes publiques doivent confier le maximum d'activités ne correspondant pas au cœur de leurs missions propres à des personnes privées dans une relation contractuelle stable, a été progressivement formalisée depuis les années 1980 sous la dénomination partenariat public-privé (PPP). Bien que cette dénomination puisse s'appliquer à tous les contrats de délégation de service public et plus largement à toutes les situations où la gestion du service public repose directement sur des financements privés, polysémie sur laquelle joue parfois la Commission européenne, elle est en l'occurrence destinée à désigner des opérations où les contraintes immobilières et financières de l'opération projetée l'emportent sur les caractéristiques de l'activité de service public qu'elle comporte.

Le gouvernement français a souhaité donner à ce type de contrats un encadrement juridique spécial, exclusif de l'application de la loi du 29 janvier 1993, mais qui ne peut pas s'affranchir des principes et qualifications du droit de l'Union européenne.

Le problème central posé par cette catégorie législative de contrats d'exception est dès lors la dissociation entre d'une part leur objectif, leur contenu et leur usage, qui en font matériellement des contrats pouvant opérer une délégation de gestion de service public dans la plupart des cas, et leur qualification jurisprudentielle qui les considère, logiquement au regard des textes, comme des marchés publics.

A. L'ORIGINE DES CONTRATS DE PARTENARIAT

a) Des réalisations nées de la pratique contractuelle

1038 Il s'agissait à l'origine d'encourager la réalisation de grands ouvrages et équipements de travaux publics ou de génie civil pour l'État. La solution principale, sous forme de montage contractuel, qui s'est alors dégagée consistait à coupler une autorisation d'occupation domaniale avec un contrat de crédit-bail (ou de location avec option d'achat). Le financement et la réalisation de l'ouvrage incombent au cocontractant privé qui le donne ensuite à bail à l'État contre paiement d'un loyer. Par assimilation au droit commun des baux, il est tacitement acquis que l'entretien lourd de l'ouvrage est assuré par le cocontractant privé.

La régularité de ces montages contractuels complexes n'a pas été mise en cause, sous quelques réserves préventivement posées par un avis du Conseil d'État (419), car la loi du 25 juillet 1994, reconnaissant au titulaire d'une autorisation d'occupation du domaine public un droit réel sur les immeubles qu'il réalise, n'exclut pas l'usage de ce droit réel pour construire un ouvrage destiné à être mis à disposition de la personne publique par contrat de bail.

L'exemple du droit anglo-saxon a simultanément été évoqué comme justification à la légitimité de ces pratiques contractuelles, qu'il s'agisse en général du PPP (public private partnership) ou en particulier des BOT (Build, Operate, Transfer) (420) ou de la

(419) CE Avis, 31 janv. 1995, *Les Grands avis du Conseil d'État,* Dalloz, 2002, p. 343, note Fatôme et Terneyre.

(420) J.-M. Loncle, « Grands projets d'infrastructure : le montage "Build, Operate, Transfer" », *RDAI* 1997, n° 8, p. 945 ; D. Lamethe, « Les relations entre les gouvernements et les entreprises en matière de grands projets d'investissement », *JDI* 1998, n° 1.

PFI (Private Finance Initiative) (421). Deux remarques s'imposent à cet égard : d'une part, la notion britannique de PPP englobe non seulement les rapports contractuels entre entreprises privées et personnes publiques, mais aussi les formes institutionnelles (fondation de personnes juridiques communes) et unilatérales, conception que valorise la Commission (422), mais que n'encourage pas le Conseil d'État (423). D'autre part, il ne faut pas mésestimer l'originalité de la pratique contractuelle et de la législation françaises qui sont en réalité, avec l'Italie, l'Espagne et le Royaume-Uni, parmi les plus aboutis des cadres relatifs aux PPP, rarement approfondis dans d'autres États membres (424).

b) Une pratique consacrée par le législateur

1039 Le législateur a consacré ces montages à plusieurs occasions (425), pour les besoins immobiliers de secteurs d'activité étatique symboliquement proches de la puissance publique : la justice et le service public pénitentiaire, la police et la gendarmerie, l'armée (426). Il est remarquable que le contrat de bail servant de support ait été dispensé de l'application du Code des marchés publics, à l'exception de certains de ses articles, au profit d'une procédure *ad hoc* définie par le décret d'application (427). Par ailleurs, la loi avait déjà donné un cadre à d'autres montages contractuels propres aux collectivités territoriales et dont le support principal était le bail emphytéotique (CGCT, art. L. 1311-2 et L. 1311-4-1).

La loi du 2 juillet 2003 habilitant le gouvernement à simplifier le droit par ordonnances a explicitement prévu l'extension des dispositions relatives au partenariat public-privé contenues dans la LOPSI et le CGCT. À ce titre, une ordonnance a d'abord été prise pour le secteur des hôpitaux (ord. du 4 septembre 2003), qui institue le couplage entre bail emphytéotique et crédit-bail. Mais

(421) E. Sitbon, *La mise en concurrence dans les contrats de services publics locaux en France et au Royaume-Uni*, th. univ. Lille 2, 1999 ; S. Braconnier, « Les contrats de PFI. Réflexion sur la dynamique contractuelle dans les partenariats public-privé », *BJDCP* 2002, p. 174 ; X. Bezançon, « Le Private Finance Initiative du Royaume-Uni », *CP-ACCP*, sept. 2001, p. 48 ; P. Cossalter et B. du Marais, « La Private Finance Initiative », Institut de la gestion déléguée, mars 2001.

(422) Communication interprétative de la Commission concernant l'application du droit communautaire des marchés publics et des concessions aux partenariats public-privé institutionnalisés, COM (2007) 6661, 5 févr. 2008 ; Livre vert : COM (2004) 327 final § 53.

(423) H. Hoepffner, « L'avenir compromis des partenariats public-privé institutionnalisés. À propos de l'avis de la section de l'administration du Conseil d'État n° 383264 du 1er déc. 2009 », *CMP* déc. 2010, ét. 10.

(424) R. Apelbaum, « Le PPP et le développement du droit public français à l'étranger », *AJDA* 2004, p. 1759.

(425) P. Delvolvé, « Sécurité intérieure, justice et contrats publics : confirmations et infléchissements », *BJDCP* 2002, n° 25, p. 418 ; Ch. Lavialle, « Les conventions de financement des équipements publics pour la sécurité intérieure et la L. du 29 août 2002 », *CMP* 2002, chron. n° 11 ; P. Lignières et J.-Ph. Lévy, « Un PFI à la française : Les nouveaux partenariats publics-privés dans la sécurité et la justice », *Dr. adm.* 2002, Prat. n° 11 ; M.-T. Sur-Le-Liboux, « Loi d'orientation et de programmation pour la sécurité intérieure : de nouveaux contrats pour de nouveaux financements », *ACCP* 2002, n° 16, p. 62 ; S. Traoré, « Programmes immobiliers du ministère de la Justice », *AJDI* 2004, p. 16.

(426) L. n° 2002-1094 du 29 août 2002 d'orientation et de programmation de la sécurité intérieure dite LOPSI (modifiée par L. n° 2003-73 du 27 janv. 2003) : « l'État et le titulaire d'une autorisation d'occupation temporaire du domaine public peuvent conclure un bail portant sur des bâtiments à construire pour les besoins de la justice, de la police ou de la gendarmerie nationales, et comportant au profit de l'État une option lui permettant d'acquérir, avant le terme fixé par l'autorisation d'occupation, les installations ainsi édifiées. Dans ce cas, le bail comporte des clauses permettant de préserver les exigences du service public ».

(427) D. n° 2004-18 du 6 janv. 2004, modifié par D. n° 2004-732 du 26 juill. 2004.

ensuite et surtout, c'est un véritable statut général des partenariats public-privé qui a été institué par l'ordonnance n° 2004-559 du 17 juin 2004 et ses décrets d'application (428).

Le juge administratif, par une analyse de l'objet contractuel et de l'élément financier au regard des textes européens, a considéré (429) que les contrats de partenariat, qui ont vocation à être passés avec un ou plusieurs opérateurs économiques et en vertu desquels la rémunération du cocontractant fait l'objet d'un paiement par la personne publique, constituent des marchés publics européens au sens de la directive 2004/18/CE (art. 1er, § 2, a).

1040 Il s'avère ainsi que l'encadrement juridique des partenariats public-privé est postérieur à la loi du 29 janvier 1993 sur les délégations de service public et qu'il ne relève pas de la même logique. Conçu pour régler des questions de financement et de construction d'ouvrages, il ne vise pas à titre principal l'activité de gestion du service public développée à partir de l'ouvrage. Néanmoins, il est possible que ces activités existent et s'appuient sur les ouvrages réalisés (430). Dans ce cas, les contrats de partenariat comprennent dans leur objet matériel une délégation de gestion du service public, mais étant soumis à un texte spécial, l'ordonnance du 17 juin 2004 ou les lois précédentes, ils ne relèvent pas de la loi du 29 janvier 1993.

Le point de vue du droit européen est radicalement différent. Pour le moment, les PPP ne font pas l'objet de directives spéciales mais se trouvent soumis, en fonction de leur contenu et des éléments d'identification habituels, au droit européen des marchés publics. Cette situation n'étant pas estimée satisfaisante, a donné lieu à un livre vert de la Commission (431) pour déterminer quelle solution d'encadrement serait à l'avenir la plus adaptée. Or, on a remarqué à cette occasion que la logique de la Commission pouvait tendre à inclure les concessions dans les PPP à dominante contractuelle, perspective exactement inverse de la structure normative et théorique française qui, comme en témoigne le choix final des termes « contrat de partenariat » dans l'ordonnance du 17 juin 2004, en fait deux catégories contractuelles différentes, possédant seulement un objet matériel commun.

B. LES CARACTÉRISTIQUES DES CONTRATS DE PARTENARIAT

a) La définition législative des contrats de partenariat

1041 Mis à part les premières définitions contenues dans les lois sectorielles initiales, la définition qui s'applique à titre général a été fixée par l'ordonnance n° 2004-559

(428) V. le premier D. n° 2004-1145 du 27 oct. 2004.
(429) CE, 29 oct. 2004, req. 269814, 271119 271357 et 271362, Jean-Pierre R. et Union française des syndicats d'architectes, *AJDA* 2004, p. 2383, chron.
(430) Ord. n° 2004-559 du 17 juin 2004, art. 1er, I, al. 2; CGCT, art. L. 1414-1, I, al. 2 ; T. Reynaud, « Les amours contrariées du contrat de partenariat et du service public », *BJDCP* 2010, n° 70, p. 166 ; F. Olivier, « Le partenariat public-privé en pratiques… nouvelles ! », *CMP* 2005, ét. 3 ; O. Debouzy et P. Guillot, « Le contrat de partenariat public-privé et la réforme de l'achat public », *D.* 2005. chron. 319.
(431) Livre vert sur les partenariats public-privé et le droit communautaire des marchés publics et des concessions COM (2004) 327 final.

du 17 juin 2004 modifiée (432). Les contrats de partenariat sont « des contrats administratifs » par lesquels une personne publique « confie à un tiers, pour une période déterminée en fonction de la durée d'amortissement des investissements ou des modalités de financement retenues, une mission globale relative au financement d'investissements immatériels, d'ouvrages ou d'équipements nécessaires au service public, à la construction ou transformation des ouvrages ou équipements, ainsi qu'à leur entretien, leur maintenance, leur exploitation ou leur gestion, et, le cas échéant, à d'autres prestations de services concourant à l'exercice, par la personne publique, de la mission de service public dont elle est chargée ».

1042 De cette définition, trois remarques peuvent être tirées. Tout d'abord, les contrats de partenariat peuvent inclure dans leur objet la gestion ou l'exécution de prestations de service public (ce qui explique leur insertion dans le CGCT dans le titre 1er consacré aux services publics locaux) (433), mais cela n'est pas une condition d'existence. En revanche, ils ne peuvent être employés que pour des investissements, ouvrages ou équipements nécessaires au service public. Ensuite, si la période est limitée par la durée de l'amortissement ou du financement, c'est-à-dire par l'équilibre économique de l'opération et ne saurait donner lieu à une rente injustifiée, en revanche le mode de rémunération n'est pas partie intégrante de la définition du contrat. Enfin, le caractère principal de l'objet du contrat de partenariat est de fixer une mission globale au cocontractant privé.

1) L'élément organique

1043 Les contrats de partenariat sont conclus à l'initiative d'un pouvoir adjudicateur : État et ses établissements publics (Ord. art. 1er), collectivités territoriales et leurs établissements publics (art. 14, instituant un art. L. 1414-1 dans le CGCT). Ils sont également mis à disposition des personnes privées (434) qui peuvent en conclure entre elles depuis la loi du 28 juillet 2008. Au cas où le contrat de partenariat aurait pour effet de déléguer la gestion d'un service public, s'appliqueraient en tant que de besoin les principes généraux régissant la cession ou la subdélégation traduisant que la direction stratégique du service public ne peut appartenir qu'à la personne publique responsable, sauf autorisation expresse ou mandat *ad hoc*.

Du côté des caractères de la personnalité morale prestataire, aucune restriction n'est ajoutée à la qualité de « tiers » ce qui autorise éventuellement une personne publique à se porter candidate et à obtenir le contrat de partenariat. En cela, le contrat de partenariat français, qui pourrait servir d'outil à une coopération entre personnes publiques, se distingue nettement de la problématique européenne du partenariat public-privé. On remarquera cependant que la procédure d'attribution et surtout les exclusions à la soumission (Ord. art. 4) sont *a priori* conçues pour s'appliquer à des personnes privées.

(432) Ord. n° 2004-559 du 17 juin 2004 sur les contrats de partenariat, modifiée par L. n° 2008-735 du 28 juill. 2008, L. n° 2009-19 du 17 févr. 2009, et Ord. 2009-515 du 7 mai 2009.

(433) Rép. min. n° 22017, *JO Sénat Q*, 18 mai 2006, p. 1385 ; *CMP* 2006, comm. 220, note Roman-Séquense ; P. Lignières, « La frontière entre les délégations de service public et les contrats de partenariat », *CMP* 2005, prat. 10.

(434) Notamment les organismes autres que ceux soumis au Code des marchés publics dotés de la personnalité juridique et qui ont été créés pour satisfaire spécifiquement des besoins d'intérêt général ayant un caractère autre qu'industriel et commercial, répondant à un des critères de l'influence publique tels que définis par l'ordonnance du 6 juin 2005.

2) L'objet matériel

1044 La mission globale constitue le cœur du contrat de partenariat. Elle regroupe nécessairement les trois aspects, plus ou moins déclinés en variantes, du financement, de la construction et de l'entretien. La conséquence de cette mission globale est que les cocontractants, privés ou non, assurent la maîtrise d'ouvrage des travaux à réaliser (art. 1er). À titre facultatif, de plus, il est loisible à la personne publique de confier à son cocontractant la conception de l'ouvrage, en respectant quelques principes posés par l'ordonnance (art. 12).

Il est aisé de constater que ce cumul de tâches aboutit au même résultat que celui de l'ancienne formule du marché d'entreprises de travaux publics (METP) : faire supporter le financement initial de l'ouvrage au cocontractant et étaler la charge financière du remboursement, mêlée au prix des prestations associées, qu'assume la personne publique. L'avantage est que, contrairement au METP, la forme contractuelle est prévue par la loi, que la logique financière de cette opération est validée par un texte à valeur législative et que ce dernier tente de remédier aux défauts reconnus des METP. « Les formules de METP avec paiement différé présentaient de nombreux inconvénients : endettement indirect de la collectivité locale, coût élevé, opacité dans la répartition du marché entre la construction, le financement et l'exploitation ou la maintenance, frein pour l'accès direct des petites et moyennes entreprises à la commande publique, réduction de la concurrence » (435).

1045 L'avantage de la mission globale est double. D'une part, il est de regrouper une série de prestations de services (études techniques, financières, architecturales, emprunt, maintenance) et de travaux qui, sans l'existence du contrat de partenariat, auraient dû être contractualisés séparément et attribués à des titulaires qui, soit ne se seraient pas nécessairement coordonnés, soit l'auraient fait en violation du Code des marchés publics et du droit de la concurrence. D'autre part, la mission globale permet de donner, dans la construction, la priorité au savoir faire du cocontractant qui sera ensuite appelé à assurer la maintenance et la gestion. Cela permet d'optimiser la rentabilité et l'efficacité de l'ensemble. Le cocontractant construit et gère selon les normes du privé, sous réserve de respecter un cahier des charges élaboré pour les besoins du service public.

1046 L'objet du contrat de partenariat présente ensuite quelques particularités ne figurant pas dans sa définition, mais dans l'obligation législative d'y faire figurer un certain nombre de clauses (Ord. art. 11). Celles-ci doivent en effet concerner les « objectifs de performance assignés au cocontractant, notamment en ce qui concerne la qualité des prestations de services, la qualité des ouvrages et équipements, les conditions dans lesquelles ils sont mis à la disposition de la personne publique, et, le cas échéant, leur niveau de fréquentation ». La référence expresse à des objectifs initiaux de qualité est résolument nouvelle dans les contrats, même si la préoccupation de qualité était déjà apparue dans la loi n° 95-127 du 8 février 1995 imposant au délégataire de service public un rapport annuel comportant une analyse de qualité de service et une annexe permettant à l'autorité délégante d'apprécier les conditions d'exécution du service public (art. 2, devenu art. 40-1 de la loi du 29 janvier 1993).

(435) Instruction min. de l'Économie et des Finances, *Marchés publics* 2001, n° 3, p. 54.

Mais au-delà, et surtout, le contrat de partenariat doit expliciter « les conditions dans lesquelles est établi le partage des risques entre la personne publique et son cocontractant ». Or, la notion de risque faisait classiquement partie des éléments constitutifs des concessions dans la doctrine française et elle a été placée au centre de la définition des concessions en droit européen donnée par la Commission dans sa communication interprétative du 12 avril 2000. Elle a été intégrée par la jurisprudence française relative à la notion de délégation de service public au travers de la rémunération substantielle, et par celle de la CJCE. Le risque évoqué n'est donc pas un élément distinctif des contrats de partenariat, si du moins il s'agit bien du risque normal d'exploitation et non, comme c'est le cas dans le contrat britannique de PFI, des aléas exceptionnels pouvant affecter la vie du contrat (436).

3) L'élément financier

1047 Là encore d'une façon indirecte, à travers les dispositions fixant la structure des clauses du contrat (art. 11 d) de l'ordonnance), il apparaît que le contrat de partenariat est conçu pour comporter une rémunération à plusieurs composantes et de montant variable. La rémunération doit tout d'abord être transparente et permettre de distinguer les parts relevant de l'investissement, du financement, du fonctionnement répondant au besoin de la personne publique satisfait par l'ouvrage et séparer aussi les recettes d'exploitation de l'ouvrage en tant qu'il répond aux besoins d'autres utilisateurs (usagers, annonceurs, locataires etc.). Cette dernière part correspond à l'évidence à la part de délégation de service public éventuellement contenue dans le contrat de partenariat. Ensuite, doivent être prévues les modalités de variation de la rémunération, ce qui est cohérent avec la présence d'objectifs de qualité ou de performance, qui trouvent donc là leur sanction.

b) Les conditions limitées d'utilisation des contrats de partenariat

1048 L'ordonnance du 17 juin 2004 contient des limitations très strictes à l'usage des contrats de partenariat, qui résultent non pas de la volonté initiale du gouvernement, mais de réserves d'interprétation préventives émises par le Conseil constitutionnel. À l'occasion de la loi de 2003 habilitant le gouvernement à simplifier le droit, le Conseil a rendu une décision de conformité (437) assortie de deux réserves d'interprétation concernant l'article 6, celui qui autorisait précisément le gouvernement à « créer de nouvelles formes de contrats [...] pour la conception, la réalisation, la transformation,

(436) Y compris le risque de nullité du contrat, que certains souhaiteraient garantir par ses clauses : D. Bandet et L. Vadomme, « L'atténuation du risque financier de nullité du contrat de partenariat par l'engagement indemnitaire de la partie publique », *AJDA* 2006, p. 354.

(437) CC, 473 DC du 26 juin 2003, *LPA*, 5 juill. 2004 (133), p. 6, note Valembois ; S. Marasco, « Les diverses jurisprudences relatives aux contrats de partenariat : le dialogue des juges en pratique », *Courrier Juridique des Finances et de l'Industrie*, 2005 (31), p. 8 ; E. Fatôme et L. Richer, « La "commande publique" et le domaine public devant le Conseil constitutionnel », *RFDC* 2003, p. 772 ; E. Fatôme, « Le Conseil constitutionnel et le "droit commun" de la "commande publique" et de la domanialité publique », *AJDA* 2003, p. 2348 ; F. Linditch, « Les partenariats public-privé devant le Conseil constitutionnel », *JCP A* 2003, p. 1289 ; F. Lichère, « Le Conseil constitutionnel, la commande publique et le partenariat public-privé : *bis repetita placent* (commentaire des considérants 13 à 20 de la décision n° 2003-473 DC du 26 juin 2003) », *RDP* 2003, p. 1163.

l'exploitation et le financement d'équipements publics ou la gestion et le financement de services ou la combinaison de ces différentes missions ». Y est d'abord rappelé le principe posé un an auparavant à propos des contrats de partenariat institués par les lois sectorielles (438), selon lequel « aucune règle ni aucun principe de valeur constitutionnelle n'imposent de confier à des personnes distinctes la conception, la réalisation, la transformation, l'exploitation et le financement d'équipements publics ou la gestion et le financement de services ».

Mais le Conseil constitutionnel précisa en 2003 que les caractéristiques de ces nouveaux contrats constituaient des « dérogations au droit commun de la commande publique ou de la domanialité publique » et que leur généralisation « serait susceptible de priver de garanties légales les exigences constitutionnelles inhérentes à l'égalité devant la commande publique, à la protection des propriétés publiques et au bon usage des deniers publics » (cons. 18). En conséquence, les réserves émises ont pour but de conserver à ces dérogations un caractère exceptionnel. Si le champ d'application du contrat de partenariat est dorénavant général, les caractéristiques des opérations auxquelles elles s'appliquent constituent des conditions restrictives de leur utilisation. La décision du Conseil énonce donc que les contrats de partenariat devront être réservés à « des situations répondant à des motifs d'intérêt général tels que l'urgence qui s'attache, en raison de circonstances particulières ou locales, à rattraper un retard préjudiciable, ou bien la nécessité de tenir compte des caractéristiques techniques, fonctionnelles ou économiques d'un équipement ou d'un service déterminé ».

1049 C'est pourquoi, tenant compte de ces réserves, l'ordonnance impose à la personne publique souhaitant conclure un contrat de partenariat, une évaluation préalable qui établisse soit l'urgence, soit une complexité technique ou financière qui dépasse les moyens de la seule personne publique. Le juge administratif a déjà précisé que l'urgence évoquée est une notion objective qui « résulte dans un secteur ou une zone géographique déterminés, de la nécessité de rattraper un retard particulièrement grave affectant la réalisation d'équipements collectifs » (439). On peut remarquer que, dans le second cas l'objet du contrat comprendra nécessairement la conception, autrement facultative, de l'ouvrage.

Un nouveau critère, dit du bilan, s'ajoutant à la complexité et à l'urgence, a été ajouté à ces deux premières conditions par la loi du 28 juillet 2008. L'évaluation préalable pourra démontrer que « compte tenu soit des caractéristiques du projet, soit des exigences du service public dont la personne publique est chargée, soit des insuffisances et difficultés observées dans la réalisation de projets comparables, le recours à un tel contrat présente un bilan entre les avantages et les inconvénients plus favorables que ceux d'autres contrats de la commande publique. Le critère du paiement différé ne saurait à lui seul constituer un avantage » (440). Le Conseil constitutionnel l'a admis, dans la mesure où un contrat de partenariat peut, dans une situation ni urgente ni complexe, être préféré à un autre contrat de la commande publique, pour des raisons de bon emploi des deniers publics (441).

(438) CC, 22 août 2002, n° 2002-460 DC, *Rec*. p. 198; 29 août 2002, n° 2002-461 DC, *Rec*. p. 204.
(439) CE, 29 oct. 2004, Jean-Pierre R., *préc*.
(440) Ord. art. 2, II, 3°; CGCT, art. L. 1414-2, II, 3°.
(441) CC, 24 juill. 2008, n° 2008-567 DC, cons. 9.

De toute façon, l'évaluation doit exposer – avec précision s'il n'y a pas d'urgence, succinctement dans le cas contraire – pour quelles raisons le contrat de partenariat a été préféré à d'autres options juridiques de réalisation, et cela au regard d'une sorte de bilan sur les trois dimensions du coût, de la performance et du partage des risques.

De façon à aider les personnes publiques envisageant de recourir à un contrat de partenariat, l'État a créé, dans l'intérêt général du respect du principe de légalité, une Mission d'appui à la réalisation des contrats de partenariat (442) chargée d'apporter une aide « dans la préparation, la négociation et le suivi » de ces contrats, sans toutefois se substituer à ces personnes (443).

S/SECTION II LES CONTRATS INNOMÉS

1050 Depuis un siècle, certains contrats opérant transfert de la gestion opérationnelle d'un service public n'étaient prévus par aucun texte. Leur régime général résultait de la seule jurisprudence administrative. La loi du 29 janvier 1993, n'a pas réglé expressément leur sort car, si elle a pu laisser penser que ces contrats font partie de la catégorie des « conventions de délégation de service public », elle ne les nomme pas plus que les textes antérieurs.

Le cas des contrats de régie intéressée, prévu par les travaux préparatoires de la loi, a été précisé par la jurisprudence. Le contrat de gérance, quant à lui, a finalement été soumis au régime des marchés publics. Quant aux marchés d'entreprise de travaux publics, création purement jurisprudentielle sur lesquels le législateur est resté muet, il fallait pour chaque espèce, analyser le contenu du contrat afin d'en déterminer l'inclusion éventuelle dans le champ d'application de la loi.

§ 1. LA RÉGIE INTÉRESSÉE

1051 **Bibliographie :** P. Coste, *La régie intéressée*, th. Orléans, 2005 ; F. Bonte, *Des régies intéressées de la Ville de Paris et du département de la Seine*, Lille, 1930.

M. Waline, « Sur la régie intéressée », *RDP* 1948, p. 337 et s. ; J. de Soto, note sous CE 10 mars 1950, Département de la Seine c. STCRP, *D.* 1950, p. 454 ; A. Carpentier, « Le contrat de régie intéressée, un labyrinthe juridique », *LPA*, n° 117, 29 sept. 1997 ; E. Fatôme et L. Richer, « Régie intéressée et maîtrise d'ouvrage publique : à propos de l'arrêt CAA Paris 18 avril 1997, Compagnie générale des eaux », *AJDA* 1997, p. 492 ; TA Paris, 7 mai 1996, Préfet de la Région Île-de-France, *LPA*, n° 122, 10 oct. 1997, concl. P. Couzinet ; C. Boiteau, « La régie intéressée », *RGCT* 1999, p. 332 ; A. Sevino et A. Gauthier, « La notion de rémunération substantiellement assurée par les résultats de l'exploitation : le cas de la régie intéressée », *AJDA* 2003, p. 828.

(442) D. du 19 oct. 2004.
(443) CE ass., 31 mai 2006, req. 275531, Ordre des avocats au Barreau de Paris, *préc.*

1052 La régie intéressée est un contrat de transfert de la gestion opérationnelle des services publics, dans lequel une personne publique responsable du service en confie la gestion à un tiers, appelé régisseur, qui agit pour le compte de la personne publique et reçoit d'elle une rémunération indexée sur les résultats financiers du service.

Les premières étapes de reconnaissance jurisprudentielle de ce contrat datent du début du XXe siècle (444), tout d'abord par la reconnaissance de la légalité d'un intéressement aux bénéfices (445), d'autre part, par la qualification explicite de régie intéressée pour le compte de la personne publique délégante, au motif que l'exploitation était assurée aux risques de celle-ci (446).

A. NATURE JURIDIQUE

1053 Sans contestation possible, la régie intéressée est un contrat, qui plus est un contrat spécifique, autonome par rapport à la concession et l'affermage, ainsi qu'en a décidé la juridiction administrative (447). Elle présente des traits communs avec la régie dans le sens où c'est en principe la personne publique responsable qui a fondé le service, l'a organisé et, pendant le contrat, en assure souvent elle-même l'exécution matérielle, premier niveau de l'activité de service public. Elle s'en différencie parce qu'un tiers est chargé de la gestion opérationnelle. Cette dernière remarque constitue également un point commun avec la concession, mais la régie intéressée s'en différencie parce que le régisseur tire sa rémunération de l'intéressement que lui verse la personne publique responsable, alors que le concessionnaire se rémunère, en général, directement sur les usagers.

1054 Certains auteurs considèrent que la régie intéressée est un mandat, puisque le régisseur agit au nom et pour le compte de la personne publique responsable du service public (448). Cependant, cette qualification qui semble assez adaptée n'est jamais apparue explicitement en jurisprudence, peut-être en raison de la méfiance traditionnelle qu'a le juge administratif français pour la notion de mandat.

1055 Aujourd'hui, la régie intéressée fait partie de la catégorie des délégations de service public. En effet, lors des débats parlementaires sur la loi dite « transparence et prévention de la corruption », cette intention a été clairement exprimée (449). De plus, la jurisprudence a implicitement mais certainement considéré que la loi du 29 janvier

(444) Même si le contrat lui-même est beaucoup plus ancien : selon J. Viguier (*Les régies des collectivités locales,* Economica, 1992), « Roederer attribue à Necker l'invention de ce système de la régie intéressée, qui a été étendue à d'autres domaines que l'exploitation des poudres, et qui consiste à donner aux régisseurs des appointements fixes et suffisants, et à les admettre pour une part du revenu, lorsqu'il passe une certaine mesure ».

(445) CE, 6 avr. 1895, Deshayes, *Rec.* p. 344.

(446) CE, 19 janv. 1912, Marc et Béranger, *Rec.* p. 75 (exploitation du service de gaz à Paris).

(447) CE, 21 oct. 1985, Société des transports automobiles Michel Delattre, *Rec.* p. 291, concl. Fouquet, *AJDA* 1986, p. 105.

(448) M. Waline, « La notion de régie intéressée », *RDP* 1948, p. 337 ; J.-C. Douence, *Répertoire Dalloz des Collectivités locales,* 6152-23.

(449) Rapports devant l'Assemblée nationale, de M. Y. Durand le 12 oct. 1990, et devant le Sénat, de M. C. Bonnet le 25 nov. 1992, Doc. Sénat, 1992-1993, n° 61, p. 83 : les délégations de service public ne sont pas définies par un texte, mais elles prennent en pratique des formes différentes : concession surtout, affermages, régies intéressées.

1993 s'appliquait à une régie intéressée (450). Néanmoins, au-delà de cette intention et de l'objet du contrat, encore faut-il que la rémunération du régisseur soit substantiellement assurée par le résultat de la gestion du service (451). L'absence de cette condition suffirait au juge pour procéder à des requalifications.

B. RÉMUNÉRATION DU RÉGISSEUR

1056 La rémunération du régisseur est un élément caractéristique essentiel de la régie intéressée. Bien qu'aucun texte ne le précise, le régisseur n'est pas en principe tenu des pertes du service. Il n'assure pas la gestion à ses risques et profits comme le ferait un concessionnaire. Plutôt qu'un entrepreneur, poursuivant le profit maximal en acceptant les risques, le régisseur est un gérant dont on aiguise l'ardeur en lui proposant un intéressement.

La personne publique délégante peut verser au régisseur une partie variable du résultat comptable. En fait, à l'origine de cette pratique contractuelle, la personne publique recevait le résultat comptable déduction faite d'une part fixe destinée au régisseur. Il faut en effet que les risques et profits demeurent à la charge de la personne publique (452), sans quoi la régie intéressée ne se distinguerait pas suffisamment de la concession ou de l'affermage. Pour Waline, le régisseur n'étant pas l'entrepreneur, sa rémunération ne consiste pas dans le solde du compte d'exploitation, lequel est attribué à la personne publique délégante. Le régisseur n'agit pas à ses risques et périls et ne subit pas les pertes de l'exploitation, puisqu'il agit pour le compte de la collectivité. En revanche il peut être pénalisé si ses résultats de gestion ne sont pas satisfaisants, sans toutefois que cette sanction aboutisse à le faire participer aux pertes (453). Certains contrats de transports urbains de voyageurs prévoient ainsi une minoration de la rémunération de l'exploitant en cas d'insuffisance de recettes enregistrées sur le réseau urbain.

1057 La rémunération par intéressement est aujourd'hui un fait acquis. Selon la circulaire du 13 décembre 1975, « la rémunération n'est pas assurée par les usagers, mais au moyen d'une prime fixée en pourcentage du chiffre d'affaires, complétée d'une prime de productivité et éventuellement par une part des bénéfices ». En pratique, le régisseur peut être intéressé et percevoir ainsi une partie des bénéfices pouvant aller jusqu'à 50 % du total. Le juge administratif admet sans aucun doute que l'intéressement du régisseur puisse consister en une participation aux bénéfices éventuels (454).

1058 La rémunération est donc variable en fonction des résultats de l'activité du service. Elle résulte de deux éléments. La première composante de la rémunération est un pourcentage sur le chiffre d'affaires, c'est-à-dire sur les ventes, les produits de l'activité du service. La seconde composante est hétéroclite. Elle peut être fondée sur la productivité, les économies de gestion, le développement commercial, les bénéfices.

(450) CE, 30 juin 1999, Synd. mixte du traitement des ordures ménagères Centre Ouest Seine-et-Marnais, *AJDA* 1999, p. 714, concl. Bergeal, note Peyrical ; *RFDA* 1999, p. 875 ; *CJEG* 1999, p. 344 ; *LPA*, 28 févr. 2000, p. 10, note Boiteau ; *RCDSP* n° 5, juin 1999 ; *Dr. env.*, 1999, n° 73, p. 3, note Blondel.

(451) *Ibid.*

(452) CE, 6 avr. 1895, Deshayes, *Rec.* p. 344.

(453) *Contra* J. de Soto, note sous CE, 10 mars 1950, Département de la Seine c. STCRP, *Rec.* p. 162, *D.* 1950, jur. p. 454.

(454) CE, 1er févr. 1989, Soc. Socéa-Balancy, *Rec.* p. 520, *RDP* 1989, p. 1816.

Elle prend le plus souvent la dénomination de primes. Quel que soit le système utilisé, le régisseur doit, en tout cas, pouvoir recevoir au minimum une prime de base qui lui assure une rémunération forfaitaire annuelle et indexée, calculée souvent en fonction d'un pourcentage des recettes, sorte de minimum garanti destiné à couvrir le coût de l'intervention de l'opérateur, indépendamment de ses frais fixes. La part variable de la rémunération fait ensuite l'objet d'une prime de gestion et varie en fonction des résultats d'exploitation.

C. RÉGIME JURIDIQUE

a) Autonomie du délégataire

1059 Le régisseur agit pour le compte de la personne publique délégante. Les contrats que le régisseur conclut et les actes qu'il prend produisent des effets dans le patrimoine de la personne publique. Par exemple, la personne publique assume seule les frais de premier établissement décidés par le régisseur, ce qui justifie d'ailleurs un contrôle financier fréquent (455). Ainsi se différencie, quant à la gestion, le contrat de régie intéressée par rapport à la concession et à l'affermage. Mais le régisseur ne peut pas apparaître comme un agent direct de la collectivité. Une telle qualification aboutirait à nier l'autonomie de l'exploitant et, par conséquent, l'intégration du contrat de régie intéressée dans les délégations de service public, alors que les travaux préparatoires sont sans ambiguïté sur la volonté du législateur de réaliser cette inclusion.

1060 Il faut donc bien admettre que même si le régisseur exploite pour le compte et au nom de la collectivité, « il conserve une certaine indépendance de gestion » (456). Le régisseur détient la gestion opérationnelle du service public. Il doit disposer par définition de l'autonomie de gestion nécessaire. Il n'est assimilable ni à un prestataire de services qui fournirait, de l'extérieur, des prestations élémentaires d'exécution du service, ni à un salarié de la collectivité, puisque sa rémunération est un intéressement proportionnel aux résultats. La jurisprudence se refuse donc à vider de son contenu un contrat qui a pour objet de déléguer la gestion du service public, considérant « qu'il résulte des termes mêmes de la convention de régie intéressée […] que ladite convention a pour objet de confier […] la gestion du service public… ; que la société assure seule, sans intervention du syndicat, la distribution et la vente…, ainsi que le maintien des installations en bon état de marche et d'entretien ; qu'en contrepartie de cette activité professionnelle, exercée à titre habituel, une rémunération lui est versée par le syndicat par prélèvement d'une partie des produits de l'exploitation ; qu'ainsi, quelle que soit la nature juridique des liens unissant le syndicat et la société, cette dernière ne saurait prétendre qu'elle n'exerce pas elle-même, mais seulement à titre de mandataire du syndicat, l'activité de distribution » (457).

1061 À ce titre, le régisseur intéressé est considéré par une partie de la doctrine comme directement responsable, vis-à-vis des tiers et des usagers, des dommages causés par un fait d'exploitation. Dans la mesure où il s'agit d'un mode de gestion déléguée, il

(455) CGCT, art. R. 2222-1.
(456) MONSSERAT, « Concessions des communes », *Publications administratives*, 1948, p. 10.
(457) CE, 28 mars 1984, Compagnie générale des eaux, *Rec.* p. 136

doit exister une relation directe et personnelle entre le délégataire et les usagers. Le régisseur intéressé est aussi chargé de rechercher une meilleure qualité du service public. Il se doit de garantir la personne publique délégante contre toute réclamation ou toute action de tiers ou d'usagers, même s'il n'agit, en principe, que pour le compte de la personne publique.

b) Moyens du service public

1062 La personne publique responsable, quant à elle, est toujours propriétaire des ouvrages ou installations éventuellement nécessaires à la gestion du service public, qui par ailleurs ne sont ni loués ni affermés. De plus, la collectivité détermine seule les moyens de fonctionnement alloués au cocontractant. Il revient ainsi aux élus de décider du budget d'investissements du service public placé en régie intéressée, voire des modalités de l'investissement du régisseur.

1063 De même, c'est la personne publique délégante qui perçoit les recettes provenant des usagers. Le régisseur intéressé étant rémunéré sur le budget de la collectivité délégante, il en résulte que l'ensemble des recettes provenant des usagers doit d'abord revenir à la collectivité. Les sommes perçues sur les usagers et encaissées par le régisseur sont ainsi la propriété de la personne publique. Cela explique que le contrôle comptable et financier applicable au régisseur soit le même que celui des régies d'avance. L'article R. 2222-5 du Code général des collectivités territoriales, seule disposition textuelle qui concerne la régie intéressée, précise que les termes du contrat doivent déterminer « les modalités de liquidation et de mandatement de la rémunération du régisseur, éventuellement par avances ; la transmission au moins mensuelle par le régisseur intéressé à la collectivité délégante de l'état des charges et des produits, globalisés par compte et par nature ; les modalités de reversement des fonds disponibles de la régie intéressée dans la caisse du comptable public ; les modalités de contrôle du régisseur intéressé par la personne publique délégante ».

1064 Par ailleurs, il convient de concevoir avec prudence les clauses relatives à la rémunération du personnel, notamment en cas de cessation des relations contractuelles ou de l'activité. Le régisseur, étant réputé agir pour le compte de la personne publique délégante, peut être amené dans ce cadre à décider le licenciement du personnel de droit privé qui était rémunéré par la personne publique. Dans ce cas, le paiement des indemnités de licenciement incombe aussi à cette dernière (458).

1065 Enfin, le compte d'exploitation de la régie intéressée appartient au budget propre de la personne publique. Des clauses de recouvrement intégral des bénéfices par la personne publique délégante permettent de régler leur éventuel partage avec le régisseur. Si le solde est bénéficiaire, on peut décider par contrat, soit qu'il reviendra intégralement à la personne publique, à charge pour elle de reverser au régisseur les primes auxquelles il a droit, soit qu'il sera partagé avec le régisseur, celui-ci conservant alors un pourcentage du bénéfice égal à son intéressement. En revanche, puisque le régisseur n'est pas tenu aux frais et risques, la personne

(458) CAA Douai, 29 janv. 2004, n° 01DA01060, Commune d'Amiens, à propos de la gestion de la gare routière.

publique délégante supporte les déficits de l'exploitation lorsque la comptabilité d'exploitation présente un solde débiteur. Mais le problème peut alors se poser de la compatibilité de ce principe avec les articles L. 2224-1 et suivants du CGCT, qui interdisent aux communes de prendre en charge sur leurs budgets propres les dépenses de services publics industriels et commerciaux exploités en régie, affermés ou concédés. Il est donc prudent de prévoir expressément au contrat que les apports financiers de la personne publique délégante sont forfaitaires et que tout dépassement du forfait sera mis à la charge du régisseur, ce qui l'oblige à des efforts d'économie de gestion.

c) Maîtrise d'ouvrage

1066 Il s'agit en réalité de l'enjeu principal des questions relatives à l'autonomie du régisseur. En matière de travaux, la loi n° 85-704 du 12 juillet 1985 relative à la maîtrise d'ouvrage public dite loi « MOP » s'applique-t-elle au délégataire ?

Il serait possible de considérer que tout délégataire de service public *ipso facto* reçoit mandat de la personne publique responsable du service pour la maîtrise d'ouvrage des bâtiments, infrastructures et équipements nécessaires au fonctionnement dudit service. La maîtrise d'ouvrage déléguée serait publique et les contrats passés relèveraient des contrats administratifs. Or, la rédaction même de la loi s'oppose à cette interprétation. En effet, la définition même du contenu de la maîtrise d'ouvrage (art. 2) et des composantes qui pourront en être confiées par mandat (art. 3) ainsi que l'obligation d'un contrat écrit doté de mentions précises (art. 5) et l'absence de dispositions spéciales aux délégations de service public, montrent que pour le législateur, le mandat de maîtrise d'ouvrage publique n'est pas le complément nécessaire de la délégation de service public. La Cour administrative d'appel de Paris l'avait ainsi synthétisé : « la convention de régie intéressée… n'emportait pas nécessairement comme conséquence que le Syndicat des eaux d'Ile-de-France confie [à son régisseur personne privée] une délégation de maîtrise d'ouvrage publique » (459).

En revanche, l'article 4 de la loi, qui n'incluait pas le régisseur intéressé, personne privée ordinaire, dans la liste limitative des catégories de personnes (pour l'essentiel personnes publiques et sociétés d'économie mixte) habilitées à accomplir des tâches relevant de la maîtrise d'ouvrage (460) a été modifié par l'ordonnance n° 2004-566 du 17 juin 2004. Cette dernière a tout simplement supprimé la liste. Elle répond ainsi au grief de la Commission européenne confirmé par la jurisprudence (461), qui considérait que la loi MOP violait ainsi le principe de non-discrimination prévu par le traité. Désormais l'exercice d'un mandat de maîtrise d'ouvrage publique est autorisé à toute personne publique ou privée à condition toutefois que celle-ci, ou toute entreprise qui lui serait liée, n'exerce aucune mission de maîtrise d'œuvre, de réalisation de travaux ou de contrôle technique portant sur l'ouvrage considéré. Cette restriction a pour objet d'assurer l'impartialité et l'indépendance du mandataire par

(459) CAA Paris, plén., 18 avr. 1997, Compagnie générale des eaux, Syndicat des eaux d'Ile-de-France, *Rec.* p. 556, *AJDA* 1997, p. 492, note Fatôme et Richer ; *AJDA* 1997, p. 839, chron. Lambert

(460) *Ibid.*

(461) CJCE, 20 oct. 2005, aff. C-264/03, Commission c. France, *Rec.* p. I-8831, *AJDA* 2006, p. 253 chron. ; CE, 17 juin 2009, req. 297509, SA d'économie mixte nationale Bibracte, *RJEP* 2009, comm. 45, Pellissier.

rapport aux autres professionnels intervenant dans l'opération de construction de l'ouvrage considéré (462). Est également précisé que le mandataire est tenu à une exécution personnelle de son mandat ; il ne peut donc pas le subdéléguer.

1067 En conséquence, la loi MOP s'applique à toutes les réalisations d'ouvrages, c'est-à-dire aux constructions neuves, opérations de réutilisation, de réhabilitation ou de restauration des ouvrages existants (art. 2 al. 5 et 10 al. 1). Il en est de même des travaux de premier établissement, parce qu'ils sont généralement considérés comme devant être sous la maîtrise d'ouvrage exclusive de la personne morale pour laquelle l'ouvrage est construit (463), sauf si ces travaux de premier établissement dépassent par leur objet et leur importance, l'entretien des installations nécessaires à l'exploitation du service public. Dans ce cas, ils peuvent être soumis aux règles des marchés publics (464). En revanche, la loi MOP ne s'étend pas aux simples travaux d'entretien des installations du service géré (465).

L'accomplissement de travaux n'est qu'un élément du contrat de gestion déléguée du service public dont l'activité principale fait du délégataire le bénéficiaire direct et immédiat de ces ouvrages. Les contrats passés par le délégataire pour la réalisation des ouvrages le sont en son nom et pour son compte, et non pour celui de la personne publique délégante. Étant conclus avec d'autres personnes privées pour la maîtrise d'œuvre et les contrats d'entreprise, ils sont régis par le droit privé. Le champ d'application de la loi MOP étant plus étroit que celui de la notion de délégation de service public, il faut, pour que le délégataire privé puisse assurer la maîtrise d'ouvrage, que la personne publique délégante n'ait pas l'obligation de l'assurer elle-même. Il est donc nécessaire que le délégataire soit considéré pendant toute la durée du contrat comme l'exploitant du service, que les ouvrages ne soient remis à la personne publique qu'en fin de contrat et non pas à l'achèvement des travaux : en substance que le régisseur dispose d'une véritable autonomie. Cela ne pose pas question pour les concessions et les affermages, mais pour la régie intéressée, il ne résulte clairement ni de la définition, ni de la jurisprudence, ni des éléments de régime évoqués, que cette autonomie soit constante.

1068 Dans la régie intéressée, le régisseur n'a pas la totale maîtrise du fonctionnement matériel et humain du service. « Il peut exister, selon les stipulations du contrat, des différences importantes quant à l'autonomie de gestion dont dispose le régisseur intéressé » (466). Ce contrat s'éloigne ainsi du « noyau dur » de la gestion déléguée en concession ou en affermage. Il réalise un partage original des compétences entre la personne publique délégante et le régisseur intéressé dans le fonctionnement

(462) La nouvelle disposition comporte cependant une exception lorsque le mandat ne peut être confié qu'à une personne déterminée en vertu de la loi. Tel est le cas, par exemple, de la loi qui organise les rapports de la SNCF avec RFF. La « conduite d'opération » qui faisait l'objet des mêmes griefs de la Commission européenne que pour le mandat, bénéficie du même nouveau régime.

(463) Fatôme et Richer, *préc.* ; CE avis, 31 janv. 1995, *AJDA* 1997, p. 126, Fatôme et Terneyre ; CE, 8 févr. 1991, Région Midi-Pyrénées, *RFDA* 1992, p 48, concl. Pochard.

(464) CAA Paris, 11 déc. 1997, Syndicat des eaux d'Île-de-France et CGE, *RFDA* 1998, concl. Lambert, p. 297.

(465) G. Malandain, *Rapport au nom de la commission mixte paritaire*, 26 juin 1985, *Doc. AN* n° 2844 ; circ. n° 86-24 du 4 mars 1986 relative aux conditions d'entrée en vigueur de la loi relative à la maîtrise d'ouvrage publique.

(466) Concl. O. Fouquet, sur CE, 21 oct. 1985, Société des transports automobiles Michel Delattre.

même du service public. Sa pratique coutumière connaît des points de contact de plus en plus nombreux avec une législation très évolutive dans ses champs de prédilection : le financement des services publics à caractère industriel et commercial, la gestion des deniers publics et le régime général des contrats de délégation de service public.

§ 2. LE MARCHÉ D'ENTREPRISE DE TRAVAUX PUBLICS

1069 **Bibliographie :** Y. Aguila *et al.*, *Guide juridique et pratique du marché d'entreprise de travaux publics*, EFE, 1995.

P. Terneyre, « Une nouvelle technique de financement privé des ouvrages publics collectifs, le marché d'entreprise de travaux public », *Mél. J.-M. Auby,* 1992, p. 315 ; J.-M. Peyrical, « Le marché d'entreprise de travaux publics : une nouvelle atteinte au droit des services publics locaux », *LPA*, n° 28, 7 mars 1994 ; Y. Aguila, « Le régime juridique du METP », *in* Y. Aguila *et al.*, *Guide juridique et pratique du marché d'entreprise de travaux publics*, EFE, 1995, p. 31 ; R. Girardot, « Le point de vue du maître de l'ouvrage », *in* Y. Aguila *et al.*, *Guide juridique...,* 1995, p. 117 ; D. Roux-Dessarps, « Le point de vue de l'entreprise titulaire du METP », *in* Y. Aguila *et al.*, *Guide juridique...,* 1995, p. 163 ; L. Bourgeois, « Marchés d'entreprise de travaux publics et délégation de service public », *Act. fid.* déc. 1997, p. 23 ; S. Braconnier, « Un contrat en péril : le marché d'entreprise de travaux publics », *RFDA* 1999, p. 1172 ; J. Michon, « Peut-on encore faire des METP ? », *Mon. TPB*, 18 février 2000, p. 60 ; F. Melleray, « Le METP, un nouveau Lazare juridique ? », *AJDA* 2003, p. 1260.

1070 Il peut être étonnant de voir figurer ici un « marché » portant apparemment sur des travaux publics et soumis aux règles applicables aux marchés publics. En réalité, à la fin du XXe siècle, il est clairement apparu que ces contrats comportaient non seulement la réalisation de travaux et d'ouvrages publics, mais aussi parfois l'exploitation d'un service public grâce à ces travaux et ouvrages (467). Toutefois, en raison de l'évolution de la jurisprudence en 1999 et de la législation en 2004, la pratique de ces contrats ne présente plus d'intérêt notable.

A. CONDITIONS D'IDENTIFICATION

1071 On appelle marché d'entreprise de travaux publics un contrat par lequel une personne publique responsable d'un service public charge un tiers, d'une part, de la réalisation des installations nécessaires à un service public, d'autre part, de leur exploitation, en contrepartie d'une rémunération versée par la personne publique à ce tiers (468).

Les marchés d'entreprise de travaux publics présentent des traits communs avec les concessions qui confient simultanément aux tiers la construction et l'exploita-

(467) Y. Gaudemet, « Le marché d'entreprise de travaux publics : un régime spécifique à mi-chemin de la concession et du marché public », *Mon. TPB,* 23 déc. 1988, p. 44.

(468) La jurisprudence en a tracé le régime dans cinq arrêts : CE, 11 déc. 1963, Ville de Colombes, *Rec.* p. 612 ; CE sect., 26 nov. 1971, SIMA, *Rec.* p. 723 ; CE, 26 juill. 1985, Soc. Lyonnaise des eaux et de l'éclairage, *Rec.* p. 246 ; CE, 14 oct. 1988, SA SOBEA et autres, req. 68583, *Mon. TPB* 1989, n° 240, p. 8 ; CE, 11 juill. 1986, Préfet de la Creuse, *Rec.* p. 611, *Dr. adm.* 1986, n° 450 ; *D.* 1987, somm. p. 279, note Terneyre ; enfin, un juriste considère CE, 15 mai 1953, Ville de Nogent-sur-Marne, *Rec.* p. 235, comme le premier arrêt faisant référence à la notion de METP (X. Bezançon, *Essai sur les contrats de travaux et de services publics*, th. Paris-XII, 1997), alors qu'il s'agit d'un affermage particulier.

tion de services publics, et que l'on qualifie de concessions de travaux et de service public (469). Par ailleurs, les mesures de résiliation sont, comme pour les concessions, considérées comme détachables de l'exécution du contrat et sont directement accessibles à l'annulation du juge (470). Cependant, le fait que le tiers soit rémunéré directement par la personne publique et non par les redevances perçues sur les usagers exclut la qualification de concession (471).

1072 Par ailleurs, la condition de réaliser l'ouvrage public à exploiter n'est pas toujours exigée. Dans l'arrêt fondateur précité *Ville de Colombes* (472), la qualification de METP a été donnée au contrat par lequel une société s'était seulement engagée à assurer l'enlèvement des ordures ménagères (473).

1073 En revanche, la condition du transfert de gestion a toujours été considérée comme nécessaire. Un contrat signé en tant que METP, mais qui ne confie pas véritablement la gestion opérationnelle d'un service ou d'un ouvrage, est systématiquement requalifié par le juge en marché public. Ainsi, dans l'avis du Conseil d'État du 18 juin 1991 (*précité*), une entreprise chargée de l'entretien de bâtiments publics tels que des lycées ne peut pas être considérée comme chargée de l'exécution du service public de l'éducation nationale. Cette entreprise fournit seulement à une personne publique les moyens d'exécuter le service, activité qui ne peut pas être assimilée à une « exploitation ». De même, des travaux de rénovation, de surveillance et d'entretien des voies publiques de la ville de Vichy étant des travaux publics, ne sont pas assimilables à une « exploitation » des voies publiques (474). Leur objet n'est pas plus l'exécution même du service public de la voirie routière (475).

B. UTILITÉ ET ÉVOLUTION

1074 Création jurisprudentielle destinée à déqualifier des contrats improprement dénommés concessions, la forme du METP a été utilisée par les entreprises et bureaux d'études pour « habiller » d'une exploitation de service public certains marchés, afin de profiter d'une structure de financement interdite aux marchés publics (financements par annuités enjambant la distinction entre dépenses

(469) X. Bezançon, O. Van Ruymbeke, « Le marché d'entreprise de travaux publics, une forme particulière de concession ? », *AJDA* 1990, p. 813.

(470) CE, 9 déc. 1983, SEPAD, *Rec.* p. 498, *RFDA* 1984, p. 34, concl. Genevois.

(471) CE, 11 déc. 1963, Ville de Colombes, *Rec.* p. 812 ; CE, 26 nov. 1971, Soc. SIMA, *Rec.* p. 723, *RDP* 1972, p. 239, concl. Gentot et p. 1245, note Waline, *AJDA* 1971, p. 649, chron. ; CE, 8 juill. 1985, Soc. lyonnaise des eaux et de l'éclairage, *Rec.* p. 246, *RFDA* 1986, p. 231, concl. Dandelot ; CE avis, 18 juin 1991, *Les Grands avis du Conseil d'État*, Dalloz, 1997, p. 331 ; *CJEG* 1992, p. 517, comm. Richer ; *EDCE* 1991, p. 385 ; à propos des contrats passés pour la rénovation des lycées de l'Île-de-France, L. Boucher, « La rénovation des lycées en Île-de-France », *Mon. TP,* 17 juill. 1992, p. 25.

(472) CE, 11 déc. 1963, *Rec.* p. 612.

(473) *Idem* CE, 11 juill. 1986, Préfet de la Creuse, *Rec.* p. 611, *Dr. adm.* 1986, n° 450 ; *D.* 1987, somm. p. 279, note Terneyre ; Y. Gaudemet, « Le marché d'entreprise de travaux publics », *Mon. TPB,* 23 déc. 1988, p. 4.

(474) TA Clermont-Ferrand, 30 mars 1993, Préfet de l'Allier c. Commune de Vichy, *AJDA* 1994, p. 231, note Dufau, *Dr. adm.* 1993, n° 227 ; v. aussi Conseil d'État, Rapport public 1993, *EDCE* 1994, p. 81.

(475) Il s'agit en fait de la police de la conservation du domaine public : CE, 13 mars 1988, Commune de Coudekerque-Branche, *JCP* 1988, IV, 240.

d'investissement et dépenses de fonctionnement), d'une protection contentieuse supérieure, et surtout pour échapper aux règles contraignantes posées par le Code pour leur passation. Le METP dans ces conditions de négociation a l'avantage de permettre à la fois la réalisation rapide – parce qu'elle est préfinancée par le cocontractant privé – d'un ouvrage public, et l'exploitation de ce dernier par une entreprise expérimentée dans la gestion déléguée, disposant d'un fonds de roulement sur une longue période. Il a connu un grand succès, notamment pour les services publics sans usager payant (476).

1075 C'est pourquoi le juge administratif a été amené à réagir en posant que les marchés d'entreprises de travaux publics devaient être soumis au Code des marchés publics (477). À ce titre, ils sont principalement encadrés par un régime juridique différent de celui des contrats opérant transfert de la gestion opérationnelle des services publics, mais ils peuvent emprunter à ces derniers certains éléments : objet de gestion d'un service public, durée longue, possibilité pour le juge de prononcer l'annulation des résiliations irrégulières (478).

1076 En réalité, le marché d'entreprise de travaux publics pose un réel problème de classement dans les catégories actuelles des contrats administratifs (479). Si ce marché constitue l'achat par une personne publique de prestations complexes, en échange d'un prix, on ne saurait soutenir d'une part que la possibilité d'exploiter le service public soit un élément du prix. Le service public est une fin et non un moyen ; il ne constitue pas un fonds de commerce. On ne saurait non plus négliger, d'autre part, le fait que, concrètement, les tâches confiées aux entrepreneurs dépassent souvent la simple exécution matérielle du service public et s'étendent à la gestion opérationnelle (exemple de la collecte et du traitement des déchets ; contre-exemple de l'ingénierie financière – prestation intellectuelle – de la construction des lycées). « En tant qu'il est chargé de l'exécution du service public, directement en relation avec les usagers (sauf le paiement d'une redevance), le cocontractant apparaît comme un délégataire de service public, en tant qu'il est payé par la collectivité, comme titulaire d'un marché. Et si marché il y a vraiment, il ne se limite pas à des travaux, puisqu'il porte autant, sinon plus, sur un service, les travaux étant avant tout destinés à permettre la réalisation du service » (480). Il s'agit d'un problème de frontière.

(476) Traitement des ordures ménagères : v. F. Moderne, *Encyclopédie Dalloz coll. locales*, 3722-11 et s. ; entretien, dépannage et réparation de l'éclairage public : v. circ. min. de l'Intérieur, 11 juill. 1991, *BOMI* oct. 1991, n° 10, p. 268 ; restauration scolaire : v. *Marchés publics* 1991, n° 257, p. 7 ; desserte interne d'aéroports ; construction et maintenance d'équipements sportifs.

(477) CE, 26 juill. 1985, SA Lyonnaise des eaux et de l'éclairage, *préc.* ; Y. Aguila, « Marchés d'entreprise de travaux publics, le code leur est-il applicable ? », *Mon. TPB* 13 sept. 1991, p. 56 ; P. Terneyre, « Une nouvelle technique de financement privé des ouvrages publics collectifs, le marché d'entreprise de travaux publics », *Mél. J.-M. Auby,* 1992, p. 315.

(478) CE, 9 déc. 1983, Soc. d'études de participation et de développement, *Rec.* p. 498, *RFDA* 1984, p. 34, concl. Genevois.

(479) M.-T. Sur, C. Grange, « Le METP n'est pas un marché public ordinaire », *Mon. TP,* 27 sept. 1991 ; X. Bezançon, O. Van Ruymbeke, « Le marché d'entreprise de travaux publics, une forme particulière de concession ? », *AJDA* 1990, p. 813.

(480) P. Delvolvé, « Les contradictions de la délégation de service public », *AJDA* 1996, p. 675 ; TA Marseille, 27 mai 1993, req. 150931, Préfet des Bouches-du-Rhône c. Commune de La Ciotat ; TA Nice, 21 mars 1994, req. 170621, Commune de Sanary-sur-Mer ; TA Poitiers, 19 oct. 1995, Préfet de la Charente-Maritime, *Rec.* p. 894 ; TA Caen, 28 févr. 1995, Préfet de l'Orne, *Mon. TP,* 7 avr. 1995, p. 41.

1077 Par ailleurs, les METP de rénovation et d'entretien des lycées en Ile-de-France ont donné lieu à une véritable « affaire » pénale dont l'épilogue judiciaire n'a été écrit que quinze ans plus tard (481). La question de la postérité de ce type de contrats est donc ouverte, alors même que, au Royaume-Uni, la formule analogue de la Private Finance Initiative (PFI) inaugurée en 1992 a rencontré un indéniable succès quantitatif (482), avant de susciter de nombreuses critiques, particulièrement en Écosse à propos de la rénovation de bâtiments scolaires.

1078 Il est peu probable, cependant, que le problème continue à se poser. Car, même au regard de la jurisprudence *Commune de Lambesc* (483), il est douteux que puissent encore se rencontrer des METP qualifiés de conventions de délégation de service public, c'est-à-dire dans lesquels la rémunération de l'entreprise soit substantiellement assurée par les résultats de l'exploitation et qui comportent une part réelle de gestion d'une activité de service public (484). De plus, l'intérêt concret du contrat a quasiment disparu pour les praticiens : le METP n'échappe plus, pour sa passation, au Code des marchés publics ; son contenu réglementaire est de plus en plus accessible au pouvoir d'annulation du juge en raison de l'élargissement de la jurisprudence *Cayzeele* (485) ; les montages financiers sont le plus souvent reconnus contraires à un texte ou nouvellement encadrés. L'interdiction du paiement différé dans les marchés publics (Code des marchés publics, art. 96), a été systématiquement opposée aux METP depuis 1995 (486). Enfin, et surtout, l'institution des contrats de partenariat donne aujourd'hui un cadre juridique sûr et régulier pour le type d'opérations qui avaient semblé justifier autrefois la pratique du METP.

1079 Seul subsiste finalement, pour le juge administratif, l'instrument de requalification. Ainsi, un bail emphytéotique assorti d'une convention non détachable d'exploitation, concernant une usine de traitement des déchets, a pu, selon un commissaire du gouvernement, être présenté comme un marché d'entreprise de travaux publics (487).

(481) Le conseil régional présidé par Michel Giraud a engagé, entre 1988 et 1997, 24 milliards de francs de travaux de rénovation, extension et construction dans 471 établissements. L'instruction a établi que 2 % de « commissions occultes » ont été prélevés et partagés entre les partis politiques (sauf les Verts et le FN), au prorata de leur représentation à l'assemblée régionale (0,8 % pour la gauche et 1,2 % pour la droite). Pour la seule période comprise entre 1990 et 1995, un peu plus de 150 millions de francs ont été versés par les grands groupes : Bouygues, Eiffage, Spie-Batignolles, Suez et Générale des eaux.

(482) Sur ce modèle, qui comporte un contrôle, en amont, de la passation et, en aval, de la NAO (équivalent de la Cour des comptes), et qui est soumis aux dispositions de la directive Services, l'Institut de la gestion déléguée a préconisé en 1998 l'adoption d'un texte législatif pour régulariser l'usage des vrais METP. C'est ce qui inspira l'ordonnance de 2004 sur les contrats de partenariat.

(483) CE, 15 avr. 1996, Préfet des Bouches du Rhône c. Commune de Lambesc, *Rec.* p. 137 ; *RFDA* 1996, p. 715, concl. Chantepy, note Terneyre; *CJEG* 1996, p. 267, note Savignat; *Dr. adm.* 1996, n° 355, obs. J.-B. Auby ; *JCP* 1997.I.4019, chron. Petit ; *LPA*, 12 juill. 1996, p. 30, note Préat ; *JCP* E, 1997, 929, note Delaire.

(484) CE, 14 oct. 1988, SA Socea-Balency, *Marchés publics* n° 240, 1989, p. 8, note Moderne.

(485) CE sect., 8 avr. 2009, req. 290604, Assoc. Alcaly et autres, *BJDCP* 2009, p. 276 et s. ; *AJDA* 2009, p. 2437, obs. Jeanneney ; CE, 31 juill. 2009, req. 303876, Soc. Les Sables d'Or, *AJDA* 2010, p. 895, note Subra de Bieusses.

(486) TA Caen, 28 févr. 1995, req. 94-657, Préfet de l'Orne ; TA Nice 21 mars 1995, Préfet du Var, Lefevre et Portrait c. Commune de Sanary, req. 94-2798 ; CE, 8 févr. 1999, Préfet des Bouches-du-Rhône c. Commune de La Ciotat, *AJDA* 1999, p. 364, concl. Bergeal, note Chabanol ; *BJDCP* 1999, p. 352, note Ch. M. ; *Mon. TP,* 16 avr. 1999, p. 53, note Rapp.

(487) CE, 9 déc. 1996, req. 172800, Préfet du Gard, *Rev. Dr. Imm.* 1997, p. 224, obs. Llorens et Terneyre ; *contra* TA Bordeaux 17 janv. 1997, SA Fassa c. Sytomog, *CJEG* 1997, p. 134, note Maugüé et Terneyre, qui y voient une convention de délégation.

§ 3. LES CONTRATS COMPLEXES

1080 **Bibliographie :** N. Symchowicz, *Droit public des montages contractuels complexes*, Imprimerie Nationale – Essentiels Experts, 2003 ; M. Guibal, *Contrats des collectivités locales*, Francis Lefebvre, 1995, p. 417 et s. et p. 490 et s.

P. Terneyre, « Les montages contractuels complexes », *AJDA* 1994, n° spécial, p. 43 ; « La qualification des montages contractuels complexes et le droit communautaire », *LPA*, 2 février 2000 ; J. Morand-Deviller, « Eurotunnel : les contrats relatifs à la construction du tunnel sous la manche », *LPA*, n° 113, 20 septembre 1995 ; L. Rapp, « Les marchés et conventions complexes », *AJDA* 1996, p. 616 ; J.-M. Peyrical, « Dans le maquis des montages contractuels complexes », *Mon. TPB*, 19 janvier 1996, p. 41 ; C. Lavialle, « Délégation de service public et domanialité publique », *Dr. adm.* février 1998, chron. p. 4 ; J. Dufau, « Les conventions d'occupation domaniale constitutives d'une délégation de service public », *JCP A* 2004, p. 1482 ; P. Delvolvé, « Les contrats globaux », *RFDA* 2004, p. 1079.

1081 Étant donné la généralité de la définition législative des contrats de délégation de service public, rien n'exclut d'inventer des contrats qui ne relèvent d'aucune qualification législative ou jurisprudentielle, mais qui répondent aux conditions fixées par loi relativement à l'objet et à la rémunération. De même, rien n'interdit de combiner plusieurs formes contractuelles pour parvenir à ce résultat. Il en résulte que les personnes publiques ont toujours la faculté de confier à d'autres personnes juridiques la gestion opérationnelle des services publics par des contrats qui n'entrent pas dans les types qui viennent d'être évoqués, ou par des groupes de contrats. Ces « conventions complexes » illustrent parfaitement le peu d'utilité des critères formels d'identification des contrats de délégation de service public. En effet, malgré leurs formes très diverses, les conventions et montages complexes peuvent, de l'avis de la plupart des théoriciens du droit et du juge administratif, se trouver inclus à un moment ou un autre dans la catégorie des contrats de délégation de service public.

Ainsi, pourraient apparaître des conventions complexes ou montages contractuels posant la question de leur identification en tant que délégations de service public au sens de la loi du 29 janvier 1993. La seule certitude à l'égard de tels contrats c'est qu'ils ne seront pas à la fois des délégations de service public et des marchés publics. Car le juge administratif a confirmé que les régimes juridiques respectifs des contrats de délégations de service public et des marchés publics sont exclusifs l'un de l'autre (488). Par ailleurs étant donné la proximité des contenus de certains contrats (mission, rémunération, procédure de passation) et leur caractère de variantes des marchés publics, il est possible d'envisager une catégorie de contrats globaux (489) regroupant les différents contrats de partenariat, les baux emphytéotiques administratifs et les conventions de bail du décret du 6 janvier 2004.

1082 En dehors de ce cas déjà réglé, l'identification est malaisée. Car, à l'inverse des marchés publics, aucune forme ni aucun cadre ne sont imposés aux contrats confiant à des personnes privées la gestion d'activités de service public. N'étant ni des METP,

(488) CE, 15 avr. 1996, Préfet des Bouches du Rhône c. Commune de Lambesc, *Rec.* p. 137 ; *RFDA* 1996, p. 715, concl. Chantepy, note Terneyre; *CJEG* 1996, p. 267, note Savignat; *Dr. adm.* 1996, n° 355, obs. J.-B. Auby ; *JCP* 1997, I, 4019, chron. Petit ; *LPA*, 12 juill. 1996, p. 30, note Préat ; *JCP E*, 1997, 929, note Delaire ; CE, 7 avr. 1999, Commune de Guilherand-Granges, req. 156008, *AJDA* 1999, p. 517, concl. Bergeal.

(489) P. Delvolvé, « Les contrats globaux », *RFDA* 2004, p. 1079.

ni de simples contrats de prestations élémentaires conclus pour les besoins du service, ils ne sont pas soumis aux règles des marchés publics, et notamment pas au formalisme relatif à leur formation (490). Mais cet allégement des formes ne permet pas *a contrario* d'identifier les contrats de délégation de service public. Ainsi, la « concession d'exploitation » d'un établissement de restauration, qualifiée par les premiers juges de convention de délégation de service public a pu être requalifiée par le juge administratif en simple convention d'occupation domaniale (491). La concession de mise à disposition d'équipements sportifs du stade Jean-Bouin a subi le même sort – ce qui dispense d'organiser une procédure de publicité pour sa passation – (492), alors que la concession de plage, qui est indéniablement une convention de ce type, est en même temps un contrat de délégation de service public (493).

1083 Le droit administratif n'est pas un droit formaliste, à preuve le juge administratif ne se tient pas à la dénomination des actes lorsqu'il doit exercer sur eux son contrôle (494). L'intitulé d'un montage contractuel ou d'une convention complexe n'est donc d'aucun secours pour identifier un contrat de délégation de service public. De jurisprudence constante dans la théorie générale des actes, la dénomination d'un acte par son ou ses auteurs ne conditionne pas sa qualification juridique et elle ne lie pas le juge. Le juge administratif a depuis longtemps requalifié les conventions en fonction de la réalité du régime juridique qu'elles définissent ou auquel elles se soumettent. Par exemple, l'émergence du marché d'entreprise de travaux publics (METP) résultait d'une requalification systématique par le juge de contrats improprement dénommés concessions (de travaux, ou plus rarement de service public) et parfois affermages (495). Cette particularité s'explique par le fait que le juge a voulu soumettre le METP au respect des règles de forme du Code des marchés publics (496), ou, si l'on préfère, que cette qualification a précisément ce but. Quelle que soit l'approche des conventions complexes, le critère d'identification est second : soit il n'est pas spécifique de la catégorie, soit il n'est pas discriminant (497).

1084 Un premier type de convention complexe est constitué par l'addition de plusieurs actes juridiques ayant pour but de réaliser une seule opération matérielle (498). Dans ce cas, la qualification juridique du « montage » dépend de l'opération matérielle

(490) CE, 6 nov. 1987, Comité de défense de la basse vallée de l'Adour, *Dr. adm.* 1987.639.
(491) CE, 12 mars 1999, Soc. Stella Maillot-Orée du Bois, *AJDA* 1999, p. 439, note Raunet et Rousset.
(492) CE, sect., 3 déc. 2010, Ville Paris et Assoc. Paris Jean Bouin, req. 338272 et 338527, *CMP* janv. 2011, comm. 25, Eckert ; *Contrats Conc. Conso.* févr. 2011, comm. 43, Prebissy-Schnall ; *Dr. adm.* févr. 2011, comm. 17, Brenet et Melleray.
(493) CE sect., 21 juin 2000, SARL Plage « Chez Joseph », *Rec.* p. 202, *RFDA* 2000, p. 797, *CJEG* 2000, p. 374, concl. Bergeal ; *D.* 2001, p. 733, note Bordereaux.
(494) Le Code civil lui-même prévoit la possibilité de conclure des contrats dont les caractéristiques ne sont pas figées dans les catégories qu'il prévoit (art. 1107 : « Les contrats, soit qu'ils aient une dénomination propre, soit qu'ils n'en aient pas, sont soumis à des règles générales »).
(495) CE, 26 nov. 1971, Soc. SIMA, *Rec.* p. 723, *RDP* 1972 p. 239, concl. Gentot et p. 1245, note Waline, *AJDA* 1971, p. 649, chron.
(496) Rép. min. n° 27975, *JOAN Q* 21 août 1995, p. 3606, *Dr. adm.* 1995, n° 669.
(497) CE, 23 mars 1992, Martin, *Rec.* p. 130, *AJDA* 1992, p. 375, et chron. p. 333, montage d'EuroDisney.
(498) B. Teyssié, *Les groupes de contrats*, LGDJ, Bibl. droit privé, 1975 ; J.-P. Dom, *Les montages en droit des sociétés*, Joly, Pratique des affaires, 1998 ; Dossier : « Les montages juridiques », *Droit et Patrimoine*, mai 1999, p. 50.

obtenue par la sommation des actes. Ainsi, le transfert de la gestion de service public, lorsqu'il met en jeu le domaine public et un ouvrage public, peut nécessiter comme préalables et comme bases un contrat d'occupation du domaine public (ou une autorisation), une convention de maîtrise d'ouvrage pour la construction, puis un contrat de transfert de la gestion courante d'un service résultant de l'usage de l'ouvrage. Dans ce type de cas qui révèle, plus qu'une simple chaîne de contrats, un ensemble de contrats, il suffit de déterminer si la dominante contractuelle est la réalisation de travaux ou la prestation de services. Les critères formels ne sont alors pas premiers et ils ne sont, en tout cas, pas spécifiques de la catégorie des conventions de délégation de service public, mais bien de l'opération dominante. De plus, dans ce type de montages, la reconnaissance d'un contrat principal, indissociable de la théorie de l'accessoire (499), pourrait nécessiter de matérialiser une dépendance unilatérale des contrats subordonnés, ce que la jurisprudence ne reconnaît pas aisément (500). Leur irrégularité n'affecterait pas le contrat principal, alors que la nullité de ce dernier, les privant de condition, entraînerait nécessairement leur disparition.

1085 Un second type de convention est considéré comme complexe, lorsque plusieurs opérations, dont au moins une délégation d'activités de service public, sont confondues en un seul instrument contractuel. Dans ce cas, par le fait même, les critères formels ne sont pas discriminants, puisque le contrat qui ne sépare pas les activités dévolues et qui contient d'autres dispositions, est considéré comme inclus dans la catégorie des « délégations de service public ». La qualification juridique est alors bien plutôt guidée par des critères matériels tendant à désigner le transfert de gestion du service public comme dominant (501).

1086 Un domaine s'avère exemplaire des questions posées par les montages contractuels complexes. Il s'agit de la situation où un bail emphytéotique administratif (BEA), qui n'est pas en lui-même une convention de délégation de service public, est couplé de façon indivisible à une convention non détachable d'exploitation portant quant à elle sur un service public (502). Néanmoins sur ce point, l'interprétation des juridictions administratives est loin d'être tranchée. Ainsi, le Conseil d'État n'exclut pas que les baux emphytéotiques soient soumis aux dispositions de la loi du 29 janvier 1993, « dans les cas où aucun texte ni aucun principe ne font obstacle à une telle délégation » (503). Or, il est clair qu'un tel bail n'a pas pour objet direct le transfert d'activité de service public. Inversement, la juxtaposition d'objets différents, sans prééminence identifiée, ne disqualifie pas une « convention de délégation de service public » : « la circonstance qu'un même contrat confie la réalisation d'un ouvrage et la gestion du

(499) Bien que la notion d'indivisibilité ne soit pas inconnue du droit public (M. Staub, *L'indivisibilité en droit administratif français*, LGDJ, Bibl. droit public, 1999), le juge administratif cherche en principe à sauver le maximum d'actes.

(500) CAA Versailles, 14 sept. 2006, Soc. Unifergie, *CMP* 2006, n° 282, *AJDA* 2007, p. 42, note Tenailleau.

(501) Le METP de construction-maintenance est un marché public complexe, à la différence du METP de construction-exploitation (CE, 8 févr. 1999, Commune de La Ciotat, *AJDA* 1999, p. 364, concl. Bergeal, note Chabanol ; *BJDCP* 1999, p. 352, note Ch. M. ; *Mon. TP*, 16 avr. 1999, p. 53, note Rapp).

(502) CE, 6 mai 1985, Assoc. Eurolat c. Crédit Foncier de France, *AJDA* 1985, p. 620, note Fâtome et Moreau, *AJDA* 1986, p. 21, concl. Genevois ; *RDP* 1986, p. 21, note Llorens.

(503) CE avis, 16 juin 1994, *EDCE* 1994, n° 46, p. 367. De façon générale, les conventions d'occupation domaniale peuvent, selon les circonstances, constituer ou non des délégations de service public (concl. sur CE, 21 juin 2000, SARL Plage « Chez Joseph », *préc.*).

service public à deux concessionnaires ainsi rémunérés ne fait pas perdre à ce contrat sa qualification de concession » (504). Ainsi, selon le cas, ce montage a pu être qualifié : de marché d'entreprise de travaux publics (505), de convention de délégation de service public (506), de concession de travaux au sens du droit européen (507). Les formes contractuelles de la délégation de gestion du service public sont ainsi en constante évolution, au gré de l'imagination des opérateurs.

(504) CE avis, 19 déc. 1995, *EDCE* 1996, n° 47.

(505) CE, 9 déc. 1996, req. 172800, Préfet du Gard, *Rev. Dr. Imm.* 1997, p. 224 obs. Llorens et Terneyre.

(506) TA Bordeaux, ord. prés., 17 janv. 1997, SA Fassa c. Sytomog, cité par P. Terneyre et C. Maugüé, « Les délégations de service public en question », *CJEG* 1997, p. 131.

(507) CE ass., 10 juin 1994, Commune de Cabourg, *Rec.* p. 300, *RFDA* 1994, p. 728, concl. Lasvignes, *AJDA* 1994, p. 502.

TROISIÈME PARTIE
LE RÉGIME JURIDIQUE DU SERVICE PUBLIC

1087 Les différents opérateurs intervenant dans le cadre des activités de service public peuvent être des personnes publiques ou des personnes privées, mais ils demeurent tous et chacun soumis au respect d'un ensemble de principes communs, sources de règles, droits et obligations qui ont vocation à s'appliquer à toutes ces activités. Quand bien même les modes de gestion des services permettent encore de distinguer entre services publics à gestion publique et services publics à gestion privée, ces principes communs à tous les services publics s'appliquent aux uns comme aux autres (1).

Parce que le service public est toujours présenté comme une activité d'intérêt général, comme une réponse à des besoins sociaux déterminés, présents ou latents, cet ensemble de principes communs permet d'en sauvegarder l'essence et d'assurer l'unité du régime juridique qui le singularise au sein du droit administratif. Dès 1950, alors même que la notion de service public se dotait d'un sens social assuré, B. Chenot affirmait que « le service public n'est plus une institution, c'est un régime » (2). Cette unité du régime consolidait, par ailleurs, le rôle que jouait la notion de service public dans le champ de la répartition des compétences entre les deux ordres de juridiction.

Les notions européennes de service d'intérêt général, de service d'intérêt économique général et, bien que ne relevant pas des textes de droit européen mais des discours et rapports émis au sein de l'Union européenne, de services sociaux d'intérêt général, renforcent désormais cette approche. Le régime juridique des services publics français n'en est donc pas radicalement transformé.

1088 L'unité du régime juridique du service public a renforcé la qualité « dérogatoire » attribuée aux actions des services publics industriels et commerciaux. Si, un temps, ce particularisme qui se traduisait par l'existence de prérogatives de puissance publique

(1) G. J. Guglielmi, *Introduction au droit des services publics*, LGDJ, coll. Systèmes, 1994, p. 39.
(2) B. Chenot, « La notion de service public dans la jurisprudence économique du Conseil d'État », *EDCE* 1950, p. 77.

au profit du gestionnaire privé d'un service public, sembla remis en cause (3), dans les faits, la théorie, la pratique et en droit, il n'en fut rien. La fonction de l'intérêt général, toujours présente ou sous-jacente, permettait et permet encore de relever certains particularismes qui demeurent incontestables (4). En effet, l'existence de prérogatives de puissance publique reste généralement liée à la mission de service public et paraît même être une condition de l'existence d'un service public lorsque cette mission est remplie par un organisme privé (5). Ces prérogatives se traduisent certes par l'énoncé de prescriptions à l'égard des opérateurs, des maîtres d'ouvrage et des sous-traitants mais elles se révèlent souvent dans le pouvoir d'imposer aux usagers certaines obligations ; elles ne peuvent être exercées valablement sans que soient respectés les principes fondamentaux du droit du service public.

1089 L'unité du régime juridique du service public a toujours été constituée autour de trois principes essentiels, fondamentaux, ces principes dits « lois du service public » (6) sont des principes communs à tous les services publics : l'égalité, la continuité, la mutabilité.

Ces principes concernent tant l'activité elle-même que les organes qui en assurent la gestion ainsi que les personnes qui y ont recours. Certes, en raison de la diversité des modes de gestion, à la suite de la division de la notion de service public en service public administratif et service public industriel et commercial, puis en prenant en considération les notions de service d'intérêt général et de service d'intérêt économique général qui s'y greffent, on pourrait penser qu'il n'existe pas de régime juridique uniforme, commun à toutes les catégories de services publics. Mais en aucune matière, branche ou domaine du droit il n'existe de régime juridique uniforme, car, outre la force d'imprégnation des concepts de droit européen, les interpénétrations entre droit privé et droit public se font de plus en plus intenses et les interactions entre divers champs des sciences sociales de plus en plus nombreuses. En ce sens, l'étude de la *complexité* juridique se révèle souvent nécessaire pour rendre compte de la mobilité des références, de l'interopérabilité des concepts et de la multi-dimensionnalité du système de droit.

1090 Dans le droit du service public, le concept central fait l'unité de régime. Mais il existe aussi une pluralité d'approches juridiques, les unes tenant à la forme d'intervention administrative, à la nature de l'activité considérée ou à la qualité du service attendu, et les autres relatives aux modalités de gestion ou concernant les modes de

(3) CE, 13 oct. 1978, ADESEA du Rhône, *Rec.* p. 368, *RDP* 1979, p. 899, concl. Galabert, note Robert, *AJDA* 1979, 1, p. 22, chron. ; *D.* 1979, p. 249, note Waline et Amselek ; TC, 6 nov. 1978, Bernardi c. Assoc. hospitalière Sainte-Marie, *Rec.* p. 652 ; *RDSS* 1979, p. 91, note Moderne.

(4) À l'occasion de ses conclusions sur la décision du Tribunal des conflits du 25 janv. 1982 Mme Cailloux c. Consuel (*Rec.* p. 449), D. Labetoulle notait que « lorsque le caractère de service public d'une activité est évident ou lorsque la personne privée intervient seulement en relais d'une activité de service public, il peut paraître superflu de s'attacher à relever expressément l'existence de prérogatives de puissance publique », *CJEG* 1982, p. 357.

(5) TC, 9 déc. 1899, Assoc. syndicale du Canal de Gignac, *Rec.* p. 731, *S.* 1900, I, 49, note Hauriou ; CE, 4 mars 1983, Assoc. familiale rurale du Meslay-du-Maine, *JCP* 1984, II, 20211, note Dubourg ; CE, 17 févr. 1992, Sté Textron, *Rec.* p. 66, *AJDA* 1992, p. 450, note Devès.

(6) F. Moderne notant que « le thème du service public "à la française" (encore que l'expression soit quelque peu galvaudée) se retrouve avec une portée variable (mais globalement la même signification fonctionnelle) dans divers États européens » signale que « les "lois du service public" en constituent le dénominateur commun » : F. MODERNE, « Les missions d'intérêt général en droit comparé », *in* S. DECRETON, *Service public et lien social,* L'Harmattan, coll. Logiques juridiques, 1999, p. 120.

relations que les services développent à l'endroit des usagers (7). Chacune de ces approches interagit mutuellement. Leur synchronisme est formé par leur point d'appui commun qu'est l'ensemble des principes juridiques applicables à toutes les activités de service public.

Ainsi, dans la mesure où le service public se définit principalement par « l'activité », c'est à cette activité que se reporte cet ensemble de principes – ensemble qui, en fin de compte, traduit la nature intrinsèque du service public. Ce phénomène de réciprocité fait que les principes témoignent de la nature de l'activité comme service public et que l'activité, une fois qualifiée de service public, déclenche l'applicabilité de ces principes. Il retrace, pour une part, la fonction autopoïétique du droit (8), dotant ainsi le concept de service public d'une valeur clef dans le système juridique français.

1091 Les principes communs qui forment le régime juridique du service public concernent essentiellement les règles de fonctionnement du service (titre 1er). Les principes, longtemps dits « classiques » parce qu'ils furent les premiers à retracer l'unité du régime juridique des services publics et fondent le droit du service public, sont ceux d'égalité, de continuité et de mutabilité. Ils sont applicables dans tous les services publics, quels qu'ils soient et quelles que soient les personnes qui en assurent les missions (titre 1er, chap. 1er).

Ces règles communes à toutes les formes de service public sont préservées par les juridictions administratives et judiciaires, juridictions qui ont contribué au maintien des fonctions de la notion de service public dans le droit administratif français, sans pour cela méconnaître les implications du droit européen au titre des services d'intérêt général.

1092 L'évolution des discours juridiques, qu'elle soit due aux changements politiques, aux transformations sociales ou aux recompositions européennes, a cependant conduit à repenser non tant ces principes communs en eux-mêmes, mais surtout les principes qui leur sont corollaires ou associés et ont acquis une vigueur nouvelle.

Si le discours sur la modernisation des services publics concernait au premier abord l'État, nombre d'éléments relevant de ce discours se sont répercutés au-delà dans le champ des collectivités locales, des établissements publics et des organismes privés investis pour en assurer la gestion. Les « nouveaux principes » qui ont paru en émerger ne révèlent en fait que de nouvelles grilles de lecture des principes classiques de fonctionnement du service public, en phase avec un droit post-moderne (titre 1er, chap. 2).

Aux trois premiers principes ont ainsi été adjointes des prescriptions qui, le plus souvent issues de principes et de normes de droit européen, en dessinent les précisions et les compléments essentiels, comme par exemple celles relatives à la « qualité » et à « l'accessibilité ». En quelque sorte, ces principes ne font que rendre compte de la capacité d'adaptation du droit français aux nouveaux contextes juridiques et, dans cette perspective, traduisent clairement la mobilité intrinsèque de la notion de service public, laquelle constitue l'une de ses principales forces.

(7) N'échappe pas à cette pluralité la conception de l'Union européenne : L. Ortega, « Services publics et usagers des services dans l'Union européenne », *Mél. G. Timsit*, Bruylant, 2005, p. 463.
(8) G. Teubner, *Le droit : un système autopoïétique*, (trad.), PUF, 1993.

1093 Une classification de ces principes pourrait être tentée en fonction de leur destination : les uns concernent directement la situation des usagers en face du service public ; les autres sont plus particulièrement rapportés à l'activité de service elle-même. Si les premiers correspondent à certains droits fondamentaux des usagers, comme le principe d'égalité, les autres, sans être nécessairement à la source d'un droit dont ils pourraient se prévaloir, soit se rattachent principalement à la satisfaction de leurs besoins – tel est le cas du principe de continuité du service public, comme pourrait l'être l'une des fonctions du « service universel » relative au « prix abordable » –, soit répondent à une exigence propre au service public, comme le principe de mutabilité et même le principe de qualité, issus tant des discours menés sous le label de la révision générale des politiques publiques que des dynamiques de l'entreprise privée, auxquels la préoccupation émergente du développement durable pourrait être adjointe.

Toutefois, une telle classification n'a qu'un intérêt subsidiaire. En effet, tous ces principes sont à l'origine des règles juridiques ou des normes techniques qui encadrent les rapports entre ces services et leurs gestionnaires avec les particuliers, lesquels sont alors considérés comme des « usagers » du service public ou, suivant les terminologies dérivées des logiques économiques, des « clients » du service public.

En effet, dès l'instant où est créé un service public, la question de son maintien, aussi politique puisse-t-elle être parfois, doit être étudiée, non seulement au vu de l'intérêt général, mais aussi par rapport aux usagers, aux utilisateurs, aux bénéficiaires du service. Ce sont surtout les formes des relations qui s'instituent entre les usagers du service et les différents exploitants ou opérateurs en ayant la charge qui doivent être repensées (titre 2, chap. 1er).

Enfin, lorsque l'activité de service est considérée par rapport aux usagers, les principes de continuité, d'égalité et de mutabilité du service deviennent des références pour ces usagers, qui se trouvent ainsi en droit d'exiger leur respect. De ces règles découlent alors nombre de dispositions qui, attribuant des droits et imposant des obligations aux usagers, doivent être respectées par tous les organismes publics ou privés investis d'activités ou de missions de service public (titre 2, chap. 2).

TITRE 1

LES PRINCIPES DE FONCTIONNEMENT DU SERVICE PUBLIC

1094 Les activités qualifiées de « service public », qu'elles soient exercées par des personnes publiques ou par des personnes privées, et quel que soit leur caractère, administratif, industriel ou commercial, sont soumises à un même ensemble de règles de droit. Cet ensemble constitue, en quelque sorte, le « noyau dur » du régime juridique de service public : toutes les activités de service public, voire les missions de service public qui pourraient être attribuées à certains organismes privés, sans distinction de mode d'exercice et de gestion, doivent répondre à des règles communes, à des grands principes généraux dits communément « lois du service public » (1). Ces principes sont essentiels au fonctionnement du service public. Ils sont, d'ailleurs, intrinsèquement liés à la caractérisation de la notion de service public.

1095 Formalisés par le professeur Louis Rolland pendant la première moitié du XXe siècle, ces principes, présentés sous l'expression de « lois du service public » ou, à sa suite, comme les « lois de Rolland » (2), rendent compte du lien indéfectible que le droit du service public entretient avec les notions de droits de l'homme, de droits fondamentaux et de droits de la personne.

Selon les analyses classiques en la matière, les premiers des principes fondamentaux du service public relevés en droit français sont au nombre de trois : le principe d'égalité, le principe de continuité, le principe de mutabilité. Mais le consensus des juristes sur ce point n'est que de façade ; par exemple, certains contournent le principe de mutabilité pour évoquer un principe de spécialité (3) tandis que d'autres assurent de l'existence de liens étroits entre les principes de continuité et de mutabilité.

À ces trois principes, certains observateurs en ajoutent un quatrième qui, s'il s'avère fondé pour quelques services publics, ne répond plus guère à une réalité sociale pour

(1) J. Travard, « Jean Rivero et les lois du service public », *AJDA* 2010, p. 987.
(2) L. Bézie, « Louis Rolland, théoricien oublié du service public », *RDP* 2006, p. 847.
(3) M. Gentot, « L'identification du service public par le juge administratif », *AJDA* 1997, n° spécial, *Services publics, unité et diversité,* p. 29.

la plupart d'entre eux : le principe de gratuité. Pour certains des services publics concernés, ce principe semble de plus en plus se réduire à un principe de modicité du prix d'une prestation ou, suivant des modulations particulières, à un principe de progressivité de ce prix en fonction des situations relevées. Certains commentateurs choisissent aussi de ne pas relier le principe d'égalité au principe de neutralité et préfèrent les dissocier catégoriquement afin de signifier la force ou la faiblesse d'un principe de laïcité qui s'attache pourtant plus à l'État qu'au service public lui-même, tandis que d'autres refusent l'autonomisation d'un principe de neutralité dans le cadre du droit du service public. En tout cas, un dénominateur commun rassemble ces différentes prises de position : les principes premiers qui fondent les analyses sont identiques. Il s'agit toujours des principes d'égalité, de continuité et de mutabilité (chap. 1).

1096 Ces trois « principes classiques » ont connu diverses transformations au fil du temps (4). Si « les principes existent toujours et sont présentés de manière unitaire », « par touches successives, le tableau se brouille de plus en plus : leur place dans la hiérarchie des normes n'est pas identique ; leur effectivité varie de telle manière qu'ils ne sont plus vraiment caractéristiques du service public ; ils deviennent des éléments d'un régime différencié des services publics » (5).

Aussi mobiles soient-ils, ces principes demeurent les fondements du régime juridique auquel sont soumises les activités d'intérêt général. En ce qu'ils constituent le régime juridique commun aux services publics, ces principes essentiels ont vocation à s'appliquer à tous les services publics. Les aménagements qu'ils supposent dans leur traduction juridique et dans le cadre de leur application concrète doivent être alors conciliés avec de nouvelles règles issues de nouvelles conjonctures juridiques, politiques, sociales et économiques.

En effet, les principes fondamentaux sont sources d'obligations juridiques pour les services publics et dans les services publics. Les mutations que les contextes nouveaux engendrent dans l'appréhension de la notion de service public aboutissent à de nouvelles variables dans l'application du principe d'égalité selon les situations des usagers. Elles présument aussi l'introduction de nuances dans la conception de la continuité et renforcent l'effet de mobilité du principe d'adaptabilité. Les obligations qui découlent de ces principes subissent des remaniements constants. Ces mouvements doivent être associés. La collusion des contextes et des discours font que les principes cardinaux de fonctionnement sont à chaque fois complétés, souvent recomposés et parfois même contredits.

1097 Par ailleurs, du fait de l'évolution du système politique et administratif, et en vertu des données économiques et sociales des sociétés post-modernes, d'autres principes de fonctionnement des services publics sont progressivement apparus. Leur application concrète reste parfois indéterminée mais ils n'en sont pas moins devenus des principes essentiels. Tel est le cas de divers principes qui se rattachent, en fait, aux premiers, tout en en constituant des prolongements spécifiques : le principe d'accessibilité, le principe de qualité, le principe de sécurité – lequel avait rejoint, pour une

(4) V. Donier, « Les lois du service public : entre tradition et modernité », *RFDA* 2006, p. 1219.
(5) D. Truchet, « Unité et diversité des "grands principes" du service public », *AJDA* 1997, n° spécial, *Services publics, unité et diversité*, p. 38 ; R. Denoix de Saint-Marc, « Les grands principes du service public », *Rev. adm.* 2004, n° 338, p. 118.

part, la fonction incertaine d'un principe de précaution qui, en droit français, ne se lit plus exclusivement au travers du droit européen et pas seulement dans la Charte de l'environnement de 2004, car les développements dérivés de la révision générale des politiques publiques à propos du « Plan Administration exemplaire » (6) l'ont transformé en une consigne d'économies à réaliser, prétendument au titre du développement durable. Tous ces principes doivent donc être pris en considération, en dépit du fait que les apports jurisprudentiels demeurent rares en la matière (chap. 2).

D'autres principes ont pu être relevés, dont la mise en œuvre s'avère parfois hypothétique. Il en est ainsi, par exemple, du principe de participation et du principe de transparence qui relèvent plus sûrement de la modification des relations entre les administrations et les administrés, des politiques de réforme de l'État et de la modernisation des administrations, que d'une réorganisation proprement dite des modes de fonctionnement du service public.

1098 De plus, des principes sont, en dépit de leur consécration législative encore en instance, notamment aux alentours de la notion portée par la problématique européenne de « service universel ». Dans cette configuration, le « principe d'efficacité économique et sociale », malgré bien des discours généraux, peine toujours à entrer dans le cadre des principes de fonctionnement du service public. Il semblerait plutôt traduire les transformations socio-économiques marquées par des politiques publiques de libéralisation et par les différentes lois de privatisation des organismes et institutions gestionnaires de services publics ou investis de missions de service public, à l'image de Pôle emploi (7). Ainsi, la perception de la notion de mutabilité peut être, au vu des politiques économiques mises en œuvre, opposée à l'idée de continuité : la fermeture de bureaux de poste dans certaines zones, notamment rurales, avait été soit justifiée par leur remplacement par des services télématiques, soit insérée dans les modalités d'application du principe de mutabilité. La privatisation de ce « grand service public » en a modifié la perception sous le boisseau des « missions de service public et d'intérêt général » (8). Dès lors, un principe relevant d'une idée de « proximité » s'institue par les biais des procédés électroniques ou numériques en écho au développement du haut-débit. Né de l'essor des nouvelles technologies, il semblerait rejoindre, pour une part, la fonction de « l'accessibilité ». Si le principe correspondant pourrait être pensé suivant une idée de « connectivité » en cours de formation, son application s'entend plus valablement dans le cadre des rapports entre administrations et administrés, dans les relations entre le service public et les usagers.

Au gré de l'actualité est alors mis en exergue un ensemble de principes « inédits », voire « additionnels », qui reflètent de nouvelles lectures, parfois changeantes, de la notion de service public. La diversification des principes de fonctionnement du service

(6) V. par ex. circ. du 3 déc. 2008 relative à l'exemplarité de l'État au regard du développement durable dans le fonctionnement de ses services et de ses établissements publics, *JO* 12 déc. 2008.

(7) C. trav., art. L. 5312-1.

(8) Si selon l'article 1er-2-1 al. 1 de la L. n° 90-568 du 2 juill. 1990 relative à l'organisation du service public de la poste et à France Télécom (issu de la L. n° 2010-123 du 9 févr. 2010 relative à l'entreprise publique La Poste et aux activités postales), « la personne morale de droit public La Poste est transformée à compter du 1er mars 2010 en une société anonyme dénommée La Poste… », l'article 2 précise que la Poste et ses filiales constituent un groupe public qui remplit des missions de service public et d'intérêt général et exercent d'autres activités dans les conditions définies par la présente loi et par les textes qui régissent chacun de ses domaines d'activité.

public résulte de la pression de nouveaux besoins et de tentatives de solution *ad hoc* qui rendent compte de la dynamique intrinsèque de la notion de service public, sans toutefois provenir d'une recomposition d'ensemble de celle-ci.

1099 Ces objectifs révèlent plus valablement les liaisons entre les discours juridiques et économiques concernant les services publics dans les sociétés libérales contemporaines. Les modes d'interprétation et d'application des principes classiques de fonctionnement du service public ont subi quelques modifications substantielles nées de leur nécessaire adaptation aux conjonctures et aux contextes particuliers de la fin du XXe siècle et des débuts du XXIe.

Ont donc été développées de nouvelles conditions de fonctionnement du service public, tenant compte des demandes des usagers et des administrés en matière d'accessibilité voire de « connectivité », d'efficacité plus que de rentabilité, et de qualité comme de sécurité du service public. Aucune énumération exhaustive de ces conditions supplétives ne saurait être présentée dans la mesure où elles sont énoncées par à-coups, dans des textes concernant des secteurs d'activité particuliers, reposant sur une reconnaissance de droits et libertés comme le droit à l'eau, à l'électricité, au téléphone, etc. Mais elles s'entendent également suivant une perception des « cibles » et annoncent, en filigrane, une segmentation de la population puisque, d'une certaine manière, « la segmentation des cibles répond au souci d'efficacité recherché par la différenciation des services en fonction des publics » (9). Cette approche traduit une translation progressive du service public vers le service « au » public puis du service au public vers le service « à la personne » sous le modèle du « service rendu » (10).

(9) P. Zemor, *Le sens de la relation – Organisation de la communication de service public*, La Doc. fr., coll. Rapports officiels, 1991, p. 53.

(10) G. Koubi « La dégénérescence du service public : du service "au" public au service "rendu à la personne" », *Dr. ouvr.*, n° spéc., avr. 2008, p. 167.

CHAPITRE 1
LES PRINCIPES CARDINAUX DU DROIT DU SERVICE PUBLIC

1100 Les « premiers » principes de fonctionnement du service public sont présentés, le plus souvent, comme des « principes classiques » qui concernent essentiellement, mais largement, les citoyens, les administrés, les usagers du service public. Qualifiés comme des principes cardinaux, ils constituent l'armature du droit du service public en dépit des modifications substantielles que ce droit connaît désormais sous la pression du droit européen, à raison d'une généralisation de la pensée néolibérale et sous l'égide de la révision générale des politiques publiques (1). Ils sont détaillés en trois grands principes dégagés par la doctrine et la jurisprudence tout au long des XIXe et XXe siècles : le principe d'égalité (sect. 1), le principe de continuité (sect. 2), et le principe de mutabilité (sect. 3). Parfois, à l'occasion de l'étude de ces trois principes, en tant qu'ils sont évoqués principalement à l'adresse des citoyens, est aussi développée une réflexion sur un principe de gratuité, remanié suivant un jeu de « modicité du prix » ou transformé par une idée de « prix abordable », qui demeure donc de teneur floue et indéterminée (sect. 4).

Pour certains auteurs, il apparaîtrait nécessaire de rendre compte d'un cinquième et dernier principe qui, sans être spécifique du droit du service public, en constituerait l'armature : le principe de neutralité. Mais, lié à une fonction d'impartialité de l'État dans l'exercice de ses fonctions administratives, ce principe n'est pas de l'ordre des facteurs historiques ayant présidé à l'apparition de la philosophie du service public. En tant qu'il consolide la force du principe d'égalité, son analyse relève bien plutôt des transformations des principes classiques du service public et, plus particulièrement, de la conception républicaine de la fonction administrative. Les discours administratifs sur le rôle et la place du service public dans les formes de cohésion sociale et l'évolution des mentalités, ainsi que l'évolution de la jurisprudence sur le principe de neutralité montrent, en effet, que ce dernier n'est qu'une des conséquences de l'application du principe d'égalité.

(1) F. Lafarge, « La méthode suivie par la révision générale des politiques publiques », *RFAP*, n° 130, 2009, p. 409.

1101 Il n'existe pas de hiérarchie fonctionnelle entre les trois principes ainsi retenus comme règles de fonctionnement du service public. La présentation de ces principes dépend des modes de raisonnement doctrinal. Les juristes, et notamment les différents auteurs des manuels de droit administratif et de droit du service public, ne cherchent pas nécessairement à établir des priorités en énonçant ces principes. Pourtant, les développements de la jurisprudence administrative face aux contentieux soulevés par les prétendues nouvelles inégalités – présentées comme des inégalités de fait alors qu'elles sont l'expression d'inégalités sociales que les politiques publiques n'ont pas pu atténuer –, ont amorcé un courant tendant à faire primer l'analyse du principe d'égalité et de ses variables sur les autres principes, tout en en nuançant les caractéristiques initiales.

Cette approche ne doit pourtant pas déformer la perspective générale. L'application du principe d'égalité est bien plus large. Elle ne concerne pas exclusivement les usagers du service public : elle se réalise aussi à l'égard des non-usagers, à l'égard de tous ceux qui sont touchés par le fonctionnement du service public.

De tous les principes fondateurs du droit du service public, sans doute est-ce le principe d'égalité qui se trouve être aujourd'hui le plus décomposé en strates diversifiées traversant aussi bien les populations que les espaces géographiques et les structures administratives.

1102 Certains commentateurs font encore prévaloir la spécificité du service public en lui-même sur sa finalité sociale, ils présentent d'abord le principe de continuité, ensuite le principe de mutabilité puis le principe d'égalité ; la question de la gratuité fait alors l'objet d'une « observation terminale » qui suit l'exposé du principe d'égalité. La plupart d'entre eux excluent des considérations approfondies sur les possibles classifications de ces principes ou choisissent s'interroger, à propos du statut de l'activité de service public, sur la notion même de « principes fondamentaux » du fonctionnement des services publics remarquant parfois que nul ne s'accorde ni sur leur nombre, ni sur leur contenu, ni sur leur valeur juridique. Ces principes sont donc simplement présentés comme des « principes communs aux services publics » et, de ce fait, le principe de neutralité s'y trouve relié soit par appel à la notion de bon fonctionnement du service public, soit en vertu d'une conception donnée de la notion d'ordre public. D'autres préfèrent user d'une formule positive rendant compte de l'existence de « règles communes aux différents services publics » et plaçant le principe de continuité au centre de la problématique du service public.

En général, sans qu'une réflexion particulière ait été développée au préalable, la présentation des trois grands principes classiques du service public se réalise suivant cette progression : le principe de continuité, le principe d'adaptation, ensuite le principe d'égalité et enfin, outre certains principes adjacents qui pourraient être ajoutés comme le principe de neutralité, le principe de gratuité qui ne se comprend plus pour le service public en lui-même mais « à l'égard des usagers du service », ou plus précisément à l'égard de certains de ces derniers au vu des développements des politiques sociales marquées un temps par les enjeux de la lutte contre les exclusions.

1103 Quels que soient les modes de présentation choisis, tous s'accordent à relever que les trois grands principes que sont les principes de continuité, d'égalité et d'adaptabilité, sont substantiels à la notion de service public. Le principe de neutralité peut être rattaché à la texture républicaine de l'État et le principe de gratuité ou de modicité du prix, voire de « prix abordable », demeure une question qui risque d'être longtemps non résolue au vu de l'imprégnation générale des lois du marché dans le fonctionnement des services publics.

Cependant, la définition et l'application de ces principes s'enchevêtrent : aucun n'est indépendant et autonome. Aucun de ces principes n'a de sens à lui seul. Les combinaisons entre les principes de fonctionnement du service public et les principes généraux de l'action administrative marquent aussi le lien que le droit du service public entretient avec le droit administratif. Par exemple, la proximité existant entre le principe d'égalité entre les usagers, administrés ou citoyens et le principe de neutralité du service ne peut être niée – ce d'autant plus que, en attente de prolongements à venir et outre les dispositifs institués du fait de la loi n° 2010-1192 du 11 octobre 2010 interdisant la dissimulation du visage dans l'espace public (2), ce sont principalement les agents publics qui doivent s'y conformer à l'égard du public. Doit aussi être retenue la similitude entre le principe de continuité et la notion de « bonne administration » (3) du service qui est à la base d'un droit au fonctionnement normal du service pour les usagers. Ainsi, dans un certain sens, l'égalité induit aussi une considération sur la gratuité, particulièrement lorsque la question tarifaire se doit d'être soulevée dans le cadre des services publics administratifs. De plus, elle rejoint encore la neutralité puisque ce principe de neutralité constitue l'un des remparts contre les discriminations.

Mais dans un tout autre registre, le juge administratif a aussi été conduit à évoquer, implicitement, une notion de « neutralité commerciale » dans le cadre des services publics (4). Parfois même la neutralité se trouve accolée à la notion de continuité du service public, puisque celle-ci se comprend pour tous les usagers sans distinction : peu à peu, la notion de neutralité perd de sa spécificité et procède d'un rapprochement entre le principe de continuité et le principe de mutabilité. Ces mouvements sont la marque des transformations progressives que connaît aussi bien la lecture des principes exposés que celle des « règles fondamentales du service public ».

SECTION I **L'ÉGALITÉ, LE PRINCIPE : SES APPLICATIONS ET SES TRANSFORMATIONS**

1104 **Bibliographie :** G. Pellissier, *Le principe d'égalité en droit français*, LGDJ, coll. Systèmes, 1996 ; G. Koubi et G. J. Guglielmi (dir.), *L'égalité des chances. Analyses, évolutions, perspectives*, La Découverte, coll. Recherches, 2000 ; A. Sen, *Repenser l'inégalité*, Seuil, 2000 ; D. Schnapper, *La démocratie providentielle. Essai sur l'égalité contemporaine*, Gallimard, 2002 ; C. Courvoisier, P. Charlot (dir.), *Actualité politique et juridique de l'égalité*, Éd. univ. Dijon, 2003 ; M. Long (dir.), *Égalité et services publics territoriaux*, LGDJ, coll. Décentralisation et développement local, 2005 ; V. Donier, *Le principe d'égalité dans l'action sociale des collectivités territoriales*, PU d'Aix-Marseille, 2005 ; R. Allemand et L. Solis-Potvin (dir.),

(2) *JO* 12 oct. 2010.
(3) R. Bousta, *Essai sur la notion de bonne administration en droit public*, L'Harmattan, coll. Logiques juridiques, 2010.
(4) TA Cergy-Pontoise, 1er juill. 2004, n° 0007594, Gilbert M.

Égalité et non-discrimination dans l'accès aux services publics et politiques publiques territoriales, L'Harmattan, 2008.

A. DE LAUBADÈRE, « Commentaire de la loi du 12 juillet 1979 », *AJDA* 1979, p. 38 ; J. CARBAJO, « Remarques sur l'intérêt général et l'égalité des usagers devant le service public », *AJDA* 1981, p. 176 ; R. PELLOUX, « Les nouveaux discours sur l'inégalité et le droit public français », *RDP* 1982, p. 909 ; D. LOCHAK, « Réflexion sur la notion de discrimination », *Dr. Soc.* 1987, p. 778 ; M. BORGETTO, « Sur la nature juridique du service de distribution d'eau et le traitement jurisprudentiel du principe d'égalité », *RFDA* 1993, p. 673 ; Conseil d'État, rapport public pour 1996, « Sur le principe d'égalité », *EDCE* 1997, n° 48, p. 13 ; S. FRANCFORT-ALBERELLI, « L'intégration du principe d'égalité dans le droit européen des services publics et ses perspectives d'évolution », *in* R. KOVAR, D. SIMON (dir.), *Services publics et Communauté européenne : entre l'intérêt général et le marché,* (t. 2), La Doc. fr., coll. Les travaux de la CEDECE, 1998, p. 347 ; N. BELLOUBET-FRIER, « Le principe d'égalité », *AJDA* 1998, n° spéc. p. 152 ; F. TOURETTE, « Le principe d'égalité, la tarification des services publics et les ressources des usagers », *Gaz. Pal.* n° 315, 11 nov. 1999, p. 15 ; B. JORION, « Égalité et non-discrimination en droit public français », *in* G. KOUBI, G. J. GUGLIELMI (dir.), *L'égalité des chances,* La Découverte, 2000, p. 141 ; D. BORILLO, « Les instruments juridiques français et européens dans la mise en place du principe d'égalité et de non-discrimination », *Rev. fr. Aff. Soc.*, n° 1, 2002, p. 113 ; O. JOUANJAN, « Égalité », *in D.* ALLAND, S. RIALS (dir.), *Dictionnaire de la culture juridique*, PUF, Lamy, 2003, p. 588 ; F.-C. BERNARD, « L'égalité d'accès aux services publics », *ARSP, Arch. Philo. droit,* 2008, p. 63 ; V. DONIER, « Le droit d'accès aux services publics dans la jurisprudence : une consécration en demi-teinte », *RDSS* 2010, p. 800 ; V. LASSERRE-KIESOW, « L'égalité », *JCP G*, n° 23, 2010, ét. 643.

1105 Le principe d'égalité n'est pas un principe propre au droit du service public. Il n'est pas non plus un principe absolu en ce qu'il est toujours situé par rapport à un objet donné. Les premières affirmations textuelles de ce principe relèvent de la Déclaration des droits de l'homme et du citoyen du 26 août 1789 dont l'article 1er rappelle que « les hommes naissent et demeurent libres et égaux en droits ». L'article 6 de la Déclaration confirme cette première assertion en signifiant que la loi « est la même pour tous, soit qu'elle protège, soit qu'elle punisse. Tous les citoyens étant égaux à ses yeux, sont également admissibles à tous dignités, places et emplois publics ». La jurisprudence administrative l'a très tôt relevé comme un principe général du droit, justement dans le cadre du service public (5). Le Conseil constitutionnel a ainsi logiquement érigé l'égalité en principe de valeur constitutionnelle lorsqu'il a eu l'occasion de le rappeler dans le cadre d'activités d'intérêt général (6).

1106 L'égalité juridique est l'une des préoccupations majeures des sociétés démocratiques contemporaines. Cependant, aussi simple semble-t-elle être, elle déconcerte, tant il est difficile de présenter une application adéquate du principe d'égalité dans les services publics (sous-sect. 1). La mutation de la grille de lecture du principe d'égalité, notamment sous la composante politique de l'idée de « diversité », induit certaines modifications dans l'application concrète du principe, jusqu'à valider de véritables distinctions.

Le principe d'égalité est à la source du principe de non-discrimination entre les individus, quels que soient leur origine, religion, race, sexe, etc. Pourtant au vu des évolutions du droit, des composantes de l'ordre juridique international et de la construction du droit européen, ce principe tend à devenir un simple prolongement

(5) À la suite d'approches préliminaires le prenant en considération de manière implicite, il fut finalement entériné comme principe général du droit : CE ass., 1er avr. 1938, L'Alcool dénaturé de Coubert, *Rec.* p. 337, *RDP* 1939, p. 487.
(6) CC, 27 juill. 1982, n° 84-141 DC, L. sur la communication audiovisuelle, *Rec.* p. 48.

du principe de non-discrimination. Se réalise ainsi une inversion logique et historique, car le principe d'égalité a été formulé et appliqué bien avant le principe de non-discrimination. Ce déplacement des discours a d'ailleurs suscité l'émergence de la notion « d'égalité des chances », notion qui prétend parfois se substituer à la notion d'égalité en droits et ouvre sur une notion de discrimination positive à effet variable (sous-sect. 2).

L'application nuancée du principe d'égalité a en effet permis que soient élaborées certaines différenciations entre les usagers des services publics. La matière tarifaire paraît ainsi justifier le relevé des différences de situation, non pas à l'égard des coûts, mais bien des prix du service public. Ces approches modifient substantiellement la teneur du principe d'égalité, dans ses applications concrètes devant et dans le service public, sans pour autant le transformer fondamentalement sur le plan juridique. Elles assurent d'une combinaison entre le principe d'égalité et les demi-teintes d'un principe de gratuité remanié.

1107 Parmi les principes généraux relatifs au fonctionnement du service public, bien qu'il n'appartienne pas à la trilogie traditionnelle des règles du service public, un principe de neutralité des services publics peut être caractérisé depuis la fin des années 1980. Il s'entend désormais au-delà du cadre de la déontologie administrative. Trop souvent attaché au concept de laïcité, le principe de neutralité du service public est un des moyens pour rendre effective l'application du principe d'égalité. Pourtant, il est avant tout une garantie de l'existence « administrative » des services : considéré d'abord comme le seul frein à une politisation excessive des activités de service public, il devait signaler l'institution d'un principe d'indifférence de la part des autorités administratives à l'égard de toute question de nature religieuse ou philosophique. Cependant, l'évolution des discours a transformé son appréhension en surélevant les aspects socio-politiques des religions (sous-sect. 3). Par ailleurs, si ce principe de neutralité permet d'éviter le risque de discrimination ou de partialité à l'égard des participants ou des usagers de tout service public, il est aussi la voie par laquelle s'annonce la prise en considération des différenciations sociales et culturelles (7).

S/SECTION I LE PRINCIPE D'ÉGALITÉ

1108 Principe consacré par le Conseil constitutionnel et par le Conseil d'État, le principe d'égalité régit le fonctionnement du service public. Corollaire du principe d'égalité devant la loi, il est la pierre angulaire de l'idéologie juridique du service public : le statut du service public est le même pour tous. Le principe d'égalité devant et dans le service public est considéré comme un principe général du droit reconnu par la jurisprudence administrative. Il s'applique indépendamment de toute référence à un texte (§ 1).

1109 Le principe d'égalité est présenté dans chacun des textes formant la sphère de constitutionnalité en droit français. La Déclaration de 1789 le consacre dans

(7) A.-S. Mescheriakoff, *Droit des services publics*, PUF, coll. Droit fondamental, 1997, p. 158 et s.

l'article 1er sur l'égalité en droit, dans l'article 6 sur l'égalité face à la loi et face aux emplois publics et dans l'article 13 sur l'égalité devant l'impôt. Le Préambule de 1946 l'évoque dans son alinéa 1er sur l'absence de distinction de race de religion ou de croyance, dans son alinéa 3 sur l'égalité homme femme et dans son alinéa 13 sur l'égal accès à l'instruction. Lorsque la mention « tout homme » ou « nul » ou « chacun » est utilisée, l'affirmation du principe d'égalité est réitérée non de manière implicite, mais de façon à ce que chacun se retrouve dans la même situation que tout autre devant la loi. La Constitution de 1958 réaffirme ce principe dans son article 1er rappelant l'égalité devant la loi de tous les citoyens sans distinction d'origine de race ou de religion, dans son article 3 établissant l'égalité de suffrage et prescrivant l'objectif de « favoriser l'égalité des hommes et des femmes dans l'accès aux fonctions électives ».

Ces différentes mentions dans les textes fondamentaux ne permettent pas directement d'en apprécier les implications en droit du service public. Aussi, diverses lois sont intervenues pour rappeler à chaque fois sa force et obliger à son respect. Nombreux sont donc les textes qui y font référence, mais en répétant le principe, ils ne peuvent en modifier les données. Par ailleurs, dans le droit du service public, le principe d'égalité ne peut être recouvert par un principe d'équité dont les applications demeurent incertaines et variables. Néanmoins, quand les autorités administratives interviennent dans l'espace d'action publique, il arrive qu'elles évoquent, implicitement, cette notion d'équité à l'appui de leurs décisions. Il en est notamment ainsi lorsque la notion d'égalité des chances ou l'idée absconse de diversité apparaît de manière explicite ou sous-jacente notamment dans le cadre des politiques de lutte contre l'exclusion sociale et économique (8).

1110 Les applications du principe d'égalité connaissent deux orientations complémentaires qui relèvent aussi du statut des usagers du service public : elles concernent aussi bien les candidats-usagers que les usagers des services publics ; elles signifient l'égalité de l'accès au service public (§ 2) et l'égalité dans le service public (§ 3). Certaines dimensions du principe concernent également les personnels de ces services ainsi que leurs fournisseurs (§ 4).

§ 1. L'ÉGALITÉ, UN PRINCIPE GÉNÉRAL DU DROIT DU SERVICE PUBLIC

1111 L'origine du principe d'égalité se trouve dans la jurisprudence du Conseil d'État. Posé implicitement dans l'arrêt *Chomel* (9), il est expressément réaffirmé par la suite (10). Les premières applications contentieuses de ce principe ont souvent concerné les services publics, que les questions posées portent sur la situation des usagers ou des personnels. Exprimé comme un « principe qui régit le fonctionnement des services publics », – cette expression étant celle retenue dans l'arrêt *Société*

(8) M. Borgetto, « Équité, égalité des chances et politique de lutte contre les exclusions », *in* G. Koubi et G. J. Guglielmi (dir.), *L'égalité des chances*, La Découverte, 2000, p. 115.

(9) CE, 29 déc. 1911, Chomel, *Rec.* p. 1265 ; *RDP* 1912, p. 36 ; *S.* 1951.3.81, note C. H.

(10) CE, 10 févr. 1928, Chambre syndicale des propriétaires marseillais, *Rec.* p. 222, et CE, 6 mai 1931, Tondut, *Rec.* p. 477 ; *S.* 1931.3.81, note Laroque.

des Concerts du Conservatoire (11) –, il revêt une qualité incomparable dans ce cadre puisqu'il devient la trame même de l'activité d'intérêt général.

La lecture de ce principe découle, en fait, de la problématique générale du droit administratif, en tant qu'il se trouve désormais fondé sur la logique de la théorie des droits de l'homme. Il est d'ailleurs clairement exposé dans l'article 1er de la Constitution de 1958 : à l'égalité devant la loi, s'ajoute l'interdiction de toute discrimination. Appliqué au service public, ce principe en est la substance. Le principe d'égalité est une règle fondamentale de fonctionnement des services publics. De l'égalité en droits et de l'égalité devant la loi découle l'égalité devant et dans les services publics.

1112 L'égalité devant le service public suppose que tous et chacun aient accès aux services, nonobstant certaines conditions objectives. Elle signifie que les usagers du service considéré sont tous soumis à un même régime juridique indépendamment des affinements successifs du principe par le juge administratif puisque l'égalité de traitement juridique ne semble se concevoir que dans le cadre de situations similaires. En effet, le principe d'égalité, aussi général soit-il, permet des nuances qui ne peuvent s'analyser comme des « dérogations ». Celles-ci se présentent comme des adaptations de la règle aux faits ou comme des accommodements que tolère le système de droit.

Le juge administratif avait reconnu dès le début des années 1960 que les autorités administratives pouvaient tenir compte de la différence de situations dans lesquelles se trouvaient certaines catégories d'usagers pour les traiter différemment. Cette position n'était pas dépourvue de conséquences pour les services publics industriels et commerciaux qui pouvaient ainsi justifier les variations des tarifs en fonction de ces catégories (12).

Le Conseil d'État et le Conseil constitutionnel admettent ainsi que des règles différentes soient appliquées en cas de différence de situation. Ils estiment que cette différenciation est encore une façon de respecter le principe d'égalité, même si le but de la mesure est d'aménager les règles suivant des situations et catégories instituées en vertu d'une conception de l'ordre public ou de l'intérêt général (13). La « différence de situation » est appréciée de façon rigoureuse par les juridictions. Cette différence doit être suffisamment nette (14). Elle doit être, de plus, fondée sur « des critères objectifs et rationnels en fonction des buts que le législateur se propose » (15).

1113 Il est vrai que le juge administratif est demeuré vigilant quant à la nature et à la validité des discriminations ainsi admises (16). Mais il est difficile de ne pas tenir compte des variations de sa jurisprudence qui, depuis l'arrêt *Denoyez et Chorques* (17), ont modifié substantiellement la perception du principe d'égalité en adoptant, d'une

(11) CE, 9 mars 1951, Société des concerts du conservatoire, *Rec.* p. 151, *Dr. soc.* 1951, p. 168, concl. Letourneur, note Rivero.
(12) CE, 30 mai 1962, Parmentier, *Rec.* p. 868.
(13) B. Jorion, « Égalité et non-discrimination en droit public français », *in* G. Koubi et G. J. Guglielmi, (dir.), *L'égalité des chances*, La Découverte, coll. Recherches, 2000, p. 141.
(14) CE sect., 10 mai 1974, Denoyez et Chorques, *Rec.* p. 274 ; *AJDA* 1974, p. 298, chron. ; *RDP* 1975, p. 467, note Waline ; *Rev. adm.* 1974. 440, note Moderne ; *D.* 1975, p. 393, note Tedeschi.
(15) CC, 30 déc. 1996, n° 96-385 DC, *Rec.* p. 145, § 4.
(16) CE sect., 14 juin 1968, Synd. national des médecins des hôpitaux privés à but non lucratifs, *Rec.* p. 362, concl. Braibant.
(17) CE sect., 10 mai 1974, Denoyez et Chorques, *Rec.* p. 274, *préc.*

certaine manière, la logique d'un principe de différence rawlsien. Cette logique retrace, pour une grande part, la diversité des activités de service public mais elle rend surtout compte de la distanciation existant entre la formulation classique du principe et son application pratique. Le dispositif législatif et réglementaire relatif à la lutte contre les exclusions en était une illustration, le discours relatif à une notion politique de « diversité », bien que confuse, en est une autre. L'indice initial de la « satisfaction des usagers » n'a plus de pertinence quand l'objectif prioritaire est de permettre non seulement à tous et à chacun, mais principalement à ceux qui n'en ont ni la capacité, ni les moyens, l'accès au service public.

Le droit européen confirme cette solution. Le principe d'égalité constitue bien un principe général du droit communautaire (18) et la méconnaissance de ce principe peut notamment résulter de ce que des situations comparables sont traitées de manière différente, à moins qu'une telle différence de traitement soit objectivement justifiée (19). Toutefois le principe constitutionnel français d'égalité s'en distingue parce qu'il n'implique jamais que des personnes se trouvant dans des situations différentes *doivent* être soumises à des régimes différents (20), alors que la position de la Cour de justice des Communautés européennes impose très clairement de traiter différemment des situations différentes (21). Il appartient au juge administratif français de tenter de concilier les deux approches lorsque des sources de droit européen sont invoquées (22).

§ 2. L'ÉGALITÉ D'ACCÈS AU SERVICE PUBLIC

1114 Le principe d'égalité se traduit d'abord à propos de l'accès au service public. Il s'agit d'affirmer l'existence d'un droit d'accès au service public pour tous. Sur ce point, le principe d'égal accès des citoyens et administrés au service public doit être distingué du principe de « l'accessibilité » du service public même si ce dernier en est une des composantes. Accès et accessibilité n'ont pas la même fonction. Les premiers concernés sont les candidats à l'usage du service public, usage qui se rapporte tant à l'activité qu'à la prestation, au service dispensé ou à la fourniture d'un produit essentiel par un organisme donné (23).

1115 Le « candidat à l'usage du service » est en quelque sorte placé dans un statut de demandeur, il sollicite l'accès au service auquel il a droit. Cet accès peut parfois être soumis à des conditions juridiques particulières pourvu que ces dernières soient les mêmes pour chaque candidat-usager. Ces conditions, de natures diverses, doivent en tout cas reposer sur des fondements objectifs. Elles peuvent concerner l'âge de la

(18) CJCE, 8 oct. 1980, aff. C-810/79, Peter Überschär, *Rec.* p. I-2747.

(19) CJCE, 19 oct. 1977, aff. C-117/76 et C-16/77, Albert Ruckdeschel c. Hauptzollamt Hamburg-St Annen, *Rec.* p. 1753; 14 févr. 1995, aff. C-279/93, Schumacker, *Rec.* p. I-225, point 30; 26 sept. 2000, aff. C-205/98, Comm. c. République d'Autriche.

(20) CE ass., 28 mars 1997 Sté Baxter, *Rec.* p. 114.

(21) CJCE, 25 janv. 1979, aff. C-98/78, A. Racke c. Hauptzollamt Mainz, *Rec.* p. 69.

(22) CE, 8 févr. 2007, req. n° 287110, Soc. Arcelor Atlantique et Lorraine.

(23) L'égalité d'accès à certaines activités, prestations, ouvrages ou équipements, n'est pas exclusive au service public : CE, 13 juin 1997, Soc. des transports pétroliers par pipe-line, concl. Bergeal *AJDA* 1997, p. 794 ; CE, 14 mai 1990, Lille Université Club, *AJDA* 1991, p. 742, note Théron.

personne, sa santé, son lieu de résidence, ses qualifications sociales ou professionnelles, ses ressources. Mais parmi les conditions d'accès au service public, une question centrale se pose quant à la tarification, c'est-à-dire au paiement du prix qui, en vertu d'une lecture stricte du principe d'égalité, devrait être le même pour chaque candidat-usager. Cette lecture a trouvé ses limites. L'obligation implicite d'assurer l'accès du service à ceux qui en ont le plus besoin, puis la nécessité de tenir compte de la situation de ceux qui en usent le plus fréquemment, et enfin la considération portée à la situation économique et sociale de l'usager ont marqué l'évolution du droit en la matière.

Le juge administratif, reconnaissant la possibilité de fixer des tarifs différents selon les catégories de personnes pour des prestations d'un cabinet dentaire municipal (24), a estimé que l'accès au service public communal ne devait pas être interdit à un habitant de la commune « pour le seul motif que ses revenus lui permettent de recourir à un praticien privé ». Après avoir annulé des tarifs différenciés selon les revenus et ressources d'une famille pour l'accès à un service public « facultatif » (25), le Conseil d'État a finalement entériné des politiques tarifaires spécifiques, établies en fonction des revenus et des niveaux de vie (26).

1116 La problématique des différenciations tarifaires dans les services publics s'inscrit alors directement dans le cadre des réflexions sur le principe d'égalité devant le service public. Elle repose sur la jurisprudence *Denoyez et Chorques* concernant les tarifs applicables au passage du bac de l'île de Ré. Le juge administratif, appelé à se prononcer sur la légalité d'un tarif réduit au profit des habitants de l'île de Ré, en avait accepté le principe. En revanche, il estimait « insuffisante » la différence de situation entre les habitants de la partie continentale de la Charente-Maritime et le reste de la population continentale pour fonder un tarif intermédiaire (27). Mais la loi du 12 juillet 1979 déterminant le régime des bacs et des ponts à péage, à l'inverse, a ensuite prévu le cas de tarifs propres aux usagers « ayant leur domicile ou leur lieu de travail dans le ou les départements concernés ». Et la loi, soumise au Conseil constitutionnel, n'a pas été estimée contenir des critères contraires au principe d'égalité (28).

Dans la jurisprudence ultérieure, aussi bien la différenciation tarifaire que des niveaux différents de prestation se sont trouvés fondés sur une série d'éléments objectifs : le lien avec la personne publique responsable du service (domicile, lieu de travail ou de résidence, qualité de contribuable), les revenus (avec ou sans quotient familial). La nature de la prestation de service public, culturel, commercial, de proximité ou de première nécessité, n'est plus déterminante (29). Depuis, de nombreux textes juridiques sont venus enregistrer cette jurisprudence et, dépassant ce qui

(24) CE, 20 nov. 1964, Ville de Nanterre, *Rec.* p. 562.

(25) CE sect., 26 avr. 1985, Ville de Tarbes, *Rec.* p. 119, concl. contr. Lasserre, *AJDA* 1985, p. 409, chron.

(26) CE sect., 29 déc. 1997, Communes de Gennevilliers et de Nanterre (2 espèces), *RDP* 1998, p. 899, note Borgetto ; *AJDA* 1998, p. 102, chron. ; *LPA*, 1998, n° 59, p. 12, note Alloiteau ; *Rev. adm.*, 1998, p. 406, note Pontier.

(27) CE sect., 10 mai 1974, Denoyez et Chorques, *Rec.* p. 274, *préc.*

(28) CC, 12 juill. 1979, n° 79-107 DC, L. relative à certains ouvrages reliant les voies nationales ou départementales (Ponts à péage), *Rec.* p. 31, *AJDA* 1975, p. 46, *RDP* 1979, p. 1726.

(29) CE sect., 29 déc. 1997, Commune de Gennevilliers, Commune de Nanterre, (2 espèces) *: Rec.* p. 499, *RDP* 1998, p. 899, note Borgetto ; *AJDA* 1998, p. 102, chron. ; *LPA*, 1998, n° 59, p. 12, note Alloiteau ; *Rev. adm.*, 1998, p. 406, note Pontier.

concerne l'usage des ouvrages d'art comme les ponts venus remplacer les bacs, ils s'attachent à tout un ensemble de prestations touchant tant au service public de l'emploi qu'au service public de la santé. Toutefois, le juge administratif reste vigilant sur l'existence d'une « différence de situation justifiant une exception au principe d'égalité qui régit l'accès au service public ». Il estime fréquemment que les discriminations ne se justifient pas (30).

1117 De fait, la plupart des arrêts et conclusions évoquent la question de l'égalité de l'accès au service pour relever les conséquences de différenciations tarifaires (31), car ces dernières résultent d'une politique du service public destinée à remédier aux inégalités économiques et sociales (32). Les développements relatifs aux gradations tarifaires sont, aujourd'hui, particulièrement dépendants des stratégies politiques et des objectifs économiques déterminés par les organismes investis de missions de service public (33). Si la raison première des différenciations des tarifs repose sur les ressources des usagers, dans le cadre des activités de service public à caractère industriel et commercial, elles peuvent répondre à d'autres conditions généralement imposées par la loi et à des impératifs économiques qui transforment les modalités d'accès au service.

Ainsi le Conseil d'État, saisi par le ministre de l'Équipement, du Logement et des Transports, s'est prononcé, dans un avis n° 353-605 du 24 juin 1993, sur le tarif expérimental applicable au TGV Nord Europe. Étudiant ses innovations tarifaires, il avait alors estimé que la modulation des tarifs de base était possible, à la condition qu'elle soit mise en œuvre de telle sorte que « les nombres et horaires des trains aux tarifs les plus bas soient tels que, sur aucune liaison, l'égal accès au service public ne se trouve compromis » (34). Il avait ainsi marqué les limites temporelles et matérielles de cette modulation en relevant qu'elle répondait aux objectifs de la mission de service public assignée à la SNCF. Par ailleurs, une différence de situation pouvait être établie entre les catégories d'usagers selon l'utilisation qu'ils ont du service. Ainsi, le Conseil d'État en relevant « les conditions particulières de confort dont bénéficient les usagers des TGV par rapport aux autres usagers de la SNCF », confirmait une jurisprudence qui concerne plus particulièrement les services en réseau (35).

(30) CAA Lyon, 13 avr. 2000, Commune de Saint-Sorlin-d'Arves, concl. Bourrachot, *AJDA* 2000, p. 849, fixation des tarifs des forfaits des remontées mécaniques dans une station de montagne, discriminations opérées entre les résidents permanents et les autres usagers de ce service ; CAA Versailles, 3 févr. 2006, n° 04VE02928, Synd. d'équipement et d'aménagement des pays de France et de l'Aulnoye, *CMP* n° 4, avr. 2006, comm. 116, Delacour.

(31) CE, 19 juin 1992, Départ. du Puy-de-Dôme, *RFDA* 1993, p. 689, concl. Pochard, *AJDA* 1992, p. 528.

(32) Comme « relèvent du législateur, tant le principe de l'institution de réductions tarifaires imposées par l'État en faveur des familles nombreuses que la détermination des catégories de personnes susceptibles de bénéficier des avantages sociaux que ces dispositions législatives ont eu pour objet d'accorder », le tarif « famille nombreuse » doit être compris non comme un prix mais comme une tarification à caractère social : CE, 22 oct. 2003, req. 248237, GISTI et LDH, *AJDA* 2004, p. 347 note Tourette.

(33) Par ex. en ce qui concerne la distribution de l'eau : CE, 14 oct. 2009, req. n° 300608, Commune de Saint-Jean d'Aulps ; *JCPA* 2009, n° 49, p. 35, note Terrien ; *RJEP* 2010, p. 29, note Geffray ; *Lamy CT* 2010, n° 56, p. 65, note Guglielmi.

(34) CE, Avis n° 353-605, *in Les grands avis du Conseil d'État*, Dalloz, 1997, p. 361.

(35) CE, 7 oct. 1959, Jacquier, Grandamy et Le Corno, *Rec.* p. 491.

1118 Les variations tarifaires selon le jour, les heures, les périodes voire les distances et les lieux, notamment dans les territoires ruraux, sont de plus en plus courantes en vertu d'une recherche de rentabilité financière immédiate qui tend à limiter les investissements : l'équilibre entre les activités de plus grand service et les activités de plus grand profit, qui avait permis la réalisation des infrastructures pour de nombreuses activités de service public, n'apparaît plus pertinent dès lors que le principe retenu est celui d'une économie de marché où la concurrence est libre.

Il faut également souligner que le principe d'égalité d'accès au service public trouve ses limites devant les exigences de l'intérêt général, car ce dernier est à la fois le but ultime et le premier élément nécessaire d'identification du service public. Souvent invoquées pour moduler la tarification, les « nécessités d'intérêt général » doivent être, selon la formule jurisprudentielle, « en rapport avec les conditions d'exploitation du service » ou avec « l'objet du service » (36). La rupture d'égalité, justifiée au regard de ces critères peut aussi bien résulter d'une action positive (37) que d'une dissuasion graduée (38).

1119 Ainsi, lorsque la question des tarifs du service public n'est pas au centre des préoccupations, c'est à propos de l'interdiction des discriminations dites « négatives » que l'égalité acquiert une force indéniable dans le droit du service public. Cette interdiction s'apprécie principalement au regard des dispositions de l'article 1er de la Constitution ainsi qu'en rapport avec les dispositions des articles 225-1 et suivants du Code pénal. Elle justifie, par ailleurs, que le juge administratif demeure vigilant pour tout ce qui concerne les distinctions fondées sur l'origine ou sur la nationalité des candidats à l'usage du service, notamment en ce qui concerne les inscriptions dans les services essentiels à la vie sociale (école, sécurité sociale) et l'attribution d'une allocation (39).

Néanmoins, quelques atténuations substantielles quant à cette vigilance du juge administratif sont intervenues du fait des lois relatives aux droits des étrangers non ressortissants d'un pays de l'Union européenne au prisme d'une lutte non plus menée seulement contre l'immigration clandestine mais aussi conduite contre l'immigration devenue, au titre de ces lois, irrégulière. La complexité croissante du droit des étrangers en France accentue les difficultés d'apprécier les droits d'accès aux services publics des étrangers venus de pays tiers alors que le principe de non-discrimination pour l'accès aux services publics – éducation (40), santé – ou le bénéfice des aides financières ou allocations (41) est de règle. Mais en même temps, elle contribue à la création

(36) CE sect., 19 déc. 1979, Meyet ; CE sect., 26 avr. 1985, Ville de Tarbes ; CE sect., 10 mai 1974, Denoyez et Chorques, *préc.*

(37) CE, 29 juin 1951, Synd. de la raffinerie du soufre français, *D.* 1951, J., p. 661, note Waline ; CE, 12 nov. 1958, Synd. de la raffinerie du soufre français, *AJDA* 1959, p. 13, concl. Fournier, à propos de subventions ou d'avantages.

(38) CE sect., 13 oct. 1967, Peny, *Rec.* p. 365, taxe variant suivant la taille de l'entreprise.

(39) CE, 30 juin 1989, Ville de Paris c. Lévy, *Rec.* p. 157, *Dr. Soc.* 1989, p. 767, note Prétot : à propos d'une distinction, pratiquée par la ville de Paris, fondée sur la nationalité en matière d'attribution d'une allocation sociale.

(40) C. éduc., art. L. 111-2, al. 1 : « Tout enfant a droit à une formation scolaire qui, complétant l'action de sa famille, concourt à son éducation ». ; v. C. Cortes-Diaz, « La scolarisation, un droit et un devoir », *Plein Droit*, n° 64, avr. 2005.

(41) Par ex., Cass. civ., 6 déc. 2006, req. 05-12666 : « le fait de subordonner à la production d'un justificatif de la régularité du séjour des enfants mineurs le bénéfice des prestations familiales porte une atteinte disproportionnée au principe de non-discrimination et au droit à la protection de la vie familiale ».

de services publics spécifiques à leur endroit, obligatoires ou facultatifs, comme le service public de l'accueil des nouveaux arrivants ou les services liés au contrat d'accueil et d'intégration (42) au titre de la « formation civique » dispensée gratuitement et financée par l'Office français de l'immigration et de l'intégration (43).

1120 La plupart des services publics n'imposent pas de modes discriminants d'accès au-delà du paiement d'un prix modique (poste, musée, piscine). Quelques-uns ne sont ouverts que selon certaines procédures (abonnement pour l'eau, le gaz, l'électricité, le téléphone fixe) ou en vertu de critères objectifs, généralement évaluables par des savoirs spécifiques, tels la dépendance (allocation personnalisée d'autonomie) ou la santé (établissements de santé publics). Toutefois, depuis que la différenciation tarifaire a été acceptée par la jurisprudence puis par la loi, une tendance s'est dégagée dans les services publics, le plus souvent municipaux, consistant à réserver les services publics facultatifs (écoles de musique, musées, accueil de la petite enfance) aux catégories d'usagers qui disposaient de liens particuliers avec la collectivité publique (résidence ou qualité d'électeur ou de contribuable). Or, il faut souligner que la prise en considération de ce lien ne saurait en aucun cas porter atteinte à l'exercice des libertés fondamentales (44).

Mais surtout, ont été jugés non conforme au droit européen les tarifs préférentiels accordés, pour l'accès à certains musées municipaux italiens, et sous conditions d'âge, aux seuls ressortissants nationaux ou aux seuls résidents des communes concernées (45). Il était déjà établi que la liberté de prestation de services inclut la liberté des destinataires de services, y compris des touristes. Le droit européen garantit ainsi à ces derniers la liberté « de se rendre dans un autre État membre pour bénéficier (des services) dans les mêmes conditions que les nationaux. Ce droit ne concerne pas seulement l'accès aux prestations de services visées par le traité instituant la Communauté européenne, mais également tous les avantages connexes qui ont une incidence sur les conditions de prestations ou de réception de ces services » (46). Le droit européen prohibe non seulement les discriminations ostensibles entre ressortissants nationaux et citoyens des autres États membres, mais aussi toute forme de discrimination indirecte qui, par application d'autres critères de distinction que la nationalité, aboutit en fait au même résultat. Tel est le cas d'une mesure qui prévoit une distinction fondée sur le critère de la résidence, car celui-ci risque de jouer principalement au détriment des ressortissants d'autres États membres dans la mesure où les non-résidents sont souvent des non-nationaux (47).

(42) CESEDA, art. L. 311-9 et L. 311-9-1 : formation sur les droits et les devoirs des parents en France.

(43) V. Par ailleurs, D. LOCHAK, « L'intégration, alibi de la précarisation », *Plein Droit*, n° 59-60, 2004.

(44) CE, 13 mai 1994, Commune de Dreux, *Rec.* p. 233, concl. Daël ; *AJDA* 1994, p. 652, obs. Hecquard-Théron ; CE, 13 déc. 1997, Ordre des avocats à la cour d'appel de Paris, *AJDA* 1998, p. 362, concl. Combrexelle, note Nouel.

(45) CJCE, 16 janv. 2003, aff. 388/01, Commission c. République Italienne, qui par ailleurs rejette l'argument selon lequel ces tarifs préférentiels étaient la contrepartie de la contribution des résidents, par le biais de leurs impôts, à la gestion de ces services publics. G. CHAVRIER, « La tarification des services publics selon le lieu de résidence face au droit communautaire », *in* L. SOLIS-POTVIN (dir.), *Égalité et non discrimination dans l'accès aux services publics*, L'Harmattan, 2008, p. 139.

(46) CJCE, 15 mars 1994, aff. C-45/93, Commission/Espagne, *Rec.* p. I-911.

(47) CJCE, 29 avr. 1999, aff. C-224/97, Ciola, *Rec.* p. I-2517.

En revanche, s'agissant de l'accès à des prestations de service public non contributives, les États membres restent libres de fixer « des critères pour déterminer le lien avec la société d'un État ». Au regard de la jurisprudence précédente, ces critères ne sauraient dépendre de la nationalité, mais rien n'empêche de les fonder sur l'élément objectif qu'est la résidence, à condition qu'ils soient proportionnés aux objectifs légitimes poursuivis par les dispositions de droit national en cause (48).

§ 3. L'ÉGALITÉ DES USAGERS DANS LES SERVICES PUBLICS

1121 Le principe d'égalité est une règle générale qui ne connaît pas d'exceptions dans le cadre du service public, quel que soit son caractère et quel que soit le régime juridique auquel est soumise l'activité principale des personnes qui l'exercent. Dans tous les cas, les usagers qui remplissent les mêmes conditions ont droit aux mêmes prestations (49). La question de l'égalité des usagers dans le service public rejoint donc essentiellement l'idée de l'égalité de traitement. L'usager du service n'est un usager effectif que s'il dispose de la possibilité de jouir des prestations délivrées par l'organisme qui en a la charge. L'égalité se traduit dans le fait que tous sont soumis aux mêmes règles, qui régissent le fonctionnement du service considéré : le paiement du prix d'accès et le respect des dispositions du règlement intérieur.

1122 Cette approche a permis de ne considérer la notion d'égalité que lorsque les situations sont identiques ou similaires. L'idée d'identité retenue à l'appui de cette approche mathématique de l'égalité a suscité un mouvement de recomposition du principe, qui se comprenait jusqu'alors essentiellement dans l'abstraction propre au discours de droit. Certains auteurs évoquent ainsi une notion d'égalité « relative », d'autres la pensent plutôt « proportionnelle ». Ces deux qualificatifs sont antinomiques au regard même de la conception philosophique et juridique de l'égalité en droit. Mais le Conseil d'État comme le Conseil constitutionnel envisagent l'application du principe d'égalité essentiellement pour une « même catégorie » d'usagers, la détermination de cette catégorie devant être appréciée à partir de critères « objectifs », lesquels peuvent être de diverses qualités et dépendre de mesures évolutives. L'égalité de traitement juridique des usagers des services publics suppose donc que ceux-ci se trouvent dans la même situation, dans la même catégorie, dans les mêmes conditions d'accès. Ces développements ont abouti à élaborer des distinctions entre des catégories de personnes, puis à les répercuter entre les personnes elles-mêmes. De telles distinctions ne sont pas automatiquement sources de discriminations négatives ou injustifiées dans la mesure où le concept d'égalité des chances, adorné de la notion de « diversité », prend racine dans le système de droit français.

1123 Or, là encore, la question tarifaire retient l'attention en raison des variations de la jurisprudence administrative exposées généralement sous la pression des politiques publiques déployées dans le champ social. Même si elle est lavée du soupçon d'empêcher

(48) Concl. de l'avocat général Geelhoed présentées le 28 sept. 2006 sur CJCE, gr. ch., 18 juill. 2007, aff. C-212/05, Gertraud Hartmann, *Rec.* p. I-6303.
(49) CE, 16 mars 1977, Assoc. Loisirs et Défense, *Rec.* p. 139 ; CE sect., 19 déc. 1979, Meyet, *Rec.* p. 475.

l'accès au service public, la tarification rend compte d'une dimension particulière de l'usage et du fonctionnement du service public. Dans son avis du 24 juin 1993 sur le tarif expérimental applicable au TGV Nord Europe, le Conseil d'État en avait tracé la problématique suivant la logique de la jurisprudence *Denoyez et Chorques* : « la fixation de tarifs différents applicables, pour un même service rendu, à diverses catégories d'usagers d'un service public implique, à moins qu'elle ne soit la conséquence nécessaire d'une loi, soit qu'il existe entre les usagers des différences de situations appréciables, soit qu'une nécessité d'intérêt général en rapport avec les conditions d'exploitation du service commande cette mesure » (50). Si la mention des « conditions d'exploitation » ouvre d'autres perspectives qui dépassent la seule question du respect du principe d'égalité des usagers, la considération relative au « service rendu » modifie le raisonnement sur l'application du principe d'égalité en matière tarifaire.

1124 La problématique de l'usage et du fonctionnement du service public renvoie donc souvent aux difficultés de la tarification des prestations et des modalités de financement. Le juge administratif a rappelé que les tarifs des services publics, qui constituent la base des redevances exigées de la part des usagers pour couvrir les charges du service, doivent d'une part répondre à une idée de « contrepartie du service rendu » et d'autre part respecter l'ensemble des principes de fonctionnement du service (51). C'est dans l'idée de « service rendu » que se reflète la situation de l'usager effectif. Or, cette notion modifie la perception de la notion de service public en termes d'activité d'intérêt général pour la réduire au seul terme de « prestation » à l'image de n'importe quel service marchand.

L'axe d'analyse qui traduit ce glissement est l'équilibre entre la définition des missions d'intérêt général et les conditions d'exploitation du service (52). Tels sont l'esprit et la lettre de la loi du 29 janvier 1993, relativement aux droits d'entrée et redevances dont il faut éviter la répercussion sur les usagers. Ainsi fut relevée l'illégalité d'une délibération approuvant un contrat qui mettait à la charge des usagers du service public de l'eau des sommes destinées au financement de certains équipements culturels et sportifs (53), ou l'illégalité partielle des redevances pour services terminaux de la circulation aérienne mises à la charge des compagnies d'aviation (54).

(50) CE, 10 mars 1994, Mme Dejonckeere et autres, *Rec.* p. 762 ; CE, 26 juill. 1996, Assoc. Narbonne libertés 89, *Rec.* T. p. 696.

(51) CE, 21 nov. 1958, Synd. national des transporteurs aériens, *Rec.* p. 572 ; *D.* 1959. Jur. 475, concl. Chardeau, note Trotabas ; *AJDA* 1958, p. 471, note Drago ; CE, 16 juill. 2007, req. 293229, Synd. national de défense de l'exercice libéral de la médecine à l'hôpital, *AJDA* 2007, p. 1807, chron. ; *RFDA* 2007, p. 1269, concl. Devys et p. 1278, note Terneyre ; *RDSS* 2007, p. 1050, note Cristol ; *JCP G* 2007, II. 10163, note Chaminade ; *RTD Com.* 2008, p. 52, note Orsoni ; *AJDA* 2008, p. 1269, ét. J.-M. Lemoyne de Forges : « L'autisme au Conseil d'État ? » ; CE, 7 oct. 2009, Soc. d'équipement de Tahiti et des îles (SETIL) Aéroports, req. 309499 : « le respect de la règle d'équivalence entre le tarif d'une redevance et la valeur de la prestation ou du service peut être assuré non seulement en retenant le prix de revient de ce dernier, mais aussi en fonction des caractéristiques du service, en tenant compte de la valeur économique de la prestation pour son bénéficiaire ; que, dans tous les cas, le tarif doit être établi selon des critères objectifs et rationnels, dans le respect du principe d'égalité entre les usagers du service public et des règles de la concurrence », *AJDA* 2009, p. 2480, note Dreyfus.

(52) CE, 28 sept. 1984, Ville de Marseille, *CJEG* 1984, n° 5, p. 419 ; CE, 31 janv. 1986, Sivom de la région d'Aigues-Mortes, *CJEG* 1986, n° 5, p. 136.

(53) CE, 30 sept. 1996, Société stéphanoise des eaux et Ville de Saint-Étienne, *Rec.* p. 355 ; TA Lyon, 14 déc. 1993, Paul Chomat et autres, *RFDA* 1995, p. 699, concl. Bourrachot *AJDA* 1994, p. 349, note Broussolle.

(54) CE, 20 mai 1998, Synd. des compagnies aériennes autonomes, *Rec.* T. p. 891 et p. 1195. V. aussi, J.-F. Brisson, « Le nouveau régime des redevances aéroportuaires (comm. L. n° 2005-357 du 20 avr. 2005 relative aux aéroports) », *AJDA* 2005, p. 1996.

1125 Enfin, au regard de l'application du principe d'égalité dans le service public, la distinction entre les services publics administratifs et les services publics industriels et commerciaux, aussi contestée qu'elle ait pu l'être au prétexte du droit européen (55), trouve une concrétisation juridique. La situation de l'usager du service public s'apprécie en effet différemment selon que le service en cause est considéré comme un service public administratif ou comme un service public industriel et commercial.

• l'usager d'un service public à caractère administratif est dans une situation légale et/ou réglementaire de droit public (56). Il est de principe que l'organisation du service public matérialise toujours un acte réglementaire (57). Or ce type d'actes n'est jamais créateur de droits et les particuliers ne peuvent jamais faire valoir de droit à leur maintien (58). De ce fait, l'usager peut se voir imposer unilatéralement des modifications de sa situation juridique, mais il conserve le droit de demander l'annulation de décisions qui l'affecteraient illégalement (59).

• l'usager des services publics à caractère industriel ou commercial est parfois dans une situation contractuelle de droit privé, même si, dans certains cas, ces rapports contractuels sont accompagnés de clauses réglementaires. Cette situation juridique (60) relève du juge judiciaire en considération d'un bloc de compétences (61). Ainsi, l'usager du service public industriel et commercial n'a à supporter que les modifications unilatérales des conditions de prestation à venir (62) ; lorsque la prestation a été effectuée, l'usager étant devenu débiteur de sa valeur, aucune modification ne peut lui être désormais imposée (63).

Néanmoins, quel que soit le service considéré, une tendance à la personnalisation du service se dégage progressivement à partir de la notion de « service rendu ». Ainsi par

(55) V. J.-B. Auby, S. Braconnier (dir.), *Services publics industriels et commerciaux locaux : questions actuelles*, LGDJ, coll. Décentralisation et développement local, 2003.

(56) CE sect., 27 janv. 1961, Vannier, *Rec.* p. 60, concl. Kahn, *AJDA* 1961, p. 74, chron. ; CE, 12 févr. 1982, Université de Paris-VII, *Rec.* p. 70 ; CE sect., 18 mars 1977, Chambres de commerce de La Rochelle, Belfort, Lille, *Rec.* p. 153, concl. Massot ; CE, 16 janv. 1991, Féd. nat. des associations d'usagers des transports, *CJEG* 1991, p. 279, note Lachaume ; Cass. civ. 1re, 3 juin 2003, n° 718 FS-P, SEM des autoroutes Rhône-Alpes (AREA) c. Mutuelle assurance artisanale de France (MAAF), *JCP* A n° 46, 2003, p. 1465, note Renard-Payen.

(57) CE sect., 13 juin 1969, Commune de Clefcy (Vosges), *Rec.* p. 308, *AJDA* 1969, p. 428, chron. ; CE, 26 févr. 1975, Garrigou, *Rec.* p. 154 ; CE sect., 23 févr. 1968, Picard, *Rec.* p. 131 ; TC, 15 janv. 1968, Époux Barbier, *Rec.* p. 789 concl. Kahn, *RDP* 1968, p. 193, note Waline, *AJDA* 1968, p. 225, chron.

(58) CE sect., 5 mai 1972, Delle Noyer, *Rec.* p. 342, *RDSS* 1973, p. 176, concl. Questiaux ; CE ass., 1er juill. 1988, Avesques, *Rec.* p. 267.

(59) CE ass., 1er avr. 1949, Chaveneau, *Rec.* p. 161, *D.* 1949, p. 531, concl. Gazier, note Rolland.

(60) Parfois ambiguë, v. F. Cassin, « Les usagers des SPIC sont-ils des acheteurs publics ? », *AJDA* 2005, p. 411.

(61) Ce bloc de compétence est quasiment absolu. En effet, il s'applique d'une part à l'hypothèse où l'usager est lié au service par contrat, sans considération de l'existence de clauses exorbitantes du droit privé (CE, 13 oct. 1961, Ets Campanon-Rey, *Rec.* p. 567, *AJDA* 1962, p. 98, concl. Heumann, note De Laubadère, *D.* 1962, p. 506, note Vergnaud ; TC, 17 déc. 1962, Dame Bertrand, *Rec.* p. 831, concl. Chardeau, *AJDA* 1963, p. 88, chron.) ; d'autre part aux cas de dommages de travaux publics, car le fait de l'ouvrage est assimilé au fait d'exploitation pour entraîner la compétence judiciaire (TC, 24 juin 1954, Dame Galland, *Rec.* p. 717, *D.* 1955.544, note Auby, *JCP* 1954, p. 8355, note Dufau). Ce bloc fait même obstacle à l'application de la jurisprudence Giry (trib. civ. Seine, 28 nov. 1952, *JCP* 1953, p. 7371, note Vedel ; et Cass. civ. 2e, 23 nov. 1956, *AJDA* 1957, p. 2.91, chron., *D.* 1957, p. 34, rapp. Lemoine, *JCP* 1956, p. 9681, note Esmein, *RDP* 1958, p. 298, note Waline) : Cass. civ. 2e, 8 janv. 1975, *SNCF, Gaz. Pal.* 1975, I, p. 422, *RTD civ.* 1975, p. 719, obs. Durry.

(62) CE, 28 juin 1989, Synd. du personnel des ind. électriques et gazières du centre de Grenoble, *RFDA* 1989, p. 929, concl. Guillaume, note Lachaume.

(63) CE, 25 juin 1948, Sté du journal L'Aurore, *Rec.* p. 189, *S.* 1948, III, p. 69, concl. Letourneur.

exemple le Code général des collectivités territoriales permet aux communes et aux établissements publics de coopération intercommunale chargés du service de l'enlèvement des ordures d'instituer une redevance en tenant compte du service rendu (64). Ce système a pour conséquence la suppression de la taxe d'enlèvement des ordures ménagères. Or, le montant de toute redevance doit être proportionnel au service rendu effectif (65). Il en résulte un glissement de la qualité d'usager du service public vers une situation de consommateur.

§ 4. L'ÉGALITÉ DES PERSONNELS ET FOURNISSEURS DES SERVICES PUBLICS

1126 Le principe d'égalité, qui traverse tout le service public, et qui est le plus visiblement applicable aux usagers, n'en concerne pas moins les personnels (A) et les fournisseurs du service (B), avec des fondements et une déclinaison jurisprudentielle parfois spécifiques.

A. LES PERSONNELS

1127 Il existe une liaison substantielle entre service public et fonction publique. En quelque sorte, les droits fondamentaux des personnels, tout comme ceux des usagers, ne sont juridiquement garantis qu'à ce titre. Outre le principe d'égale admissibilité aux emplois publics, le principe d'égalité revêt une importance certaine pour les agents publics. L'une des premières applications de ce principe est relative à la protection de la liberté d'opinion en matière politique ou religieuse, renvoyant alors à la compréhension du principe de neutralité de l'État. Mais dans le cadre du service public, les principales applications du principe d'égalité concernent la définition de leur statut, de leurs droits et de leurs obligations.

Ces données relèvent des règles posées au premier chef par le droit des fonctions publiques, mais des éléments essentiels doivent être rappelés. La première conséquence du principe d'égalité appliqué aux agents publics est l'égal accès aux emplois publics sans discrimination pour d'autres motifs que les compétences du candidat. Ce principe est inscrit dans la Déclaration des droits de l'homme et du citoyen (art. 6) : « Tous les citoyens étant égaux à ses yeux [ceux de la loi], sont également admissibles à toutes dignités, toutes places ou emplois publics, selon leur capacité, et sans autre distinction que celle de leurs vertus et de leurs talents ». Le Conseil constitutionnel fait respecter le principe d'égalité dans la prise en compte de ces vertus et talents (66) ; il vérifie aussi

(64) Art. L. 2333-76 : « Ce tarif peut, en raison des caractéristiques de l'habitat, inclure une part fixe qui n'excède pas les coûts non proportionnels et prévoir, pour les résidences constituées en habitat vertical ou pavillonnaire, une redevance globale calculée en fonction du nombre de résidents ou de la masse des déchets produits exprimée en volume ou en poids. La personne morale ou physique chargée de la gestion de la résidence est alors considérée comme l'usager du service public et procède à la répartition de la redevance globale entre les foyers ».

(65) Cass com., 26 févr. 2002, req. 99-12.844, Commune de Breurey-les-Faverney.

(66) CC, 14 janv. 1983, n° 82-153 DC, Troisième voie de l'ENA, *Rec.* p. 35, *AJDA* 1983, p. 312, note Gaudemet, et CC, 21 févr. 1992, n° 92-305 DC, Statut de la magistrature, *Rec.* p. 27, *RDP* 1992, p. 389, note Luchaire, *RFDC* 1992, p. 318, note Renoux.

que le mode d'accès à la carrière n'affecte pas ce principe dans le déroulement de celle-ci (67). Enfin, vérifiant l'ensemble de ces conditions, il a même reconnu un lien direct entre l'égalité d'accès aux fonctions publiques et l'égalité des usagers devant le service public (68). Le juge administratif avait déjà sanctionné la violation du principe d'égalité d'accès à la fonction publique en tant que principe général du droit (69). Il est encore particulièrement rigoureux dans l'appréciation des conditions matérielles des épreuves des concours (70). La seconde conséquence est l'égalité de traitement entre les fonctionnaires assurant le service public (71), notamment à l'intérieur d'un même corps (72), et ce, à toutes les étapes de leur carrière (73).

1128 Dans la mesure où ils se trouvent dans une situation légale et réglementaire, les fonctionnaires et agents publics n'ont pas de droit au maintien de leur statut (74). Les différentes lois intervenues dans le cadre de la révision générale des politiques publiques et touchant à leur situation juridique en ont fait la démonstration. Néanmoins, des distinctions doivent être retenues selon les services dans lesquels ces personnels assurent leur fonction. Dans les services publics administratifs, la qualité d'agent public ne peut leur être déniée : même les personnels non statutaires travaillant pour le compte d'un service public à caractère administratif géré par une personne publique sont des agents contractuels de droit public, quel que soit leur emploi (75). En conséquence, les agents des services publics administratifs sont tous des agents publics sauf dérogation législative. Dans les services publics industriels et commerciaux, cette situation est sujette à des variations. Les agents des services publics à caractère industriel et commercial sont en effet normalement dans une situation de droit privé. Mais il est fait exception à la compétence judiciaire, quelle que soit la forme de gestion du service public, pour les litiges concernant l'agent public qui assure la haute direction du service public concerné, et le comptable de ce service public s'il a la qualité de comptable public (76).

(67) CC, 15 juill. 1976, n° 76-67 DC, Statut général des fonctionnaires, *Rec.* p. 35, *JCP* 1977, p. 18760, note Nguyen Quoc Vinh.

(68) CC, 19 févr. 1998, n° 98-396 DC, L. organique portant recrutement exceptionnel de magistrats de l'ordre judiciaire, *AJDA* 1998, p. 380, chron. Schoettl.

(69) CE ass., 28 mai 1954, Barel et autres, *Rec.* p. 308, *D.* 1954, p. 594, note Morange, *RDP* 1954, p. 509, concl. Letourneur, note Waline, excluant les discriminations fondées sur les opinions politiques, en l'occurrence communistes, de candidats à l'ENA.

(70) CE, 4 févr. 1983, Liffran, *AJDA* 1983, p. 558, chron. p. 527, annulation du concours d'entrée à l'ENM en raison de l'autorisation donnée à une partie seulement des candidats d'utiliser certains documents.

(71) CC, 15 juill. 1976, n° 76-67 DC, Statut général des fonctionnaires, *Rec.* p. 35, *JCP* 1977, p. 18760, note Nguyen Quoc Vinh ; CE sect., 26 oct. 1979, Millan, *Rec.* p. 396, *AJDA* 1980, p. 99, en ce qui concerne du moins les fonctionnaires titulaires.

(72) CE, 13 mai 1960, Sieurs Molina et Guidoux, *Rec.* p. 324, *AJDA* 1960, I, p. 101 et II, p. 286 ; J.-P. Carton, « Le principe d'égalité de traitement des fonctionnaires », *AJFP* 2002, p. 4.

(73) CE, 25 oct. 2006, n° 237908, Hennequin, *AJDA* 2006, p. 2404, note De Montecler.

(74) CE, 4 nov. 1942, Assoc. nat. des officiers de réserve, *Rec.* p. 302 ; CE, 11 oct. 1995, Institut géographique national, *Rec.* p. 620.

(75) TC, 25 mars 1996, Préfet de la Région Rhône-Alpes c. Berkani, *Rec.* p. 535 ; *RFDA* 1996, p. 819, concl. Martin; *AJDA* 1996, p. 355, chron.; *LPA*, 1997, n° 7, note Alberelli-Francfort; *Dr. soc.* 1996, p. 735, note Prétot; *Dr. adm.* 1996, n° 319, obs. Auby ; CE, 26 juin 1996, Commune de Céreste, *Rec.* p. 246 ; Cass. soc., 18 juin 1996, Gonin, *Dr. adm.* nov. 1996, n° 536 ; A. Bentolila, « Jurisprudence Berkani : ses effets collatéraux sur la problématique du service public », *AJFP* 2000, n° 2, p. 5.

(76) CE sect., 8 mars 1957, Jalenques de Labeau, *Rec.* p. 158, *D.* 1957, p. 378, concl. Mosset, note De Laubadère ; *AJDA* 1957, II, p. 184, chr. ; *JCP* 1957, II, p. 9987, note Dufau, à propos de l'AFP, établissement public ; CE, 15 sept. 1967, Level, *Rec.* p. 501, *AJDA* 1968, p. 228, concl. Braibant, chron., *D.* 1968, p. 387, note Leclercq.

B. LES FOURNISSEURS

1129 En ce qui concerne la situation des fournisseurs, c'est à l'occasion de l'arrêt *Société des concerts du conservatoire* (77) que la question a été clairement posée rendant ainsi compte de la force du principe d'égalité : toutes les personnes se trouvant dans une même situation à l'égard du service public doivent être traitées de manière identique quelle que soit la qualité à partir de laquelle elles entretiennent des liens avec le service (78).

1130 L'égalité devant la loi a pour conséquence immédiate que, dans les achats publics, les conditions de passation et d'attribution des contrats ne peuvent en aucun cas être différentes pour des candidats se trouvant dans la même situation juridique. C'est ainsi que le Conseil constitutionnel, qui n'admet de dérogation au principe d'égalité devant la loi qu'à la double condition qu'elle poursuive un but d'intérêt général et qu'elle soit en rapport avec l'objet de la loi (79), a déclaré non conformes à la Constitution deux dispositions de la loi du 29 janvier 1993 relative à la prévention de la corruption et à la transparence de la vie économique. La première consistait à exonérer les sociétés d'économie mixte nationales et leurs filiales des obligations de publicité et de mise en concurrence prévues par le Code des marchés publics pour les contrats de travaux d'études et de maîtrise d'œuvre ; la seconde excluait les établissements publics à caractère industriel et commercial du champ de compétences de la Mission interministérielle d'enquête sur les marchés et délégations. La situation juridique de ces SEM et des EPIC n'a pas été jugée suffisamment différente des autres pour justifier, au vu de l'objet de la loi, des dérogations à leur profit (80).

1131 En revanche, il existe, dans les textes législatifs, des discriminations établies en faveur des sociétés coopératives ouvrières de production, des groupements d'agriculteurs et d'artisans. Elles sont, pour l'instant, considérées comme fondées sur la situation particulière de ces formes d'entreprises dans une économie de marché.

1132 Toute entreprise a donc une vocation égale à être retenue comme cocontractant privé dans un achat public. Sans en préciser la valeur constitutionnelle, le juge administratif avait déjà reconnu ce principe comme un principe général du droit (81). Lorsque, par exemple, une directive ministérielle croit pouvoir recommander aux personnes responsables des marchés d'écarter les entreprises au chiffre d'affaires trop élevé afin de favoriser les PME, notamment locales, le juge administratif n'hésite pas à annuler en invoquant une discrimination qui n'est pas en rapport avec l'objet de la réglementation des marchés publics (82). L'égalité de traitement fait partie, avec la liberté d'accès et la mise en concurrence, des trois principes complémentaires qui s'imposent simultanément aux acheteurs publics.

(77) CE sect., 9 mars 1951, Société des concerts du conservatoire, *Rec.* p. 151, *Dr. Soc.* 1951, p. 368, concl. Letourneur, note Rivero.

(78) Doit cependant être dissocié de ce schéma le principe d'égalité de traitement des candidats dans les procédures de passation des délégations de service public, ou des marchés publics : CE, 18 juin 2010, Communauté urbaine de Strasbourg, req. 336120.

(79) CC, 7 janv. 1988, n° 87-232 DC, Crédit agricole, *Rec.* p. 17, *AIJC* 1988 vol. IV, p. 403, chron.

(80) CC, 20 janv. 1993, n° 92-316 DC, *Rec.* p. 14 ; *RFDA* 1993, p. 902, note Pouyaud.

(81) CE, 9 juill. 1975, Ville des Lilas, *Rec.* p. 904, *AJDA* 1976, p. 91.

(82) CE, 13 mai 1987, Soc. Wanner Isofi Isolation, *Rec.* p. 171, *D.* 1987, SC. 430, obs. Terneyre ; CAA Paris, 25 juill. 1997, req. 96-00628, Préfet de la Seine-Saint-Denis, *LPA*, 1998, n° 90, concl. Brotons.

Le principe d'égalité a aussi pour corollaire que la matière des achats publics doit être marquée d'une certaine transparence. Néanmoins, cette transparence ne constitue pas en elle-même un principe à valeur constitutionnelle (83), même si elle fait partie des principes qui découlent des articles 6 et 14 de la Déclaration de 1789 (84).

1133 Il faut ajouter à ces principes les sources particulières, mais d'application générale, du droit européen. L'inspiration des traités est marquée par les impératifs du libéralisme économique, traduits par les quatre grands principes, appelés à définir le cadre général de conformité des législations nationales au droit européen, et applicables aux règles nationales visant tous les achats publics, quels que soient leurs montants. Trois d'entre eux intéressent directement les fournisseurs du service public. L'interdiction des discriminations fondées sur la nationalité empêche aujourd'hui l'attribution préférentielle ou l'exclusion des procédures de passation au détriment des entreprises d'autres États membres. Le principe de libre circulation des marchandises (85) empêche les acheteurs publics d'imposer l'utilisation de facteurs de production nationaux ou d'en faire un critère d'attribution (86). Les conditions de validité d'une restriction de ce type sont exceptionnelles : ordre public, sécurité publique, moralité publique, santé publique, protection de la propriété. La liberté d'établissement et la liberté de prestation de services (87) rejoignent à la fois le principe constitutionnel d'égalité de traitement et l'interdiction européenne des discriminations fondées sur la nationalité. Ainsi, il n'est pas possible à un État membre de réserver l'accès aux contrats publics à des sociétés, quelle que soit leur nationalité, dont le capital est détenu par l'État (88).

1134 Le Code des marchés publics, d'une part, composé de dispositions soit réglementaires, soit législatives, tient logiquement compte de ces principes. Il est structuré depuis 2004 autour des principes de liberté d'accès et d'égalité d'accès à la commande publique (89). En matière de délégation de service public, d'autre part, la jurisprudence tirant les conséquences du régime posé par la loi du 29 janvier 1993, applique strictement le principe d'égalité aux candidats à la gestion déléguée. Ainsi par exemple, la prorogation par l'autorité délégante d'une date limite de validité des offres prévue au règlement de mise en concurrence ne peut être prorogée qu'avec l'accord de l'ensemble des candidats

(83) CC, 21 janv. 1994, n° 93-335 DC, Urbanisme et construction, *Rec.* p. 40, *RFDA* 1995, p. 7, note Hocreitère ; *RFDC* 1994, p. 363, note Mélin-Soucramanien ; *Rev. adm.* 1994 n° 277, p. 75 ; M. Guibal, « Transparence et délégations de service public », *LPA*, 1995, n° 110.

(84) CC, 26 juin 2003, n° 2003-473 DC, L. habilitant le gouvernement à simplifier le droit ; E. Fatôme et L. Richer, « La "commande publique" et le domaine public devant le Conseil constitutionnel », *RFDC* 2003, p. 77 ; E. Schoettl, « Simplification du droit et Constitution », *AJDA* 2003, p. 1391.

(85) Art. 28 à 30 CE, anciens art. 30 à 36 TCE : prohibition des restrictions quantitatives aux importations ou mesures d'effet équivalent.

(86) CJCE, 22 sept. 1988, aff. 45/87, Commission c. Irlande, *Rec.* p. I- 4929 ; *D.* 1989.SC.217, obs. Terneyre, y compris par le biais d'une certification nationale ; CJCE, 20 mars 1990, aff. 21/88, Du Pont de Nemours Italiana, *Rec.* p. I-889, *D.* 1991, SC.102, obs. Terneyre ; y compris par le biais de l'obligation de recourir à des fournisseurs locaux.

(87) Art. 43 à 48 et 49 à 55 (anciens art. 52 à 58, et 59 à 66 TCE).

(88) CJCE, aff. 3/88, 5 déc. 1989, Commission c. République Italienne, *Rec.* p. I-4035 ; *D.* 1990. SC.243, obs. Terneyre : d'une part, il n'y avait, de fait, aucune société étrangère dans cette situation, d'autre part, cela constitue de toute façon un frein à la liberté d'établissement de toute société qui souhaiterait s'installer dans un État membre pour y obtenir des marchés publics.

(89) C. marchés publics, art. 1er, II.

admis à présenter une offre (90). De même l'usage par la personne publique de pouvoirs de police inhérents à l'activité déléguée ne doit pas aboutir à désavantager les nouveaux candidats à la délégation par rapport au titulaire actuel du contrat (91).

1135 Enfin, le principe d'égalité de traitement des fournisseurs effectifs ou potentiels du service public a reçu une consécration solennelle en étant doté d'une sanction pénale. Il figure en effet à l'article 432-14 du Code pénal, qui punit d'une peine de deux ans d'emprisonnement et d'une amende allant jusqu'à 30 000 euros quiconque « procure ou tente de procurer un avantage injustifié par un acte contraire aux lois et règlements visant à garantir la liberté d'accès et l'égalité des candidats dans les marchés publics et les délégations de service public ».

S/SECTION II PRINCIPE DE NON-DISCRIMINATION ET DISCRIMINATIONS POSITIVES

1136 **Bibliographie :** Haut Conseil à l'intégration (HCI), *Lutte contre les discriminations : faire respecter le principe d'égalité*, La Doc. fr., coll. des rapports officiels, 1998 ; D. ROMAN, *Le droit public face à la pauvreté*, LGDJ, Bibl. droit public, 2002 ; F. SUDRE et H. SURREL (dir.), *Le droit à la non-discrimination au sens de la Convention européenne des droits de l'homme*, Bruylant, 2008 ; J. BOUGRAB, *Les discriminations positives,* Dalloz, coll. À savoir, 2007 ; G. CALVÈS, *La discrimination positive*, PUF, Que sais-je ?, 2010.

D. LOCHAK, « Réflexion sur la notion de discrimination », *Dr. Soc.* 1987, p. 778 ; M. SOUSSE, « Le principe de non-discrimination : les rapports entre le système européen de protection et le système français », *AJDA* 1999, p. 985 ; M. BORGETTO, « Équité, égalité des chances et politique de lutte contre les exclusions », *Dr. Soc.* 2000, p. 30 ; G. KOUBI, « Les mesures prises en faveur des personnes défavorisées », *RRJ*, 2003-2, p. 1321 ; G. KOUBI, « À la faveur du ciblage, la consolidation des inégalités », *Informations sociales* 2003, n° 108, p. 76 ; J.-M. GALLARDO, « La garantie indirecte du droit à un traitement différent dans la jurisprudence du Conseil d'État », *AJDA* 2003, p. 219 ; D. LOCHAK, « La discrimination et la loi du marché », *in* D. BORILLO (dir.), *Lutter contre les discriminations*, La Découverte, 2003, p. 11 ; G. KOUBI, « Égalité, inégalité, différences », *in* Y. MICHAUD (dir.) *Égalité, inégalités*, Université de tous les savoirs, Odile Jacob, 2003, p. 117 ; G. KOUBI, « Un principe d'indifférenciation républicain – entre égalité et non-discrimination », *in* G. KOUBI, I. MULLER-QUOY (dir.), *Sur les fondements du droit public – De l'anthropologie au droit*, Bruylant, 2003, p. 269 ; M. LONG, « Discrimination positive et accès à Sciences-Po Paris », *AJDA* 2004, p. 688 ; A. LEVADE, « Discrimination positive et principe d'égalité en droit français », *Pouvoirs* 2004, n° 111, p. 55 ; F. STASSE, « Pour les discriminations positives », *Pouvoirs* 2004, n° 111, p. 119 ; G. KOUBI, « La territorialisation du service public, atteinte à l'égalité devant le service public ? », *in* M. LONG (dir.), *Égalité et services publics territoriaux*, LGDJ, coll. Décentralisation et développement local, 2005, p. 27 ; G. J. GUGLIELMI, « L'égalité des chances. De Charybde en Scylla ? » *Rev. act. jurid. et soc.* 2006, n° 257, p. 11 ; A. ILIOPOULOU, « Le principe d'égalité et de non-discrimination », *in* J.-B. AUBY et J. DUTHEIL DE LA ROCHÈRE (dir.), *Droit administratif européen*, Bruylant, 2007, p. 435.

1137 Comme l'exprime D. Lochak « le principe d'égalité [...] n'implique plus nécessairement l'uniformité de la législation et n'impose plus de traiter tous les individus de

(90) CE, 13 déc. 1996, req. 169706 et 169796, Syndicat intercommunal pour la revalorisation des déchets du secteur Cannes-Grasse et a.

(91) CE sect., 10 mars 2006, Commune d'Houlgate, *AJDA* 2006, p. 751, note Dreyfus.

façon identique ; il s'interprète comme un principe de non-discrimination, c'est-à-dire qu'il proscrit seulement les différences de traitement arbitraires, illégitimes, celles qui ne sont pas rationnellement justifiées par des différences de situation » (92). Dérivé de la problématique restrictive de l'égalité qui fait que le principe ne détient de sens que dans le cadre de situations identiques ou similaires, l'emboîtement des principes d'égalité et de non-discrimination a été admis par le législateur, puis reconnu par la jurisprudence et entériné par la doctrine.

Le principe de non-discrimination est donc un sous-ensemble du principe d'égalité : il s'attache à des éléments constants et invariables qui ne supportent aucune forme d'attention, aucune formule de référence, aucune prise en considération (93).

1138 Contraire au principe d'égalité, une discrimination se définit en une distinction illégitime, illicite, illégale, « interdite ». Sont signalées comme des distinctions « interdites » les mentions relevant de l'article 1er de la Constitution de la Ve République : « [La France] assure l'égalité devant la loi de tous les citoyens, sans distinction d'origine de race ou de religion ». Doit être ajouté à ces données, du fait du Préambule de 1946, de l'article 4 de la Constitution et des réglementations européennes, le sexe.

À ces affirmations fondamentales s'attachent les termes de l'article 225-1 du Code pénal qui définissent la discrimination : « Constitue une discrimination toute distinction opérée entre les personnes physiques à raison de leur origine, de leur sexe, de leur situation de famille, de leur grossesse, de leur apparence physique, de leur patronyme, de leur état de santé, de leur handicap, de leurs caractéristiques génétiques, de leurs mœurs, de leur orientation sexuelle, de leur âge, de leurs opinions politiques, de leurs activités syndicales, de leur appartenance ou de leur non-appartenance, vraie ou supposée, à une ethnie, une nation, une race ou une religion déterminée ». Les mêmes dispositions sont réitérées en ce qui concerne les personnes morales et les membres de ces personnes morales.

1139 L'interdiction de la discrimination paraît cependant être l'une des formes instituantes d'un *critère* juridique qui permettrait la caractérisation de « différences de traitement justifiables » (94). La critique du caractère prétendument uniformisant de l'égalité juridique et le souci d'une recherche pour une égalité concrète consolident le principe de non-discrimination au détriment de la compréhension logique du principe d'égalité qui, sans exclure les différences qui pourraient être relevées entre les uns et les autres, invite à une application générale et impersonnelle des normes juridiques : « la loi est la même pour tous ». Ces éléments ont d'ailleurs permis de renforcer les implications du principe de neutralité du service public. Ils ont également donné aux activités de service public une autre dimension qui consiste à assurer « l'égalité par le service public » sans que la notion de discrimination positive ait pu être formellement énoncée (§ 1).

1140 Parce que le principe de non-discrimination signifie que certaines distinctions sont strictement interdites, le juge administratif a surtout eu l'occasion de relever que

(92) D. LOCHAK, « L'autre saisi par le droit », *in* B. BADIE, M. SADOUN (dir.), *L'Autre, Mél. A. Grosser*, Presses de Sciences Po, 1997, p. 191.

(93) V. toutefois, F. LEMAIRE, « La notion de non-discrimination dans le droit français : un principe constitutionnel qui nous manque ? », *RFDA* 2010, p. 301 ; X. BIOY, « L'ambiguïté du concept de non-discrimination », *in* F. SUDRE et H. SURREL (dir.), *Le droit à la non-discrimination au sens de la Convention européenne des droits de l'homme*, Bruylant, 2008, p. 51.

(94) G. PELLISSIER, *Le principe d'égalité en droit public*, LGDJ, coll. Systèmes, 1996, p. 52 et s.

certains paramètres dits « objectifs » pouvaient en justifier d'autres (95). Ainsi peuvent, entre autres, être pris en considération le niveau des ressources des usagers, le nombre d'enfants au foyer familial, la précarité des conditions de vie quotidienne, le domicile et son éloignement ou sa proximité par rapport à des services essentiels. Dès lors, outre les mesures spécifiques prises dans l'objectif d'une réelle application de l'égalité entre les hommes et les femmes (96), ce sont surtout des critères relatifs à la condition sociale et financière de l'individu qui font l'objet d'attentions de la part des organismes investis de missions de service public.

La notion de service universel répond en quelque sorte à cette logique (§ 2). En effet, dans la mesure où le service universel se définit aussi en fonction des territoires et des populations concernées, les modes de différenciation résultant de ces notions d'égalité des chances et de discrimination positive accroissent leur amplitude.

§ 1. LE PRINCIPE D'ÉGALITÉ À L'ÉPREUVE DE LA DISCRIMINATION POSITIVE

1141 Les voies d'une transformation du principe d'égalité devant les services publics s'accordent à une logique essentielle du service public : répondre à des demandes sociales et maintenir la cohérence du lien social au sein de l'État et sur l'ensemble du territoire. Si elles révèlent l'attention portée par les pouvoirs publics aux évolutions sociales et économiques, elles ont pour objet d'empêcher toute discrimination « illégitime » entre les usagers des services et, par là, d'assurer au mieux la satisfaction des besoins collectifs et individuels.

1142 La notion d'égalité s'entend initialement dans un sens strict : l'égalité juridique et formelle signifie que les usagers se trouvent tous dans la même situation au regard du service public. Toutefois, les réalités sociales exigent que soient pensées les inégalités « de fait » ou plus justement les inégalités « matérielles ». Tous les citoyens doivent pouvoir bénéficier des prestations de service public quels que soient leur situation économique, leur statut social, leurs ressources financières. Le principe d'égalité devant le service public s'analyse alors progressivement comme un moyen d'assurer effectivement cette égalité : l'atténuation des inégalités peut ainsi se réaliser « par » le service public.

1143 Le rétablissement de l'égalité *par* le service public implique l'existence de politiques juridiques particulières qui relèvent pour une part de la technique de la « discrimination positive ». C'est à partir de l'étude du principe de non-discrimination et non du principe d'égalité que se comprend cette ouverture indirecte du droit du service

(95) Ce, en sus des précisions législatives, par ex. les « discriminations fondées » prévues à l'article L. 225-3 du Code pénal, notamment « en matière d'accès aux biens et services, sur le sexe lorsque cette discrimination est justifiée par la protection des victimes de violences à caractère sexuel, des considérations liées au respect de la vie privée et de la décence, la promotion de l'égalité des sexes ou des intérêts des hommes ou des femmes, la liberté d'association ou l'organisation d'activités sportives ». V. aussi L. n° 2008-496 du 27 mai 2008 portant diverses dispositions d'adaptation au droit communautaire dans le domaine de la lutte contre les discriminations, *JO* 28 mai 2008 p. 8801.

(96) Encore que, aux termes de l'art. L. 112-1-1.-I al. 1 du Code de la mutualité et de l'art. L. 931-3-2.-I al. 1 du Code de la sécurité sociale, « Aucune différence de traitement en matière de cotisations et de prestations ne peut être fondée sur le sexe ».

public sur la notion de discrimination positive. Le Conseil d'État estime que « la prise en compte des différences de situation est en cohérence interne avec le principe d'égalité ». Il relève, en conséquence, que « mis à part les distinctions interdites, des différences de fait emportent des différences de droit tandis que l'égalité des situations appelle l'égalité des droits » (97). Pour deux situations égales sont reconnus des droits égaux ; en vertu d'une différence de situation constatée en fait, la règle juridique applicable peut ou doit être différente.

Ce modèle induit d'autres démarches : après avoir déterminé des catégories d'usagers, il s'agit de prendre en considération des personnes. Se développe ainsi, dans le droit du service public, un discours fondé sur l'*individualisation*. Les référents ne sont plus impersonnels et généraux mais particuliers. Peu à peu, le constat de la différence, de la précarité, de la fragilité ou de la vulnérabilité devient le pôle principal d'un discours qui s'investit dans la recherche de moyens pour corriger les inégalités (98). Cette dynamique implique bien une tendance progressive à l'individualisation du service public, puis à la personnalisation des prestations. En effet, dès lors qu'il est conçu principalement comme un service « rendu », il peut se transformer en un service « au » public, et peu à peu, recomposé autour de l'individu, induire une notion de « service à la personne ». Cette approche recouvre tout un ensemble de prestations, notamment en matière sociale, et les place dans le cadre plus général des prestations de service libéralisées, tels les soins, les aides ou assistances (garde des enfants, assistance aux personnes âgées ou aux personnes handicapées, aides personnelles à la mobilité dans l'environnement de proximité), sans pour autant que celles-ci soient toujours intégrées dans le champ du droit du service public (99).

1144 L'application ainsi revisitée du principe d'égalité a pour but principal de lutter contre les inégalités et les exclusions sociales (100) ; le risque existe que cette démarche soit aussi utilisée dans d'autres domaines du droit, pour d'autres finalités que la lutte contre les exclusions, notamment sous le label de la « diversité » et suivant les discours relatifs à la prétendue nécessité de repérer les « origines » ou les « appartenances » ethniques et culturelles des administrés et usagers des services publics (101). Sans aucun doute, les pouvoirs publics se sont interrogés sur les méthodes permettant de réduire plus que de supprimer les inégalités sociales. L'accès, la fourniture et la distribution des prestations de service public peuvent alors être agencés de telle manière que tous et chacun en bénéficient ou en profitent, si ce n'est également, au moins pour un minimum commun.

1145 Ainsi, dans le cadre du service public, sans que la notion de discrimination positive ait été explicitement formalisée, ont été étudiées des formes d'*égalité compensatoire*. Le traitement des inégalités se déroule suivant une conception

(97) « Sur le principe d'égalité », *EDCE*, 1996, n° 48, p. 43.

(98) CE sect., 29 déc. 1997, Communes de Gennevilliers et de Nanterre (2 espèces), *RDP* 1998, p. 899, note Borgetto ; *AJDA* 1998, p. 102, chron. ; *LPA*, 1998, n° 59, p. 12, note Alloiteau ; *Rev. adm.*, 1998, p. 406, note Pontier.

(99) Sur ce point, v. L. n° 2005-841 du 26 juill. 2005 relative au développement des services à la personne et portant diverses mesures en faveur de la cohésion sociale, *JO* 27 juill. 2005, p. 12152.

(100) V. entre autres, H. Rihal, « Exclus et égalité », *in* M. Long (dir.), *Égalité et services publics territoriaux*, LGDJ, 2005, p. 175.

(101) À l'encontre des principes dégagés par le Conseil constitutionnel en la matière : CC, 15 nov. 2007, n° 2007-557 DC, L. relative à la maîtrise de l'immigration, à l'intégration et à l'asile.

équitable de la redistribution des prestations. La réponse des pouvoirs publics à la question des inégalités a donc été de retenir, sans les afficher, les présupposés de la notion de service universel. Elle a été surtout d'adapter, sans le dire explicitement, la notion de *discrimination positive* aux principes fondamentaux des services publics. La « différence » devient alors le critère principal de l'appréciation : elle est la valeur à partir de laquelle sont signalées les inégalités auxquelles il leur apparaît nécessaire de remédier. La différenciation relevée concerne le plus souvent des groupes sociaux dits « défavorisés » et sert à justifier les mesures de discrimination tarifaires.

Ces mesures destinées à remédier à des inégalités constatées, ne s'inscrivent pas dans le prolongement logique des principes d'égalité et de non-discrimination. Elles mettent l'accent sur le constat de l'inégalité mais pas sur ces principes juridiques. Définir « une discrimination positive comme étant une différenciation juridique de traitement, créée de manière temporaire, dont l'autorité normative affirme expressément qu'elle a pour but de favoriser une catégorie déterminée de personnes physiques ou morales au détriment d'une autre afin de compenser une inégalité de fait préexistante entre elles » (102), ne masque pas le fait que ces mesures sont constitutives d'une atteinte à ces principes.

1146 Dans le cadre du service public, la finalité du rétablissement de l'égalité par la discrimination positive ne se réalise pas « au détriment » de certaines catégories de personnes mais en « faveur » des catégories qui ne pourraient satisfaire autrement les besoins auxquels répond le service considéré. Une logique de « solidarité sociale » sous-jacente répond à la fonction première du service public. La conception juridictionnelle du principe d'égalité induit alors certaines différenciations juridiques (A.) dont le traitement est perceptible à travers le modèle de « l'égalité des chances » (B.).

A. L'ÉGALITÉ, SOURCE DE LA DIFFÉRENCIATION ?

1147 Si à l'origine, l'égalité de traitement des usagers des services publics ne se comprenait que dans des situations comparables ou similaires, les développements ultérieurs de la jurisprudence permettent de douter de l'immanence de ce principe.

Par exemple, se prononçant sur la possibilité pour un conseil municipal de créer une allocation destinée à faciliter la poursuite des études supérieures par des enfants de la commune sous la forme d'un « revenu minimum étudiant », le juge administratif avait estimé que la création d'une telle prestation était légale dans son principe puisqu'elle apparaissait comme une « prestation d'aide sociale facultative qui a pour but d'assurer une meilleure égalité des chances quant à la possibilité matérielle d'entreprendre des études supérieures ». Cependant, le juge administratif ne put admettre la légalité de la délibération créant l'allocation dans la mesure où celle-ci se trouvait être réservée aux seuls « contribuables » de la commune, ce qui constituait une discrimination injustifiée (103).

(102) F. MELIN-SOUCRAMANIEN, « Les adaptations du principe d'égalité à la diversité des territoires », *RFDA* 1997, p. 911.

(103) CE, 11 déc. 1996, CCAS Saint-André-les-Vergers, *Rec.* p. 480 ; *LPA*, 1997, n° 36, p. 7, concl. Bonichot.

De même, à propos des services publics administratifs facultatifs, les discriminations tarifaires entre les usagers en fonction des ressources des familles étaient estimées jusqu'en 1985 contraires au principe d'égalité. En l'absence de différences de situation entre les usagers, la nécessité d'intérêt général justifiant leur institution n'était pas reconnue (104). Cependant, devant la multiplication des pratiques locales et des exceptions jurisprudentielles (105), le Conseil d'État admit finalement, dans les arrêts *Commune de Gennevilliers* et *Commune de Nanterre* du 29 décembre 1997 (2 espèces), que des discriminations tarifaires pourraient être faites entre les usagers en fonction des ressources des familles, en ce qu'il y a un « intérêt général qui s'attache à ce (qu'un) conservatoire de musique puisse être fréquenté par les élèves qui le souhaitent, sans distinction selon leurs possibilités financières ». M. Borgetto estime qu'en retenant cette solution, « le Conseil d'État a fait beaucoup plus qu'opérer un simple revirement jurisprudentiel : il a pris acte à la fois des limites évidentes de la stricte égalité en droit et de la nécessité subséquente, pour permettre à tous d'accéder effectivement au service, de tenir compte de la situation concrète de chacun. En d'autres termes, il a ni plus ni moins cherché à consacrer le principe d'égalité des chances ». Le législateur s'était empressé de confirmer cette solution « de manière solennelle puisqu'il avait introduit, dans le chapitre intitulé "Droit à l'égalité des chances par l'éducation et la culture" de la loi du 29 juillet 1998 (relative à la lutte contre les exclusions), un article l'autorisant expressément » (106).

S'attachant aux questions de santé et aux situations de handicap, le législateur est intervenu ensuite pour garantir l'accès des personnes handicapées tant aux bâtiments publics (107) qu'aux services publics (108). Ainsi, tenant compte de l'obligation de scolarisation des enfants handicapés, le juge administratif a également pu relever la responsabilité de l'État lorsque leur prise en charge éducative « au moins équivalente, compte tenu de leurs besoins propres, à celle dispensée aux enfants scolarisés en milieu ordinaire » n'est pas mise en œuvre (109) – ce sans que l'État « puisse utilement se prévaloir de l'insuffisance des moyens budgétaires, de la carence d'autres personnes publiques ou privées dans l'offre d'établissements adaptés ou de la circonstance

(104) CE sect., 26 avr. 1985, Ville de Tarbes, *Rec.* p. 119, concl. contr. Lasserre, *AJDA* 1985, p. 409, chron.

(105) CE, 20 janv. 1989, CCAS de la Rochelle, *Rec.* p. 8, pour les crèches, *AJDA*, 1989, p. 398 obs. Prétot ; CE, 10 févr. 1993, Ville de La Rochelle, pour une cantine scolaire ; CE, 18 mars 1994, Dejonckeere, *Rec.* p. 762, pour un centre de loisirs.

(106) M. Borgetto, « Équité, égalité des chances et politiques de lutte contre les exclusions », *Dr. soc.* 1999, n° 3, p. 221. L'article 147 de la loi posait en principe général que « les tarifs des services publics administratifs à caractère facultatif peuvent être fixés en fonction du revenu des usagers et du nombre de personnes vivant au foyer » en définissant cependant la limite selon laquelle « les taux ainsi fixés ne font pas obstacle à l'égal accès de tous les usagers au service » ; v. aussi *in* G. Koubi et G. J. Guglielmi (dir.), *L'égalité des chances, op. cit.* p. 115.

(107) CE, 22 oct. 2010, req. 301572, Mme Bleitrach, *AJDA* 2010 p. 2207, chron. Botteghi et Lallet ; *RDSS* 2011, p. 251, note Rihal.

(108) L. n° 2005-102 du 11 févr. 2005 pour l'égalité des droits et des chances, la participation et la citoyenneté des personnes handicapées, *JO* 12 févr. 2005 p. 2353.

(109) CAA Paris, 11 juill. 2007, req. n° 06PA01579, Min. de la Santé c. M. et Mme Haemmerlin, *AJDA* 2007, p. 2151, concl. Folscheid ; *RDSS* 2007, p. 1087, concl. Folscheid et p. 1095, note Rihal ; *D.* 2008, p. 140, note Célestine ; CE, 8 avr. 2009, req. 311434, Laruelle ; *AJDA* 2009, p. 1262, concl. Keller ; *D.* 2009, p. 1508, note Raimbault. Mais cette solution ne vaut pas si l'enfant a moins de six ans : CAA Versailles, 4 juill. 2010, req. 09VE01323, Min. du Travail, des Relations sociales, de la Famille, de la Solidarité et de la Ville, *AJDA* 2010, p. 2004, concl. Davesnes.

que des allocations sont accordées aux parents d'enfants handicapés pour les aider à assurer leur éducation ».

1148 En dépit des intentions louables que comportent ces différents textes, les principales applications de cette nuance du principe d'égalité concernent les tarifs et les prix des services. En droit du service public, c'est la question tarifaire qui retient l'attention à propos du principe d'égalité et qui forme la matière d'une réflexion révélée par l'évolution de la jurisprudence administrative depuis l'arrêt *Denoyez et Chorques* (110).

Toutefois, d'autres dispositions législatives peuvent rendre compte de cette même logique à propos de l'accès à certaines prestations. L'illustration première serait, en ce cas, la « couverture maladie universelle ». La loi n° 99-641 du 27 juillet 1999 portant création d'une couverture maladie universelle (111) dispose dans son titre préliminaire, article 1er : « Il est créé, pour tous les résidents de la France métropolitaine et des départements d'outre-mer, une couverture maladie universelle qui garantit à tous une prise en charge des soins par un régime d'assurance-maladie, et aux personnes dont les revenus sont les plus faibles, le droit à une protection complémentaire et à la dispense d'avance de frais ». Cette dimension se retrouve aussi à l'article L. 1110-9 du Code de la santé publique qui affirme : « Toute personne dont l'état le requiert a le droit d'accéder à des soins palliatifs et à un accompagnement » (112).

B. L'ÉGALITÉ DES CHANCES, JUSTIFICATION DES DISTINCTIONS ?

1149 En 1996, le rapport du Conseil d'État « sur le principe d'égalité » (113) avait posé la question de savoir si « une meilleure *égalité des chances* n'apporterait pas aux problèmes économiques et sociaux de la société contemporaine une réponse plus équitable ». Cette remarque inscrivait la notion d'égalité dans une perspective nouvelle qui était celle de la *différencialité*. Comme G. Pellissier l'avait auparavant remarqué, « l'égalité est une égalité des chances formulée à partir d'un postulat d'égalité juridique de tous les hommes, conséquence du rejet de l'égalité naturelle » (114). L'apparition de la notion d'égalité des chances (115) dans le champ du droit du service public a cependant coïncidé avec le redéploiement des idées libérales et, de ce fait, avec le constat de l'aggravation des écarts de revenus et de niveaux de vie dans la société civile.

Toutefois, la perception juridique de l'égalité des chances n'a pas pour objectif de proposer un remède aux inégalités sociales. Elle indique seulement quelques moyens pour répondre aux situations que ces inégalités provoquent. Elle revient ainsi à entériner les inégalités en ce qu'elle est l'expression d'une impuissance publique à les supprimer.

(110) *AJDA* 1974, p. 298, chron., *RDP* 1975, p. 467, note Waline.
(111) V. aussi CC, 23 juill. 1999, n° 99-416 DC, *Rec.* p 100.
(112) *JO* 10 juin 1999, p. 8487. Sur l'ensemble des questions relatives à l'aide sociale, v. M. Borgetto, R. Lafore, *Droit de l'aide et de l'action sociales*, coll. Domat, Montchrestien, 2009.
(113) *EDCE* 1996, n° 48, p. 17.
(114) G. Pellissier, *Le principe d'égalité en droit public*, LGDJ, coll. Systèmes, 1996, p. 28.
(115) G. Koubi, G. J. Guglielmi, « L'égalité des chances, une notion juridique ? », *L'ENA hors les murs*, juin 2009, p. 8.

1150 L'expression *égalité des chances* a été formulée de manière expresse dans des textes législatifs relatifs à l'aménagement du territoire (116), à l'habitat (117), à l'éducation (118), etc. et dans les actes réglementaires qui s'y réfèrent. Elle est aussi inscrite en objet de quelques lois comme la loi n° 2006-396 du 31 mars 2006 pour l'égalité des chances ou la loi n° 2005-102 du 11 février 2005 pour l'égalité des droits et des chances, la participation et la citoyenneté des personnes handicapées. La notion qu'elle désigne n'est pas opposée au principe d'égalité en droits. Elle est toujours sobrement située par rapport à une idée d'égalité des droits, dans l'exercice de ces droits. Son fondement théorique est de constituer une compensation. L'idée directrice de l'égalité des chances repose sur des conclusions jadis dégagées par certains philosophes anglo-saxons.

1151 Le premier, John Rawls (119), recherche les principes de justice « que des personnes libres et rationnelles, désireuses de favoriser leurs propres intérêts, et placées dans une situation initiale d'égalité, accepteraient et qui, selon elles, définiraient les termes fondamentaux de leur association ». Il en dégage deux, constituant ce qu'il a appelé « la théorie de la justice comme équité ». Le premier principe, selon lequel « chaque personne doit avoir un droit égal au système total le plus étendu de libertés de base égales pour tous, compatibles avec un même système pour tous », définit classiquement les fondements de l'ordre civil et politique. Le second principe définit les fondements de l'ordre social, et se subdivise en deux propositions. Rawls le formule ainsi : « les inégalités économiques et sociales doivent être telles qu'elles soient : 1) au plus grand bénéfice des plus désavantagés [...], et 2) attachées à des fonctions et à des positions ouvertes à tous, conformément au principe de la juste égalité des chances ». Certes, le philosophe américain prend soin d'encadrer strictement ces principes et propositions en établissant une nette hiérarchie entre eux : de même que le premier principe (principe d'égale liberté) prime sur le second, de même, à l'intérieur de celui-ci, la seconde proposition (principe d'égalité des chances) prime sur la première (principe de différence). Cette précaution est importante puisqu'elle permet de conclure qu'une inégalité qui aboutirait à restreindre la liberté ou à réduire l'égalité des chances au motif qu'elle aurait pour but ou pour résultat d'améliorer le sort des plus défavorisés

(116) V. par ex. art. 1er de la L. n° 95-115 du 4 févr. 1995 d'orientation pour l'aménagement et le développement du territoire modifié par la L. n° 99-533 du 25 juin 1999 (*JO* 29 juin 1999 p. 9515) : « La politique nationale d'aménagement et de développement durable du territoire concourt à l'unité de la nation, aux solidarités entre citoyens et à l'intégration des populations. [...] / Elle assure l'égalité des chances entre les citoyens en garantissant en particulier à chacun d'entre eux un égal accès au savoir et aux services publics sur l'ensemble du territoire et réduit les écarts de richesses entre les collectivités territoriales par une péréquation de leurs ressources en fonction de leurs charges et par une modulation des aides publiques... ».

(117) V. CCH, art. L. 441, issu de la L. n° 98-657 du 29 juill. 1998 d'orientation relative à la lutte contre les exclusions (mod. par la L. n° 2006-872 du 13 juill. 2006 portant engagement national pour le logement) : « L'attribution des logements locatifs sociaux participe à la mise en œuvre du droit au logement, afin de satisfaire les besoins des personnes de ressources modestes et des personnes défavorisées. L'attribution des logements locatifs sociaux doit notamment prendre en compte la diversité de la demande constatée localement ; elle doit favoriser l'égalité des chances des demandeurs et la mixité sociale des villes et des quartiers. Les collectivités territoriales concourent, en fonction de leurs compétences, à la réalisation des objectifs mentionnés aux alinéas précédents... ».

(118) Le droit à l'éducation étant garanti à chacun, « Pour garantir ce droit dans le respect de l'égalité des chances, des aides sont attribuées aux élèves et aux étudiants selon leurs ressources et leurs mérites. La répartition des moyens du service public de l'éducation tient compte des différences de situation, notamment en matière économique et sociale » : C. éduc., art. L. 111-1 al. 7.

(119) J. Rawls, *A Theory of justice*, Harvard University Press, 1971 (trad., *Théorie de la justice*, Fayard, 1987).

ne pourrait être, compte tenu de cette hiérarchisation, qu'injuste et inéquitable. Le but des politiques d'égalité des chances est aussi de parfaire l'intégration, de susciter un désir de ressemblance, de provoquer un mouvement de (re)considération de soi.

1152 Un deuxième philosophe anglo-saxon, Ronald Dworkin, a théorisé cette tendance en distinguant entre le traitement égal, qui peut être compris comme le droit de recevoir la même quantité de ressources et de biens qu'un autre placé dans une même situation, et le traitement entre égal, défini comme le droit d'être traité avec le même respect et la même attention que qui ce soit d'autre. Le second principe est pour lui le plus important : le droit à la considération, comme le droit au respect de soi, prime le droit au respect de ses droits, puisque le premier, le principe de traitement égal, ne vaut que pour des circonstances données et des situations particulières. *Prendre les droits au sérieux*, selon le titre même de son ouvrage (120), revient ainsi à adopter le point de vue classique de la pensée libérale qui oppose l'égale liberté à l'égalité dans la répartition des biens, la première étant seule source d'ordre, la seconde relevant d'une idée de justice distributive qui accentue les différenciations sociales et économiques.

Cependant, depuis la tentative d'introduction d'une notion indéterminée de « diversité » dans le Préambule de la Constitution, rejetée par le Comité de réflexion sur le Préambule de la Constitution (121), la mesure de l'égalité des chances dans le cadre du service public connaît quelques aménagements qui confinent à la discrimination positive. De ce fait, elle ne retrace pas les enjeux d'une atténuation des inégalités constatées. En constitue un exemple, dans le cadre de la loi n° 2009-258 du 5 mars 2009 relative à la communication audiovisuelle et au nouveau service public de la télévision, la délibération du Conseil supérieur de l'audiovisuel n° 2009-85 du 10 novembre 2009 tendant à favoriser la représentation de la diversité de la société française dans les programmes des chaînes nationales hertziennes gratuites et de Canal + (122). Les recommandations qui y sont développées prennent appui sur une étude réalisée durant l'année 2009 dite « baromètre de la diversité ». Elle demande à chaque éditeur, « au regard des caractéristiques de sa programmation, [d'] améliorer significativement la représentation de la diversité de la société française sur son antenne. La diversité de la société française s'entend dans son acception la plus large. Elle concerne notamment les catégories socioprofessionnelles, le sexe, l'origine et le handicap ». Trois de ces indicateurs relèvent pourtant des discriminations « interdites ».

L'article 3-1 de la loi n° 86-1067 du 30 septembre 1986 relative à la liberté de communication (123) autorise-t-il le Conseil supérieur de l'audiovisuel à émettre

(120) R. Dworkin, *Prendre les droits au sérieux*, (trad.) PUF, coll. Léviathan, 1995.

(121) *Redécouvrir le Préambule de la Constitution*, Rapport du Comité de réflexion sur le Préambule de la Constitution, La doc. fr. 2009.

(122) *JO* 21 nov. 2009.

(123) Le CSA « assure l'égalité de traitement ; il garantit l'indépendance et l'impartialité du secteur public de la communication audiovisuelle ; il veille à favoriser la libre concurrence et l'établissement de relations non discriminatoires entre éditeurs et distributeurs de services, quel que soit le réseau de communications électroniques utilisé par ces derniers, conformément au principe de neutralité technologique ; il veille à la qualité et à la diversité des programmes, au développement de la production et de la création audiovisuelles nationales ainsi qu'à la défense et à l'illustration de la langue et de la culture françaises… ». Cet article a été complété par la L. n° 2010-788 du 12 juill. 2010 portant engagement national pour l'environnement : « Le Conseil supérieur de l'audiovisuel veille à ce que le développement du secteur de la communication audiovisuelle s'accompagne d'un niveau élevé de protection de l'environnement et de la santé de la population ».

de telles prescriptions ? Le Conseil supérieur de l'audiovisuel « contribue aux actions en faveur de la cohésion sociale et à la lutte contre les discriminations dans le domaine de la communication audiovisuelle. Il veille, notamment, auprès des éditeurs de services de communication audiovisuelle, compte tenu de la nature de leurs programmes, à ce que la programmation reflète la diversité de la société française et contribue notamment au rayonnement de la France d'outre-mer. Il rend compte chaque année au Parlement des actions des éditeurs de services de télévision en matière de programmation reflétant la diversité de la société française et propose les mesures adaptées pour améliorer l'effectivité de cette diversité dans tous les genres de programmes ». Autant la considération des minorités dites improprement « visibles » peut justifier certaines mesures de justice sociale, autant elle ne saurait entrer dans le cadre des principes de fonctionnement du service public, qu'il s'agisse de prétendre offrir un miroir de la société française dans les sphères audiovisuelles ou de chercher à moduler des prestations de service public en fonction de critères discriminatoires. D'ailleurs, les différents dispositifs mis en œuvre au titre de cette notion indéchiffrable de « diversité » ne retiennent pas ces critères. Les « classes préparatoires intégrées pour l'accès aux concours » ou les « allocations pour la diversité dans la fonction publique » attribuées aux bénéficiaires des classes préparatoires aux concours d'accès aux écoles de service public, retiennent d'autres fondements : les ressources des candidats ainsi que celles de leurs parents, les difficultés d'origine matérielle, familiale ou sociale, la qualité de leurs études, leurs mérites et leurs motivations (124). C'est donc bien en relation avec une conception de « justice sociale » que la question de l'égalité des chances comme de la « diversité » doit être abordée.

1153 Plusieurs dispositifs ont été mis en place pour organiser, un tant soit peu, cet objectif de justice sociale. L'article L. 121-14 du Code de l'action sociale et des familles crée une « Agence nationale pour la cohésion sociale et l'égalité des chances » définie comme « un établissement public national à caractère administratif ». Cette agence « contribue à des actions en faveur des personnes rencontrant des difficultés d'insertion sociale ou professionnelle » et « participe aux opérations en faveur des habitants des quartiers prioritaires de la politique de la ville. Dans le cadre de ces actions, elle promeut l'accessibilité au savoir et à la culture ». Elle inscrit ses actions dans le cadre de plusieurs services publics notamment la lutte contre les discriminations (125), la lutte contre l'illettrisme (126), voire la mise en œuvre du service civil volontaire.

De même, entre autres exemples, en ce qui concerne les missions de service public de l'emploi, l'article L. 5131-1 du Code du travail envisage pour les personnes « rencontrant des difficultés particulières d'insertion professionnelle », un accompagnement personnalisé soit pour l'accès à l'emploi, soit pour le maintien dans

(124) Arr. du 5 juill. 2007 relatif au régime des allocations pour la diversité dans la fonction publique.

(125) Placée désormais entre les mains du Défenseur des droits : L. n° 2011-334 du 29 mars 2011 relative au Défenseur des droits, *JO* 30 mars 2011 p. 5504.

(126) C. éduc., art. L. 121-2 : « La lutte contre l'illettrisme constitue une priorité nationale. Cette priorité est prise en compte par le service public de l'éducation ainsi que par les personnes publiques et privées qui assurent une mission de formation ou d'action sociale. Tous les services publics contribuent de manière coordonnée à la lutte contre l'illettrisme dans leurs domaines d'action respectifs ». Arr. du 17 oct. 2000 portant approbation de la convention constitutive du groupement d'intérêt public « Agence nationale de lutte contre l'illettrisme ».

l'emploi. Mais, cette attention est surtout tournée envers les jeunes actifs de seize à vingt-cinq ans révolus qui, rencontrant les mêmes difficultés, doivent avoir la possibilité de bénéficier « à [leur] demande d'un accompagnement personnalisé sous la forme d'un contrat d'insertion dans la vie sociale, conclu avec l'État » (127).

1154 C'est surtout dans le cadre du service public de l'éducation que la notion d'égalité des chances acquiert une force particulière. La loi n° 98-657 du 29 juillet 1998 d'orientation relative à la lutte contre les exclusions avait précisé que « la répartition des moyens du service public de l'éducation tient compte des différences de situation objectives, notamment en matière économique et sociale » (128). Dans cette perspective, la loi n° 2005-32 du 18 janvier 2005 de programmation pour la cohésion sociale prévoit en son article 128 que : « Les dispositifs de réussite éducative mènent des actions d'accompagnement au profit des élèves du premier et du second degré et de leurs familles, dans les domaines éducatif, périscolaire, culturel, social ou sanitaire. Ils sont mis en œuvre dès la maternelle, selon des modalités précisées par décret, par un établissement public local d'enseignement, par la caisse des écoles, par un groupement d'intérêt public ou par toute autre structure juridique adaptée dotée d'une comptabilité publique. Les dispositifs de réussite éducative s'adressent prioritairement aux enfants situés en zone urbaine sensible, ou scolarisés dans un établissement relevant de l'éducation prioritaire... ». Les dispositifs correspondants s'entendent certes d'une activité facultative (129), mais ils approchent une notion de « discrimination positive » qui n'a pas été formellement reconnue sauf pour certaines institutions spécifiques, telles l'Institut d'études politiques de Paris (130). De plus, depuis le vote de la loi n° 2006-396 du 31 mars 2006 pour l'égalité des chances, qui relie service public de l'éducation et service public de l'emploi, l'article L. 337-3 du Code de l'éducation met en place une formation en apprentissage, dénommée « formation d'apprenti junior », préalable à une qualification professionnelle, pour les élèves âgés de quatorze ans, ce qui pourrait constituer une entorse au principe de la scolarité obligatoire jusqu'à seize ans. Par ailleurs, d'une certaine manière, les dispositifs de soutien personnalisé pour les « élèves qui éprouvent des difficultés dans l'acquisition du socle commun » (C.

(127) Ce qui n'est pas sans lien avec l'apprentissage, pris en charge par les institutions publiques de formation professionnelle. L'art. L. 214-14 du C. éduc., issu de la L. n° 2002-276 du 27 févr. 2002 relative à la démocratie de proximité, prévoyait : « Le comité de coordination des programmes régionaux d'apprentissage et de formation professionnelle continue [...] tend en particulier à assurer une *égalité de chances d'accès à l'apprentissage et à la formation professionnelle continue pour tous les intéressés quelle que soit la région considérée* » (souligné par nous). Désormais, il invite à considérer l'existence d'*Écoles de la deuxième chance* qui « proposent une formation à des personnes de dix-huit à vingt-cinq ans dépourvues de qualification professionnelle ou de diplôme. Chacune d'entre elles bénéficie d'un parcours de formation personnalisé... ».

(128) Art. 142, modifiant l'article 1er de la L. n° 89-486 du 10 juill. 1989 d'orientation sur l'éducation.

(129) C. éduc., art. R. 421-2 8° : « Les collèges, les lycées, les écoles régionales du premier degré et les établissements régionaux d'enseignement adapté disposent, en matière pédagogique et éducative, d'une autonomie qui porte sur : [...] 8° Sous réserve de l'accord des familles pour les élèves mineurs, les activités facultatives qui concourent à l'action éducative organisées à l'initiative de l'établissement à l'intention des élèves ainsi que les actions d'accompagnement pour la mise en œuvre des dispositifs de réussite éducative définis par l'article 128 de la L. n° 2005-32 du 18 janv. 2005 de programmation pour la cohésion sociale. »

(130) C. éduc., art. L. 612-3. V. B. TOULEMONDE, « La discrimination positive dans l'éducation : des ZEP à Sciences po », *Pouvoirs* 2004, n° 111, p. 87.

éduc., art. D. 332-6) ou les « enseignements adaptés [...] pour la formation des élèves qui connaissent des difficultés scolaires graves et durables » (art. D. 332-7) répondraient à cette même logique de discrimination positive, la désignation de ces élèves reposant souvent sur des critères sociaux et familiaux.

1155 L'article L. 111-1 du Code de l'éducation dispose pourtant dans son alinéa 5 que : « Le droit à l'éducation est garanti à chacun afin de lui permettre de développer sa personnalité, d'élever son niveau de formation initiale et continue, de s'insérer dans la vie sociale et professionnelle, d'exercer sa citoyenneté ». Les alinéas suivants précisent que « pour garantir ce droit dans le respect de l'égalité des chances, des aides sont attribuées aux élèves et aux étudiants selon leurs ressources et leurs mérites. La répartition des moyens du service public de l'éducation tient compte des différences de situation, notamment en matière économique et sociale. Elle a pour but de renforcer l'encadrement des élèves dans les écoles et établissements d'enseignement situés dans des zones d'environnement social défavorisé et des zones d'habitat dispersé, et de permettre de façon générale aux élèves en difficulté, quelle qu'en soit l'origine, en particulier de santé, de bénéficier d'actions de soutien individualisé ». Ces formulations rendent malaisée la lecture des affirmations exposées dans les dispositions du dernier alinéa de ce même article qui s'inspirent clairement d'une conception classique du principe d'égalité : « L'acquisition d'une culture générale et d'une qualification reconnue est assurée à tous les jeunes, quelle que soit leur origine sociale, culturelle ou géographique ».

1156 Si la loi n° 2005-102 du 11 février 2005 pour l'égalité des droits et des chances, la participation et la citoyenneté des personnes handicapées qualifie utilement l'État, dans une logique d'égalité en droits, de « garant de l'égalité de traitement des personnes handicapées sur l'ensemble du territoire » (Code de l'action sociale et des familles, art. L. 114), elle ajoute, dans la perspective de l'égalité des chances, que : « La personne handicapée a droit à la compensation des conséquences de son handicap quels que soient l'origine et la nature de sa déficience, son âge ou son mode de vie. Cette compensation consiste à répondre à ses besoins, qu'il s'agisse de l'accueil de la petite enfance, de la scolarité, de l'enseignement, de l'éducation, de l'insertion professionnelle, des aménagements du domicile ou du cadre de travail nécessaires au plein exercice de sa citoyenneté et de sa capacité d'autonomie, du développement ou de l'aménagement de l'offre de service, permettant notamment à l'entourage de la personne handicapée de bénéficier de temps de répit, du développement de groupes d'entraide mutuelle ou de places en établissements spécialisés, des aides de toute nature à la personne ou aux institutions pour vivre en milieu ordinaire ou adapté, ou encore en matière d'accès aux procédures et aux institutions spécifiques au handicap ou aux moyens et prestations accompagnant la mise en œuvre de la protection juridique régie par le titre XI du livre Ier du Code civil » (art. L. 114-1-1). Ce sont donc autant d'activités de service public qui se trouvent impliquées par ces moyens de compensation multiples et de nature à transformer la fonction du principe d'égalité.

1157 La notion d'égalité *abstraite* est ainsi supplantée par celle d'égalité *concrète.* En ce qu'elle rend compte essentiellement de la possibilité d'accès à certains services, la notion d'égalité des chances en vient pourtant à transformer la notion juridique d'égalité. Les normes relatives à l'égalité tendent à perdre leur caractère contraignant (131), à intégrer de simples objectifs (132). Moteur de l'unité du corps social, l'égalité devient un facteur de séparation : la référence matérielle est désormais déterminante.

Au-delà des affirmations générales, la mise en œuvre de l'égalité des chances vise le plus souvent le prix des services et les coûts des aménagements pour en assurer l'accès. Ces prix et coûts font l'objet des principales évaluations. Mais, l'introduction de la notion d'égalité *des chances* dans le droit du service public annonce aussi de substantiels remaniements de la conception sociale des services publics. Construite en fonction du relevé de situations personnelles, elle déplace la question de l'égalité vers les organismes investis d'une mission de service public : elle devient un moyen de gérer la création, l'implantation, la suppression des services dans des zones déterminées telles les zones rurales ou les zones urbaines sensibles (133). Elle est une des références pour l'implantation et l'organisation des activités publiques dans ces zones, elle devient l'un des critères à partir duquel se constitue la politique des services dits « de proximité » dans les banlieues des grandes villes et dans les territoires ruraux.

Des formes nouvelles d'organisation du service public apparaissent ainsi. Qu'il s'agisse de « maisons de service public » destinées à regrouper dans un même lieu, à un guichet unique et par un même agent, les services publics essentiels de vie quotidienne, ou bien de services de proximité tendant à rapprocher les usagers des services, voire des maisons de l'emploi, ces formes d'organisation qui avaient pour but de contribuer à l'équilibre du territoire national, tendent à être remplacées, du fait du développement du recours à l'Internet, par les « téléservices publics ». Quelles qu'en soient les modalités, ces modèles sont conçus comme un moyen de réduire les coûts du service public, mais, d'une certaine façon, ils répondent aussi à une exigence fondamentale : la « continuité » (de l'offre) du service.

1158 L'application d'un principe d'égalité des chances à d'autres types d'inégalités jugées inacceptables est sollicitée par de nombreux groupes sociaux (134). Au-delà de l'inégalité des chances professionnelles ou de l'inégalité des chances d'accès aux mandats politiques entre hommes et femmes, qui ne peuvent pas être résorbées par des

(131) Ainsi, la L. du 11 févr. 2005 pour l'égalité des droits et des chances et la L. du 23 avr. 2005 d'orientation et de programme pour l'avenir de l'école ne contiennent aucun principe imposant d'inclure, dans les arrêtés attaqués, les heures de soutien scolaire de mise à niveau dans les enseignements obligatoires : CE, 14 juin 2006, req. n° 284933, Synd. nat. de l'enseignement technique agricole.

(132) Consacré par le juge administratif, « l'objectif d'égalité des chances entre les demandeurs doit être pris en compte pour l'attribution des logements sociaux » : CE, 15 déc. 2000, req. 213439, Féd. nat. des familles de France.

(133) L. n° 2003-710 du 1er août 2003 d'orientation et de programmation pour la ville et la rénovation urbaine, art. 1er : « En vue de réduire les inégalités sociales et les écarts de développement entre les territoires, l'État, les collectivités territoriales et leurs établissements publics respectifs élaborent et mettent en œuvre, par décisions concertées ou par voie de conventions, des programmes d'action dans les zones urbaines sensibles [...]. / Ces programmes d'action, qui tiennent compte du programme local de l'habitat s'il existe, fixent, pour chaque zone et sur une période de cinq ans, des objectifs de résultats chiffrés relatifs à la réduction du chômage, au développement économique, à la diversification et à l'amélioration de l'habitat, à la restructuration ou à la réhabilitation des espaces et équipements collectifs, à la restructuration des espaces commerciaux, au renforcement des services publics, à l'amélioration de l'accès au système de santé s'appuyant sur l'hôpital public, à l'amélioration du système d'éducation et de la formation professionnelle, de l'accompagnement social et au rétablissement de la tranquillité et de la sécurité publiques ».

(134) Y. Poirmeur, « Le double jeu de la notion d'égalité des chances », *in* G. Koubi et G. J. Guglielmi (dir.), *L'égalité des chances, op. cit.* p. 91.

discriminations positives directes, la notion d'égalité des chances devient un mot d'ordre du « libéralisme avancé ». Sortant progressivement de ses terrains traditionnels de prédilection, elle est élevée par certains au rang de principe directeur de l'ensemble des politiques sociales (135) en lieu et place du principe d'égalité des droits ou d'égalité en droit.

La crise de l'État-providence, les mutations économiques et la mise à mal de la « mobilité sociale ascendante » évoquée en son temps par J.-P. Fitoussi et P. Rosanvallon (136), ont fait surgir une nouvelle pauvreté et aggravé les disparités sociales, économiques et culturelles. La récurrence du terme « fracture », sociale dans les discours politiques, numérique dans l'objet de la loi n° 2009-1572 du 17 décembre 2009 (137) ou située comme indicateur pour le rétablissement de la sécurité dans les quartiers relevant de la politique de la ville (138), en accentue les effets. Le développement des inégalités ne touche pas seulement au revenu et aux ressources des citoyens, administrés ou usagers des services publics, il affecte aussi les liens fondamentaux qui relient chaque individu à la société, tels que le travail, le logement, l'éducation ou la culture.

L'extension progressive du champ d'application du principe d'égalité des chances s'accompagne ainsi d'une mutation de sa signification et renforce son caractère fuyant. Cette incertitude explique tant sa liaison que son opposition à la notion d'équité. En quelque sorte, dans le champ du service public, il semble alors que « le principe d'équité doit désormais aller au-delà de la stricte application du principe de l'égalité des chances : reconstituer celle-ci passe désormais par le principe de la "discrimination positive" » (139). La question de l'égalité des chances ne peut donc pas être analysée exclusivement par rapport au principe d'égalité, elle rejoint toutes les formes de gestion des inégalités, de la précarité et de la pauvreté dans les États européens.

§ 2. PRINCIPE DE NON-DISCRIMINATION ET SERVICE UNIVERSEL

1159 La problématique de la discrimination positive rejoint, d'une certaine manière, celle du « service universel » telle qu'elle a été comprise et insérée dans le système de droit français. La notion de « service universel » développée, de prime abord au niveau européen, est, en effet, une des causes du morcellement de la notion d'égalité des citoyens devant et dans le service public, alors même qu'elle a pu être présentée comme une notion « englobante » inspirée des principes généraux du droit du service public et faisant ainsi référence aux principes d'égalité, de continuité et d'adaptabilité.

(135) X. Greffe, *La politique sociale. Étude critique*, PUF, 1975.

(136) *Le nouvel âge des inégalités*, Seuil, 1996.

(137) L. n° 2009-1572 du 17 déc. 2009 relative à la lutte contre la fracture numérique, *JO* 18 déc. 2009 p. 21825.

(138) Annexe 1 de la L. n° 2003-710 du 1er août 2003 d'orientation et de programmation pour la ville et la rénovation urbaine : « L'objectif est de réduire le niveau de délinquance et d'améliorer la tranquillité et la sécurité publiques afin de rétablir le sentiment de sécurité et la qualité de vie dans les quartiers en ZUS. Cela exige de prévenir et de lutter contre la délinquance sous toutes ses formes, mais également d'œuvrer à la cohésion sociale et de garantir l'accès au droit des personnes habitant les territoires urbains qui connaissent aujourd'hui les plus grandes fractures ».

(139) A. Minc, *La France de l'an 2000,* Rapport « Les défis économiques et sociaux de l'an 2000 », Odile Jacob – La Doc. fr., 1994, p. 92.

1160 Les applications du service universel se trouvent aujourd'hui énoncées dans le cadre des missions de service public assurées par certains services en réseaux, tels l'électricité, la Poste et les entreprises de télécommunications et communications électroniques. Par exemple, désormais, « La Poste est le prestataire du service universel postal pour une durée de quinze ans à compter du 1er janvier 2011 » (140), service universel dont le contenu est défini par le Code des postes et des communications électroniques (141). En tant que tel, La Poste est soumise à un ensemble d'obligations dites, par référence aux dispositifs de droit européen, « de service public » même si l'expression n'est pas reprise textuellement ; selon ce même article, « le prestataire du service universel postal est soumis, au titre des prestations relevant de ce service, à des obligations particulières en matière de qualité et d'accessibilité du service, de traitement des réclamations des utilisateurs et, pour des prestations déterminées, de dédommagement en cas de non-respect des engagements de qualité de service. Il tient une comptabilité spécifique sur ses activités dans le champ du service universel ».

1161 Pour ce qui concerne les communications électroniques aucun prestataire particulier n'est clairement désigné. « Le maintien et le développement du service public des communications électroniques […], qui comprend notamment le droit de chacun au bénéfice du service universel des communications électroniques, sont garantis » (142). Les obligations de service public en sont pourtant précisément définies (143), ainsi que le contenu du service universel (144). Ces dispositions introduisent un décalage entre l'aspect général du service universel et ses applications particulières. Mais si une discrimination positive « légale » peut être décelée à l'endroit des personnes handicapées, d'autres « difficultés » sont moins rigoureusement traitées.

(140) Art. L. 2 al. 1er ; *Comp.* avec la version antérieure de ce même article : « La Poste est le prestataire du service universel postal. Au titre des prestations relevant de ce service, elle est soumise à des obligations en matière de qualité des services, d'accessibilité à ces services, de traitement des réclamations des utilisateurs et, pour des prestations déterminées, de dédommagement, en cas de perte, de vol, de détérioration ou de non-respect des engagements de qualité du service. Elle est également soumise à des obligations comptables et d'information spécifiques ».

(141) Art. L. 1 al. 4 : « Le service universel postal concourt à la cohésion sociale et au développement équilibré du territoire. Il est assuré dans le respect des principes d'égalité, de continuité et d'adaptabilité en recherchant la meilleure efficacité économique et sociale. Il garantit à tous les usagers, de manière permanente et sur l'ensemble du territoire national, des services postaux répondant à des normes de qualité déterminées. Ces services sont offerts à des prix abordables pour tous les utilisateurs. Les prix sont orientés sur les coûts et incitent à une prestation efficace, tout en tenant compte des caractéristiques des marchés sur lesquels ils s'appliquent. »

(142) CPCE, art. L. 32-1 I.2.

(143) Le chapitre III, titre Ier, Livre II de la partie législative de ce code précise que ces obligations sont assurées « dans le respect des principes d'égalité, de continuité et d'adaptabilité. Elles comprennent : a) Le service universel des communications électroniques défini, fourni et financé dans les conditions fixées aux articles L. 35-1 à L. 35-4 ; b) Les services obligatoires de communications électroniques offerts dans les conditions fixées à l'article L. 35-5 ; c) Les missions d'intérêt général dans le domaine des communications électroniques, en matière de défense et de sécurité, de recherche publique et d'enseignement supérieur, assurées dans les conditions fixées à l'article L. 35-6 ».

(144) CPCE, art. L. 35-1 : « Le service universel des communications électroniques fournit à tous : 1°) Un service téléphonique de qualité à un prix abordable. Ce service assure l'acheminement des communications téléphoniques, des communications par télécopie et des communications de données à des débits suffisants pour permettre l'accès à Internet, en provenance ou à destination des points d'abonnement, ainsi que l'acheminement gratuit des appels d'urgence […] 2° Un service de renseignements et un annuaire d'abonnés, sous formes imprimée et électronique […] ; 3° L'accès à des cabines téléphoniques publiques installées sur le domaine public ; 4° Des mesures particulières en faveur des utilisateurs finaux handicapés afin d'assurer, d'une part, un accès aux services mentionnés aux 1°, 2° et 3° qui soit équivalent à l'accès dont bénéficient les autres utilisateurs finaux et, d'autre part, le caractère abordable de ces services ».

1162 De fait, ce sont ces « mesures particulières » qui invitent à prendre en considération le lien entre service universel et discrimination positive. Les mêmes textes précisent en effet que « le service universel est fourni dans des conditions tarifaires et techniques prenant en compte les difficultés particulières rencontrées dans l'accès au service téléphonique par certaines catégories de personnes, en raison notamment de leur niveau de revenu et en proscrivant toute discrimination fondée sur la localisation géographique de l'utilisateur » (145). Il est donc malaisé de conjuguer le principe d'égalité (« tous ») et la considération des situations particulières, d'abord quant aux catégories sociales dont relèveraient certaines personnes, ensuite quant aux zones dans lesquelles elles pourraient être installées.

1163 Résumer ce mode d'approche des prestations de service public comme assurant « la fourniture à tous d'un service de qualité à un prix abordable » (146) ne suffit guère pour rendre compte des fonctions spécifiques de la notion de service universel par rapport aux remaniements que connaît le principe d'égalité. Car la notion de prix abordable autour de laquelle le service universel peut être construit, nécessite des révisions ponctuelles et des études particulières pour prendre sens. Il est donc difficile de retenir cette proposition sans signaler que les modalités d'application de la notion connaissent dans chaque secteur des aménagements spécifiques.

1164 La notion de service universel se comprend essentiellement non comme un service minimal de base mais comme un moyen de remédier, pour une part, aux conséquences de certaines inégalités socio-économiques – voire aussi géographiques suivant la logique marchande et le découpage des zones dites rentables et non rentables. Les éléments constitutifs de la notion de discrimination positive y apparaissent donc en filigrane. Dès lors, la question de la discrimination positive ne se pose, en droit du service public, que selon des critères objectifs que sont les situations géographiques, distinguant les zones rentables des zones non rentables, et les catégories socio-économiques des usagers.

Zones rentables ou pas, tout opérateur d'un service de communications téléphoniques ou électroniques est astreint au respect de certaines obligations qui forment autant de droits pour les usagers-clients. L'article R. 20-30 du Code des postes et des

(145) *Comp.* avec l'ancien article L. 35-1 : « Le service universel des télécommunications fournit à tous un service téléphonique de qualité à un prix abordable. Il assure l'acheminement des communications téléphoniques en provenance ou à destination des points d'abonnement, ainsi que l'acheminement gratuit des appels d'urgence, la fourniture d'un service de renseignements et d'un annuaire d'abonnés, sous formes imprimée et électronique, et la desserte du territoire national en cabines téléphoniques installées sur le domaine public. Il est fourni dans des conditions tarifaires et techniques prenant en compte les difficultés spécifiques rencontrées dans l'accès au service téléphonique par certaines catégories de personnes en raison notamment de leur niveau de revenu ou de leur handicap. Ces conditions incluent le maintien, pendant une année, en cas de défaut de paiement, d'un service restreint comportant la possibilité de recevoir des appels ainsi que d'acheminer des appels téléphoniques aux services gratuits ou aux services d'urgence au bénéfice du débiteur saisi en application de la L. n° 91-650 du 9 juill. 1991 portant réforme des procédures civiles d'exécution, et du débiteur pour lequel a été établi le plan de règlement amiable ou prononcé le redressement judiciaire civil institués par la L. n° 89-1010 du 31 déc. 1989 relative à la prévention et au règlement des difficultés liées au surendettement des particuliers et des familles. Toute personne obtient, sur sa demande, l'abonnement au téléphone auprès d'un opérateur chargé du service universel dans les conditions prévues par le présent code. Le propriétaire d'un immeuble ou son mandataire ne peut s'opposer à l'installation du téléphone demandée par son locataire ou occupant de bonne foi » (v. L. n° 84-939 du 23 oct. 1984 art. 1 ; L. n° 90-568 du 2 juill. 1990 art. 41 ; L. n° 90-1170 du 29 déc. 1990 art. 1, 3 et 7 ; L. n° 96-659 du 26 juill. 1996 art. 8).

(146) Dir. 2002/22/CE du Parlement européen et du Conseil du 7 mars 2002, dite « service universel », *JOCE* 24 avr. 2002, considérant n° 4 ; déc. ART n° 97-272 du 22 sept. 1997, *JO* 23 nov. 1997, p. 16992.

communications électroniques atténue la distinction élaborée entre service universel (art. L. 35-1) et service obligatoire (défini à l'article L. 35-5). Tout opérateur doit, pour l'un comme pour l'autre, « assure (r) en permanence la disponibilité de ce service pour l'ensemble des utilisateurs de la zone géographique pour laquelle il a été désigné, dans le respect des principes d'égalité, de continuité et d'adaptabilité ». Seul responsable de l'exécution de ses obligations, quand bien même il aurait confié à d'autres sociétés tout ou partie du service universel et des services obligatoires, l'opérateur fournit dans sa zone géographique à toute personne qui en fait la demande, entre autres, « un raccordement à un réseau téléphonique public ; une offre d'abonnement permettant d'émettre et de recevoir des communications téléphoniques, des communications par télécopie et des communications de données à un débit suffisant pour permettre un accès à internet [...] » ; en sus de ces éléments qui relèvent directement du « service universel », il doit proposer divers services quant à des interdictions sélectives d'appels sortants.

Dans ce cadre, il doit fournir une « offre de tarifs spécifiques à certaines catégories de personnes rencontrant des difficultés particulières dans l'accès au service téléphonique en raison de leur revenu ». L'article R. 20-34 I. précise quelles sont les catégories de personnes qui, au titre du service universel, ont droit à une réduction de leur facture téléphonique : personnes physiques qui ont droit au revenu de solidarité active et dont les ressources annuelles du foyer n'excèdent pas un certain montant ; personnes physiques qui perçoivent l'allocation de solidarité spécifique ou l'allocation aux adultes handicapés et qui ont souscrit un abonnement au service téléphonique fixe auprès de l'opérateur qui les dessert. Ce serait un « droit à réduction tarifaire ». La même réduction peut être aussi accordée, sous certaines conditions tenant au Code des pensions militaires, aux invalides de guerre, aux aveugles de guerre et aveugles de la Résistance, nonobstant une majoration de 4 euros par mois. Dans cette configuration, le service universel des communications téléphoniques et électroniques réunit un service de base commun à tous, le raccordement devant se faire en tous lieux, et un service minimal pour certains consistant en une réduction des tarifs ajustée à une régulation des utilisations par la définition des interdictions sélectives. Cette modulation s'inscrit dans un double jeu des considérations socio-économiques : d'un côté, est exposée la considération des personnes ne disposant pas de ressources suffisantes ; de l'autre, est retenue le nécessaire retour sur investissement pour l'opérateur. C'est dans cette tension qui s'inscrit aussi aux abords de la discrimination positive, que se situe toute l'ambiguïté de la notion de service universel.

Malgré les critiques qu'elle peut encourir au regard du droit antérieur, cette dimension nouvelle conquise par les activités de service public montre l'importance de la solidarité sociale dans la philosophie du service public. Elle vise à revitaliser le lien social qui est l'une des bases fondamentales de la notion de service public.

S/SECTION III — PRINCIPE D'ÉGALITÉ ET PRINCIPE DE NEUTRALITÉ

1165 **Bibliographie** : M. Hecquard-Théron (dir.), *Déontologie et droit*, PU Sciences Sociales Toulouse, 1994 ; C. Vigouroux, *Déontologie des fonctions publiques*, Dalloz, coll. Connaissance du droit, 1995 ; F. Chambon, O. Gaspon, *La déontologie administrative*, LGDJ, coll. Systèmes, 1997 ; V. Kondylis, *Le principe de neutralité dans la fonction publique*, LGDJ,

Bibl. droit public, 1997 ; D. Jean-Pierre, *L'éthique du fonctionnaire civil*, LGDJ, Bibl. droit public, 1999 ; D. Truchet et J. Moret-Bailly, *Déontologie des juristes*, PUF, coll. Licence droit, 2010.

Y. Fortin, « Déontologie et service public », *Rev. adm.* 1985, p. 435 ; A. Supiot, « La crise de l'esprit de service public », *Dr. soc.* 1989, p. 777 ; G. Koubi, « À la recherche d'une définition spécifique de l'obligation de neutralité des fonctionnaires et agents publics », *LPA*, 5 janv. 1990, p. 6 ; « Le principe de neutralité des services publics, un principe corollaire à la modernisation de l'État ? » *Rev. adm.*, 1992 p. 490, et 1993 p. 9 ; V. Kondylis, « La notion de neutralité dans la fonction publique », *ERPD/REDPG*, 1995, n° 2, p. 357 ; E. Mitard, « L'impartialité administrative », *AJDA* 1999, p. 478 ; N. Kada, « Service public et religion : du renouveau du principe de neutralité », *AJFP* 2004, p. 249 ; G. Klein, « La neutralité de la fonction publique à l'épreuve du sectarisme », *AJFP* 2004, p. 310 ; G.-J. Guglielmi, « Prières et service public », *Droit et cultures*, n° 51, 2006/1, p. 77 ; A. Ondoua, « Le service public à l'épreuve de la laïcité : à propos de la neutralité religieuse dans les services publics », *Dr. adm.*, déc. 2008, ét. 22. ; F. Dieu, « L'école, sanctuaire laïque », *RDP* 2009, p. 686.

1166 Parmi les principes généraux relatifs au fonctionnement du service public, bien que ne relevant pas de la trilogie traditionnelle des règles du service public, le principe de neutralité est la marque d'une des préoccupations constantes des pouvoirs publics. Pensé comme un principe corollaire du principe d'égalité par le Conseil constitutionnel (147), le principe de neutralité est aussi « un principe fondamental régissant les services publics » (148). Toutefois, depuis la fin des années 1980, interfère une relecture de ce principe à travers le concept de laïcité, ce qui tend à masquer la généralité du principe et à révéler des préoccupations différenciées dans le champ de la doctrine administrative et du service public.

1167 Le principe de neutralité du service public est d'abord une garantie de l'existence « administrative » des services : s'il est considéré comme le seul frein à une politisation excessive des activités de service public, il devrait également être un moyen de rendre compte d'un principe d'indifférence des autorités administratives à l'égard de toute question de nature religieuse, culturelle ou philosophique, que cela concerne les personnes ou les biens (149). Cependant, s'il s'agit d'éviter tout risque de discrimination ou de partialité à l'égard des participants ou des usagers de tout service public, ce principe est aussi la voie par laquelle s'annonce la prise en compte des différenciations sociales.

1168 Tous les juristes ne s'accordent pas sur la place du principe de neutralité dans le champ du droit du service public. Certains estiment que ce principe dispose d'une autonomie certaine par rapport aux autres principes dans la mesure où il touche à plusieurs domaines allant du politique au religieux en passant par le commercial et le culturel (§ 1) ; d'autres assimilent le principe d'égalité et le principe de neutralité faisant du second une conséquence directe du premier. Ainsi, le principe de neutralité « interdit que le service public soit assuré de façon différenciée, en fonction des convictions politiques ou religieuses de son personnel ou de celles des usagers du service » (150). Cette propension à lier égalité et neutralité conduit parfois les observa-

(147) CC, 18 sept. 1986, n° 86-217 DC, L. relative à la liberté de communication, *Rec.* p. 141.
(148) CC, 23 juill. 1996, n° 96-380 DC, L. relative à l'entreprise nationale France Télécom, *Rec.* p. 107.
(149) Par ex., TA Caen, 26 oct. 2010, req. 1000282, Préfet du Calvados, « Le principe de neutralité des services publics s'oppose à ce que soient apposés sur les édifices publics des signes exprimant des opinions politiques, religieuses ou philosophiques » ; *Combats pour les droits de l'homme*, http://combatsdroits-homme.blog.lemonde.fr/2010/11/17/marechal-nous-revoila-ta-de-caen-26-oct-2010-prefet-du-calvados/, note Touzeil-Divina ; *JCP A* 2010, 2347 note Markus ; *Dr. adm.* févr. 2011, comm. 16, Duranthon.
(150) R. Chapus, *Droit administratif général*, t. 1, Montchrestien, 2001, n° 786-2 et 787, p. 609 et s.

teurs à associer dans un même mouvement le principe de neutralité du service public et le principe de laïcité de l'État alors que ces deux principes ne peuvent être situés sur un même plan : l'un est dérivé des principes fondamentaux de l'action administrative, l'autre, fondamentalement lié à la nature républicaine de l'État, est issu des sources constitutionnelles du système juridique français (§ 2).

§ 1. L'AUTONOMIE RELATIVE DU PRINCIPE DE NEUTRALITÉ

1169 Le principe de neutralité apparaît non comme l'une des dimensions du principe d'égalité mais comme l'un des moyens principaux par lequel le respect de ce principe peut être assuré. Il est possible de l'en détacher sachant que le principe de neutralité est aussi une des formes de la garantie du respect de la liberté, notamment dans le champ des libertés intellectuelles ou académiques. C'est dans ce modèle que surgit la difficulté de définir la neutralité du service public, en raison de la tendance récente à voir dans cette neutralité, du fait des mutations sociales et économiques, une des bases légitimant le traitement juridique des différenciations économiques et sociales. Or, si la différenciation explique que le principe de neutralité soit considéré comme un corollaire du principe d'égalité, son objectif initial relève bien plus essentiellement de la déontologie administrative. Par ailleurs les traitements différentiels qui découlent, en effet, des modes d'application du principe d'égalité, contredisent implicitement l'idée de neutralité car elle devrait empêcher que soit prise en considération toute forme distinctive.

1170 Malgré cette recherche de prise en compte de la diversité des situations sociales, il faut donc affirmer nettement que le principe de neutralité vise non les droits des usagers, c'est-à-dire des personnes qui ont un rapport avec le service, mais le devoir des organismes chargés du service à leur égard. Dès lors, le principe de neutralité semble conduire autant à l'analyse des exigences du respect de la neutralité des services publics par les autorités locales et par les citoyens, qu'à l'étude d'une obligation de neutralité pesant sur les personnels affectés dans les services publics, notamment les agents publics et les fonctionnaires (151), obligation qui relève au premier chef du droit des fonctions publiques, inévitablement lié au droit du service public.

1171 L'idée de neutralité est des plus difficiles à présenter alors même qu'elle est profondément ancrée dans la construction historique du système juridique français. Elle paraissait être un des moyens par lesquels justifier la séparation du politique et de l'administratif. Dans un premier temps, l'action administrative se trouvant détachée de la fonction politique (152), les finalités de l'intérêt général pouvaient légitimer d'emblée toute entreprise engagée par les collectivités publiques ; dans un second temps, cette séparation de l'administratif et du politique a permis que la gestion du service public puisse s'effectuer sans heurts et dans le respect du droit. Ainsi, les changements des

(151) CE, 15 oct. 2003, req. n° 244428, Odent, *LPA*, 2004, n° 127, p. 14, note Tabaka; *AJFP* 2004, p. 31, note Guillaumont.

(152) CE, 23 juin 2004, req. n° 250294, Communauté urbaine de Dunkerque, *Collectivités – Intercommunalité* n° 8, 2004, comm. 165, Bentolila.

discours politiques, même s'ils ont influencé les modes de fonctionnement des services publics, en dernier lieu par la stratégie libérale de l'Europe du marché, n'ont pas conduit à un démantèlement absolu de ces services ni à la disparition du service public. La première dimension de la notion de neutralité administrative est donc que le service public n'est pas un instrument politique disponible.

1172 La traduction concrète de cette notion s'est réalisée dans le cadre du service public suivant deux orientations : la première est d'ordre général, elle consiste à rappeler que les activités de service public se réalisent dans le respect de la légalité obligeant ainsi les agents du service à en tenir compte ; la seconde est plus précise, elle se révèle particulièrement dans les modes d'application du principe d'égalité. La principale difficulté d'analyse du principe de neutralité du service public dérive donc de son rapport constant au principe d'égalité jusqu'à, parfois, nier son autonomie (153).

La liaison que le principe de neutralité entretient avec le principe d'égalité est cependant quelque peu remise en cause par la jurisprudence du Conseil d'État à propos de l'analyse des activités menées dans les cadres et lieux des établissements publics scolaires. Car si la notion de neutralité est le point d'appui de toutes les interdictions et restrictions des activités politiques et religieuses dans le cadre du service public, elle permet aussi d'éviter l'intrusion de pratiques commerciales peu adaptées à la spécificité de certaines activités telles l'enseignement (154) ou la police.

1173 Il s'agit alors non seulement de faire respecter le principe d'égalité proprement dit mais aussi de reconnaître les bases juridiques sur lesquelles s'est construit le système administratif. Sans pour autant dénier à cette structuration ses sources idéologiques et ses incertitudes, elle se fonde sur une séparation entre les sphères publiques et privées qui se transpose entre le politique et l'administratif puis entre le religieux et l'administratif. Elle doit dès lors être prolongée entre les activités d'intérêt général et les activités partisanes ou intéressées qui, par leur nature même, ne s'adressent qu'à une partie des usagers potentiels du service (155). Admettre le déroulement de ces dernières dans le champ du service public ferait douter de la qualité objective du service, donc de l'impartialité, voire de la probité des administrations.

C'est ainsi que les obligations de réserve et de désintéressement auxquelles sont astreints les fonctionnaires et agents publics renvoient souvent à la nécessité de protéger cette image de marque du service public. L'impartialité est devenue une des premières dimensions d'un principe de neutralité. Cette conception d'une autorité administrative impartiale, particulièrement évoquée à l'occasion des nominations aux emplois publics, a aussi ouvert le principe de neutralité à la question du traitement juridique des usagers, et donc à une liaison avec le principe d'égalité.

(153) J. Carbajo, *Droit des services publics*, Dalloz, coll. Mémentos, 1997, p. 56.

(154) Notamment exposé dans les circulaires du ministre de l'éducation nationale relatives aux « fournitures scolaires » : par ex. dans la circ. n° 2010-045 du 2 avr. 2010, « il est rappelé qu'en application du principe de neutralité du service public de l'enseignement, et conformément au code de bonne conduite des interventions des entreprises en milieu scolaire [...], un enseignant ne peut en aucun cas exiger l'achat d'un matériel d'une marque donnée », *BOEN* 29 avr. 2010.

(155) D'où le défaut de toute qualification donnée au terme de neutralité, à l'instar de A. Ondoua : « Le service public à l'épreuve de la laïcité : à propos de la neutralité religieuse dans les services publics », *Dr. adm.*, déc. 2008, ét. 22.

1174 Dans cette logique, parce que la notion de service public est implicitement pensée comme s'adressant au public, la neutralité du service public consiste d'abord à exclure toute forme de discrimination entre les usagers des services publics. Le passage de l'impartialité avancée pour la nomination des agents publics à la neutralité exigée des personnels des services publics envers les usagers est ici parfaitement cohérent.

La reconnaissance d'un principe de neutralité induit un refus de la différenciation illégitime. Ainsi, que la neutralité soit conçue comme une « neutralité indifférente » ou comme une « neutralité par la non-discrimination selon les opinions », elle acquiert une certaine autonomie qui pourrait alors justifier qu'une étude spécifique lui soit consacrée indépendamment de celle des trois principes constituant le noyau dur des règles communes aux différents services publics. Mais l'interdépendance entre ces différents principes apparaît désormais telle que ces dissociations ne semblent pas être réellement pertinentes.

1175 La neutralité peut donc être pensée comme un des principes fondamentaux de fonctionnement du service public. Située dans le champ des activités intellectuelles, elle révélerait une mise à distance, par la puissance publique, des courants de pensée philosophique, morale ou religieuse, dans le but de parer à tout soupçon d'embrigadement ou de manipulation des citoyens ou administrés, usagers des services publics concernés. Dans ce schéma, la fonction du principe d'égalité, indubitablement liée à la forme républicaine des institutions, redevient essentielle. Par exemple, les développements de l'impartialité du service public de la justice, aux alentours de la conception européenne d'un « procès équitable » peuvent y être rattachés. Mais alors la prise en considération de la neutralité dépasse le champ du droit du service public – ce qui est d'ailleurs le cas de la plupart des principes de fonctionnement du service public – car elle est aussi une des garanties du respect des droits de l'homme et des libertés fondamentales par les pouvoirs publics.

§ 2. LE PRINCIPE DE NEUTRALITÉ DANS LES SERVICES PUBLICS

1176 Conçu comme l'un des principes directifs du fonctionnement des services publics dès son origine, le principe de neutralité est d'abord marqué par son rapport permanent à la sphère politique (156).

Cette approche a d'abord été développée dans le cadre des établissements scolaires puisque « dans les collèges et les lycées, les élèves disposent, dans le respect du pluralisme et du principe de neutralité, de la liberté d'information et de la liberté

(156) À propos de la tenue de réunions politiques dans les établissements scolaires : CE, 8 nov. 1985, Min. de l'Éducation nationale c. M. Rudent, *Rec.* p. 316 ; *RFDA* 1986, p. 630, concl. Laroque ; *AJDA* 1985, p. 712, chron. Toutefois, le principe de neutralité du service public de l'enseignement ne peut être opposé à la tenue d'une réunion des élèves lorsqu'elle concerne un sujet d'ordre civique et social : CE, 6 nov. 1991, Min. de l'Éducation nationale, de la Jeunesse et des Sports c. Confédération nationale des groupes autonomes de l'enseignement public, *Rec.* p. 377 ; *LPA*, 1993, n° 91, p. 33 ; CE, 1er mars 1993, Min. de l'Éducation nationale, de la Jeunesse et des Sports c. Assoc. des parents d'élèves de l'enseignement public de Montpellier, *AJDA* 1993, p. 881, note Toulemonde.

d'expression. L'exercice de ces libertés ne peut porter atteinte aux activités d'enseignement » (157). Elle a aussi permis au juge administratif de rechercher les voies d'une conciliation entre la liberté d'expression et l'indépendance des activités de service public, comme des locaux qui y sont affectés, par rapport aux questions politiques et sociales sans qu'il lui soit systématiquement nécessaire d'invoquer explicitement le principe de neutralité (158).

1177 Le Conseil d'État, dans sa double fonction consultative et juridictionnelle, a ajouté à cette dimension politique une approche laïque qui, pour être fondamentale, n'est pas univoque. Portée par une conception nouvelle du principe d'égalité à propos du respect des croyances, tel qu'il est énoncé dans l'article 1er de la Constitution de 1958, la jonction entre principe de neutralité de l'action administrative et principe de laïcité de l'État a suscité des développements dans le cadre du service public en intégrant la neutralité du service public de l'enseignement à la figure de la laïcité de la République (159). Si ces développements ont surtout concerné la question du port de signes d'appartenance à une communauté religieuse ou révélant la croyance religieuse d'un élève dans les établissements publics scolaires (160), ce n'est pas la question religieuse qui doit être relevée à chaque fois mais bien les indications relatives au fonctionnement du service public de l'éducation. La loi n° 2004-228 du 15 mars 2004 encadrant, en application du principe de laïcité, le port de signes ou de tenues manifestant une appartenance religieuse dans les écoles, collèges et lycées publics a, en ce domaine, parachevé l'évolution de la jurisprudence administrative (161).

1178 Dans son avis du 27 novembre 1989, le Conseil d'État s'était efforcé de délimiter le cadre général des missions de ce service public (162). Il avait relevé les différentes lois relatives à l'orientation et à l'organisation de l'enseignement public. Il avait clairement démontré que le droit à une formation scolaire était conçu comme un moyen

(157) C. éduc., art. L. 511-2 ; circ. n° 2010-129 du 24 août 2010 relative à la responsabilité et à l'engagement des lycéens, *BOEN* 26 août 2010.

(158) CE ord., 7 mars 2011, req. 347171, École normale supérieure.

(159) P. Ségur, « Le principe constitutionnel de laïcité », *Ann. univ. Toulouse* 1996, tome XLIV, p. 117 ; G. Koubi, « La laïcité dans le texte de la Constitution », *RDP* 1997, p. 1301 ; D. Kessler, « La laïcité », *Pouvoirs* n° 100, 2001, p. 33 ; G. Koubi, « Laïcité à l'école et laïcité de l'État », *Rev. act. jurid. et soc.*, n° 229, nov. 2003, p. 3.

(160) CE avis n° 346-893, 27 nov. 1989, *AJDA* 1990, p. 39, note J.-P. C. ; *LPA*, 5 janv. 1990, p. 8, note Koubi ; CE, 2 nov. 1992, Kherouaa et autres : *Rec.* p. 389 ; *RFDA* 1993, p. 112, concl. Kessler ; *AJDA* 1992, p. 833, chron. ; *RDP* 1993, p. 220, note Sabourin ; *D.* 1993, p. 108, note Koubi ; CE, 14 mars 1994, Ylmaz, *Rec.* p. 129 ; CE ass., 14 avr. 1995, M. Koen et Consistoire central des israélites de France (2 arrêts) : *Rec.* p. 168 ; *AJDA* 1995, p. 572, chron. ; *D.* 1995, jur. p. 481, note Koubi ; CE, 10 juill. 1995, Assoc. Un Sisyphe et Saglamer (2 arrêts) : *Rec.* p. 292 ; *AJDA* 1995, p. 644, concl. Schwartz ; *JCP* 1995, II, 22519, note Ashworth ; CE, 20 mai 1996 Min. de l'Éducation nationale, de l'enseignement supérieur et de la recherche c. M. Ali, *AJDA* 1996, p. 709, note Koubi ; CE, 27 nov. 1996, Époux Naderan, *Rec.* p. 463 ; CE, 20 oct. 1999, Min. de l'Éducation nationale c. M. et Mme Ait Ahmad, *Rec.* p. 776, *D.* 2000, jur., p. 251, concl. Schwartz ; *JCP* 2000, II, 10306, note Guglielmi et Koubi ; *AJDA* 2000, p. 165, note De la Morena ; CE, Sect., 5 déc. 2007, req. 295671, M. et Mme Ghazal, et req. n° 285394, M. Singh et autres, *RFDA* 2008, p. 529, concl. Keller.

(161) L. n° 2004-228 du 15 mars 2004 encadrant, en application du principe de laïcité, le port de signes ou de tenues manifestant une appartenance religieuse dans les écoles, collèges et lycées publics, *JO* 17 mars 2004, p. 5190 ; v. G. Koubi, « Une précision tenue pour insigne », *JCP A* 2004, n° 13, 1213 ; F. Dieu, « L'école, sanctuaire laïque », *RDP* 2009, p. 686.

(162) CE, Avis n° 346-893, 27 nov. 1989, *Les Grands avis du Conseil d'État,* Dalloz, 1997, p. 315.

de contribuer à l'épanouissement de l'enfant, de lui permettre d'acquérir une culture, de le préparer à la vie professionnelle et, selon la loi d'orientation sur l'éducation, « à l'exercice de ses responsabilités d'homme et de citoyen ». La problématique éducative se trouvait rassemblée autour de la notion générale de citoyenneté, admettant la reconnaissance de la liberté de conviction et de manifestation des convictions, sans ouvrir sur leur exercice absolu et illimité. Encadré par les exigences d'une « bonne administration », l'exercice de la liberté de religion dans le service public ne peut faire obstacle aux missions du service public de l'éducation.

Le Conseil d'État avait répondu à la question que lui avait posée le ministre de l'Éducation nationale en utilisant le principe du bon fonctionnement du service public plus que celui de laïcité. Certes, il estimait que « dans les établissements scolaires, le port par les élèves de signes par lesquels ils entendent manifester leur appartenance à une religion n'est pas par lui-même incompatible avec le principe de laïcité, dans la mesure où il constitue l'exercice de la liberté d'expression et de manifestation de croyances religieuses ». Mais la véritable limitation provenait de ce que « cette liberté ne saurait permettre aux élèves d'arborer des signes d'appartenance religieuse qui, par leur nature, par les conditions dans lesquelles ils seraient portés individuellement ou collectivement, ou par leur caractère ostentatoire ou revendicatif, constitueraient un acte de pression, de provocation, de prosélytisme ou de propagande, porteraient atteinte à la dignité ou à la liberté de l'élève ou d'autres membres de la communauté éducative, compromettraient leur santé ou leur sécurité, perturberaient le déroulement des activités d'enseignement et le rôle éducatif des enseignants, enfin troubleraient l'ordre dans l'établissement ou le fonctionnement normal du service public ».

1179 Par la suite, le juge administratif avait pu accepter que les règlements intérieurs des lycées et collèges rappellent l'obligation pour chaque élève, usager du service, de participer à toutes les activités correspondant à sa scolarité organisées par l'établissement et d'accomplir les tâches qui en découlent (163). À partir de ce raisonnement, il avait pu signaler que le port d'un signe distinctif ne peut se traduire par des attitudes contraires au déroulement des activités d'enseignement et surtout que l'obligation d'assiduité aux cours ne peut être levée car elle perturberait le fonctionnement normal du service (164). La notion de laïcité n'était pas l'argument principal, le principe de neutralité venait ici consolider la mission du service public et renforcer les obligations faites aux usagers comme aux personnels du service.

Cependant, dans le cadre des relations internationales, ce principe de neutralité, lié au principe de laïcité, a pu être distancé. En effet, alors que l'État dispose, du fait des lois, du monopole du service public de la collation des grades universitaires, l'interprétation donnée par le ministre et, ensuite, par le Conseil d'État, à l'accord passé entre la République française et le Saint-Siège sur la reconnaissance des grades et diplômes dans l'enseignement supérieur du 18 décembre 2008 a pu aboutir à la reconnaissance des diplômes relevant du Saint-Siège (165).

(163) CE ass., 2 nov. 1992, Kherouaa et autres, *Rec.* p. 389, *préc.*

(164) CE ass., 14 avr. 1995, M. Koen et Consistoire central des israélites de France (2 arrêts) : *Rec.* p. 168 ; *AJDA* 1995, p. 572, chron. ; *D.* 1995, jur. p. 481, note Koubi.

(165) CE ass., 9 juill. 2010, req. 327663, Fédération nationale de la libre pensée, *RFDA* 2010, p. 980, concl. Keller ; *AJDA* 2010, p. 1635, chron.

1180 L'insistance sur le respect de la neutralité par les personnels des services publics (166) contribue aussi à confirmer l'approche initiale selon laquelle n'est un service public que l'activité désignée comme telle par les gouvernants. Certes, les services publics ne sont pas de simples instruments aux mains des gouvernants, ils répondent à des considérations d'intérêt général qui transcendent les approches partisanes ou les positions idéologiques. Dans la mesure où la collectivité doit pouvoir en bénéficier, l'approche juridique de la notion de service public permet d'exposer quelle serait la portée du principe de neutralité : le service public doit fonctionner en tenant compte exclusivement des exigences de l'intérêt général.

La définition de l'intérêt général connaît cependant des variations qui n'excluent nullement des enjeux idéologiques dans les politiques de service public. Or, justement à ce titre, le rappel du principe de neutralité présente un intérêt substantiel. Il permet autant de justifier l'aménagement du principe d'égalité dans la diversité que de limiter les implications du marché dans les modes de fonctionnement des services publics. Ces deux aspects, aussi divergents semblent-ils être, se complètent dans l'ordre d'une société libérale.

1181 • Dans un premier temps, prenant en considération l'évolution des systèmes juridiques européens qui invitent à retenir les modes d'identification des personnes par rapport à des groupes de population particularisés, il apparaît nécessaire, pour les pouvoirs publics, d'investir dans le cadre d'une « neutralité-pluralisme » que certains signalent, à juste titre, comme source de paradoxes dans le système français républicain (167). Cette conception du « pluralisme » doit être cependant comprise au plan social et économique et non au plan culturel, quand bien même existeraient des liens entre les deux. En effet, si l'analyse s'engageait sur le plan culturel, elle aurait pour conséquence de déplacer la problématique du service public dans le champ de la reconnaissance des spécificités culturelles, linguistiques et religieuses, et donc conduirait à aborder une notion de minorité ou de « droits de groupe » que le Conseil constitutionnel a estimé contraire au principe d'unicité du peuple français (168). La jurisprudence administrative à cet égard est assez ambiguë. Dans une certaine mesure, cette tendance peut déjà être décelée à propos des dérogations relatives à l'abattage rituel dans les abattoirs municipaux, même si elle est moins évidente pour ce qui est de l'intégration des écoles de langues régionales dans le cadre général de l'éducation nationale (169). Sur ce dernier point la formulation nouvelle selon laquelle « Les langues régionales appartiennent au patrimoine de la France », inscrite à l'article 75-1 de la Constitution, ne règle d'ailleurs pas la question.

1182 • Toutefois, c'est surtout sur le plan économique et social que la dimension du pluralisme tend à être utilisée, notamment afin d'assurer aux catégories les plus défavorisées,

(166) CE avis, 3 mai 2000, Marteaux, *Rec.* p. 169, *RFDA* 2001, p. 146 concl. Schwartz ; *D.* 2000, p. 747, note Koubi ; *RRJ* 2001, p. 2107, note Armand ; *AJDA* 2002, p. 602 chron.

(167) S. Mesure, A. Renaut, *Alter ego – Les paradoxes de l'identité démocratique*, Aubier, 1999.

(168) CC, 15 juin 1999, n° 99-412 DC, à propos de la ratification de la Charte européenne des langues régionales ou minoritaires du 5 nov. 1992, *JO* 18 juin 1999.

(169) CE ord. réf., 30 oct. 2001, req. 238654, 238 656 et 238 680, Synd. national des enseignements du second degré, *D.* 2002, Jur., p. 601, note Guglielmi et Koubi ; CE, 29 nov. 2002 (2 esp.), Conseil national des groupes académiques de l'enseignement public UNSA et autres, et SNES et autres, *JCP A* 2002, n° 129, p. 329, note Guglielmi et Koubi ; *AJDA* 2002, p. 1512, note Viola ; M. Boumedienne, « La place des langues régionales dans le service public de l'enseignement », *TDP* 2004, n° 1, p. 5 ; M. Frangi, « État, langue et droit en France », *RDP* 2003, p. 1607.

puis les plus démunies, vulnérables ou en situation de précarité, l'accès aux services publics essentiels tels la santé, l'éducation et la fourniture de biens de première nécessité. Dans ce deuxième mouvement, la question particulière de la neutralité, engagée dans le processus de dérégulation européen, s'insère dans l'étude de la fixation des tarifs des services publics comme dans celle du « service universel » – suivant l'idée d'un « prix abordable ». Elle exige de penser la « neutralité tarifaire », laquelle peut s'analyser sous l'angle d'un droit de l'usager à la « péréquation tarifaire ». Ce droit consiste, pour un usager situé dans des zones difficiles d'accès du territoire français, à bénéficier d'un tarif identique à celui de tout autre usager pour un service donné – qu'il s'agisse de services postaux, de distribution d'eau, de raccordement téléphonique, de fourniture d'électricité ou de gaz. Il convient surtout aux services publics en réseaux.

Cette neutralité tarifaire modifie sensiblement l'approche de la notion d'égalité dans le service public puisque les différenciations de prix prétendent s'accorder à des mécanismes de justice sociale ou d'aménagement du territoire, dont les fondements demeurent incertains mais répondent à des stratégies de politiques publiques. Le rapport entre les principes de neutralité du service public et d'égalité des usagers, administrés ou citoyens, se trouve là renforcé.

1183 • Dans un troisième mouvement, la question de la neutralité s'avère posée à propos de l'intrusion des pratiques publicitaires (170) et/ou commerciales dans les services publics (171). On peut effectivement penser que certaines activités de service public, comme l'enseignement, la police, l'état civil, n'ont pas vocation à favoriser des opérations commerciales.

Cette dynamique est particulièrement prégnante dans le cadre du service public de l'éducation. L'application du principe de neutralité permet ainsi d'éviter l'installation d'appareils de distribution automatique de boissons dans un établissement scolaire lorsqu'ils servent de support publicitaire (172). En effet, dans une circulaire du 28 mars 2001 relative aux relations avec le monde professionnel, « Code de bonne conduite » des interventions des entreprises en milieu scolaire, le ministre de l'Éducation nationale remarquait que « les services de l'éducation nationale et les établissements scolaires sont également souvent sollicités par des entreprises qui souhaitent intervenir en milieu scolaire, afin de bénéficier des facilités d'accès à une population ciblée et captive envers laquelle elles ne poursuivent en fait qu'une stratégie commerciale ». Il avait été amené à rappeler que « le principe de neutralité du service public de l'éducation nationale [...] s'entend aussi de la neutralité commerciale » (173).

(170) Dans le but de proscrire les campagnes publicitaires conduites dans les établissements scolaires, furent émises les circulaires du 8 nov. 1963 (*BOEN* n° 42 du 21 nov. 1963), du 3 juill. 1967 n° II-67-290 (*BOEN* n° 28 du 3 juill. 1967) et du 10 déc. 1976 n° 76-440 (*BOEN* n° 47 du 23 déc. 1976), toutes trois relatives à l'interdiction des pratiques commerciales dans les établissements publics d'enseignement.

(171) TA Caen, 30 nov. 1993, Jean-Pierre Ponthus (cité par circ. n° 2001-053, *BOEN* n° 14, 5 avr. 2001) : l'organisation d'un concours d'orthographe dans une école par un établissement bancaire contrevenait au principe de neutralité scolaire ; TA Cergy-Pontoise, 1er juill. 2004, n° 0007594, Gilbert M., *préc.* : à propos de l'organisation d'un jeu concours, « Les masters de l'économie », dans un établissement public d'enseignement : « ce jeu qui avait clairement des objectifs publicitaires et commerciaux pour la banque organisatrice tombait sous le coup de la prohibition des initiatives de nature publicitaire, commerciale, politique ou confessionnelle figurant au règlement intérieur de l'établissement ; il contrevenait également au principe de neutralité de l'école rappelé par de nombreuses circulaires et notes de service émanant du ministre de l'Éducation nationale ».

(172) CE sect., 6 nov. 2002, Molinier, *Rec.*, p. 370 ; *JCP A* 2002, 1352, note Taillefait.

(173) Circ. n° 2001-053, *BOEN* n° 14, 5 avr. 2001. C'est à cette circulaire que les consignes relatives aux « fournitures scolaires » émises chaque année par le ministère font encore référence.

Cependant, comme en écho d'un principe d'adaptation constante, cette même circulaire précise que « l'utilisation de produits multimédias par les établissements scolaires, à des fins d'enseignement, est libre. La consultation de sites Internet privés ou l'utilisation de cédéroms qui comportent des messages publicitaires ne sauraient être regardées comme une atteinte au principe de neutralité ». Lors d'un recours contentieux mené à l'encontre de cette circulaire (174), le Conseil d'État, en formation contentieuse, a confirmé la position qu'il avait adoptée auparavant dans ses fonctions consultatives dans un avis du 19 novembre 1987 (175) : l'insertion dans une publication administrative d'encarts publicitaires n'est possible que si elle peut être « regardée comme répondant à un intérêt public ou comme le complément ou le prolongement de l'activité de service public, qui est ici aussi l'information des fonctionnaires et des administrés ».

1184 La définition du principe de neutralité du service public doit donc désormais aussi bien inclure la problématique d'une conciliation entre les modes de fonctionnement du service public, les activités commerciales auxquelles ils peuvent être confrontés et l'exercice des libertés publiques par les citoyens usagers des services publics. La recherche d'un « juste prix » du service doit aussi se réaliser indépendamment des stratégies d'appartenance identitaire de ces derniers, mais elle peut s'opérer suivant leurs situations économiques et sociales en s'appuyant sur un secteur placé en dehors du marché. Dans ce cadre, la pleine et entière application du principe de neutralité dans les services publics dépend essentiellement de sa compréhension par les personnels de ces services. L'association entre principe de neutralité du service public et obligation de neutralité des personnels des services publics est, sur ce point, fondamentale.

§ 3. NEUTRALITÉ DU SERVICE PUBLIC ET OBLIGATION DE NEUTRALITÉ DES AGENTS PUBLICS

1185 L'obligation de neutralité des fonctionnaires et agents publics présente deux aspects complémentaires. Son objectif est, en premier lieu, d'éviter une trop grande politisation des fonctions publiques au-delà des corps relevant de la haute administration. En second lieu, elle apparaît comme une des garanties principales du respect du principe d'égalité des administrés, usagers ou clients des services publics, du principe d'impartialité et du principe de non-discrimination dans les services publics. Ces éléments déterminent les devoirs et obligations des fonctionnaires et agents dans les services publics, qui sont concernés au premier chef.

1186 Le principe de neutralité œuvre d'abord pour une meilleure responsabilisation des agents dans leurs fonctions. Il concerne aussi les usagers, dans une moindre mesure, ceux-ci ne pouvant voir leurs droits fondamentaux et leurs libertés remis en cause à l'occasion de leur utilisation du service public. C'est ainsi que, dans les établissements publics d'enseignement scolaire, les personnels sont astreints à une stricte obligation de neutralité alors que les usagers que sont les élèves disposent du droit d'exprimer et de manifester leurs croyances religieuses, autrement que par le port de

(174) CE sect., 6 nov. 2002, req. 234271, Molinier, *préc*.
(175) Avis CE, section de l'intérieur, 19 nov. 1987, n° 342940.

signes distinctifs ostensibles et à condition toutefois que ne soit pas perturbé le fonctionnement du service (176).

Dans cette limite se trouve un appel à une responsabilisation des usagers au-delà même des questions de civilité qui exigent de leur part des comportements de retenue, de considération ou de politesse à l'égard des agents. Car si le principe de neutralité a pour effet de rappeler le droit pour tout administré de bénéficier des prestations de service public, il a également pour objet de justifier des « nuances » dans l'application du principe d'égalité. L'évaluation de la différence de situation des usagers éventuels, virtuels ou réels, des services publics ne peut se réaliser que dans le respect de ce principe.

1187 À cette obligation de neutralité doivent être jointes, nécessairement, d'autres obligations des fonctionnaires et agents publics, personnels des services publics administratifs ou industriels et commerciaux. L'obligation de neutralité entretient des rapports directs avec l'obligation de « loyalisme », l'obligation de discrétion professionnelle et surtout l'obligation de désintéressement ou d'intégrité et de probité. Il y a là réunion des deux aspects de la neutralité : la neutralité matérielle et la neutralité intellectuelle (177).

La notion de neutralité se voit ainsi appréhendée comme une catégorie englobant l'ensemble des obligations des fonctionnaires et agents publics quant à la limitation de leur liberté d'action, de manifestation de leurs opinions dans et à l'occasion de leurs fonctions (178). Elle n'est pas un élément constitutif de l'obligation de réserve dans la mesure où elle s'attache plus particulièrement à l'exercice des fonctions dans le service public, à l'égard du public. Les dispositions de l'article 7 du Code de déontologie de la police nationale (179) en donnent une illustration alors même que le mot de neutralité n'y apparaît pas : « Le fonctionnaire de la police nationale est loyal envers les Institutions Républicaines. Il est intègre et impartial ; il ne se départit de sa dignité en aucune circonstance. Placé au service du public, le fonctionnaire de police se comporte envers celui-ci d'une manière exemplaire. Il a le respect absolu des personnes, quelles que soient leur nationalité ou leur origine, leur condition sociale ou leurs convictions politiques, religieuses ou philosophiques » (180).

1188 Cependant, visant l'objectif de la « compétitivité du service public », la fonction de la « rentabilité » et la recherche d'une meilleure « efficacité économique » du service sont corollaires aux mesures instituées par la révision générale des politiques publiques. L'obligation de neutralité doit donc être désormais détachée des développements relatifs à l'obligation de « désintéressement ». Les modalités de versement des « primes au mérite », la fixation chiffrée d'objectifs à atteindre et de résultats à obtenir en décomposent progressivement la qualité déontologique initiale. Le respect de l'obligation de neutralité sous la forme du désintéressement, administratif ou financier, n'est pas compatible avec de telles mesures.

(176) Évolution préc., depuis l'avis du Conseil d'État du 27 nov. 1989 jusqu'à la L. n° 2004-228 du 15 mars 2004.

(177) J.-P. VALETTE, *Le service public à la française*, Ellipses, 2000, p. 98.

(178) CE, 22 nov. 2004, req. 244515, Min. de la Jeunesse, de l'Éducation nationale et de la Recherche c. M. Michel A, *AJDA* 2005, p. 734, note Dord.

(179) Issues du D. n° 86.592 du 18 mars 1986 ; les mêmes dispositions ont été reprises à l'article 6 du Code de déontologie des agents de police municipale.

(180) V. le commentaire de cette disposition par S. PORRA et C. PAOLI, *Code annoté de déontologie policière*, LGDJ, 1991, p. 81 et s.

Quand la logique du service public rejoint celle « du service rendu au public » et lorsque la carrière, l'avancement et la promotion de l'agent public se fondent sur le mérite « individuel », la proposition du désintéressement financier de l'agent se limite à une obligation de probité, d'honnêteté, d'intégrité, d'incorruptibilité, de moralité. L'obligation qui lui est faite de remplir des « objectifs » quantitatifs déterminés au préalable induit d'autres comportements, d'autres conduites de sa part, qui atténuent la portée et la force du principe de neutralité dans les services publics. Si les agents des services publics acceptent ces objectifs sans en retirer pour eux-mêmes de substantiels bénéfices, il n'en reste pas moins que l'application des procédures et des règles qui y sont liées peuvent porter atteinte au principe d'égalité des usagers devant le service public (et tel est le cas de l'application des politiques tendant à lutter contre l'immigration clandestine ou encore des politiques de lutte contre les délinquances juvéniles).

1189 Ces questions renvoient à une éthique du service public et à la déontologie. Dans sa décision du 8 décembre 1948, *Demoiselle Pasteau*, le Conseil d'État avait relevé l'existence d'un « devoir de stricte neutralité qui s'impose à tout agent collaborant à un service public » (181). L'obligation de neutralité institue une limite substantielle à sa liberté d'opinion et à sa liberté d'action. Ainsi, « quels que soient l'emploi et la position actuellement occupés, le fonctionnaire se trouve en permanence soumis à une certaine déontologie professionnelle faite de sujétions plus ou moins strictes, selon les agents et leur place dans ou hors du service, mais dont un minimum paraît irréductible : la raison en est que ces contraintes sont établies à partir et en fonction de l'intérêt du service » (182).

L'obligation de neutralité des fonctionnaires est comprise comme une obligation intérieure au service. C'est ainsi que « le devoir de stricte neutralité qui s'impose à tout agent collaborant à un service public [...] exige que l'agent public, en s'abstenant, dans le service, de toute prise de position politique, religieuse ou philosophique, ne fasse pas du service l'instrument d'une propagande quelle qu'elle soit, ce qui ne manquerait pas d'en troubler le fonctionnement et surtout de faire perdre aux usagers la confiance dans le service, de lui enlever, en définitive, toute crédibilité et de porter par là même atteinte à l'autorité de la puissance publique » (183). Les impératifs de « l'intérêt du service » limitent ses libertés. Aussi, si certaines autorisations d'absence pour la participation des fonctionnaires à des fêtes et célébrations autres que chrétiennes et familiales (184) peuvent être accordées, l'agent ne peut choisir « des horaires à sa convenance pour remplir ses obligations religieuses » dès lors que cette solution risque de « compromettre le bon fonctionnement du service » (185).

(181) *Rec.* p. 464.
(182) A. Baldous, « L'intérêt du service dans le droit de la fonction publique », *RDP* 1985, p. 929.
(183) J.-F. Lachaume, *Grands services publics*, Masson, 1989, p. 319.
(184) G. Koubi, « Autorisations d'absence et liberté de conscience des fonctionnaires », *Rev. adm.* 1987, p. 133 ; C. Viard, « Congés… pour prières », *Droit et cultures* n° 51, 2006, p. 46. V. aussi, D. Jean-Pierre, « Les religions du fonctionnaire : le fonctionnaire et la foi », *AJFP* 2001, p. 31 ; *Religions et fonction publique*, Actes du colloque de Lyon, 15 oct. 2004, *JCP A* 2005, n° 1140.
(185) TA Fort-de-France, 19 juin 1976, Delle Coralie, *Rec.* p. 653 ; Comm. EDH, 6 janv. 1993, n° 14524/89, Yanasik c. Turquie, *DR* 74, p. 21, v. chron., *AJDA* 1994, p. 33 ; CE ord. référé, 16 févr. 2004, M. Ahmed Benaïssa c. Office public municipal de HLM de Saint-Dizier, *Rec.* T. p. 826, *AJDA* 2004, p. 822, note Guglielmi et Koubi.

1190 L'obligation de neutralité ne joue donc pas seulement à l'égard des usagers du service public. Elle empêche aussi que le comportement de l'agent vienne troubler la cohésion du service et perturber son fonctionnement quelles que soient ses opinions politiques, philosophiques ou religieuses. C'est en ce sens qu'elle offre des clefs pour aborder la question de la « déontologie du service public » laquelle relève essentiellement d'approches de science administrative (186).

SECTION II LA CONTINUITÉ, LE PRINCIPE ET SES DÉVELOPPEMENTS

1191 **Bibliographie** : J.-P. GILLI (dir.), *La continuité des services publics*, PUF, 1973 ; J.-M. BOLLÉ, *Le principe de continuité des services publics*, th. Paris, 1975 ; C. BOYER-CAPELLE, *Le service public et la garantie des droits et libertés*, th. Limoges, 2009.

A. DUPIE, « Le principe de continuité des services publics », *in* M.-J. GUÉDON (dir.), *Sur les services publics*, Economica, 1982, p. 39 ; S. PINON, « Le principe de continuité des services publics : du renforcement de la puissance étatique à la sauvegarde de l'expression démocratique », *RIEJ* 2003, n° 51, p. 69 ; S. SALON : « Le principe de la continuité du service public : l'exception française », *Cah. Fonct. publ.* mars 2005, n° 243, p. 10 ; G. J. GUGLIELMI, « La continuité du service public, un principe de fonctionnement ou une essence première ? », *in* G. KOUBI, G. LE FLOCH, G. J. GUGLIELMI (dir.), *La notion de continuité, des faits au droit*, L'Harmattan, coll. Logiques juridiques, 2011, p. 267.

1192 Si la satisfaction de l'intérêt général constitue le but de tout service public, qu'il soit de caractère administratif, industriel ou commercial, qu'il soit géré par une personne publique ou par une personne privée, la règle de la continuité du service public est politiquement et socialement essentielle. Elle apparaît parfois, aux yeux de certains juristes, comme l'essence même du service (187). Duguit affirmait d'ailleurs que dans la mesure où une activité d'intérêt général revêtait une réelle importance pour la collectivité, elle ne pouvait un seul instant être interrompue, « la continuité est un caractère essentiel du service public » (188).

1193 La notion de continuité est générale, elle concerne tout autant l'organisation politique que la fonction juridique. Le Conseil constitutionnel estime que la continuité de la vie nationale ou de la vie de la nation est un des principes clef du système juridique étatique (189). C'est en vertu de ce principe que se déduit et est développé logiquement le principe de continuité du service public. Dans une décision du 22 mai 1985, le Conseil constitutionnel évoque aussi « la continuité de la vie de la nation » (190).

(186) J. CHEVALLIER, D. LOSCHAK, *Traité de science administrative*, (2 t.), LGDJ, 1978 ; J. CHEVALLIER, *Science administrative*, PUF, coll. Thémis, 1994.
(187) Concl. Tardieu sur CE, 7 août 1909, Winkell, *Rec.* p. 826, *S.* 1909, III, p. 145.
(188) *Traité de droit constitutionnel*, t. 2, Fontemoing, 1928, p.61.
(189) CC, 30 déc. 1979, n° 79-111 DC, Vote du budget, *Rec.* p. 39.
(190) CC, 22 mai 1985, n° 85-188 DC, Protocole n° 6 additionnel à la Convention européenne de sauvegarde des Droits de l'homme et des libertés fondamentales concernant l'abolition de la peine de mort, *Rec.* p. 15.

N'adhérant pas à l'analyse de L. Favoreu et de L. Philip qui pensent le qualifier comme un principe « à valeur *supra* constitutionnelle », nous préférons, comme d'autres juristes (191), y voir « l'un de ces principes *infra* juridiques qui sous-tendent, informent et justifient intellectuellement et moralement les règles du droit positif ».

Peuvent être rattachées à cette lecture des référents fondamentaux du droit public français, et surtout du droit administratif, certaines dimensions du régime de la domanialité publique et des ouvrages publics, comme les principes de l'inaliénabilité et de l'imprescriptibilité des biens relevant du domaine public et le principe d'intangibilité des ouvrages publics, même si certaines nuances doivent désormais y être apportées. Il en est de même pour bien des règles relatives aux fonctions publiques – comme les obligations d'exclusivité des fonctions et les règles d'incompatibilités entre certaines fonctions et emplois publics.

1194 Le principe de continuité du service public est pensé comme une transposition du principe de la continuité de l'État au niveau administratif, qui en est l'origine. La détermination des « affaires courantes » qu'un gouvernement démissionnaire doit expédier en l'attente de la nomination de ses successeurs explique qu'en fin de compte, ce principe détienne une fonction politique et économique qui le relie directement à la problématique du principe de continuité comme du principe d'adaptation. Là se trouve la difficulté d'une analyse particulière du principe de continuité du service public.

1195 La liaison permanente qu'entretient le droit du service public avec les règles générales du droit administratif explique que le principe de continuité du service public revête une nature relative et demeure malaisé à appréhender (sous-sect. 1). De plus, parce que la notion de service public relève d'un rapport constant avec les données de la vie sociale, les développements du principe de continuité, qui rejoignent souvent les principes associés de la mutabilité et de l'adaptabilité du service public, connaissent des réaménagements incessants (sous-sect. 2).

S/SECTION I LE PRINCIPE DE CONTINUITÉ

1196 Érigé en principe de valeur constitutionnelle par le Conseil constitutionnel (192), puis considéré par le Conseil d'État comme principe fondamental (193), le principe de continuité du service public est un principe signifiant les exigences essentielles d'une activité de service public. Il est le seul que L. Rolland avait explicitement qualifié de « loi » du service public (§ 1).

La continuité pourrait être définie comme signifiant le fonctionnement ponctuel et régulier du service public, en tant qu'il existe au préalable et sans préjuger de son éventuelle suppression par l'autorité administrative compétente. Il a donc

(191) A.-S. Mescheriakoff, *Droit des services publics*, PUF, coll. Droit fondamental, 1997, p. 169.
(192) CC, 25 juill. 1979, n° 79-105 DC, Continuité du service public de la radio-télévision, *Rec.* p. 33 ; *AJDA* 1980, p. 191, note Legrand.
(193) CE, 13 juin 1980, Mme Bonjean, *Rec.* p. 274.

pour effet de contraindre les organismes chargés d'un service public à maintenir et poursuivre leurs missions quelles que fussent les circonstances auxquelles ils auraient à faire face (§ 2).

§ 1. LA CONTINUITÉ, LE PRINCIPE ESSENTIEL DU SERVICE PUBLIC

1197 Le premier des fondements du principe de continuité du service public se situe dans la notion de continuité de l'État qui est exprimée dans l'article 5 de la Constitution de 1958 lorsque le président de la République se devant de veiller à son respect, « assure par son arbitrage le fonctionnement régulier des pouvoirs publics ainsi que la continuité de l'État ». La notion de continuité du service public s'inscrit alors dans un champ politique qui fonde nombre de règles de droit administratif, allant du privilège du préalable s'attachant aux actions administratives jusqu'à la théorie du fonctionnaire de fait dans des circonstances d'urgence. La notion de continuité de l'État se prolonge dans la notion de régularité des services de l'État et des autres collectivités territoriales ; c'est d'ailleurs à partir de ces données que se développe la notion de « bonne marche du service », ou de « bon fonctionnement de l'administration » (194).

Le juge administratif avait eu, dans l'arrêt *Heyriès*, l'occasion de rappeler qu'il incombait au président de la République « de veiller à ce qu'à toute époque, les services publics institués par les lois et règlements, soient en état de fonctionner, et à ce que les difficultés résultant de la guerre n'en paralysent pas la marche » (195). Dans le cadre des pouvoirs publics, des institutions publiques, des services publics la question de la continuité concerne donc autant les administrations générales, l'armée, la justice que les activités spécifiques telles les voies de communication terrestres, hertziennes ou électroniques, la distribution du courrier, l'enseignement, la protection de la santé, les transports, etc.

1198 Orienté vers la continuité de l'État et centré autour de l'action des personnes publiques, de leur intervention concrète plus que de la seule satisfaction des usagers, le principe de continuité s'inscrit aussi dans le schéma traditionnel du « maintien de l'ordre public ». L'ordre et la régularité du fonctionnement des services publics renvoient aussi à la conception d'une « bonne administration » (196). Le principe a pour fonction de parer aux risques de perturbations dans l'obligation et l'offre de prestations comme d'éviter les défauts et dysfonctionnements divers – à tout le moins quand tous les moyens en matériel comme en personnel sont assurés (197). Ces deux dimensions dénotent la qualité particulière du principe de continuité. Il est toujours lié aux contingences et aux évaluations des rapports entre besoins collectifs et intérêts nationaux.

(194) CE avis du 18 nov. 1993, France Télécom, *LPA*, 1994, n° 147, note Peyrical ; CAA Nancy, 29 mai 1997, Marc Peter, n° 96-02480, *LPA*, 1998, n° 67. La continuité est souvent évoquée pour justifier l'expulsion : CE, 3 mars 1978, Lecoq, *AJDA* 1978, p. 581, concl. Labetoulle ; CE, 17 mars 1992, Tortajada, concl. Pochard, *RFDA* 1993, p. 634.

(195) CE, 28 juin 1918, Heyriès, *Rec.* p. 651, *S.* 1922, III, p. 49, note Hauriou.

(196) Cette considération autorise la prise de décisions à titre préventif pour assurer la continuité globale de toutes les composantes du service, v. par ex. CE, 1er mars 2006, req. 279822, Daniel X.

(197) V. S. Leturq, « Le fonctionnement défectueux du service public de la justice dans les jurisprudences administrative et judiciaire françaises », *LPA*, 2005, n° 157, p. 5.

Ces éléments justifient autant le souci de préserver les droits des usagers des services publics à se voir délivrer les prestations correspondantes, tout aussi incertains seraient-ils, que l'interdiction faite à certains personnels des administrations publiques d'exercer le droit de grève. Ils fondent la réglementation de l'exercice de ce droit et motivent les nombreuses propositions de loi, réglementations internes ou « chartes » (198) qui tendent à vouloir en limiter l'exercice dans certains secteurs d'activité ou en appellent à des notions de service garanti et/ou de service minimum dont les contours seraient redéfinis dans chaque secteur, pour certaines catégories de personnels (199).

1199 Principe essentiel du service public, le principe de continuité, malgré sa perception politique première, répond, en réalité, à une demande, voire à une exigence, sociale. L'attente de l'usager, voire sa revendication, serait alors l'une des forces dynamiques du principe de continuité du service public. Mais s'arrêter à cette seule perception reviendrait à omettre d'une part, l'impératif de modernisation des administrations qui induit une rationalisation des dépenses publiques et, d'autre part, l'intensité d'un objectif de rentabilité qui s'installe dans la conception générale du service public au sein d'une économie de marché.

S'il n'a pas toujours de droit à l'existence d'un service public, l'usager a droit à un fonctionnement normal du service public pour autant que ce service existe. Pour certaines activités, ce fonctionnement normal correspond à un service permanent (téléphone, eau, gaz, électricité) ; pour d'autres, il s'agit d'un service périodique (distribution postale, activités culturelles) ou épisodique (formation professionnelle).

Le juge administratif considère alors illégales les conditions de fonctionnement d'un service qui auraient pour effet de restreindre l'accès au service pour les usagers, car cette restriction constitue une atteinte au principe de continuité du service lorsqu'elle ne connaît aucune justification légale ou réglementaire. La fermeture d'un collège trois semaines avant la date des épreuves du baccalauréat a ainsi été considérée comme portant atteinte à la continuité du service public de l'enseignement (200). Toutefois, s'agissant de circonstances exceptionnelles lors d'actions de « blocage » d'une université par des étudiants, usagers de ce service, le juge administratif saisi en référé a pu retenir que la décision de fermeture de l'établissement pour éviter des affrontements ne portait pas une atteinte manifestement disproportionnée au droit à l'éducation, compte tenu de la gravité de la situation et des risques pour la sécurité des personnes (201).

1200 Le principe de continuité peut alors être apprécié en terme de « consistance » du service public à condition qu'un texte la définisse explicitement. Ainsi, par exemple,

■ (198) Par ex., pour la RATP, Charte sur la prévisibilité du service public des transports en période de perturbation du 4 juill. 2006, www.equipement.gouv.fr ; pour la SNCF, Charte du service public, www.sncf.fr.
■ (199) À propos de la fixation du « nombre d'agents » nécessaire pour assurer le service minimum : CE, 20 avr. 1977, Syndicat des cadres et agents de maîtrise de l'Aéroport de Paris CGC et syndicat général des personnels à statut de l'Aéroport de Paris, *Rec.* p. 175 ; sur la réticence du juge à admettre de telles limitations sans loi : CE ass., 4 févr. 1966, Synd. unifié des techniciens de la Radiodiffusion-télévision française et autres, *Rec.* p. 82 ; *RDP* 1966, p. 324 et s., concl. Bertrand ; puis interprétation restrictive de la L. du 7 août 1974 relative à la radiodiffusion et à la télévision : CE, 12 nov. 1976, Synd. unifié de radio et télévision CFDT, (quatre espèces), *in Dr. soc.* n° 6, 1977, p. 261 ; de façon générale sur le contrôle de légalité du service minimum, concl. Frydman sur CE, 12 mai 1989, Union des chambres de commerce gestionnaires d'aéroports, *Dr. soc.* p. 669.
■ (200) CE, 13 févr. 1987, Toucheboeuf et Mme Royer, *Rec.* p. 45.
■ (201) TA Versailles, 18 mars 2006, n° 0602618, Université de Paris-X Nanterre.

la continuité du service public de l'enseignement n'est pas assurée si les élèves ne bénéficient pas de la totalité des enseignements prévus dans le programme (202). Le service public hospitalier, si tant est qu'il soit encore considéré comme tel, ne serait pas continûment assuré en l'absence d'un de ses éléments constitutifs : sécurité physique des personnes, continuité des soins dispensés (203), et services hôteliers fournis aux hospitalisés (204). En revanche, il peut être pourvu à son financement par une méthode forfaitaire, pour assurer cette continuité globale, dans l'attente de la subvention annuelle de la région (205). Il en est de même de la continuité du service public universel des télécommunications, qui doit être assurée globalement si son financement est menacé (206). La notion de continuité du service répond principalement à une conception de la *régularité* de prestation, cette régularité s'analysant aussi bien dans le temps et dans l'espace que suivant la conception juridique de l'activité : le service public n'a de sens et de réalité que s'il a été régulièrement institué, que s'il est régulièrement distribué.

Il faut donc admettre que le principe de continuité connaît deux fondements : le premier repose sur la continuité de l'État et de l'action des personnes publiques, le second prend en considération la satisfaction continue et continuée des besoins collectifs. Ces deux aspects expliquent que le principe de continuité soit autant un principe de valeur constitutionnelle qu'un principe général du droit du service public. Mais, dans la seconde optique, la particularité de la continuité du service public demeure incertaine dans la mesure où des aménagements sont nécessaires pour lui donner un sens effectif. Ces aménagements peuvent être constants, quotidiens, ponctuels ou circonstanciels. De ce fait, la notion de continuité n'est pas synonyme d'archaïsme, elle est de nature dynamique. Elle ne peut s'inscrire dans l'attentisme ou l'immobilisme. Elle se trouve alors souvent liée à la question de l'adaptation, de l'adaptabilité donc au principe de mutabilité du service public.

1201 Condition d'existence du « privilège du préalable » qui assure aux décisions administratives un caractère exécutoire et fondement de l'obligation d'agir de personnes publiques, le principe de continuité reste, en effet, fondamentalement rattaché aux éléments constitutifs du principe d'adaptabilité du service. Cette combinaison est mise en évidence lorsque la notion de « changement de circonstances de droit ou de fait » interfère.

Il est nécessaire de souligner que cette liaison entre le principe de continuité et le principe de mutabilité a été revitalisée par les discours sur la modernisation

(202) CE, 27 janv. 1988, Giraud, *Rec.* p. 40, *AJDA* 1988, p. 352, note Moreau ; C. Fortier, « Le défi de la continuité du service public de l'éducation nationale : assurer les remplacements », *AJDA* 2006, p. 1822.

(203) V. par ex., F. Vialla, « Prolégomènes sur les notions de permanence des soins, de continuité des soins et de continuité du service public », *Revue générale de Droit médical*, 2006, p. 11.

(204) CE, 7 janv. 1976, CHR d'Orléans, *Rec.* p. 10 ; CE, 4 févr. 1976, Synd. CFDT du Centre psychothérapeutique de Thuir, *AJDA* 1978, p. 50. La dir. n° 93/104/CE du Conseil du 23 nov. 1993 confirme que les services relatifs à la réception dans les hôpitaux sont caractérisés par la nécessité d'assurer la continuité du service public, ce qui justifie des dérogations aux règles relatives au repos compensateur (art. 17, § 2). V. aussi CE, 30 juin 2006, req. 242766, Fédération CFTC Santé et Sociaux.

(205) CE, 18 oct. 2006, req. 284563, Région des Pays de la Loire.

(206) CE, 10 juill. 2006, req. 269882, Société Bouygues Télécom. Décret tirant les conséquences de l'arrêt de la CJCE du 6 déc. 2001, duquel il résultait que certaines des modalités de calcul du coût net du service universel, antérieurement en vigueur, étaient contraires au droit européen, et de l'arrêt du 18 juin 2003 par lequel le Conseil d'État a annulé l'arrêté du ministre délégué à l'industrie fixant le montant des contributions prévisionnelles des opérateurs au fonds de service universel pour l'année 2002.

administrative à propos de la qualité de l'usager comme interlocuteur, comme partenaire. Les composantes de cette association demeurent aléatoires, bien qu'elles prétendent répondre à un droit dit « de participation ». En fait, il s'agit là, pour les pouvoirs publics, d'invoquer une « écoute de la société civile » par le biais des consultations générales ou par les enquêtes menées sur le terrain plus que de considérer les demandes d'associations d'usagers, afin de justifier certaines mesures relatives au fonctionnement des services.

§ 2. LE PRINCIPE DE CONTINUITÉ, RÈGLE DE FONCTIONNEMENT DU SERVICE PUBLIC

1202 Le principe de continuité du service public développe des effets différents ou des conceptions opposées selon qu'il est analysé du côté des usagers (régularité du fonctionnement), des agents du service (réglementation du droit de grève) ou des autorités investies de la charge du service public (responsabilité).

1203 L'exigence de fonctionnement ponctuel et régulier du service public sous-tend le principe de continuité. Elle s'apprécie par rapport à l'objet du service. Selon les services, le fonctionnement doit être permanent et constant, quotidien et régulier, stable et méthodique, pondéré et raisonnable.

La continuité signifie en fait que, si l'usager ne peut avoir droit à un service parfait, au moins doit-il pouvoir régulièrement accéder au service. Cette appréciation dépend parfois des horaires d'ouverture qui doivent être fonctionnels ou particulièrement adaptés aux circonstances locales comme dans les zones rurales (bibliothèque, poste). Elle peut aussi concerner les tarifs qui doivent être abordables (transports, téléphone, eau). Dans ce schéma, le principe de continuité rejoint certaines des applications du principe d'égalité.

L'idée de bon fonctionnement vise l'accès au service et renvoie effectivement autant à une des dimensions du principe d'égalité, notamment le droit à une égalité de traitement par et devant le service public, qu'à une lecture appropriée du principe de continuité. La régularité se conjugue avec la rigueur, la convenance, la ponctualité et la sûreté. Car, en tout état de cause, l'usager a droit au fonctionnement normal du service public. Dès lors, c'est en considération de la nécessaire continuité du service que les différentes actions en justice menées suivant les procédures d'urgence en contentieux administratif ont peu de chances d'aboutir quand les mesures contestées, notamment les restructurations des services ou les fusions entre établissements, ont déjà produit leurs effets.

Par exemple, devant les mesures de regroupement d'établissements décidées par l'État pour appuyer la réforme de l'enseignement supérieur, en l'espèce pour la création de l'École normale supérieure de Lyon, le juge administratif constate que « la suspension du décret contesté, en imposant de rétablir l'existence des deux établissements regroupés et de leur redonner leurs compétences en matière de gestion des personnels et des moyens, créerait des difficultés de fonctionnement importantes et risquerait de porter à l'intérêt public qui s'attache à la continuité du service public de l'enseignement supérieur et de la recherche une atteinte excessive ». Il ajoute : « en cas de suspension des arrêtés, la reprise par l'État des responsabilités et compétences élargies attribuées au nouvel établissement risquerait, à cette date, d'être la source de difficultés sérieuses en matière de gestion des personnels et des budgets ; qu'ainsi, la continuité du service public de l'enseignement supérieur et de la recherche dans le nouvel établissement pourrait être compromise » (207).

1204 Si les données du principe de continuité paraissent tangibles pour certains services, en ce qu'ils répondent à des exigences sociales fondamentales, comme l'enseignement, les soins et la sécurité (208), pour d'autres, le principe ne demeure qu'à l'état de demande, de sollicitation ou de revendication. De toute évidence, nul individu ne peut être un usager effectif du service public de manière continue et en permanence. La notion de continuité n'a donc de sens que par rapport aux éléments du bien dispensé, de la proposition ou de l'offre de prestation. La continuité ne signifie pas la disponibilité imminente et optimale du service.

1205 Le principe de continuité n'est pas un principe de permanence ni un principe d'invariabilité du fonctionnement du service : il signifie que le service doit présenter un fonctionnement régulier, c'est-à-dire offrir les prestations selon des conditions normales, chacune d'entre elles obéissant à des conditions d'ouverture, de délivrance, d'offre différentes. Il suppose, en outre, que le suivi du service est assuré dans le respect des réglementations, que celles-ci soient de nature économique, sociale ou administrative.

Le principe de continuité est en effet difficilement préhensible en droit sans son rapport au principe de mutabilité ou d'adaptabilité du service. Adapter le service public aux nécessités sociales revient à maintenir l'aspect pratique du respect des libertés publiques des citoyens et, par là, l'application et la concrétisation du principe d'égalité suivant son évaluation par rapport aux situations particulières. Il revient à assurer sa « continuité », c'est-à-dire à veiller à son amélioration en prenant en considération les progrès techniques et contribuer à sa régularité, à sa constance (209).

Ces données confirment, par ailleurs, l'existence d'un lien entre les notions de service public et d'ouvrage public attestant des dimensions nouvelles de la « théorie du défaut d'entretien normal » dans l'approche de la responsabilité administrative. En effet, l'autorité responsable se voit contrainte d'assurer le service public en toutes circonstances. Si elle ne recherche pas les moyens pour ce faire, elle peut voir sa responsabilité engagée sur le fondement de la faute. Cette faute peut être un manque de diligence dans le fonctionnement du service (210).

(207) CE, ord., 25 janv. 2010, req. 335034, Claude A. V. aussi, CE, ord., 16 déc. 2009, Université Paris 8 Vincennes – Saint-Denis, req. 332872 (sur le transfert de l'Institut français d'urbanisme à l'université Paris-Est Marne-la-Vallée).

(208) Les deux sont liés, cf. C. santé publ., art. L. 1110-1 : « Le droit fondamental à la protection de la santé doit être mis en œuvre par tous moyens disponibles au bénéfice de toute personne. Les professionnels, les établissements et réseaux de santé, les organismes d'assurance-maladie ou tous autres organismes participant à la prévention et aux soins, et les autorités sanitaires contribuent, avec les usagers, à développer la prévention, garantir l'égal accès de chaque personne aux soins nécessités par son état de santé et assurer la continuité des soins et la meilleure sécurité sanitaire possible ».

(209) Par ex., C. éduc., art. L. 331-1 : « La scolarité est organisée en cycles pour lesquels sont définis des objectifs et des programmes nationaux de formation comportant une progression annuelle ainsi que des critères d'évaluation. Pour assurer l'égalité et la réussite des élèves, l'enseignement est adapté à leur diversité par une continuité éducative au cours de chaque cycle et tout au long de la scolarité ».

(210) CE ass., 13 févr. 1942, Commune de Sarlat, *Rec.* p. 49 ; CE, 22 mai 1968, req. 70889, Marin ; CE, 1er avr. 1981, req. 16152, Département du Calvados.

1206 L'analyse du principe fondamental de continuité du service public rejoint encore, sur de nombreux points, le « droit au fonctionnement normal du service public » dont pourraient exciper les usagers réels, potentiels ou virtuels. Les autorités administratives ont en effet l'obligation de faire fonctionner correctement les services publics, obligation qui ne concerne pas exclusivement les services publics à caractère administratif. De ce fait, elles peuvent vérifier, à l'occasion d'appels d'offres, outre les garanties professionnelles et financières, l'aptitude des candidats à assurer la continuité du service public, « laquelle implique un fonctionnement du service conforme aux exigences légales », ce qui suppose une appréciation de leurs dossiers au regard de leurs propres comportements (211).

D'ailleurs, la « théorie jurisprudentielle de l'imprévision », qui exige du cocontractant qu'il poursuive son activité, en consacre les effets pratiques dans la mesure où, étant applicable non seulement aux contrats de service public, mais à tous les contrats administratifs (212), elle suppose l'obligation d'une continuité dans la prestation de tous les services publics en général et non d'un service public faisant l'objet du contrat en particulier.

S/SECTION II — LA CONTINUITÉ ET LA RÉGULARITÉ DU FONCTIONNEMENT DU SERVICE PUBLIC

1207 Le principe de continuité s'apprécie en fonction de la régularité de la délivrance des prestations. Cette régularité qui n'emporte pas permanence ou durabilité, en est un des éléments constants. Cependant, parce que l'idée de régularité ne peut être immobilisée, ce principe connaît certains aménagements qui concernent de prime abord la situation des personnels dans les services publics (§ 1). Cette perception de l'application du principe de continuité est cependant plus d'ordre idéologique que juridique. L'analyse de ce principe peut alors s'opérer suivant les variations sémantiques entre la notion de « service minimum », évoquée principalement à l'encontre des agents du service et celle de « service garanti » conçue essentiellement à l'égard des usagers du service.

De plus en plus, la préoccupation générale du maintien de la cohésion sociale et territoriale est énoncée dans les diverses lois relatives aux recompositions des anciens « grands services publics ». Cette permanence reflète une des dimensions de la notion de service public que le Doyen Duguit avait soulignée en son temps. Toutefois, l'aspect territorial du lien social invite à prendre en considération l'implication d'une fonction géographique associée au principe de continuité : la continuité territoriale (§ 2).

Enfin, l'affirmation initiale du principe de continuité impose aux autorités assumant les missions de service public certaines obligations de maintenance, et renvoie pour

(211) CE, 24 nov. 2010, req. 335703, Commune de Ramatuelle ; v. aussi CE, 27 janv. 2011, req. 338285, Commune de Ramatuelle.

(212) CE, 5 nov. 1982, Sté Propétrol, *Rec.* p. 381 ; *AJDA* 1982, p. 552, concl. Labetoulle ; *D.* 1983, p. 245, note Dubois ; *JCP* 1984, II, 20168, note Paillet.

son application concrète à l'engagement de leur responsabilité. C'est ainsi qu'ont été développées par le juge administratif certaines conditions particulières au service public pour la mise en jeu de la responsabilité des personnes publiques (§ 3).

§ 1. CONTINUITÉ DES SERVICES PUBLICS ET SITUATION DES PERSONNELS FACE AUX ATTENTES DES USAGERS

1208 Aucun service ne fonctionne sans moyens humains. La continuité du service passe donc par les personnels. Elle dépend de leurs obligations de travail, de leur disponibilité mais aussi de leurs droits et de leur conscience. Car s'il existe une obligation d'obéissance hiérarchique au-delà du nécessaire respect des lois et des règlements, dans la mesure où le service public est constitutif du lien social, les agents qui concourent au fonctionnement du service ne sauraient se plier à ces obligations lorsque leur observation induirait une atteinte à la dignité humaine ou consisterait en une participation à une entreprise de dégradation de la personne humaine (213).

A. LA SITUATION DES AGENTS DES SERVICES PUBLICS

1209 La situation des agents des services publics est nécessairement dépendante des services dans lesquels ils sont affectés, d'autant plus qu'ils doivent satisfaire à certaines mesures dites de « mobilité », notamment dans le cadre des restructurations de service. La question de l'intérêt du service qui préside à l'affectation des personnels dans la fonction publique, ainsi que celle de la « bonne administration », ont, dans ce cadre, un caractère substantiel.

1210 Les différentes circulaires relatives à la réforme du service public, ainsi que les rapports administratifs rendus sur les fonctionnements des services publics, insistent régulièrement sur la nécessité d'améliorer la qualité et l'efficacité des tâches d'accueil, d'orientation et de réception des usagers et des administrés (214) ainsi que le traitement de leurs réclamations par les agents du service. Les implications du principe de continuité y sont à chaque fois rappelées. Ces documents relèvent aussi combien dans la perspective libérale adoptée par les pouvoirs publics depuis la fin du XXe siècle, les dépenses en personnels sont nécessaires au bon fonctionnement des services. Nombre de ces documents soulignent l'urgence de leur réduction, mais la seule approche mathématique impulsée par la révision générale des politiques publiques et développée dans la règle du non-remplacement d'un départ à la retraite sur deux, risque d'affecter le bon fonctionnement des services publics, et notamment de fragiliser la teneur essentielle du principe de continuité.

La contradiction entre deux séries d'observations, l'une tenant à la nécessaire réalisation du service, l'autre se concentrant sur l'objectif de réduction des personnels, doit pourtant être résolue. Des circulaires et des rapports ont ainsi été à l'origine de dispositions législatives et réglementaires portant création de « maisons de service public »

(213) V. M.-O. Baruch, *Servir l'État français. L'administration en France de 1940 à 1944*, Fayard, 1997.
(214) P. Gonod, « L'accueil dans les services publics : à propos de la charte Marianne », *Mél. G. Timsit*, Bruylant, 2005, p. 327.

dans des zones géographiques spécifiques, périurbaines ou rurales le plus souvent, et dont les personnels devaient être « polyvalents » (215) ou bien instituent des guichets uniques télématiques ou électroniques, voire substituent des téléservices publics aux bureaux existants. L'exigence de la polyvalence des agents se trouvait fondée sur la conception de la continuité du service. Toutefois, la notion de « proximité » démographique et conviviale qui y était sous-jacente ne joue plus sur le terrain un rôle majeur. La continuité du service dans ces zones particulières se trouve désormais plutôt rattachée à des données géographiques, invitant ainsi à une reconstitution de la relation administrative dans un univers numérisé (216) et à une réinterprétation de la notion de continuité territoriale autour du sous-équipement en services publics. Si ces mutations ont progressivement permis la dissociation entre les activités de service public et la qualité publique du gestionnaire du service, le principe de continuité trouve néanmoins à s'appliquer dans tous les cas, quelle que soit la qualité du gestionnaire (217).

1211 D'un autre côté, la jurisprudence administrative insiste traditionnellement sur la conciliation entre le statut des personnels et les « nécessités du service public » (218). Dans le droit de la fonction publique, il apparaît clairement que certains éléments du statut du personnel sont peu compatibles avec ces nécessités. Mais il serait difficile de revenir sur l'évolution du statut des personnels des services publics, notamment en ce qu'elle traduit l'interpénétration croissante entre droit du travail et droit de la fonction publique et permet, en conséquence, un rapprochement des situations des salariés dans les secteurs public et privé.

Dans un arrêt d'assemblée du 7 juillet 1995, *Damiens* (219), le juge administratif souligne que « les dispositions du statut de la Société nationale des chemins de fer français relatives au calcul de la rémunération versée aux agents pendant leurs congés payés forment avec les règles du même statut relatives à la détermination des droits à congés et avec celles relatives aux conditions selon lesquelles ces congés peuvent être

(215) Circ. du 2 août 2006 INTK0600073C, Labellisation de Relais Services publics (RSP) ; cette circulaire comporte une annexe 3 relative à « la charte de qualité des Relais Services publics ».

(216) G. Chatillon, « Administration électronique et services publics », *AJDA* 2001, p. 617 ; A. Vitalis, N. Duhaut, « NTIC et relation administrative : de la relation de guichet à la relation de réseau », *RFAP* 2004, n° 110, p. 315 ; D. Alcaud, A. Lakel, « Les nouveaux "visages" de l'Administration sur Internet : pour une évaluation des sites publics de l'État », *RFAP* 2004, p. 297 ; T. Piette-Coudol, « Échanges électroniques entre usagers et autorités administratives et entre les autorités administratives », *JCP E* 2005, act. 374 ; E. A. Caprioli, « Des échanges électroniques entre les usagers et les autorités administratives d'une part et entre ces dernières d'autre part », *JCP A* 2006, 1079 ; U. Ngampio-Olébé-Bélé, « La dématérialisation des relations entre l'administration et les administrés : regard sur une nouvelle procédure administrative », *Rev. adm.* 2008, n° 361, p. 80 ; G. Koubi, « Des ou dé-connexions administratives en messages électroniques », *JCP A*, 2008, 2170.

(217) CC, 31 juill. 2003, n° 2003-480 DC, L. relative à l'archéologie préventive, *Rec.* p. 424 : « Cons. que s'il existe un objectif d'intérêt général qui s'attache à la préservation des éléments du patrimoine archéologique et qui justifie que le législateur fasse de l'archéologie préventive une mission de service public, aucun principe ni aucune règle de valeur constitutionnelle ne lui imposent d'accorder, en la matière, des droits exclusifs à un établissement public spécialisé ; qu'il lui était loisible d'associer des personnes privées à l'exécution de ce service public en leur permettant de réaliser les opérations de fouilles faisant l'objet de prescriptions ; que cette association requiert, néanmoins, que des procédures de contrôle administratif et scientifique soient mises en place pour assurer tant la qualité des prestations que la continuité des opérations ».

(218) CE sect., 6 mai 1970, Synd. national des cadres de secrétaire comptable de la Banque de France, *Rec.* p. 306.

(219) CE ass., 7 juill. 1995, Damiens, *LPA*, 1995, n° 131, p. 6, concl. Bonichot ; *AJDA*, 1995, p. 757, chron.

pris, un ensemble indivisible de dispositions qui résultent des nécessités particulières du service public ferroviaire exploité par la Société nationale des chemins de fer français et, notamment, des exigences, propres à ce service, du principe de continuité ; que l'application aux agents de la Société nationale des chemins de fer français des dispositions précitées de l'article L. 223-13 du Code du travail qui impliquerait la remise en cause de cet ensemble de dispositions serait de ce fait incompatible avec les nécessités du service public ». Cette décision constitue la première reconnaissance par le juge administratif que des dispositions du Code du travail sont parfois incompatibles avec les nécessités du service public. La Cour de cassation, de son côté, se borne généralement à faire prévaloir le principe le plus favorable aux salariés (220).

Cependant, les dispositions du statut des personnels des services publics sont le plus souvent marquées par le droit du service public. Nombre d'obligations imposées aux agents sont dérivées de grands principes de ce droit, qu'il s'agisse du respect de l'obligation de neutralité ou de l'obligation de désintéressement financier (221).

1212 Outre les diverses dispositions du droit de la fonction publique, de l'État, territoriale ou hospitalière quant aux conditions de travail, le problème de l'application du principe de continuité se concentre essentiellement sur la durée du temps de travail, son aménagement, les horaires du service et les emplois du temps des agents. La continuité oblige à prendre considération la fixation des heures d'ouverture des services malgré les politiques de réduction de dépenses de personnel dans les budgets relatifs aux fonctions et aux missions publiques.

C'est aussi en fonction du principe de continuité que s'apprécient les obligations de service de l'agent d'un service public : obligation d'exclusivité (222), obligation de présence sur le lieu de travail – radicalement sanctionnée par la révocation et la radiation des cadres sans droits à pension lorsque se trouve constaté un « abandon de poste » de la part de l'agent –, obligation d'obéissance hiérarchique, obligation de conscience professionnelle.

1213 Plus particulières sont les dispositions relatives au droit de grève dans les services publics. Ce droit, conçu comme un prolongement du droit syndical, n'a été reconnu que tardivement aux fonctionnaires et agents publics. C'est même sur le fondement de ce principe de continuité que l'exercice d'un droit de grève leur a longtemps été interdit. La grève constituait alors une « rupture du contrat de fonction publique » (223). Par la suite, elle devint un acte passible de sanctions privant l'agent du bénéfice des

(220) Cass. soc., 17 juill. 1996, SNCF c. M. Boj, M. Vizcaino et CFDT, *CJEG* 1997, p. 97, note Pouyaud.

(221) D. Jean-Pierre, *L'éthique du fonctionnaire civil – Son contrôle dans les jurisprudences administrative et constitutionnelle françaises*, LGDJ, 1999, p. 183 et s. et p. 204 et s.

(222) V. par ex. C. trav., ancien art. L. 324-1 : « Il demeure interdit dans les conditions fixées par les dispositions en vigueur aux fonctionnaires, agents et ouvriers des services publics de l'État, des départements et des communes, offices et établissements publics, aux personnels commissionnés aux titulaires de la société nationale des chemins de fer français ou des réseaux de chemins de fer d'intérêt local et autres services concédés, compagnies de navigation aériennes et maritimes subventionnées, régies municipales et départementales, directes ou indirectes, ainsi qu'au personnel titulaire des organismes de sécurité sociale, d'occuper un emploi privé rétribué ou d'effectuer à titre privé, un travail moyennant rémunération. Demeurent notamment applicables les dispositions du D. modifié du 29 oct. 1936 relatif aux cumuls de retraites et de rémunérations et de fonctions ».

(223) CE, 7 août 1909, Winkell, *Rec.* p. 826.

garanties procédurales disciplinaires (224). Cependant, à partir du moment où le droit de grève a pu être inscrit dans le Préambule de la Constitution du 27 octobre 1946 comme un des « principes particulièrement nécessaires à notre temps », ces approches ont dû être révisées.

B. LE DROIT DE GRÈVE DANS LES SERVICES PUBLICS

1214 **Bibliographie** : E. Devaux, *Le droit de grève dans les services publics*, PU Limoges, 1993.

D. Loschak, « La dégradation du droit de grève dans le secteur public », *Dr. soc.* 1976, p. 56 ; D. Turpin, « Le droit de grève face à un nouveau principe à valeur constitutionnelle », *Dr soc.,* 1980, p. 440 ; L. Hamon, « Grève et continuité du service public : mirage de la conciliation ou modalité de l'arbitrage ? », *D.* 1980, chron. p. 336 ; J. Roche, « Regards sur le droit de grève dans les services publics, trente ans après », *Mél. R.-E. Charlier : Service public et libertés publiques*, éd. de l'Université et de l'enseignement moderne, 1981, p. 873 ; P. Terneyre, « Le déclenchement de la grève dans les services publics », *RFDA* 1988, p. 815 ; L. Rapp, « Les conséquences de la grève dans les services publics : réflexions sur l'usager », *RFDA* 1988, p. 832 ; O. Dugrip, « Les conditions de la soumission des entreprises publiques au service minimum en cas de grève », *JCP E*, 29 juin 1989, I, p. 11 ; P. Terneyre, « *Vade-mecum* du gestionnaire de services publics pour assurer la continuité du service en cas de grève », *Dr. soc.* 1989, n° 12, p. 804 ; J.-B. Auby, « Le recours de l'administration au juge des référés en cas de grève », *Dr. adm.* janvier 1991, p. 1, chron. ; J.-F. Lachaume, « Compétence juridictionnelle et réglementation du droit de grève dans les services publics industriels et commerciaux », *CJEG* 1993, p. 481 ; A. de Senga, « Menaces sur le droit de grève dans les services publics : une dérive jurisprudentielle ? », *Dr. ouvr.* 1998, p. 293 ; J. Chorin, « La grève dans les services publics », *Dr. soc.* 2003, n° 6, p. 567 ; P. Chrestia, « Le service public, l'usager et le droit de grève », *JCP A* 2005, n° 29, 1272 ; N. Olszak, « Le service minimum dans les transports publics », *D.* 2005, p. 525 ; L. Doré, « Le service minimum dans les services publics en cas de grève », *RDP* 2005 p. 885 ; D. de Béchillon, « À propos du droit de grève et de l'amélioration de la continuité du service public des transports. Trois questions actuelles », *in La profondeur du droit local, Mél. J.-C. Douence*, Dalloz, 2006, p. 17 ; J.-E Ray, E. Millard, « La loi "continuité du service public des transports terrestres de personnes" : bienvenue ou dangereuse, légitime ou attentatoire au droit de grève ? », *RDT* 2007, p. 560.

1215 Du côté des personnels c'est surtout relativement à l'exercice du droit de grève que la question du principe de continuité s'avère la plus intéressante à analyser. Du côté des usagers, c'est plutôt par les conséquences de l'exercice de ce droit par les personnels des services publics que la question acquiert une certaine acuité, notamment dans le cadre des transports publics, urbains ou interurbains, nationaux ou internationaux (225).

La réglementation et la jurisprudence relatives à l'exercice du droit de grève par les agents mettent alors en exergue la particularité de la situation des personnels des services publics (226). La recherche d'une compatibilité entre d'une part le principe de continuité tel qu'il est envisagé du côté des usagers, tel qu'il est compris du côté de l'opérateur ou du gestionnaire du service, tel qu'il est entendu par les agents du service et d'autre part l'exercice du droit de grève, est ainsi remise à

(224) CE, 22 oct. 1937, Delle Minaire, *Rec.* p. 843, *D.* 1938, III, p. 49, concl. Lagrange, note Eisenmann ; *RDP* 1938, p. 121, concl. Lagrange, note Jèze.

(225) V. par ex. : CE, 1er déc. 2004, Onesto et autres, concl. P. Collin, *RDP* 2005, p. 1104 ; note Noguellou, *RDP* 2005 p. 1087.

(226) TC. 22 juin 1992, Abella et autres, et TC, 12 oct. 1992, Synd. CGT d'EDF et autres, note Lachaume, *CJEG* 1993, p. 481.

l'ordre du jour à chaque fois qu'un mouvement de grève concerne une activité de service public qui paraît essentielle aux besoins de la vie quotidienne des administrés. C'est surtout à propos des activités de transports en commun, que cette question fut soulevée ; nombreux furent les rapports administratifs et parlementaires, débats publics, confrontations entre syndicats et organismes chargés du service qui se sont succédé (227) en cherchant des solutions « socialement acceptables » pour résoudre les conflits entre les intérêts des uns et des autres. Principe de continuité et droit de grève ont été ainsi traditionnellement opposés, mais, en dépit des discours et des textes législatifs intervenus depuis 2007 qui accentuent la confusion entre droits des usagers et limitation du droit de grève (228), leurs problématiques ne relèvent pas en réalité d'un même champ.

1216 Considérée comme un délit pénal jusqu'à la loi Ollivier du 25 mai 1864, et comme une faute civile jusqu'en 1945, la grève revêtait toujours un caractère insurrectionnel et fut d'ailleurs largement utilisée en 1936. Sans faire d'impasse sur la loi du 4 octobre 1941 dite « Charte du travail », votée par le régime de Vichy, qui interdisait radicalement la grève, ce n'est qu'en 1946 qu'elle fut reconnue comme l'exercice d'un droit. Pourtant, jusqu'en 1946, l'idée même de la grève n'avait pas cours dans les services publics. Le juge administratif estimait que dès l'instant où une activité donnée était érigée en service public, l'autorité qui en avait la charge devait respecter, de manière quasi absolue, le principe de continuité du service. La continuité étant de l'essence du service public, la grève contredisait le principe même de l'existence du service (229). Le service public était alors considéré comme essentiel à la vie nationale. Cette conception relevait d'une approche caractéristique qui plaçait la décision publique au cœur de la cohésion sociale, en dépit même de la situation faite aux fonctionnaires publics considérés comme des servants ou des serviteurs de l'État.

1217 Le préambule de la Constitution de la IVe République du 27 octobre 1946, introduisit le principe du droit de grève dans le système juridique, précisant que « le droit de grève s'exerce dans le cadre des lois qui le réglementent ». Il apparaissait difficile d'exclure du droit de la fonction publique les acquis du droit du travail. Les fonctionnaires devenaient des citoyens à part entière, des travailleurs dont les droits sociaux devaient être garantis et respectés, nonobstant le fait que leurs tâches s'effectuaient dans un cadre spécifique.

Le Conseil d'État se devait alors d'admettre le droit pour les fonctionnaires, et plus généralement pour les agents du service public, de bénéficier de l'exercice du droit de grève. Cette reconnaissance demeurait encore liée à la charge pour le gouvernement « responsable du bon fonctionnement des services publics, de fixer lui-même, sous le contrôle du juge en ce qui concerne ces services, la nature et l'étendue des limitations qui doivent être apportées à ce droit, comme à tout autre, en vue d'en éviter un usage

(227) V. cependant, A. BUGADA, « Le droit de grève et "l'action citoyenne" des traminots de la Régie des transports marseillais », *D.* 2005, p. 2965 (sur TGI ord. réf. 4 nov. 2005).

(228) L. n° 2007-1224 du 21 août 2007 sur le dialogue social et la continuité du service public dans les transports terrestres réguliers de voyageurs (*JO* 22 août 2007 p. 13956) ; L. n° 2008-790 du 20 août 2008 instituant un droit d'accueil pour les élèves des écoles maternelles et élémentaires pendant le temps scolaire (*JO* 21 août 2008 p. 13076).

(229) CE, 7 août 1909, Winkell, *Rec.* p. 826.

abusif ou contraire aux nécessités de l'ordre public » (230). Admettant le droit de grève, le juge administratif ne pouvait cependant reconnaître à ces personnels la plénitude des droits sociaux ; l'exercice du droit de grève demeurait fortement encadré dans le champ des services publics.

a) Interdictions et réglementations du droit de grève dans les services publics

1218 Puisque le préambule de 1946 est désormais intégré dans les normes de référence constitutionnelles, le Conseil constitutionnel a reconnu au législateur la compétence de concilier le principe de continuité des services publics et le droit de grève des personnels de ces services : « Considérant qu'aux termes du préambule de la Constitution du 27 octobre 1946, confirmé par celui de la Constitution du 4 octobre 1958 : « le droit de grève s'exerce dans le cadre des lois qui le réglementent » ; qu'en édictant cette disposition les constituants ont entendu marquer que le droit de grève est un principe de valeur constitutionnelle, mais qu'il a des limites et ont habilité le législateur à tracer celles-ci en opérant la conciliation nécessaire entre la défense des intérêts professionnels, dont la grève est un moyen, et la sauvegarde de l'intérêt général auquel la grève peut être de nature à porter atteinte ; que, notamment en ce qui concerne les services publics, la reconnaissance du droit de grève ne saurait avoir pour effet de faire obstacle au pouvoir du législateur d'apporter à ce droit les limitations nécessaires en vue d'assurer la continuité du service public qui, tout comme le droit de grève, a le caractère d'un principe de valeur constitutionnelle ; que ces limitations peuvent aller jusqu'à l'interdiction du droit de grève aux agents dont la présence est indispensable pour assurer le fonctionnement des éléments du service dont l'interruption porterait atteinte aux besoins essentiels du pays » (231).

Deux cas de figure ont alors été dessinés : l'un concerne les interdictions de la grève, l'autre envisage les réglementations du droit de grève.

Certes, dans des circonstances exceptionnelles, pour assurer la continuité du service, certaines entorses à la légalité peuvent être justifiées et peuvent amener des personnes n'ayant pas la qualité d'agent public ou du service public à remplir des fonctions administratives. Aussi, comme certains services exigent une continuité générale et absolue, les personnels affectés à ces tâches ne disposent pas du droit de grève et en cas d'urgence, ils peuvent être réquisitionnés. D'autres services ne conservent une réalité que si leur fonctionnement demeure assuré même dans des proportions restreintes, ainsi les personnels sont tenus de respecter le droit des usagers à un service minimal.

1219 • Dans le premier cas, comme le fonctionnement continu des services de défense et de sécurité interne est une des conditions de la continuité de l'État, le législateur a été conduit à préciser quels étaient les personnels ne disposant pas du droit de grève. Est, par exemple, justifiée l'interdiction de l'exercice du droit

(230) CE, 7 juill. 1950, Dehaene, *Rec.* p. 426, *RDP* 1950, p. 691, concl. Gazier, note Waline.
(231) CC, n° 79-105 DC, 25 juill. 1979, L. modifiant les dispositions de la L. n° 74-696 du 7 août 1974 relatives à la continuité du service public de la radio et de la télévision en cas de cessation concertée du travail, *Rec.* p. 33.

de grève aux fonctionnaires militaires, aux agents de la police nationale, aux personnels des services de transmissions du gouvernement, à ceux des services de l'administration pénitentiaire, et à certains services de sécurité, tels ceux de protection des matériels nucléaires. Parmi les lois relatives à ces interdictions, il est possible de relever les lois du 17 décembre 1947 et du 28 septembre 1948 pour les agents des Compagnies républicaines de sécurité (CRS) et pour les personnels de la police nationale, la loi du 6 août 1958 pour les personnels des administrations pénitentiaires, l'ordonnance du 22 décembre 1958 pour les magistrats de l'ordre judiciaire, la loi du 31 juillet 1968 pour les personnels de transmission du ministère de l'Intérieur, etc.

Et s'il est parfois difficile de faire respecter ces interdictions, sont admises certaines formes d'action collective consistant à accentuer les dysfonctionnements des services considérés, mais les agents qui passent outre à ces interdictions et s'engagent dans de telles actions peuvent se voir sanctionner sur le plan disciplinaire.

1220 • Dans le second cas, afin d'éviter les désordres sociaux ou pour répondre aux exigences de l'intérêt national, le législateur a été conduit à déterminer certains secteurs dans lesquels un service minimal doit être assuré en tout état de cause. Ce fut le cas notamment du secteur public de la radio-télévision même si les textes nécessaires à son organisation dans les nouvelles structures n'ont pu être élaborés (232), et des activités de transport relatives à la navigation aérienne au vu de la loi du 31 décembre 1984, notamment pour la préservation des intérêts ou besoins vitaux de la France et le respect de ses engagements internationaux.

Cette exigence de service minimal suivant un concept de service minimum ou de service garanti a été étendue dans les domaines du transport en commun et des communications. Sont déjà astreints au respect d'un service minimum en cas de grève, les receveurs et chefs de centres postaux, les directeurs des écoles maternelles et primaires qui doivent assurer l'accueil des élèves pendant les heures de classe, les greffiers auprès des tribunaux (233), et les gardiens de passage à niveau. Dans la loi n° 96-1093 du 16 décembre 1996 relative à l'emploi dans la fonction publique et à diverses mesures d'ordre statutaire, il avait été aussi prévu que certains personnels peuvent, lorsque la continuité du service l'exige, être amenés à assurer un service de permanence ou être astreints à domicile. Ces éléments relèvent désormais des mesures relatives au temps de travail dans la fonction publique (234).

Cette exigence d'un service minimal correspond peu ou prou à une limitation du droit de grève dans les services publics. Lorsque ces limitations relèvent de l'autorité administrative compétente, elles ne sont reconnues légales que dans la mesure où elles ont pour but d'assurer, outre la conservation des installations et du matériel, le

(232) CE, 31 juill. 1996, Syndicat national de radiodiffusion et de télévision et autres, *Rec.* p. 320, *JCP* 1996, II, 22735, concl. Stahl : remarquant que l'absence d'intervention du D. prévu par l'article 57 de la L. n° 86-1067 du 30 sept. 1986 relative à la liberté de communication, le Conseil d'État a estimé que les dispositions concernant l'organisation d'un service minimum dans les organismes de la radiodiffusion sonore et de la télévision en cas de cessation concertée du travail relevant du D. du 29 déc. 1982 étaient toujours en vigueur et pouvaient faire l'objet d'une interprétation dans une « note d'information sur l'exercice du droit de grève ».

(233) CE, 21 déc. 1977, Synd. national CFDT des Cours et Tribunaux, *Rec.* p. 873.

(234) Par ex. D. n° 2000-815 du 25 août 2000 relatif à l'aménagement et à la réduction du temps de travail dans la fonction publique de l'État et dans la magistrature – modifié par D. n° 2006-744 du 27 juin 2006.

fonctionnement du service public (235). Le principe de continuité trouve là une de ses applications principales (236).

1221 La juridiction administrative a naturellement accordé la qualification de liberté fondamentale au sens de l'article L. 521-2 du Code de justice administrative (237) en conséquence de la reconnaissance du droit de grève dans le Préambule de 1946. Cette qualité prend acte du fait que le droit de grève est un des droits sociaux des plus substantiels, qui assure les travailleurs d'une force d'action en contrepoids des logiques de profits dans une société libérale. Cependant, le législateur a été amené à encadrer l'exercice du droit de grève dans les services publics. En assumant un certain décalage entre le droit des fonctions publiques et le droit du travail, il a ensuite été conduit à préciser, dans le cadre de certains services publics, les modalités individuelles et non plus seulement collectives de l'exercice du droit de grève (238).

La recodification du droit du travail a repensé, simplifié et déplacé les dispositions des anciens articles L. 521-2 à L. 521-6 du Code (section 2 du chapitre consacré à la grève) qui sont reportées dans un chapitre relatif aux « dispositions particulières dans les services publics » des conflits collectifs du travail (239). Elles concernent non le service public en lui-même mais les agents des services publics. Elles reconnaissent, dans certaines limites, l'exercice du droit de grève par les personnels de l'État, des régions, des départements, des communes de plus de 10 000 habitants, ainsi que ceux des entreprises, organismes, établissements publics ou entreprises privées dès lors qu'ils sont chargés de la gestion d'un service public (art. L. 2512-1).

1222 Cet encadrement rend compte d'une recherche de conciliation entre les exigences du service public et les droits et intérêts des personnels. Il tend à susciter une responsabilisation des syndicats et des travailleurs ainsi que de leurs employeurs envers les usagers qui dépendent de ces prestations : l'obligation du dépôt d'un préavis de grève a pour but d'inciter au dialogue entre les partenaires et de donner à chacune des parties au conflit collectif les moyens de discuter des revendications avancées ; cette mesure repose sur l'institution du délai de préavis (5 jours francs avant le déclenchement de la grève) ; et de fait, le dernier alinéa de l'article L. 2512-2 oblige les parties intéressées à négocier.

Cependant, ces dispositifs ne retracent pas l'évolution générale du droit de grève et de l'exercice de ce droit dans les services publics. Les modalités du recours à la grève dans les services publics dépendent des statuts particuliers desquels relèvent les fonctionnaires et agents publics ou des conventions collectives ou accords de branche lorsque les personnels du service public sont des salariés de droit privé. De plus, elles connaissent une forme de sectorisation par types de services qui ne peut pas être intégrée au Code du travail.

(235) CE, 4 févr. 1981, Fédération CFTC des personnels de l'Environnement, de l'Équipement, du Logement, des Transports et du Tourisme et Syndicat général de l'Équipement CFTC, *Rec.* p. 45, *Dr. soc.* 1981, p. 412, concl. Genevois ; *RGDIP* 1982, p. 175, note Goy, (sur l'illégalité de la note du chef de service interdisant l'exercice du droit de grève aux agents chargés des manœuvres des écluses).

(236) CA Paris, 11 juill. 1984, *D.* 1985.2.174 ; CA Paris, 15 févr. 1991, *Dr. adm.* 1991, n° 184.

(237) CE, 9 déc. 2003, Mme Aguillon, *RFDA* 2004, concl. Stahl, p. 306, note Cassia, p. 311.

(238) L. n° 2007-1224 du 21 août 2007 sur le dialogue social et la continuité du service public dans les transports terrestres réguliers de voyageurs.

(239) Livre V consacré aux conflits collectifs, titre 1er sur l'exercice du droit de grève, chapitre 2 : art. L. 2512-2 à L. 2512-5.

1223 Les dispositions du Code du travail relatives à la grève dans les services publics ne formulent pas explicitement le principe de continuité. D'ailleurs, le fait pour l'autorité organisatrice du service de ne pas édicter une réglementation du droit de grève n'est pas en soi considéré comme une méconnaissance de ce principe (240), du moins tant que la loi ne l'exige pas. Le détail des procédures de préavis pour toute cessation concertée du travail est posé à l'article L. 2512-2 : « Le préavis émane d'une organisation syndicale représentative au niveau national, dans la catégorie professionnelle ou dans l'entreprise, l'organisme ou le service intéressé. Il précise les motifs du recours à la grève. Le préavis doit parvenir cinq jours francs avant le déclenchement de la grève à l'autorité hiérarchique ou à la direction de l'établissement, de l'entreprise ou de l'organisme intéressé. Il mentionne le champ géographique et l'heure du début ainsi que la durée limitée ou non, de la grève envisagée. Pendant la durée du préavis, les parties intéressées sont tenues de négocier. »

L'article L. 2512-3 al. 2 ajoute que « sont interdits les arrêts de travail affectant par échelonnement successif ou par roulement concerté les divers secteurs ou catégories professionnelles d'un même établissement ou service ou les différents établissements ou services d'une même entreprise ou d'un même organisme » (241). Des sanctions peuvent alors être prononcées en cas d'inobservation de ces conditions par les personnels et, bien évidemment, « l'absence de service fait par suite de cessation concertée du travail entraîne une retenue du traitement ou du salaire et de ses compléments autres que les suppléments pour charges de famille » (art. L. 2512-5). Les retenues sont opérées en fonction de durées d'absence forfaitaires (242). L'application stricte de cette disposition devient un moyen de pression agressif de la part des employeurs, quel que soit leur statut, envers les agents du service public (243).

b) Une définition problématique du service minimum ou du service garanti

1224 C'est à partir de ces éléments que le législateur a pu évoquer lui-même une notion de « service minimum » après avoir permis aux autorités administratives de la développer. Cette notion qui concourt à limiter l'exercice du droit de grève dans certains services publics pour certaines catégories de personnels comme pour certaines prestations, par exemple l'alimentation en électricité des hôpitaux, ne prend pas directement

(240) CE, 8 mars 2006, req. 278999, Onesto et autres, *RFDA* 2006, p. 1237, concl. Keller, *Dr. adm.* 2006, comm. 98, Lombard : « il ne résulte pas de ce principe qu'ils [les organes dirigeants du service public] seraient tenus d'édicter à tout moment une réglementation du droit de grève ».

(241) *Comp.* avec l'ancien art. L. 521-3 : « Des arrêts de travail affectant par échelonnement successif ou par roulement concerté les divers secteurs ou les diverses catégories professionnelles d'un même établissement ou service ou les différents établissements ou services d'une même entreprise ou d'un même organisme ne peuvent avoir lieu ».

(242) V. F. Melleray, « Les retenues pécuniaires pour fait de grève dans les services publics », *AJDA* 2003, p. 1648 ; circ. du 30 juill. 2003 du ministre de la Fonction publique relative à la mise en œuvre des retenues sur la rémunération des agents publics de l'État en cas de grève, *JO* 5 août 2003, p. 13499.

(243) CE, 25 juill. 2003, req. 258677, Min. de la Jeunesse, de l'Éducation nationale et de la Recherche c. Synd. national unifié des directeurs, instituteurs et professeurs des écoles de l'enseignement public-Force ouvrière (SNUDI-FO) (à propos de la circulaire en date du 28 mai 2003 imposant à chaque enseignant du 1er degré, afin d'opérer en cas de grève les retenues sur traitement, de déclarer sur une liste comportant les noms des enseignants affectés dans l'établissement, les jours pour lesquels soit ils n'étaient pas en grève, soit ils étaient en absence régulière et d'émarger en face de leurs noms).

appui sur le principe de continuité. Elle s'inscrit plus sûrement au tableau de l'indice de satisfaction des usagers. La limitation du droit de grève qui avait surtout été comprise pour des fonctions liées aux risques et au maintien de la sécurité (244), connaît alors une extension pour d'autres fonctions et dans d'autres secteurs publics. La loi n° 2007-1224 du 21 août 2007 sur le dialogue social et la continuité du service public dans les transports terrestres réguliers de voyageurs constitue le modèle à partir duquel peuvent être envisagées ces dilatations (245).

Le droit de grève est un droit garanti par la Constitution, mais la réglementation des modalités de son exercice par les personnels dans les services publics peut conduire à l'affirmation d'un principe préalable d'un « service minimum » sans que celui-ci soit formellement posé. La lecture des quelques articles du Code du travail est ainsi recomposée dans des domaines spécifiques – notamment en se fondant sur des droits des usagers (246). Les règles qui doivent être respectées afin d'empêcher toute atteinte caractérisée au principe de continuité ne se limitent pas à l'obligation de préavis de 5 jours. Ce préavis, s'il traduit une information générale envers les usagers concernés, est le palier de l'interdiction des « grèves surprises ». La loi ajoute un élément supplémentaire qui défait le caractère collectif de la grève en exigeant des futurs ou éventuels grévistes qu'ils se déclarent individuellement. Cette obligation confirme par ailleurs l'interdiction des « grèves tournantes », c'est-à-dire les arrêts de travail concertés par échelonnement successif ou par roulement (247), et permet aux employeurs-opérateurs d'évaluer les moyens d'exploitation du service et respecter ainsi les normes minimales d'un principe de continuité.

Les deux formes d'exercice illicite de la grève ont certes des effets pervers. Les responsables des services publics ne peuvent pas prendre les mesures nécessaires pour limiter les conséquences de la grève sur le fonctionnement du service, les unes parce qu'elles se réalisent aux dépens des usagers potentiels, les autres parce qu'elles désorganisent le service de façon substantielle. Mais, en écho aux quelques risques d'abus du droit de grève et à l'impuissance éventuelle des employeurs, une pénalisation, voire une criminalisation, des mouvements sociaux et actions syndicales se développe peu à peu (248).

(244) CE, 17 mars 1997, Hotz et autres, (à propos des consignes de délestage sur les réseaux électriques en cas de grèves légalement définies par une note de service), *CJEG* 1997, p. 264, concl. Combrexelle.

(245) C. Fortier, « La garantie de continuité du service public dans les transports terrestres de voyageurs : fin de l'exception française ? Commentaire de la L. n° 2007-1224 du 21 août 2007 », *RDP* 2007, p. 1635 ; P. Terneyre, « La L. du 21 août 2007 sur le dialogue social et la continuité du service public dans les transports terrestres réguliers de voyageurs : laboratoire d'une ambition plus vaste ou expérience isolée ? », *RJEP* 2007, p. 391 ; R. Vatinet, « Sur le dialogue social et la continuité du service public dans les transports terrestres de voyageurs », *JCP G* 2007, doct. 192 ; R. Noguellou, « Le "service minimum" dans les transports publics », *Dr. adm.* 2007, 10 ; F. Saramito, « Un précédent dangereux : les restrictions du droit de grève dans les services publics de transport terrestre de voyageurs », *Dr. ouvr.*, n° spéc., avr. 2008, p. 191.

(246) L'article 1er de la L. n° 2007-1224 du 21 août 2007 affirme que les services publics de transport régulier de voyageurs à vocation non touristique « sont essentiels à la population » et permettent l'exercice de « la liberté d'aller et venir ; la liberté d'accès aux services publics, notamment sanitaires, sociaux et d'enseignement ; la liberté du travail ; la liberté du commerce et de l'industrie ». V. aussi L. n° 2008-790 du 20 août 2008 instituant un droit d'accueil pour les élèves des écoles maternelles et élémentaires pendant le temps scolaire.

(247) Cass. soc., 3 févr. 1998, CGFTE c. Synd. CGT et autres, *JCP* 1998, II, 10030, circulaire du ministre des Travaux publics et des Transports du 19 mars 1964.

(248) Par ex., le « délit d'entrave, à la circulation des trains » : CAA Paris 4e ch. A, 19 oct. 2004, ministre de l'Intérieur c. SNCF (comm. Trouilly, *AJDA* 2005 p. 83).

1225 L'exercice du droit de grève dans les services publics comporte donc divers degrés. L'idée de service minimum ne rejoint pas celle de service garanti dans tous les services. Dans les services de transport urbains, outre que l'objectif principal est de parvenir à juguler la grève par la négociation, le « service minimum » est sollicité des personnels afin que la continuité du service soit assurée, aussi réduite que serait la fréquence des passages des autobus ou des rames de tramway ou de métro : ces derniers éléments relèvent alors d'un « service garanti » aux usagers. Dans les écoles primaires, le « service minimum » s'imposait seulement aux directeurs des écoles, astreints à un service d'accueil des élèves pendant le temps scolaire, notamment lorsqu'un des enseignants était absent lors d'un congé maladie ou pour un congé formation (249). En effet, la loi n° 2008-790 du 20 août 2008 instituant un droit d'accueil pour les élèves des écoles maternelles et élémentaires pendant le temps scolaire a pour objet de « créer un service public », ce n'est que dans le cas où l'un ou plusieurs des enseignants de l'école ne se mettent pas en grève que joue le principe de continuité du service public de l'enseignement. Le Conseil constitutionnel a ainsi estimé que si le service de l'accueil des élèves « est distinct du service public de l'enseignement, il lui est directement associé et contribue à sa continuité en permettant, le cas échéant, aux personnels enseignants présents dans les circonstances envisagées de continuer à assurer leur enseignement sans avoir à s'en détourner pour assurer l'accueil des enfants dont les enseignants sont absents » (250). L'article L. 133-3 du Code de l'éducation dispose : « En cas de grève des enseignants d'une école maternelle ou élémentaire publique, les enfants scolarisés dans cette école bénéficient gratuitement, pendant le temps scolaire, d'un service d'accueil qui est organisé par l'État, sauf lorsque la commune en est chargée… ».

L'illustration du « service minimum » ne peut donc pas être constituée par l'accueil des élèves des écoles en cas d'absence de leurs enseignants pour faits de grève (251). La loi du 20 août 2008 en créant un autre service public à côté du service public de l'enseignement institue un service public ponctuel et non permanent, le service d'accueil des élèves dans les écoles publiques ou privées se réalisant toutefois principalement en cas de grève du personnel enseignant (252). Ce service ne peut se présenter directement comme une application du principe de continuité du service public de l'enseignement. Il ne propose comme prestation qu'une « garde d'enfants » pendant le temps scolaire. Les personnels qui peuvent être affectés à cette tâche ne sont pas nécessairement des enseignants et, dès lors, n'ont pas pour obligation de pourvoir à leur remplacement.

(249) Désormais, cette astreinte se comprend à la lumière du C. éduc., art. L. 133-1 : « Tout enfant scolarisé dans une école maternelle ou élémentaire publique ou privée sous contrat est accueilli pendant le temps scolaire pour y suivre les enseignements prévus par les programmes. Il bénéficie gratuitement d'un service d'accueil lorsque ces enseignements ne peuvent lui être délivrés en raison de l'absence imprévisible de son professeur et de l'impossibilité de le remplacer. Il en est de même en cas de grève, dans les conditions prévues aux articles L. 133-3 à L. 133-12 ».

(250) CC, 7 août 2008, n° 2008-569 DC, *Rec.* p. 359.

(251) G. Calley, « Une nouvelle figure du service minimum : l'accueil des élèves des écoles maternelles et élémentaires pendant le temps scolaire. Commentaire de la L. n° 2008-790 du 20 août 2008 », *RFDA* 2008, p. 1187 ; A. Chaminade, « Service d'accueil des élèves : à propos de la L. du 20 août 2008 », *JCP A* 2008, 39 ; P. Raimbault, « Un droit d'accueil pour la rentrée », *AJDA* 2008, p. 1949.

(252) L. Janicot, « Le conflit relatif au service minimum d'accueil », *AJDA* 2009, p. 292. V. aussi CE, 17 juin 2009, req. 321897, Synd. des enseignants UNSA : recours à l'encontre du D. n° 2008-901 du 4 sept. 2008 relatif à la compensation financière de l'État au titre du service d'accueil au profit des élèves des écoles maternelles et élémentaires et la circulaire n° 2008-111 du 4 sept. 2008 portant mise en œuvre de la L. n° 2008-790 du 20 août 2008 créant le droit d'accueil au profit des élèves des écoles maternelles et élémentaires.

Dès lors, la dénomination courante de ce service comme un « service minimum d'accueil » se comprend simplement au regard des obligations imposées aux collectivités territoriales. Le juge administratif, appelé à trancher le conflit entre les collectivités territoriales et l'État pour la mise en œuvre de ce service d'accueil, a finalement retenu les impératifs de la loi sans exiger que la surveillance organisée pendant ce temps dit scolaire soit composée de cours et de leçons (253).

Dans les services publics de transport, la grève est devenue un « cas de perturbation prévisible du trafic ». L'entreprise de transport doit alors « assurer les dessertes prioritaires », l'autorité organisatrice de transport doit « détermine (r) différents niveaux de service en fonction de l'importance de la perturbation (et) pour chaque niveau de service, elle (doit) fixe (r) les fréquences et les plages horaires » (254). Le niveau minimal de service doit permettre d'éviter que soit portée une atteinte disproportionnée à la liberté d'aller et venir, à la liberté d'accès aux services publics, à la liberté du travail, à la liberté du commerce et de l'industrie et à l'organisation des transports scolaires. Il correspond à la couverture des besoins essentiels de la population. Il doit également garantir l'accès au service public de l'enseignement les jours d'examens nationaux… » (art. 4 de la loi du 21 août 2007).

La distinction entre ces deux notions de « service minimum » et de « service garanti » est rarement exposée alors qu'elle pourrait avoir une portée dans les modes de fonctionnement des services publics lors de mouvements de grève d'une certaine ampleur. Le service minimum est celui requis de l'agent public dans l'intérêt du service sans qu'il soit possible d'affirmer pourvoir complètement aux nécessités d'une mise en marche de l'activité en cause. Le service garanti est celui qui, certifié envers l'usager, assure d'une mise en route de l'activité concernée et de son accomplissement périodique suivant une marge minimale de temps (horaires) et de moyens (nombre d'autobus pour les services de transport urbain par exemple) qui serait dite incompressible. De fait, l'expression « service minimum » est celle utilisée par le juge administratif dans les décisions rendues à propos de la situation des personnels (255).

Évidemment, les deux propositions conduisent à une limitation de l'exercice du droit de grève. Mais la première est définie exclusivement à l'égard des agents et se voit présentée directement comme une obligation professionnelle supplémentaire tandis que la seconde, bien qu'elle ait la même conséquence pratique, est déterminée à partir d'un seuil incompressible d'activité au regard des besoins des usagers. Elle n'est pas pour autant fondamentalement associée à l'exercice d'un droit pour les usagers. Cette solution éviterait, au moins pour un temps, tant le recours à des remplaçants (256) que la menace du recours à la réquisition.

(253) CE, 7 oct. 2009, req. 325829, Commune de Plessis-Pâté, *JCP A* 2009, 2273, note Raimbault ; *Lamy CT*, n° 1537, 2010, p. 54 note Guglielmi et Koubi.

(254) Par ex., CE, 19 mai 2008, req. 312329, Synd. SUD RATP, *Rec.* T (plan de prévisibilité du 7 janv. 2008 pris en application de l'article 5 de la L. n° 2007-1224 du 21 août 2007 en ce qu'il fait obligation aux salariés d'effectuer une déclaration préalable au plus tard quarante-huit heures avant l'heure de début de la grève prévue par un préavis).

(255) CE, 27 févr. 1998, req. 171055, Synd. nat. des personnels de l'éducation surveillée, Protection judiciaire de la jeunesse, *préc.*

(256) Qui s'entend différemment pour les tâches complémentaires en dehors des cas de grève : CE, 26 janv. 2007, req. 285051, SNES et autres. V. aussi art. 21 de la L. n° 2009-972 du 3 août 2009 relative à la mobilité et aux parcours professionnels dans la fonction publique et circ. du 3 août 2010 relative aux modalités de recours à l'intérim dans la fonction publique.

1226 Il revient souvent au juge d'évaluer selon les situations et circonstances les éléments d'une conciliation entre principe de continuité du service et exercice du droit de grève dans les services publics (257). L'obligation d'un préavis fixant l'heure de début de la grève et l'interdiction des grèves tournantes s'appliquent en cas de prise de travail différencié. L'arrêt de la Cour de Cassation du 3 février 1998, en conformité avec le rapport de P. Waquet (258), s'appuie sur une interprétation stricte des textes garantissant la continuité du service public et les droits des usagers contre une interprétation libérale du droit de grève dans les services publics. Le juge autorise cependant un agent à participer à une grève postérieurement au début du mouvement, au moment d'une de ses prises de service (259), en dépit des consignes qui pourraient figurer dans des règlements intérieurs ou accords collectifs (260).

À défaut de définitions légales ou réglementaires, le juge administratif et, dans les services publics industriels et commerciaux, le juge judiciaire donnent un contenu à la notion de « service minimum » en fonction de considérations très variées mais dans lesquelles, d'une part la question concerne les retenues pécuniaires sur les traitements et salaires des agents et, d'autre part, les intérêts de l'État l'emportent sur les besoins des usagers. Or ces derniers, dans la logique du principe de continuité, en appellent à la considération d'un « service garanti » en cas de grève. C'est donc en prenant appui sur cette notion de service garanti que se justifieraient les « réquisitions » des travailleurs et agents dans les services publics.

1227 Utilisée en cas d'atteinte grave à la continuité du service public, la réquisition de grévistes ne peut être qu'une mesure extrême (261) bien qu'elle soit parfois un moyen pour obliger certains personnels à assurer les fonctions de permanence définies au sein du service (262). L'autorité organisatrice du service public ne peut, en principe, la décider qu'en cas de dépassement caractérisé des limites légales du droit de grève (263). Une réquisition ne peut avoir pour but premier de porter au droit de grève une atteinte injustifiée (264). Toutefois, le pouvoir de réquisition de travailleurs peut s'étendre aux entreprises ne participant pas directement à l'exécution d'un service public. Le juge administratif l'a admis par exemple lors des mouvements de grève affectant les raffineries de pétrole en 2010. Il a ainsi estimé en référé que l'approvisionnement des

(257) P. Waquet, rapport sur Cass. soc., 3 févr. 1998, CGFTE c. Synd. CGT et autres, *JCP* 1998, II, 10030 et *CJEG* 1998, p. 118, *D.* 1998, J. p. 168, note Saint-Jours.

(258) *CJEG* 1998, p. 118.

(259) CE, 29 déc. 2006, req. 286294, SNCF.

(260) Par ex. CE, 9 déc. 2009, req. 324432, Synd. SUD de la RATP (à propos de la décision du 14 janv. 2009 de la RATP imposant à compter du 15 janv. 2009 à ses agents d'effectuer obligatoirement et uniquement par voie de serveur vocal ou d'application internet/intranet la déclaration individuelle d'intention préalable de participation à un mouvement de grève imposée par l'article 5 § II de la L. n° 2007-1224 du 21 août 2007).

(261) CE. Sect., 26 oct. 1962, Le Moult, *Rec.* p. 580, à propos des pilotes d'avion.

(262) CE, 6 déc. 1993, req. 115 030, Errero (des permanences organisées pour assurer la continuité du service public, et en l'espèce, pour faire face à des « événements imprévus » et « exigeant une réaction immédiate » dans les services maritimes et de navigation, en vertu d'une circulaire du ministre de l'environnement et du cadre de vie du 10 juin 1980).

(263) V. C. Radé, « Le juge des référés et la réquisition des grévistes (Cass. soc., 25 févr. 2003) », *Dr soc.* 2003, n° 6, p. 621.

(264) CE, 24 févr. 1961, Isnardon, *Rec.* p. 150, *AJDA* 1962, p. 204 ; CE ord. réf., 9 déc. 2003, Mme Aguillon, *RFDA* 2004, concl. Stahl, p. 306, note Cassia, p. 311.

aéroports en carburant aérien permettait l'intervention du préfet, « sur le fondement des dispositions du 4° de l'article L. 2215-1 du code général des collectivités territoriales, (pour) requérir les salariés en grève d'une entreprise privée dont l'activité présente une importance particulière pour le maintien de l'activité économique, la satisfaction des besoins essentiels de la population ou le fonctionnement des services publics, lorsque les perturbations résultant de la grève créent une menace pour l'ordre public » (265). La décision de réquisition apparaît donc soit comme l'un des moyens pour empêcher le blocage de l'activité d'un service public du fait de l'action de salariés du secteur privé, soit comme l'une des méthodes employées par l'autorité chargée du service pour éviter que ne soit engagée contre elle une procédure de mise en cause de sa responsabilité.

1228 Quel que soit le cas, en tout état de cause, l'autorité administrative est tenue de prendre toutes les mesures nécessaires pour assurer le fonctionnement du service. Elle peut donc embaucher du personnel pour faire face à une grève dont la durée paraît excessive (266), ou bien, si la situation le requiert, souvent lorsque peut être énoncée une situation de « crise », elle peut rappeler les agents à leur poste.

§ 2. PRINCIPE DE CONTINUITÉ ET CONTINUITÉ TERRITORIALE

1229 **Bibliographie** : J.-P. Pages, *La SNCM : compagnie maritime méditerranéenne : instrument de la continuité territoriale entre la Corse et le continent : situation et perspectives*, rapport, La Doc. fr., 1997 ; O. Dupéron, *Transport aérien, aménagement du territoire et service public*, L'Harmattan, 2000.

M. Elfort, « Continuité territoriale et desserte aérienne : le cas de la Guyane française », *JCP A*, n° 24, 2005, 1239 ; X. Peraldi, « Le système de continuité territoriale de la Corse : coûteux, forcément coûteux », *Rev. éco. régionale et urbaine*, 1999 n° 2, p. 333 ; X. Peraldi, « Le système de continuité territoriale de la Corse face au défi de la modernisation du service public », *PMP* n° 25, 2007, p. 131 ; M. Senat, « Quelques remarques terminologiques sur la notion de continuité territoriale », *in* G. Koubi, G. le Floch, G. J. Guglielmi, *La notion de continuité, des faits au droit*, L'Harmattan, coll. Logiques juridiques, 2011, p. 129.

1230 Même s'il n'en fut pas toujours ainsi, l'idée de continuité territoriale acquiert désormais en droit administratif la qualité de « règle » dans le cadre du regroupement intercommunal, et plus particulièrement à propos des communautés de communes. Dans la dynamique de l'intercommunalité, l'institution d'un établissement public de coopération intercommunale a pour but de regrouper plusieurs communes « d'un seul tenant et sans enclave » (CGCT, art. L. 5214-1). La continuité territoriale prend alors une dimension géographique essentielle. Elle ne concerne pas là seulement les services publics (267).

(265) CE ord., 27 oct. 2010, req. 343966, Lefebvre, *LPA*, 5 janv. 2011, n° 3, p. 15, note Rouault et Duquesne ; *Dr. ouvr.* mars 2011, p. 53 note Koubi et Guglielmi.

(266) CE, 18 janv. 1980, Synd. CFDT des postes et télécommunication du Haut-Rhin, *Rec.* p. 30.

(267) CE, 11 déc. 2000, req. 214900, Communauté de communes du Pays d'Issoudun, *Rec.* p. 605 ; CE, 5 oct. 2005, req. 275269, Communauté d'agglomération Garlaban-Huveaune-Sainte-Beaume, concl. Seners, *JCP A* 2005, 1340 (dérogation transitoire à la règle de la continuité territoriale) ; CE, 28 déc. 2005, req. 281849, Commune de Poigny, *JCP A* 2006, 1019, concl. Glaser.

De plus, au plan national, la notion de continuité territoriale, rattachée indirectement au principe de l'indivisibilité du territoire, semble devoir connaître de substantiels développements dans le cadre des services publics qui assurent un lien entre les collectivités périphériques et le centre principal de décision publique, ou entre les collectivités isolées et les autres. De ce fait sont concernés de manière spécifique les services de transports terrestres, aériens et maritimes.

1231 La notion de continuité territoriale est apparue en premier lieu dans la jurisprudence à propos des ouvrages et passages d'eau, et notamment des services de bacs. La décision du 10 juillet 1989, *Régie départementale des passages d'eau de la Charente-Maritime* (268), rendue dans le plein contentieux fiscal, en fait état. Notant que « les ouvrages dépendant de la voirie départementale que sont le pont d'Oléron et le pont sur la Seudre et les passages d'eaux reliant des voies départementales que constituent les bacs des îles de Ré et d'Aix ont pour objet d'assurer la continuité territoriale entre le continent et les îles », le juge administratif a estimé que la régie ainsi « chargée de l'exploitation et de l'entretien desdits ouvrages et passages d'eau » exerçait « de ce fait une activité essentiellement administrative ».

La continuité territoriale apparaît en quelque sorte comme une méthode d'adaptation de l'accès à différents types de service public à des spécificités géographiques. Elle invite à reconsidérer l'implantation des services publics dans les zones rurales pour un ensemble d'actions dans le champ des transports et des services, étant entendu que « le caractère obligatoire du service n'implique pas l'existence de ce service dans toutes ses localisations géographiques possibles, ce qui revient à dire que même un service public légal obligatoire peut être localement supprimé » (269). Cette logique est aussi appliquée à l'accès aux nouvelles technologies de l'information et de la communication, puisque l'accès égalitaire au « haut débit » est conçu sur l'ensemble du territoire (270). Une connexion pourrait alors être instituée entre continuité territoriale et solidarité territoriale pour ce qui concerne le développement numérique des territoires. Car « l'utilisation des technologies numériques se développe de façon très rapide et exponentielle. En fait, la disponibilité technologique crée sa propre demande et les outils qui en permettent l'accès sont passés en quelques années du statut de "produits de luxe" à celui de "produits de première nécessité" » (271).

1232 Dans les textes, l'expression « continuité territoriale » se trouve pour la première fois formulée dans la loi du 30 juillet 1982 portant statut particulier de la région de Corse. Elle a été réitérée dans la loi n° 91-428 du 13 mai 1991 portant statut de la collectivité territoriale de Corse. Ces deux lois évoquaient un « principe de continuité territoriale », destiné à atténuer les contraintes de l'insularité (272). Ce principe se concrétisait dans

(268) CE, 10 juill. 1989, req. 77006, Régie départementale des passages d'eau de la Charente-Maritime.

(269) J.-M. DAUCHY, « Mutabilité du service public et droit des usagers », *LPA*, 2003, n° 251, p. 10.

(270) V. circ. du 15 sept. 2006 MAT/K/06/00002/C relative au soutien de l'État à la couverture à haut débit des territoires.

(271) Conseil économique, social et environnemental, (A. Marcon), avis n° 2009-03, du 11 févr. 2009, Conditions pour le développement numérique des territoires.

(272) L'expression « principe de continuité territoriale » est ainsi inscrite à l'article L. 4424-18 CGCT : « La collectivité territoriale de Corse définit, *sur la base du principe de continuité territoriale destiné à atténuer les contraintes de l'insularité* et dans les conditions de l'article L. 4425-4, les modalités d'organisation des transports maritimes et aériens entre l'île et toute destination de la France continentale, en particulier en matière de desserte et de tarifs » (souligné par nous).

la détermination d'une « dotation de continuité territoriale » pour ce qui concernait les liaisons entre l'île et le territoire continental (273). Puis, la loi n° 2002-92 du 22 janvier 2002 relative à la Corse imposa des « obligations de service public » à la collectivité territoriale de Corse « sur certaines liaisons aériennes ou maritimes pour assurer le principe de continuité territoriale » (274). La notion de continuité territoriale vient ainsi à l'appui des composants du principe de continuité comme, par exemple, la « régularité ». Elle impulse également d'autres principes comme celui de « qualité ». Elle acquiert ainsi une consistance particulière qui hisse le service public de transport en indicateur principal du lien géographique et en facteur essentiel du lien social.

Le régime textuel a toutefois pour but d'empêcher l'instrumentalisation de la notion de continuité territoriale pour des activités de type monopolistique. La confrontation devient alors difficile entre les logiques de la cohésion territoriale et du lien social et les logiques économiques de rentabilité et de libéralisation car, par définition, le principe de continuité territoriale érige en priorité que l'accès au territoire métropolitain ou continental soit à la portée de tous les citoyens (275).

1233 C'est suivant cette logique que la solution d'une dotation de continuité territoriale a été étendue en 2003 aux collectivités ultramarines, alors que dans le régime antérieur de la loi n° 2000-1207 du 13 décembre 2000 d'orientation pour l'outre-mer, l'idée de continuité territoriale concernait surtout les services audiovisuels. La loi n° 2003-660 de programme pour l'outre-mer du 21 juillet 2003 dans un titre V intitulé « continuité territoriale », comporte un article 60, unique, qui, sans consacrer le principe, en précise pourtant dans ses deux premiers alinéas la réalisation financière (276). Le décret n° 2004-100 du 30 janvier 2004 relatif à la dotation de continuité territoriale instituée par cet article prévoit ainsi que « la distance, la population, le trafic et le coefficient correcteur, ainsi que le montant de la dotation qui en résulte, sont fixés chaque année par un arrêté » (277). Ces arrêtés ne sont pas émis régulièrement, ils peuvent être publiés en janvier comme en mai, en septembre comme en novembre et, en cours d'application, être modifiés (278).

(273) V. CE, 7 févr. 1986, Assemblée de Corse, req. 55239, *Rec.* p. 33.

(274) CGCT, art. L. 4424-19 : « Ces obligations ont pour objet, dans le cadre adapté à chaque mode de transport, de fournir des services passagers ou fret suffisants en termes de continuité, régularité, fréquence, qualité et prix et, le cas échéant, de capacité, pour atténuer les contraintes liées à l'insularité et faciliter ainsi le développement économique de l'île, l'aménagement équilibré du territoire insulaire et le développement des échanges économiques et humains entre l'île et la France continentale ». Cet article précise par la suite l'organisation de cette continuité territoriale.

(275) Pour la Corse, il n'est pas sûr que la privatisation de la Société nationale maritime Corse-Méditerranée (SNCM) en 2006 ait permis de résoudre le problème, vu les difficultés d'adapter le cadre concurrentiel aux contraintes géographiques et aux obligations de service public : déc. Cons. conc., 11 déc. 2006, n° 06-MC-03, *AJDA* 2006, p. 2367 ; CA Paris, 15 déc. 2006 ; CE, 15 déc. 2006, n° 298618, Soc. Corsica Ferries, *AJDA* 2007, p. 185, note Dreyfus.

(276) « L'État verse aux régions de la Guadeloupe, de la Guyane, de la Martinique et de la Réunion, à la collectivité départementale de Mayotte, à la collectivité territoriale de Saint-Pierre-et-Miquelon, à la Nouvelle-Calédonie, à la Polynésie française et à Wallis-et-Futuna une dotation de continuité territoriale dont le montant évolue comme la dotation globale de fonctionnement. Cette dotation est destinée à faciliter les déplacements des résidents de ces collectivités entre celles-ci et le territoire métropolitain. Elle contribue à financer une aide au passage aérien des résidents dans des conditions déterminées par la collectivité ».

(277) *JO* 31 janv. 2004, p. 2244.

(278) Tel est le cas de celui pour 2010 : arr. du 9 nov. 2010 modifiant l'arr. du 25 mai 2010 fixant pour l'année 2010 la répartition de la dotation de continuité territoriale instituée par l'art. 60 de la L. de programme pour l'outre-mer, *JO* 13 nov. 2010.

1234 Saisi de cette dernière loi, le Conseil constitutionnel a pu affirmer que « le principe dit de "continuité territoriale" n'a valeur constitutionnelle ni en lui-même ni comme corollaire du principe d'indivisibilité de la République » (279). Mais, dans le même temps, il admet que la continuité territoriale peut être pensée en termes de « principe ». Ce principe est nécessairement lié au service public vecteur des stratégies de communication recherchées, qu'il s'agisse d'activités de transport aérien, maritime ou d'activités de communication audiovisuelle. Il complète les principes de fonctionnement des services publics concernés. Le maintien de la liaison entre les collectivités périphériques ou insulaires et le territoire métropolitain ou continental dote le principe de continuité de deux dimensions complémentaires : l'institution d'un service indispensable au maintien du lien social (aspect territorial) dépend de sa réalisation effective (aspect fonctionnel).

Ainsi, la loi n° 86-1067 du 30 septembre 1986 relative à la liberté de communication (280) fait application de la notion de continuité territoriale pour la diffusion audiovisuelle des programmes (281). La continuité territoriale est ici entendue au sens fonctionnel et répond aux logiques de service public en matière de promotion de la culture et de la langue française ainsi qu'au maintien du lien social qui en résulte.

1235 Le principe de continuité territoriale ne semble pas connaître pour le moment une application uniforme sur l'ensemble du territoire de la République. L'appréhension du service public dans les territoires insulaires, lointains ou isolés, devient pourtant un élément central des incitations à la mobilité géographique des personnes, des travailleurs, des agents publics. La continuité territoriale invite ainsi à compenser plusieurs types de handicaps dus à l'éloignement ou à l'isolement géographique et peut s'étendre à de nombreux domaines matériels : santé, éducation, alimentation, électricité, eau potable, etc.

Institué en premier lieu pour le service des transports assurant les liaisons entre la Corse et le territoire continental de la France (282), puis évoqué seulement pour les services de radio-télévision outre-mer (283), le principe de continuité territoriale devrait connaître une extension dans les régions d'outre-mer du fait de la loi n° 2009-594 du 27 mai 2009 pour le développement économique des outre-mer (284) en dépit du fait qu'elle se traduit essentiellement en termes financiers : dotation (notamment pour les transports) ou constitution d'un fonds de continuité territoriale. Par-delà le domaine des transports aériens et maritimes qui sont la marque concrète du principe

(279) CC, 17 juill. 2003, n° 2003-474 DC, L. de programme pour l'outre-mer.

(280) Modifiée par les L. n° 2004-669 du 9 juill. 2004 relative aux communications électroniques et aux services de communication audiovisuelle, L. n° 2007-309 du 5 mars 2007 relative à la modernisation de la diffusion audiovisuelle et à la télévision du futur et L. n° 2009-258 du 5 mars 2009, relative à la communication audiovisuelle et au nouveau service public de la télévision.

(281) « La société nationale de programme, dénommée Réseau France outre-mer, est chargée de concevoir et de programmer des émissions de télévision et de radio destinées à être diffusées dans les collectivités françaises d'outre-mer [...]. Elle assure la continuité territoriale des autres sociétés nationales de programme, suivant des dispositifs qui peuvent être différenciés, en prenant en compte les particularités propres des départements d'outre-mer ou de la collectivité départementale de Mayotte selon des modalités déterminées par son cahier des missions et des charges après consultation de chaque conseil régional. » (art. 88).

(282) CE, 7 févr. 1986, req. 55239, Assemblée de Corse, *Rec.* p. 33.

(283) D. n° 2009-796 du 23 juin 2009 fixant le cahier des charges de la société nationale de programme France Télévisions.

(284) *JO* 28 mai 2009, p. 8816.

de continuité territoriale, tant pour la Corse que pour les espaces outre-mer, les aspects économiques deviennent alors déterminants.

Conçue comme une « politique nationale », la continuité territoriale acquiert pourtant une tout autre dimension. L'article 49 de cette loi de 2009 dispose : « Dans les conditions déterminées par les lois et règlements, les pouvoirs publics mettent en œuvre outre-mer, au profit de l'ensemble des personnes qui y sont régulièrement établies, une politique nationale de continuité territoriale. Cette politique repose sur les principes d'égalité des droits, de solidarité nationale et d'unité de la République. Elle tend à rapprocher les conditions d'accès de la population aux services publics de transport, de formation, de santé et de communication de celles de la métropole, en tenant compte de la situation géographique, économique et sociale particulière de chaque collectivité territoriale outre-mer » (285). Le fonds de continuité territoriale institué en faveur des personnes ayant leur résidence habituelle en outre-mer a ainsi pour objet de financer, sous la forme d'aides, l'accès à certains services publics, car la continuité territoriale s'applique tout autant à l'accès à la formation professionnelle qu'à l'accès aux études et à l'enseignement supérieur (286).

Variant ainsi entre l'affirmation d'un principe, les aléas d'une politique nationale et l'attribution de financements spécifiques, la continuité territoriale n'est pas encore appréhendée comme un principe de fonctionnement du service public, sinon pour ce qui concerne certaines liaisons maritimes ou aériennes. Mais, dans le schéma de la recentralisation de certaines activités d'intérêt général, elle serait en instance d'acquérir une substance nouvelle, à la charge des collectivités territoriales concernées elles-mêmes.

§ 3. RESPONSABILITÉ ADMINISTRATIVE ET PRINCIPE DE CONTINUITÉ DU SERVICE PUBLIC

1236 Le principe de continuité signifie substantiellement pour les usagers un « droit au fonctionnement normal et régulier du service ». Il est source de contraintes pour le gestionnaire du service public, car divers événements peuvent perturber ce fonctionnement. La mise en œuvre du principe de continuité dépend alors des différentes mesures prises pour l'organisation générale du service. Ces mesures constituent souvent une réglementation interne au service. En général, c'est aux ministres, en raison de leur qualité de supérieur hiérarchique des services publics placés sous leur autorité, ou aux chefs de service, qu'est reconnue la compétence de définir les limitations au droit de grève. Il en résulte que cet encadrement du droit de grève peut notamment être réalisé par circulaire administrative (287).

(285) Cette disposition forme le contenu de l'article L. 1803-1 du Code des transports.

(286) Art. 50 L. n° 2009-594 du 27 mai 2009 pour le développement économique des outre-mer.

(287) CE, 13 nov. 1992, Synd. nat. des ingénieurs des études et de l'exploitation de l'aviation civile et Union synd. de l'aviation civile CGT, *AJDA* 1993, p. 221, note Mathieu ; CE, 27 févr. 1998, req. 171055, 176659, Synd. nat. des personnels de l'éducation surveillée – PJJ et Synd. national FO de la protection judiciaire de la jeunesse (légalité de la circulaire du 9 mai 1995 relative aux situations de grève dans les établissements et services de la protection judiciaire de la jeunesse).

Cette compétence est reconnue à tout chef de service pour les personnels qu'il dirige (288). Elle l'est également aux maires pour le personnel communal (289), ainsi qu'aux organes dirigeants des établissements publics (290), et aux dirigeants d'associations chargées de la gestion d'un service public (291). La Cour de cassation adopte cependant une position différente. Elle estime logiquement que, en vertu du préambule de 1946 et du fait de l'article 34 de la Constitution, seule la loi peut réglementer le droit de grève. Le droit de grève étant constitutionnellement garanti, il faudrait admettre qu'une convention collective est impuissante à le réglementer, sauf dans le cadre des transports urbains, et, par là, à le doter de garanties particulières (292). Le Conseil constitutionnel semble retenir cette analyse, mais, dans l'ordre du droit administratif, le Conseil d'État remet à l'autorité responsable du service le soin de prendre toutes les mesures destinées à assurer le suivi des prestations quelles que soient les situations auxquelles il apparaît nécessaire de faire face (293). Ainsi, même en l'absence de texte, le titulaire du pouvoir de décision dans le service, quelle que soit sa qualité (publique ou privée), quelle que soit la nature du service (administratif, industriel ou commercial), est compétent pour les édicter.

1237 Les mesures d'organisation du service ont pour objet de combler certaines zones d'incertitude que les lois et règlements n'ont pu éclaircir et doivent n'intervenir que pour répondre aux difficultés auxquelles le service peut être confronté. Le standard de la « bonne marche du service » est une référence substantielle en ce domaine (294). Néanmoins, si l'évolution jurisprudentielle combinée de la Cour de cassation (295) et du Conseil d'État (296) devait être prise à la lettre, elle aboutirait à des limitations considérables du droit de grève au nom d'une conception singulièrement restrictive du service public (297). La logique de l'intérêt du service (298) se transformerait en une logique oppressive qui anéantirait tous les efforts menés pour l'affirmation pleine et entière de la qualité de citoyen pour les fonctionnaires et agents publics.

Les agents des services publics ne sont pas des serviteurs du public, ni des serviteurs des gestionnaires des services. Ils ont la qualité de citoyen et de travailleur comme tout autre salarié dans d'autres secteurs. Les obligations auxquelles ils sont astreints ne peuvent conduire au sacrifice de leurs droits sociaux acquis de haute lutte depuis la Libération. Cependant, lorsque des mouvements de grève affectent le fonctionnement d'un service public, les juges reconnaissent la possibilité aux autorités hiérarchiques

(288) CE sect., 19 janv. 1962, Bernardet, *Rec.* p. 49 ; CE ass., 4 févr. 1966, Syndicat unifié des techniciens de la Radiodiffusion-Télévision française et autres et syndicat libre de la RTF, *Rec.* p. 82.
(289) CE, 9 juill. 1965, Pouzenc, *Rec.* p. 421.
(290) CE, 20 avr. 1977, Synd. des cadres et agents de maîtrise de l'aéroport de Paris (CGC), *Rec.* p. 175 ; CE, 14 oct. 1977, Synd. général CGT du personnel des affaires sociales, *Rec.* p. 383.
(291) TA Strasbourg, 27 juill. 1984, Syndicat départemental des services de santé, *D.* 1986, p. 77, note Plouvin.
(292) Cass. soc., 7 juin 1995, *D.* 1996, J. p. 75, note Mathieu.
(293) CE, 7 juill. 1950, Dehaene, *Rec.* p. 426, *RDP* 1950.691, concl. Gazier, note Waline.
(294) A. DE SENGA, « Menaces sur le droit de grève dans les services publics : une dérive jurisprudentielle ? », *Dr. ouvr.*1998, p. 293.
(295) Cass. soc., 3 févr. 1998, CGFTE/CGT et autonomes, *préc.*
(296) CE sect., 17 mars 1997, M. Hotz et autres, Fédération nationale des syndicats du personnel des industries de l'énergie électrique, nucléaire et gazière (2 esp.), *CJEG* 1997, p. 264, concl. Combrexelle ; *AJDA* 1997, p. 535, obs. Bélanger et Darcy.
(297) J. CHORIN, « Le droit de grève dans les centrales d'EDF », *Dr. soc.*, 1998, p. 140.
(298) A. BALDOUS, « L'intérêt du service dans le droit de la fonction publique », *RDP* 1985, p. 913.

de s'y opposer et d'en appeler au juge des référés pour faire cesser les atteintes en appelant non directement au principe de continuité du service mais bien au standard d'ordre pratique qui lui est corollaire de « bon fonctionnement du service » (299).

A. CONTRATS ADMINISTRATIFS ET CONTINUITÉ DU SERVICE PUBLIC

1238 Le fonctionnement du service repose parfois sur l'exécution de contrats administratifs. Ces contrats obéissent à un régime juridique fondé sur certaines dimensions du principe de continuité, par exemple les théories relatives à l'économie du contrat ou les règles concernant sa passation et sa résiliation en portent la marque. En effet, en dehors des cas de force majeure rendant impossible l'exécution de ses obligations, le cocontractant des personnes publiques ne peut en aucun cas spontanément cesser ses prestations.

Dans le cas où elle est reconnue, la force majeure dispense le cocontractant d'exécuter sa prestation, pendant le temps où elle est constituée (300). Il est délié de son obligation, et l'autorité administrative ne dispose plus à son égard de pouvoirs de sanction. Cependant, la force majeure administrative applicable aux contrats se distingue de la force majeure cas d'exonération de la responsabilité administrative. Elle demeure caractérisée par un événement extérieur à la volonté des parties, imprévisible (301) qui bouleverse l'économie générale du contrat (302). Mais il n'est pas exigé que cette force majeure rende impossible l'exécution du contrat.

1239 Le cocontractant doit, quelle que soit la situation, assurer le fonctionnement du service public : il ne peut évoquer les difficultés d'une négociation collective ou l'existence d'un conflit du travail pour suspendre l'exécution du service dont il a la charge.

1) Il n'existe pas, sauf cas particulier (303), dans les contrats administratifs d'exception *non adimpleti contractus*, au profit de la personne publique contractante : elle n'en a guère l'utilité puisque l'objectif poursuivi est le bon fonctionnement du service public, et qu'elle dispose d'autres moyens, unilatéraux et bien plus efficaces, de sanction et de contrainte. L'exception d'inexécution n'existe pas non plus au profit du cocontractant privé : il lui est strictement impossible, en vertu de la jurisprudence, de prendre prétexte de la faute ou de l'inexécution des prestations par l'autorité administrative, pour suspendre ses propres prestations (304) sauf dans deux cas. D'une part, dans les marchés de travaux, la suspension est admise au cas

(299) CE, 11 févr. 1966, Legrand, *Rec.* p. 110 (de l'interdiction des occupations des locaux par les personnels grévistes) ; ord. prés. TA 25 sept. 1990, req. 9007947-7, Syctom (sur le caractère urgent du dégagement des centres de traitement d'ordures ménagères) ; ord. référé TGI Paris, req. 10612/90, 19 sept. 1990 (de la nécessité de faire cesser les entraves à l'accès aux blanchisseries qui portent atteinte au fonctionnement du service hospitalier).

(300) CE, 5 janv. 1924, Cie gaz. La Ferté-Milon, *Rec.* p. 18 ; TA Strasbourg, 9 févr. 1995, req. 92-2241, Sogest.

(301) CE, 4 juin 1927, Tissier, *Rec.* p. 664.

(302) CE, 9 déc. 1932, Compagnie des tramways de Cherbourg, *Rec.* p. 1050.

(303) CE, 27 mars 1957, Carsalade, *Rec.* p. 16.

(304) CE, 7 janv. 1976, Ville d'Amiens, *Rec.* p. 11, *AJDA* 1976, p. 632 ; CE, 3 nov. 1982, FORMA, *RDP* 1983 p. 1424 ; pour les marchés de fournitures ou de services : CE, 5 nov. 1982, Société Propétrol, *Rec.* p. 381, *AJDA* 1982, p. 552, concl. Labetoulle, *D.* 1983 II, p. 245, note Dubois, *JCP* 1984, II, 20168, note Paillet.

où la poursuite du contrat bouleverserait la situation du cocontractant ou compromettrait l'ouvrage (305). D'autre part, la jurisprudence judiciaire considère que dans un contrat qui n'est pas soumis au principe de continuité du service public, il y a place pour cette exception au profit de l'usager (306). Dans la plupart des cas, il ne reste donc au cocontractant privé que la possibilité de demander lui-même au juge administratif la résiliation du contrat (307).

2) En cas de modification de l'environnement juridique ou économique, l'exigence de continuité de l'exécution des prestations prévues au contrat est constante pour faire jouer les théories permettant le rétablissement d'un équilibre financier ou une indemnisation. Le cocontractant privé qui ne s'y soumettrait pas ne pourrait en aucun cas obtenir le bénéfice de la jurisprudence sur l'imprévision (308).

1240 La responsabilité du cocontractant peut être effectivement engagée en cas de suspension du service.

1) L'organisme qui gère le service est, en effet, responsable des défauts du service, notamment quand est constatée une rupture de la prestation ou bien lorsque certains dysfonctionnements en affectent la qualité. Mais la compétence relève le plus souvent de l'ordre judiciaire, car ces services publics sont la plupart du temps considérés comme des services publics industriels et commerciaux. Il se trouve d'ailleurs que le juge judiciaire est assez exigeant sur l'engagement de responsabilité. Toutefois, le plus souvent, il existe des règlements de service ou des cahiers des charges contenant des clauses de limitation de responsabilité. Ces clauses sont acceptées dans leur principe par le juge si elles n'aboutissent pas à une exonération complète.

Cette perception de la responsabilité des services connaît certaines nuances dans la mesure où les rapports que les services entretiennent avec leurs usagers et leurs cocontractants ont subi les mutations du droit de la responsabilité, ce que certains envisagent comme une « crise de la responsabilité » (309).

2) Lorsque des dommages sont subis par les usagers du service, du fait d'un mouvement de grève, le juge administratif rappelle l'importance du principe de continuité, et peut accorder à l'usager une réparation (310).

Sur le terrain de la responsabilité pour faute, d'une part, les atteintes au principe de continuité du service, du fait de l'exercice du droit de grève, ne sauraient pourtant conduire à engager automatiquement la responsabilité de la personne publique sur le fondement de l'inertie ou de la carence. Le juge administratif estime que

(305) CE, 8 nov. 1940, Commune de Maussane, *Rec.* p. 205.

(306) Cass. civ. 1re, 10 févr. 1998, SA Saur c. Bensetti, *D.* 1998, jur., p. 422, note Seiller ; *JCP* 1998, II, 10200, note Mahinga.

(307) CE, 3 déc. 1993, req. 81834, Compagnie générale de chauffe, *AJDA* 1994, p. 485, obs. Haïm.

(308) CE, 5 nov. 1982, Société Propétrol, *Rec.* p. 381, *AJDA* 1982, p. 552, concl. Labetoulle, *D.* 1983 II, p. 245, note Dubois, *JCP* 1984, II, 20168, note Paillet.

(309) V. par exemple, L. Engel, *La responsabilité en crise*, Hachette, coll. Questions de société, Paris, 1995. Sur le plan du droit administratif, v. G. Darcy, *La responsabilité de l'administration*, Dalloz, coll. Connaissance du droit, Paris, 1996, J. Moreau, *La responsabilité administrative*, PUF, coll. Que sais-je ?, Paris, 1995 ; M. Paillet, *La responsabilité administrative*, Dalloz, coll. Cours, Paris, 1996.

(310) CE, 27 mai 1977, SA Victor Delforge, *Rec.* p. 252, concl. Genevois ; *Rev. adm.* 1977, p. 485, note Darcy ; *JCP* 1978, II,18778, note Pacteau ; CE, 7 déc. 1979, Soc. Les fils de Henri Ramel, *Rec.* p. 456 ; *D.* 1980, p. 303, concl. Genevois ; CE, 6 nov. 1985, Soc. Condor-Flugdienst, *Rec.* p. 313 ; *AJDA* 1986, p. 125, chron. ; *Dr. adm.* 1985, n° 609 ; CE, 6 nov. 1985, Compagnie Touraine Air Transport, *Rec.* p. 312, *AJDA* 1986, p. 125, chron., *D.* 1986, p. 584, note Rainaud.

l'autorité administrative peut s'abstenir de faire usage des possibilités de réquisition ou de sanction qu'elle tient de la loi en poursuivant les négociations avec les personnels. Il faudrait en effet que l'attitude de l'autorité responsable du service révèle « une carence systématique constituant une faute de nature à engager la responsabilité de l'État » (311). La faute doit être ainsi caractérisée, quoiqu'il ne s'agisse que d'une faute simple.

Mais le juge accepte, en revanche, d'engager à titre subsidiaire, si le préjudice est anormal et spécial, une responsabilité sans faute pour rupture de l'égalité devant les charges publiques. La difficulté réside alors dans la preuve de l'anormalité ou de la spécialité du dommage (312).

B. OBLIGATIONS DU GESTIONNAIRE ET CONTINUITÉ DU SERVICE PUBLIC

1241 L'obligation de maintenir le fonctionnement continu du service signifie que l'accès au service doit être assuré de façon satisfaisante, que le service doit fonctionner de manière ponctuelle et régulière, qu'il ne peut être interrompu sans raison majeure de manière anticipée. Cette obligation doit cependant être disjointe de l'obligation d'entretien des matériels ou des supports, ouvrages ou équipements, de l'activité d'intérêt général considérée (313).

De ce fait, même en cas de grève, les prestations doivent être fournies aux usagers, ce qui rejoint l'idée de « service garanti », mais dans la mesure où la grève répond à l'exercice d'un droit, il n'est pas certain que l'interruption de la prestation qui en résulte, quand bien même elle serait à l'origine de dommages particuliers pour un usager, engage la responsabilité du gestionnaire du service (314). Toutefois, lorsque les conséquences de ces mouvements de grève outrepassent les incovénients que l'usager serait en mesure de normalement supporter, le juge peut reconnaître la responsabilité encourue par l'État, celle-ci étant cependant limitée à la partie du préjudice excédant ces charges (315).

(311) CE, 6 nov. 1985, Compagnie Touraine Air Transport, *Rec.* p. 312, *AJDA* 1986, p. 125, chron., *D.* 1986, p. 584, note Rainaud ; CE, 5 mars 1986, req. 56 296, Ville de Paris c. E. Delcourt ; CE, 12 juin 1987, req. 66927 et 66928, Sté Lufttransport Untemehmen Kommanditgessellschaft et Sté Spantax.

(312) CE, 17 janv. 1986, Duvinage, *Rec.* p. 10, *AJDA* 1986, p. 124 ; *JCP* 1987, II, 20772, note Maublanc ; *RFDA* 1986, p. 824, concl. Stirn; CE, 6 nov. 1985, Soc. Condor-Flugdienst, *Rec.* p. 313; *AJDA* 1986, p. 125, chron.; *Dr. adm.* 1985, n° 609.

(313) CE avis, 26 févr. 2003, req. 251172, Gilles X. c. SNCF : « La voie ferrée et ses dépendances comme les remblais sont un ouvrage public. Vis-à-vis des tiers, la responsabilité de Réseau ferré de France, maître de l'ouvrage, est susceptible d'être engagée sans faute pour tous les dommages permanents imputables à celui-ci, qu'ils résultent de son implantation, de son fonctionnement ou de son entretien. Chargée de l'entretien des voies comme prestataire de services de Réseau ferré de France, la SNCF ne peut voir sa responsabilité engagée vis-à-vis des tiers que si des dommages sont directement imputables aux modalités d'entretien de l'ouvrage » ; CE, 10 juill. 2006, req. 271828, SNCF c. SCEA de Loisy.

(314) Par ex. à propos d'une requête concernant le préjudice qu'aurait causé l'immobilisation d'un bateau lors d'une grève des brigadiers-cantonniers des canaux municipaux : CE, 5 mars 1986, Ville de Paris c. Neyt, et Duvinage, *préc.*

(315) Tel fut le cas pour les perturbations intervenues dans le service de la navigation aérienne en oct.-déc. 1979, CE, 6 nov. 1985, Cie Touraine Air Transport, préc. (*a contrario* CE du même jour, Soc. Condor-Flugdienst, *préc.*). V. aussi CE sect., 27 mai 1977, S.A. Victor Delforge et Cie et Victor Delforge, *Rec.* p. 253 ; CE, 11 mai 1984, Port autonome de Marseille, *Rec.* p. 178.

1242 Néanmoins, ce n'est pas systématiquement du fait des mouvements de grève qu'il peut exister des interruptions ou des dérèglements dans le fonctionnement des services publics. Une mesure de fermeture des services décidée par l'autorité hiérarchique peut être fondée en droit et dans les faits, pour prévenir des troubles, maintenir la sécurité ou envisager un retour à l'ordre (316). En revanche, une mesure de « lock-out » prise en forme de rétorsion à des mouvements de contestation sociale serait radicalement illégale.

Des cas particuliers d'interruption d'un service public peuvent être relevés dans la jurisprudence. Ils peuvent être dus à des circonstances exceptionnelles d'extrême urgence nées tant des faits de grève que de la nature du service public, ce qui justifie alors le recours au travail intérimaire en dehors des cas désormais prévu par la loi n° 2009-972 du 3 août 2009 relative à la mobilité et aux parcours professionnels dans la fonction publique, desquels ne relève pas encore la grève dans le service public (317). En effet, ces cas particuliers concernent le plus souvent les modes d'accès aux services ou aux ouvrages qui les rendent possibles : écluses, ports ou aéroports. Ils peuvent aussi faire état du mauvais fonctionnement du service considéré et notamment d'un ensemble de défaillances (318) dans la délivrance de la prestation aux usagers ou aux clients, quelle que soit leur qualité. Ces éléments sont par exemple relevés en matière d'enseignement, quand l'État omet d'assurer la scolarisation, pourtant obligatoire, d'un enfant handicapé (319).

Le principe de continuité est donc opposable au gestionnaire du service quel que soit le motif de la défaillance. Ainsi, l'organisme gestionnaire d'un service public, quelle que soit sa situation à l'égard d'une collectivité publique, ne saurait suspendre l'exécution du service en alléguant quelques difficultés survenues dans ses relations avec cette collectivité. Si cette contrainte est particulièrement forte lorsque l'exécution du service résulte d'un contrat passé entre cet organisme et la collectivité, elle est aussi une utile garantie de l'application du principe de continuité territoriale (320).

(316) TA Versailles, 18 mars 2006, n° 0602618, Université de Paris-X Nanterre.

(317) CE, 18 janv. 1980, req. 07636, Synd. CFDT des postes et télécommunications du Haut-Rhin : L'autorité administrative est tenue de « prendre toutes les mesures nécessaires pour assurer la continuité du service public, notamment en cas d'interruption due à la grève des agents de ce service ; à cette fin, elle dispose de la possibilité d'embaucher un personnel d'appoint pour une durée limitée [...] ; toutefois, lorsque des circonstances exceptionnelles, telles qu'une extrême urgence rendent impossible ce mode de recrutement ou tout autre mode de recrutement d'agent ayant un lien direct avec l'administration, celle-ci est, par dérogation au principe selon lequel l'exécution du service public est confiée à des agents publics, autorisée à faire concourir à cette exécution un personnel approprié, fourni par un entrepreneur de travail temporaire ».

(318) V. à propos d'une « grève du zèle » : CE, 12 juin 1997, Sté Lufttransport Unternehmen Kommanditgesellschaft, *préc.* (« si le gouvernement s'est abstenu de réquisitionner les agents chargés du contrôle de la navigation aérienne ou d'engager contre eux des poursuites disciplinaires et s'est efforcé de rétablir par d'autres moyens la continuité du service public, cette attitude ne révèle pas dans les circonstances de l'affaire de carence systématique constitutive d'une faute de nature à engager la responsabilité de l'État »).

(319) Ce, sur le fondement de la responsabilité sans faute : TA Lyon, 29 sept. 2005, M. et Mme K., *JCP A* 2005, n° 1393, note Deliancourt ; *LPA*, 2005, n° 259, p. 12, note Delprat ; CE, 22 oct. 2010, req. 301572, Mme Bleitrach, *AJDA* 2010, p. 2207, chron. ; *RDSS* 2011, p. 251, note Rihal.

(320) CE, 18 juin 1982, Sarl Sud-Pacifique Navigation, *Rec.* T. p. 667 (les difficultés de maintien de l'ordre public à l'île de Wallis n'avaient pas eu le caractère d'un événement tel que la société se trouvait dans l'impossibilité d'assurer la desserte maritime de l'île. Dès lors, « en décidant afin de pallier sa défaillance, d'affréter un navire d'une autre compagnie pour assurer la desserte de l'île Wallis », le Haut Commissaire de la République n'a pas commis de faute de nature à engager la responsabilité de l'État).

SECTION III LA MUTABILITÉ, LE PRINCIPE ET SES CONSÉQUENCES

1243 **Bibliographie** : R. Sayadi, *Le principe d'adaptabilité du service public*, th. droit Paris I, 2005.

J.-P. Markus, « Le principe d'adaptabilité : de la mutabilité au devoir d'adaptation des services publics aux besoins des usagers », *RFDA* 2001 p. 589 ; J.-C. Venezia, « Le principe d'adaptation », *in Clés pour le siècle*, Dalloz (Université de Paris II), 2000, p. 1661 ; J.-M. Dauchy, « Mutabilité du service public et droit des usagers », *LPA* 2003, n° 251, p. 8 ; Y. Siblot, « "Adapter" les services publics aux habitants des "quartiers difficiles" », *ARSS* 2005, n° 159, p. 70 ; F. Colin, « Le bon fonctionnement du service public », *RRJ*, 2006-4, p. 2055.

1244 Le principe de mutabilité ou d'adaptabilité indique, au plan juridique, la nécessité consubstantielle de la mutation de l'activité de service public selon les variations de son environnement. Lorsque les exigences de l'intérêt général évoluent, le service public doit s'y adapter. Ce processus d'adaptation, qui justifie le maintien et améliore le fonctionnement du service public, s'étend à toutes les dimensions sociales et économiques, techniques et juridiques.

L'adaptation du service public dépend des modifications de l'intérêt général appréciées par les pouvoirs publics. J.-F. Lachaume remarquait que « l'évolution de l'intérêt général dans le temps fait naître vivre, mourir les services publics, même si quelquefois les services publics persévèrent dans leur être et ont tendance à survivre aux besoins qui les avaient engendrés » (321).

De plus l'existence d'un principe qui permette d'adapter les activités en cause aux changements en matière sociale, économique, technique, résulte de la prise en considération du lien social que matérialise le service public. Il est d'ailleurs possible que l'application concrète de ce principe conduise à une suppression du service considéré (322), sans toutefois qu'on puisse catégoriquement affirmer que « le principe de mutabilité est un critère de suppression des services publics » (323).

1245 Néanmoins, la nature juridique exacte du principe de mutabilité paraît poser problème. Selon certains, « il semble difficile d'y voir un principe général du droit applicable tant son contenu normatif est imprécis. Il reste donc un principe « *infra*-juridique » sans prolongement juridique direct. Il inspire pourtant certaines règles de droit » (324). De prime abord, « le principe d'adaptation est un droit pour la personne publique et une obligation pour les usagers. Droit de modifier la consistance ou l'organisation du service, et obligation de se soumettre à la décision administrative ». Mais cette perception du principe de mutabilité ne prend guère acte de l'évolution des techniques et parallèlement de l'évolution du droit, alors que tous les observateurs retraçant les évolutions des discours et des actions dans le champ des services publics remarquent, justement à propos du principe de mutabilité du service public, que devaient être prises

(321) *Grands services publics*, Masson, 1989, p. 262.
(322) CE sect., 27 janv. 1961, Sieur Vannier, *Rec.* p. 60, concl. Kahn ; *AJDA* 1961, p. 74, chron. Galabert et Gentot.
(323) J.-M. Dauchy, « Mutabilité du service public et droit des usagers », *LPA*, 2003, n° 251, p. 8.
(324) A.-S. Mescheriakoff, *Droit des services publics,* PUF, 1997, p. 175.

en considération les nouvelles priorités émises dans les différentes législations, et de ce fait, plus particulièrement les évolutions du droit européen concernant les services d'intérêt général (325). De plus, ce principe ne peut pas seulement être considéré comme une obligation pour les usagers, tant ces derniers peuvent être la source même des changements des modes de fonctionnement ou des objectifs du service public.

§ 1. COHÉRENCE ET VALEUR JURIDIQUE DU PRINCIPE

1246 La difficulté première pour appréhender la consistance du principe de mutabilité qui fonde, légitime et justifie les évolutions du service public, de la notion comme de la théorie, réside dans sa propre mobilité. Celle-ci est particulièrement exprimée dans la diversité des vocables employés : principe de mutabilité, d'adaptabilité, d'adaptation constante, d'ajustement et d'adéquation du service public aux règles de droit, aux circonstances, aux politiques économiques, aux progrès scientifiques, aux nouvelles technologies, à l'évolution des mœurs et des mentalités, aux exigences du développement durable, etc. L'ensemble des évolutions du droit administratif pourrait y être rattaché si le principe n'était pas centré sur le fonctionnement des activités formellement qualifiées de service public et si sa valeur juridique exacte n'était pas inférieure à celle des deux autres principes de fonctionnement.

A. DIVERSITÉ DES TERMES, UNITÉ DU PRINCIPE ?

1247 Les expressions « principe d'adaptabilité », « principe d'adaptation constante » ou « principe de mutabilité » du service public convergent toutes vers une même observation : la capacité du service à absorber les changements intervenant dans son environnement médiat et immédiat. Cependant, elles comportent des différences d'appréciation essentielles. Les unes montrent l'existence, à partir d'une obligation d'adaptation, d'un processus de juxtaposition entre les modifications et le fonctionnement du service considéré. Les autres s'attachent à la propension du service public à accompagner ou à susciter des adaptations.

1248 Le plus souvent, le principe de mutabilité est rassemblé dans le principe « d'adaptabilité » ou dans le principe « d'adaptation » du service public sans que la variabilité substantielle du service ait été prise en considération. Il n'est pas certain qu'existe une synonymie entre les termes de mutabilité, d'adaptabilité, et d'adaptation constante.

La mutabilité évoque le mouvement, le déplacement : elle suppose des transformations plus que de simples modifications. Moins radicale car quelque peu attentiste, l'adaptabilité évoque la possibilité des aménagements, des améliorations, des perfectionnements tandis que l'adaptation, toujours suiviste, implique que soient mises en œuvre des procédures particulières. Quant à l'épithète « constante » qui accompagne la notion d'adaptation, elle désigne surtout un des indices du caractère dynamique du service public.

1249 Lorsque le principe est conçu comme un principe d'adaptation, cette adéquation doit se comprendre comme « constante », dans ce cas, il est proche de l'idée de

(325) *Aménagement du territoire, services publics et services au public*, Avis Conseil économique et social, 11 janv. 2006, présenté par J.-A. Mariotti.

« fonctionnement efficace » avancée par A. Demichel (326) et développée dans le mouvement du « renouveau du service public » tel qu'il fut amorcé en 1989.

Le principe d'adaptation constante ne se comprend pas seulement comme une question stratégique posée à l'autorité organisatrice du service. Par l'émergence « d'un droit au fonctionnement normal du service », l'attention portée à la situation des usagers du service public a complété cette première approche (327). La plasticité du service public s'analyse face à ces usagers, pour la satisfaction des besoins collectifs d'intérêt général, car dans la perspective d'une constante adaptation aux attentes sociales, la seule logique commerciale ne peut leur être opposée.

Toutefois, comme il n'existe pas de droit acquis au maintien de la consistance ni à un type de gestion donné d'un service public, l'adaptation peut effectivement entraîner la suppression d'un service « non obligatoire » (328), la modification des horaires d'ouverture des services (329) ou une modification substantielle de la qualité du prestataire (330). Car, dans une économie de marché, la considération portée aux usagers s'affaiblit et la liaison entre continuité et adaptabilité se décompose. L'application du principe de libre concurrence est souvent présentée comme primordiale, au détriment de la conception collective et sociale du service public. Or lorsque des modifications s'effectuent au risque de créer un « déficit social », par la suite, dans une tentative d'apaisement des contestations, les pouvoirs publics sont amenés à réimplanter des services ou à les réorganiser, par exemple dans certaines zones rurales désertifiées ou dans des zones urbaines défavorisées.

Par ailleurs, les politiques de modernisation de l'administration engagées sous le label de la révision générale des politiques publiques influencent la perception de ce principe, quelle que soit sa dénomination, car les aménagements successifs des services publics, entre privatisation partielle et externalisation, induisent une survalorisation de leur adaptation aux méthodes managériales.

B. UN PRINCIPE À VALEUR DIFFUSE

1250 Le principe de mutabilité dépasse les conclusions théoriques tirées des décisions juridictionnelles car ces dernières révèlent surtout la prégnance de la notion de « puissance publique » ou plus justement, dans le cadre des services publics, du pouvoir administratif de « modification unilatérale » des contrats ou des réglementations propres au service en cause (331).

(326) A. Demichel, *Le droit administratif*, LGDJ, 1978, p. 99.

(327) CE, 26 juill. 1982, Min. Transports c. Stephan, *Rec.* p. 314 ; CE, 17 oct. 1986, Erhardt, *AJDA* 1986, p. 694 ; CE, 27 janv. 1988, Min. Éduc. nat. c. Giraud, *Rec.* p. 39.

(328) CE, 25 juin 1954, Syndicat national de la meunerie à seigle, *Rec.* p. 379 ; CE, 27 janv. 1961 Vannier, *Rec.* p. 60, concl. Kahn ; *AJDA* 1961, p. 74, chron.

(329) CE, 25 juin 1965, Vincent, *Rec.* p. 334 ; CE, 26 juill. 1985, Assoc. de défense des intérêts des lecteurs de la BN, *Rec.* T p. 478.

(330) Paradoxalement, les privatisations successives des entreprises publiques chargées d'un ensemble de missions de service public trouveraient un fondement dans ce principe d'adaptation du service public !

(331) Le maître de l'ouvrage ne peut porter atteinte au droit de l'architecte qui en est l'auteur en apportant des modifications à l'ouvrage « que dans la seule mesure où elles sont rendues strictement indispensables par des impératifs esthétiques, techniques ou de sécurité publique, légitimés par les nécessités du service public et notamment la destination de l'ouvrage ou son adaptation à des besoins nouveaux » : CE, 11 sept. 2006, req. 265174, M. Berdje A c. Ville de Nantes.

La valeur juridique du principe d'adaptation est donc encore diffuse. Cependant, les discours relatifs aux changements de circonstances de fait ou de droit, aux carences des autorités administratives et aux défaillances de l'initiative privée, et la détermination jurisprudentielle d'un rapport « bilan/coût/avantages » pour entériner certaines formes d'action publique, sont autant de voies ouvertes au renforcement de ce principe dans le domaine économique.

Quelle que soit sa qualification, le principe de mutabilité permet de penser la dynamique du service public dans ses liens avec l'environnement politique, économique et social. La notion d'intérêt général ne peut en effet présenter un caractère immobile et statique. La possibilité d'adapter le service public, fondée sur sa permanence, est un élément clef qui rend compte de sa capacité à intégrer le changement.

1251 Indépendamment du terme utilisé pour en décrire les propriétés, ce principe qui ne connaît pas de reconnaissance juridique attestée, est d'un intérêt fondamental pour comprendre l'évolution du droit du service public. Quelques juristes l'ont évoqué à propos de l'aménagement des heures d'ouverture des bureaux de poste (332). Certains choisissent de retenir les « lois du progrès technique » pour l'insérer dans le champ du principe de continuité. Peu s'interrogent sur l'autonomie et les particularités du principe de mutabilité du service public qui, pourtant, ne vont pas de soi.

1252 Les juristes ne s'accordent donc guère sur la signification et le contenu à donner au principe de mutabilité. Les uns évoquent la mutabilité comme un élément des stratégies de changement des politiques publiques affectant le régime du service public ; les autres la considèrent plutôt comme une marque de l'équilibre du service ; d'autres encore y trouvent la raison d'un pouvoir de modification unilatérale des modalités d'accès ou de distribution de la prestation de service à l'égard des usagers. La plupart peinent à lui donner une consistance. Sans s'appesantir sur la difficulté de définir son contenu et sa substance, certains s'interrogent alors sur son sens et sur son autonomie par rapport au principe de continuité du service public. Il est en effet difficile d'accorder un sens et une force juridiques au terme de « mutabilité » et les arrêts qui y font expressément référence sont plus que rares. Le plus souvent, en effet, l'autorité administrative dispose, dans les textes régissant le service, du fondement juridique justifiant l'adaptation sans avoir besoin d'en invoquer un autre.

Ainsi en est-il, par exemple, de deux arrêts qui ont pu être cités comme appartenant à ce champ de la mutabilité. L'un ne se fonde pas expressément sur le principe, même si l'affaire qu'il concerne peut être directement suscitée par son application (333), et l'autre n'y fait référence ni de manière implicite ni de façon explicite (334) mais semble rendre compte de son esprit. Néanmoins, en ce domaine, les apports de la jurisprudence sont plus que limités, ce qui fait douter de l'opposabilité du principe de mutabilité.

En outre, il apparaît que le fondement juridique de l'adaptation est plus souvent abordé au contentieux par les questions concernant la création et la suppression

(332) CE, 25 juin 1969, Vincent, *Rec.* p. 334.

(333) CE, 19 juill. 1991, Fédération nationale des associations d'usagers des transports, *Rec.* p. 295 ; *AJDA,* 1991, p. 924, obs. Broussolle.

(334) CJCE, 19 mars 1991, aff. C-202/88, France c. Commission, *Rec.* I-1223, point 12, *Gaz. Pal.* 1991, doctr. p. 271, Bazex, *AJDA* 1991, p. 540, note Le Mire, *JDI* 1992, p. 463, note Hermitte ; *CJEG* 1992, p. 43, note Fiquet, *RFDA,* p. 1992, p. 291, note Nedjar, *RMUE* 1991, p. 245, note Mattera.

d'un service, signifiant alors que le principe de continuité doit s'associer au principe d'adaptabilité, et ne se traduit pas par un droit au maintien du service (335).

§ 2. LE PRINCIPE D'ADAPTABILITÉ DU SERVICE PUBLIC

1253 Le principe d'adaptabilité du service est apparu comme un prolongement des réflexions menées à propos de l'exécution des contrats administratifs, et notamment de la jurisprudence à l'origine de la théorie du fait du prince et de celle de l'imprévision. En effet, dans le cadre des concessions de service public, il était admis que le concessionnaire ne pouvait s'opposer aux indispensables réaménagements du service public suivant les indications de la personne publique concédante : il ne pouvait pas refuser d'obtempérer à la logique de l'intérêt général.

L'autorité administrative a le droit et le devoir d'exercer sur le cocontractant privé un « pouvoir de contrôle et de direction », ceci autant dans les marchés (336) que dans les contrats de délégation de service public. Car même dans ces contrats, la direction du service public, sa stratégie plus que sa maîtrise, appartient obligatoirement à la personne publique. Il est en effet totalement exclu que la personne publique responsable du service public se défasse de cette fonction (337) : elle ne peut même pas se départir de son pouvoir de contrôle.

Le pouvoir de direction et de contrôle fait partie pour la grande majorité des théoriciens du droit, des règles générales applicables aux contrats administratifs (338). Cela pose surtout la question du pouvoir de modification unilatérale que détient l'autorité administrative en vertu des règles générales applicables aux contrats administratifs.

1254 « Principe d'action ou mieux, tendance sociologique » (339), l'adaptation du service public revient à imposer aux gestionnaires une obligation de vigilance pour repérer les variations des besoins de la collectivité. La problématique du principe d'adaptation ou d'adaptabilité est un reflet de ces évolutions qui font les mouvements de toute collectivité sociale, ce qui pourrait être perçu comme une « loi du progrès », loi qui inciterait alors les services publics à développer la qualité de leurs prestations (340). Évolution des besoins collectifs et exigences de l'intérêt général sont donc les premières mesures d'évaluation de l'application du principe de mutabilité (341).

(335) *CJEG* 1991, p. 279, note Lachaume ; CE, 19 juill. 1991, Féd. nationale des associations d'usagers des transports, *préc.*, *AJDA* 1991, p. 924, note Broussolle.

(336) CE, 22 févr. 1952, Société pour l'exploitation des procédés Ingrand, *Rec.* p. 130.

(337) CE, 2 nov. 1962, Assedic de la sidérurgie de l'Est, *Rec.* p. 588.

(338) G. Jèze, *Les Contrats administratifs*, tome II, 1932, p. 365 ; G. Péquignot, *Théorie générale du contrat administratif*, 1945, p. 306 et s. ; A. de Laubadère *et al.*, *Traité des contrats administratifs*, t. II, LGDJ, 1984, n° 1180 et s. ; D. Pouyaud, *La Nullité des contrats administratifs*, LGDJ, 1991, p. 243 ; C. Blumann, *La Renonciation en droit administratif français*, LGDJ, 1974, p. 337 ; cependant, v. l'opinion dissidente de L. Richer, *in Droit des contrats administratifs*, LGDJ, 1996, p. 202.

(339) A.-S. Mescheriakoff, *Droit des services publics*, PUF, coll. Droit fondamental, 1997, p. 185.

(340) J. Chevallier, *Le service public*, PUF, coll. Que sais-je ?, 1996, p. 73.

(341) R. Chapus remarque que « Le régime juridique des services publics doit pouvoir être adapté chaque fois qu'il le faut, à l'évolution des besoins collectifs et aux exigences de l'intérêt général », *Droit administratif général*, t. 1, Montchrestien, 2001, n° 776, p. 604.

Abordé comme un principe obligeant à adapter le service aux progrès techniques, aux transformations des relations économiques et aux modifications des rapports sociaux, le principe de mutabilité présente alors des caractères opératoires et fonctionnels substantiels qui le distinguent des deux autres principes de fonctionnement du service public, le principe de continuité et d'égalité. La dissociation des uns et des autres n'est pourtant pas aisée, car le principe d'adaptation constante est le plus dépendant du principe de continuité.

Pourtant, alors que le principe d'égalité, par sa généralité, dépasse le seul cadre du service public, alors que le principe de continuité se rattache à la qualité juridique de l'État et à la fonction même du pouvoir, le principe d'adaptabilité s'attache, lui, particulièrement aux activités d'intérêt général de prestation et dépend étroitement des conjonctures et circonstances. Mais en ce qu'il est aussi une des formes de réaction des administrations à l'évolution de leur environnement, il peut être inscrit dans un cadre plus large accessible aux analyses de science administrative, et témoigner des rapports que toute activité publique entretient avec l'espace global de la société civile aussi bien que du marché.

1255 Aussi, à trop vouloir chercher un contenu fixe à ce principe, les juristes ont déployé l'étendue de la signification et le champ d'application d'une notion qui avait pour fonction de rendre compte des liens que tout service public tisse avec son environnement social et économique. Toutes les formes nouvelles de recomposition des relations économiques et sociales y sont alors intégrées, les uns envisageant les progrès scientifiques et les nouvelles technologies, les autres évoquant la « redistribution des biens et la réévaluation des besoins », s'attachant aux mutations des comportements sociaux, aux phénomènes de pauvreté, aux recompositions de la société de consommation, etc.

Dépourvu de définition légale ou jurisprudentielle, le principe d'adaptabilité ou d'adaptation constante ne masque pas les formes idéologiques du service public. Car, pour les usagers potentiels ou effectifs du service, d'une part, il n'existe pas de droit acquis au maintien du service public, d'autre part, il n'existe pas de droits opposables à une modification de son régime. Malgré les discours sur sa qualité de « client » ou sa qualification progressive de « consommateur », l'usager demeure placé dans une situation légale et réglementaire et ne peut pas, en conséquence, exiger d'aménagements spécifiques sans que soient élaborés des textes généraux et particuliers entérinant sa demande. Et, bien sûr, sont également soumis aux effets de cette adaptation, les personnels des services publics, quelle que soit leur qualité, fonctionnaires ou agents publics, contractuels de droit public ou privé.

1256 Par ailleurs, comme il n'existe pas de service public par nature (342), et comme tout service public relève de choix des pouvoirs publics, il apparaît effectivement difficile de déduire que du principe de mutabilité dérive soit une obligation stricte pour le gestionnaire : adapter le service, soit un droit pour l'usager : exiger l'adaptation du service. Même si le principe de mutabilité est juridiquement valide chaque fois qu'il est source d'obligations pour les différents protagonistes, administrations, contractants, usagers, et malgré son rôle directeur dans la marche des services publics, il ne possède pas de façon générale la valeur d'un principe général du droit.

(342) Sauf interprétation d'un droit transitoire : CE, 13 déc. 1997, Ordre des avocats à la cour d'appel de Paris, *AJDA* 1998, p. 362, concl. Combrexelle, note Nouel.

Toutefois, au vu des politiques européennes, le principe d'adaptabilité pourrait se traduire par une obligation assortie d'un droit pour le gestionnaire du service. En effet, afin de répondre aux exigences nouvelles en toute matière, notamment pour la sécurité des consommateurs et le respect des normes techniques, celui-ci dispose du droit de modifier les modes de fonctionnement du service. L'usager ou le client du service, ne pouvant contester ce choix, doit alors se plier à de nouvelles règles, de nouvelles formes de prestation. Dès lors, plus que d'une adaptation constante de la prestation correspondante, il s'agit bien d'une mutabilité du service public, que celle-ci soit issue de modifications factuelles, conjoncturelles ou de nouvelles déterminations juridiques.

Une autre dimension du principe de mutabilité doit être établie en rapport avec les modifications législatives ou réglementaires. Il est alors nécessaire de prendre en considération les incidences de la révision générale des politiques publiques et le développement des méthodes managériales mises en œuvre dans les services publics. La réforme de l'État se traduit concrètement par une réforme du service public qui ne se réduit pas ni aux indicateurs de qualité du service public, ni au leitmotiv de l'amélioration de l'accueil dans les services et du traitement des réclamations, ni au déploiement de « téléservices publics ». Elle n'est pas non plus essentiellement guidée par une logique de privatisation. En effet, « rien ne contraint, ni au niveau juridique, ni au niveau économique, les services publics à abandonner leur statut public et à copier les multinationales. En réalité, ce sont ces dernières, et, au-delà, la finance qui veulent s'emparer de la rente que leur procure le marché d'usagers plus ou moins captifs… » (343).

Dès lors, la transformation des institutions chargées de certains de ces services en agences (344) ou en pôles (345) n'a pas pour effet de supprimer les activités de service public en cause. Si ces agences ou pôles ne sont qu'investies de missions de service public, le service public lui-même, les prestations ou la distribution de biens qui le caractérisent, ne disparaissent pas. Seules changent les modalités de gestion et, en conséquence, les conditions d'accès au service pour les administrés ou usagers. De ce fait, l'intensité du principe de mutabilité peut rendre compte de la capacité d'adaptation du service aux réglementations impliquant des résultats précis à atteindre suivant des enveloppes budgétaires chiffrées et serrées.

§ 3. LES IMPLICATIONS DU PRINCIPE DE MUTABILITÉ DU SERVICE PUBLIC

1257 Le principe de mutabilité emporte, sur la situation des usagers, plusieurs conséquences qui les engagent dans un mouvement de responsabilisation et de prise en considération de l'intérêt général sous-jacent à l'application du principe. Le principe de mutabilité a également un effet sur les engagements contractuels. Ce

(343) T. ANDREANI, « La privatisation des services publics est une privatisation de la démocratie », *Actuel Marx*, 2003, n° 34, p. 43.

(344) Comme l'Agence nationale pour la cohésion sociale ou l'égalité des chances (Acsé), l'Agence nationale des services à la personne, l'Agence nationale d'appui à la performance des établissements de santé et médico-sociaux, l'Agence de services et de paiement (gestion des aides aux agriculteurs). V. en outre, C. BRAUD, « La notion d'"agence" en France : réalité juridique ou mode administrative ? », *LPA*, 30 août 1995, n° 104, p. 4.

(345) À l'image de Pôle emploi.

sont alors les théories de l'imprévision et du fait du prince retraçant les méthodes de modification utilisées qui se trouvent principalement concernées.

A. SUR LA SITUATION DES USAGERS

1258 La mise en œuvre du principe de mutabilité repose sur le fait que les usagers potentiels, virtuels ou éventuels du service public ne peuvent faire valoir un droit au maintien du service public. Les conditions de sa création, les raisons de son maintien peuvent, en effet, disparaître, notamment lorsque le service compensait une défaillance de l'initiative privée qui tend à se résorber, ou à moins qu'il n'y ait mise en application de mesures de privatisation totale.

Cette règle doit, cependant, voir sa portée limitée quand il apparaît que le service en cause est un service essentiel à la vie collective. Pour un service public estimé « obligatoire », elle signifie simplement qu'il n'existe pas de droit au maintien d'un certain type de fonctionnement, un certain mode de gestion du service, mais l'existence du service n'est pas menacée, même s'il se transforme en une « mission de service public ». Au contraire, l'application du principe d'adaptation constante peut susciter la suppression d'un service « non exigé par les textes » ou « non obligatoire » sans que l'autorité administrative responsable n'entache ses décisions d'illégalité (346).

Le principe de mutabilité est contraignant à l'égard des usagers du service en ce que ceux-ci, qu'il s'agisse d'un service public administratif ou d'un service public industriel ou commercial, ne peuvent pas s'opposer aux modifications que suppose l'adaptation du service aux évolutions de l'intérêt général. En conséquence, seule l'erreur manifeste d'appréciation est examinée par le juge lorsque le gestionnaire du service met en œuvre cette adaptation (347). Toutefois, l'usager peut être à la source d'une des dimensions du droit au fonctionnement normal du service, aussi fluctuant que soit ce droit. En effet, outre le fait qu'il puisse exiger la régularité des prestations en vertu du principe de continuité, l'usager est en droit d'attendre que celles-ci lui soient rendues dans des conditions légales, car le respect de ces conditions lui assure aussi la sécurité lorsque l'adaptation porte sur un domaine technique.

B. SUR LES ENGAGEMENTS CONTRACTUELS

1259 L'expression « mutabilité des contrats » a été employée pour désigner un véritable principe juridique, et plus précisément celui qui permet de modifier unilatéralement les contrats de délégation afin de les adapter aux besoins des usagers (348). En fait,

(346) CE ass., 9 déc. 1932, Compagnie des tramways de Cherbourg, *Rec.* p. 1050, *RDP* 1933, p. 117, concl. Josse, note Jèze ; CE, 25 juin 1954, Syndicat national de la meunerie à seigle, *Rec.* p. 379 ; CE, 27 janv. 1961, Vannier, *Rec.* p. 60, concl. Kahn, *AJDA* 1961, p. 74, chron.

(347) CE, 19 juill. 1991, Fédération nationale des associations d'usagers des transports, *préc.* : l'arrêt ne se fonde pas directement sur le principe de mutabilité, mais sur l'autonomie de gestion et sur les textes régissant la SNCF dont notamment le cahier des charges et sur les objectifs de la politique de substitution de la route au rail.

(348) P. DELVOLVÉ, *Droit public de l'économie*, Dalloz, coll. Précis, 1998, n° 524, p. 618. La doctrine classique a préféré se pencher sur le « pouvoir de modification unilatérale » qui, étant applicable à tous les contrats publics, et pas uniquement à ceux ayant pour objet un service public, doit trouver des fondements plus généraux que la mutabilité du service public géré et les besoins de ses usagers.

elle est un emprunt à la théorie du service public. Elle est destinée à rendre compte de la dynamique intrinsèque des rapports sociaux et économiques dans le champ du droit administratif.

La question de « l'adaptation » du service public a été transformée dès l'instant où la rapidité des progrès techniques, technologiques, cybernétiques, a obligé les pouvoirs publics à préfigurer le changement plutôt que de le suivre. L'idée de mutabilité reflète cette modification des comportements administratifs. Elle revêt ainsi une amplitude qui conduit désormais le service public à se préoccuper de la « qualité » plus que de « l'efficacité sociale » voire, sur un plan financier, de la seule « rentabilité » économique.

1260 Historiquement, ce n'est pas l'exigence de la mutabilité du service public qui a inspiré le pouvoir de modification unilatérale, mais l'exercice de ce pouvoir par les personnes publiques contractantes qui a permis la reconnaissance progressive des changements dus à des circonstances externes. Elle se réalise notamment à travers les théories qui ont façonné le régime juridique du contrat administratif : celle du fait du Prince qui rend compte des aléas politiques, administratifs et juridiques ; et celle de l'imprévision qui oblige à une attention permanente envers les évolutions économiques et technologiques. Or, dans la mesure où aucune règle juridique de changement ne peut être invoquée à l'égard du service public, il faut admettre que les fondements des principes d'adaptation, d'adaptabilité du service répondent à une même logique. En droit positif, ce lien est aujourd'hui noyé par les « principes généraux applicables aux contrats administratifs » qui dépassent les seuls contrats comportant un élément de service public.

1261 Le principe de mutabilité peut être aisément relié à la résiliation dans l'intérêt du service. Cette résiliation se distingue de la résiliation-sanction par son fondement : l'intérêt du service, ou si l'on préfère, l'intérêt général apprécié à l'aune de l'objet du service. Ce pouvoir appartient à l'autorité administrative même en l'absence de clause expresse, en vertu des « règles générales applicables aux contrats administratifs » (349). Le Conseil constitutionnel considère pour sa part que le pouvoir de résiliation d'un contrat conféré au représentant de l'État est conforme aux principes applicables aux contrats administratifs (350). La résiliation dans l'intérêt du service est applicable à tout type de contrat (351) mais prend un sens particulier dans les contrats de service public.

Or, il a été jugé que toute clause contractuelle qui tendrait à retirer à la personne publique contractante la possibilité d'une résiliation dans l'intérêt du service est nulle et non avenue (352), parce qu'elle contrevient au principe de mutabilité du service public, et ceci bien que ce dernier ne soit pas explicitement reconnu comme principe

(349) CE ass., 2 mai 1958, Distillerie de Magnac-Laval, *Rec.* p. 246, *AJDA* 1958, II, p. 282, concl. Kahn, *D.* 1958, p. 730, note De Laubadère ; solution admise depuis CE, 17 mars 1864, Paul Dupont, *D.* 1864, III, p. 87.

(350) CC, 18 janv. 1985, n° 84-185 DC, L. Chevènement, *Rec.* p. 36, *RFDA* 1985, p. 624, obs. Delvolvé.

(351) CE ass., 2 févr. 1987, Société TV6, *Rec.* p. 28, *AJDA* 1987, p. 314, chron., *D.* 1987, IR, p. 51, *RFDA* 1987, p. 29, concl. Fornacciari, pour une concession ; CE, 25 févr. 1994, Soc. Sofap Marignan, *RFDA* 1994, p. 510, concl. Arrighi de Casanova, *CJEG* 1994, p. 569, note Fatôme et Richer, pour un bail emphytéotique ; CE, 31 juill. 1996, Soc. des téléphériques du Mont-blanc, *Rec.* p. 334, *AJDA* 1996, p. 788, note Gilli, *JCP* 1997,22790, concl. Delarue.

(352) CE, 6 mai 1985, Assoc. Eurolat, *Rec.* p. 141, *AJDA*. 1985, p. 620, note Fatôme et Moreau, *RFDA* 1986, p. 21, concl. Genevois, *RDP* 1986, p. 21, note Llorens.

général du droit. La loi, en revanche, peut retirer cette possibilité aux personnes publiques dans certains cas.

1262 Il est alors beaucoup plus difficile de considérer le pouvoir de modification unilatérale détenu par l'autorité administrative partie à un contrat administratif comme une conséquence du principe de mutabilité. En effet, lorsque le fondement de ce pouvoir de modification unilatérale a été recherché, certains ont pensé que ce pouvoir existait de plein droit (A. de Laubadère), d'autres ont affirmé qu'il n'existait que s'il était prévu par le contrat (J. Dufau), d'autres enfin ont soutenu qu'il n'existait pas (F.-P. Bénoît). L'arrêt de principe retenu à la base de ces argumentations, *Compagnie générale des tramways*, pouvait en effet prêter à discussion (353). Le juge administratif a ultérieurement retenu la première solution (354).

À aucun moment, ni les théoriciens du droit, ni les juges n'ont invoqué le fondement direct que fournirait le principe de mutabilité. Par ailleurs, on remarque que des textes réglementaires excluent parfois ce pouvoir en disposant que les modifications ne peuvent intervenir que par avenant (355) ou dans la limite d'un pourcentage de variation plafonné (cas du CCAG travaux), ce qui pose le problème de leur conformité à un principe de mutabilité dont la valeur est, de toute façon, supérieure.

1263 Le principe de mutabilité n'est pas directement en cause dans l'application de la théorie du fait du Prince ou plutôt de ce qui en reste, c'est-à-dire l'aggravation imprévisible des conditions d'exécution du contrat, résultant d'une mesure licite prise par l'autorité contractante. En effet, dans son acception actuelle, le fait du Prince n'est constitué que lorsque la personne publique partie au contrat agit au titre d'une qualité précisément autre que celle de partie au contrat. Si le fait du Prince peut certes se fonder sur les nécessités d'adapter un service public, ce service est nécessairement différent de celui qui est lié à l'exécution contractuelle. De plus, le fait du Prince peut se fonder sur n'importe quelle modification de l'environnement juridique sans qu'elle soit en lien avec la mutabilité d'un service public.

1264 Le principe de mutabilité n'est pas non plus directement en cause dans l'application de la théorie de l'imprévision. Toutefois, si un principe de fonctionnement du service public devait y être rattaché, ce serait évidemment la continuité, puisque le but de la situation extracontractuelle provisoire est spécialement de ne rien changer à l'exécution du contrat. Dans le déclenchement de l'imprévision, ce qui change, ce n'est pas le contrat de service public, c'est l'environnement. La notion de mutabilité n'est pas opérante, et l'embarras avec lequel la jurisprudence règle le sort du contrat en sortie de l'état d'imprévision en est une illustration. De plus, l'imprévision est applicable à tous types de contrats et non pas seulement aux « contrats de service public ».

(353) CE, 21 mars 1910, *Rec.* p. 216 ; *RDP* 1910, p. 270, note Jèze, *S.* 1911, III, p. 1, concl. Blum, note Hauriou.

(354) CE, 2 févr. 1983, Union des transports publics urbains rég., *Rec.* p. 33, *RFDA* 1984, p. 45, note Llorens, *RDP* 1984, p. 212, note Auby, légalité d'un décret prévoyant que l'autorité organisatrice des transports pourrait apporter des modifications unilatérales au motif qu'il « fait application des règles générales applicables aux contrats administratifs ».

(355) CE, 30 juin 1993, Min. délégué, *Rec.* p. 856.

SECTION IV UN PRINCIPE DE GRATUITÉ À GÉOMÉTRIE VARIABLE

1265 **Bibliographie :** R. HERTZOG, *Recherches sur la gratuité ou la non-gratuité des services publics*, Th. Strasbourg 1972 ; C. TEIGEN-COLLY, *La légalité de l'intérêt financier dans l'action administrative*, Economica, 1981 ; M. LONG, *La tarification des services publics locaux*, LGDJ, Systèmes, 2001 ; G. KOUBI, G. J. GUGLIELMI (dir.), *La gratuité : une question de droit ?*, L'Harmattan, 2003.

M. WALINE, « Gratuité ou rémunération des services publics », *RDP* 1951, p. 497 ; M.-T. SUR-LE LIBOUX, « Les prix et les services », *AJDA* 1996, p. 642 ; R. HERTZOG, « Le prix du service public », *AJDA* 1997, n° spécial : *Service public, unité et diversité*, p. 55 ; M. LECERF, G. BLANC, « La gratuité des services publics à l'égard des usagers », *JCP* 1998, doct. p. 1745 ; J.-L. LAJOIE, J.-P. TOMASINI, « Le principe de gratuité de l'enseignement public : droits d'inscription et redevances universitaires », *AJDA* 1998, p. 731 ; M. LECERF, « La gratuité des services publics à l'égard des usagers », *JCP* 1998, I, 168 ; G. KOUBI, « Réflexions sur la gratuité dans le droit de la santé », *RDSS* 1999, p. 1 ; M. BORGETTO, « L'idée de gratuité et la notion de solidarité sociale », *in* G. KOUBI, G. J. GUGLIELMI (dir.), *La gratuité, une question de droit ?*, L'Harmattan, coll. Logiques juridiques, 2003, p. 21 ; G. KOUBI, « La décomposition de la notion de gratuité en droit administratif français », *JCP A* 2003, n° 24, p. 769 ; T. ANDREANI, « La privatisation des services publics est une privatisation de la démocratie », *Actuel Marx*, 2003, n° 34, p. 43 ; D. DE BECHILLON, « La gratuité dans le doute », *Mél. P. Amselek*, Bruylant, 2005, p. 53 ; P. YOLKA, « Requiem pour la gratuité ? », *JCP A*, 2007, ap. rap. 170 ; G. J. GUGLIELMI, « La gratuité, outil idéal de non-discrimination ? », *in* R. ALLEMAND, L. SOLIS-POTVIN (dir.), *Égalité et non-discrimination dans l'accès aux services publics et politiques publiques territoriales*, L'Harmattan, coll. Grale, 2008, p. 99 ; E. LANDROS, « La facturation des activités de police administrative de l'État. Variations sur le relatif déclin de la gratuité du service public de la police », *JCP A*, 2010, 2175 ; E. MELLA, « Le prix du service public de la culture », *AJDA* 2010, p. 2037 ; A. GOMBAULT, « Les faux enjeux de la gratuité des musées », *in* M. LONG (dir.), *Le financement des services publics locaux*, LGDJ, coll. Décentralisation et développement local, 2010, p. 91.

1266 Dans l'espace de la science juridique, la notion de gratuité accompagne l'analyse des transformations de la notion de service public, notamment sous l'influence du droit européen. Jusqu'alors, le service public devrait être pensé comme situé en dehors du « marché ». Dans cette perspective, le concept de gratuité et les impératifs du libéralisme dans le droit administratif apparaissaient d'emblée antinomiques (§ 1).

1267 La gratuité n'est pas considérée par tous les juristes comme un principe de fonctionnement des services publics – ce d'autant plus qu'elle est difficilement exigible dans les services publics industriels et commerciaux. Pourtant, elle ouvre de nombreux débats sur les enjeux du service public. L'insertion de la notion de gratuité dans le cadre des principes classiques du service public se comprend suivant une perception idéale du service. Certains juristes, cependant, en nient foncièrement l'existence, relevant son inanité en ce qui concerne le fonctionnement du service public. Dans la plupart des analyses présentées, cette négation revient à exposer la gratuité comme un « faux principe » alors qu'en tout état de cause, la question de son existence et de sa consécration demeure d'actualité (§ 2) – et sans doute plus particulièrement dans le cadre des activités culturelles.

1268 Présentée sous la forme d'un principe incertain du droit des services publics, la gratuité, après avoir marqué la distinction entre le service public administratif et le service public industriel et commercial, paraît susciter au sein de la catégorie des services publics administratifs une distinction problématique entre les services publics obligatoires et les services publics facultatifs (§ 3).

§ 1. UN CONCEPT REÇU COMME UN INDICE

1269 La gratuité des échanges peut se caractériser par la non-réciprocité monétaire ou bien par une réciprocité non monétaire. Dans l'approche monétaire, ce qui est gratuit provient de l'absence de réciprocité monétaire complète. L'échange gratuit peut être « non payant absolu » (prise en charge à 100 % par la Sécurité sociale par exemple), ou bien « non marchand payant ». Dans ce dernier cas, la gratuité caractérise l'échange monétaire en dessous du prix de revient (transports publics urbains par exemple). Dans l'approche non monétaire, la gratuité résulte soit de l'échange non monétaire (système d'échange local, entraide agricole), soit comme un don, caractérisé par l'absence totale de réciprocité.

A. LA GRATUITÉ, UN CONCEPT AUTONOME

1270 Le concept de gratuité peut être attaché, dans le sens commun, à l'absence de contrepartie. La gratuité est, selon cette acception, une situation de transfert unilatéral, puisqu'il y a remise d'un bien ou d'un service sans contrepartie. Toutes choses égales par ailleurs et à un instant donné, la gratuité constitue une exception dans un rapport qui, autrement, eut été un rapport d'échange. Il est évidemment possible de considérer que cette situation de don, dans un grand nombre de cas, n'est pas séparable à terme d'une situation ultérieure de contre-don (356), mais cela n'est pas une nécessité logique. Aussi l'analyse juridique peut-elle en première approche se borner à formaliser ce transfert unilatéral.

1271 De manière générale, le droit administratif au fil de sa construction, a noué des liens discrets mais anciens et constants avec la gratuité. Par ailleurs, l'idéal type du service public semble faire de la gratuité des prestations un de ses éléments consubstantiels. Après tout, si l'accomplissement de certaines activités « doit être assuré, réglé, contrôlé par les gouvernants, parce que l'accomplissement de cette activité est indispensable à la réalisation et au développement de l'interdépendance sociale, et qu'elle est de telle nature qu'elle ne peut être réalisée complètement que par l'intervention de la force gouvernante » (357), on peut espérer que les dépenses qui y sont relatives entreront dans la « contribution commune » prévue à l'article 13 de la Déclaration des droits de l'homme et du citoyen du 26 août 1789, c'est-à-dire qu'elles seront, en principe, financées par l'impôt. Pourtant, la mise en évidence d'un unique principe de gratuité, applicable de façon générale aux activités publiques ou aux services publics s'est progressivement avérée impossible. Plus modestement, à certains moments, pour certaines activités, et sur des fondements juridiques variés, il peut exister soit des

(356) Pour un contre-don républicain, v. C. éduc., art. L. 755-2, selon lequel « les élèves français de l'École polytechnique [...] sont entretenus et instruits gratuitement sous réserve du remboursement éventuel des frais d'entretien et d'études, dans les cas et conditions fixés par décret en Conseil d'État ».

(357) DUGUIT, *Traité de droit constitutionnel*, t. II, Sirey, 1923, p. 55.

régimes de gratuité structurés par des règles d'une plus ou moins grande portée, soit des usages de la gratuité conformes au principe de légalité.

1272 Le système juridique contient aussi bien des traces de gratuité, que des essais de traitement de la gratuité comme un principe, avec ceci de remarquable que cette présence à éclipses dans la jurisprudence précède l'usage, assez éclaté, par le législateur ou le pouvoir réglementaire de la gratuité comme moyen d'action symbolique. À partir de cette évolution complexe, inhabituelle et comme inversée, les observateurs du système juridique ont caractérisé des subtilités telles dans le régime juridique des situations de gratuité, que l'existence d'un principe de gratuité n'apparaît pas soutenable, alors même que, de fait, la plupart des services publics administratifs « obligatoires » sont gratuits.

La jurisprudence, principalement administrative, a appréhendé les relations entre droit, service public et gratuité avant que les textes constitutionnels ou législatifs ne posent solennellement l'essence de ce principe en lui conférant une valeur élevée dans des domaines symboliques.

B. LA GRATUITÉ, UN INDICE DÉGAGÉ PAR LA JURISPRUDENCE ADMINISTRATIVE

1273 Dès l'origine, c'est la jurisprudence administrative qui a utilisé l'indice de la gratuité dans l'appréciation de la qualification ou de la légalité d'activités de service public. Cependant, de la même manière que la création d'un service public s'entend en rapport avec l'insuffisance d'une initiative privée, l'appréciation de la qualité gratuite ou payante d'un service s'analyse en rapport avec les méthodes ayant cours dans les entreprises privées. Trois exemples, éclairant successivement la nature du service public, le principe de l'intervention et les modalités de l'intervention, peuvent en être donnés.

1274 L'exemple le plus frappant, parce qu'il se situe au cœur même de la période et des arrêts considérés à tort par les juristes du début du XXe siècle comme marquant la naissance du droit administratif contemporain, est la liaison, courante au XIXe siècle, entre service public, compétence administrative et droit administratif – exception faite des baux immobiliers conclus par l'État pour les besoins du service public. De cette liaison et de sa « consécration » imputée à l'arrêt *Blanco* émane la conception « extensive » du service public développée par l'École de Bordeaux. Or, cette conception est applicable, à une époque antérieure à l'apparition de la catégorie des services publics industriels et commerciaux, sans que la nature de la prestation entre en ligne de compte. Ces services sont considérés comme des services publics parce qu'ils ont été créés et gérés par l'État en vue de la satisfaction de l'intérêt général, et l'application du droit administratif de la responsabilité vaut pour ces services comme pour les autres services publics. Cela entraîne donc qu'il n'existe pas de différenciation au sein de la catégorie des services publics. Il s'agit là d'une anticipation de la théorie des services publics « à gestion privée » (358). Mais lorsqu'il s'agit de qualifier un service

(358) TC, 26 juin 1850, Asnif-Loutfyan, *S.* 1850, p. 681 ; v. aussi argument du Directeur des Postes dans l'affaire Vandermarcq dans son pourvoi en cassation contre l'arrêt de la cour d'appel de Paris (CA Paris, 6 août 1850, et Cass. 12 mai 1851, *S.* 1851,I, p. 349).

public, indépendamment de toute sous-catégorie industrielle ou commerciale, c'est la présence d'une rémunération, ou au contraire la gratuité du service, qui est au centre du questionnement des juges administratif et judiciaire pour savoir si le service est à gestion privée ou non (359).

1275 On retrouve aujourd'hui une trace de cette prégnance de la gratuité, alors même que le contexte théorique a profondément changé, dans la méthode jurisprudentielle de qualification d'un service public à caractère industriel et commercial. En l'absence de qualification textuelle expresse (360), le mode de distinction entre service public à caractère administratif et service public à caractère industriel et commercial est posé par la jurisprudence administrative, en conséquence d'un arrêt d'Assemblée du 16 novembre 1956, *Union syndicale des industries aéronautiques* (361). En principe, une activité assurée directement par une personne publique est présumée être un service public à caractère administratif. Cette présomption ne tombe que lorsque trois indices à la fois sont réunis. Dans ce cas, le service public est reconnu être à caractère industriel et commercial. Mais si un seul des indices manque, alors la présomption ne tombe pas.

Ces trois indices, qui ont pour but de certifier que l'activité de service public à qualifier ressemble vraiment à celle d'une entreprise privée, sont : l'objet du service, son mode de financement, ses modalités de fonctionnement. Or, quant au mode de financement, l'origine des ressources est le point central qui permet de découvrir la nature administrative ou industrielle et commerciale du service. Si le service fonctionne grâce à des redevances perçues sur les usagers, analogues au prix des services marchands, l'origine des ressources est le chiffre d'affaires, ce qui tend à une qualification de service public à caractère industriel et commercial (362), même si le montant des redevances à la charge des bénéficiaires ne représente qu'une faible partie du coût du service (363). À l'inverse, si la prestation fournie l'est à titre gratuit, le caractère administratif est patent, car un tel mode de financement est considéré comme exclusif du caractère industriel et commercial, c'est-à-dire de toute ressemblance avec une entreprise privée (364).

1276 Un deuxième exemple remarquable est celui de l'intervention des communes par le procédé du service public, et plus précisément du premier « grand arrêt » qui ait eu à fixer les conditions de légalité de principe de ces interventions. Dans la jurisprudence administrative du début du XXe siècle, l'intervention est admise en cas de carence

(359) La poste a été considérée comme un service public à gestion privée dans la mesure où elle fournissait une prestation contre rémunération (CE, 6 déc. 1855, Rotschild : *Rec.* p. 705, *S.* 1856, II, p. 507 ; trib. civ. Dunkerque, 23 mai 1861, Dekeister, *D.* 1861, III, p. 4 ; la logique est la même dans l'arrêt TC, 8 févr. 1873, Blanco : *Rec.* 1er suppl. 61, concl. David), alors même que la Cour de cassation avait semblé en 1845 considérer que le caractère non gratuit de ce service interdisait de voir en lui un service public (Cass. civ., 1er avr. 1845, Depeyre, *S.* 1845, I, p. 363).

(360) O. Poinsot, « L'action sociale et médico-sociale, un service public industriel et commercial ? », *JCP A* n° 45, 7 nov. 2005, 1358.

(361) CE ass., 16 nov. 1956, USIA, *Rec.* p. 434, *D.* 1956, p. 759, concl. Laurent, *AJDA* 1956, p. 489, chron., *JCP* 1957, II, 9968, note Blaevoet.

(362) CE, 20 janv. 1988, SCI la Colline, *Rec.* p. 21, *AJDA* 1988, p. 407, obs. Auby, *CJEG* 1988, p. 328, concl. De la Verpillière, note Delpirou.

(363) TC, 16 oct. 2006, n° 3511, Synd. intercomm. d'études, de travaux et de gestion d'irrigation du canton de Montignac.

(364) CE sect., 30 juin 1950, Soc. Merrienne, *Rec.* p. 408 ; TC, 12 janv. 1987, Cie des Eaux et de l'Ozone, *Rec.* p. 442, *RFDA* 1987, p. 284, concl. Massot ; TC, 24 oct. 1994, Préfet de Mayotte, *Rec.* p. 607.

de l'initiative privée et dans des circonstances exceptionnelles. Ainsi, doivent être différenciées les situations suivantes. Lorsqu'il n'existe pas de médecin exerçant de manière régulière sur le territoire de la commune la création d'un service médical gratuit par une commune est légale (365). Elle ne l'est pas en revanche, dès lors qu'un ou plusieurs médecins exercent sur ce territoire (366). Il convient cependant d'examiner la formulation des arrêts à ce propos. Le Conseil d'État commence par poser en principe que « les conseils municipaux peuvent, dans des circonstances exceptionnelles, intervenir pour procurer des soins médicaux aux habitants qui en sont privés ». L'ambiguïté est remarquable. Car, au fond de l'affaire, le requérant contestait que la commune ait payé des honoraires à un médecin afin d'assurer des consultations gratuites. Or, dans le raisonnement implicite du juge administratif, les « habitants privés de soins » ne sont pas ceux qui seraient dans l'impossibilité de payer la consultation. Ils sont beaucoup plus limitativement ceux qui seraient privés de médecin sur le territoire de la commune. La question de la gratuité a donc été à la fois soigneusement évitée et allusivement absorbée par la solution jurisprudentielle.

1277 Enfin, un troisième exemple des liens discrets mais solides entre gratuité et droit administratif peut être tiré des conditions de fonctionnement du service public. La prestation de service doit être fournie dans des conditions telles qu'elle n'engendre pas de concurrence pour les entreprises privées fournissant des prestations analogues. Le juge administratif a ainsi jugé que la création par la Ville de Paris d'un établissement de bains gratuits (sous réserve de 10 centimes perçus pour la location de linge) était légale dès lors que les bains, étant gratuits, « ne pouvaient être considérés comme l'objet d'un commerce ou d'une industrie » (367). Selon ce raisonnement, la gratuité confère au service une nature différente de celle caractérisant les prestations des établissements privés. Ce service, est-il minimum ou implicitement réservé à des usagers auxquels les autres utilisateurs qui peuvent payer la prestation privée ne souhaitent pas se mélanger ? Rien ne le dit, mais selon le juge, le changement de nature du service, dû à la gratuité, exclut toute concurrence avec les bains privés, à partir de la conviction que la clientèle de ces derniers ne fuira pas vers les bains publics. S'y ajoute le fait que « l'installation de cet établissement ne constitue qu'une amélioration apportée dans le fonctionnement du service public et général de l'hygiène ». Il y a donc des buts d'intervention spécifiques, extérieurs à la seule considération du revenu des candidats à l'usage. Ou en d'autres termes, la gratuité qui colore l'ensemble de l'intervention n'est pas un but, mais un moyen. Qui plus est, elle n'est pas le moyen d'opérer une redistribution, objectif endogène et financier, mais le moyen externe et qualitatif d'améliorer l'hygiène de la population.

1278 Aussi complémentaires que soient ces trois exemples, il n'en demeure pas moins que le juge, administratif ou judiciaire, n'y a dégagé aucun principe général relatif

(365) CE, 7 août 1896, Bonnardot.

(366) CE, 29 mars 1901, Casanova, *Rec.* p. 333, *S.* 1901, III, 73, note Hauriou. Dans cet arrêt il est posé que l'absence de médecin sur le territoire de la commune constitue la circonstance exceptionnelle nécessaire.

(367) CE ass., 19 mai 1933, Blanc, *Rec.* p. 540, *S.* 1933, III, 81, note Alibert. Il est probable que ni le raisonnement, ni la solution ne pourraient être maintenus, après l'interprétation que donne aujourd'hui le Conseil d'État de l'ordonnance du 1er déc. 1986 (CE sect., 3 nov. 1997, Sté Million et Marais, *Rec.* p. 406, *RFDA* 1997, p. 1228, concl. Stahl, *AJDA* 1997, p. 945, chron.).

à la gratuité. Témoigne de cette méfiance la façon de ne pas répondre aux sollicitations de requérants qui tentent d'invoquer la gratuité en tant que principe général du droit ou de principe jurisprudentiel déconnecté d'un texte (368). Le Conseil constitutionnel, quant à lui, s'est bien gardé d'attribuer un début de valeur constitutionnelle à un principe de gratuité par trop général, même en matière d'usage de la voirie (369). La jurisprudence a même, dans une bonne mesure, soigneusement évité d'intégrer la problématique de la gratuité aux grandes questions que pose, en général, le droit administratif ou, en particulier, le droit du service public. En fait, la gratuité est pour l'administrateur toujours un moyen, pour le juge parfois un indice, mais apparemment rien de plus. De ce fait, il est possible de penser que « le service public payant n'est pas anormal ». Dès lors, « le service public payant n'entretient plus de querelles théologiques, même si pour telle ou telle activité il peut y avoir controverse » (370).

§ 2. LA QUALIFICATION INCERTAINE D'UN PRINCIPE DE GRATUITÉ

1279 Si l'on retient que le juge n'a jamais fait allusion à un « principe général de gratuité des services publics » et qu'il a préféré s'attacher aux dispositions législatives ou réglementaires qui pouvaient évoquer la gratuité de certaines prestations de service public, il n'en demeure pas moins intéressant de remarquer que, malgré la prégnance de la pensée libérale du marché, la notion de gratuité retient encore l'attention des juristes. Mais, plutôt que d'envisager d'emblée les implications des formes de solidarités sociales (B) qui avaient d'ailleurs conduit à faire de l'impôt le principal mode de financement des services publics, ils se sont plus particulièrement interrogés sur les rapports qu'engendrait la prestation délivrée par le service (A). En quelque sorte, la gratuité est une option politique « quasiment discrétionnaire » (371) alors même que la tarification ou la gratuité du service est toujours dépendante des contextes économiques (C).

A. LES PRÉCAUTIONS DE LA THÉORIE JURIDIQUE

1280 J.-F. Lachaume a souligné l'aspect historique et doctrinal du principe de gratuité. Faisant référence au doyen Hauriou qui notait le caractère non lucratif et gratuit du service public comme l'un de ses traits « saillants », il en présente une définition substantielle : la règle de gratuité est conçue comme « l'absence de participation financière directe demandée à l'usager en contrepartie de la prestation qui lui procure le

(368) « Considérant qu'aucun principe général du droit, ni aucune disposition législative ne font obstacle à ce que les services rendus par l'Insee énumérés à l'article 1er du décret attaqué fassent l'objet d'une rémunération ; que le moyen tiré de la violation d'un "principe de gratuité du service public administratif" ne peut en tout état de cause être que rejeté » : CE ass., 10 juill. 1996, Soc. Direct Mail Promotion, *Rec.* p. 277, *AJDA* 1997, p. 191, note Maisl.

(369) CC, n° 79-107 DC, 12 juill. 1979, Ponts à péage, *Rec.* p. 31, *AJDA* 1975, p. 46, *RDP* 1979, p. 1726.

(370) R. Hertzog, « Le prix du service public », *AJDA* 1997, p. 55.

(371) Selon les termes de R. Hertzog.

service » (372). De son côté, A.-S. Mescheriakoff évoquait la question de la rémunération des services publics, en relevant les phénomènes d'imputation des coûts. Signalant qu'il n'existe pas de principe général de gratuité, il affirme que la gratuité a surtout été une affirmation doctrinale dépourvue de portée pratique (373).

1281 Si, par la suite, J.-P. Valette relevait logiquement que « la gratuité est le financement d'un service par l'impôt » (374), ce faisant, il situait le principe sur le plan des coûts du service et non de son prix. Or, quelle que soit la qualité du service public considéré, l'idée de financement est hors champ en ce qui concerne les principes de fonctionnement, car elle n'a jamais déterminé juridiquement la décision des autorités responsables quant au mode de gestion du service. Ce n'est pas donc pas dans ce cadre que l'étude d'un principe de fonctionnement du service public peut être abordée.

1282 Suivant une analyse pragmatique, R. Chapus montrait enfin que certaines dispositions législatives peuvent imposer le respect d'un principe de gratuité pour certains types de services publics. Il excluait cependant la notion de gratuité des principes du service public, en posant que « d'une façon générale, la gratuité n'est certainement pas au nombre des lois du service public » (375).

1283 Malgré une relative unanimité des théoriciens du droit à propos de l'inutilité et de l'inexistence d'un principe de gratuité, l'étude du principe – ou de sa chimère – est rarement contournée. Ceci s'explique d'abord par le fait que la gratuité paraît fondamentalement liée à la mise en œuvre du principe d'égalité, ensuite que durant la seconde moitié du XXe siècle, la question tarifaire a suscité une jurisprudence fournie et détaillée en ce qui concerne le prix des services publics.

Toutefois, la gratuité n'est pas une norme de référence pour contribuer à l'élaboration et à l'affinement d'un droit du service public dans une conjoncture libérale. La gratuité n'a pas de réalité en tant que principe de droit positif. Le juge administratif a déjà eu l'occasion de rappeler qu'aucun principe général du droit ne lui donne consistance et que « tout moyen tiré de la violation d'un « principe de gratuité du service public administratif » ne peut en tout état de cause être que rejeté » (376). Le Conseil constitutionnel, quant à lui, s'est bien gardé de lui attribuer un commencement de valeur constitutionnelle (377).

1284 Cependant, au plan social, l'invocation de ce principe incertain peut servir à masquer les contradictions fondamentales entre individualité et collectivité. La liaison entre gratuité et droit ne peut assurer une conciliation entre les thèses individualistes et libérales du système économique et les conceptions solidaires ou consensuelles de la solidarité sociale. Il semble alors impossible d'ériger la gratuité en principe de fonctionnement du service public mais il est envisageable de la situer comme idéal à atteindre dans la construction d'un droit du service public en notant qu'elle est

(372) *Grands services publics,* Masson, 1989, p. 222.
(373) *Droit des services publics*, PUF, coll. Droit fondamental, 1997, p. 209.
(374) *Le service public à la française*, Ellipses, 2000, p. 101.
(375) *Droit administratif général,* t. I, Montchrestien, 2001, n° 793, p. 620.
(376) CE, 10 juill. 1996, Soc. direct mail promotion, *préc.*
(377) CC, 12 juill. 1979, n° 79-107 DC, Ponts à péage, *Rec.* p. 31, *AJDA* 1975, p. 46, *RDP* 1979, p. 1726.

souvent absorbée dans la problématique du principe d'égalité des usagers devant le service public (378).

B. L'IDÉAL DES POLITIQUES PUBLIQUES DE SOLIDARITÉ SOCIALE

1285 La notion de gratuité est le maillon faible du droit du service public. Au sens économique, la gratuité totale n'existe pas, puisque le service a toujours un coût ; son étude permet de se poser la question de la rémunération du service public. Or, parce qu'il est une réponse à des besoins essentiels de la vie sociale et quotidienne, le service public devrait ne pas avoir de prix. Car la gratuité est aussi un idéal social qui, bien que contraire à tout objectif économique, ne peut systématiquement être cantonné dans le droit du service public.

Certaines théories du service public évoquent donc encore l'existence d'un principe de gratuité incertain, parce que l'application de la gratuité suppose nécessairement des rapports de pouvoir et des relations d'échange dont l'acteur principal demeure la collectivité publique. Cependant, même si les biens sociaux que procurent les services publics sont « partiellement payants, ou même, pour certains d'entre eux, entièrement marchands, il n'en reste pas moins qu'ils doivent être fournis ou bien par des administrations (lorsque des considérations d'uniformité des règles et d'efficacité hiérarchique l'imposent) ou bien par des établissements publics plus ou moins autonomes (avec leurs règles et leur capacité experte propres), sur la base de dotations publiques ou de contributions obligatoires (comme dans le système de sécurité sociale à la française) » (379). L'idéal de solidarité, symbolisé par la notion de gratuité, est à la racine de la notion citoyenne de service public.

D'une certaine manière, la notion de gratuité est une des variables sur lesquelles les pouvoirs publics assoient la légitimité de leurs interventions dans un certain nombre de domaines, tels l'éducation et la santé. Certes, sous l'influence du droit européen, en tenant compte de la définition particulière du « service universel », ils prétendent en développer l'usage à l'égard de catégories limitées de personnes, notamment à l'égard des plus dépendantes et des plus démunies. Cette ambition politique ne grève pas nécessairement l'existence d'un principe de gratuité, mais la notion de gratuité est déformée dès qu'interfère la notion de service universel, dont il n'est pas certain que l'appréhension par le droit européen corresponde à celle du droit français. En effet, il apparaît difficile de parler de gratuité dans la mesure où le service universel suppose la fourniture de la « prestation de qualité à un prix abordable ». La proposition d'un prix, même « abordable », maintient le principe du paiement, quoique son montant soit *a priori* plus faible, s'agissant de permettre l'accès du service aux personnes « les plus démunies ».

1286 Plus précise sur ce dernier point était l'ouverture ménagée par les dispositifs législatifs engagés dans la lutte contre les exclusions : « Toute personne ou famille éprouvant

(378) Par ex., en ce qui concerne la gratuité du transport scolaire : CE, 4 mai 1998, Département de la Côte d'Or, req. 160752 ; CAA Nancy, 27 mai 2004, req. 01NC00304, Département des Ardennes, *Collectivités – Intercommunalité* n° 7, 2004, comm. 150, Moreau.

(379) T. ANDREANI, « La privatisation des services publics est une privatisation de la démocratie », *Actuel Marx*, 2003, n° 34, p. 50.

des difficultés particulières du fait d'une situation de précarité a droit à une aide de la collectivité pour accéder ou pour préserver son accès à une fourniture d'eau, d'énergie et de services téléphoniques » (380). Concrétisant le principe de la solidarité sociale, la collectivité s'engageait à préserver cet accès aux services publics sans en référer à la notion de service universel. Pour éviter les confusions sémantiques, d'autres moyens que la gratuité directe, perçue comme incongrue dans une société marchande plus que seulement libérale, sont mis en place : la prise en charge, le reversement, le remboursement, les transferts, etc.

Cette ouverture ne se fonde donc pas sur l'existence d'un principe de gratuité, elle relève d'une intervention spécifique de solidarité qui exige une participation de tous les citoyens. Il n'en demeure pas moins que la gratuité, ici indirecte, par compensation ou subvention, est une condition de l'accès, c'est-à-dire de l'égal accès aux services publics de base. Concrétisant le principe de la solidarité sociale, la collectivité s'engage à préserver cet accès au service public. Il faut noter au passage que cette approche est alors radicalement différente de celle promouvant un service universel. En effet, lorsque la notion de solidarité est soulevée pour contribuer à l'application du principe d'égalité, la contribution de l'usager ne s'analyse pas au regard du prix de la prestation ni suivant les modes de gestion ou de fonctionnement du service. Là encore, les logiques à l'œuvre dans le raisonnement sur la gratuité montrent combien les tiraillements entre la nécessité de préserver le tissu social et les objectifs de rentabilité économique que supposent les logiques marchandes sont considérables.

C. L'HÉTÉROGÉNÉITÉ DES TEXTES

1287 Peut-on espérer rencontrer, en se tournant vers les textes, les normes écrites, un principe de gratuité qui inspirerait d'une manière générale les acteurs du droit public que sont les législateurs, les administrateurs, les juges ? La réponse, après examen des textes, est négative. S'il existe, en effet, des textes juridiques dans lesquels est transcrite l'idée de gratuité, le plus souvent sous la forme adjectivale (gratuit/e) ou adverbiale (gratuitement), la signification concrète du mot et de ces dérivés varie selon les époques, les contextes, les domaines, les objets.

1288 Le cas du service public de l'enseignement des premier et second degrés est exemplaire à cet égard. Le Préambule de la Constitution de 1946 impose l'existence d'un service public de l'éducation nationale (381) : « l'organisation de l'enseignement public gratuit et laïque à tous les degrés est un devoir de l'État » (al. 13). Cette obligation incontestable est d'ailleurs dans la droite ligne du projet de la Révolution française, puisque les dispositions fondamentales garanties par la Constitution de 1791 qui en forment le titre premier, prescrivaient : « il sera créé et organisé une Instruction publique commune à tous les citoyens, gratuite à l'égard des parties d'enseignement indispensables pour tous les hommes… ». Le principe de gratuité de l'enseignement

(380) Art. 43-5 al. 1 de la L. n° 88-1088 du 1er déc. 1988 relative au revenu minimum d'insertion modifié par la L. n° 98-657 du 29 juill. 1998 d'orientation relative à la lutte contre les exclusions, *JO* 31 juill. 1998, p. 11679.

(381) « La Constitution n'exige pas de façon explicite la création de services publics, mais on peut estimer que certaines de ses dispositions impliquent l'existence de tels services », R. CHAPUS, *Droit administratif général,* Montchrestien, coll. Domat, 2001, n° 796, p. 624.

doit être ainsi considéré comme doté d'une valeur constitutionnelle (382), même si, la matière étant législative, la loi peut parfois y apporter des exceptions (383).

1289 Pour en fixer les contours et certaines précisions d'application, le Code de l'éducation (384) au titre des principes généraux de l'éducation (livre 1er) consacre aujourd'hui une subdivision (titre III) à l'obligation, à la gratuité scolaires (385) et à l'accueil des élèves des écoles maternelles et élémentaires. Les « classes enfantines » ou « écoles maternelles », bien qu'elles ne soient pas directement intégrées dans le cadre de la scolarité obligatoire, bénéficient de cette approche (386). En revanche, en vertu d'une interprétation stricte de l'enseignement par degrés (387), le juge administratif n'admet pas d'étendre le principe de gratuité de l'enseignement à l'enseignement supérieur (388).

Cependant, l'affirmation de la gratuité qui voudrait là appuyer la force du principe d'égalité n'est que faux-semblant. En effet, le désengagement progressif de l'État dans le cadre du service public de l'enseignement, par l'application des principes posés par la révision générale des politiques publiques – dont notamment la règle du non-remplacement d'un départ à la retraite sur deux – transforme la perception de la gratuité de l'enseignement dans l'espace social. Le sous-équipement en services publics de certaines zones périurbaines et la surdétermination des quartiers pourvus en logements sociaux dans ces zones provoquent des déplacements de populations. Les difficultés croissantes de la politique de la ville sont à la mesure du désinvestissement de l'État dans les secteurs qui, essentiels au maintien du lien social, sont peu à peu délaissés par les collectivités territoriales dont les budgets obéissent aux mêmes règles restrictives.

Ainsi, « dans certaines zones urbaines, cette ségrégation est en train de provoquer une privatisation rampante de l'école du fait de la dégradation des perspectives offertes par l'enseignement public et par une évasion des familles qui le peuvent vers le privé. La gratuité à laquelle renoncent ces familles, mais qu'elles financent néanmoins, perd alors ses fonctions solidarisantes. L'école de la République cesse d'être un service public pour devenir un dispositif social à destination des plus démunis » (389). Or, cette évolution touche la plupart des services publics, notamment pour ce qui est de la gratuité, de plus en plus mesurée, de l'accès aux soins.

(382) C'est explicitement ce que considère le juge administratif. Par ex., CE, 27 avr. 1987, req. 39183, Traversac ; CE, 12 déc. 1994, req. 98.455, Colin, *Rec.* T. ; CAA Nantes (3e ch.), 30 oct. 1998, req. 98NT01456, OGEC « Collège d'Elbée-Beaupréau ».

(383) CE, 10 janv. 1986, Commune de Quingey, *Rec.* p. 3.

(384) Partie législative, Annexe à l'ord. n° 2000-549 du 15 juin 2000.

(385) Et peut-être périscolaire : CE, 4 févr. 2004, req. 253376, Solana, *JCP A* 2004, n° 16, 1288, note Moreau.

(386) V. CE, 10 janv. 1986, Commune de Quingey, *Rec.* p. 3 ; CE, 20 oct. 1995, req. 146967, Commune de Chagny ; et C. éduc., art. L. 132-1 : « L'enseignement public dispensé dans les écoles maternelles et les classes enfantines et pendant la période d'obligation scolaire définie à l'article L. 131-1 est gratuit ».

(387) Selon C. éduc., art. L. 132-2, « L'enseignement est gratuit pour les élèves des lycées et collèges publics qui donnent l'enseignement du second degré, ainsi que pour les élèves des classes préparatoires aux grandes écoles et à l'enseignement supérieur des établissements d'enseignement public du second degré ».

(388) CE ass., 28 janv. 1972, Conseil transitoire de la Faculté des Lettres et des Sciences humaines de Paris, *Rec.* p. 86 ; *JCP* 1973,II,17296 ; CE, 9 avr. 1976, Conseil des parents d'élèves des écoles publiques de la mission universitaire et culturelle française au Maroc, *D.* 1977, p. 241, note Schultz ; CE, 12 déc. 1994, req. 98455, Colin, *Rec.* T.

(389) J.-L. SAGOT-DUVAUROUX, « La gratuité, une utopie réalitaire », *Mouvements*, n° 45/46, 2006, p. 59.

1290 L'observateur attentif de la jurisprudence remarquera par ailleurs que les contestations de règlements et circulaires fondées sur le principe constitutionnel de gratuité ainsi reconnu se heurtent encore à un nombre inhabituel d'applications par le juge de la théorie de la loi écran (390) ou à des interprétations neutralisantes (391).

1291 D'autres textes législatifs sont à la fois plus précis et plus restrictifs. La fonction du principe de gratuité n'y apparaît qu'en filigrane, et le plus souvent, dans une tonalité sociale qui finit par faire en sorte que le service public s'entende principalement à l'endroit des personnes en situation de précarité, sans pour cela répondre systématiquement aux mécanismes dits de « discrimination positive ».

Ainsi, les dispositions de l'article L. 6112-6 du Code de la santé publique (392) ne reprennent que partiellement les données de la loi du 29 juillet 1998 d'orientation relative à la lutte contre les exclusions. Elles évoquent toutefois une possible gratuité non des soins de santé mais plutôt de certains actes et traitements, ce, essentiellement pour les personnes les plus démunies : « Dans le cadre des programmes régionaux pour l'accès à la prévention et aux soins des personnes démunies [...], les établissements publics de santé et les établissements de santé privés assurant une ou plusieurs des missions de service public définies à l'article L. 6112-1 mettent en place des permanences d'accès aux soins de santé, qui comprennent notamment des permanences d'orthogénie, adaptées aux personnes en situation de précarité, visant à faciliter leur accès au système de santé, et à les accompagner dans les démarches nécessaires à la reconnaissance de leurs droits. Ils concluent avec l'État des conventions prévoyant, en cas de nécessité, la prise en charge des consultations externes, des actes diagnostiques et thérapeutiques ainsi que des traitements qui sont délivrés gratuitement à ces personnes ».

1292 Enfin, il est des lois qui, tout en posant le principe, le privent d'effet. Le législateur avait ainsi consacré le principe de gratuité de l'usage des autoroutes. L'article L. 122-4 du Code de la voirie routière dispose toujours que « l'usage des autoroutes est en principe gratuit » ; le principe tombe « en cas de délégation des missions du service public autoroutier ». Cette gratuité cessait donc dès que l'autoroute avait été concédée, ce qui était, en fait, toujours le cas, au moins en dehors des zones fortement urbanisées. Par ailleurs, le principe de gratuité des routes nationales, qui ne fait pas de doute, risque d'être remis en cause, de façon plus que regrettable, même à l'intérieur de ces zones.

À propos des ouvrages d'art, pont ou passage souterrain, le même principe de la gratuité de l'usage est énoncé à l'article L. 153-1. L'institution d'un péage est tout autant admise (393). Néanmoins, aux termes de l'article L. 153-4, « l'acte administratif instituant un péage sur un ouvrage d'art reliant des routes départementales peut prévoir des tarifs différents ou la gratuité selon les diverses catégories d'usagers pour

(390) CE, 5 oct. 1983, req. 23346, Traversac ; CE, 27 avr. 1987, req. 39183, Traversac.

(391) CE, 12 mars 1999, req. 191405, Maurou, sur une circulaire du ministre de l'Éducation nationale en date du 18 sept. 1997.

(392) Issues de la L. n° 2004-806 du 9 août 2004 relative aux politiques de santé publique et modifiées par l'ordonnance n° 2010-177 du 23 févr. 2010 de coordination avec la L. n° 2009-879 du 21 juill. 2009 portant réforme de l'hôpital et relative aux patients, à la santé et aux territoires,

(393) Le péage doit alors être distinct de la taxe qui pourrait être instituée au titre de l'article L. 321-11 du Code de l'environnement pour les passages entre le continent et une île maritime dont le produit « est destiné, sur les îles concernées, au financement exclusif de mesures de protection et de gestion des espaces naturels, dans le cadre d'une convention... ».

tenir compte, soit d'une nécessité d'intérêt général en rapport avec les conditions d'exploitation de l'ouvrage d'art, soit de la situation particulière de certains usagers, et, notamment, de ceux qui ont leur domicile ou leur lieu de travail dans le ou les départements concernés » (394). La gratuité de l'usage des ponts et tunnels répond ainsi à des critères spécifiques qui forment un des paliers d'un principe de fonctionnement du service public à l'image des services publics de passage d'eau comme les bacs.

Il en sera sans doute de même des routes nationales à deux fois deux voies, pour lesquelles le principe général de gratuité de l'usage du domaine public ne s'opposera pas à la mise en concession, comme le montre l'exemple de la route Centre Europe-Atlantique (RCEA).

1293 Il va de soi que lorsqu'une gratuité de principe a été instaurée par une loi, celle-ci doit être respectée. Le juge administratif sanctionne même les atteintes potentielles à des lois qui auraient hypothétiquement posé ce principe. Ainsi une commune ne peut pas rendre payantes des recherches de documents sans distinguer entre ce qui relève de démarches facultatives, de l'action du maire en tant qu'agent de l'État, et de l'application de textes prévoyant la communication gratuite des documents (395).

Le choix d'un principe de gratuité, en tant qu'il relève de l'organisation du service public, peut aussi entrer dans la compétence du pouvoir réglementaire. Mais, indépendamment de la contrainte éventuelle résultant des normes supérieures, son usage et les modalités de sa mise en œuvre sont immédiatement conditionnés par le respect d'un autre principe, de valeur bien supérieure au règlement, celui d'égalité (396).

1294 Finalement, le concept de gratuité fonde surtout les revendications individuelles et collectives à l'égard de certains services essentiels à la vie sociale et à l'épanouissement personnel. Accessoirement, il permet aux pouvoirs publics de gérer les inégalités sociales et de remédier à certaines situations désespérées. À ce niveau, l'interrogation sur la liaison initiale entre un principe incertain de gratuité et un principe fondamental d'égalité revêt tout son sens, notamment dans la perception nouvelle qu'induit l'idée d'égalité des chances.

§ 3. LES FAUX-SEMBLANTS D'UN PRINCIPE DE GRATUITÉ

1295 En droit strict, la gratuité, n'ayant pas été reconnue comme principe général du droit, ni comme principe à valeur constitutionnelle, ne saurait constituer un principe juridique. Elle est donc, soit un principe inspirant les constructions

(394) Ou bien au titre de l'article L. 173-3 du Code de la voirie routière qui reproduit l'article L. 321-11 du Code de l'environnement, ces tarifs différents ou la gratuité peuvent aussi « tenir compte soit d'une nécessité d'intérêt général en rapport avec les espaces naturels protégés » ou « de l'accomplissement d'une mission de service public ».

(395) CE, 9 mars 1998, req. 172603, Ville de Nice, *Rec.* T. p. 768 : annulation d'une délibération qui instaure « la rémunération de toutes les interventions du service des enquêtes de la Ville de Nice, sans distinguer entre les prestations que celui-ci pourrait offrir à titre facultatif, et les recherches que le maire doit faire, en qualité d'agent de l'État, en application de textes particuliers, pour lesquelles la fixation d'une éventuelle rémunération excède les compétences du conseil municipal » et qui « ne réserve pas davantage le cas où des documents seraient demandés à la ville en application de dispositions législatives prévoyant la gratuité de leur communication ou la fixation de modalités particulières de tarification ».

(396) CE, 14 avr. 1999, req. 189397, Pecheu : « en réservant la gratuité du péage aux seuls automobilistes remplissant les conditions définies en matière de "covoiturage" afin de favoriser dans l'intérêt général la plus grande fluidité du trafic, les décisions attaquées n'ont pas méconnu le principe de l'égalité des usagers du service public ».

théoriques, les politiques législatives et les solutions jurisprudentielles dans des cas touchant à l'essence du service public (A), soit une règle d'une portée limitée appartenant à un régime juridique circonscrit (B).

A. LA GRATUITÉ, ENJEU D'UN SYSTÈME DE VALEURS

1296 La recherche d'un principe ou d'une règle de gratuité se heurte à un obstacle sémantique. Le mot est très rarement présent dans les textes juridiques où s'entremêlent surtout les questions de prise en charge des coûts par les organismes publics, de contrepartie financière pour les personnes privées ou publiques assurant la gestion du service. C'est ainsi que la proposition de la gratuité se transforme en modicité du prix pour l'usager et devient, dans une mesure toute relative, un des éléments sur lequel se fonde la distinction entre service public administratif et service public industriel et commercial.

La difficulté de saisir juridiquement la gratuité est encore accusée par les références à la charité ou au bénévolat. Cette diversion se réalise notamment par l'appel des pouvoirs publics à diverses associations, qu'elles soient ou non caritatives, les incitant à collaborer au maintien du lien social et à la définition de la solidarité. Ces dernières se trouvent ainsi désormais rattachées pour certaines de leurs interventions aux activités de service public. Ainsi, par exemple, outre la reconnaissance juridique de la fonction sociale des associations « qui œuvrent dans le domaine de l'insertion et de la lutte contre l'exclusion » par l'article 1er de la loi du 29 juillet 1998 d'orientation relative à la lutte contre les exclusions, la circulaire du Premier ministre du 14 septembre 1998 relative au développement de la vie associative prenait acte de l'utilité sociale des associations, relevait la pertinence de certains projets associatifs et invitait à une valorisation du bénévolat – sans préciser dans quels domaines ces activités évolueraient (397).

1297 L'appréhension d'une notion aléatoire de gratuité se construit alors autour des rôles et fonctions des valeurs portées par le système de droit. La considération juridique de la gratuité se trouve de nos jours paradoxalement insérée dans les impératifs d'une société libérale. Elle offre ainsi une place privilégiée aux aspects financiers dans l'étude des services publics. Mais elle ne saurait se limiter au constat formel d'un défaut de paiement de la part du bénéficiaire ou d'une privation de rétribution du prestataire. L'objectif principal d'un principe de gratuité est bien plus fondamentalement la négation de tous profits et bénéfices pour l'usager comme pour le gestionnaire du service. Si les implications de la notion de « service universel » sont à ce titre particulièrement visibles, l'idée de « prix abordable » ne renvoie ni à la gratuité ni à la modicité du tarif applicable à une prestation donnée, ni à la déconnexion monétaire du rapport d'échange.

1298 Cependant, c'est bien l'absence de prix ou, plus valablement de nos jours, la tarification modeste de la prestation qui permet à la gratuité d'être encore un sujet d'interrogations dans le droit du service public. L'absence ou la modicité d'une contrepartie pécuniaire devient l'élément de référence et à ce titre, il n'existe, pour aucune catégorie d'analyse, un principe de gratuité du service public. Il s'agit d'une évidence

(397) *JO* 16 sept. 1998, p. 14111.

quant aux services à caractère industriel et commercial dont le fonctionnement est par nature comparable aux activités privées. Certes, pour des raisons d'intérêt général et notamment dans l'enjeu des politiques sociales, le coût de certains de ces services ne doit pas être intégralement supporté par leurs usagers, voire être gratuit pour certains, mais ce sont des dispositifs d'exception qui ont pour objectif la lutte contre les exclusions. Car d'une certaine façon, « la gratuité sert l'égalité et permet la réalisation du devoir d'assistance de l'État au profit des plus démunis » (398). L'interrogation sur la liaison entre un principe idéal de gratuité et un principe fondamental d'égalité n'induit alors l'idée d'égalité des chances (399) qu'en tant que voie d'apaisement des mouvements sociaux et de régulation des revendications sociales. De même, les différents dispositifs relatifs à la lutte contre les exclusions ou prétendant porter remède aux inégalités sociales ne se fondent pas sur l'existence d'un principe de gratuité, ils relèvent plus généralement d'une intervention spécifique de solidarité qui exige une participation de tous les citoyens.

B. SERVICE PUBLIC OBLIGATOIRE ET GRATUITÉ DE LA PRESTATION

1299 « La gratuité n'est un principe que pour les services publics administratifs obligatoires en vertu de la Constitution ou d'une loi » (400). Présentée sous la forme d'un principe préjuridique ou d'un élément de régime juridique, la gratuité, après avoir marqué la distinction entre le service public administratif et le service public industriel et commercial, paraît encore devoir concerner au sein de la catégorie des services publics administratifs la distinction problématique entre les services publics obligatoires et les services publics facultatifs.

a) Gratuité et distinction entre services publics obligatoires et facultatifs

1300 Les services publics administratifs et facultatifs peuvent bien sûr être facturés par des redevances aux utilisateurs, sans qu'il soit fait état d'aucune condition de principe (401). Ces services sont ceux que les autorités administratives ont estimé nécessaire de créer et de gérer afin de répondre à un besoin particulier non essentiel à la vie sociale. Tel est le cas des écoles de musique municipales tant que le principe d'un droit d'accès à la culture ne connaît pas d'effectivité, ou de l'accueil de la petite

(398) J.-P. VALETTE, *Le service public à la française*, Ellipses, 2000, p. 102.

(399) « Le principe d'équité doit désormais aller au-delà de la stricte application du principe de l'égalité des chances : reconstituer celle-ci passe désormais par le principe de la "discrimination positive" ; la simple égalité d'accès à des prestations banalisées ne suffit plus. Un soutien particulier doit, par exemple, être donné à ceux qui ont des difficultés à suivre l'enseignement, à se placer en bonne position sur le marché du travail, ou qui sont victimes d'un cumul de handicaps particulièrement lourd. Il n'est pas sûr qu'il faille aider toutes les familles de la même façon. De manière plus générale, l'optique des discriminations positives peut conduire à revoir le principe de gratuité de certains services publics » : *La France de l'an 2000,* rapport de la commission présidée par A. MINC, « Les défis économiques et sociaux de l'an 2000 », Odile Jacob – La Doc. fr., 1994, p. 92.

(400) *J-Cl. Adm.*, Fasc. 149, III, B. 2°.

(401) CE, 10 nov. 1993, Commune de Mirebeau, *Rec.* p. 314, *CJEG* 1994, p. 145, concl. Pochard.

enfance (402). C'est d'ailleurs à leur propos qu'ont été développées les analyses sur les variations tarifaires des services publics.

De plus, il y a, parfois, une possibilité de contourner au contentieux l'absence de principe de gratuité et de ne pas s'arrêter à la distinction entre service public obligatoire et service public facultatif. Par exemple, dans le cas d'une prestation de service public assurée gratuitement depuis sa mise en place, le passage à une facturation peut tout simplement se heurter à la fois au principe de continuité et à celui d'égalité (403).

Toutefois, de la même façon que la gratuité interfère avec la distinction entre service public administratif et service public industriel ou commercial, il est utile de rendre compte de son rôle dans la distinction entre service public administratif obligatoire et service public administratif facultatif. Car cette distinction ne connaît pas de substantiels développements dans la théorie juridique, tant les registres d'analyses varient entre les cadres du droit du service public et ceux du droit des collectivités territoriales. Certains éléments d'analyse doivent à cet égard être relevés.

1301 Remarquant que la gratuité n'était pas un principe général du droit, J. Carbajo posait la question de savoir si « elle ne constituerait pas un principe commun à l'ensemble des services publics administratifs » (404). Ce faisant, il supposait que la dissociation entre service public administratif et service public industriel et commercial entraînait des conséquences juridiques sur les principes de fonctionnement du service, notamment à l'égard des usagers. Toutefois, par ces quelques remarques, il invitait aussi à prendre en considération des repositionnements dans l'analyse : il s'agit désormais d'évoquer une distinction entre les services obligatoires et les services facultatifs pour la personne publique responsable.

Cette distinction entre service obligatoire et service facultatif rappelle celle élaborée par R. Chapus entre les activités de plus grand service et les activités de plus grand profit. Mais cette dernière ne suffit pas à rendre compte des questions que soulève la recherche d'un principe de gratuité des services publics. En effet, parmi les services publics administratifs, il en est d'obligatoires et d'autres facultatifs, mais il apparaît souvent difficile d'exiger un paiement pour les services obligatoires, car les usagers ne peuvent pas se délier de ces services. L'absence de choix impliquerait alors l'absence de prix. Mais si la notion de gratuité induit cette équation, celle-ci n'est pas absolue.

Nombre d'activités relèvent de cette perception : les services de lutte contre l'incendie, les opérations de sécurité, les services de secours, les mesures de lutte contre les épidémies n'ont de sens que si les actions et opérations répondent à un principe de gratuité. Mais si seuls ces services essentiels étaient gratuits, – et pour certains, des « dédommagements » peuvent être demandés, notamment en ce qui concerne les secours – le droit du service public relèverait d'une conception minimale de l'État, laquelle n'est pas consacrée en droit français.

(402) M.-A. Bernard, « L'accueil collectif de la petite enfance : un service public local encore facultatif », *JCP A* n° 49, 2006, p. 1299.

(403) Concl. Laroque sur CE, 26 mars 1990, Commune de Montfermeil, *RFDA* 1990, p. 613. Les communes ont l'obligation d'assurer la continuité du service public. En soumettant les enfants à la suppression de la gratuité des fournitures, sujétion particulière qui pourrait affecter cette continuité pour certains d'entre eux seulement, la commune leur impose un traitement contraire au principe d'égalité.

(404) *Droit des services publics,* Dalloz, coll. Mémentos, 1997, p. 61.

b) Gratuité et service public obligatoire pour le responsable du service

1302 La distinction entre service public obligatoire et service public facultatif paraît ne pouvoir être développée que du côté des gestionnaires du service considéré.

R. Chapus posait la question de l'existence ou de l'inexistence du principe de gratuité en ces termes : « la seule question ne peut être que celle de savoir si, en l'absence de dispositions législatives les y autorisant, les autorités administratives sont en droit d'exiger des usagers des services publics administratifs une contrepartie pécuniaire des prestations qui leur sont assurées ». La remarque suit immédiatement que « la réponse à cette question est aussi nuancée que possible et telle qu'on ne saurait même pas estimer que le fonctionnement de ces services serait en principe au moins, gouverné par une exigence de gratuité » (405). Dans l'une des deux hypothèses développée, apparaît le cas où l'exécution du service public administratif est « légalement obligatoire pour la personne publique et appartient, en quelque sorte, au minimum dû à la population » (406), mais non celui où le service est obligatoire pour le citoyen.

Dans le même ordre d'idées, J. Carbajo, à l'occasion de l'étude d'un hypothétique principe de gratuité notait : « en l'absence de texte législatif imposant la gratuité, le Conseil d'État paraît considérer que la gratuité n'est la règle que relativement à certains services publics administratifs dont les prestations sont procurées aux usagers parce qu'elles constituent une obligation pour le gestionnaire du service public » (407). Là encore, la position particulière de l'usager n'est pas mise en évidence.

A.-S. Mescheriakoff, de son côté remarquait que de toute façon, un service public a un coût, que ce coût doit être supporté par l'un des protagonistes du service public et si ce n'est directement l'usager, il devra être imputé soit sur des recettes domaniales, soit sur des prélèvements exceptionnels, soit sur des impôts (408). Il relève la multiplication des services publics payants et note ainsi que « l'abandon de la gratuité des services publics loin de conduire à une remise en cause du principe d'égalité est souvent présentée comme un élément de l'État impartial » (409). Cependant, dans la perspective économique et libérale qui forme la trame de son étude des services publics, il soulève une question essentielle en énonçant que « la tarification est aujourd'hui considérée comme un objectif de bonne gestion des services publics. Le tarif, en assurant une visibilité du coût du service, permet d'en suivre la gestion » (410). De ce fait, il ne s'interroge pas de manière approfondie sur les effets d'une distinction aléatoire entre service public obligatoire et service public facultatif.

1303 Si distinguer entre les services obligatoires et les services facultatifs *pour la personne publique responsable* paraît désormais essentiel, deux observations complémentaires doivent être faites.

1) Ces services sont gratuits à la seule condition qu'ils ne profitent pas directement et personnellement à des particuliers, et tel est le cas des frais de transport à l'hôpital

(405) *Droit administratif général*, t. 1, Montchrestien, 2001, n° 793, p. 620.
(406) *Ibid.* p. 621.
(407) *Droit des services publics*, Dalloz, coll. Mémentos, 1997, p. 62.
(408) *Droit des services publics*, PUF, coll. Droit fondamental, 1997, p. 207.
(409) *Op. cit.* p. 212.
(410) *Op. cit.* p. 211.

d'une victime d'un accident de la route (411). Ici, la théorie juridique est parfaitement en phase avec la théorie économique dans la définition de biens et services collectifs. Les services collectifs ne connaissent pas à proprement parler d'usagers, ils se réalisent souvent sans que puisse être défini un prix pour assurer leur accès ou leur prestation.

2) Le fait que ces services soient en général, c'est-à-dire statistiquement, gratuits ne signifie pas qu'ils soient en principe, c'est-à-dire nécessairement, gratuits. Leur gratuité réside plus dans le fait qu'ils sont tout simplement, dans ces cas-là, assurés en régie.

1304 Ces deux premières observations expliquent pourquoi, alors que les services d'incendie ne peuvent donner lieu au paiement d'un prix, la facturation de certains services qui ne se rattachent pas à des missions de protection et de lutte contre les incendies peut être admise (412) sans contrevenir à un principe de gratuité qui n'a jamais été formellement affirmé. Il en est ainsi pour les frais engendrés par les services de secours en montagne (413). Les autres missions de secours, notamment de protection et de lutte contre les autres accidents (414), se comprennent, elles, en collaboration avec d'autres types de services et professions, ce qui n'exclut pas des contributions et contreparties.

Par ailleurs, ne sont facturées que les interventions qui excèdent la mission générale de secours due à la population telle qu'elle est définie par la loi. Le service public administratif « payant » n'apparaît donc pas impossible dans le système juridique français. Néanmoins, dans ce type de services collectifs d'intérêt général, comme dans le cadre des services publics administratifs, si le paiement d'une somme d'argent est sollicité, il doit relever de la logique de l'imposition forfaitaire et non de celle de la facturation détaillée.

c) Le caractère obligatoire pour la personne publique doit être croisé avec le caractère obligatoire pour l'usager

1305 Une autre perception de la distinction entre service public obligatoire et service public facultatif est possible. Du côté des administrés, certains services sont

(411) CE, 5 déc. 1984, Ville de Versailles c. Lopez, *Rec.* p. 399, *RFDA* 1985, p. 522, note Prétot.

(412) Ainsi, il peut être demandé aux bénéficiaires de participer aux frais, dans les conditions déterminées, pour toute intervention : recherche ou secours aux animaux domestiques, ouvertures de portes, destruction des nids d'insectes… Pour ce qui concerne les incidents liés à la pratique des sports, les secours peuvent donner lieu au remboursement des frais à la condition que les autorités administratives compétentes aient expressément délibéré sur la question et publié les modalités de la participation financière des personnes secourues. Par exemple, « l'intervention d'un service d'incendie et de secours pour désincarcérer des personnes bloquées dans un ascenseur dont le fonctionnement était défectueux ne se rattache pas directement à l'exercice des missions qui lui sont dévolues. Le SDIS est fondé à demander aux personnes secourues une participation aux frais » : CAA Douai, 14 déc. 2004, n° 01DA00380, SDIS de l'Eure, *AJDA* 2005, p. 959, concl. J. Michel.

(413) V. par ex., F.-X. Fort, « La périlleuse situation de la gratuité du secours en montagne », *JCP A* 2004, n° 7, p. 177 ; P. Blachèr, « La tarification des services de secours en montagne », *Mél. J.-P. Colson*, PU Grenoble, 2004, p. 521. Circulaire du 6 juin 2011 relative aux orientations générales pour la mise en œuvre des moyens publics concourant au secours en montagne et sa formalisation dans le cadre d'une disposition spécifique ORSEC ; P. Yolka, « Secours en montagne : une réforme en pente douce – À propos de la circulaire du 6 juin 2011 », *JCP A*, 11 juill. 2011, act. 488.

(414) CGCT, art. L. 1424-2 : « Les services d'incendie et de secours sont chargés de la prévention, de la protection et de la lutte contre les incendies. Ils concourent, avec les autres services et professionnels concernés, à la protection et à la lutte contre les autres accidents, sinistres et catastrophes, à l'évaluation et à la prévention des risques technologiques ou naturels ainsi qu'aux secours d'urgence. Dans le cadre de leurs compétences, ils exercent les missions suivantes : 1° La prévention et l'évaluation des risques de sécurité civile ; 2° La préparation des mesures de sauvegarde et l'organisation des moyens de secours ; 3° La protection des personnes, des biens et de l'environnement ; 4° Les secours d'urgence aux personnes victimes d'accidents, de sinistres ou de catastrophes ainsi que leur évacuation ».

l'expression d'une obligation, d'autres le fait d'un choix. Ainsi, par exemple, l'instruction est obligatoire pour tous les enfants jusqu'à l'âge de 16 ans, quelle que soit la modalité choisie par les parents pour qu'elle soit délivrée à leur enfant (415).

Rien ne s'oppose *a priori* à ce qu'un service public administratif obligatoire pour l'usager ne soit pas gratuit pour celui-ci et que la prestation de ce service soit un monopole public. Toutefois, dans ce cas de figure, l'absence de gratuité ne correspond ni à un prix, ni à une redevance : c'est une taxe. En d'autres termes, l'obligation d'utiliser le service n'est qu'un « point d'enregistrement » pour le fait générateur d'une obligation quasi fiscale. En revanche, les conditions d'institution d'un service public obligatoire pour son usager sont strictement encadrées par les principes de création de services publics susceptibles de porter atteinte à une liberté publique ou fondamentale.

1306 Dans cet ordre d'idées, au regard des buts poursuivis, il y aurait quelque paradoxe à rendre obligatoire et payant pour tous les usagers un service public administratif qui serait facultatif pour les personnes publiques qui l'organisent, notamment pour les collectivités territoriales.

À l'inverse, lorsque certains services publics sont dits obligatoires pour les collectivités territoriales, les conséquences en résultant quant aux normes budgétaires et aux pouvoirs de substitution dont dispose, pour une part encore, le représentant de l'État, ne situent plus la distinction entre services obligatoires et services facultatifs dans le registre de la gratuité. L'inscription des dépenses obligatoires au budget de la collectivité fait l'objet d'un régime spécial de contrôle : la procédure exige la saisine de la Chambre régionale des comptes soit par le représentant de l'État dans le département, soit par toute personne y ayant intérêt. Si la collectivité n'obtempère pas à la mise en demeure qui lui est adressée, le représentant de l'État opère la rectification en les inscrivant d'office au budget de la collectivité (416).

Ces dépenses obligatoires concernent donc l'injonction adressée aux collectivités pour la prise en charge de certains services publics mais elles ne renvoient nullement aux problématiques d'un principe de gratuité.

1307 Finalement, un service public obligatoire pour la collectivité publique n'est pas nécessairement gratuit pour l'usager. Et l'obligation d'user d'un service public n'entraîne pas non plus sa gratuité pour l'usager, ce qui paraît regrettable. Pour autant, la notion de gratuité qui demeure un nœud insoluble dans l'analyse du régime des services publics, est fondamentale dans le droit du service public. Même sans être considérée comme un principe de fonctionnement du service public, elle peut être, pour les usagers, à la source d'un droit d'accès aux services publics essentiels.

Cette dimension particulière de la gratuité permet alors de donner sens au lien social par le service public et d'aménager les moyens d'une lutte efficace contre tous les phénomènes d'exclusion sociale.

(415) Sauf pour la scolarité dans les établissements d'enseignement français à l'étranger : CE, 27 oct. 2004, req. 252970, Devynck-Fujiwara, *JCP A* 2004 n° 51, p. 1642, note Moreau, le principe de la perception de droits de scolarité par les établissements français à l'étranger gérés par l'Agence pour l'enseignement français à l'étranger ayant été posé par la loi.

(416) CGCT, art. 1612-15.

CHAPITRE 2
LES PRINCIPES « ADDITIONNELS » EN DROIT DU SERVICE PUBLIC

1308 Les principes « cardinaux » de fonctionnement du service public sont sources d'obligations juridiques pour les services publics et dans les services publics. Mais, soumis aux conjonctures économiques et sociales, confrontés aux évolutions du droit, ils connaissent des mutations. Les obligations qui découlent de ces trois principes subissent des remaniements constants, qui doivent leur être associés. La rencontre des contextes et des discours conduit à ce que les principes de fonctionnement les plus « classiques » soient complétés, recomposés ou déstructurés, réunis ou divisés, reformulés ou déformés et parfois même contredits.

Cependant, si les combinaisons entre les principes de fonctionnement du service public et les principes généraux de l'action administrative marquent le lien que le droit du service public entretient avec le droit administratif, l'apport de concepts diversifiés issus du droit européen, des idéologies libérales qui le traversent et des nécessités de la réduction des déficits doit être particulièrement souligné (1).

1309 Ont pu être un temps évoqués de « nouveaux principes », inédits, voire des « principes en émergence », qui auraient pour objet de compléter les « lois de Rolland » et de signifier l'entrée du service public dans la post-modernité.

À l'analyse, ces prétendus « nouveaux principes » révèlent le plus souvent une application raisonnée du principe de mutabilité des services publics. Ils ne constituent, en fait, que des précisions relatives aux conditions de fonctionnement du service public suivant la recomposition des priorités définies par les pouvoirs publics : les unes relèvent des discours politiques ; les autres s'attachent aux configurations économiques déterminées par l'Union européenne ou répondent aux effets de la mondialisation. Ces précisions attestent un prolongement du principe de mutabilité du service public, qui engage souvent le débat d'une part sur la modernisation de l'administration ou sur la réforme du service public, et d'autre part sur la compétitivité économique de

(1) V. par ex., V. Suret-Bensussan, « La libre-concurrence imposée aux monopoles publics nationaux risque-t-elle d'entraîner des atteintes au service public ? », *Europe* n° 7, 2001, p. 8.

la France, et plus largement de l'Europe dans un univers mondialisé. D'autres discours sont venus à l'appui de ces thèmes, prônant la réduction des déficits publics, la compression des dépenses de fonctionnement des administrations, la diminution des personnels affectés aux services publics, etc. Ils préfigurent une conception du service public plus que réductrice oubliant que « le service public apparaît aussi comme un agent de redistribution, qui doit contribuer à réduire l'ampleur des inégalités sociales : il a pour fonction de mettre un certain nombre de biens à la portée de tous ; son action s'adresse de manière préférentielle aux plus démunis » (2).

Suivant la première perspective, les dispositions de la loi relative à la modernisation et au développement du service public de l'électricité du 10 février 2000 (3), par exemple, avaient ajouté aux trois principes classiques des objectifs précisant les conditions de prestation : « Matérialisant le droit de tous à l'électricité, produit de première nécessité, le service public de l'électricité est géré dans le respect des principes d'égalité, de continuité et d'adaptabilité, et dans les meilleures conditions de sécurité, de qualité, de coûts, de prix et d'efficacité économique, sociale et énergétique » (art. 1er, al. 4). Sécurité, qualité et efficacité économique relevaient ainsi de « conditions » et ne pouvaient être appréhendées sur le plan des principes de fonctionnement du service public. Dans l'optique de la révision générale des politiques publiques, l'imposition de la technique de « mutualisation » des moyens et des fonctions support, le recours à « l'externalisation » et la « restructuration » des services de l'État, tant au niveau central que déconcentré, ont suscité l'élaboration de priorités, nationales ou stratégiques, qui, marquées par la recherche d'économies substantielles à réaliser, varient selon les conjonctures et forment parfois autant d'autres principes, certes souvent circonstanciels mais parfois fixes et minutieux.

De plus, ces dispositifs induisent bien une reconsidération des principes puisqu'ils en signalent certaines insuffisances opérationnelles, issues tant de l'évolution des mentalités (sécurité, qualité) que de l'entrée dans l'ère de la globalisation (efficacité économique).

1310 En même temps, ces modes d'appréhension des services publics mettent en jeu une des applications du principe de mutabilité. Or, ce principe est de teneur variable et de valeur incertaine : les changements auxquels sont soumis les services publics et les mutations auxquelles doivent répondre ces services peuvent être diversifiés. Il peut s'agir de mouvements sociaux et de modifications dans les comportements collectifs, de conjonctures économiques, de progrès scientifiques et technologiques ou de discours politiques. Les transformations peuvent également être le résultat de réformes décidées par les pouvoirs publics, cas le plus fréquent désormais.

La modernisation du service public a ainsi conduit les autorités administratives, sous l'influence du droit européen et, depuis 2007, des discours présidentiels, à remanier les modes de fonctionnement des services publics et à repenser, notamment, leur relation aux citoyens. L'insistance des différentes circulaires relatives au renouveau du service public et la réforme de l'État sur les politiques d'accueil en avaient largement révélé la teneur. Celles retraçant les étapes de la révision générale des politiques publiques en ont présenté les modalités présentes et à venir : « L'amélioration de l'accueil dans les services publics est une priorité de la RGPP » ; cette rénovation vise

(2) J. Chevallier, « Les nouvelles frontières du service public », *Regards croisés sur l'économie*, 2007/2 n° 2, p. 19.

(3) L. n° 2000-108 du 10 févr. 2000, *JO* 11 févr. 2000, p. 2143.

surtout à réduire les délais de traitement et d'attente, et à accorder une attention aux réclamations émanant des usagers (4).

1311 Dès lors, la perception de la notion de mutabilité peut être, au vu des politiques publiques mises en œuvre, opposée à la vision classique du principe de continuité du service public. Outre la libéralisation généralisée de certains secteurs tels celui de l'énergie ou des télécommunications, la fermeture de certains relais de service, comme les bureaux de poste ou les écoles dans certaines zones, semble être soit justifiée par leur remplacement par des services de télécommunications électroniques, soit insérée dans les modalités d'application d'un principe de continuité relu à l'aune de l'idée de rentabilité économique plus que de celle d'une efficacité sociale. En effet, « au cœur du management, il y a le *principe d'efficacité* : le management se présente comme une *praxéologie*, une théorie de l'action efficace, son objet est de définir les règles permettant aux organisations d'atteindre les objectifs qu'elles se sont fixés avec le maximum d'efficacité. La pénétration de la rationalité managériale dans le droit se traduit par la promotion de cet impératif d'efficacité » (5).

Plus qu'une transformation des principes de fonctionnement du service public, un ensemble de solutions et de détails qui rendent compte de la dynamique intrinsèque de la notion de service public produit un déploiement de règles et principes qui s'attachent essentiellement aux formes de délivrance de la prestation, au contenu de l'activité plus qu'aux modalités de distribution ou répartition de celle-ci. Tel est le cas des notions connexes de qualité et d'accessibilité au/du service, voire de l'idée de « connectivité » qui pourrait y être associée dans la mesure où le « haut-débit » acquiert le caractère d'un service prérequis pour l'accès à un ensemble de services publics (sect. 1).

Certes, ces modifications sont au préalable énoncées dans des textes divers qui ne possèdent pas nécessairement une valeur juridique avérée. Elles sont parfois issues de faits et mouvements indéterminés, de la pensée politique, ou des solutions données à certains litiges par les juges européens, judiciaires ou administratifs. Mais elles peuvent aussi être traduites par des textes législatifs ou réglementaires, notamment à l'occasion de la libéralisation ou de la privatisation des services publics, de leur restructuration en entités différenciées et dans les formes nouvelles de l'aménagement du territoire de la République enserrées entre recomposition de la décentralisation et nécessités du maintien du lien social.

1312 Les modes d'interprétation et d'application des principes classiques de fonctionnement du service public avaient déjà subi quelques modifications substantielles nées de leur nécessaire adaptation aux conjonctures et aux contextes particuliers de la fin du XXe siècle. Avaient ainsi été développées de nouvelles conditions de fonctionnement du service public, tenant compte d'abord des demandes des usagers et des administrés en matière de proximité, d'accessibilité et d'efficacité sociale, puis des demandes des opérateurs en matière de rentabilité et d'efficacité économiques. Depuis quelques années, s'ajoutent à ces demandes les préoccupations des pouvoirs publics quant à une administration électronique opérationnelle et qui, mise en

(4) Conseil de modernisation des politiques publiques, *in* 4e Rapport d'étape, « Améliorer la qualité des services publics », juin 2010.
(5) J. Chevallier, « La juridicisation des préceptes managériaux », *PMP* 1993, p. 111.

œuvre dans plusieurs secteurs (6), conduit à une transformation de la relation administrative à travers le développement numérique des territoires. Cependant, cette mutation dépend de la mise en place des réseaux internet, laquelle s'inscrit dans un univers concurrentiel.

Les administrés et les opérateurs, dans cette logique de concurrence, sont inévitablement concernés par le maintien de la sécurité dans les services publics (sect. 2), qui doivent de surcroît s'adapter aux exigences du « développement durable » et évaluer les avancées d'un principe de précaution qui obligent les opérateurs et gestionnaires des services publics à penser certaines formes de risques.

1313 Certes, d'autres thèmes ont également été évoqués à propos du service public, comme la simplicité, la transparence, la médiation, la participation et la responsabilité. Ils ne composent pourtant pas de nouvelles exigences, ils ne sont pas constitutifs de nouvelles obligations pour les opérateurs et gestionnaires des services publics ou pour les usagers. Dans un certain sens, si ces thèmes peuvent constituer une source de nouveaux droits pour les usagers, ils ne peuvent être compris comme des règles auxquelles seraient astreints tous les services publics. En quelque sorte, lorsqu'ils sont rappelés par les lois, les règlements ou les textes administratifs, ils viennent à l'appui des règles de "bonne conduite", de qualité, d'accessibilité ou de sécurité, notamment lorsqu'il s'agit d'envisager le traitement des réclamations et d'évoquer, par là, les procédures destinées à éviter l'éclosion de contentieux trop coûteux, comme la médiation (ou pour les co-contractants de l'administration, la transaction).

Les manifestations de l'efficacité, de l'accessibilité, de la sécurité et, par voie de conséquence, du respect nuancé d'un principe de précaution, paraissent plus sûrement énoncer des conditions de fonctionnement variant selon les acteurs concernés (opérateur, gestionnaire, usager, tiers), et venant à l'appui des principes classiques d'égalité, de continuité et de mutabilité. Elles ne forment pas de nouveaux principes engageant directement les services publics. Toutefois, elles impliquent certaines formes d'action et modèles de décision qui s'ajoutent aux pratiques des services publics, ce qui permet de les qualifier de « principes additionnels ».

1314 Les mots qualité, sécurité et efficacité ne renvoient pas, de prime abord, à des approches commerciales de la prestation de service public, mais ils y conduisent progressivement. Ainsi, pour les activités de distribution du carburant, de restauration, d'hôtellerie ou de change de devises, le juge administratif a fait remarquer que « les activités ainsi exercées qui peuvent être regardées comme des activités de services sont celles qui, directement nécessaires aux besoins particuliers des usagers des autoroutes, répondent à des considérations d'intérêt général en contribuant à la sécurité et à l'efficacité du trafic routier » (7). Ces impératifs sont aussi mis en œuvre dans nombre d'entreprises privées. S'y ajoutent les recommandations de la révision générale des politiques publiques quant au respect des normes relatives au développement durable et, accessoirement, quant aux présupposés d'un principe de précaution. Ils sont destinés à régir les relations que ces entreprises entretiennent avec leurs fournisseurs et leurs clients. En quelque sorte, on peut penser que l'in-

(6) V. par ex., N. Ferraud-Clandet, « L'Union européenne et la télésanté », *RTDE* 2010, p. 537.
(7) CE, avis n° 366305, 16 mai 2002, sur les contrats d'exploitation des installations commerciales sur les aires de service situées sur le réseau autoroutier, *JCP A* 2003, p. 1031, note Cazcarra.

trusion de ces exigences dans le droit du service public confirme, pour une part, le mouvement de libéralisation des services porté par le droit européen et la privatisation de nombreux services publics.

Par ailleurs, ces impératifs sont parfois de l'ordre de la morale et de l'éthique et, pour cette raison, ils sont souvent énoncés dans les chartes déontologiques, ou codes de bonne conduite, que lesdites entreprises élaborent dans le but de parfaire leur image de marque tout en générant des profits. Car l'éthique dite d'entreprise « est une éthique visant essentiellement un résultat pragmatique plus qu'une éthique de conviction fondée initialement sur la nécessité générale de faire triompher le bien. Le client est roi, ne tend à favoriser que le consommateur solvable [...]. Il s'agit d'une sorte de mélange entre le respect d'un certain principe de moralité et l'intérêt de l'entreprise, les deux n'étant pas nécessairement incompatibles » (8).

Il semble dès lors difficile d'affirmer, à l'instar de certains commentateurs de l'évolution des services publics dans le cadre du droit européen, que ces conditions forment des principes généraux du fonctionnement du service public. La plupart des études menées sur ces thèmes rejoignent souvent les thèses de la construction européenne : l'influence du droit européen sur l'évolution du droit du service public trouve là une de ses principales illustrations, tant au point de vue de ses réalisations que de ses limites.

1315 Aucune énumération exhaustive de ces conditions supplétives ne peut alors être présentée, dans la mesure où elles sont énoncées par à-coups, dans des textes concernant des secteurs d'activité particuliers, qui reposent sur « la segmentation des cibles » répondant « au souci d'efficacité recherché par la différenciation des services en fonction des publics » (9), et annoncent, en filigrane, un fractionnement de la population suivant des zones ou des situations de fait.

SECTION I DES PRINCIPES CONVERGENTS : LA QUALITÉ ET L'ACCESSIBILITÉ

1316 Malgré les prétentions des autorités publiques et en dépit de certains discours de doctrine administrative et universitaire, il n'existe pas, en droit positif, de « nouveaux » principes de fonctionnement du service public. Mais, dans la mesure où quelques études retiennent l'existence de ces prétendus principes et les insèrent dans le champ des règles de fonctionnement du service public, il paraît nécessaire de les évoquer.

La circulaire du Premier ministre du 26 juillet 1995 relative à la préparation et à la mise en œuvre de la réforme de l'État et des services publics (10) évoquait de

(8) J. Delga, « De l'éthique d'entreprise et de son cynisme », *D.* 2004, p. 3126.
(9) P. Zemor, *Le sens de la relation. Organisation de la communication de service public*, La Doc. fr., coll. Rapports officiels, 1991, p. 53.
(10) Circ. dite « Juppé », *JO* 28 juill. 1995, p. 11216.

nouveaux principes du service public tels la qualité, l'accessibilité, la transparence la médiation, la participation et la responsabilité, mais aucun d'entre eux ne fut par la suite explicitement confirmé par la jurisprudence relative aux services publics. Plus circonstanciée, la circulaire du 7 juillet 2000 relative à la coordination de l'évolution de l'implantation territoriale des services publics (11) avait souligné les impératifs de qualité, d'accessibilité et de juste répartition de ces services sur le territoire. Elle annonçait en même temps la nécessité de prendre des dispositions « afin de renforcer la présence et la qualité des services publics dans les quartiers qui sont regardés comme prioritaires pour la mise en œuvre de la politique de la ville ».

Par la suite, ce sont des programmes d'action, des stratégies prioritaires, des plans, des schémas directeurs, des orientations majeures qui ont été détaillés, rappelant parfois quelques-uns de ces prétendus principes sans les désigner formellement comme tels. Depuis 2007, la référence principale est composée par les différents rapports d'étape de la révision générale des politiques publiques, lesquels sont retranscrits dans nombre de circulaires administratives et, parfois, dans les annexes aux lois de programmation des finances publiques. Ainsi, l'accent a-t-il été mis non sur la qualité du service en lui-même mais sur celle du « service rendu » aux usagers, en prônant la réduction des délais de traitement des dossiers, l'amélioration de l'accueil, la simplification des démarches et en instituant un « baromètre de la qualité des services publics ». Quoi qu'il en soit, certains textes législatifs ou réglementaires ont parfois entériné ces principes mais leur définition reste résiduelle, tandis que leur application est conditionnelle.

1317 Ces principes relèvent plus des objectifs à atteindre que des principes à respecter ou des règles à observer par les services publics concernés. Ils dépendent de mesures d'organisation des services ou dessinent des modèles et des indicateurs pour l'évaluation des services. En quelque sorte, ils ne s'attachent directement ni à l'activité ni à la prestation fournie.

Des études de doctrine ont cependant souligné certains d'entre eux en y décelant des finalités particulières. C'est notamment le cas pour l'idée de qualité (sous-sect. 1), sans pour autant s'accorder sur la manière de l'aborder. Il en est de même de l'idée d'accessibilité. Cette notion, souvent incluse dans les développements relatifs à la qualité, semblait jusqu'alors proche de certaines préoccupations des pouvoirs publics dans le cadre de l'aménagement des territoires et de leur rééquilibrage fonctionnel. Dans cette configuration, elle pouvait ne pas revêtir de particularités substantielles relativement au service public, mais accumulation de normes techniques et discours politiques redondants font qu'elle se coulerait désormais dans d'autres modèles, catégoriels et plus personnalisés (sous-sect. 2).

1318 Les indéterminations théoriques ont sans doute grevé l'analyse, mais elles permettent de situer ces notions sous la forme de « conditions de fonctionnement du service », intrinsèquement liées aux objectifs et résultats que les pouvoirs publics

(11) Pour la mise en œuvre de la L. n° 99-533 du 25 juin 1999 d'orientation pour l'aménagement durable du territoire modifiant la L. n° 95-115 du 4 févr. 1995 et des dispositions des décrets du 20 oct. 1999 modifiant les décrets n° 82-389 et n° 82-390 du 10 mai 1982 relatifs, respectivement, aux pouvoirs du préfet et aux pouvoirs des préfets de région, *JO* 12 juill. 2000.

assignent désormais aux organismes investis de missions de service public et aux prestataires de service public. Les objectifs semblent plus particulièrement intéresser les formes de production et de diffusion du droit, ainsi que les modes de fonctionnement des administrations publiques en général. Les résultats se prêtent à des évaluations chiffrées et comptabilisées en termes de « bilan » dans la plupart des secteurs publics.

Ainsi, les questions relatives à la simplicité, la transparence (12), la médiation, la participation et la responsabilité, sont essentiellement liées aux processus décisionnels administratifs, au développement des procédures précontentieuses et, pour une large part, à l'amélioration des rapports entre les administrés et les administrations. La dynamique du service public n'y apparaît que par ricochet, notamment lorsque la situation des usagers est en cause.

Seul le « principe de transparence » pourrait être appelé à remplir une fonction particulière tant dans les domaines où se révèle la notion de service universel que dans ceux des transferts de missions de service public assumées par l'État vers les acteurs privés, associations ou entreprises. Dans ces cadres, il a pour objet d'obliger les prestataires à fournir une information complète sur la prestation qui en fait l'objet, afin de déterminer les conditions financières, techniques, réglementaires des compléments et éléments supplétifs dont peuvent bénéficier les usagers qui n'y seraient pas astreints par leur situation sociale (13). Mais, de ce fait, ce principe s'analyse plus sûrement par rapport aux modalités de la gestion du service et surtout en relation avec le statut des usagers, notamment en ce qui concerne les droits dont ils pourraient se prévaloir, que dans le cadre des modes de fonctionnement du service public.

Révélant un mouvement qui tend au rapprochement entre les moyens de production des activités de service public et les moyens d'action des entreprises privées, seules quelques-unes de ces conditions supplétives semblent dès lors intervenir en droit du service public : l'accessibilité et la qualité.

S/SECTION I LA QUALITÉ DU SERVICE PUBLIC

1319 **Bibliographie :** G. Belorgey (dir.), *La qualité dans les services publics*, Berger-Levrault – Delta, 1989 ; R. Cros, *La qualité dans les collectivités territoriales*, Berger-Levrault, coll. Administration locale, 2001 ; Y. Cannac, *La qualité des services publics*, La Doc. fr., coll. Rapports officiels, 2004 ; L. Cluzel-Métayer, *Le service public et l'exigence de qualité*, Dalloz, coll. Nouvelle bibliothèque de thèses, 2006.

J.-B. Auby, « Innovation, légalité et management public », *PMP* 1993, p. 147 ; F. Roussely, « Clarifier les rapports entre le service public et les citoyens », *in* C. Join-Lambert (dir.), *L'État moderne et l'administration*, LGDJ, coll. Systèmes, 1994, p. 56 ; C. Naneix, « Accueil et qualité dans l'administration », *in* F. Gallouédec-Genuys (dir.), *À propos de l'administration française*, La Doc. fr., 1998, p. 106 ; M. Voisset, « Qualité, adaptabilité, mutabilité », *in* R. Kovar et D. Simon (dir.),

(12) V. par ex., Conseil d'État, rapport 1995, « La transparence et le secret », *EDCE* 1995, n° 47, p. 17.
(13) M. Bazex, « Obligations communautaires de transparence et prestations de service public », *Dr. adm.* oct. 1993, n° spéc. l, p. 15.

Service public et Communauté européenne : entre l'intérêt général et le marché (t. 2), La Doc. fr., 1998, p. 397 ; M. Voisset, « La reconnaissance, en France, d'un droit des citoyens à la qualité dans les services publics », *RFDA* 1999, p. 743 ; C. Boudreau, « Qualité, efficience et efficacité de l'administration numérique à l'ère des réseaux : l'exemple québécois », *RFAP* 2009, n° 131, p. 527 ; L. Roux, « L'administration électronique : un vecteur de qualité de service pour les usagers ? » *Inf. sociales*, 2010/2, n° 158, p. 20.

1320 C'est à partir du moment où la modernisation des administrations a été lancée par référence au Marché commun européen que la *démarche de qualité*, à l'image de celle ayant cours dans les entreprises privées, s'est trouvée renforcée dans les services publics. L'exigence de qualité a ainsi, pour certains auteurs, le « mérite d'introduire l'approche économique au profit des consommateurs » (14). Plus encore, « le succès du libéralisme s'explique [...] par le souci exprimé par les usagers – essentiellement professionnels car ce sont eux qui expriment leurs revendications avec le plus de force – de bénéficier de services de meilleure qualité et/ou à meilleur prix » (15).

Dans la configuration générale du droit du service public, c'est aux *démarches* de qualité plus qu'aux *normes* de qualité qu'il est nécessaire de faire référence. Le terme de « qualité » seul ne retrace pas le canevas de l'activité d'intérêt général concernée, il renvoie aux compétences et aux aptitudes plus qu'aux modalités de la prestation. Dès lors, un certain rapport avec les formes de management public devrait être souligné : les notions de performance publique et de responsabilisation des acteurs publics deviennent incontournables pour assurer la force des engagements développés, tant pour l'optimisation économique de l'activité qu'à l'égard des usagers des services publics.

§ 1. LA FONCTION ÉCONOMIQUE DE LA QUALITÉ

1321 Dépassant les premières approches qui rendaient compte d'un relatif souci « d'humanisation » des services (16), analyser la notion de qualité revient à inscrire le propos dans les espaces économiques et financiers, car « le critère de qualité est d'abord apparu dans la sphère économique pour améliorer la gestion des services publics industriels et commerciaux » (17).

Cette perception a été introduite dès les premières études à propos de la qualité administrative dès lors qu'un ensemble de contraintes économiques ont modifié les conditions d'exercice des missions de service public du fait de l'ouverture des frontières. Le constat s'impose que « les services publics doivent, de plus en plus, s'habituer à agir dans un marché ouvert et miser davantage sur la qualité de leurs prestations que sur leurs privilèges pour assurer leur avenir ». Dès lors, « le démantèlement des monopoles publics, à la faveur des politiques de déréglementation, n'est que la traduction concrète de cette exigence » (18).

(14) F. Péraldi-Leneuf, « Le consommateur-citoyen et la mutation des obligations de service public », *in R.* Kovar et D. Simon (dir.), *Service public..., op. cit.* p. 383.

(15) P. Frémieux, « Europe et services publics », *in* P. Héritier (dir.), *Un pacte social pour l'Europe*, Les éditions de l'atelier, 1996, p. 149.

(16) M.-C. Meininger, « Service public, service du public », *in* F. Gallouédec-Genuys (dir.), *À propos de l'administration française*, La Doc. fr., 1998, p. 103.

(17) M. Voisset, « La reconnaissance, en France, d'un droit des citoyens à la qualité dans les services publics », *RFDA* 1999, p. 743.

(18) J. Chevallier, « Le discours de la qualité administrative », *RFDA* 1988, p. 290.

1322 La perspective managériale influence, dès les années 1980, la lecture de la notion de service public qui, pourtant, devrait y échapper. Elle se retrouve de plus en plus souvent incluse dans des schémas de réseaux institutionnels (19). Si cette perspective relève du principe de mutabilité du service en rapport avec les évolutions de son environnement politique et juridique, elle ne rend pas compte des présupposés intrinsèques de la notion de qualité, qui ne peuvent pas être détachés de la fonction économique du service public considéré. Les développements relatifs à « l'État exemplaire » s'y réfèrent aussi.

L'exigence de qualité se traduisait naguère par l'application du principe d'adaptabilité qui marquait soit la nécessité pour toute activité de service public de se conformer aux progrès techniques, soit la faculté pour toute autorité publique de « faire profiter les citoyens » des découvertes et perfectionnements (20). Elle prend une tout autre tonalité, d'abord en associant la « démarche normée », qui vise à garantir la fiabilité du service, à la démarche économique, qui donne aux opérateurs et aux usagers des assurances sur le bon fonctionnement du service et sur la sécurité du produit ou de la prestation ; ensuite en s'inscrivant dans la « culture du résultat » qui, dans une série de chiffres dégagés de statistiques remaniées, invite à penser l'amélioration des prestations avec des moyens de plus en plus réduits. L'exigence de qualité est aussi une des conditions des transferts que suscitent les privatisations des entreprises publiques chargées d'un service public et les modulations imposées à certaines entreprises privées investies de telles missions, aussi flou que puisse être l'énoncé législatif ou réglementaire de ce principe incertain de qualité (21).

1323 Enserrée dans le principe d'adaptation aux conjonctures économiques, l'idée de qualité du service rapproche les activités privées des activités publiques (22). Pour ces dernières, elle ne peut pas s'inscrire exclusivement dans le champ des « normes

(19) Illustre cette dynamique économique dans l'organisation de réseaux publics l'article L 614-2-I al. 1 du Code de l'éducation : « Le schéma de services collectifs de l'enseignement supérieur et de la recherche [...] définit les moyens à mettre en œuvre pour favoriser l'accueil et l'insertion professionnelle des étudiants en tenant compte des priorités nationales et régionales en termes de politiques de l'emploi et de développement économique » ; v. aussi, Ord. n° 2005-654 du 8 juin 2005 portant allégement des procédures d'adoption et de révision des schémas de services collectifs et suppression des schémas multimodaux de services collectifs de transport.

(20) CE, 10 janv. 1902, Compagnie nouvelle de Gaz de Deville-les Rouen, *Rec.* p. 5.

(21) Par ex., art. 12 de la L. n° 2007-1224 du 21 août 2007 sur le dialogue social et la continuité du service public dans les transports terrestres réguliers de voyageurs : « Les autorités organisatrices de transport incorporent dans les conventions qu'elles concluent avec les entreprises de transport des critères sociaux et environnementaux de qualité de service ».

(22) Par ex. la L. n° 2008-776 du 4 août 2008 de modernisation de l'économie réécrit l'art. 1er de la L. n° 51-711 du 7 juin 1951sur l'obligation, la coordination et le secret en matière de statistiques en usant de ces termes : « I. Le service statistique public comprend l'Institut national de la statistique et des études économiques et les services statistiques ministériels. Les statistiques publiques regroupent l'ensemble des productions issues : des enquêtes statistiques dont la liste est arrêtée chaque année par un arrêté du ministre chargé de l'économie ; de l'exploitation, à des fins d'information générale, de données collectées par des administrations, des organismes publics ou des organismes privés chargés d'une mission de service public. La conception, la production et la diffusion des statistiques publiques sont effectuées en toute indépendance professionnelle. II. Il est créé une Autorité de la statistique publique qui veille au respect du principe d'indépendance professionnelle dans la conception, la production et la diffusion de statistiques publiques ainsi que des principes d'objectivité, d'impartialité, de pertinence et de qualité des données produites ».

de qualité », normes techniques ou référentiels minimaux de l'activité, comme par exemple, les normes NF (23).

Toutefois, le respect des normes de qualité peut s'imposer particulièrement aux services publics industriels et commerciaux puisque leurs prestations sont assimilables à des produits marchands. La notion technique de qualité a ainsi accompagné l'évolution institutionnelle et fonctionnelle des anciennes entreprises publiques, comme EDF et GDF, ainsi que leurs privatisations successives. C'est à ce même titre que la qualité est surtout évoquée à propos de « l'eau » dans la législation (24).

Par voie de conséquence, la jurisprudence administrative ne fait pas d'impasse sur cette donnée essentielle de la distribution des biens et de la prestation de service public (25). La qualité est aussi, suivant cette approche technique, évoquée aussi bien pour les services funéraires que pour les services de télécommunications électroniques pris en charge ou contrôlés par des collectivités publiques, et constitue un élément substantiel des activités menées dans le cadre de la recherche publique (26). Elle concerne, dans de nombreux secteurs (santé, recherche, tourisme, patrimoine), tant les installations matérielles que les prestations de service, aussi diversifiées soient-elles.

1324 Prise isolément, la notion de qualité s'inscrit ainsi dans une nébuleuse administrative qui cherche à faire se rejoindre deux objectifs parfois contradictoires en associant la compétitivité des actions publiques à l'estimation d'un indice de satisfaction des usagers. La conjonction de ces deux projets s'inscrit dans une « culture de performance » qui accélère le processus de désengagement de l'État dans les services publics, lequel se cantonne dans une posture de « régulateur », ou s'ingénie à créer dans nombre de secteurs des « autorités de régulation », sous diverses dénominations (agence, office, comité), dont il devrait garantir l'indépendance. Ce désinvestissement n'est pourtant que financier, car les pouvoirs publics demeurent toujours vigilants. Afin de pouvoir canaliser les contestations des usagers, et aussi et surtout pour responsabiliser les entreprises privées investies de missions de service public, ils se sont engagés dans un processus de labellisation, mais dans ce cadre il ne s'agit pas de labels de « qualité »

(23) F. Violet, *Articulation entre la norme technique et la règle de droit*, PUAM, 2003.

(24) Par ex. CGCT, art. L. 2224-5, al. 1 : « Le maire présente au conseil municipal ou le président de l'établissement public de coopération intercommunale présente à son assemblée délibérante un rapport annuel sur le prix et la qualité du service public d'eau potable destiné notamment à l'information des usagers » ; C. santé publ., art. L. 1321-4 – I : « Toute personne publique ou privée responsable d'une production ou d'une distribution d'eau au public, en vue de l'alimentation humaine sous quelque forme que ce soit, qu'il s'agisse de réseaux publics ou de réseaux intérieurs, ainsi que toute personne privée responsable d'une distribution privée autorisée [...] est tenue de :/1° Surveiller la qualité de l'eau qui fait l'objet de cette production ou de cette distribution, notamment au point de pompage en ce qui concerne les dérivés mercuriels [...] ; /3° Prendre toutes mesures correctives nécessaires en vue d'assurer la qualité de l'eau, et en informer les consommateurs en cas de risque sanitaire ; 4° N'employer que des produits et procédés de traitement de l'eau, de nettoyage et de désinfection des installations qui ne sont pas susceptibles d'altérer la qualité de l'eau distribuée... ».

(25) Par ex. CE, 27 juin 1994, Charpentier, *Rec.* p. 334 (le refus de raccordement au réseau d'eau potable de tous les terrains non constructibles ne se conçoit que pour un motif tiré de la bonne gestion et de la préservation de la qualité du service d'adduction d'eau).

(26) Ainsi, par ex., C. rur. et pêche maritime, art. L. 830-1 (reproduit *in* Code de la recherche, art. L. 112-4) : « La recherche agronomique et vétérinaire concourt au développement et à la compétitivité de la filière agricole et du secteur de la transformation des produits agricoles. Elle répond en priorité aux impératifs de la gestion durable de l'espace rural, de la valorisation de la biomasse, de la sécurité et de la qualité des produits alimentaires et de la préservation des ressources naturelles mondiales. »

des biens et produits. Ces labels s'attachent plus aux modes de fonctionnement du service, aux relations qu'il entretient avec les collectivités publiques et les acteurs de la société civile, son environnement et aux comportements des gestionnaires qu'aux prestations elles-mêmes (27).

Néanmoins, la question de la qualité comporte deux aspects complémentaires qui, par les obligations auxquelles elle astreint les opérateurs ou les gestionnaires du service, permettent aux usagers de bénéficier de garanties essentielles quant à la valeur de la prestation ou du produit délivré.

1325 Le dispositif de la « charte des services publics », objet d'une circulaire du 18 mars 1992, n'évoquait pas explicitement la notion de qualité dans la panoplie des principes d'action des services publics qui préfiguraient alors les principes prétendument « nouveaux » (transparence et responsabilité, simplicité et accessibilité, participation et adaptation, confiance et fiabilité). Pourtant certaines formules présentes dans son introduction invitaient, à l'origine, à construire la qualité essentiellement à partir de la situation des usagers du service public, en usant d'un autre vocable, celui de « performance », rejoignant aujourd'hui la notion de « compétitivité », discours qui doit toujours être rapporté à sa préoccupation première, et non se borner à banaliser la prestation de service public dans un contexte de mondialisation néolibérale.

La charte recommandait ainsi aux services « d'établir des indicateurs de performance » et mettait « l'accent sur la coopération de ces derniers avec les usagers ». Chaque service public doit « s'efforcer de faire connaître clairement ses objectifs et de mettre au point des indicateurs de qualité et de satisfaction des besoins des usagers » (28). En ce cas, ce n'était pas le service public en lui-même qui se trouvait être concerné mais le « service rendu ». « C'est précisément parce que la relation des services publics avec les usagers n'est pas totalement assimilable à celle d'un prestataire avec un client et comporte des contraintes spécifiques de part et d'autre, qu'il faut contrebalancer ces contraintes par la qualité du service rendu : qualité d'écoute et de compréhension, efficacité dans l'application de règles de portée générale à des situations particulières » (29).

1326 Suivant l'argumentation exposée dans le rapport au Conseil économique et social de J.-A. Mariotti, *Aménagement du territoire, services publics et services au public* en annexe de l'avis du 11 janvier 2006, la dissociation entre services publics marchands et services publics non marchands, puis entre services publics et services privés (qui ne sont pas encadrés par la puissance publique à des degrés divers), dépend d'une appréhension raisonnée de cette notion de qualité, liée ici à une fonction d'efficacité.

La proposition de clarifier l'organisation des services publics pour les extraire de leurs niveaux de rattachement territorial relève de cette logique : éviter les doublons, recentrer sur une collectivité, clarifier les rapports entre les collectivités territoriales et

(27) À distinguer du « label service public » pour les casinos : v. E. AKOUN, « Jeux de hasard et service public », *RDP* 2007, p. 643 : « si la qualification de service public des casinos est justifiée par le caractère d'intérêt général, non pas du tourisme, mais du divertissement, il est tout à fait possible d'envisager une généralisation de cette qualification aux autres jeux de hasard. »
(28) M.-C. MEININGER, « Service public, service du public », *in* F. GALLOUÉDEC-GENUYS (dir.), *À propos de l'administration française*, La Doc. fr., 1998, p. 103.
(29) Circ. du 18 mars 1992 portant charte des services publics, *préc.*

leurs groupements. Une « modernisation réussie » du service public en était attendue sur deux plans : l'adaptation aux territoires et l'adaptation aux populations (30). Ces deux niveaux sont toujours d'actualité mais ils s'évaluent désormais à l'aune de la révision générale des politiques publiques (31).

Dans ce cadre, la qualité est utilisée plutôt comme indicateur d'une évaluation du service public, voire de la maîtrise des dépenses que suscite l'activité (32), au détriment d'une perception globale de la qualité comme modalité de fonctionnement du service (33). C'est d'ailleurs l'une des dimensions retenues par les pouvoirs publics pour accélérer le mouvement de restructuration des services publics sur le territoire. Ainsi à propos des projets d'action stratégique de l'État, le Premier ministre précisait que « l'une des orientations retenues devra nécessairement concerner l'amélioration de la qualité des services rendus aux usagers et l'optimisation des dépenses de l'État, notamment par le développement de démarches de mutualisation des prestations de soutien » (34).

1327 L'idée de qualité est aussi une des dimensions inhérentes à la définition du service universel dans la mesure où celui-ci se comprend comme un « service de *qualité* à un prix abordable ». Néanmoins, peu nombreux sont les éléments constitutifs du « service universel » qui détermineraient précisément la qualité du service, car l'objectif principal de ceux-ci est souvent de faire référence à un service minimal (35). La Commission européenne se contente, dans la définition du service universel, d'un « niveau de qualité spécifié » (36). Le juge administratif, pour sa part, s'en tenant aux « objectifs de qualité » fixés par arrêté ministériel, n'en retient que les calculs relatifs aux délais de distribution du courrier postal (37).

(30) J.-A. Mariotti, Rapport CES (Avis du 11 janv. 2006), *Aménagement du territoire, services publics et services au public*, p. I-11.

(31) F. Cornut-Gentille, *Modernisation, qualité des services publics et indicateurs*, rapport au ministre du Budget, mars 2010 (http://www.budget.gouv.fr/directions_services/sircom/rap_cornut_gentille_2010.pdf). L'institution d'un « baromètre de la qualité des services publics » retient comme indicateurs de qualité l'accueil des usagers (taux d'appels téléphoniques, horaires d'ouverture des services publics), les délais de traitement des démarches administratives (renouvellement des cartes d'identité, prise en charge dans les services des urgences, intervention des forces de police) et les réponses apportées aux réclamations des usagers (taux de réponse, niveau de satisfaction des usagers sur la qualité des réponses apportées).

(32) Si l'on prend en considération l'exemple du service public de la santé, l'obligation de protection de la santé est, selon le Conseil constitutionnel, à concilier avec l'objectif de maîtrise des dépenses de santé : CC, 16 janv. 1991, n° 90-287 DC, loi portant dispositions relatives à la santé publique et aux assurances sociales, *Rec.* p. 24 ; n° 91-296 DC du 29 juill. 1991, loi portant diverses mesures d'ordre social, *Rec.* p. 102.

(33) D'où l'importance que revêt la mise en place d'indicateurs de qualité dans les services publics : v. L. Cluzel-Métayer, *Le service public et l'exigence de qualité*, Dalloz, coll. Nouvelle bibliothèque de thèses, 2006, p. 106 et s.

(34) Circ. Premier min. du 13 mai 2004 relative à la préparation des projets d'action stratégique de l'État, *JO* 13 juill. 2004, p. 12642.

(35) M. Lombard, « Service public et service universel, ou la double inconstance ? », *Mél. B. Jeanneau*, Dalloz, 2002, p. 509.

(36) Livre vert de la Commission européenne sur les services d'intérêt général, COM (2003) 270 final, p. 8.

(37) CE, 19 mars 2010, req. 321842, Alain B. : « les dispositions de l'art. 1er de l'arrêté attaqué, qui assignent à La Poste un objectif de qualité consistant en ce que 83 % des envois de lettres prioritaires parviennent à leur destinataire le lendemain du jour de dépôt et 95 %, au moins, le surlendemain de ce jour, ne méconnaissent pas les dispositions de l'art. R. 1 du Code des postes et des communications électroniques relatives aux envois prioritaires, qui n'imposent pas de distribuer ces derniers le jour ouvrable suivant leur envoi ».

1328 La qualité n'est finalement présentée que comme une condition de fonctionnement du service et non comme un principe. Elle ne fait guère l'objet de précisions, ni de dispositions particulières, sauf, peut-être, en ce qui concerne les soins dans les établissements de santé (38).

En général, quand la notion de qualité est évoquée dans les textes c'est surtout à propos de la qualité de fonctionnement des réseaux, de la distribution, et non du service en lui-même, ce qui laisse supposer que l'exigence de qualité ne s'attache pas au service mais plutôt aux formes d'institution du service et aux modes d'accès à la prestation.

La notion de qualité rejoint donc là, en partie, l'idée de « conditions normales » qui accompagne la notion d'accessibilité : le service public n'est accessible à tous que dans des conditions normales de fonctionnement.

§ 2. QUALITÉ DU SERVICE OU QUALITÉ DE LA PRESTATION DE SERVICE ?

1329 L'une des premières mesures de la qualité du service repose sur l'indice de satisfaction du public, donc des usagers. Néanmoins, ces mesures de la satisfaction dépendent non seulement du besoin auquel il s'agit de répondre mais aussi de l'activité ou de la prestation, et même de la situation propre de l'usager ou encore des moyens humains et financiers qui y ont été affectés. Il est difficile de comparer le plaisir qu'il peut y avoir pour un usager à se promener dans les salles d'un musée ou à se procurer un ouvrage dans une bibliothèque avec le besoin de celui qui, faisant partie de la catégorie des personnes les plus démunies, se confronte aux services sociaux, ou encore avec le besoin d'intégration de l'étranger face aux politiques consulaires.

La recherche d'adaptation à la diversité des situations, des attentes et des difficultés des usagers est-elle le lieu d'émergence de la notion de qualité ? L'objectif de « rendre le meilleur service » modifie la nature de la relation et transforme l'obligation de service en une « obligation de résultat ».

1330 Logiquement, la notion de qualité devrait s'appliquer au contenu de la prestation. S'il est possible d'envisager l'idée de qualité de l'enseignement, des soins hospitaliers (39), des transports, voire de l'acheminement du courrier postal, il demeure singulier de penser la qualité comme étant à la source d'une « obligation de résultat » pour toutes les activités de service public. Quantité et qualité ne vont pas nécessairement de pair. La détermination des objectifs ne signifie pas que les engagements évoqués par tel ou tel service doivent se réaliser suivant les premiers éléments d'étude. L'intérêt général sur lequel ils reposent demeure trop mouvant pour se plier à une telle logique.

(38) Par ex., C. santé publ., art. L. 6111-2 : « Les établissements de santé élaborent et mettent en œuvre une politique d'amélioration continue de la qualité et de la sécurité des soins et une gestion des risques visant à prévenir et traiter les événements indésirables liés à leurs activités. Dans ce cadre, ils organisent la lutte contre les événements indésirables, les infections associées aux soins et l'iatrogénie, définissent une politique du médicament et des dispositifs médicaux stériles et mettent en place un système permettant d'assurer la qualité de la stérilisation des dispositifs médicaux ».

(39) V. par ex., M. Deguergue, « Droits des malades et qualité du système de santé », *AJDA* 2002, p. 508.

On peut penser que « la qualité d'une prestation de service public est une notion complexe : elle recouvre à la fois la qualité relationnelle et celle du contenu même du service. Elle doit s'apprécier tant par rapport aux attentes des individus que par rapport aux missions et aux contraintes d'intérêt général auxquelles elle répond. Sa définition n'est donc jamais mécanique, mais implique nécessairement des choix et des arbitrages » (40). Dans cette perspective, outre le fait que dans la sphère administrative, ce sont particulièrement les formes de l'accueil des administrés et la visibilité de la prestation rendue qui sont mises en exergue (41), la qualité rejoint la problématique de la responsabilité, ou plus précisément de la responsabilisation de tous les acteurs, opérateurs, gestionnaires et usagers (42).

Peut-être est-elle alors un des appuis sur lesquels se fonde la nécessaire et indispensable prise en compte des risques préalablement à tout type de décision (santé, environnement, secteur agroalimentaire) ou un des supports à partir desquels s'analysent les applications du principe de précaution.

1331 Alors que la question du « prix » relève d'analyses économiques et comptables et que celle de la « fourniture du service » dépend de la situation des usagers du service, la question de la qualité est sujette à des variations selon les critères d'évaluation retenus. Dans les différents rapports d'étapes de la révision générale des politiques publiques, les grilles d'évaluation sont établies suivant des marques infantilisantes : visualisées en « feux » vert ou rouge, détaillées en « points » forts, et faibles, elles prétendent composer des « bilans » sans établir explicitement de références. Les critères sont-ils sociaux ou technologiques, ou bien s'agit-il de fixer un « niveau de service cible » qui devrait en tout état de cause être atteint ? Il faudrait pour cela distinguer soigneusement deux niveaux : la qualité voulue et la qualité attendue, car la dernière est subordonnée à la satisfaction apportée aux demandes des usagers, tandis que la première relève des politiques déterminées par les pouvoirs publics.

La mesure d'appréciation retenue dépasse ces questions. Dans l'approche libérale, la qualité consiste à proposer une gamme étendue de produits ou services afin que chacun puisse y trouver le moyen optimal de combler son attente. C'est ainsi que la qualité énoncée dans la définition première du « service universel » est estimée à partir de l'ensemble des prestations complémentaires que l'organisme concerné peut proposer à tous ceux qui n'en sont pas bénéficiaires, c'est-à-dire à ceux qui disposent de ressources suffisantes pour faire passer la notion de « besoin » à celle de « bien-être ». France Telecom complète son service de base par des prestations multiples liées à sa mission initiale : signal d'appel, transfert d'appel, téléphonie sans fil, forfait... Dans ce modèle, les progrès technologiques ne sont pas des critères fondamentaux pour le respect des obligations de service public, c'est-à-dire pour la prestation proprement dite de service public.

Il s'avère alors que la qualité n'entre dans le champ du fonctionnement du service public qu'en tant qu'elle accompagne les autres principes : celui de continuité comme celui d'égalité. Mais plus encore, elle semble se traduire concrètement dans l'association à une autre condition de fonctionnement du service public : celle de

(40) Y. Cannac, *La qualité des services publics*, La Doc. fr., coll. rapports officiels, 2004, p. 97.
(41) Selon les propositions de la « charte de l'accueil des usagers », dite Charte Marianne : circ. Premier ministre, 2 mars 2004 relative à la charte de l'accueil des usagers, *JO* 3 mars 2004, p. 4271.
(42) Y. Cannac, *La qualité des services publics*, *op. cit.*, p. 33 et s.

l'accessibilité, qui est liée au principe d'égalité. Cette permanence du principe d'égalité montre combien la logique marchande et économique du service public semble difficile à mettre en œuvre en droit administratif français, sinon au détriment de la fonction sociale du service.

1332 Il n'en reste pas moins que si, en droit européen, le respect de l'objectif de qualité ne relève pas des obligations des régulateurs mais s'impose plutôt aux opérateurs, la distinction entre régulateur et opérateur (43) sert une analyse, non pas de la notion théorique de service public, mais de la concrétisation économique de la prestation considérée, dans un contexte de réduction des monopoles. Le contenu de cette distinction reste attaché à la notion d'opérateur économique qui devrait être autonome par rapport à toutes les autres notions. Toutefois, la qualité est également pensée dans le cadre des marchés publics où la locution « opérateur économique couvre à la fois les notions d'entrepreneur, fournisseur et prestataire de services » et « les termes entrepreneur, fournisseur et prestataire de services désignent toute personne physique ou morale ou entité publique ou groupement de ces personnes et/ou organismes qui offre, respectivement, la réalisation de travaux, des produits ou des services sur le marché » (44).

1333 Mais on ne saurait oublier la particularité du service public selon laquelle c'est précisément la diversification des activités et prestations et leur rapport constant à l'initiative privée, par défaillance ou par carence, qui permettent une référence à la qualité. Car, « le service public a ses spécificités liées à ses finalités, ses modes de fonctionnement et d'organisation, ses publics auxquels il s'adresse, qui lui interdisent, sinon les emprunts, du moins les transpositions non amendées de pratiques qui auraient fait leurs preuves dans la distribution concurrentielle des produits » (45).

1334 Enfin, l'introduction de la qualité dans le cadre des services administratifs, « régaliens » ou non, et des services sociaux procède aussi d'une logique particulière qui associe les développements économiques au redéploiement du concept des droits de l'homme autour des droits de la personne humaine (46). C'est d'ailleurs à cette logique que se réfère la Charte sociale européenne révisée en évoquant les droits sociaux des personnes et des travailleurs, parmi lesquels sont énoncés le droit à la sécurité sociale, le droit à l'assistance sociale et médicale, le droit de bénéficier des services sociaux qualifiés, le droit à la protection sociale (47). Ces droits en appellent à une notion d'efficacité sociale à laquelle l'idée de qualité ne se réfère pas.

(43) Apparue dans le droit européen des télécommunications : dir. 90/387 et 90/388 du Conseil, du 28 juin 1990, relatives respectivement à l'établissement du marché intérieur des services de télécommunications, et à la concurrence dans ces marchés de services (art. 7), *JOCE* n° L192 du 24 juill. 1990 ; Communication de la Commission au Parlement européen et au Conseil sur le rôle central et actuel de la transposition de la dir. 90/388 relative à la concurrence dans les marchés des services de télécommunications, *JOCE* 20 oct. 1995, p. 10.

(44) E. Fatôme, A. Ménéménis, « Concurrence et liberté d'organisation des personnes publiques : éléments d'analyse », *AJDA* 2006, p. 67.

(45) P. Zemor, *Le sens de la relation. Organisation de la communication de service public*, La Doc. fr., coll. Rapports officiels, 1992, p. 21.

(46) V. G. Koubi, « Droits de l'homme et droits de la personne, réflexion sur l'imprudence d'une indistinction », *Rev. int. psychosocio.*, 2001, n° 15, p. 35.

(47) D. n° 2000-110 du 4 févr. 2000 portant publication de la Charte sociale européenne révisée, faite à Strasbourg le 3 mai 1996, *JO* 12 févr. 2000, p. 2231 – entrée en vigueur le 1er juill. 1999.

De nos jours, la notion de service public semble devoir perdurer à travers la préoccupation de la garantie des droits fondamentaux de la personne, ce qui confirme la fonction de solidarité qu'elle occupe dans le système de droit : maintenir le lien social, à la condition qu'il ne succombe pas au mirage de l'usager « client-consommateur ».

S/SECTION II L'ACCESSIBILITÉ AU/DU SERVICE PUBLIC

1335 **Bibliographie** : D. Sansas, *Le réseau des bureaux de poste : accessibilité au service postal et proximité*, rapport, ministère de l'Économie, des Finances et de l'Industrie, 2004 ; J.-A. Mariotti, *Aménagement du territoire, services publics et services au public*, Conseil économique et social, éd. Journaux officiels, 2005 ; Y. Blot, J.-M. Fromion, *Les Relais Services Publics en milieu rural*, rapport, ministère de l'Intérieur, de la Sécurité intérieure et des Libertés locales, 2006.

1336 La notion d'accessibilité du service public ne peut être dissociée des principes d'égalité et de continuité du service. Elle n'a pas de valeur juridique et ne dispose pas d'autonomie dans le cadre des règles de fonctionnement du service public (§ 1). D'une certaine manière, elle ne peut pas être séparée du droit d'égal accès au service dont disposent les usagers (48). En évoquant cette notion d'accessibilité dès le début des années 1990, les divers textes administratifs relatifs au service public avaient pour but de renforcer la garantie de la « bonne marche du service » dont les usagers pouvaient se prévaloir, ce que confirma d'ailleurs la jurisprudence (49).

Même si l'idée d'accessibilité résulte au premier chef de l'obligation faite aux opérateurs de proposer un « accès raisonnable » au service universel, elle repose sur une conception particulière du service public compris comme étant « au service *du* public ». Les précisions linguistiques qui font passer le service public vers le service « au » public s'accommodent ainsi d'une autre variante.

1337 En droit européen, c'est à la notion de cohésion sociale et territoriale qu'il est fait référence et ce lien a progressivement été entériné en droit français (§ 2). En effet, la notion de cohésion sociale et territoriale « semble liée à une exigence d'accessibilité de tous à des services ou prestations, quels que soient les conditions sociales ou le lieu de résidence de l'usager » (50). Mais, en tant qu'elle ne dispose pas de validité dans l'ordre juridique, elle n'apparaît pas explicitement dans les textes européens. En France, elle fut d'abord « mobilisée dans les travaux préparatoires, les exposés

(48) Il semble alors difficile d'admettre que « dans la mesure où l'accessibilité est un élément de satisfaction de l'usager, on peut voir en elle une composante de la qualité du service rendu » et ne pas la distinguer radicalement de la notion de qualité, ainsi que le propose L. Cluzel-Métayer, *Le service public et l'exigence de qualité*, Dalloz, coll. Nouvelle bibliothèque de thèses, 2006, p. 205.

(49) CE, 21 déc. 1906, Syndicat des propriétaires et contribuables du quartier Croix de Seguey-Tivoli, *Rec.* p. 962.

(50) V. Champeil-Desplats, « Services d'intérêt économique général, valeurs communes, cohésion sociale et territoriale », *AJDA* 1999, p. 960.

de motifs ou les écrits doctrinaux se rapportant aux différentes formes d'intervention publique » souvent orientées vers « l'accessibilité de tous aux services » (51) justifiant ainsi la péréquation tarifaire qui maintient par exemple un prix unique du timbre-poste ou du kilowatt d'électricité sur tout le territoire. La cohésion est désormais repérée à partir des mesures mettant en place un « référentiel d'accessibilité » pour les communications en ligne (52).

L'approche de l'accessibilité est alors écartelée en une approche spéculative du rééquilibrage des territoires, une considération mitigée des mouvements sociaux et une attention spécifique à l'endroit des personnes vulnérables ou handicapées.

§ 1. UNE DÉFINITION FLOUE DE L'ACCESSIBILITÉ

1338 La notion d'accessibilité figurait, par-delà le rappel des composants du service universel postal, à deux titres différents dans la loi d'orientation n° 99-533 du 25 juin 1999 relative à l'aménagement et au développement durable du territoire.

D'abord à l'égard des usagers des services publics, cette loi insérait un article 29-1 à la loi n° 95-115 du 4 février 1995 d'orientation pour l'aménagement et le développement du territoire : « En vue d'apporter une réponse améliorée aux attentes des usagers concernant l'accessibilité et la proximité des services publics sur le territoire en milieu urbain et rural, l'État et ses établissements publics, les collectivités territoriales et leurs établissements publics, les organismes de sécurité sociale et les autres organismes chargés d'une mission de service public peuvent mettre, par convention, des moyens en commun pour assurer l'accessibilité et la qualité des services publics sur le territoire et les rapprocher des citoyens ». Ensuite, à propos des schémas multimodaux de services collectifs de transport, elle ajoutait à la loi n° 82-1153 du 30 décembre 1982 des recommandations pour d'une part contribuer à « l'amélioration de l'accès aux diverses parties du territoire français par le développement d'axes reliant les grandes aires urbaines entre elles et aux grands pôles européens et à améliorer les liaisons entre, d'une part, les zones d'accès difficile et, d'autre part, les grandes villes et les réseaux rapides » et au « renforcement de l'accessibilité terrestre et maritime des ports d'importance nationale ou régionale ».

Sur le premier point, concernant les usagers, fut ajoutée une disposition supplémentaire qui, si elle n'usait pas du terme d'accessibilité, en offrait explicitement une dimension territoriale : « Afin de favoriser le développement des maisons des services publics prévues par l'article 27 de la loi n° 2000-321 du 12 avril 2000 relative aux droits des citoyens dans leurs relations avec les administrations ou lorsque des collectivités territoriales apportent par convention leur concours au fonctionnement de services publics, l'État rembourse aux collectivités territoriales

(51) *Ibid.*
(52) D. n° 2009-546 du 14 mai 2009 pris en application de l'article 47 de la L. n° 2005-102 du 11 févr. 2005 sur l'égalité des droits et des chances, la participation et la citoyenneté des personnes handicapées et créant un référentiel d'accessibilité des services de communication publique en ligne, *JO* 16 mai 2009.

concernées tout ou partie des rémunérations et des charges directes ou indirectes liées à la mise à disposition de personnels et de locaux, dès lors que ces services publics sont situés dans des zones de revitalisation rurale ou dans des zones urbaines sensibles » (53).

1339 La définition de l'accessibilité reste cependant floue ; elle dépend des modes d'appréhension des territoires et des usagers par les gestionnaires des différents services publics. Pour les uns, elle revêt un caractère technique et matériel, comme par exemple, l'application des normes de l'art relatives à l'accessibilité des locaux (54) et des transports publics (55) par les personnes endurant un handicap de quelque nature qu'il soit. Pour d'autres, le critère de discernement évolue selon les contextes géographiques et suivant les besoins sociaux. La différenciation entre une zone de montagne et une région fortement urbanisée peut expliquer que, pour la première le critère soit la distance en kilomètres, et pour la seconde, le temps ou la difficulté de transport. Le « référentiel d'accessibilité » réunit ces dimensions : « Un référentiel d'accessibilité fixe, pour l'État, les collectivités territoriales et les établissements publics qui en dépendent, les règles techniques, sémantiques, organisationnelles et d'ergonomie que doivent respecter leurs services de communication publique en ligne afin d'assurer aux personnes handicapées la réception et la compréhension de tout type d'information diffusée sous forme numérique, de leur permettre d'utiliser ces services et, le cas échéant, d'interagir avec ces derniers. Ce référentiel s'applique aux différents types de handicap et aux différentes technologies mises en œuvre par les services de communication publique en ligne, en particulier l'internet, le téléphone et la télévision » (56).

Ainsi appréhendée, la notion d'accessibilité du service possède plusieurs dimensions, et pour ce qui concerne le service public, deux d'entre elles doivent être retenues. D'une part, dans l'ordre de la prise en considération des phénomènes sociaux, elle légitime les mesures de discrimination positive sous-jacentes au développement

(53) Cet article établissant le régime des « maisons des services publics » qui peuvent être créées, par convention, pour réunir les responsables des services publics et, le cas échéant, des organismes privés qui y participent, a été modifié par la L. n° 2005-157 du 23 févr. 2005 relative au développement des territoires ruraux, art. 107.

(54) Par ex., CCH, art. R. 111-19-1 : « Les établissements recevant du public définis à l'article R. 123-2 et les installations ouvertes au public doivent être accessibles aux personnes handicapées, quel que soit leur handicap. L'obligation d'accessibilité porte sur les parties extérieures et intérieures des établissements et installations et concerne les circulations, une partie des places de stationnement automobile, les ascenseurs, les locaux et leurs équipements. » ; art. R. 111-19-2, al. 1 du même code : « Est considéré comme accessible aux personnes handicapées tout bâtiment ou aménagement permettant, dans des conditions normales de fonctionnement, à des personnes handicapées, avec la plus grande autonomie possible, de circuler, d'accéder aux locaux et équipements, d'utiliser les équipements, de se repérer, de communiquer et de bénéficier des prestations en vue desquelles cet établissement ou cette installation a été conçu. Les conditions d'accès des personnes handicapées doivent être les mêmes que celles des personnes valides ou, à défaut, présenter une qualité d'usage équivalente. ».

(55) D. n° 2006-138 du 9 févr. 2006 relatif à l'accessibilité du matériel roulant affecté aux services de transport public terrestre de voyageurs, art. 2 al. 1 : « Le matériel roulant défini à l'article 1er doit être accessible aux personnes en situation de handicap au sens de l'article L. 114 du Code de l'action sociale et des familles et aux personnes à mobilité réduite visées au point 2-21 de l'annexe 7 de la dir. 2001/85/CE du Parlement et du Conseil européen, dans des conditions d'accès égales à celles des autres catégories d'usagers, avec la plus grande autonomie possible et sans danger ».

(56) D. n° 2009-546 du 14 mai 2009, art. 1er, *préc.*

du principe d'égalité des chances (57), ainsi que la fonction sociale de la notion de service universel. D'autre part, elle vise à assurer à tous l'accès au service public, suivant un objectif de « proximité » qui accentue le rôle sociétal du service public. Dans ce cadre, la diffusion des connaissances technologiques doit alors être généralisée et la problématique de l'accès au droit acquiert une valeur essentielle. Certains ont pu penser que « le recours à l'administration électronique,... présenté comme un instrument en faveur de la proximité... peut susciter certaines réserves eu égard à la fracture numérique » (58). Il apparaît pourtant difficile de retenir la proposition d'analyse quant à « la promotion de l'accessibilité du service public » en introduisant dans cette perspective, d'abord « l'accessibilité intellectuelle ou l'ouverture démocratique du service public » qui renvoie, sans nuances, au principe de neutralité, aux techniques de transparence, de simplification du droit, et au principe de participation des usagers au service public ; et, ensuite, « l'accessibilité matérielle ou la recherche d'une meilleure efficacité sociale du service public » qui, compressant deux aspects dissemblables, fait état des « dispositifs visant à garantir l'accès aux services publics sur l'ensemble du territoire national à toute personne, sans considération de sa situation économique » (59).

1340 Bien des mesures visant l'accessibilité des personnes handicapées ou présentant un trouble de santé invalidant relèvent des prestations sociales ou des normes techniques de fabrication ou construction ; elles rassemblent en une même dynamique ces idées d'accessibilité intellectuelle et matérielle. Du fait de la loi n° 2005-102 du 11 février 2005 pour l'égalité des droits et des chances, la participation et la citoyenneté des personnes handicapées, d'autres données interfèrent à partir du principe posé à l'article 1er : « Toute personne handicapée a droit à la solidarité de l'ensemble de la collectivité nationale, qui lui garantit, en vertu de cette obligation, l'accès aux droits fondamentaux reconnus à tous les citoyens ainsi que le plein exercice de sa citoyenneté ». Plusieurs services publics sont explicitement signalés, notamment dans le cadre d'une politique de compensation des handicaps : services de l'accueil de la petite enfance, de la scolarité (et du suivi de la scolarisation comme du soutien pédagogique), de l'enseignement (adapté), de l'emploi comme de l'insertion professionnelle (depuis l'accès à la formation et à la qualification professionnelles jusqu'au service d'aide par le travail).

La particularité attachée à la notion d'accessibilité doit aussi être pensée, en droit du service public, au-delà de ces dispositifs. Car la notion d'accessibilité ne rend pas seulement compte de l'adaptation des normes générales du service public aux situations particulières que connaissent les personnes âgées ou vulnérables, les personnes en situation de précarité ou relevant de catégories sociales dites défavorisées, les familles nombreuses, recomposées ou monoparentales, les enfants et les jeunes, les personnes handicapées ou dépendantes, les étrangers non ressortissants d'un État de l'Union européenne, etc. ; elle ouvre aussi, voire surtout, sur l'une des dimensions

(57) L. n° 2005-102 du 11 févr. 2005 pour l'égalité des droits et des chances, la participation et la citoyenneté des personnes handicapées, *JO* 12 févr. 2005, p. 2353. La perception de la notion d'accessibilité dans ce cadre s'apprécie principalement à l'aune du principe d'égalité et, qui plus est, ne peut en être détachée.
(58) V. Donier, « Les droits de l'usager et ceux du citoyen », *RFDA* 2008, p. 13.
(59) *Ibid.*

de l'adaptation du service aux spécificités territoriales. Elle renvoie même parfois à la notion de service universel (60). Cette dernière pose en effet comme principe que les services de base doivent être accessibles à tous, tant par les conditions tarifaires qu'en raison de la particularité des situations géographiques et démographiques.

La notion d'accessibilité devient alors autant un contrepoids à la désertification rurale et urbaine qu'un instrument de lutte contre l'exclusion sociale en visant l'insertion des personnes démunies de ressources. Le principe d'accessibilité tisse alors un lien indéfectible avec les aménagements du principe d'égalité. Cette approche permet de les renforcer dans les secteurs libéralisés : pour tous les citoyens-usagers l'accès au service doit toujours être assuré. L'accessibilité est un des éléments d'un principe « d'universalité » qui tend à se développer en droit européen (61).

1341 L'accessibilité signifie l'égal accès au service public ; ce dernier ne peut être assuré qu'à la condition que le principe d'égalité soit reconnu et mis en œuvre. Cependant, la stricte application de l'égalité de traitement des usagers n'est concevable que pour des personnes relevant d'une même catégorie. Le relevé de « situations différentes » a pour effet de contribuer à la répartition des usagers du service public suivant des critères diversifiés qui justifient les différences de prix : la distinction entre les résidents et les non-résidents d'une commune pour la fixation des tarifs d'un service, ou entre contribuables et non-contribuables, a pu être validée et considérée comme légale par le juge administratif (62), quoique le juge européen en ait ultérieurement marqué les limites (63).

Cependant, une distinction devrait être fermement exclue de ce champ, celle entre national et étranger (64). Car si le principe d'accessibilité est aussi applicable aux étrangers, il apparaît de plus en plus remis en cause, notamment pour leur accès aux soins. De plus, en ce qui concerne l'accès à la justice et au droit il n'a pas seulement

(60) Dans son avis n° 2004-563 du 29 juin 2004 sur le projet de décret relatif aux obligations de service public des télécommunications et au financement du service universel des télécommunications, l'Autorité de régulation des télécommunications avait saisi l'occasion de rappeler « qu'outre les obligations à la charge des opérateurs prestataires de service universel s'ajoutent des obligations d'ordre général s'apparentant à des obligations de service public qui pèsent sur l'ensemble des opérateurs. Ainsi, à l'occasion du renouvellement des licences d'Orange France et SFR, et sur proposition de l'Autorité (cf. décision n° 2004-150 en date du 24 mars 2004), le ministre a renforcé les obligations des opérateurs mobiles, notamment en matière d'accessibilité au service pour les personnes handicapées, de protection de l'environnement et de partage des sites radioélectriques, de couverture des zones blanches, de protection du consommateur grâce aux mesures contre le vol des terminaux » (*JO* 19 nov. 2004).

(61) S. Francfort-Alberelli, « L'intégration du principe d'égalité dans le droit européen des services publics et ses perspectives d'évolution », *in* R. Kovar et D. Simon (dir.), *Service public..., op. cit.* p. 363 et s.

(62) CE sect., 13 mai 1994, Commune de Dreux, *Rec.* p. 233, concl. Daël ; *AJDA* 1994, p. 652, obs. Hecquard-Théron ; CE sect., 5 oct. 1984, Commissaire de la République de l'Ariège, *Rec.* p. 315, concl. Delon ; *AJDA* 1984, p. 675, chron.

(63) CJCE, 16 janv. 2003, aff. 388/01, Commission c. République Italienne.

(64) CJCE, 29 avr. 1999, aff. 224/97, Ciola, *Rec.* p. I-2517 ; TA Paris, 19 mars 1986, Lévy, *Rec.* p. 308, *AJDA* 1986, p. 389, note Richer, et CE, 30 juin 1989, Ville de Paris c. Lévy, *Rec.* p. 157, *RFDA* 1990, p. 575, concl. Lévis, *Dr. Soc.* 1989, p. 767, note Prétot (à propos d'une distinction, pratiquée par la ville de Paris, et fondée sur la nationalité, en matière d'attribution d'une allocation sociale). Le principe d'égalité devant la tarification des services publics s'oppose aussi à ce que, par exemple, le conseil municipal exige la justification de la régularité du séjour des parents de nationalité étrangère d'enfants scolarisés pour une réduction de tarif des cantines scolaires : TA Marseille, 21 janv. 2002, n° 017590, M. Sow et autres, *AJDA* 2002, p. 362, note Blachèr.

pour objet que de répondre à certains besoins absolus, comme la traduction et l'interprétariat. D'autres paramètres interfèrent, par exemple le respect du principe de dignité de la personne humaine, qui limite les exactions et les discriminations dans un certain nombre de services étatiques, pénitentiaires, policiers ou consulaires. Par ailleurs, outre les services d'aide aux démarches administratives, notamment dématérialisées, ces quelques éléments permettent de montrer combien la notion d'accessibilité au service public demeure indéfectiblement rattachée à celle de simplification administrative et, de ce fait, à l'accès à la connaissance du droit.

1342 Suivant la démarche engagée par l'insertion de la notion de service universel dans le droit du service public, la notion d'accessibilité renvoie largement aux modes d'organisation des services publics sur l'ensemble du territoire. Elle est déterminée par la notion de « proximité sociale » qui justifie l'institution de structures polyvalentes dans les zones où l'implantation de différents services publics fait défaut, pour diverses raisons tenant autant à la rentabilité économique du service qu'à la raréfaction des publics concernés. Elle oblige les pouvoirs publics à repenser la détermination des lieux dans lesquels les services publics sont établis ou des modalités par lesquelles il y serait accédé, donc elle exige que soient évaluées la distance et la proximité de leur implantation par rapport aux habitants sur le territoire de la République. Certes, ce modèle répond aux techniques de l'aménagement du territoire, mais il intègre aussi la perspective du développement numérique des territoires. Dans la logique « marchande » qui préside désormais en la matière, cette relation des services au territoire induit un bon nombre d'obligations de service public qui pourraient être énoncées à l'égard des gestionnaires de ces services ou des personnes investies de mission de service public.

§ 2. DES POINTS, PLATES-FORMES, MAISONS, RELAIS, DE SERVICE PUBLIC

1343 Les « maisons de service public », évoquées dès 1995 à la suite du vote de la loi d'orientation n° 95-115 du 4 février 1995 relative à l'aménagement et au développement du territoire de la République, sont une des mesures concrètes de l'approche territoriale de la notion d'accessibilité. Leur institutionnalisation est le résultat d'un mouvement engagé depuis le début des années 1990 suivant l'objectif de modernisation du service public.

Censées favoriser l'implication des habitants dans la vie locale, ces « maisons » sont engagées dans deux types d'action. D'une part dans les territoires ruraux, elles contribuent à la lutte contre la désertification et les phénomènes d'isolement (65). D'autre part, dans les quartiers à forte densité démographique, elles participent à la lutte contre l'exclusion en réduisant les inégalités sociales par l'accès qu'elles offrent à tous les services. Elles s'inscrivent dans une logique de « service de proximité » dont l'approche est déterminée par un « droit d'accès au service public ». Les partenaires

(65) Telle était d'ailleurs l'une des orientations de la « charte sur l'organisation de l'offre des services publics et au public en milieu rural » adoptée le 23 juin 2006, charte qui encourageait déjà la « mutualisation » des services.

des maisons des services publics sont diversifiés : État, services publics, associations, entreprises privées, élus locaux, usagers (66).

1344 Les maisons de services publics sont le fruit d'expériences et d'expérimentations menées dans diverses régions. Avant que ne fusse envisagée puis organisée la création des maisons des services publics, avaient été mis en place d'abord des « points publics », ensuite des « plates-formes de service public ».

Les « Points publics », expérimentés en 1992 et officialisés dans une circulaire interministérielle du 8 août 1994, étaient conçus suivant une politique de « voisinage » et de sociabilité. Un point public constituait ainsi « une opération qui vise à assurer la présence et l'*accessibilité* des services publics sur le territoire, grâce à une coopération interservices et à la mise en commun de moyens ». Le Point public « doit promouvoir en un même lieu et au sein de structure polyvalente les actions suivantes : accueil, renseignement, orientation, documentation, assistance à la constitution et à la réception de dossier, organisation de permanences pour la délivrance directe de prestations » (67).

Parallèlement, sur la base d'une circulaire conjointe du ministre de la Fonction publique et du ministre de la Ville et du ministre de l'Intérieur du 29 novembre 1991, une expérimentation avait été engagée autour de services publics polyvalents de proximité : les « services publics de quartier ». Cette initiative préparait les « plates-formes de services publics ». Avaient ainsi été mises en place, toujours par voie de circulaires, des plates-formes de services publics, notamment dans le cadre du Pacte de relance pour la ville (68). La présence des services publics dans les quartiers en difficulté était, de fait, très inégalement assurée. Cette inégalité devant le service public, analysée aussi comme un des facteurs générateurs de l'exclusion sociale, avait suscité la création de ces « plates-formes » qui, dans un quartier inscrit dans un « contrat de ville », rassemblaient en un lieu unique différents services qui n'y avaient pas été implantés. Elles étaient donc particulièrement destinées à contribuer au mouvement de réhabilitation des quartiers en difficulté. La proposition revenait, en fait, à rechercher les moyens de remédier à une inégalité non devant le service public, mais plutôt devant l'offre globale de services publics, afin de lutter contre l'exclusion sociale.

1345 Ces initiatives prenaient une dimension particulière aussi bien pour la réorganisation administrative du territoire que pour la situation des agents publics. Dans la circulaire du 1er août 1996 (69) l'appellation « maisons des services publics » paraissait

(66) La L. n° 2000-321 du 12 avr. 2000 relative aux droits des citoyens dans leurs relations avec les administrations précise les modalités de constitution des maisons des services publics : collectivités et organismes chargés d'une mission de service public susceptibles de participer à leur mise en place ; présence d'au moins une personne morale de droit public. La création de la maison des services publics résulte le plus souvent d'une convention (mais le choix d'un GIP peut être fait). Cette convention doit signaler la délimitation géographique de ses activités, les missions à remplir et les prestations délivrées : v. D. n° 2006-362 du 21 mars 2006 modifiant le D. n° 2001-494 du 6 juin 2001 relatif aux maisons des services publics, *JO* 28 mars 2006 p. 4651 (précéd. D. n° 2001-494 du 6 juin 2001 pris pour l'application des articles 27 et 29 de la L. n° 2000-321 du 12 avr. 2000 et relatif aux maisons des services publics, *JO* 10 juin 2001 p. 9247). Elle doit être approuvée par le préfet du département, auquel elle est transmise, si « au moins un service de l'État ou de ses établissements publics participe à la maison des services publics ».

(67) Circ. intermin. DGAFP/DATAR du 8 août 1994 relative à la création de Points publics.

(68) Circ. min. de l'Aménagement du territoire, de la ville et de l'intégration du 28 mars 1996.

(69) Circ. min. de la Fonction publique, de la Réforme de l'État et de la Décentralisation.

entériner ces développements, mais l'objectif premier semblait aussi être la réduction des personnels affectés aux services publics. Le principe affiché est pourtant toujours le même : pour permettre aux usagers d'avoir accès au service public, sont rassemblés en un lieu unique des services publics de nature différente.

C'est ce concept que le législateur avait retenu dans les différentes dispositions législatives qui ont dessiné le cadre juridique des maisons des services publics depuis 1995. Diverses initiatives et expérimentations avaient donc été organisées dans le cadre des politiques publiques de la ville et de l'aménagement du territoire. Elles ont généralement comme point d'appui le vocable de « proximité » mais elles ont ainsi rallié la dynamique de l'accessibilité au/du service public. Ces propositions se retrouvaient surtout dans des textes administratifs dépourvus de force juridique probante comme les circulaires administratives, plutôt que dans les lois et les règlements, à l'exception notable de la loi du 12 avril 2000.

Néanmoins, si ces différentes formules de regroupement de services publics sont toutes motivées par cette même préoccupation de l'accès au service par tous les usagers, la justification qui les sous-tend est de toute évidence une démarche préalable à la libéralisation de l'ensemble des services.

1346 Les bases juridiques des « maisons des services publics » sont pourtant stabilisées. Elles se retrouvent notamment dans l'article 30-V de la loi n° 99-533 du 25 juin 1999 d'orientation pour l'aménagement et le développement durable du territoire et dans les articles 27 à 30 de la loi n° 2000-321 du 12 avril 2000 relative aux droits des citoyens dans leurs relations avec les administrations, qui ont facilité leur implantation. L'article 107 de la loi n° 2005-157 du 23 février 2005 relative au développement des territoires ruraux y fait référence en précisant notamment que « des personnes dont l'activité ne relève pas d'une mission de service public peuvent également, dans le respect des règles applicables, notamment, en matière de concurrence, participer à une maison des services publics » (70).

L'exemple des « maisons des services publics » a été rejoint par l'établissement des « maisons de santé » liées aux réseaux de santé publique (71), des « maisons familiales rurales », des « maisons de l'emploi », des « maisons de la justice et du droit » ou des « points d'accès au droit », mais ces maisons ou points ne sont pas présentés comme un moyen de « regroupement » des modes d'accès à un ensemble de services publics, en un même lieu et par un même personnel. Pour autant, dès que des partenariats publics sont évoqués, leur institution laisse penser qu'ils entreraient dans le cadre des missions assurées par les maisons de services publics. En effet, ces dernières peuvent tout aussi bien s'adresser à un large public par une offre globale de services, que détenir une vocation thématique, comme par exemple pour l'emploi ou le développement local. Dans ce cas, elles pallient les lacunes ou les insuffisances de l'État ou des organismes gestionnaires de services publics « nationaux ».

1347 Les maisons des services publics font l'objet de dispositions détaillées dans le titre IV de la loi du 12 avril 2000 relative aux droits des citoyens dans leurs relations

(70) *JO* 24 févr. 2005, p. 3073.

(71) À titre anecdotique, la maison de santé pluridisciplinaire de la communauté de communes du val de Trézence (Charente-Maritime) a obtenu le label « Pôle d'excellence rurale » (D. n° 2010-1684 du 29 déc. 2010 attribuant le label).

avec les administrations. Ces dispositifs appuient le principe de l'accès au service public et obligent les pouvoirs publics à reconsidérer l'organisation et l'action des différents organismes chargés de missions de service public dans l'espace territorial. Par là, ils les invitent à retenir la dimension sociale et économique de leurs actions. À la suite du vote de la loi du 23 février 2005, une modification substantielle a été insérée : la mention relative à l'intervention, dans une maison des services publics, de personnes « dont l'activité ne relève pas d'une mission de service public ». Une intrusion des prestations commerciales, notamment d'un ensemble de services de proximité pour les produits courants (boulangerie, épicerie) dans le cadre de ces maisons, s'est trouvée ainsi progressivement validée.

1348 Néanmoins, pour détenir fondamentalement le caractère d'une innovation et participer d'un dynamisme sociétal, ces maisons des services publics, en premier lieu, ne devraient pas être limitées « à l'accueil et l'orientation des usagers en visant le regroupement des services » et, en second lieu, ne devraient pas réunir en un même lieu des services publics qui existent et disposent déjà chacun de leurs propres locaux respectifs. Elles devraient certes permettre la coordination de services procédant d'une même démarche (services fiscaux) ou susciter le retour de services publics (services postaux) ou compenser leur absence, mais leur avantage spécifique serait de poser les jalons d'une redynamisation du lien social en recréant un maillage territorial qui retrace clairement la fonction de l'accessibilité au service public.

L'utilisation de l'expression « maisons des services publics » dans l'annexe à la loi n° 2003-710 du 1er août 2003 d'orientation et de programmation pour la ville et la rénovation urbaine (72) en donne une illustration conjuguant « présence » et « accessibilité » : « Des schémas locaux des services publics en ZUS seront réalisés. Ils concerneront l'État, les collectivités territoriales et leurs groupements et leurs établissements publics respectifs. Ils viseront à déterminer le niveau d'engagement de chaque service public sur les sites concernés, les seuils minimaux de présence effective de ces services au regard des niveaux constatés au sein de l'agglomération de référence, le calendrier de remise à niveau des effectifs et des moyens humains et les modalités de résorption des vacances de postes constatées. Ils préciseront les modalités d'adaptation des services aux réalités locales et aux attentes des usagers, en particulier en ce qui concerne les horaires d'ouverture des services et la médiation interculturelle. Ils identifieront les équipements d'intérêt local ou départemental pouvant, dans le cadre des opérations de rénovation urbaine, être implantés en ZUS. Ces schémas comprendront un volet spécifique sur l'accueil et l'orientation des usagers en visant le regroupement des services notamment par la création de maisons des services publics ».

1349 Ces structures s'inscrivent plus dans une logique d'offre que dans une logique de réponse à une demande malgré les discours qui les soutiennent. Elle traduit la volonté « d'offrir aux usagers un accès simple, en un lieu unique, à plusieurs services publics » (73). L'apparente nécessité d'assurer la mise en commun de moyens et

(72) *JO* 2 août 2003, p. 13281. Cette annexe présente les objectifs et indicateurs de la politique de la Ville.

(73) Modification de la première phrase du deuxième alinéa de l'art. 26-1 de la L. n° 95-115 du 4 févr. 1995 d'orientation pour l'aménagement et le développement du territoire, par l'art. 28 de la L. n° 2000-321 du 12 avr. 2000.

la coopération entre les différents services induit une plus grande polyvalence des fonctions des agents du service public (74), pour des prestations qui vont de l'accueil, de l'information, à une prise en charge personnalisée des situations (informations spécifiques, aide aux démarches administratives, délivrance de formulaires, contact des services spécialisés, délivrance de titres, etc.). La préoccupation de la diminution des dépenses publiques et de la réduction des personnels sous-tend indéniablement la démarche ici mise en œuvre.

L'objectif déclaré de ces initiatives et mesures est de permettre aux usagers d'avoir accès, en un lieu unique, à différents types de services dit « d'usage courant » qui concernent, en fait, la vie quotidienne. Il comporte le risque d'intégrer des activités dépourvues de tout lien avec les services publics mais strictement indispensables à la vie courante. Les commerces de proximité sont ainsi peu à peu associés aux services publics. Mais la création d'un lieu unique regroupant différents services facilite directement le maintien du service public en milieu rural. Elle est insérée dans une logique d'aménagement du territoire. Le déficit de présence des services publics dans les zones rurales impose de penser l'implantation locale des services publics nationaux autour d'un modèle de type « antenne polyvalente de proximité » (75), mais en contrepartie, la polyvalence des agents est fortement sollicitée, au possible détriment de la qualité du service.

Par ailleurs, dans le langage courant, comme dans celui adopté par les observateurs des avancées de la révision générale des politiques publiques (76), l'expression « guichet unique » se substitue de plus en plus à celle de « maisons de/des services publics », ce qui invite à en mesurer l'analogie. Les différents textes juridiques qui usent des termes de « guichet unique » indiquent le souci d'une spécialisation de l'activité en cause. Ainsi, par exemple, dans le cadre de la Sécurité sociale sont mis en place des « bureaux d'informations et de conseils » dits « guichets uniques » (77). Dans l'annexe de la loi n° 2004-811 du 13 août 2004 de modernisation de la sécurité civile, afin de permettre la gestion des crises aux facteurs multiples (événements climatiques, alertes météorologiques, questions sanitaires), l'engagement de tous, conçu « dans un contexte de proximité, en particulier au niveau communal », s'accompagne de la généralisation des cellules interservices d'aides aux sinistrés, disposées en guichet unique afin « de donner de la cohérence aux procédures d'urgence mises en place et de simplifier les conditions pratiques d'accomplissement des démarches de toutes natures. Cet effort associera l'État et les collectivités décentralisées, en y associant les assurances ». En fait, la création de guichets uniques est envisagée pour des activités précises comme Pôle emploi ou les services fiscaux unifiés ; ils sont complétés par des services de renseignements à distance téléphoniques ou numériques (numéro 39-39 ou mon.service-public.fr).

(74) M. Leroy, « L'enjeu de la polyvalence dans les services publics pour le lien social », *in* S. Decreton (dir.), *Service public et lien social*, L'Harmattan, coll. Logiques juridiques, 1999, p. 319.

(75) V. par ex. D. Sansas, rapport : *Le réseau des bureaux de poste : accessibilité au service postal et proximité*, ministère de l'économie, des finances et de l'industrie, 2004.

(76) V. par ex. H. Moutel, « Conséquences pour les agents de l'État et les usagers », *Projet*, 2010/5 n° 318, p. 29.

(77) Art. 59 al. 2 de la L. n° 85-30 du 9 janv. 1985 relative au développement et à la protection de la montagne : « Afin de préserver les intéressés des excès de complexité que peut engendrer la pluralité des régimes de protection sociale dans les zones de montagne au sens de la présente loi, les organismes de sécurité sociale mettent en place des guichets uniques d'information et de conseil destinés aux travailleurs pluriactifs ».

D'un autre point de vue, le guichet unique s'entend comme d'un registre ou d'un traitement automatisé d'informations. En relèvent, par exemple, le décret n° 2006-142 du 10 février 2006 relatif à la création du guichet unique prévu par la loi n° 2005-412 du 3 mai 2005 relative à la création du registre international français qui a, entre autres, pour fonction l'immatriculation des navires et leur francisation, ainsi que le décret n° 2010-1600 du 20 décembre 2010 organisant, en application de l'article L. 554-2 du Code de l'environnement, le guichet unique qui a pour objet de « collecter les coordonnées des exploitants de tous réseaux implantés en France et les cartographies sommaires de ces réseaux, afin de permettre aux maîtres d'ouvrage et entreprises prévoyant des travaux à un endroit du territoire clairement déterminé d'avoir accès instantanément et gratuitement à la liste des exploitants dont les réseaux sont concernés par ces travaux ». Guichet unique et maisons de service public ne peuvent donc être assimilés.

1350 C'est surtout la notion de « proximité » qui rend compte de la considération donnée par les pouvoirs publics à l'accessibilité. D'ailleurs, un chapitre particulier consacré aux services de proximité fut intégré au titre IV relatif à l'information et la participation des habitants du livre Ier de la deuxième partie du Code général des collectivités territoriales par la loi n° 2002-276 du 27 février 2002 relative à la démocratie de proximité. Ce chapitre comporte trois articles dont les deux premiers sont relatifs aux « annexes » de la mairie, annexes mobiles ou annexes de quartier : « Dans ces annexes, des services municipaux de proximité sont mis à la disposition des habitants », néanmoins les services d'état civil, rattachés à l'État, ne sont pas concernés car ils supposeraient un déplacement des registres d'état civil (78).

1351 Selon la loi du 12 avril 2000 « les services publics concernés peuvent être proposés, notamment en milieu rural, de façon itinérante dans le cadre géographique défini par la convention » (art. 27). L'accessibilité du service se conçoit ainsi indépendamment du principe de continuité tel qu'il est entendu classiquement mais elle peut rejoindre certaines des dimensions de la continuité territoriale, notamment en offrant un accès ponctuel aux services publics aux personnes ayant des difficultés pour se déplacer, quelles qu'en soient les raisons. L'essentiel est donc qu'à un moment donné, la prestation puisse être offerte à l'usager (79).

Il n'en reste pas moins difficile d'établir, dans ce cadre, une distinction entre proximité, accessibilité et accès au service : les dimensions théoriques ou, à tout le moins, discursives du principe d'accessibilité ne rencontrent guère la définition pratique et concrète des « modalités d'accès aux services publics » (80).

(78) CGCT, art. L. 2144-1 et L. 2144-2.

(79) Art. 27-1 de la L. du 12 avr. 2000, inséré par L. du 25 févr. 2005 relative au développement des territoires ruraux : « Pour maintenir la présence dans une commune d'un service public de proximité, la personne publique qui en a la charge peut, dans le respect des règles applicables, notamment en matière de concurrence, de déontologie et de confidentialité, confier, par convention, l'exécution de ce service à une personne dont l'activité habituelle ne relève pas d'une mission de service public. Dans l'hypothèse où cette personne n'est plus en mesure d'assurer ce service, cette convention précise les conditions du maintien du service public ».

(80) Bien que, selon ce même art. 27 de la L. n° 2000-321 du 12 avr. 2000 relative aux droits des citoyens dans leurs relations avec les administrations, les conventions de maisons des services publics doivent régler « les modalités d'accès aux services publics des personnes ayant des difficultés pour se déplacer ». En écho, l'art. 7 de la dir. concernant le service universel et les droits des utilisateurs au regard des réseaux et services de communications électroniques du 7 mars 2002 signifie aux États des mesures particulières à prendre « en faveur des utilisateurs finals handicapés afin d'assurer, d'une part, un accès aux

1352 Prolongeant l'action des « maisons des services publics » et revenant aux modes d'expérimentation mis en application durant les années 1990, des Relais Services Publics (RSP) ont été progressivement institués dans certains lieux et zones, notamment dans les territoires ruraux. Composés essentiellement de structures d'accueil polyvalent du public, ils font désormais l'objet d'une labellisation selon les indications d'une circulaire du 2 août 2006 du ministre de l'Intérieur et de l'Aménagement du territoire adressée aux préfets.

Le passage sémantique du « point » ou de la « plate-forme » au « relais » n'est pas anodin. Le mot « point » exclut toute dynamique innovante. Il se rapproche de la notion de « borne », reste isolé et, de fait, se limite à la distribution de certaines prestations, soit en action d'écoute ou délivrance d'informations (81), soit en termes de « vente » (comme les points-poste pour l'affranchissement des lettres et colis et le traitement de certaines opérations bancaires simples). Le mot « relais » invite à prendre en considération un ensemble d'actions, il forme une « étape » dans l'activité de service public considérée. Les RSP n'ont pas de forme juridique imposée mais ils sont conçus pour la mutualisation et le regroupement des services. Ils peuvent relever d'une commune ou d'une structure intercommunale, voire d'une association. Ils doivent réunir un service d'informations et d'aide aux démarches administratives, au moins en matière d'emploi et de prestations sociales. De fait, le « Relais services publics » est surtout chargé de missions d'accueil et d'orientation du public vers les services administratifs compétents, dits services d'appui, notamment par le biais des communications électroniques (82). Cette perspective réduit d'autant les potentialités que contenait la notion d'accessibilité.

§ 3. ACCUEIL DU PUBLIC ET TRAITEMENT DES DEMANDES

1353 La notion de « simplicité » qui semble sous-jacente à celle d'accessibilité, prétend porter remède à la complexité croissante du système administratif et juridique. Elle relève plus sûrement d'une dynamique de « simplification du droit ».

D'une part, il faut remarquer que les simplifications des formalités imposées aux entreprises privées ont été les premières à être élaborées sous le couvert de la notion de « déréglementation » (83). Ce mouvement répond d'ailleurs à une politique de libéralisation économique mettant en scène deux modes de relations entre les services publics et les usagers, qui les divisent en catégories distinguant les particuliers des

services téléphoniques accessibles au public, y compris aux services d'urgence, aux services de renseignements téléphoniques et annuaires qui soit équivalent à celui dont bénéficient les autres utilisateurs finals et, d'autre part, le caractère abordable de ces services ». V. aussi D. n° 2006-555 du 17 mai 2006 relatif à l'accessibilité des établissements recevant du public, des installations ouvertes au public et des bâtiments d'habitation et modifiant le Code de la construction et de l'habitation.

(81) ex. Circ. DGAS/2B/DIF n° 2004-368 du 30 juill. 2004 relative aux « Point info famille ».

(82) V. par ex. Y. Blot, J.-M. Fromion, rapport : *Les Relais Services Publics en milieu rural*, ministère de l'Intérieur, de la Sécurité intérieure et des Libertés locales, 2006 ; v. aussi Circ. min. délégué aux collectivités territoriales du 15 sept. 2006 : Soutien de l'État à la couverture à haut débit des territoires (*non publ. au JO*), qui concerne plus particulièrement les zones rurales.

(83) V. *La déréglementation,* t. XIV, PUF, Publications Fac. dr. Poitiers, 1986 ; M. Baxex, « La déréglementation », *AJDA* 1986, p. 635 ; J. Chevallier, « Les enjeux de la déréglementation », *RDP* 1987, p. 281.

professionnels, les simples usagers des usagers « relais », les usagers des collaborateurs ou fournisseurs.

D'autre part, cette idée de simplicité semble ne concerner que la simplification des formulaires et leur dématérialisation. Il apparaît difficile de l'appliquer au cadre des procédures, lesquelles, rendant compte de l'accroissement des responsabilités nées des lectures du « principe de précaution », de la nécessité de l'évaluation et de la transparence, tendent, au contraire, pour nombre de décisions, à s'alourdir.

Mais afin de parfaire cette recherche de simplification, tout aussi illusoire soit-elle, dans les principaux textes administratifs (circulaires et rapports), il convient de souligner que les différentes perceptions de la notion d'accessibilité ouvrent sur d'autres champs, notamment sur la qualité de l'accueil du public dans les services. Accessibilité et qualité vont de pair.

A. ACCESSIBILITÉ ET ACCUEIL DU PUBLIC

1354 L'accessibilité concerne en premier lieu l'accueil des publics. C'est donc d'abord la détermination des horaires d'ouverture des bureaux qui retient l'attention. Dans ce cas, elle est conçue comme un des moyens d'application du principe de continuité du service public aux variations démographiques ou géographiques. En effet, l'accessibilité relève des politiques d'accueil des administrés, traduites dans les consignes relatives à l'aménagement des locaux, à l'orientation des usagers, sur deux plans :

• d'abord, matériellement, dans un ensemble de locaux, aussi bien en mettant en place des repères visibles indiquant l'emplacement des bureaux qu'en appelant, dans les instructions générales, à la considération et au respect des personnes ;

• ensuite, formellement, dans le dédale des matières, c'est-à-dire en signalant, notamment par le biais des bases de données juridiques, quels sont les formulaires à remplir, les téléprocédures à suivre, les textes à consulter, etc.

L'institution de services de renseignements et de services de médiation assure à la notion d'accessibilité une dimension sociale. Ces services sont d'ailleurs la plupart du temps intégrés dans les discours relatifs à la modernisation du service public. Les services d'information sont toutefois de plus en plus dépendants des plates-formes téléphoniques, automatisées le plus souvent, ou des sites internet des administrations et organismes publics, ou de www.service-public.fr. Les services de médiation sont plus ciblés et demandent à ce qu'une relation humaine soit instituée.

1355 Il est ensuite nécessaire de rappeler le lien existant entre l'accessibilité du service et l'accessibilité du droit, qui explique les mesures de simplification des procédures et formalités administratives. Celles-ci suivent deux lignes directrices, parfois présentées comme de nouveaux principes de fonctionnement du service public : la simplicité et la transparence (84). Parce que chacune est intégrée à la notion d'accessibilité, ni l'une, ni l'autre n'accèdent à cette qualité. Cependant, elles jouent toutes deux un rôle dans la transformation des relations entre administrations et administrés.

(84) B. LASSERRE, N. LENOIR, B. STIRN, *La transparence administrative*, PUF, 1987 ; Y. JÉGOUZO, « Le droit à la transparence administrative », *EDCE*, 1992, n° 43, p. 199 ; Conseil d'État, rapport public 1995, « La transparence et le secret », *EDCE* 1995, n° 47, p. 17.

La liaison entre l'accessibilité du service et l'accès à la connaissance du droit est fondamentale. D'ailleurs, le Conseil constitutionnel, dans sa décision du 16 décembre 1999, retenant l'intérêt général qui s'attache à l'achèvement des codes, relève que cette finalité répond à « l'objectif de valeur constitutionnelle d'accessibilité et d'intelligibilité de la loi » (85). Il estime que « l'égalité devant la loi énoncée par l'article 6 de la Déclaration des droits de l'homme et du citoyen et "la garantie des droits" requise par son article 16 pourraient ne pas être effectives si les citoyens ne disposaient pas d'une connaissance suffisante des normes qui leur sont applicables ; qu'une telle connaissance est en outre nécessaire à l'exercice des droits et libertés garantis tant par l'article 4 de la Déclaration, en vertu duquel cet exercice n'a de bornes que celles déterminées par la loi, que par son article 5, aux termes duquel "tout ce qui n'est pas défendu par la loi ne peut être empêché, et nul ne peut être contraint à faire ce qu'elle n'ordonne pas" ». Au principe de transparence de la décision administrative s'ajoute celui de sa lisibilité, ce qui affecte l'ensemble de l'appareil administratif assumant des fonctions de service public (86).

Le rapport entre accessibilité du service et accès au droit renvoie à l'un des droits des usagers face au service public : le droit à l'information administrative (87). Ce droit repose sur diverses mesures pratiques mises en œuvre dans les administrations, qui concrétisent le principe d'accessibilité du service, compris ainsi comme un service « au » public, un service à un public « averti ».

B. ACCESSIBILITÉ ET ACCÈS AU DROIT

1356 **Bibliographie** : J.-M. Bruguière, *La diffusion de l'information publique*, th. droit Montpellier I, 1995 ; H. Maisl, *Le droit des données publiques*, LGDJ, coll. Systèmes, 1996 ; P. Bouchet, D. Charvet *et al.*, *La réforme de l'accès au droit et à la justice*, Commission de réforme de l'accès au droit et à la justice, La Doc. fr., 2001 ; G. Chatillon, B. Du Marais (dir.), *L'administration électronique au service des citoyens*, Bruylant, Bruxelles, 2003 ; P. de La Coste, *L'Hyper-République : bâtir l'administration en réseau autour du citoyen*, Berger-Levrault, 2003 ; J.-C. Magendie, *Célérité et qualité de la justice – La gestion du temps dans le procès*, La Doc. fr., coll. Rapports officiels, 2004 ; M. Nicaise, *Le service public de diffusion du droit par Internet et le droit de la concurrence,* Mémoire Magistère, Lyon III, mai 2005.

M. Ronai, « Données publiques : accès, diffusion, commercialisation », *PES* n° 773-774, La Doc. fr., 1996 ; J.-P. Bouchut, « Le service public des bases de données juridiques », *AJDA* 1998, p. 291 ; P. Ferrari, « Les droits des citoyens dans leurs relations avec les administrations : comm. de la loi n° 2000-321 du 12 avril 2000 », *AJDA* 2000, p. 471 ; D. Peyrat, « Accès au droit et à la justice et droit à la sécurité. Les maisons de justice et du droit : la distance comme problème, la proximité comme solution », *RFAS* 2001, p. 116 ; B. du Marais, « Le service public du nommage », *AJDA* 2003, p. 1590 ; P. Deumier, « Ord. n° 2004-164 du 20 février 2004, relative aux modalités et effets de la publication des lois et de certains actes administratifs », *RTD civ.* 2004 (3), p. 585 ; E. Cartier, « Publicité, diffusion et accessibilité de la règle de droit dans le contexte de la dématérialisation des données juridiques », *AJDA* 2005, p. 102 ; S. Cottin, « Le service public de diffusion du droit français sur l'Internet », févr. 2006, www.servicedoc.info ; X. Souvignet, « L'accès au droit, principe du droit, principe de droit », *Jurisdoctoria* n°1, 2008, p. 23 ; D. Vergely, « Accessibilité du droit : instructions et circulaires portées à la connaissance du citoyen. Portée et limite du décret n° 2008-1281 du 8 décembre 2008 », *JCP A*, n° 16, 2009, 2088.

(85) CC, 16 déc. 1999, n° 99-421 DC, L. portant habilitation du gouvernement à procéder, par ordonnances, à l'adoption de la partie législative de certains codes, *Rec.* p. 136 ; M.A. Frison-Roche et W. Baranès, « Le principe constitutionnel de l'accessibilité et de l'intelligibilité de la loi », *D.* 2000, chron. p. 361.

(86) *Contra* M. Lévy-Rosenwald, « Crise des déontologies, crise de l'État ? », *in* C. Join-Lambert (dir.), *L'État moderne et l'administration*, LGDJ, coll. Systèmes, 1994, p. 81.

(87) R. Letteron, *L'administration et le droit à l'information*, thèse Paris-X, 1987.

1357 Le principe d'accessibilité est parfois considéré comme un des éléments constitutifs de la démarche de qualité au sein du service (88) : services de renseignements, bureaux d'accueil et d'orientation sont indispensables au maintien de relations entre services publics et usagers. L'accessibilité est donc aussi le moyen de définir un « droit de comprendre » (89) qui sous-tend les politiques juridiques de la codification.

Liée au discours sur la modernisation de l'État, elle est aussi un des instruments par lequel s'effectue le changement des modes d'organisation et de fonctionnement de l'administration et des services publics. Car ces discours « ne sont compréhensibles que resitués dans le contexte de montée en puissance de nouvelles formes de management et d'organisation guidées par les référents de l'efficacité, de la qualité, de la responsabilisation des agents et de la relation de service, cette dernière sous-tendant des mesures prises au nom des attentes et des besoins de l'usager. En d'autres termes, seule une approche d'ordre socio-politique et socio-organisationnel du contexte d'insertion sociale des technologies, c'est-à-dire une approche mettant particulièrement au cœur de son questionnement le rôle des acteurs... semble pouvoir véritablement éclairer sur le sens et la portée de la modernisation. Ce contexte est notamment à considérer à la lueur de la "crise du service public" et de l'entreprise de "rénovation du service public" » (90).

1358 Mais c'est surtout le « service public de la diffusion du droit par l'Internet » (SPDDI), organisé par décret n° 2002-1064 du 7 août 2002, qui concrétise le premier cette démarche (91). Il ne s'agit pas principalement de rendre compte ici d'un principe d'accessibilité en tant que principe de fonctionnement du service public. Mais la particularité des services publics essentiellement construits sur Internet renvoie sans aucun doute aux diverses dimensions de l'accessibilité aux services publics, indépendamment des droits dont les citoyens, usagers de ces services, pourraient se prévaloir (92). De plus, une ordonnance n° 2005-1516 du 8 décembre 2005, relative aux échanges électroniques entre les usagers et

(88) C. Naneix, « Accueil et qualité dans l'administration », *in* F. GalLouédec-Genuys (dir.), *À propos de l'administration française*, La Doc. fr., 1998, p. 106

(89) H. Oberdorff, « L'émergence d'un droit de comprendre l'administration et le droit », *EDCE*, 1992, n° 43, p. 217.

(90) B. Raoul, « Les TIC comme "levier de la modernisation de l'administration" : de la nécessité de contextualiser et de problématiser », *Études de communication*, 2001, n° 23 (dossier : Services aux publics : question de communication et de management), p. 11.

(91) Un service public des bases de données juridiques figurait déjà dans le D. n° 96-481 du 31 mai 1996 du 31 mai 1996, ainsi abrogé. Sur ce dernier, J.-P. Bouchut, « Le service public des bases de données juridiques », *AJDA* 1998, p. 291.

(92) V. par ex. circ. Premier min. du 23 août 2001 relative à la mise en place des espaces publics numériques, *JO* 24 août 2001 p. 13591 : « 3.1 L'espace public numérique se caractérise, en premier lieu, par sa destination. Son objet même est de donner la possibilité de découvrir l'informatique et l'internet. Il se distingue en cela des initiatives prises par certains services publics, qui offrent des outils informatiques en accès libre, mais les réservent à leurs usagers, et les dédient à des prestations liées à leur mission (réalisation de démarches ou accès à des informations spécialisées). Pour autant, l'aménagement de ces espaces peut être réalisé par un service public, en complément de sa mission principale.../ 3.2. Si les espaces publics numériques ne doivent ainsi pas être réservés à une catégorie d'usagers ou d'administrés, mais ouverts au « grand public », cela n'exclut pas qu'il soit procédé à un traitement différencié, compte tenu de l'objet poursuivi. Doivent être prioritairement prises en charge les personnes qui justifient de difficultés réelles pour accéder aux technologies de l'information et de la communication, en particulier pour des raisons sociales ou culturelles. Par ailleurs, rien ne fait obstacle à ce que le public accueilli soit présélectionné par le relais d'organismes publics ou d'associations à même d'identifier les publics ciblés ».

les autorités administratives et entre les autorités administratives (93), a été prise sur le fondement de l'article 3-I de la loi du 9 décembre 2004 de simplification du droit. Applicable à toutes les personnes publiques, elle a pour but d'améliorer l'accès aux services publics par la création de conditions d'échanges simplifiés et sécurisés par la voie électronique, et instaure un cadre juridique unique pour tous les échanges électroniques avec les administrations. Elle crée un nouveau service public, exploité sous la responsabilité de l'État, « consistant en la mise à disposition de l'usager d'un espace de stockage accessible en ligne. Cet espace, placé sous le contrôle de son titulaire, ouvert et clos à sa demande, permet à l'usager de conserver et de communiquer aux autorités administratives des informations et documents utiles à l'accomplissement de ses démarches » (94). En dernier lieu, le décret n° 2008-1281 du 8 décembre 2008 relatif aux conditions de publication des instructions et circulaires a conduit à l'institution d'un site du Premier ministre (www.circulaires.gouv.fr), destiné à mettre à la « disposition du public » toutes les circulaires « applicables » (95).

a) L'émergence d'un service public des bases de données juridiques

1359 L'accès à la connaissance du droit est une nécessité pour tout citoyen. Une fiction juridique, exprimée par l'adage « nul n'est censé ignorer la loi », manifeste l'importance conférée à cette connaissance, qui garantit l'obligation d'appliquer et de respecter les normes en vigueur.

1360 Dans son rapport public pour 1995 sur « la transparence et le secret » (96), le Conseil d'État avait relevé que l'acception « donnée publique » était plus restreinte que celle de « document administratif ». Les données publiques sont en effet celles auxquelles l'accès du citoyen doit être assuré par les autorités administratives. Son argumentation se fonde sur la circulaire du 14 février relative à la diffusion des données publiques (97). Il ne s'agit donc pas là de mettre en œuvre un principe de transparence mais bien d'organiser un service public, une activité dont la prestation principale est de délivrer l'information dans un but d'intérêt général. Cette perspective justifie ainsi la constitution d'une « base » de données juridiques, c'est-à-dire aux termes du décret n° 96-481 du 31 mai 1996, « un ensemble cohérent et structuré d'informations autorisant des recherches croisées sur tout ou partie des zones d'identification, des liens ou du texte des documents la constituant » (art. 2). Elle explique ainsi que si la Direction des Journaux officiels est chargée de veiller à la mise en forme des bases, « un concessionnaire unique assure la mise à disposition du public des données ainsi organisées » (98). Cependant, même s'il s'intègre dans le cadre de la modernisation

(93) E. Caprioli, « Des échanges électroniques entre les usagers et les autorités administratives d'une part et entre ces dernières d'autre part », *JCP A* 2006, n° 13, p. 1079.
(94) Ce sera « mon.service-public.fr » : arr. du 18 juin 2009 portant création par la direction générale de la modernisation de l'État d'un téléservice dénommé « mon.service-public.fr », *JO* 20 juin 2009.
(95) V. entre autres, J.-M. Pastor, « Les circulaires, pour être opposables, devront être mises en ligne sur un site unique », *AJDA* 2008, p. 2309. CE, 23 février 2011, La Cimade et a., req. 334022 : les circulaires ne figurant pas sur le site au 1er mai 2011 sont réputées abrogées et ne peuvent pas être remises en vigueur par une publication ultérieure.
(96) *EDCE* n° 47, 1995.
(97) Circ. du 14 févr. 1994 relative à la diffusion des données publiques, *JO* 19 févr. 1994, p. 2864.
(98) Circ. Premier min. du 17 déc. 1998 relative à la diffusion de données juridiques sur les sites Internet des administrations, *JO* 24 déc. 1998, p. 19487.

des administrations, ce service ne peut être considéré comme « un simple outil de valorisation de l'action des ministères », il contribue aussi « à développer la participation des citoyens à la vie démocratique de notre société » (99).

1361 L'impact de l'avancée des technologies en ce domaine doit alors être souligné : l'année 1996 est celle de la généralisation des « pages web » sur l'Internet. La circulaire du 15 mai 1996 relative à la communication, à l'information et à la documentation des services de l'État sur les nouveaux réseaux de télécommunication en prenait acte (100). La circulaire du 17 décembre 1998 relative à la diffusion de données juridiques sur les sites Internet des administrations fit alors du site « legifrance.gouv.fr » le site central en recommandant aux différents services des départements ministériels de « s'abstenir de reproduire un texte déjà présent ». Cette circulaire rappelait surtout que « le service public des bases de données juridiques a été créé en 1984 […] Le choix d'une organisation sous la forme d'un service public spécifique a été motivé par le souci que l'ensemble des données juridiques bénéficient, quelle soit la matière ou la branche du droit concernée, des mêmes garanties de fiabilité, d'exhaustivité, et de qualité de la diffusion ».

La loi n° 2009-1572 du 17 décembre 2009 relative à la lutte contre la fracture numérique (101) n'a pas d'autre objet que de permettre aux administrés de trouver les moyens d'exiger un accès à l'Internet, sans pouvoir revendiquer formellement un droit subjectif à une connexion à l'Internet. Pourtant, tous les habitants doivent pouvoir accéder aux outils de l'Internet : « Il existe un réel danger que ceux qui, par choix ou par contrainte, ne pourraient ou ne souhaiteraient pas pratiquer l'administration électronique soient exclus du bénéfice des services publics. L'action en faveur de "l'e-inclusion" et la formation des populations aux usages sont indispensables, tout comme la présence humaine dans des fonctions de médiation. Il faut enfin, pour que les usages soient possibles, que les réseaux numériques existent pour permettre aux *e-services* d'être présents ou accessibles en tout point du territoire et que les débits offerts par ces réseaux soient suffisants pour permettre toutes les applications possibles. Dans la logique de concurrence qui prévaut dans l'Union européenne, les opérateurs privés couvrent une partie seulement des besoins des populations, dans les zones à densité élevée. Les collectivités territoriales ont un rôle déterminant à jouer pour permettre l'extension de l'offre à l'ensemble du territoire et des usagers » (102).

b) La consécration d'un service public de diffusion gratuite du droit

1362 Nombre de services administratifs disposent de sites sur l'Internet pour la diffusion de l'information juridique. Des modes de conciliation entre les différents acteurs que

(99) Selon les termes de la circulaire du 17 déc. 1998, *préc.*
(100) Circ. Premier min., *JO* 19 mai 1996, p. 7549.
(101) Sur la notion de « fracture numérique », v. B. Moriset, « Réseaux de télécommunications et aménagement des territoires », *Cybergeo : European Journal of Geography, Science et Toile*, art. 489, mis en ligne le 16 févr. 2010, modifié le 25 févr. 2010. URL : http://cybergeo.revues.org/22930, consulté le 20 avr. 2011.
(102) J.-P. Duport, *Pour des services publics tournés vers l'avenir*, Rapport au Premier ministre, 12 févr. 2007.

sont les administrations centrales et le service public des bases de données juridiques (103), ont été nécessaires afin de veiller « au respect d'un ensemble de conditions garantissant la qualité et la fiabilité des données ainsi diffusées » (104).

La distinction entre information juridique et donnée juridique est essentielle pour comprendre la distinction entre accès à la connaissance du droit et accès au droit. Dans ses conclusions sous l'arrêt du Conseil d'État du 17 décembre 1997, *Ordre des avocats à la Cour de Paris*, le commissaire du gouvernement avait synthétisé ces dissociations en rappelant que si les informations juridiques sont créatrices de données, elles n'en sont pas par elles-mêmes (105). Il rendait compte aussi de la nécessité de pouvoir user de moteurs de recherches pour les bases de données et non pour la délivrance d'informations. La mission du service public est de rassembler et de mettre sous forme de bases de données informatisées, en vue de leur consultation par voie électronique, les textes juridiques et les décisions juridictionnelles. Les usagers de ces services sont très majoritairement des « initiés », des professionnels et des praticiens du droit, le plus souvent en position de « clients » du service. En revanche, les internautes à la recherche de simples informations juridiques sur les sites officiels (en gouv.fr), sont effectivement des usagers non-juristes, sous une autre condition d'accès, celle d'un ordinateur et d'un réseau.

1363 Le législateur, faisant suite à la reconnaissance transitoire par la jurisprudence d'un service public par nature (106), a finalement posé que « les autorités administratives sont tenues d'organiser un accès simple aux règles de droit qu'elles édictent. La mise à disposition et la diffusion des textes juridiques constituent une mission de service public au bon accomplissement de laquelle il appartient aux autorités administratives de veiller » (107). L'accès aux données juridiques publiques, organisé par les décrets n° 84-940 du 24 octobre 1984 et n° 96-481 du 31 mai 1996 relatifs au service public des bases et banques de données juridiques, est donc devenu un service public à fondement législatif.

Ce service public a pour mission « de rassembler et mettre sous forme de bases de données informatisées, en vue de leur consultation par voie ou support électronique, le texte et les éléments de description et d'analyse documentaire » de la plupart des actes juridiques, traités, lois, règlements, actes juridictionnels, et tous autres documents de caractère juridique. Le champ d'application de ce service public est précisément délimité, mais l'énumération de textes à diffuser mérite quelques précisions. Le décret n° 2002-1064 du 7 août 2002 pose en principe que certaines données juridiques doivent être disponibles gratuitement par l'internet public, sans toutefois rendre obligatoire la mise en ligne de données non encore disponibles pour des raisons techniques (non saisies) ou réglementaires (non anonymisées (108)). De plus, le site Legifrance (existant depuis février 1998) n'a pas vocation à héberger toutes les bases de données, mais doit constituer un portail

(103) H. Maisl, *Le droit des données publiques*, LGDJ, coll. Systèmes, 1996.
(104) Circ. Premier min. du 17 déc. 1998, *préc.*
(105) D. Combrexelle, concl. CE, 13 déc. 1997, Ordre des avocats à la cour d'appel de Paris, *AJDA* 1998, p. 362.
(106) CE, 17 déc. 1997, Ordre des avocats à la cour d'appel de Paris, *AJDA* 1998, p. 362, concl. Combrexelle, note Nouel ; *CJEG* 1998, p. 157, *op.cit.*
(107) L. n° 2000-321 du 12 avr. 2000, art. 2.
(108) L'anonymisation résulte d'une délibération de la CNIL (n° 01-057 du 29 nov. 2001).

efficace pour donner « accès, directement ou par l'établissement de liens, à l'ensemble des données mentionnées à l'article 1er ».

Pour tenir compte de la différence d'utilisation marquée entre les professionnels du droit et les citoyens usagers, le décret instaure un système de licences payantes pour les premiers en cas d'extraction et de réutilisation qualitativement ou quantitativement substantielles (109) des données disponibles sur le site.

SECTION II DES PRINCIPES DIVERGENTS : L'EFFICACITÉ ET LA SÉCURITÉ

1364 La question de l'efficacité sociale et économique du service public a longtemps été soulignée comme un objectif essentiel par les pouvoirs publics. À ce titre, la notion de sécurité était originellement liée à la notion de qualité, mais il apparaît qu'elle ne peut plus être exclue de l'analyse des nouvelles conditions de fonctionnement du service public. Sans aucun doute, efficacité et sécurité ne sont pas exclusivement énoncées à propos du service public. Mais tel est déjà le cas de certains des principes dits classiques comme, par exemple, le principe d'égalité. D'autres conditions de fonctionnement du service public, telles la transparence ou la participation, doivent également être analysées, mais attachées au statut des usagers, elles seront examinées ultérieurement à ce titre.

1365 L'idée d'efficacité acquiert progressivement une spécificité dans les modes de fonctionnement du service public (§ 1), notamment pour rendre compte de la culture de performance et de la force d'un discours sur la compétitivité des activités publiques.

L'idée de sécurité accompagne les notions de qualité et d'accessibilité, notamment pour les équipements mis à la disposition des usagers, et en même temps, introduit la dynamique du service public dans le champ du « développement durable » et des nouvelles formes de responsabilités, suivant les indications d'un « principe de précaution » encore à affiner (§ 2). Elle concerne aussi la protection de la qualité de vie que recherche l'appréhension d'un droit de l'environnement lu à travers la Charte de 2004 désormais intégrée dans les normes de référence de constitutionnalité (110), dans un contexte juridique du principe de précaution qui a suscité une forme de responsabilisation des décideurs publics et qui va de pair avec une pénalisation de la vie publique.

(109) La notice explicative relative à la réutilisation des données disponibles sur Legifrance (http://www.legifrance.gouv.fr/html/licences/licences_notice.htm) précise les limites au caractère substantiel ou non des extractions et fixe les engagements que doivent respecter les emprunteurs.

(110) CC, 28 avr. 2005, n° 2005-514 DC, L. relative à la création du registre international français, *Rec.* p. 87 ; 7 juill. 2005, n° 2005-516 DC, L. de programme fixant les orientations de la politique énergétique, *Rec.* p. 102 ; CE ass., 3 oct. 2008, req. 297931, Commune d'Annecy, *AJDA* 2008, p. 1852 ; *RFDA* 2008, p. 1147, concl. Aguila ; v. aussi, dans un tout autre registre, A. Peri, « La Charte de l'environnement : reconnaissance du droit à l'environnement comme droit fondamental ? », *LPA*, 24 févr. 2005, p. 8.

S/SECTION I UNE EFFICACITÉ ÉCONOMIQUE PLUS QUE SOCIALE

1366 **Bibliographie** : J. DONZELOT, *L'invention du social*, Fayard, 1984 ; A. LE PORS, *L'État efficace*, Robert Laffont, 1985 ; C. MARTINAND, Commissariat général au Plan, (rapport), *La régulation des services publics. Concilier équité et efficacité*, ASPE/Eska, 1995 ; P. BAUBY, *Reconstruire l'action publique. Services publics, au service de qui ?*, Syros, 1998 ; J.-M. CHEVALIER, I. EKELAND, M.-A. FRISON-ROCHE (dir.), *L'idée de service public est-elle encore soutenable ?*, PUF, 1999 ; « Puissance publique ou impuissance publique ? Une réévaluation des pouvoirs et des procédures régaliens », *AJDA*, n° spécial, 20 juill.-20 août 1999 ; S. BERNARD, *La recherche de la rentabilité des activités publiques et le droit administratif*, LGDJ, 2001 ; V. VALENTIN, *Les conceptions néo-libérales du droit*, Economica, 2002 ; M. TORRE-SCHAUB, *Essai sur la construction juridique de la notion de marché*, LGDJ, Bibl. de droit privé, 2002 ; M. CHAUVIERE, *Trop de gestion tue le social*, La Découverte, coll. Alternatives sociales, 2007.

J. LECA, « L'administration entre productivité et partenariat », *in* C. JOIN-LAMBERT (dir.), *L'État moderne et l'administration*, LGDJ, coll. Systèmes, 1994, p. 26 ; J. CAILLOSSE, « Le droit administratif contre la performance publique ? » *AJDA* 1999, p. 195 ; J. CAILLOSSE, « Le droit administratif français saisi par la concurrence ? », *AJDA* 2000, p. 99 ; E. FATÔME, A. MÉNÉMÉNIS, « Concurrence et liberté d'organisation des personnes publiques : éléments d'analyse », *AJDA* 2006, p. 67.

1367 Dans tout système de droit, la notion d'efficacité renvoie dans un premier temps aux thèmes de puissance et de force, notamment dans la perception de la qualité des règles de droit, rappelant ainsi les questionnements à propos de la « force du droit » et de l'efficacité des normes juridiques. Les discours relatifs aux services publics ont transformé cette perspective en l'inscrivant presque exclusivement dans les contextes économiques et en tenant à peine compte des questions sociales : désormais, ce sont les logiques de l'efficience, de la productivité et du rendement qui sont retenues.

L'expression « efficacité économique et sociale » se retrouve dans la plupart des textes juridiques relatant la mutation des « grands services publics ». Elle accompagne la définition du service universel postal qui « concourt à la cohésion sociale et au développement équilibré du territoire. Il est assuré dans le respect des principes d'égalité, de continuité et d'adaptabilité en recherchant la meilleure efficacité économique et sociale » (111). L'efficacité économique et sociale est un des appuis pour la contribution de La Poste à l'aménagement et au développement du territoire national, « en complément de ses obligations de service universel », car La Poste doit adapter « son réseau de points de contact, notamment par la conclusion de partenariats locaux publics ou privés, en recherchant la meilleure efficacité économique et sociale » (112).

En matière de transports, elle est une des données sur laquelle reposent les choix relatifs aux infrastructures, aux équipements et aux matériels de transport dépendant d'un financement public, choix qui doivent tenir compte « des besoins des usagers, des impératifs de sécurité et de protection de l'environnement, des objectifs

(111) CPCE, art. L. 1 al. 3.
(112) L. n° 90-568 du 2 juill. 1990 relative à l'organisation du service public de la Poste et à France Télécom, art. 6.

de la politique d'aménagement du territoire, des nécessités de la défense, de l'évolution prévisible des flux de transport nationaux et internationaux, du coût financier et, plus généralement, des coûts économiques réels et des coûts sociaux, notamment de ceux résultant des atteintes à l'environnement » (Code des transports, art. L. 1511-1). De même, en matière d'électricité le service public « a pour objet de garantir l'approvisionnement en électricité sur l'ensemble du territoire national, dans le respect de l'intérêt général. [...] Matérialisant le droit de tous à l'électricité, produit de première nécessité, le service public de l'électricité est géré dans le respect des principes d'égalité, de continuité et d'adaptabilité, et dans les meilleures conditions de sécurité, de qualité, de coûts, de prix et d'efficacité économique, sociale et énergétique » (113).

Ces aperçus ne rendent pas compte de l'intensité de ce principe d'efficacité économique et sociale. Ils permettent seulement de relever la difficulté d'accentuer la perspective économique, qui est pourtant la principale visée des discours sur la réforme de l'État.

1368 La notion d'efficacité économique, très proche de celle de « rentabilité économique », est d'ailleurs rarement exprimée en tant que telle dans les discours relatifs aux services publics. Cette recherche de rentabilité apparaît difficile à faire appliquer, dans la mesure où les services publics ne sont pas prioritairement gérés suivant cet objectif et sont soumis à des obligations et contraintes qui augmentent les coûts. D'ailleurs, « c'est dans le but de compenser ce désavantage concurrentiel que les autorités publiques acceptent fréquemment de prendre en charge de manière indirecte les coûts résultant pour les entreprises de ces obligations de service public en leur octroyant des aides financières » (114), ce qui permet à ces aides d'échapper à la qualification d'aides d'État devant la Cour de justice des Communautés européennes (115).

Cette notion d'efficacité économique est pourtant accompagnée de divers vocables qui insistent sur les objectifs à atteindre et les résultats obtenus qui, peu ou prou, désignent les gains, les bénéfices et les profits : les termes de performance et de compétitivité qui parcourent ces discours en donnent un éloquent aperçu.

1369 Cette dimension est particulièrement sensible dans les différents textes concernant l'incitation adressée aux collectivités publiques pour engager les partenariats public-privé (116). De tels partenariats couvrent largement le domaine des services publics. La circulaire 29 novembre 2005 relative aux contrats de partenariat à l'attention des collectivités territoriales (117) en constitue une illustration en ce qu'elle décline les indicateurs et les objectifs de ces partenariats autour d'une « logique performancielle ». Selon elle, « l'objet premier d'un contrat de partenariat est l'amélioration du service rendu aux usagers, il est donc légitime que la rémunération tienne compte des résultats obtenus en la matière. Il importe donc que ces objectifs

(113) L. n° 2000-108 du 10 févr. 2000 relative à la modernisation et au développement du service public de l'électricité, art. 1er.

(114) A. Met-Domestici, « Aides d'État, service public et droit communautaire. Éléments de clarification sur la validité des compensations de service public », *AJDA* 2006, p. 1881.

(115) CJCE, 22 nov. 2001, aff. C-53/00, Ferring SA c. Agence centrale des organismes de sécurité sociale (ACOSS), *Rec.* p. I-9098, *Europe* 2002, comm. 28, obs. Idot.

(116) Ord. n° 2004-559 du 17 juin 2004 sur les contrats de partenariat, *JO* 19 juin 2004, p. 10994.

(117) *JO* 15 déc. 2005, p. 19271.

fassent l'objet d'une négociation très poussée entre les deux partenaires. En effet, il ne s'agit pas seulement de répondre aux besoins propres de la collectivité ou à ceux des usagers, mais d'optimiser la prestation rendue. Cette logique performancielle permet d'imposer au titulaire du contrat de partenariat des objectifs de résultat, notamment en matière d'entretien et de maintenance, permettant de garantir la disponibilité de l'ouvrage objet du contrat. Le non-respect de ces objectifs conduit à une pénalisation financière du cocontractant, sous la forme d'une minoration de sa rémunération » (118).

Elle est aussi prégnante dans le cadre des « programmes d'informatisation et de mise en réseau [qui] mettent bien souvent en avant une perspective d'efficacité et de productivité : l'informatique et le réseau permettent une rationalisation des tâches (atténuation, voire disparition de tout ce qui, dans la réalisation de ces tâches, génère des déperditions de temps, de travail et de valeur), une simplification et une accélération du traitement des dossiers (fin des multiples saisies des données, circulation électronique des documents...) » (119).

1370 La dynamique de la compétitivité complète ce tableau. Si elle est aussi un des éléments de la reconstitution du tissu économique de l'État sur le territoire (120), elle apparaît essentielle dans l'approche du service public de l'énergie (121). La loi fixant les orientations de la politique énergétique dispose : « La politique énergétique repose sur un service public de l'énergie qui garantit l'indépendance stratégique de la nation et favorise sa compétitivité économique. Sa conduite nécessite le maintien et le développement d'entreprises publiques nationales et locales dans le secteur énergétique. Cette politique vise à : contribuer à l'indépendance énergétique nationale et garantir la sécurité d'approvisionnement ; assurer un prix compétitif de l'énergie ; préserver la santé humaine et l'environnement, en particulier en luttant contre l'aggravation de l'effet de serre ; garantir la cohésion sociale et territoriale en assurant l'accès de tous à l'énergie... » (122).

(118) D'autres formules utilisées dans cette circulaire en rendent compte, par ex. : « La finalité de ces contrats est de permettre à l'administration, et donc aux usagers finaux, de tirer profit des capacités de gestion d'une entreprise privée. C'est ce qui permet aux autorités administratives de calculer la rémunération sur l'ensemble de la durée du contrat et d'exiger que la rémunération soit étroitement liée à des critères, préalablement définis, de performance et de qualité dans l'exécution de la prestation » ; ou encore : « La personne publique devra se demander de manière objective si un partenaire privé intervenant dans le cadre d'un contrat de partenariat est le mieux placé pour réaliser dans les meilleures conditions les prestations attendues et atteindre les niveaux de performance espérés. La passation d'un contrat de partenariat trouve toute sa place dans le cas où un avantage compétitif peut légitimement être espéré de la dévolution de la prestation au secteur privé ».

(119) B. Raoul, « Les TIC comme "levier de la modernisation de l'administration"... », *op. cit.*, p. 12.

(120) V. par ex. la logique introduite dans les circulaires du Premier ministre du 25 nov. 2004 relative à la mise en œuvre de la politique des pôles de compétitivité, *JO* 28 nov. 2004, p. 20208, et du 2 août 2005 relative à la mise en œuvre des pôles de compétitivité, *JO* 6 août 2005, p. 12875. Ces pôles sont encore aujourd'hui essentiellement à vocation industrielle et révèlent certaines préoccupations relatives à l'emploi.

(121) V. entre autres, C. Lemaire, *Énergie et concurrence : recherches sur les mutations juridiques induites par la libéralisation des secteurs de l'électricité et du gaz naturel*, PU Aix-Marseille, 2 vol., 2003.

(122) L. n° 2005-781 du 13 juill. 2005 de programme fixant les orientations de la politique énergétique, art. 1er. Selon l'art. 4 al. 4 de cette même loi, « L'État veille à conserver, dans la production électrique française, une part importante de production d'origine nucléaire qui concourt à la sécurité d'approvisionnement, à l'indépendance énergétique, à la compétitivité, à la lutte contre l'effet de serre et au rayonnement d'une filière industrielle d'excellence, même si, à l'avenir, il fait reposer, à côté du nucléaire, la production d'électricité sur une part croissante d'énergies renouvelables et, pour répondre aux pointes de consommation, sur le maintien du potentiel de production hydroélectrique et sur les centrales thermiques ».

Par-delà l'obsession des « résultats », qui forme l'une des trames des différents rapports d'étape de la révision générale des politiques publiques depuis 2007, la détermination des indicateurs de performance accentue la relecture de l'efficacité économique. Si ces indicateurs procèdent des systèmes d'évaluation et varient selon les secteurs pris en considération, ils permettent surtout aux pouvoirs publics d'ajuster les coûts des différents services publics. Certes, la performance n'est appréciée qu'en rapport avec des objectifs préfixés mais elle exige aussi que certains critères de qualité soient pris en considération. L'efficacité économique s'adjoint alors la notion d'efficacité sociale afin de tenir compte des attentes des pouvoirs publics, des collectivités territoriales comme des usagers ou des agents du service. Or, non seulement ces attentes ne peuvent coïncider, mais encore les impératifs tirés de la notion de développement durable peuvent contrevenir aux unes ou aux autres.

1371 Pour certaines missions de service public, les pouvoirs publics tentent donc d'accorder l'efficacité économique à l'efficacité sociale. Tel est le cas pour les missions de la Poste, lesquelles, en vertu de la loi (123), contribuent à l'aménagement et au développement du territoire national.

Mais, de toute évidence, la notion d'efficacité économique surplombe largement celle de l'efficacité sociale. Cette perspective répond d'ailleurs à un certain type d'orientation des politiques européennes. « La liberté d'organiser ses activités est une condition de l'efficacité des personnes publiques comme des opérateurs privés. Il est donc important qu'elle soit reconnue aux unes comme aux autres. Or, [...] on peut parfois déceler dans le droit communautaire la tentation d'exiger des personnes publiques qu'elles démontrent, avant de continuer à exercer une activité en régie, que son externalisation à un opérateur économique externe après mise en concurrence est impossible ou inefficace. La neutralité du droit communautaire au regard de l'organisation des personnes publiques est dès lors plus apparente que réelle » (124). Heureusement, la jurisprudence de la Cour a clairement infirmé cette tentation.

§ 1. LA RENTABILITÉ ÉCONOMIQUE PRIVILÉGIÉE

1372 Le rapprochement entre le principe d'adaptation et l'exigence d'efficacité dans les services publics s'est développé pendant les années 1990, où l'autorité administrative adapta « les moyens à la disposition du service pour lui permettre de fournir sa prestation dans des conditions optimales » (125). Ces moyens sont tributaires du progrès technique (tel est le cas pour les transports ferroviaires, les communications électroniques, la distribution des sources d'énergie). Le moteur de l'activité de service public n'est plus de répondre à un besoin collectif. L'activité de service public doit correspondre à un critère de performance dont les données demeurent liées aux défaillances du marché. La performance du service public

(123) V. G. Calley, *L'exploitation publique des services postaux*, LGDJ, Bibl. de droit public, 2002.

(124) E. Fatôme, A. Ménéménis, « Concurrence et liberté d'organisation des personnes publiques : éléments d'analyse », *AJDA* 2006, p. 69.

(125) A.-S. Mescheriakoff, *Droit des services publics*, PUF, coll. Droit fondamental, 1997, p. 189.

s'analyse alors à l'aune du droit de la concurrence alors que les services publics sont désormais estimés nécessaires à l'exercice des droits fondamentaux.

C'est à ce titre qu'il ne s'agit pas « d'opposer services publics et marché, mais d'asseoir la légitimité des interventions publiques qui encadrent, complètent et le cas échéant corrigent, les mécanismes de marché pour que soit assurée une offre adéquate des services publics ». En apparence, l'idée d'efficacité concerne essentiellement le marché et, par là, l'aménagement du territoire : « des services publics attractifs, en qualité et en prix, constituent… une composante importante d'une politique efficace d'aménagement du territoire » (126). Mais en réalité, elle n'est qu'une condition de la légitimité de l'action. « Une intervention publique, au nom de la contribution des services publics à l'exercice des droits fondamentaux de la personne, ou au nom de la correction d'inefficacités du marché, ou encore au nom de la cohésion sociale, n'est légitime qu'autant qu'elle mette en œuvre des moyens qui soient adaptés aux objectifs poursuivis et dont les coûts soient maîtrisés. […] En matière de services publics, l'adéquation rigoureuse des moyens apparaît aussi indispensable que l'est la fermeté au niveau des principes. Mais cela suppose qu'on parvienne à maîtriser les problèmes difficiles de diversification des tarifs et d'ajustement des sources de financement… » (127).

La notion d'efficacité ne se traduit donc pas directement dans le champ social ou civil. Elle peut d'ailleurs ne s'avérer que technique. L'efficacité recherchée du service public est d'abord une efficacité économique, l'efficacité sociale n'apparaît alors qu'*a posteriori*, bien qu'elle soit fondamentalement recherchée.

1373 Les crédits budgétaires et l'état des finances de la collectivité à laquelle est rattachée l'activité d'intérêt général considérée en marquent l'évolution. L'objectif de la réduction des dépenses publiques est sans cesse réitéré. La notion d'efficacité renvoie alors aux notions de productivité, de rentabilité et de compétitivité qui contredisent la logique fondatrice du service public. C'est à ce stade que la question d'une combinaison entre droit du service public et droit de la concurrence trouve l'une de ses premières assertions, d'abord pour les services publics industriels et commerciaux qui, de fait, se trouvaient les premiers visés ; ensuite pour tous les services publics dont l'activité de prestation supposait le paiement d'un prix, aussi modique pouvait-il être, c'est-à-dire pour nombre de services pensés de nature administrative, notamment dans le champ culturel et social.

Plusieurs stratégies ont été mises en œuvre. L'une d'entre elles a propagé des signes de dislocation de la notion de service public dont la définition trop abstraite ne pouvait servir le renouveau. En déterminant dans chaque service la nature des objectifs à retenir, la politique de modernisation a développé une conception de l'efficacité déclinée sur plusieurs tons : efficacité économique, efficacité financière, et en dernier lieu, efficacité sociale.

1374 Dès la fin des années 1980, des distinctions étaient élaborées à partir de la qualité des interfaces entre les administrations et le public. De fait, les relations entre les usagers et les services ne possèdent pas les mêmes caractéristiques selon que

(126) E. Cohen et C. Henry, « Sur les bases et l'évolution récente des services publics et industriels et commerciaux en France et dans l'Union européenne », *in* E. Cohen, C. Henry, *Service public, secteur public*, La Doc. fr., 1997, p. 12 et p. 13.
(127) *Ibid.* p. 24.

les prestations se réalisent directement (comme c'est le cas pour la Poste, les télécommunications, l'hôpital, l'enseignement) ou se révèlent plus générales, et d'une certaine manière, diffuses (comme la police, les consulats) ou à l'inverse plus spécialisées, notamment dans les secteurs économiques. De plus, la qualité particulière de la notion de service public repose sur une conception de la solidarité qui exclut des considérations sur le statut de la propriété, alors que celui-ci est fondamental dans les systèmes juridiques anglo-saxons (128). Par ailleurs, de nombreuses variables affectent la lecture de la concurrence par rapport aux missions de service public. Si elle a stimulé « l'éclosion et la diffusion d'un flot d'innovations » dans divers secteurs, comme par exemple les télécommunications, elle ne s'analyse pas de la même manière selon la prestation considérée, qu'il s'agisse de services sociaux ou de services de transport public (129).

Le constat de la diversité des prestations a suscité un processus de segmentation des activités. L'unité de la notion de service public a été sacrifiée à la faveur du libéralisme économique et même les services publics sociaux et socialisants comme la santé et l'enseignement se trouvent contestés en ce qu'ils relèvent d'une indéniable idéologie républicaine. Ainsi, il est possible d'affirmer que « le maintien d'une telle unité a donc plus à voir avec une idéologie nationale qu'avec des principes objectifs permettant de classer des services hétérogènes sous une étiquette commune » (130), mais c'est oublier que la référence au marché et la défense du libéralisme économique relèvent elles aussi d'une idéologie qui, pour n'être pas nationale, est prétendument mondiale avant d'être européenne.

Cette partition a conduit à l'élaboration d'une distinction implicite entre services rentables et services non rentables, entre services productifs et services improductifs. Cette distinction sous-tend, d'ailleurs, l'application de la notion de service universel dans les différents secteurs d'activité sociale et économique.

1375 En fait, c'est surtout en ce qui concerne l'évaluation des coûts du service et la fixation des prix que la question de l'efficacité prend sens dans le droit du service public. Cette approche exige de penser les implications de la libre concurrence dans le champ des services publics. La compétitivité, la rentabilité et la productivité deviennent alors des références essentielles pour le maintien des services publics sinon pour leur création.

1376 La question des rapports entre le droit du service public et le droit de la concurrence interfère donc essentiellement lorsque la notion d'efficacité économique survient, accompagnée de développements divers relatifs à l'efficience ou, plus prosaïquement, à la rentabilité des services publics. En effet, il est erroné d'affirmer que toutes les activités de service public induisent des déficits insurmontables. À l'occasion de ses analyses sur les activités de plus grand service et de plus grand profit, R. Chapus notait d'ailleurs combien les secondes servaient aux premières par un mécanisme général de réinvestissement des profits dans le service et de redistribution des richesses. Par

(128) C. Quin, G. Jeannot, *Un service public pour les Européens ? Diversité des traditions et espaces de convergence*, La Doc. fr., 1997.

(129) C. Henry, *Concurrence et services publics dans l'Union européenne*, PUF, coll. Économie, p. 180 et s.

(130) E. Cohen et C. Henry, « Sur les bases… », *op. cit.* p. 19.

ailleurs, on ne chercherait pas le démantèlement de monopoles de service public si ceux-ci n'étaient pas accusés, précisément, de réaliser des surprofits. Ces simples remarques suffisent à démentir l'équation apparente entre absence de rentabilité financière et service public.

Un rapport intitulé « Faut-il défendre le service public ? » (131) avait eu l'occasion de le signaler en recherchant, toutefois, une complémentarité entre le marché et le service public. Son approche se fondait sur une distinction entre budget de fonctionnement et budget d'investissement, le premier devant être en équilibre, le second pouvant être en déficit. Cette présentation a contribué à traduire en France l'idée européenne de la dissociation entre les infrastructures et les services, justifiant ainsi la segmentation des activités (132).

§ 2. LA DÉPRÉCIATION DE L'EFFICACITÉ SOCIALE

1377 C'est plutôt la notion d'efficacité sociale qui refléterait la logique du droit du service public, dans la mesure où la question du maintien de la « cohésion sociale » est sans cesse mise à l'épreuve. L'efficacité sociale concerne autant les services publics de secours que les services publics d'archéologie, les services publics de santé que les services publics d'enseignement (133). Elle surpasse l'idée de qualité du service comme de la prestation en ce qu'elle est fondamentalement rattachée à la perception du service public comme révélateur du lien social.

Dans l'imaginaire collectif, « la dynamique solidariste qui sous-tend l'idéologie du service public renvoie au rêve d'une socialité contractuelle des relations. Elle fonde sa nécessité sur l'interdépendance objective de tous les membres de la société. Service public et solidarité sont des principes de gouvernement qui permettent de convertir les exigences et les craintes contradictoires engendrées par la République en une croyance commune au progrès » (134). Cette conscience d'une nécessité quant au maintien de la solidarité sociale est constante dans les discours, mais elle est de moins en moins souvent traduite dans les textes juridiques et administratifs.

Le service public, outil privilégié de la solidarité (135), est pourtant indissociable de la nature démocratique et sociale de la République française, au vu des termes mêmes

(131) F. Borotra, *Faut-il défendre le service public (sur le service public dans le cadre de l'Union européenne) ?,* Rapport au nom de la délégation de l'Assemblée nationale pour les Communautés européennes, *Doc. AN* n° 2260, 1995-1996.

(132) Comme ce fut le cas du transport ferroviaire, scindé entre la SNCF pour la prestation et « Réseau ferré de France », établissement public créé par la L. du 13 févr. 1997, pour l'infrastructure.

(133) CE, 8 mars 2006, req. 275551, Féd. des conseils de parents d'élèves des écoles publiques : à propos d'une circulaire du 19 oct. 2004 du ministre de l'Éducation nationale, de l'enseignement supérieur et de la recherche sur les sanctions : « les punitions scolaires ont un caractère individuel et personnel, le ministre a pu légalement prévoir, par la circulaire attaquée, afin d'*assurer l'efficacité de l'enseignement*, qu'une punition peut être infligée par un professeur à un groupe d'élèves précisément identifiés qui perturbent le bon fonctionnement de l'enseignement ou encore qu'un travail supplémentaire peut être donné à l'ensemble des élèves d'une classe quand la perturbation s'étend à l'ensemble de la classe et qu'une telle mesure apparaît nécessaire » (souligné par nous).

(134) M. Hastings, « Les constellations imaginaires du service public », *in.* S. Decreton (dir.) *Service public et lien social*, L'Harmattan, coll. Logiques juridiques, 1999, p. 40.

(135) V. J.-C. Béguin, P. Charlot, Y. Laidié (dir.), *La solidarité en droit public*, L'Harmattan, coll. Logiques juridiques, 2005.

de l'article 1er de la Constitution. S'il est le lieu principal de la légitimation de l'État comme de toute collectivité publique disposant de compétences en matière de création (ou suppression) de services publics, il est aussi un instrument essentiel pour garantir aux citoyens un mieux-être économique et social. L'approche de la notion d'efficacité dans ce cadre doit être disjointe de l'idée de rentabilité et de productivité. Certes, elle peut plus aisément être associée aux différentes « démarches de qualité » qui ont été mises en œuvre dans les administrations publiques, mais cette démarche répond désormais à des référentiels calculés qui n'ont plus de fibre sociale. Les différentes analyses menées à propos de la « déshumanisation » des services publics, suivent le développement d'une relation administrative numérisée, en présentent les risques et les dérives. Car, quelles que soient les positions adoptées, « la question de la satisfaction dans les services publics ne se pose… pas uniquement en termes de critères mesurables d'accessibilité de services, de simplicité des démarches administratives ou de rapidité de traitement des dossiers. Le processus implique de prendre en compte non seulement les facteurs formels de production du service (accueil, délais…) mais aussi des éléments dépassant le cadre strict de la prestation (équité de traitement…) » (136).

Néanmoins, la notion d'efficacité sociale se trouve parfois concrétisée dans les nuances du principe d'accessibilité qui peuvent mener à la recherche d'un principe d'équité dans le cadre des services publics (137).

1378 La notion d'efficacité économique et sa principale conséquence, la combinaison entre droit du service public et droit de la concurrence, répondent à une vision économique de la notion de service public, de sa création, de sa gestion et de ses modes de régulation. Néanmoins, la valeur fondatrice du modèle demeure, ainsi que le préconisait L. Duguit, la « solidarité ». L'approche économique devrait donc s'instituer à l'appui du lien social.

Pourtant, certains commentateurs estiment que l'essence de cette notion d'efficacité est d'ordre social avant d'être d'ordre économique : « le service public est la garantie pour chacun d'accéder à des biens essentiels pour la satisfaction de ses besoins, la garantie d'exercice des droits fondamentaux de la personne, condition du lien social et liées à l'État Providence » (138). Sans doute, cette conception est-elle liée à des circonstances historiques, car, ainsi que le précise R. Lafore, « les services publics sociaux émergent… au moment même où se forge le modèle français de l'État républicain, à la fin du XIXe siècle, et ils en sont, avec l'école publique, une composante essentielle » (139). L'invention du « social » permet de stabiliser l'État républicain. Il apparaît ainsi difficile de remettre en cause cette construction sociale du service public, à moins de porter atteinte à l'esprit républicain de l'action exécutive.

Cependant, le service public est aussi un moyen pour les pouvoirs publics de contribuer à l'aménagement et au développement du territoire. La notion d'efficacité sociale

(136) A. Ragaigne, « Contrôler à distance la satisfaction des usagers des services publics locaux », *Inf. Sociales,* 2010/2, n° 158, p. 69.

(137) M. Borgetto, « Égalité, solidarité… équité ? », *in* G. Koubi (dir.), *Le Préambule de la Constitution de 1946 – Antinomies juridiques et contradictions politiques*, PUF, coll. CURAPP, 1996, p. 239.

(138) F. Morin, Commentaire, *in* E. Cohen, C. Henry, *Service public, secteur public*, La Doc. fr., 1997, p. 74.

(139) R. Lafore, « Services publics sociaux et cohésion sociale », *in* S. Decreton (dir.), *Service public et lien social*, L'Harmattan, coll. Logiques juridiques, 1999, p. 369.

trouve alors l'un de ses caractères substantiels dans le redéploiement des services, dans la notion de services (publics) de proximité et, pour une part, dans l'agencement des maisons des services publics, plus que dans la mise en ligne de formulaires téléchargeables ou de téléprocédures. Dans cette perspective, la notion d'efficacité sociale semble, comme d'autres, rejoindre la fonction de l'accessibilité, mais elle met aussi en sourdine la question de la solidarité. La notion d'accessibilité ne saurait pourtant recouvrir le fondement essentiel du service public qu'est la solidarité.

1379 Cette lecture permet aussi de signaler combien la notion d'efficacité sociale s'effrite quand elle permet de rassembler dans une même dynamique les droits fondamentaux de la *personne* et le droit du service public. Ici, la distinction entre droits de l'homme et droits de la personne (140) doit être retenue dans toutes ses dimensions : les droits de l'homme sont des droits conquis, des droits qui permettent de lutter contre l'arbitraire et l'injustice ; les droits de la personne sont des droits attribués, des droits accordés par l'autorité publique non dans une démarche de protection, comme ce fut le cas avec l'État-providence, mais plutôt, dans un État libéral, suivant une perspective *d'individualisation.*

La logique de ce discours relatif aux droits de la personne doit alors être comprise comme conduisant à une refondation des rapports entre le service public et ses usagers. Elle induit autant une responsabilisation individuelle maximale de chacun dans ses rapports aux services publics qu'une réduction de la prestation de service public à un "service rendu". Le renversement de perspective induit par la fin de l'État-providence implique donc « le remplacement d'un système de droits objectifs par une série de dispositions visant à rendre le citoyen entièrement responsable de son sort. Cette évolution est applicable dans tous les champs traditionnels de la protection sociale : santé, retraite, chômage. En matière de santé, le droit au soin devient conditionné par le comportement individuel (mode de vie, de consommation – tabac, alcool –, etc.) ; en matière de pensions de retraite, chacun devient "libre de s'assurer" auprès d'un fonds de pension privé… » (141). À la transformation du service public en des services "au" public, s'ajoute alors la transformation des services "au" public en des services "à la personne" (142). Or dans ce cas, l'idée d'efficacité sociale perd de son sens.

Il est alors paradoxal de penser que les nouvelles demandes sociales se fonderaient sur une demande d'efficacité formulée par des usagers qui se poseraient désormais en "clients"(143). Car il a été remarqué que « traiter le citoyen comme un simple client est une attitude déresponsabilisante pour tous, notamment dans la mesure où l'utilisateur du service public attend plus qu'un service et demande de la relation… le citoyen a besoin de dialogue » (144). De plus, la notion même de service public

(140) G. Koubi, « Droits de l'homme et droits de la personne… », *Rev. Int. psychosocio.*, 2001, n° 15, p. 35, *op. cit.*

(141) F.-X. Merrien, « Les figures de l'État Providence – L'État Providence entre marché et service public », *in* S. Decreton (dir.), *Service public et lien social*, L'Harmattan, coll. Logiques juridiques, 1999, p. 152-153.

(142) G. Koubi, « La dégénérescence du service public : du service "au" public au service "rendu à la personne" », *Dr. ouvr.*, avr. 2008, p. 167.

(143) C. Martinand, « Introduction », *in* Commissariat général du Plan (rapport), *La régulation des services publics – concilier équité et efficacité*, ASPE/Eska, 1995, p. 15.

(144) P. Zemor, *Le sens de la relation*…, La Doc. fr., 1992, *op. cit.* p. 23.

suppose une conscience par l'usager qu'il est acteur de sa propre prestation, qu'il participe à une œuvre commune.

1380 Les objectifs principaux auxquels s'attache la notion d'efficacité sociale dans le droit français du service public demeurent de maintenir la fonction de solidarité du service public, de contribuer au renforcement des liens entre les administrés par la redistribution des services sur le territoire, de donner sens à la notion d'accessibilité en termes d'intérêt collectif. Le service public doit être accessible à tous, sans distinction de ressources, dans des conditions normales de fonctionnement pour tous et partout sur le territoire. Ainsi que le rappelle J. Leca, « l'administration ne peut fonctionner en servant le *self interest* de ceux qui le payent (les contribuables), mais l'intérêt public de l'ensemble des citoyens. Les citoyens-contribuables ne sont pas les actionnaires de l'administration et l'ensemble du public ne constitue pas son marché » (145).

1381 Ainsi, quelle que soit la dimension examinée, « il n'existe pas d'obligation d'efficacité » proprement dite (146). En dépit des tonalités de différents discours politiques, les services publics ne sont pas, en soi, tenus à une obligation de résultat quant à la prestation donnée. Cette analyse trouve cependant ses limites quand, outre des cas particuliers qui font état de normes techniques spécifiques, sont en jeu des normes de sécurité, ce qui invite à étudier les exigences d'un droit des usagers au bon fonctionnement du service.

S/SECTION II — LA SÉCURITÉ DANS LE FONCTIONNEMENT DU SERVICE PUBLIC

1382 L'idée de sécurité en droit du service public ne rejoint ni celle de « sécurité économique » (147), ni celle de « sécurité juridique ». Elle n'est pas non plus impliquée dans le cadre des « mesures sécuritaires » qui se rapportent directement à des pratiques policières.

Sur ce dernier point, l'annexe à la loi n° 2011-267 du 14 mars 2011 d'orientation et de programmation pour la performance de la sécurité intérieure (148) introduit une autre problématique. Le « Rapport sur les objectifs et les moyens de la sécurité intérieure à horizon 2013 – La sécurité partout et pour tous » qui la compose implique tous les services publics. Il s'agit, en effet, de « mobiliser l'ensemble des ressources au sein de territoires aux périmètres redéfinis et de mettre en cohérence les différentes réponses à apporter, qu'elles soient préventives, dissuasives ou répressives. L'approche globale des problématiques de sécurité induit, nécessairement, une politique transversale et partenariale ». L'absence de toute référence explicite à la notion de ser-

(145) J. Leca, « L'administration entre productivité et partenariat », *in* C. Join-Lambert (dir.), *L'État moderne et l'administration*, LGDJ, coll. Systèmes, 1994, p. 35.

(146) A.-S. Mescheriakoff, *Droit des services publics*, PUF, coll. Droit fondamental, 1997, p. 189.

(147) En tant que celle-ci demeure liée à la problématique de la compétitivité : v. par ex. le rapport au président de la République relatif au D. n° 95-350 du 1er avr. 1995 portant création d'un comité pour la compétitivité et la sécurité économique, *JO* 4 avr. 1995, p. 5375.

(148) *JO* 15 mars 2011. Pour une analyse réaliste : P. Conte, « Loppsi 2 ou la sécurité à la petite semaine », *JCP G* 2011, 1047.

vice public doit alors être relevée. Cette tendance avait déjà été relevée en ce que « le périmètre des services dits "régaliens", censés relever de l'essence même de l'État, est entouré d'une incertitude nouvelle : une décomposition plus fine des différentes facettes de la lutte contre la délinquance a ainsi conduit partout à l'apparition d'un véritable marché de la sécurité privée, afin de faire face à la délinquance de prédation et d'assurer la sécurité des personnes. Le périmètre des services publics devient ainsi plus flou et plus instable » (149).

L'idée de sécurité juridique est généralement énoncée, face à la multiplication des sources du droit et au foisonnement des textes, selon une volonté d'appréhension de la complexité du droit et de restauration de la norme juridique applicable. Évidemment, elle n'est pas totalement détachée des raisonnements accompagnant l'évolution du droit du service public. En 2005, le Conseil d'État, dans ses *considérations générales* sur le thème de la sécurité juridique et de la complexité du droit, évoque, en effet, parmi les « contraintes objectives » qui suscitent cette complexification du droit « dans le domaine économique », « la *libéralisation de secteurs* entiers tels le transport, les télécommunications, bientôt l'énergie », appelant « la fixation des règles de conduite des opérateurs dans des domaines par nature techniques et évolutifs » et justifiant « l'apparition d'un nouveau type de régulation caractérisé par de constantes adaptations » (150). La référence au droit européen, développée par la suite dans ce rapport, puis la signalisation particulière des coopérations européennes en matière d'affaires intérieures (contrôle aux frontières) et de justice accentuent alors la liaison entre l'idée de sécurité propre au service public et la notion de sécurité juridique.

Cependant, la problématique de la sécurité juridique n'est pas développée en considération du service public. Elle se comprend *a priori* au travers de l'objectif constitutionnel de l'accessibilité et de l'intelligibilité de la loi (151), par rapport au constat récurrent d'un droit incompréhensible et instable tant pour le citoyen, l'administré, l'usager (152) que pour les opérateurs économiques, sans oublier les difficultés rencontrées par les juges face aux conflits de normes.

1383 La sécurité juridique, désormais comprise comme un principe général du droit par la majorité de la doctrine de droit administratif (153), est conçue comme assurant aux citoyens que les normes, législatives ou réglementaires, soient prévisibles, lisibles et

(149) J. Chevallier, « Les nouvelles frontières du service public », *Regards sur l'économie,* 2007/2, *op. cit.* p. 20.

(150) Conseil d'État (rapport public), « Sécurité juridique et complexité du droit », *EDCE* 2006, p. 233.

(151) CC, 16 déc. 1999, n° 99-421 DC, L. portant habilitation du gouvernement à procéder, par ordonnances, à l'adoption de la partie législative de certains codes, *Rec.* p. 136 ; CC, 29 déc. 2005, n° 2005-530 DC, L. de finances pour 2006, *Rec.* p. 168, *LPA*, 2006, n° 10, p. 4, note Mathieu, *LPA*, 2006, n° 117, p. 12, note Valembois.

(152) Conseil d'État (Rapport public), « De la sécurité juridique », *EDCE* 1991, n° 43, p. 13.

(153) En tant qu'il « incombe à l'autorité investie du pouvoir réglementaire d'édicter, pour des motifs de sécurité juridique, les mesures transitoires qu'implique, s'il y a lieu, une réglementation nouvelle » : CE ass. 24 mars 2006, req. 288460, 288465, 288474, 288485, Sté KPMG, Sté Ernst & Young Audit et autres. L'institution du principe trouvait plus certainement sa source dans l'intitulé du communiqué de presse du Conseil d'État à propos de cette décision « Le Conseil d'État consacre solennellement le principe de sécurité juridique » (http://www.conseil-etat.fr/ce/actual/index_ac_lc0607.shtml), que dans la décision elle-même. V. aussi, en regard des effets de la modulation dans le temps des annulations contentieuses : CE, 12 déc. 2007, Sire, *AJDA* 2008, p. 641, concl. Guyomar ; *RDP* 2009, p. 1517 note Bottini.

compréhensibles au sein du système juridique. Sans s'abstraire de cette dynamique nouvelle qui renvoie à la compréhension du principe de légalité en droit administratif, la notion de sécurité, plus contingente en droit du service public, y prend aussi une dimension à la fois plus concrète et plus exigeante.

En effet, dans ce cadre, la sécurité se comprend comme l'ensemble des conditions matérielles, économiques et sociales suscitant chez les usagers la confiance en le service. Elles sont destinées à les assurer d'une tranquillité dans l'usage du service, en leur garantissant son bon fonctionnement. L'article L. 311-3 du Code de l'action sociale et des familles énonce ainsi que « l'exercice des droits et libertés individuels est garanti à toute personne prise en charge par des établissements et services sociaux et médico-sociaux. Dans le respect des dispositions législatives et réglementaires en vigueur, lui sont assurés :/1° Le respect de sa dignité, de son intégrité, de sa vie privée, de son intimité et de sa sécurité… ».

D'ailleurs, dans nombre de dispositions relatives aux obligations de service public qui peuvent être définies à l'endroit des établissements publics et des opérateurs privés, outre la continuité, la neutralité du service, l'égalité de traitement des usagers, est ajouté le respect de certaines prescriptions en matière de sécurité (154). Cette exigence est souvent rappelée pour la plupart des ouvrages techniques et équipements nécessaires au fonctionnement des services publics (155) comme en matière de soins dans les établissements publics hospitaliers, dans les établissements publics d'enseignement professionnel ou ceux en rapport avec l'exercice des activités sportives dans les services publics locaux (piscines et stades).

1384 La notion de sécurité n'est pas nouvelle dans le droit du service public (§ 1). Déjà, dans l'arrêt du 21 mars 1910 *Compagnie générale française des tramways* (156), le Conseil d'État avait noté que l'autorité administrative disposait du droit « non seulement d'approuver les horaires des trains au point de vue de la sécurité et de la commodité de la circulation, mais encore de prescrire les modifications et les additions nécessaires pour assurer, dans l'intérêt du public, la marche normale du service ». En fait, la notion de sécurité renvoie aussi à la notion d'efficacité sociale en ce que la garantie de la prestation repose sur la satisfaction des usagers (§ 2).

(154) V. par ex. C. des transports, art. L 2111-9 : « Compte tenu des *impératifs de sécurité* et de continuité du service public, la gestion du trafic et des circulations sur le réseau ferré national ainsi que le fonctionnement et l'entretien des installations techniques et de sécurité de ce réseau sont assurés par la SNCF pour le compte et selon les objectifs et principes de gestion définis par Réseau ferré de France qui la rémunère à cet effet ».

(155) Notamment en relation avec les dispositions du C. urb., art. L. 146-8, al. 1 : « Les installations, constructions, aménagements de nouvelles routes et ouvrages nécessaires à la sécurité maritime et aérienne, à la défense nationale, à la sécurité civile et ceux nécessaires au fonctionnement des aérodromes et des services publics portuaires autres que les ports de plaisance ne sont pas soumis aux dispositions du présent chapitre lorsque leur localisation répond à une nécessité technique impérative » ; art. L. 443-2, al. 1 : « Dans les zones soumises à un risque naturel ou technologique prévisible, définies par le préfet de département, l'autorité compétente pour délivrer les autorisations d'aménagement de terrains de camping et de stationnement de caravanes fixe, après consultation du propriétaire et de l'exploitant et après avis motivé du préfet, les prescriptions d'information, d'alerte et d'évacuation permettant d'assurer la sécurité des occupants de ces terrains et le délai dans lequel elles devront être réalisées » ; et, dans la mesure où les remontées mécaniques constituent des services publics, art. L. 472-4 : « la mise en exploitation des remontées mécaniques est autorisée par l'autorité compétente en matière de permis de construire, après avis conforme du représentant de l'État dans le département au titre de la sécurité des installations et des aménagements de remontée ».

(156) *Rec.* p. 216.

§ 1. LA NOTION DE SÉCURITÉ ET LE SERVICE PUBLIC

1385 Différents services publics ont un objet et une activité concernant la sécurité des personnes et des biens, ou bien leurs fonctions et objectifs sont déterminés par la sécurité des techniques mises en œuvre : sécurité civile ou sécurité intérieure, sécurité aérienne ou sécurité ferroviaire, par exemple. Mais l'idée de sécurité reflète plus généralement celle d'un « droit à la sécurité » qui avait été évoqué par la jurisprudence à l'endroit des usagers, comme l'une des conditions de bon fonctionnement des services publics. Cette notion de sécurité prend aussi la dimension générale de garantie des droits des usagers, de leurs droits en tant que tels comme de leurs droits fondamentaux, et de leur droit à une « qualité de vie ».

Constitue un exemple de cette dynamique, l'article L. 3-2 du Code des Postes et communications électroniques en tant qu'il précise que : « Toute prestation de services postaux est soumise aux règles suivantes :/a) Garantir la sécurité des usagers, des personnels et des installations du prestataire de service ;/b) Garantir la confidentialité des envois de correspondance et l'intégrité de leur contenu ;/c) Assurer la protection des données à caractère personnel dont peuvent être dépositaires le prestataire du service universel ou les titulaires de l'autorisation prévue à l'article L. 3, ainsi que la protection de la vie privée des usagers de ces services ;/d) Être fournie dans les conditions techniques respectant l'objectif de préservation de l'environnement ;/e) Mettre en place des procédures simples, transparentes et gratuites de traitement des réclamations et respecter les intérêts des usagers au regard des obligations fixées à l'article L. 7 ;/f) Garantir l'accès aux services et aux installations aux personnes handicapées [...] ;/g) Respecter les obligations légales et conventionnelles applicables en matière de droit du travail et la législation de sécurité sociale en vigueur, sans préjudice des dispositions spécifiques applicables aux personnels ayant, le cas échéant, le statut de fonctionnaire ;/h) Respecter l'ordre public et les obligations liées à la défense nationale. ». Dans chacune de ces précisions, suivant ses diverses acceptions, la notion de sécurité est sous-jacente.

1386 Néanmoins, c'est en matière de transport des personnes que le principe de sécurité, en passe de se présenter comme une condition essentielle du service, a été le plus remarqué. Très tôt, il a conduit à imposer une obligation de résultat à l'organisme assurant un service de transport public de voyageurs, que cet organisme soit de nature publique ou privée (157). La question de la sécurité a ensuite été largement traitée par les textes (158). Elle l'a été aussi bien pour les activités de transport maritime, notamment pour les missions de service public constituant en des liaisons entre îles et continent (159)

(157) Cass. civ., 8 oct. 1968, *D.* 1969, p. 157, note Mazeaud, *Gaz. Pal.* 1968, 1, p. 361, note Rabinovitch; Cass. civ. 1re, 11 mars 1986, *Bull. civ.* I, n° 65.

(158) V. en dernier lieu, L. n° 2006-10 du 5 janv. 2006 relative à la sécurité et au développement des transports, *JO* 6 janv. 2006, p. 217. Pour l'anecdote, du fait de cette même loi (art. 19), les mots « mêmes principes » contenus dans l'art. 18 de la L. du 30 déc. 1982 d'orientation des transports intérieurs (*JO* 31 déc. 1982, p. 4004) ont été remplacés par « principes du service public ».

(159) CE, 30 juin 2004, req. 250124, Département de la Vendée c. Soc. Vedettes Inter-Iles Vendéennes : La desserte de l'île d'Yeu est considérée comme une mission de service public « qui implique des traversées régulières toute l'année et par tous temps » ; or, « la longueur limitée du ponton flottant rend techniquement difficile et, en tout état de cause, dangereux pour la *sécurité des opérations d'embarquement et de débarquement des passagers* compte tenu de la taille des bateaux concernés, l'accostage simultané de deux unités rapides » ; ainsi, pour le juge « le président du

que pour les activités de transport ferroviaire et bien sûr pour tout ce qui concerne les services de transport aérien, du moins en tant qu'ils relèvent d'activités de service public gérées sous le contrôle d'une personne publique.

1387 Deux approches différentes sont perceptibles en ce qui concerne l'introduction de la sécurité dans les indices de satisfaction des usagers et dans les obligations de fonctionnement du service public. L'une découle des politiques visant au redéploiement des activités publiques dans les zones défavorisées, désertifiées ou dégradées (160) relevant d'actions de police nationale ; l'autre dérive d'une approche de l'usager comme « consommateur final ».

Dans cette perspective, il s'agit d'assurer le « client » de l'innocuité des « produits » que sont devenus les prestations de service et les biens qui lui sont alors fournis. Le respect des normes de sécurité, des normes techniques, s'impose aux prestataires du service public. Les services publics ne peuvent pas, en effet, être exclus du champ de la normalisation technique. Les développements du droit de la consommation à propos de la sécurité des biens et des produits, et les redéploiements des mécanismes de responsabilité qui en découlent concernant les produits, défectueux ou dangereux s'appliquent aussi aux activités de service public.

1388 Toutefois, la pertinence de ce modèle ne saurait être complète. L'adoption de cette analyse de la prestation comme fourniture d'un bien ou d'un produit ne peut pas faire oublier son insertion dans une activité d'intérêt général répondant à un besoin collectif. Par exemple, les obligations de diligence des élus locaux ou des chefs d'établissements investis de missions de service public se rapprochent plutôt des préoccupations relatives à la nature profonde du service public. Sont ainsi discernées par le juge pénal des obligations de sécurité par rapport auxquelles les manquements s'apprécient au regard des « diligences normales compte tenu de ses compétences, du pouvoir et des moyens dont [ils disposaient], ainsi que des difficultés propres aux missions » confiées (161). Tout opérateur ou prestataire peut être amené à répondre pénalement d'incidents ou accidents qui pourraient survenir du fait des installations ou des activités d'un service public donné.

Les activités des « services de sécurité civile » ne sont concernées par la dynamique intrinsèque à la notion qu'en tant qu'elles doivent répondre aux alertes et user de moyens adaptés. L'article L. 1424-7 du CGCT évoque la composition « d'un schéma départemental d'analyse et de couverture des risques [qui] dresse l'inventaire des risques de toute nature pour la sécurité des personnes et des biens auxquels doivent faire face les services d'incendie et de secours dans le département, et détermine les objectifs de couverture de ces risques par ceux-ci ». Car le service départemental d'incendie et de secours, comme les centres d'incendie et de secours qui relèvent des communes

conseil général a pu, sans porter d'atteinte excessive au principe de la liberté du commerce et de l'industrie, ni méconnaître les règles de concurrence ainsi que l'égalité de traitement entre armateurs, apporter à la régie départementale l'appui nécessaire à l'exploitation du service public dont elle est chargée en faisant bénéficier la seule unité rapide de la régie de la possibilité d'un stationnement prolongé sur le ponton flottant au cours des périodes de marée basse pendant lesquelles cette unité ne peut, compte tenu de son tirant d'eau, passer dans le chenal d'accès et en interdisant, pendant ce stationnement prolongé, toute possibilité d'accostage d'une unité rapide appartenant à la compagnie V.I.I.V… ».

(160) V. F. Dieu, *Politiques publiques de sécurité*, L'Harmattan, coll. Sécurité et société, 1999.

(161) CGCT, art. L. 2123-34, al. 1 (art. L. 3123-28 pour le département et L. 4135-28 pour la région).

ou des établissements publics de coopération intercommunale, a surtout des missions de prévention qui, non remplies, peuvent conduire à des sanctions (162).

1389 Au-delà de l'obligation de respect des normes de sécurité, souvent intégrées dans les normes de qualité, aussi bien des bâtiments que des services, la question de la sécurité du service public entretient une confusion permanente entre sécurité technique et sécurité publique, civile ou intérieure (163). Pourtant, ces deux acceptions peuvent être d'effets contraires : la sécurité publique peut induire certaines atteintes à la sécurité technique et inversement. Mais lorsque la question de la sécurité du service public est posée, cette distinction n'apparaît plus pertinente. De fait, la sécurité relève des conduites des agents comme de celles des usagers, des formes régulières de distribution de la prestation comme de ses dysfonctionnements.

En matière de droit du service public, la sécurité n'a donc pas à être qualifiée à chaque fois. Elle n'a pas non plus à être fragmentée : la sécurité des équipements et des matériels peut être une des conditions de la sécurité dans la délivrance de la prestation de service public. C'est le cas dans les services en réseau comme l'énergie, le gaz, électricité, ou encore le transport ferroviaire, ainsi que dans le cadre de l'enseignement dans les lycées techniques (164). Elle peut alors être énoncée sous la forme d'un principe de fonctionnement mais, plus valablement, elle doit être comprise comme une condition « normale » de fonctionnement du service, au vu de récents développements de la jurisprudence administrative, notamment en matière de responsabilité de la puissance publique.

1390 Ainsi, dans les établissements publics d'enseignement, cette exigence de sécurité est, de la même manière, énoncée envers les usagers (165), élèves ou enseignants. En ce qui concerne le service de l'éducation, notamment les enseignements de gymnastique, les circulaires administratives et notes de service ont soulevé le problème : « Certes, l'objectif d'une sécurité absolue pendant la pratique des activités physiques et sportives est hors de portée mais le juge requiert des enseignants qu'ils gèrent cette notion de sécurité dans la pratique des activités enseignées “en bon père de famille”, c'est-à-dire selon une norme communément admise, susceptible d'évoluer en fonction de la variation des exigences sociales. Cette “norme” est, par définition, empirique et relative et ouvre le champ à l'appréciation jurisprudentielle » (166).

Certaines recommandations de sécurité, tirées de l'analyse du contentieux suscité par les accidents survenus pendant le cours d'éducation physique et sportive invitent à tenir compte des conditions matérielles (état des équipements et organisation des lieux) et du caractère dangereux ou non des activités enseignées (167). Mais, « compte

(162) L'art. L. 1424-6 CGCT prévoit qu'en cas de difficultés de fonctionnement, donc lors de dysfonctionnements, du corps départemental du service d'incendie et de secours, le ministre de l'intérieur peut en prononcer la dissolution.

(163) V. cependant, E. PECHILLON, *Sécurité et droit du service public pénitentiaire*, LGDJ, Bibl. droit public, 2000.

(164) CAA Paris, 7 mai 2002, n° 00PA01663, Lycée polyvalent Jules Verne, *AJDA* 2002, p. 1082 (confirmation du refus par l'inspecteur du travail d'autoriser l'utilisation par les élèves de certaines machines-outils).

(165) CE, 20 oct. 1999, req. 181486, Min. de l'Éducation nationale c. M. Mme Ait Ahmad, *D*. 2000, jur., p. 251, concl. Schwartz ; *JCP* 2000, II, 10306, note Guglielmi et Koubi.

(166) Note de service n° 94-116 du 9 mars 1994, Sécurité des élèves. Pratiques des activités physiques scolaires, *BOEN*, n° 11, 17 mars 1994.

(167) Notamment pour ce qui concerne l'enseignement de la natation.

tenu de la multiplicité des éléments qui interviennent, l'hypothèse d'un accident ne peut être totalement écartée » (168). En ce qui concerne les conditions matérielles du cours, et plus particulièrement de l'état des équipements, dans le cas où il constate une défectuosité du matériel, « l'enseignant doit faire une notification écrite au chef d'établissement qui, en tout état de cause, veillera à sa remise en état pour permettre, à nouveau, son utilisation » (169). Les instructions données aux élèves par l'enseignant révèlent une nécessaire participation des usagers à l'application d'une règle de sécurité, « particulièrement en vue de la manipulation d'objets susceptibles de blesser, tels que le javelot, le poids, le disque ». Comme la notion de « dangerosité » est toujours appréciée dans son propre contexte, « les considérations de coût doivent céder le pas devant la sauvegarde de l'intégrité physique des élèves, car chacun sait les conséquences et les handicaps que certains accidents entraînent » (170). En matière de sécurité, la question financière et celle de l'efficacité économique et de la rentabilité du service public n'ont donc pas lieu d'être posées.

1391 Les mêmes enseignements peuvent être tirés de la jurisprudence relative aux « plages », qui sont le support d'un service public balnéaire pouvant être délégué. Ainsi, dans une décision du 8 juin 2005, *Commune de Ramatuelle*, le juge a pu, incidemment, signaler l'importance du « service public attaché à la sécurité et la salubrité de la baignade » (171). La même remarque peut être faite quand, à propos de la passation des conventions d'exploitation d'une plage, le juge a justifié ainsi l'inscription de certaines obligations : « le concessionnaire chargé de l'équipement, de l'entretien et de l'exploitation de la plage, doit également veiller à la salubrité de la baignade et au respect des mesures destinées à assurer la sécurité des usagers » (172).

Les éléments relatifs à la sécurité concernent toutes les installations nécessaires à une activité de service public, comme cette activité elle-même, et fondent à la fois les obligations d'entretien qui incombent aux collectivités et organismes prestataires de services, et les responsabilités qui en résultent.

1392 Par ailleurs, ce principe de sécurité reproduit un principe de responsabilité tel qu'il était évoqué dans la circulaire du 26 juillet 1995 relative à la préparation et à la mise en œuvre de la réforme de l'État et du service public (173) dont les termes

(168) Circ. n° 2004-138 du 13 juill. 2004 relative aux risques particuliers à l'enseignement de l'EPS et au sport scolaire, *BOEN*, n° 32, 9 sept. 2004.

(169) Quelques exemples de configurations dangereuses « par nature » et, par conséquent, à proscrire sont présentés dans la note de service de 1994 et attirent l'attention sur les obligations de surveillance et d'entretien, entre autres : « en natation, un bassin, dont la hauteur d'eau était insuffisante, n'était pas adapté à des exercices de plongeon ; en athlétisme, une course de vitesse organisée en gymnase, dont la ligne d'arrivée se situait à deux mètres d'une cloison vitrée, constituait un cadre dangereux ; en gymnastique, les tapis de réception doivent couvrir une surface plus que suffisante, pour parer aux dangers occasionnés par des trajectoires mal maîtrisées ; en ateliers, toutes les dispositions doivent être prévues pour que le déroulement des activités pratiquées dans un atelier ne soit pas préjudiciable au fonctionnement, en toute sécurité, d'un autre atelier ».

(170) Note de service n° 94-116 du 9 mars 1994, *préc.*

(171) CE, 8 juin 2005, M. Tomaselli, Commune de Ramatuelle, *BJDCP* sept. 2005, p. 381 concl. Boulouis ; *AJDA* 2005, p. 1686, note Dreyfus ; *Dr. adm.* 2005, comm. n° 134, Ménéménis. V. cependant, D. n° 2006-608 du 26 mai 2006 relatif aux concessions de plage, *JO* 28 mai 2006, p. 7981, comm. Maugüé, *AJDA* 2006, p. 1496.

(172) CE, 21 juin 2000, SARL Plage « Chez Joseph », p. 282 ; *RFDA* 2000, p. 797, concl. Bergeal.

(173) Circ. dite « Juppé », *JO* 28 juill. 1995, p. 11216.

n'ont pas été explicités. La notion de responsabilité si elle renvoie aux mécanismes d'engagement de la responsabilité des personnes investies de missions de service public, peut aussi bien concerner la recherche d'une optimisation de la responsabilisation des décideurs publics (174) que le redéploiement des méthodes de sensibilisation des usagers aux problèmes techniques et aux moyens humains dont disposent les services publics. Aujourd'hui, la liaison entretenue entre le thème de la sécurité et celui de la responsabilité renvoie implicitement à l'une des dimensions du principe de précaution.

1393 Enfin, outre le thème particulier de la sécurité et son prolongement relatif à la responsabilité, ces différents aspects du fonctionnement d'un service public sont tous inéluctablement liés, combinés et associés. Ils relèvent tous ensemble de ces renversements de perspectives que la notion de « marché » a introduits dans le système de droit. Cependant, ce modèle marchand des rapports sociaux s'accompagne d'une définition restreinte de la prestation de service universel et ne trouve pas de traduction en termes de sources du droit. Il n'est pas entériné d'emblée dans le droit du service public français. Les notions de qualité, d'efficacité, d'accessibilité, de simplicité ne peuvent donc pas constituer, malgré le souhait des instances européennes, de « nouveaux principes de fonctionnement du service public ». En effet, « le marché est naturellement indifférent aux objectifs de solidarité. Parce qu'il est sous-tendu par l'intérêt général, le service public a nécessairement une dimension sociale. C'est pourquoi il doit évoluer vers plus de qualité et de diversité, sans obérer, pour autant ce pourquoi il est institué : l'intérêt collectif » (175).

§ 2. SERVICE PUBLIC, SÉCURITÉ ET PRINCIPE DE PRÉCAUTION

1394 **Bibliographie :** P. Kourilsky, G. Viney, *Le principe de précaution*, rapport au Premier ministre, La Doc. fr. et Odile Jacob, 2000 ; F. Ewald, N. de Sadeleer, C. Gollier, *Le principe de précaution,* PUF, Que sais-je ?, 2001 ; J.-C. Boual, P. Brachet (dir.), *Service public et principe de précaution*, L'Harmattan, 2003 ; A. Gossement, *Le principe de précaution. Essai sur l'incidence de l'incertitude scientifique sur la décision et la responsabilité publiques*, L'Harmattan, coll. Logiques juridiques, 2003 ; A. Larceneux, M. Boutelet (dir.), *Le Principe de précaution*, Éd. univ. Dijon, 2005 ; S. Renard, *L'ordre public sanitaire (Étude de droit public interne),* th. droit, Rennes-I, 2008.

L. Boy, « La référence au principe de précaution et l'émergence de nouveaux modes de régulation », *LPA* 1997, n° 4, p. 4 ; J.-S. Cayla, « Le principe de précaution, fondement de la sécurité sanitaire », *RDSS* 1998, p. 491 ; M.-A. Hermitte, V. David, « Évaluation des risques et principe de précaution », *LPA* 2000, n° 239, p. 13 ; A. Rouyère, « L'exigence de précaution saisie par le juge », *RFDA* 2000, p. 266 ; N. De Sadeleer, « Les avatars du principe de précaution en droit public, effet de mode ou révolution silencieuse ? », *RFDA* 2001, p. 547 ; J.-M. Favret, « Le principe de précaution ou la prise en compte par le droit de l'incertitude scientifique et du risque virtuel », *D.* 2001, chron. p. 3462 ; Z. Oloumi, « Vers un nouveau principe général du droit : Le respect du principe de précaution ? », www.rajf.org – *Revue de l'Actualité Juridique Française*, juin 2004 ; M. Franc, « Traitement juridique du risque et principe de précaution », *AJDA* 2003, p. 360 ; C. Castaing, « La mise en œuvre du principe de précaution dans le cadre du référé-suspension », *AJDA* 2003, p. 2290 ; S. Perdu,

(174) D. Bourcier, G. Koubi, « Responsabilisation des décideurs et systèmes d'information, un nouveau critère de performance ? », *AJDA* 1999, p. 3.

(175) Commissariat général du Plan (rapport), *La régulation des services publics – concilier équité et efficacité*, ASPE/Eska, 1995, p. 73.

« Le juge administratif et la protection des consommateurs », *AJDA* 2004, p. 481 ; M. PRIEUR, « Les nouveaux droits », *AJDA* 2005, p. 1157.

1395 Vu l'importance que prennent les fonctions de l'aménagement du territoire dans le droit du service public, un renvoi à la notion de « développement durable » aurait dû apparaître comme inévitable. Cependant, bien que cette notion se diffuse à l'ensemble des actions et activités publiques et privées dans un contexte de globalisation, elle a tardé à produire des conséquences juridiques spécifiques indépendantes des discours politiques, subissant ainsi autant d'avancées que de reculs. Il en est tout autrement du « principe de précaution », qui, en dépit des réticences qu'il suscite et de ses ambiguïtés, accroît son amplitude, notamment dans l'appréhension de la notion de sécurité dans les services publics, depuis le début du XXIe siècle. Il viendrait tout autant à l'appui de la recherche du « risque zéro » engagée par les pouvoirs publics sous un label sécuritaire et conduisant à une aggravation des peines lors d'infractions diverses qu'à la perception des « risques financiers » (176). Ces deux perspectives ne sont pas sans liens avec le service public, cependant, dans ces cadres, la problématique des risques renvoie plus sûrement aux régimes de responsabilité administrative qu'à une saisie, même modérée, du principe de précaution.

1396 Nombreux sont les développements sur le principe de précaution, l'évaluation et la gestion des risques, ou les références à sa mise en œuvre par diverses agences (177), instituts ou commissions de veille ou de vigilance (178) auprès de certains ministères. Peu d'études ont été menées sur le rapport spécifique entre le service public et ce principe (179).

Des rappels relatifs au traitement donné par le juge administratif aux dispositions législatives régissant les obligations du maire en matière de police administrative ont permis de tracer certaines orientations en ce domaine. Car si « la police municipale a pour objet d'assurer le bon ordre, la sûreté, la sécurité et la salubrité publiques », elle comprend notamment « le soin de prévenir, par des précautions convenables, et de faire cesser, par la distribution des secours nécessaires, les accidents et les fléaux calamiteux ainsi que les pollutions de toute nature, tels que les incendies, les inondations, les ruptures de digues, les éboulements de terre ou de rochers, les avalanches ou autres accidents naturels, les maladies épidémiques ou contagieuses, les épizooties, de pourvoir

(176) V. S.-J. LIEBER, D. BOTTEGHI, « L'autorité de police face à la prévention des risques », *AJDA* 2009, p. 1824.

(177) Par ex., l'Agence française de sécurité sanitaire des aliments, établissement public de l'État, qui « dans le but d'assurer la protection de la santé humaine, […] a pour mission de contribuer à assurer la sécurité sanitaire dans le domaine de l'alimentation, depuis la production des matières premières jusqu'à la distribution au consommateur final. Elle évalue les risques sanitaires et nutritionnels que peuvent présenter les aliments destinés à l'homme ou aux animaux… » (C. santé publ., art. n/L. 1323-1) ou l'Agence française de sécurité sanitaire de l'environnement et du travail, également définie comme un établissement public de l'État, qui « a pour mission de contribuer à assurer la sécurité sanitaire dans les domaines de l'environnement et du travail et d'évaluer les risques sanitaires qu'ils peuvent comporter » (C. santé publ., art. n/L. 1336-1).

(178) Comme, par ex., l'Institut de veille sanitaire, établissement public de l'État, qui est chargé, en vertu de l'art. n/L. L1413-2 « / a) de rassembler, analyser et actualiser les connaissances sur les risques sanitaires, leurs causes et leur évolution ;/ b) de détecter de manière prospective les facteurs de risque susceptibles de modifier ou d'altérer la santé de la population ou de certaines de ses composantes, de manière soudaine ou diffuse ;/ c) d'étudier et de répertorier, pour chaque type de risque, les populations les plus fragiles ou menacées ».

(179) À l'exception, à notre connaissance, de J.-C. BOUAL, P. BRACHET (dir.), *Service public et principe de précaution*, L'Harmattan, 2003.

d'urgence à toutes les mesures d'assistance et de secours et, s'il y a lieu, de provoquer l'intervention de l'administration » (180). Ces formules laissent ainsi à penser que, dans les conditions de fonctionnement du service public (181), la sécurité s'allie à la compréhension raisonnée du principe de précaution (182). En effet, le principe de précaution n'a pas pour effet de retarder l'adoption de mesures visant à prévenir un risque de dommages irréversibles, ni d'empêcher le fonctionnement d'un service public.

Dans cette optique, la force de ce principe qui a pour origine les interrogations éthiques sur les avancées de la science et prend principalement sa source dans des textes législatifs concernant la santé et l'environnement (183), reste à préciser.

1397 Le principe de précaution ne peut guère se définir. En quelque sorte, donner un contenu à ce principe est impossible puisque, précisément, il concerne des situations de risques affectées d'un tel taux d'incertitude qu'elles ne peuvent être formalisées (184). C'est en cela qu'il doit être distingué d'une obligation de prévention qui concerne un risque certain de dommage, même si prévention et précaution sont inévitablement associées (185).

À propos de l'installation d'antennes de station de base de téléphonie mobile sur le toit de bâtiments tels que maisons de retraite, crèches, écoles, hôpitaux, la difficulté a été résumée en ces termes : « la notion de risque est avant tout catégorielle : elle comprend le risque connu, le risque suspecté et le risque inconnu, ces catégories comportant elles-mêmes des sous-catégories prenant en compte des données plus précises : prévisibilité et imprévisibilité du risque, prévisibilité et imprévisibilité des conséquences, dont naturellement la gravité est elle-même variable. Juridiquement, ces notions correspondent à des régimes distincts. En résumé, le risque connu relève du principe de prévention, alors que le risque inconnu et le risque suspecté relèvent du principe de précaution » (186). Ce ne sont donc pas des risques connus qui doivent être évités ou corrigés mais des

(180) CGCT, art. L. 2212-2, 5°.

(181) En ne s'attardant pas, ici, sur les situations rencontrées par les personnels des services publics pas plus que sur les différentes collaborations menées avec le service public, telles les expertises.

(182) Lequel, cependant, ne se comprend pas sans référence au principe de responsabilité envers les générations futures (H. Jonas) et, surtout, à une pensée morale et déontologique.

(183) C. env., art. L. 110-1 II – 1° qui introduit dans les principes d'action « le principe de précaution, selon lequel l'absence de certitudes, compte tenu des connaissances scientifiques et techniques du moment, ne doit pas retarder l'adoption de mesures effectives et proportionnées visant à prévenir un risque de dommages graves et irréversibles à l'environnement à un coût économiquement acceptable ».

(184) P. Kourilsky, G. Viney, *Le principe de précaution*, La Doc. fr. et Odile Jacob, 2000, p. 13.

(185) Notamment dans le cadre des collectivités territoriales, V. par ex. L. Vatna, « La responsabilité des communes du fait des mesures de police visant la prévention des catastrophes naturelles », *AJDA* 2009 p. 628 ; P. Juen « Équipements ludiques et sportifs de proximité et responsabilité des collectivités territoriales », *JCP A* 2009, 2096.

(186) P. Binczak, note CE ord. réf., 22 août 2002, req. 245624, Soc. française du radiotéléphone (SFR) c. Commune de Vallauris, *AJDA* 2002, p. 1300. V. aussi, entre autres rapports, N. Curien, *Radiofréquences et santé*, Commission supérieure du Service public des Postes et Télécommunication (CSSPPT), déc. 2002. Les contestations contre des arrêtés municipaux interdisant l'installation d'antennes-relais dans leur commune autour de zones sensibles ont suscité un contentieux abondant. Soit « il n'apparaît pas que les installations de téléphonie mobile auraient des effets dits non thermiques dangereux pour la santé publique et que dans la limite de ces seuils, aucune des études réalisées ne met en évidence l'existence de dangers avérés pour l'organisme humain » (CAA Lyon, 17 juin 2004, n° 02LY02333, Commune de Dijon ; CE, 29 oct. 2003, req. 258245, Commune de Saint-Cyr-L'École), soit rien ne prouve que de tels risques sur la santé existent (CE ord. réf., 22 août 2002, req. 245624, Sté. française du radiotéléphone (SFR) c. Commune de Vallauris, *AJDA* 2002, p. 1300).

risques potentiels qui doivent être prévenus. Le juge administratif admet désormais l'intensité du principe et l'intègre, là, au droit de l'urbanisme mais il reste mesuré pour en tirer toutes les conséquences (187). Car le principe de précaution n'est pas un principe juridique en ce qu'il ne fournit ni des prescriptions ni des interdits sanctionnés par la loi, même s'il indique, à terme, des processus de mise en jeu des responsabilités.

1398 Le principe de précaution concerne plus particulièrement la prise de décision suivant une évaluation des risques dans des situations d'incertitude scientifique (188) et suppose ainsi un ensemble d'études préalables, mais il n'est pas totalement absent du choix des modes de gestion des services publics pas plus qu'il ne l'est des modalités de fonctionnement de ces services (189).

Car, plus que la décision à prendre, c'est le fonctionnement du service qui est en cause. Les usagers doivent en effet avoir la garantie que le service dont ils dépendent ou auquel ils s'adressent, tout autant que la prestation à laquelle ils sont soumis ou dont ils bénéficient, s'ils ne peuvent être totalement exempts de risques, sont d'une part fondés sur le respect des droits de l'homme, notamment quant aux problématiques du droit à la vie et à la santé (190), et d'autre part inoffensifs, en l'état des connaissances scientifiques ou techniques, ou en l'état des procédés mis en œuvre et des procédures appliquées (191).

La sécurité des prestations et des produits pour les consommateurs finals des services en réseau doit de plus être assurée au-delà de la seule situation individuelle de ces derniers, c'est-à-dire en tenant compte de l'environnement et de la qualité de vie. Le niveau de protection des uns (les usagers) et des autres (les tiers au service public considéré) repose ainsi sur l'évaluation préalable des risques pour la santé publique et pour l'environnement : des risques épidémiologiques (192) aux modes de propagation de certaines maladies (193), de la pollution proximale à la question globale du réchauffement climatique.

1399 L'insertion du principe de précaution dans le cadre du service public ne s'arrête pas à une évaluation scientifique des risques. Le principe intègre aussi, au-delà des impératifs économiques fondés sur le libre-échange, les aspects sociaux. La seule

■ (187) CE, 19 juill. 2010, req. 328687, Assoc. du quartier Les Hauts de Choiseul, *AJDA* 2010, p. 1453, p. 2114, note Dubrulle ; *Constitutions*, 2010 p. 611, note Carpentier, *RDI* 2010, p. 508, obs. Soler-Couteaux.

■ (188) Par ex. CE, 1er oc. 2001, req. 225008, Assoc. Greenpeace France c. Sté Coordination rurale Union nationale.

■ (189) Sans avoir à s'étendre sur la question, la jurisprudence relative aux défaillances des services de transfusion sanguine constitue l'une des bases de cette approche qui relie la connaissance des risques et la nécessité de la mesure à édicter en conséquence : la connaissance du risque est bien ici l'élément générateur de la responsabilité de l'État.

■ (190) V. L. De Graëve, « Le droit à la vie et l'administration pénitentiaire. Soumission du monde carcéral aux exigences du principe de prévention », *RFDA* 2009, p. 947.

■ (191) Mais les incertitudes demeurent…

■ (192) D'où l'importance accordée aux services de santé scolaire et universitaire et aux missions de l'Institut national de prévention et d'éducation pour la santé.

■ (193) Toutefois selon C. santé publ., art. L. 1422-1 : « les services municipaux de désinfection et les services communaux d'hygiène et de santé relèvent de la compétence des communes ou, le cas échéant, des groupements de communes, qui en assurent l'organisation et le financement, sous l'autorité du maire ou, le cas échéant, du président de l'établissement public de coopération intercommunale ».

sécurité des produits et des prestations au regard de la connaissance des risques, et la conscience des incertitudes quant aux risques (194), ne peuvent pas suffire dans la mesure où, justement, le service public doit contribuer au mieux vivre ensemble et au maintien du lien social.

La Charte de l'environnement de 2004 prévoit, dans son article 5, que : « Lorsque la réalisation d'un dommage, bien qu'incertaine en l'état des connaissances scientifiques, pourrait affecter de manière grave et irréversible l'environnement, les autorités publiques veillent, par application du principe de précaution et dans leurs domaines d'attributions, à la mise en œuvre de procédures d'évaluation des risques et à l'adoption de mesures provisoires et proportionnées afin de parer à la réalisation du dommage ». Certes, aucune référence n'est faite au service public, mais, du fait même que « ces dispositions, comme l'ensemble des droits et devoirs définis dans la Charte de l'environnement, ont valeur constitutionnelle… elles s'imposent aux pouvoirs publics et aux autorités administratives dans leur domaine de compétence respectif » (195). Tous les services publics se doivent donc d'en intégrer les données, quel que soit leur mode de gestion. Les développements de la jurisprudence administrative ont fait que la Charte de 2004 connaît une plus grande application, notamment quant au droit d'accéder aux informations relatives à l'environnement et au droit de participation à l'élaboration des décisions publiques ayant une incidence sur l'environnement, prévus à l'article 7. Toutefois, il est possible d'affirmer que « les dispositions de la Charte sont désormais directement invocables dans le cadre d'un recours pour excès de pouvoir contre des actes administratifs : ni le renvoi à la loi ni le caractère général ou imprécis des dispositions de la Charte ne font obstacle à leur invocation dans ce type de contentieux » (196). Dès lors, l'imprégnation du service public par le principe de précaution deviendrait incontournable, malgré ses applications différenciées.

1400 Adopter cette perspective est d'autant plus pertinent que le traitement des données scientifiques et techniques à la base des évaluations des risques et des indéterminations dépend, pour une part, d'organismes publics ou chargés de missions de service public, qu'il s'agisse des unités de recherches (INRA, INSERM, IREST) ou des labo-

(194) Encore que celle-ci est particulièrement dirimante dans le cadre des services publics de restauration collective, cantines scolaires ou administratives, quel que soit l'échelon local qui en a la charge. En effet, « l'évaluation du risque constitue la base scientifique de la réglementation alimentaire en matière de sécurité sanitaire » : v. Circ. min. Éducation nationale n° 2001-118 du 25 juin 2001 relative à la composition des repas servis en restauration scolaire et sécurité des aliments, *BOEN* n° 9, 28 juin 2001 ; Circ. intermin. du 9 sept. 2003 relative à l'accueil en collectivité des enfants et des adolescents atteints de troubles de la santé évoluant sur une longue période, *BOEN* 18 sept. 2003 n° 34 – encart.

(195) CC, 19 juin 2008, n° 2008-564 DC, L. relative aux organismes génétiquement modifiés, *Rec.* p. 313. Le Conseil constitutionnel qui avait affirmé que « le principe de précaution ne constitue pas un objectif de valeur constitutionnelle » (CC, 27 juin 2001, n° 2001-446 DC, L. relative à l'interruption volontaire de grossesse et à la contraception, *Rec.* p. 74) avait revu cette position depuis l'insertion de la Charte de l'environnement de 2004 en tête de la Constitution : CC, 28 avr. 2005, n° 2005-514 DC, L. relative à la création du registre international français, *Rec.* p. 87 ; CC, 7 juill. 2005, n° 2005-516 DC, L. de programme fixant les orientations de la politique énergétique, *Rec.* p. 102, la Charte était alors une norme de constitutionnalité « par référence ».

(196) L. Janicot, note CE ass., 3 oct. 2008, req. 297931, Commune d'Annecy, *RFDA* 2008 p. 1158 ; concl. Aguila, *RFDA* 2008 p. 1147 ; *JCP A* 2008, 2279, note Billet ; *LPA*, 2 déc. 2008 n° 241, p. 7 note Pissaloux ; *RDP* 2009, p. 450, note Carpentier.

ratoires rattachés au CNRS ou aux universités, de la météorologie nationale (197), de l'Agence française de sécurité sanitaire environnementale, etc. (198).

Certes, l'article 36 est le seul article de la loi n° 2010-788 du 12 juillet 2010 portant engagement national pour l'environnement qui fait directement référence au principe de précaution : « La réduction des atteintes à l'environnement contribue à l'amélioration de la santé publique et à la compétitivité des entreprises. La sobriété dans la consommation des matières premières, notamment par la prévention des pollutions et des déchets, fournit un élément essentiel d'une nouvelle économie. La mise en œuvre de cette politique sera fondée sur les principes de précaution, de substitution, de participation et de pollueur-payeur. La politique environnementale sera prise en compte comme une composante de la politique de santé dont le lien étroit avec l'environnement et la santé des écosystèmes sera reconnu ». Il vise cependant certaines activités d'intérêt général qui déterminent autant de services publics concernés, autour du concept de santé publique.

Les services publics qui semblent le plus devoir répondre à ce niveau multidimensionnel de sécurité, sont alors le service de distribution de l'eau potable (199), le service de traitement des déchets ménagers ou les services d'action sanitaire et sociale.

1401 Dans l'exemple du service d'enlèvement des ordures ménagères et du traitement des déchets ménagers (non industriels), le problème le plus fréquemment soulevé concerne la taxe d'enlèvement des ordures ménagères – instaurée dans le but de pourvoir aux dépenses des services d'enlèvement des déchets, donc sans rapport direct avec le service rendu – ou, plus rarement, la redevance générale d'enlèvement des ordures ménagères (200). Peu d'études rendent compte de l'impact que pourrait avoir l'application raisonnée du principe de précaution (201). Pourtant, cette question est généralement posée en ce qui concerne le traitement des déchets industriels, notamment en rapport avec la notion de « développement durable ».

À considérer les multiples dimensions du principe, plusieurs éléments devraient être pris en considération. L'obligation d'offrir le service par la collectivité territoriale ne peut pas se passer d'une mise en relation équilibrée entre le service rendu

(197) D. n° 93-861 du 18 juin 1993 portant création de l'établissement public Météo-France, *JO* 23 juin 1993 ; cet établissement public administratif placé sous la tutelle du ministre chargé des Transports « exerce les attributions de l'État en matière de sécurité météorologique des personnes et des biens. À ce titre, il assure, conformément aux dispositions réglementaires en vigueur et s'il y a lieu dans le cadre de conventions, la satisfaction des besoins exprimés, notamment par les services chargés en métropole et outre-mer de la sécurité civile, de la prévention des risques majeurs et de la sûreté nucléaire. Il exerce auprès de ces services un rôle d'expertise dans les domaines de sa compétence ». Il est, en outre, chargé de : « c) satisfaire les besoins en assistance météorologique nécessaire à la sécurité aéronautique ; d) contribuer au développement économique et à l'amélioration de la qualité de la vie en répondant aux besoins d'information des différents secteurs d'activités… ».

(198) V. M.-A. Hermitte, V. David, « Évaluation des risques et principe de précaution », *LPA*, 2000, n° 239, p. 17.

(199) V. par ex., S. Duroy, *La distribution d'eau potable en France. Contribution à l'étude d'un service public local*, LGDJ, Bibl. droit public, 1996. L'eau est « l'aliment » le plus normé, le plus contrôlé et le plus protégé en France.

(200) Lorsqu'elle est instituée, cette redevance recouvre aussi bien la collecte et le traitement des ordures ménagères que la collecte et le traitement de l'ensemble des déchets assimilés, tous collectés dans le cadre du service public.

(201) CAA Marseille, 24 janv. 2001, req. 08MA05093, Soc. SITA Sud ; CAA Bordeaux, 29 juin 2006, req. 02BX02599, Assoc. pour le respect des Bois du Roy et de leur environnement.

aux usagers, l'activité elle-même (ramassage des ordures ménagères et traitement des déchets (202)), et l'ensemble des nuisances qui peuvent découler de l'emplacement d'une décharge (odeurs, bruits). Ces questions devraient être envisagées du point de vue des riverains aussi bien que des différents risques de pollution atmosphérique ou de dégradation des sites (environnement naturel) (203).

Ces mêmes remarques peuvent être faites pour d'autres services publics, comme les services d'assainissement, notamment pour les stations d'épuration et d'écoulement des eaux usées et des boues (204), ou au regard des installations nécessaires à la distribution des sources d'énergie (électricité et gaz), aux services de communication (téléphonie, radiotélévision), etc.

1402 En fin de compte, la sécurité ne peut pas être présentée fondamentalement comme un principe de fonctionnement en droit du service public, et le « principe de précaution » vers lequel elle tend progressivement ne concerne pas spécifiquement le service public. La sécurité relève autant de l'ordre des contraintes objectives qui l'enserrent, au-delà des effets du principe d'adaptation, que de l'ordre des conditions de fonctionnement que l'autorité responsable du service public se doit de suivre pour garantir aux usagers le respect de chacun des principes, cardinaux ou additionnels, dans tout service public.

■ (202) V. par ex., circ. min. Écologie et développement durable du 25 juill. 2006 relative à l'application des D.s n° 2005-1472 du 29 nov. 2005 et n° 2005-1717 du 28 déc. 2005 modifiant respectivement les D.s n°s 96-1008 et 96-1009 du 18 nov. 1996 relatifs, d'une part, aux plans d'élimination des déchets ménagers et assimilés (PEDMA), d'autre part, aux plans d'élimination des déchets industriels spéciaux (PREDIS), *BO* n° 06/19 ; circ. intermin. du 8 déc. 2006 relative à la mise en conformité de la collecte et du traitement des eaux usées des communes soumises aux échéances des 31 déc. 1998, 2000 et 2005 en application de la dir. n° 91/271/CEE du 21 mai 1991 relative au traitement des eaux résiduaires urbaines, *JO* 20 janv. 2007.
■ (203) CE, 5 avr. 2002, Syndicat national des activités du déchet et autres, *Rec.* T. p. 583 ; CE, 30 oct. 1981, M. Morin, *Rec.* p. 395.
■ (204) V. par ex., D. n° 2006-503 du 2 mai 2006 relatif à la collecte et au traitement des eaux usées mentionnées aux articles L. 2224-8 et L. 2224-10 du CGCT, *JO* 4 mai 2006, p. 6604 ; arr. du 22 juin 2007 relatif à la collecte, au transport et au traitement des eaux usées des agglomérations d'assainissement ainsi qu'à la surveillance de leur fonctionnement et de leur efficacité, et aux dispositifs d'assainissement non collectif recevant une charge brute de pollution organique supérieure à 1,2 kg/j de DBO5, *JO* 14 juill. 2007.

TITRE 2

L'ACTIVITÉ DE SERVICE PUBLIC FACE À SES USAGERS

1403 Le service public n'a pas vraiment d'utilisateurs, il n'a pas non plus de clients, il s'adresse encore moins à des consommateurs. Il ne connaît que des « usagers », c'est-à-dire des personnes qui ont le droit de jouir et de bénéficier de la prestation offerte par le service et qui, pour ce faire, utilisent les installations matérielles du service (1).

L'idée de « client » qui est parfois énoncée à propos de ces personnes ne doit donc pas être exclusivement entendue dans un sens commercial. En effet, le « client » éventuel, potentiel, réel ou virtuel du service public n'est pas fondamentalement un « acheteur » du bien ou de la prestation. En fait, il n'a pas directement de rapports marchands avec le service puisque ces rapports ne naissent pas d'une relation purement commerciale. La prestation, le bien ou le produit qu'il reçoit sont soit la substance de certains de ses droits fondamentaux (droit à l'eau, à l'électricité), soit le principal moyen de jouissance (droit à l'éducation, à la culture) ou d'exercice de ces droits (droit à la qualité de vie, droit à un emploi, droit aux soins). Il n'est donc pas non plus consommateur de la prestation de service public.

S'il paye un prix, notamment dans le cadre des services publics industriels et commerciaux, la fixation de ce prix ne résulte pas strictement d'une étude de marché mais bel et bien d'une évaluation générale qui tient compte tant de l'état de besoins sociaux que des politiques publiques. Cette relation autour d'un service, dit « marchand » parce qu'inséré dans les mécanismes de la libre concurrence, ne saurait faire oublier que l'une des caractéristiques essentielles du service public est l'implication de l'usager qui, à la fois, concourt à la détermination de l'intérêt général qui le fonde et doit y apporter un concours minimal. L'individu utilise un service fourni par la collectivité à laquelle il appartient pour satisfaire ses besoins essentiels, il en use sans en priver autrui : là est la particularité de l'usager du service public.

(1) Cette perception initiale explique que la question des personnes ou organismes publics qui pourraient être eux-mêmes usagers ou utilisateurs d'un service public ne sera pas ici abordée.

1404 De même, l'organisme prestataire de services, s'il peut être considéré comme un « opérateur », ne se réduit en aucun cas en un négociant ou un vendeur ; il ne le devient éventuellement que pour les prestations de services complémentaires qui ne relèvent pas de ses obligations de service public. La référence à la notion d'intérêt général, inhérente à la perception du service public, empêche de penser la relation entre les personnes qui jouissent ou bénéficient de la prestation et les organismes dispensateurs de la prestation initiale, sous une forme purement marchande.

De fait, ce n'est pas le lien entre l'État et les services publics qui caractérise la nature de ce rapport entre usagers et services publics, mais bien la qualité de l'activité considérée. C'est à partir de celle-là que se définit la situation des usagers. Les droits dont ces derniers disposent, et les obligations auxquelles ils peuvent être astreints, doivent donc être appréhendés en considération de l'activité de service public face à ses usagers.

1405 À l'instar de Duguit, il faut admettre que l'usager du service public ne constitue pas une catégorie juridique en soi. L'usager du service public est de façon générale une personne juridique placée dans une situation juridique (2). Les usagers du service public se trouvent seulement dans une situation particulière au regard du service : ni clients du service, ni consommateurs de ses prestations, ils sont soumis à un ensemble de règles, législatives, réglementaires ou d'ordre intérieur, qui définissent ses priorités et déterminent tant l'organisation du service public que ses modes de fonctionnement.

1406 Un relatif renversement de perspectives est, en un premier temps, nécessaire pour rendre compte de ce statut circonstanciel dans lequel se trouve l'individu, le citoyen, la personne, devenus « usager du service public ».

L'étude de leur position par rapport au service public permet de tracer les contours d'une définition de l'usager (chap. 1), suivant des variables qui évoluent entre droit administratif et science administrative, entre droit et sociologie.

Puis, afin de rendre compte des différents droits et obligations mis au profit de l'usager ou à sa charge, l'analyse reviendra à sa situation juridique face au service et dans l'activité de service public (chap. 2), tant pour ses propres comportements que pour ceux des agents du service auquel il a affaire.

(2) L. Duguit, « De la situation juridique d'un particulier faisant usage du service public », *Mél. Hauriou*, p. 253.

CHAPITRE 1

DÉFINITIONS DE L'USAGER DU SERVICE PUBLIC

1407 **Bibliographie** : P. Laroque, *Les usagers des services publics industriels*, th. Paris, 1933 ; J. Du Bois de Gaudusson, *L'usager du service public administratif*, LGDJ, 1974 ; M. Chauvière et J.-T. Godbout (dir.), *Les usagers entre marché et citoyenneté*, L'Harmattan, coll. Logiques sociales, 1992 ; G. Jeannot, *Les usagers du service public*, PUF, Que sais-je ? 1998 ; S. Decreton (dir.), *Service public et lien social*, L'Harmattan, coll. Logiques juridiques, 1999 ; S. Nicinski, *L'usager du service public industriel et commercial*, L'Harmattan, coll. Logiques juridiques, 2001.

L. Duguit, « De la situation juridique du particulier faisant usage d'un service public », *Mél. Hauriou*, 1929, p. 253 ; J. Carbajo, « Remarques sur l'intérêt général et l'égalité des usagers devant le service public », *AJDA* 1981, p. 176 ; J. Chevallier, « Figures de l'usager », *in* R. Draï (dir.), *Psychologie et Science administrative,* PUF-CURAPP, 1985, p. 35 ; L. Rapp, « Les conséquences de la grève dans les services publics : réflexions sur l'usager », *RFDA* 1988, p. 832 ; M. Roncière, « L'usager perpétuel », *LPA* 1994, n° 148, p. 4 ; A. Benkais-Benbrahim, « La notion d'usager dans le contentieux du chemin de fer », *LPA* 1995, n° 96 ; L. Richer, « L'usager intermédiaire », *CJEG* 1996, p. 371 ; L. Ortega, « Services publics et usagers des services dans l'Union européenne », *Mél. G. Timsit*, Bruylant, 2005, p. 463 ; L. Vidal, « L'usager du service public délégué, le juge administratif et la Cour de cassation », *RGCT* 2004, n° 31, p. 833.

1408 Dans la mesure où le service public répond à des besoins collectifs, ou plus justement à des besoins identifiés comme tels par les pouvoirs publics, le rapport que les individus ont avec cette activité d'intérêt général ne peut en aucun cas être considéré d'emblée comme un rapport « marchand », quelle que soit la substance de l'activité considérée.

En effet, la notion de service public renvoie, dès son institution, à la conception de l'égalité en droits des hommes et des femmes. Le principe d'égalité en est un des fondements substantiels. Ainsi, en dépit de la propension des pouvoirs publics à utiliser cette notion d'égalité au prisme de la situation économique et sociale, il n'est pas envisageable de situer l'usager du service public en fonction de son appartenance à une classe sociale donnée. La qualité d'usager ne se détermine pas en fonction du prix du service, ni de son paiement effectif, d'autant plus que ce prix n'est pas nécessairement calculé à partir du coût de l'activité pour l'organisme concerné.

En retenant la perception fondamentale du service public, il ne serait pas non plus admissible que celui ne pouvant pas s'acquitter de ce prix soit exclu de l'accès à l'ensemble des services que l'État met à la disposition de la population. Se retrouvent ici le principe d'accessibilité au service qui intègre à la fois le droit de tout un chacun à l'accès au service, compte tenu que certains ne peuvent pas le payer, et la notion de « prix abordable » qui semble offrir une parade à cet écueil fomentateur d'exclusions.

1409 Pourtant, au vu de l'évolution du droit sous l'influence des politiques du renouveau du service public et de l'intégration du droit européen d'inspiration libérale dans le système de droit français, les usagers du service public se voient de plus en plus considérés comme des « clients ». Cette qualification engendre des comportements nouveaux de leur part et, notamment, incite à des comportements de « consommateur ».

Le principe second de « qualité du service », invoqué par les défenseurs d'une conception nouvelle du service public, induit en effet des demandes d'individualisation, voire de personnalisation, de la prestation qui modifient substantiellement la nature des rapports s'instituant entre l'usager du service et le prestataire de service.

À la « qualité du service » se substitue progressivement une idée de qualité du produit, du bien, de l'activité, qui suppose de la part des usagers des réflexes de consommateur, telles l'exigence de résultat et la responsabilité du vendeur. La fonction économique de la qualité introduit, en effet, des formes d'appréhension nouvelles du service public par les usagers eux-mêmes. Ce mode d'approche quelque peu « mercantile » de la relation entre les organismes responsables des activités d'intérêt général et les individus qui ont besoin des services qu'ils rendent, ne peut correspondre ni aux fondements de l'institution du service public ni aux principes cardinaux du service public que sont l'égalité, la continuité et la mutabilité. « Le service public enregistre d'une part le rôle social de l'État mais d'autre part assigne à ce rôle une limite, de manière à respecter les libertés de chacun contre toute tentation subversive de réorganisation étatique de la société » (1).

La notion de service public se réfère à une conception républicaine de la démocratie, de la cohésion sociale et territoriale. L'idée de solidarité qui est au cœur de la construction administrative du service public se traduit dans les principes juridiques de fonctionnement du service. Si ces principes peuvent aussi être pensés comme les sources des obligations des services publics, ils sont surtout un des moyens dont disposent les usagers et les pouvoirs publics, les premiers pour fonder leurs demandes et leurs réclamations et les seconds pour légitimer certaines de leurs actions de maintien du lien social, notamment par la promotion de « services publics de proximité ».

1410 De ce fait, les stratégies discursives dans lesquelles se sont engagées les autorités administratives centrales et territoriales pour parer aux phénomènes d'appauvrissement et d'exclusion qui parcourent la société civile modifient considérablement la perception initiale du service public par les usagers et par les agents des services.

La prétention de la réforme de l'État, le processus de modernisation des administrations et de renouveau du service public ont ainsi peu à peu permis de concevoir les services publics comme les « réparateurs du social » (2). Mais cette transformation

(1) M. Hastings, « Les constellations imaginaires du service public », *in* S. Decreton (dir.), *Service public et lien social*, L'Harmattan, coll. Logiques juridiques, Paris, 1999, p. 39.

(2) P. Warin, « La citoyenneté de guichet », *in* S. Decreton (dir.), *Service public et lien social*, L'Harmattan, coll. Logiques juridiques, Paris, 1999, p. 95.

des discours est à l'origine de la définition libérale de l'usager comme « client » ou, plus récemment, comme « consommateur » (sect. 2).

1411 La notion d'usager du service public devient alors des plus difficiles à cerner. Mais elle est capitale en ce qu'elle assure une approche pragmatique du régime juridique du service public. L'élément substantiel de la définition de l'usager du service public est que ce dernier se trouve dans une situation légale et réglementaire, ce qui revient à dire que la relation qu'il engage avec le service est impersonnelle et qu'elle est régie par des règles générales, quand bien même le lien existant entre l'usager et le service serait de nature contractuelle (sect. 1).

SECTION I LES DÉTERMINANTS DE LA QUALITÉ D'USAGER DU SERVICE PUBLIC

1412 **Bibliographie** : D. Maillard Desgrées du Loû, *Droit des relations de l'administration avec ses usagers*, Thémis, coll. Droit public, 2000 ; G. Dumont, *La citoyenneté administrative*, thèse droit, Paris-II, 2002.

L. Aulagnon, « De la situation juridique des usagers titulaires de polices d'abonnement à l'égard des compagnies concessionnaires d'un service public », *RTD civ.* 1924, p. 5 ; A. Cocatre-Zilgien, « L'usager du service public industriel ou commercial en droit français », *RTD com.* 1960, p. 275 ; E. Guillaume, « La réforme des P&T : le passage du statut d'usager d'un service administratif à celui de client d'un service public industriel et commercial », *RFDA* 1991, p. 239 ; J.-F. Lachaume, « L'usager du service public industriel et commercial géré par l'entreprise publique », *CJEG* 1994, p. 317 ; D. Bideau, « L'usager des services publics sociaux et médico-sociaux gérés par des institutions privées », *RGCT* 2001, p. 633 ; P. Sablière, « Usager du service public, qualité de fourniture et abattement tarifaire », *AJDA* 2002, p. 679 ; F. Cassin, « Les usagers des services publics industriels et commerciaux sont-ils des acheteurs publics ? », *AJDA* 2005, p. 411 ; J.-F. Lachaume, « La compétence du juge administratif dans le contentieux des relations entre les services publics industriels et commerciaux et leurs usagers », *Mél. J. Morand-Deviller*, Montchrestien, 2007 ; Y. Mazeaud, « Qu'est le citoyen devenu ? », *JCP A* 2007, n° 3, p. 46 ; V. Donier, « Les droits de l'usager et ceux du citoyen », *RFDA* 2008, p. 13.

1413 Le service public ne prend de sens et de réalité que s'il est effectivement utilisé par la population, puisque c'est au vu des besoins de celle-ci qu'il a été créé. La qualité d'activité d'intérêt général qui lui est inhérente et les principes de fonctionnement qui lui sont corollaires permettent de penser qu'un service public n'existe pas sans être ouvert à tous, sans être utilisé par tous ceux qui y sont astreints, en ressentent la nécessité ou l'envie. En quelque sorte, c'est l'usager réel ou potentiel qui fait le service public (3).

1414 La difficulté que les pouvoirs publics ressentent dans leur tentative de détermination de la qualité de cette liaison entre l'activité et les personnes est révélée dans les expressions de la langue. L'individu est toujours un administré relevant d'un « public » avec lequel les administrations centrales et territoriales doivent composer.

(3) Ceci n'empêche pas de considérer les personnes morales (de droit privé notamment) comme des usagers de certains services publics.

Il est ainsi compris comme citoyen. Mais la frontière entre l'administré et le citoyen est longtemps restée floue (§ 1).

Même les textes relatifs aux rapports entre les administrations et leurs usagers, n'évitaient pas une certaine confusion entre les mots administré, citoyen et « usager ». Cette méprise s'explique par le fait que la question de la relation entre l'usager et le service public fut longtemps synonyme de celle des rapports entre l'administré et les autorités administratives (4). Toutefois, le vocable d'usager était celui été retenu par le législateur : ce fut le cas notamment à l'occasion des articles concernant la détermination des « maisons des services publics » dans la loi du 12 avril 2000, alors que l'intitulé de la loi comprend le mot « citoyen ».

Néanmoins, depuis quelques années, un autre vocable, plus en phase avec les options libérales, semble peu à peu se substituer à cette notion générale d'usager : « la personne ». L'utilisation de ce dernier laisse penser que la relation entre le service et la personne est en passe d'être fondamentalement particularisé. En conséquence, cette expression est surtout employée dans le cadre des services qui n'entretiennent pas nécessairement de liens spécifiques avec le champ du droit public (5), même si certains de ces services détenant la qualité de service public, sont sur le point de la perdre ou, plus rarement, l'ont conservée.

Le choix des formulations désignant les personnes ayant des liens avec un service public dans le cadre des différents secteurs d'activité révèle la mutation des discours administratifs. Dans ces discours, le mot « usager » autrefois positivement connoté s'avère désormais affecté d'une charge négative. Cette dernière semble peu justifiée puisque d'une part, l'usager est toujours un administré, et d'autre part, il n'est pas nécessairement un citoyen, au sens politique et étroit que prend souvent ce mot dans le langage juridique (6). Si, de plus en plus, lui est préféré le mot « citoyen », il faut remarquer que ce qualificatif procède d'une acception différente de celle couramment utilisée en droit constitutionnel, très nettement articulée à la nationalité. Le mot « citoyen », employé pour qualifier l'administré, ne peut donc pas tendre à séparer les nationaux des étrangers, et parmi les non-nationaux, les ressortissants de pays de l'Union européenne des autres ; tout au contraire, il a pour effet de renforcer l'accès au service public comme élément constitutif de la citoyenneté, mettant ainsi en cause le lien trop étroit, et juridiquement dépassé, entre citoyenneté et nationalité (7).

1415 Depuis l'enracinement de l'objectif de modernisation de l'État et de la réforme du service public dans les discours publics, l'analyse de la situation des usagers apparaît aussi de plus en plus problématique, car la sectorisation des activités en

(4) V. par ex., B. Delaunay, *L'amélioration des rapports entre l'administration et les administrés*, LGDJ, Paris, 1993.

(5) Par ex., L. n° 2005-841 du 26 juill. 2005 relative au développement des services à la personne et portant diverses mesures en faveur de la cohésion sociale, *JO* 27 juill. 2005 p. 12152 ; v. G. Bentoglio, *Développer l'offre de services à la personne*, rapport, Commissariat général au plan, La Doc. fr., 2005.

(6) V. par ex. A.-S. Michon-Traversac, *La citoyenneté en droit public français*, LGDJ, Fondation Varenne, 2010, qui conteste vigoureusement la pertinence du choix, par le législateur, du mot citoyen pour désigner l'usager.

(7) Par modifications successives de l'état du droit, les différences entre Français et étrangers quant à l'accès au service public se sont en effet estompées ; la catégorie des droits réservés aux citoyens nationaux est réduite pour l'essentiel, à une partie des droits liés à la désignation des représentants dans les institutions politiques. Le cas des étrangers séjournant irrégulièrement sur le territoire national fait toutefois l'objet d'un traitement particulier.

décompose l'unité. D'abord, s'annonce une tendance qui requalifie l'usager du service public par rapport à un seul service ou une seule prestation. L'usager du service de transports publics en commun n'est pas traité de la même manière que l'usager du service de distribution de l'eau ou celui des différents services publics culturels, et les sectorisations internes aux services publics accentuent les différenciations. Elles font que l'usager du service de transport urbain de voyageurs n'est pas traité de la même manière que l'usager du service de transport interurbain de voyageurs, ou encore que l'usager du service de distribution de l'eau potable est traité différemment selon qu'il réside dans une maison individuelle ou dans un immeuble en copropriété, et ceci dépend aussi de ce qu'il est un simple particulier ou un professionnel.

La superposition de ces césures selon que l'usager se trouve face à différents services ou selon qu'il se situe dans une catégorie donnée d'un seul et même service, demeure difficile à mettre en œuvre dans la mesure où il peut s'agir de la même personne. En quelque sorte, si le contribuable est aussi un justiciable, le patient n'est pas nécessairement un malade, ni l'élève d'un établissement public un enfant scolarisé quand il use des services culturels ou sportifs.

De plus, face à une activité dont la qualité de service public ne fait aucun doute, un individu peut se trouver aussi bien candidat à l'usage du service qu'usager, d'une part, de la prestation alors que, pour une seconde part, il pourrait être pensé comme un client du service, voire comme un consommateur, notamment pour l'acquisition et l'utilisation des compléments non constitutifs de cette prestation. De fait, un même organisme investi de missions de service public peut s'adresser à plusieurs types d'usagers (8).

Dès lors, si on réserve la qualification d'usager « à celui qui fait usage individuellement d'une prestation administrative, cet usage fut-il obligatoire ou involontaire » (9), devraient être exclus de l'analyse tous les services qui exigent au moins le paiement d'un « prix abordable », puisque ces prestations ne pourraient pas être comptées *stricto sensu* au nombre des prestations administratives. Cela reviendrait aussi à ne pas tenir compte du fait que nombre d'organismes prestataires de services publics établissent une distinction selon la raison sociale de l'utilisation du service par une personne physique ou morale donnée. Les notions de « client éligible » et de « client non éligible » exposées dans la loi n° 2000-108 du 10 février 2000 relative à la modernisation du service public de l'électricité en forment d'ailleurs, sur un tout autre plan, une des illustrations. Dans la même veine, la locution « consommateurs finals » recouvre en fin de compte une logique commerciale qui tend à pénétrer de plus en plus les discours relatifs aux activités de service en réseau (10).

(8) CE, 16 mai 2007, req. 272727, Communauté de communes du Pays de Landerneau-Daoulas : le centre de route pour la navigation aérienne ouest d'une part « a pour mission d'assurer la sécurité et la fluidité des mouvements aériens dans une zone déterminée s'étendant du golfe de Gascogne à la Normandie ; une telle activité, exercée dans un but d'intérêt général d'organisation du trafic aérien et de protection des usagers, présente le caractère d'un service public administratif » ; d'autre part, « les services rendus aux usagers dans le domaine des radio-communications ou de la météorologie ne sont pas dissociables de la mission d'intérêt général assurée ».

(9) A.-S. MESCHERIAKOFF, *Droit des services publics,* PUF, coll. Droit fondamental, 1997, p. 227.

(10) Par ex., sans ignorer que la notion de « clients finals » est également usitée dans les textes législatifs relatifs au service public de l'énergie, art. 4 al. 17 de la L. n° 2005-781 du 13 juill. 2005 de programme fixant les orientations de la politique énergétique (*JO* 14 juill. 2005, p. 11570) : « l'État veille à la sécurité

1416 Cette absence d'unité peut encore faire considérer l'usager du service public comme un bénéficiaire, un allocataire. Mais cette proposition répond à une dynamique sociale qui repose principalement sur la notion de « fonctionnement du service ». L'usager bénéficie de l'existence du service et de sa mise en œuvre (§ 2).

Le vocabulaire ne traduit nullement l'existence de procédures sélectives ou de privilèges. Il rend compte d'un ensemble de droits dont dispose l'usager devant certains des services publics sociaux. Le bénéficiaire, ou l'allocataire, est simplement placé dans un rapport direct et personnalisé avec le service, quand bien même la prestation se traduirait par un déploiement de « services à la personne ». Car, quoi qu'il en soit, aucune de ces déterminations ou indéterminations n'empêche que la personne reste d'abord et avant tout un usager du service public.

§ 1. USAGER DU SERVICE PUBLIC ET NATURE DE LA PRESTATION

1417 Dans la mesure où le service public se définit principalement comme une activité de prestation, est qualifié d'usager celui qui fait usage de cette prestation. Cela ne signifie pas nécessairement que l'usager soit lui-même un utilisateur du service. Il n'y a pas de synonymie entre usager et utilisateur, d'autant plus qu'une distinction doit être établie entre usager du service et utilisateur des installations matérielles du service : l'utilisation des équipements ne fait pas nécessairement de la personne en cause un usager du service (11).

La distinction entre usager et utilisateur semble alors essentielle pour cerner le statut de l'usager du service public. Mais les paramètres de discernement ne sont pas toujours clairs et, même dans les textes juridiques, la confusion entre ces deux mots peut être organisée. Par exemple, les dispositions de l'article L. 1 alinéa 4 du Code des postes et communications électroniques paraissent assez ambiguës en affirmant que « le service universel postal concourt à la cohésion sociale et au développement équilibré du territoire. Il est assuré dans le respect des principes d'égalité, de continuité et d'adaptabilité en recherchant la meilleure efficacité économique et sociale. Il garantit à tous les usagers, de manière permanente et sur l'ensemble du territoire national, des services postaux répondant à des normes de qualité déterminées. Ces services sont offerts à des prix abordables pour tous les utilisateurs ». De ces formules, faut-il déduire que les orientations du service tracent une ligne de partage entre usagers et utilisateurs : aux usagers la garantie de la prestation, aux utilisateurs la détermination d'un prix ? Peut-être.

d'approvisionnement dans les secteurs où le recours aux énergies fossiles est prédominant, en particulier par la promotion de la variété et de la pérennité des sources d'approvisionnement employées pour une même énergie, notamment grâce au recours aux contrats de long terme, et de la diversité des sources d'énergie alimentant les équipements des *consommateurs finals* » ; art. 14-I, al. 1 de cette même loi : « Les personnes morales qui vendent de l'électricité, du gaz, de la chaleur ou du froid aux *consommateurs finals* et dont les ventes annuelles excèdent un seuil ainsi que les personnes physiques et morales qui vendent du fioul domestique aux consommateurs finals sont soumises à des obligations d'économies d'énergie… » ; CGCT, art. L. 224-34 al. 1 : « Afin de répondre aux objectifs fixés […], les collectivités territoriales, les établissements publics de coopération intercommunale ou les syndicats mixtes compétents en matière de distribution publique d'énergies de réseau peuvent, de manière non discriminatoire, réaliser des actions tendant à maîtriser la demande d'énergies de réseau des *consommateurs finals*… ».

(11) CE, 3 févr. 1999, req. 164180, A. Meyet (à propos des installations téléphoniques mises à la disposition du public dans certains établissements publics).

1418 Le développement d'une « administration de service » avait conduit la transformation de l'administré, sujet passif, en un « usager », sujet actif. La considération d'une mutation des services publics dans l'ère de la globalisation a suscité un mouvement d'abord de l'usager vers le « client », ensuite de l'usager-client vers le « consommateur ». Or, l'appel fait à ces deux qualités démythifie le processus initié dès la fin des années 1980 pour situer l'usager « au cœur » du service. Ces qualités font en sorte que l'usager soit entendu non comme un « acteur » mais plutôt comme un « demandeur », entraînant de multiples avertissements relatifs aux exigences des citoyens dans les circulaires administratives relatives aux services publics (12).

Néanmoins, le vocabulaire ne suffit pas à rendre compte de l'ensemble des positions dans lesquelles l'usager peut être placé. Une distinction peut être établie entre l'usager direct du service, qui « entre en contact avec un service public pour bénéficier de ses prestations dans les conditions fixées par un statut ou par un contrat », et l'usager, simple bénéficiaire indirect, qui tire profit du service « sans pour autant entretenir des rapports individualisés et formalisés avec lui » (13). Encore existe-t-il des services ne relevant que d'un usage collectif qui, par conséquent, ne connaissent pas d'usagers de manière particulière.

Par ailleurs, les développements de l'administration électronique (14) ont permis de déterminer une autre figure de l'usager, « l'usager-internaute », c'est-à-dire l'usager qui effectue les démarches administratives en ligne suivant les « téléprocédures » ou, plus sûrement, qui utilise les « téléservices publics » par le biais des procédés numériques mis en œuvre par les pouvoirs publics. L'exemple de « mon.service-public.fr » (15) renforce cette perception en insistant sur une « individualisation » du service et une « personnalisation » des prestations, notamment administratives. L'usager-internaute est un « participant actif » de la fourniture de la prestation puisque celle-ci dépend directement de la démarche qu'il accomplit lui-même en ligne. Il doit alors être distingué de l'administré qui, dans le cadre d'une administration électronique, se soumet, par exemple, aux configurations des « visioguichets » ; il se différencie également des utilisateurs de « Proxima mobile » qui, défini comme un portail de services aux citoyens sur téléphone mobile, ne s'entend pas exclusivement comme un service public (16). Ces distinctions ne valent en fait que pour les modes d'accès à un service, car les modes électroniques sont appelés à se généraliser sur l'ensemble du territoire – surtout pour pallier les suppressions des guichets, bureaux, maisons, points de services publics dans les zones rurales ou

(12) Par ex. circ. Premier min. du 23 août 2001 relative à la mise en place des espaces publics numériques, *JO* 24 août 2001, p. 13591.

(13) J. Chevallier, « Regards sur l'administré », *in* M. Chauvière et J.-T. Godbout (dir.), *Les usagers entre marché et citoyenneté*, L'Harmattan, coll. Logiques sociales, 1992, p. 25.

(14) L. Roux, « L'administration électronique : un vecteur de qualité de service pour les usagers ? », *Informations sociales*, 2010/2 n° 158, p. 20.

(15) D. n° 2009-730 du 18 juin 2009 relatif à l'espace de stockage accessible en ligne pris en application de l'art. 7 de l'ordonnance n° 2005-1516 du 8 déc. 2005 relative aux échanges électroniques entre les usagers et les autorités administratives et entre les autorités administratives ; arr. du 18 juin 2009 portant création par la direction générale de la modernisation de l'État d'un téléservice dénommé « mon.service-public.fr », *JO* 20 juin 2009 (v. aussi, CNIL, Délibération n° 2008-578 du 18 déc. 2008 portant avis sur un projet d'arrêté relatif à la création d'un téléservice dénommé « mon.service-public.fr », *JO* 20 juin 2009).

(16) http://www.proximamobile.fr/

défavorisées et pour contribuer ainsi progressivement à l'édification d'un « citoyen numérisé et digitalisé » (17).

1419 Quelle que soit sa position, l'usager du service public est toujours un administré. En effet, tout passant, résident, habitant sur le territoire de la République, quel que soit son âge, quelle que soit la catégorie socioprofessionnelle dont il relève, quelle que soit sa nationalité, est soumis à un ensemble de règles de droit public qui garantit l'exercice de ses droits et lui impose certaines obligations. Une superposition des qualités est incontournable. Il est assez rare que ces personnes relèvent exclusivement de la catégorie « administré » puisque « on peut être administré en étant soumis aux règles de police applicables sur le territoire français sans user d'aucune prestation administrative » (18).

Toutefois, les vocables d'administré et d'usager renvoient à des conceptions différentes de la relation qui s'institue entre le service et le particulier. L'administré se situe par rapport à des fonctions d'autorité, il est ainsi dit passif. L'usager est, lui, actif. « Le terme "d'usager" évoque une relation bilatérale d'échange et implique un modèle administratif à base de réciprocité, de proximité et de liberté : face aux équipements que l'administration met à sa disposition, devant les services qu'elle offre, l'usager garde une faculté de choix, une distance critique, une marge d'autonomie » (19).

1420 L'approche selon laquelle l'usager est un administré envers lequel se définit une offre de service, une offre de prestation, est généralement partagée par l'ensemble des théoriciens du droit administratif. Ainsi, pour présenter une définition particulière de l'usager et justifier la qualité juridique de sa situation, ils s'attachent parfois à distinguer l'usager du bénéficiaire, puis du gestionnaire et du tiers par rapport au service. Quant aux deux dernières situations, les arguments présentés à l'appui des distinctions sont, pour la plupart, simples et leurs données concrètes aisément vérifiables : les gestionnaires participent au service public, tandis que le tiers n'a pas de liens spécifiques avec le service. De ce fait, les usagers sont ceux qui utilisent le service et ne participent pas à son fonctionnement, sinon pour leur seul intérêt ou au moins pour leurs propres besoins : ils ont un lien direct soit avec l'activité dispensée soit avec l'organisme gestionnaire.

Cependant, l'unité de la catégorie des usagers de service public connaît quelques variations ; les formes d'évaluation d'une distinction entre usager et bénéficiaire sont aujourd'hui quelque peu remises en cause par les développements de la notion de « service universel ».

A. USAGER ET/OU BÉNÉFICIAIRE DE LA PRESTATION DE SERVICE PUBLIC

1421 La distinction entre usager et bénéficiaire défait le rapport de l'usager au modèle administratif. Elle ne nie pas le fait que l'un ou l'autre demeure toujours un

(17) Y. Détraigne et A.-M. Escoffier, « *La vie privée à l'heure des mémoires numériques. Pour une confiance renforcée entre citoyens et société de l'information* » Rapport d'information, Sénat, n° 441 (2008-2009) du 27 mai 2009.

(18) A.-S. Mescheriakoff, *Droit des services publics…*, *op. cit.* p. 226.

(19) J. Chevallier, « Figures de l'usager », *in* R. Draï (dir.), *Psychologie et Science administrative*, PUF, CURAPP, 1985, p. 37.

administré au regard du droit, mais elle révèle une faille dans le discours juridique, faille ouverte à une distanciation accrue entre le droit du service public et le droit de l'action sociale.

Cette distinction se révèle particulièrement nécessaire depuis la fin de l'État-providence. La collusion entre l'usager et le bénéficiaire relève en effet de l'évolution historique de la conception du service public quand l'accroissement des droits-créances (les fameux « droits à… ») incitait à la multiplication des services publics en matière sociale, culturelle, éducatrice. Ainsi, l'usager pouvait se comprendre comme un bénéficiaire de l'action administrative. Cette situation avait pour effet d'inverser le sens de la relation aux autorités prestataires puisque pouvaient être déterminées « des attentes légitimes de résultat » (20).

La notion de bénéficiaire s'est trouvée modifiée sous l'impulsion libérale, dont l'individualisme est une des dimensions fondamentales. Désormais, la distinction entre usager et bénéficiaire n'est plus décelable dans la distance qui séparait l'usager direct du service (dont les relations avec le service dépendent des conditions fixées par un statut ou un contrat) de l'usager indirect (qui use des équipements collectifs sans que cette utilisation puisse être individualisée comme c'est le cas pour les services de défense ou de police). La décomposition progressive du principe d'égalité et la redéfinition des droits sociaux ont transformé la perception de l'usager du service public, consolidant les stratégies de l'individualisation des prestations et déclassant ainsi la fonction de solidarité sociale qui s'inscrivait au cœur de la notion de service public.

Cependant, la distinction entre usager et bénéficiaire demeure essentiellement perceptible dans le degré d'individualisation de la prestation. Dès l'instant où l'activité est développée d'une façon spécifique en raison de la situation économique, sociale voire géographique ou même physiologique ou psychologique de l'individu, et suivant des conditions particulières d'attribution, l'individu n'est plus seulement usager, il devient bénéficiaire.

1422 La notion de bénéficiaire n'est pas plus large que celle d'usager, elle n'est ni plus ni moins précise (21). Si certains juristes estiment que la notion de bénéficiaire a un contenu plus « psychologique » que celle d'usager (22), cette perception en rétrécit le champ et focalise l'attention sur la personne indépendamment de la nature de la prestation. Car la qualité d'usager du service public ne se choisit pas toujours et elle ne se pense pas nécessairement comme telle. La liaison permanente que le service public entretient avec l'exercice des droits fondamentaux – comme le droit à l'instruction, le droit à la santé, la liberté de déplacement et son complément le droit au transport, et au vu des politiques publiques développées en matière d'eau, d'énergie ou de communication, signifiant le droit à l'eau potable, le droit à l'électricité et au gaz, le droit au téléphone, à l'accès aux réseaux d'Internet – s'oppose à cette appréciation.

Cette perception doit donc être nuancée. Si le bénéficiaire peut tirer profit du service, tel n'est pas le but du service public. L'attribution d'une prestation donnée n'est nullement destinée à servir des intérêts spécifiques mais à répondre à un besoin d'intérêt général sur le fondement de la solidarité aussi bien sociale que territoriale. Si l'usager

(20) J. Chevallier, *Figures de l'usager…*, *op. cit.* p. 41.
(21) *Contra*, A.-S. Mescheriakoff, *Droit des services publics…*, *op. cit.* p. 226.
(22) *Ibid.*

retire des bénéfices d'un service, ce n'est que par rapport à une vision générale de la société civile, par rapport à la nature du lien social que traduit le service public.

La particularité de la qualification de bénéficiaire revient alors à signaler l'existence d'une situation nouvelle qui modifie le rapport entre l'usager et le service.

1423 Cette notion de bénéficiaire est une des notions sur laquelle achoppent les discours juridiques. En effet, elle ne s'inscrit pas exclusivement dans un rapport individualisé. En situant, par exemple, la société comme bénéficiaire d'un service public pénitentiaire dont les usagers seraient les détenus, les arguments peuvent être retournés et « le service pénitentiaire peut aussi être présenté comme l'instrument de réadaptation des détenus dont ils deviennent, en ce sens, les bénéficiaires » (23). Ce parti pris conduirait ainsi à reconnaître, dans presque tous les cas, l'usager du service public comme bénéficiaire, alors même que le profit qu'il pourrait en tirer n'est pas avéré.

La modification de la qualité de l'usager en bénéficiaire – qui, en filigrane, manifeste une forme de mépris envers « l'assisté » – reflète la tendance à l'individualisation de la prestation de service public. Celle-ci est particulièrement prégnante dans les services publics sociaux, culturels, éducatifs, généralement repensés à la lumière de « l'égalité des chances ». Or cette individualisation contredit la nature d'activité d'intérêt général et induit, en retour, une régression de l'anonymat dans l'usage des services et des biens collectifs. Sous le couvert d'une notion de sécurité publique qui demeure incertaine, elle justifie même la constitution de fichiers informatiques et le développement des badges et passes, magnétiques ou électroniques, pour l'usage des services (24). Elle transforme aussi le travail de l'agent public qui, désormais récompensé dans sa carrière selon une certaine conception du « mérite », éprouve quelques difficultés à concilier ses droits et ses obligations, notamment quand ses objectifs sont déterminés par des « chiffres », marges, taux et quotas.

1424 La jurisprudence pose pourtant en ces termes une condition attachée à la qualité d'usager : que la prestation lui profite « de façon individualisée ». Le service dont il bénéficie n'est pas indistinctement assuré au profit à la collectivité, il lui est « personnellement fourni » (25). C'est ce qui différencie par exemple le service public fiscal ou celui de la police du service public des transports ou de la distribution d'eau potable. Les uns n'ont pas à proprement parler d'usagers effectifs, ils s'adressent soit à des assujettis soit à des administrés. Les autres, qui sont destinés à des usagers effectifs, ne connaissent pas nécessairement leur qualité d'administrés, ils se préoccupent plus de la personne, voire surtout du client ou du consommateur qu'est alors l'usager, et évaluent leur prestation essentiellement en fonction des propres attentes ou besoins de cette dernière.

C'est donc bien la nature de la prestation qui forme les bases d'une distinction entre usagers et bénéficiaires. En quelque sorte, le bénéficiaire serait celui qui use personnellement et pour lui-même du service. Une telle approche transforme la fonction

(23) J.-P. Valette, *Le service public à la française,* Ellipses, 2000, p. 141.

(24) Et tel est le problème soulevé à propos des tentatives des autorités scolaires pour mettre en place des badges électroniques d'accès aux services internes (réfectoire, salle d'étude, salle d'informatique) permettant de suivre les élèves dans l'établissement.

(25) CE Ass., 30 oct. 1996, Wajs et Monnier, *Rec.* p. 387, *AJDA* 1996, p. 973, chron. ; *RFDA* 1997, p. 726, concl. Combrexelle ; *Dr. adm.* 1996, n° 557, obs. Devès.

civile et sociale du service public puisque tout service public est institué pour répondre à des besoins essentiels, lesquels ne sont pas systématiquement « collectifs ». Or, si l'usage des transports en commun est individuel, la mise au point des services de transport répond indéniablement à un intérêt collectif ; de même si l'accès aux soins est inévitablement personnalisé, le système de santé publique répond à des impératifs d'intérêt général. Il en est ainsi de l'ensemble des services publics.

1425 L'approche de plus en plus défendue par les tenants du libéralisme vers la « personnalisation » de la prestation conduit donc subrepticement à l'altération de la qualité de l'usager. Elle a été dessinée d'abord par l'évolution de leur position vers le statut de client, ensuite vers celui de consommateur (26), au risque, à terme, de le faire passer vers celui de « négociateur » avec le retour aux privilèges et aux faveurs qui pourrait y être attaché.

D'ailleurs, c'est à propos du déplacement de l'usager vers le bénéficiaire que la question du traitement automatisé des données personnelles des usagers se devait d'être posée dans le cadre des services publics (27). Mais dès qu'il devient consommateur, cette dimension perd de son acuité.

B. USAGER DU SERVICE PUBLIC ADMINISTRATIF ET/OU DU SERVICE PUBLIC INDUSTRIEL ET COMMERCIAL

1426 La distinction entre la situation de l'usager du service public administratif et celle de l'usager du service public industriel et commercial a toujours retenu l'attention des juges administratifs et judiciaires. Elle est l'un des maillons essentiels de la répartition des compétences juridictionnelles entre l'ordre judiciaire et l'ordre administratif en matière de droit du service public (28). Mais, si elle répond à une logique différente de la précédente, elle est aussi une des assises des discours contemporains sur la mutation des services publics.

a) Le service public à caractère industriel ou commercial

1427 Dans ce cadre, qu'ils soient gérés par une personne publique ou par une personne privée, les usagers sont le plus souvent soumis à un régime juridique de droit privé. Ce régime se révèle en réalité de nature mixte, c'est-à-dire mêle certains aspects de droit public et certaines données de droit privé avec une prédominance pour les analyses relevant de ce

(26) C. Paradeise, « Usagers et marché », *in* M. Chauvière et J.-T. Godbout (dir.), *Les usagers entre marché et citoyenneté*, L'Harmattan, coll. Logiques sociales, 1992, p. 191.

(27) L'institution d'une carte électronique individuelle inter-régimes à tout bénéficiaire de l'assurance-maladie, dite « carte vitale » en relève : Code de la sécurité sociale, art. L. 161-31 ; v. aussi par ex., une logique de suivi des politiques mises en œuvre en matière de service public de l'emploi : arr. du 11 oct. 2006 portant création d'un traitement automatisé d'informations à caractère personnel relatif à la transmission de fichiers de bénéficiaires de politiques d'emploi comportant des codes géographiques, *JO* 21 oct. 2006, p. 15638.

(28) Par ex. la série de décisions du Tribunal des conflits rendues le 16 oct. 2006 couvrant tant le service de distribution d'eau servant à l'irrigation : TC, 16 oct. 2006, Synd. Intercomm. d'études, de travaux et de gestion d'irrigation du canton de Montignac, n° 3511) que l'enlèvement des ordures, déchets et résidus, qui relèvent de la compétence du juge judiciaire pour les litiges relatifs aux usagers. V. aussi TC, 12 déc. 2005, Mme Alberti-Scott c. Commune de Tournefort, *Rec.* p. 651 (le service public de distribution de l'eau est en principe, par son objet, un service public industriel et commercial), obs. Lachaume, *RFDA* 2006, p. 119 ; TC, 14 févr. 2005, SA Maison de Domingo, *Rec.* p. 649 (la gestion et l'exploitation des abattoirs municipaux présentent le caractère de service public industriel et commercial).

dernier. Les usagers sont placés dans une situation contractuelle qu'ils n'ont pas négociée, ils usent de la prestation suivant des règles dont ils ne maîtrisent pas le contenu.

S'ils ont un droit à ce que le service leur soit rendu, c'est sous condition du paiement préalable d'un prix dont la fixation obéit certes peu ou prou aux règles du marché, mais qui fait partie d'un ensemble plus large, défini par la relation qui s'institue entre le service et l'usager.

1428 C'est souvent dans ce cadre que la situation de l'usager a été analysée à partir d'un contrat d'abonnement. L'usager est devenu un abonné puis, pour nombre de services en réseau dont l'abonnement est souvent une des caractéristiques de fonctionnement, il est aussi devenu un client. La compétence juridictionnelle a créé les conditions de cette évolution.

Depuis le début des années 1960, les relations entre un service public à caractère industriel et commercial et ses usagers sont confiées aux juridictions de l'ordre judiciaire (29). Ce « bloc de compétence » est quasi absolu (30). Il passe avant toute recherche de la nature du contrat. Il s'applique aussi à l'hypothèse où l'usager est lié au service par contrat, sans considération de l'existence de clauses exorbitantes du droit privé (31). Il s'impose enfin même dans le cas de dommages de travaux publics, car le fait de l'ouvrage est assimilé au fait d'exploitation pour entraîner la compétence judiciaire (32), sauf lorsque l'usager est en position de tiers par rapport à l'ouvrage (33).

Dans des cas délicats, le juge administratif préfère même renvoyer certains types d'usagers au juge judiciaire. Ainsi, les locataires d'HLM sont-ils caractérisés par une situation contractuelle de droit privé (34), tout comme les emprunteurs sur gage auprès de caisses de crédit municipal (35).

Pourtant, il n'est pas possible de considérer l'abonnement ou le contrat comme déterminants. Car la jurisprudence fonde avant tout la compétence judiciaire sur le principe que « les liens existants entre les SPIC et leurs usagers sont des liens de droit privé » ou encore « sont régis par le droit privé » (36).

Certes, la qualification juridique des fondements de cette compétence a pu varier (37). Initialement, la qualification d'usager était réservée aux particuliers liés par contrat avec le fournisseur des prestations (38). Ce contrat était considéré comme privé, et les litiges d'ordre contractuel donnaient donc lieu à un contentieux judiciaire (39). Mais

(29) CE, 13 oct. 1961, Éts Campanon-Rey, *Rec.* p. 567, *AJDA* 1962.98, concl. Heumann, note De Laubadère, *D.* 1962, J, p. 506, note Vergnaud ; TC, 17 déc. 1962, Dame Bertrand, *Rec.* p. 831, concl. Chardeau, *AJDA* 1963, p. 88, chron.

(30) À l'exception des litiges provoqués par les actes réglementaires ou de la réclamation des sommes ayant un caractère fiscal (CE, 31 janv. 1986, SIVOM de la région d'Aigues-Mortes, *Rec.* p. 24).

(31) CE, 13 oct. 1961, Éts Campanon-Rey, *préc.* ; TC, 17 déc. 1962, Dame Bertrand, *préc.*

(32) TC, 24 juin 1954, Dame Galland, *Rec.* p. 717, *D.* 1955, J p. 544, note Auby, *JCP* 1954, II, 8355, note Dufau.

(33) TC, 1er juill. 2002, Labrosse, *AJDA* 2002, p. 689, note Biget.

(34) CE, 6 oct. 1965, Denis, *Rec.* p. 491.

(35) CE, 13 juin 1979, Rieux, *Rec.* p. 272.

(36) Termes repris de TC, 22 janv. 1921, Sté commerciale de l'Ouest africain, *Rec.* p. 91, *D.* 1921, III, 1. concl. Matter ; CE, 23 déc. 1921, Société générale d'Armement, *Rec.* p. 333, *RDP* 1922, p. 75, concl. Rivet.

(37) J.-M. AUBY et R. DRAGO, *Traité de contentieux administratif*, LGDJ, 1984, t. I, p. 549.

(38) CE, 5 nov. 1937, Union Hydroélectrique de l'Ouest Constantinois, *Rec.* p. 91.

(39) Polices d'abonnement à la distribution d'eau : CE, 4 mars 1938, Sté de la teinturerie de l'Est, *Rec.* p. 232, et d'électricité : CE, 14 mai 1937, Sté des forces motrices de la Tarde, *Rec.* p. 503.

rapidement le choix du bloc de compétence au profit du juge judiciaire, a conduit la jurisprudence à adopter une définition nouvelle de l'usager, détachée de la notion de contrat d'abonnement et fondée sur l'existence de « liens de droit privé » entre le particulier et le prestataire de services (40). Dès lors la notion d'usager du service tend à être extensive et les notions de contrats et d'abonnement ne prévalent plus (41).

1429 Or, précisément, le statut de l'usager du service public, même industriel et commercial, n'est pas comparable à la situation du client d'un fonds de commerce. Le dynamisme de la notion d'usager n'efface pas pour autant l'existence du contrat. La jurisprudence continue à utiliser cette dernière notion chaque fois que les relations entre prestataire de service et usager sont contractuelles (42). Pour certains juristes, il n'en demeure pas moins que, en l'absence de contrat formel entre le SPIC et la victime, l'extension de la compétence judiciaire « est critiquable en ce que cet élargissement accuse la rupture entre les concepts juridiques de contrat et d'usage » (43).

b) Le service public à caractère administratif

1430 Dans ce cadre, les usagers sont placés dans une situation légale et réglementaire de droit public. C'est alors l'organisme qui gère le service qui définit les conditions d'organisation et les modes de fonctionnement du service, par le simple fait qu'il dispose de pouvoirs de décision. Lorsque cet organisme est une personne publique, le juge administratif est donc compétent par principe (44). Si le service public administratif est géré par une personne privée, l'usager est en général lié au service par des rapports de droit privé et la compétence du juge administratif s'efface, sauf pour les actes qui traduiraient la mise en œuvre de prérogatives de puissance publique (45).

La notion d'usager intermédiaire s'insère dans cet ensemble. Selon L. Richer, « l'usager intermédiaire apparaît lorsque, pour des raisons financières et techniques, les collectivités publiques mettent en place des schémas complexes de gestion des services publics par plusieurs opérateurs » (46). La question de la définition de la nature du contrat est là essentielle mais, en même temps, elle laisse supposer qu'une définition générale de l'usager ne peut pas être proposée.

(40) CE, 13 janv. 1961, Département du Bas-Rhin, *Rec.* p. 38, *AJDA* 1961, p. 235, concl. Fournier; Cass. civ. 1re, 1er oct. 1985, *CJEG* 1986, p. 364, note Gegout.

(41) La jurisprudence se réfère à des notions moins restrictives telles que « les liens de droit privé » (CE, 21 avr. 1961, Veuve Agnesi, *D.* 1962, p. 535, note F. P.), ou de « rapports de droit privé » (CE, 13 oct. 1961, Établissements Campanon-Rey, *CJEG* 1963, p. 17). Une formule plus générale encore est parfois utilisée par le juge, celle suivant laquelle les « litiges nés des rapports entre les SPIC et leurs usagers à l'occasion de la fourniture des prestations par ces services ressortissent de la compétence des tribunaux judiciaires » (CE, 30 juin 1976, EDF c. Dame Pichon, *Dr. adm.* 1976, n° 259). La qualité d'usager du SPIC déborde donc largement celle de cocontractant ou d'abonné.

(42) CE, 14 mars 1986, EDF c. Nerot, *Dr. adm.* 1986, n° 200.

(43) F. Moderne, « Responsabilité administrative et utilisation des ouvrages publics affectés à un SPIC », *CJEG* 1969, p. 197 ; v. aussi M.-P. Chanlair, « Réflexion sur les contrats de service public avec mise à disposition d'ouvrages appartenant à la collectivité », *AJDA* 2005, p. 241 ; F. Melleray, « Incertitudes sur la notion d'ouvrage public », *AJDA* 2005, p. 1376.

(44) CE, 26 juin 1989, Assoc. Études et consommation CFDT, *Rec.* p. 544, *CJEG* 1990, p. 180, note Lachaume.

(45) CE, 26 nov. 1976, Fédération fr. de cyclisme, *Rec.* p. 513, *AJDA* 1977, p. 367, concl. Galabert, note Moderne.

(46) L. Richer, « L'usager intermédiaire », *CJEG* 1996, p. 371.

§ 2. USAGER DU SERVICE PUBLIC ET MOMENT DE LA PRESTATION

1431 « Le service public n'existe que dans/par la relation qui l'unit à ses usagers » (47). Même si le citoyen, l'administré, le particulier, entretient des rapports diversifiés avec les services publics, il est au cœur du système. C'est autour de lui que se construit le régime juridique du service public.

L'analyse de la qualité et de la situation de l'usager du service public révèle deux axes distinctifs : l'un met en valeur le fait que la qualification d'usager du service public vaut autant pour le candidat à l'usage du service public que pour l'usager effectif du service ; l'autre pose le problème de la qualité du lien entre l'usager et le service. Au-delà des questions spécifiques qui mettent en valeur le lieu et le moment de la prestation, ce dernier permet d'envisager la distinction entre l'usager du service public administratif et l'usager du service public industriel et commercial.

Il a pourtant été noté que « l'usager se trouve dans une situation générale lorsqu'aucun acte particulier ne s'interpose entre les lois, les règlements et l'usage du service, au contraire sa position est particulière si elle découle d'un acte individuel qui vient établir un lien de droit individualisable sinon spécifique entre l'usager et le service » (48). Même placé dans une situation légale et réglementaire, l'usager est un sujet de droit. En usant du service il contribue à l'existence et à la qualité du service. Quand bien même la relation entre l'usager et service se fonderait sur une relation individualisée non nécessairement contractuelle, son utilisation des biens ou des produits qui matérialisent le service public ne peut pas être envisagée uniquement au regard de l'intérêt strictement personnel, du bénéfice ou du profit qu'il en retire.

1432 La qualité et la situation de l'usager ne diffèrent pas seulement selon le caractère administratif ou non du service public. La distinction entre la situation des usagers du service public administratif et celle des usagers du service public industriel et commercial peut en recouvrir une autre, au moins aussi pertinente, qui classe les cas selon que le service public administratif ou industriel et commercial est géré par une personne publique ou par une personne privée (49). La distinction n'atteint pas l'usager dans son essence même, mais fonctionnellement dans la nature du lien qu'il développe avec l'organisme gestionnaire du service. De celle-ci dépend le régime juridique d'un ensemble de rapports, qu'il s'agisse de la responsabilité engagée en cas de dysfonctionnement ou de la compétence juridictionnelle (50).

(47) J. CHEVALLIER, « Figures de l'usager »..., *op. cit.* p. 49.

(48) A.-S. MESCHERIAKOFF, *Droit des services publics*..., *op. cit.* p. 229.

(49) J.-F. LACHAUME, « L'usager du service public industriel et commercial géré par l'entreprise publique », *CJEG* 1994, n° 500, p. 317 ; *Grands services publics,* Masson, 1989, p. 329 et s.

(50) Le contentieux des services publics à caractère industriel et commercial relève en principe de la juridiction judiciaire. Cependant, les exceptions les plus importantes résultent de la nature et de l'auteur des actes contestés : ainsi en est-il des actes réglementaires édictés par une personne publique pour l'organisation, le fonctionnement, la fondation ou la suppression du service (CE, 28 juin 1989, Assoc. Études et Consommation, *Rec.* p. 544, *CJEG* 1990, p. 180, note Lachaume ; TC, 27 juin 1992, Abella, *Rec.* p. 488) ; des actes non réglementaires manifestant l'usage de prérogatives de puissance publique (TC, 26 juin 1988, Sté de distribution d'eau intercommunale, *AJDA* 1989 p. 269, note Auby ; TC, 22 nov. 1993, Matisse, *Rec.* p. 410, *CJEG* 1994 p. 599, concl. Abraham ; TC, 19 janv. 1998, Union française de l'Express, *AJDA* 1998 p. 530, *D.* 1998 p. 329, concl. Arrighi de Casanova) – étant toutefois entendu que la détention de prérogatives de puissance publique par un organisme privé investi de missions d'intérêt

La qualité d'usager-internaute interfère également dans ces cadres : la relation que ce dernier entretient avec les services publics est dépendante de circuits spécifiques ne tenant pas à son identité mais à ses identifiants, même si, en fin de compte, la nature de la prestation reste identique.

1433 Ces éléments traduisent la complexité de la situation juridique de l'usager du service public dont les évolutions répondent pour une grande part aux variations de la jurisprudence administrative. La distinction entre le candidat-usager et l'usager effectif en découle même si elle n'a pas de base juridique et provient d'un constat de fait. Dans la mesure où tout administré est potentiellement un candidat-usager à l'un des services publics qui lui sont proposés, et dans la mesure où il est toujours un usager effectif, ne serait-ce que de manière épisodique et circonstancielle d'au moins un des services publics auxquels il doit nécessairement faire appel, cette distinction permet seulement de signaler par quels circuits un administré devient un usager effectif et, ainsi, à quelles réglementations il se trouve soumis.

Cette distinction est aussi un moyen de rendre compte de l'effectivité de l'application des principes de fonctionnement du service public.

A. L'USAGER DU SERVICE PUBLIC, UN CANDIDAT-USAGER

1434 Le candidat à l'usage d'un service public est, en fait, un usager potentiel ou éventuel du service. Comme il n'existe pas d'obligation générale d'utiliser un service public, le candidat à l'usage d'un service public est généralement placé en situation de demandeur. Que le candidat-usager puisse faire valoir un droit d'accès au service et argue de l'application du principe d'accessibilité du service public, est pourtant indéniable. Toutefois, il faut admettre que l'accès au service public, même pensé comme un droit, ne lui est pas acquis d'emblée.

1435 En effet, pour devenir un usager effectif du service, l'administré doit avoir accompli une démarche spécifique, volontaire ou involontaire. Cette démarche peut constituer un « fait » ou un « acte d'investiture ». Souvent, « c'est le fait d'user de la prestation mise à disposition du public qui confère, *de plano*, la qualité et le statut d'usager » (51). Cependant, ce pourrait être aussi le cas de ceux qui, ne pouvant user du service pour des raisons tenant à leur situation de profonde précarité sociale, voient la prestation correspondante leur être offerte d'emblée puisqu'elle leur est vitale. Tel serait le cas de la mise en œuvre concrète d'un « droit d'accès à l'eau potable » – mais pas de celle d'un « droit aux soins » sauvegardé quelque peu par le biais de la « Couverture maladie universelle ».

Dans le cadre de l'administration électronique, ces postures sont modifiées : la démarche de mise en ligne réalisée, l'usager effectif d'un téléservice public n'est pas systématiquement un usager du service public considéré, la connexion à un site de service public ou la réalisation d'une téléprocédure donnée ne traduit pas nécessairement une prestation.

général n'est pas une condition nécessaire de sa qualification de service public : CE sect., 22 févr. 2007, Assoc. personnel des établissements pour inadaptés, *JCP A* 2007, n° 10-11, p. 33, 2066, concl. Vérot, obs. Rouault, *JCP A* 2007, p. 30, 2145, note Guglielmi et Koubi.

(51) A.-S. Mescheriakoff, *Droit des services publics…*, *op. cit.* p. 230.

1436 Le fond de la démarche d'investiture s'apprécie plus sûrement à l'occasion de développements concernant l'usager effectif du service public. Pourtant, si l'on retient cette perception de la situation de l'usager, deux modalités peuvent être distinguées : d'un côté, l'acte d'investiture est unilatéral et conditionné ; de l'autre il est contractuel. Ces deux formes d'accès à la prestation ne sont pas dépourvues de conséquences sur le statut de l'usager effectif, elles révèlent des modes d'accès différents selon la situation de la personne et selon l'activité de prestation. Dans ce cas de figure, la situation de l'usager dépend de la nature du lien qu'il développe non avec le service lui-même mais bien avec le gestionnaire du service.

Il est possible également de penser l'accès au service public en deux autres temps : « un acte d'organisation du service qui détermine les règles de fonctionnement et un acte-condition, ou un fait condition, qui transforme le candidat-usager en usager » (52).

Quelle que soit la perspective adoptée, la difficulté réside essentiellement dans la difficulté de cerner le moment du passage de la situation de candidat-usager à celle de l'usager effectif puisque le service public n'est réellement perceptible que par rapport à des usagers à la fois toujours potentiels et toujours effectifs. C'est d'ailleurs à cause de cette indétermination qu'est souvent employé le mot « bénéficiaire », notamment dans le but de rendre compte de l'utilisation concrète qu'a fait l'usager du service considéré, alors même que la notion de bénéficiaire proprement dite ferait penser qu'il en tire un profit particulier.

1437 L'usager est donc bénéficiaire à titre personnel d'un service que la collectivité accepte d'assurer à chacun pour la satisfaction de tous. Il n'en demeure pas moins que, pour les services publics à caractère administratif, les deux qualités sont parfois confondues et difficiles à séparer. La notion d'usager du service public a tendance, dans ce contexte, à s'étendre par l'imprécision de sa définition. Le juge administratif s'est, par ailleurs, appliqué à dessiner les contours de l'usager du service public à caractère industriel et commercial. Il a ainsi conféré à cette notion un sens plutôt extensif. L'usager d'un service public à caractère industriel et commercial n'est pas obligatoirement lié au prestataire par un contrat. Ainsi, l'usager irrégulier, frauduleux, d'un train est un usager du service public à part entière (53). Le candidat à l'usage du réseau d'eau est un usager du service public (54). Le titulaire d'un contrat d'abonnement à EDF est aussi un usager du service (55). L'usager indirect, par contrat interposé, des services portuaires est également un usager du service public (56).

1438 Plusieurs modèles d'accès au service public peuvent alors être déterminés.

Indépendamment du fait que de temps à autre, la volonté du candidat-usager n'interfère guère, par exemple lors de l'entrée dans un service public hospitalier à la suite d'un accident, et outre les cas où l'usage d'un service est obligatoire, la plupart du

(52) J.-P. Valette, *Le service public à la française*, Ellipses, 2000, p. 143.
(53) TC, 5 déc. 1983, Niddam, *Rec.* p. 541.
(54) CE, 21 avr. 1961, Veuve Agnesi, *Rec.* p. 253
(55) TC, 21 mars 2005, n° C3442, M. Théodore X, retenant que les litiges concernant les dommages provoqués par le branchement particulier qui dessert ses installations qui sont survenus à l'occasion de la fourniture des prestations lui étant dues relèvent de la compétence de la juridiction judiciaire.
(56) CE, 8 mars 1991, SA Usinor, *Rec.* p. 88, *JCP* 1991,21706, note Guglielmi.

temps l'accès à un service public relève d'un choix de la personne, qui doit être respecté par les agents du service. L'expression de ce choix individuel n'est parfois pas suffisante pour lui permettre de bénéficier de la prestation.

En effet, au vu des réglementations générales, peuvent être exigées certaines conditions concernant la personne. Ce peut être des conditions relatives à l'âge, à la situation familiale, au statut professionnel, ou des conditions déterminées par les règlements intérieurs comme la possession préalable d'un diplôme ou le nombre limite de personnes admises dans les installations matérielles du service. Peuvent être aussi sollicitées des informations sur sa situation personnelle ou sur ses ressources financières, sans se rapporter à un souci d'ordre public ou de sécurité publique. Elles correspondent souvent à une recherche de la qualité du service mais contribuent à une accentuation du ciblage progressif des usagers. Si ces conditions restreignent quelque peu l'accès du service, en même temps, elles assurent une optimisation de la prestation.

Pour l'accès à certains services, des contrats peuvent être nécessaires. Il s'agit notamment de contrats d'adhésion (57) ou d'abonnement dont le candidat-usager ne peut pas discuter les clauses. Ce type de contrat a pour conséquence de gommer les différenciations entre les usagers. Il est généralement assorti de modulations selon les prestations qui permettent au candidat-usager d'évaluer ses propres besoins à l'égard du service. Ces contrats ne sont des contrats administratifs que très exceptionnellement, si et seulement si les contrats constituent en eux-mêmes la modalité de réalisation d'un service public administratif (58).

En ce domaine, la situation de l'usager du service public et celle du consommateur sur un marché privé connaissent une forme de rapprochement, surtout pour les services à caractère industriel et commercial. Ces services sont considérés d'ailleurs comme des « services marchands » par les tenants de l'idéologie libérale et sont tributaires des normes européennes relatives à la libre circulation des services.

1439 Lorsque « contrat » il y a, la compétence de l'ordre judiciaire entraîne l'application du droit privé au fond du litige. L'usager du service public est alors nettement protégé par des principes civilistes de l'exécution des contrats (59), bien qu'il n'ait en vérité pas souvent eu à en négocier la formation. Le juge judiciaire considère par exemple que les clauses réglementaires des conventions de délégation de service public ne sont opposables aux usagers qu'à la condition de leur avoir été notifiées (60).

(57) Cass. civ., 14 févr. 1866, *DP* 1866, I, p. 84; *S.* 1866, I, p. 194; Cass. civ., 15 janv. 1906, *S.* 1906, I, p. 278; Cass. civ., 26 oct. 1926, *S.* 1926, I, p. 373; Cass. civ., 14 févr. 1922, *S.* 1922, I, p. 253; Cass. civ. 1re, 1982, *JCP* 1984, II, 20215, note Chabas; *D.* 1982, p. 457, note Larroumet.

(58) CE Sect., 20 avr. 1956, Consorts Grimouard, *Rec.* p. 168, *AJDA* 1956,2,221 chron., *RDP* 1956, p. 1058, concl., note Waline, *Rev. adm.* 1956, p. 496, note Liet-Veaux (contrats passés en vue des opérations de reboisement) ; CE Sect., 18 juin 1976, Dame Culard, *Rec.* p. 319, *AJDA* 1976, p. 579, note Durupty (contrats de prêt pour la réinstallation des rapatriés d'Outre-mer).

(59) Quoique l'application de la législation sur les clauses abusives bute sur l'existence de ces clauses réglementaires dans les contrats entre services publics à caractère industriel et commercial et usagers : S. Pellinghelli-Steichen, « Les contrats passés par les services publics industriels et commerciaux au regard du contrôle des clauses abusives », *LPA*, 1997, n° 84 ; CE, 11 juill. 2001, Soc. des Eaux du Nord, *Rec.* p. 348, *CJEG* 2001, p. 496, concl. Bergeal ; *AJDA* 2001, p. 893, note Guglielmi, *RDP* 2001, p. 1495, note Eckert.

(60) Cass. civ., 17 nov. 1987, *Bull. civ.* I, n° 299; Trib. instance XIVe arr. Paris, 12 avr. 2011, J. Bertrand c. SNCF.

Il ne s'interdit pas d'adresser des injonctions aux personnes publiques gestionnaires de service public à caractère industriel et commercial (61). Assez logiquement, le juge judiciaire en vient à souligner la nécessaire distinction entre le contrat concernant le service public lui-même et les liens contractuels que les usagers entretiennent avec le service (62).

B. L'USAGER DU SERVICE PUBLIC, UN USAGER EFFECTIF

1440 L'usager effectif est celui qui utilise les installations matérielles du service et en même temps celui qui use directement de la prestation ; il n'est pas un « consommateur de service public ». En effet, « le service public apparaît [...] comme un agent de redistribution qui doit contribuer par son action à réduire l'ampleur des inégalités sociales, il a pour fonction de mettre un certain nombre de biens sociaux, culturels ou économiques à la portée de tous ; son action s'adresse de manière préférentielle aux plus démunis, ceux qui étaient exclus des mécanismes de répartition et de distribution du marché » (63). La notion de consommateur ne répond guère à cette logique.

Dès lors, si « le profil du "consommateur de service public" reste encore flou et mouvant » (64), c'est justement parce qu'il est difficile d'appréhender dans le champ de la science juridique la qualité de « citoyen-usager-consommateur ».

Les prestations de service public, dans la mesure où elles sont indispensables à la cohésion nationale et à la démocratie, ne peuvent pas « être abandonnées aux incertitudes de l'initiative privée et du marché » (65). Or, la qualité de consommateur est dépendante de l'existence d'un choix entre divers prestataires pour un même type de services. Cette situation contrarie les implications de la définition du service public compris comme une activité d'intérêt général.

À cette notion d'intérêt général s'accorde l'idée d'égalité qui est au cœur du service public. Car, par construction, le service public, accessible à tous, offre des prestations identiques à ses usagers, qui se valent tous et disposent d'un droit égal à l'obtention de ses prestations. Le service public ne peut donc se plier sans contorsions aux règles d'ajustement du marché. Les différents principes de fonctionnement, tant l'obligation de respect de l'égalité des usagers (66) que celle de la continuité qui conditionne la bonne marche du service, s'opposent dès lors à la conception d'un usager devenant consommateur du service public (67).

(61) Cass. civ., 16 juill. 1986, SIVOM de la région d'Aigues-Mortes c. Mortureux, *Bull. civ.* I, n° 211.

(62) Cass. civ. 1re, 30 juin 2004, *RGCT* 2004, p. 833, note Vidal. En l'espèce, le fait que le juge administratif ait déclaré nul un contrat d'affermage et ses avenants, ne modifie pas les contrats (de droit privé) liant les usagers du service public ainsi délégué au titulaire du contrat d'affermage.

(63) J. CHEVALLIER, « Figures de l'usager »..., *op. cit.* p. 53.

(64) M. LECERF, *Droits des consommateurs et obligations des services publics*, Éditions d'organisation, 1999, p. 23.

(65) G. VEDEL, « Service public à la française ? Oui, mais lequel ? », *Le Monde*, 21 déc. 1995.

(66) Et de ce fait, un conseil municipal ne peut décider d'octroyer le bénéfice de la gratuité des transports urbains aux demandeurs d'emploi à la condition qu'ils soient pris en charge par les Assedic : CAA Lyon, 27 juin 2002, Brindel, *JCP A* 2002, Jur. p. 385, note Quillien.

(67) CE, 13 mars 2002, Union fédérale des consommateurs, *Rec.* T. p. 703 ; *BJDCP* 2002, n° 22, p. 230, concl. Schwartz ; *JCP* 2002, I, 142, note Boiteau ; *AJDA* 2002, p. 276, note Guglielmi et Koubi ; *RFDA* 2003, p. 772, note Deffigier.

Ces distinctions ne semblent pas toujours apparentes dans les développements de l'administration électronique. Du fait des nouvelles technologies de l'information et de la communication, face au service public, le décalage entre consommateur et client est déplacé, même si l'accès aux services par l'Internet acquiert les propriétés d'un droit fondamental (68). Au-delà des normes relatives au nommage (69), l'usager des téléservices publics n'est, pour l'instant, ni client ni consommateur, du moins au moment de la connexion. Ce n'est qu'en présence de conditions particulières d'accès que ces qualités peuvent être, le cas échéant, évoquées, par exemple dans le cas des services de téléenseignement, de téléassistance ou télésanté. M.-F. Lemaître remarque toutefois que ce déploiement des techniques dépend aussi de la confiance des administrés en l'administration électronique. Évoquant implicitement l'inégalité sous-jacente entre les traitements juridiques des usagers selon que leur relation au service public se réalise hors ligne ou en ligne (70), elle note ainsi que « les usagers-citoyens attendent simplement d'être pris en compte voire en considération, c'est-à-dire être écoutés, respectés et *in fine* servis (ce qui relève bien des obligations du service public). L'exigence de service rendu et l'acceptation de la contrainte du parcours administratif pour y parvenir varient assez considérablement selon que la démarche relève d'une obligation légale sans contrepartie directe mais qui peut même être assortie de sanctions, ou débouche sur une chance d'obtenir un avantage ou de voir un droit reconnu. [...] Autrement dit, la revendication de reconnaissance et de prise en compte citoyenne des “administrés”, des “assujettis” et autres “allocataires” ou contribuables de ce pays ne peut être satisfaite par une offre de téléservices, dès lors que celle-ci ne s'accompagnerait pas d'une transformation des rapports avec l'administration. [...] C'est donc à un effort qui va bien au-delà de la mise en place des technologies de l'information et de la communication (TIC) que l'administration se trouve confrontée » (71). Or, dès l'instant où il est connecté à un site internet public comme « service-public.fr » ou à un service public en ligne, tout individu devient virtuellement un usager, au moins du téléservice lui-même, sans qu'il soit possible de déterminer à ce stade s'il est en instance de devenir aussi client ou consommateur.

1441 L'usager effectif voit sa situation juridique déterminée par la qualité même du service auquel il en appelle. Il est ainsi soumis aux lois et règlements du service qui fixent sa situation statutaire. Cette particularité fonde autant qu'elle explique le fait qu'il ne peut se prévaloir d'un « droit au maintien du service public ».

En effet, au vu de cette subordination aux règles générales et impersonnelles, l'usager ne bénéficie d'aucun droit subjectif : la prestation à laquelle il prétend, et dont il use, s'apprécie objectivement, et non au regard de sa situation personnelle. Si l'usager conserve une marge de liberté appréciable à l'égard du service, il doit en user dans les conditions prévues par les règlements. Outre l'ensemble des normes juridiques générales qui l'obligent à adopter certains comportements, l'usager

(68) CC, 10 juin 2009, n° 2009-580-DC, L. favorisant la diffusion et la protection de la création sur internet, *Rec.* p. 107 ; *D.* 2009, p. 2045, note Marino ; *Constitutions* 2010, p. 97, obs. Périnet-Marquet ; et p. 293, obs. de Bellescize ; *JCP G* 2009, n° 39, p. 46, obs. Verpeaux.

(69) B. du Marais, « Le service public du nommage », *AJDA* 2003, p. 1590.

(70) V. aussi, M.-C. Roques-Bonnet, *Le droit peut-il ignorer la révolution numérique ?*, Michalon, 2010, not. p. 82 et s.

(71) M.-F. Lemaître, « Téléprocédures administratives, le pari de la confiance », *AJDA* 2001, p. 628.

est également soumis au respect des dispositions du règlement intérieur de chaque service. Les règlements intérieurs peuvent, en effet, exiger de lui d'autres types de conduite. Il s'agit parfois de l'inviter à participer directement à l'exécution du service pour l'utiliser, comme celui qui valide son ticket, son billet ou son badge dans les transports publics. Il s'agit souvent de lui rappeler des règles de savoir-vivre de connotation morale et relevant du champ de la civilité, et plus encore de celui de la citoyenneté et du civisme.

Cette dimension particulière permet de manifester un des aspects fondamentaux de l'essence du service public, qui est l'appropriation du service public par l'usager et, en conséquence, la contribution ou collaboration nécessaire de l'usager à la prestation. Le service public est certes fourni *à* l'usager mais il l'est aussi indissociablement *avec* l'usager.

Ce modèle est particulièrement prégnant pour tous les services se réalisant en ligne, dits « téléservices publics », car nécessairement l'usager fait au moins la démarche de connexion. L'ordonnance n° 2005-1516 du 8 décembre 2005 relative aux échanges électroniques entre les usagers et les autorités administratives et entre les autorités administratives, en a donné une définition réductrice : est considéré comme téléservice « tout système d'information permettant aux usagers de procéder par voie électronique à des démarches ou formalités administratives ». Cependant, outre le fait que la généralisation des téléprocédures et téléservices concourt à la réduction des déficits publics, comme le préconise la révision générale des politiques publiques, l'un de ses enjeux est autant de mettre à la disposition de tous les informations administratives associées aux services publics en ligne, que d'en permettre l'accès sans distinction. La fonction des téléservices publics, quand bien même seraient-ils externalisés, répond ainsi à la dynamique interactive, pour l'usager du service public, de l'appropriation et de la coopération.

1442 Ces remarques traduisent la forme civique de tout service public. Elles relèvent des modes d'application des principes d'égalité et de neutralité du service public : tous les usagers sont placés dans une situation identique au regard du service, aucune distinction ne peut être établie entre eux en raison de critères diversifiés tenant à leur personne quels qu'ils soient (72). La circulaire du Premier ministre du 2 mai 2000 relative à l'accès à la citoyenneté et à la lutte contre les discriminations demandait ainsi que soit rappelée « aux différents services publics, la nécessité absolue d'être exemplaire dans le respect des règles d'impartialité et d'égalité à l'égard des usagers, quelle que soit leur origine ». Elle affirmait clairement que « les discriminations constituent des atteintes inadmissibles à la loi républicaine » (73), ce qui résonne en écho à la vertu républicaine du service public. C'est une « Charte de la laïcité dans les services publics », rédigée sur la base d'un texte proposé par le Haut conseil à l'intégration, qui a été publiée en annexe à une circulaire du Premier ministre (74), circulaire qui comporte significativement deux parties : l'une visant l'usager, l'autre l'agent public, principalement dans ses rapports avec l'usager.

(72) CE, 13 févr. 1970, Dame Vigan, *Rec.* p. 110.
(73) *JO* 16 mai 2000, p. 7328.
(74) Circ. Premier min., 13 avr. 2007 (PM n° 5209/SG), sur le site www.fonction-publique.gouv.fr. Rapport du Haut Conseil à l'Intégration du 29 janv. 2007, sur le site www.hci.fr.

SECTION II USAGER, CLIENT DU SERVICE PUBLIC, CONSOMMATEUR DE SERVICE PUBLIC ?

1443 **Bibliographie :** C. HORELLOU-LAFARGE (dir.), *Consommateur, usager, citoyen*, L'Harmattan, Paris-Montréal, 1996 ; B. DE QUATREBARBES, *Usagers ou clients ? Marketing et qualité dans les services publics*, Éditions d'Organisation, coll. Services publics, 1996 ; J. AMAR, *De l'usager au consommateur de service public*, PUAM, 2001 ; F. BEROUJON, *L'application du droit de la consommation aux gestionnaires de service public. Éléments de réflexion sur l'évolution du droit des services publics*, th. droit Grenoble, 2005.

P. DELVOLVÉ, « La question de l'application du droit de la consommation aux services publics », *Dr. adm.*, 1993, n° 10, p. 3 ; J. AFFICHARD, « Management public et traitement des usagers », *in* Colloque de Cerisy, *Le service public ? La voie moderne*, L'Harmattan, coll. Logiques sociales, 1995, p. 281 ; C. BARBIER, « L'usager est-il devenu le client du service public ? », *JCP* 1995, I,3816 ; J.-P. BIZEAU, « Usagers ou clients du service public ? Le discours de l'administration », *Rev. adm.* 1997, n° 296, p. 209 ; P. WARIN, « Les services publics : modernisation, découverte de l'usager et conversion libérale », *in* P. WARIN (dir.), *Quelle modernisation des services publics ?*, La Découverte, 1997, p. 81 ; F. PÉRALDI-LENEUF, « Le consommateur-citoyen et la mutation des obligations de service public », *in* R. KOVAR et D. SIMON, (dir.), *Service public et Communauté européenne : entre l'intérêt général et le marché* (t. 2), La Doc. fr., 1998, p. 373 ; J.-F. LACHAUME, « Le point de vue du juriste : personnes, administrés, usagers, clients ? », *in* IFSA, *Administration : droit et attentes des citoyens*, La Doc. fr., 1998, p. 23 ; M.-A. FRISON-ROCHE, « La victoire du citoyen-client », *Societal*, n° 30, 2000, p. 49 ; F. COCHOY, « Figures du client, leçons du marché », *Sciences de la société*, n° 56, 2002, p. 3 ; E. LEVY, « L'usager est-il soluble dans l'organisation ? », *Sciences de la société*, n° 56, 2002, p. 187 ; S. CHILLON, « De l'usager au consommateur : une évolution de l'ouverture du service public à la concurrence ? », *in* G. HENAFF (dir.), *Concurrence et services publics : enjeux et perspectives*, PU de Rennes, 2002, p. 285 ; P. SABLIÈRE, « Usager du service public, qualité de fourniture et abattement tarifaire », *AJDA* 2002, p. 679 ; H. PAULIAT, « Usager, client, consommateur du SPIC local », *in* J.-B. AUBY, S. BRACONNIER (dir.), *Services publics industriels et commerciaux : questions actuelles*, LGDJ, coll. Décentralisation et développement local, 2003, p. 81 ; S. PERDU, « Le juge administratif et la protection des consommateurs », *AJDA* 2004, p. 481 ; V. BARBÉ, « La protection du consommateur de services ouverts à la concurrence : approche comparée », *LPA* 2006, n° 134, p. 8 ; B. QUIRINY, « Les droits de l'usager face au droit du marché », *RFDA* 2008, p. 20 ; F. BEROUJON, « Le consommateur et le juge administratif », *JCP A* n° 19, mai 2011, 2181.

1444 À la suite de la circulaire du Premier ministre relative au renouveau du service public (75), a émergé un nouvel avatar de l'usager du service public : le client. Depuis, l'usager tend de plus en plus à être considéré comme un « client ». Une certaine dévalorisation du mot « usager » a servi ce discours. « On pourrait s'attendre à un certain consensus autour de l'idée que la notion d'usager rabaisse l'utilisation des services de réseaux au rang d'objet manipulé par le prestataire de services, écrit C. Stoffaës, et qu'il importe donc de le faire reconnaître comme client, c'est-à-dire comme véritable sujet de droit » (76) L'assertion laisse perplexe, car le client n'est pas doté de ce statut, si ce n'est en droit de la consommation, qui ne lui est applicable qu'avec des réserves (77). De plus, la notion d'usager est au fondement de la notion de service public : l'usager est

(75) Circ. « Rocard » du 23 févr. 1989, *JO* 24 févr. 1989, p. 2526.
(76) *Services publics – Question d'avenir*, Odile Jacob/La Doc. fr., 1995, p. 72.
(77) Par ex., CE, 11 juill. 2001, Sté des eaux du Nord, *préc.* ; CE, 13 mars 2002, Union fédérale des consommateurs, *préc.* ; F. BEROUJON, *L'application du droit de la consommation aux gestionnaires de service public. Éléments de réflexion sur l'évolution du droit des services publics,* thèse droit Grenoble, 2005.

celui pour lequel le service existe, a été créé, et fonctionne. Néanmoins, cette démarche s'est renforcée dans l'objectif de la réforme de l'État et surtout dans le mouvement de libéralisation des services en réseaux concernant les télécommunications et les communications électroniques (78), l'électricité, le gaz, l'eau, les transports ferroviaires.

Or, dès l'instant où le vocable « client » interfère dans les discours relatifs aux rapports entre l'autorité administrative et le public, les fondements de la légitimité du service public se trouvent en instance de remise en cause. L'introduction de la logique du marché dans le droit du service public apparaît en effet antinomique. Dans la mesure où le service public est une activité d'intérêt général qui répond à des besoins collectifs essentiels à la vie en société, l'usager du service public ne peut être réduit ni à un client, ni à un consommateur.

1445 Afin de ne pas inscrire le service public dans des modulations essentiellement marchandes, une certaine approche du mot « client » peut toutefois rendre compte de la situation particulière de l'usager du service public, notamment en ce qui concerne les nouveaux droits dont il peut faire état envers les organismes gestionnaires du service (§ 1). Ainsi, les problématiques administratives relatives à la nature du service et à la « qualité du service » confèrent au mot « client » un certain sens dans les discours administratifs.

Ces éléments ne permettent pas d'éviter la confusion entretenue entre l'usager et le client ou entre l'usager et le consommateur. Il serait alors nécessaire de penser la prestation de service public autrement que sous la forme d'un « service rendu » alors même que la notion de « qualité du service » en dérive. De plus, il faut souligner combien le passage sémantique du « service public » au « service au public » (79) a contribué à l'approfondissement de ce mouvement général de recomposition du service public autour de la prestation offerte à l'usager, que celui-ci soit un particulier ou une entreprise privée (80).

En effet, le principe d'égalité s'oppose à ce que soit totalement individualisée la prestation de service. L'individualisation, qui est propre à la situation de client et qui est accentuée par celle de consommateur, induit la construction de liens de nature contractuelle. Elle suppose alors une marge de négociation et un temps de réaction qui personnalisent le lien entre le client-consommateur et le service (§ 2).

§ 1. UN USAGER « CLIENT » ?

1446 Dans le cadre du service public, le client s'entend comme une personne sollicitant des services « payants ». Cette perception repose sur la notion de « service rendu » qui assure du passage du « service public » au « service au public ».

(78) V. Y. Fijalkow, « Les visages réversibles de l'usager et du consommateur. Ce que nous apprend la grève des internautes », *Sciences de la société*, n° 56, 2002, p. 149.

(79) C. Rouvier-Mexis, « Service public ou service rendu au public », *in* R. Kovar et D. Simon, (dir.), *Services publics et Communauté européenne : entre l'intérêt général et le marché*, La Doc. fr., 1998, t. 2, p. 121.

(80) J.-A. Mariotti, *Aménagement du territoire, services publics et services au public*, rapport Conseil économique et social, éd. Journaux officiels, 2005, qui rappelle certaines des interrogations soulevées dès l'annonce de la fin de l'État Providence : A. Demichel, « Vers le self-service public », *D.* 1970, chron. p. 17.

Selon les analyses conduites par le Conseil économique et social, la notion de « service au public » coexiste avec celle de service public. Elle acquiert une certaine pertinence dans l'appréhension des besoins des populations. Ainsi, alors qu'une trésorerie ou un centre d'action culturelle ne répondent pas toujours aux besoins directs et immédiats de la population sur un territoire donné, certains services privés, comme ceux de médecine libérale, acquièrent une importance vitale, tandis que de nouveaux besoins émergent, suscitant la création de nouveaux services, publics ou privés (accueil de la petite enfance, aide aux personnes âgées) (81). Dès lors devraient être distinguées deux catégories de services au public : les services au public pris en charge par la collectivité, qu'ils soient ou non marchands, et les services privés, associatifs ou à but lucratif de première nécessité sur ce territoire.

Ces propositions permettent à la notion de « client » de recouvrir celle d'usager pour certaines activités, notamment destinées à satisfaire des attentes précises et concrètes liées à la vie quotidienne.

1447 Toutefois, promue par le déploiement de l'idée de « service rendu » dans les discours politiques, économiques et juridiques, la notion de client doit être essentiellement appréciée par rapport au paiement d'un prix pour l'accès au service ou pour l'obtention de la prestation. L'institution d'un lien entre l'usager et le service s'établit à partir de ce paiement, mais il s'attache directement à la prestation : le client demande le service moyennant rétribution.

Le juge administratif, à l'occasion de l'examen des tarifs des visites médicales obligatoires des étrangers sollicitant un titre de séjour en France, a ainsi établi que le contrôle médical qui leur était imposé « n'a pas été institué dans l'intérêt de ces personnes mais a essentiellement pour objet la protection de la santé publique ». Il en résulte alors que ce contrôle « ne constitue pas un service rendu pouvant donner lieu à la perception d'une redevance » (82). La référence à la notion de « service rendu » permettrait-elle ainsi de penser *a contrario*, dès qu'un administré titre un certain bénéfice d'une activité administrative donnée, qu'il devrait en payer le prix ?

1448 Si l'idée de prix accentue le caractère introuvable du principe de gratuité (83), elle ne peut d'emblée s'imposer sans que soient reconnues et admises plusieurs séries de distinctions. L'une concerne la nature du service considéré, selon qu'il est collectif ou non. Une autre s'établit, à partir du moyen de financement de la prestation, entre taxe et redevance. Une autre encore peut être déterminée en fonction du moyen de fixation des tarifs et des rapports entre coûts du service pour l'organisme et prix du service pour l'usager.

Mais il est alors nécessaire de distinguer entre le tarif fixé pour l'obtention d'une prestation donnée et les frais résultant d'une prestation liée à une activité de service public souvent transférée à des personnes privées. Ainsi, par exemple, en matière de sécurité, comme le note X. Latour, « à chaque fois que l'État se désengage il le fait en transférant la charge financière de l'activité sur les usagers d'un

(81) J.-A. Mariotti, *op. cit.*, p. I. 11.

(82) CE, 20 mars 2000, GISTI c. Min. de l'Emploi et de la Solidarité, req. 205266, *AJDA* 2001, p. 188, note Hennette-Vauchez.

(83) G. J. Guglielmi, « L'introuvable principe de gratuité du service public », *in* G. Koubi et G. J. Guglielmi (dir.), *La Gratuité, une question de droit ?,* L'Harmattan, coll. Logiques juridiques, 2003, p. 39.

service qui en deviennent donc les clients. Tel est ainsi le cas des gestionnaires d'aéroports, des compagnies aériennes, des organisateurs d'événements sportifs ou culturels. Tous substituent aux forces publiques de sécurité intérieure (et parfois de manière obligatoire) des agents de sécurité privée et donc payants. Les entreprises de sécurité privée inscrivent alors leur activité dans un contexte, bien connu des juristes, de participation de personnes de droit privé à une mission de service public » (84).

La question du prix rejoint alors celle des tarifs du service public, qui ne répondent pas systématiquement aux impératifs du marché (85) et drainent nombre de contentieux sur les nuances du principe d'égalité. Les différenciations tarifaires ne sont, en effet, validées qu'en fonction des contextes sociaux et locaux. Ainsi, quant aux modulations des tarifs selon la résidence des usagers, après les avoir refusées (86), le juge administratif a fini par considérer qu'elles pouvaient être mises en place dans certains cas, et par rapport à certains services dûment identifiés (87), notamment dans les collectivités territoriales, dans la logique du principe de libre administration (88), avant que le juge européen ne vienne à nouveau poser des limites aux critères de différenciation (89).

1449 Les services collectifs ne connaissent pas à proprement parler d'usagers, ils se réalisent souvent sans que puisse être défini un prix pour assurer leur accès ou leur intervention (90). De ce fait, alors que les services de lutte contre l'incendie ne peuvent pas donner lieu en principe au paiement d'un prix (91), la facturation des services de secours en montagne est admise et se démarque ainsi d'une idée de gratuité qui n'a jamais été juridiquement garantie. Cependant, ce n'est pas en soi l'activité de service public qui s'inscrit dans un tel schéma marchand mais l'intervention elle-même.

(84) X. Latour, « La "marchandisation" de la police et de la gendarmerie à l'épreuve du droit public », *JCP A* n° 24, juin 2010, 2199.

(85) R. Hertzog, « Le prix du service public », *AJDA*, 1997, n° spéc. *Le service public, unité et diversité*, p. 55.

(86) CE Sect., 13 mai 1994, Ville de Dreux, *Rec.* p. 233 ; *AJDA* 1994, p. 652, obs. Hecquard-Théron ; *RFDA* 1994, p. 711, concl. Daël.

(87) Par ex., différence de situation entre les usagers habitant la commune et ceux n'y résidant pas : v. pour une cantine scolaire, CE sect., 5 oct. 1984, Commissaire de la République de l'Ariège c. Commune de Lavelanet, *Rec.* p. 315 ; *AJDA* 1984, p. 692, chron. ; *RFDA* 1985, p. 241, concl. contr. Delon.

(88) M. Long, « La tarification des services publics industriels et commerciaux locaux », *in* J.-B. Auby, S. Braconnier (dir.), *Services publics industriels et commerciaux : questions actuelles,* LGDJ, coll. Décentralisation et développement local, 2003, p. 67 et s.

(89) En tant que le critère de la résidence affecte les principes de libre circulation, de libre établissement et de nationalité : CJCE, 16 janv. 2003, aff. C-388/01, Commission c. République italienne, *RGCT* 2004, p. 821, note Zins.

(90) En effet, « les contributions des communes, des établissements publics de coopération intercommunale compétents pour la gestion des services d'incendie et de secours et du département au financement du service départemental d'incendie et de secours ne sont pas le paiement du prix d'un service dont les communes seraient les usagers, mais une charge qui leur incombe pour le bon fonctionnement d'un service public dont ils ont la responsabilité en vertu de la L. » : CE, 30 juill. 2010, req. n° 309578, SDIS de la Charente.

(91) Toutefois, dès que les interventions ne se rattachent pas directement à l'exercice des missions de service public telles qu'elles ont été définies (CGCT, art. L. 1424-2), le Service départemental d'incendie et de secours peut demander aux personnes bénéficiaires de participer aux frais (aide aux personnes subissant des dysfonctionnements générés par des défauts d'entretien des lieux privés (ascenseurs), recherche ou secours aux animaux domestiques, destruction des nids d'insectes). S'agissant des secours liés à la pratique des activités sportives ou de loisir, ils peuvent tous donner lieu au remboursement des frais, à la discrétion de la commune (art. L. 2331-4, 15°).

En effet, bien des services sont, par leur nature, financés par l'impôt. Les activités de police ne sont donc pas à la charge des usagers, mais les interventions spécifiques peuvent l'être au titre de la « rémunération des services rendus ». De ce fait, les particularités d'une intervention en matière de sécurité feraient que « les bénéficiaires des services d'ordre sont supposés l'être au titre d'intérêts particuliers et non à celui de l'intérêt général » (92). Une contradiction apparaît alors pour les activités de police administrative ou judiciaire relevant des activités d'intérêt général : « un doute pourrait saisir l'observateur concernant les services d'ordre payés. Un prix, un service, un domaine ouvert à la concurrence (au moins partielle) d'opérateurs privés, sont autant d'éléments susceptibles de susciter l'interrogation. Pourtant, police et gendarmerie, quel que soit le cadre de leurs interventions, continuent de relever du service public administratif, même si leur marchandisation est assimilable à un facteur supplémentaire d'érosion de la distinction entre les deux grandes catégories de service public » (93).

Le service public « payant » n'apparaît pas comme une anomalie dans le système juridique français. Néanmoins, dans ce type de services collectifs d'intérêt général comme dans le cadre des services publics administratifs, si le paiement d'une somme d'argent est sollicité, il doit relever de la logique de l'imposition forfaitaire et non de celle de la facturation détaillée.

1450 Or, d'une part, les personnes dénommées « clients » du service public relèvent de catégories de population particulièrement déterminées. Il s'agit, en fait, d'un public « ciblé » comme le sont les individus dans les démarches adoptées en matière commerciale, souvent dans des secteurs où le rapport entre l'usager et le service s'établit sur une base minimale de prestations et dont les développements annexes, complémentaires ou supplétifs, répondent à des impératifs de marché et obligent au respect de la libre concurrence. En ce cas, il n'y a pas d'opposition entre droit du service public et droit de la concurrence en ce qui concerne la prestation de base que délivre le service public : celle-ci est due à l'usager, dès lors qu'il y a droit et qu'il remplit les conditions pour la recevoir.

Cette notion de « client » est donc bien un des fruits de l'ouverture des services publics à la concurrence (94), mais elle est aussi une des conséquences du renforcement de la décentralisation territoriale dans la mesure où les différents services publics locaux, industriels et commerciaux et souvent facultatifs, peuvent être conduits à ajuster leurs prix en vertu du profit que les usagers tirent de leurs prestations (95).

1451 D'autre part, dès lors que le service public est instrumentalisé comme palliatif du marché et producteur d'une cohésion sociale dans une société inégale en

(92) X. Latour, « La "marchandisation" de la police… », *op. cit.*
(93) *Ibid.*
(94) V. S. Chillon, « De l'usager au consommateur : une évolution de l'ouverture du service public à la concurrence ? », *in* G. Henaff (dir.), *Concurrence et services publics : enjeux et perspectives,* PU de Rennes, 2002, p. 285.
(95) V. par ex., G. Gonzalez, « Le service public local : à quel (s) prix ? », *LPA*, 5 déc. 1997, p. 13 ; M. Long, « La tarification des services publics industriels et commerciaux locaux », *in* J.-B. Auby, S. Braconnier (dir.), *Services publics industriels et commerciaux : questions actuelles,* LGDJ, coll. Décentralisation et développement local, 2003, p. 41.

raison des niveaux de revenus des usagers effectifs, potentiels ou virtuels, interfère la notion de consommateur. Dans une certaine mesure, à l'égalité s'est substituée l'équité, et à la notion de service public s'est substituée celle de service universel, c'est-à-dire d'un service minimal qui dépend de la capacité du « client » à payer le prix « abordable » du service. Cette démarche a pour conséquence d'inciter les organismes investis de missions de service public à moduler les tarifs des services en fonction de la consommation que chacun ferait de la prestation. Ils appliquent ainsi le principe dit « de Ramsay-Boiteux », selon lequel plus l'usager est captif, plus le prix qu'on peut lui demander peut se rapprocher du coût marginal du prestataire de services.

La règle ancienne organisant le financement du service public indépendamment de l'usage effectif du service perd de son sens. L'usager n'est plus considéré comme un individu abstrait relevant d'une catégorie donnée de situations légales devant le service public. Pourtant, c'est cette notion de solidarité inhérente au système des contributions publiques qui sous-tend le principe du financement public des services et permet de consolider le lien social.

1452 Dans la plupart des textes législatifs évoquant les services publics (emploi, aéroports, électricité), le mot « usager » est peu usité. Si celui de « client » apparaît, c'est dans un contexte commercial en rapport avec des producteurs ou des fournisseurs. Quant au vocable « consommateur », il n'est guère employé. De plus, dans les circulaires administratives, lorsque figurent ces différents termes, ils sont mis en regard avec les principes additionnels de fonctionnement des services publics que sont la qualité, l'efficacité économique et l'accessibilité.

Dès lors, l'objectif affiché n'est pas d'imposer dans tous les secteurs une vision marchande de la société. Plus probablement, il est de proposer de nouvelles grilles de lecture des notions d'efficacité économique et sociale et de bonne administration qui fassent que les usagers perdent peu à peu les garanties que leur offrait ce statut. Pourtant la recherche de la qualité, même conjuguée avec la notion d'efficacité, n'est pas la poursuite d'une rentabilité financière, car certaines activités de service public concernent des besoins collectifs que la loi du marché conduirait à ignorer.

La fonction du client et celle du consommateur tracent ainsi des formes de séparation entre les différentes catégories de population. Celles qui bénéficient d'un accès facile à chaque service, chacun localisé et distingué, ne sont pas dans la même situation que celles qui ne disposent que d'un seul accès, en un seul lieu, à tous les services.

§ 2. UN USAGER « CONSOMMATEUR » ?

1453 La fonction de consommateur se comprend en deux temps. Le service consiste en la fourniture d'un bien ou d'un produit qui sera consommé. L'accès au service et l'utilisation de ce bien ou produit supposent le paiement d'un prix proportionnel à la consommation qui en est faite. La question du « prix » est donc une nouvelle fois au centre de la problématique.

1454 En ce domaine, la distinction entre service public administratif et service public industriel et commercial reprend de la vigueur. Elle implique de reconsidérer l'idée de différence de situation. Celle-ci porte alors sur la « consommation », ce qui implique une recomposition de la notion de « prix » (96).

Dans les services publics à caractère industriel et commercial, l'idée de prix correspond au choix du mode de gestion plus qu'à la nature du service et à la qualité de la prestation. Quand il existe, et même s'il est considéré comme une redevance pour service rendu, ce prix n'est pas nécessairement calculé suivant les règles du marché en ce que la logique du service public ne correspond pas à un jeu de l'offre et de la demande. La logique de marché ne peut être là que « partielle » puisqu'elle n'est fondée que sur l'offre : l'autorité administrative « met à la disposition des usagers des prestations mais c'est elle seule qui détermine, en fonction de considérations générales qu'elle apprécie, la consistance et les modalités (notamment tarifaires) de cette offre » (97). Cependant, force est de constater que « la diversité des prestations et la logique même de l'offre induisent une diversité croissante des usagers » (98). En effet, l'usager n'est plus captif des services publics puisqu'il peut s'adresser à d'autres types de prestataires, même s'il s'agit pour lui de satisfaire à une obligation, comme c'est le cas par exemple des vaccinations imposées ou de l'enseignement obligatoire des enfants. Sa faculté de choix s'est accrue du fait du développement de la concurrence et du démantèlement des monopoles.

Le service public finit ainsi par s'adresser essentiellement aux usagers les moins solvables, et c'est là que la notion de service universel trouve sa raison d'être, au risque de recouvrir totalement la notion de service public. Mais, dans cette perspective, l'usager n'est pas fondamentalement un client. Le client est celui qui dispose des moyens de se procurer le complément du service de base, et non celui qui est dans le besoin pour n'obtenir que ce service de base. Il n'est pas non plus un consommateur, puisque l'utilisation qu'il fait de la prestation est un support des compléments qui lui sont ainsi proposés.

1455 La notion de client et celle de consommateur doivent alors être recherchées dans d'autres modalités et dans d'autres formes de relation entre l'usager et le service public. Il est nécessaire de reprendre la logique de marché et d'ajouter, à l'offre, le jeu de la demande. Mais ce positionnement de l'usager en client-consommateur n'est possible que dans les secteurs où les activités de service public sont soumises au droit de la concurrence. Les usagers ne sont plus retenus dans le champ public, ils s'émancipent en usant de leurs capacités de choix. Cette modification oblige les services publics à revoir leurs modes de fonctionnement en développant des stratégies commerciales qui, de la publicité à l'offre de services complémentaires plus ou moins avantageux pour les usagers – et peut-être contraires au principe d'égalité –, les rapprochent des

(96) La tarification déterminée par la qualité de consommateur ne peut pas être différente entre résidents et non-résidents. À propos du service public de l'eau : CE, 28 avr. 1993, Commune de Coux, *Rec.* p. 138. Par ailleurs, dès que la position de consommateur est prise en compte, le prix calculé est celui que doit payer l'usager en fonction de sa consommation réelle mais il est admis que l'amélioration du service puisse être prise en compte dans la fixation du tarif : CE, 30 déc. 2002, Commune de Quaix-en-Chartreuse, *Rec.* p. 495, *AJDA* 2003, p. 1068 note Fonbaustier ; *RFDA* 2003, p. 788, note Lachaume. De même, la consommation peut être valorisée par une tarification d'abord dégressive, puis progressive, applicable indistinctement aux usagers individuels et collectifs : CE, 14 oct. 2009, Commune de Saint Jean d'Aulps, req. 300608, *Lamy CT* 2010, n° 56, p. 65, obs. Guglielmi.

(97) J.-F. LACHAUME, « Le point de vue du juriste : personnes, administrés, usagers, clients ? » *in* IFSA, *Administration : droit et attentes des citoyens*, La Doc. fr., 1998, p. 29.

(98) *Ibid.*, p. 30.

entreprises privées. L'indice de satisfaction des usagers du service public en est un des paramètres. Mais doivent aussi être évalués le taux de fréquentation du service, le rapport entre les coûts du service, son tarif et la redistribution des bénéfices tirés des compléments de la prestation, que certains peuvent payer, pour assurer le maintien du service de base que d'autres doivent pouvoir se procurer. Plus que la notion de consommateur, la notion de client contribue donc à une césure sociale.

Il s'agit désormais pour les services publics industriels et commerciaux de fidéliser le public, de répondre à leurs aspirations, de leur fournir une prestation à la hauteur de leurs attentes, de leur offrir des produits individualisés et de les informer de tout avantage envisageable. Mais outre le fait que se dessinerait ainsi un service public à la carte, la fin de l'anonymat de l'usager signerait aussi à terme la disparition de la catégorie de l'usager du service public.

1456 Pour éviter ces dérives, les politiques de service public soulignaient la nécessaire évaluation de l'efficacité sociale du service. Selon la « charte des services publics » de 1992, « l'État et ses services publics doivent être capables d'assurer, dans les meilleures conditions d'équité et d'efficacité, leurs indispensables missions de sauvegarde des valeurs républicaines, de défense de l'intérêt général et de promotion du progrès économique et social ». Aussi l'État, ajoute-t-elle, « doit veiller à ce que l'usager soit placé au centre de la préoccupation de tous les services publics » (99). La qualité du service est notamment exposée afin que soient déterminées de nouvelles règles relatives à l'accueil et à l'orientation des administrés, des usagers, du public (100). Les circulaires du Premier ministre sur le renouveau du service public (1989) et sur la réforme de l'État (1995) ont toujours insisté sur la nécessité de situer l'usager au « cœur » des nouveaux dispositifs. L'usager est placé au « centre » des démarches concernant l'amélioration du fonctionnement du service public.

Dans cette perspective, l'analyse des attentes des usagers à l'égard des différents services publics était un des axes de la réforme du service public. En effet, il s'agissait d'être, pour l'usager, « à l'écoute de ses attentes, choix, aspirations et exigences spécifiques et individuels, d'encourager son expression, de lui reconnaître des droits, y compris à dédommagement en cas de non-respect des contrats, d'encourager la création d'interfaces de façon à lui reconnaître sa place centrale dans les finalités du service public » (101). S'engager résolument dans une telle voie conduit pourtant à oublier que la situation réglementaire dans laquelle se trouvent les usagers, qu'il y ait ou non contrat (102), les prive de toute possibilité réelle de négociation.

1457 Car, sous l'influence de la révision générale des politiques publiques, plutôt que de développer directement une stratégie de marché en rapport avec ces demandes, du fait même qu'elles sont « individualisées », sont expérimentés puis progressivement mis en place des guichets uniques, des missions ou des délégations interservices, des formes de

(99) Circ. min. fonction publique et réformes administratives du 18 mars 1992 portant charte des services publics, *préc.*

(100) D'où procède la « charte Marianne », *préc.*

(101) P. Bauby, J.-C. Boual, « Les services publics entre l'État et le marché », *in* B. Bellon, G. Caire *et al.*, *L'État et le marché*, Economica, 1995, p. 141.

(102) La reconnaissance d'une liberté contractuelle comme fondamentale ne modifie pas la nature du lien entre usager et service : concl. Bergeal sur CE, 11 juill. 2001, Sté des eaux du Nord, *CJEG* 2001, p. 496.

mutualisation des moyens matériels, en personnels ou financiers (103) qui reflètent la logique des « maisons des services publics ». Ces structures modifient considérablement le rapport que l'usager avait avec le service public. Et tenant compte du but principal du service public, qui est la cohésion sociale, de nouveaux services dits « de proximité » sont créés notamment à l'occasion des politiques d'aménagement du territoire. Ils ne sont pas des réponses à des attentes identifiées de personnes précises mais bien à des attentes implicites exprimées par des catégories de personnes ou par des groupes de population. Ils s'inscrivent de plus en plus dans le cadre des NTIC, guichets uniques et téléservices qui vont de concert dans le remaniement de ces politiques territoriales.

Toutefois, dans le même temps, comme un des parallèles à l'instauration de la confiance dans l'économie numérique, la demande de certification et d'authentification juridiques augmente. Dès lors, le coût de la labellisation officielle des contenus qui assure l'internaute de la qualité des informations et des prestations pourrait être répercuté sur sa propre situation : « l'association Internet/gratuité ne serait plus forcément immédiate ; et les internautes seraient appelés à devenir des « consommateurs d'information » certifiée. [...] Réputée gratuite, l'information deviendrait – plus que jamais sur le réseau – un bien » (104). Ces développements ne pourront donc pas être détachés de la garantie d'une « éthique » de service public.

Par ailleurs, les logiques exprimées dans les diverses consignes relatives à la civilité dans le service public ne sont pas celles d'un droit au respect ou à la considération déjà à l'œuvre dans les entreprises privées et les services marchands. Car, en fin de compte, il ne s'agit pas de faire valoir les revendications d'un seul, mais de rendre compte des besoins et des aspirations de la collectivité. Ainsi, les exigences des usagers tendent essentiellement « à faire respecter les règles du jeu social où chacun doit tenir compte de l'autre. De cette façon, [les usagers] affirment le sens collectif de l'action publique en train de se réaliser » (105). Les usagers contribuent alors au maintien du lien civique, à l'occasion des demandes formulées auprès des prestataires de service public. Cette démarche ne relève nullement d'une stratégie commerciale et ne répond pas à une vision marchande du service.

1458 Aussi, les différentes chartes de service public, déjà élaborées ou en préparation, permettent généralement d'affirmer, comme pour rassurer les sceptiques, que le but premier des discours administratifs sur le service public n'est pas d'introduire les données de la logique marchande dans le fonctionnement des services publics. À tout le moins, la préoccupation serait d'en limiter les effets pervers pour les usagers (106). D'ailleurs, pour maintenir la force de cette illusion, ces chartes ont souvent pour objectif d'associer les usagers à la définition et à la mise en œuvre des politiques de service public. Et par voie de conséquence, l'usager du service public n'est pas un client, il n'est pas non plus un consommateur, il est un citoyen... administratif (107).

(103) V. les formulations de la circulaire du Premier ministre en date du 28 juill. 2005 relative à la mise en œuvre des propositions de réforme de l'administration départementale de l'État, *JO* 2 août 2005, p. 12536.

(104) M.-C. Roques-Bonnet, *Le droit peut-il ignorer la révolution numérique ?*, Michalon, 2010, p. 488.

(105) P. Warin, « La citoyenneté de guichet », *in* S. Decreton (dir.), *Service public et lien social*, L'Harmattan, coll. Logiques juridiques, Paris, 1999, p. 99.

(106) V. par ex., J. Marimbert, B. Joly, *Le rapprochement des services de l'emploi*, rapport au ministre des affaires sociales, du travail et de la solidarité, La Doc. fr., 2004.

(107) G. Dumont, *La citoyenneté administrative*, th. droit Paris-II, 2002.

CHAPITRE 2
LE STATUT DE L'USAGER DU SERVICE PUBLIC

1459 La situation des usagers devant le service public n'est pas uniforme. Tout d'abord, la notion d'usager recouvre diverses qualités, l'usager peut être le particulier dans sa vie quotidienne ou le professionnel dans l'exercice de ses fonctions ; une personne en situation précaire ou disposant de moyens suffisants ; ou encore une personne à mobilité réduite, affectée d'un handicap, sensoriel ou non, comme une personne âgée ou jeune, un illettré ou un diplômé, etc. L'usager peut enfin être une personne morale, une entreprise ou une association. Mais pour qu'une action administrative soit possible malgré l'existence d'une telle diversité de situations, le régime juridique qui les encadre doit être doté d'une certaine unité.

1460 Dans la mesure où l'usager peut parfois être considéré comme un bénéficiaire, où il est autant celui qui a l'intention d'utiliser le service que celui qui l'utilise ou l'a utilisé, parce que les liens entre les usagers et les organismes gestionnaires peuvent relever du droit public ou du droit privé, il semble malaisé de présenter un tableau précis et définitif du statut des usagers du service public. Leurs droits sont dérivés des principes de fonctionnement du service public et sont souvent connexes aux obligations des organes prestataires et opérateurs (sect. 1). La difficulté est encore accrue lorsque l'analyse se porte sur les obligations du service envers les usagers, notamment en ce que ces dernières ne constituent pas nécessairement le seul revers des droits dont disposent les usagers. Dans ce cadre, il ne s'agit plus de considérer l'usager face au service public mais bien l'activité de service public face aux usagers.

Cependant, si l'activité entre dans le cadre des services numériques, une distinction quand la situation des usagers des téléservices publics « généraux » et des téléservices publics « particuliers » pourrait être élaborée. Cette précision permettrait d'appréhender la différence notable qui peut exister entre l'accès à un service et le bénéfice de la prestation, entre usager-client-consommateur et bénéficiaire d'une aide, d'une allocation ou d'une subvention. L'usager du téléservice n'est pas toujours le bénéficiaire de la prestation recherchée, mais il est, lui, toujours usager de ce téléservice public.

La qualité d'usager du service public a pour effet de mettre des obligations à la charge de l'usager du fait même de sa qualité d'usager et non en contrepartie des droits qu'il pourrait tenir de cette qualité (sect. 2). Ces droits et obligations des usagers trouvent à s'appliquer parce que, dans le régime du service public, les principes cardinaux que sont l'égalité, la continuité et la mutabilité sont retenus. De ces derniers dérivent une notion essentielle d'impartialité et un principe de responsabilité, qui obligent les agents des services publics, quels qu'ils soient, à les respecter absolument.

SECTION I LES DROITS DES USAGERS DU SERVICE PUBLIC

1461 **Bibliographie** : M. Lecerf, *Droits des consommateurs et obligations des services publics*, Éditions d'Organisation, Paris, 1999 ; K. Favro, *Téléspectateur et message audiovisuel. Contribution à l'étude des droits du téléspectateur*, LGDJ, Bibl. droit public, 2001 ; J.-L. Roelandt, *La démocratie sanitaire dans le champ de la santé mentale : la place des usagers et le travail en partenariat dans la cité*, rapport, ministère de la Santé, La Doc. fr., 2002 ; C. Evin, *Les droits des usagers du système de santé*, Berger-Levrault, coll. les Indispensables, 2002 ; J.-M. Lhuillier, *Le droit des usagers dans les établissements et services sociaux et médico-sociaux*, 2e éd., École nationale de la Santé publique, 2005 ; E. Massat, *Servir et discipliner, Essai sur les relations des usagers aux services publics*, L'Harmattan, coll. Logiques juridiques, 2006.

F. Péraldi-Leneuf, « Le consommateur-citoyen et la mutation des obligations de service public », *in* R. Kovar et D. Simon, (dir.), *Service public et Communauté européenne : entre l'intérêt général et le marché* (t. 2), La Doc. fr., 1998, p. 373 ; P. Warin, « Les droits-créances aux usagers : rhapsodie de la réforme administrative », *Droit et société*, n° 51-52, 2002, p. 437 ; M.-J. Dauchy, « Mutabilité du service public et droit des usagers », *LPA* 2003, n° 251, p. 8 ; D. Everaert, « Les droits sociaux des usagers des établissements et services sociaux et médico-sociaux : quelle évolution ? », *Dr. Soc.*, n° 3, 2005, p. 311 ; S. Deliancourt, « Les nouveaux droits de l'usager du service public hospitalier en font-ils un véritable acteur-décideur ? », *RRJ* 2007, p. 409 ; V. Donier, « Les droits de l'usager et ceux du citoyen », *RFDA* 2008, p. 13.

1462 Il n'existe pas de droit au maintien d'un service public (108), mais, au moins lorsque le service public existe et est aménagé pour l'accès des usagers, ceux-ci disposent par principe d'un droit au « fonctionnement normal du service ». De cette disposition découle un ensemble de droits qu'ils sont recevables à faire valoir en toutes occasions, dès lors qu'ils remplissent les conditions générales d'accès au service considéré, ou bien en vertu du contrat qui les lie à l'organisme chargé du service public.

Certains théoriciens du droit public ont retenu l'influence « de la nature de la personne qui gère le service public sur la situation individuelle de l'usager ». Ils distinguent le cas où le service public est géré par une personne publique et celui où il est confié à une personne privée (109), mais cette différenciation ne modifie pas fondamentalement la détermination des droits dont disposent les usagers. Semble alors surgir

(108) CE sect., 27 janv. 1961, Vannier ; *Rec.* p. 60, concl. Kahn, *AJDA* 1961, p. 74, chron. ; CE, 26 juill. 1996, Poirrez, req. 131825 (à propos de la suppression par la SNCF, d'une liaison directe de nuit Paris-Hyères).

(109) J.-F. Lachaume, *Grands services publics*, Masson, 1989, p. 329 ; R. Chapus, *Droit administratif général*, t. I, Montchrestien, 2001, à propos de la répartition des compétences n° 1049 et s.

une contradiction entre les deux temps qui permettent de situer l'usager face au service public, c'est-à-dire entre les modes d'identification de la qualité d'usager et les modes de reconnaissance des droits de l'usager. Cette contradiction n'est qu'apparente. En effet, alors que pour connaître le statut juridique de l'usager il est nécessaire de qualifier la relation dans laquelle il se trouve à l'égard du service, la détermination de ses droits, au contraire, ne produit pas d'effets substantiels. L'unité du régime juridique du service public se reflète dans celle de la situation de l'usager en tant qu'il n'a aucun droit au maintien du service. Les principes de fonctionnement s'appliquent, en effet, comme des garanties. Dans ce cas, la nature administrative ou industrielle et commerciale et celle des personnes, publique ou privée, importent peu.

D'autres juristes estiment qu'une dissociation doit être opérée entre « les cas où les administrés disposent de véritables droits subjectifs à l'encontre des services publics » et « ceux où ils ne possèdent qu'un intérêt juridiquement protégé » (110). Cette distinction recouvre sur de nombreux aspects les conséquences relatives à la situation des usagers selon que les liens qu'ils établissent avec le service public sont de nature contractuelle ou non. Mais dans ce cas, la détermination de la nature administrative ou industrielle et commerciale de la prestation prend une dimension particulière. Lorsque la nature industrielle et commerciale de la prestation est avérée, l'attribution de compétence à la juridiction judiciaire restitue un grand intérêt à la présence d'une personne publique, car tous les actes de gestion de celles-ci ne peuvent pas être contrôlés par ces juridictions. Toutefois, lorsqu'il s'agit de définir les droits dont disposent les usagers des services publics, ce type de distinction ne paraît guère opératoire.

1463 Les usagers du service public se trouvent être, la plupart du temps, dans une situation légale et réglementaire à l'égard du service. Ils disposent, outre les garanties traditionnelles quant au respect des droits de l'homme et des libertés fondamentales, de droits spécifiques. Ces droits n'ont pas la qualité de droits subjectifs. Ce sont des droits qui rendent compte de l'impact qu'a la notion d'intérêt général sur la sphère du service public.

Le respect des principes de fonctionnement du service public, d'une part, est ainsi à la base de la plupart des droits dont disposent les usagers (§ 1), même si ces droits sont de plus en plus comprimés dans la notion de « droits d'accès » aux services et à la prestation (111). D'autre part, en vertu d'un « droit au fonctionnement du service », apparaissent de nombreuses conséquences dans le champ du droit de la responsabilité administrative. Aussi, prolongeant les possibilités de recours pour défendre les droits, un droit à dédommagement du fait des dysfonctionnements du service public est aussi acquis aux usagers (§ 2).

§ 1. RESPECT DES PRINCIPES DE FONCTIONNEMENT ET DROITS DES USAGERS

1464 Le premier des droits des usagers est le droit au respect de leurs droits, c'est-à-dire des droits de l'homme et des libertés publiques et fondamentales, tels le respect de la dignité de la personne humaine, la sûreté et le respect de la liberté

(110) La formulation est de A.-S. Mescheriakoff, *Droit des services publics…, op. cit.* p. 242 ; et l'idée de R. Bonnard, *Précis de droit administratif,* Sirey, 1935, p. 76.
(111) L. Richer, « Droit d'accès et service public », *AJDA* 2006, p. 73.

individuelle. Si ce respect des droits fondamentaux est aujourd'hui placé au cœur du débat sur le service public, tant en France qu'en Europe, c'est parce qu'il est le seul moyen d'éviter une adhésion aveugle aux règles du marché.

Parmi les droits des usagers qui se fondent sur le respect des principes de fonctionnement du service public, on peut relever le droit d'accès au service public, le droit au fonctionnement normal du service, le droit à la transparence, le droit à l'obtention de la prestation, le droit à la réparation ou au dédommagement dans certaines circonstances. Ces droits sont indéniablement reliés les uns aux autres Ils font partie d'un ensemble difficilement divisible : les droits des usagers sont fondés sur les principes directeurs du service public et aucun n'est autonome.

A. LE DROIT D'ACCÈS AU SERVICE PUBLIC

1465 L'application des principes cardinaux et des autres règles de fonctionnement du service public postule que toute personne dispose d'un droit d'accès au service public. Ce droit est une concrétisation du « principe d'égalité » duquel découle le principe « d'égal accès au service public » dès que l'usager répond aux différentes conditions que les règles spécifiques au service imposent (112).

Tout usager reconnu comme tel doit effectivement pouvoir accéder aux installations et aux prestations sans qu'aucune discrimination injustifiée ne puisse être pratiquée.

Ce droit est aussi à la base des obligations de service universel qui sont imposées aux organismes opérateurs. Le service universel a, en effet, pour objectif principal de garantir à tous l'accès à un service minimum donné ou à un ensemble minimal de services de qualité et à un prix abordable.

Le droit d'accès est enfin un des aspects les plus saillants des services publics en ligne, ou téléservices publics (113), nonobstant le fait que certains de ces téléservices ont pour objectif de proposer des prestations spécifiques aux usagers-internautes, au risque de se transformer automatiquement en téléservices personnalisés (114).

1466 Néanmoins, la portée de ce droit peut varier selon que le service public est ou non obligatoire. Dans le premier cas, s'il n'est pas contesté qu'il existe et doit être respecté, le droit d'accès demeure subordonné aux diverses conditions d'organisation et de tarifs que l'autorité peut énoncer (115).

Par exemple, en ce qui concerne le service public de l'éducation, deux dimensions doivent être retenues pour rendre compte de l'effectivité du droit d'accès, selon qu'il y a obligation scolaire ou non. L'obligation scolaire, qui concerne les enfants de six à

(112) V. par ex. G. Johanet, « L'égalité d'accès aux soins », *EDCE* 1998, n° 49, p. 429.

(113) Notamment pour ce qui concerne l'accès au droit, v. par ex. E. Cartier, « Publicité, diffusion et accessibilité de la règle de droit dans le contexte de la dématérialisation des données juridiques », *AJDA* 2005, p. 1092.

(114) Tel est le cas, par exemple, de « Télépoints » qui permet à tout conducteur de consulter en ligne son dossier de permis de conduire et de connaître le nombre de points disponibles. De même, depuis mars 2010, est mis en œuvre un téléservice permettant d'effectuer en une seule fois les formalités associées à la perte et au renouvellement du passeport biométrique, de la carte nationale d'identité, du certificat d'immatriculation de véhicule, du permis de conduire, de la carte Vitale et de la carte famille nombreuse.

(115) CE, 6 mai 1996, req. 148042, Mme Gilama (à propos d'une garderie d'enfants en dehors des horaires de classe).

seize ans, est le revers d'un droit à une formation scolaire acquis dès l'institution de « l'école » en 1882. Elle est entendue comme un droit à l'instruction et n'est donc pas exclusivement fondée sur l'école, laquelle peut être publique ou privée (116). En tant que telle, l'obligation scolaire a pour effet d'exclure toute possibilité de discrimination pour l'accueil des enfants dans les établissements publics scolaires : l'application du principe d'égalité d'accès est donc maximale et ne connaît pas d'exceptions. Ainsi, pour l'accueil et l'admission dans les écoles et collèges, aucune discrimination ne peut être élaborée au vu de la nationalité de l'enfant ou de la situation régulière ou irrégulière au regard des titres de séjour des parents (117).

Mais avant six ans et après seize ans, cette obligation n'est pas formulée. Ainsi que le note C. Durand-Prinborgne, le Code de l'éducation (118) « crée un droit à scolarité même si celle-ci n'est pas obligatoire et si l'accueil est facultatif » (119). De même, au-delà de seize ans, peut être invoqué un « droit à la formation » dont les éléments constitutifs dépendent parfois d'autres catégories de service public.

D'autres exemples peuvent illustrer ces dimensions de l'accès au service, qu'il s'agisse de l'entrée dans les services d'urgence d'un établissement public hospitalier, de l'inscription dans une bibliothèque publique ou de l'utilisation d'un service public de transport.

1467 Une autre dimension du droit d'accès au service public doit aussi être notée. Elle revêt un caractère particulier dans la mesure où elle suppose une connaissance, voire une maîtrise minimale, des nouvelles technologies. Elle relève des modes d'accès à la connaissance du droit et aux règles de droit dans la mesure où les informations et les données juridiques sont des objets sur lesquels s'exercent des activités de service public (120).

Les relations entre le service public et les usagers ont été transformées par le développement de l'Internet (121). Le Premier ministre indiquait dans une circulaire du 31 décembre 1999 que « le développement des sites Internet des services publics doit

(116) C. éduc., art. L. 131-1-1 : « Le droit de l'enfant à l'instruction a pour objet de lui garantir, d'une part, l'acquisition des instruments fondamentaux du savoir, des connaissances de base, des éléments de la culture générale et, selon les choix, de la formation professionnelle et technique et, d'autre part, l'éducation lui permettant de développer sa personnalité, d'élever son niveau de formation initiale et continue, de s'insérer dans la vie sociale et professionnelle et d'exercer sa citoyenneté. Cette instruction obligatoire est assurée prioritairement dans les établissements d'enseignement ».

(117) Circ. n° 84-246 du ministre de l'Éducation nationale du 16 juill. 1984 relative aux modalités d'inscriptions des élèves étrangers dans les établissements d'enseignement public du premier et du second degré, *BOEN*, n° 30, 26 juill. 1984.

(118) C. éduc., art. L. 113-1 : « Les classes enfantines ou les écoles maternelles sont ouvertes, en milieu rural comme en milieu urbain, aux enfants qui n'ont pas atteint l'âge de la scolarité obligatoire. Tout enfant doit pouvoir être accueilli, à l'âge de trois ans, dans une école maternelle ou une classe enfantine le plus près possible de son domicile, si sa famille en fait la demande. L'accueil des enfants de deux ans est étendu en priorité dans les écoles situées dans un environnement social défavorisé, que ce soit dans les zones urbaines, rurales ou de montagne et dans les régions d'outre-mer ».

(119) C. Durand-Prinborgne, *Le droit de l'éducation*, Hachette, 1992, p. 214 et s. ; TA Lille, 6 avr. 1989, Di Lello c. Commune de Saint-Michel sur Ternoise, *inédit*.

(120) V. B. Tabaka, « La dématérialisation du *JO* : vers un droit saisi par la technique ? », *RDP* 2003, p. 1521 ; G. Lebreton, « Langue française et accès au droit », *RRJ* 2003, p. 1655 ; E. Cartier, « Publicité, diffusion et accessibilité de la règle de droit dans le contexte de la dématérialisation des données juridiques », *AJDA* 2005, p. 1092.

(121) K. Kenaghan, « L'évolution vers l'État virtuel : intégration des services et des canaux de prestations des services en vue d'une prestation axée sur le citoyen », *RISA* 2005/1, vol. 71, p. 129.

faciliter l'accès des citoyens à l'administration, notamment par l'offre de services en ligne destinés à aider à la réalisation des démarches administratives » (122). Les expériences de « téléprocédures » se sont étendues et, suivant l'objectif d'une numérisation générale des rapports sociaux, elles instituent parfois des différenciations entre les usagers (123), souvent conçues comme des mécanismes d'incitation à l'utilisation de ces procédures (notamment en matière fiscale pour ce qui concerne la déclaration de revenus) (124). La plupart des formulaires administratifs ont été numérisés, de la demande d'un acte d'état civil pour un particulier jusqu'à la présentation de certificats, autorisations de mise sur le marché, voire de soumissions aux marchés publics, pour les entreprises privées.

Indépendamment de ces démarches destinées à améliorer les rapports entre les administrations et le public et présentées sous la forme de « téléservices », la diffusion de l'information juridique a été repensée. La diffusion gratuite en ligne des textes législatifs, réglementaires, administratifs (circulaires) ou des rapports officiels (125), explique que soient mis en place divers sites qui répondent à des missions de service public. « Accessibilité et égalité sont inséparables. Et c'est au regard de cette indivisibilité que doit être examinée la légitimité du recours, exclusif ou non, à internet » (126). P. Sablière note par ailleurs que, en France, « il existe actuellement environ 3 600 lieux publics d'accès à internet (cyber-base, points Cyb, bibliothèques, mairies, associations…) (127) mais c'est encore insuffisant. D'autant qu'un véritable accès au droit supposera, au-delà d'une réelle possibilité de connexion, une aide indispensable notamment pour les plus défavorisés, qu'il s'agisse de l'aide à la recherche ou de la possibilité d'obtenir des copies sur papier, gratuitement ou à prix réduit. Les dispositions introduites par le décret n° 2009-546 du 14 mai 2009 afin d'assurer l'accès des personnes handicapées aux services de communication publique en ligne, et notamment à internet, offrent, à cet égard, un exemple intéressant des améliorations nécessaires et préalables à toute nouvelle étape dans la dématérialisation de l'accès au droit » (128).

1468 Il est remarquable qu'à l'origine, la question du droit d'accès ne se posait pas en termes d'accessibilité. Elle provenait principalement du principe d'égalité et de son complément, le principe de non-discrimination. L'émergence d'un « principe d'accessibilité au service » résulte essentiellement de l'affirmation d'un droit d'accès au service public pour l'usager dans un contexte de libéralisation.

Cette évolution dépasse les premières traductions concrètes du principe d'accessibilité du service public, en droit de la construction par exemple, qui avaient obligé les établissements publics ou accueillant du public à en permettre l'accès aux personnes à

(122) Circ. du 31 déc. 1999 relative à l'aide aux démarches administrative sur l'internet, *JO* 7 janv. 2000, p. 279.

(123) P. Schnäbele, F. Beauvais, « Réforme de l'État et téléprocédures », *AJDA* 2001, p. 608.

(124) M.-F. Lemaître, « Téléprocédures administratives : le pari de la confiance », *AJDA* 2001, p. 628 ; V. Beloulou, « Les téléprocédures : un enjeu essentiel pour les citoyens et pour l'État », *AJDA* 2001, p. 624.

(125) Circ. du Premier ministre du 28 janv. 1999 relative à la diffusion gratuite des rapports officiels sur l'Internet, *JO* 2 févr. 1999, p. 1678.

(126) P. Sabliere, « Nul n'est-il censé ignorer internet ? », *AJDA* 2010, p. 127.

(127) En se référant au Forum des droits sur internet, dans sa recommandation du 28 déc. 2007 sur « Les lieux d'accès public à internet ».

(128) P. Sabliere, *op.cit.*

mobilité réduite (129), puis, en droit économique, qui incitaient les opérateurs des services publics en réseau à tenir compte des handicaps des usagers pour l'organisation des prestations et de la fourniture du produit. À ce constat, inévitablement, s'ajoute celui de la nécessaire prise en considération de la situation sociale de l'usager, de sa vulnérabilité comme de sa précarité, afin d'assurer dans tous les cas la distribution du bien essentiel à des conditions minimales de vie décente (électricité, gaz, téléphone, eau (130), haut débit). Or, lorsque l'accès se confond avec l'accessibilité, la démarche retenue n'est plus tout à fait la même. Il n'existe pas, pour l'usager, de « droit à l'accessibilité du service ». Parce que le service est créé et fonctionne, son accessibilité paraît découler de son existence et de son statut mêmes.

B. LE DROIT AU FONCTIONNEMENT NORMAL DU SERVICE

1469 Le droit au fonctionnement normal du service est une des conséquences pratiques, pour l'usager, des principes de continuité et d'adaptabilité du service public (131). Mais il apparaît difficile de reconnaître un « droit de l'usager à l'adaptation » (132). Car si c'est à ce titre que les notions de qualité du service public et d'efficacité des politiques de service public se trouvent énoncées pour rendre compte d'un « devoir d'adaptation » des services publics aux évolutions techniques, économiques et juridiques, il n'est pas certain que revendiquer ce devoir (qui est un principe de fonctionnement du service) comme le fondement d'un droit pour l'usager réponde à ses propres intérêts comme à l'intérêt du service. Il semble surtout que la conséquence première des différents principes de fonctionnement est d'indiquer l'existence d'un droit à la prestation, à une prestation de qualité pour l'usager.

1470 Outre le respect des principes cardinaux de fonctionnement du service public, l'une des principales dimensions du droit au fonctionnement normal du service consiste à prendre en considération les mesures relatives à l'amélioration des relations entre les autorités administratives et le public. La loi relative aux droits des citoyens dans leurs relations avec les administrations avait ainsi été conçue pour répondre aux attentes des usagers en rendant les services plus accessibles, proches, transparents, simples et efficaces (133). Ces conditions ou principes d'action ont pour objectif de contribuer

(129) CE ass., 22 oct. 2010, req. 301572, Mme Bleitrach, *RFDA* 2011, p. 141, concl. Roger-Lacan.

(130) V. cependant, S. Braconnier, « Les arrêtés municipaux anti-coupures d'eau : une réponse juridique inadaptée à un problème social réel », *AJDA* 2005, p. 644 : « la plupart des règlements des services publics de l'eau précisent que les coupures d'eau peuvent intervenir pour plusieurs motifs tels que, certes, les impayés mais aussi divers manquements au règlement de service comme, notamment, le refus de laisser l'accès aux compteurs. Il semble en conséquence abusif de faire bénéficier de l'interdiction de procéder à la coupure d'eau – dans des conditions identiques – une personne qui n'a pas pu acquitter sa facture en raison de sa situation de précarité et un abonné qui refuse l'accès à son compteur aux agents du service ».

(131) Étant toutefois entendu que l'impossibilité d'assurer la continuité du service public n'est pas constitutive d'une atteinte à une liberté fondamentale : TA Lille, ord. réf., 17 mars 2006, Darmanin, n° 0601600, *JCP A* 2006, actu. 315.

(132) J.-P. Markus, « Le principe d'adaptabilité : de la mutabilité au devoir d'adaptation des services publics aux besoins des usagers », *RFDA* 2001, p. 589.

(133) Exposé des motifs du projet de loi sur les droits des citoyens dans leurs relations avec les administrations n° 153 (Sénat) ; L. n° 2000-321 du 12 avr. 2000, *JO* 13 avr. 2000, p. 5646.

au bon fonctionnement du service public et sont à la source d'un droit à la prestation dont les usagers sont progressivement en mesure de se prévaloir.

1471 Afin d'accorder l'action des services aux demandes des usagers, sont établis des programmes d'action diversifiés selon les secteurs d'activité (santé, protection sociale, éducation, formation, emploi, justice, transport, communication). Ces programmes développent des thèmes relatifs aux politiques d'accueil. Des appels à la souplesse des interventions administratives, à la clarté et à la lisibilité des formulaires administratifs, des consignes quant à l'explication des actions tracent les contours d'un ensemble de règles en instance de fonder de nouvelles conditions de fonctionnement du service public.

Il faut alors réfuter l'idée selon laquelle les usagers sont astreints au respect d'un certain nombre d'obligations en raison de ce seul droit au bon fonctionnement du service. Ils ne le sont, en fait, que dans la mesure même où ils contribuent à ce fonctionnement par leur propre comportement, où la prestation qu'ils en attendent dépend de leurs propres actes. En effet, par le simple fait que l'usager soit demandeur de la prestation, il se trouve soumis à la « loi du service » qui organise ce dernier en vue de sa finalité. « En réclamant sa prestation (l'usager) s'agrège, d'une certaine façon, à l'intériorité administrative, et il se trouve pris dans les liens d'une intégration qui a pour *effet* de le rendre sujet de la règle et du pouvoir intérieurs du service » (134). La force de cette « agrégation à l'intériorité administrative » est considérable. Elle participe de la théorie de Hauriou qui intègre à l'Institution les usagers comme « groupe d'individus intéressés à la réalisation de l'idée d'entreprise » (135).

1472 Corollaire du droit au bon fonctionnement du service, le droit à l'obtention de la prestation a été relevé comme étant « la raison d'être du service » et, par là, comme « le droit essentiel au statut d'usager » (136). S'il peut s'agir d'un droit subjectif lorsque l'usager se trouve dans une situation contractuelle (137), il constitue en réalité un droit objectif, révélant encore une fois la fonction fondamentale de l'activité de service public dans la société civile. La texture du lien social empêche la dislocation du service public car, dès l'instant où l'usager a respecté toutes les conditions d'accès au service et s'est impliqué dans le fonctionnement de ce service par sa présence (musée), par l'utilisation des équipements (centre sportif) ou des biens et produits mis à sa disposition (livre prêté par une bibliothèque ; électricité fournie), il ne s'agit plus de prendre en considération le « service rendu » mais « le service qui est dû ».

Certes, le droit à l'obtention de la prestation ne peut être invoqué qu'à l'égard de services publics créés, existants et non supprimés. De plus, s'il est subordonné au paiement d'un prix, au respect d'un tarif et aux modes d'exploitation du service, ces conditions d'accès au service, une fois remplies, ne déterminent pas les conditions d'obtention de la prestation.

(134) J. RIVERO, *Les mesures d'ordre intérieur administratives,* Sirey, 1934, p. 261. Soulignement ajouté.

(135) M. HAURIOU, *Précis de droit administratif,* 1933, p. 137. Pendant un temps, la doctrine de l'époque tendait à mettre sur le même plan les usagers et les fonctionnaires (J. RIVERO, *Les mesures d'ordre*..., *op. cit.* p. 262).

(136) A.-S. MESCHERIAKOFF, *Droit des services publics*..., *op. cit.* p. 245.

(137) Le juge accepte l'exception d'inexécution au profit des usagers du refusant de payer la redevance du fait de l'inexécution d'obligations par le concessionnaire de service public : Cass. civ. 1re, 10 févr. 1998, SA SAUR c. Bensetti, *JCP G* n° 49, 1998, II, 10200, note Mahinga.

1473 Certaines activités sont essentielles au maintien du lien social : l'organisation et la mise en œuvre de ces activités sont obligatoires pour les pouvoirs publics lorsque de celles-ci dépendent la jouissance de droits de l'homme et l'exercice de libertés fondamentales, souvent reliées aux services publics constitutionnels ou nationaux. Lorsque l'exercice des droits et libertés dépend de l'existence et du fonctionnement normal et régulier des services publics, l'usager a effectivement droit à l'obtention de la prestation. Par exemple, le droit à l'instruction se réalise par le biais de l'obligation scolaire, étant précisé toutefois que l'éducation est un service dû à l'enfant. Le droit de recours assure l'accès à la justice. De même, le principe de la liberté d'aller et venir et son corollaire le droit au transport n'auraient aucun sens concret s'il n'existait pas de services publics dont l'activité principale est d'assurer le transport des personnes.

Si les gouvernants se désengageaient des activités d'intérêt général indispensables à l'exercice des droits de la personne, droits de l'homme et libertés fondamentales, les citoyens, administrés et usagers seraient alors en droit d'exiger leur création ou leur maintien. Afin d'éviter leurs revendications et en réponse à la demande sociale s'est ainsi justifié le développement des discours sur les services publics « de proximité ».

1474 Outre ces formes revendicatives pour l'institution du service public, le droit à l'obtention de la prestation s'analyse concrètement par rapport aux réglementations en vigueur dans le service. Ces réglementations ne peuvent méconnaître les principes fondamentaux du droit du service public. Elles sont issues aussi bien des lois et règlements que des mesures d'organisation interne, comme par exemple le règlement intérieur du service. La plupart du temps, ces réglementations fixent un cadre minimal qui laisse à l'organe assurant la gestion du service la possibilité d'ajuster les rapports entre le droit de l'usager à obtenir sa prestation et les moyens matériels et financiers du service. Elles n'ont pas d'incidence sur la teneur du droit des usagers à la prestation.

1475 En fait, c'est le débat sur la « vérité des prix » qui a modifié la texture du lien existant entre le droit d'accès au service et le droit d'obtenir la prestation. Les raisonnements relatifs à cette liaison entre deux droits complémentaires ne peuvent pas faire l'impasse sur les difficultés de financement des services publics lorsque sont mis en relation droit du service public et droit de la concurrence. Les politiques tarifaires évitent de renforcer le statut de l'opérateur pour s'attacher au statut de l'usager. Mais elles sont dépendantes tant des orientations politiques que des contextes sociaux et économiques. Elles sont alors tiraillées entre deux pôles : la nécessité d'octroyer des tarifs réduits ou modérés à certaines catégories d'usagers (familles nombreuses, étudiants, personnes démunies) ou suivant certaines situations (congés annuels), d'une part ; la recherche du profit et la démarche commerciale, d'autre part. L'idée de gratuité étant désormais proche de la relégation, le droit du service public, discipline incluse dans le droit administratif général, devient aussi sur ces points, une branche spéciale du droit économique.

C. LE DROIT À L'INFORMATION ET LE DROIT À LA PARTICIPATION

1476 **Bibliographie** : B. Lasserre, N. Lenoir, B. Stirn, *La transparence administrative*, PUF, coll. Politique aujourd'hui, 1987 ; M.-H. Bacqué, H. Rey, Y. Syntomer (dir.), *Gestion de proximité et démocratie participative : une perspective comparative*, La Découverte, 2005 ; M.-H. Bacqué et Y. Syntomer, *La démocratie participative : Histoire et généalogie*, La Découverte, 2011.

H. OBERDORFF, « L'émergence d'un droit de comprendre l'administration et le droit », *EDCE* 1991, n° 43, p. 217 ; Y. JÉGOUZO, « Le droit à la transparence administrative », *EDCE* 1991, n° 43, p. 199 ; C. WIENER, « L'usager a-t-il la parole ? », *EDCE* 1991, n° 43, p. 234 ; Conseil d'État, rapport public 1995, « La transparence et le secret », *EDCE* 1995, n° 47, p. 14 ; A. LAUDE, « Les droits collectifs des usagers du système de santé », *LPA* 2002, n° 122, p. 23 ; E. GHERARDI, « La commission des relations avec les usagers et de la qualité de la prise en charge dans la loi du 2 mars 2002 », *RDSS* 2002, p. 686 ; M. PUYBASSET, « Le droit à l'information administrative », *AJDA* 2003, p. 1307 ; J.-F. LACHAUME, « Participation et services publics locaux », *Mél. J. Moreau*, Economica, 2003, p. 233 ; I. THOMAS, « Le principe de participation des usagers au fonctionnement des services publics », *RFDA* 2004, p. 330 ; P. LONCLE, A. ROUYER, « La participation des usagers : un enjeu de l'action publique locale », *RFAS*, 2004/4, p. 133 ; P. COLLIÈRE, « Obligation d'information des usagers du service public hospitalier et indemnisation des préjudices subis en cas de manquement à cette obligation », *LPA* 2005, n° 212, p. 4 ; M.-L. MOQUET-ANGER, « La représentation des usagers dans les instances hospitalières ou de santé publique », *JCP A*, 10 avr. 2006, p. 1094 ; Y. JÉGOUZO, « De la "participation du public" à la "démocratie participative" ? », *AJDA* 2006, p. 2314 ; D. TURPIN, « Démocratie représentative et démocratie participative », *Constitutions et pouvoirs, Mélanges J. Gicquel*, Montchrestien, 2008, p. 565 ; J.-B. AUBY, « Nouvelles de la démocratie administrative », *Dr. adm.* 2010, n° 4, rep. 4 ; J. THOMAS, « Une étude générationnelle des relations du public avec l'administration », *Jurisdoctoria*, n° 4, 2010 ; Conseil d'État, rapport public 2011, « Consulter autrement, participer effectivement », *EDCE* 2011.

1477 Découlant des mesures destinées à l'amélioration des relations entre les autorités administratives et le public, les prétendus « nouveaux principes » du service public permettent de discerner de prétendus « nouveaux droits » pour les usagers.

Parmi ceux-ci, l'un concerne le « droit à la transparence » alors que la dimension première de ce droit est le droit à l'information, l'autre évoque un « droit à la participation des usagers » mais, issu des propositions relatives à la participation des administrés aux décisions publiques, il est difficile à concevoir dans le cadre du service public, à moins d'accorder aux différents conseils, commissions et comités les vertus d'une représentation équilibrée des usagers dans chaque service public.

a) Un droit à l'information, version « droit à la transparence »

1478 Le droit à l'information des usagers a pour revers l'obligation d'information des usagers par l'organisme gestionnaire du service. Si cette approche peut également relancer le débat sur un droit à la « lisibilité » ou sur la « simplicité » des procédures, il apparaît que les éléments constitutifs de ce droit rejoignent, encore une fois, le droit d'accès au service public : l'information est souvent un préalable à cet accès comme une condition de l'utilisation normale des équipements.

1479 Mais l'information concerne aussi les modes de fonctionnement du service. Elle est une des bases pour l'appréciation des objectifs du service public. Par exemple, en relevant que « la transparence de la gestion publique constitue une exigence démocratique » (138), le Premier ministre enjoint aux ministres, dans une circulaire du 21 février 2000, d'élaborer des rapports d'activité annuels qui exposeraient, « de manière claire et objective », les indicateurs permettant d'apprécier la consommation des crédits et les résultats obtenus. Il estime que les comptes rendus ministériels de

(138) Circ. Premier min. du 21 févr. 2000 relative à l'établissement de rapports d'activité et de comptes rendus de gestion budgétaire ministériels, *JO* 24 févr. 2000, p. 2832.

gestion budgétaire pourront faire ressortir des éléments d'appréciation « sur l'efficacité des politiques conduites et sur les efforts faits par les administrations pour améliorer la qualité du service rendu à l'usager ». Ces consignes qui s'insèrent dans le cadre de la réforme de l'État, renforcent toutefois le droit de l'usager à l'information sur les objectifs et les résultats des politiques de service public, plus que sur l'évolution des processus décisionnels orientant l'activité des services.

1480 Il n'existe pas de principe de transparence ni de droit à la transparence. Les informations ne sont pas délivrées de manière continue, certains choix sont opérés et des données sont masquées. Le fait même que les mesures internes aux services, notes et instructions, ne soient pas portées à la connaissance des usagers indique les limites de ce droit. Le mot « transparence » est alors porteur d'une mystification pour les usagers. Le droit qu'il sous-tend se traduit concrètement par des mesures pratiques qui ont cours dans les bureaux des administrations. Sans que l'usager ait réellement pu prendre connaissance des mesures préparatoires, seuls les résultats lui sont communiqués, généralement sous la forme de rapports ou de bilans dont bien des indicateurs ne sont pas spécifiés.

1481 Les informations dont doit disposer l'usager ne révèlent pas la mise en œuvre d'un principe de transparence. Certes, dans le cadre du service public, il existe, par exemple, un droit pour l'usager de connaître le nom et la qualité de l'agent qui est son interlocuteur direct dans le service et pour la prestation considérée. Cette mesure signe la fin de l'anonymat dans les fonctions publiques (sauf en matière de santé et de sécurité) mais ne renseigne pas fondamentalement l'usager sur le fonctionnement du service. La mesure n'a pas été accueillie sans réticences par les agents publics. Elle a aussi modifié le rapport qu'entretenait l'agent avec l'usager. Ce rapport n'est plus fonctionnel mais individuel. À la fois s'y profilent le risque d'une recrudescence des conflits de personnes, et une tendance à responsabiliser autant l'agent que l'usager.

Se rattache aussi au droit à la transparence, le droit d'accès aux documents administratifs, comme les études, rapports, comptes rendus, procès-verbaux, instructions, circulaires, avis, prévisions dans la mesure où ils émanent de personnes publiques ou de la gestion d'un service public « dans le cadre de leur mission de service public » (139). Mais là encore, la fonction de la transparence apparaît étriquée en ce qu'elle repose sur la recherche par l'usager d'informations sur l'activité de service public concernée.

b) Un droit à la participation, version « droit à la représentation »

1482 Le droit à la participation des administrés est, de prime abord, conçu comme un droit de participer aux décisions publiques. Mais, la participation aux décisions et à la gestion du service public est souvent un leurre. Conseils, commissions, comités dans lesquels sont appelés à siéger des usagers du service public peuvent bien se multiplier,

(139) Art. 1er de la L. n° 78-753 du 17 juill. 1978 modifiée portant diverses mesures d'amélioration des relations entre l'administration et le public. Sur l'ensemble de ces questions, v. D. MAILLARD DESGRÉES DU LOÛ, *Droit des relations de l'administration avec ses usagers*, Thémis, coll. Droit public, 2000.

il n'est pas certain qu'ils correspondent effectivement à l'exercice d'un droit de participation à la gestion du service. Ils supposent des formes de représentation des « usagers ». Mais celles-ci n'obéissent pas à des modalités de désignation des représentants suffisamment limpides pour rendre compte d'une réelle participation aux orientations des politiques de service public.

Pensé comme un moyen indirect de contrôle sur les activités de service public du fait de la consultation des usagers ou de la participation de représentants des associations des usagers du service dans certains conseils et commissions administratives, ce droit à la participation ne reflète de nos jours que le souci qu'ont les pouvoirs publics d'associer les usagers à la définition des « objectifs » du service public. Il est plutôt un moyen de justifier et d'expliquer les nécessaires réformes qui conduisent à la réduction des dépenses, notamment en personnel, et ainsi au rétrécissement des activités de service public.

1483 Les instances dans lesquelles pourrait être envisagée la participation des usagers sont de moins en moins transparentes. Plus pertinentes sont les mesures relatives à la composition des conseils d'administration dans certains établissements publics accomplissant des missions de service public, par exemple en ce qui concerne l'organisation des lycées et collèges. Depuis le décret du 8 novembre 1968, font partie du conseil d'administration des établissements d'enseignement secondaire, les représentants élus des élèves et des parents d'élèves (140). Une loi du 12 novembre 1968 a introduit cette même règle induisant une représentation-participation dans le cadre des établissements d'enseignement supérieur (141). Ces formes de participation s'apparentent à la "cogestion", qui suppose une association, au sein des organes délibérants de l'établissement, entre les représentants élus des usagers, du personnel et de la direction, où les uns et les autres ont voix délibérative.

1484 Au niveau local, il est possible d'envisager que les habitants d'une commune puissent être consultés sur l'opportunité de la création ou de la suppression d'un service public local. Toutefois, il n'y aurait là qu'un processus de participation indirecte d'usagers éventuels du service public considéré. Si ce procédé est une des voies d'expression des revendications des citoyens, la spécificité de l'usager du service public, potentiel, réel ou virtuel, n'est guère mise en évidence.

Différentes sont les perspectives ouvertes (142) par le chapitre III du titre relatif aux principes généraux des services publics locaux du CGCT, intitulé : « Participation des habitants et des usagers à la vie des services publics », instituant une commission consultative des services publics locaux pour l'ensemble des services publics que les collectivités territoriales et leurs établissements publics confient à un tiers par convention de délégation de service public ou qu'ils exploitent en régie dotée de l'autonomie financière (143). « En fonction de l'ordre du jour, la commission peut, sur proposition

(140) *JO* 9 nov. 1968, p. 10947.

(141) *JO* 13 nov. 1968, p. 10579.

(142) J.-F. Lachaume, « Participation et services publics locaux », *in Mél. J. Moreau*, Economica, 2003, p. 233.

(143) CGCT, art. L. 1413-1 : « Les régions, les départements, les communes de plus de 10 000 habitants, les établissements publics de coopération intercommunale de plus de 50 000 habitants et les syndicats mixtes comprenant au moins une commune de plus de 10 000 habitants créent [une telle commission]. Cette commission, présidée par le maire, le président du conseil général, le président du

de son président, inviter à participer à ses travaux, avec voix consultative, toute personne dont l'audition lui paraît utile ». De même, « la majorité des membres de la commission peut demander l'inscription à l'ordre du jour de toute proposition relative à l'amélioration des services publics locaux ».

La faculté a été offerte aux conseils municipaux « de créer des comités consultatifs sur tout problème d'intérêt communal concernant tout ou partie du territoire de la commune ». Ces « conseils de quartiers » permettent d'envisager une forme de consultation des usagers, puisque « Les comités peuvent être consultés par le maire sur toute question ou projet intéressant les services publics et équipements de proximité et entrant dans le domaine d'activité des associations membres du comité. Ils peuvent par ailleurs transmettre au maire toute proposition concernant tout problème d'intérêt communal pour lequel ils ont été institués » (144). Néanmoins, selon les analyses qui en ont été faites et les études de terrain réalisées, il apparaît que ces conseils n'ont pas produit de participation active et véritable des usagers au service public.

Pour le reste, les principales commissions associant les usagers aux décisions et aux formes de gestion des services publics locaux sont compétentes sur des problèmes spécifiques. C'est le cas par exemple, dans les communes de 5 000 habitants et plus, de « la commission communale pour l'accessibilité aux personnes handicapées », qui est « composée notamment des représentants de la commune, d'associations d'usagers et d'associations représentant les personnes handicapées » (CGCT, art. L. 2143-3).

1485 En fait, dans les conseils et commissions lorsqu'ils existent, c'est-à-dire le plus souvent dans les services publics industriels et commerciaux, la représentation des usagers est une forme atténuée de la représentation des « intérêts des usagers » considérés comme clients ou consommateurs. Le choix des représentants n'est pas des plus aisés à réaliser en dehors des services institutionnalisés que sont, par exemple, les établissements publics d'enseignement où la représentation des usagers s'opère par le biais d'élections dans la communauté éducative considérée. Dans ce dernier type de services, existe une « communauté structurée » qui a conscience des intérêts communs des usagers et du service lui-même.

Pour les autres types de services, la plupart du temps, ce sont les associations d'usagers, généralement agréées, qui se trouvent sollicitées pour désigner, parmi leurs membres, des personnes devant participer à des instances diversifiées, au sein des conseils nationaux et territoriaux ou bien au sein du service lui-même, souvent à titre consultatif, sans disposer nécessairement de voix délibérative. C'est notamment le cas pour les services sociaux et culturels (145).

conseil régional, le président de l'organe délibérant, ou leur représentant, comprend des membres de l'assemblée délibérante ou de l'organe délibérant, désignés dans le respect du principe de la représentation proportionnelle, et des représentants d'associations locales, nommés par l'assemblée délibérante ou l'organe délibérant… ».

(144) CGCT, art. L. 2143-2 : « Ces comités comprennent des personnes qui peuvent ne pas appartenir au conseil, notamment des représentants des associations locales. Sur proposition du maire, il en fixe la composition pour une durée qui ne peut excéder celle du mandat municipal en cours. Chaque comité est présidé par un membre du conseil municipal, désigné par le maire. »

(145) M.-L. Moquet-Anger, « La représentation des usagers dans les instances hospitalières ou de santé publique », *JCP A*, 10 avr. 2006, p. 1094.

Il faut toutefois souligner que des procédures de consultation ouverte, par voie électronique, sont désormais fréquemment mises en place dans les processus de modification de normes concernant les services publics. Ces procédures s'appliquent quasi exclusivement aux services publics soumis à la concurrence, ce qui n'a rien de surprenant : elles ont pour origine les méthodes utilisées dans l'élaboration de normes européennes. Tel est en particulier le cas en matière de communications électroniques les nouvelles mesures de régulation du marché des communications électroniques : doivent faire l'objet d'une communication préalable donnant lieu à consultation publique, en application de la directive du 7 mars 2002 sur les services et réseaux de communications électroniques (146).

Participation et représentation, enfin, doivent nécessairement être séparées. Dans une *e-administration* encore émergente, la distinction entre hors-ligne et en ligne doit être maintenue. En effet, l'usage des téléservices ne peut pas être imposé, du moins de nos jours. Il n'en demeure pas moins que si l'Internet devient le principal lieu d'accès à tout un ensemble de services publics, la question de la représentation des usagers n'a plus à être posée. Pendant un certain temps, le Forum des droits sur l'internet avait pu, par ses fonctions d'expertise, modérer cette absence de représentation (147) sans pour autant en jouer pleinement le rôle. Dès lors, la représentation des usagers ne pouvant s'entendre pour les téléservices publics, elle induirait, au titre de la participation, une tendance à l'institution de « forums » sur divers sites officiels. Mais ces forums sont le plus souvent de portée politique plus qu'administrative, sauf, peut-être, dans le cadre des collectivités territoriales qui en maîtrisent les techniques. Loin de signifier l'avènement d'une « citoyenneté électronique » (148), les modes de participation aux services publics ne peuvent pas se réaliser réellement par ces biais, non pas seulement à cause d'une fracture numérique souvent liée à une fracture sociale, mais aussi parce que, de la même manière que tous les usagers ne se reconnaissent pas dans les associations qui les représentent (associations de consommateurs surtout), les usages d'Internet pour ce faire exigent à terme soit l'utilisation par le service public de fichiers existants, soit l'institution d'autres traitements automatisés de données à caractère personnel. Ni la participation, ni la représentation ne sont au nombre des droits pouvant être revendiqués par les usagers-internautes.

1486 Toutefois, il apparaît bien que ces procédés ne sont pas élaborés dans l'intérêt des usagers du service, mais dans celui du fonctionnement du service (149). Les différentes démarches sont à chaque fois pensées et mises à la charge de l'usager. La participation qui en ressort est conçue comme un instrument pour faciliter l'action publique et éviter les conflits. Elle contribue à la légitimation des arrêtés, décisions particulières et de leurs objectifs tant il est vrai que, même participant aux instances dirigeantes, les usagers ne bénéficient pas de l'ensemble des informations utiles pour évaluer leur portée (150).

(146) J.-B. Auby, « Nouvelles de la démocratie administrative », *Dr. adm.* 2010, n° 4, rep. 4.

(147) Ne disposant plus d'un financement public, il a cessé son activité en déc. 2010.

(148) I. Thomas, « Le principe de participation des usagers au fonctionnement des services publics », *RFDA* 2004, p. 330.

(149) Quand bien même ces instances sont systématiquement appelées à faire respecter les droits des usagers et, notamment, à donner un contenu concret au droit à l'information, relayant par exemple les modalités de gestion des « crises ».

(150) F. Rangeon, « Le public face à l'administration », *in* J. Chevallier, R. Draï, F. Rangeon, *La communication administration-administrés*, PUF, CURAPP, p. 61.

D'une part, les associations d'usagers sont inégalement représentatives et ne disposent pas de moyens suffisants pour s'instituer en contre-pouvoir. D'autre part, seules les revendications exprimées de manière vigoureuse, parfois excessive – si ce n'est virulente – ont quelques chances de se faire entendre, débordant souvent le cadre de la participation (manifestation). Le droit de participation n'aurait de sens concret que si le droit à la transparence était efficient. Or, ni l'un, ni l'autre ne sont encore pleinement mis en œuvre dans le droit du service public.

1487 De plus, sous la pression de la pensée économique libérale, l'idée de participation des usagers aux processus de décision et à la gestion du service public, s'est transformée en une forme d'écoute des demandes formées par les « associations de consommateurs » et en une attention portée à l'expression des « sensibilités ». Or, les implications du principe de neutralité dans toutes ses dimensions (politique, religieuse, commerciale) qui supposent l'objectivité, l'honnêteté et l'impartialité – seules modalités de respect du pluralisme dans le service public – le plus souvent s'y opposeront. L'évolution précédemment constatée et la tension de ces perspectives empêchent donc de considérer que le droit à la participation des usagers repose sur le respect des principes de fonctionnement du service public.

§ 2. VERS UN DROIT À UN ÉQUIPEMENT EN SERVICES PUBLICS DANS CERTAINES ZONES ?

1488 **Bibliographie** : A. MAGUER, J.-M. BERTHET, *Les agents des services publics dans les quartiers difficiles. Entre performance et justice sociale*, La Doc. fr., coll. Rapport d'étude DGFAP, 1997 ; M. BONNET, Y. BERNARD (dir.), *Services de proximité et vie quotidienne*, PUF, coll. Sciences sociales et société, 1998.

B. ERNE, « Les services de proximité », *Informations sociales*, n° 13, 1991, p. 34 ; Y. MADIOT, « Service public et aménagement du territoire », *AJDA* n° spéc. 1997, p. 84 ; A. MAGUER, « Les agents des services publics dans les quartiers difficiles : entre espace public et espace privé, le difficile maintien de l'équilibre entre l'intérêt général et les intérêts particuliers », *Rev. adm.*, n° 295, 1997, p. 63 ; D. MAILLARD DESGRÉES DU LOÛ, « Service public et aménagement du territoire », *in* J.-L. BODIGUEL, J. FIALAIRE (dir.), *Le renouveau de l'aménagement du territoire*, L'Harmattan, 2002, p. 119 ; J.-M. DAUCHY, « Mutabilité du service public et droit des usagers », *LPA* 2003, n° 251, p. 8 ; J.-M. WELLER, « Le travail administratif, le droit et le principe de proximité », *L'Année sociologique*, 2003/2, vol. 53, p. 431 ; J.-D. DREYFUS, « Présence des services publics dans les territoires ruraux : l'émergence d'une "loi" de proximité », *AJDA* 2005, p. 1274 ; Y. SIBLOT, « "Adapter" les services publics aux habitants des quartiers difficiles, diagnostics misérabilistes et réformes libérales », *ARSS*, n° 159, sept. 2005, p. 71 ; G. KOUBI, « Service (s) public (s) en milieu rural », *Mél. A.-H. Mesnard*, LGDJ, coll. Décentralisation et développement local, 2006, p. 15.

1489 Les conditions d'accès au service public et les règles d'usage du service sont objectives. Elles expliquent certainement que l'usager ne puisse invoquer aucun droit acquis du fait de son usage du service mais, paradoxalement, c'est à ce titre qu'il peut revendiquer le respect de certains de ses droits, dont le droit d'accès au service, auquel ressortissent le droit à l'obtention de la prestation et le droit au bon fonctionnement du service.

Ces diverses demandes connaissent cependant des fluctuations selon les zones d'implantation des services publics et selon les politiques menées par les différentes autorités administratives. En effet, « les évolutions démographiques, économiques et sociales intervenues durant les trente dernières années ont conduit l'État et l'ensemble des organismes chargés d'un service public à adapter régulièrement l'organisation de ces services, leurs conditions de fonctionnement et la carte de leurs implantations locales. Si ce processus d'adaptation est inévitable, il importe qu'il soit mené en accord avec les attentes de nos concitoyens, qui souhaitent disposer de services publics facilement accessibles et suffisamment proches. Il doit également prendre en compte la nécessité de renforcer la présence de ces services dans les parties du territoire qui connaissent des difficultés particulières, de nature économique ou sociale » (151). Ces attentes permettent alors de situer une catégorie d'usagers du service public plus potentiels qu'effectifs puisque, dans certaines zones, les services publics sont défaillants, déficients ou manquants sans que de quelconques initiatives privées aient tenté d'y suppléer.

1490 Une tendance générale autour de la notion de « territorialisation du droit », qui accompagne une forme de « ciblage des populations » par les organismes prestataires des services publics, induit alors une recomposition de la notion d'usager autour de la fonction de l'accès aux services publics et de leur accessibilité pour tous et chacun. La force du principe d'égalité trouve là une de ses principales applications alors même qu'il y apparaît très distendu. Car le refus de la discrimination n'empêche pas que puissent être établies des priorités particulières. Elles peuvent tenir compte d'une part de certaines catégories de population ou de personnes : par exemple, de nombreuses dispositions facilitent l'accès aux services des personnes âgées et des personnes handicapées (152). Elles peuvent investir d'autre part, certaines zones dites « sensibles » qui incitent les autorités publiques à repenser la qualité d'usager des services publics par le biais d'incitations à leur usage : par exemple, pour les services d'animation culturelle (153) ou par la restructuration des services de proximité (154).

1491 Dans cette logique qui allie service public et services de proximité, les zones d'implantation des services publics sont un enjeu substantiel. Toutefois, suivant les perspectives développées dans la revitalisation de certaines zones, sont entremêlées plusieurs activités dont la nature peut varier de la simple fonction de sécurité, sous forme d'îlotage, jusqu'à l'installation commerciale. Si la restructuration de ces zones par l'incitation à implanter des commerces de proximité ne fait aucun doute, elle n'est pas pour autant séparable de quelques activités qui répondent directement à une logique de service public : éclairage, communications, transports.

Toutefois, les principaux domaines d'intervention de la politique de la ville dépassent les seules implantations des services publics, notamment dans les zones

(151) Circ. Prem. min. du 7 juill. 2000 relative à la coordination de l'évolution de l'implantation territoriale des services publics : mise en œuvre de la L. n° 99-533 du 25 juin 1999 d'orientation pour l'aménagement durable du territoire modifiant la L. n° 95-115 du 4 févr. 1995 et des dispositions des décrets du 20 oct. 1999 modifiant les décrets n°s 82-389 et n° 82-390 du 10 mai 1982 relatifs, respectivement, aux pouvoirs du préfet et aux pouvoirs des préfets de région, *JO* 12 juill. 2000, p. 10545.

(152) V. par ex., sur la responsabilité de l'État pour la déscolarisation d'un enfant handicapé : TA Lyon, 29 sept. 2005, M. et Mme K., *AJDA* 2005, p. 2359, note S. Cursoux-Bruyère.

(153) TC, 7 juill. 1975, Ville des Ponts-de-Cé, *Rec.* p. 797 (bien que l'affaire concerne le licenciement d'un agent public, le Tribunal des conflits confirmait déjà à ce propos la compétence de la commune pour créer un service public facultatif d'animation culturelle).

(154) Lesquels, notamment dans les zones rurales, intègrent aussi des services commerciaux tels les boulangeries, les épiceries, les hôtels et restaurants…

urbaines sensibles, ils visent aussi bien la réduction du chômage que la diversification de l'habitat, la restructuration des espaces de convivialité que la réhabilitation des équipements collectifs. De tels enjeux signifieraient le renforcement des services publics. Mais ces objectifs sont particulièrement instables tant les mesures qui voudraient les atteindre sont dépendantes de mécanismes annexes relevant de l'exception ou de la dérogation et ne placent pas nécessairement le service public en leur centre.

1492 La recomposition du maillage territorial et du tissu social nécessite aussi des interventions publiques qui, d'une certaine manière, transforment des opérations commerciales en des activités de service public (155). Ce processus est généralement justifié lorsqu'une insuffisance quantitative ou une carence qualitative de l'initiative privée est constatée, par exemple en matière d'activités culturelles ou d'organisation de spectacles (156), encore que la qualification de service public demeure parfois implicite et qu'elle surgisse des conventions et des subventions publiques dont bénéficieraient les initiatives retenues (157). Il est plus difficile à reconnaître pour n'importe quel fonds de commerce (158).

Pourtant, telle est la question pertinente soulevée dans les territoires « sous-équipés » en services publics – depuis les services sociaux comme les dispensaires et les crèches, jusqu'aux services de transport interurbain routier ou ferroviaire (159) – qu'il s'agisse de territoires ruraux ou de zones d'habitat dégradé, à l'adresse d'un public

(155) Par ex., l'article 55 de la L. n° 85-30 du 9 janv. 1985 relative au développement et à la protection de la montagne (modifié par la L. n° 2005-157 du 23 févr. 2005, *préc.*) affirme que « l'existence en zone de montagne d'un équipement commercial, d'un artisanat de services et d'une assistance médicale répondant aux besoins courants des populations et contribuant au maintien de la vie locale est d'intérêt général » ; en conséquence, « l'État, les collectivités territoriales et les établissements publics, dans la limite de leurs compétences respectives, prennent en compte la réalisation de cet objectif dans le cadre des actions qu'ils conduisent en matière de développement économique et social. Cette prise en compte peut, notamment en cas de carence ou de défaillance de l'initiative privée, porter sur : le maintien, sur l'ensemble du territoire montagnard, d'un réseau commercial de proximité compatible avec la transformation de l'appareil commercial de la nation ; l'amélioration des conditions d'exercice des activités commerciales et artisanales de services en milieu rural de montagne en favorisant l'évolution et la modernisation ».

(156) CE, 25 mai 2005, Sté des cinémas Huez Chamrousse, req. 274683 (difficile dissociation entre l'occupation d'une dépendance du domaine public et le caractère de l'activité menée dans le local correspondant), *AJDA* 2005, p. 1804.

(157) CE sect., 6 avr. 2007, req. 284736, Commune d'Aix-en-Provence. V. aussi, TA Dijon, 2 févr. 2006, Sté Les Lions d'or c. Commune de Beaune, *AJDA* 2006, p. 1437, note Rousset (« création d'un service public et disparition d'un fonds de commerce »), et circ. Min. Culture et communication du 24 oct. 2003 relative au dispositif de soutien aux commerces de biens culturels : « L'existence de commerces culturels de proximité est un élément indispensable pour permettre l'accès de tous les publics à une offre diversifiée de biens et services culturels. Elle contribue à l'aménagement et à la vitalité des territoires ».

(158) Peuvent être quand même érigées en services publics des activités *a priori* commerciales dès lors qu'elles se réalisent dans des locaux affectés au service public et aménagés à cet effet, qui ont été donc incorporés au domaine public du seul fait de cette affectation (par ex. cinémas et restaurants exploités sur le domaine public) : CE, 12 mars 1999, Ville de Paris, *Rec.* T. p. 778. V. aussi E. FATÔME, « Le régime juridique des biens affectés au service public », *AJDA* 2006, p. 178.

(159) Sans oublier qu'ont pu être institués des « services publics à la demande ». L'article 1er du D. du 7 janv. 1959 relatif à l'organisation des transports de voyageurs en Île-de-France évoque ainsi des « services publics à la demande de transport routier, qui sont des services collectifs offerts à la place, déterminés en partie en fonction de la demande des usagers et dont les règles générales de tarification sont établies à l'avance et qui sont exécutés avec des véhicules dont la capacité est supérieure ou égale à quatre places, y compris le conducteur » (mod. du fait du D. n° 2005-664 du 10 juin 2005 portant statut du Syndicat des transports d'Île-de-France, *JO* 11 juin 2005, p. 10162).

trop souvent isolé, exclu ou marginalisé du fait de son lieu de résidence. De fait, l'application des règles législatives relatives à l'aménagement du territoire et au développement durable contribue à l'émergence d'un droit à un équipement minimal en services publics dans des zones particulières où la force du lien social paraît quelque peu malmenée. Si ce droit ne peut pas être revendiqué par un usager, il appartient en revanche à l'ensemble des usagers potentiels de ces zones.

1493 Révélateur de cette dynamique d'attention portée à la localisation des usagers, la loi d'orientation pour l'aménagement et le développement du territoire (160) prévoit désormais que « L'État établit, pour assurer l'égal accès de tous aux services publics, les objectifs d'aménagement du territoire et de services rendus aux usagers que doit prendre en compte tout établissement, organisme ou entreprise chargé d'un service public dès lors qu'ils ne sont pas déjà pris en compte au titre de ses obligations de service universel » (art. 29-I). Et, dans les nouvelles « zones de revitalisation rurale » qui « constituent un territoire de référence pour l'organisation des services rendus aux usagers », « l'État et les collectivités territoriales mettent en œuvre des dispositions visant notamment à [...] assurer un niveau de service de qualité et de proximité [...] et d'une façon plus générale à assurer aux habitants de ces zones des conditions de vie équivalentes à celles ayant cours sur les autres parties du territoire » (art. 61) (161). Toutefois, dans ces dernières dispositions, l'expression « service public » est absente.

L'article 29-II de la loi du 4 février 1995 permet encore de mesurer l'attention que les pouvoirs publics accordent au maintien du service public dans les zones, rurales ou urbaines, défavorisées. « Sans préjudice de l'autonomie de gestion propre à chaque établissement, organisme ou entreprise chargé d'un service public, le représentant de l'État dans le département, en concertation avec l'ensemble des acteurs concernés, propose et, sous réserve de leur accord, initie toute action visant à *garantir que l'offre d'accès aux services publics est adaptée aux caractéristiques des territoires, concourt à leur attractivité et au maintien de leurs équilibres*. À ce titre, le représentant de l'État dans le département est informé des perspectives d'évolution de l'organisation des services publics et de tout projet de réorganisation susceptibles d'affecter de manière significative les conditions d'accès à ces services », invitant alors à la mise en place de mécanismes de concertation afin que soient évaluées « les conséquences de la réorganisation envisagée sur l'accès au service ». Mais en même temps, ces dynamiques induisent des limitations aux différents projets de réaménagement des services publics, puisqu'ils doivent s'avérer « compatibles » avec les objectifs de qualité de service et d'aménagement du territoire tels qu'ils ont été fixés au préalable par l'État au niveau national.

La notion de territoire de référence, comme celle exprimée dans la plupart des rapports parlementaires et administratifs de « territoire pertinent », indique alors l'insertion de nouvelles formes de qualification des usagers, non plus exclusivement

(160) L. n° 95-115 du 4 févr. 1995 d'orientation pour l'aménagement et le développement du territoire (mod. par L. n° 2005-157 du 23 févr. 2005 relative au développement des territoires ruraux et L. n° 2008-776 du 4 août 2008 de modernisation de l'économie).

(161) Cet article précise en son dernier alinéa : « les zones de revitalisation rurale sont prises en compte dans les schémas de services collectifs et les schémas interrégionaux d'aménagement et de développement [...] ainsi que par les schémas régionaux de développement et d'aménagement... ».

par rapport aux services publics mais aussi en tenant compte de leurs localisations sur le territoire de la République. Car, si « la présence du service public en milieu rural reste une question sensible », et même si « chacun comprend l'indispensable modernisation des réseaux territoriaux de nos administrations publiques et celle des entreprises dotées de réseaux de services au public », il apparaît que « les efforts d'adaptation de l'organisation des réseaux ne doivent pas réduire, sans discussion préalable ni mesure compensatoire, le niveau des prestations offertes à l'usager » (162).

1494 Au-delà des zones rurales, l'offre de « service de proximité », apparue dès que se sont mises en place les politiques de la Ville, est intrinsèquement liée à une notion de sécurité dépendante de la socialité urbaine. Des préoccupations identiques y étaient à l'œuvre, car le « contrat de ville » était alors pensé comme « concourant à la lutte contre les processus de ségrégation urbaine et sociale : actions favorisant la mixité de l'habitat, la diversification des fonctions des quartiers d'habitat social, la coordination des interventions des acteurs engagés dans la prévention et la lutte contre les exclusions, l'emploi et le développement économique local, le désenclavement des quartiers dans le cadre d'une politique cohérente de transports et de déplacements urbains, l'égalité des citadins devant le service public (éducation, santé, culture, justice, accès au droit), la prévention de la délinquance et la tranquillité publique, l'intégration des immigrés et de leurs familles » (163).

Pour les équipements, sont alors évoqués, « dans le cadre d'un projet global, les actions de développement social et culturel, les opérations de renouvellement urbain et de réhabilitation de logements, la création et le soutien au fonctionnement d'équipements de quartiers ainsi que les interventions au titre de la gestion urbaine de proximité. Celle-ci doit faire l'objet de programmes d'ensemble cohérents (éclairage public, entretien et gestion des espaces collectifs, enlèvement des déchets, mobilier urbain, gestion locative…) » (164). Néanmoins, les deux actions doivent être distinguées : d'une part, la réhabilitation du cadre de vie quotidien des habitants des quartiers dégradés ; d'autre part l'offre de services de proximité. Cette dernière ne répond pas plus à la logique juridique de service public que celle engagée dans les territoires ruraux. Elle est plutôt conçue suivant un schéma de « commodité » lié à un plan d'allègement des dépenses publiques et de réduction des personnels en cherchant à associer les associations et les entreprises privées à sa mise en œuvre.

1495 L'idée de « proximité » suppose, en premier lieu, la définition d'une localisation géographique commune à un ensemble de services indispensables au lien social et au respect des droits. La loi prévoit de « garantir sur l'ensemble du territoire l'accès effectif de tous aux droits fondamentaux dans les domaines de l'emploi, du logement, de la protection de la santé, de la justice, de l'éducation, de la formation et de la culture, de la protection de la famille et de l'enfance » (165) et le rappel de

(162) Circ. Premier min. du 3 mars 2005 relative au service public en milieu rural, *JO* 5 mars 2005, p. 3826.

(163) Circ. Premier min. du 31 déc. 1998 relative aux contrats de ville 2000-2006, *JO* 15 janv. 1999, p. 726.

(164) *Ibid.*

(165) Art. 1, al. 2, L. n° 98-657 du 29 juill. 1998 d'orientation relative à la lutte contre les exclusions, *JO* 31 juill. 1998, p. 11679.

ces droits est étroitement associé au service public. Mais dans l'absolu, il ne saurait justifier l'implantation de « maisons de service public » destinées à rassembler les services correspondants.

Suivant l'objectif de maintenir un lien social, ces services induisent des modes d'intervention fonctionnelle qui modifient la relation entre l'usager et le service. L'objectif affiché est en effet l'instauration d'une relation entre l'usager et le service, quelle que soit sa nature ou sa substance, d'abord particularisée collectivement au vu de « circonstances locales » (166), puis soudain personnalisée en raison de la réduction de l'offre de service à un seul « guichet ».

En pratique, les différents services publics concernés par cette démarche s'adressent à des catégories « ciblées » généralement composées de personnes fragilisées : personnes isolées, âgées ou dépendantes, chômeurs et demandeurs d'emploi, jeunes en difficulté, familles décomposées. Leur institution dans le champ des services publics répond aux stratégies libérales déjà à l'œuvre dans l'Union européenne. Ils supposent que les rééquilibrages sociaux et territoriaux sont aussi à la base de certains droits que pourraient revendiquer les usagers dans les territoires ruraux et dans les zones sensibles, car ces droits y rejoignent le premier de tous leurs droits : le droit d'accès aux services publics.

1496 Cependant, suivant la logique du développement numérique des territoires, d'autres perspectives apparaissent, modifiant substantiellement la relation de l'usager au service public. En effet, dans les territoires ruraux, si les téléservices et les visio-guichets peuvent contribuer un tant soit peu au maintien des services « au » public, ils conduisent à un regroupement des services publics en des « guichets électroniques uniques ». La dématérialisation de la prestation en est une des causes et une des conséquences. Or, d'une part, l'indétermination du statut juridique des plates-formes de renseignements, des numéros d'appel prioritaires ou privilégiés, des services téléphoniques automatisés, laisse ainsi la question des « droits » des administrés ou usagers des services publics irrésolue. D'autre part, toutes les prestations de service public ne peuvent pas être électronisées ou numérisées. En réalité, ce sont principalement les accès aux prestations qui le sont.

Par ailleurs, les calculs impliqués par la révision générale des politiques publiques, qui reposent sur des critères uniformes, dits d'efficacité, tels que le nombre d'enfants par classe, le nombre d'hospitalisations dans un hôpital, ou le nombre d'affaires suivies par un tribunal, entraînent nécessairement la suppression des services publics correspondants dans les zones rurales. Remplacer ces services par les téléservices, qu'il s'agisse d'écoles numériques, de télésanté et, bientôt, de téléjustice, aggrave la déshumanisation de la relation qui s'ensuit. Les mêmes observations pourraient concerner les zones urbaines, notamment dans les quartiers défavorisés ou sensibles, non pas du fait des chiffres mais plutôt au vu des difficultés rencontrées pour y assurer le fonctionnement des services publics. Les téléservices rassemblent en fait plusieurs types de services dont la propriété juridique demeure incertaine et dont la qualité sociale reste affectée d'un fort indice de frustration. Ce ne sont pas les téléservices dits « cartes de

(166) TA Amiens, 5 févr. 1974, Ville de Guise, *Rec.* p. 680 : Lorsqu'une commune fait l'acquisition de la dernière salle de cinéma pour éviter que ses habitants ne soient privés de salle de spectacle, donc pallie la carence de l'initiative privée, l'exploitation de ce cinéma a le caractère d'un service public administratif (cela même si les prix pratiqués sont logiquement comparables à ceux des cinémas exploités dans d'autres communes par des personnes privées).

vie quotidienne » qui sont développés dans les collectivités territoriales en associant services publics et services de proximité qui modifieront sensiblement le schéma. Le développement de la numérisation modifie en effet la perception de l'accès aux différents services publics, principaux, accessoires ou complémentaires. La distribution de badges électroniques ou de cartes numériques (167) qui sont dotées d'une application d'identification et d'authentification, resserre le statut de l'usager autour de leur détention. Car, leur utilisation s'inscrit dans plusieurs domaines tels les activités et prestations scolaires ou périscolaires (restauration scolaire, crèches), les équipements culturels et sportifs (inscription en bibliothèque, médiathèque, accès aux piscines publiques…) et, peut-être, à terme, se verront-elles remplacées par les formats biométriques.

Indépendamment des impératifs rattachés aux situations géographiques ou sociales, les téléservices contribuent, partout et pour tous, à une confusion entre services publics et services privés. Cette confusion est accentuée par le mécanisme de l'individualisation, puis de la personnalisation de la relation administrative. L'exemple le plus révélateur de la distorsion ainsi créée est le dispositif mis en place par l'arrêté du 18 juin 2009 portant création par la direction générale de la modernisation de l'État d'un téléservice dénommé « mon.service-public.fr » (168). La structuration et la logique intrinsèque de fonctionnement de « mon service-public.fr », qualifié juridiquement de téléservice, font qu'il se présente comme un « bouquet personnalisé de téléprocédures ». Mais c'est surtout « l'espace personnel » rattaché à ce téléservice qui retient l'attention en ce qu'il propose de mettre à la disposition des usagers « un dispositif leur donnant la possibilité de stocker sous forme électronique les documents et données les intéressant et susceptibles d'être transmis, sur leur instruction et sous leur responsabilité, aux destinataires qu'ils auront désignés » : principalement, mais non exclusivement, les administrations auxquelles ils ont affaire (169).

SECTION II LA DÉFENSE DES DROITS ET LES RECOURS DES USAGERS DU SERVICE PUBLIC

1497 **Bibliographie** : Conseil d'État, *Régler autrement les conflits, Étude de la section du rapport et des études,* La Doc. fr., 1993 ; M. CARREL, S. ROSENBERG, *Face à l'insécurité sociale. Désamorcer les conflits entre usagers et agents des services publics*, La Découverte, coll.

(167) V. J.-R. LECERF, Rapport d'information n° 439 (2004-2005), 29 juin 2005 (Sénat), « Identité intelligente et respect des libertés ». V. aussi, M.-C. ROQUES-BONNET, *Le droit peut-il ignorer la révolution numérique ?*, Michalon, 2010, p. 508.
(168) *JO* 20 juin 2009.
(169) V. entre autres, G. BRAUN, Rapport d'information n° 402 (2003-2004), 6 juill. 2004 (Sénat), « Pour une administration électronique au service du citoyen ». La L. n° 2011-525 du 17 mai 2011 de simplification et d'amélioration de la qualité du droit (art. 4) insérant un art. 16 A. -I à la L. n° 2000-321 du 12 avr. 2000 relative aux droits des citoyens dans leurs relations avec les administrations élargit considérablement la diffusion des informations confiées par un usager à un service administratif : « Les autorités administratives échangent entre elles toutes informations ou données strictement nécessaires pour traiter les demandes présentées par un usager ».

Alternatives sociales, 2002 ; N. FOULQUIER, *Les droits publics subjectifs des administrés. Émergence d'un concept en droit administratif français du XIXe au XXe* s., Dalloz, coll. Nouvelle bibliothèque des thèses, 2003 ; Dossier « Droits des usagers et citoyenneté », *Empans*, 2006, n° 64 ; AFDA, *Les droits publics subjectifs des administrés*, Litec, coll. Colloques et débats, 2011.

1498 La particularité de la situation des usagers du service public quant aux recours qu'ils peuvent exercer est d'être dans une situation beaucoup plus favorable que celle des clients de prestations privées. Conçues à l'origine pour compenser l'inégalité de situation entre le particulier et la puissance publique, la diversité et la très large admission des recours sont aujourd'hui perçues comme participant à un mouvement général et parfois excessif de judiciarisation de la société. Cette tendance explique que des modes alternatifs de règlement des litiges soient aujourd'hui recherchés.

1499 Pourtant, le fondement théorique des droits dont les usagers peuvent se prévaloir dans un recours n'est ni univoque, ni unanimement admis. Les droits publics subjectifs des administrés reposent sur une théorie politique historiquement forgée pour l'affrontement entre les droits naturels de l'homme et l'omnipotence des monarques, puis des assemblées législatives. Mais alors qu'elle aurait pu rendre compte de la structure du droit administratif français si les interprètes du droit l'avaient unanimement développée, notamment sous la IIIe République, cette notion a entretenu des débats exacerbés sur l'autonomie réelle du droit subjectif par rapport au droit objectif ou sur la liaison entre le droit subjectif et l'action en justice destinée à en assurer la garantie. L'étude généalogique (170) permet de comprendre pourquoi elle ne répond pas aux besoins actuels de la théorie du droit et du service public, alors que paradoxalement l'individualisme croissant des sociétés tend clairement à promouvoir une approche subjectiviste des relations de l'État avec les citoyens, des administrations avec les administrés, du fisc avec les contribuables, de la justice avec les justiciables.

Parmi les membres de l'École du service public, Bonnard est celui qui a donné le plus d'extension à l'idée de droits publics subjectifs des administrés et il la développait surtout à travers la situation des usagers du service public (171). Cette thèse est encore soutenue (172) et elle correspond aux situations où il existe à la charge de l'autorité gérant le service, une obligation juridique résultant des textes ou des contrats en cause (173). Néanmoins, il est indéniable que, parmi les recours exercés, figure le recours pour excès de pouvoir et que la compétence de la juridiction administrative amène souvent l'usager à utiliser des moyens de légalité. Ainsi, alors que les recours exercés dans le cadre de prestations privées n'ont pour but que de défendre et satisfaire des intérêts particuliers, ceux que les usagers forment ont un effet et une cause qui peuvent engager l'intérêt général et le principe de légalité objective.

(170) N. FOULQUIER, *op. cit.* bibl.

(171) R. BONNARD, « Les droits publics subjectifs des administrés », *RDP* 1932, p. 695. MONTANÉ DE LA ROQUE, *L'inertie des pouvoirs publics,* th. Toulouse, p. 298 soutient la thèse inverse, celle de la défense du droit objectif, en étudiant le « droit au fonctionnement légal » dont bénéficie l'usager.

(172) Certains juristes l'ont généralisée à l'ensemble du recours contentieux : B. KORNPROBST, *La notion de partie dans le recours pour excès de pouvoir*, LGDJ, 1960. V. aussi, suivant une autre perspective, P. RAIMBAULT, « Petite histoire d'une appropriation du droit par les citoyens : la subjectivation des "lois du service public" », *in* J. KRYNEN, M. HECQUARD-THERON (dir.), *Regards critiques sur quelques (r)évolutions récentes du droit*, PU des Sciences sociales de Toulouse, 2004, t. 2, p. 523.

(173) CE, 31 oct. 1980, Époux Giraud, *Rec.* p. 876.

§ 1. DES RECOURS VARIÉS ET LARGEMENT OUVERTS

1500 Du fait même que les services publics ne se distinguent pas des fonctions courantes de l'État lorsqu'ils sont exercés en régie, il ressort que tous les recours habituellement ouverts aux particuliers contestant l'action administrative peuvent être utilisés. Il n'y a pas, en faveur des usagers, de recours particulier, réservé, spécifique à l'activité de service public.

Certes, les coûts qu'engendre toute action contentieuse conduisent les pouvoirs publics à rechercher des formes de traitement rapide des réclamations des usagers (174). De nombreuses notes de service et circulaires présentent cet objectif comme inhérent à la « qualité du service public », la mesure de la satisfaction des usagers en étant un des indicateurs. Issu de la loi n° 2010-123 du 9 février 2010 relative à l'entreprise publique La Poste et aux activités postales, l'article L. 2 CPCE précise par exemple que « le prestataire du service universel postal est soumis, au titre des prestations relevant de ce service, à des obligations particulières en matière de qualité et d'accessibilité du service, de traitement des réclamations des utilisateurs et, pour des prestations déterminées, de dédommagement en cas de non-respect des engagements de qualité de service » (175). Cependant, lorsqu'elles concernent des décisions, les réclamations s'apparentent à des recours administratifs : recours gracieux ou recours hiérarchiques.

1501 En ce qui concerne, tout d'abord, les décisions administratives prises par l'autorité gérant l'activité de service public, l'usager peut les contester par les recours administratifs non contentieux : recours gracieux par lesquels les intéressés demandent à l'autorité qui a pris l'acte de régler elle-même la contestation qui s'élève à son propos ; recours hiérarchiques par lesquels les intéressés demandent à l'autorité hiérarchique supérieure de régler une contestation née d'un acte pris par un de ses subordonnés.

Lorsque ces décisions relèvent des personnes publiques locales, l'usager dispose encore, pour les plus importantes d'entre elles, du déféré provoqué, c'est-à-dire du recours prévu par la loi du 2 mars 1982 par lequel tout particulier peut demander au préfet de déférer un acte d'une autorité locale au tribunal administratif (CGCT, art. L. 2131-8). Lorsqu'elles relèvent d'un établissement public ou d'une autre personne publique sous tutelle, les usagers disposent aussi du recours de tutelle, par lequel ils peuvent demander à l'autorité de tutelle d'annuler un acte pris par une autorité administrative placé sous sa tutelle.

Enfin, il existe des possibilités de conciliation, de transaction ou d'arbitrage, qui demeurent facultatives, mais que les pouvoirs publics souhaitent encourager (176). En

(174) Par ex., Circ. du Premier ministre du 9 févr. 1995 relative au traitement des réclamations adressées à l'administration, *JO* 15 févr. 1995.

(175) CE, 19 mars 2010, req. 321842, Alain A (à propos des délais de distribution des envois prioritaires, les objectifs de qualité applicables aux prestations du service universel déterminés par le ministre pouvant s'entendre dans une mesure variable tant que la rapidité et la fiabilité des prestations sont assurées).

(176) Circ. 6 avr. 2011 relative au développement du recours à la transaction pour régler amiablement les conflits, *JO* 8 avr. 2011 p. 6248 ; Conseil d'État, *Régler autrement les conflits*, Étude de la section du rapport et des études, La Doc. fr., 1993 ; CE Ass. Avis, 6 déc. 2002, Syndicat intercommunal des établissements du second cycle du second degré du district de l'Haÿ-les-Roses, req. 249153, *JCP A*, n° 11-12, 23-30 déc. 2002, p. 374, note Linditch.

témoigne le mouvement de création accélérée de médiateurs spécialisés. Sur le modèle du Médiateur de la République, auquel a été substitué le Défenseur des droits (177), ont été en effet inventés successivement, un médiateur de l'audiovisuel public, de l'éducation nationale, de l'édition publique. Ces modes de médiation conviennent certes mieux à des activités de service public relativement centralisées ou au moins assumées par des personnes publiques, mais rien n'exclut leur développement, même s'il n'est pas imposé par voie réglementaire, pour des services industriels et commerciaux assurés par des personnes privées (178).

Enfin, l'usager du service public peut également utiliser les voies de recours contentieux.

§ 2. DES FONDEMENTS CLASSIQUES MAIS DISTINCTS

1502 Peuvent être distingués, pour fonder l'action contentieuse des usagers, trois types de recours. Les deux premiers ont pour but de faire respecter principalement les droits subjectifs des usagers. Le dernier se rapporte plutôt à l'exigence de conformité entre le fonctionnement du service public, le droit objectif et l'intérêt général.

A. L'ACTION EN OBTENTION DE LA PRESTATION

1503 Titulaire d'un droit à la prestation, l'usager dispose évidemment d'un type de recours tendant à obtenir la prestation qui fait l'objet du service public ou son complément. Il peut s'agir soit de faire reconnaître sa qualité d'usager du service, donc de réclamer l'accès au service, soit de faire réaliser matériellement la prestation. Dans cette hypothèse, des droits subjectifs peuvent certainement être tirés du contrat – s'il existe – et la compétence juridictionnelle se trouve alors souvent être celle du juge judiciaire. Même dans ce cas, le fondement de l'obligation de l'autorité gestionnaire du service repose sur les normes de droit public qui constituent l'infrastructure statutaire du service public. En conséquence, les questions de validité et d'interprétation du règlement du service sont toujours des questions préjudicielles pour la juridiction judiciaire (179). L'usager peut ainsi contester devant la juridiction administrative le refus de la personne publique responsable de la direction stratégique du service, de faire appliquer ces normes par le gestionnaire éventuellement délégué (180). Il peut également contester la légalité de tous les actes organisant le service public, que

(177) LO n° 2011-333 du 29 mars 2011 relative au Défenseur des droits, L. n° 2011-334 du 29 mars 2011 relative au Défenseur des droits, *JO* 30 mars 2011. Art. 4, LO n° 2011-333 du 29 mars 2011 : « Le Défenseur des droits est chargé : 1° De défendre les droits et libertés dans le cadre des relations avec les administrations de l'État, les collectivités territoriales, les établissements publics et les organismes investis d'une mission de service public ».

(178) Par ex., le médiateur de l'énergie : D. n° 2007-1504 du 19 oct. 2007 relatif au médiateur national de l'énergie, dont l'article 1er dispose : « Lorsque le litige dont un consommateur a saisi un fournisseur d'électricité ou de gaz n'a pu trouver de solution dans un délai de deux mois à compter de la réception de la réclamation du consommateur par le fournisseur, le consommateur dispose d'un délai de deux mois pour saisir le médiateur national de l'énergie ».

(179) CE, 5 juill. 1957, Sté industrielle des Oléagineux, *Rec.* p. 489.

(180) CE, 21 déc. 1906, Synd. des propriétaires et contribuables du quartier Croix-de-Seguey-Tivoli : *Rec.* p. 962, concl. Romieu, *S.* 1907,3,33, note Hauriou.

ceux-ci soient le fait de la personne publique responsable ou du gestionnaire délégué, que le service ait un caractère administratif ou industriel et commercial (181), car ces actes sont par nature réglementaires. Cette dernière considération a finalement permis d'atteindre directement les clauses réglementaires des contrats fixant le cadre de la prestation de service (182), même si certaines juridictions tentent depuis d'en atténuer les effets (183).

1504 Par ailleurs, si l'usager fait reconnaître en justice son droit d'accès au service ou au bénéfice de la prestation, il en obtient aujourd'hui plus aisément l'exécution, soit que la personne débitrice de la prestation soit privée, ce qui autorise le plein usage des pouvoirs du juge et des voies d'exécution du droit commun (184), soit que cette personne soit publique, ce qui permet l'utilisation de la loi du 8 février 1995 conférant aux juridictions administratives un pouvoir d'injonction destiné à prévenir les difficultés d'exécution de leurs décisions (CJA, art. L. 911-1 et s.).

B. L'ACTION EN RÉPARATION

1505 L'usager effectif ou potentiel du service public qui subirait un préjudice du fait de l'action ou de l'abstention de ce dernier est fondé à exercer un recours en indemnisation selon les règles de mise en jeu de la responsabilité.

1506 Les usagers des services publics à caractère industriel et commercial, étant en principe dans un rapport de droit privé, doivent s'orienter vers la responsabilité civile, contractuelle ou quasi-délictuelle, et s'adresser au juge judiciaire (185). Il y a, à ce principe, des exceptions, dont la plus notable est relative aux dommages dont l'origine se trouve soit dans l'exercice même d'une prérogative de puissance publique par la personne gestionnaire du service public industriel et commercial (186), soit dans une décision d'organisation du service (187).

Il faut ajouter que la compétence appartient, également par exception au principe de la compétence judiciaire, au juge administratif dans le cas où le recours pose à juger la réparation d'un dommage de travaux publics, et ceci qu'il soit dû indifféremment à un fait de l'ouvrage ou à un fait d'exploitation du service public. Porteront ainsi leur recours devant la juridiction administrative, les tiers aux services

(181) CE, 24 avr. 1942, Compagnie Air-France, *Rec.* p. 134.
(182) CE ass, 10 juill. 1996, Cayzeele : *Rec.* p. 274 ; *AJDA* 1996, p. 732, chron. ; *CJEG* 1996,382, note Terneyre ; *RFDA* 1997, p. 89, note Delvolvé ; *LPA*, 18 déc. 1996, note Viviano.
(183) CAA Marseille, 5e ch. 18 déc. 2006, Cie méditerranéenne d'exploitation des services d'eau, req. 02MA01595, *AJDA* 2007, p. 180, chron. : si les usagers comme tout tiers au contrat « sont recevables à contester devant le juge de l'excès de pouvoir les dispositions réglementaires contenues dans un contrat, cette faculté ne saurait toutefois concerner les clauses qui, portant sur une condition essentielle du contrat, en constituent un document indivisible, dont l'annulation aurait pour effet de priver le contrat de son objet ou d'en bouleverser l'équilibre ».
(184) Cass. civ., 25 juin 1884, Compagnie générale des Eaux : *D.* 1884,I,41.
(185) F. Moderne, « Nouvelles difficultés pour la notion de "rapports de droit privé" comme critère de compétence judiciaire », *AJDA* 1970, p. 523.
(186) CE sect., 13 oct. 1978, ADASEA du Rhône, *Rec.* p. 368, *RDP* 1979, p. 899, concl. Galabert, note Robert ; *AJDA* 1979,1,22, chron. ; *D.* 1979.249, note Amselek et Waline ; TC, 6 nov. 1978, Bernardi, *Rec.* p. 652 ; *AJDA* 1979,1,22 ; *RDSS* 1979, p .91, note Moderne ; CE, 23 mars 1983, Sté Bureau Véritas, *Rec.* p. 133, *CJEG* 1983,313, note Dupiellet, *D.* 1984, inf. rap. p. 345, obs. Moderne et Bon.
(187) TC, 7 oct. 1996, req. 03033, Préfet de l'Essonne, *RFDA* 1997, p. 189.

publics confiés à une personne privée, qu'ils soient administratifs ou industriels et commerciaux (188), et les usagers des services publics administratifs confiés à une personne privée (189).

Mais si le requérant qui recherche l'indemnisation de son préjudice personnel est l'usager d'un service public à caractère industriel et commercial confié à la gestion d'une personne privée, malgré la cause des travaux publics, le bloc de compétence retrouve à s'appliquer et le contentieux relève des juridictions judiciaires (190) même s'il est fondé sur l'illégalité fautive des mesures d'organisation du service (191).

1507 Dans les situations qui précèdent, il y a lieu d'apporter une attention toute particulière à la distinction entre usager et tiers. Celle-ci, en effet, ne va pas toujours de soi (192). Même si elle est extensive, des situations comme celles d'utilisateur d'installations ou de services compris dans une emprise ferroviaire (193), de victime d'une rupture de canalisation collective (194), ne mènent pas à la reconnaissance d'usager du service public des chemins de fer ou de la distribution du gaz. De même, une tendance jurisprudentielle avérée considère les préposés, salariés, représentants, ou commettants des usagers comme des tiers par rapport au service public (195).

1508 Or, la qualité de tiers plutôt que celle d'usager peut emporter des conséquences décisives, non seulement en termes de compétence du juge (196), mais aussi quant au régime de responsabilité. Par exemple, le juge administratif a reconnu que l'utilisation, par les agents publics autorisés, d'armes et engins dangereux comportant des risques exceptionnels donnait lieu à un régime de responsabilité sans faute vis-à-vis des tiers (197), mais les personnes qui sont mêlées aux troubles qu'il s'agit d'empêcher pour maintenir l'ordre public ne peuvent rechercher la responsabilité des personnes publiques que sur le fondement de la responsabilité pour faute prouvée (198).

De même, un principe jurisprudentiel a été souvent invoqué, selon lequel la responsabilité pour risque ne peut être invoquée que par les tiers. Ce principe n'est plus

(188) TC, 10 oct. 1966, Veuve Canasse, *Rec.* p. 834, *D.* 1967,252, note Durupty, *JCP* 1966, 2, 14899, concl. Dutheillet de Lamothe.

(189) TC, 7 juin 1982, Sté des autoroutes du Sud de la France, *Dr. adm.* 1982, n° 249.

(190) CE sect. 25 avr. 1958, Veuve Barbaza, *Rec.* p. 228 ; *AJDA* 1958,2,222, chron., *D.* 1960,62, note Blaevoet ; TC, 16 mai 1983, Préfet de la Loire, *Rec.* p. 538, *CJEG* 1983, p. 285, note Delpirou.

(191) CE, 3 oct. 2003, req. 242967, M. Philippe P.

(192) Cass. civ. 1re, 20 juin 2006, n° 04-17.239, EDF c. Larquey et a., *JCP A* 2006 n° 46, p. 1266, note Renard-Payen.

(193) CE sect., 24 nov. 1967, Delle Labat, *Rec.* p. 444, *AJDA* 1968, p. 100, chron., *RDP* 1968, p. 648, note Waline.

(194) CE sect., 13 janv. 1961, Département du Bas-Rhin, *Rec.* p. 38, *AJDA* 1961, p. 235, concl. Fournier ; CE sect., 22 janv. 1960, Gladieu, *Rec.* p. 52, *CJEG* 1960, p. 92, concl. Fournier, note A.C. La question ne se pose pas pour le branchement particulier de l'abonné : parce qu'il n'est plus un tiers, la compétence est judiciaire (Cass. civ. 1re, 9 juill. 2002, Soc. Suez-Lyonnaise des Eaux, *Dr. adm.* 2002, comm. 183).

(195) CE sect., 25 avr. 1958, Veuve Barbaza, *préc.* ; CE, 10 févr. 1984, CPAM de Valenciennes, *Rec.* p. 768 ; *CJEG* 1985, p. 339, note Delpirou.

(196) Dans la matière des travaux publics, en raison de l'effet attractif de cette notion, le fait d'exploitation du service public est assimilé au fait de l'ouvrage, et la compétence est celle du juge administratif : TC, 16 mai 1983, Préfet de la Loire, *préc.*

(197) CE ass., 24 juin 1949, Consorts Lecomte, *Rec.* p. 307 ; *RDP* 1949, p. 583, note Waline ; *JCP* 1949,5092, concl. Barbet, note George.

(198) CE sect., 27 juill. 1951, Dame Aubergé, *Rec.* p. 447, *D.* 1952.108, concl. Gazier, note Morange (faute simple).

absolu depuis que le juge administratif a reconnu, eu égard à leur mission législative de service public (loi du 21 juillet 1952, monopole de collecte, maîtrise de la chaîne jusqu'aux utilisateurs) et aux risques que comporte la fourniture de produits sanguins, que les centres de transfusion publics sont responsables, même en l'absence de faute, des conséquences dommageables de la mauvaise qualité des produits qu'ils fournissent à leurs usagers (199). De même, la responsabilité médicale des personnes publiques a pu être mise en jeu sans faute, en raison de la réalisation d'un risque exceptionnel, par application de la jurisprudence *Bianchi* (200). Elle a même été étendue aux cas où l'acte médical générateur du dommage n'est pas réalisé à des fins thérapeutiques, mais à la demande du patient pour améliorer ses conditions d'existence (201) et se trouve aujourd'hui régie par une loi prévoyant tout un système de recours préalable au profit des usagers du service public hospitalier (202).

Enfin, de façon générale, la situation de tiers par rapport à un ouvrage public ou aux travaux publics servant de support à un service public est préférable à celle d'usager, parce que les tiers bénéficient d'un régime de responsabilité sans faute alors que les usagers ne peuvent utiliser qu'une présomption de faute.

C. LE RECOURS POUR EXCÈS DE POUVOIR

1509 Le service public, même s'il s'insère dans les rapports marchands, ne réalise pas une prestation « comme les autres ». Par son objet parfois, sa tarification souvent et son but d'intérêt général toujours, le service public est soumis à des exigences particulières. L'une d'entre elles est de respecter le droit objectif, non seulement quant aux normes générales et spéciales régissant les conditions de fourniture de la prestation au sens strict, mais aussi parce qu'il constitue un élément de l'intervention des personnes publiques qui doit, en toute occasion et sous tous ses aspects, être conforme au principe de légalité.

Il en résulte que l'usager réel ou potentiel du service public dispose par nature d'un intérêt à agir, par la voie du recours pour excès de pouvoir, au cas où une décision relative au service public apparaîtrait contraire à l'une des normes de référence dont le respect s'impose aux personnes publiques et privées chargées de la gestion d'un service public (203). Par cette action, certes contentieuse, l'usager manifeste d'une façon particulière mais fondamentale et emblématique, sa participation au service public. Il signifie ainsi que le service public est avant tout, la chose de tous.

(199) CE ass., 26 mai 1995, Consorts Nguyen, M. Jouan, Consorts Pavan, *Rec.* p. 221 ; *AJDA* 1995, p. 577, chron. ; *RFDA* 1995, p. 748, concl. Daël ; *JCP* 1995,II,22468, note Moreau ; *LPA*, 1996, n° 60, p. 14, note Mallol.

(200) CE ass., 9 avr. 1993, Bianchi, *Rec.* p. 127, *AJDA* 1993, p. 383, chr. ; *JCP* 1993,II,22061, note Moreau ; *RFDA* 1993, p. 573, concl. Daël ; M. PAILLET, « À propos de l'arrêt Bianchi : observations sur la responsabilité hospitalière pour "risque exceptionnel" », *RDP* 1993, p. 1099 ; arrêt précurseur aussi : CAA Lyon, 21 déc. 1990, Gomez, *AJDA* 1991, p. 126, *JCP* 1991, II, 21698, note Moreau ; *D.* 1991, SC, 292, obs. Bon et Terneyre.

(201) CE sect., 3 nov. 1997, Hôpital Joseph-Imbert d'Arles, *Rec.* p. 412, *AJDA* 1997, p. 959, chron. ; *RFDA* 1998, p. 90, concl. Pécresse, *JCP* 1998, 2, 10016, note Moreau.

(202) L. n° 2002-303 du 4 mars 2002 relative aux droits des malades et à la qualité du système de santé, art. 98, insérant un titre IV du livre Ier de la première partie du C. santé publ.

(203) CE, 21 déc. 1906, Synd. des propriétaires et contribuables du quartier Croix-de-Seguey-Tivoli, *préc.*

SECTION III LES OBLIGATIONS DES USAGERS DU SERVICE PUBLIC

1510 **Bibliographie** : I. JOSEPH et G. JEANNOT (dir.), *Métiers du public : les compétences de l'agent et l'espace de l'usager*, CNRS éd., coll. Recherche et entreprises, 1995 ; E. MASSAT, *Servir et discipliner. Essai sur les relations des usagers aux services publics*, L'Harmattan, coll. Logiques juridiques, 2006.

M. CORMIER, « L'obligation de payer », *Revue générale de droit médical*, n° 11, 2003, p. 69 ; E. MASSAT, « Réflexions sur le pouvoir disciplinaire exercé dans les services publics : la discipline de l'usager », *RRJ* 2004, p. 1889 ; F. DREYFUS, « Personnels et usagers des services publics : des relations transformées ? », *Regards croisés sur l'économie*, 2007/2, p. 246.

1511 Administré, l'usager du service public est généralement soumis au respect du droit. Le fait d'être usager d'un service public ne le soustrait pas aux obligations générales imposées à tout citoyen. De plus, le service public est conçu pour la satisfaction des besoins d'intérêt général et non pour la satisfaction égoïste des usagers, collective ou individuelle. L'usager est donc contraint d'adapter ses comportements aux nécessités de l'intérêt du service. Ces nuances sont substantielles. Si elles justifient les créations et suppressions des services, elles permettent de légitimer et d'assurer la primauté de l'action administrative sur la demande sociale. Elles ont aussi pour effet de placer, d'une certaine manière, « l'usager sous la coupe des services publics » (204), donc de constituer ses obligations à l'égard du service.

Cependant, dans le cadre du service public, depuis quelques années, c'est surtout aux règles générales de la « civilité » qu'il apparaît nécessaire de faire référence, car les services publics relèvent des sphères de vie quotidienne dans lesquelles les relations sociales se fondent sur une convivialité sans cesse mise à l'épreuve. Il est donc demandé à l'usager du service de faire preuve de courtoisie envers les autres usagers et envers les agents du service (l'inverse est aussi vrai) (205).

1512 Il existe ainsi à la fois des contraintes et des obligations pour les usagers des services publics. Celles-ci ne sont pas nécessairement imbriquées, ni systématiquement liées à la situation d'administré de l'usager.

Les contraintes ne sont pas en soi des obligations, elles répondent généralement à des questions de discipline, quelle que soit la nature juridique du service auquel l'usager a affaire. Si Hauriou avait eu l'occasion de remarquer que, dans toute organisation de services chargés de fournir une prestation, apparaît « toujours » « quelque contrainte qui révèle le droit de domination » (206), il évoquait tout autant la question des conduites et comportements dans le service que celle des services monopolistiques qui faussent la liberté de choix.

Tout d'abord, les normes auxquelles se soumet l'usager sont édictées unilatéralement par l'organisme qui assure le fonctionnement du service. Ces normes sont de plus en plus détaillées dans des règlements intérieurs, fixant les interdits, proscrivant des

(204) J. CHEVALLIER, « Figures de l'usager… », *op. cit.*, p. 45.
(205) F. COLLIN, « De la courtoisie dans le service public », *AJFP* 2006, n° 2, p. 60.
(206) *Précis de droit administratif*, Sirey, 1927, 10e éd., p. 444.

attitudes et exigeant certains comportements, elles deviennent sources d'obligations. Dans ces matières, c'est surtout la question de la « civilité » qui est mise à l'épreuve.

Ensuite, il existe des services obligatoires auxquels l'usager ne peut se soustraire, et des services, dont la gestion est confiée à un seul et unique organisme, qui répondent à un besoin essentiel de l'usager. Il y a donc là une « obligation de fréquentation » (207). De même, il apparaît difficile pour un particulier de ne pas être, à un moment ou à un autre, un usager de nombre de services : électricité, poste, sécurité sociale. Ce rapport obligé à certains services est souvent l'un des arguments des détracteurs de la notion de service public. Se posant en défenseurs du libéralisme, ces derniers invoquent effectivement cette « captation » des usagers par ces services en occultant les raisons fondamentales de leur institution : l'intérêt général, les besoins collectifs, le lien social.

De plus, certains services publics se transforment en « institution » qui font que l'usager devient presque un « sujet », un assujetti. Tel est le cas des détenus dans les prisons qui sont, bel et bien, des usagers du service pénitentiaire même si l'incarcération est subie et non choisie, même s'ils conservent aussi certains droits. La même analyse peut être conduite pour les personnes internées dans les hôpitaux psychiatriques d'autant plus après le renforcement opéré par la L. n° 2011-803 du 5 juillet 2011 relative aux droits et à la protection des personnes faisant l'objet de soins psychiatriques et aux modalités de leur prise en charge. Mais depuis la promotion des discours relatifs à l'amélioration des relations entre les administrations et le public et l'introduction de mesures tendant à une démocratie participative, ce n'est plus le cas ni des patients dans les hôpitaux, ni des élèves dans les collèges et lycées.

1513 Les obligations, outre celles qui peuvent être imposées par les lois et règlements, comme l'interdiction de fumer dans les lieux accueillant du public qui concerne inévitablement tous les services publics et les services au public, ou comme les modalités d'utilisation des téléservices (208) qui s'adressent aux seuls usagers des communications électroniques, participent de l'idée de bon fonctionnement du service. Elles exigent de l'usager une certaine responsabilisation dans ses rapports avec le service qu'il utilise ou dont il bénéficie.

Les obligations des usagers du service public comportent plusieurs aspects. Les unes concernent l'accès au service : le respect des conditions d'accès, le paiement du prix pour l'accès au service. Les autres concernent le fonctionnement du service : l'usager doit faire un usage « normal » des installations, des locaux et des biens affectés au service ; il doit surtout respecter les règles du service et les indications de son règlement intérieur s'il y a lieu. Les usagers participent donc par eux-mêmes au bon fonctionnement du service. Ils sont ainsi responsabilisés dans leur statut pour que le service soit maintenu et qu'il puisse effectivement répondre aux critères de qualité qu'ils en attendent.

1514 L'usager du service public est généralement confronté aux règles particulières déterminées par les règlements intérieurs des établissements et services qu'il utilise. Les obligations des usagers constituent, par principe, les limites portées aux libertés dont ils disposent. Ces limites trouvent leur source dans le nécessaire respect des principes

(207) J. Chevallier, « Figures de l'usager… », *op. cit.*, p. 48.
(208) Ord. n° 2005-1516 du 8 déc. 2005 relative aux échanges électroniques entre les usagers et les autorités administratives et entre les autorités administratives, art. 4.

de fonctionnement du service public, tels l'égalité et la neutralité du service marquant des interdits particuliers (209) et des limites à l'exercice de certaines libertés (210).

Dans les services publics, les usagers ne peuvent en effet passer outre certaines règles de discipline qui concernent le respect de la dignité, de la liberté, de leur santé, de leur sécurité des autres usagers comme d'eux-mêmes. Ces règles intéressent aussi le respect dû aux activités elles-mêmes, respect qui induit celui du bon déroulement des activités et du bon ordre dans l'établissement. Elles définissent alors leurs obligations, par exemple dans les établissements scolaires « l'obligation pour chaque élève de participer à toutes les activités correspondant à sa scolarité, organisées par l'établissement, et d'accomplir les tâches qui en découlent » (211). Le refus des élèves d'obtempérer à des consignes diverses tenant à leur tenue vestimentaire, leur attitude, leur refus de suivre les enseignements, se transforment en une obstruction à la tenue normale des cours ou à un manquement à l'obligation d'assiduité à laquelle ils sont astreints.

Il est alors possible d'évoquer à l'égard des usagers une forme d'obligation de neutralité qui se traduit plus comme une incitation au respect de la neutralité du service, elle renvoie à certaines figures de la « discipline » inhérente à toute activité sociale. Ce devoir de respect, des règles du service rappelle donc, par de nombreux aspects, les fondements de l'obligation de neutralité imposée aux agents et fonctionnaires publics (212).

1515 D'autres formes d'obligation peuvent être encore signalées, participant de l'idée de bon fonctionnement du service. Il en est ainsi de l'obligation pour l'usager de prêter son concours au fonctionnement du service. Outre le caractère fondamental de cette obligation, qui révèle la nature même de la philosophie républicaine et de l'essence du service public, celle-ci relève, en pratique, des conditions générales d'accès et d'utilisation des moyens du service public. C'est par exemple le cas de l'accès aux transports publics lorsque l'usager est tenu de composter lui-même son billet pour justifier l'utilisation qu'il fait du service. Toutefois celui qui omet, sciemment ou non, de le faire demeure un usager. Il n'empêche pas le fonctionnement du service mais se place en situation irrégulière au regard des règles du service et peut se voir astreint à des pénalités.

Dans les écoles et collèges, l'obligation de prêter son concours au fonctionnement du service se manifeste par l'insertion dans le temps de la qualité et de la sécurité des prestations d'enseignement tout autant que par le respect à l'égard des autres usagers. Les élèves sont ainsi appelés à ranger eux-mêmes le matériel qu'ils ont utilisé, par exemple dans les locaux abritant les activités sportives ou encore dans les salles de

(209) Tel est le cas de l'interdiction du port de signes ostensibles dans les établissements scolaires : C. éduc., art. L. 141-5-1.

(210) Par ex., limitation de la liberté d'expression des élèves (blogs, journaux).

(211) Jusqu'en 2004, la question a surtout été soulevée à propos du port de signes dits « religieux ». Outre les questions relatives au permis de conduire (CE, 5 déc. 2005, Bikramjit Singh, *AJDA* 2006, p. 211, concl. Chauvaux ; CE, 6 mars 2006, Assoc. United Sikhs, req. 289947, *AJDA* 2006, IR p. 521), v. pour les établissements scolaires : CAA Paris, 19 juill. 2005, n° 05PA01831, M. Chain Singh, *AJDA* 2005, p. 2009, concl. Bachini ; TA Melun, 19 avr. 2005, Gurdial Singh, *AJDA* 2005, p. 917 ; TA Grenoble, 25 mai 2005, n° 0406566, Mlle Saida Essakkaki, *AJDA* 2005, p. 1745, concl. Morel ; TA Cergy-Pontoise, ord. réf., 21 oct. 2004, Bikramjit Singh, *AJDA* 2004, p. 2023. V. aussi B. TOULEMONDE, « Le port de signes d'appartenance religieuse à l'école : la fin des interrogations ? », *AJDA* 2005, p. 2044.

(212) V. le rappel des principes dans la « Charte de la laïcité dans les services publics » : circ. Premier min., 13 avr. 2007 (PM n°5209/SG) sur le site www.fonction-publique.gouv.fr., Rapport du Haut Conseil à l'intégration du 29 janv. 2007, sur le site www.hci.fr.

chimie à la suite des cours et travaux pratiques. Ce type d'obligations se retrouve dans nombre de services publics dont les modes de fonctionnement, souvent sous prétexte de modernisation et de performance, ont conduit à la suppression de certaines catégories de personnels. L'obligation de prêter son concours au fonctionnement du service peut aussi s'analyser comme une obligation pour l'usager de respecter les exigences de la « sécurité » même si elles s'opposent à l'exercice de certains droits et libertés.

1516 Enfin, les principes de fonctionnement et les obligations du service public qui fondent les droits et obligations des usagers ne peuvent pas être étudiés sans retenir les difficultés de l'évaluation des attentes et des besoins des usagers. Dans la logique de la modernisation des administrations, cette évaluation est l'un des critères de la nécessité et de la qualité de la mission de service public (213).

Le plus souvent, l'usager prend l'initiative de la relation avec le service public, mais cette circonstance ne signifie pas pour autant qu'il dispose d'une totale latitude à l'égard du service. Ainsi, si au respect de ses propres droits correspondent certaines des obligations que doivent assumer les organes investis de mission de service public, il faut reconnaître que parmi ces dernières, il en existe une qui le concerne particulièrement : l'obligation de faire fonctionner le service dans le respect du droit et des réglementations, laquelle induit aussi l'existence d'un pouvoir de sanction envers l'usager qui méconnaît ses obligations.

1517 Ainsi, la réciprocité de ces obligations imposées, les unes aux prestataires de service public, les autres aux usagers du service public, confirme, s'il en était besoin, la qualité fondamentale du service public : assurer, comme le soutenait Duguit, l'*interdépendance sociale*.

(213) E. Malaret, « La modernisation administrative en Espagne : entre l'élan de la réforme de l'État et la discontinuité de la réforme de l'administration », *RFDA* 2009, p. 597.

INDEX

(Les chiffres renvoient aux numéros des paragraphes
Les chiffres en gras indiquent les paragraphes les plus signifiants ;
nonobstant les subdivisions de la table des matières)

A

B

C

D

E

F

G

H

I

J

L

Q

R

S

T

U

V

Z

TABLE DES MATIÈRES

COLLECTION DOMAT

DROIT PRIVÉ

Jean-Bernard AUBY Hugues PÉRINET-MARQUET et Rozen NOGUELLOU	**DROIT DE L'URBANISME ET DE LA CONSTRUCTION** ■ (8e éd.).
Jean BART	**HISTOIRE DU DROIT PRIVÉ** De la chute de l'Empire romain au XIXe siècle. ■ (2e éd.).
Bernard BEIGNIER	**DROIT DES ASSURANCES**
Alain BÉNABENT	**DROIT CIVIL** Les obligations ■ (12e éd.).
Alain BÉNABENT	**DROIT CIVIL** Les contrats spéciaux civils et commerciaux ■ (9e éd.).
Alain BÉNABENT	**DROIT CIVIL** La famille.
Thierry BONNEAU	**DROIT BANCAIRE** ■ (9e éd.).
Rémy CABRILLAC	**DROIT DES RÉGIMES MATRIMONIAUX** ■ (7e éd.).
Gérard CORNU	**DROIT CIVIL** Introduction au droit ■ (13e éd.).
Gérard CORNU	**DROIT CIVIL** Les biens ■ (13e éd.).
Gérard CORNU	**DROIT CIVIL** Les personnes ■ (13e éd.).
Gérard CORNU	**DROIT CIVIL** La famille ■ (9e éd.).
Gérard CORNU	**LINGUISTIQUE JURIDIQUE** ■ (3e éd.).
Françoise DEKEUWER-DÉFOSSEZ et Édith BLARY-CLÉMENT	**DROIT COMMERCIAL** Activités commerciales ■ Commerçants ■ Fonds de commerce ■ Concurrence ■ Consommation ■ (10e éd.).

Jean DEVÈZE et Philippe PÉTEL	**DROIT COMMERCIAL** Instruments de paiement et de crédit.
Michel FROMONT	**DROIT ALLEMAND DES AFFAIRES** Droit des obligations et des biens ▪ Droit commercial et du travail.
Jean GAUDEMET et Emmanuelle CHEVREAU	**DROIT PRIVÉ ROMAIN** ▪ (3e éd.).
Daniel GUTMANN	**DROIT FISCAL DES AFFAIRES** ▪ (2e éd.).
Jacques HÉRON et Thierry LE BARS	**DROIT JUDICIAIRE PRIVÉ** ▪ (4e éd.).
Christian JUBAULT	**DROIT CIVIL** Les successions ▪ Les libéralités ▪ (2e éd.).
Paul LE CANNU et Bruno DONDERO	**DROIT DES SOCIÉTÉS** ▪ (3e éd.).
Pierre MAYER et Vincent HEUZÉ	**DROIT INTERNATIONAL PRIVÉ** ▪ (10e éd.).
Antoine MAZEAUD	**DROIT DU TRAVAIL** ▪ (7e éd.).
Michel MENJUCQ	**DROIT INTERNATIONAL ET EUROPÉEN DES SOCIÉTÉS** ▪ (3e éd.).
Roger PERROT	**INSTITUTIONS JUDICIAIRES** ▪ (14e éd.).
Frédéric POLLAUD-DULIAN	**DROIT DE LA PROPRIÉTÉ INDUSTRIELLE** ▪ (2e éd.).
Corinne SAINT-ALARY-HOUIN	**DROIT DES ENTREPRISES EN DIFFICULTÉ** ▪ (7e éd.).
Romuald SZRAMKIEWICZ	**HISTOIRE DU DROIT DES AFFAIRES**

DROIT PUBLIC

Pierre AVRIL et Jean GICQUEL	**DROIT PARLEMENTAIRE** ▪ (4e éd.).
Michel BORGETTO et Robert LAFORE	**DROIT DE L'AIDE ET DE L'ACTION SOCIALES** ▪ (7e éd.).
Jean BOULOUIS	**DROIT INSTITUTIONNEL DE L'UNION EUROPÉENNE** ▪ (6e éd.).
François BURDEAU	**HISTOIRE DE L'ADMINISTRATION FRANÇAISE XVIIIe-XXe siècles** ▪ (2e éd.).
René CHAPUS	**DROIT ADMINISTRATIF GÉNÉRAL** **T. 1** (15e éd.) Service public ▪ Police ▪ Responsabilité ▪ Actes ▪ Organisation et justice administratives ▪ Séparation des autorités administratives et judiciaires ▪ Conflits d'attribution. **T. 2** (15e éd.) Fonction publique ▪ Domaine public ▪ Travaux publics ▪ Expropriation.
René CHAPUS	**DROIT DU CONTENTIEUX ADMINISTRATIF** ▪ (13e éd.).

Jean COMBACAU et Serge SUR	**DROIT INTERNATIONAL PUBLIC** ■ (9e éd.).
Louis DUBOUIS et Claude BLUMANN	**DROIT MATÉRIEL DE L'UNION EUROPÉENNE** ■ (5e éd.).
Pierre-Laurent FRIER et Jacques PETIT	**PRÉCIS DE DROIT ADMINISTRATIF** ■ (6e éd.).
Jean GAUDEMET	**LES INSTITUTIONS DE L'ANTIQUITÉ** ■ (7e éd.).
Jean GAUDEMET et Jean PETIT	**LES NAISSANCES DU DROIT** Le temps, le pouvoir et la science au service du droit ■ (4e éd.)
Jean GAUDEMET	**SOCIOLOGIE HISTORIQUE** Les Maîtres du Pouvoir.
Paul-Marie GAUDEMET et Joël MOLINIER	**FINANCES PUBLIQUES** **T. 1** (7e éd.) Politique financière ■ Budget et Trésor. **T. 2** (6e éd.) Fiscalité.
Jean GICQUEL et Jean-Éric GICQUEL	**DROIT CONSTITUTIONNEL ET INSTITUTIONS POLITIQUES** ■ (25e éd.).
Gilles J. GUGLIELMI, Geneviève KOUBI	**DROIT DU SERVICE PUBLIC** ■ (3e éd.).
Marcel MORABITO	**HISTOIRE CONSTITUTIONNELLE DE LA FRANCE, 1789-1958** ■ (11e éd.).
Sophie NICINSKI	**DROIT PUBLIC DES AFFAIRES** ■ (2e éd.).
Jacques ROBERT et Jean DUFFAR	**DROITS DE L'HOMME ET LIBERTÉS FONDAMENTALES** ■ (8e éd.).
Raphaël ROMI	**DROIT DE L'ENVIRONNEMENT** ■ (7e éd.).
Raphaël ROMI, Gaëlle BOSSIS et Sandrine ROUSSEAUX	**DROIT INTERNATIONAL ET EUROPÉEN DE L'ENVIRONNEMENT**
Dominique ROUSSEAU	**DROIT DU CONTENTIEUX CONSTITUTIONNEL** ■ (9e éd.).
François SAINT-BONNET et Yves SASSIER	**HISTOIRE DES INSTITUTIONS AVANT 1789** ■ (4e éd.).
Carlos SANTULLI	**DROIT DU CONTENTIEUX INTERNATIONAL**
Jacques ZILLER	**ADMINISTRATIONS COMPARÉES** ■ (2e éd.). Les systèmes politico-administratifs de l'Europe des Douze.

DROIT POLITIQUE

Francis BALLE	**MÉDIAS ET SOCIÉTÉS** ■ (15e éd.).
Philippe BRAUD	**HISTOIRE DES IDÉES POLITIQUES DEPUIS LA RÉVOLUTION** ■ (2e éd.).
Yves MÉNY et Yves SUREL	**POLITIQUE COMPARÉE** Les démocraties (Allemagne, États-Unis, France, Grande-Bretagne, Italie) ■ (8e éd.).
Roger-Gérard SCHWARTZENBERG	**SOCIOLOGIE POLITIQUE** ■ (5e éd.).

Serge SUR	**RELATIONS INTERNATIONALES** ▪ (6e éd.).

DROIT DE GESTION

Jérôme CABY, Alain COURET et Gérard HIRIGOYEN	**INITIATION À LA GESTION** Connaissance de l'entreprise à partir de ses principaux documents obligatoires ▪ (3e éd.).

Montchrestien - Lextenso éditions
33, rue de Mail, 75081 Paris Cedex 02
Dépôt légal : Octobre 2011
Imprimé en France

Composé et imprimé en France. — JOUVE, 11, boulevard de Sébastopol, 75001 Paris — N° 715206Z